国家出版基金项目
NATIONAL PUBLICATION FOUNDATION

中国历代图书总目

艺术卷 12

李致忠 主编

北京国图书店有限责任公司
北京广臻文化艺术有限公司 编纂

文物出版社

第十二分册目录

书法、篆刻 ································· 7487

  中国书法、篆刻 ······················ 7487

    汉字硬笔书法理论及作品 ··················· 7487

    汉字美术字书法理论及作品 ················· 7626

    中国少数民族文字、拼音文字书法及作品 ········· 7655

    中国碑帖、书法作品(按时代分) ············· 7656

      中国碑帖源流考证、题跋、译文、碑帖目 ········· 7674

      中国碑帖丛刻 ························ 7705

      秦、汉书法作品 ······················ 7745

      魏、晋、南北朝书法作品 ················· 7772

      隋、唐书法作品 ······················ 7827

      宋、元书法作品 ······················ 7944

      明、清书法作品 ······················ 8013

      中国近代书法作品 ····················· 8107

      现代书法作品(包括外国人的汉字书法作品) ······· 8132

书法、篆刻

中国书法、篆刻

汉字硬笔书法理论及作品

J0093748

中国钢笔行草书法大字典　王宝洺书
北京 学苑出版社 1991 年 631 页 19cm（小 32 开）
ISBN：7-5077-0296-0 定价：CNY16.30
　　作者王宝洺（1958— ），书画艺术家。北京
人，祖籍山东乐陵。别署半步斋主。中国对外经
贸大学与中国中医药大学书法客座教授、北京霍
英东书法学院院长、中国书画家协会理事、世界
华人艺术家协会副主席、北京刘炳森书法研究室
主任、中国书法家协会会员及北京书法家协会专
业创作员。代表作品《学生隶书练习技法》。

J0093749

中国钢笔九体书法大字典　王宝洺，龚美华编
北京 华夏出版社 1991 年 776 页 19cm（小 32 开）
精装 ISBN：7-80053-974-1 定价：CNY19.80
　　本字典以国家教委、国家语言文字工作委员
会 1988 年 3 月颁布的常用汉字为准，共收简化
字 3500 个，繁体字 1130 余个。

J0093750

中国共产党烈士诗词钢笔字帖　韦蕙编选；
骆恒光等书写
杭州 浙江古籍出版社 1991 年 158 页

19cm（小 32 开）ISBN：7-80518-160-8
定价：CNY3.00

J0093751

中国寓言名篇钢笔行书字帖　顾仲安书
北京 中国国际广播出版社 1991 年 2 版
167 页 20cm（32 开）ISBN：7-80035-102-5
定价：CNY2.80
　　作者顾仲安（1956— ），书法家。中国硬笔
书法家协会副主席、上海教师书画篆刻研究会名
誉理事。拍摄有《硬笔书法电视讲座》和《硬笔
书法》电视教育片。代表作品有《常用成语钢笔
字帖接字成语》。

J0093752

中外爱情名诗钢笔字帖　田宝柱编选；蔡军书
北京 中国国际广播出版社 1991 年 245 页
19cm（小 32 开）ISBN：7-80035-681-7
定价：CNY4.50
　　作者蔡军（1955— ），教授。毕业于中央工
艺美术学院工业设计系。历任中央工艺美术学
院副教授、清华大学美术学院工业设计系教授。
著有《芬兰当代设计》《设计创造价值——飞利
浦设计》《世界著名设计公司》等。

J0093753

中学历史课文钢笔字帖　王正良书
北京 中国青年出版社 1991 年 125 页
19cm（小 32 开）定价：CNY2.50
　　作者王正良（1949— ），编辑。浙江嵊县人，
历任《浙江青年报》总编兼《中国钢笔书法》杂志
主编、中国硬笔书法家协会副主席。

J0093754

中学生钢笔书写技法　杨世瑞编
北京 中国医药科技出版社 1991年 184页
19cm（小32开）ISBN：7-5067-0401-3
定价：CNY2.50

　　本书包括书写姿势、临摹，怎样使用钢笔，中学生写字经常出现的毛病及纠正方法，楷书的书写技巧及书写示范等。

J0093755

中学生钢笔正楷字帖　钱沛云编
上海 上海书店 1991年 110页 19cm（小32开）
ISBN：7-80569-314-5 定价：CNY1.40

　　作者钱沛云（1946— ），著名硬笔书法家。字鹤斋，浙江上虞人，毕业于上海师大中文系。中国书法家协会会员、中国书画函授大学书法系教授。主要作品有《楷书基础知识》《怎样写快写好钢笔字》《钢笔书法技巧要领》《红楼梦诗词钢钢笔行书字帖》等。

J0093756

诸子百家格言硬笔书法　（行书字帖）弘念书
北京 中国书店 1991年 180页 19cm（小32开）
ISBN：7-80568-188-0 定价：CNY4.30

J0093757

壮丽河山　王正良主编；任平书
北京 中国青年出版社 1991年 156页
20cm（32开）ISBN：7-5006-1058-0
定价：CNY3.90
（锦绣中华硬笔书法丛书）

　　主编王正良（1949— ），编辑。浙江嵊县人，历任《浙江青年报》总编兼《中国钢笔书法》杂志主编、中国硬笔书法家协会副主席。作者任平（1952— ），书法家。江苏如皋人，毕业于杭州大学中文系，获博士学位。历任文化部中国艺术研究院教授、博士生导师，中国艺术研究院美术研究所学术委员会委员、书法研究室主任，中国书法家协会书法教育专业委员会委员、中国语言学会会员等。代表作品有《中国书法》《说隶》《笔歌墨舞》《中国书法全集》等。

J0093758

字娟人秀　（女孩子的字）温雨萍，曲丽丽书
北京 中国工人出版社 1991年 184页

19cm（小32开）ISBN：7-5008-0786-4
定价：CNY3.15

　　现代中国钢笔字书法集。

J0093759

《菜根谭》硬笔书法　黄克书写
长春 吉林科学技术出版社 1992年 87页
19cm（小32开）ISBN：7-5384-0876-2
定价：CNY6.50

J0093760

《新华字典》检字表钢笔字帖　张正乾书写
长春 时代文艺出版社 1992年 180页
13cm（64开）ISBN：7-5387-0440-X
定价：CNY2.20

J0093761

3500常用字楷书钢笔字帖　王君书
兰州 甘肃少年儿童出版社 1992年 95页
有彩照 19cm（小32开）ISBN：7-5422-0600-1
定价：CNY1.65

　　作者王君（1938— ），中国书法家协会河北分会和中国硬笔书法协会会员。

J0093762

爱情妙语钢笔行书字帖　方明书
桂林 广西师范大学出版社 1992年 135页
19cm（小32开）定价：CNY3.10
（书法系列指导丛书）

J0093763

安徒生童话钢笔行楷字帖　王春波书
海口 海南摄影美术出版社 1992年 125页
有插图 20cm（32开）ISBN：7-80571-164-X
定价：CNY2.70
（儿童快乐书法丛书）

J0093764

巴尔扎克名言硬笔书法字帖　高扬编选；荆鹰书
北京 北京广播学院出版社 1992年
19cm（小32开）ISBN：7-81004-338-2
定价：CNY3.00
（世界大文豪名言硬笔书法系列）

　　作者荆鹰（1956— ），硬笔书法家。曾任中

国现代硬笔书法研究会常务理事，全国第一届硬笔书法展览评委。出版有《徐志摩新诗钢笔字帖》《普希金诗选钢笔字帖》等。

J0093765

百花百咏　张辛汗等编选书写

长沙 湖南出版社 1992 年 100 页 26cm（16 开）

ISBN：7-5438-0405-0 定价：CNY5.00

（钢笔书法《百咏》丛书 1）

作者张辛汗（1944—2010），笔名殷勤，湖南沅江人。历任沅江市文化馆馆长、文化局副局长、文联主席、中国书法家协会湖南分会会员、中国音乐家协会音乐文学会会员、中国当代硬笔书法习字会理事、中国书法家协会会员。代表作品有《书谱释义》《元曲百首》《百花诗画》《百咏丛书》等。

J0093766

百家姓千字文钢笔行草书字帖　徐涛，津民书

北京 中国广播电视出版社 1992 年 132 页 19cm（小 32 开）ISBN：7-5043-1972-4

定价：CNY2.70

J0093767

北部湾杯全国硬笔书法大赛获奖作品精选　阙兴俊，刘明洲主编

南宁 广西美术出版社 1992 年 104 页 26cm（16 开）ISBN：7-80582-256-5

定价：CNY5.60

J0093768

菜根谈(钢笔字帖)　克中书写

成都 巴蜀书社 1992 年 106 页 19cm（32 开）

ISBN：7-80523-426-4 定价：CNY2.30

J0093769

菜根谭·围炉夜话·小窗幽记钢笔字帖　牟诚等书

长春 吉林美术出版社 1992 年 216 页 19cm（小 32 开）ISBN：7-5386-0235-6

定价：CNY4.80

本书是集楷书、行书于一体，将 3 部古今奇书的原文汇集一册。作者牟诚（1950— ），编辑。曾任长春广播电台记者、编辑，影视广播图书周报副总编辑、长春商报副总编辑、硬笔书法

协会会员、吉林省书法家协会会员。书法作品有《人生忠告钢笔行书字帖》《爱情友情赠诗集锦钢笔行书字帖》《流行金曲钢笔行书字帖》。出版有《牟诚书法作品集》等。

J0093770

草诀百韵歌释义钢笔字帖　赵东华编写

沈阳 辽宁美术出版社 1992 年 37 页 19cm（32 开）

ISBN：7-5314-0901-1 定价：CNY1.80

本书是多个版本的《草诀百韵歌》汇集、加工而成的。对原句以标准草体书之，并以楷体标注每个草字的繁简字。

J0093771

常平安硬笔书法　常平安书

郑州 河南美术出版社 1992 年 80 页 19cm（小 32 开）ISBN：7-5401-0229-2

定价：CNY2.80

作者常平安（1959— ），河南新郑人。

J0093772

常用成语钢笔字帖　张守镇书；刘凯靖选

北京 经济日报出版社 1992 年 150 页 19cm（小 32 开）ISBN：7-80036-612-X

定价：CNY2.50

作者张守镇（1958— ），回族，书法家、国家一级美术师。河南杞县人。历任中国国际书法家协会副主席、中国民间文艺家协会会员，河南省硬笔书法家协会常务理事、副秘书长，郑州大学兼职教授、河南工业大学硕士导师。代表作品有《袖珍古诗五体书法字帖》《钢笔楷书》《钢笔字技法》等。

J0093773

常用字词楷书字帖　（上）田英章著

北京 中国经济出版社 1992 年 69 页 18×26cm

ISBN：7-5017-1501-7 定价：CNY3.80

（田英章系列书法字帖）

作者田英章（1950— ），书法家。字存青、存卿，出生于天津。先后毕业于首都师范大学、日本东京学艺大学。中国硬笔书法协会首任会长、中国书法家协会会员、欧阳询书法艺术研究会会长。代表作品有《田英章系列书法字帖》《田英章作品精选》等。

J0093774

常用字词楷书字帖　（下）田英章著
北京　中国经济出版社　1992年　69页　18×26cm
ISBN：7-5017-1502-5　定价：CNY3.80
（田英章系列书法字帖）

J0093775

常用字钢笔行书速成习字帖　刘大卫书
北京　中国国际广播出版社　1992年　47页
26cm（16开）ISBN：7-5078-0534-4
定价：CNY3.20

　　本书是《常用字钢笔字正楷速成习字帖》的
姊妹篇，编者从点划开始，从局部到整体引导习
字者学好钢笔字的不同笔画类型。作者刘大卫，
书法家。上海人。历任上海文化生活技艺专修
学校老师、中国汉字硬笔书法研究会副会长兼学
术部主任、日本国书道研修中心客座教授。

J0093776

常用字钢笔正楷速成习字帖　刘大卫书
北京　中国国际广播出版社　1992年　48页
26cm（16开）ISBN：7-5078-0533-6
定价：CNY3.20

J0093777

成语典故圆珠笔钢笔行草字帖　钱沛云书
南宁　广西美术出版社　1992年　123页
19cm（小32开）ISBN：7-80582-411-8
定价：CNY2.60

　　作者钱沛云（1946—　），著名硬笔书法家。
字鹤斋，浙江上虞人，毕业于上海师大中文系。
中国书法家协会会员、中国书画函授大学书法系
教授。主要作品有《楷书基础知识》《怎样写快
写好钢笔字》《钢笔书法技巧要领》《红楼梦诗词
钢钢笔行书书帖》等。

J0093778

迟长胜硬笔书法　迟长胜著
大连　大连出版社　1992年　99页　19cm（小32开）
ISBN：7-80555-702-0　定价：CNY4.85

　　作者迟长胜，辽宁瓦房店人，青年书法家、
记者，兼任香港世界经济杂志社特约记者、中国
青少年书画评委会苗苗分会会长等。

J0093779

初中语文重点语段行书字帖　谭忠惠书
成都　四川教育出版社　1992年　92页
19cm（小32开）ISBN：7-5408-1748-8
定价：CNY1.65

J0093780

春吟百咏　张辛汗等编选书写
长沙　湖南出版社　1992年　100页　26cm（16开）
ISBN：7-5438-0452-2　定价：CNY5.00
（钢笔书法《百咏》丛书　9）

J0093781

大仲马名言硬笔书法字帖　高扬编选；丁永
康书
北京　北京广播学院出版社　1992年
19cm（小32开）ISBN：7-81004-342-0
定价：CNY3.00
（世界大文豪名言硬笔书法系列）

　　作者丁永康（1956—　），书法教师。江苏淮
阴人，毕业于首都师范大学书法专业。历任中国
人民保险公司工会干部、中国书法家协会会员、
华艺硬笔习字会副会长。代表作品有《3500常
用字钢笔字帖》《常用字钢笔楷书行书对照字帖》
《钢笔楷书行书技法指南》等。

J0093782

当代青年欣赏实用钢笔书法丛帖　吴玉生
等书
沈阳　沈阳出版社　1992年　6册　19cm（小32开）
ISBN：7-80556-796-4　定价：CNY19.20

　　作者吴玉生（1959—　），书法家。江苏人。
历任中国硬笔书法研究会副秘书长、华艺硬笔习
字会副会长、中国书协函授培训中心副教授、解
放军总后勤部政治部干事。代表作品有钢笔《红
楼梦诗词》字帖，《楷书7000字字帖》《行楷7000
字字帖》。

J0093783

当代学子赠言选萃　（硬笔楷、行、隶书）王
立志等书
北京　中国国际广播出版社　1992年　90页
19cm（小32开）ISBN：7-5078-0368-6
定价：CNY2.90
（硬笔书法实用与欣赏系列丛书）

本书汇集了4位青年硬笔书法家书写的当代校园中莘莘学子的优秀赠言，分为友谊篇、生日篇、奋进篇、劝学篇、祝福篇等10篇。作者王立志(1963—　　)，中国书法家协会北京分会会员，时任北京硬笔书法学会理事。

J0093784

冬吟百咏　　张辛汗等编选书写
长沙　湖南出版社　1992年　100页　26cm(16开)
ISBN: 7-5438-0455-7　定价: CNY5.00
(钢笔书法《百咏》丛书 12)

J0093785

钢笔草书字帖　　黄书权，唐元明书
郑州　河南教育出版社　1992年　64页
19cm(小 32 开) ISBN: 7-5347-1051-0
定价: CNY1.25

J0093786

钢笔仿宋字技法　　史云鹏编著
北京　金盾出版社　1992年　135页　19cm(小 32 开)
ISBN: 7-80022-514-3　定价: CNY2.00

本书包括笔法、占格和结构等三部分内容，以结构为主。作者用大量的例字、例图，借鉴书法理论，为学习仿宋字速成的捷径。作者史云鹏(1943—　　)，河北徐水人。天津市河东区规划土地管理处副处长、高级工程师。

J0093787

钢笔行草　　(郭沫若诗词选)税治文书
成都　成都科技大学出版社　1992年　95页
20cm(32 开) ISBN: 7-5616-1442-5
定价: CNY2.80

J0093788

钢笔行楷帖　　顾仲安书
上海　上海教育出版社　1992年　94页
19cm(小 32 开) ISBN: 7-5320-2700-7
定价: CNY2.00

J0093789

钢笔行书实用技法字帖　　田英章书
北京　中国经济出版社　1992年　64页　有肖像
26cm(16开) ISBN: 7-5017-1315-4
定价: CNY3.00

(田英章系列书法字帖)

J0093790

钢笔行书实用技法字帖　　田英章书
北京　中国经济出版社　1994年　重印本　64页
有照片　26cm(16 开) ISBN: 7-5017-1315-4
定价: CNY3.50
(田英章系列书法字帖)

J0093791

钢笔行书字帖　　(青春互赠妙语)刘大卫书；
李庆选
北京　北京航空航天大学出版社　1992年　140页
19cm(小 32 开) ISBN: 7-81012-341-6
定价: CNY3.00

J0093792

钢笔行书字帖　　刘大卫书写；李庆选编
延吉　延边人民出版社　1993年　176页
19cm(小 32 开) ISBN: 7-80508-993-0
定价: CNY5.60

本字帖书写汪国真诗130首。

J0093793

钢笔行书字帖　　(唐诗)张书范书
北京　北京理工大学出版社　1992年　148页
19cm(小 32 开) ISBN: 7-81013-504-X
定价: CNY2.70

作者张书范(1943—　　)，字语迟，祖籍河北深州。中国书法家协会会员、北京市书法家协会理事。编写有《楷行书章法一百例》《魏碑技法》《柳体技法》等。

J0093794

钢笔楷书　　(小学生优秀记事作文)熊少军书写
北京　大众文艺出版社　1992年　160页
19cm(小 32 开) ISBN: 7-80094-031-4
定价: CNY3.25

作者熊少军(1963—　　)，硬笔书法家。安徽滁县人，国防大学组织部干事。

J0093795

钢笔楷书　　(小学生优秀写景作文)熊少军书写
北京　大众文艺出版社　1992年　160页
19cm(32 开) ISBN: 7-80094-033-0

定价：CNY3.25

J0093796
钢笔楷书 （小学生优秀写人作文）熊少军书写
北京 大众文艺出版社 1992年 160页
19cm（小 32 开）ISBN：7-80094-030-6
定价：CNY3.25

J0093797
钢笔楷书 （小学生优秀状物作文）熊少军书写
北京 大众文艺出版社 1992年 160页
19cm（小 32 开）ISBN：7-80094-032-2
定价：CNY3.25
（钢笔系列作文丛书）

J0093798
钢笔楷书 （历代爱国诗词）王文康书
重庆 重庆出版社 1992年 88页 19cm（小 32 开）
ISBN：7-5366-1863-8 定价：CNY1.40
　　作者王文康（1949— ），重庆邮政技校讲师、副校长，四川省硬笔书法学会理事。

J0093799
钢笔楷书间架结构习练手册 熊少军书写
北京 大众文艺出版社 1992年 300页
19cm（小 32 开）ISBN：7-80094-029-2
定价：CNY5.95
　　本书收入常用字 3500 个，每个字附有汉语拼音、字体的间架结构等。

J0093800
钢笔楷书入门 陈剑锋编著
南宁 广西美术出版社 1992年 90页
19cm（小 32 开）ISBN：7-80582-438-X
定价：CNY2.20

J0093801
钢笔楷书帖 钱沛云书
上海 上海教育出版社 1992年 94页 19cm（小 32 开）ISBN：7-5320-2699-X 定价：CNY2.00
　　作者钱沛云（1946— ），著名硬笔书法家。字鹤斋，浙江上虞人，毕业于上海师大中文系。中国书法家协会会员，中国书画函授大学书法系教授。主要作品有《楷书基础知识》《怎样写快写好钢笔字》《钢笔书法技巧要领》《红楼梦诗词

钢钢笔行书书帖》等。

J0093802
钢笔楷书字帖 （爱国诗词选）傅波书
成都 巴蜀书社 1992年 30页 19cm（小 32 开）
ISBN：7-80523-431-0 定价：CNY0.70

J0093803
钢笔隶书字帖 （爱国诗词选）刘辉书
成都 巴蜀书社 1992年 30页 19cm（小 32 开）
ISBN：7-80523-433-7 定价：CNY0.70

J0093804
钢笔签名设计技巧集锦 刘大卫，李庆著
上海 上海科学技术文献出版社 1992年 102页
19cm（小 32 开）ISBN：7-80513-982-2
定价：CNY2.00
　　本书介绍了设计签名的多种技巧，从各个侧面剖析了姓名组合的特征和与之相应的方法。

J0093805
钢笔书法集 （爱情名言）毛炳全等编写
深圳 海天出版社 1992年 160页 19cm（小 32 开）
ISBN：7-80542-477-2 定价：CNY4.90
　　本书包括行、楷、魏 3 种字体。

J0093806
钢笔书法集 （港台歌词）仇德鉴编；毛孝弢书
深圳 海天出版社 1992年 178页 20cm（32 开）
ISBN：7-80542-478-0 定价：CNY5.20
　　作者毛孝弢，笔名萧涛、岭文、田心梅、舒林。浙江省书法家协会会员、中国硬笔书法家协会会员、浙江省书法研究会理事等。出版有《古今对联行书字帖》《咏花诗钢笔字帖》等。

J0093807
钢笔书法集 （流行歌词）刘伟力书
深圳 海天出版社 1992年 183页 19cm（小 32 开）
ISBN：7-80542-393-8 定价：CNY2.90

J0093808
钢笔书法唐诗百首 梁鼎光书
海口 南海出版公司 1992年 216页
19cm（小 32 开）ISBN：7-80570-797-9
定价：CNY4.30

本书精选 170 多首唐诗佳作，以楷、行、草 3 体钢笔书法抄写，并附上白话今译诗作对照。作者梁鼎光（1938— ），书法家、动物解剖学家。广东恩平人。华南农业大学副教授、广东省书法家协会副主席。代表作品有《浅谈书法》《小楷书法》等。

J0093809
钢笔书法唐诗百首　梁鼎光书
广州 广东旅游出版社 1993 年 216 页
19cm（小 32 开）ISBN：7-80521-162-0
定价：CNY4.95

J0093810
钢笔书法欣赏与练习　（红楼梦诗词选）王辛铭书写
天津 天津教育出版社 1992 年 92 页
19cm（小 32 开）ISBN：7-5309-1395-6
定价：CNY1.40

本书是钢笔字书法欣赏专著。以红楼梦诗词选为内容，讲解了钢笔字书法的欣赏及钢笔字的练习。作者王辛铭（1938— ），硬笔书法家。原籍山东福山。历任天津市河北区教师进修学校副校长、天津市文史研究馆馆员、天津市书法家协会会员、天津市楹联学会会员、天津市硬笔书协常务理事等职。出版有《六千常用词钢笔楷书字帖》等。

J0093811
钢笔书法欣赏与练习　（毛泽东诗词五十首）孙玉田书写；天津教育出版社编选
天津 天津教育出版社 1992 年 92 页
19cm（小 32 开）ISBN：7-5309-1394-8
定价：CNY1.40

J0093812
钢笔书法欣赏与练习　（社交赠言）高玮书写；天津教育出版社编选
天津 天津教育出版社 1992 年 94 页
19cm（小 32 开）ISBN：7-5309-1395-4
定价：CNY1.40

J0093813
钢笔书法欣赏与练习　（社交赠言）高玮书写
天津 天津教育出版社 1992 年 94 页

19cm（小 32 开）ISBN：7-5309-1396-4
定价：CNY1.40

J0093814
钢笔书法作品技法　卢桐编著
北京 知识出版社 1992 年 140 页 19cm（小 32 开）
ISBN：7-5015-0797-X 定价：CNY4.20

本书对钢笔楷书、行书、隶书、草书、临帖等各类书法作品的构思和书写进行了具体介绍和示范。作者卢桐（1947— ），书法家、国家二级美术师。生于辽宁沈阳，祖籍河北饶阳。历任沈阳民族书画院院长、中国书法艺术研究院艺术委员会理事、东北大学客座教授。出版有《卢桐书法集》。

J0093815
钢笔魏碑体字帖　（爱国诗词选）熊庆年书
成都 巴蜀书社 1992 年 30 页 19cm（小 32 开）
ISBN：7-80523-432-9 定价：CNY0.70

J0093816
钢笔正楷行书字帖及练写窍门　陈英群著
北京 北京广播学院出版社 1992 年 102 页
19cm（小 32 开）ISBN：7-81004-391-9
定价：CNY2.45

J0093817
钢笔正楷字帖　（小学语文生字）王君编
济南 山东教育出版社 1992 年 121 页
19cm（小 32 开）ISBN：7-5328-1481-5
定价：CNY2.10

J0093818
钢笔字速成教材　杨再春著
北京 中国妇女出版社 1992 年 重印本 92 页
26cm（16 开）ISBN：7-80016-297-4
定价：CNY3.90

作者杨再春（1943— ），书法家。河北唐山人，毕业于北京体育大学。历任北京体育大学出版社社长兼总编、中国摄影著作权协会副总干事长、中国书画函授大学教授。代表作品有《行草章法》《墨迹章法通览》等。

J0093819
钢笔字帖　（汪国真抒情诗抄）刘一平书

长沙 湖南美术出版社 1992 年 90 页
20cm（32 开）ISBN：7-5356-0488-9
定价：CNY2.00

J0093820
钢笔字帖与欣赏　汤朝志编著
武汉 中国地质大学出版社 1992 年 176 页
19cm（小 32 开）ISBN：7-5625-0672-8
定价：CNY4.00
　　作者汤朝志（1954—　　），书法教师。湖北荆
门人，荆门大学美术书法教师、荆门市书法家协
会理事、中青年硬笔书法家协会会员。

J0093821
格林童话钢笔楷书字帖　来澍钧书
海口 海南摄影美术出版社 1992 年 170 页
有插图 20cm（32 开）ISBN：7-80571-165-8
定价：CNY3.50
（儿童快乐书法丛书）

J0093822
古龙妙语精选钢笔字帖　罗叶等书写；苏笑
海选辑
海口 海南摄影美术出版社 1992 年 200 页
19cm（小 32 开）ISBN：7-80571-295-6
定价：CNY3.70

J0093823
古诗词钢笔行书字帖　郁曾全著
南京 南京大学出版社 1992 年 132 页
19cm（小 32 开）ISBN：7-305-01823-6
定价：CNY2.90

J0093824
广西首届硬笔书法展作品精萃　莫振宁，蒙
造华编
南宁 广西教育出版社 1992 年 60 页
26cm（16 开）ISBN：7-5435-1514-8
定价：CNY3.00
　　本书包括中国书法发展源流的各种书体，
如：甲骨、大篆、小篆、汉隶、章草、魏碑、唐楷、
行书、草书等。

J0093825
韩非子名言硬笔书法字帖　路华章书

北京 警官教育出版社 1992 年 19cm（小 32 开）
ISBN：7-81027-120-2 定价：CNY3.10
（诸子名言硬笔书法系列）

J0093826
荷吟百咏　张辛汗等编选书写
长沙 湖南出版社 1992 年 100 页 26cm（16 开）
ISBN：7-5438-0449-2 定价：CNY5.00
（钢笔书法《百咏》丛书 6）
　　作者张辛汗（1944—2010），笔名殷勤，湖南
沅江人。历任沅江市文化馆馆长，文化局副局长、
文联主席，中国书法家协会湖南分会会员、中国
音乐家协会音乐文学会会员、中国当代硬笔书法
习字会理事、中国书法家协会会员。代表作品有
《书谱释义》《元曲百首》《百花诗画》《百咏丛
书》等。

J0093827
贺卡祝词大全钢笔行书字帖　刘大卫书写；
李庆选编
北京 中国华侨出版社 1992 年 2 册（123+122 页）
19cm（小 32 开）ISBN：7-80074-697-6
定价：CNY7.20

J0093828
互赠妙语　（青少年钢笔行书速成帖）刘大卫书
北京 北京经济学院出版社 1992 年 98 页
19cm（32 开）ISBN：7-5638-0310-6
定价：CNY3.00

J0093829
黄庭坚帖　廖自力临写
武汉 长江文艺出版社 1992 年 19cm（32 开）
ISBN：7-5354-0642-4 定价：CNY4.95
（钢笔缩临历代名帖大观丛书 3）
　　作者廖自力（1949—　　），笔名魏去病。祖籍
江西龙南，毕业于中山大学哲学硕士。历任国家
行政学院书画研究院院长兼任中国绘画艺术研
究院顾问，河南大学艺术学院客座教授、浙江天
目书画社社长。出版有《名人名言集锦》。

J0093830
机智幽默故事钢笔字帖　赵金伟书
海口 海南摄影美术出版社 1992 年 114 页
有插图 20cm（32 开）ISBN：7-80571-163-1

定价: CNY2.50

(儿童快乐书法丛书)

J0093831

精选唐诗一百首钢笔字帖 段相林等书

郑州 中州古籍出版社 1992 年 108 页

19cm(小 32 开) ISBN: 7-5348-0760-3

定价: CNY2.35

J0093832

警语 格言 佳句钢笔书法字帖 杨功顺
书写

北京 中国国际广播出版社 1992 年 160 页

有照片 19cm(小 32 开) ISBN: 7-5078-0347-3

定价: CNY3.65

    本书汇集了楷书、行书、隶书、魏碑和仿宋
书体的 300 余条警语、格言、佳句。作者杨功顺
(1956—),辽宁本溪人,时任辽东硬笔书法协
会副会长。

J0093833

菊吟百咏 张辛汗等编选书写

长沙 湖南出版社 1992 年 100 页 有彩照

26cm(16 开) ISBN: 7-5438-0450-6

定价: CNY5.00

(钢笔书法《百咏》丛书 7)

J0093834

绝妙好诗词钢笔字帖 石翔编选; 马奔书写

海口 南海出版公司 1992 年 105 页

19cm(小 32 开) ISBN: 7-80570-813-4

定价: CNY3.50

    作者马奔(1965—),笔名勤耕,号润野,
现受聘于河南省沈丘县农业银行,中国钢笔圆珠
笔法研究会会员。

J0093835

楷行草三体对照常用汉字钢笔字帖 于天
存著

北京 中国青年出版社 1992 年 重印本 160 页

19cm(32 开) ISBN: 7-5006-0689-3

定价: CNY3.60

    本书收入汉字的楷书、行书、草书三种字体
对照的钢笔字帖。

J0093836

楷书隶书钢笔字帖 (唐诗七律)高惠敏书

北京 北京理工大学出版社 1992 年 93 页

19cm(小 32 开) ISBN: 7-81013-500-7

定价: CNY1.90

    书中精选了唐诗七律共计 90 首。

J0093837

赖宁日记钢笔字帖 徐庆元书

上海 复旦大学出版社 1992 年 78 页

19cm(小 32 开) ISBN: 7-309-00754-9

定价: CNY1.35

J0093838

兰军硬笔书法艺术 张兰军书

长沙 湖南美术出版社 1992 年 48 页

26cm(16 开) ISBN: 7-5356-0531-1

定价: CNY5.90

    作者张兰军(1963—),土家族,书法家。
湖南桑植县人。

J0093839

兰吟百咏 张辛汗等编选书写

长沙 湖南出版社 1992 年 100 页 有彩照

26cm(16 开) ISBN: 7-5438-0448-4

定价: CNY5.00

(钢笔书法《百咏》丛书 5)

J0093840

历代书法家书论精选 (三体钢笔字帖)王柏
勋书写; 张忠进选编

北京 中国书店 1992 年 155 页 19cm(小 32 开)

ISBN: 7-80568-467-7 定价: CNY4.10

    本书精选了我国历代书法名家的书学论
著,并以正、隶、行三种字体写成。作者王柏勋
(1949—),书法家。浙江嵊县人。历任中国硬
笔书法家协会理事、浙江省硬笔书法家协会副主
席、绍兴市硬笔书法家协会主席。出版有《历代
书论精选》。

J0093841

恋爱悄悄话行书隶书钢笔字帖 梁地, 符显
然书

南宁 广西美术出版社 1992 年 92 页

19cm(小 32 开) ISBN: 7-80582-395-2

定价：CNY2.20

J0093842

梁实秋妙语钢笔字帖　　耘夫编；王立志书
北京　中国国际广播出版社　1992 年　150 页
19cm（小 32 开）ISBN：7-5078-0325-2
定价：CNY3.00
　　本书编选我国语言大师梁实秋妙语精粹，由
年轻硬笔书法家王立志书写。

J0093843

流行歌曲词作集粹　　（硬笔行书字帖）伍斌书
北京　中国发展出版社　1992 年　101 页
20cm（32 开）ISBN：7-80087-037-5
定价：CNY3.60

J0093844

柳吟百咏　　张辛汗等编选书写
长沙　湖南出版社　1992 年　100 页　有彩照
26cm（16 开）ISBN：7-5438-0451-4
定价：CNY5.00
（钢笔书法《百咏》丛书 8）

J0093845

鲁迅警语钢笔字帖　　黎松峭书
南宁　广西人民出版社　1992 年　203 页
19cm（小 32 开）ISBN：7-219-02024-4
定价：CNY3.50

J0093846

鲁迅诗篇钢笔字帖　　黎松峭书
南宁　广西人民出版社　1992 年　159 页
19cm（小 32 开）ISBN：7-219-02046-5
定价：CNY3.00
　　本书与广西美术出版社合作出版。

J0093847

罗兰小语钢笔字帖　　（1）卢桐书
西安　陕西旅游出版社　1992 年　158 页
19cm（小 32 开）ISBN：7-5418-0135-6
定价：CNY3.60

J0093848

毛泽东名言　　（钢笔书法）史小波书
北京　海潮出版社 1992 年 252 页 19cm（小 32 开）

ISBN：7-80054-340-4 定价：CNY4.40

J0093849

毛泽东诗词　　（硬笔书法名家三体钢笔字帖）
袁强等书
北京　中国人事出版社　1992 年　61 页
26cm（16 开）ISBN：7-80076-195-9
定价：CNY3.80
　　本帖选收毛主席诗词 32 首，用楷、行、隶三
种字体书写。作者袁强（1953—　），北京市崇文
区少年宫书法教师、北京市书法家协会会员、中
国硬笔书法协会副秘书长、北京崇文区少年书法
学校副校长、中国人民大学函授学院任客座书法
副教授。

J0093850

毛泽东诗词钢笔行书帖　　梁鼎光书
广州　广东高等教育出版社　1992 年　90 页
19cm（小 32 开）ISBN：7-5361-0840-0
定价：CNY2.00

J0093851

毛泽东诗词钢笔行书字帖　　傅波书
北京　中国文联出版公司　1992 年　49 页
19cm（小 32 开）ISBN：7-5059-1715-3
定价：CNY2.60

J0093852

毛泽东颂歌钢笔行书字帖　　黎松峭书
南宁　广西美术出版社　1992 年　92 页
19cm（小 32 开）ISBN：7-80582-353-7
定价：CNY2.20

J0093853

毛泽东语录钢笔字帖　　雷连明编；张平生书
桂林　广西师范大学出版社　1992 年　118 页
19cm（小 32 开）ISBN：7-5633-1346-X
定价：CNY2.00
（书法系列指导丛书）

J0093854

梅吟百咏　　张辛汗等编选书写
长沙　湖南出版社　1992 年　100 页　有彩照
26cm（16 开）ISBN：7-5438-0447-6
定价：CNY5.00

（钢笔书法《百咏》丛书 4）

J0093855

每天写一字 （春）李石文著

天津 新蕾出版社 1992 年 90 页 19cm（小 32 开）

ISBN：7-5307-0964-X 定价：CNY1.60

　　硬笔字字帖。作者李石文（1955— ），生于辽宁沈阳，祖籍山东黄县。历任中国民航杂志社社长兼总编、华艺硬笔习字会副会长，中国书协第一届硬笔专业委员会委员、副秘书长。

J0093856

每天写一字 （冬）李石文著

天津 新蕾出版社 1992 年 92 页 19cm（小 32 开）

ISBN：7-5307-0967-4 定价：CNY1.60

　　硬笔字字帖。

J0093857

每天写一字 （秋）李石文著

天津 新蕾出版社 1992 年 92 页 19cm（小 32 开）

ISBN：7-5307-0966-6 定价：CNY1.60

　　硬笔字字帖。

J0093858

每天写一字 （夏）李石文著

天津 新蕾出版社 1992 年 91 页 19cm（小 32 开）

ISBN：7-5307-0965-8 定价：CNY1.60

　　硬笔字字帖。

J0093859

蒙学六篇三体硬笔字帖　丁谦书写

北京 地震出版社 1992 年 121 页 19cm（小 32 开）

ISBN：7-5028-0696-2 定价：CNY3.20

　　本书作者采用楷、隶、行三种字体书写了《三字经》《百家姓》等。作者丁谦（1958— ），书法家。字浩文，斋号万籁草堂，河南周口人。历任中国书法家协会理事、中国硬笔书法协会副主席，解放军总后勤部某部政委，大校军衔。

J0093860

描影练字法钢笔字帖　孙厚琦著

济南 山东美术出版社 1992 年 114 页

18×26cm ISBN：7-5330-0466-3 定价：CNY5.50

J0093861

名古诗钢笔楷书字帖　阎锐敏书写；倪文杰选编

北京 中国国际广播出版社 1992 年 219 页

19cm（小 32 开）ISBN：7-5078-0527-1

定价：CNY6.00

　　本书选古典名诗 150 首，以楷书书体书写，并专门附有楷书结构规律，一一举例说明书写规律、窍门及间架结构。作者阎锐敏（1957— ），毕业于首都师范大学书法专业。中国现代硬笔书法研究会副秘书长兼编辑部主任。

J0093862

名人格言多体钢笔字帖　梁鼎光，卢有光书；欧广勇，徐庆宜编

广州 中山大学出版社 1992 年 184 页

19cm（小 32 开）ISBN：7-306-00578-2

定价：CNY3.80

　　作者梁鼎光（1938— ），书法家、动物解剖学家。广东恩平人。华南农业大学副教授、广东省书法家协会副主席。代表作品有《浅谈书法》《小楷书法》等。作者卢有光（1938— ），书法家。生于广东肇庆。历任中国书法家协会会员、广东省书法家协会副主席、广州市文史研究馆副馆长。著有《卢有光书法选集》《王羲之兰亭序书法入门》《卢有光楹联展书法集》《卢有光书法新作选》《卢有光书道展》。编者欧广勇（1940— ），书法家。广东德庆人。中国书协创作委员会委员、广东省书协副主席、岭南书法篆刻艺术研究会会长、中国书协理事、中国书协创作评审委员，中国书法家协会理事、书协广东分会副秘书长。著有《中国历代书艺概论》《中国历代书艺概览》《欧广勇书法集》。

J0093863

名人格言硬笔楷书字帖　席德生书

太原 山西人民出版社 1992 年 92 页

20cm（32 开）ISBN：7-203-02286-2

定价：CNY2.80

　　作者席德生（1957— ），山西繁峙县人，中国当代硬笔习字会理事，就职于太原市迎泽街小学。

J0093864

名人妙语 （钢笔书法）牛彤书

北京 中国广播电视出版社 1992年 236页
19cm（小32开）ISBN：7-5043-1360-2
定价：CNY3.75

　　本书精选世界名人哲言妙语近800条，以楷书、行书、隶书3种字体分别书写，内容分：论人生、论青春、论生活3类。作者牛彤（1968—　），中国书法家协会会员、中国现代硬笔书法研究会会员。

J0093865

名人名言钢笔字帖　　梁世英编写

北京 中国友谊出版公司 1992年 305页
19cm（小32开）ISBN：7-5057-0487-7
定价：CNY6.50

　　作者梁世英（1929—　），教师、硬笔书法家。广西南宁人。曾任北京华夏诗联书画院研究员、南宁市诗词学会会员、中国老年书画研究会会员。书法作品有《练功喜赋》《草大纪念亭落成盛赋》等。

J0093866

欧阳询楷书全本钢笔临本　　戴山青，张瑞鹏书

北京 广播学院出版社 1992年 19cm（小32开）
ISBN：7-81004-479-6 定价：CNY3.25

　　作者戴山青（1944—2004），书法家。字云父，曾任"现代书法学会"秘书长。

J0093867

欧阳询帖　　卢中南临写

武汉 长江文艺出版社 1992年 19cm（小32开）
ISBN：7-5354-0642-4 定价：CNY3.45
（钢笔缩临历代名帖大观 2）

　　作者卢中南（1950—　），书法家。生于湖北武汉，祖籍河南济源。中国人民革命军事博物馆副研究馆员、中国书法家协会会员。代表作品有《卢中南楷书成语字帖》《魏碑基础入门》。

J0093868

配画唐诗五体钢笔字帖　　黎孟德书画

成都 巴蜀书社 1992年 100+34页 19cm（小32开）
ISBN：7-80523-458-2 定价：CNY4.10

J0093869

七言诗硬笔书法字帖　　（仿宋、楷书部分）

赵多良，陆维中书写；辽宁人民出版社编

沈阳 辽宁人民出版社 1992年 96页 17×19cm
ISBN：7-205-02223-1 定价：CNY3.70

J0093870

奇思灼见　　（文学名著妙语）吴玉生书

沈阳 沈阳出版社 1992年 156页 19cm（小32开）
ISBN：7-80556-796-4 定价：CNY3.20
（当代青年欣赏实用钢笔书法丛帖）

J0093871

千家诗钢笔行书字帖　　徐子久著

北京 中国文联出版公司 1992年 129页
26cm（16开）ISBN：7-5059-1592-4
定价：CNY7.40

　　作者徐子久（1948—　），书法家。字寿松，号白发人，浙江台州人，毕业于曲阜师范大学艺术系和浙江美术学院国画系。历任中国书协会员，中国书法研究院副院长、教授，中国书协会员等职。

J0093872

千字文楷行草书钢笔字帖　　（简繁对照）
刘大卫书

上海 上海文化出版社 1992年 59页 20cm（32开）
ISBN：7-80511-475-7 定价：CNY2.10

J0093873

青春、人生、哲理　　（钢笔书法）刁永泉诗；
杨再春书

北京 光明日报出版社 1992年 100页
26cm（16开）ISBN：7-80091-315-5
定价：CNY5.80

J0093874

青春格言钢笔字帖　　（楷、隶）冉文中书

西安 陕西人民出版社 1992年 96页
19cm（小32开）ISBN：7-224-02206-3
定价：CNY2.25
（家教丛书）

J0093875

青春偶像金曲钢笔字帖　　刘大卫书写；李庆
选编

延吉 延边人民出版社 1992年 60页
19cm（小32开）ISBN：7-80508-895-0

定价：CNY2.80

（刘大卫金曲歌词系列钢笔字帖 3）

J0093876

青春赠言钢笔行书字帖   旭光，凤玲编；钱沛云书

石家庄 河北少年儿童出版社 1992年 180页 19cm（小32开）ISBN：7-5376-0769-9

定价：CNY2.20

作者钱沛云（1946—   ），著名硬笔书法家。字鹤斋，浙江上虞人，毕业于上海师大中文系。中国书法家协会会员、中国书画函授大学书法系教授。主要作品有《楷书基础知识》《怎样写快写好钢笔字》《钢笔书法技巧要领》《红楼梦诗词钢钢笔行书书帖》等。

J0093877

青春赠言录钢笔行书字帖   （汉英对照）刘大卫书

上海 上海人民美术出版社 1992年 168页 19cm（小32开）ISBN：7-5322-1173-8

定价：CNY3.20

J0093878

青少年钢笔楷书入门   刘俊礼著

北京 人民交通出版社 1992年 98页 19cm（小32开）ISBN：7-114-01286-1

定价：CNY2.55

本书内容分两部分：一是基本笔画、偏旁部首、汉字结构，并附注书写要点；二是选写了钢笔楷书常用汉字6500字。作者刘俊礼，青少年规范简化钢笔字教师。

J0093879

情义无价   （青春友谊赠言）丁永康书

沈阳 沈阳出版社 1992年 156页 18cm（小32开）

ISBN：7-80556-796-4 定价：CNY3.20

（当代青年欣赏实用钢笔书法丛帖）

J0093880

琼瑶影视金曲钢笔字帖   刘大卫书；李庆选编

延吉 延边人民出版社 1992年 86页 19cm（小32开）ISBN：7-80508-842-X

定价：CNY2.80

本书选录了琼瑶作词的影视插曲，如《云河》

《秋歌》《我是一片云》等。

J0093881

秋吟百咏   张辛汗等编选书写

长沙 湖南出版社 1992年 100页 有彩照 26cm（16开）ISBN：7-5438-0454-9

定价：CNY5.00

（钢笔书法《百咏》丛书 11）

J0093882

趣味规律识字系列字帖   （钢笔 第一册）

鄢文俊，卢正体编；姚德淳书

成都 四川人民出版社 1992年 53页 19cm（32开）ISBN：7-220-01621-2 定价：CNY1.00

作者姚德淳（1962—   ），书法家。号百纳馆主、竹庐主人，四川西充人。就职于四川省文物管理局，四川省金石书画研究会副会长、四川省书法家协会会员、成都市青年书法家协会常务理事。出版有《高中古诗文钢笔字帖》《初中古诗文钢笔字帖》《毛笔小楷字帖》《趣味规律识字系列字帖》等。

J0093883

趣味规律识字系列字帖   （钢笔 第二册）

鄢文俊，卢正体编；姚德淳书

成都 四川人民出版社 1992年 69页 19cm（32开）ISBN：7-220-01666-2 定价：CNY1.30

J0093884

趣味规律识字系列字帖   （钢笔 第三册）

鄢文俊，卢正体编；姚德淳书

成都 四川人民出版社 1992年 64页 19cm（32开）ISBN：7-220-01893-2 定价：CNY1.40

J0093885

全国学雷锋钢笔书法大赛范本   全国学雷锋钢笔书法大赛组委会编

北京 教育科学出版社 1992年 48页 有肖像 26cm（16开）ISBN：7-5041-1079-5

定价：CNY3.00

J0093886

人生格言钢笔字帖系列   （处世交友篇）

曾雪书

北京 中国华侨出版社 1992年 156页

19cm（小 32 开）ISBN：7-80074-689-5
定价：CNY3.20

　　作者曾雪（1969—　），女，华艺硬笔习字会办公室副主任、常务理事。

J0093887

人生理想篇　　任澈书
北京　中国华侨出版社　1992 年　156 页
19cm（小 32 开）ISBN：7-80074-689-5
定价：CNY3.20

J0093888

日常用词钢笔行楷字帖　　杨志康书写；《写字》杂志编辑部编
北京　农业出版社　1992 年　58 页　19cm（小 32 开）
ISBN：7-109-02655-8　定价：CNY1.20

J0093889

三毛作品精言钢笔字帖　　杨为国书；杨芳菲、缪永清选编
北京　中国国际广播出版社　1992 年　203 页
20cm（32 开）ISBN：7-5078-0400-3
定价：CNY3.75

　　作者杨为国（1955—　），书法家、教授。出生于浙江杭州。历任中国书画艺术委员会副主席、中国书法家协会会员、中国硬笔书法协会副主席、中国美院出版社编辑、浙江省书法家协会会员、北京大学回宫格书法艺术学校校长。碑帖作品有《自书告身》《勤礼》等。

J0093890

三字经钢笔行书字帖　　徐涛，津民书
北京　中国广播电视出版社　1992 年　124 页
19cm（小 32 开）ISBN：7-5043-1971-6
定价：CNY2.55

J0093891

散文佳作精选钢笔字帖　　（三毛篇）程坧等书写
杭州　浙江大学出版社　1992 年　227 页
19cm（小 32 开）ISBN：7-308-00982-3
定价：CNY3.90

J0093892

散文精品钢笔字帖　　孙桂峰书写
郑州　河南美术出版社　1992 年　51 页
19cm（小 32 开）ISBN：7-5401-0235-7
定价：CNY1.70

　　作者孙桂峰（1967—　），笔名凌飞，中国东峰碑林书法部委员，当代硬笔习字会会员。

J0093893

散文名篇选段钢笔字帖　　方馨，叶家伦书写
福州　福建美术出版社　1992 年　121 页
19cm（32 开）ISBN：7-5393-0188-0
定价：CNY3.20

　　作者方馨，女，中国现代硬笔书法研究会会员、中国青少年书法协会理事。作者叶家伦（1965—　），福建寿宁人，福建省硬笔书法学会理事。

J0093894

莎士比亚名言硬笔书法字帖　　戴文编选；曾雪书
北京　北京广播学院出版社　1992 年　10 册
19cm（小 32 开）ISBN：7-81004-334-X
定价：CNY3.00
（世界大文豪名言硬笔书法系列）

　　作者曾雪（1969—　），女，华艺硬笔习字会办公室副主任、常务理事。

J0093895

上海钢笔书法名家精品选　　王延林选编
上海　学林出版社　1992 年　84 页　26cm（16 开）
ISBN：7-80510-746-7　定价：CNY3.15

　　本书收了顾仲安、陆维中、林似春、卢前、黄若舟钢笔书法精品。

J0093896

少男少女的梦　（朱京龄抒情诗钢笔字帖）陈强书写
北京　中国广播电视出版社　1992 年　117 页
19cm（小 32 开）ISBN：7-5043-1970-8
定价：CNY2.55

J0093897

少男少女梦幻金曲钢笔字帖　　刘大卫书；李庆选编
延吉　延边人民出版社　1992 年　86 页　19cm（32 开）
ISBN：7-80508-843-8　定价：CNY2.80

（刘大卫金曲歌词系列钢笔字帖 4）

作者刘大卫，书法家。上海人。历任上海文化生活技艺专修学校老师、中国汉字硬笔书法研究会副会长兼学术部主任、日本国书道研修中心客座教授。

J0093898

少男少女梦幻金曲钢笔字帖　刘大卫书；李庆选编

延吉　延边人民出版社　1994 年　重印本　86 页
19cm（32 开）ISBN：7-80508-843-8
定价：CNY3.80
（刘大卫金曲歌词系列钢笔字帖 4）

J0093899

少男少女喜爱的纯情诗硬笔书法字帖　赵多良，李勤学书

沈阳　春风文艺出版社　1992 年　160 页
19cm（小 32 开）ISBN：7-5313-0700-6
定价：CNY3.75

J0093900

少男少女喜爱的人生妙语　马晓涛选编；司马彦书写

武汉　长江文艺出版社　1992 年　230 页
20cm（32 开）ISBN：7-5354-0609-2
定价：CNY4.50

本书内容包括三毛、席慕蓉、罗兰生、柏杨等人生妙语精选及精彩人生妙语荟萃等。

J0093901

少男少女喜爱的赠言　（钢笔三体字帖）司马彦书

武汉　华中理工大学出版社　1992 年　122 页
19cm（小 32 开）ISBN：7-5609-0689-3
定价：CNY3.60

J0093902

少男少女喜爱的赠言　（钢笔三体字帖）司马彦书

武汉　华中理工大学出版社　1997 年　2 版　140 页
19cm（小 32 开）ISBN：7-5609-1410-1
定价：CNY5.50

J0093903

少年儿童硬笔书法手册　牛彤著

北京　中国少年儿童出版社　1992 年　124 页
有图　26cm（16 开）ISBN：7-5007-1541-2
定价：CNY4.35

介绍了硬笔书写工具、书写方法及楷书、隶书、魏体字等，并附范字分解练习。作者牛彤（1968—　），中国书法家协会会员、中国现代硬笔书法研究会会员。

J0093904

少年学诗正楷钢笔字帖　孟繁禧书

北京　北京理工大学出版社　1992 年　90 页
19cm（小 32 开）ISBN：7-81013-503-1
定价：CNY1.90

作者孟繁禧（1954—　），著名书法家。北京人，祖籍山东章丘。任中国书法家协会理事、北京书法家协会副主席、中国书法家协会会员。供职于国家京剧院。编著有《如何临习欧体九成宫碑》《行书入门》《虞恭公碑解析字帖》等。

J0093905

深圳市教育系统中泰杯硬笔书法大赛获奖作品选集　唐骏主编

深圳　海天出版社　1992 年　126 页　有彩照
20cm（32 开）ISBN：7-80542-539-6
定价：CNY4.50

作者唐骏（1947—　），广西玉林人。深圳市语言文字工作委员会办公室副主任、市硬笔书法协会副会长。绘有《唐骏画集》等。

J0093906

生活铮言钢笔字帖系列　（风物·景观篇）顾洪兴，汪自力选编；吴剑铭书写

西安　陕西人民教育出版社　1992 年　116 页
19cm（32 开）ISBN：7-5419-3824-6
定价：CNY3.60

J0093907

生活铮言钢笔字帖系列　（婚姻·爱情篇）汪自力，顾洪兴选编；曹泳敏书写

西安　陕西人民教育出版社　1992 年　104 页
19cm（32 开）ISBN：7-5419-3822-X
定价：CNY3.60

J0093908

生活铮言钢笔字帖系列 （人情·世情篇）汪自力，顾洪兴选编；曹泳敏，吴剑铭书写

西安 陕西人民教育出版社 1992年 143页 19cm（32开） ISBN：7-5419-3821-1

定价：CNY3.60

J0093909

生活铮言钢笔字帖系列 （世态·心态篇）顾洪兴，汪自力选编；曹泳敏书写

西安 陕西人民教育出版社 1992年 127页 19cm（32开） ISBN：7-5419-3823-8

定价：CNY3.60

J0093910

生活知识钢笔字帖 陈敏书

北京 中国妇女出版社 1992年 198页 19cm（小32开） ISBN：7-80016-720-8

定价：CNY4.60

　　作者陈敏（1957—　），教师。浙江省人民警察学校语文教研室主任、中国硬笔书法家协会理事、浙江省硬笔书法家协会副主席兼秘书长。

J0093911

诗经今译钢笔字帖 茅鸣九书

福州 海峡文艺出版社 1992年 128页 21×17cm ISBN：7-80534-445-8

定价：CNY4.30

J0093912

实用对联钢笔字帖 丁永康等书；刘桂明，郭健编

北京 华龄出版社 1992年 200页 19cm（小32开） ISBN：7-80082-183-8 定价：CNY5.45

　　本书用行、楷、隶书写古今春联、行业用联、名胜对联、名人名联、婚联、寿联、挽联、集联、趣联23对。

J0093913

实用对联精选钢笔字帖 郭金成书

西安 西安地图出版社 1992年 106页 19cm（小32开） ISBN：7-80545-158-3

定价：CNY2.80

J0093914

实用钢笔书法 倪文东编著

西安 三秦出版社 1992年 124页 19cm（小32开） ISBN：7-80546-495-2 定价：CNY2.00

　　作者倪文东（1957—　），教授。又名倪端、倪陵生，陕西黄陵人，毕业于西北大学中文系。历任西北大学艺术系教授、陕西省青年书法家协会副主席、太白印社社长、中国书法家协会理事、北京师范大学艺术与传媒学院书法系教授。代表作品《二十世纪中国书画家印款辞典》。

J0093915

实用钢笔书写新技法 陶梅岑著

南宁 广西美术出版社 1992年 43页 19cm（小32开） ISBN：7-80582-276-X

定价：CNY2.00

J0093916

实用公文写作知识钢笔字帖 （一 布告 公告 通知 函）戴宗济主编；戴玉祥书

北京 中国人事出版社 1992年 28页 26cm（16开） ISBN：7-80076-090-1 定价：CNY2.60

　　作者戴宗济（1946—　），编辑。号云南游人等，祖籍江苏邳县，生于北京。历任中国人事出版社副主任、国家人事部书画研究会副会长、北京东城中国书画艺术学会副会长、河南平顶山书画院顾问等职。

J0093917

实用公文写作知识钢笔字帖 （二 经济合同 市场调查 预算报告 审计报告）戴宗济主编；袁强书

北京 中国人事出版社 1992年 62页 26cm（16开） ISBN：7-80076-096-0 定价：CNY4.80

J0093918

实用公文写作知识钢笔字帖 （三 记录 纪要 总结 大事记）戴宗济主编；安福存书

北京 中国人事出版社 1992年 33页 26cm（16开） ISBN：7-80076-095-2 定价：CNY3.40

J0093919

实用公文写作知识钢笔字帖 （四 计划 规划）戴宗济主编；杨育青书

北京 中国人事出版社 1992年 28页 26cm（16开）

ISBN：7-80076-094-4 定价：CNY3.20

J0093920

实用公文写作知识钢笔字帖 （五 章程 条例 规定 规则）戴宗济主编；陈文江书
北京 中国人事出版社 1992年 46页 26cm（16开）
ISBN：7-80076-093-6 定价：CNY3.90

J0093921

实用公文写作知识钢笔字帖 （六 报告 请示 简报 调查报告）戴宗济主编；熊少军书
北京 中国人事出版社 1992年 58页 26cm（16开）
ISBN：7-80076-092-8 定价：CNY4.80

J0093922

实用公文写作知识钢笔字帖 （七 命令 指示 决定 决议）戴宗济主编；启笛书
北京 中国人事出版社 1992年 43页 26cm（16开）
ISBN：7-80076-091-X 定价：CNY3.30

　　作者袁守启（1948— ），研究员，博士生导师。笔名启笛，山东莘县人。毕业于山东大学。历任国家发展和改革委员会宏观经济研究院研究员、中国东方文化研究会会长、中国宏观经济研究会副会长、中国书法艺术研究院院长、中国书法家协会会员、中国王羲之基金会理事、国际书画学会会员。创造方正启笛字体。编著有《中国书法简明教程》《启笛手书毛泽东诗词四十首》《启笛钢笔书法字帖》等。

J0093923

实用公文写作知识钢笔字帖 （八 法律诉讼公文）戴宗济主编；郑彦伟书
北京 中国人事出版社 1992年 44页 26cm（16开）
ISBN：7-80076-097-9 定价：CNY4.40

J0093924

实用金融习字帖 李雁春等书
郑州 河南美术出版社 1992年 108页
19cm（小 32 开） ISBN：7-5401-0297-7
定价：CNY3.80

　　作者李雁春（1960— ），字慕鸿，号好古斋主人，河南西平县人。历任河南省硬笔书法家协会副主席、中国硬笔书法家协会理事。出版有《小学生语文钢笔字帖》《实用金融习字帖》等。

J0093925

实用书法大字典 南方，静夜编
成都 电子科技大学出版社 1992年 728页
19cm（小 32 开）软精装 ISBN：7-81016-424-4
定价：CNY15.50

　　本字典收编汉字 4110 余字，收有 16 种硬笔字体。

J0093926

实用应酬文体钢笔字帖 篮铜颜，梁地书
南宁 广西美术出版社 1992年 109页
19cm（小 32 开） ISBN：7-80582-428-2
定价：CNY3.00

J0093927

实用硬笔楷书行书对照字帖 刘名卫编写
海口 三环出版社 1992年 26cm（16开）
ISBN：7-80564-705-4 定价：CNY2.10

　　作者刘名卫（1963— ），书法家。广东廉江县人。历任广东省艺坛书画院副院长、中国硬笔书法学会筹委委员、广东省青年书法家协会会员、湛江市硬笔书法研究会会长等。

J0093928

实用硬笔书法 刘卓力著
北京 解放军文艺出版社 1992年 105页
19cm（小 32 开） ISBN：7-5033-0312-3
定价：CNY4.40
（军旅知识文库）

　　本书介绍了硬笔书法的历史发展，种类特点以及学习硬笔书法应具备的条件和注意事项，附有各种字体字帖。

J0093929

实用硬笔书法字帖 之渔［书］
天津 新蕾出版社 1992年 64页 26cm（16开）
ISBN：7-5307-0869-4 定价：CNY2.60

　　作者郭恩福（1942— ），书画家。字之渔，生于天津塘沽。中国书法家协会天津分会会员、当代硬笔书法习字会常务理事。出版有《硬笔书法字帖》。

J0093930

世界名人格言硬笔行书字帖 刘大卫书
北京 中国发展出版社 1992年 101页

20cm（32 开）ISBN：7-80087-031-6
定价：CNY3.50
（文房四宝丛书）

J0093931
抒情钢笔书法　丁文波等编写
广州 华南理工大学出版社 1992 年 120 页
19cm（小 32 开）ISBN：7-5623-0423-8
定价：CNY3.00
　　本书包含行、草、隶、楷 4 种字体。

J0093932
说说快写钢笔字　李石文著
天津 天津人民美术出版社 1992 年 120 页
19cm（32 开）ISBN：7-5305-3359-2
定价：CNY2.40
　　本书从字形、行笔、执笔等 8 个方面介绍了
快写钢笔字的技法。

J0093933
四体书实用对联　朱训德编写
西宁 青海人民出版社 1992 年 116 页
19×26cm ISBN：7-225-00524-3
定价：CNY6.00
　　本书包括楷、草、隶、篆 4 种书写体。全书
精选了节日联、修养联、名人名联、春联、婚联
等。作者朱训德（1954— ），教授。笔名释然，
湖南湘乡人，毕业于湖南师范大学艺术系，留校
任教。历任中国画研究室主任及美术系主任、教
授，中国美术家学会理事。代表作品有《春花集
锦》《洞庭吟月》《朝天辣》《晚炊》等。

J0093934
松吟百咏　张辛汗等编选书写
长沙 湖南出版社 1992 年 100 页 有彩照
26cm（16 开）ISBN：7-5438-0445-X
定价：CNY5.00
（钢笔书法《百咏》丛书 2）
　　作者张辛汗（1944—2010），笔名殷勤，湖南
沅江人。历任沅江市文化馆馆长、文化局副局长、
文联主席、中国书法家协会湖南分会会员、中国
音乐家协会音乐文学学会会员、中国当代硬笔书法
习字会理事、中国书法家协会会员。代表作品有
《书谱释义》《元曲百首》《百花诗画》《百咏丛
书》等。

J0093935
孙子兵法钢笔行楷字帖　林祥庚书
福州 福建少年儿童出版社 1992 年 153 页
26cm（16 开）ISBN：7-5395-0696-2
定价：CNY5.50

J0093936
孙子兵法钢笔书法　言光军书
桂林 广西师范大学出版社 1992 年 重印本
127 页 19cm（32 开）ISBN：7-5633-1153-X
定价：CNY2.60

J0093937
台港十大"巨星"金曲钢笔字帖　刘大卫书；
李庆选编
延吉 延边人民出版社 1992 年 80 页
19cm（小 32 开）ISBN：7-80508-841-1
定价：CNY2.80
（刘大卫金曲歌词系列钢笔字帖 1）
　　作者刘大卫，书法家。上海人。历任上海文
化生活技艺专修学校老师、中国汉字硬笔书法研
究会副会长兼学术部主任、日本国书道研修中心
客座教授。

J0093938
台港十大"巨星"金曲钢笔字帖　刘大卫书
延吉 延边人民出版社 1994 年 重印本 80 页
19cm（32 开）ISBN：7-80508-841-1
定价：CNY3.80
（刘大卫金曲歌词系列钢笔字帖）

J0093939
泰戈尔名言硬笔书法字帖　戴文编选；李石
文书
北京 北京广播学院出版社 1992 年 10 册
19cm（小 32 开）ISBN：7-81004-336-6
定价：CNY3.00
（世界大文豪名言硬笔书法系列）

J0093940
泰戈尔散文诗钢笔字帖　姚力平书
杭州 浙江文艺出版社 1992 年 253 页
20cm（32 开）ISBN：7-5339-0494-X
定价：CNY4.20

J0093941

唐人绝句五体钢笔字帖 张永明书

北京 北京理工大学出版社 1992年 155页
19cm（小32开） ISBN：7-81013-501-5
定价：CNY2.70

本书包括篆、隶、楷、行、草五体书写。作者张永明（1950— ），书法家。河南新县人。历任中国书法家协会会员、北京书法教育学会副会长、中国楹联学会会员。著作有《篆书与篆书笔法》《篆书技法》《篆书章法》《秦篆书刻石四种解析字帖》《西周金文五种解析字帖》等。

J0093942

唐诗钢笔行草字帖 龙隆书

北京 蓝天出版社 1992年 120页 19cm（小32开）
ISBN：7-80081-273-1 定价：CNY2.95
（硬笔书法系列丛书 1）

J0093943

唐诗名篇钢笔行书字帖 丁永康书

北京 中国物资出版社 1992年 155页
19cm（小32开） ISBN：7-5047-0038-X
定价：CNY3.50

本书介绍了钢笔行书书写的基本常识和学习方法。书写的内容为唐诗名篇。

J0093944

唐诗配画楷行对照钢笔字帖 贾雨川书

北京 中国社会出版社 1992年 116页
19cm（小32开） ISBN：7-80088-305-1
定价：CNY2.95

本书选用了唐代著名诗人的60余首绝句，以楷、行两种书体相比照，并附有插图。作者贾雨川，中国现代硬笔书法研究会会员。

J0093945

唐诗宋词200首钢笔字帖 赵平祥书

海口 南海出版公司 1992年 110页
26cm（16开） ISBN：7-80570-893-2
定价：CNY4.10

J0093946

唐宋词三百首 （钢笔书法字帖 全国硬笔书法大赛一等奖得主十人集） 吴玉生等书

银川 宁夏人民出版社 1992年 204页
26cm（16开） ISBN：7-227-00837-1
定价：CNY9.00

本书编选全国硬笔书法大赛一等奖得主吴玉生、卢桐、卢中南、房弘毅、李纯博、施坚、柳长忠、吴善璋、朱跃民、荆鹰和李景杭等11人书写的唐宋112位词人的代表词作，共计308首。是以楷书、行书为主体，兼有隶书、草书。

J0093947

啼笑谐趣 （中外幽默精萃） 荆鹰书

沈阳 沈阳出版社 1992年 156页 18×11cm
ISBN：7-80556-796-4 定价：CNY3.20
（当代青年欣赏实用钢笔书法丛帖）

作者荆鹰（1956— ），硬笔书法家。曾任中国现代硬笔书法研究会常务理事、全国第一届硬笔书法展览评委。出版有《徐志摩新诗钢笔字帖》《普希金诗选钢笔字帖》等。

J0093948

田英章钢笔字帖 田英章书；中国现代硬笔书法研究会编

太原 北岳文艺出版社 1992年 69页 有照片
26cm（16开） ISBN：7-5378-0905-4
定价：CNY5.30

作者田英章（1950— ），书法家。字存青、存卿，出生于天津。先后毕业于首都师范大学、日本东京学艺大学。中国硬笔书法协会首任会长、中国书法家协会会员、欧阳询书法艺术研究会会长。代表作品有《田英章系列书法字帖》《田英章作品精选》等。

J0093949

恬适人生小语钢笔书法 司马彦书；马晓涛编

天津 南开大学出版社 1992年 234页
19cm（小32开） ISBN：7-310-00538-4
定价：CNY3.90

J0093950

托尔斯泰名言硬笔书法字帖 高扬编选；房弘毅书

北京 北京广播学院出版社 1992年 10册
19cm（小32开） ISBN：7-81004-335-8
定价：CNY3.00
（世界大文豪名言硬笔书法系列）

作者房弘毅（1955— ），硬笔书法家。生于北京，就读于中国书画函授大学。曾任中国现代硬笔书法研究会编辑部副主任。代表作品有《楷书历代名篇》。

J0093951

汪国真寄语钢笔字帖　卢桐书
银川　宁夏人民出版社　1992年　150页
20cm（32开）ISBN：7-227-00772-3
定价：CNY3.50
　　本书收录汪国真的处世哲学和生活感受，包括交际、爱情、工作、事业、理想等各方面的哲思短语，以钢笔书法精心书写，书法分楷书、行书、隶书3部分，另附有部分书法作品欣赏。

J0093952

汪国真抒情诗钢笔字帖　李枢魁书
北京　中国华侨出版社　1992年　120页
19cm（小32开）ISBN：7-80074-443-4
定价：CNY2.90

J0093953

王承颜竹笔书法　王承颜书
北京　中国环境科学出版社　1992年　193页
26cm（16开）ISBN：7-80093-051-3
定价：CNY10.00
　　作者王承颜（1938—　），书法家。号乐亭，河北定州人。历任中国书协河北分会会员、北京书画美术研究会会员。

J0093954

王羲之行书钢笔书法教程　杨为国著
杭州　浙江人民出版社　1992年　148页
20cm（32开）ISBN：7-213-00731-9
定价：CNY3.40

J0093955

王羲之行书名帖钢笔临本　戴山青书
北京　北京广播学院出版社　1992年
19cm（小32开）ISBN：7-81004-478-8
定价：CNY3.25
　　作者戴山青（1944—2004），书法家。字云父，曾任"现代书法学会"秘书长。

J0093956

为人处世必读良言　（硬笔字）司马彦书
武汉　长江文艺出版社　1992年　283页
19cm（小32开）ISBN：7-5354-0713-7
定价：CNY4.80

J0093957

维美杯全国硬笔书法新秀大赛获奖作品集　黎传绪等主编
上海　上海人民美术出版社　［1992年］115页
26cm（16开）ISBN：7-5322-1161-4
定价：CNY7.60

J0093958

蔚蓝青春　（钢笔行书字帖）牛彤书
北京　海洋出版社　1992年　112页　19cm（小32开）
ISBN：7-5027-1617-3　定价：CNY2.40
　　作者牛彤（1968—　），中国书法家协会会员、中国现代硬笔书法研究会会员。

J0093959

魏碑钢笔书法　丁书良编著
北京　华龄出版社　1992年　130页　19cm（小32开）
ISBN：7-80082-218-2　定价：CNY2.80
　　作者丁书良（1940—　），讲师。山东荣成人。毕业于山东师范大学化学系。历任威海市工业学校、职业中专副校长，中国硬笔书法家协会会员、山东省书法教育研究会理事等。代表作品有《魏碑钢笔书法》《魏碑钢笔字帖》等。

J0093960

文化小百科钢笔字帖　陈敏书
杭州　浙江文艺出版社　1992年　247页
20cm（32开）ISBN：7-5339-0495-8
定价：CNY4.20
　　作者陈敏（1957—　），教师。浙江人民警察学校语文教研室主任，浙江省硬笔书法家协会副主席兼秘书长、中国书法家协会理事兼《中国硬笔书法家协会通讯》主席等。

J0093961

文苑溢彩　（抒情散文精选）曾雪书
沈阳　沈阳出版社　1992年　156页　18×11cm
ISBN：7-80556-796-4　定价：CNY3.20
（当代青年欣赏实用钢笔书法丛帖）
　　作者曾雪（1969—　），女，华艺硬笔习字会办公室副主任、常务理事。

J0093962

惜别赠言硬笔书法　池继林书

沈阳　春风文艺出版社　1992年　86页

19cm（小32开）ISBN：7-5313-0737-5

定价：CNY2.40

　　作者池继林（1965—　　），书法家。河南商丘人，沈阳军区任职。

J0093963

夏吟百咏　张辛汗等编选书写

长沙　湖南出版社　1992年　100页　26cm（16开）

ISBN：7-5438-0453-0　定价：CNY5.00

（钢笔书法《百咏》丛书 10）

J0093964

现代钢笔书法字典　冯殿忠，李冬妮主编

南昌　江西科学技术出版社　1992年　343页

20cm（32开）ISBN：7-5390-0483-5

定价：CNY9.20

　　本书共收入常用字4398个，以国家颁布的规范化汉字为基础，以繁简对照为形式，以楷、行、草书体为经，以各书家手体为纬，并兼顾不同风格的书法作品。正文前有《汉语拼音音节索引》和《部首笔画检字表》。

J0093965

现代汉字钢笔字快写艺术　彭泽润著

北京　科学普及出版社　1992年　155页

19cm（小32开）ISBN：7-110-02313-3

定价：CNY2.70

　　作者彭泽润（1963—　　），教授，书法家。湖南衡山人。毕业于湘潭大学。湖南师范大学中文系任教。历任湖南省语言学会理事、湖南师范大学委员会副主委、中国硬笔书法家协会理事、湖南省速记研究会理事、湖南省语言学会副秘书长。著作有《衡山南岳方言的地理语言学研究》《近形字字典》《现代汉字钢笔字快写艺术》《实用书法》等。

J0093966

小学生铅笔习字帖　志兰等编著

北京　农村读物出版社　1992年　重印本　80页

有图 19cm（32开）ISBN：7-5048-1878-X

定价：CNY1.50

J0093967

小学生优秀作文楷书钢笔字帖　郁林编；王柏勋书写

上海　学林出版社　1992年　155页　20cm（32开）

ISBN：7-80510-796-3　定价：CNY2.95

　　作者王柏勋（1949—　　），书法家。浙江嵊县人。历任中国硬笔书法家协会理事、浙江省硬笔书法家协会副主席、绍兴市硬笔书法家协会主席。出版有《历代书论精选》。

J0093968

新编千家姓四体钢笔字帖　陶佛锡等书写；张申靖编

石家庄　河北人民出版社　1992年　103页

19cm（小32开）ISBN：7-202-01095-X

定价：CNY1.40

　　本字帖以楷、行、隶、篆 4 种书体用普通钢笔对照写成。

J0093969

新编唐诗三百首钢笔字帖　程垤等书

杭州　浙江大学出版社　1992年　308页

19cm（小32开）ISBN：7-308-00955-6

定价：CNY4.70

J0093970

絮语赠言钢笔行书字帖　王圣才编写

成都　四川人民出版社　1992年　94页

19cm（小32开）ISBN：7-220-01620-4

定价：CNY1.80

　　作者王圣才，中国硬笔书法家协会理事、四川省硬笔书法家学会常务理事。

J0093971

学生钢笔字帖　（楷、隶、行书　高中）沈鸿根主编

南京　江苏古籍出版社　1992年　重印本　121页

19cm（32开）ISBN：7-80519-285-5

定价：CNY2.50

　　主编沈鸿根（1943—　　），书法家。别号江鸟，出生于上海。曾任《写字》杂志副总编、上海中华书画协会副会长、中国书法家协会会员、上海市书法家协会硬笔书法家联谊会首任会长。出版作品《行书概论》《书法十五讲》《硬笔书法百日通》等。

J0093972
学生钢笔字帖 （小学 4-6 年级本　楷书）汪寅生主编
南京　江苏古籍出版社　1992 年　重印本　91 页
19cm（32 开）ISBN：7-80519-283-9
定价：CNY2.00
　　主编汪寅生（1950— 　），硬笔书法家。安徽黄山人。江苏人民广播电台从事新闻工作，中国现代硬笔书法研究会常务理事、江苏省硬笔书法协会主席。编有《硬笔书法入门》《硬笔书苑》《硬笔书法获奖作品选》等。

J0093973
学生古诗文钢笔行楷字帖　阎锐敏，任绪民书
沈阳　辽宁教育出版社　1992 年　重印本　105 页
19×26cm　ISBN：7-5382-1427-5
定价：CNY4.25
（青少年课外兴趣丛书）
　　作者阎锐敏（1957— 　），毕业于首都师范大学书法专业。中国现代硬笔书法研究会副秘书长兼编辑部主任。作者任绪民（1961— 　），硬笔书法家。历任中国硬笔书法协会理事、中国书画艺术百科全书编委会主任、中国炎黄书画家协会副主席、辽宁省硬笔书法协会副主席、阜新市硬笔书法家协会主席。

J0093974
学生硬笔书法字帖　阎锐敏书
太原　山西高校联合出版社　1992 年　89 页
19cm（小 32 开）ISBN：7-81032-144-7
定价：CNY1.85

J0093975
一诗一画钢笔字帖　姚春，章述编著
长春　吉林大学出版社　1992 年　202 页　有图
19cm（小 32 开）ISBN：7-5601-1255-2
定价：CNY4.90
　　作者姚春（1941— 　），吉林梨树人。四平市史志委主任、全国硬笔书法家协会会员、中华硬笔书法家协会四平分会副会长等。

J0093976
硬笔楷书字帖　汪承兴主编
太原　北岳文艺出版社　1992 年　93 页　有照片
26cm（16 开）ISBN：7-5378-0904-6

定价：CNY5.65
　　作者汪承兴，中国现代硬笔书法研究会秘书长。

J0093977
硬笔书法 （唐宋词九十八首）雷鹏飞书写
沈阳　辽宁美术出版社　1992 年　61 页　26cm（16 开）
ISBN：7-5314-0689-6　定价：CNY3.00
　　本书采用行楷书唐宋词 98 首。作者雷鹏飞（1964— 　），字渔之，中华硬笔书法协会会员、中华钢笔、圆珠笔书法研究会会员。

J0093978
硬笔书法古今名联选　方鸣等书
北京　知识出版社　1992 年　148 页　有照片
20cm（32 开）ISBN：7-5015-0704-X
定价：CNY5.80
　　作者方鸣（1957— 　），北京人，国家机关干部，中国硬笔书法研究会常务理事、北京硬笔书法学会理事。

J0093979
硬笔书法教程　李桂迎等编著
青岛　青岛海洋大学出版社　1992 年　190 页
20cm（32 开）ISBN：7-81026-307-2
定价：CNY2.35
　　介绍了钢笔的楷书、行书、隶书等书体的书写方法。

J0093980
硬笔书法入门　叶殿迎编著
郑州　河南美术出版社　1992 年　121 页
20cm（32 开）ISBN：7-5401-0301-9
定价：CNY3.10
　　作者叶殿迎，又名云龙、襄人，别署鸿斋，全国及省、市、县硬笔书法组织的主要成员。

J0093981
硬笔书法入门　张俊峰编著
长春　吉林大学出版社　1992 年　182 页
19cm（小 32 开）ISBN：7-5601-1270-6
定价：CNY3.15
（入门丛书）
　　本书讲授了学习硬笔书法的初步要领，介绍了楷书、行书、隶书、仿宋体的写法，并附书法

作品欣赏。作者张俊峰（1952—　　），书画家。笔名雪松。历任长春市群众艺术馆美术摄影部主任、中国硬笔书法家协会会员、吉林北国书画社社员。

J0093982

硬笔书法艺术楷行篆隶速成指要　邱明强编著

福州　福建少年儿童出版社　1992 年　重印本
151 页　19cm（小 32 开）ISBN：7-5395-0411-0
定价：CNY2.20

　　作者邱明强（1961—　　），书法家。字承启，号朴石、诚功，室名墨篁斋。福建莆田人，毕业于福建师范大学福清分校，中共中央党校。历任中国硬笔书法家协会常务理事、福建省硬笔书法家协会名誉主席、福州市硬笔书法家协会艺术顾问。代表作品《心声笔旅——邱明强书画诗文选》《书法楷行隶篆速成指要》《邱明强钢笔书法字帖系列》。

J0093983

硬笔书法指要　张大顺著

西安　陕西人民出版社　1992 年　166 页
19cm（小 32 开）ISBN：7-224-02335-3
定价：CNY4.70

　　阐述人们日常使用的各种硬笔书写工具的书写方法及要诀，讲解如何自制和改造各种类型硬笔书写工具进行书法艺术创作。作者张大顺（1962—　　），笔名一页、陈子、清儿，号痴墨斋主，中国书法教育研究会会员、陕西硬笔书法研究会副会长。

J0093984

硬笔书法字帖　（锦言精选）夏华美主编；席殊等书写

北京　中国人事出版社　1992 年　126 页　有彩照
19cm（小 32 开）ISBN：7-80076-197-5
定价：CNY3.20

　　本字帖是在全国性的硬笔书法比赛中获过奖的江西省硬笔书法研究会的几位同仁合作写成。内容主要包括警言、锦言等。主编夏华美，女，江西省硬笔书法研究会理事，新余市第一中学任职。作者席殊（1963—　　），生于江西，毕业于江西抚州师专数学系。历任江西省社联《争鸣》杂志社美编、江西省硬笔书法研究会副会长兼秘

书长。

J0093985

硬笔字一笔写千字文　冷凌书

武汉　长江文艺出版社　1992 年　95 页
19cm（小 32 开）ISBN：7-5345-0473-8
定价：CNY2.40

J0093986

硬笔字一笔写千字文　冷凌编

武汉　长江文艺出版社　1992 年　94 页　20cm（32 开）
ISBN：7-5354-0573-8　定价：CNY2.40

J0093987

咏花集　（钢笔行书字帖）赵忱书写

广州　岭南美术出版社　1992 年　166 页　有彩照
20cm（32 开）定价：CNY3.90

　　作者赵忱，书法家。辽宁兴城人。广州金融专科学校图书馆馆长、三川钢笔书院广州分院院长。

J0093988

元曲百首　（硬笔书法）张辛汗书；戴雪华，张辛汗选

南昌　百花洲文艺出版社　1992 年　100 页
26×15cm　ISBN：7-80579-214-3
定价：CNY3.90

J0093989

圆珠笔行书字帖　（世界哲理名言精选）王惠松书写

北京　中国青年出版社　1992 年　211 页
19cm（小 32 开）ISBN：7-5006-1103-X
定价：CNY4.45

　　本字帖所选内容为世界哲理名言，让习字者在练习书法的同时可以得到生活的启迪。作者王惠松（1955—　　），硬笔书法家。江苏南京人。历任中国硬笔书法家协会会员、中国现代青年硬笔书法家协会常务理事、江苏省硬笔书法家协会副秘书长。代表作品有小楷临《黄庭经》《乐毅论》《灵飞经》等。

J0093990

怎样写好写快钢笔字　高继承，石磊书

西安　未来出版社　1992 年　2 版　78 页

19cm（小 32 开）ISBN：7-5417-0201-3

定价：CNY1.55

　　作者高继承（1954—　　），书法家。生于陕西西安，毕业于西安交通大学。历任陕西省硬笔书法研究会会长、中国硬笔书法协会名誉副主席、陕西省书法家协会副主席。出版《怎样写好写快钢笔字》《妙语赠言钢笔字帖》《中学生古诗词钢笔字帖》。

J0093991

珍藏金曲钢笔字帖　刘大卫书；李庆选编

延吉　延边人民出版社 1992 年 74 页

19cm（小 32 开）ISBN：7-80508-896-9

定价：CNY2.80

（刘大卫金曲歌词系列钢笔字帖 5）

J0093992

芝麻卡妙语精粹　（钢笔行书字帖）刘大卫书；李庆编

上海　上海文化出版社 1992 年 106 页

19cm（小 32 开）ISBN：7-80511-530-3

定价：CNY2.65

　　本书选录在广大青年中广为流行的赞颂卡、祝愿卡、生日卡、问候卡、致谢卡等，按对象分有赠教师、长辈、晚辈、情侣、朋友等的妙语佳句。

J0093993

中国钢笔书法大赛获奖作品荟萃　何成等编

北京　知识出版社 1992 年 124 页 19cm（小 32 开）

ISBN：7-5015-0861-5 定价：CNY2.80

J0093994

中国钢笔书法自学丛书　李石文主编；华艺硬笔习字会编

北京　朝华出版社 1992 年 2 册（108+108 页）

26cm（16 开）ISBN：7-5054-0158-0

定价：CNY8.45

J0093995

中国古代兵法书法　（六韬卷）吴玉生等书

北京　解放军出版社 1992 年 296 页 20cm（32 开）

ISBN：7-5065-2184-9 定价：CNY6.10

（中国古代兵法系列硬笔书法丛书）

　　作者吴玉生（1959—　　），书法家。江苏人。

历任中国硬笔书法研究会副秘书长、华艺硬笔习字会副会长、中国书协函授培训中心副教授、解放军总后勤部政治部干事。代表作品有钢笔《红楼梦诗词》字帖，《楷书 7000 字字帖》《行楷 7000 字字帖》。

J0093996

中国古代兵法书法　（三略卷）史小波等书

北京　解放军出版社 1992 年 64 页 20cm（32 开）

ISBN：7-5065-2180-6 定价：CNY2.60

（中国古代兵法系列硬笔书法丛书）

　　《三略》也叫《黄石公三略》，以讲述政治策略手段为主。本书以楷、行、隶三种书写方法，抄录了全书内容。

J0093997

中国古代兵法书法　（司马法卷）张宝彤等书

北京　解放军出版社 1992 年 58 页 有照片

20cm（32 开）ISBN：7-5065-2182-2

定价：CNY2.90

（中国古代兵法系列硬笔书法丛书）

　　作者张宝彤（1957—　　），河南项城人，总参京西宾馆工作人员，中国书法家协会会员、中国当代硬笔书法家协会秘书长。

J0093998

中国古代兵法书法　（孙子卷）丁谦等书

北京　解放军出版社 1992 年 109 页 20cm（32 开）

ISBN：7-5065-2185-7 定价：CNY3.80

（中国古代兵法系列硬笔书法丛书）

　　本书系中国古代兵法系列硬笔书法之一。依照《武经七书》中的《孙子》篇兵书为范本，以楷、行、隶书三种字体写成。

J0093999

中国古代兵法书法　（唐李问对卷）丁永康等书

北京　解放军出版社 1992 年 169 页 有照片

20cm（32 开）ISBN：7-5065-2181-4

定价：CNY4.90

（中国古代兵法系列硬笔书法丛书）

　　本书以楷、行、隶 3 种书法，抄录了《唐太宗与李靖问对》的全部内容。

J0094000

中国古代兵法书法　（尉缭子卷）熊少军等书

北京 解放军出版社 1992 年 157 页 20cm（32 开）
ISBN：7–5065–2183–0 定价：CNY4.30
（中国古代兵法系列硬笔书法丛书）

　　　作者熊少军（1963—　　），硬笔书法家。安徽
滁县人，国防大学组织部干事。

J0094001
中国古代兵法书法　（吴子卷）周泓冰等书
北京 解放军出版社 1992 年 82 页 20cm（32 开）
ISBN：7–5065–2186–5 定价：CNY2.80
（中国古代兵法系列硬笔书法丛书）

　　　作者周泓冰（1966—　　），湖北保康人，解放
军总后勤部财政部工作，中尉军衔。

J0094002
中国古代圣贤箴言系列硬笔碑版字帖　华
艺硬笔习字会编写
北京 中国华侨出版社 1992 年 6 册
19cm（小 32 开）ISBN：7–80074–669–0
定价：CNY19.20

J0094003
中国古代圣贤箴言系列硬笔碑版字帖　（处
世篇）丁永康书
北京 中国华侨出版社 1992 年 156 页
19cm（小 32 开）ISBN：7–80074–669–0
定价：CNY3.20

J0094004
中国古代圣贤箴言系列硬笔碑版字帖　（论
政篇）李石文书
北京 中国华侨出版社 1992 年 156 页
19cm（小 32 开）ISBN：7–80074–669–0
定价：CNY3.20

J0094005
中国古代圣贤箴言系列硬笔碑版字帖　（人
生篇）吴玉生书
北京 中国华侨出版社 1992 年 156 页
19cm（小 32 开）ISBN：7–80074–669–0
定价：CNY3.20

J0094006
中国古代圣贤箴言系列硬笔碑版字帖　（事
业篇）李培隽书

北京 中国华侨出版社 1992 年 156 页
19cm（小 32 开）ISBN：7–80074–669–0
定价：CNY3.20

J0094007
中国古代圣贤箴言系列硬笔碑版字帖　（修
养篇）况兆鸿书
北京 中国华侨出版社 1992 年 156 页
19cm（小 32 开）ISBN：7–80074–669–0
定价：CNY3.20

　　　作者况兆鸿（1951—　　），斋号双微书屋。天
津市书法家协会会员、天津市硬笔书法协会副
主席、中国硬笔书法协会楷书专业研究部副秘
书长。

J0094008
中国古代圣贤箴言系列硬笔碑版字帖　（治
学篇）占中南书
北京 中国华侨出版社 1992 年 156 页
19cm（小 32 开）ISBN：7–80074–669–0
定价：CNY3.20

J0094009
中国古诗硬笔行书字帖　刘大卫书；李庆选
北京 中国发展出版社 1992 年 118 页
20cm（32 开）ISBN：7–80087–030–8
定价：CNY3.85
（文房四宝丛书）

J0094010
中国学生钢楷字帖　史娴编写
北京 今日中国出版社 1992 年 72 页 26cm（16 开）
ISBN：7–5072–0385–9 定价：CNY4.40

　　　本书从基础知识入手，从横、竖、点、捺、
撇、提、折、钩的基本书写要领介绍钢笔字楷书
的书写技法。作者史娴，沈阳大学财经学院高级
讲师、中国现代硬笔书法研究会辽宁分会会员、
辽宁省高等学校书法协会理事。

J0094011
中国硬笔书法　曹长远，沈鸿根著
济南 山东大学出版社 1992 年 重印本 417 页
20cm（32 开）ISBN：7–5607–0540–5
定价：CNY6.20

J0094012

中国硬笔书法大字典　关海主编

北京 中国书店 1992 年 1483 页 20cm（32 开）
精装 ISBN：7-80568-480-4 定价：CNY39.00

J0094013

中国硬笔书法概论　杜衍纯著

济南 山东友谊书社 1992 年 280 页 20cm（32 开）
定价：CNY5.70，CNY9.00（精装）
（中国硬笔书法百科全书）

J0094014

中青年书法家硬笔书法作品选　李洪旺，吴
光文编

南宁 广西教育出版社 1992 年 56 页 有照片
26cm（16 开）ISBN：7-5435-1512-1
定价：CNY2.50

　　本书共选 15 位青年书法家的作品。

J0094015

中外爱情絮语精粹钢笔字帖　刘大卫书；李
庆选辑

北京 中国国际广播出版社 1992 年 127 页
19cm（小 32 开）ISBN：7-5078-0303-1
定价：CNY3.00

J0094016

中外名人座右铭钢笔字帖　庞中华，施善
玉书

北京 中国广播电视出版社 1992 年 151 页
20cm（32 开）ISBN：7-5043-2064-1
定价：CNY3.25

　　作者庞中华（1945—　），著名书法家、教育
家和诗人。四川重庆人，毕业于西南科技大学地
质勘探专业。中国当代硬笔书法的奠基者，全国
政协委员、中国硬笔书法协会会长。代表作品有
《庞中华钢笔字帖》《庞中华现代硬笔字帖》等。
著作《庞中华散文集》《庞中华谈谈学写钢笔字》
《硬笔书法简论》等。

J0094017

中小学楷书·行书硬笔书法字帖　李家原书写

北京 中国国际广播出版社 1992 年 67 页 有照片
26cm（16 开）ISBN：7-5078-0572-7
定价：CNY4.00

本书从基本笔画、偏旁部首到间架结体，
讲述了楷书和行书的书写要领。作者李家原
（1957—　），书法家。号静观，咨砚斋主人，河
南固始县人。历任中央国家机关书协副秘书长、
中国书法家协会会员、东方书画家协会会长、北
京当代东方书画艺术交流中心主任。作品有小
楷巨制长卷册页《孙子兵法》《茶经》《易经》等。

J0094018

中小学生常用成语钢笔字帖　张秀书

海口 海南摄影美术出版社［1992 年］85 页
19cm（小 32 开）ISBN：7-80571-289-1
定价：CNY2.40

J0094019

中小学生钢笔楷书字帖　袁堂忠书

太原 希望出版社 1992 年 92 页 26cm（16 开）
定价：CNY4.50

　　本书是钢笔字帖，以楷书书体书写了中小学
语文课本上 170 首诗词。

J0094020

中小学语文课文钢笔字帖　骆恒光等书写

杭州 浙江摄影出版社 1992 年 206 页
26cm（16 开）ISBN：7-80536-151-7
定价：CNY4.00

　　作者骆恒光（1943—　），书法家。号翼之，
浙江诸暨人。毕业于浙江美术学院。历任浙江
教育出版社美术编辑、中国硬笔书法家协会副
主席，中国书法家协会会员、浙江分会理事，浙
江省书法理论研究会副会长兼秘书长。著有《骆
恒光论书》《行书法图说》《王羲之圣教序及其
笔法》。

J0094021

中学古诗文钢笔字帖　雷恩选著

长春 东北师范大学出版社 1992 年 198 页
20cm（32 开）ISBN：7-5602-0677-8
定价：CNY3.50

J0094022

中学生钢笔行书字帖　卢前著

上海 上海书店 1992 年 26cm（16 开）
ISBN：7-80569-553-9 定价：CNY3.80

　　本字帖为钢笔字帖，以行书书体书写了初、

高中语文课本中的现代名篇及古代诗、词、文等。作者卢前，上海师范大学书法专业兼职教授、中国硬笔书法家协会副主席。

J0094023

中学生优秀作文行书钢笔字帖 郁林编；王柏勋书

上海 学林出版社 1992年 146页 20cm（32开）ISBN：7-80510-795-5 定价：CNY2.90

本书精选海内外中学生优秀作文53篇，书体有：楷书、行书2种。

J0094024

竹吟百咏 张辛汗等编选书写

长沙 湖南出版社 1992年 100页 26cm（16开）ISBN：7-5438-0446-8 定价：CNY5.00

（钢笔书法《百咏》丛书 3）

J0094025

最新钢笔书法字典 陈器编著

重庆 重庆出版社 1992年 570页 20cm（32开）ISBN：7-5366-1887-5 定价：CNY9.35

本书按楷、隶、魏、行、长仿、繁体6种书体排序，选写了4268个间架结构皆备的常用字。

J0094026

遵义杯全国书法大赛硬笔书法精选 赵进争主编；遵义中国书画印研究会编

贵阳 贵州民族出版社 1992年 184页 26cm（16开）ISBN：7-5412-0256-8 定价：CNY10.00

J0094027

作文钢笔字帖 （名家笔下的景）司马彦书；司马东编

长沙 湖南师范大学出版社 1992年 214页 20cm（32开）ISBN：7-81031-147-6 定价：CNY3.90

作者司马彦（1958— ），硬笔书法家。生于湖北公安，祖籍湖南澧县。任书法艺术学校校长。编写出版钢笔、毛笔字帖、教材、专著1200余种。作品有《心灵散文小语钢笔字帖》《古词名篇钢笔字帖》《情侣散文钢笔字帖》等。编者司马东（1937— ），书法教育家。湖南澧县人。从事书法研究和语言文字教学工作。编著字帖、教

材和参考书300余种。

J0094028

《道德经》钢笔书法 （读老子、学处世、练书法）杨再春书；青山编

北京 北京体育学院出版社 1993年 162页 19cm（小32开）ISBN：7-81003-694-7 定价：CNY4.40

J0094029

《联林珍奇》对联 （钢笔字帖）任怀珠书

北京 中国国际广播出版社 1993年 174页 有照片 19cm（小32开）ISBN：7-5078-0680-4 定价：CNY4.20

本书以楷、行、隶、草4种字体书写了近200副对联。作者任怀珠（1959— ），书法家。山西平遥县人。大学本科学历。历任中国书法家协会会员、中国硬笔书法协会常务理事、北京书法家协会理事、北京广播影视书画摄影协会副主席兼秘书长、中国现代硬笔书法研究会常务理事。代表作《硬笔书法要法》《历代四季风景诗三百首钢笔行书字帖》《孙子兵法行草书字帖》。

J0094030

《圣教序》钢笔字帖 朱崇昌编写

北京 中国商业出版社 1993年 108页 26cm（16开）ISBN：7-5044-1941-9 定价：CNY3.80

J0094031

《赠言集锦》钢笔字帖 明山编

福州 福建省地图出版社 1993年 188页 19cm（小32开）ISBN：7-80516-156-9 定价：CNY3.80

J0094032

100偏旁部首钢笔字速成练习 牛彤编写

北京 中国文学出版社 1993年 83页 26cm（16开）ISBN：7-5071-0168-1 定价：CNY5.90

作者牛彤（1968— ），中国书法家协会会员、中国现代硬笔书法研究会会员。

J0094033

20世纪名家散文钢笔字帖 朱达主编

杭州 浙江人民出版社 1993年 174页

20cm（32 开）ISBN：7-213-01033-6
定价：CNY4.20

J0094034
3500 常用汉字钢笔描红册 （行书）卢中南书
北京 朝华出版社 1993 年 44 页 26cm（16 开）
ISBN：7-5054-0271-4 定价：CNY2.25

　　作者卢中南(1950—　　)，书法家。生于湖北
武汉，祖籍河南济源。中国人民革命军事博物馆
副研究馆员、中国书法家协会会员。代表作品有
《卢中南楷书成语字帖》《魏碑基础入门》。

J0094035
3500 常用汉字钢笔描红册 （楷书）卢中南书
北京 朝华出版社 1993 年 44 页 26cm（16 开）
ISBN：7-5054-0269-2 定价：CNY2.25

J0094036
3500 常用汉字钢笔描红册 （隶书）卢中南书
北京 朝华出版社 1993 年 44 页 26cm（16 开）
ISBN：7-5054-0270-6 定价：CNY2.25

J0094037
3500 常用汉字钢笔描红册 卢中南书
天津 天津人民美术出版社 1997 年 3 册
26cm（16 开）ISBN：7-5305-0762-1
定价：CNY16.80

J0094038
400 金言钢笔字帖 司马彦等编写
长沙 中南工业大学出版社 1993 年 245 页
20cm（32 开）ISBN：7-81020-535-8
定价：CNY4.90

　　本书采用楷、行、隶、魏碑等多种书体的钢
笔字帖形式，介绍了修身养性、待人交友、从政
治国等方面的为人准则。

J0094039
58 天钢笔字速成法 （王羲之《兰亭序》）李
振淼编
石家庄 花山文艺出版社 1993 年 89 页
26cm（16 开）ISBN：7-80505-825-3
定价：CNY4.95
（名家法帖钢笔字直临系列丛书 1）

J0094040
93' 排行榜金曲钢笔字帖 凌卓书
北京 警官教育出版社 1993 年 160 页
19cm（小 32 开）ISBN：7-81027-241-1
定价：CNY4.30

J0094041
爱的絮语钢笔书法丛帖 （爱情名言篇）齐
春元书
北京 九洲图书出版社 1993 年 124 页
19cm（小 32 开）ISBN：7-80114-013-3
定价：CNY3.25

J0094042
爱的絮语钢笔书法丛帖 （爱情赠言篇）李
培隽书
北京 九洲图书出版社 1993 年 124 页
19cm（小 32 开）ISBN：7-80114-013-3
定价：CNY3.25

J0094043
爱的絮语钢笔书法丛帖 （情歌篇）支羽书
北京 九洲图书出版社 1993 年 124 页
19cm（小 32 开）ISBN：7-80114-013-3
定价：CNY3.25

J0094044
爱的絮语钢笔书法丛帖 （情诗篇）曾雪书
北京 九洲图书出版社 1993 年 124 页
19cm（小 32 开）ISBN：7-80114-013-3
定价：CNY3.25

　　作者曾雪(1969—　　)，女，华艺硬笔习字会
办公室副主任、常务理事。

J0094045
爱的絮语钢笔书法丛帖 （情书篇）丁永康书
北京 九洲图书出版社 1993 年 124 页
19cm（小 32 开）ISBN：7-80114-013-3
定价：CNY3.25

J0094046
爱路漫漫 （中外爱情名言）李石文书
沈阳 沈阳出版社 1993 年 重印本 156 页
19cm（32 开）ISBN：7-80556-796-4
定价：CNY3.20

（当代青年欣赏实用钢笔书法丛帖）

J0094047

爱情、青春、人生寄语钢笔字帖　雨川书
北京 海潮出版社 1993 年 145 页 19cm（小 32 开）
ISBN：7-80054-427-3 定价：CNY3.20

J0094048

爱情四季　（好歌金曲钢笔字帖）乃庆编；李
文波书
太原 北岳文艺出版社 1993 年 171 页
19cm（小 32 开）ISBN：7-5378-1055-9
定价：CNY3.98
　　作者李文波，河北人，中国当代硬笔书法家
协会会员。

J0094049

白续智硬笔书法作品选　白续智书
重庆 重庆大学出版社 1993 年 58 页 26cm（16 开）
ISBN：7-5624-0717-7 定价：CNY4.95
　　作者白续智（1945—　　），书法家。字仲孚，
河北玉田人。内蒙古书法家协会会员。任中国
硬笔书法艺术研究所副所长、中华硬笔书法家协
会副会长、北京名人翰墨书画院院长等职。获"新
中国书法艺术最高荣誉奖"。

J0094050

百花诗画·钢笔书法　戴雪华编著；张辛汗书画
南昌 百花洲文艺出版社 1993 年 2 册
（101+100 页）26cm（16 开）
ISBN：7-80579-318-2 定价：CNY4.60
　　本书撷取了李白、杜甫、白居易等人的名
篇，并用篆、隶、行等几种钢笔书体进行书写。

J0094051

百首港台情歌正楷钢笔字帖　曹军著
沈阳 春风文艺出版社 1993 年 124 页 有照片
26cm（16 开）ISBN：7-5313-1182-8
定价：CNY7.20
　　作者曹军，中国现代硬笔书法研究会理事、
辽宁现代硬笔书法研究会副秘书长。

J0094052

鲍场硬笔书法集　鲍场书
西安 三秦出版社 1993 年 78 页 33cm

ISBN：7-80546-522-3 定价：CNY6.50

J0094053

毕业赠言　（钢笔字帖）田英章书
北京 国际文化出版公司 1993 年 94 页
19cm（32 开）ISBN：7-80049-337-7
定价：CNY2.20
　　作者田英章（1950—　　），书法家。字存青、
存卿，出生于天津。先后毕业于首都师范大学、
日本东京学艺大学。中国硬笔书法协会首任会
长、中国书法家协会会员、欧阳询书法艺术研究
会会长。代表作品有《田英章系列书法字帖》《田
英章作品精选》等。

J0094054

标准硬笔字典　（日）石川芳云编
南宁 广西民族出版社 1993 年 302 页
19cm（小 32 开）ISBN：7-5363-2710-2
定价：CNY15.00
　　本书收字 3005 个，由常用汉字、非常用汉
字、人名汉字、日语假名构成，分别以楷书、行
书、草书 3 种字体书写，并按 50 音图顺序排列。

J0094055

常用钢笔字多用字帖　孙立华等书
天津 百花文艺出版社 1993 年 122 页
19cm（小 32 开）ISBN：7-5306-1011-2
定价：CNY2.80
　　本书包括：楷、行、草 3 体常用字、繁简字
对照表、汉字笔画名称表、新旧字形对照表、碑
帖选临等。

J0094056

常用字钢笔书法大全　孙士熊书；陈器编著
重庆 重庆出版社 1993 年 434 页 20cm（32 开）
ISBN：7-5366-2255-4 定价：CNY7.90

J0094057

常用字七体硬笔书法字典　欧英钦书
北京 中国青年出版社 1993 年 319 页
19cm（小 32 开）ISBN：7-5006-1290-7
定价：CNY7.00
　　本书法字典包括：楷、隶、行、草、仿宋、
魏、篆 7 种字体。作者欧英钦，海南琼海人，海
南省人大常委会华侨外事工委副主任、中国现代

中青年硬笔书法家协会理事。

J0094058

常用字五体硬笔字帖　孟繁禧书写

北京　北京出版社 1993 年　250 页　20cm（32 开）

ISBN：7-200-01828-7 定价：CNY5.40

　　作者孟繁禧（1954—　　），著名书法家。北京人，祖籍山东章丘。任中国书法家协会理事、北京书法家协会副主席、中国书法家协会会员。供职于国家京剧院。编著有《如何临习欧体九成宫碑》《行书入门》《虞恭公碑解析字帖》等。

J0094059

陈敏钢笔书法　（散文诗精选）陈敏编著

北京　中国国际广播出版社 1993 年　185 页

20cm（32 开）ISBN：7-5078-0806-8

定价：CNY4.00

（全国钢笔书法名家专辑 3）

　　作者陈敏（1957—　　），教师。浙江省人民警察学校语文教研室主任、中国硬笔书法家协会理事、浙江省硬笔书法家协会副主席兼秘书长。

J0094060

诚挚赠言　宗逸山书

北京　中央民族学院出版社 1993 年　156 页

19cm（小 32 开）ISBN：7-81001-525-7

定价：CNY3.40

J0094061

程毅强行草硬笔书法　兰石编著

济南　山东友谊书社 1993 年　91 页　有照片

26cm（16 开）ISBN：7-80551-573-5

定价：CNY8.90

　　作者兰石（1964—　　），书法家。生于浙江千岛湖。本名程毅强，字中其，号兰石。中国青年书法家协会理事、威海市硬笔书法协会副会长、中国书法艺术研究院委员、中国书法家协会会员。出版有《程毅强行草硬笔书法》《程毅强书法作品选》《程毅强书法作品集》等。

J0094062

传统保健养生三十法　（钢笔字帖）吴善茂书

北京　人民军医出版社 1993 年　14 页　26cm（16 开）

ISBN：7-80020-336-0 定价：CNY6.50

　　作者吴善茂（1947—2009），书法家。笔名吴

蒙，斋堂名执草斋，广西蒙山人。历任中国人民解放军人民军医出版社美术编辑、副主编，中国书法家协会会员。著有《教子有方》《书法启蒙》《怎样写毛笔字》等。

J0094063

辞海钢笔字帖　（标准楷书）刘如森编写

长春　吉林科学技术出版社 1993 年　198 页

19cm（32 开）ISBN：7-5384-1372-3

定价：CNY4.80

J0094064

大中学生钢笔临习字帖　包建新书

兰州　甘肃人民美术出版社 1993 年　99 页　有肖像

26cm（16 开）ISBN：7-80588-027-1

定价：CNY4.50

　　作者包建新（1953—　　），西北师范大学美术系书法教授。毕业于甘肃师范大学艺术系。中国高等教育学会美育研究会、中国现代青年硬笔书法家协会、南北青少年硬笔书法研究会会员。著作有《大学生钢笔字帖》《书法教程》《实用书法》等。

J0094065

董其昌行书钢笔临本　丁永康临摹

北京　北京语言学院出版社 1993 年　60 页

19cm（小 32 开）ISBN：7-5619-0355-3

定价：CNY1.65

（中国名帖钢笔临本系列）

J0094066

对联钢笔四体字帖　（春联）柏一林书

西安　陕西人民出版社 1993 年　100 页

19cm（小 32 开）ISBN：7-224-02949-1

定价：CNY2.90

J0094067

对联钢笔四体字帖　（行业联）柏一林书

西安　陕西人民出版社 1993 年　100 页

19cm（小 32 开）ISBN：7-224-02951-3

定价：CNY2.90

J0094068

对联钢笔四体字帖　（婚联）柏一林书

西安　陕西人民出版社 1993 年　92 页

19cm（小 32 开）ISBN：7-224-02948-3
定价：CNY2.90

J0094069
对联钢笔四体字帖　（寿联）柏一林书
西安　陕西人民出版社　1993 年　100 页
19cm（小 32 开）ISBN：7-224-02947-5
定价：CNY2.90

J0094070
对联钢笔四体字帖　（挽联）柏一林书
西安　陕西人民出版社　1993 年　100 页
19cm（小 32 开）ISBN：7-224-02946-7
定价：CNY2.90

J0094071
多功能钢笔字帖　崔国强，覃道敏编写
海口　海南摄影美术出版社　1993 年　200 页
18×26cm　ISBN：7-80571-363-4
定价：CNY7.50
　　作者崔国强，湖南省委农村部干训部副主任、中国硬笔书法家协会理事。

J0094072
方阵纵横　成语奇观　（成语速记趣味钢笔字帖）邓斌等编著
北京　化学工业出版社　1993 年　100 页　有插图
26cm（16 开）ISBN：7-5025-1195-4
定价：CNY4.80
　　本字帖不仅教练了钢笔书法，同时也介绍了成语速记的方法。作者邓斌，广州铁路局党校职工大学干部兼广州黄金记忆研习学校副校长。

J0094073
冯宝佳钢笔字帖　冯宝佳书
广州　广东高等教育出版社　1993 年　312 页
19cm（小 32 开）ISBN：7-5361-1083-9
定价：CNY6.90
　　作者冯宝佳（1937—　），书法家。广东省书法家协会理事、广州硬笔书法家协会艺术导师。著有《冯宝佳硬笔书法字帖》《教你写毛笔字》等。

J0094074
冯联承书法集　（录毛泽东诗词、名言 103 首）

冯联承书
北京　测绘出版社　1993 年　111 页　26cm（16 开）
ISBN：7-5030-0721-4　定价：CNY18.00
　　作者冯联承（1948—　），画家。生于河北唐山市，笔名冯界桥、冯上，曾用名冯连城，字光先，号璧卿。肄业于海军第一航空兵学校。曾任亚太国际文化艺术交流促进会秘书长、中国龙文化艺术研究会主席、中国美术家协会河北省分会会员、河北省雕塑家协会会员、工艺美术高级工程师。主要作品有《百塔图》《冯联承书法集》《中国当代印坛大观》等。

J0094075
钢笔常用字简繁楷行对照字帖　钱沛云书
上海　学林出版社　1993 年　230 页　20cm（32 开）
ISBN：7-80510-979-6　定价：CNY4.80
　　本帖分 2 部分：一是 3500 常用字以简化字楷行对照书写，共有 2345 字；二是对有繁体写法的 1155 字作简繁楷行对照书写，均按笔画顺序排列。作者钱沛云（1946—　），著名硬笔书法家。字鹤斋，浙江上虞人，毕业于上海师大中文系。中国书法家协会会员、中国书画函授大学书法系教授。主要作品有《楷书基础知识》《怎样写快写好钢笔字》《钢笔书法技巧要领》《红楼梦诗词钢钢笔行书字帖》等。

J0094076
钢笔行书教法　李有来著
北京　北京体育学院出版社　1993 年　60 页
26cm（16 开）ISBN：7-81003-747-1
定价：CNY4.80

J0094077
钢笔行书通用汉字 7000　顾仲安书
上海　上海文化出版社　1993 年　50 页　有照片
26cm（16 开）ISBN：7-80511-650-4
定价：CNY4.40

J0094078
钢笔楷行书技法指南　丁永康编写
北京　朝华出版社　1993 年　152 页　19cm（小 32 开）
ISBN：7-5054-0185-8　定价：CNY3.50

J0094079
钢笔楷行书字帖　王平书

北京　北京体育学院出版社　1993 年　136 页
19cm（小 32 开）ISBN：7-81003-802-8
定价：CNY3.50

J0094080
钢笔楷书练习册　杨军编著
天津　天津古籍出版社 1993 年　2 册 26cm（16 开）
ISBN：7-80504-296-9　定价：CNY2.40

J0094081
钢笔楷书入门　何文卿著
西安　陕西人民教育出版社 1993 年　145 页
有插图 19cm（小 32 开）ISBN：7-5419-4428-9
定价：CNY2.80

J0094082
钢笔楷书速成教材　尹俊龙编著
成都　电子科技大学出版社 1993 年　170 页
19cm（小 32 开）ISBN：7-81016-509-7
定价：CNY3.75

J0094083
钢笔楷书学习字帖　路放，陈吴编写
成都　四川辞书出版社 1993 年　96 页
19cm（小 32 开）ISBN：7-80543-303-8
定价：CNY2.20
　　作者路放，原名文芳，日中硬笔友好学会会
员。作者陈吴，书法家。原名陈辉建，西南硬笔
书法培训学校任教，师从于庞中华。

J0094084
钢笔临帖指南　刘荧著
南京　江苏古籍出版社 1993 年　117 页
19cm（32 开）ISBN：7-80519-418-1
定价：CNY2.80

J0094085
钢笔描红字帖　（一 青春小语精华钢笔字帖）
司马彦书
南京　河海大学出版社 1993 年　62 页
19cm（小 32 开）ISBN：7-5630-0655-9
定价：CNY1.80

J0094086
钢笔书法初步　施定全著

大连　大连出版社 1993 年　168 页 26cm（16 开）
ISBN：7-80555-820-5　定价：CNY8.80
（系列钢笔字帖）
　　作者施定全（1945—　），书法家。字省三，
号三丰堂人，江苏海门人。曾任辽宁警官高等专
科学校宣传部长、副教授，中国书法家协会辽宁
分会会员、大连印社社员。作品《施定全印集》。

J0094087
钢笔书法基础　房国晨编著
哈尔滨　哈尔滨船舶工程学院出版社 1993 年
250 页 19cm（小 32 开）ISBN：7-81007-290-0
定价：CNY4.00

J0094088
钢笔书法简明教程　万纯琪等编著
北京　中国商业出版社 1993 年　142 页
26cm（16 开）ISBN：7-5044-1920-6
定价：CNY5.00
　　作者万纯琪（1922—　）湖北武昌人，毕业
于湖北省第一高级商业学校，现为湖北省书法家
协会会员、湖北省高等商业专科学校副教授。

J0094089
钢笔书法精英榜　石劳主编
北京　中国国际广播出版社 1993 年　178 页 有照片
20cm（32 开）ISBN：7-5078-0905-6
定价：CNY4.00
　　本书主要介绍了钢笔书法名家王正良先生
的轶事趣闻和书法作品 30 余幅，并简单介绍了
任平、崔学路等名家的行、楷、隶书法精品。

J0094090
钢笔书法窍门　孙振棠主编；王学文等撰
天津　天津人民出版社 1993 年　124 页
19cm（32 开）ISBN：7-201-01496-X
定价：CNY3.40
（口袋里的老师丛书 2）

J0094091
钢笔书法学习精要　汤祥松著
武汉　湖北美术出版社 1993 年 74 页 26cm（16 开）
ISBN：7-5394-0471-X　定价：CNY4.80
　　本书内容有：学习钢笔书法的方法；合体字
规律结构图；学习钢笔书法方法百法及行、草、

楷、隶书创作作品等。作者汤祥松(1963—　)，书法家。湖北恩施市人。任职于恩施自治州银行，中国硬笔书法协会会员。代表作品《钢笔书法学习精要》《钢笔书法自学字帖》《三步习字法》。

J0094092

钢笔书法指南　韦昌敏编著

北京　教育科学出版社　1993 年　63 页

19cm(小 32 开) ISBN：7-5041-1190-2

定价：CNY2.30

J0094093

钢笔书法自学入门　况兆鸿著

长春　长春出版社 1993 年 226 页 19cm(小 32 开)

ISBN：7-80573-737-1 定价：CNY4.95

J0094094

钢笔书法字典　王圣才编

成都　四川辞书出版社 1993 年 489 页

19cm(小 32 开) ISBN：7-80543-236-8

定价：CNY12.80

　　本书收入 160 余名钢笔书法家书写的 30000 余个楷、行、草、隶、魏等各体钢笔单字。编者王圣才，中国硬笔书法家协会理事、四川省硬笔书法家学会常务理事。

J0094095

钢笔书法字帖　山风书

北京　蓝天出版社 1993 年 2 册(120+120 页)

19cm(小 32 开) ISBN：7-80081-326-6

定价：CNY3.95

　　本书收集了历代诗词、名胜楹联、人生哲理、散文名篇等，寓书法及知识于一体。

J0094096

钢笔唐宋词选　梁鼎光书

广州　广东高等教育出版社 1993 年 152 页

19cm(小 32 开) ISBN：7-5361-1027-8

定价：CNY3.50

　　作者梁鼎光(1938—　)，书法家、动物解剖学家。广东恩平人。华南农业大学副教授、广东省书法家协会副主席。代表作品有《浅谈书法》《小楷书法》等。

J0094097

钢笔正草对照字帖　唐德明书

北京　人民交通出版社 1993 年 62 页

19cm(小 32 开) ISBN：7-114-01558-5

定价：CNY3.00

J0094098

钢笔正楷 77 天便捷速成法　刘大卫著

北京　中央民族学院出版社 1993 年 83 页

26cm(16 开) ISBN：7-81001-488-9

定价：CNY3.95

J0094099

钢笔正楷行书速成自学习字帖　刘大卫著

上海　华东师范大学出版社 1993 年 67 页

26cm(16 开) ISBN：7-5617-1082-8

定价：CNY4.00

J0094100

钢笔正字习字帖　何克枞编写

福州　海峡文艺出版社 1993 年 90 页

19cm(小 32 开) ISBN：7-80534-527-9

定价：CNY2.00

J0094101

钢笔字速成训练教材　(一　楷书) 张守镇，刘平主编

北京　学苑出版社 1993 年 51 页 26cm(16 开)

ISBN：7-5077-0070-4 定价：CNY2.50

　　主编张守镇(1958—　)，回族，书法家、国家一级美术师。河南杞县人。历任中国国际书法家协会副主席、中国民间文艺家协会会员，河南省硬笔书法家协会常务理事、副秘书长，郑州大学兼职教授、河南工业大学硕士导师。代表作品《袖珍古诗五体书法字帖》《钢笔楷书》《钢笔字技法》等。

J0094102

钢笔字速成训练教材　(二　楷书) 张守镇，刘平主编

北京　学苑出版社 1993 年 48 页 26cm(16 开)

ISBN：7-5077-0070-4 定价：CNY2.50

J0094103

钢笔字速成训练教材　(三　行书) 张守镇，

刘平主编

北京 学苑出版社 1993 年 53 页 26cm（16 开）

ISBN：7-5077-0070-4 定价：CNY2.50

J0094104

钢笔字帖 （人生妙语 2）冯宝佳书

广州 广东高等教育出版社 1993 年 169 页 有照片

19cm（小 32 开）ISBN：7-5361-1004-9

定价：CNY4.20

作者冯宝佳（1937— ），书法家。广东省书法家协会理事、广州硬笔书法家协会艺术导师。著有《冯宝佳硬笔书法字帖》《教你写毛笔字》等。

J0094105

钢笔字帖 （人生妙语 3）冯宝佳书

广州 广东高等教育出版社 1993 年 169 页

19cm（小 32 开）ISBN：7-5361-1121-5

定价：CNY4.10

J0094106

钢笔字帖 （人生妙语 6）冯宝佳书

广州 广东高等教育出版社 1994 年 171 页

19cm（小 32 开）ISBN：7-5361-1185-0

定价：CNY4.85

中国现代书法作品。

J0094107

钢笔字帖 （人生妙语 7）冯宝佳书

广州 广东高等教育出版社 1994 年 171 页

19cm（小 32 开）ISBN：7-5361-1516-4

定价：CNY4.85

J0094108

钢笔字帖 （人生妙语 8）冯宝佳书

广州 广东高等教育出版社 1995 年 重印本

169 页 19cm（32 开）ISBN：7-5361-1584-9

定价：CNY6.85

J0094109

钢笔字帖 （人生妙语 9）冯宝佳书

广州 广东高等教育出版社 1995 年 171 页 有肖像

19cm（小 32 开）ISBN：7-5361-1770-1

定价：CNY6.85

J0094110

钢笔字帖 （人生妙语 10）冯宝佳书

广州 广东高等教育出版社 1996 年 171 页

19cm（小 32 开）ISBN：7-5361-1820-1

定价：CNY6.85

J0094111

革命先烈家书选 （钢笔字帖）李培隽书

北京 朝华出版社 1993 年 124 页 19cm（小 32 开）

ISBN：7-5054-0181-5 定价：CNY3.20

J0094112

革命先烈名言录 （钢笔字帖）丁永康书

北京 朝华出版社 1993 年 124 页 19cm（小 32 开）

ISBN：7-5054-0180-7 定价：CNY3.20

作者丁永康（1956— ），书法教师。江苏淮阴人，毕业于首都师范大学书法专业。历任中国人民保险公司工会干部、中国书法家协会会员、华艺硬笔习字会副会长。代表作品有《3500 常用字钢笔字帖》《常用字钢笔楷书行书对照字帖》《钢笔楷书行书技法指南》等。

J0094113

革命先烈诗抄集 （钢笔字帖）吴玉生书

北京 朝华出版社 1993 年 125 页 19cm（小 32 开）

ISBN：7-5054-0182-3 定价：CNY3.20

J0094114

跟我学硬笔书法字帖 李强，肖华编著

北京 航空工业出版社 1993 年 95 页 有照片

26cm（16 开）ISBN：7-80046-630-2

定价：CNY6.00

J0094115

工程字法 刘绍怡，罗延芳编著

北京 中国铁道出版社 1993 年 2 版（修订版）

119 页 13×19cm ISBN：7-113-01292-2

定价：CNY2.40

J0094116

古词名篇钢笔字帖 司马彦书写

北京 金盾出版社 1993 年 107 页 19cm（小 32 开）

ISBN：7-80022-695-6 定价：CNY1.90

作者司马彦，当代著名硬笔书法家。

J0094117

古代爱情诗钢笔字帖　邢世明书

北京 气象出版社 1993 年 87 页 19cm(小 32 开)

ISBN: 7-5029-1083-2 定价: CNY2.18

J0094118

古代名诗钢笔楷书字帖　刘安金书

重庆 重庆大学出版社 1993 年 68 页 有照片

19cm(小 32 开) ISBN: 7-5624-0716-9

定价: CNY3.50

作者刘安金(1967—　)，硬笔书法家。重庆市城市建设局机关干部、中华硬笔书法家协会常务理事、中国硬笔书法艺术博物馆筹委会委员等。

J0094119

古代寓言名篇钢笔书法　赵忱书

广州 广东高等教育出版社 1993 年 192 页

19cm(小 32 开) ISBN: 7-5361-1159-2

定价: CNY4.30

J0094120

古今名联钢笔字帖　司惠国书写;钟林周选编

北京 金盾出版社 1993 年 137 页 19cm(小 32 开)

ISBN: 7-80022-696-4 定价: CNY2.30

作者司惠国(1959—　)，硬笔书法家。河北唐山人，中国当代硬笔书法习字会会长。

J0094121

古诗名篇钢笔字帖　丁谦书写;靳士石选编

北京 金盾出版社 1993 年 140 页 19cm(小 32 开)

ISBN: 7-80022-564-X 定价: CNY2.20

本书分别采用楷、行书两种常用的字体书写。作者丁谦，硬笔书法家、中国当代硬笔书法家协会副秘书长。作者丁谦(1958—　)，书法家。字浩文，斋号万籁草堂，河南周口人。历任中国书法家协会理事、中国硬笔书法协会副主席，解放军总后勤部某部政委，大校军衔。

J0094122

古帖新临　(多体钢笔字帖)仇寅著

福州 福建美术出版社 1993 年 107 页

20cm(32 开) ISBN: 7-5393-0218-6

定价: CNY4.50

本书选历代名迹四十余种，字体包括隶、楷、行、行草诸种，以普通钢笔和美工笔临出。作者仇寅(1962—　)，硬笔书法家。生于江苏涟水。编写出版有《仇寅钢笔字》《仇寅书外国名诗》《雷锋日记选钢笔字帖》《古帖新临多体钢笔字帖》等。

J0094123

顾仲安钢笔行书字帖　(中外名人书信选)顾仲安书

上海 上海文化出版社 1993 年 184 页

20cm(32 开) ISBN: 7-80511-601-6

定价: CNY7.80

作者顾仲安(1956—　)，书法家。中国硬笔书法家协会副主席、上海教师书画篆刻研究会名誉理事。拍摄有《硬笔书法电视讲座》和《硬笔书法》电视教育片。代表作品有《常用成语钢笔字帖接字成语》。

J0094124

规范汉字书写技法　(中小学生钢笔字帖)贾战武，姜学琛著

北京 经济管理出版社 1993 年 191 页

19cm(小 32 开) ISBN: 7-80025-778-9

定价: CNY4.00

J0094125

贵州省农业银行储蓄杯第三届全省汉字钢笔书法大赛获奖作品选　黄效旦主编

贵阳 贵州人民出版社 1993 年 64 页 有照片

26cm(16 开) ISBN: 7-221-03095-2

定价: CNY6.50

J0094126

汉字繁简对照三体钢笔书法字典　郑彦伟，袁强书写

北京 中国华侨出版社 1993 年 192 页

19cm(小 32 开) ISBN: 7-80074-742-5

定价: CNY4.80

作者郑彦伟(1945—　)，书法家、书法教育家。历任北京市崇文区书画研究会副秘书长、北京市崇文区少年宫美工部部长等职。出版《行书技法》《书法名家教书法——楷书入门》等。作者袁强(1953—　)，北京市崇文区少年宫书法教师、北京市书法家协会会员、中国硬笔书法协会副秘书长、北京崇文区少年书法学校副校长、中

国人民大学函授学院客座书法副教授。

J0094127

汉字简繁对照钢笔楷书字帖　徐子久书
杭州　浙江大学出版社　1993年　121页
19cm（小32开）ISBN：7-308-01253-0
定价：CNY4.30

　　作者徐子久（1948—　），书法家。字寿松，号白发人，浙江台州人，毕业于曲阜师范大学艺术系和浙江美术学院国画系。历任中国书协会员，中国书法研究院副院长、教授，中国书协会员等职。

J0094128

行楷书硬笔字帖　李爱善书
兰州　甘肃民族出版社　1993年　148页
19cm（小32开）ISBN：7-5421-0250-8
定价：CNY7.50

　　作者李爱善（1946—　），甘肃静宁人。长庆石油勘探局第二钻井工程处工作，长庆书画协会会员。

J0094129

行书常用字3500例　陈启智著
天津　天津杨柳青画社　1993年　90页
19cm（小32开）ISBN：7-80503-234-3
定价：CNY4.20

J0094130

行书钢笔字快写法　李石文书
北京　朝华出版社　1993年　124页　19cm（小32开）
ISBN：7-5054-0268-4　定价：CNY2.30

　　作者李石文（1955—　），生于辽宁沈阳，祖籍山东黄县。历任中国民航杂志社社长兼总编、华艺硬笔习字学会副会长、中国书协第一届硬笔专业委员会委员、副秘书长。

J0094131

何镜铭钢笔字帖　（历代名家短文精粹）何镜铭书；秦春雨选文
北京　中国建材工业出版社　1993年　136页
19cm（小32开）ISBN：7-80090-234-X
定价：CNY4.80

J0094132

红楼梦诗词精选　庞中华书写
西安　陕西旅游出版社　1993年　117页
19cm（小32开）精装　ISBN：7-5418-0883-0
定价：CNY3.60

　　作者庞中华（1945—　），著名书法家、教育家和诗人。四川重庆人，毕业于西南科技大学地质勘探专业。中国当代硬笔书法的奠基者，全国政协委员、中国硬笔书法协会会长。代表作品有《庞中华钢笔字帖》《庞中华现代硬笔字帖》等。著作《庞中华散文集》《庞中华谈谈学写钢笔字》《硬笔书法简论》等。

J0094133

红太阳　（毛主席诗词钢笔正楷字帖）闫锐敏书
北京　中国物资出版社　1993年　62页　26cm（16开）
ISBN：7-5047-0631-0　定价：CNY5.60

J0094134

红太阳颂歌五体钢笔字帖　卢中南等书；李宪文，熊北川编
北京　中国文联出版公司　1993年　155页
19cm（小32开）ISBN：7-5059-1807-9
定价：CNY4.75

　　本书包括：楷、行、隶、篆、草书五种字体，分别出自书法家卢中南、高惠敏、张永明三人之手。

J0094135

红岩英烈诗抄钢笔字帖　张珍容书
重庆　重庆大学出版社　1993年　100页　有图
19cm（小32开）ISBN：7-5624-0792-4
定价：CNY3.50

　　作者张珍容（1965—　），女，硬笔书法艺术报社编辑，重庆书法家协会会员。

J0094136

华夏春景百咏　庞中华，司惠国主编；孙连生书写
北京　宇航出版社　1993年　101页　19cm（小32开）
ISBN：7-80034-529-7　定价：CNY3.50
（中国硬笔书法百科全书　华夏风采百咏硬笔书法系列）

　　主编庞中华（1945—　），著名书法家、教育家和诗人。四川重庆人，毕业于西南科技大学地

质勘探专业。中国当代硬笔书法的奠基者，全国政协委员、中国硬笔书法协会会长。代表作品有《庞中华钢笔字帖》《庞中华现代硬笔字帖》等。著作《庞中华散文集》《庞中华谈谈学写钢笔字》《硬笔书法简论》等。主编司惠国（1959—　），硬笔书法家。河北唐山人，中国当代硬笔书法习字会会长。

J0094137

华夏夏景百咏　　庞中华，司惠国主编；孟天宇等书写

北京 宇航出版社 1993 年 101 页 19cm（小 32 开）

ISBN：7-80034-530-0 定价：CNY3.50

（中国硬笔书法百科全书 华夏风采百咏硬法系列）

J0094138

华夏秋景百咏　　庞中华，司惠国主编；胡厚生，司惠国书写

北京 宇航出版社 1993 年 99 页 17cm（40 开）

ISBN：7-80034-531-9 定价：CNY3.50

（中国硬笔书法百科全书 华夏风采百咏硬笔书法系列）

J0094139

华夏冬景百咏　　庞中华，司惠国主编；国明勋，司惠国书写

北京 宇航出版社 1993 年 97 页 19cm（小 32 开）

ISBN：7-80034-532-7 定价：CNY3.50

（中国硬笔书法百科全书 华夏风采百咏硬笔书法系列）

J0094140

华夏名花百咏　　庞中华，司惠国主编；李新华书写

北京 宇航出版社 1993 年 97 页 19cm（小 32 开）

ISBN：7-80034-533-5 定价：CNY3.50

（中国硬笔书法百科全书 华夏风采百咏硬笔书法系列）

J0094141

华夏名姬百咏　　庞中华，司惠国主编；张宝彤书写

北京 宇航出版社 1993 年 105 页 19cm（小 32 开）

ISBN：7-80034-535-1 定价：CNY3.50

（中国硬笔书法百科全书 华夏风采百咏硬笔书法系列）

法系列）

J0094142

华夏名胜百咏　　庞中华，司惠国主编；张学鹏，司惠国书写

北京 宇航出版社 1993 年 105 页 17cm（40 开）

ISBN：7-80034-526-2 定价：CNY3.50

（中国硬笔书法百科全书 华夏风采百咏硬笔书法系列）

J0094143

华夏山川百咏　　庞中华，司惠国主编；赵泾生书写

北京 宇航出版社 1993 年 101 页 17cm（40 开）

ISBN：7-80034-527-0 定价：CNY3.50

（中国硬笔书法百科全书 华夏风采百咏硬笔书法系列）

J0094144

华夏英杰百咏　　庞中华，司惠国主编；胡厚生书写

北京 宇航出版社 1993 年 101 页 19cm（小 32 开）

ISBN：7-80034-534-3 定价：CNY3.50

（中国硬笔书法百科全书 华夏风采百咏硬笔书法系列）

J0094145

华夏园林百咏　　庞中华，司惠国主编；司惠国书写

北京 宇航出版社 1993 年 101 页 17cm（40 开）

ISBN：7-80034-528-9 定价：CNY3.50

（中国硬笔书法百科全书 华夏风采百咏硬笔书法系列）

J0094146

会心一笑　　杨念池书；符冰编

广州 岭南美术出版社 1993 年 120 页 19cm（小 32 开）ISBN：7-5362-0904-5

定价：CNY2.80

（钢笔书法卡拉 OK）

作者杨念池（1950—　），广东省书法家协会会员、广州书艺学会理事。

J0094147

婚丧喜庆实用对联钢笔字帖　　司马彦，司马

东书
北京 气象出版社 1993 年 216 页 19cm（小 32 开）
ISBN：7-5029-1380-7 定价：CNY4.50

J0094148
佳节贺词 （钢笔字帖）田英章书
北京 国际文化出版公司 1993 年 94 页
19cm（小 32 开）ISBN：7-80049-337-7
定价：CNY2.20

J0094149
交际诗 （钢笔字帖）方馨书
北京 国际文化出版公司 1993 年 94 页
19cm（小 32 开）ISBN：7-80049-337-7
定价：CNY2.20

J0094150
金融知识钢笔字帖 任新有编；张正杰书
郑州 河南美术出版社 1993 年 106 页
19cm（小 32 开）ISBN：7-5401-0330-2
定价：CNY3.20

J0094151
晋唐楷书钢笔临本 李石文临摹
北京 北京语言学院出版社 1993 年 60 页
19cm（小 32 开）ISBN：7-5619-0355-3
定价：CNY1.65
（中国名帖钢笔临本系列）

J0094152
警世格言联 司惠国，王玉孝主编；庞中华等书
南宁 广西美术出版社 1993 年 120 页
19cm（小 32 开）ISBN：7-80582-592-0
定价：CNY3.40
（中国联林珍奇硬笔书法丛书）

J0094153
警世妙语钢笔字帖 冯宝佳书
广州 广东高等教育出版社 1993 年 重印本
171 页 19cm（32 开）ISBN：7-5361-0889-3
定价：CNY4.00

J0094154
楷、行、草三体钢笔书法字典 于天存，章彤辉编

北京 朝花美术出版社 1993 年 330 页
13cm（64 开）ISBN：7-5056-0172-5
定价：CNY4.50

J0094155
楷行两体对照典范钢笔字帖 于天存，晓光书写
长春 时代文艺出版社 1993 年 112 页
19cm（小 32 开）ISBN：7-5387-0748-4
定价：CNY5.00

J0094156
楷书行书钢笔字帖 （梁平抒情诗精选）惠俊岐，胡建忠书
重庆 重庆大学出版社 1993 年 46 页 19cm（32 开）
ISBN：7-5624-0715-0 定价：CNY1.90
　　作者惠俊岐，重庆中华硬笔书法函授学院副院长、中华硬笔书法家协会秘书长。作者胡建忠，中华硬笔书法家协会组织部部长、青年书法家。

J0094157
楷魏行隶宋草篆实用七体钢笔字帖 彭洋等书
南宁 广西美术出版社 1993 年 140 页
19cm（小 32 开）ISBN：7-80582-546-7
定价：CNY3.60
　　作者彭洋，中国书法家协会广西分会会员。作者彭洋（1953— ），副研究员。毕业于广西大学中文系。历任《南方文坛》编辑部主任、广西文联文艺理论研究室主任、广西文艺理论家协会驻会副会长、南方文坛杂志社社长、广西中国文学学会副会长。中国书法家协会广西分会会员。著有随笔集《书》、诗集《二十岁的谎言》、评论集《视野与选择》、散文集《圣堂山圣典》。

J0094158
看了就能写好钢笔字的书 陈之望编著
台北 益群书店 1993 年 14 版 207 页
19cm（小 32 开）ISBN：957-552-134-X
定价：TWD100.00
（益智实用丛书 3）

J0094159
筷书唐诗艺术作品集 （现代硬笔书法）栾惠民著

北京 水利电力出版社 1993 年 100 页
26cm（16 开）ISBN：7-120-01702-0
定价：CNY8.00

J0094160

老一辈领袖诗抄行草硬笔书法　文林书
北京 学苑出版社 1993 年 170 页 20cm（32 开）
ISBN：7-5077-0625-7 定价：CNY5.50

J0094161

乐图南钢笔行书　乐一鹏书；乐木千选编
南京 南京大学出版社 1993 年 28 页 26cm（16 开）
ISBN：7-305-02146-6 定价：CNY2.80
　　作者乐一鹏（1903—1989），字图南，毕业于
省立第六师范图画科。历任镇江画院顾问、全国
书协会员、江苏书协名誉理事等。著有《经石峪
笔意千字》《乐图南书法选》《经石峪笔意千字》
《乐图南钢笔行书》等。编者乐木千（1928—　），
教师。原名沐谦，乐图南长子，江苏工学院副教
授、硕士研究生导师。

J0094162

李大钊名言钢笔字帖　庞中华，施善玉主编；
王越等书写
北京 人民中国出版社 1993 年 118 页
19cm（小 32 开）ISBN：7-80065-197-5
定价：CNY3.90
（四伟人名言硬笔书法套书）
　　作者庞中华（1945—　），著名书法家、教育
家和诗人。四川重庆人，毕业于西南科技大学地
质勘探专业。中国当代硬笔书法的奠基者，全国
政协委员、中国硬笔书法协会会长。代表作品有
《庞中华钢笔字帖》《庞中华现代硬笔字帖》等。
著作《庞中华散文集》《庞中华谈谈学写钢笔字》
《硬笔书法简论》等。

J0094163

理想·情操钢笔字帖　田心梅，舒林书
杭州 浙江人民出版社 1993 年 重印本 182 页
20cm（32 开）ISBN：7-213-00876-5
定价：CNY3.50

J0094164

隶书钢笔字帖　（毛泽东和老一辈革命家诗词
集）卢定山书

南宁 广西美术出版社 1993 年 125 页
19cm（小 32 开）ISBN：7-80582-577-7
定价：CNY3.40
　　作者卢定山（1945—　），书法家。广东高
州人，广西书法家协会理事、南宁市书法协会主
席。著有《隶书入门字谱》《行书入门字谱》《楷
书入门字谱》。

J0094165

恋情妙语钢笔字帖　（珍藏本）冰驰编；袁
强书
广州 广州出版社 1993 年 156 页 19cm（小 32 开）
ISBN：7-80592-033-8 定价：CNY4.40

J0094166

恋人寄语　（钢笔字帖）田英章书录
北京 国际文化出版公司 1993 年 94 页
19cm（小 32 开）ISBN：7-80049-337-7
定价：CNY2.20

J0094167

名言妙语　（"金山""银山"探秘 钢笔书法欣
赏）刘晓庆著；施善玉编、书写
北京 中国物资出版社 1993 年 132 页 有彩照
20cm（32 开）定价：CNY5.20

J0094168

流行歌词精选钢笔行书字帖　李玺文等书
写；《当代中学生》编辑部选编
西安 西北工业大学出版社 1993 年 91 页
19cm（小 32 开）ISBN：7-5612-0629-1
定价：CNY2.80

J0094169

流行金曲　梁鼎光书；晓艳，符冰编
广州 岭南美术出版社 1993 年 124 页 有彩照
19cm（小 32 开）ISBN：7-5362-0902-9
定价：CNY2.80
（钢笔书法卡拉 OK）

J0094170

流行金曲钢笔楷书字帖　志浩编；钱沛云书
上海 上海书店出版社 1993 年 200 页
19cm（小 32 开）ISBN：7-80569-797-3
定价：CNY4.20

作者钱沛云(1946—)，著名硬笔书法家。字鹤斋，浙江上虞人，毕业于上海师大中文系。中国书法家协会会员、中国书画函授大学书法系教授。主要作品有《楷书基础知识》《怎样写快写好钢笔字》《钢笔书法技巧要领》《红楼梦诗词钢钢笔行书书帖》等。

J0094171

六体 3500 常用字钢笔字帖　王君书
兰州　甘肃少年儿童出版社　1993 年　393 页
19cm（小 32 开）ISBN：7-5422-0735-0
定价：CNY6.75
　　本字帖用楷、隶、行、草、篆、魏 6 种书体对照写成。

J0094172

六体千字文钢笔字帖　　王君[书]
兰州　甘肃少年儿童出版社　1993 年
19cm（小 32 开）ISBN：7-5422-0730-X
定价：CNY2.45

J0094173

鲁迅名言钢笔字帖　　庞中华，施善玉主编；
王越等书写
北京　人民中国出版社　1993 年　118 页
19cm（小 32 开）ISBN：7-80065-429-X
定价：CNY3.90
（四伟人名言硬笔书法套书）
　　作者庞中华(1945—)，著名书法家、教育家和诗人。四川重庆人，毕业于西南科技大学地质勘探专业。中国当代硬笔书法的奠基者，全国政协委员、中国硬笔书法协会会长。代表作品有《庞中华钢笔字帖》《庞中华现代硬笔字帖》等。著作《庞中华散文集》《庞中华谈谈学写钢笔字》《硬笔书法简论》等。

J0094174

鲁迅文学精品钢笔字帖　　庞中华，施善玉主编；韩恒明书
北京　人民中国出版社　1993 年　122 页
19cm（小 32 开）ISBN：7-80065-434-6
定价：CNY3.90
（中国现代文学精品钢笔字帖系列）

J0094175

陆柬之书陆机文赋钢笔临本　卢中南临摹
北京　北京语言学院出版社　1993 年　60 页
19cm（小 32 开）ISBN：7-5619-0355-3
定价：CNY1.65
（中国名帖钢笔临本系列）

J0094176

罗兰小语钢笔书法　赵忱书
广州　广东高等教育出版社　1993 年　187 页
19cm（小 32 开）ISBN：7-5361-1097-9
定价：CNY3.98

J0094177

毛泽东的故事钢笔字帖　李石文书
北京　朝华出版社　1993 年　124 页　19cm（小 32 开）
ISBN：7-5054-0183-1　定价：CNY3.20

J0094178

毛泽东妙语警句钢笔字帖　范林庆等书
杭州　浙江人民出版社　1993 年　220 页
20cm（32 开）ISBN：7-213-01018-2
定价：CNY5.00

J0094179

毛泽东名言钢笔字帖　庞中华，施善玉主编；
王越等书
北京　人民中国出版社　1993 年　118 页
19cm（小 32 开）ISBN：7-80065-195-9
定价：CNY3.90
（四伟人名言硬笔书法套书）

J0094180

毛泽东人生格言钢笔行书字帖　文青编；启良书
南宁　广西美术出版社　1993 年　19cm（小 32 开）
ISBN：7-80582-605-6　定价：CNY3.40

J0094181

毛泽东诗词钢笔字帖　王阳君书
北京　海洋出版社　1993 年　192 页　19cm（小 32 开）
ISBN：7-5027-3229-2　定价：CNY5.20
　　本帖以楷、行、隶 3 种书体，分别书写毛泽东诗词 50 首。作者王阳君(1956—)，钢笔书法家。笔名不悟，浙江绍兴人。历任中国教育学

会书法教育专业委员会会员、浙江省书法家协会会员、衢州市书协副主席、常山书画院院长等。出版《王阳君书法作品集》等。

J0094182

毛泽东诗词钢笔字帖　张程编

北京　新时代出版社　1993年　44页　19cm（小32开）ISBN：7-5042-0226-6　定价：CNY1.50

　　作者张程，河南罗山人，武夷书社、丽州书社书法师、中国当代硬笔书法家协会理事等。

J0094183

毛泽东诗词钢笔字帖　林宪民书

北京　中国青年出版社　1993年　179页　19cm（小32开）ISBN：7-5006-1440-3　定价：CNY4.50

　　作者林宪民（1914—1999），书法家。福建福州市人。福建省文史研究馆馆员、中日友好书道场教授、福州林则徐书画院院长、中国书法家协会会员。出版有《红楼梦诗词曲赋行书字帖》《古诗文标准行草书字帖》《历代爱国诗行草字帖》《四季风景诗字帖》等。

J0094184

毛泽东诗词钢笔字帖　王文康书

重庆　重庆出版社　1993年　70页　有照片　19cm（小32开）ISBN：7-5366-2713-0　定价：CNY1.30

　　作者王文康（1949—　　），重庆邮政技校讲师、副校长，四川省硬笔书法学会理事。

J0094185

毛泽东诗词行书字帖　陈存书

北京　海洋出版社　1993年　102页　19cm（32开）ISBN：7-5027-3181-4　定价：CNY4.20

J0094186

毛泽东诗词三十九首楷行草钢笔字帖　刘大卫书

银川　宁夏人民出版社　1993年　101页　20cm（32开）ISBN：7-227-00840-1　定价：CNY2.70

J0094187

毛泽东诗词四十首四体钢笔字帖　邢飞

等书

南宁　广西美术出版社　1993年　161页　19cm（小32开）ISBN：7-80582-565-3　定价：CNY3.95

J0094188

毛泽东诗词四体硬笔书法　孙文博等书

北京　学苑出版社　1993年　158页　20cm（32开）ISBN：7-5077-0625-7　定价：CNY5.50

　　作者孙文博，书法家，书法高级教师，中华硬笔书法协会常务理事。

J0094189

毛泽东诗词硬笔行书字帖　李景德书写

北京　档案出版社　1993年　94页　20cm（32开）ISBN：7-80019-416-7　定价：CNY2.50

　　作者李景德，吉林农安人，中共农安县委宣传部任职，中华钢笔、圆珠笔书法研究会会员、中国青年硬笔书法家协会会员。

J0094190

毛泽东诗词硬笔书法精选　武汉书法家协会编

武汉　武汉出版社　1993年　123页　20cm（32开）ISBN：7-5430-1049-6　定价：CNY4.80

J0094191

毛泽东诗词硬笔书法作品集　靳拴平书

西安　陕西人民美术出版社　1993年　109页　19cm（小32开）ISBN：7-5368-0602-7　定价：CNY5.80

J0094192

毛泽东语录格言钢笔书法　李岩选等书

济南　山东文艺出版社　1993年　156页　19cm（小32开）ISBN：7-5329-1036-9　定价：CNY3.90

　　作者李岩选（1948—　　），号砺石斋主，山东临沭人，毕业于曲阜师范大学。历任山东省出版总社编审、明天出版社美术编辑、山东硬笔书法家协会副主席、中日中青年书法家协会理事。代表作品《书法自学指导丛书：草书解读与书写规范》《常用字六体钢笔字帖》《毛笔楷书习字帖》等。

J0094193
蒙学四篇钢笔字帖 司马彦书写
北京 金盾出版社 1993 年 89 页 19cm(小 32 开)
ISBN：7-80022-655-7 定价：CNY1.60
　　作者司马彦，当代著名硬笔书法家。

J0094194
米芾行书钢笔临本 卢中南临摹
北京 北京语言学院出版社 1993 年 60 页
19cm(小 32 开) ISBN：7-5619-0355-3
定价：CNY1.65
(中国名帖钢笔临本系列)

J0094195
描影练字硬笔楷行草书法字帖 孙厚琦编著
济南 山东美术出版社 1993 年 170 页
18×26cm ISBN：7-5330-0646-1
定价：CNY5.50

J0094196
妙笔情书钢笔书法 赵忱书
广州 广东高等教育出版社 1993 年 169 页
19cm(小 32 开) ISBN：7-5361-1007-3
定价：CNY4.20

J0094197
妙龄时光 (汪国真流行小诗精选) 胡志强书；
符冰编
广州 岭南美术出版社 1993 年 136 页
19cm(小 32 开) ISBN：7-5362-0905-3
定价：CNY2.80
(钢笔书法卡拉 OK)
　　作者胡志强(1958—)，书法家。字佐中，
号心月。江西乐平人，毕业于江西工业大学。历
任江西医学院上饶分院讲师。中国楹联学会书
法委员会委员、中国硬笔书法学会理事、中国民
族文化研究院特聘书画家、江西省书法家协会会
员、上饶江西医学院上饶分院讲师。

J0094198
名家书信钢笔字帖 卢前，陆维中编著
成都 四川少年儿童出版社 1993 年 110 页
26cm(16 开) ISBN：7-5365-0986-3
定价：CNY5.00

J0094199
名人名言钢笔字帖 李志行书写
上海 学林出版社 1993 年 62 页 19cm(小 32 开)
ISBN：7-80510-901-X 定价：CNY1.50

J0094200
名胜珍联 司惠国，王玉孝主编；沙舟等书
南宁 广西美术出版社 1993 年 120 页
19cm(小 32 开) ISBN：7-80582-592-0
定价：CNY3.40
(中国联林珍奇硬笔书法丛书 1)

J0094201
明诗精萃 丁永康书
沈阳 沈阳出版社 1993 年 重印本 156 页
19cm(32 开) ISBN：7-80556-917-7
定价：CNY3.75
(中国古典诗词欣赏系列钢笔字帖)

J0094202
南方神话 (洛拜流行小诗精选) 卢坤书；符
冰编
广州 岭南美术出版社 1993 年 118 页
19cm(小 32 开) ISBN：7-5362-0899-5
定价：CNY2.80
(钢笔书法卡拉 OK)
　　卢坤(1957—)，广州业余大学中文系毕
业，书法爱好者。

J0094203
难忘颂歌歌词钢笔字帖 李义民著
大连 大连出版社 1993 年 113 页 19cm(小 32 开)
ISBN：7-80555-903-1 定价：CNY4.30
　　作者李义民(1963—)，大连复州湾盐场劳
动服务公司干部，青年硬笔书法家，大连现代硬
笔书法研究会会员、全国中青年硬笔书法家协会
会员。

J0094204
庞中华硬笔书法规范字帖 庞中华著
石家庄 河北人民出版社 1993 年 108 页
19cm(小 32 开) ISBN：7-202-01369-X
定价：CNY2.90
　　作者庞中华(1945—)，著名书法家、教育
家和诗人。四川重庆人，毕业于西南科技大学地

质勘探专业。中国当代硬笔书法的奠基者，全国政协委员、中国硬笔书法协会会长。代表作品有《庞中华钢笔字帖》《庞中华现代硬笔字帖》等。著作《庞中华散文集》《庞中华谈谈学写钢笔字》《硬笔书法简论》等。

J0094205

庞中华最新钢笔字帖 （九十年代献给青少年朋友的佳作）庞中华著

北京 教育科学出版社 1993 年 重印本 76 页 有照片 19cm（32 开）ISBN：7-5041-0531-7

定价：CNY2.10

J0094206

七言诗硬笔书法字帖 （仿宋·楷书·魏碑·隶书·行楷·行草）蓝再平主编；赵多良等书写

沈阳 辽宁人民出版社 1993 年 增订版 214 页 17×18cm ISBN：7-205-02223-1

定价：CNY7.50

J0094207

千家诗钢笔字帖 刘亭玉书写

北京 北京出版社 1993 年 100 页 19cm（小 32 开）ISBN：7-200-01865-1 定价：CNY2.70

J0094208

钱钟书文学精品钢笔字帖 庞中华，施善玉主编；王超等书

北京 人民中国出版社 1993 年 122 页 19cm（小 32 开）ISBN：7-80065-433-8

定价：CNY3.90

（中国现代文学精品钢笔字帖系列 第一辑）

J0094209

青春诗精粹钢笔字帖 司马彦书

南京 河海大学出版社 1993 年 60 页 19cm（小 32 开）ISBN：7-5630-0665-6

定价：CNY1.80

（钢笔描红字帖 三）

J0094210

青春赠言精品钢笔字帖 司马彦书

南京 河海大学出版社 1993 年 62 页 19cm（小 32 开）ISBN：7-5630-0664-8

定价：CNY1.80

（钢笔描红字帖 二）

J0094211

青年硬笔书法艺术 虞颖茂书

郑州 河南人民出版社 1993 年 90 页 19cm（小 32 开）ISBN：7-215-02800-3

定价：CNY3.50

本书分为楷书和行书两部分。

J0094212

青少年钢笔行书入门 刘俊礼编著

北京 人民交通出版社 1993 年 100 页 19cm（小 32 开）ISBN：7-114-01603-4

定价：CNY3.50

作者刘俊礼，青少年规范简化钢笔字教师。

J0094213

青少年硬笔练字丛书 （第一册 铅笔楷书）王正良主编；王顺大书写

北京 大众文艺出版社 1993 年 95 页 20cm（32 开）ISBN：7-80094-059-4 定价：CNY2.50

主编王正良（1949— ），编辑。浙江嵊县人，历任《浙江青年报》总编兼《中国钢笔书法》杂志主编、中国硬笔书法家协会副主席。

J0094214

青少年硬笔练字丛书 （第二册 铅笔行楷）王正良主编；陈晓明书写

北京 大众文艺出版社 1993 年 144 页 20cm（32 开）ISBN：7-80094-060-8

定价：CNY2.80

J0094215

青少年硬笔练字丛书 （第三册 钢笔楷书）王正良主编；陈敏书写

北京 大众文艺出版社 1993 年 102 页 20cm（32 开）ISBN：7-80094-061-6

定价：CNY2.50

作者陈敏（1957— ），教师。浙江人民警察学校语文教研室主任、浙江省硬笔书法家协会副主席兼秘书长、中国书法家协会理事兼《中国硬笔书法家协会通讯》主席等。

J0094216

青少年硬笔练字丛书 （第四册 钢笔行楷）

王正良主编；谭荣荣书写
北京 大众文艺出版社 1993 年 122 页
20cm（32 开）ISBN：7-80094-062-4
定价：CNY2.60

J0094217
青少年硬笔练字丛书 （第五册 钢笔行书）
王正良主编；王学文书写
北京 大众文艺出版社 1993 年 120 页
20cm（32 开）ISBN：7-80094-063-2
定价：CNY2.60

J0094218
青少年硬笔练字丛书 （第六册 钢笔行书）
王正良主编；吴身元书写
北京 大众文艺出版社 1993 年 122 页
20cm（32 开）ISBN：7-80094-064-0
定价：CNY2.60

J0094219
青少年硬笔练字丛书 （第七册 钢笔行书）
王正良编著
北京 大众文艺出版社 1993 年 125 页
20cm（32 开）ISBN：7-80094-065-9
定价：CNY2.60

J0094220
情爱丝语 蒋宝栋书
北京 中央民族学院出版社 1993 年 156 页
19cm（小 32 开）ISBN：7-81001-526-5
定价：CNY3.40
（实用硬笔书法系列）

J0094221
情人蜜语行书隶书钢笔字帖 符显然，孙增
耀书
南宁 广西美术出版社 1993 年 92 页
19cm（小 32 开）ISBN：7-80582-512-2
定价：CNY2.50

J0094222
趣联巧对 司惠国，王玉孝主编；张宝彤等书
南宁 广西美术出版社 1993 年 120 页
19cm（小 32 开）ISBN：7-80582-592-0
定价：CNY3.40

（中国联林珍奇硬笔书法丛书 2）

J0094223
全国小学生获奖作文精彩片断荟萃钢笔字帖 司马彦，司马东书写；司马东，孙本英选编
西安 陕西师范大学出版社 1993 年 186 页
19cm（小 32 开）ISBN：7-5613-0860-4
定价：CNY4.30

J0094224
全国一等奖小学生作文精选钢笔字帖 司马彦，司马东书；司马东等编
长春 东北师范大学出版社 1993 年 202 页
19cm（小 32 开）ISBN：7-5602-0918-1
定价：CNY3.80

J0094225
全国一等奖中学生作文精选钢笔字帖 司马彦，司马东书；司马东等编
长春 东北师范大学出版社 1993 年 224 页
19cm（小 32 开）ISBN：7-5602-0919-X
定价：CNY4.00

J0094226
全国中学生获奖作文精彩片断荟萃钢笔字帖 司马彦，司马东书写；司马东，姚义发选编
西安 陕西师范大学出版社 1993 年 202 页
19cm（小 32 开）ISBN：7-5613-0861-2
定价：CNY4.60

J0094227
全国中学生优秀作文选评钢笔行书字帖
余萧然书
北京 中国世界语出版社 1993 年 122 页
19cm（小 32 开）ISBN：7-5052-0127-1
定价：CNY3.00

J0094228
劝世良言钢笔字帖 乔筱波书
郑州 河南美术出版社 1993 年 124 页
19cm（32 开）ISBN：7-5401-0295-0
定价：CNY2.50
（成功之路钢笔书法丛书）
　　作者乔筱波（1967— ），教师。字不惊，号
山阳道人，别署游晋斋主。祖籍河南武陟。河南

省硬笔书法学会常务理事、中华钢笔书法函授中心专职教师。出版有《宋词钢笔字帖》《劝世良言钢笔字帖》《速成行书钢笔字帖》《少男少女钢笔字帖》。

J0094229

绕梁金曲钢笔字帖　　林建书
广州　广东旅游出版社 1993 年 146 页 有彩照
19cm（小 32 开）ISBN：7-80521-451-4
定价：CNY4.50

J0094230

人生、事业、爱情、婚姻明星妙语钢笔字帖
冯宝佳书
广州　广东旅游出版社 1993 年 185 页
19cm（小 32 开）ISBN：7-80521-473-5
定价：CNY4.60

J0094231

人生的感悟钢笔字帖　　卢桐书
兰州　甘肃少年儿童出版社 1993 年 140 页
19cm（小 32 开）ISBN：7-5422-0761-X
定价：CNY3.60

J0094232

人生格言钢笔楷书字帖　　奇松书
北京　海潮出版社 1993 年 60 页 有照片
19cm（小 32 开）ISBN：7-80054-486-9
定价：CNY2.00
　　作者奇松，四川西充人，北京市东城区教育局任职，北京硬笔书法学会会员。

J0094233

人生妙语　　苏华编、书
广州　岭南美术出版社 1993 年 120 页
19cm（小 32 开）ISBN：7-5362-0901-0
定价：CNY2.80
（钢笔书法卡拉 OK）

J0094234

人生妙语钢笔字帖　（隶书、楷书、行书）潘
捷编选书写
北京　农村读物出版社 1993 年 176 页
19cm（小 32 开）ISBN：7-5048-2236-1
定价：CNY3.80

　　作者潘捷（1957—　），字敏之，号重阳，中央新闻纪录电影制片厂任职，中国电影美术学会会员、广播电影电视部书画家协会副秘书长。

J0094235

人生小语钢笔书法　　曾雪书
北京　朝华出版社 1993 年 124 页 19cm（小 32 开）
ISBN：7-5054-0178-5 定价：CNY3.20
　　作者曾雪（1969—　），女，华艺硬笔习字会办公室副主任、常务理事。

J0094236

人生箴言　（世界名人名言）房弘毅书
沈阳　沈阳出版社 1993 年 重印本 156 页
19cm（32 开）ISBN：7-80556-796-4
定价：CNY3.20
（当代青年欣赏实用钢笔书法丛帖）

J0094237

任平钢笔书法　　任平书
北京　中国国际广播出版社 1993 年 174 页
20cm（32 开）ISBN：7-5078-0906-4
定价：CNY4.00
（全国钢笔书法名家专辑 2）
　　作者任平（1952—　），书法家。江苏如皋人，毕业于杭州大学中文系，获博士学位。历任文化部中国艺术研究院教授、博士生导师，中国艺术研究院美术研究所学术委员会委员、书法研究室主任，中国书法家协会书法教育专业委员会委员、中国语言学会会员等。代表作品优《中国书法》《说隶》《笔歌墨舞》《中国书法全集》等。

J0094238

睿智格言　　康志诚书
北京　中央民族学院出版社 1993 年 156 页
19cm（小 32 开）ISBN：7-81001-524-9
定价：CNY3.40
（实用硬笔书法系列）

J0094239

三笔字临摹技法　　胡昌华编著
湖南　中南工业大学出版社 1993 年 36 页
26cm（16 开）ISBN：7-81020-531-5
定价：CNY2.98
（三笔字训练丛书）

本书介绍了用毛笔、钢笔、粉笔临摹《九成宫》的方法。书后附《九成宫》简化字释文、临摹示范、欧阳询《九成宫》。

J0094240

三毛　罗兰妙语钢笔字帖　梁鼎光书
广州　广东高等教育出版社　1993 年　171 页
有照片　19cm（小 32 开）ISBN：7-5361-1109-6
定价：CNY3.95

J0094241

三毛　罗兰妙语钢笔字帖　梁鼎光书
广州　广东高等教育出版社　1998 年　3 版　171 页
有照片　19cm（小 32 开）ISBN：7-5361-1109-6
定价：CNY7.90

J0094242

三毛珍言　（钢笔书法卡拉 OK）周树坚书；符冰编
广州　岭南美术出版社　1993 年　149 页
19cm（小 32 开）ISBN：7-5362-0912-6
定价：CNY3.00
（钢笔书法卡拉 OK）

　　作者周树坚（1947—　），广东茂名人。岭南美术出版社编辑、中国书法家协会会员、广东省书法家协会副主席、广州市硬笔书法家协会副会长。

J0094243

三字经　百家姓　千字文钢笔字帖　邱明强著
南京　南京出版社　1993 年　92 页　19cm（小 32 开）
ISBN：7-80560-882-2　定价：CNY3.50

　　作者邱明强（1961—　），书法家。字承启，号朴石、诚功，室名墨篁斋。福建蒲田人，毕业于福建师范大学福清分校，中共中央党校。历任中国硬笔书法家协会常务理事、福建省硬笔书法家协会名誉主席、福州市硬笔书法家协会艺术顾问。代表作品《心声笔旅——邱明强书画诗文选》《书法楷行隶篆速成指要》《邱明强钢笔书法字帖系列》。

J0094244

散文精品钢笔字帖　陶乃训书
贵阳　贵州民族出版社　1993 年　111 页

19cm（小 32 开）ISBN：7-5412-0405-6
定价：CNY3.50

J0094245

少男少女喜爱的—青春诗钢笔字帖　司马彦书
广州　广东人民出版社　1993 年　176 页
19cm（小 32 开）ISBN：7-218-00946-8
定价：CNY4.30

　　作者司马彦，当代著名硬笔书法家。

J0094246

少男少女赠言集锦钢笔字帖　明山编；仇寅等书
福州　福建省地图出版社　1993 年　246 页
19cm（小 32 开）ISBN：7-80516-159-3
定价：CNY4.30

　　作者仇寅（1962—　），硬笔书法家。生于江苏涟水。编写出版有《仇寅钢笔字》《仇寅书外国名诗》《雷锋日记选钢笔字帖》《古帖新临多体钢笔字帖》等。

J0094247

沈安良竹笔隶书字帖　沈安良书
重庆　重庆大学出版社　1993 年　78 页 26cm（16 开）
ISBN：7-5624-0718-5　定价：CNY4.90

　　作者沈安良（1957—　），诗人，书法家。笔名墨竹，字乐只，河南洛阳人。历任世界书画家协会副主席、世界汉诗协会副会长、世界禅佛书画家协会副会长、中国竹笔书法协会主席、中国书法艺术研究院教授等职。出版有《沈安良竹笔书法精选》《沈安良竹笔隶书字贴》《沈安良诗词联句集》等。

J0094248

生辰趣话钢笔字帖　（书中自能找到你）胡锡胜，柳长忠书
天津　天津社会科学院出版社　1993 年　169 页
19cm（小 32 开）定价：CNY4.50

J0094249

生日祝词　（钢笔字帖）方馨书录
北京　国际文化出版公司　1993 年　94 页
19cm（小 32 开）ISBN：7-80049-337-7
定价：CNY2.20

作者方馨，女，中国现代硬笔书法研究会会员、中国青少年书法协会理事。

J0094250

师友赠言　（钢笔字帖）高兰书录

北京 国际文化出版公司 1993 年 94 页

19cm（小 32 开）ISBN：7-80049-337-7

定价：CNY2.20

J0094251

实用钢笔书法 60 天速成技巧　王树锋编写

哈尔滨 哈尔滨船舶工程学院出版社 1993 年

130 页 19cm（小 32 开）ISBN：7-81007-289-7

定价：CNY4.80

　　本书扼要介绍了研习钢笔字的基本要求，审美标准、结构要则、笔顺等基础知识，并附以例字和示范字帖。作者王树锋，教师。安徽省硬笔书法协会会员。

J0094252

实用钢笔书法速成教程　黄全信编著

北京 中央民族学院出版社 1993 年 280 页

19cm（小 32 开）ISBN：7-81001-323-8

定价：CNY5.50

　　作者黄全信（1944—　），满族，北京人。历任北京师大附中美术、书法高级教师，北京书法家协会会员、北京书法教育研究会会员。出版有《中国书法自学丛书》《黄全信钢笔书法教学系列》《中国历代皇帝墨宝》等。

J0094253

实用钢笔魏体、隶书字帖　韦克义编写

南宁 广西美术出版社 1993 年 96 页 有照片

19cm（小 32 开）ISBN：7-80582-555-6

定价：CNY2.95

　　作者韦克义（1949—　），壮族，广西宜州市人。曾在广西区监察厅供职，历任广西社会科学院党组书记、广西民族书画院副院长、广西玉林市文联名誉主席、广西硬笔书法协会副主席等。著作《秘书工作通书》《钢笔魏体隶书字帖》等。

J0094254

实用钢笔字帖　史成俊著

昆明 云南人民出版社 1993 年 92 页 19cm（32 开）

ISBN：7-222-01402-0 定价：CNY2.80

　　作者史成俊（1956—　），教授。辽宁丹东市人，毕业于辽宁师范大学汉语言文学专业。历任丹东市书法协会副主席、中国书法家协会会员、辽宁省书法家协会会员、丹东市书法家协会副主席等。出版有《钢笔五体字帖》《实用钢笔字帖》《革命烈士诗抄》等。

J0094255

实用楷书钢笔字帖　武钦风书

北京 北京理工大学出版社 1993 年 68 页

19cm（小 32 开）ISBN：7-81013-924-X

定价：CNY3.50

J0094256

实用楹联　司惠国，王玉孝主编；李明等书

南宁 广西美术出版社 1993 年 120 页

19cm（小 32 开）ISBN：7-80582-592-0

定价：CNY3.40

（中国联林珍奇硬笔书法丛书 4）

J0094257

世界妙语精选钢笔字帖　冯宝佳书

广州 中山大学出版社 1993 年 影印本 188 页

19cm（小 32 开）ISBN：7-306-00813-7

定价：CNY4.95

J0094258

书法美学精论行书钢笔字帖　徐子久书

杭州 浙江大学出版社 1993 年 226 页

19cm（小 32 开）ISBN：7-308-01253-0

定价：CNY4.50

　　作者徐子久（1948—　），书法家。字寿松，号白发人，浙江台州人，毕业于曲阜师范大学艺术系和浙江美术学院国画系。历任中国书协会员，中国书法研究院副院长、教授，中国书协会员等职。

J0094259

宋词钢笔字帖　徐子久写帖

杭州 浙江大学出版社 1993 年 436 页

19cm（小 32 开）ISBN：7-308-01253-0

定价：CNY7.50

J0094260

宋词精萃　王润和书

沈阳　沈阳出版社　1993年　重印本　156页
19cm（32开）ISBN：7-80556-918-5
定价：CNY3.75
（中国古典诗词欣赏系列钢笔字帖）

J0094261
宋诗精萃　李培隽书
沈阳　沈阳出版社　1993年　重印本　156页
19cm（32开）ISBN：7-80556-919-3
定价：CNY3.75
（中国古典诗词欣赏系列钢笔字帖）

J0094262
苏东坡行书钢笔临本　史小波临摹
北京　北京语言学院出版社　1993年　61页
19cm（小32开）ISBN：7-5619-0355-3
定价：CNY1.65
（中国名帖钢笔临本系列）

J0094263
素描心事　（席慕容流行小诗精选）吴君烈书；
符冰编
广州　岭南美术出版社　1993年　118页
19cm（小32开）ISBN：7-5362-0906-1
定价：CNY2.80
（钢笔书法卡拉OK）
　　　作者吴君烈（1959—　　），军人。

J0094264
速写钢笔字字帖　廖琦春编著
南宁　广西美术出版社　1993年　74页
19cm（小32开）ISBN：7-80582-626-9
定价：CNY2.50

J0094265
孙过庭书谱钢笔临本　丁永康临摹
北京　北京语言学院出版社　1993年　62页
19cm（小32开）ISBN：7-5619-0355-3
定价：CNY1.65
（中国名帖钢笔临本系列）

J0094266
孙中山名言钢笔字帖　庞中华，施善玉主编；
王越等书写
北京　人民中国出版社　1993年　118页

19cm（小32开）ISBN：7-80065-428-1
定价：CNY3.90
　　　作者庞中华（1945—　　），著名书法家、教育家和诗人。四川重庆人，毕业于西南科技大学地质勘探专业。中国当代硬笔书法的奠基者，全国政协委员、中国硬笔书法协会会长。代表作品有《庞中华钢笔字帖》《庞中华现代硬笔字帖》等。著作《庞中华散文集》《庞中华谈谈学写钢笔字》《硬笔书法简论》等。

J0094267
孙子兵法钢笔字帖　任玉涛书
保定　河北大学出版社　1993年　48页
19cm（小32开）ISBN：7-81028-059-7
定价：CNY3.50

J0094268
泰戈尔哲理诗选钢笔行书帖　白开元译；钱
沛云书
北京　中国国际广播出版社　1993年　160页
19cm（小32开）ISBN：7-5078-0142-X
定价：CNY5.50
　　　作者钱沛云（1946—　　），著名硬笔书法家。字鹤斋，浙江上虞人，毕业于上海师大中文系。中国书法家协会会员、中国书画函授大学书法系教授。主要作品有《楷书基础知识》《怎样写快写好钢笔字》《钢笔书法技巧要领》《红楼梦诗词钢钢笔行书书帖》等。

J0094269
唐诗精萃　李石文书
沈阳　沈阳出版社　1993年　重印本　156页
19cm（32开）ISBN：7-80556-916-9
定价：CNY3.75
（中国古典诗词欣赏系列钢笔字帖）

J0094270
唐诗绝句二百首硬笔行书字帖　李玺文书
北京　中国工人出版社　1993年　100页
20cm（32开）ISBN：7-5008-1284-1
定价：CNY2.10

J0094271
唐诗赏析钢笔字帖　谢志章书
南宁　接力出版社　1993年　96页　19cm（小32开）

ISBN：7-80581-649-2 定价：CNY2.20

作者谢志章，中国硬笔书法家协会会员、广西青年书法家协会会员。

J0094272

唐诗宋词钢笔字帖　　熊兴农书

广州 新世界出版社 1993 年 173 页 有照片 19cm（小 32 开）ISBN：7-5405-0720-9

定价：CNY3.60

作者熊兴农（1956—　），湖南湘西芷江人。广州铁路局办公室任职，中国硬笔书法家协会会员、中华青年钢笔书法协会会员。

J0094273

唐诗宋词钢笔字帖　　颜宝存编；梁鼎光书

广州 中山大学出版社 1993 年 157 页 19cm（32 开）ISBN：7-306-00735-1

定价：CNY3.90

J0094274

唐诗一百首钢笔楷书字帖　　启良书

南宁 广西美术出版社 1993 年 93 页 19cm（小 32 开）ISBN：7-80582-606-4

定价：CNY3.40

J0094275

唐寅落花诗钢笔临本　　吴玉生临摹

北京 北京语言学院出版社 1993 年 55 页 19cm（小 32 开）ISBN：7-5619-0355-3

定价：CNY1.65

（中国名帖钢笔临本系列）

J0094276

题赠名言钢笔书法　　长春编；杨再春书

北京 北京体育学院出版社 1993 年 202 页 19cm（小 32 开）ISBN：7-81003-698-X

定价：CNY4.90

J0094277

外国民间故事　　史小波书

北京 农村读物出版社 1993 年 170 页 有插图 19cm（小 32 开）ISBN：7-5048-1214-5

定价：CNY3.70

（优秀少儿文学故事钢笔书法丛帖）

J0094278

外国名言钢笔字帖　　王洪东等写

天津 新蕾出版社 1993 年 56 页 19cm（小 32 开）ISBN：7-5307-1320-5 定价：CNY1.85

（新编中小学生钢笔字帖丛书）

J0094279

王羲之临钟繇千字文钢笔临本　　吴玉生临摹

北京 北京语言学院出版社 1993 年 60 页 19cm（小 32 开）ISBN：7-5619-0355-3

定价：CNY1.65

（中国名帖钢笔临本系列）

J0094280

王羲之圣教序钢笔临本　　吴玉生临摹

北京 北京语言学院出版社 1993 年 59 页 19cm（小 32 开）ISBN：7-5619-0355-3

定价：CNY1.65

（中国名帖钢笔临本系列）

J0094281

王正良钢笔书法　　王正良编著

北京 中国国际广播出版社 1993 年 194 页 20cm（32 开）ISBN：7-5078-0807-6

定价：CNY4.20

（全国钢笔书法名家专辑 1）

本书精选了作者的楷书、行书竖式书写作品，其内容为古今书法理论的精髓。

J0094282

伟人名言钢笔书法　　闵祥德书

广州 广州出版社 1993 年 220 页 19cm（小 32 开）ISBN：7-80592-073-7 定价：CNY5.30

作者闵祥德（1949—　），书法家，教授，国家一级美术师。安徽宿州市人。历任南京财经大学艺术教研室主任、安徽省书法家协会副主席、东南大学博士生导师、中国书画学会副主席等职。擅长书法，兼攻理论，作品多次参加国内外大型书展。作品有《书法浅谈》《书法百问百答》《图解书法指南》《行书书写门径》。部分著作被中国台湾、香港大学指定为教科书。

J0094283

魏碑钢笔字帖　　丁书良书

济南 山东省地图出版社 1993 年 126 页

19cm（小 32 开）定价：CNY3.50

　　作者丁书良（1940— ），讲师。山东荣成人。毕业于山东师范大学化学系。历任威海市工业学校、职业中专副校长，中国硬笔书法家协会会员、山东省书法教育研究会理事等。代表作品有《魏碑钢笔书法》《魏碑钢笔字帖》等。

J0094284

温馨寄语　李承孝书
北京 中央民族学院出版社 1993 年 156 页
19cm（小 32 开）ISBN：7-81001-527-3
定价：CNY3.40
（实用硬笔书法系列）

J0094285

文秘档案钢笔规范字帖　启良编
长沙 中南工业大学出版社 1993 年 222 页
19cm（小 32 开）ISBN：7-81020-529-3
定价：CNY4.20
（档案学基础知识教材丛书）

J0094286

我的祖国　（优秀影视歌曲）丁永康书
北京 九州图书出版社 1993 年 124 页
19cm（小 32 开）ISBN：7-80114-012-5
定价：CNY3.25
（优秀歌曲欣赏钢笔书法丛帖）

J0094287

吴冠玉钢笔行书字帖　吴冠玉书
广州 中山大学出版社 1993 年 112 页
26cm（16 开）ISBN：7-306-00803-X
定价：CNY8.80

　　作者吴冠玉（1957— ），海南省政府办公厅任职，海南省书法家协会会员。

J0094288

吴身元钢笔书法　吴身元书写
北京 中国国际广播出版社 1993 年 169 页
20cm（32 开）ISBN：7-5078-0962-5
定价：CNY4.00
（全国钢笔书法名家专辑 4）

　　作者吴身元（1948— ），书法家、书法教育家。笔名梧桐、吾舍等，浙江嘉兴人。浙江省硬笔书法家协会副主席。出版有《毛笔书法自学教

程》《钢笔书法自学教程》等。

J0094289

吴子兵法钢笔字帖　倪进祥书
北京 长城出版社 1993 年 19cm（小 32 开）
ISBN：7-80017-239-2 定价：CNY4.50

J0094290

五体硬笔佳联字帖　高樆编写
北京 北京出版社 1993 年 重印本 122 页 有肖像
19cm（32 开）ISBN：7-200-01834-1
定价：CNY2.20

　　作者高樆（1941— ），俗名厚棕，小字明华，号茅舍墨痴、紫云寒士，湖北省红安县文化馆任职，黄冈地区书画协会会员、安徽省硬笔书画协会会员、中国书画研究会会员等。

J0094291

西方爱情诗选钢笔行书字帖　（英汉对照）
袁广达，梁葆成译；赵忱书
广州 广东人民出版社 1993 年 147 页
19cm（32 开）ISBN：7-218-01142-X
定价：CNY4.80

J0094292

席慕蓉诗词精品（钢笔字）席慕蓉著；邱伟，宗海书
武汉 长江文艺出版社 1993 年 127 页
19cm（小 32 开）ISBN：7-5354-0742-0
定价：CNY3.80

　　席慕蓉（1943— ），女，蒙古族，画家、诗人、散文家。祖籍内蒙古察哈尔部，毕业于台湾师范大学美术系和比利时布鲁塞尔皇家艺术学院。代表作品有《前尘·昨夜·此刻》《七里香》《有一首歌》《心灵的探索》《时光九篇》。

J0094293

席慕蓉　汪国真诗词钢笔字帖　梁鼎光书
广州 广东高等教育出版社 1993 年 197 页
19cm（小 32 开）ISBN：7-5361-1151-7
定价：CNY4.80

J0094294

喜庆赠言　陈存书录
北京 国际文化出版公司 1993 年 94 页

18cm（小 32 开）ISBN：7-80049-337-7
定价：CNY2.20

J0094295
先贤名言钢笔字帖　晓梅书
北京 朝华出版社 1993 年 92 页 19cm（小 32 开）
ISBN：7-5054-0345-1 定价：CNY2.30

J0094296
现代情诗　陈永正编文书法
广州 岭南美术出版社 1993 年 128 页
19cm（小 32 开）ISBN：7-5362-0903-7
定价：CNY3.20
（钢笔书法卡拉 OK）
　　作者陈永正（1941— ），教师。字止水，号
沚斋，广东高州市人。毕业于中山大学中文系
古文字专业研究生班。历任中山大学古文献研
究所研究员、广东省书法家协会副主席、广东中
华诗词学会副会长。著作有《李商隐诗选》《黄
庭坚诗选》《韩愈诗选》《元好问诗选》《高启诗
选》等。

J0094297
现代散文钢笔正楷字帖　姬学友书
北京 中国工人出版社 1993 年 118 页
19cm（小 32 开）ISBN：7-5008-1266-3
定价：CNY2.55
　　作者姬学友（1964— ），教授。河南辉县人。
毕业于北京师范大学文学院，获文学博士学位。
安阳师范学院文学院教授、中国小说学会、中国
硬笔书法家协会会员。出版有《意象的风景——
中国历代题咏诗研究》《走进钱钟书的〈围城〉》
《中国现代文学专题》等。

J0094298
小学生钢笔字入门　邱明强著
南京 南京出版社 1993 年 75 页 19cm（小 32 开）
ISBN：7-80560-883-0 定价：CNY2.60
（小学生书法丛书）
　　作者邱明强（1961— ），书法家。字承启，
号朴石、诚功，室名墨篁斋。福建蒲田人，毕业
于福建师范大学福清分校，中共中央党校。历任
中国硬笔书法家协会常务理事、福建省硬笔书法
家协会名誉主席、福州市硬笔书法家协会艺术顾
问。代表作品《心声笔旅——邱明强书画诗文选》

《书法楷行隶篆速成指要》《邱明强钢笔书法字帖
系列》。

J0094299
小学生课堂教材精选硬笔书法字帖　黄全
信编著
北京 中国建材工业出版社 1993 年 97 页
19cm（小 32 开）ISBN：7-80090-164-5
定价：CNY3.80

J0094300
小学生铅笔字入门　邱明强著
南京 南京出版社 1993 年 75 页 19cm（小 32 开）
ISBN：7-80560-883-0 定价：CNY2.60
（小学生书法丛书）

J0094301
小学生硬笔书法　林柳编著；郭学脂书写
沈阳 辽宁少年儿童出版社 1993 年 239 页
19cm（小 32 开）ISBN：7-5315-1420-6
定价：CNY4.00
（小学新书系 文体娱乐系列）
　　本书介绍了硬笔和硬笔书法、汉字的产生和
形体演变过程。附 210 幅硬笔字帖。

J0094302
**小学语文课本生字常用三千简化汉字归类
速成硬笔字帖**　张庆贵书
昆明 云南大学出版社 1993 年 28 页 26cm（16 开）
ISBN：7-81025-354-9 定价：CNY2.80

J0094303
校园妙语集萃钢笔字帖　孔燕燕编；刘俊彦
等书
太原 希望出版社 1993 年 120 页 19cm（小 32 开）
ISBN：7-5379-1358-7 定价：CNY3.50

J0094304
校园情谊卡钢笔字帖　吉勇编；池继林书
沈阳 沈阳出版社 1993 年 158 页 19cm（小 32 开）
ISBN：7-5441-0078-2 定价：CNY4.00
　　作者池继林（1965— ），书法家。河南商丘
人，沈阳军区任职。

J0094305

校园赠言精选钢笔行书字帖　《当代中学生》
编辑部选编；赵生龙等书写
西安　西北工业大学出版社　1993 年　92 页
19cm（小 32 开）ISBN：7-5612-0630-5
定价：CNY2.80

J0094306

歇后语钢笔字帖　丁永康书写；钟林周选编
北京　金盾出版社　1993 年　90 页　19cm（小 32 开）
ISBN：7-80022-773-1　定价：CNY1.80
　　作者丁永康（1956— ），书法教师。江苏淮
阴人，毕业于首都师范大学书法专业。历任中国
人民保险公司工会干部、中国书法家协会会员、
华艺硬笔习字会副会长。代表作品有《3500 常
用字钢笔字帖》《常用字钢笔楷书行书对照字帖》
《钢笔楷书行书技法指南》等。

J0094307

新编中学生常用 5000 字钢笔速成练习帖
司马彦书；司马东编
北京　气象出版社　1993 年　83 页　26cm（16 开）
ISBN：7-5029-1435-8　定价：CNY4.95

J0094308

新华字典钢笔楷书字帖　况兆鸿书
长春　长春出版社　1993 年　110 页　19cm（小 32 开）
ISBN：7-80573-872-6　定价：CNY2.95
　　作者况兆鸿（1951— ），斋号双微书屋。天
津市书法家协会会员、天津市硬笔书法协会副
主席、中国硬笔书法协会楷书专业研究部副秘
书长。

J0094309

徐志摩文学精品钢笔字帖　庞中华，施善玉
主编；杨璞等书写
北京　人民中国出版社　1993 年　122 页
19cm（小 32 开）ISBN：7-80065-354-4
定价：CNY3.90
（中国现代文学精品钢笔字帖系列）

J0094310

学生钢笔字帖　（2）杨志康等书
上海　上海人民美术出版社　1993 年　78 页
19cm（小 32 开）ISBN：7-5322-1179-7

定价：CNY1.00

J0094311

学生千家诗楷书钢笔字帖　年兆元书写
哈尔滨　哈尔滨出版社　1993 年　251 页
19cm（小 32 开）ISBN：7-80557-610-6
定价：CNY5.00

J0094312

学生实用钢笔字帖　韩嘉羊主编；孙玉田
书写
天津　天津古籍出版社　1993 年　124 页
19cm（32 开）ISBN：7-80504-297-7
定价：CNY2.20

J0094313

学生易错字楷书示例字帖　丁永康书
北京　朝华出版社　1993 年　146 页　19cm（小 32 开）
ISBN：7-5054-0344-3　定价：CNY3.35

J0094314

学生赠言钢笔行书字帖　金志浩选编；钱沛
云书
上海　华东师范大学出版社　1993 年　200 页
19cm（小 32 开）ISBN：7-5617-1136-0
定价：CNY6.00
　　作者钱沛云（1946— ），著名硬笔书法家。
字鹤斋，浙江上虞人，毕业于上海师大中文系。
中国书法家协会会员、中国书画函授大学书法系
教授。主要作品有《楷书基础知识》《怎样写快
写好钢笔字》《钢笔书法技巧要领》《红楼梦诗词
钢钢笔行书书帖》等。

J0094315

学生作文绝妙结尾钢笔字帖　司马东主编；
司马彦等书
成都　四川少年儿童出版社　1993 年　170 页
19cm（小 32 开）ISBN：7-5365-1192-2
定价：CNY4.00

J0094316

学生作文绝妙开头钢笔字帖　司马东主编；
司马彦等书
成都　四川少年儿童出版社　1993 年　170 页
19cm（小 32 开）ISBN：7-5365-1191-4

定价：CNY4.00

J0094317
闫国灿钢笔书法集 闫国灿著
乌鲁木齐 新疆青少年出版社 1993 年 119 页
19cm（32 开）ISBN：7-5371-1489-7
定价：CNY5.80
　　作者闫国灿，中央硬笔书法协会常务理事。

J0094318
硬笔行书 （对联集锦）李胜利书
北京 航空工业出版社 1993 年 50 页 26cm（16 开）
ISBN：7-80046-625-6 定价：CNY4.90
　　作者李胜利，笔名木犁。山东煤炭教育学院
宣传部部长、美育教研室书法教师、中华书法协
会、山东省青年硬笔书法协会会员。

J0094319
硬笔行书教材 冼剑民编写
广州 广东高等教育出版社 1993 年 46 页
26cm（16 开）ISBN：7-5361-1181-9
定价：CNY5.50

J0094320
硬笔楷行隶繁简字典 曾繁茂，赵纯元书
重庆 重庆出版社 1993 年 629 页 有照片
20cm（32 开）精装 ISBN：7-5366-1969-3
定价：CNY13.35
　　作者曾繁茂（1942—　），编辑。四川江津人。
《中国市容报》社美术编辑、中华钢笔圆珠笔书法
协会会员、中国现代硬笔书法研究会四川、重庆
分会会员。作者赵纯元（1946—　），字左聪，号
醇园，四川重庆人。《厂长经理报》总编助理兼编
辑部主任，中国书法家协会会员。

J0094321
硬笔楷书八种字帖 孙启健，景喜猷主编
长春 吉林教育出版社 1993 年 146 页
19cm（小 32 开）ISBN：7-5383-1957-3
定价：CNY3.40

J0094322
硬笔隶书 （1 中外名言警句精选）高宝玉等书
北京 北京出版社 1993 年 153 页 20cm（32 开）
ISBN：7-200-02016-8 定价：CNY4.20

　　作者高宝玉，中国现代硬笔书法研究会常务
理事。

J0094323
硬笔隶书 （2 中国历代寓言精选）高宝玉等
书写
北京 北京出版社 1993 年 123 页 20cm（32 开）
ISBN：7-200-02017-6 定价：CNY3.60

J0094324
硬笔隶书 （3 诗词名篇精选）高宝玉等书写
北京 北京出版社 1993 年 118 页 20cm（32 开）
ISBN：7-200-02018-4 定价：CNY3.50

J0094325
硬笔隶书 （4 古文名篇精选）高宝玉等书写
北京 北京出版社 1993 年 121 页 20cm（32 开）
ISBN：7-200-02019-2 定价：CNY3.50

J0094326
硬笔描摹字帖 孙厚涛编著
北京 中国商业出版社 1993 年 156 页 有插图
19×26cm ISBN：7-5044-1922-2
定价：CNY5.80
　　本书为中小学钢笔字帖，内容包括：硬笔描
摹练习字法、汉字楷书 8 种基本笔画、铅笔和钢
笔描临字帖等 22 部分。

J0094327
硬笔描摹字帖 （楷书分册）孙厚涛编著
北京 中国商业出版社 1995 年 160 页
19×26cm ISBN：7-5044-1922-2
定价：CNY15.60（全套）

J0094328
硬笔描摹字帖 （行书分册）孙厚涛编著
北京 中国商业出版社 1996 年 重印本 142 页
19×26cm ISBN：7-5044-1922-2
定价：CNY15.60（全套）

J0094329
硬笔描摹字帖 孙厚涛编著
北京 北京体育大学出版社 1997 年 131 页
19×26cm ISBN：7-81051-218-8
定价：CNY16.80

J0094330

硬笔描影练字指导　孙厚琦等著

海口　南海出版公司 1993 年 160 页 19×26cm

ISBN：7-5442-0040-X 定价：CNY4.95

J0094331

硬笔书法　（重订增广）王文康书

北京　科学技术文献出版社 1993 年 94 页

19cm（小 32 开）ISBN：7-5023-1980-8

定价：CNY3.20

　　作者王文康(1949—　　)，重庆邮政技校讲师、副校长，四川省硬笔书法学会理事。

J0094332

硬笔书法基础知识　冯书根编著

石家庄　河北人民出版社 1993 年 180 页 有照片

26cm（16 开）ISBN：7-202-01479-3

定价：CNY10.80

　　本书对硬笔楷、行、隶、篆 4 种字体的书写方法进行了介绍。作者冯书根(1953—　　)，书法家。河北饶阳人。历任中国炎黄书画家协会副主席、河北省书画艺术研究会副会长、中国硬笔书法协会理事。就职于河北省衡水地区广播电视局。出版有《硬笔书法基础知识》《全国青少年书法大赛作品集》。

J0094333

硬笔书法家精品大全　张虎臣主编

北京　中国人民大学出版社 1993 年 340 页

20cm（32 开）精装 ISBN：7-300-01636-7

定价：CNY22.00

　　本书收入全国各地近千件书法作品，以楷、行、隶书居多。主编张虎臣(1950—　　)，书法家。笔名苦辛，山东省聊城市交通局任职，东昌书画家联谊会会长。主编《硬笔书法家精品大全》《书画艺苑报》《中国书画作品集粹》等。

J0094334

硬笔书法教与学　（上册）黄萱主编

北京　中国旅游出版社 1993 年 337 页

20cm（32 开）ISBN：7-5032-0566-0

定价：CNY8.95

　　介绍了楷书、隶书的书写方法、技巧及如何写出风格、神韵等，并有作品欣赏和范例。主编黄萱(1910—2001)，女，福建南安人。岭南大学

助教，国学大师陈寅恪的助手。

J0094335

硬笔书法教与学　（下册）黄萱主编

北京　中国旅游出版社 1993 年 288 页

20cm（32 开）ISBN：7-5032-0567-9

定价：CNY7.90

　　介绍了行书、新魏书的书写方法、技巧以及如何写出风格、神韵等，并有作品欣赏和范例。

J0094336

硬笔书法入门　木犁编著

济南　山东人民出版社 1993 年 72 页 26cm（16 开）

ISBN：7-209-01398-9 定价：CNY3.50

　　作者木犁，原名李胜利。山东煤炭教育学院宣传部长、美育教研室书法教师。

J0094337

硬笔书法示范　张进贤编

深圳　海天出版社 1993 年 87 页 有照片

26cm（16 开）ISBN：7-80542-977-4

定价：CNY8.80

J0094338

硬笔书法速成　张俊峰编著

长春　吉林大学出版社 1993 年 194 页 有照片

19cm（小 32 开）ISBN：7-5601-1423-7

定价：CNY3.70

（速成丛书）

　　作者张俊峰(1952—　　)，书画家。笔名雪松。历任长春市群众艺术馆美术摄影部主任、中国硬笔书法家协会会员、吉林北国书画社社员。

J0094339

硬笔书法欣赏　王永江编著

北京　海豚出版社 1993 年 120 页 20cm（32 开）

ISBN：7-80051-944-9 定价：CNY4.50

　　本书是适用于大、中、小学生及硬笔书法爱好者学习的综合范本，分为楷、隶、行草、欣赏等 5 部分。作者王永江(1968—　　)，别署雪夫，山东蓬莱人。中华硬笔书法家协会会员。

J0094340

硬笔书法学习指南　袁强著

北京　中国华侨出版社 1993 年 79 页 26cm（16 开）

ISBN：7-80074-818-9 定价：CNY6.00

　　作者袁强（1953—　　），北京市崇文区少年宫书法教师、北京市书法家协会会员、中国硬笔书法协会副秘书长、北京崇文区少年书法学校副校长、中国人民大学函授学院任客座书法副教授。

J0094341

硬笔书法字帖 （小学生作文精选）熊少军书

北京 中国妇女出版社 1993 年 120 页

19cm（小 32 开）ISBN：7-80016-889-1

定价：CNY3.90

　　作者熊少军（1963—　　），硬笔书法家。安徽滁县人，国防大学组织部干事。

J0094342

硬笔书法作品选 刘长泉书

沈阳 辽沈书社 1993 年 76 页 26cm（16 开）

ISBN：7-80507-180-2 定价：CNY5.80

　　作者刘长泉（1961—　　），辽宁锦州人。辽宁省锦州市实验小学书法教师、中华书法研究会会员、中华硬笔书法家协会会员。

J0094343

硬笔正楷习字诀 李学敏编著

北京 中国物资出版社 1993 年 86 页 26cm（16 开）

ISBN：7-5047-0824-0 定价：CNY4.80

　　本书共 9 节，其中有书法、工具、练习方法及注意事项、基本笔画、楷书的结构形式。作者李学敏，书画家。山东单县人，就读于山东艺术学院和中国艺术研究院。中国书法家协会会员、北兰亭创始会员、济南空军中国蓝天书画院秘书长、济南名士书画院副院长。

J0094344

咏花诗钢笔字帖 萧涛，岭文书

杭州 浙江人民出版社 1993 年 重印本 160 页

20cm（32 开）ISBN：7-213-00875-7

定价：CNY3.30

J0094345

幽默钢笔字帖 施赛敏书

杭州 浙江人民出版社 1993 年 155 页

20cm（32 开）ISBN：7-213-00961-3

定价：CNY4.20

J0094346

元曲钢笔字帖 徐子久写帖

杭州 浙江大学出版社 1993 年 238 页

19cm（小 32 开）ISBN：7-308-01253-0

定价：CNY4.50

J0094347

元曲精萃 曾雪书

沈阳 沈阳出版社 1993 年 重印本 156 页

19cm（32 开）ISBN：7-80556-921-5

定价：CNY3.75

（中国古典诗词欣赏系列钢笔字帖）

　　作者曾雪（1969—　　），女，华艺硬笔习字会办公室副主任、常务理事。

J0094348

元曲名篇钢笔字帖 卢中南书写；陆林选编

北京 金盾出版社 1993 年 86 页 19cm（小 32 开）

ISBN：7-80022-825-8 定价：CNY1.90

J0094349

元诗精萃 荆鹰书

沈阳 沈阳出版社 1993 年 重印本 156 页

19cm（32 开）ISBN：7-80556-920-7

定价：CNY3.75

（中国古典诗词欣赏系列钢笔字帖）

　　作者荆鹰（1956—　　），硬笔书法家。曾任中国现代硬笔书法研究会常务理事、全国第一届硬笔书法展览评委。出版有《徐志摩新诗钢笔字帖》《普希金诗选钢笔字帖》等。

J0094350

圆珠笔正楷行楷字帖 王惠松著

北京 中国青年出版社 1993 年 158 页

19cm（小 32 开）ISBN：7-5006-1247-8

定价：CNY3.80

　　作者王惠松（1955—　　），硬笔书法家。江苏南京人。历任中国硬笔书法家协会会员、中国现代青年硬笔书法家协会常务理事、江苏省硬笔书法家协会副秘书长。代表作品有小楷临《黄庭经》《乐毅论》《灵飞经》等。

J0094351

月亮代表我的心 （优秀港台歌曲）房弘毅书

北京 九州图书出版社 1993 年 125 页

19cm（小32开）ISBN：7-80114-012-5
定价：CNY3.25
（优秀歌词欣赏钢笔书法丛帖）

作者房弘毅（1955— ），硬笔书法家。生于北京，就读于中国书画函授大学。曾任中国现代硬笔书法研究会编辑部副主任。代表作品有《楷书历代名篇》。

J0094352
怎样写好粉笔字　李枝枢著
北京　北京师范大学出版社　1993年　120+84页
19cm（小32开）ISBN：7-303-02284-8
定价：CNY5.00

J0094353
赠言　（硬笔书法精品集）汪寅生等编
苏州　古吴轩出版社　1993年　278页
19cm（小32开）ISBN：7-80574-026-7
定价：CNY12.80

编者汪寅生（1950— ），硬笔书法家。安徽黄山人。江苏人民广播电台从事新闻工作，中国现代硬笔书法研究会常务理事、江苏省硬笔书法协会主席等。编有《硬笔书法入门》《硬笔书苑》《硬笔书法获奖作品选》等。

J0094354
赠言妙语　（钢笔字帖）高继承编著
西安　陕西旅游出版社　1993年　重印本　156页
19cm（32开）ISBN：7-5418-0525-4
定价：CNY3.20

作者高继承（1954— ），书法家。生于陕西西安，毕业于西安交通大学。历任陕西省硬笔书法研究会会长、中国硬笔书法协会名誉副主席、陕西省书法家协会副主席。出版《怎样写好写快钢笔字》《妙语赠言钢笔字帖》《中学生古诗词钢笔字帖》。

J0094355
赵德贵硬笔字帖唐诗百首　赵德贵书
哈尔滨　黑龙江教育出版社　1993年　99页
13×19cm　ISBN：7-5316-2144-4
定价：CNY3.20

J0094356
赵孟頫行楷钢笔临本　李石文临摹

北京　北京语言学院出版社　1993年　61页
19cm（小32开）ISBN：7-5619-0355-3
定价：CNY1.65
（中国名帖钢笔临本系列）

J0094357
哲理名言钢笔字帖　史小波书；钟林周选编
北京　金盾出版社　1993年　90页　19cm（小32开）
ISBN：7-80022-826-6　定价：CNY1.90

J0094358
箴言警语钢笔字帖　丁谦书写；徐群选编
北京　金盾出版社　1993年　106页　19cm（小32开）
ISBN：7-80022-694-8　定价：CNY1.90

J0094359
箴言与妙语钢笔书法　刘佳尚编写
长春　东北师范大学出版社　1993年　162页
19cm（小32开）ISBN：7-5602-1081-3
定价：CNY3.50

编者刘佳尚（1949— ），中国硬笔书法家协会会员，曾在四川省南部县经济体制改革委员会工作。

J0094360
智永真草千字文钢笔临本　卢中南临摹
北京　北京语言学院出版社　1993年　60页
19cm（小32开）ISBN：7-5619-0355-3
定价：CNY1.65
（中国名帖钢笔临本系列）

J0094361
中国成语故事　荆鹰书
北京　农村读物出版社　1993年　170页　有插图
19cm（小32开）ISBN：7-5048-0350-2
定价：CNY3.70
（优秀少儿文学故事钢笔书法丛帖）

J0094362
中国传统格言集锦钢笔行书帖　钱沛云书；
张汶编
上海　华东化工学院出版社　1993年　219页
有照片　20cm（32开）ISBN：7-5628-0317-X
定价：CNY5.50

J0094363

中国传统启蒙读物钢笔字帖　姚建杭等书
杭州　浙江教育出版社 1993 年 272 页
20cm（32 开）ISBN：7-5338-1292-1
定价：CNY3.80

J0094364

中国粉笔字书写艺术　任钦功著
北京　人民美术出版社 1993 年 166 页
20cm（32 开）ISBN：7-102-01274-8
定价：CNY5.80

J0094365

中国古代风景诗钢笔行书字帖　任怀珠书
北京　北京科学技术出版社 1993 年 97 页
26cm（16 开）ISBN：7-5304-1061-X
定价：CNY6.80

　　本帖收录古代风景诗 173 首。书者任怀珠
（1959—　），书法家。山西平遥县人。大学本科
学历。历任中国书法家协会会员、中国硬笔书法
协会常务理事、北京书法家协会理事、北京广播
影视书画摄影协会副主席兼秘书长、中国现代硬
笔书法研究会常务理事。代表作《硬笔书法要法》
《历代四季风景诗三百首钢笔行书字帖》《孙子兵
法行草书字帖》。

J0094366

中国民间故事　李石文书
北京　农村读物出版社 1993 年 171 页　有插图
19cm（小 32 开）ISBN：7-5048-1213-7
定价：CNY3.70
（优秀少儿文学故事钢笔书法丛帖）

J0094367

中国唐宋硬笔书法　（敦煌古代硬笔书法写
卷）李正宇选释；李新编次
上海　上海文化出版社 1993 年 92 页　有图
21cm（32 开）ISBN：7-80511-553-2
定价：CNY4.60

　　本书概括介绍敦煌古代多种文字硬笔书法，
但以介绍汉字硬笔书法为主，其他民族文字的硬
笔书法，只举例介绍。

J0094368

中国硬笔书法鉴赏辞典　司惠国主编

北京　北京体育学院出版社 1993 年 514 页
26cm（16 开）精装　ISBN：7-81003-659-9
定价：CNY40.00
（中国硬笔书法百科全书　鉴赏卷）

　　本词典共收入 1420 余个条目。每个条目分
为作品、作品赏评、作者简介 3 个部分。主编司
惠国（1959—　），硬笔书法家。河北唐山人，中
国当代硬笔书法习字会会长。

J0094369

中国硬笔书法艺术　钱沛云著
上海　上海远东出版社 1993 年 303 页
19cm（小 32 开）ISBN：7-80514-916-X
定价：CNY7.40

　　本书介绍了硬笔书法的艺术特征、艺术技
巧、艺术借鉴、艺术欣赏等。

J0094370

中国硬笔书法艺术家精品　陈新良，吴立
主编
乌鲁木齐　新疆美术摄影出版社 1993 年 376 页
26cm（16 开）ISBN：7-80547-136-3
定价：CNY26.00

J0094371

中国硬笔之冠　（历届全国大赛特等奖、一等
奖作品大荟萃）林寒主编
沈阳　沈阳出版社 1993 年 158 页 19cm（小 32 开）
ISBN：7-5441-0077-4　定价：CNY4.00

　　本书包括楷书、行书、隶书。

J0094372

中华钢笔草书篆书之最　林寒主编
沈阳　春风文艺出版社 1993 年 138 页
19cm（小 32 开）ISBN：7-5313-1084-8
定价：CNY4.50
（钢笔书法金库 4）

J0094373

中华钢笔行书之最　林寒主编
沈阳　春风文艺出版社 1993 年 138 页
19cm（小 32 开）ISBN：7-5313-1084-8
定价：CNY4.50
（钢笔书法金库 2）

　　本书为全国钢笔书法大赛一等奖获得者作

品精萃。

J0094374
中华钢笔楷书之最　林寒主编
沈阳　春风文艺出版社　1993年　138页
19cm（小32开）ISBN：7-5313-1084-8
定价：CNY4.50
（钢笔书法金库　1）

J0094375
中华钢笔隶书之最　林寒主编
沈阳　春风文艺出版社　1993年　138页
19cm（小32开）ISBN：7-5313-1084-8
定价：CNY4.50
（钢笔书法金库　3）

J0094376
中华硬笔之最　林寒，宋尚举主编
沈阳　春风文艺出版社　1993年　重印本　192页
19cm（32开）ISBN：7-5313-0736-7
定价：CNY4.90
　　本书收入25名全国大赛三次以上一等奖获
得者作品。

J0094377
中外名人格言钢笔字帖　赵忱书
广州　广东人民出版社　1993年　193页　有照片
19cm（小32开）ISBN：7-218-01019-9
定价：CNY3.90

J0094378
中外名人名言　（钢笔字帖）晓梅书
北京　朝华出版社　1993年　124页　19cm（小32开）
ISBN：7-5054-0186-6　定价：CNY3.20

J0094379
中外名人名言精选钢笔字帖　刘亭玉书
北京　中国青年出版社　1993年　88页
19cm（小32开）ISBN：7-5006-1517-5
定价：CNY3.00
　　作者刘亭玉，河南鹿邑人，青年钢笔书
法家。

J0094380
中外童话故事　曾雪书

北京　农村读物出版社　1993年　170页　有插图
19cm（小32开）ISBN：7-5048-1215-3
定价：CNY3.70
（优秀少儿文学故事钢笔书法丛帖）
　　作者曾雪（1969—　），女，华艺硬笔习字会
办公室副主任、常务理事。

J0094381
中外寓言故事　李培隽书
北京　农村读物出版社　1993年　170页　有插图
19cm（小32开）ISBN：7-5048-0538-6
定价：CNY3.70
（优秀少儿文学故事钢笔书法丛帖）

J0094382
中学生规范钢笔字帖　马明书写
南京　江苏古籍出版社　1993年　94页
19cm（小32开）ISBN：7-80519-470-X
定价：CNY1.80
　　作者马明（1929—2013），中学数学教育家、
特级教师。江苏南京人。原南京师大附中副校长、
江苏省硬笔书法协会艺术顾问、中国业余硬笔书
法家。

J0094383
周恩来的故事　（钢笔字帖）史小波书
北京　朝华出版社　1993年　124页　19cm（小32开）
ISBN：7-5054-0184-X　定价：CNY3.20

J0094384
朱自清文学精品钢笔字帖　史节，施善玉书写
北京　人民中国出版社　1993年　122页
19cm（小32开）ISBN：7-80065-431-1
定价：CNY3.90
（中国现代文学精品钢笔字帖系列）

J0094385
最新学生实用钢笔书法临摹字典　许云瑞
等书
北京　中国致公出版社　1993年　823页
13cm（64开）ISBN：7-80096-019-6
定价：CNY9.80
　　本书共收汉字9000个，分为：楷、行、魏碑、
草书、仿宋、隶体等书体字样。

J0094386

左手反书《闲情赋》　邵纯书
乌鲁木齐　新疆青少年出版社　1993年　有照片
26cm（16开）ISBN：7-5371-1617-2
定价：CNY6.50
　　　作者邵纯，新疆维吾尔自治区党校任职。

J0094387

3500 常用字钢笔楷书行书字帖　顾仲安书写
沈阳　辽宁人民出版社　1994年　128页
19cm（小32开）ISBN：7-205-03069-2
定价：CNY3.50

J0094388

3500 常用字钢笔五体字帖　李洪川书
武汉　湖北人民出版社　1994年　14+318页
13cm（64开）精装　ISBN：7-216-01575-4
定价：CNY6.40
　　　作者李洪川（1957—2008），硬笔书法家。湖
北武汉人。历任中国硬笔书法协会理事、湖北省
硬笔书法家协会副主席等职。出版有《中学生钢
笔字帖》《常用汉字钢笔字帖》《信封书写艺术名
信贺卡赠言签名示范钢笔字帖》等。

J0094389

3500 常用字四体钢笔字帖　陆维中等书写；
《写字》杂志编辑部编
上海　百家出版社　1994年　238页　19cm（小32开）
ISBN：7-80576-387-9　定价：CNY7.90
　　　本书包括：楷、行、隶、篆 4 种字体。

J0094390

7000 通用汉字钢笔楷行书字帖　顾仲安书
上海　华东理工大学出版社　1994年　影印本
266 页　20cm（32开）ISBN：7-5628-0519-9
定价：CNY8.80
（顾仲安书法系列）

J0094391

88 天钢笔楷书优选速成字帖　刘祖梁书；上
海文化生活技艺专修学校编辑部编
上海　上海书店　1994年　重印本　79页
26cm（16开）ISBN：7-80569-920-8
定价：CNY4.00

J0094392

爱的精典　杨再春书；张义霄选编
北京　北京体育学院出版社　1994年　92页
19cm（小32开）ISBN：7-81003-839-7
定价：CNY3.80
（中国钢笔行书字帖大系）

J0094393

百家姓由来钢笔字帖　巢伟民编写
上海　同济大学出版社　1994年　385 页
20cm（32开）ISBN：7-5608-1309-7
定价：CNY9.50
　　　作者巢伟民（1951—　），书法家。江苏常州
人，毕业于华东师大中文系。中国书法家协会会
员、上海市书法家协会会员、上海市美学学会会
员。著有《楚文化与中国书法》《试论中国书法
的民族性》等。

J0094394

百日成钢笔楷书习字帖　袁强书
南宁　广西人民出版社　1994年　90页　26cm（16开）
ISBN：7-219-02816-4　定价：CNY5.20

J0094395

毕业赠言　（钢笔书法精典）杨再春著
北京　中国文联出版社　1994年　2 册　有彩图
17cm（40开）ISBN：7-5059-2076-6
定价：CNY11.80
（诗情画意系列）
　　　本书分为小学生册和中学生册。作者杨再
春（1943—　），书法家。河北唐山人，毕业于北
京体育大学。历任北京体育大学出版社社长兼
总编、中国摄影著作权协会副总干事长、中国书
画函授大学教授。代表作品有《行草章法》《墨
迹章法通览》等。

J0094396

成才之路　（学生钢笔楷书字帖）钱沛云书；
冰宏编
北京　中国戏剧出版社　1994年　186 页　20cm
（32开）ISBN：7-104-00560-9　定价：CNY4.60
　　　作者钱沛云（1946—　），著名硬笔书法家。
字鹤斋，浙江上虞人，毕业于上海师大中文系。
中国书法家协会会员、中国书画函授大学书法系
教授。主要作品有《楷书基础知识》《怎样写快

写好钢笔字》《钢笔书法技巧要领》《红楼梦诗词钢钢笔行书书帖》等。

J0094397

处世金言钢笔行书字帖　常顺海书
北京　农村读物出版社　1994 年　138 页
19cm（小 32 开）ISBN：7-5048-2057-1
定价：CNY3.60

J0094398

春风燕语钢笔字帖　（魏碑、行书）司马彦书；李先娥编
上海　上海交通大学出版社　1994 年　154 页
19cm（小 32 开）ISBN：7-313-01249-7
定价：CNY4.50

J0094399

杜甫诗　王宝心等书
武汉　长江文艺出版社 1994 年 61 页 26cm（16 开）
ISBN：7-5354-1108-8 定价：CNY4.95
（钢笔楷行书字帖）
　　中国现代书法作品。王宝心（1955—　），硬笔书法家。生于北京。北京书画艺术院院长。

J0094400

对联集锦硬笔书法　伍明皓著
长沙　湖南出版社 1994 年 200 页 26cm（16 开）
ISBN：7-5438-0780-7 定价：CNY9.50
　　本书分：书法知识、春联、婚联、名胜对联等 9 个部分。

J0094401

儿童钢笔字入门　李纯博编著
北京　北京科学技术出版社　1994 年　84 页
26cm（16 开）ISBN：7-5304-1490-9
定价：CNY7.50
（儿童学本领丛书）

J0094402

儿童铅笔字辅导　丁永康，蒯福棣编著
北京　人民教育出版社　1994 年　138 页
20cm（32 开）ISBN：7-107-11172-8
定价：CNY6.10
　　中国现代书法作品。

J0094403

佛家珍言　杨再春书；董英双选编
北京　北京体育学院出版社　1994 年　92 页
19cm（小 32 开）ISBN：7-81003-840-0
定价：CNY3.80
（中国钢笔行书字帖大系）

J0094404

钢笔仿宋字练习册　史云鹏编写
北京　金盾出版社　1994 年　60 页 26cm（16 开）
ISBN：7-80022-918-1 定价：CNY3.50
　　中国现代书法作品。作者史云鹏（1943—　），河北徐水人。天津市河东区规划土地管理处副处长、高级工程师。

J0094405

钢笔行书 77 天便捷速成法　黄全信著
北京　中央民族大学出版社　1994 年　重印本
84 页 26cm（16 开）ISBN：7-81001-492-7
定价：CNY5.20

J0094406

钢笔行书基础要津　李洪旺，黄大业编著
南宁　广西美术出版社　1994 年　91 页 19cm（32 开）ISBN：7-80582-806-7 定价：CNY3.60
　　编者李洪旺，广西象州人。广西水电学校任教，广西书法家协会理论委员、中国水电文学艺术协会会员等。编者黄大业，壮族，广西上林县人。广西石油化工技校副校长、讲师，中国书法家协会广西分会会员、广西硬笔书法家协会常务理事。

J0094407

钢笔行书教程　陆璐编著
昆明　云南民族出版社　1994 年　128 页
19cm（小 32 开）定价：CNY3.50
　　作者陆璐，师范院校从事书法教育工作。

J0094408

钢笔行书教程　骆恒光著
杭州　浙江文艺出版社　1994 年　169 页
20cm（32 开）ISBN：7-5339-0618-7
定价：CNY5.00
　　作者骆恒光（1943—　），书法家。号翼之，浙江诸暨人。毕业于浙江美术学院。历任浙江

教育出版社美术编辑、中国硬笔书法家协会副主席、中国书法家协会会员、浙江分会理事，浙江省书法理论研究会副会长兼秘书长。著有《骆恒光论书》《行书法图说》《王羲之圣教序及其笔法》。

J0094409
钢笔行书练习法　　翟东编著
大连　大连海事大学出版社　1994 年　143 页
19cm（小 32 开）ISBN：7-5632-0767-8
定价：CNY4.30

J0094410
钢笔行书字帖　　王惠松著
北京　中国青年出版社　1994 年　157 页
19cm（小 32 开）ISBN：7-5006-1750-X
定价：CNY5.30
（青少年钢笔书法指南丛书）

J0094411
钢笔行书字帖　（罗曼·罗兰、培根格言）曾繁茂书
重庆　重庆出版社　1994 年　32 页　19cm（小 32 开）
ISBN：7-5366-2396-8　定价：CNY0.90
　　　作者曾繁茂（1942—　），编辑。四川江津人。《中国市容报》社美术编辑、中华钢笔圆珠笔书法协会会员、中国现代硬笔书法研究会四川、重庆分会会员。

J0094412
钢笔行书字帖　（莎士比亚、巴尔扎克格言）李文超书
重庆　重庆出版社　1994 年　32 页　19cm（小 32 开）
ISBN：7-5366-2395-X　定价：CNY0.90

J0094413
钢笔楷行草书法　　吴星编并书写
南宁　广西人民出版社　1994 年　120 页
19cm（小 32 开）ISBN：7-219-02862-8
定价：CNY3.80
　　　作者吴星，本名吴水根，解放军 54244 部队政治处专业军士。

J0094414
钢笔楷行书技法　　李放鸣书

成都　成都科技大学出版社　1994 年　重印本
128 页　19cm（32 开）ISBN：7-5616-0426-2
定价：CNY3.80
　　　作者李放鸣（1957—　），硬笔书法家。毕业于四川师范大学。历任中国现代汉字硬笔书法协会副秘书长、中国当代硬笔书法家协会理事、东方书画艺术家中心创作委员。主要作品有《教师实用钢笔字》《历代名家名帖书法经典》《历代名家碑帖经典集字临创》等。

J0094415
钢笔楷行书字帖　　孔学军等书
武汉　长江文艺出版社　1994 年　5 册　26cm（16 开）
ISBN：7-5354-1108-8　定价：CNY24.75

J0094416
钢笔楷书《红楼梦》诗词歌赋对联选　　徐正平书
北京　海潮出版社　1994 年　149 页　19cm（小 32 开）
ISBN：7-80054-510-5　定价：CNY5.50

J0094417
钢笔楷书成语字帖　　朱文郁编写
南京　江苏教育出版社　1994 年　78 页　13×19cm
ISBN：7-5343-2126-3　定价：CNY1.45

J0094418
钢笔楷书基础要津　　黄大业、李洪旺编著
南宁　广西美术出版社　1994 年　92 页　19cm（32 开）
ISBN：7-80582-807-5　定价：CNY3.60

J0094419
钢笔楷书教程　　卢桐著
沈阳　辽宁大学出版社　1994 年　118 页
26cm（16 开）ISBN：7-5610-2740-0
定价：CNY6.00

J0094420
钢笔楷书教程　　骆恒光著
杭州　浙江文艺出版社　1994 年　169 页
20cm（32 开）ISBN：7-5339-0619-5
定价：CNY5.00

J0094421
钢笔快写技法　　华清波编著

上海　上海科学技术出版社　1994 年　150 页
有照片　20cm（32 开）ISBN：7-5323-3310-8
定价：CNY5.00

J0094422

钢笔快写字帖　王惠松著

北京　中国青年出版社　1994 年　155 页
19cm（小 32 开）ISBN：7-5006-1818-2
定价：CNY5.30
（青少年钢笔书法指南丛书）

　　作者王惠松（1955—　　），硬笔书法家。江苏南京人。历任中国硬笔书法家协会会员、中国现代青年硬笔书法家协会常务理事、江苏省硬笔书法家协会副秘书长。代表作品有小楷临《黄庭经》《乐毅论》《灵飞经》等。

J0094423

钢笔隶书金歌字帖　常顺海书

北京　农村读物出版社　1994 年　138 页
19cm（小 32 开）ISBN：7-5048-2058-X
定价：CNY3.60

J0094424

钢笔书法　（四体常用 5000 字）顾仲晏著

贵阳　贵州科技出版社　1994 年　257 页
19cm（小 32 开）ISBN：7-80584-329-5
定价：CNY6.40

J0094425

钢笔书法半月通　张金标编著

延吉　延边大学出版社　1994 年　120 页　有照片
19cm（小 32 开）ISBN：7-5634-0655-7
定价：CNY4.80

　　作者张金标，书法家。字金石，吉林长春人。

J0094426

钢笔书法技法与创作　卢桐著

沈阳　辽宁大学出版社　1994 年　130 页
26cm（16 开）ISBN：7-5610-2739-7
定价：CNY6.80

J0094427

钢笔书法秘诀　杨再春编著

北京　华龄出版社　1994 年　重印本　63 页
26cm（16 开）ISBN：7-80082-467-5

定价：CNY4.30

　　本书介绍了硬笔书法的基本笔法、结构规律及作品分析，并附书法作品供欣赏。

J0094428

钢笔书法强化训练　孟天宇著

兰州　甘肃文化出版社　1994 年　75 页 26cm（16 开）
ISBN：7-80608-007-4　定价：CNY6.80
（墨苑丛书 6）

　　作者孟天宇（1946—　　），书法家。字砚耘，号岩松。毕业于中国书画函授大学。任国家职业标准书法技能鉴定委员会专家委员、世界华人书画家联合会副主席、九州书画家协会主席等职。作品有《孟天宇楷书道德经》。

J0094429

钢笔书法四体常用 5000 字　顾仲晏著

贵阳　贵州科技出版社　1994 年　257 页
19cm（小 32 开）ISBN：7-80584-329-5
定价：CNY6.40

J0094430

钢笔书法唐诗宋词欣赏　闵祥德书

广州　广州出版社　1994 年　276 页 20cm（32 开）
ISBN：7-80592-080-X　定价：CNY9.80

　　作者闵祥德（1949—　　），书法家，教授，国家一级美术师。安徽宿州市人。历任南京财经大学艺术教研室主任、安徽省书法家协会副主席、东南大学博士生导师、中国书画学会副主席等职。擅长书法，兼攻理论，作品多次参加国内外大型书展。作品有《书法浅谈》《书法百问百答》《图解书法指南》《行书书写门径》。部分著作被中国台湾、香港大学指定为教科书。

J0094431

钢笔书法雪莱诗选　梁鼎光书

广州　广东旅游出版社　1994 年　192 页
19cm（小 32 开）ISBN：7-80521-559-6
定价：CNY5.60

J0094432

钢笔正楷行楷字帖　王惠松著

北京　中国青年出版社　1994 年　156 页
19cm（小 32 开）ISBN：7-5006-1751-8
定价：CNY5.30

（青少年钢笔书法指南丛书）

J0094433
钢笔篆隶楷行书法欣赏　（唐诗绝句一百首）
李放鸣，谢正才书
成都 成都科技大学出版社 1994 年 205 页
19cm（32 开）ISBN：7-5616-2791-2
定价：CNY5.80
（中国传统文化丛书）
　　作者李放鸣（1957—　），硬笔书法家。毕业
于四川师范大学。历任中国现代汉字硬笔书法
协会副秘书长、中国当代硬笔书法家协会理事、
东方书画艺术家中心创作委员。主要作品有《教
师实用钢笔字》《历代名家名帖书法经典》《历代
名家碑帖经典集字临创》等。作者谢正才，笔名，
静圃。中国现代硬笔书法研究会、中华钢笔书法
研究会、四川省硬笔书法学会会员。

J0094434
钢笔字快写法　（行草）方馨书写
北京 国际文化出版公司 1994 年 87 页
19cm（小 32 开）ISBN：7-80105-038-X
定价：CNY2.20
　　作者方馨，女，中国现代硬笔书法研究会会
员、中国青少年书法协会理事。

J0094435
钢笔字快写法　（行楷）方馨书写
北京 国际文化出版公司 1994 年 88 页
19cm（小 32 开）ISBN：7-80105-038-X
定价：CNY2.20

J0094436
港台金曲极品——钢笔字帖　朱兵书；晓云选
保定 河北大学出版社 1994 年 134 页
19cm（32 开）ISBN：7-81028-185-2
定价：CNY3.95

J0094437
龚自珍己亥杂诗行书钢笔字帖　徐子久书
杭州 浙江大学出版社 1994 年 119 页
20cm（32 开）ISBN：7-308-01561-0
定价：CNY5.00

J0094438
古代散文名篇硬笔书法　熊兴农书
北京 知识出版社 1994 年 174 页 19cm（小 32 开）
ISBN：7-5015-1166-7 定价：CNY6.00
　　作者熊兴农（1956—　），湖南湘西芷江人。
广州铁路局办公室任职，中国硬笔书法家协会会
员、中华青年钢笔书法协会会员。

J0094439
古今名句硬笔书法习字本　（魔方格速成习
字法）吴方设计；马萧萧书写
北京 中国青年出版社 1994 年 100 页
19cm（小 32 开）ISBN：7-5006-1577-9
定价：CNY3.20

J0094440
顾城朦胧诗佳作钢笔字帖　顾城诗；盛景
华书
长沙 湖南文艺出版社 1994 年 178 页
20cm（32 开）ISBN：7-5404-1265-8
定价：CNY4.80

J0094441
光辉永照　（毛泽东名言三体钢笔字帖）
北京 中国劳动出版社 1994 年 190 页
19cm（小 32 开）ISBN：7-5045-1473-X
定价：CNY4.90

J0094442
汉语反义词钢笔行书字帖　顾仲安书
上海 华东理工大学出版社 1994 年 157 页
20cm（32 开）ISBN：7-5628-0378-1
定价：CNY4.50
（顾仲安书法系列）

J0094443
汉语同义词钢笔楷书字帖　顾仲安书
上海 华东理工大学出版社 1994 年 217 页
20cm（32 开）ISBN：7-5628-0151-7
定价：CNY7.70
（顾仲安书法系列）

J0094444
汉字繁简异体对照钢笔书法字典　王正良
主编

杭州 浙江科学技术出版社 1994年 443页
有彩照 20cm（32开）精装
ISBN：7-5341-0675-3 定价：CNY25.00

　　主编王正良（1949—　　），编辑。浙江嵊县人，历任《浙江青年报》总编兼《中国钢笔书法》杂志主编、中国硬笔书法家协会副主席。

J0094445
汉字繁简异体对照钢笔书法字典　　王正良
主编
杭州 浙江科学技术出版社 1997年 443页
有彩照 20cm（32开）ISBN：7-5341-0782-2
定价：CNY18.00

J0094446
汉字钢笔书法教学十大要诀　　张浩文编著
广州 暨南大学出版社［1994年］109页
19cm（小32开）ISBN：7-81029-362-1
定价：CNY4.60

　　作者张浩文（1965—　　），书法家、经济师。又名张兴汉，湖北襄樊人。历任中国书法家协会会员、广州市天河区书法家协会副主席、广东大雅堂书画院院长。著有中长篇书法小说《静静的珠江》，书法文学作品《党员三字经先锋歌》《孙中山三字经》《生态文明三字经》《米芾三字经》等。

J0094447
行楷书新选唐诗三百首　　汪兆纯书写
重庆 重庆出版社 1994年 334页 19cm（小32开）
ISBN：7-5366-2626-6 定价：CNY8.30

J0094448
豪情千古　（毛泽东诗词硬笔书法字帖）
北京 中国劳动出版社 1994年 117页
19cm（小32开）ISBN：7-5045-1472-X
定价：CNY3.90

J0094449
豪情千古　（毛泽东诗词硬笔书法字帖）
北京 中国劳动出版社 1994年 117页
19cm（小32开）定价：CNY3.90

J0094450
贺辞赠言钢笔字帖　　郭金成书

西安 陕西旅游出版社 1994年 106页
19cm（小32开）ISBN：7-5418-1072-X
定价：CNY3.20

　　作者郭金成，青年书法家，曾在国内及国际性书画家协会、书法家协会、研究会等组织中任职。

J0094451
回宫格行书硬笔临摹字帖　　杨为国著
杭州 中国美术学院出版社 1994年 121页
19cm（小32开）ISBN：7-81019-331-7
定价：CNY3.20

　　作者杨为国（1955—　　），书法家、教授。出生于浙江杭州。历任中国书画艺术委员会副主席、中国书法家协会会员、中国硬笔书法协会副主席、中国美院出版社编辑、浙江省书法家协会会员、北京大学回宫格书法艺术学校校长。碑帖作品有《自书告身》《勤礼》等。

J0094452
回宫格楷书硬笔临摹字帖　　杨为国著
杭州 中国美术学院出版社 1994年 121页
19cm（小32开）ISBN：7-81019-330-9
定价：CNY3.20

J0094453
回宫格铅笔字启蒙　　杨为国著
杭州 中国美术学院出版社 1994年 93页
19cm（小32开）ISBN：7-81019-332-5
定价：CNY2.80
　　中国现代书法作品。

J0094454
回宫格行书钢笔字帖　　杨为国著
杭州 中国美术学院出版社 1999年 重印本
157页 18cm（32开）ISBN：7-81019-329-5
定价：CNY5.00

　　本书为中央电视台《青少年硬笔书法讲座》配套教材的第三册，主要供读者作行书练字范本之用，书中范字均选自《新华字典》，共计7065字。

J0094455
回宫格楷书钢笔字帖　　杨为国著
杭州 中国美术学院出版社 1999年 重印本

157 页　19cm（32 开）ISBN：7-81019-328-7
定价：CNY5.00

本书是中央电视台《青少年硬笔书法讲座》配套教材的第二册，书中范字均选自《新华字典》，共计 7065 字。

J0094456
佳句集锦　李正伦书
太原　山西人民出版社　1994 年　100 页
19cm（小 32 开）ISBN：7-203-03291-4
定价：CNY4.40
（中国硬笔书法百科全书　青年必读文库）

J0094457
家庭实用硬笔书法　肖华著
北京　航空工业出版社　1994 年　96 页
有照片 26cm（16 开）ISBN：7-80046-763-5
定价：CNY8.00

本书介绍了日常生活中签字、赠言、书信贺卡、题字等书写艺术。

J0094458
教你写好钢笔字　冯宝佳著
广州　广东旅游出版社　1994 年　169 页
19cm（小 32 开）ISBN：7-80521-513-8
定价：CNY4.95

J0094459
巾帼诗文硬笔书法集锦　李来春，董伟书
兰州　甘肃人民出版社　1994 年　89 页　20cm（32 开）
ISBN：7-226-01417-3　定价：CNY5.80

J0094460
绝妙好诗　司马彦，司马东书
沈阳　辽宁人民出版社　1994 年　212 页
19cm（小 32 开）ISBN：7-205-02574-5
定价：CNY4.80
（中华文化精粹钢笔字帖　1）

J0094461
楷草对照硬笔书法字帖　宋连生书
北京　现代出版社　1994 年　65 页　26cm（16 开）
ISBN：7-80028-245-7　定价：CNY6.00

J0094462
楷行隶三体钢笔描红帖　卢中南书
北京　海潮出版社　1994 年　70 页　26cm（16 开）
ISBN：7-80054-583-0　定价：CNY4.50

J0094463
楷书行草书对照标准钢笔字帖　（唐宋绝句三百首）于天存等著
北京　中国青年出版社　1994 年　300 页
19cm（小 32 开）ISBN：7-5006-1388-1
定价：CNY6.90

作者于天存，钢笔书法家。

J0094464
李白诗　孔学军等书
武汉　长江文艺出版社　1994 年　60 页
26cm（16 开）ISBN：7-5354-1108-8
定价：CNY4.95
（钢笔楷行书字帖）

J0094465
李和生学生钢笔字帖　李和生书
西安　西北大学出版社　1994 年　113 页
19cm（小 32 开）ISBN：7-5604-0667-X
定价：CNY3.20

J0094466
历代笔记精品钢笔行书帖　钱沛云书
上海　同济大学出版社　1994 年　270 页
20cm（32 开）ISBN：7-5608-1350-X
定价：CNY7.80

作者钱沛云（1946—　），著名硬笔书法家。字鹤斋，浙江上虞人，毕业于上海师大中文系。中国书法家协会会员、中国书画函授大学书法系教授。主要作品有《楷书基础知识》《怎样写快写好钢笔字》《钢笔书法技巧要领》《红楼梦诗词钢钢笔行书书帖》等。

J0094467
历代四季风景诗钢笔楷书字帖　吴庆和书
成都　电子科技大学出版社　1994 年　58 页
19cm（小 32 开）ISBN：7-81043-074-2
定价：CNY2.99
（钢笔正楷书法　1）

作者吴庆和，中国现代青年硬笔书法家协会

会员。

J0094468

梁鼎光钢笔字帖　　梁鼎光书
广州　广东旅游出版社　1994 年　313 页
19cm（小 32 开）ISBN：7-80521-533-2
定价：CNY8.90

J0094469

梁鼎光钢笔字帖　（名胜古迹诗词）梁鼎光书
广州　广东高等教育出版社　1996 年　198 页
20cm（32 开）ISBN：7-5361-1719-1
定价：CNY8.80

J0094470

陆游诗　　孔学军等书
武汉　长江文艺出版社　1994 年　61 页　26cm（16 开）
ISBN：7-5354-1108-8　定价：CNY4.95
（钢笔楷行书字帖）

J0094471

罗兰小语钢笔书法欣赏　　闵祥德书
南宁　广西民族出版社　1994 年　2 册（148+149 页）
20cm（32 开）ISBN：7-5363-2174-0
定价：CNY9.96

　　本书上集分人生、处世、爱情、婚姻等 5 部
分，下集分幸福、志向、追求、财富等 5 部分。
作者闵祥德（1949—　），书法家，教授，国家一
级美术师。安徽宿州市人。历任南京财经大学
艺术教研室主任、安徽省书法家协会副主席、东
南大学博士生导师、中国书画学会副主席等职。
擅长书法，兼攻理论，作品多次参加国内外大型
书展。作品有《书法浅谈》《书法百问百答》《图
解书法指南》《行书书写门径》。部分著作被中国
台湾、香港大学指定为教科书。

J0094472

毛泽东诗词　　杨再春书；张清垣选编
北京　北京体育学院出版社　1994 年　90 页
19cm（小 32 开）ISBN：7-81003-841-9
定价：CNY3.80
（中国钢笔行书字帖大系）

J0094473

毛泽东诗词钢笔字帖　　周建远书

北京　农村读物出版社　1994 年　26cm（16 开）
ISBN：7-5048-2526-3　定价：CNY2.30

J0094474

毛主席诗词　（钢笔隶书字帖）刘辉书
成都　巴蜀书社　1994 年　56 页　19cm（小 32 开）
ISBN：7-80523-584-8　定价：CNY2.10

J0094475

名家纯情小品钢笔字帖　　司马彦书
广州　广东旅游出版社　1994 年　154 页
19cm（小 32 开）ISBN：7-80521-529-4
定价：CNY4.95

　　本书抄录林语堂的《美丽的尘世》、钱钟书
的《人生快乐》、贾平凹的《溪流》等片断。作者
司马彦，硬笔书法家。

J0094476

名人格言钢笔字帖　　宋南编写
北京　中华工商联合出版社　1994 年　166 页
19cm（小 32 开）ISBN：7-80100-078-1
定价：CNY4.60
（钢笔字帖丛书 2）

　　作者宋南，报纸编辑，广东省青年书法家协
会会员。

J0094477

名人家训　（秦快仁硬笔书法集）秦快仁书
北京　中国青年出版社　1994 年　252 页
26cm（16 开）ISBN：7-5006-1605-8
定价：CNY15.20

J0094478

名人警句格言　（庞欢硬笔书法字帖）庞欢编写
北京　中国经济出版社　1994 年　155 页　有照片
20cm（32 开）ISBN：7-5017-2393-1
定价：CNY5.30

　　本书取名人的青春、理想、情感和爱情 4 个
方面的警句格言，书体包括实用性钢笔书法和艺
术性钢笔书法两部分。

J0094479

名诗名句钢笔行草字帖　　牧夫书
重庆　西南师范大学出版社　1994 年　80 页
19cm（小 32 开）ISBN：7-5621-1130-8

定价：CNY2.95

J0094480

名言集锦　　沙舟书

太原　山西人民出版社　1994 年　100 页

19cm（小 32 开）ISBN：7-203-03250-7

定价：CNY4.40

（中国硬笔书法百科全书　青年必读文库）

J0094481

庞中华钢笔书法速成帖　　庞中华书

重庆　重庆出版社　1994 年　102 页　有插图

26cm（16 开）ISBN：7-5366-2932-X

定价：CNY5.80

　　作者庞中华（1945—　　），著名书法家、教育家和诗人。四川重庆人，毕业于西南科技大学地质勘探专业。中国当代硬笔书法的奠基者、全国政协委员、中国硬笔书法协会会长。代表作品有《庞中华钢笔字帖》《庞中华现代硬笔字帖》等。著作《庞中华散文集》《庞中华谈谈学写钢笔字》《硬笔书法简论》等。

J0094482

七言对联　　杨再春书；鲁牧选编

北京　北京体育学院出版社　1994 年　92 页

19cm（小 32 开）ISBN：7-81003-834-6

定价：CNY3.80

（中国钢笔行书字帖大系）

J0094483

七言唐诗　　杨再春书；谢振杰选编

北京　北京体育学院出版社　1994 年　90 页

19cm（小 32 开）ISBN：7-81003-832-X

定价：CNY3.80

（中国钢笔行书字帖大系）

J0094484

千家诗精选钢笔行书字帖　　施坚，郭伟编写

北京　中国经济出版社　1994 年　87 页

20cm（32 开）ISBN：7-5017-2768-6

定价：CNY4.80

J0094485

千字文三体钢笔书法字帖　　邢飞书

南宁　广西教育出版社　1994 年　46 页　26cm（16开）

ISBN：7-5435-2097-4　定价：CNY3.40

J0094486

青春寄语　　（钢笔行书字帖）俞虹选；任平书

杭州　浙江人民出版社　1994 年　140 页

20cm（32 开）ISBN：7-213-01188-X

定价：CNY5.00

　　作者任平（1952—　　），书法家。江苏如皋人，毕业于杭州大学中文系，获博士学位。历任文化部中国艺术研究院教授、博士生导师，中国艺术研究院美术研究所学术委员会委员、书法研究室主任、中国书法家协会书法教育专业委员会委员、中国语言学会会员等。代表作品优《中国书法》《说隶》《笔歌墨舞》《中国书法全集》等。

J0094487

青春妙语　　杨再春书；未茗选编

北京　北京体育学院出版社　1994 年　91 页

19cm（小 32 开）ISBN：7-81003-837-0

定价：CNY3.80

（中国钢笔行书字帖大系）

J0094488

青春赠言情卡 365 钢笔行书字帖　　司马彦书；肖好婷编

武汉　长江文艺出版社　1994 年　170 页

19cm（小 32 开）ISBN：7-5354-1238-6

定价：CNY5.20

（司马彦钢笔字帖系列）

J0094489

青少年抒情诗钢笔字帖　　（楷书、隶书）司马彦书；肖好婷编

上海　上海交通大学出版社　1994 年　153 页

19cm（小 32 开）ISBN：7-313-01250-0

定价：CNY4.50

　　作者司马彦（1958—　　），其作品在国际国内书画大赛中获奖 30 余次。

J0094490

青少年硬笔正楷习字帖　　（50 天速成法）王海舰编著

北京　印刷工业出版社　1994 年　100 页

26cm（16 开）ISBN：7-80000-158-X

定价：CNY6.00

作者王海舰(1958—　　)，北京市海淀区教委社教办任职，中国硬笔书法家协会会员、中国书画家协会会员、北京硬笔书法学会会员。

J0094491

情爱悄语钢笔字帖　毛孝癹书；宁莎，凤立插图
杭州　浙江人民出版社　1994年　140页
有插图　20cm(32开) ISBN：7-213-01051-4
定价：CNY4.50

作者毛孝癹(1950—　　)，笔名萧涛、岭文、田心梅、舒林。浙江省书法家协会会员、中国硬笔书法家协会会员、浙江省书法研究会理事等。出版有《古今对联行书字帖》《咏花诗钢笔字帖》等。

J0094492

情感语丝钢笔字帖　司马彦书；肖妤婷编
延吉　延边人民出版社　1994年　171页
19cm(小32开) ISBN：7-80599-109-X
定价：CNY5.80

J0094493

情诗集锦　宋富盛书
太原　山西人民出版社　1994年　100页
19cm(小32开) ISBN：7-203-03293-0
定价：CNY4.40
(中国硬笔书法百科全书　青年必读文库)

J0094494

情书妙句钢笔书法　曾景充书
南宁　广西民族出版社　1994年　247页
19cm(小32开) ISBN：7-5363-2709-9
定价：CNY6.80

作者曾景充(1932—2009)，书法家。生于广州。中国书法家协会会员，曾任广东书协理事、广东书协艺术指导委员、广州市书协副会长、美协广东分会会员、广东省中国文物鉴藏家协会理事、广州市文史研究馆馆员、东方书画院客座教授。著有《行书要法》《魏体千字文》《曾景充钢笔书》《五体临池指要》等。

J0094495

情书写作技法钢笔字帖　廖雄军撰文；袁子强书写

南宁　广西人民出版社　1994年　126页
19cm(小32开) ISBN：7-219-02749-4
定价：CNY3.50

J0094496

琼瑶情语钢笔字帖　黎龙荣书
广州　广东高等教育出版社　1994年　201页
19cm(小32开) ISBN：7-5361-1332-3
定价：CNY4.95

作者黎龙荣，广东化州县人。中山市华侨中学高级语文教师、中华钢笔圆珠笔书法研究会会员、中国书画函授大学中山学院书法教师等。

J0094497

人生格言钢笔字帖　李洪川书；三川钢笔书院编
武汉　湖北人民出版社　1994年　140页
19cm(小32开) ISBN：7-216-01344-1
定价：CNY4.50

作者李洪川(1957—2008)，硬笔书法家。湖北武汉人。历任中国硬笔书法协会理事、湖北省硬笔书法家协会副主席等职。出版有《中学生钢笔字帖》《常用汉字钢笔字帖》《信封书写艺术名信贺卡赠言签名示范钢笔字帖》等。

J0094498

人生格言钢笔字帖　宋南编写
北京　中华工商联合出版社　1994年　170页
19cm(小32开) ISBN：7-80100-078-1
定价：CNY4.60
(钢笔字帖丛书)

J0094499

人生忠告　(钢笔行书字帖) 牟诚书
长春　吉林美术出版社　1994年　192页
19cm(小32开) ISBN：7-5386-0377-8
定价：CNY5.80

作者牟诚(1950—　　)，编辑。曾任长春广播电台记者、编辑，影视广播图书周报副总编辑、长春商报副总编辑、硬笔书法协会会员、吉林省书法家协会会员。书法作品有《人生忠告钢笔行书字帖》《爱情友情赠诗集锦钢笔行书字帖》《流行金曲钢笔行书字帖》。出版有《牟诚书法作品集》等。

J0094500

三毛席慕蓉絮语硬笔字帖　龙荣书

广州　广东高等教育　1994年　211页
19cm（小32开）ISBN：7-5361-1472-9
定价：CNY5.60

J0094501

三十六计钢笔字帖　史小波书写

北京　金盾出版社　1994年　88页　19cm（小32开）
ISBN：7-80022-905-X　定价：CNY2.30

J0094502

三十六计经商格言多体钢笔字帖　赵忱书

广州　广东人民出版社　1994年　206页
19cm（小32开）ISBN：7-218-01303-1
定价：CNY4.90

　　作者赵忱，书法家。辽宁兴城人。广州金融专科学校图书馆馆长、三川钢笔书院广州分院院长。

J0094503

少男少女钢笔字帖　乔筱波书

郑州　河南美术出版社　1994年　110页
19cm（小32开）ISBN：7-5401-0401-5
定价：CNY3.60

　　作者乔筱波（1967—　），教师。字不惊，号山阳道人，别署游晋斋主。祖籍河南武陟。河南省硬笔书法学会常务理事、中华钢笔书法函授中心专职教师。出版有《宋词钢笔字帖》《劝世良言钢笔字帖》《速成行书钢笔字帖》《少男少女钢笔字帖》。

J0094504

师范硬笔书法教程　曹长远等编

北京　高等教育出版社　1994年　172页
26cm（16开）ISBN：7-04-004588-5
定价：CNY4.75

J0094505

实用钢笔书法　沈鸿根编著

上海　同济大学出版社　1994年　421页
20cm（32开）ISBN：7-5608-1307-0
定价：CNY8.00

　　本书内容涉及章法布白、作品鉴赏和临摹方法，介绍了书信、日记、条据、广告、贺词、签名等数十种实用文体。编者沈鸿根（1943—　），书法家。别号江鸟，出生于上海。曾任《写字》杂志副总编、上海中华书画协会副会长、中国书法家协会会员、上海市书法家协会硬笔书法家联谊会首任会长。出版作品《行书概论》《书法十五讲》《硬笔书法百日通》等。

J0094506

司马彦钢笔字帖系列　司马彦书

武汉　长江文艺出版社　1994年　4册
19cm（小32开）ISBN：7-5354-1238-6
定价：CNY20.80

　　作者司马彦，祖籍湖南澧县，书法家。

J0094507

丝路诗词硬笔书法欣赏　傅文章［编］；关振邦等书

兰州　兰州大学出版社　1994年　308页
20cm（32开）ISBN：7-311-00768-2
定价：CNY8.50

J0094508

宋词选萃　杨再春书；谢振杰选编

北京　北京体育学院出版社　1994年　90页
19cm（小32开）ISBN：7-81003-836-2
定价：CNY3.80
（中国钢笔行书字帖大系）

J0094509

宋词一百首钢笔行书字帖　王正良编著

南宁　广西美术出版社　1994年　74页　26cm（16开）
ISBN：7-80582-717-6　定价：CNY5.80

J0094510

孙子兵法钢笔字帖　卢中南书写

北京　金盾出版社　1994年　120页　19cm（小32开）
ISBN：7-80022-904-1　定价：CNY2.90

J0094511

孙子兵法三十六计钢笔多体字帖　梁孔政书

北京　中国物资出版社　1994年　50页　26cm（16开）
ISBN：7-5047-1037-7　定价：CNY6.00

J0094512

台湾小语钢笔字帖　司马彦书；马丽华编

武汉　长江文艺出版社　1994 年　170 页
19cm（小 32 开）ISBN：7-5354-1238-6
定价：CNY5.20
（司马彦钢笔字帖系列）

J0094513

唐诗绝句钢笔正楷字帖　田永耕著
沈阳　春风文艺出版社　1994 年　121 页　有照片
19cm（小 32 开）ISBN：7-5313-1358-8
定价：CNY3.95
　　作者田永耕，书法家。字犁铧，辽宁沈阳人。
中国硬笔书法家协会会员等。

J0094514

唐诗三百首　（秦快仁硬笔书法集）秦快仁书
北京　中国青年出版社　1994 年　297 页
26cm（16 开）ISBN：7-5006-1606-6
定价：CNY17.40

J0094515

唐诗宋词钢笔字帖　杨兴海书
重庆　西南师范学院出版社　1994 年　92 页
19cm（32 开）ISBN：7-5621-1108-1
定价：CNY3.20
　　作者杨兴海（1951—　），四川重庆人，中国
书画人才研修中心西南研修院第一副院长、贵州
省研修院院长。

J0094516

唐诗一百首钢笔行书字帖　王正良编著
南宁　广西美术出版社　1994 年　78 页　26cm（16 开）
ISBN：7-80582-718-4　定价：CNY5.80

J0094517

王新林钢笔书法作品选　王新林书
乌鲁木齐　新疆人民出版社　1994 年　61 页
26×14cm　ISBN：7-228-02910-0
定价：CNY8.00
　　作者王新林（1963—　），甘肃永登人，新疆
天山毛纺织品有限公司群工部任职，新疆建设兵
团老年书画研究会会员。

J0094518

五言对联　杨再春书；鲁牧选编
北京　北京体育学院出版社　1994 年　92 页

19cm（小 32 开）ISBN：7-81003-835-4
定价：CNY3.80
（中国钢笔行书字帖大系）

J0094519

五言唐诗　杨再春书；谢振杰选编
北京　北京体育学院出版社　1994 年　90 页
19cm（小 32 开）ISBN：7-81003-833-8
定价：CNY3.80
（中国钢笔行书字帖大系）

J0094520

武磊钢笔行书临古帖　武磊著
太原　山西人民出版社　1994 年　影印本　38 页
26cm（16 开）ISBN：7-203-03063-6
定价：CNY2.80
　　作者武磊（1962—　），字石子、适止，别署
瘦竹斋主、印堂后人，山西武乡人。中国当代硬
笔书法家协会副主席等。

J0094521

希望　（石或和她的大字钢笔书法）石或著
天津　天津社会科学院出版社　1994 年　43 页
19cm（小 32 开）ISBN：7-80563-447-5
定价：CNY5.80

J0094522

席殊 3SFM 实用硬笔字 60 小时训练　席殊著
南昌　江西美术出版社　1994 年　193 页
26cm（16 开）ISBN：7-80580-177-0
定价：CNY12.80
　　共 56 课，每课包括《范字训练》《摹帖训练》
《作业》3 个部分。作者席殊（1963—　），生于江
西，毕业于江西抚州师专数学系。历任江西省社
联《争鸣》杂志社美编、江西省硬笔书法研究会
副会长兼秘书长。

J0094523

香港小语钢笔字帖　司马彦书；马晓涛编
武汉　长江文艺出版社　1994 年　170 页
19cm（小 32 开）ISBN：7-5354-1238-6
定价：CNY5.20
（司马彦钢笔字帖系列）

J0094524

小学词语归类钢笔规范字帖　司马彦书；司马东编

北京　中国物资出版社　1994年　151页

19cm（小32开）ISBN：7-5047-0890-9

定价：CNY4.50

作者司马彦（1958— ），硬笔书法家。生于湖北公安，祖籍湖南澧县。任书法艺术学校校长。编写出版钢笔、毛笔字帖、教材、专著1200余种。作品有《心灵散文小语钢笔字帖》《古词名篇钢笔字帖》《情侣散文钢笔字帖》等。编者司马东（1937— ），书法教育家。湖南澧县人。从事书法研究和语言文字教学工作。编著字帖、教材和参考书300余种。

J0094525

写字基础　郭启明，郑松义主编

郑州　中原农民出版社　1994年　176页

19cm（小32开）ISBN：7-80538-520-3

定价：CNY4.50

J0094526

新编三字经钢笔字帖　周荣华，周斌著

北京　军事谊文出版社　1994年　20页

19cm（小32开）ISBN：7-80027-644-9

定价：CNY3.80

J0094527

新编唐诗三百首钢笔字帖　司马彦书；司马东编

广州　广州出版社　1994年　144页　19cm（小32开）

ISBN：7-80592-092-3　定价：CNY4.50

J0094528

信封书写艺术钢笔字帖　（明信贺卡赠言签名示范）李洪川［书］；三川钢笔书院编

天津　百花文艺出版社　1994年　157页

19cm（小32开）ISBN：7-5306-1702-8

定价：CNY5.00

J0094529

兴文硬笔书法　尤苏福·锁兴文［编写］

昆明　云南人民出版社　1994年　137页

26cm（16开）ISBN：7-222-01513-2

定价：CNY13.50

J0094530

学生钢笔五体字帖　（楷书　行书　魏碑　隶书　草书）李百忍等书

合肥　安徽教育出版社　1994年　61+500页

13cm（64开）ISBN：7-5336-1623-5

定价：CNY5.00

J0094531

学生钢笔字指导　张守镇著

北京　中国国际广播出版社　1994年　181页

19cm（小32开）ISBN：7-5078-0194-2

定价：CNY5.45

作者张守镇（1958— ），回族，书法家、国家一级美术师。河南杞县人。历任中国国际书法家协会副主席、中国民间文艺家协会会员、河南省硬笔书法家协会常务理事、副秘书长，郑州大学兼职教授、河南工业大学硕士导师。代表作品《袖珍古诗五体书法字帖》《钢笔楷书》《钢笔字技法》等。

J0094532

学生作文描写示范钢笔字帖　（绘景篇）司马东主编；司马彦书

北京　北京语言学院出版社　1994年　156页

19cm（32开）ISBN：7-5619-0422-3

定价：CNY3.60

J0094533

学生作文描写示范钢笔字帖　（写人篇）司马东主编；司马彦书

北京　北京语言学院出版社　1994年　154页

19cm（32开）ISBN：7-5619-0418-5

定价：CNY3.60

J0094534

学生作文描写示范钢笔字帖　（叙事篇）司马东主编；司马彦书

北京　北京语言学院出版社　1994年　154页

19cm（32开）ISBN：7-5619-0419-3

定价：CNY3.60

J0094535

学生作文描写示范钢笔字帖　（状物篇）司马东主编；司马彦书

北京　北京语言学院出版社　1994年　154页

19cm（32 开）ISBN：7-5619-0420-7
定价：CNY3.60

J0094536
银行信用社实用硬笔书法　杨士忠主编
北京 企业管理出版社 1994 年 135 页 有图
26cm（16 开）ISBN：7-80001-366-9
定价：CNY8.50

J0094537
硬笔楷书精诀　袁晓义编写
成都 电子科技大学出版社 1994 年 116 页
19cm（小 32 开）ISBN：7-81016-403-1
定价：CNY4.95
（硬笔楷书教程 6）
　　本书共举字例 3306 个。

J0094538
硬笔书法　（钢笔楷书）卢中南编写
北京 学苑出版社 1994 年 重印本 43 页
26cm（16 开）ISBN：7-5077-0210-3
定价：CNY4.70

J0094539
硬笔书法　卢中南编著
北京 中国少年儿童出版社 1999 年 144 页
26cm（16 开）ISBN：7-5007-4060-3
定价：CNY17.50
（书法大世界）

J0094540
硬笔书法·纯情偶像　（汤竹青抒情诗选）汤
竹青著
南昌 江西人民出版社 1994 年 218 页
18cm（小 32 开）ISBN：7-210-01331-8
定价：CNY6.30

J0094541
硬笔书法草诀百韵歌　王惠松书
北京 北京工业大学出版社 1994 年 106 页
19cm（小 32 开）ISBN：7-5639-0420-4
定价：CNY3.80

J0094542
硬笔书法初步　唐春玉等主编

通辽 内蒙古少年儿童出版社 1994 年 81 页
26cm（16 开）ISBN：7-5312-0444-4
定价：CNY3.70

J0094543
硬笔书法教程　王厚祥编著
北京 科学普及出版社 1994 年 108 页
26cm（16 开）ISBN：7-110-03203-5
定价：CNY6.90

J0094544
硬笔书法字帖　（历代古诗 50 首）姚顺麟著
上海 上海文化出版社 1994 年 55 页 有照片
26cm（16 开）ISBN：7-80511-705-5
定价：CNY4.10

J0094545
硬笔探秘　方静宇编著
天津 天津古籍出版社 1994 年 96 页 26cm（16 开）
ISBN：7-80504-334-5 定价：CNY8.50
　　本书分：工具材料、硬笔创作、作品装裱
3 篇。

J0094546
硬笔字帖循序练习本　**从正楷到草楷**　文
雯编
深圳 海天出版社 1994 年 118 页 20cm（32 开）
ISBN：7-80615-087-0 定价：CNY7.80
（硬笔书法集 1）

J0094547
幽默集锦　侯登峰书
太原 山西人民出版社 1994 年 100 页
19cm（小 32 开）ISBN：7-203-03290-6
定价：CNY4.40
（中国硬笔书法百科全书 青年必读文库）

J0094548
游记集锦　司惠国书
太原 山西人民出版社 1994 年 101 页
19cm（小 32 开）ISBN：7-203-03292-2
定价：CNY4.40
（中国硬笔书法百科全书 青年必读文库）

J0094549

友与爱赠言钢笔字帖　张文海书写

长春　时代文艺出版社　1994 年　188 页

19cm（32 开）ISBN：7-5387-0797-2

定价：CNY7.40

　　作者张文海，中华钢笔书法函授中心任教，多次担任全国书法大赛评委。

J0094550

怎样写钢笔字　冯宝佳书

广州　广东高等教育出版社　1994 年　171 页

有照片　19cm（小 32 开）ISBN：7-5361-1535-0

定价：CNY5.30

J0094551

怎样写好钢笔字　周礼贤，庞有荣编

太原　希望出版社　1994 年　82 页　19cm（小 32 开）

ISBN：7-5379-1388-9　定价：CNY1.80

（农村少年文库　教育篇）

J0094552

怎样写四体钢笔字　周丰著

上海　同济大学出版社　1994 年　146 页

19cm（小 32 开）ISBN：7-5608-1143-4

定价：CNY3.30

　　作者周丰（1960—　），教师。江苏泰兴人，泰兴县城南职业中学任教，江苏书法家协会会员，中华硬笔书法家协会理事。

J0094553

怎样写硬笔字　郑维著

广州　广东高等教育出版社　1994 年　160 页

19cm（小 32 开）ISBN：7-5361-1522-9

定价：CNY5.30

J0094554

赠诗集锦　武磊书

太原　山西人民出版社　1994 年　100 页

19cm（小 32 开）ISBN：7-203-03289-2

定价：CNY4.40

（中国硬笔书法百科全书　青年必读文库）

J0094555

赠诗集锦钢笔行书字帖　钟健书

重庆　西南师范大学出版社　1994 年　重印本 48 页

19cm（32 开）ISBN：7-5621-0616-9

定价：CNY1.80

　　作者钟健（1967—　），四川蓬溪人。西南师大教务处干部、书法教师，中国现代硬笔书法研究会会员。

J0094556

赠言集锦钢笔行书字帖　邢飞编写

北京　中华工商联合出版社　1994 年　163 页

19cm（小 32 开）ISBN：7-80100-078-1

定价：CNY4.60

（钢笔字帖丛书　3）

J0094557

张杰尤竹笔行草书法选　张杰尤书

长沙　岳麓书社　1994 年　60 页　26cm（16 开）

ISBN：7-80520-434-9　定价：CNY7.80

J0094558

长寿有道　杨再春书；李飞选编

北京　北京体育学院出版社　1994 年　92 页

19cm（小 32 开）ISBN：7-81003-838-9

定价：CNY3.80

（中国钢笔行书字帖大系）

　　本书分为：格言、对联、古诗、文句等 5 部分。

J0094559

中国钢笔书法艺术与技巧　肖斌著

北京　军事谊文出版社　1994 年　154 页

19cm（小 32 开）ISBN：7-80027-543-4

定价：CNY6.20

　　作者肖斌，中国龙门硬笔书法函授学校校长、《中国硬笔书法》杂志社主编。

J0094560

中国古文经典系列钢笔行书字帖（3 隋唐卷）尔夫编；彭洋书

南宁　广西美术出版社　1994 年　重印本 120 页

19cm（32 开）ISBN：7-80582-682-X

定价：CNY3.80

　　作者彭洋，青年书法家，广西文联文艺理论研究室副主任、副研究员，广西青年评论学会会长。作者彭洋（1953—　），副研究员。毕业于广西大学中文系。历任《南方文坛》编辑部主任、

广西文联文艺理论研究室主任、广西文艺理论家协会驻会副会长、南方文坛杂志社社长、广西中国文学学会副会长、中国书法家协会广西分会会员。著有随笔集《书》,诗集《二十岁的谎言》,评论集《视野与选择》,散文集《圣堂山圣典》。

J0094561

中国古文经典系列钢笔行书字帖 （汉魏卷）
尔夫编;彭洋书
南宁 广西美术出版社 1994年 重印本 120页
19cm（32开）ISBN: 7-80582-681-1
定价: CNY3.80

　　作者钱沛云(1946—),著名硬笔书法家。字鹤斋,浙江上虞人,毕业于上海师大中文系。中国书法家协会会员、中国书画函授大学书法系教授。主要作品有《楷书基础知识》《怎样写快写好钢笔字》《钢笔书法技巧要领》《红楼梦诗词钢钢笔行书书帖》等。

J0094562

中国古文经典系列钢笔行书字帖 （先秦卷）
尔夫编;彭洋书
南宁 广西美术出版社 1994年 重印本 120页
19cm（32开）ISBN: 7-80582-683-8
定价: CNY3.80

J0094563

中国硬笔书法百日速成指南　司惠国等主编
北京 北京体育大学出版社 1994年 60页
26cm（16开）ISBN: 7-81003-607-6
定价: CNY4.20
（中国硬笔书法百科全书 速成卷）

J0094564

中国硬笔书法艺术精品大典　司惠国等主编
北京 北京体育大学出版社 1994年 501页
有照片 26cm（16开）精装
ISBN: 7-81003-606-8 定价: CNY50.00
（中国硬笔书法百科全书 精品卷）

J0094565

中国硬笔书法指南　庞中华,司惠国编著
北京 北京体育大学出版社 1994年 231页
26cm（16开）ISBN: 7-81003-608-4
定价: CNY16.00

（中国硬笔书法百科全书 技法卷）

J0094566

中华美文钢笔行书　段生才书
北京 民族出版社 1994年 107页 20cm（32开）
ISBN: 7-105-02319-8 定价: CNY6.00

　　作者段生才(1942—),书法家。河南洛宁县人。中华诗词学会会员、内蒙古书法家协会会员,兼任呼伦贝尔市书协顾问、市诗词协会副主席、海拉尔晚晴诗社社长。出版有《段生才四体钢笔书法》《新编现代学生汉语词典》。

J0094567

中外爱语钢笔书法　卢桐书
沈阳 沈阳出版社 1994年 125页 19cm（32开）
ISBN: 7-5441-0119-3 定价: CNY5.20

　　作者卢桐(1947—),书法家、国家二级美术师。生于辽宁沈阳,祖籍河北饶阳。历任沈阳民族书画院院长、中国书法艺术研究院艺术委员会理事、东北大学客座教授。出版有《卢桐书法集》。

J0094568

中外爱语钢笔书法　（男士篇）卢桐编著
沈阳 沈阳出版社 1994年 125页 19cm（32开）
ISBN: 7-5441-0119-3 定价: CNY5.20

J0094569

中外爱语钢笔书法　（女士篇）卢桐编著
沈阳 沈阳出版社 1994年 125页 19cm（32开）
ISBN: 7-5441-0119-3 定价: CNY5.20

J0094570

中外名家小品精萃钢笔字帖　司马彦书;马丽华编
北京 中国物资出版社 1994年 154页
19cm（小32开）ISBN: 7-5047-0889-5
定价: CNY4.60

J0094571

中外名言钢笔字帖　毛孝弢书
杭州 浙江人民出版社 1994年 140页
20cm（32开）ISBN: 7-213-01046-8
定价: CNY4.50

　　作者毛孝弢,笔名萧涛、岭文、田心梅、舒

林。浙江省书法家协会会员、中国硬笔书法家协会会员、浙江省书法研究会理事等。出版有《古今对联行书字帖》《咏花诗钢笔字帖》等。

J0094572
中小学古诗词钢笔字帖　陈器著
重庆　重庆出版社　1994 年　12+444 页
20cm（32 开）ISBN：7-5366-2414-X
定价：CNY10.85

J0094573
中小学生格言·警句·赠言硬笔书法　（行书部分）卢中南书
北京　文化艺术出版社　1994 年　158 页
19cm（小 32 开）ISBN：7-5039-1349-5
定价：CNY6.95

J0094574
中小学生作文精粹钢笔字帖　（绘景状物卷）
司马彦书；司马东编
沈阳　东北大学出版社　1994 年　156 页
19cm（32 开）ISBN：7-81006-791-5
定价：CNY3.40

J0094575
中小学生作文精粹钢笔字帖　（写人叙事卷）
司马彦书；司马东编
沈阳　东北大学出版社　1994 年　152 页
19cm（小 32 开）ISBN：7-81006-791-5
定价：CNY3.40

J0094576
中学生钢笔行书字帖　曹宝麟书
合肥　安徽教育出版社　1994 年　154 页
19cm（小 32 开）ISBN：7-5336-0269-2
定价：CNY3.00
　　作者曹宝麟（1946—　），书法家，书法理论家，学者。生于上海，祖籍江苏无锡。斋号晏庐。历任中国书法家协会学术委员会委员、暨南大学文化艺术中心教授等职。著有《抱瓮集》《中国书法全集·蔡襄卷》《曹宝麟书法精选》等。

J0094577
中学生钢笔行书字帖：历代咏花诗选　曹宝麟书

合肥　安徽教育出版社　1994 年　154 页
19cm（小 32 开）ISBN：7-5336-0269-2
定价：CNY3.00

J0094578
中学生规范钢笔字帖　楷书　王惠松书
南京　江苏古籍出版社　1994 年　90 页
19cm（小 32 开）ISBN：7-80519-558-7
定价：CNY1.90
　　中学生钢笔楷书字帖。

J0094579
中专钢笔字帖　乔世达书写；辽宁省中专语文课程组编
沈阳　春风文艺出版社　1994 年　122 页
19cm（小 32 开）ISBN：7-5313-1430-4
定价：CNY3.80
　　作者乔世达（1953—　），辽宁省粮食学校书法教师，中国当代硬笔书法家协会常务理事、辽宁硬笔书法家协会副主席。

J0094580
祝辞赠言签名钢笔字帖　李洪川书
武汉　湖北人民出版社　1994 年　131 页
19cm（小 32 开）ISBN：7-216-01357-3
定价：CNY4.50

J0094581
最新钢笔字速成法　孙为民著
厦门　厦门大学出版社　1994 年　61 页
19cm（小 32 开）ISBN：7-5615-0923-5
定价：CNY1.98

J0094582
座右铭集锦　侯明浩书
太原　山西人民出版社　1994 年　100 页
19cm（小 32 开）ISBN：7-203-03294-9
定价：CNY4.40
（中国硬笔书法百科全书 青年必读文库）

J0094583
"新三字经"六体钢笔字帖　梁鼎光等书
广州　广东人民出版社　1995 年　90 页　20cm（32 开）
ISBN：7-218-01616-2　定价：CNY3.30

J0094584

31 字钢笔字速成练习法 （行书部分）王宝心主编；北京硬笔书法学会编

北京 中国计量出版社 1995 年 40 页 有图 26cm（16 开）ISBN：7-5026-0787-0

定价：CNY4.00

　　主编王宝心（1955— ），硬笔书法家。生于北京。北京书画艺术院院长。

J0094585

31 字钢笔字速成练习法 （楷书部分）王宝心主编；北京硬笔书法学会编

北京 中国计量出版社 1995 年 40 页 26cm（16 开）

ISBN：7-5026-0787-0 定价：CNY4.00

J0094586

3500 常用汉字硬笔书法规范字帖 丁永康书

北京 语文出版社 1995 年 155 页 19cm（小 32 开）

ISBN：7-80006-900-1 定价：CNY6.00

J0094587

3500 常用字实用书体钢笔字帖 顾仲安著

上海 学林出版社 1995 年 175 页 20cm（32 开）

ISBN：7-80616-107-4 定价：CNY7.50

J0094588

60 小时钢笔速成练习法 （行书）司马东，巡华编著

珠海 珠海出版社 1995 年 78 页 26cm（16 开）

ISBN：7-80607-052-4 定价：CNY5.50

（实用钢笔书法）

J0094589

60 小时钢笔速成练习法 （楷书）司马东，巡华编著

珠海 珠海出版社 1995 年 78 页 26cm（16 开）

ISBN：7-80607-052-4 定价：CNY5.50

（实用钢笔书法）

J0094590

60 小时钢笔速成练习法 （框架结构）司马东，巡华编著

珠海 珠海出版社 1995 年 78 页 26cm（16 开）

ISBN：7-80607-052-4 定价：CNY5.50

（实用钢笔书法）

J0094591

爱国诗词钢笔字帖 张文海书；路石编选

北京 农村读物出版社 1995 年 64 页

19cm（小 32 开）ISBN：7-5048-2574-3

定价：CNY3.20

J0094592

标准钢笔字帖

海口 海南摄影美术出版社 1995 年 2 册

（158+158 页）19cm（小 32 开）

ISBN：7-80571-847-4 定价：CNY11.00

J0094593

多体钢笔书法丛书 黄继成书

深圳 海天出版社 1995 年 3 册（170+170+170 页）

19cm（小 32 开）ISBN：7-80615-253-9

定价：CNY20.40

　　作者黄继成（1969— ），书法家。湖北郧县人，从事硬笔书法创作与理论研究工作。

J0094594

冯宝佳多体钢笔字帖选 冯宝佳书

广州 广东高等教育出版社 1995 年 313 页

19cm（小 32 开）ISBN：7-5361-1645-4

定价：CNY13.80

　　作者冯宝佳（1937— ），书法家。广东省书法家协会理事、广州硬笔书法家协会艺术导师。著有《冯宝佳硬笔书法字帖》《教你写毛笔字》等。

J0094595

改正不良书写习惯习字法 黄大钊著

北京 新时代出版社 1995 年 81 页 26cm（16 开）

ISBN：7-5042-0270-3 定价：CNY4.50

（硬笔习字丛书 第一批书目）

　　作者黄大钊，曾任北京钢笔书法学校副校长、中国硬笔书法家协会会员。

J0094596

钢笔行草描临字帖 郭宏雄书

银川 宁夏人民出版社 1995 年 160 页

26cm（16 开）ISBN：7-227-01489-4

定价：CNY8.80

（《钢笔书法速成教程》配套练习册）

　　作者郭宏雄，教师。历任中国硬笔书法家

协会会员、宁夏教育学院、银川师专美育教研室主任。

J0094597
钢笔行楷描临字帖　郭宏雄书
银川　宁夏人民出版社 1995 年 159 页
26cm（16 开）ISBN：7-227-01488-6
定价：CNY8.80
（《钢笔书法速成教程》配套练习册）

J0094598
钢笔行楷五千姓　肖嘉辉等书；陈锦春、李玉珍编写
重庆　重庆出版社 1995 年 194 页 19cm（小 32 开）
ISBN：7-5366-2415-8 定价：CNY6.50

J0094599
钢笔行书百日通练习帖　陈国祥书写；上海文化生活技艺专修学校编
上海　上海文化出版社 1995 年 94 页 26cm（16 开）
ISBN：7-80511-791-8 定价：CNY7.40
（书法百日通系列）

J0094600
钢笔行书技法　林齐华著
上海　上海文化出版社 1995 年 61 页 有照片
26cm（16 开）ISBN：7-80511-752-7
定价：CNY5.20
　　作者林齐华（1939—　　），笔名芙蓉山人，浙江镇海人，南昌飞机制造公司高级工程师、中国硬笔书法家协会会员。

J0094601
钢笔行书速成技法　史小波书
北京　九州图书出版社 1995 年 重印本 125 页
19cm（32 开）ISBN：7-80114-031-1
定价：CNY4.20

J0094602
钢笔楷行书标准教材　贾修毅编著
珠海　珠海出版社 1995 年 60 页 26cm（16 开）
ISBN：7-80607-052-4 定价：CNY5.50
（实用钢笔书法）

J0094603
钢笔楷行书基础入门　（行书部分）王宝心，孔学军著
海口　南海出版公司 1995 年 59 页 26cm（16 开）
ISBN：7-5442-0283-6 定价：CNY4.40
（99 天钢笔字速成练习法新编）

J0094604
钢笔楷行书基础入门　（楷书部分）王宝心，孔学军著
海口　南海出版社 1995 年 59 页 26cm（16 开）
ISBN：7-5442-0283-6 定价：CNY4.40
（99 天钢笔字速成练习法新编）

J0094605
钢笔楷书　蒋玉锟编著
济南　山东友谊出版社 1995 年 63 页 有照片
19cm（小 32 开）ISBN：7-80551-758-4
定价：CNY3.50
　　作者蒋玉锟，济南某校任教。

J0094606
钢笔楷书行书教材　张明洲著
哈尔滨　黑龙江美术出版社 1995 年 98 页 有插图
26cm（16 开）ISBN：7-5318-0304-6
定价：CNY6.80

J0094607
钢笔楷书行书教程　惠俊岐编著
重庆　重庆大学出版社 1995 年 40 页 有插图
26cm（16 开）ISBN：7-5624-0968-4
定价：CNY4.80
　　作者惠俊岐，重庆中华硬笔书法函授学院副院长、中华硬笔书法家协会秘书长。

J0094608
钢笔楷书技法　林齐华著
上海　上海文化出版社 1995 年 53 页
有照片 26cm（16 开）ISBN：7-80511-751-9
定价：CNY4.70

J0094609
钢笔楷书技法　蔡连海著
天津　天津杨柳青画社 1995 年 140 页
19cm（小 32 开）ISBN：7-80503-263-7

定价：CNY6.94

作者蔡连海（1951—　），字安澜，河北永清人，中国书法家协会天津分会会员、天津市刻字艺术研究会会员。

J0094610

钢笔楷书描临字帖　郭宏雄书

银川　宁夏人民出版社　1995 年　160 页

26cm（16 开）ISBN：7-227-01487-8

定价：CNY8.80

（《钢笔书法速成教程》配套练习册）

J0094611

钢笔楷书实用字帖　白江兴著

银川　宁夏人民出版社　1995 年　112 页

26cm（16 开）ISBN：7-227-01500-9

定价：CNY10.60

J0094612

钢笔楷书速成　王常春著

北京　工商出版社　1995 年　44 页　26cm（16 开）

ISBN：7-80012-163-1　定价：CNY4.00

作者王常春，女，浙江宁波人，北京市财经学校专职书法教师。

J0094613

钢笔隶书描临字帖　郭宏雄书

银川　宁夏人民出版社　1995 年　160 页

26cm（16 开）ISBN：7-227-01491-6

定价：CNY8.00

（《钢笔书法速成教程》配套练习册）

J0094614

钢笔书法教程　徐飙主编；周发兴编著

杭州　浙江大学出版社　1995 年　130 页

19cm（小 32 开）ISBN：7-308-01717-6

定价：CNY6.40

J0094615

钢笔书法进程帖　周龙伟书

重庆　西南师范大学出版社　1995 年　51 页

26cm（16 开）ISBN：7-5621-1121-9

定价：CNY3.80

J0094616

钢笔书法精讲　吴建民著

杭州　浙江人民美术出版社　1995 年　137 页

有照片　26cm（16 开）ISBN：7-5340-0625-2

定价：CNY15.00

作者吴建民（1958—　），教师。字近墨，杭州大学等院校书法教师、浙江省书法家协会会员。

J0094617

钢笔魏碑描临字帖　郭宏雄书

银川　宁夏人民出版社　1995 年　160 页

26cm（16 开）ISBN：7-227-01490-8

定价：CNY8.80

（《钢笔书法速成教程》配套练习册）

J0094618

钢笔五体字帖　史成俊书

沈阳　春风文艺出版社　1995 年　182 页

16×18cm　ISBN：7-5313-1546-7

定价：CNY13.80

作者史成俊（1956—　），教授。辽宁丹东市人，毕业于辽宁师范大学汉语言文学专业。历任丹东市书法协会副主席、中国书法家协会会员、辽宁省书法家协会会员、丹东市书法家协会副主席等。出版有《钢笔五体字帖》《实用钢笔字帖》《革命烈士诗抄》等。

J0094619

钢笔字书写新技法　丁永康编著

北京　金盾出版社　1995 年　110 页　26cm（16 开）

ISBN：7-80022-974-2　定价：CNY7.40

本书内容包括：钢笔字概述、钢笔楷书、钢笔行书、钢笔字的章法和钢笔字的欣赏。

J0094620

钢笔字帖　（妙语良言）林海文书

广州　广东高等教育出版社　1995 年　142 页

19cm（小 32 开）ISBN：7-5361-1631-4

定价：CNY5.00

J0094621

钢笔字帖　（青春小语）林海文书

广州　广东高等教育出版社　1995 年　142 页

19cm（小 32 开）ISBN：7-5361-1631-4

定价：CNY5.00

J0094622

古代蒙学钢笔字帖　张秀书
乌鲁木齐　新疆青少年出版社　1995 年　136 页
19cm（小 32 开）ISBN：7-5371-2102-8
定价：CNY5.80

J0094623

古代散文精华钢笔字帖　沈鸿根书
沈阳　春风文艺出版社　1995 年　138 页
19cm（小 32 开）ISBN：7-5313-1421-5
定价：CNY4.80
（硬笔大师书法系列）

J0094624

古诗词硬笔字帖　全百惠编写；孔亚兵，孔维
克书
济南　明天出版社　1995 年　296 页　19cm（小 32 开）
ISBN：7-5332-2193-1　定价：CNY6.00

J0094625

古训精集钢笔字帖　董文书
沈阳　春风文艺出版社　1995 年　140 页
19cm（小 32 开）ISBN：7-5313-1422-3
定价：CNY4.80
（硬笔大师书法系列）
　　作者董文（1946—　　），教授、书法家。别署
大风堂主人，辽宁沈阳市人。历任中国书法家协
会理事、沈阳师范学院书法艺术研究所所长、教
授，辽宁省高等院校书协副主席、辽宁省书法家
协会副主席。出版《董文艺术论》《董文艺术论》
《董文书法作品集》。

J0094626

顾仲安宋词精选五体钢笔字帖　（珍藏本）
顾仲安书
北京　华龄出版社　1995 年　重印本　310 页
19cm（32 开）ISBN：7-80082-520-5
定价：CNY12.80
　　作者顾仲安（1956—　　），书法家。中国硬笔
书法家协会副主席、上海教师书画篆刻研究会名
誉理事。拍摄有《硬笔书法电视讲座》和《硬笔
书法》电视教育片。代表作品有《常用成语钢笔
字帖接字成语》。

J0094627

顾仲安唐诗精选五体钢笔字帖　（珍藏本）
顾仲安书
北京　华龄出版社　1995 年　310 页　19cm（小 32 开）
ISBN：7-80082-531-0　定价：CNY12.80

J0094628

汉字简繁体钢笔楷行隶书字帖　顾仲安
［书］
上海　华东理工大学出版社　1995 年　284 页
20cm（32 开）ISBN：7-5628-0612-8
定价：CNY11.80
（顾仲安书法系列）

J0094629

贺词精选钢笔行楷字帖　徐梅，宁韦编著
上海　华东理工大学出版社　1995 年　154 页
有插图　20cm（32 开）ISBN：7-5628-0594-6
定价：CNY5.80

J0094630

胡一帆硬笔楷书字帖　胡一帆编著
成都　四川民族出版社　1995 年　80 页　有照片
26cm（16 开）ISBN：7-5409-1579-X
定价：CNY8.80
　　作者胡一帆（1970—　　），原名胡元生，中国
硬笔书法家协会会员。

J0094631

黄自元、欧阳询间架结构钢笔描临帖　屠
家广改写
南昌　江西高校出版社　1995 年　64 页　20cm（32 开）
ISBN：7-81033-455-7　定价：CNY2.00

J0094632

婚恋爱语钢笔书法　黄继成书
深圳　海天出版社　1995 年　170 页　19cm（小 32 开）
ISBN：7-80615-253-9　定价：CNY20.40（全套）
（多体钢笔书法丛书）

J0094633

霍然硬笔书法　（孔雀东南飞）霍然书
石家庄　河北美术出版社　1995 年　78 页　有照片
29cm（16 开）ISBN：7-5310-0732-0
定价：CNY35.00

作者霍然(1948—)，毕业于河北财经学院。曾任天津警备区政治部副主任、中国书法家协会河北分会会员。出版有《柳营点墨》《硬笔书法春联》《硬笔书法·孔雀东南飞》《霍然书法集》和诗集《军旅行吟》，游记《欧罗巴，与你有多远》。

J0094634

简爱 （精彩片断）张秀书
武汉 武汉测绘科技大学出版社 1995 年 123 页
19cm（小 32 开）ISBN：7-81030-380-5
定价：CNY4.50
（青年钢笔书法自学丛帖）
　　作者张秀，书法家。

J0094635

教你写好钢笔字 华清波编著
上海 上海教育出版社 1995 年 80 页
19cm（小 32 开）ISBN：7-5320-3609-X
定价：CNY2.50

J0094636

教你写一手好字 钱沛云著
上海 复旦大学出版社 1995 年 211 页
19cm（小 32 开）ISBN：7-309-01561-4
定价：CNY7.00
（ETV 家庭教师辅导丛书）
　　作者钱沛云(1946—)，著名硬笔书法家。字鹤斋，浙江上虞人，毕业于上海师大中文系。中国书法家协会会员、中国书画函授大学书法系教授。主要作品有《楷书基础知识》《怎样写快写好钢笔字》《钢笔书法技巧要领》《红楼梦诗词钢钢笔行书书帖》等。

J0094637

金瓶梅诗词钢笔行书帖 钱沛云编著
上海 学林出版社 1995 年 250 页 20cm（32 开）
ISBN：7-80510-971-0 定价：CNY6.00
　　作者钱沛云(1946—)，字鹤齐，浙江上虞人，硬笔书法家、教育家。

J0094638

荆棘鸟 （精彩片断）刘健书
武汉 武汉测绘科技大学出版社 1995 年 123 页
19cm（小 32 开）ISBN：7-81030-382-1

定价：CNY4.50
（青年钢笔书法自学丛帖）

J0094639

精编学生钢笔字帖 （楷行二体）李国运著
武汉 湖北教育出版社 1995 年 64 页 有照片
26cm（16 开）ISBN：7-5351-1706-6
定价：CNY4.20
　　作者李国运(1963—)，湖北荆州工商银行干部、中华硬笔书法家协会常务理事。

J0094640

九体钢笔速成实用字帖 郑金坤著
广州 广东旅游出版社 1995 年 218 页
19cm（小 32 开）ISBN：7-80521-581-2
定价：CNY6.20

J0094641

绝句千首钢笔书法 杨永德选编；吴玉生等书写
北京 农村读物出版社 1995 年 重印本 250 页
18×11cm ISBN：7-5048-1819-4
定价：CNY7.40
　　作者吴玉生(1959—)，书法家。江苏人。历任中国硬笔书法研究会副秘书长、华艺硬笔习字会副会长、中国书协函授培训中心副教授、解放军总后勤部政治部干事。代表作品有钢笔《红楼梦诗词》字帖，《楷书 7000 字字帖》《行楷 7000 字字帖》。

J0094642

隽永小品钢笔行书字帖 顾仲安［书］
上海 华东理工大学出版社 1995 年 277 页
20cm（32 开）ISBN：7-5628-0613-6
定价：CNY12.00
（顾仲安书法系列）

J0094643

楷行对照硬笔书写训练 马平发编写
上海 上海人民出版社 1995 年 119 页
26cm（16 开）ISBN：7-208-02149-X
定价：CNY10.80

J0094644

楷书行书草书硬笔书法要法 任怀珠编著

北京　中国国际广播出版社 1995 年 119 页
26cm（16 开）ISBN：7-5078-0660-X
定价：CNY15.00

作者任怀珠（1959—　　），书法家。山西平遥县人。大学本科学历。历任中国书法家协会会员、中国硬笔书法协会常务理事、北京书法家协会理事、北京广播影视书画摄影协会副主席兼秘书长、中国现代硬笔书法研究会常务理事。代表作《硬笔书法要法》《历代四季风景诗三百首钢笔行书字帖》《孙子兵法行草书字帖》。

J0094645

快写法钢笔字帖　　陆有珠书
南宁　广西美术出版社 1995 年 92 页
19cm（小 32 开）ISBN：7-80582-748-6
定价：CNY3.00

J0094646

雷锋日记钢笔字帖　　邱明强书
北京　开明出版社 1995 年 重印本 125 页 有插图
19cm（32 开）ISBN：7-80077-830-4
定价：CNY5.00

作者邱明强（1961—　　），书法家。字承启，号朴石、诚功，室名墨篁斋。福建蒲田人，毕业于福建师范大学福清分校，中共中央党校。历任中国硬笔书法家协会常务理事、福建省硬笔书法家协会名誉主席、福州市硬笔书法家协会艺术顾问。代表作品《心声笔旅——邱明强书画诗文选》《书法楷行隶篆速成指要》《邱明强钢笔书法字帖系列》。

J0094647

六千常用词钢笔行书字帖　　陈启智书
北京　中国青年出版社 1995 年 186 页
19cm（小 32 开）ISBN：7-5006-1889-1
定价：CNY5.50

J0094648

六千常用词钢笔楷书字帖　　王辛铭书
北京　中国青年出版社 1995 年 186 页
19cm（小 32 开）ISBN：7-5006-1857-3
定价：CNY5.50

作者王辛铭（1938—　　），硬笔书法家。原籍山东福山。历任天津市河北区教师进修学校副校长，天津市文史研究馆馆员，天津市书法家协会会员，天津市楹联学会会员，天津市硬笔书协常务理事等职。出版有《六千常用词钢笔楷书字帖》等。

J0094649

六体钢笔字帖　　马凌威书
哈尔滨　黑龙江教育出版社 1995 年 94 页
19cm（小 32 开）ISBN：7-5316-2534-2
定价：CNY1.80

J0094650

毛泽东硬笔书法　　毛泽东书；中央档案馆编
北京　北京出版社 1995 年 274 页 有书影
27cm（大 16 开）精装 ISBN：7-200-02623-9
定价：CNY60.00

作者毛泽东（1893—1976），中国人民的领袖，伟大的马克思主义者，无产阶级革命家、战略家和理论家，中国共产党、中国人民解放军和中华人民共和国的主要缔造者和领导人，诗人，书法家。湖南湘潭人。字润之（原作咏芝，后改润芝），笔名子任等。毕业于湖南省立第一师范学校。现代世界历史中最重要的人物之一。1949 至 1976 年担任中华人民共和国最高领导人。代表作有《毛泽东选集》《毛泽东诗词选》《湖南农民运动考察报告》等。

J0094651

蒙学诗文硬笔书法　　田绪明书
北京　中国人口出版社 1995 年 193 页
19cm（小 32 开）ISBN：7-80079-292-7
定价：CNY5.00

作者田绪明（1962—　　），书法家。湖北云梦人，毕业于首都师范大学书法专业。历任中国书法家协会会员、中国长城书画协会副秘书长、中国现代硬笔书法研究会会员、全国神剑文学艺术学会会员。编著有《北魏墓志三种解析字帖》《张黑女墓志放大本》《汉张迁碑放大本》等。

J0094652

名家墨迹钢笔临　　李国祥书
北京　科学普及出版社 1995 年 129 页
26cm（16 开）ISBN：7-110-02122-X
定价：CNY10.00

J0094653

名家情书钢笔字帖　司马彦书

广州 华南理工大学出版社 1995 年 184 页

19cm（小 32 开）ISBN：7-5623-0833-0

定价：CNY5.50

J0094654

名家情书钢笔字帖　司马彦书

广州 华南理工大学出版社 1997 年 2 版 184 页

19cm（小 32 开）ISBN：7-5623-0833-0

定价：CNY8.80

J0094655

名家小品钢笔字帖　司马彦书

广州 华南理工大学出版社 1995 年 184 页

19cm（小 32 开）ISBN：7-5623-0834-9

定价：CNY5.50

　　作者司马彦，硬笔书法家。

J0094656

名家小品钢笔字帖　司马彦书

广州 华南理工大学出版社 1997 年 2 版 184 页

19cm（小 32 开）ISBN：7-5623-0834-9

定价：CNY8.80

J0094657

名胜古迹对联钢笔字帖　何宾编；蓝景科书

南宁 广西教育出版社 1995 年 135 页

19cm（小 32 开）ISBN：7-5435-2253-5

定价：CNY4.40

J0094658

青少年钢笔隶书入门　刘俊礼编著

北京 人民交通出版社 1995 年 118 页

19cm（小 32 开）ISBN：7-114-01979-3

定价：CNY4.00

　　作者刘俊礼，青少年规范简化钢笔字教师。

J0094659

人生的箴言　（鲁迅五千言钢笔行书字帖）钱

沛云书；王得后编选

上海 上海古籍出版社 1995 年 164 页 有插图

19cm（小 32 开）ISBN：7-5325-1947-3

定价：CNY8.60

　　作者钱沛云（1946—　），著名硬笔书法家。

字鹤斋，浙江上虞人，毕业于上海师大中文系。

中国书法家协会会员、中国书画函授大学书法系

教授。主要作品有《楷书基础知识》《怎样写快

写好钢笔字》《钢笔书法技巧要领》《红楼梦诗词

钢钢笔行书书帖》等。

J0094660

人生格言钢笔字帖　陈天俊书

北京 军事科学出版社 1995 年 33 页 20cm（32 开）

ISBN：7-80021-872-4 定价：CNY9.20

　　作者陈天俊（1968—　），军人。湖北襄阳人。

中国硬笔书法协会会员。

J0094661

人生小语钢笔书法　黄继成书

深圳 海天出版社 1995 年 170 页 19cm（小 32 开）

ISBN：7-80615-253-9 定价：CNY20.40（全套）

（多体钢笔书法丛书）

J0094662

人生哲理探索硬笔书法　牛崇荣著；李楫书

昆明 云南民族出版社 1995 年 124 页

19cm（小 32 开）ISBN：7-5367-1023-2

定价：CNY9.80

　　作者牛崇荣（1955—　），云南通海人，时任

职于昆明饭店。

J0094663

三步堂钢笔书法　李自华著

昆明 云南美术出版社 1995 年 105 页 有照片

20cm（32 开）ISBN：7-80586-238-9

定价：CNY28.00

J0094664

三毛小语钢笔字帖　冯宝佳书

广州 广东高等教育出版社 1995 年 173 页

有照片 19cm（小 32 开）ISBN：7-5361-1630-6

定价：CNY6.90

J0094665

三千五百常用字楷行对照钢笔字帖　刘惠

浦书；张炳德编

贵阳 贵州人民出版社 1995 年 117 页

26cm（16 开）ISBN：7-221-03892-9

定价：CNY8.80

作者刘惠浦(1946—　　)，书法家。贵州榕江人，贵州省新华书店副经理。出版有《刘惠浦钢笔楷书》《国粹民魂》《惠浦小楷》等。编者张炳德，贵州人民出版社美术部主任。

J0094666
三字经　（读写两用钢笔正楷字帖）刘景向书
上海　上海文化出版社　1995年　1张　26×75cm
ISBN：7-80511-719-5　定价：CNY1.00

J0094667
少男少女钢笔赠言　梁锦英书
海口　海南摄影美术出版社　1995年　149页
19cm（小32开）ISBN：7-80571-615-3
定价：CNY4.20
作者梁锦英(1936—2005)，硬笔书法家，教育家。广东德庆人。曾任广州市第三十三中学书法教师、广州钢笔书法函授学校校长、广州市武术协会太虚拳研究会副会长。作品有《钢笔书法》《钢笔行草书法千家诗》《草书书写门径》等。

J0094668
生活妙语钢笔书法　黄继成书
深圳　海天出版社　1995年　170页　19cm（小32开）
ISBN：7-80615-253-9　定价：CNY20.40（全套）
（多体钢笔书法丛书）

J0094669
生肖硬笔字帖　柳长忠编写
武汉　湖北人民出版社　1995年　184页
19cm（小32开）ISBN：7-216-01731-5
定价：CNY5.40
作者柳长忠(1962—　　)，书法家。湖北黄陂人。历任中国硬笔书法协会主席团委员兼常务副秘书长、湖北省硬笔书法家联谊会副主席兼秘书长、中国硬笔书法网站站长、中国书法家协会会员、湖北省书法家协会理事、湖北省孝感市书法家协会常务副主席。

J0094670
实用·图解·速成钢笔书法系列教程　张春红著
太原　山西高校联合出版社　1995年　3册
（60+58+59页）26cm（16开）
ISBN：7-81032-819-0　定价：CNY17.70

J0094671
实用钢笔楷书　宋英泽编著
郑州　河南美术出版社　1995年　62页
19cm（小32开）
ISBN：7-5401-0436-8　定价：CNY3.60

J0094672
实用钢笔书法　张铮编著
上海　百家出版社　1995年　106页　19cm（小32开）
ISBN：7-80576-531-6　定价：CNY4.00

J0094673
实用硬笔书法艺术　张天德编著
成都　四川大学出版社　1995年　131页
19cm（小32开）ISBN：7-5614-1268-1
定价：CNY6.80
作者张天德(1963—　　)，画家、文学家。笔名金石，陕西大荔人。毕业于陕西师范大学政教系。空军工程大学政治部宣传处处长、空军工程大学教授、硕士生导师，陕西省硬笔书法研究会常务理事。

J0094674
书法基础练习册　职业高中金融专业教材编写组编
上海　上海科技教育出版社　1995年　79页
26cm（16开）ISBN：7-5428-1131-2
定价：CNY7.70

J0094675
书法基础练习册　汤家梁主编
北京　中国商业出版社　1995年　2册　26×38cm
ISBN：7-5044-2905-8　定价：CNY15.60

J0094676
书法基础练习册　（硬笔分册）汤家梁主编
北京　中国物资出版社　1999年　修订版　59页
26×38cm　ISBN：7-5047-1473-9
定价：CNY17.60
本书分楷书和行书两部分，硬笔楷书部分着重练习楷书的基本笔画和部首的写法，熟悉间架结构和书写规律；行书部分主要练习行书部首的写法和行书结体的基本方法。

J0094677
四体硬笔书法教程　　陈瀚编著；江鸟书
上海　华东师范大学出版社　1995 年　273 页
有彩照　20cm（32 开）ISBN：7-5617-1295-2
定价：CNY13.30
　　编著者陈瀚（1966—　），笔名翰之，上海翰
艺书法美术学校校长。作者江鸟（1943—　），书
法家。本名沈鸿根，别号江鸟，出生于上海。曾
任《写字》杂志副总编、上海中华书画协会副会
长、中国书法家协会会员、上海市书法家协会硬
笔书法家联谊会首任会长。出版作品《行书概论》
《书法十五讲》《硬笔书法百日通》等。

J0094678
宋词精选钢笔字帖　　卢中南书
沈阳　春风文艺出版社　1995 年　134 页
19cm（小 32 开）ISBN：7-5313-1420-7
定价：CNY4.80
（硬笔大师书法系列）
　　作者卢中南（1950—　），书法家。生于湖北
武汉，祖籍河南济源。中国人民革命军事博物馆
副研究馆员、中国书法家协会会员。代表作品有
《卢中南楷书成语字帖》《魏碑基础入门》。

J0094679
速成钢笔楷书习字帖　　张秀编著
武汉　湖北教育出版社 1995 年 32 页 26cm（16 开）
ISBN：7-5351-1734-1 定价：CNY3.20

J0094680
孙子兵法硬笔书法四体字帖　　（草）怀殊书
北京　国防大学出版社　1995 年 48 页 26cm（16 开）
ISBN：7-5626-0582-3 定价：CNY3.90

J0094681
孙子兵法硬笔书法四体字帖　　（行）怀殊书
北京　国防大学出版社　1995 年 48 页 26cm（16 开）
ISBN：7-5626-0582-3 定价：CNY3.90

J0094682
孙子兵法硬笔书法四体字帖　　（楷）丁永康书
北京　国防大学出版社　1995 年 48 页
26cm（16 开）ISBN：7-5626-0582-3
定价：CNY3.90

J0094683
孙子兵法硬笔书法四体字帖　　（隶）熊少军书
北京　国防大学出版社　1995 年 48 页
26cm（16 开）ISBN：7-5626-0582-3
定价：CNY3.90
　　熊少军（1963—　），硬笔书法家。安徽滁县
人，国防大学组织部干事。

J0094684
苔丝　　（精彩片断）李洪川书
武汉　武汉测绘科技大学出版社　1995 年　123 页
19cm（小 32 开）ISBN：7-81030-381-3
定价：CNY4.50
（青年钢笔书法自学丛帖）

J0094685
唐人绝句六体硬笔字帖　　陈初生等书
广州　广东旅游出版社　1995 年　300 页
19cm（小 32 开）ISBN：7-80521-608-8
定价：CNY12.80
　　作者陈初生（1946—　），书法家。字之狭，
别署陈出新，三余斋主，五研楼主，月光丘子，
湖南涟源人。历任中国书法家协会会员、暨南大
学中文系副教授、广东省人民政府文史研究馆书
法院院长。主要著作有《金文常用字典》《商周
古文字读本》（合作）《陈初生书法选》等。

J0094686
唐诗精萃钢笔字帖　　卢桐书
沈阳　春风文艺出版社　1995 年　11+130 页
19cm（小 32 开）ISBN：7-5313-1419-3
定价：CNY4.80
（硬笔大师书法系列）

J0094687
唐诗绝句五体钢笔字帖　　梁鼎光等书
广州　广东高等教育出版社　1995 年　313 页
19cm（小 32 开）ISBN：7-5361-1560-1
定价：CNY12.90

J0094688
唐诗宋词多体钢笔字帖精选　　赵忱书
广州　广东人民出版社　1995 年　重印本 185 页
19cm（32 开）ISBN：7-218-01552-2
定价：CNY5.90

J0094689

唐诗硬笔书法字帖　孙汝举书

石家庄　河北美术出版社　1995 年　62 页

26cm（16 开）ISBN：7-5310-0747-9

定价：CNY11.00

　　作者孙汝举（1936—　），原玉田县文教局副局长，唐山市散文学会副会长、中国作家协会河北分会会员。

J0094690

通用汉字 7000 钢笔行楷字帖　刘大卫书

上海　上海科技教育出版社　1995 年　44 页

26cm（16 开）ISBN：7-5428-0803-6

定价：CNY2.80

J0094691

文明服务用语规范字帖　张瑞龄书

北京　学习出版社　1995 年　28 页　20cm（32 开）

ISBN：7-80116-054-1　定价：CNY3.00

　　作者张瑞龄（1936—　），书法家、教授。号滴石，河北唐山人。作品有楷书《华夏正气歌》《三字经》《百家姓》《千字文》等。

J0094692

五彩人生　（五体钢笔字帖）俞建英［选编］

杭州　浙江人民出版社　1995 年　126 页　有插图

20cm（32 开）ISBN：7-213-01331-9

定价：CNY7.00

J0094693

现行规范汉字四体书法速成　秋子编著

兰州　甘肃文化出版社　1995 年　2 册（416 页）

26cm（16 开）ISBN：7-80608-056-2

定价：CNY28.80

　　作者秋子（1954—　），供职于甘肃文化出版社。

J0094694

小学必背课文钢笔字帖　罗易书

广州　新世纪出版社　1995 年　128 页 26cm（16 开）

ISBN：7-5405-1204-0　定价：CNY8.90

　　作者罗易，广东实验中学高级教师、《语文月报》副总编辑。

J0094695

校园实用赠言钢笔字帖　蔡晓斌编写

广州　广东高等教育出版社　1995 年　160 页

19cm（小 32 开）ISBN：7-5361-1579-2

定价：CNY6.50

J0094696

校园袖珍钢笔字帖　司马彦书写；马丽华辑文

西安　西安交通大学出版社　1995 年　92 页

17cm（40 开）ISBN：7-5605-0703-4

定价：CNY3.80

　　作者司马彦，硬笔书法家。

J0094697

心语　（钢笔行书爱国思乡诗文精萃）郑军健书

桂林　广西师范大学出版社　1995 年　124 页

19cm（小 32 开）ISBN：7-5633-2098-9

定价：CNY5.60

　　作者郑军健（1954—　），瑶族，教师。广西恭城人，毕业于南宁师范学院中文系。广西壮族自治区高校工委任职，中国书法家协会会员、广西书协理事。

J0094698

新 99 钢笔字练习法　（行楷多笔字）杨再春书；墨人，乐天选编

北京　北京体育大学出版社　1995 年　64 页　26cm（16 开）ISBN：7-81003-997-0　定价：CNY6.50

　　作者杨再春（1943—　），书法家。河北唐山人，毕业于北京体育大学。历任北京体育大学出版社社长兼总编、中国摄影著作权协会副总干事长、中国书画函授大学教授。代表作品有《行草章法》《墨迹章法通览》等。

J0094699

新 99 钢笔字练习法　（行楷组合字）杨再春书；墨人，乐天选编

北京　北京体育大学出版社　1995 年　64 页

26cm（16 开）ISBN：7-81003-996-2

定价：CNY6.50

J0094700

新 99 钢笔字练习法　（楷书独体字）杨再春书；墨人，乐天选编

北京 北京体育大学出版社 1995 年 64 页
26cm（16 开）ISBN：7-81003-995-4
定价：CNY6.50

J0094701
新编三体钢笔字帖　栾传益等编
大连 辽宁师范大学出版社 1995 年 91 页
20cm（32 开）ISBN：7-81042-050-X
定价：CNY3.50

　　编者栾传益（1949—　），教授、书法篆刻家。辽宁大连人。辽宁师范大学美术学院教授、硕士生导师、辽宁书法家协会会员、辽宁印社理事、大连印社副秘书长、西泠印社社员。著有《诗经印谱》《栾传益书法篆刻集》《钢笔书写教程》等。

J0094702
新三字经多体钢笔字帖　冯宝佳书
广州 广州出版社 1995 年 212 页 有肖像
19cm（小 32 开）ISBN：7-80592-247-0
定价：CNY6.50

J0094703
新三字经钢笔楷书行书临帖　刘明洲，周树坚书写
广州 岭南美术出版社 1995 年 62 页
19cm（小 32 开）ISBN：7-5362-1215-1
定价：CNY1.80

　　作者刘明洲，当代硬笔书法习字会常务理事。作者周树坚（1947—　），广东茂名人。岭南美术出版社编辑、中国书法家协会会员、广东省书法家协会副主席、广州市硬笔书法家协会副会长。

J0094704
新三字经四体钢笔字帖　（仿宋·行·隶·楷）
王翰尊等书
北京 原子能出版社 1995 年 106 页
19cm（小 32 开）ISBN：7-5022-1367-8
定价：CNY4.80

J0094705
新三字经硬笔书法速成字帖　郭宏雄书
银川 宁夏人民出版社 1995 年 156 页
26cm（16 开）ISBN：7-227-01525-4

定价：CNY9.80

　　作者郭宏雄，教师。历任中国硬笔书法家协会会员、宁夏教育学院、银川师专美育教研室主任。

J0094706
学生钢笔字帖　薛平主编
杭州 浙江科学技术出版社 1995 年 166 页
20cm（32 开）ISBN：7-5341-0813-6
定价：CNY7.00
（学习习字丛书）

J0094707
学生硬笔书法教典　宗宏亮著
杭州 浙江人民美术出版社 1995 年 167 页
20cm（32 开）ISBN：7-5340-0626-0
定价：CNY8.80

J0094708
学生圆珠笔字帖　盛长荣主编
杭州 浙江科学技术出版社 1995 年 166 页
20cm（32 开）ISBN：7-5341-0814-4
定价：CNY7.00
（学生习字丛书）

J0094709
学生最佳钢笔字帖　司马东，司马彦编写
成都 四川文艺出版社 1995 年 4 册
19cm（小 32 开）ISBN：7-5411-1371-9
定价：CNY19.20

　　作者司马东（1937—　），书法教育家。湖南澧县人。从事书法研究和语言文字教学工作。编著字帖、教材和参考书 300 余种。作者司马彦（1958—　），硬笔书法家。生于湖北公安，祖籍湖南澧县。任书法艺术学校校长。编写出版钢笔、毛笔字帖、教材、专著 1200 余种。作品有《心灵散文小语钢笔字帖》《古词名篇钢笔字帖》《情侣散文钢笔字帖》等。

J0094710
硬笔备要　刘峥编著
苏州 苏州大学出版社 1995 年 127 页
20cm（32 开）ISBN：7-81037-170-3
定价：CNY5.00

J0094711

硬笔六体书　（三字经、百家姓、千字文）赵隽明等书

哈尔滨　黑龙江美术出版社　1995 年　重印本

189 页　26×12cm　ISBN：7-5318-0114-0

定价：CNY8.00

　　本书用真、行、草、隶、魏、篆 6 体硬笔书写《三字经》《百家姓》《千字文》。作者赵隽明（1945—　），赫哲族，国家一级美术师、书法家。生于吉林桦甸县。中国书法家协会理事、黑龙江省书法家协会副主席、黑龙江省篆刻研究会会长。代表篆书作品《赠郭颂》等。

J0094712

硬笔书法精义　沈壮海著

武汉　武汉出版社　1995 年　182 页　20cm（32 开）

ISBN：7-5430-1162-X　定价：CNY5.90

　　作者沈壮海（1971—　），武汉大学书画协会主席、现代汉字硬笔书法学会副秘书长、《硬笔书法报》编委。

J0094713

硬笔书法训练三十六讲　孙国辉主编

哈尔滨　哈尔滨出版社　1995 年　134 页

26cm（16 开）　ISBN：7-80557-797-8

定价：CNY6.80

　　主编孙国辉，中华硬笔书法家协会理事。

J0094714

硬笔书法字帖　朱立伟编写

长春　东北师范大学出版社　1995 年　117 页

19cm（小 32 开）　ISBN：7-5602-1536-X

定价：CNY3.50

J0094715

硬笔习字歌诀　黄大钊著

北京　新时代出版社　1995 年　74 页　26cm（16 开）

ISBN：7-5042-0259-2　定价：CNY4.50

（硬笔习字丛书　第一批）

　　作者黄大钊，曾任北京钢笔书法学校副校长、中国硬笔书法家协会会员。

J0094716

硬笔习字秘诀　（字形法）黄大钊著

北京　新时代出版社　1995 年　88 页　26cm（16 开）

ISBN：7-5042-0271-1　定价：CNY4.50

（硬笔习字丛书　第一批书目）

J0094717

硬笔习字要诀　（行书）黄大钊著

北京　新时代出版社　1995 年　86 页　26cm（16 开）

ISBN：7-5042-0261-4　定价：CNY4.50

（硬笔习字丛书　第一批书目）

J0094718

硬笔习字要诀　（楷书）黄大钊著

北京　新时代出版社　1995 年　94 页　26cm（16 开）

ISBN：7-5042-0255-X　定价：CNY4.50

（硬笔习字丛书）

J0094719

硬笔习字 50 问　黄大钊著

北京　新时代出版社　1996 年　26 页　26cm（16 开）

ISBN：7-5042-0315-7　定价：CNY2.80

（硬笔习字丛书　第二集）

J0094720

硬笔习字三字诀　黄大钊著

北京　新时代出版社　1996 年　28 页　26cm（16 开）

ISBN：7-5042-0316-5　定价：CNY2.80

（硬笔习字丛书　第二集）

J0094721

硬笔习字四字歌　黄大钊著

北京　新时代出版社　1996 年　28 页　有照片

26cm（16 开）　ISBN：7-5042-0314-9

定价：CNY2.80

（硬笔习字丛书　第二集）

J0094722

硬笔正楷行书字帖　（《教你写一手好字》同步练习）钱沛云书

上海　复旦大学出版社　1995 年　156 页

19cm（小 32 开）　定价：CNY5.00

（ETV 家庭教师辅导丛书）

　　作者钱沛云（1946—　），著名硬笔书法家。字鹤斋，浙江上虞人，毕业于上海师大中文系。中国书法家协会会员、中国书画函授大学书法系教授。主要作品有《楷书基础知识》《怎样写快写好钢笔字》《钢笔书法技巧要领》《红楼梦诗词

钢钢笔行书书帖》等。

J0094723

硬笔字写法指导　钱沛云著
上海　上海教育出版社　1995年　124页
19cm（小32开）ISBN：7-5320-4161-1
定价：CNY9.00

J0094724

元曲一百首钢笔行书字帖　王正良编著
南宁　广西美术出版社　1995年　53页　26cm（16开）
ISBN：7-80582-871-7　定价：CNY5.80
　　作者王正良（1949—　　），编辑。浙江嵊县人，
历任《浙江青年报》总编兼《中国钢笔书法》杂志
主编、中国硬笔书法家协会副主席。

J0094725

圆米格钢笔书法教程　贾启明主编
乌鲁木齐　新疆人民出版社　1995年　194页
19cm（小32开）ISBN：7-228-03570-4
定价：CNY11.00
　　主编贾启明（1933—　　），书法家。号西域楚
人，生于湖北宜昌市。历任乌鲁木齐陆军学校文
化教研室主任、副教授，中国书法家协会会员、
新疆书法家协会常务理事。代表作品有《夜歌》
《常用词辨析》《千字文：贾启明手书》等。

J0094726

增广贤文、三字经、百家姓钢笔字帖　邱明
强书
北京　开明出版社　1995年　重印本　120页　有插图
19cm（32开）ISBN：7-80077-831-2
定价：CNY4.20
　　作者邱明强（1961—　　），书法家。字承启，
号朴石、诚功，室名墨篁斋。福建蒲田人，毕业
于福建师范大学福清分校、中共中央党校。历任
中国硬笔书法家协会常务理事、福建省硬笔书法
家协会名誉主席、福州市硬笔书法家协会艺术顾
问。代表作品《心声笔旅—邱明强书画诗文选》
《书法楷行隶篆速成指要》《邱明强钢笔书法字帖
系列》。

J0094727

张爱玲小语钢笔字帖　（楷行　楷草对照写法）
冯宝佳书

广州　广东高等教育出版社　1995年　173页
有肖像　18cm（小32开）ISBN：7-5361-1738-8
定价：CNY6.80

J0094728

张平硬笔书孙子兵法　张平书
哈尔滨　黑龙江教育出版社　1995年　127页
26cm（16开）ISBN：7-5316-2805-8
定价：CNY18.00
　　作者张平（1950—　　），硬笔书法艺术家。字
清泉，祖籍江苏。历任中外书画名人研究院教授，
黑龙江省孙子兵法研究会理事。

J0094729

中国钢笔书法学生普及教程　肖华主编
北京　航空工业出版社　1995年　2册（96+96页）
有照片　26cm（16开）ISBN：7-80046-974-3
定价：CNY18.00

J0094730

中华经典名言选粹　（罗扬钢笔行楷）罗扬书
天津　天津杨柳青画社　1995年　150页
有照片　20cm（32开）ISBN：7-80503-253-X
定价：CNY7.90
　　作者罗扬，任职于文化部，中国翰墨文化促
进会副会长、中国现代硬笔书法研究会常务理事。

J0094731

中老年养生保健习字功　黄大钊著
北京　新时代出版社　1995年　80页　有插图
26cm（16开）ISBN：7-5042-0273-8
定价：CNY4.50
（硬笔习字丛书　第一批）

J0094732

中小学生钢笔字帖　吴庆和书
北京　煤炭工业出版社　1995年　88页　19cm（32开）
ISBN：7-5020-1254-0　定价：CNY4.80
　　作者吴庆和，中国现代青年硬笔书法家协会
会员。

J0094733

中小学生学古诗实用钢笔字帖　李涛，李静书
青岛　青岛出版社　1995年　152页　19cm（小32开）
ISBN：7-5436-1177-5　定价：CNY5.80

作者李涛，字静兄，山东即墨人，中国当代硬笔书法家协会理事、山东省硬笔书法家协会会员。作者李静，中国当代硬笔书法家协会会员。

J0094734
中学语文散文精选钢笔行书字帖　施坚书
北京　中国计量出版社　1995年　99页　26cm（16开）
ISBN：7-5026-0819-2　定价：CNY11.00

作者施坚（1960—　），硬笔书法家。就职于中信信托有限责任公司，中国金融书法家协会理事、中信集团职工书法协会副主席和中信信托公司书法协会会长、北京硬笔书法协会副会长。

J0094735
自选速成钢笔字帖　（A种 雄俊体）李洪川书
武汉　湖北辞书出版社　1995年　154页
19cm（32开）简精装　ISBN：7-5403-0169-4
定价：CNY4.80

作者李洪川（1957—2008），硬笔书法家。湖北武汉人。历任中国硬笔书法协会理事、湖北省硬笔书法家协会副主席等职。出版有《中学生钢笔字帖》《常用汉字钢笔字帖》《信封书写艺术名信贺卡赠言签名示范钢笔字帖》等。

J0094736
自选速成钢笔字帖　（B种 秀媚体）张秀书
武汉　湖北辞书出版社　1995年　153页
19cm（小32开）ISBN：7-5403-0169-4
定价：CNY4.80

J0094737
自选速成钢笔字帖　（C种 洒脱体）李洪川书
武汉　湖北辞书出版社　1995年　154页
19cm（小32开）ISBN：7-5403-0169-4
定价：CNY4.80

J0094738
自学钢笔楷书"六化"微格教程　孙悦武著
哈尔滨　东北林业大学出版社　1995年　216页
19cm（小32开）ISBN：7-81008-602-2
定价：CNY6.80

J0094739
最新钢笔行书字帖　沈鸿根编写
沈阳　辽宁民族出版社　1995年　170页

19cm（小32开）ISBN：7-80527-476-2
定价：CNY5.80

编者沈鸿根（1943—　），书法家。别号江鸟，出生于上海。曾任《写字》杂志副总编、上海中华书画协会副会长、中国书法家协会会员、上海市书法家协会硬笔书法家联谊会首任会长。出版作品《行书概论》《书法十五讲》《硬笔书法百日通》等。

J0094740
最新流行金曲歌词钢笔书法字帖　（第一辑）
孔学军书写
北京　中国计量出版社　1995年　88页
19cm（小32开）ISBN：7-5026-0766-8
定价：CNY6.00

J0094741
最新流行金曲歌词钢笔书法字帖　（第二辑）
王宝心书写
北京　中国计量出版社　1995年　88页
19cm（小32开）ISBN：7-5026-0767-6
定价：CNY6.00

J0094742
作文三字经钢笔字帖　林刚编；钱沛云书
上海　上海教育出版社　1995年　60页
19cm（小32开）ISBN：7-5320-4302-9
定价：CNY2.80

作者钱沛云（1946—　），著名硬笔书法家。字鹤斋，浙江上虞人，毕业于上海师大中文系。中国书法家协会会员、中国书画函授大学书法系教授。主要作品有《楷书基础知识》《怎样写快写好钢笔字》《钢笔书法技巧要领》《红楼梦诗词钢钢笔行书书帖》等。

J0094743
《百家姓、朱子格言》钢笔七体字帖　顾仲安书写
北京　光明日报出版社　1996年　248页
19cm（小32开）ISBN：7-80091-537-9
定价：CNY12.50

J0094744
《千字文》钢笔七体字帖　顾仲安书
北京　光明日报出版社　1996年　250页

19cm（小32开）ISBN：7-80091-535-2
定价：CNY13.00
（中国蒙学钢笔字帖精选）

J0094745
《三字经》钢笔七体字帖　顾仲安书
北京　光明日报出版社　1996年　266页
19cm（小32开）ISBN：7-80091-534-4
定价：CNY13.80
（中国蒙学钢笔字帖精选）

J0094746
《增广贤文》钢笔六体字帖　顾仲安书
北京　光明日报出版社　1996年　303页
19cm（小32开）ISBN：7-80091-536-0
定价：CNY15.00
（中国蒙学钢笔字帖精选）

J0094747
百家格言钢笔字帖　房弘毅书；方石选
北京　农村读物出版社　1996年　2版　122页
19cm（小32开）ISBN：7-5048-1403-2
定价：CNY5.80
（楷书丛帖）
　　作者房弘毅（1955—　　），硬笔书法家。生于
北京，就读于中国书画函授大学。曾任中国现代
硬笔书法研究会编辑部副主任。代表作品有《楷
书历代名篇》。

J0094748
百牛春随　（硬笔书法欣赏）袁观望书
北京　兵器工业出版社　1996年　100页
28cm（大16开）ISBN：7-80038-985-5
定价：CNY24.80

J0094749
财会人员专用钢笔字帖　李国运，张鹏涛编著
上海　立信会计出版社　1996年　92页　26cm（16开）
ISBN：7-5429-0452-3　定价：CNY10.00

J0094750
曾国藩处世金言钢笔字帖　莫善贤书
南宁　广西民族出版社　1996年　113页
19cm（小32开）ISBN：7-5363-3077-4
定价：CNY6.20

J0094751
常用对联钢笔书法　吴身元书；赵孟矛选编
上海　华东理工大学出版社　1996年　264页
20cm（32开）ISBN：7-5628-0698-5
定价：CNY11.50
　　作者吴身元（1948—　　），书法家、书法教育
家。笔名梧桐、吾舍等，浙江嘉兴人。历任浙江
省硬笔书法家协会副主席。出版有《毛笔书法自
学教程》《钢笔书法自学教程》等。

J0094752
常用字钢笔楷书字帖　方绍武书
合肥　安徽美术出版社　1996年　119页
19cm（小32开）ISBN：7-5398-0537-4
定价：CNY8.00

J0094753
常用字钢笔字帖　吴立桂著
北京　地震出版社　1996年　98页　19cm（小32开）
ISBN：7-5028-1376-4　定价：CNY5.50

J0094754
城乡实用钢笔字帖　崔国强著
北京　中国少年儿童出版社　1996年　99页
19cm（小32开）ISBN：7-5007-3008-X
定价：非卖品
（希望书库4-79（总298））
　　本书与中国青年出版社合作出版。作者崔
国强，湖南省委农村部干训部副主任、中国硬笔
书法家协会理事。

J0094755
初中语文课本文学名篇规范钢笔字帖　洪
宗礼，任范洪编文；赵海，胡传海书写
南京　江苏教育出版社　1996年　122页
20cm（32开）ISBN：7-5343-2711-3
定价：CNY3.80

J0094756
处世箴言钢笔字帖　范林庆等书
杭州　浙江人民出版社　1996年　126页　有插图
20cm（32开）ISBN：7-213-01355-6
定价：CNY7.00

J0094757

儿童一日一写　安妮编；荣国写；众化绘
上海　上海书画出版社 1996 年 365 页
17×19cm ISBN：7-80512-860-X
定价：CNY16.80
（365 丛书）
　　中国现代硬笔书法之钢笔字书法。

J0094758

风雅楹联集萃　曾庆福编著
武汉　武汉大学出版社 1996 年 77 页 20cm（32 开）
ISBN：7-307-02144-7 定价：CNY3.90
　　作者曾庆福（1958—　），土家族。书法家。
笔名祝石，湖北五峰人。历任中国书协湖北分
会会员、宜昌市书协副主席、宜昌市作家协会会
员。出版有《3500 字五体钢笔字典》《风雅楹联
集萃》《中国钢笔书法教程》。

J0094759

佛心慧语钢笔字帖　司马彦书；马丽华编
南京　河海大学出版社 1996 年 76 页
19cm（小 32 开）ISBN：7-5630-0966-3
定价：CNY4.00

J0094760

钢笔 3500 常用字五体小字典　吴圣麟等
编写
上海　汉语大词典出版社 1996 年 重印本
16+318 页 14cm（60 开）精装
ISBN：7-5432-0051-1 定价：CNY6.50

J0094761

钢笔多体千字文　梁孔政书
北京　团结出版社 1996 年 128 页 13cm（64 开）
ISBN：7-80130-006-8 定价：CNY4.20

J0094762

钢笔行楷百日速成　司马彦，司马东著
南昌 21 世纪出版社 1996 年 187 页 20cm（32 开）
ISBN：7-5391-1060-0 定价：CNY6.00

J0094763

钢笔行楷自学教程　（一）上海书画出版社编
上海　上海书画出版社 1996 年 67 页 26cm（16 开）
ISBN：7-80635-064-0 定价：CNY8.00

J0094764

钢笔行楷自学教程　（二）上海书画出版社编
上海　上海书画出版社 1996 年 67 页 26cm（16 开）
ISBN：7-80635-065-9 定价：CNY8.00

J0094765

钢笔行楷自学教程　（三）上海书画出版社编
上海　上海书画出版社 1996 年 67 页 26cm（16
开）ISBN：7-80635-066-7 定价：CNY8.00

J0094766

钢笔行楷自学教程　（四）上海书画出版社编
上海　上海书画出版社 1996 年 67 页 26cm（16 开）
ISBN：7-80635-067-5 定价：CNY8.00

J0094767

钢笔行书标准快写法　宋幼君主编；刘德欣
范字
北京　中国世界语出版社 1996 年 61 页
26cm（16 开）ISBN：7-5052-0301-0
定价：CNY7.00

J0094768

钢笔行书速成 60 讲　骆恒光著
上海　上海交通大学出版社 1996 年 197 页
20cm（32 开）ISBN：7-313-01778-2
定价：CNY9.80
　　作者骆恒光（1943—　），书法家。号翼之，
浙江诸暨人。毕业于浙江美术学院。历任浙江
教育出版社美术编辑、中国硬笔书法家协会副
主席、中国书法家协会会员、浙江分会理事，浙
江省书法理论研究会副会长兼秘书长。著有《骆
恒光论书》《行书法图说》《王羲之圣教序及其
笔法》。

J0094769

钢笔楷行书字帖　（新三字经）李汉秋主编；
黄大钊书法
北京　科学出版社 1996 年 102 页 19cm（小 32 开）
ISBN：7-03-004861-X 定价：CNY4.80
　　本书与龙门书局合作出版。

J0094770

钢笔楷行书字帖　（初中二年级语文课本古文
今译）吴玉生，孙文博书

北京 农村读物出版社 1996 年 74 页
19cm（小 32 开）ISBN：7–5048–2595–6
定价：CNY3.90

　　作者吴玉生（1959—　　），书法家。江苏人。
历任中国硬笔书法研究会副秘书长、华艺硬笔习
字会副会长、中国书协函授培训中心副教授、解
放军总后勤部政治部干事。代表作品有钢笔《红
楼梦诗词》字帖,《楷书 7000 字字帖》《行楷 7000
字字帖》。作者孙文博,书法家,书法高级教师,
中华硬笔书法协会常务理事。

J0094771

钢笔楷行书字帖　（初中三年级语文课本古文
今译）吴玉生,孙文博书
北京 农村读物出版社 1996 年 90 页
19cm（小 32 开）ISBN：7–5048–2596–4
定价：CNY4.20

J0094772

钢笔楷行书字帖　（初中一年级语文课本古文
今译）吴玉生,孙文博书
北京 农村读物出版社 1996 年 82 页 19cm（32 开）
ISBN：7–5048–2594–8 定价：CNY3.90

J0094773

钢笔楷书百日通练习帖　刘景向书写
上海 上海文化出版社 1996 年 100 页
26cm（16 开）ISBN：7–80511–826–4
定价：CNY10.50
（书法百日通系列）

J0094774

钢笔楷书标准练习法　宋幼君主编;董雁范字
北京 中国世界语出版社 1996 年 61 页
26cm（16 开）ISBN：7–5052–0300–2
定价：CNY7.00

　　作者董雁（1968—　　）,北京人。字子人,号
若鸿,室名抱素斋。毕业于首都师范大学书法专
业。北京市书法家协会篆刻研究会会员,任职于
清华大学美术学院。书画、篆刻作品辑入《当代
名家唐诗宋词元曲书画集》《中国印学年鉴》等
专集。

J0094775

钢笔楷书速成 60 讲　骆恒光著

上海 上海交通大学出版社 1996 年 197 页
20cm（32 开）ISBN：7–313–01779–0
定价：CNY9.80

J0094776

钢笔隶书字帖　邓凌鹰书
北京 测绘出版社 1996 年 62 页 19cm（小 32 开）
ISBN：7–5030–0834–2 定价：CNY3.80

　　作者邓凌鹰,女,书法家。字千曲,别署雨
轩,广东兴宁客家人。历任中国女子书画院副院
长、中国名人名家书画院副院长、国际联盟硬笔
书法协会、北京书画艺术研究会会员。

J0094777

钢笔六体对联字帖　张绍昌,汪少林选编
南昌 江西美术出版社 1996 年 重印本 96 页
19cm（32 开）ISBN：7–80580–354–4
定价：CNY4.50

　　本书汇集用楷、行、隶、草、篆、魏 6 体书写
成的各类对联 200 余条。

J0094778

钢笔书法成语常用 1000 条　（行楷隶魏四体）
顾仲晏编
乌鲁木齐 新疆青少年出版社 1996 年 203 页
20cm（32 开）ISBN：7–5371–2408–6
定价：CNY7.80

J0094779

钢笔书法导游诗集　张献清著
成都 四川人民出版社 1996 年 151 页
19×26cm ISBN：7–220–03445–8
定价：CNY14.00
（导游诗系列 第一集）

J0094780

钢笔书法教程　乔世达著
沈阳 春风文艺出版社 1996 年 90 页 26cm（16 开）
ISBN：7–5313–1578–5 定价：CNY8.80

　　作者乔世达（1953—　　）,辽宁省粮食学校书
法教师,中国当代硬笔书法家协会常务理事,辽
宁硬笔书法家协会副主席。

J0094781

钢笔书法练习　万乔等编

北京 中国商业出版社 1996年 96页 26cm(16开)
ISBN：7-5044-3176-1 定价：CNY6.70

J0094782
钢笔书法题画技法　李放鸣，张沛著
成都 成都科技大学出版社 1996年 78页
26cm(16开) ISBN：7-5616-3203-7
定价：CNY9.80

J0094783
钢笔书法自学字帖　汤祥松，王芝滨书
武汉 湖北人民出版社 1996年 99页 26cm(16开)
ISBN：7-216-01795-1 定价：CNY7.80

J0094784
钢笔字快写法　王宝洺编著
北京 中国人事出版社 1996年 150页
19cm(小32开) ISBN：7-80076-592-X
定价：CNY5.00
　　作者王宝洺(1958—　)，书画艺术家。北京
人，祖籍山东乐陵。别署半步斋主。中国对外经
贸大学与中国中医药大学书法客座教授、北京霍
英东书法学院院长、中国书画家协会理事、世界
华人艺术家协会副主席、北京刘炳森书法研究室
主任、中国书法家协会会员及北京书法家协会专
业创作员。代表作品《学生隶书练习技法》。

J0094785
钢笔字速成三步法　(指导与练习)陈树民编
著；齐昆书写
南京 河南大学出版社 1996年 76页 26cm(16开)
ISBN：7-5630-0950-7 定价：CNY8.50

J0094786
革命烈士诗抄钢笔字帖　郑军健书
南宁 广西教育出版社 1996年 122页
19cm(小32开) ISBN：7-5435-2393-0
定价：CNY6.00

J0094787
革命烈士书信钢笔字帖　郑军健书
南宁 广西教育出版社 1996年 124页
19cm(小32开) ISBN：7-5435-2392-2
定价：CNY6.00

J0094788
格言联璧钢笔字帖　(清)金樱著；司马彦书
南京 河海大学出版社 1996年 76页 20cm(32开)
ISBN：7-5630-0967-1 定价：CNY4.00

J0094789
各国国歌歌词钢笔字帖　李胜洪书
海口 海南国际新闻出版中心 1996年 116页
20cm(32开) ISBN：7-80609-321-4
定价：CNY8.80
　　作者李胜洪(1954—　)，国家一级美术师。
字凌之，号樵翁、无名堂主，湖北荆州人。中国
艺术研究院中国书法院常务副院长、中国书法家
协会理事。编著有《中国书法》《书家必携》《中
国当代书法名家——李胜洪新作》等。

J0094790
古词钢笔字帖　刘永坚书
南宁 广西教育出版社 1996年 142页
19cm(小32开) ISBN：7-5435-2385-X
定价：CNY6.70

J0094791
古代谋略最新译注　(行书三十六计篇)启恩
等译注
北京 时事出版社 1996年 174页 20cm(32开)
ISBN：7-80009-296-8 定价：CNY8.20

J0094792
古诗楷行二体钢笔字帖　朱金文著
海口 南海出版公司 1996年 75页 有肖像
19cm(小32开) ISBN：7-5442-0751-X
定价：CNY6.80
　　作者朱金文(1938—　)，教师。祖籍江苏
金坛。历任靖江市靖城中学教导主任、靖江市书
法协会理事、靖江教育学会书法教育研究会副理
事长。

J0094793
古文观止精品钢笔行书帖　钱沛云书
上海 复旦大学出版社 1996年 300页
20cm(32开) ISBN：7-309-01644-0
定价：CNY15.00
　　作者钱沛云(1946—　)，著名硬笔书法家。
字鹤斋，浙江上虞人，毕业于上海师大中文系。

中国书法家协会会员、中国书画函授大学书法系教授。主要作品有《楷书基础知识》《怎样写快写好钢笔字》《钢笔书法技巧要领》《红楼梦诗词钢钢笔行书书帖》等。

J0094794

规范钢笔行书字帖　　杨志康，金容编著
上海　上海文化出版社　1996 年　126 页
19cm（小 32 开）ISBN：7-80511-847-7
定价：CNY6.50

J0094795

规范钢楷自学入门　（通用 7000 字楷体写法辅导）吕长河著
哈尔滨　哈尔滨出版社　1996 年　184 页
20cm（32 开）ISBN：7-80557-948-2
定价：CNY8.98

J0094796

汉字快写法　　英之，云宝著
杭州　浙江文艺出版社　1996 年　189 页
20cm（32 开）ISBN：7-5339-0894-5
定价：CNY7.80

　　作者英之，本名吴身元（1948—　），书法家、书法教育家。笔名梧桐、吾舍等，浙江嘉兴人。浙江省硬笔书法家协会副主席。出版有《毛笔书法自学教程》《钢笔书法自学教程》等。

J0094797

汉字趣谈钢笔字帖　　李育智文；毛孝弢书
杭州　浙江人民出版社　1996 年　134 页
20cm（32 开）ISBN：7-213-01437-4
定价：CNY6.80

　　作者毛孝弢（1950—　），笔名萧涛、岭文、田心梅、舒林。浙江省书法家协会会员、中国硬笔书法家协会会员、浙江省书法研究会理事。出版有《古今对联行书字帖》《咏花诗钢笔字帖》等。

J0094798

好字易学　　金海峰，刘吉山主编
长春　吉林大学出版社　1996 年　2 册　26cm（16 开）
ISBN：7-5601-1921-2　定价：CNY9.80
　　中国现代硬笔书法之钢笔字书法。

J0094799

花的诗钢笔行书帖　　钱沛云书；金志浩选编
上海　上海科学技术文献出版社　1996 年　200 页
19cm（小 32 开）ISBN：7-5439-0999-5
定价：CNY8.80

J0094800

绝句三百首钢笔字帖　　沈恩泽书
上海　上海人民美术出版社　1996 年　252 页
20cm（32 开）ISBN：7-5322-1628-4
定价：CNY13.80

　　作者沈恩泽（1927—　），图书馆员。历任上海市黄浦区图书馆馆长、副研究馆员，上海市图书馆学会高级专家咨询委员会委员、上海玉艺堂顾问。出版《绝句三百首钢笔字贴》。

J0094801

卡内基每日一智钢笔字帖　　梁鼎光书
广州　广东旅游出版社　1996 年　189 页
19cm（小 32 开）ISBN：7-80521-728-9
定价：CNY8.80

　　作者梁鼎光（1938—　），书法家、动物解剖学家。广东恩平人。华南农业大学副教授、广东省书法家协会副主席。代表作品有《浅谈书法》《小楷书法》等。

J0094802

卡内基智慧语录钢笔字帖　　梁鼎光书
广州　广东旅游出版社　1996 年　189 页
19cm（小 32 开）ISBN：7-80521-557-X
定价：CNY8.80

J0094803

楷书结体百零八法　（硬笔楷书字帖）杨侯华编写
武汉　长江文艺出版社　1996 年　100 页
19cm（小 32 开）ISBN：7-5354-1290-4
定价：CNY4.80

J0094804

历代书法名家书论　（钢笔行楷字帖）王惠松书
兰州　甘肃人民美术出版社　1996 年　332 页
19cm（小 32 开）ISBN：7-80588-138-3
定价：CNY14.80

　　作者王惠松（1955—　），硬笔书法家。江苏

南京人。历任中国硬笔书法家协会会员、中国现代青年硬笔书法家协会常务理事、江苏省硬笔书法家协会副秘书长。代表作品有小楷临《黄庭经》《乐毅论》《灵飞经》等。

J0094805

罗兰青春小语钢笔字帖　司马彦书

延吉　东北朝鲜民族教育出版社　1996年　174页

19cm（小32开）ISBN：7-5437-2528-2

定价：CNY6.98

（司马彦钢笔字帖丛书）

J0094806

妙笔生花　（中国硬笔书法技巧）钱沛云著

上海　上海远东出版社　1996年　281页

19cm（小32开）ISBN：7-80613-278-3

定价：CNY12.80

　　作者钱沛云（1946—　　），著名硬笔书法家。字鹤斋，浙江上虞人，毕业于上海师大中文系。中国书法家协会会员、中国书画函授大学书法系教授。主要作品有《楷书基础知识》《怎样写快写好钢笔字》《钢笔书法技巧要领》《红楼梦诗词钢钢笔行书书帖》等。

J0094807

名家名帖　卢桐主编

北京　北京燕山出版社　1996年　5册　26cm（16开）

ISBN：7-5402-0292-0　定价：CNY44.00

J0094808

名人名言钢笔行书字帖　任平书；周添成选编

上海　华东师范大学出版社　1996年　128页

19cm（小32开）ISBN：7-5617-1656-7

定价：CNY6.00

　　作者任平（1952—　　），书法家。江苏如皋人，毕业于杭州大学中文系，获博士学位。历任文化部中国艺术研究院教授、博士生导师，中国艺术研究院美术研究所学术委员会委员、书法研究室主任、中国书法家协会书法教育专业委员会委员、中国语言学会会员等。代表作品优《中国书法》《说隶》《笔歌墨舞》《中国书法全集》等。

J0094809

名人名言钢笔字帖　司马彦书；肖妤婷编

南京　河海大学出版社　1996年　76页

19cm（小32开）ISBN：7-5630-0968-X

定价：CNY4.00

J0094810

庞中华诗抄　（钢笔五体字帖）庞中华书

北京　作家出版社　1996年　177页　20cm（32开）

ISBN：7-5063-1010-4　定价：CNY13.80

　　作者庞中华（1945—　　），著名书法家、教育家和诗人。四川重庆人，毕业于西南科技大学地质勘探专业。中国当代硬笔书法的奠基者，全国政协委员、中国硬笔书法协会会长。代表作品有《庞中华钢笔字帖》《庞中华现代硬笔字帖》等。著作《庞中华散文集》《庞中华谈谈学写钢笔字》《硬笔书法简论》等。

J0094811

七体硬笔书法　（井字格书帖）高文彦著

北京　中国和平出版社　1996年　340页

20cm（32开）ISBN：7-80101-088-4

定价：CNY27.00

　　作者高文彦（1945—　　），山东三义人，黑龙江双鸭山矿物局主任工程师。

J0094812

千古名句钢笔书法　陈鸿文书

广州　广东高等教育出版社　1996年　202页

有照片　19cm（小32开）ISBN：7-5361-1316-1

定价：CNY7.80

　　作者陈鸿文，中国中青年书法家协会会员、中国艺术研究院特邀作者。

J0094813

勤学古诗硬笔楷书字帖　（上）阎锐敏书

北京　农村读物出版社　1996年　重印本　82页

19cm（32开）ISBN：7-5048-2511-5

定价：CNY4.20

　　作者阎锐敏（1957—　　），毕业于首都师范大学书法专业。中国现代硬笔书法研究会副秘书长兼编辑部主任。

J0094814

勤学古诗硬笔楷书字帖　（下）阎锐敏书

北京　农村读物出版社　1996年　重印本　82页

19cm（32开）ISBN：7-5048-2512-3

定价：CNY4.20

J0094815

情话丝丝 （行书·隶书钢笔字帖）邓卉著；卢定山书

南宁 广西美术出版社 1996年 84页 有插图
19cm（小32开）ISBN：7-80625-010-7
定价：CNY3.80

J0094816

情侣名言钢笔字帖　司马彦书
海口 南海出版公司 1996年 156页
19cm（小32开）ISBN：7-5442-0471-5
定价：CNY8.50

J0094817

情侣散文钢笔字帖　司马彦书
海口 南海出版公司 1996年 154页 有照片
19cm（小32开）ISBN：7-5442-0470-7
定价：CNY8.50

J0094818

情侣赠言钢笔字帖　司马彦书
海口 南海出版公司 1996年 155页 有照片
19cm（小32开）ISBN：7-5442-0472-3
定价：CNY8.50

J0094819

情语绵绵 （行书·魏书钢笔字帖）邓卉著；卢定山书

南宁 广西美术出版社 1996年 84页 有插图
19cm（小32开）ISBN：7-80625-009-3
定价：CNY3.80

J0094820

全国第一届硬笔书法展览作品集 （人民保险杯）中国书法家协会硬笔书法委员会编

北京 中国民航出版社 1996年 222页
26cm（16开）ISBN：7-80110-092-1
定价：CNY40.00

J0094821

三笔字　四川省教育委员会师范处，四川省小学教师培训中心编

成都 四川大学出版社 1996年 94页 26cm（16开）
ISBN：7-5614-1317-3 定价：CNY3.80
（小教师基本功训练）

J0094822

少儿钢笔行书标准字范　吴身元书
南宁 广西美术出版社 1996年 77页 26cm（16开）
ISBN：7-80625-077-8 定价：CNY7.50

J0094823

少儿钢笔行书标准字范练习册　吴身元书
南宁 广西美术出版社 1996年 73页 26cm（16开）
ISBN：7-80625-074-3 定价：CNY6.00

J0094824

少儿钢笔楷书标准字范　王正良书
南宁 广西美术出版社 1996年 77页 26cm（16开）
ISBN：7-80625-078-6 定价：CNY7.50

J0094825

少儿钢笔楷书标准字范练习册　王正良书
南宁 广西美术出版社 1996年 73页
26cm（16开）ISBN：7-80625-073-5
定价：CNY6.00

J0094826

少儿钢笔隶书标准字范　崔学路书
南宁 广西美术出版社 1996年 77页 26cm（16开）
ISBN：7-80625-076-X 定价：CNY7.50

　　作者崔学路（1945—　　），书法家。号藏鲁斋主，山东平原人。曾创办并担任《青少年书法报》社社长兼总编辑，中国硬笔书法家协会常务理事、中国书法家协会会员。

J0094827

少儿钢笔隶书标准字范练习册　崔学路书
南宁 广西美术出版社 1996年 73页 26cm（16开）
ISBN：7-80625-075-1 定价：CNY6.00

J0094828

少男少女喜爱的人生格言 （钢笔三体字帖）佘斯大书

武汉 华中理工大学出版社 1996年 140页
19cm（小32开）ISBN：7-5609-1287-7
定价：CNY5.50

J0094829

诗词名句多体钢笔字帖　王希伟书写
济南 山东友谊出版社 1996年 114页 有照片

20cm（32 开）ISBN：7-80551-903-X
定价：CNY9.80

作者王希伟（1972—　），笔名苄子，别署五味斋。青岛怡乐精密陶瓷有限公司任职，中国硬笔书法协会会员。

J0094830
实用汉字速写法　吴身元著
南宁 广西美术出版社 1996 年 80 页 26cm（16 开）
ISBN：7-80625-042-5 定价：CNY12.00

J0094831
世界爱情小诗硬笔字帖　（楷书·行书·隶书）
丁谦书
北京 中国物价出版社 1996 年 126 页
19cm（小 32 开）ISBN：7-80070-467-X
定价：CNY5.60

作者丁谦（1958—　），书法家。字浩文，斋号万籁草堂，河南周口人。历任中国书法家协会理事、中国硬笔书法协会副主席、解放军总后勤部某部政委，大校军衔。

J0094832
世界之最钢笔字帖　潘善助［书］
杭州 浙江人民出版社 1996 年 142 页
20cm（32 开）ISBN：7-213-01316-5
定价：CNY7.00

J0094833
世界著名演讲词钢笔行书字帖　曹建书
重庆 西南师范大学出版社 1996 年 186 页
19cm（小 32 开）ISBN：7-5621-1550-8
定价：CNY9.00

作者曹建（1968—　），教授，博士生导师。出生于四川仁寿。毕业于南京大学艺术学院，获博士学位。历任西南师范大学中文系书法教师、中国书法研究所所长、中国书法家协会理事、重庆市书法家协会副主席、重庆书法艺术研究院副院长。著作有《晚清帖学研究》《大学书法鉴赏》等。

J0094834
首届"先锋杯"全国硬笔书法艺术大展获奖作品集　新疆先锋文化艺术发展中心编
乌鲁木齐 新疆美术摄影出版社 1996 年 150 页

26cm（16 开）ISBN：7-80547-473-7
定价：CNY72.00

J0094835
书写之门　曾印泉，邱才桢著
北京 中央编译出版社 1996 年 128 页
26cm（16 开）ISBN：7-80109-132-9
定价：CNY13.00 .

J0094836
司马彦钢笔字帖系列　司马彦书
兰州 甘肃人民美术出版社 1996 年 3 册
19cm（小 32 开）ISBN：7-80588-101-4
定价：CNY23.40

本系列包括《小学生金奖作文规范钢笔字帖》等。

J0094837
宋词三百首钢笔书法　（行书）崔长春书
北京 中国广播电视出版社 1996 年 228 页
有插图 20cm（32 开）ISBN：7-5043-2858-8
定价：CNY14.00
（中国传统文化普及读物 钢笔书法系列）

作者崔长春（1964—　），北京书法家协会会员。

J0094838
唐诗精粹钢笔楷书字帖　朱五一书
武汉 华中理工大学出版社 1996 年 14+352 页
19cm（小 32 开）精装 ISBN：7-5609-1225-7
定价：CNY18.80

作者朱五一，书法家。

J0094839
唐诗名篇钢笔楷书字帖　洛彬书
北京 九州图书出版社 1996 年 112 页
19cm（小 32 开）ISBN：7-80114-108-3
定价：CNY6.00

J0094840
唐诗三百首钢笔书法　（楷书）牛彤书
北京 中国广播电视出版社 1996 年 188 页
有插图 20cm（32 开）ISBN：7-5043-2857-X
定价：CNY12.00
（中国传统文化普及读物 钢笔书法系列）

作者牛彤(1968—　　)，中国书法家协会会员、中国现代硬笔书法研究会会员。

J0094841

巍云硬笔字帖　　毛巍云编著
郑州　中原农民出版社　1996年　191页
19cm(小32开)　ISBN：7-80538-947-0
定价：CNY6.60

J0094842

吴冠玉钢笔正楷字帖　(楷行毛笔书法基本知识)吴冠玉书
广州　广东高等教育出版社　1996年　104页
26cm(16开)　ISBN：7-5361-1977-1
定价：CNY14.80

作者吴冠玉(1957—　　)，海南省政府办公厅任职，海南省书法家协会会员。

J0094843

五千通用汉字楷、行、隶三体字帖　　顾仲安书
北京　中国国际广播出版社　1996年　205页
20cm(32开)　ISBN：7-5078-1367-3
定价：CNY8.50

J0094844

席绢妙语硬笔书法　　小纪书
深圳　海天出版社　1996年　188页　20cm(32开)
ISBN：7-80615-394-2　定价：CNY9.80

J0094845

席殊实用硬笔字字帖　　席殊著
南昌　江西美术出版社　1996年　64页
26cm(16开)　ISBN：7-80580-296-3
定价：CNY5.00

作者席殊(1963—　　)，生于江西，毕业于江西抚州师专数学系。历任江西省社联《争鸣》杂志社美编、江西省硬笔书法研究会副会长兼秘书长。

J0094846

席殊实用硬笔字字帖　　席殊著
南昌　江西美术出版社　1997年　重印本　64页
26cm(16开)　ISBN：7-80580-296-3
定价：CNY5.00

J0094847

校园格言精品钢笔字帖　　蔡晓斌编写
广州　广东高等教育出版社　1996年　158页
有照片　19cm(小32开)　ISBN：7-5361-1895-3
定价：CNY6.50

J0094848

新编钢笔书法标准教材　　宋幼君，董雁主编
北京　国际文化出版公司　1996年　114页
26cm(16开)　ISBN：7-80105-406-7
定价：CNY8.80

J0094849

新编宋词名篇精选钢笔字帖　　司马东书
天津　天津人民出版社　1996年　154页
19cm(小32开)　ISBN：7-201-02619-4
定价：CNY6.80

J0094850

新编唐诗名篇精选钢笔字帖　　司马东书
天津　天津人民出版社　1996年　154页
19cm(小32开)　ISBN：7-201-02618-6
定价：CNY6.90

J0094851

新编元曲名篇精选钢笔字帖　　司马东书
天津　天津人民出版社　1996年　155页
19cm(小32开)　ISBN：7-201-02620-8
定价：CNY6.90

J0094852

新三字经、三字经、三字歌楷书硬笔字帖　　丁谦书
北京　中国物价出版社　1996年　122页　有插图
18cm(小32开)　ISBN：7-80070-526-9
定价：CNY5.80

J0094853

新三字经钢笔三体书法　　韩恒明书
北京　经济管理出版社　1996年　112页
19cm(小32开)　ISBN：7-80118-252-9
定价：CNY7.00

J0094854

新选唐诗三百首钢笔正楷字帖　　徐子久书

北京 国际文化出版公司 1996年 377页
19cm(小32开) ISBN：7-80105-464-4
定价：CNY18.00

　　作者徐子久(1948—)，书法家。字寿松，号白发人，浙江台州人，毕业于曲阜师范大学艺术系和浙江美术学院国画系。历任中国书协会员、中国书法研究院副院长、教授，中国书协会员等职。

J0094855
新增广贤文钢笔字帖 张浩文书
广州 广东高等教育出版社 1996年 190页
19cm(小32开) ISBN：7-5361-1703-5
定价：CNY8.80

　　作者张浩文(1965—)，书法家、经济师。又名张兴汉，湖北襄樊人。历任中国书法家协会会员、广州市天河区书法家协会副主席、广东大雅堂书画院院长。著有中长篇书法小说《静静的珠江》，书法文学作品《党员三字经先锋歌》《孙中山三字经》《生态文明三字经》《米芾三字经》等。

J0094856
学生背诵诗文楷行书钢笔字帖 徐梅书
上海 上海书店出版社 1996年 138页
20cm(32开) ISBN：7-80622-149-2
定价：CNY6.50

J0094857
学生常用成语钢笔字帖 陈璧耀书
上海 上海人民美术出版社 1996年 30页
19cm(小32开) ISBN：7-5322-1485-0
定价：CNY1.70

J0094858
学生常用应用文钢笔字帖 周华金书
上海 上海人民美术出版社 1996年 46页
19cm(小32开) ISBN：7-5322-1491-5
定价：CNY2.00

J0094859
学生赠言钢笔正楷字帖 王惠松，刘有林书
上海 上海科学技术文献出版社 1996年 146页
19cm(小32开) ISBN：7-5439-0820-4
定价：CNY5.00

　　作者王惠松(1955—)，硬笔书法家。江苏南京人。历任中国硬笔书法家协会会员、中国现代青年硬笔书法家协会常务理事、江苏省硬笔书法家协会副秘书长。代表作品有小楷临《黄庭经》《乐毅论》《灵飞经》等。作者刘有林(1969—)，书法家。江苏江浦人。中国硬笔书法家协会、江苏省硬笔书法家协会副主席。

J0094860
学生作文精彩语段钢笔字帖 （写人）司马东主编；司马彦等书
成都 四川少年儿童出版社 1996年 170页
19cm(小32开) ISBN：7-5365-1633-9
定价：CNY5.00

J0094861
学生作文精彩语段钢笔字帖 （写事）司马东主编；司马彦等书
成都 四川少年儿童出版社 1996年 170页
19cm(小32开) ISBN：7-5365-1631-2
定价：CNY5.00

J0094862
学生作文精彩语段钢笔字帖 （写物）司马东主编；司马彦等书
成都 四川少年儿童出版社 1996年 170页
19cm(小32开) ISBN：7-5365-1630-4
定价：CNY5.00

J0094863
学生作文精彩语段钢笔字帖 （写景）司马东主编；司马彦等书
成都 四川少年儿童出版社 1997年 重印本
170页 19cm(32开) ISBN：7-5365-1632-0
定价：CNY5.00

J0094864
杨立志硬笔书法选 杨立志[书]
兰州 甘肃人民美术出版社 1996年 66页
26cm(16开) ISBN：7-80588-137-5
定价：CNY15.80

　　作者杨立志(1964—)，浙江泰顺人。兰州军区空军司令部军务装备处参谋、中华书法研究会会员。

J0094865
硬笔草书字帖　周稚云编著
上海　上海文化出版社 1996年 76页 26cm（16开）
ISBN：7-80511-848-5 定价：CNY9.00

J0094866
硬笔楷行技法精要　田英章著
北京　军事科学出版社 1996年 202页
20cm（32开）ISBN：7-80021-926-7
定价：CNY9.50
（周末文化生活丛书）
　　本字帖从硬笔楷行的基本笔画讲起，依次阐述了偏旁部首、间架结构、笔顺实习、实际应用和硬笔大字的书写技法等。作者田英章（1950—　），书法家。字存青、存卿，出生于天津。先后毕业于首都师范大学、日本东京学艺大学。中国硬笔书法协会首任会长、中国书法家协会会员、欧阳询书法艺术研究会会长。代表作品有《田英章系列书法字帖》《田英章作品精选》等。

J0094867
硬笔楷行书简明教程　张学鹏著
北京　航空工业出版社 1996年 90页 26cm（16开）
ISBN：7-80134-064-7 定价：CNY12.00

J0094868
硬笔楷行书教程　段瑞明著
重庆　重庆出版社 1996年 97页 有肖像
20cm（32开）ISBN：7-5366-3393-9
定价：CNY5.00
　　作者段瑞明（1971—　），四川省硬笔书法协会副秘书长、中国艺术研究院特聘书画师。中国硬笔书法家协会理事、中国硬笔书法艺术博物馆艺术委员会常务理事。主编有《内江硬笔书法集粹》《内江六人行书法作品集》《川南五地市书法精品集》等。

J0094869
硬笔楷隶书基础训练　林国平编写
南昌　江西美术出版社 1996年 86页 有插图
26cm（16开）ISBN：7-80580-390-0
定价：CNY9.80

J0094870
硬笔楷书教程　（上）田永耕著
沈阳　春风文艺出版社 1996年 50页 26cm（16开）
ISBN：7-5313-1605-6 定价：CNY5.00
　　作者田永耕，书法家。字犁铧，辽宁沈阳人。中国硬笔书法家协会会员等。

J0094871
硬笔楷书教程　（下）田永耕著
沈阳　春风文艺出版社 1996年 52页 26cm（16开）
ISBN：7-5313-1605-6 定价：CNY5.00

J0094872
硬笔名家谈写字　黄河浪，鲁廷有主编
杭州　中国美术学院出版社 1996年 88页
19cm（小32开）ISBN：7-81019-360-0
定价：CNY6.80

J0094873
硬笔书法简论　庞中华著
重庆　重庆出版社 1996年 227页 有彩照
20cm（32开）ISBN：7-5366-3395-5
定价：CNY13.60
（庞中华书法系列）
　　作者庞中华（1945—　），著名书法家、教育家和诗人。四川重庆人，毕业于西南科技大学地质勘探专业。中国当代硬笔书法的奠基者，全国政协委员、中国硬笔书法协会会长。代表作品有《庞中华钢笔字帖》《庞中华现代硬笔字帖》等。著作《庞中华散文集》《庞中华谈谈学写钢笔字》《硬笔书法简论》等。

J0094874
硬笔书画小品选　金文彬主编
兰州　甘肃文化出版社 1996年 200页
26cm（16开）ISBN：7-80608-227-1
定价：CNY42.00
（墨苑丛书 4）

J0094875
硬笔速成练字法　徐国辉编著
北京　中国商业出版社 1996年 2册（155页）
26cm（16开）ISBN：7-5044-3142-7
定价：CNY12.50
　　作者徐国辉，书法研究教学工作者。

J0094876

元曲三百首钢笔书法　（隶书）贾勃阳书
北京 中国广播电视出版社 1996 年 125 页
有插图 20cm（32 开）ISBN：7-5043-2859-6
定价：CNY9.00
（中国传统文化普及读物 钢笔书法系列）

　　作者贾勃阳（1967—　），满族，笔名更愚。
毕业于首都师范大学书法专业，北京书法家协会
会员。

J0094877

怎样写好钢笔字　邓藉田著
北京 中国青年出版社 1996 年 214 页
19cm（小 32 开）ISBN：7-5006-1718-6
定价：CNY10.00
（青少年钢笔书法指南丛书）

　　作者邓藉田（1937—　），教师。北京新源里
第三中学高级书法教师、北京市教育学会会员、
北京神州书法研究会理事。

J0094878

怎样用蘸水笔创作书法作品　王本兴著
乌鲁木齐 新疆青少年出版社 ［1996 年］103 页
有照片 26cm（16 开）ISBN：7-5371-2548-1
定价：CNY20.00

　　本书讲述怎样用蘸水笔创作书法作品的方
法，共分“篆书类”、“草书类”、“隶书类”、“行书
类”、“章简类”等 5 个部分。作者王本兴（1948—
　），画家。字根旺，号惠山泥人，江苏无锡人，
毕业于南京大学。江苏省国画院特聘书画家、江
苏省甲骨文学会副会长，江苏省文联任职。有作
品《庐山小景》《燕子矶》等。

J0094879

增广贤文　三字经钢笔字帖　司马彦书
南京 河海大学出版社 1996 年 76 页
19cm（小 32 开）ISBN：7-5630-0969-8
定价：CNY4.00

J0094880

赠情侣伉俪硬笔书法　银河书
哈尔滨 黑龙江教育出版社 1996 年 216 页
26cm（16 开）ISBN：7-5316-2942-9
定价：CNY15.50

J0094881

赠言精选钢笔行书字帖　顾仲安［书］
上海 华东理工大学出版社 1996 年 250 页
20cm（32 开）ISBN：7-5628-0656-X
定价：CNY10.50
（顾仲安书法系列）

J0094882

中国汉字规范字帖　庞中华书
北京 作家出版社 1996 年 110 页 有照片
19cm（小 32 开）ISBN：7-5063-1009-0
定价：CNY7.90

　　作者庞中华（1945—　），著名书法家、教育
家和诗人。四川重庆人，毕业于西南科技大学地
质勘探专业。中国当代硬笔书法的奠基者，全国
政协委员、中国硬笔书法协会会长。代表作品有
《庞中华钢笔字帖》《庞中华现代硬笔字帖》等。
著作《庞中华散文集》《庞中华谈谈学写钢笔字》
《硬笔书法简论》等。

J0094883

中国名联钢笔字帖　卢中南书写；钟林周选编
北京 金盾出版社 1996 年 137 页 19cm（小 32 开）
ISBN：7-5082-0317-8 定价：CNY4.40

J0094884

中国硬笔书法　曹长远等主编
济南 山东大学出版社 1996 年 修订本 131 页
26cm（16 开）ISBN：7-5607-0540-5
定价：CNY11.80

J0094885

中国硬笔书法金奖字帖　（四季风景赞）庞
中华等主编
北京 当代世界出版社 1996 年 121 页
26cm（16 开）ISBN：7-80115-026-0
定价：CNY12.80
（中国硬笔书法百科全书 当代硬笔书法家系列
丛书）

J0094886

中国硬笔书法金奖字帖　（中华名胜颂）庞
中华等主编
北京 当代世界出版社 1996 年 121 页
26cm（16 开）ISBN：7-80115-025-2

定价：CNY12.80

（中国硬笔书法百科全书　当代硬笔书法家系列丛书）

J0094887

中国硬笔书法金奖字帖 （四季风景赞）庞中华等主编

北京　当代世界出版社　1997年　重印本　121页

26cm（16开）ISBN：7-80115-026-0

定价：CNY12.80

（中国硬笔书法百科全书　当代硬笔书法家系列丛书）

J0094888

中国硬笔书法金奖字帖 （中华名胜颂）庞中华等主编

北京　当代世界出版社　1997年　重印本　121页

26cm（16开）ISBN：7-80115-025-2

定价：CNY12.80

（中国硬笔书法百科全书　当代硬笔书法家系列丛书）

　　作者庞中华(1945—　)，著名书法家、教育家和诗人。四川重庆人，毕业于西南科技大学地质勘探专业。中国当代硬笔书法的奠基者，全国政协委员、中国硬笔书法协会会长。代表作品有《庞中华钢笔字帖》《庞中华现代硬笔字帖》等。著作《庞中华散文集》《庞中华谈谈学写钢笔字》《硬笔书法简论》等。

J0094889

中国硬笔书法指南 （行草书章法卷）庞中华等主编

北京　当代世界出版社　1996年　118页

26cm（16开）ISBN：7-80115-027-9

定价：CNY12.80

（中国硬笔书法百科全书　当代硬笔书法家系列丛书）

J0094890

中国硬笔书法指南 （篆隶楷书章法卷）庞中华等主编

北京　当代世界出版社　1996年　119页

26cm（16开）ISBN：7-80115-024-4

定价：CNY12.80

（中国硬笔书法百科全书　当代硬笔书法家系列丛书）

J0094891

中国之最钢笔字帖 胡波［书］

杭州　浙江人民出版社　1996年　142页

20cm（32开）ISBN：7-213-01317-3

定价：CNY7.00

J0094892

中国中学生硬笔书法大全 黄政武编写

上海　上海远东出版社　1996年　310页

19cm（小32开）ISBN：7-80613-154-X

定价：CNY14.00

J0094893

中华古词硬笔字帖 （仿宋·楷书·魏碑·隶书·行楷·行草）蓝再平主编；戴隆华等书

沈阳　辽宁人民出版社　1996年　32+216页

17×19cm　ISBN：7-205-03475-2

定价：CNY15.00

（硬笔精品丛书）

J0094894

中华实用楹联硬笔字帖 庞中华等主编

北京　当代世界出版社　1996年　246页

19cm（小32开）ISBN：7-80115-038-4

定价：CNY12.80

（中国硬笔书法百科全书　字帖卷）

J0094895

中华艺术楹联硬笔字帖 庞中华等主编

北京　当代世界出版社　1996年　246页

19cm（小32开）ISBN：7-80115-039-2

定价：CNY12.80

（中国硬笔书法百科全书　字帖卷）

J0094896

中华艺术楹联硬笔字帖 庞中华等主编

北京　当代世界出版社　1997年　重印本　246页

19cm（32开）ISBN：7-80115-039-2

定价：CNY12.80

（中国硬笔书法百科全书　字帖卷）

J0094897

中外赠言贺辞精品 （多体钢笔字帖　英汉对

照）黄继成书

北京　中国戏剧出版社　1996 年　172 页

19cm（小 32 开）ISBN：7-104-00770-9

定价：CNY6.80

　　作者黄继成（1969—　），书法家。湖北郧县人，从事硬笔书法创作与理论研究工作。

J0094898

中学生钢笔书法　　王贤仲主编

南京　江苏科学技术出版社　1996 年　111 页

26cm（16 开）ISBN：7-5345-2104-1

定价：CNY8.90

J0094899

中学生实用钢笔字帖　　刘俊礼编写

上海　华东理工大学出版社　1996 年　123 页

20cm（32 开）ISBN：7-5628-0659-4

定价：CNY6.80

　　作者刘俊礼，青少年规范简化钢笔字教师。

J0094900

最新钢笔行书字帖　　（世界名人名言录）何伟编著

北京　中国三峡出版社　1996 年　68 页　有彩照

26cm（16 开）ISBN：7-80099-138-5

定价：CNY9.80

　　作者何伟（1949—　），硬笔书法家、教育家。笔名墨痕、若海，四川宜宾人。中国硬笔书法协会副会长。

J0094901

最新钢笔楷书自学教程　　何伟编著

北京　中国三峡出版社　1996 年　121 页　有彩照

26cm（16 开）ISBN：7-80099-137-7

定价：CNY15.80

J0094902

最新钢笔字速成法　　庞中华主编

北京　宇航出版社　1996 年　3 册　26cm（16 开）

ISBN：7-80034-877-6　定价：CNY19.80

　　作者庞中华（1945—　），著名书法家、教育家和诗人。四川重庆人，毕业于西南科技大学地质勘探专业。中国当代硬笔书法的奠基者，全国政协委员、中国硬笔书法协会会长。代表作品有《庞中华钢笔字帖》《庞中华现代硬笔字帖》等。

著作《庞中华散文集》《庞中华谈谈学写钢笔字》《硬笔书法简论》等。

J0094903

最新硬笔草书作品选　　（唐诗四十七首）何伟编著

北京　中国三峡出版社　1996 年　49 页　有彩照

26cm（16 开）ISBN：7-80099-139-3

定价：CNY7.80

J0094904

《家政四字歌》钢笔字帖　　周泓冰书

北京　金盾出版社　1997 年　59 页　19cm（小 32 开）

ISBN：7-5082-0481-6　定价：CNY2.50

J0094905

1998：龙飞凤舞　　（中国硬笔书法名家艺术书法挂历）山东省地图出版社编

济南　山东省地图出版社　1997 年　76×52cm

ISBN：7-80532-278-3　定价：CNY26.80

J0094906

365 个祝福钢笔字帖　　林雪萍著文；牟诚书写

延吉　延边人民出版社　1997 年　138 页

18cm（小 32 开）ISBN：7-80599-764-0

定价：CNY6.80

（名篇精典字帖）

　　作者牟诚（1950—　），编辑。曾任长春广播电台记者、编辑，影视广播图书周报副总编辑、长春商报副总编辑、硬笔书法协会会员、吉林省书法家协会会员。书法作品有《人生忠告钢笔行书字帖》《爱情友情赠诗集锦钢笔行书字帖》《流行金曲钢笔行书字帖》。出版有《牟诚书法作品集》等。

J0094907

6000 常用成语钢笔字帖　　顾仲安书

杭州　浙江古籍出版社　1997 年　278 页

19cm（小 32 开）ISBN：7-80518-426-7

定价：CNY9.80

　　作者顾仲安（1956—　），书法家。中国硬笔书法家协会副主席、上海教师书画篆刻研究会名誉理事。拍摄有《硬笔书法电视讲座》和《硬笔书法》电视教育片。代表作品有《常用成语钢笔字帖接字成语》。

J0094908
7000 通用汉字楷行草钢笔字帖　顾仲安书
杭州　浙江人民出版社　1997 年　293 页
20cm（32 开）ISBN：7-213-01646-6
定价：CNY10.00

J0094909
99 天钢笔字速成练习法　王宝心，孔学军主
编；北京硬笔书法学会主编
乌鲁木齐　新疆人民出版社　1997 年　53 页
26cm（16 开）ISBN：7-228-04302-2
定价：CNY5.60

J0094910
艾庆芸楷书钢笔书法字帖　（怎样写好钢笔
字）艾庆芸编著
北京　兵器工业出版社　1997 年　126 页
26cm（16 开）ISBN：7-80132-335-1
定价：CNY13.60

J0094911
爱情友情赠诗钢笔字帖　陈明兰著文；牟诚
书写
延吉　延边人民出版社　1997 年　136 页
20cm（32 开）ISBN：7-80599-764-0
定价：CNY6.80
（名篇精典字帖）
　　作者牟诚（1950—　　），编辑。曾任长春广播
电台记者、编辑，影视广播图书周报副总编辑、
长春商报副总编辑、硬笔书法协会会员、吉林省
书法家协会会员。书法作品有《人生忠告钢笔行
书字帖》《爱情友情赠诗集锦钢笔行书字帖》《流
行金曲钢笔行书字帖》。出版有《牟诚书法作品
集》等。

J0094912
爱我中华千字歌　（楷、行、隶、魏、仿宋）刘
佳尚书
西安　太白文艺出版社　1997 年　110 页
19cm（小 32 开）ISBN：7-80605-492-8
定价：CNY5.30
（刘佳尚钢笔书法系列）
　　作者刘佳尚（1949—　　），中国硬笔书法家协

会会员，曾在四川省南部县经济体制改革委员会
工作。

J0094913
百家姓　范林庆书写
南宁　广西美术出版社　1997 年　75 页　26cm（16 开）
ISBN：7-80625-320-3　定价：CNY8.00
（中国蒙学篇钢笔字帖　2）

J0094914
标准钢笔字典　庞中华等书写
郑州　河南美术出版社　1997 年　339 页
20cm（32 开）精装　ISBN：7-5401-0532-1
定价：CNY16.50
　　作者庞中华（1945—　　），著名书法家、教育
家和诗人。四川重庆人，毕业于西南科技大学地
质勘探专业。中国当代硬笔书法的奠基者，全国
政协委员、中国硬笔书法协会会长。代表作品有
《庞中华钢笔字帖》《庞中华现代硬笔字帖》等。
著作《庞中华散文集》《庞中华谈谈学写钢笔字》
《硬笔书法简论》等。

J0094915
标准楷行书钢笔字帖　覃修毅著
呼和浩特　内蒙古人民出版社　1997 年　114 页
19cm（小 32 开）ISBN：7-204-03493-7
定价：CNY5.00

J0094916
曾国藩经世要谈钢笔字帖　付宝印书写
延吉　延边人民出版社　1997 年　138 页
20cm（32 开）ISBN：7-80599-764-0
定价：CNY6.80
（名篇精典字帖）
　　作者付宝印（1952—　　），书画师、硬笔书法
艺术家。号长白山人，生于吉林永吉县。中国艺
术研究院文化研究中心调研员。

J0094917
成语硬笔书法字帖　王惠松书
南京　江苏文艺出版社　1997 年　141 页
19cm（小 32 开）ISBN：7-5399-1068-2
定价：CNY5.00

J0094918
大学钢笔书法教程　陈道义主编
上海　华东理工大学出版社　1997年　136页
26cm(16开) ISBN: 7-5628-0813-9
定价: CNY12.80

J0094919
大学生钢笔字帖　张锡庚选编并书写
合肥　安徽美术出版社　1997年　199页
19cm(小32开) ISBN: 7-5398-0614-1
定价: CNY11.80

J0094920
对联精选钢笔字帖　房胜林编写
济南　山东友谊出版社　1997年　38页　19×26cm
ISBN: 7-80551-900-5　定价: CNY9.80

J0094921
儿童学唐诗硬笔字帖　刘国普书; 田英文
北京　机械工业出版社　1997年　167页
19cm(小32开) ISBN: 7-111-05505-5
定价: CNY8.00

J0094922
方克城硬笔隶书选　方克城书
广州　岭南美术出版社　1997年　63页　有照片
29cm(16开) ISBN: 7-5362-1694-7
定价: CNY48.00
　　外文书名: Fang Kecheng's Calligraphy.

J0094923
风信子　(文爱艺十行爱情诗集　钢笔字帖版)
文爱艺著; 黎松峭书
武汉　武汉测绘科技大学出版社　1997年　107页
有照片　19cm(小32开) ISBN: 7-81030-513-1
定价: CNY7.20
(文爱艺新作系列丛书)

J0094924
钢笔草书速成教程　黄全信著
海口　南海出版公司　1997年　152页　26cm(16开)
ISBN: 7-5442-0769-2　定价: CNY16.80

J0094925
钢笔行草书章法　李有来著

北京　北京体育大学出版社　1997年　重印本
100页　20cm(32开) ISBN: 7-81051-085-1
定价: CNY10.80

J0094926
钢笔行书教程　谷有荃主编
广州　岭南美术出版社　1997年　3册
26cm(16开) 盒装　ISBN: 7-5362-1628-9
定价: CNY48.00
　　主编谷有荃(1927—2010), 书画家。别号虚
斋, 湖南耒阳人, 就读于广州大学和华中高等师
范(今华中师大)。历任湖北书画艺术专修学院副
院长、湖北书画研究会副会长、中国书协会员。
出版有《书法教学通论》。

J0094927
钢笔行书六步　金岛著
北京　华龄出版社　1997年　91页　26cm(16开)
ISBN: 7-80082-795-X　定价: CNY10.00

J0094928
钢笔行书速成教程　黄全信著
海口　南海出版公司　1997年　152页　26cm(16开)
ISBN: 7-5442-0767-6　定价: CNY16.80
(黄全信钢笔书法教学系列)

J0094929
钢笔行书艺术字帖　刘俊礼编写
北京　华龄出版社　1997年　122页　19cm(小32开)
ISBN: 7-80082-623-6　定价: CNY6.20

J0094930
钢笔行书字帖　王浩编著
苏州　古吴轩出版社　1997年　96页　26cm(16开)
ISBN: 7-80574-287-1　定价: CNY10.00
(硬笔书法自学丛书)

J0094931
钢笔行书字帖　吴圣麟编写
上海　汉语大词典出版社　1997年　重印本　88页
19cm(32开) ISBN: 7-5432-0141-0
定价: CNY3.00

J0094932
钢笔楷书基本技巧习字帖　袁强编著

北京 印刷工业出版社 1997 年 110 页
26cm（16 开）ISBN：7-80000-242-X
定价：CNY10.50

　　作者袁强（1953—　　），北京市崇文区少年宫
书法教师、北京市书法家协会会员、中国硬笔书
法协会副秘书长、北京崇文区少年书法学校副校
长、中国人民大学函授学院任客座书法副教授。

J0094933
钢笔楷书技法　　于唯德编著
西安 陕西人民美术出版社 1997 年 60 页
26cm（16 开）ISBN：7-5368-0924-7
定价：CNY8.80

J0094934
钢笔楷书六步　　金岛著
北京 华龄出版社 1997 年 91 页 26cm（16 开）
ISBN：7-80082-794-1 定价：CNY10.00

J0094935
钢笔楷书强化训练字帖　　林可松编著
上海 上海书店出版社 1997 年 68 页
19cm（小 32 开）ISBN：7-80622-331-2
定价：CNY3.50

J0094936
钢笔楷书速成教程　　黄全信著
海口 南海出版公司 1997 年 152 页 26cm（16 开）
ISBN：7-5442-0771-4 定价：CNY16.80
（黄全信钢笔书法教学系列）

　　作者黄全信（1944—　　），满族，北京人。历
任北京师大附中美术、书法高级教师，北京书法
家协会会员、北京书法教育研究会会员。出版有
《中国书法自学丛书》《黄全信钢笔书法教学系
列》《中国历代皇帝墨宝》等。

J0094937
钢笔楷书艺术字帖　　刘俊礼编写
北京 华龄出版社 1997 年 124 页 19cm（小 32 开）
ISBN：7-80082-624-4 定价：CNY6.20

J0094938
钢笔楷书字形法　　金岛著
北京 华龄出版社 1997 年 91 页 26cm（16 开）
ISBN：7-80082-793-3 定价：CNY10.00

J0094939
钢笔隶书速成教程　　黄全信著
海口 南海出版公司 1997 年 152 页 26cm（16 开）
ISBN：7-5442-0768-4 定价：CNY16.80
（黄全信钢笔书法教学系列）

J0094940
钢笔临写古帖指南　　戴永芳编
乌鲁木齐 新疆美术摄影出版社 1997 年 50 页
26cm（16 开）ISBN：7-80547-554-7
定价：CNY9.80

J0094941
钢笔书法教程　　王泽松著
成都 四川美术出版社 1997 年 80 页 26cm（16 开）
ISBN：7-5410-1330-7 定价：CNY9.98
（钢笔技法系列丛书 1）

J0094942
钢笔书法名作选系列　　程朗天主编
广州 广州出版社 1997 年 重印本 5 册
20cm（32 开）ISBN：7-80592-608-5
定价：CNY20.00

J0094943
钢笔书法学与用　　乔世达著
沈阳 春风文艺出版社 1997 年 92 页 26cm（16 开）
ISBN：7-5313-1793-1 定价：CNY9.80

　　作者乔世达（1953—　　），辽宁省粮食学校书
法教师、中国当代硬笔书法家协会常务理事、辽
宁硬笔书法家协会副主席。

J0094944
钢笔书法自修教程　（上 楷书精解）李放鸣
编著
成都 成都科技大学出版社 1997 年 124 页
19cm（小 32 开）ISBN：7-5616-3466-8
定价：CNY6.80

　　作者李放鸣（1957—　　），硬笔书法家。毕业
于四川师范大学。历任中国现代汉字硬笔书法
协会副秘书长、中国当代硬笔书法家协会理事、
东方书画艺术家中心创作委员。主要作品有《教
师实用钢笔字》《历代名家名帖书法经典》《历代
名家碑帖经典集字临创》等。

J0094945
钢笔书法自修教程 （下 行书精解）李放鸣
编著
成都 成都科技大学出版社 1997 年 124 页
19cm（小 32 开）ISBN：7-5616-3467-6
定价：CNY6.80

J0094946
钢笔书写技法 蒋臻主编
上海 上海交通大学出版社 1997 年 126 页
26cm（16 开）ISBN：7-313-01879-7
定价：CNY14.00

J0094947
钢笔魏碑速成教程 黄全信著
海口 南海出版公司 1997 年 152 页 26cm（16 开）
ISBN：7-5442-0766-8 定价：CNY16.80
（黄全信钢笔书法教学系列）

J0094948
钢笔正楷字入门 宋金榜著
长春 时代文艺出版社 1997 年 99 页 26cm（16 开）
ISBN：7-5387-1155-4 定价：CNY9.80

J0094949
钢笔篆书速成教程 黄全信著
海口 南海出版公司 1997 年 152 页 26cm（16 开）
ISBN：7-5442-0770-6 定价：CNY16.80
（黄全信钢笔书法教学系列）

J0094950
钢笔字快写技法 王宝洺编著
北京 中国民航出版社 1997 年 194 页
19cm（小 32 开）ISBN：7-80110-162-6
定价：CNY8.00
　　作者王宝洺（1958— ），书画艺术家。北京
人，祖籍山东乐陵。别署半步斋主。中国对外经
贸大学与中国中医药大学书法客座教授、北京霍
英东书法学院院长、中国书画家协会理事、世界
华人艺术家协会副主席、北京刘炳森书法研究室
主任、中国书法家协会会员及北京书法家协会专
业创作员。代表作品《学生隶书练习技法》。

J0094951
钢笔字章法浅谈 朱六善著

济南 山东大学出版社 1997 年 110 页
26cm（16 开）ISBN：7-5607-1753-5
定价：CNY10.80

J0094952
古今对联五百首三体钢笔字帖 任平书；张
梦新编
杭州 杭州出版社 1997 年 245 页 20cm（32 开）
ISBN：7-80633-007-0 定价：CNY10.00
　　作者任平（1952— ），书法家。江苏如皋
人，毕业于杭州大学中文系，获博士学位。历任
文化部中国艺术研究院教授、博士生导师，中国
艺术研究院美术研究所学术委员会委员、书法研
究室主任、中国书法家协会书法教育专业委员会
委员、中国语言学会会员等。代表作品优《中国
书法》《说隶》《笔歌墨舞》《中国书法全集》等。

J0094953
古今格言 （楷书）刘佳尚书
西安 太白文艺出版社 1997 年 102 页
19cm（小 32 开）ISBN：7-80605-494-4
定价：CNY4.90
（刘佳尚钢笔书法系列）

J0094954
古诗百首钢笔字帖 庞中华书写
延吉 延边人民出版社 1997 年 138 页
20cm（32 开）ISBN：7-80599-764-0
定价：CNY6.80
（名篇精典字帖）
　　作者庞中华（1945— ），著名书法家、教育
家和诗人。四川重庆人，毕业于西南科技大学地
质勘探专业。中国当代硬笔书法的奠基者，全国
政协委员、中国硬笔书法协会会长。代表作品有
《庞中华钢笔字帖》《庞中华现代硬笔字帖》等。
著作《庞中华散文集》《庞中华谈谈学写钢笔字》
《硬笔书法简论》等。

J0094955
古文名篇钢笔楷书字帖 高尚书
合肥 安徽美术出版社 1997 年 88 页 有画像
19×21cm ISBN：7-5398-0435-1
定价：CNY12.00

J0094956

汉语常用字五体钢笔字典　尹俊龙主编；范林庆等书写

北京　国际文化出版公司　1997年　19+434页

20cm（32开）ISBN：7-80105-502-0

定价：CNY20.00

J0094957

汉字结构习字帖　刘慎平著

福州　福建教育出版社　1997年　150页

20cm（32开）ISBN：7-5334-2435-2

定价：CNY9.80

J0094958

行草对照硬笔书写训练　马平发编写

上海　上海人民出版社　1997年　132页

26cm（16开）ISBN：7-208-02504-5

定价：CNY12.00

J0094959

贺卡祝词　（美丽的心声　钢笔书法五体）杨银，曾赤敏编；顾仲晏书

乌鲁木齐　新疆青少年出版社　1997年　137页

20cm（32开）ISBN：7-5371-2754-9

定价：CNY5.80

J0094960

红楼梦诗词多体钢笔字帖　司马东书；肖妤婷编

天津　天津人民出版社　1997年　155页

18cm（小32开）ISBN：7-201-02804-9

定价：CNY6.90

J0094961

胡一帆硬笔书法　胡一帆著

深圳　海天出版社　1997年　2册（12+263+270页）

有照片　20cm（32开）ISBN：7-80615-455-8

定价：CNY25.00

　　作者胡一帆(1970—　　)，原名胡元生，中国硬笔书法家协会会员。

J0094962

怀念祝福赠言钢笔字帖　林玉萍著文；付宝印书写

延吉　延边人民出版社　1997年　138页

20cm（32开）ISBN：7-80599-764-0

定价：CNY6.80

（名篇精典字帖）

J0094963

简明硬笔书法教程　赵景云著

北京　北京大学出版社　1997年　100页

26cm（16开）ISBN：7-301-03363-X

定价：CNY14.00

J0094964

精选实用楷行隶三体钢笔字帖　张文海书

长春　时代文艺出版社　1997年　158页

19cm（小32开）ISBN：7-5387-1059-0

定价：CNY8.50

（中国当代名家钢笔书法丛书）

　　作者张文海，中华钢笔书法函授中心任教，多次担任全国书法大赛评委。

J0094965

精选汪国真赠言妙语钢笔字帖　孙栋梁，介斐然书

长春　时代文艺出版社　1997年　158页

19cm（小32开）ISBN：7-5387-1039-6

定价：CNY8.50

（中国当代名家钢笔书法丛书）

J0094966

精选汪国真哲思短语钢笔字帖　张文海，张为民书

长春　时代文艺出版社　1997年　158页

19cm（小32开）ISBN：7-5387-1058-2

定价：CNY8.50

（中国当代名家钢笔书法丛书）

J0094967

精选汪国真抒情短诗钢笔字帖　王惠松等书

长春　时代文艺出版社　1997年　158页

19cm（小32开）ISBN：7-5387-1060-4

定价：CNY8.50

（中国当代名家钢笔书法丛书）

J0094968

精选汪国真妙语四体钢笔字帖　王惠松书写

长春　时代文艺出版社　1998 年　188 页
19cm（小 32 开）ISBN：7-5387-1240-2
定价：CNY8.80
（中国当代名家钢笔书法丛书）

J0094969

精选汪国真小语四体钢笔字帖　张文海
书写
长春　时代文艺出版社　1998 年　188 页
19cm（小 32 开）ISBN：7-5387-1221-6
定价：CNY8.80
（中国当代名家钢笔书法丛书）

J0094970

精选汪国真哲语四体钢笔字帖　张文海
书写
长春　时代文艺出版社　1998 年　188 页
19cm（小 32 开）ISBN：7-5387-1222-4
定价：CNY8.80
（中国当代名家钢笔书法丛书）

J0094971

礼仪信函钢笔字帖　张传家书
北京　中国商业出版社　1997 年　130 页
19cm（小 32 开）ISBN：7-5044-3486-8
定价：CNY4.80

J0094972

李榕真硬笔书法精品集　李榕真著
广州　广州出版社　1997 年　151 页　有照片
26cm（16 开）ISBN：7-80592-697-2
定价：CNY16.80

J0094973

历代花鸟诗三百首行书钢笔字帖　徐子久书
杭州　杭州出版社　1997 年　237 页　20cm（32 开）
ISBN：7-80633-025-9　定价：CNY10.00
　　作者徐子久（1948—　），书法家。字寿松，
号白发人，浙江台州人，毕业于曲阜师范大学艺
术系和浙江美术学院国画系。历任中国书协会
员、中国书法研究院副院长、教授，中国书协会
员等职。

J0094974

历代诗·词·曲名篇七体字帖　房向晖书

大连　大连出版社　1997 年　4 册　26cm（16 开）
ISBN：7-80612-183-8　定价：CNY88.00

J0094975

林华强楷书钢笔字帖　林华强书
福州　福建教育出版社　1997 年　122 页
20cm（32 开）ISBN：7-5334-2413-1
定价：CNY6.50

J0094976

刘文星硬笔书法　（中外科教名人名言荟萃）
刘文星书
北京　科学普及出版社　1997 年　180 页
19cm（小 32 开）ISBN：7-110-04271-5
定价：CNY8.50

J0094977

流萤　（文爱艺四行诗集　四季周历　钢笔字帖
版）文爱艺著；黎松峭书
武汉　武汉测绘科技大学出版社　1997 年　131 页
19cm（小 32 开）ISBN：7-81030-511-5
定价：CNY8.80
（文爱艺新作系列丛书）

J0094978

骆恒光古代散文名篇钢笔字帖　骆恒光书
杭州　浙江摄影出版社　1997 年　343 页
20cm（32 开）ISBN：7-80536-469-9
定价：CNY25.00
　　作者骆恒光（1943—　），书法家。号翼之，
浙江诸暨人。毕业于浙江美术学院。历任浙江
教育出版社美术编辑、中国硬笔书法家协会副
主席、中国书法家协会会员、浙江分会理事，浙
江省书法理论研究会副会长兼秘书长。著有《骆
恒光论书》《行书法图说》《王羲之圣教序及其
笔法》。

J0094979

骆恒光唐诗名篇钢笔字帖　骆恒光书
杭州　浙江摄影出版社　1997 年　12+317 页
20cm（32 开）ISBN：7-80536-288-2
定价：CNY25.00

J0094980

骆恒光西湖诗词名篇钢笔字帖　骆恒光书

杭州　浙江摄影出版社　1997 年　10+348 页
20cm（32 开）ISBN：7-80536-466-4
定价：CNY25.00

J0094981
蒙学楷字帖　　阎锐敏书
北京　气象出版社　1997 年　175 页　19cm（小 32 开）
ISBN：7-5029-2222-9　定价：CNY7.50
　　作者阎锐敏（1957—　　），毕业于首都师范大
学书法专业。中国现代硬笔书法研究会副秘书
长兼编辑部主任。

J0094982
名家散文钢笔字帖　　卢桐书
沈阳　春风文艺出版社　1997 年　126 页
19cm（小 32 开）ISBN：7-5313-1780-X
定价：CNY9.80
　　作者卢桐（1947—　　），书法家、国家二级美
术师。生于辽宁沈阳，祖籍河北饶阳。历任沈
阳民族书画院院长、中国书法艺术研究院艺术委
员会理事、东北大学客座教授。出版有《卢桐书
法集》。

J0094983
名人读书格言钢笔字帖　　陈天俊书
北京　军事科学出版社　1997 年　130 页
20cm（32 开）ISBN：7-80137-057-0
定价：CNY6.30
（周末文化生活丛书）
　　作者陈天俊（1968—　　），军人。湖北襄阳人。
中国硬笔书法协会会员。

J0094984
名人名言钢笔行书字帖　　顾仲安［书］
上海　华东理工大学出版社　1997 年　280 页
20cm（32 开）ISBN：7-5628-0833-3
定价：CNY13.00
（顾仲安书法系列）

J0094985
名物蒙求　　吴元身书写
南宁　广西美术出版社　1997 年　71 页　26cm（16 开）
ISBN：7-80625-330-0　定价：CNY7.60
（中国蒙学篇钢笔字帖 7）

J0094986
明诗词名篇多体钢笔字帖　　司马东书；马丽
华编
天津　天津人民出版社　1997 年　155 页
18cm（小 32 开）ISBN：7-201-02773-5
定价：CNY6.90

J0094987
莫善贤硬笔书法　　（红楼梦诗词曲赋钢笔字帖
上）莫善贤书；杨国敬主编
广州　岭南美术出版社　1997 年　96 页　21×28cm
ISBN：7-5362-1652-1　定价：CNY60.00

J0094988
女小儿语　　杨济川书写
南宁　广西美术出版社　1997 年　63 页　26cm（16 开）
ISBN：7-80625-321-1　定价：CNY6.80
（中国蒙学篇钢笔字帖 8）

J0094989
潘祖华硬笔行楷书法选　　潘祖华书
合肥　安徽美术出版社　1997 年　60 页
26cm（16 开）ISBN：7-5398-0615-X
定价：CNY9.80

J0094990
庞中华诗抄　　（钢笔五体字帖）庞中华著
重庆　重庆出版社　1997 年　177 页　有照片
20cm（32 开）ISBN：7-5366-3737-3
定价：CNY15.00
（庞中华书法系列 2）
　　作者庞中华（1945—　　），著名书法家、教育
家和诗人。四川重庆人，毕业于西南科技大学地
质勘探专业。中国当代硬笔书法的奠基者，全国
政协委员、中国硬笔书法协会会长。代表作品有
《庞中华钢笔字帖》《庞中华现代硬笔字帖》等。
著作《庞中华散文集》《庞中华谈谈学写钢笔字》
《硬笔书法简论》等。

J0094991
庞中华书法集　　庞中华著
重庆　重庆出版社　1997 年　150 页　有彩照
20cm（32 开）ISBN：7-5366-3738-1
定价：CNY17.50
（庞中华书法系列）

J0094992

七言诗硬笔书法字帖　（仿宋·楷书·魏碑·隶书·行楷·行草）赵多良等书写

沈阳　辽宁人民出版社　1997年　重印本　14+214 页

17×19cm　ISBN：7-205-02223-1

定价：CNY14.00

J0094993

启蒙巧学　范林庆书写

南宁　广西美术出版社　1997年　51 页　26cm（16 开）

ISBN：7-80625-286-X　定价：CNY5.60

（中国蒙学篇钢笔字帖 6）

J0094994

千家诗　吴身元书写

南宁　广西美术出版社　1997年　74 页　26cm（16 开）

ISBN：7-80625-322-X　定价：CNY8.00

（中国蒙学篇钢笔字帖 5）

　　作者吴身元（1948—　　），书法家、书法教育家。笔名梧桐、吾舍等，浙江嘉兴人。历任浙江省硬笔书法家协会副主席。出版有《毛笔书法自学教程》《钢笔书法自学教程》等。

J0094995

千家诗硬笔行书字帖　王惠松书

北京　气象出版社　1997年　重印本　152 页

19cm（32 开　）ISBN：7-5029-1887-6

定价：CNY9.80

J0094996

清诗词名篇多体钢笔字帖　司马东书；马晓涛编

天津　天津人民出版社　1997年　156 页

18cm（小 32 开）ISBN：7-201-02772-7

定价：CNY6.90

J0094997

琼瑶爱语钢笔字帖　司马彦书

哈尔滨　哈尔滨出版社　1997年　171 页

19cm（小 32 开）ISBN：7-80557-925-3

定价：CNY9.00

（名家絮语钢笔字帖）

J0094998

人生感悟　（楷、行、隶）刘佳尚书

西安　太白文艺出版社　1997年　94 页

19cm（小 32 开）ISBN：7-80605-493-6

定价：CNY4.50

（刘佳尚钢笔书法系列）

J0094999

人生感悟钢笔字帖　王晨著文；付宝印书写

延吉　延边人民出版社　1997年　138 页

18cm（小 32 开）ISBN：7-80599-764-0

定价：CNY6.80

（名篇精典字帖）

　　作者付宝印（1952—　　），书画师、硬笔书法艺术家。号长白山人，生于吉林永吉县。中国艺术研究院文化研究中心调研员。

J0095000

人生妙语钢笔字帖　曲舒［书］

西安　未来出版社　1997年　112 页　19cm（小 32 开）

ISBN：7-5417-1376-7　定价：CNY5.00

J0095001

人生智慧钢笔字帖　张笑洋著文；付宝印书写

延吉　延边人民出版社　1997年　138 页

20cm（32 开）ISBN：7-80599-764-0

定价：CNY6.80

（名篇精典字帖）

J0095002

人生忠告钢笔字帖　解影著文；牟诚书写

延吉：延边人民出版社　1997年　140 页

20cm（32 开）ISBN：7-80599-764-0

定价：CNY6.80

（名篇精典字帖）

　　作者牟诚（1950—　　），编辑。曾任长春广播电台记者、编辑，影视广播图书周报副总编辑、长春商报副总编辑、硬笔书法协会会员、吉林省书法家协会会员。书法作品有《人生忠告钢笔行书字帖》《爱情友情赠诗集锦钢笔行书字帖》《流行金曲钢笔行书字帖》。出版有《牟诚书法作品集》等。

J0095003

三体钢笔字技法　华清波，华立人编著

上海　上海科学技术出版社　1997年　151 页

有照片　20cm（32 开）ISBN：7-5323-4519-X

定价: CNY8.00

J0095004
三体三字经钢笔字帖　胡茂伟书
宁波　宁波出版社 1997 年 90 页 20cm（32 开）
ISBN: 7-80602-156-6 定价: CNY5.50

J0095005
三字经　王正良书写
南宁　广西美术出版社 1997 年 86 页 26cm（16 开）
ISBN: 7-80625-329-7 定价: CNY9.20
（中国蒙学篇钢笔字帖 1）

　　作者王正良（1949—　　），编辑。浙江嵊县人，
历任《浙江青年报》总编兼《中国钢笔书法》杂志
主编，中国硬笔书法家协会副主席。

J0095006
少男少女喜爱的青春诗　（钢笔三体字帖）
司马彦书
武汉　华中理工大学出版社 1997 年 139 页
19cm（小 32 开）ISBN: 7-5609-1486-1
定价: CNY5.50

J0095007
神童诗　（千字文）王正良书写
南宁　广西美术出版社 1997 年 87 页 26cm（16 开）
ISBN: 7-80625-285-1 定价: CNY9.20
（中国蒙学篇钢笔字帖 3）

J0095008
时人隽语四体钢笔书法　刘佳尚书
广州　华南理工大学出版社 1997 年 286 页
19cm（小 32 开）ISBN: 7-5623-1227-3
定价: CNY12.50
（刘佳尚钢笔书法系列 1）

J0095009
时人隽语四体钢笔字帖　刘佳尚书
广州　华南理工大学出版社 1999 年 2 版 202 页
19cm（32 开）ISBN: 7-5623-1227-3
定价: CNY8.80
（刘佳尚钢笔书法系列）

J0095010
实用钢笔书法教程　（第一册 楷书间架结构）

杨德生编著
南京　江苏教育出版社 1997 年 136 页
19cm（小 32 开）ISBN: 7-5343-2969-8
定价: CNY8.80

J0095011
实用钢笔书法教程　（第二册 楷书点画用笔）
蒋汉洪编著
南京　江苏教育出版社 1997 年 84 页
19cm（小 32 开）ISBN: 7-5343-2970-1
定价: CNY5.90

J0095012
实用三体钢笔字帖　顾仲安，马平发书
上海　上海教育出版社 1997 年 162 页
19cm（小 32 开）ISBN: 7-5320-4925-6
定价: CNY8.20

J0095013
实用生活馈赠妙语行书钢笔字帖　王增编；
凌奇松等书
南宁　广西美术出版社 1997 年 200 页
19cm（小 32 开）ISBN: 7-80625-129-4
定价: CNY13.00

J0095014
实用硬笔书法　高永安著
西安　陕西人民美术出版社 1997 年 44 页
26cm（16 开）ISBN: 7-5368-0911-5
定价: CNY6.80

J0095015
司马东钢笔字速成新技法　司马东著
乌鲁木齐　新疆青少年出版社 1997 年 4 册
有照片 26cm（16 开）ISBN: 7-5371-2509-0
定价: CNY27.20
　　作者司马东（1937—　　），书法教育家。湖
南澧县人。从事书法研究和语言文字教学工作。
编著字贴、教材和参考书 300 余种。

J0095016
司马彦钢笔书法字帖　（三 邓小平言论精品）
司马彦书
延吉　延边人民出版社 1997 年 215 页
19cm（小 32 开）ISBN: 7-80599-746-2

定价：CNY8.80

J0095017

司马彦钢笔书法字帖 （鲁迅杂文精品）司马
彦书

延吉　延边人民出版社　1997 年　218 页

19cm（小 32 开）ISBN：7-80599-746-2

定价：CNY8.80

J0095018

司马彦钢笔书法字帖 （毛泽东诗词精品）司
马彦书

延吉　延边人民出版社　1997 年　217 页

19cm（小 32 开）ISBN：7-80599-746-2

定价：CNY8.80

J0095019

四书五经佳句钢笔行书字帖　石建光书

南宁　广西民族出版社　1997 年　124 页

19cm（小 32 开）ISBN：7-5363-3295-5

定价：CNY6.80

J0095020

四体硬笔书法字典　冯殿忠主编

南昌　江西科学技术出版社　1997 年　44+343 页

20cm（32 开）ISBN：7-5390-1114-9

定价：CNY15.00

J0095021

宋词一百首　（楷书）刘佳尚书

西安　太白文艺出版社　1997 年　140 页

19cm（32 开）ISBN：7-80605-495-2

定价：CNY7.20

（刘佳尚钢笔书法系列）

J0095022

宋诗钢笔书法　徐魁善书写

北京　中国国际广播出版社　1997 年　122 页

26cm（16 开）ISBN：7-5078-1280-4

定价：CNY15.00

J0095023

唐欧阳询九成宫　徐章书；《中国硬笔书法临
习法帖编委会》编

南昌　江西美术出版社　1997 年　26cm（16 开）

ISBN：7-80580-364-1 定价：CNY5.20

（中国硬笔书法临习法帖　楷书）

　　本书由《唐欧阳询九成宫》《唐欧阳通道因
法师碑》合订。

J0095024

唐孙过庭书谱　徐新文书；《中国硬笔书法临
习法帖编委会》编

南昌　江西美术出版社　1997 年　26cm（16 开）

ISBN：7-80580-363-3 定价：CNY5.80

（中国硬笔书法临习法帖　草书）

J0095025

唐颜真卿《祭侄稿》《争座位》　（唐）颜真卿
书；《中国硬笔书法临习法帖》编委会编

南昌　江西美术出版社　1997 年　26cm（16 开）

ISBN：7-80580-362-5 定价：CNY3.80

（中国硬笔书法临习法帖　行书）

　　颜真卿（709—785），唐代书法家。字清臣。
历任监察御史、殿中侍御史。代表作品有《韵海
镜源》《吴兴集》《庐陵集》等，均佚。宋人辑有
《颜鲁公集》。

J0095026

唐钟绍京《灵飞经》　（唐）钟绍京书；《中国硬
笔书法楷书临习法帖》编委会编

南昌　江西美术出版社　1997 年　26cm（16 开）

ISBN：7-80580-361-7 定价：CNY4.70

（中国硬笔书法楷书临习法帖　楷书）

J0095027

汪国真爱情诗钢笔字帖　李光书写

延吉　延边人民出版社　1997 年　138 页

18cm（小 32 开）ISBN：7-80599-764-0

定价：CNY6.80

（名篇精典字帖）

J0095028

汪国真哲理诗钢笔字帖　付宝印书写

延吉　延边人民出版社　1997 年　136 页

20cm（32 开）ISBN：7-80599-764-0

定价：CNY6.80

（名篇精典字帖）

J0095029
王羲之行书 吴身元主编
杭州 浙江科学技术出版社 1997年 190页
有画像 20cm(32开) ISBN：7-5341-1062-9
定价：CNY8.40
（跟我练硬笔书法丛书）

J0095030
卫兵钢笔书法字帖 卫兵书
北京 中国文联出版公司 1997年 50页
26cm(16开) ISBN：7-5059-2700-0
定价：CNY9.80

J0095031
席慕蓉抒情诗钢笔字帖 庞中华等书写
延吉 延边人民出版社 1997年 135页
20cm(32开) ISBN：7-80599-764-0
定价：CNY6.80
（名篇精典字帖）

  作者庞中华(1945—)，著名书法家、教育家和诗人。四川重庆人，毕业于西南科技大学地质勘探专业。中国当代硬笔书法的奠基者，全国政协委员、中国硬笔书法协会会长。代表作品有《庞中华钢笔字帖》《庞中华现代硬笔字帖》等。著作《庞中华散文集》《庞中华谈谈学写钢笔字》《硬笔书法简论》等。

J0095032
小学诗·小儿语 卢定山，周炳元书写
南宁 广西美术出版社 1997年 95页 26cm(16开)
ISBN：7-80625-332-7 定价：CNY10.00
（中国蒙学篇钢笔字帖 4）

J0095033
校园妙语 （多体钢笔字帖）司马彦书
广州 华南理工大学出版社 1997年 2版 170页
19cm(小32开) ISBN：7-5623-0974-4
定价：CNY8.00

J0095034
校园散文多体钢笔字帖 司马彦书
广州 华南理工大学出版社 1997年 2版 170页
19cm(小32开) ISBN：7-5623-0976-0
定价：CNY8.00

J0095035
校园抒情诗多体钢笔字帖 司马彦书
广州 华南理工大学出版社 1997年 2版 168页
19cm(小32开) ISBN：7-5623-0975-2
定价：CNY8.00

J0095036
校园作文多体钢笔字帖 （上册 精彩绘景篇）司马彦，司马东编写
西安 陕西旅游出版社 1997年 154页
19cm(小32开) ISBN：7-5418-1403-2
定价：CNY8.00

J0095037
校园作文多体钢笔字帖 （下册 精彩写人篇）司马彦，司马东编写
西安 陕西旅游出版社 1997年 154页
19cm(小32开) ISBN：7-5418-1408-3
定价：CNY8.00

J0095038
写字速成字帖 冯宝佳书
广州 广东旅游出版社 1997年 205页
19cm(小32开) ISBN：7-80521-804-8
定价：CNY8.00

J0095039
新编钢笔书法教程 曾龑白编
乌鲁木齐 新疆青少年出版社 1997年 128页
有图 26cm(16开) ISBN：7-5371-2739-5
定价：CNY10.00

  作者曾龑白，四川巴中市人。中国蓝天书法艺术协会主席、中国硬笔书法协会四川分会会员、海内外书画艺术联谊会会员、理事。著有《中国书法艺术讲义》《楷书基础教程》等。

J0095040
新编钢笔字快写法 （60天速成）周建远，宁人编著
北京 国际文化出版公司 1997年 152页
19cm(小32开) ISBN：7-80105-397-4
定价：CNY5.80

J0095041
学生常用汉语词组钢笔字帖 潘善助书

杭州　浙江文艺出版社　1997 年　249 页
19cm（小 32 开）ISBN：7-5339-0822-8
定价：CNY7.80

J0095042
学生常用汉语单词钢笔字帖　任平书
杭州　浙江文艺出版社　1997 年　216 页
19cm（小 32 开）ISBN：7-5339-0805-8
定价：CNY7.00
　　作者任平（1952—　），书法家。江苏如皋人，毕业于杭州大学中文系，获博士学位。历任文化部中国艺术研究院教授、博士生导师，中国艺术研究院美术研究所学术委员会委员、书法研究室主任、中国书法家协会书法教育专业委员会委员、中国语言学会会员等。代表作品优《中国书法》《说隶》《笔歌墨舞》《中国书法全集》等。

J0095043
学生钢笔字书写技法　杨宵编著
南京　东南大学出版社　1997 年　67 页　19×21cm
ISBN：7-81050-218-2　定价：CNY5.90

J0095044
训蒙增广改本　韩建良书写
南宁　广西美术出版社　1997 年　82 页　26cm（16 开）
ISBN：7-80625-331-9　定价：CNY8.80
（中国蒙学篇钢笔字帖 10）

J0095045
一笔快钢笔字帖　石同书
北京　气象出版社　1997 年　105 页　19cm（小 32 开）
ISBN：7-5029-2162-1　定价：CNY7.00

J0095046
艺术硬笔书法　胡传海编
上海　上海书画出版社　1997 年　13+286 页
20cm（32 开）ISBN：7-80635-045-4
定价：CNY25.00

J0095047
硬笔楷书临摹字帖　张学鹏著
北京　中国国际广播出版社　1997 年　94 页
26cm（16 开）ISBN：7-5078-1460-2
定价：CNY13.00

J0095048
硬笔楷书入门　王伟编著
上海　中国纺织大学出版社　1997 年　161 页
19cm（小 32 开）ISBN：7-81038-148-2
定价：CNY10.00
　　作者王伟（1961—　），硬笔书法家。任职于上海飞机制造厂，中华硬笔书法家协会理事。

J0095049
硬笔书法常用字五体字典　梁锦英等撰书
广州　广东世界图书出版公司　1997 年　30+323 页
19cm（小 32 开）ISBN：7-5062-3365-7
定价：CNY20.00
　　作者梁锦英（1936—2005），硬笔书法家，教育家。广东德庆人。曾任广州市第三十三中学书法教师、广州钢笔书法函授学校校长、广州市武术协会太虚拳研究会副会长。作品有《钢笔书法》《钢笔行草书法千家诗》《草书书写门径》等。

J0095050
硬笔书法古代游记选　单文清［书］
天津　百花文艺出版社　1997 年　133 页
19cm（小 32 开）ISBN：7-5306-2539-X
定价：CNY6.60

J0095051
硬笔书法教程　倪文东编著
乌鲁木齐　新疆人民出版社　1997 年　150 页
26cm（16 开）ISBN：7-228-04172-0
定价：CNY15.80
（书法自学丛书）
　　作者倪文东（1957—　），教授。又名倪端、倪陵生，陕西黄陵人，毕业于西北大学中文系。历任西北大学艺术系教授、陕西省青年书法家协会副主席、太白印社社长、中国书法家协会理事、北京师范大学艺术与传媒学院书法系教授。代表作品《二十世纪中国书画家印款辞典》。

J0095052
硬笔书法五体字典　张鑫主编；江西省硬笔书法委员会编
南昌　江西美术出版社　1997 年　466 页
15cm（64 开）ISBN：7-80580-347-1
定价：CNY12.00

J0095053

硬笔书法训练与书法艺术　严卫平编著
上海 文汇出版社 1997 年 61 页 26cm（16 开）
ISBN：7-80531-483-7 定价：CNY9.00

J0095054

硬笔书法字帖与欣赏　郝世檀编写
北京 海潮出版社 1997 年 87 页 28cm（大 16 开）
ISBN：7-80054-911-9 定价：CNY9.80

J0095055

元赵孟頫《道德经》（元）赵孟頫书；中国硬
笔书法临习法帖编委会编
南昌 江西美术出版社 1997 年 26cm（16 开）
ISBN：7-80580-360-9 定价：CNY6.20
（中国硬笔书法临习法帖 楷书）

　　赵孟頫（1254—1322），元代著名书画家、诗
人。字子昂，号松雪道人等。浙江吴兴（今浙江
湖州市）人。能诗善文，精绘艺，工书法，"楷书
四大家"之一。作品有《秋郊饮马图》《秀石疏林
图》《松石老子图》等，著有《松雪斋文集》等。

J0095056

怎样写好钢笔字　张锡庚，张澄著
南京 江苏教育出版社 1997 年 154 页
19cm（小 32 开）ISBN：7-5343-3015-7
定价：CNY5.00
（跨世纪农村书库 文体知识篇）

J0095057

增广贤文　（楷、行、隶、魏）刘佳尚书
西安 太白文艺出版社 1997 年 100 页
19cm（32 开）ISBN：7-80605-496-0
定价：CNY4.90
（刘佳尚钢笔书法系列）

　　本书由《增广贤文》《三字经》《女儿经》
合订。

J0095058

赵孟頫专辑　蔡慧苹编著
上海 上海三联书店 1997 年 189 页 20cm（32 开）
ISBN：7-5426-1013-9 定价：CNY9.80
（历代名家法帖钢笔临写系列）

J0095059

郑阶平成语新编钢笔字帖　郑阶平［书］
上海 华东理工大学出版社 1997 年 445 页
有彩照 20cm（32 开）ISBN：7-5628-0778-7
定价：CNY22.00

J0095060

至理箴言四体钢笔书法　刘佳尚书
广州 华南理工大学出版社 1997 年 284 页
19cm（小 32 开）ISBN：7-5623-1226-5
定价：CNY12.50
（刘佳尚钢笔书法系列）

J0095061

至理箴言四体钢笔字帖　刘佳尚书
广州 华南理工大学出版社 1999 年 2 版 202 页
19cm（小 32 开）ISBN：7-5623-1226-5
定价：CNY8.80
（刘佳尚钢笔书法系列）

J0095062

治家格言·洞学十戒　周炳元书写
南宁 广西美术出版社 1997 年 70 页 26cm（16 开）
ISBN：7-80625-284-3 定价：CNY7.60
（中国蒙学篇钢笔字帖 9）

J0095063

中国当代硬笔书法家作品集　司惠国主编
北京 知识出版社 1997 年 260 页 有照片
26cm（16 开）精装 ISBN：7-5015-1500-X
定价：CNY66.00
（中国书画艺术百科全书 硬笔作品卷）

　　主编司惠国（1959—　），硬笔书法家。河北
唐山人，中国当代硬笔书法习字会会长。

J0095064

中国名胜名联毛笔钢笔书法　顾仲安书
上海 华东理工大学出版社 1997 年 重印本
244 页 26cm（16 开 ）ISBN：7-5628-0697-7
定价：CNY25.00
（顾仲安书法系列）

J0095065

中国硬笔书法大成　庞中华名誉主编；冼心
执行主编

汕头 汕头大学出版社 1997年 2册（13+667+22页）
26cm（16开）精装 ISBN：7-81036-231-3
定价：CNY339.00

　　作者庞中华（1945—　），著名书法家、教育家和诗人。四川重庆人，毕业于西南科技大学地质勘探专业。中国当代硬笔书法的奠基者、全国政协委员、中国硬笔书法协会会长。代表作品有《庞中华钢笔字帖》《庞中华现代硬笔字帖》等。著作《庞中华散文集》《庞中华谈谈学写钢笔字》《硬笔书法简论》等。

J0095066

中国硬笔书法大成 （瑰宝卷）洗心主编
汕头 汕头大学出版社 1997年
2册（13+667+22页）有肖像 26cm（16开）精装
ISBN：7-81036-231-3 定价：CNY339.00

J0095067

中华硬笔书法作品集 李家原主编；北艺回宫格书法艺术学校，东方书画家协会编辑
北京 中国人民公安大学出版社 1997年 304页
26cm（16开）ISBN：7-81011-961-3
定价：CNY95.00

　　主编李家原（1957—　），书法家。号静观，咨砚斋主人，河南固始县人。历任中央国家机关书协副秘书长、中国书法家协会会员、东方书画家协会会长、北京当代东方书画艺术交流中心主任。作品有小楷巨制长卷册页《孙子兵法》《茶经》《易经》等。

J0095068

中外格言钢笔字帖 牟诚书写
延吉 延边人民出版社 1997年 138页
20cm（32开）ISBN：7-80599-764-0
定价：CNY6.80
（名篇精典字帖）

　　作者牟诚（1950—　），编辑。曾任长春广播电台记者、编辑，影视广播图书周报副总编辑、长春商报副总编辑、硬笔书法协会会员、吉林省书法家协会会员。书法作品有《人生忠告钢笔行书字帖》《爱情友情赠诗集锦钢笔行书字帖》《流行金曲钢笔行书字帖》。出版有《牟诚书法作品集》等。

J0095069

中小学生钢笔字帖系列 庞中华，王玉孝主编
北京 知识出版社 1997年 4册 19cm（32开）
ISBN：7-5015-1519-0 定价：CNY23.20
（中国硬笔书法百科书系）

J0095070

中学古代诗文三体钢笔字帖 张凤鸣，栾传益编写
大连 大连理工大学出版社 1997年 162页
20cm（32开）ISBN：7-5611-1309-9
定价：CNY8.50

J0095071

中学生硬笔行书字帖 周宗毅编写
宁波 宁波出版社 1997年 186页 19cm（小32开）
ISBN：7-80602-154-X 定价：CNY8.00

J0095072

中学生硬笔楷书行书字帖 司马东，司马彦书写
北京 气象出版社 1997年 219页 19cm（小32开）
ISBN：7-5029-2195-8 定价：CNY11.20

J0095073

周末练字 闵月著
上海 上海科学技术出版社 1997年 124页
18cm（小32开）ISBN：7-5323-4029-5
定价：CNY5.50
（周末丛书）

J0095074

邹志强楷、行、隶三体硬笔书法字帖 （初中部分）邹志强书
长沙 湖南出版社 1997年 105页 19cm（小32开）
ISBN：7-5438-1524-9 定价：CNY4.40
（中小学语文古体诗词硬笔书法字帖 2）

J0095075

《感悟》精粹硬笔书法 齐功书
北京 中国国际广播出版社 1998年 194页
20cm（32开）ISBN：7-5078-1490-4
定价：CNY13.80

J0095076

《灵飞经》笔法及其特点　许晓俊编著
杭州　西泠印社　1998 年　94 页　26cm（16 开）
ISBN：7-80517-287-0　定价：CNY9.80
（钢笔临历代名帖）

J0095077

3500 常用字硬笔五体字帖　骆恒光，余巨力
编写
上海　上海交通大学出版社　1998 年　292 页
20cm（32 开）ISBN：7-313-02092-9
定价：CNY19.00

J0095078

5000 最常用词钢笔行书速成字帖　钱建忠
编写
上海　上海大学出版社　1998 年　135 页
26cm（16 开）ISBN：7-81058-052-3
定价：CNY12.80
　　作者钱建忠，书法教育家。笔名成欣，生于
上海。毕业于上海师范大学中文系。上海中华
书法协会理事、上海东辉职业技术学校专职书法
教师。

J0095079

6000 常用汉字三体钢笔字帖　顾仲安书
杭州　浙江古籍出版社　1998 年　重印本　280 页
19cm（32 开）ISBN：7-80518-425-9
定价：CNY9.80

J0095080

60 天速成钢笔字帖　（楷书册）司马东，司马
彦著
成都　四川大学出版社　1998 年　26cm（16 开）
ISBN：7-5614-1794-2　定价：CNY8.00

J0095081

99 天钢笔字速成练习法　（行书）北京硬笔
书法协会编
北京　北京体育大学出版社　1998 年　2 版　修订本
53 页　26cm（16 开）ISBN：7-81051-321-4
定价：CNY6.00

J0095082

99 天钢笔字速成练习法　（楷书）北京硬笔
书法协会编
北京　北京体育大学出版社　1998 年　2 版　修订本
53 页　26cm（16 开）ISBN：7-81051-320-6
定价：CNY6.00

J0095083

爱情小语钢笔字帖欣赏　黄继成书
广州　岭南美术出版社　1998 年　276 页
20cm（32 开）ISBN：7-5362-1820-6
定价：CNY13.80

J0095084

北京硬笔书法学会钢笔行书标准教材　王
宝心主编；北京硬笔书法学会，北京书法艺术
学校编
海口　南海出版公司　1998 年　116 页　有彩照及图
26cm（16 开）ISBN：7-5442-1195-9
定价：CNY15.00

J0095085

北京硬笔书法学会钢笔楷书标准教材　王
宝心主编；北京硬笔书法学会，北京书法艺术
学校编
海口　南海出版公司　1998 年　116 页　26cm（16 开）
ISBN：7-5442-1194-0　定价：CNY15.00

J0095086

常用成语钢笔字帖　杜莉编；李放鸣书
成都　天地出版社　1998 年　62 页　20cm（32 开）
ISBN：7-80624-223-6　定价：CNY4.80

J0095087

常用字钢笔五体字帖　尹俊龙著
上海　上海书画出版社　1998 年　15+318 页
19cm（小 32 开）ISBN：7-80635-243-0
定价：CNY9.50
（海螺·绿叶文库　艺苑自修）

J0095088

大学硬笔书法　赵维俊编著
大连　大连理工大学出版社　1998 年　286 页
26cm（16 开）ISBN：7-5611-1518-0
定价：CNY18.00

J0095089

当代中国硬笔书法 21 家　王正良，吴身元主编

杭州　浙江科学技术出版社　1998 年　474 页

有肖像　20cm（32 开）ISBN：7-5341-1187-0

定价：CNY19.50

J0095090

丁广茂硬笔书法　丁广茂书

北京　北京燕山出版社　1998 年　122 页

20cm（32 开）ISBN：7-5402-1149-0

定价：CNY10.00

　　本书收选了作者用圆珠笔所写的《月下独酌》《望岳》《送别》《夏日南亭怀辛大》《春晓》等多篇硬笔书法。作者丁广茂（1939—　），书法家。出生于湖南湘乡。历任华夏书画艺术人才研究会理事、北京东方书画社常务理事、国际美术家联合会理事、日本国艺书道院客座教授。著有《丁广茂硬笔书法》。

J0095091

读唐诗　学写字　（学生钢笔描红）臧泳云书

南京　江苏少年儿童出版社　1998 年　48 页

26cm（16 开）ISBN：7-5346-1844-4

定价：CNY4.50

J0095092

多功能 3500 常用汉字钢笔字帖　任平书

杭州　杭州出版社　1998 年　221 页　20cm（32 开）

ISBN：7-80633-097-6　定价：CNY10.00

　　作者任平（1952—　），书法家。江苏如皋人，毕业于杭州大学中文系，获博士学位。历任文化部中国艺术研究院教授、博士生导师，中国艺术研究院美术研究所学术委员会委员、书法研究室主任、中国书法家协会书法教育专业委员会委员、中国语言学会会员等。代表作品优《中国书法》《说隶》《笔歌墨舞》《中国书法全集》等。

J0095093

多功能常用成语钢笔字帖　薛平书

杭州　杭州出版社　1998 年　217 页　20cm（32 开）

ISBN：7-80633-098-4　定价：CNY10.00

J0095094

粉笔书法　赵忠映编

昆明　云南美术出版社　1998 年　102 页

26cm（16 开）ISBN：7-80586-476-4

定价：CNY12.90

J0095095

粉笔字临摹教程　尚亚卿著

北京　当代世界出版社　1998 年　62 页　26cm（16 开）

ISBN：7-80115-149-6　定价：CNY5.80

J0095096

冯宝佳多体字帖选　冯宝佳书

广州　广东高等教育出版社　1998 年　2 版　313 页

19cm（小 32 开）ISBN：7-5361-1645-4

定价：CNY14.80

　　作者冯宝佳（1937—　），书法家。广东省书法家协会理事、广州硬笔书法家协会艺术导师。著有《冯宝佳硬笔书法字帖》《教你写毛笔字》等。

J0095097

佛陀格言钢笔字帖　陆维中写

上海　华东师范大学出版社　1998 年　88 页

20cm（32 开）ISBN：7-5617-1979-5

定价：CNY5.00

J0095098

钢笔草书十讲　韩凤华，张坤义编著

北京　华艺出版社　1998 年　73 页　26cm（16 开）

ISBN：7-80142-036-5　定价：CNY8.80

（钢笔书法行草系列 1）

J0095099

钢笔行书(隶书)标准字帖教材　司马彦，司马东著

北京　蓝天出版社　1998 年　100 页　26cm（16 开）

ISBN：7-80081-798-9　定价：CNY9.80

（多体钢笔字速成新技法）

J0095100

钢笔行书字帖　（健康保健篇）谌宁生书

南京　江苏美术出版社　1998 年　80 页　20cm（32 开）

ISBN：7-5344-0841-5　定价：CNY6.00

J0095101

钢笔行书字帖　（生活常识篇）王卫军书

南京　江苏美术出版社　1998 年　80 页　20cm（32 开）

ISBN：7-5344-0839-3　定价：CNY6.00

J0095102

钢笔行书字帖 （友情篇）汪寅生书
南京　江苏美术出版社　1998 年　78 页　20cm（32 开）
ISBN：7-5344-0840-7　定价：CNY6.00
　　作者汪寅生（1950—　），硬笔书法家。安徽
黄山人。江苏人民广播电台从事新闻工作，中国
现代硬笔书法研究会常务理事、江苏省硬笔书法
协会主席等。编有《硬笔书法入门》《硬笔书苑》
《硬笔书法获奖作品选》等。

J0095103

钢笔楷书（魏碑）标准字帖教材　司马彦，司
马东著
北京　蓝天出版社　1998 年　100 页　26cm（16 开）
ISBN：7-80081-799-7　定价：CNY9.80
（多体钢笔字速成新技法）

J0095104

钢笔楷书指南　史大作著
郑州　河南美术出版社　1998 年　107 页
19cm（小 32 开）ISBN：7-5401-0716-2
定价：CNY9.00

J0095105

钢笔书法创作技法　李放鸣编著
成都　天地出版社　1998 年　66 页　有照片
26cm（16 开）ISBN：7-80624-158-2
定价：CNY6.80

J0095106

钢笔书法获奖作品赏评　何幼慕主编
杭州　浙江文艺出版社　1998 年　201 页
20cm（32 开）ISBN：7-5339-1076-1
定价：CNY8.10

J0095107

钢笔书法教程　唐子峰，胡可宏编
广州　广东高等教育出版社　1998 年　148 页
26cm（16 开）ISBN：7-5361-2107-5
定价：CNY15.00

J0095108

钢笔书法练习册 （上册 楷书）古风编

沈阳　辽宁教育出版社　1998 年　108 页
19cm（小 32 开）ISBN：7-5382-5161-8
定价：CNY4.00

J0095109

钢笔书法练习册 （下册 行书）古风编
沈阳　辽宁教育出版社　1998 年　107 页
19cm（小 32 开）ISBN：7-5382-5160-X
定价：CNY4.00

J0095110

钢笔书法入门捷径　段文魁著
南宁　广西民族出版社　1998 年　重印本　82 页
26cm（16 开）ISBN：7-5363-3379-X
定价：CNY7.00

J0095111

钢笔书法一点通　蔡晓斌编著
广州　广东高等教育出版社　1998 年　199 页
19cm（小 32 开）ISBN：7-5361-2247-0
定价：CNY8.90

J0095112

钢笔书法字帖人生哲理妙语　黄继成书
乌鲁木齐　新疆青少年出版社　1998 年　4 册
19cm（小 32 开）ISBN：7-5371-2730-1
定价：CNY27.20，CNY6.80（单册）
　　作者黄继成（1969—　），书法家。湖北郧县
人，从事硬笔书法创作与理论研究工作。

J0095113

钢笔四体书法　解录一著
昆明　云南美术出版社　1998 年　119 页
19cm（小 32 开）ISBN：7-80586-518-3
定价：CNY6.80

J0095114

钢笔字书写要法 （楷书行书）庄珠娣主编；
杨大寰等编写
上海　上海教育出版社　1998 年　246 页
20cm（32 开）ISBN：7-5320-6038-1
定价：CNY9.50

J0095115

钢笔字帖最新技法 （A 80 小时速成示范）

王树峰编写

延吉　延边人民出版社　1998年　200页　有插图

19cm（小32开）ISBN：7-80599-846-9

定价：CNY6.80

J0095116

钢笔字帖最新技法　（B　汪国真名言）张文海书写

延吉　延边人民出版社　1998年　206页

19cm（小32开）ISBN：7-80599-846-9

定价：CNY6.80

J0095117

钢笔字循序练习册　（从楷书到行书）朱涛著

上海　上海画报出版社　1998年　141页

26cm（16开）ISBN：7-80530-367-3

定价：CNY10.00

J0095118

古诗文名篇　（佳尚钢笔小楷字帖）刘佳尚书写

成都　四川大学出版社　1998年　78页　26cm（16开）

ISBN：7-5614-1828-0　定价：CNY7.80

（钢笔书法系列丛书　2）

　　作者刘佳尚（1949—　　），中国硬笔书法家协会会员，曾在四川省南部县经济体制改革委员会工作。

J0095119

汉语常用字词硬笔行草书法帖　赵航［编］

郑州　海燕出版社　1998年　16+261页　20cm（32开）

ISBN：7-5350-1165-9　定价：CNY9.70

J0095120

胡一帆硬笔书法练习　胡一帆书

深圳　海天出版社　1998年　9册　20cm（32开）

盒装　ISBN：7-80615-696-8　定价：CNY38.00

　　作者胡一帆（1970—　　），原名胡元生，中国硬笔书法家协会会员。

J0095121

姜东舒楷书　吴身元主编

杭州　浙江科学技术出版社　1998年　230页

有照片　20cm（32开）ISBN：7-5341-1193-5

定价：CNY9.90

（跟我练硬笔书法丛书）

　　作者姜东舒（1923—2008），作家、书法家。山东乳山人。曾任中国硬笔书法家协会主席、浙江省钱江书法研究会会长、文澜书画社社长。代表作品有《姜东舒诗集》《女运粮》《前后亦壁赋》等。主编吴身元（1948—　　），书法家、书法教育家。笔名梧桐、吾舍等，浙江嘉兴人。浙江省硬笔书法家协会副主席。出版有《毛笔书法自学教程》《钢笔书法自学教程》等。

J0095122

精神文明知识钢笔楷书字帖　戴铜牛编写

沈阳　辽宁民族出版社　1998年　137页

19cm（小32开）ISBN：7-80644-020-8

定价：CNY6.00

J0095123

历代爱国诗词钢笔字帖　（中小学生习字范本）梁治国书

长沙　湖南美术出版社　1998年　60页　20cm（32开）

ISBN：7-5356-1123-0　定价：CNY4.30

J0095124

历代情诗名篇钢笔字帖　司马彦书

北京　中国物资出版社　1998年　211页

20cm（32开）ISBN：7-5047-1450-X

定价：CNY12.00

（司马彦钢笔字帖）

J0095125

毛泽东诗词钢笔字帖　沈鸿根书

重庆　重庆出版社　1998年　100页　19cm（小32开）

ISBN：7-5366-3840-X　定价：CNY8.50

　　作者沈鸿根（1943—　　），书法家。别号江鸟，出生于上海。曾任《写字》杂志副总编、上海中华书画协会副会长、中国书法家协会会员、上海市书法家协会硬笔书法家联谊会首任会长。出版作品《行书概论》《书法十五讲》《硬笔书法百日通》等。

J0095126

毛泽东诗词全编钢笔正楷字帖　苑冬梅书写

沈阳　辽宁画报出版社　1998年　136页

20cm（32开）ISBN：7-80601-174-9

定价：CNY7.80

J0095127

毛泽东诗词赏析硬笔书法　钟健书；何向东
［注］
成都　四川人民出版社　1998 年　254+59 页
20cm（32 开）ISBN：7-220-04276-0
定价：CNY18.00

J0095128

米芾行书　（宋）米芾书；吴身元主编
杭州　浙江科学技术出版社　1998 年　194 页
20cm（32 开）ISBN：7-5341-1097-1
定价：CNY8.80
（跟我练硬笔书法丛书）

　　作者米芾（1051—1107），北宋书法家、画家、书画理论家。祖籍太原，出生于湖北襄阳，长期居润州（今江苏镇江）。初名黻，后改芾，字元章，号襄阳居士、海岳山人等。书画自成一家，枯木竹石，山水画独具风格特点。在书法也颇有造诣，擅篆、隶、楷、行、草等书体，长于临摹古人书法。代表作品有《宝晋英光集》《宝章待访录》《书史》《画史》《砚史》。

J0095129

名联硬笔书法集　刘卓力书
北京　经济管理出版社　1998 年　140 页
26cm（16 开）ISBN：7-80118-589-7
定价：CNY20.00

J0095130

启功行书　启功书；吴身元主编
杭州　浙江科学技术出版社　1998 年　229 页
有照片　20cm（32 开）ISBN：7-5341-1135-8
定价：CNY10.00
（跟我练硬笔书法丛书）

　　作者启功（1912—2005），满族，中国现代著名书法家。字元伯，北京人。曾任北京师范大学教授、中央文史研究馆副馆长、中国书协名誉主席等职、世界华人书画家联合会创会主席、中国佛教协会、故宫博物院、国家博物馆顾问、西泠印社社长。

J0095131

千家诗　吴身元主编；梁军等书写
杭州　浙江科学技术出版社　1998 年　198 页
20cm（32 开）ISBN：7-5341-1161-7

定价：CNY9.00
（"蒙学篇"学生钢笔书法丛书）

J0095132

千家诗钢笔书法　李岩选书
济南　山东友谊出版社　1998 年　313 页
19cm（小 32 开）ISBN：7-80642-083-5
定价：CNY16.80

　　作者李岩选（1948—　），号砺石斋主，山东临沭人，毕业于曲阜师范大学。历任山东省出版总社编审、明天出版社美术编辑、山东硬笔书法家协会副主席、中日中青年书法家协会理事。代表作品《书法自学指导丛书：草书解读与书写规范》《常用字六体钢笔字帖》《毛笔楷书习字帖》等。

J0095133

千字文　吴身元等［编］
杭州　浙江科学技术出版社　1998 年　212 页
20cm（32 开）ISBN：7-5341-1149-8
定价：CNY9.50
（"蒙学篇"学生钢笔书法丛书）

J0095134

青春寄语钢笔字帖　（楷）王惕书
长沙　湖南少年儿童出版社　1998 年　172 页
19cm（小 32 开）ISBN：7-5358-1453-0
定价：CNY6.25

　　作者王惕（1938—　），女，锡伯族，编辑。笔名惊鸿、明惕，字惊鸿，号婉若，生于北京。毕业于中央美术附中。历任天津人民美术出版社编辑、天津昆曲研究会副会长、中国版画家协会、中国民俗学会、中国民间文艺家协会、中国美术家协会天津分会会员。专著有《中华美术民俗》《佛教造像法》《释迦牟尼传》等。

J0095135

青春寄语钢笔字帖　（行）李登峰书
长沙　湖南少年儿童出版社　1998 年　160 页
19cm（小 32 开）ISBN：7-5358-1451-4
定价：CNY5.80

J0095136

青春寄语钢笔字帖　（隶）李登峰书
长沙　湖南少年儿童出版社　1998 年　160 页

19cm（小 32 开）ISBN：7-5358-1450-6
定价：CNY5.80

J0095137
青春寄语钢笔字帖　（魏）李登峰书
长沙 湖南少年儿童出版社 1998 年 160 页
19cm（小 32 开）ISBN：7-5358-1452-2
定价：CNY5.80

J0095138
青少年钢笔楷书行书速学教程　苏显双编写
长春 时代文艺出版社 1998 年 92 页 26cm（16 开）
ISBN：7-5387-1223-2 定价：CNY8.80

J0095139
情满校园硬笔字帖　（青春寄语）司马东编；
司马彦书
哈尔滨 哈尔滨工业大学出版社 1998 年 185 页
19cm（小 32 开）ISBN：7-5603-1271-3
定价：CNY7.80

J0095140
情满校园硬笔字帖　（赠诗留言）司马东编；
司马彦书
哈尔滨 哈尔滨工业大学出版社 1998 年 186 页
19cm（32 开）ISBN：7-5603-1271-3
定价：CNY7.80

J0095141
人生小语钢笔字帖欣赏　黄继成书
广州 岭南美术出版社 1998 年 313 页
20cm（32 开）ISBN：7-5362-1760-9
定价：CNY13.80

J0095142
沙孟海行书　吴身元主编
杭州 浙江科学技术出版社 1998 年 230 页
有画像 20cm（32 开）ISBN：7-5341-1103-X
定价：CNY10.00
（跟我练硬笔书法丛书）

J0095143
生命的火花　（姬明硬笔书法作品集）姬明书
北京 华夏出版社 1998 年 122 页 有照片
19cm（小 32 开）ISBN：7-5080-1525-8

定价：CNY7.00

J0095144
时代正气歌　（全国著名先进人物格言 钢笔
字帖）高玉琴，郭凤玲选编；陈天俊书
北京 军事科学出版社 1998 年 182 页
20cm（32 开）ISBN：7-80137-160-7
定价：CNY8.50
（周末文化生活丛书）

J0095145
时人隽语　（魏楷隶行宋五体钢笔字帖）刘佳
尚书写
成都 四川大学出版社 1998 年 160 页
19cm（小 32 开）ISBN：7-5614-1809-4
定价：CNY7.80
（钢笔书法系列丛书 2）

J0095146
实用硬笔书法教程　彭西滨，邹志强著
长沙 湖南科学技术出版社 1998 年 104 页
26cm（16 开）ISBN：7-5357-2470-1
定价：CNY9.80

J0095147
司马彦钢笔字帖　司马彦书
北京 中国物资出版社 1998 年 3 册 20cm（32 开）
ISBN：7-5047-1450-X 定价：CNY36.00
　　作者司马彦（1958—　　），硬笔书法家。生
于湖北公安，祖籍湖南澧县。任书法艺术学校校
长。编写出版钢笔、毛笔字帖、教材、专著 1200
余种。作品有《心灵散文小语钢笔字帖》《古词
名篇钢笔字帖》《情侣散文钢笔字帖》等。

J0095148
王君钢笔书法　王君书
西安 太白文艺出版社 1998 年 139 页
19cm（小 32 开）ISBN：7-80605-740-4
定价：CNY12.80
　　作者王君（1938—　　），中国书法家协会河北
分会和中国硬笔书法协会会员。

J0095149
文徵明楷书　吴身元主编
杭州 浙江科学技术出版社 1998 年 230 页

有插图 20cm（32 开）ISBN：7-5341-1194-3
定价：CNY9.90
（跟我练硬笔书法丛书）

J0095150
我爱广东 （三体钢笔书法字帖）骆幼玲等编
写；冯宝佳书法
广州 暨南大学出版社 1998 年 91 页 有照片
20cm（32 开）ISBN：7-81029-730-9
定价：CNY5.00

J0095151
五千应用汉字钢笔字帖　李印华书写
北京 北京图书馆出版社 1998 年 170 页
26cm（16 开）ISBN：7-5013-1486-1
定价：CNY16.80
（"四三二一"系列育师丛书 6）

J0095152
五千应用汉字钢笔字帖　李印华书写
北京 书目文献出版社 1999 年 2 版 170 页
26cm（16 开）ISBN：7-5013-1486-1
定价：CNY16.80
（"四三二一"系列育师丛书 6）

J0095153
现代百家姓五体硬笔字帖　易宜曲，田勇编
南昌 江西美术出版社 1998 年 119 页
26cm（16 开）ISBN：7-80580-447-8
定价：CNY10.00

J0095154
小学古诗配图硬笔书法　刘允升著
济南 山东教育出版社 1998 年 140 页
20cm（32 开）ISBN：7-5328-2781-X
定价：CNY9.00

J0095155
校园钢笔书法　方磊编著
西安 陕西人民出版社 1998 年 171 页
20cm（32 开）ISBN：7-224-04551-9
定价：CNY9.50

J0095156
写在贺卡上的赠言　（钢笔书法）刘佳尚书写

成都 四川大学出版社 1998 年 80 页 26cm（16 开）
ISBN：7-5614-1828-0 定价：CNY7.80
（钢笔书法系列丛书 1）

J0095157
写字技巧　郭榕生编著
沈阳 沈阳出版社 1998 年 164 页 19cm（小 32 开）
ISBN：7-5441-1055-9 定价：CNY5.80

J0095158
心灵散文小语钢笔字帖　司马彦书
北京 中国物资出版社 1998 年 215 页
20cm（32 开）ISBN：7-5047-1450-X
定价：CNY12.00
（司马彦钢笔字帖）

J0095159
心灵小语钢笔字帖欣赏　黄继成书
广州 岭南美术出版社 1998 年 315 页
20cm（32 开）ISBN：7-5362-1759-5
定价：CNY13.80

J0095160
新编家教三字经多用钢笔字帖　周宗毅书
宁波 宁波出版社 1998 年 26 页 19×26cm
ISBN：7-80602-187-6 定价：CNY8.00

J0095161
新概念钢笔书法速成教程　（行书）郑明耀著
杭州 浙江科学技术出版社 1998 年 153 页
26cm（16 开）ISBN：7-5341-1089-0
定价：CNY15.00

J0095162
新概念临摹字帖　（行书）郑明耀著
杭州 浙江科学技术出版社 1998 年 29 页
26cm（16 开）ISBN：7-5341-1095-5
定价：CNY5.00

J0095163
星级字帖　周立福书写
武汉 中国地质大学出版社 1998 年
2 册（92+92 页）20cm（32 开）
ISBN：7-5625-1346-5 定价：CNY10.00
　　作者周立福（1962—　），书法家。湖北省书

法家协会会员，湖北省咸宁市咸安区委组织部工作。出版有《古诗文钢笔字帖》《席慕蓉诗歌行书字帖》《汪国真抒情诗钢笔字帖》。

J0095164
醒世微言　刘佳尚书写
成都　四川大学出版社　1998年　160页
19cm（小32开）ISBN：7-5614-1809-4
定价：CNY7.80
（钢笔书法系列丛书　1）

J0095165
徐俊杰书法作品选　徐俊杰著
沈阳　春风文艺出版社　1998年　88页　有肖像
29cm（16开）ISBN：7-5313-1879-2
定价：CNY63.00

J0095166
学得快钢笔书法速成字帖　（1 行书基础训练）李放鸣书
海口　南海出版公司　1998年　26cm（16开）
ISBN：7-5442-1220-3 定价：CNY8.00

J0095167
学得快钢笔书法速成字帖　（2 楷、隶书提高训练）李放鸣书
海口　南海出版公司　1998年　26cm（16开）
ISBN：7-5442-1219-X 定价：CNY8.00

J0095168
学生字帖　（钢笔楷书）高凤鸣著
石家庄　河北教育出版社　1998年　93页
19cm（小32开）ISBN：7-5434-3202-1
定价：CNY3.90

J0095169
一诗一画唐诗四十首　（篆隶楷行四体硬笔书法）范长寿，田兵书；王敬平［绘］
银川　宁夏人民出版社　1998年　240页　有插图
25cm（小16开）ISBN：7-227-01793-1
定价：CNY21.00

J0095170
易错字钢笔字帖　刘洪仁编；李放鸣书
成都　天地出版社　1998年　62页　20cm（32开）

ISBN：7-80624-224-4 定价：CNY4.80

J0095171
硬笔草字书写技法　丁永康编著
北京　金盾出版社　1998年　108页　26cm（16开）
ISBN：7-5082-0345-3 定价：CNY8.00
　　作者丁永康（1956— ），书法教师。江苏淮阴人，毕业于首都师范大学书法专业。历任中国人民保险公司工会干部、中国书法家协会会员、华艺硬笔习字会副会长。代表作品有《3500常用字钢笔字帖》《常用字钢笔楷书行书对照字帖》《钢笔楷书行书技法指南》等。

J0095172
硬笔行书　（数字化练字法）张神农著
南京　南京师范大学出版社　1998年　118页
26cm（16开）ISBN：7-81047-202-X
定价：CNY16.00

J0095173
硬笔行书写法指导　钱沛云著
上海　上海教育出版社　1998年　162页
19cm（小32开）ISBN：7-5320-5604-X
定价：CNY7.50
　　作者钱沛云（1946— ），著名硬笔书法家。字鹤斋，浙江上虞人，毕业于上海师大中文系。中国书法家协会会员、中国书画函授大学书法系教授。主要作品有《楷书基础知识》《怎样写快写好钢笔字》《钢笔书法技巧要领》《红楼梦诗词钢钢笔行书书帖》等。

J0095174
硬笔书法大师最新精品系列
沈阳　沈阳出版社　1998年　10册　26cm（16开）
ISBN：7-5441-1118-0 定价：CNY108.00

J0095175
硬笔书法跟我学　（错字·别字·规范字）张学鹏编写
北京　中国计量出版社　1998年　60页　26cm（16开）
ISBN：7-5026-1068-5 定价：CNY8.00

J0095176
硬笔书法基础　倪文东著
西安　西北大学出版社　1998年　115页

26cm（16开）ISBN：7-5604-1299-8
定价：CNY14.80
（硬笔书法丛书）

　　作者倪文东（1957—　　），教授。又名倪端、倪陵生，陕西黄陵人，毕业于西北大学中文系。历任西北大学艺术系教授、陕西省青年书法家协会副主席、太白印社社长、中国书法家协会理事、北京师范大学艺术与传媒学院书法系教授。代表作品《二十世纪中国书画家印款辞典》。

J0095177
硬笔字　　钱沛云著
太原　希望出版社　1998年　129页　26cm（16开）
ISBN：7-5379-1901-1　定价：CNY13.00
（艺术入门丛书）

J0095178
硬笔字书写要点　　刘尔福著
沈阳　辽宁美术出版社　1998年　156页　有照片
26cm（16开）ISBN：7-5314-2047-3
定价：CNY15.00

J0095179
友谊赠言祝辞钢笔字帖　　司马彦书
北京　中国物资出版社　1998年　217页
20cm（32开）ISBN：7-5047-1450-X
定价：CNY12.00
（司马彦钢笔字帖）

J0095180
赠言贺词钢笔楷书字帖　　冰河书
北京　中央民族大学出版社　1998年　202页
20cm（32开）ISBN：7-81056-065-4
定价：CNY9.80

J0095181
战士学共同条令钢笔字帖　　陈天俊书
北京　军事科学出版社　1998年　215页
20cm（32开）ISBN：7-80137-176-3
定价：CNY10.50

　　作者陈天俊（1968—　　），军人。湖北襄阳人。中国硬笔书法协会会员。

J0095182
张建国鱼骨书法　　张建国书
北京　大众文艺出版社　1998年　80页　有照片
26cm（16开）ISBN：7-80094-595-2
定价：CNY20.00

J0095183
赵孟頫行书　　吴身元主编
杭州　浙江科学技术出版社　1998年　198页
有画像　20cm（32开）ISBN：7-5341-1102-1
定价：CNY8.80
（跟我练硬笔书法丛书）

J0095184
郑板桥诗抄钢笔书法字帖　　田原写
长春　东北师范大学出版社　1998年　90页
20cm（32开）ISBN：7-5602-2175-0
定价：CNY5.00
（当代硬笔书法精品系列）

　　作者田原（1925—　　），漫画家，一级美术师。祖籍江苏溧水，生于上海。原名潘有炜，笔名饭牛。中国美术家协会、中国书法家协会、中国版画家协会、中国记者协会、中国漫画家协会会员，中国工艺美术协会理事，东南大学、深圳大学教授。书画作品有《陋室铭》，出版有《中国民间玩具》《田原硬笔书法》等，设计动画片有《熊猫百货商店》等。

J0095185
中国四大古典名著诗词歌赋钢笔书法　　王正良主编
北京　大众文艺出版社　1998年　4册　有图
20cm（32开）ISBN：7-80094-577-4
定价：CNY48.00

J0095186
中国文坛巨星散文精编　　顾仲晏书；杨银，曾赤敏编
乌鲁木齐　新疆青少年出版社　1998年　202页
20cm（32开）ISBN：7-5371-3048-5
定价：CNY8.80
（钢笔文帖鉴赏学习）

J0095187
中国硬笔书法大观　　中国文化信息协会，中国硬笔书法协会编
北京　北京图书馆出版社　1998年　391页

26cm（16 开）ISBN：7-5013-1461-6

定价：CNY86.00

J0095188

中日钢笔书法精品集　王正良，（日）石川芳
云主编

杭州　浙江科学技术出版社　1998 年　236 页

26cm（16 开）ISBN：7-5341-1189-7

定价：CNY20.00

J0095189

中小学古诗词钢笔字帖　田旭中执笔

成都　四川人民出版社　1998 年　128 页

19cm（小 32 开）ISBN：7-5366-2414-X

定价：CNY10.85

　　作者田旭中（1953—　），书画家、作家。四
川成都人。历任中国书法家协会四川分会会员、
四川省书学学会理事。

J0095190

中小学学生钢笔字帖　陆登发等编写

苏州　苏州大学出版社　1998 年　179 页

19cm（小 32 开）ISBN：7-81037-405-2

定价：CNY6.50

J0095191

中学生规范钢笔字帖　朱野坪书写

南京　江苏古籍出版社　1998 年　重印本　91 页

20cm（32 开）ISBN：7-80519-910-8

定价：CNY3.00

J0095192

最新 100 天速成钢笔字帖　（草书）庞中华，
王玉孝主编

北京　国际文化出版公司　1998 年　76 页

26cm（16 开）ISBN：7-80105-618-3

定价：CNY10.00

（中国硬笔书法百科全书　速成卷）

　　作者庞中华（1945—　），著名书法家、教育
家和诗人。四川重庆人，毕业于西南科技大学地
质勘探专业。中国当代硬笔书法的奠基者，全国
政协委员、中国硬笔书法协会会长。代表作品有
《庞中华钢笔字帖》《庞中华现代硬笔字帖》等。
著作《庞中华散文集》《庞中华谈谈学写钢笔字》
《硬笔书法简论》等。

J0095193

最新 100 天速成钢笔字帖　（行书）庞中华，
王玉孝主编

北京　国际文化出版公司　1998 年　76 页

26cm（16 开）ISBN：7-80105-617-5

定价：CNY10.00

（中国硬笔书法百科全书　速成卷）

J0095194

最新 100 天速成钢笔字帖　（楷书）庞中华，
王玉孝主编

北京　国际文化出版公司　1998 年　76 页

26cm（16 开）ISBN：7-80105-616-7

定价：CNY10.00

（中国硬笔书法百科全书　速成卷）

J0095195

最新 100 天速成钢笔字帖　（隶书）庞中华，
王玉孝主编

北京　国际文化出版公司　1998 年　76 页

26cm（16 开）ISBN：7-80105-613-2

定价：CNY10.00

（中国硬笔书法百科全书　速成卷）

　　作者庞中华（1945—　），著名书法家、教育
家和诗人。四川重庆人，毕业于西南科技大学地
质勘探专业。中国当代硬笔书法的奠基者，全国
政协委员、中国硬笔书法协会会长。代表作品有
《庞中华钢笔字帖》《庞中华现代硬笔字帖》等。
著作《庞中华散文集》《庞中华谈谈学写钢笔字》
《硬笔书法简论》等。

J0095196

最新 100 天速成钢笔字帖　（魏书）庞中华，
王玉孝主编

北京　国际文化出版公司　1998 年　76 页

26cm（16 开）ISBN：7-80105-615-9

定价：CNY10.00

（中国硬笔书法百科全书　速成卷）

J0095197

最新 100 天速成钢笔字帖　（快写法）庞中
华，王玉孝主编

北京　国际文化出版公司　1998 年　100 页

26cm（16 开）ISBN：7-80105-620-5

定价：CNY12.00

（中国硬笔书法百科全书　速成卷）

J0095198

最新多用钢笔书法自学教程　梁良书；远近选编
呼和浩特　内蒙古人民出版社　1998 年　2 册
19×26cm　ISBN：7-204-04173-9
定价：CNY17.60

J0095199

最新硬笔书法速成教材　庞中华, 王玉孝主编
北京　当代世界出版社　1998 年　3 册　26cm（16 开）
ISBN：7-80115-102-X　定价：CNY28.00
（中国硬笔书法百科全书）

J0095200

5000 常用汉字三体多用字帖　吴身元主编
杭州　浙江科学技术出版社　1999 年　97 页
19×26cm　精装　ISBN：7-5341-1369-5
定价：CNY13.20

J0095201

7000 通用字钢笔字帖　许宝驯书
上海　上海书画出版社　1999 年　29+350 页
13cm（64 开）　精装　ISBN：7-80635-351-8
定价：CNY16.00

J0095202

99 偏旁部首铅笔字速成技巧　牛彤主编
北京　中国广播电视出版社　1999 年　253 页
20cm（32 开）　ISBN：7-5043-3216-X
定价：CNY14.00

　　作者牛彤（1968—　），中国书法家协会会员，中国现代硬笔书法研究会会员。

J0095203

爱的箴言　鹿耀世书
北京　团结出版社　1999 年　192 页　20cm（32 开）
ISBN：7-80130-248-6　定价：CNY8.80
（硬笔临习丛书 3）

　　作者鹿耀世，书法家、美术编审。字剑平，中国社会科学出版社美术副编审。出版《字体艺术》《耀世书法系列》，主编《现代广告创意》《美术设计图库》《徐悲鸿诞辰一百一十周年书画作品集》等。

J0095204

爱国名言四体钢笔字帖　刘佳尚书
广州　华南理工大学出版社　1999 年　202 页
19cm（小 32 开）　ISBN：7-5623-1407-1
定价：CNY8.80
（刘佳尚钢笔书法系列）

J0095205

颤动的心弦　（今人赠言钢笔书法）江黎[著]；吴一桥等书
杭州　浙江人民出版社　1999 年　189 页
20cm（32 开）　ISBN：7-213-01839-6
定价：CNY8.00

J0095206

常用汉字八体钢笔书法字典　刘佳尚编著
成都　天地出版社　1999 年　14+384 页
19cm（小 32 开）　精装　ISBN：7-80624-252-X
定价：CNY25.00

J0095207

成人钢笔字帖　（中国唐诗宋词名篇欣赏）骆恒光，金鉴才书
杭州　西泠印社　1999 年　75 页　29cm（16 开）
ISBN：7-80517-392-3　定价：CNY8.50

J0095208

成语精选钢笔行书字帖　钱建忠[编]
上海　华东理工大学出版社　1999 年　重印本
106 页　26cm（16 开）　ISBN：7-5628-0929-1
定价：CNY10.00
（硬笔书法升级考段强化训练丛书）

　　作者钱建忠，书法教育家。笔名成欣，生于上海。毕业于上海师范大学中文系。上海中华书法协会理事、上海东辉职业技术学校专职书法教师。

J0095209

呈祥硬笔书毛泽东诗词选　李呈祥书
哈尔滨　哈尔滨出版社　1999 年　107 页
26cm（16 开）　ISBN：7-80639-233-5
定价：CNY29.80

J0095210

窗形格硬笔书法教程　夏有良, 吴新如编著

杭州　西泠印社 1999 年 117 页 有照片
26cm（16 开）ISBN：7-80517-405-9
定价：CNY12.50
　　本书立足于楷书的结构与笔法，包括：窗形格在硬笔学习中的作用、窗形格硬笔书法练习的基本要求、硬笔书法基本训练、汉字基本笔画及书写要领、书写笔顺的基本规则及书写技巧等内容。

J0095211
戴鸿涛硬笔书法　　戴鸿涛书
南京　南京师范大学出版社 1999 年 65 页 有照片
26cm（16 开）ISBN：7-81047-265-8
定价：CNY10.00

J0095212
淡绿色的记忆　（今人赠言钢笔书法）黎庶著
杭州　浙江人民出版社 1999 年 189 页
20cm（32 开）ISBN：7-213-01840-X
定价：CNY8.00

J0095213
第七届中国钢笔书法大赛获奖作品鉴赏集　王正良主编；中国钢笔书法杂志社，中国硬笔书法家协会编
杭州　西泠印社 1999 年 374 页 29cm（16 开）
ISBN：7-80517-425-3
定价：CNY50.00，CNY80.00（精装）
　　本书将第七届中国钢笔书法大赛所有获奖者的获奖作品全部收入作品集，其中特、一、二、三等奖作品后都附有评语。

J0095214
第四届全国硬笔书法艺术作品展获奖作品选　陈新良主编
西安　陕西人民出版社 1999 年 163 页
26cm（16 开）ISBN：7-224-04924-7
定价：CNY19.00

J0095215
对联集锦钢笔魏体字帖　傅晓男编写
北京　地震出版社 1999 年 116 页 19cm（小 32 开）
ISBN：7-5028-1450-7 定价：CNY10.00
　　本书用优美的钢笔魏体书写了春联、婚联、寿联、挽联等共十几种对联。

J0095216
多功能常用词汇钢笔字帖　薛平书
杭州　杭州出版社 1999 年 218 页 20cm（32 开）
ISBN：7-80633-063-1 定价：CNY10.00
　　本字帖以在报刊、图书及口语中出现频率最高的汉语双音节词汇为依据，精选出中小学生和书法爱好者必须掌握的词汇 2616 个，均以规范的硬笔楷书和行书写成，并配注了汉语拼音和相应的英语词汇或词组。

J0095217
粉笔技法教程　何凌风等编著
北京　航空工业出版社 1999 年 145 页
26cm（16 开）ISBN：7-80134-586-X
定价：CNY19.80
　　本书内容主要包括：粉笔书写、板书设计和板书制作 3 部分。本着示范性强、操作性强和实用性强的原则，在进行大量精详的书画提示的同时辅之以大量相关的范例。

J0095218
钢笔草书速成 60 讲　袁金麟著
上海　上海交通大学出版社 1999 年 194 页
20cm（32 开）ISBN：7-313-02180-1
定价：CNY10.50

J0095219
钢笔仿宋体描摹字帖　（百家姓名人祖先）刘佳尚书
成都　天地出版社 1999 年 60 页 16×32cm
ISBN：7-80624-361-5 定价：CNY5.00

J0095220
钢笔行书佳作选　丁干贞编选
武汉　中国地质大学出版社 1999 年 142 页
19cm（小 32 开）ISBN：7-5625-1400-3
定价：CNY6.80
（钢笔书法佳作系列 3）

J0095221
钢笔楷行书标准习字帖　宋幼君，董雁主编
北京　中国世界语出版社 1999 年 重印本
83 页 26cm（16 开）ISBN：7-5052-0302-9
定价：CNY7.00
（新编钢笔书法百日速成系列教材）

主编董雁(1968—　　)，北京人。字子人，号
若鸿，室名抱素斋。毕业于首都师范大学书法专
业。北京市书法家协会篆刻研究会会员，任职于
清华大学美术学院。书画、篆刻作品辑入《当代
名家唐诗宋词元曲书画集》《中国印学年鉴》等
专集。

J0095222
钢笔楷书佳作选 （上）丁干贞编选
武汉　中国地质大学出版社 1999 年　142 页
19cm（小 32 开）ISBN：7-5625-1400-3
定价：CNY6.80
（钢笔书法佳作系列 1）

J0095223
钢笔楷书佳作选 （下）丁干贞编选
武汉　中国地质大学出版社 1999 年　142 页
19cm（小 32 开）ISBN：7-5625-1400-3
定价：CNY6.80
（钢笔书法佳作系列 2）

J0095224
钢笔楷书入门与提高　北京市宣武区少年美
术馆编
北京　人民美术出版社 1999 年　52 页　有图
26cm（16 开）ISBN：7-102-01984-X
定价：CNY7.00
（书写指导与练习）
　　本书以大量图表的形式，用简洁的文字介
绍了楷书的特点、基本笔画的书写要领、笔顺规
则、偏旁部首的书写方法及楷书的书写形式。

J0095225
钢笔楷书字帖　王浩编著
苏州　古吴轩出版社 1999 年　80 页 29cm（16 开）
ISBN：7-80574-445-9 定价：CNY7.00

J0095226
钢笔快写　王浩编写
苏州　古吴轩出版社 1999 年　122 页
19cm（小 32 开）ISBN：7-80574-438-6
定价：CNY6.00

J0095227
钢笔隶草篆佳作选　丁干贞编选

武汉　中国地质大学出版社 1999 年　142 页
19cm（小 32 开）ISBN：7-5625-1400-3
定价：CNY6.80
（钢笔书法佳作系列 4）

J0095228
钢笔隶书速成 60 讲　袁金麟著
上海　上海交通大学出版社 1999 年　197 页
21cm（32 开）ISBN：7-313-02244-1
定价：CNY10.50

J0095229
钢笔隶书字帖　范长寿书
银川　宁夏人民出版社 1999 年　155 页
29cm（16 开）ISBN：7-227-01959-4
定价：CNY22.00
　　作者范长寿(1943—　　)，硬笔书法家。中国
现代硬笔书法研究会会员、宁夏现代硬笔书法研
究会理事。

J0095230
钢笔三体技法字帖　白江兴著
银川　宁夏人民出版社 1999 年　1139 页
26cm（16 开）ISBN：7-227-02046-0
定价：CNY15.00

J0095231
钢笔书法基础教程　王正良书
成都　天地出版社 1999 年　62 页 19×26cm
ISBN：7-80624-281-3 定价：CNY8.00
（硬笔书法名家精品系列）

J0095232
钢笔书法基础教程　卢中南书
成都　天地出版社 1999 年　62 页 19×26cm
ISBN：7-80624-280-5 定价：CNY8.00
（硬笔书法名家精品系列）

J0095233
钢笔书法佳作系列　丁干贞编选
武汉　中国地质大学出版社 1999 年　4 册
19cm（小 32 开）ISBN：7-5625-1400-3
定价：CNY27.20

J0095234
钢笔书法强化训练　卢中南书
成都 天地出版社 1999 年 62 页 19×26cm
ISBN：7-80624-282-1 定价：CNY8.00
（硬笔书法名家精品系列）

J0095235
钢笔书法强化训练　王正良书
成都 天地出版社 1999 年 62 页 19×26cm
ISBN：7-80624-283-X 定价：CNY8.00
（硬笔书法名家精品系列）

J0095236
钢笔习字要诀　王珺之著
济南 山东教育出版社 1999 年 64 页 26cm（16 开）
ISBN：7-5328-2948-0 定价：CNY5.80

J0095237
钢笔字规范写法　王少明主编
郑州 河南美术出版社 1999 年 96 页 26cm（16 开）
ISBN：7-5401-0802-9 定价：CNY10.00

J0095238
钢笔字帖　王平著
乌鲁木齐 新疆青少年出版社 1999 年 101 页
23cm ISBN：7-5371-3310-7 定价：CNY7.30

J0095239
格言硬笔书法　王今胜书
沈阳 辽宁美术出版社 1999 年 94 页
19cm（小 32 开） ISBN：7-5314-2141-0
定价：CNY6.80
　　作者王今胜（1938— ），书法家。号云樵。
历任辽宁省新闻出版局副局长、中国书法家协会
辽宁分会会员。

J0095240
古代散文名篇钢笔字帖　熊兴农书
长沙 湖南文艺出版社 1999 年 156 页
20cm（32 开） ISBN：7-5404-2190-8
定价：CNY7.30
（文学名篇钢笔字帖）
　　作者熊兴农（1956— ），湖南湘西芷江人。
广州铁路局办公室任职，中国硬笔书法家协会会
员、中华青年钢笔书法协会会员。

J0095241
古今中外比喻精典　曾龑白编著
乌鲁木齐 新疆青少年出版社 1999 年 252 页
19cm（小 32 开） ISBN：7-5371-3096-5
定价：CNY10.00
（青少年学书法系列丛书）
　　本书是一本楷书钢笔字临摹字帖，全书分人
体篇、人生篇、真理篇、爱国篇、修身篇、读书篇
6 部分，收选了古今中外比喻精典。作者曾龑白，
四川巴中市人，中国蓝天书法艺术协会主席、中
国硬笔书法协会四川分会会员、海内外书画艺术
联谊会会员、理事。著有《中国书法艺术讲义》
《楷书基础教程》等。

J0095242
古文名篇钢笔书法　包希和书
济南 山东友谊出版社 1999 年 253 页
19cm（小 32 开） ISBN：7-80642-232-3
定价：CNY13.80

J0095243
规范硬笔书法教程　张学鹏著
北京 中国国际广播出版社 1999 年 103 页
26cm（16 开） ISBN：7-5078-1776-8
定价：CNY13.00

J0095244
汉字简繁异钢笔楷行书字帖　顾仲安书
杭州 浙江人民出版社 1999 年 178 页
20cm（32 开） ISBN：7-213-01841-8
定价：CNY8.50
　　作者顾仲安（1956— ），书法家。中国硬笔
书法家协会副主席、上海教师书画篆刻研究会名
誉理事。拍摄有《硬笔书法电视讲座》和《硬笔
书法》电视教育片。代表作品有《常用成语钢笔
字帖接字成语》。

J0095245
汉字硬笔书写教学法　赵民著
开封 河南大学出版社 1999 年 144 页
20cm（32 开） ISBN：7-81041-629-4
定价：CNY7.50

J0095246
行书描摹标准快写法　宋幼君主编；刘德欣书

海口　南海出版公司　1999 年　26cm（16 开）
ISBN：7-5442-1359-5　定价：CNY8.00

J0095247
贺卡祝词钢笔字帖　马秀改等书
北京　知识出版社　1999 年　205 页　20cm（32 开）
ISBN：7-5015-1901-3　定价：CNY10.00
（中国硬笔书法百科书系）

J0095248
黄昏感悟　江犁书
杭州　浙江人民出版社　1999 年　189 页
20cm（32 开）ISBN：7-213-01924-4
定价：CNY8.00
（今人赠言诗钢笔书法）

J0095249
回宫格写字法　（初级第 1 册）杨为国，吴斌著
北京　语文出版社　1999 年　52 页　26cm（16 开）
ISBN：7-80126-414-2　定价：CNY7.50

J0095250
回宫格写字法　（初级第 2 册）杨为国，吴斌著
北京　语文出版社　1999 年　60 页　26cm（16 开）
ISBN：7-80126-415-0　定价：CNY8.50

J0095251
回宫格写字法　（初级第 3 册）杨为国，吴斌著
北京　语文出版社　1999 年　57 页　26cm（16 开）
ISBN：7-80126-454-1　定价：CNY8.50

J0095252
回宫格写字法　（初级第 4 册）杨为国，吴斌著
北京　语文出版社　1999 年　60 页　26cm（16 开）
ISBN：7-80126-455-X　定价：CNY8.50

J0095253
回宫格写字法　（初级第 5 册）杨为国，吴斌著
北京　语文出版社　1999 年　60 页　26cm（16 开）
ISBN：7-80126-456-8　定价：CNY8.50

J0095254
回宫格写字法　（初级第 6 册）杨为国，吴斌著
北京　语文出版社　1999 年　60 页　26cm（16 开）
ISBN：7-80126-457-6　定价：CNY8.50

J0095255
回宫格硬笔书法教程　杨为国著
杭州　中国美术学院出版社　1999 年　重印本
160 页　18cm（32 开）ISBN：7-81019-327-9
定价：CNY6.60
　　本书全面、系统地阐述了回宫格习字法的种种理论根据和实践方法，主要介绍了回宫格的外在形式与内在意义，回宫格的视觉意义，回宫格的作用，笔法与笔势等内容。

J0095256
晋唐宋名家书法钢笔字帖　卢前编写
上海　华东师范大学出版社　1999 年　165 页
29cm（16 开）ISBN：7-5617-2106-4
定价：CNY12.00
　　作者卢前，上海师范大学书法专业兼职教授、中国硬笔书法家协会副主席。

J0095257
景云竹笔书法集　李景云书
重庆　重庆出版社　1999 年　46 页　26cm（16 开）
ISBN：7-5366-4335-7　定价：CNY8.00

J0095258
军人实用习字手册　赵英奇编著
北京　解放军文艺出版社　1999 年　212 页
19cm（小 32 开）ISBN：7-5033-1106-1
定价：CNY10.00
（军人实用丛书）

J0095259
楷书描摹标准练习法　宋幼君主编；王宝心书
海口　南海出版公司　1999 年　26cm（16 开）
ISBN：7-5442-1360-9　定价：CNY8.00

J0095260
楷书四大家硬笔临摹本　东方玉［书］
上海　上海人民美术出版社　1999 年　160 页
19cm（小 32 开）ISBN：7-5322-2204-7
定价：CNY8.00

J0095261
课本古诗文多用钢笔字帖　（行）陈光忠书写；远近选编
海口　南海出版公司　1999 年　154 页　19×26cm

ISBN：7-5442-1200-9 定价：CNY9.80

J0095262
课本古诗文多用钢笔字帖 （楷）陈光忠书
写；远近选编
海口 南海出版公司 1999年 62页 19×26cm
ISBN：7-5442-1201-7 定价：CNY9.80

J0095263
老年三字经 杨开金书
北京 北京图书馆出版社 1999年 114页
19cm（小32开） ISBN：7-5013-1660-0
定价：CNY7.50
    这是一本关于硬笔字书法的读物。该书以
三字经的形式，向中老年朋友介绍有关修养、学
习、保健、增乐等方面的内容。作者杨开金，现
任中国硬笔书法协会副主席、中国书画艺术委员
会常务理事。

J0095264
历代名诗名言 （德行篇）刘俊礼编写
上海 华东理工大学出版社 1999年 170页
20cm（32开） ISBN：7-5628-0980-1
定价：CNY10.00
（历代名诗名言钢笔书系列）
    作者刘俊礼，青少年规范简化钢笔字教师。

J0095265
历代名诗名言 （情感篇）刘俊礼编写
上海 华东理工大学出版社 1999年 170页
20cm（32开） ISBN：7-5628-0993-3
定价：CNY10.00
（历代名诗名言钢笔书法系列）

J0095266
历代名诗名言 （事业篇）刘俊礼编写
上海 华东理工大学出版社 1999年 170页
20cm（32开） ISBN：7-5628-0979-8
定价：CNY10.00
（历代名诗名言钢笔书系列）

J0095267
历代名诗名言 （树人篇）刘俊礼编写
上海 华东理工大学出版社 1999年 170页
20cm（32开） ISBN：7-5628-0976-3

定价：CNY10.00
（历代名诗名言钢笔书法系列）

J0095268
历代名诗名言 （治学篇）刘俊礼编写
上海 华东理工大学出版社 1999年 170页
20cm（32开） ISBN：7-5628-0978-X
定价：CNY10.00
（历代名诗名言钢笔书法系列）

J0095269
林似春钢笔临碑帖精品 林似春［书］
杭州 浙江科学技术出版社 1999年 122页
有照片 20cm（32开） ISBN：7-5341-1264-8
定价：CNY8.80

J0095270
刘毓基硬笔书法作品集 刘毓基书
天津 天津大学出版社 1999年 44页 26cm（16开）
ISBN：7-5618-1115-2 定价：CNY16.00

J0095271
罗兰情语钢笔字帖 司马彦书
北京 中国物资出版社 1999年 187页
20cm（32开） ISBN：7-5047-0858-5
定价：CNY39.00（全套）
（名家妙语钢笔字帖）

J0095272
名家妙语钢笔字帖 司马彦书
北京 中国物资出版社 1999年 3册 20cm（32开）
ISBN：7-5047-0858-5 定价：CNY39.00
    本套书包括《罗兰情语钢笔字帖》《三毛情
语钢笔字帖》《张爱玲情语钢笔字帖》。

J0095273
名言妙语钢笔字帖 任绪民等书
北京 知识出版社 1999年 206页 20cm（32开）
ISBN：7-5015-1902-1 定价：CNY10.00
（中国硬笔书法百科书系）
    作者任绪民（1961— ），硬笔书法家。历任
中国硬笔书法协会理事、中国书画艺术百科全书
编委会主任、中国炎黄书画家协会副主席、辽宁
省硬笔书法协会副主席、阜新市硬笔书法家协会
主席。

J0095274
名言与祝词钢笔字帖 （1）陈振桂编著；卢定山等书
南宁 广西美术出版社 1999年 146页
19cm（小32开）ISBN：7-80625-705-5
定价：CNY8.00

　　作者卢定山（1945— ），书法家。广东高州人，广西书法家协会理事、南宁市书法协会主席。著有《隶书入门字谱》《行书入门字谱》《楷书入门字谱》。

J0095275
名言与祝词钢笔字帖 （2）陈振桂编著；卢定山等书
南宁 广西美术出版社 1999年 226页
19cm（小32开）ISBN：7-80625-706-3
定价：CNY10.50

J0095276
名言与祝词钢笔字帖 （3）陈振桂编著；卢定山等书
南宁 广西美术出版社 1999年 234页
19cm（小32开）ISBN：7-80625-707-1
定价：CNY11.00

J0095277
名言与祝词钢笔字帖 （4）陈振桂编著；卢定山等书
南宁 广西美术出版社 1999年 218页
19cm（小32开）ISBN：7-80625-708-X
定价：CNY10.00

J0095278
钱沛云硬笔书法技巧 钱沛云著
上海 上海辞书出版社 1999年 243页
20cm（32开）ISBN：7-5326-0568-X
定价：CNY13.50

　　作者钱沛云（1946— ），著名硬笔书法家。字鹤斋，浙江上虞人，毕业于上海师大中文系。中国书法家协会会员、中国书画函授大学书法系教授。主要作品有《楷书基础知识》《怎样写快写好钢笔字》《钢笔书法技巧要领》《红楼梦诗词钢钢笔行书书帖》等。

J0095279
钱沛云硬笔书法技巧 （草书字帖）钱沛云[书]
上海 上海辞书出版社 1999年 80页
19cm（小32开）ISBN：7-5326-0590-6
定价：CNY5.00

J0095280
钱沛云硬笔书法技巧 （行草字帖）钱沛云[书]
上海 上海辞书出版社 1999年 80页
19cm（小32开）ISBN：7-5326-0591-4
定价：CNY5.00

J0095281
钱沛云硬笔书法技巧 （行楷字帖）钱沛云[书]
上海 上海辞书出版社 1999年 80页
19cm（小32开）ISBN：7-5326-0588-4
定价：CNY5.00

　　作者钱沛云（1946— ），著名硬笔书法家。字鹤斋，浙江上虞人，毕业于上海师大中文系。中国书法家协会会员、中国书画函授大学书法系教授。主要作品有《楷书基础知识》《怎样写快写好钢笔字》《钢笔书法技巧要领》《红楼梦诗词钢钢笔行书书帖》等。

J0095282
钱沛云硬笔书法技巧 （行书字帖）钱沛云[书]
上海 上海辞书出版社 1999年 80页
19cm（小32开）ISBN：7-5326-0589-2
定价：CNY5.00

J0095283
钱沛云硬笔书法技巧 （正楷字帖）钱沛云[书]
上海 上海辞书出版社 1999年 80页
19cm（小32开）ISBN：7-5326-0587-6
定价：CNY5.00

J0095284
青春寄语钢笔字帖 马秀改等书
北京 知识出版社 1999年 206页 20cm（32开）
ISBN：7-5015-1899-8 定价：CNY10.00

（中国硬笔书法百科书系）

J0095285
青少年钢笔楷书习字帖　袁强书写
北京　中国石化出版社　1999 年　64 页　19×26cm
ISBN：7-80043-882-1　定价：CNY8.00
　　　作者袁强（1953—　），北京市崇文区少年宫
书法教师、北京市书法家协会会员、中国硬笔书
法协会副秘书长、北京崇文区少年书法学校副校
长、中国人民大学函授学院任客座书法副教授。

J0095286
青少年钢笔楷书习字帖　夏天民书写
北京　中国石化出版社　1999 年　64 页　19×26cm
ISBN：7-80043-883-X　定价：CNY8.00

J0095287
青少年硬笔书法习字与参赛指南　沉舟著；
叶伟雄主编
广州　广州出版社　1999 年　282 页　有照片
26cm（16 开）ISBN：7-80655-023-2
定价：CNY42.80

J0095288
趣味灯谜四体钢笔字帖　刘佳尚书
广州　华南理工大学出版社　1999 年　202 页
19cm（小 32 开）ISBN：7-5623-1408-X
定价：CNY8.80
（刘佳尚钢笔书法系列）

J0095289
劝世良言钢笔字帖　冷瑞光编；张建华书
郑州　中州古籍出版社　1999 年　重印本　108 页
19cm（32 开）ISBN：7-5348-1523-1
定价：CNY3.50

J0095290
人生格言　鹿耀世书
北京　团结出版社　1999 年　192 页　20cm（32 开）
ISBN：7-80130-246-X　定价：CNY8.80
（硬笔临习丛书 2）

J0095291
三毛情语钢笔字帖　司马彦书
北京　中国物资出版社　1999 年　186 页
20cm（32 开）ISBN：7-5047-0858-5
定价：CNY39.00（全套）
（名家妙语钢笔字帖）

J0095292
三体书法集　（王维俭硬笔书法作品集）王维
俭著
兰州　甘肃人民美术出版社　1999 年　191 页
20cm（32 开）ISBN：7-80588-325-4
定价：CNY9.80

J0095293
少儿古诗词钢笔书法习字册　曹恩尧编写；
刘有林书
广州　广州出版社　1999 年　131 页　26cm（16 开）
ISBN：7-80655-016-X　定价：CNY13.80

J0095294
少儿硬笔书法三十六技　俞昌平编著
上海　上海辞书出版社　1999 年　152 页
17×19cm　ISBN：7-5326-0582-5
定价：CNY11.00

J0095295
少男少女赠言钢笔字帖　王惠松书；季人衡
选辑
上海　上海科学技术文献出版社　1999 年　重印本
158 页　19cm（32 开）ISBN：7-5439-0676-7
定价：CNY8.00

J0095296
生活妙语钢笔字帖欣赏　黄继成书
广州　岭南美术出版社　1999 年　300 页
20cm（32 开）ISBN：7-5362-1914-8
定价：CNY13.80
　　　作者黄继成（1969—　），书法家。湖北郧县
人，从事硬笔书法创作与理论研究工作。

J0095297
实用书法对联荟萃　（行书类）黄祖国编写
北京　中国农业科技出版社　1999 年　123 页
20cm（32 开）ISBN：7-80119-837-9
定价：CNY5.80
　　　作者黄祖国（1970—　），湖北随州人。历任
中国硬笔书法协会会员、中国榜书研究会会员、

随州老年大学诗词楹联研究会会员。

J0095298

实用书法对联荟萃 （楷书类）黄祖国编写
北京 中国农业科技出版社 1999 年 123 页
20cm（32 开）ISBN：7-80119-837-4
定价：CNY5.80

J0095299

四体钢笔书法字典 （楷隶行草）姚宏翔主
编；曹大民书法
上海 文汇出版社 1999 年 19+496 页 14cm（64 开）
ISBN：7-80531-673-2 定价：CNY10.00

J0095300

泰戈尔散文诗集 顾仲晏书；杨银、曾赤敏编
乌鲁木齐 新疆青少年出版社 1999 年 重印本
210 页 20cm（32 开）ISBN：7-5371-3048-5
定价：CNY8.80
（钢笔文帖鉴赏学习）

J0095301

唐诗钢笔行书字帖 沈鸿根（江鸟）书写
上海 学林出版社 1999 年 94 页 26cm（16 开）
ISBN：7-80616-724-2 定价：CNY11.50
（中国古典诗文名篇系列字帖）

　　作者沈鸿根（1943—　），书法家。别号江鸟，
出生于上海。曾任《写字》杂志副总编、上海中
华书画协会副会长、中国书法家协会会员、上海
市书法家协会硬笔书法家联谊会首任会长。出
版作品《行书概论》《书法十五讲》《硬笔书法百
日通》等。

J0095302

唐诗名篇钢笔字帖 熊兴农书
长沙 湖南文艺出版社 1999 年 128 页
20cm（32 开）ISBN：7-5404-2191-6
定价：CNY6.00
（文学名篇钢笔字帖）

J0095303

天下第一行书——兰亭序 王卫东主编
珠海 珠海出版社 1999 年 19×26cm
ISBN：7-80607-603-4 定价：CNY42.00（全 6 册）
（钢笔书法名家精品字贴）

J0095304

天下第一楷书——乐毅论 王卫东主编
珠海 珠海出版社 1999 年 19×26cm
ISBN：7-80607-603-4 定价：CNY42.00（全 6 册）
（钢笔书法名家精品字贴）

J0095305

外国抒情诗硬笔书法 瞿碧波书
武汉 湖北人民出版社 1999 年 173 页
20cm（32 开）ISBN：7-216-02674-8
定价：CNY16.80

J0095306

王宗鹏诗书词集 王宗鹏著
乌鲁木齐 新疆人民出版社 1999 年 175 页
20cm（32 开）ISBN：7-228-04927-6
定价：CNY9.80

J0095307

午夜独白 黎庶书
杭州 浙江人民出版社 1999 年 189 页
20cm（32 开）ISBN：7-213-01923-6
定价：CNY8.00
（今人赠言诗钢笔书法）

J0095308

现代汉语硬笔书法大辞典 （新编规范字词
标准）阎锐敏主编
北京 中国建材工业出版社 1999 年 2 册（814 页）
26cm（16 开）精装 ISBN：7-80090-617-5
定价：CNY590.00

　　主编阎锐敏（1957—　），毕业于首都师范大
学书法专业。中国现代硬笔书法研究会副秘书
长兼编辑部主任。

J0095309

校园赠言 鹿耀世书
北京 团结出版社 1999 年 194 页 20cm（32 开）
ISBN：7-80130-247-8 定价：CNY8.80
（硬笔临习丛书 1）

J0095310

新编钢笔楷书速成教材 尹俊龙编著
杭州 浙江古籍出版社 1999 年 135 页
26cm（16 开）ISBN：7-80518-288-4

定价: CNY13.50

本书逐笔逐字地对楷书的笔画、部首、结构进行讲解, 剖析了《新华字典》189个部首中的 172 个, 按《新华字典》部首的次序排列, 便于检索。

J0095311

新编千家诗钢笔字帖　　熊兴农书
长沙　湖南文艺出版社 1999 年 104 页
20cm（32 开）ISBN: 7-5404-2189-4
定价: CNY5.00
（文学名篇钢笔字帖）

J0095312

学宋词练行书　　晏无忌书
珠海　珠海出版社 1999 年 34 页 19×26cm
ISBN: 7-80607-603-4 定价: CNY42.00（全 6 册）
（钢笔书法名家精品字贴）

J0095313

学宋词练隶书　　刘亨颐书
珠海　珠海出版社 1999 年 34 页 19×26cm
ISBN: 7-80607-603-4 定价: CNY42.00（全 6 册）
（钢笔书法名家精品字贴）

J0095314

学唐诗练行楷　　岳山川书
珠海　珠海出版社 1999 年 34 页 19×26cm
ISBN: 7-80607-603-4 定价: CNY42.00（全 6 册）
（钢笔书法名家精品字贴）

J0095315

学唐诗练楷书　　柳阴书
珠海　珠海出版社 1999 年 34 页 19×26cm
ISBN: 7-80607-603-4 定价: CNY42.00（全 6 册）
（钢笔书法名家精品字贴）

J0095316

颜真卿楷书　　吴身元主编
杭州　浙江科学技术出版社 1999 年 230 页
有画像 20cm（32 开）ISBN: 7-5341-1262-1
定价: CNY10.00
（跟我练硬笔书法丛书）

颜真卿（709—785）, 唐代书法家。字清臣。历任监察御史、殿中侍御史。代表作品有《韵海

镜源》《吴兴集》《庐陵集》等, 均佚。宋人辑有《颜鲁公集》。主编吴身元（1948—　　）, 书法家、书法教育家。笔名梧桐、吾舍等, 浙江嘉兴人。历任浙江省硬笔书法家协会副主席。出版有《毛笔书法自学教程》《钢笔书法自学教程》等。

J0095317

应用文钢笔字帖　　许宝驯书
上海　上海书画出版社 1999 年 92 页
19cm（小 32 开）ISBN: 7-80635-352-6
定价: CNY6.00

J0095318

硬笔楷书　　徐俊编写
上海　上海大学出版社 1999 年 90 页 29cm（16 开）
ISBN: 7-81058-135-X 定价: CNY12.00

本书包括硬笔楷书的技巧和要领; 楷书基本笔画及训练; 独特字、常用偏旁的摹写和临写; 2000 常用字正楷训练等 6 部分内容。

J0095319

硬笔楷书速成　　刘予辉著
长沙　湖南文艺出版社 1999 年 110 页
26cm（16 开）ISBN: 7-5404-2229-7
定价: CNY10.00
（步步来硬笔书法教学系列）

J0095320

硬笔六体书　　（鲁迅诗文）姚凤林选编; 郭恒等书
哈尔滨　黑龙江美术出版社 1999 年 154 页
26cm（16 开）ISBN: 7-5318-0638-X
定价: CNY8.00

J0095321

硬笔六体书　　（毛泽东诗词）原立军等书
哈尔滨　黑龙江美术出版社 1999 年 173 页
26cm（16 开）ISBN: 7-5318-0639-8
定价: CNY9.50

J0095322

硬笔六体书　　（名人名言）姚凤林选编; 原立军等书
哈尔滨　黑龙江美术出版社 1999 年 173 页
26×12cm ISBN: 7-5318-0640-1

定价：CNY9.50

J0095323

硬笔六体书 （宋词经典）姚凤林选编；郭恒等书
哈尔滨 黑龙江美术出版社 1999年 181页
26×12cm ISBN：7-5318-0637-1
定价：CNY9.50

J0095324

硬笔六体书 （唐诗经典）姚凤林选编；原立军等书
哈尔滨 黑龙江美术出版社 1999年 197页
26×12cm ISBN：7-5318-0636-3
定价：CNY10.00

J0095325

硬笔六体书 （唐宋散文）姚凤林选编；郭恒等书
哈尔滨 黑龙江美术出版社 1999年 154页
26cm（16开）ISBN：7-5318-0635-5
定价：CNY8.00

J0095326

硬笔书法自学入门 刘一虎，朱志辅编著
上海 上海书画出版社 1999年 138页 有照片
26cm（16开）ISBN：7-80635-361-5
定价：CNY26.80

J0095327

硬笔书法字典 田绪明主编；尹言等书
北京 北京科学技术出版社 1999年 14+500页
26cm（16开）精装 ISBN：7-5304-2242-1
定价：CNY88.00

　　主编田绪明（1962—　　），书法家。湖北云梦人，毕业于首都师范大学书法专业。历任中国书法家协会会员、中国长城书画协会副秘书长、中国现代硬笔书法研究会会员、全国神剑文学艺术学会会员。编著有《北魏墓志三种解析字帖》《张黑女墓志放大本》《汉张迁碑放大本》等。

J0095328

硬笔正楷与行书 黄若舟著
上海 上海大学出版社 1999年 127页
19cm（小32开）ISBN：7-81058-137-6

定价：CNY7.50

　　本书介绍硬笔正楷和行书的字体与写法，并采用正楷与行书对照，由简到繁的顺序，选取了4000左右的常用字作为练习。作者黄若舟（1906—2000），原名济才，号若舟，江苏宜兴上黄镇人。历任中国美术家协会会员、中国书法家协会会员、中国教育学会书法教育研究会顾问、上海艺术教育委员会顾问、大学书法教育协会会长。著有《汉字快写法》《花鸟画技法》《黄若舟一笔书》《黄若舟书画缘》等。

J0095329

友情箴言四体钢笔字帖 刘佳尚书
广州 华南理工大学出版社 1999年 202页
19cm（小32开）ISBN：7-5623-1409-8
定价：CNY8.80
（刘佳尚钢笔书法系列）

　　作者刘佳尚（1949—　　），中国硬笔书法家协会会员，曾在四川省南部县经济体制改革委员会工作。

J0095330

赠言赠诗钢笔字帖 任绪民，张朝祥书
北京 知识出版社 1999年 206页 20cm（32开）
ISBN：7-5015-1900-5 定价：CNY10.00
（中国硬笔书法百科书系）

　　作者任绪民（1961—　　），硬笔书法家。历任中国硬笔书法协会理事、中国书画艺术百科全书编委会主任、中国炎黄书画家协会副主席、辽宁省硬笔书法协会副主席、阜新市硬笔书法家协会主席。

J0095331

赠语佳句四体钢笔字帖 刘佳尚书
广州 华南理工大学出版社 1999年 202页
19cm（小32开）ISBN：7-5623-1406-3
定价：CNY8.80
（刘佳尚钢笔书法系列）

J0095332

张爱玲情语钢笔字帖 司马彦书
北京 中国物资出版社 1999年 186页
20cm（32开）ISBN：7-5047-0858-5
定价：CNY39.00（全套）
（名家妙语钢笔字帖）

J0095333

张家国钢笔行草书欣赏　张家国书
成都　四川美术出版社　1999 年　53 页　有图
26cm（16 开）ISBN：7-5410-1784-1
定价：CNY12.00

　　本书为钢笔行草书法。选写《前赤壁赋》《琵琶行》《兰亭集序》3 篇。书法带释文，前序和后记。

J0095334

赵清礼硬笔书法作品选　赵清礼书
哈尔滨　黑龙江人民出版社　1999 年　151 页
有彩照　29cm（16 开）ISBN：7-207-04280-9
定价：CNY56.00

J0095335

中国钢笔书法教程　王正良著
杭州　杭州出版社　1999 年　205 页　26cm（16 开）
ISBN：7-80633-188-3　定价：CNY18.00

　　本书从书法溯源、技法、创作、欣赏等方面，分章、节、条、款循序渐进进行编排，每一章节又分楷、行、草、隶、篆同时对应讲解。

J0095336

中国硬笔书法字典　庞中华主编
沈阳　辽海出版社　1999 年　18+584 页
20cm（32 开）ISBN：7-80649-083-3
定价：CNY28.00

　　作者庞中华（1945—　），著名书法家、教育家和诗人。四川重庆人，毕业于西南科技大学地质勘探专业。中国当代硬笔书法的奠基者，全国政协委员、中国硬笔书法协会会长。代表作品有《庞中华钢笔字帖》《庞中华现代硬笔字帖》等。著作《庞中华散文集》《庞中华谈谈学写钢笔字》《硬笔书法简论》等。

J0095337

中学生钢笔字帖　（第一册）蒋金奇，倪志刚编著
北京　中国少年儿童出版社　1999 年　46 页
26cm（16 开）ISBN：7-5007-4957-0
定价：CNY6.00

J0095338

中学生钢笔字帖　（第二册）倪昌国，孙桂华编著
北京　中国少年儿童出版社　1999 年　46 页
26cm（16 开）ISBN：7-5007-4976-7
定价：CNY6.00

J0095339

中学生钢笔字帖　（第三册）倪昌国，朱务清编著
北京　中国少年儿童出版社　1999 年　46 页
26cm（16 开）ISBN：7-5007-4977-5
定价：CNY6.00

J0095340

祝辞妙语书法字帖　徐赟书
北京　北京体育大学出版社　1999 年　60 页
19×26cm　ISBN：7-81051-447-4
定价：CNY10.00

　　作者徐赟（1972—　），书法家。号耕人，河北定州市人。历任中国书法家协会会员、保定青年书法家协会理事、中国人民解放军驻保定部队机关干部。作品有《祝辞妙语书法字帖》。

J0095341

最新常用六体钢笔字帖　司惠国等编
北京　知识出版社　1999 年　236 页　20cm（32 开）
ISBN：7-5015-2352-5　定价：CNY10.00
（中国硬笔书法百科书系）

　　编者司惠国（1959—　），硬笔书法家。河北唐山人，中国当代硬笔书法习字会会长。

J0095342

最新钢笔行草速成教材　钱壮书写
北京　知识出版社　1999 年　238 页　20cm（32 开）
ISBN：7-5015-2350-9　定价：CNY10.00
（中国硬笔书法百科书系）

J0095343

最新钢笔行书速成教材　司惠国等书写
北京　知识出版社　1999 年　238 页　20cm（32 开）
ISBN：7-5015-2348-7　定价：CNY10.00
（中国硬笔书法百科书系）

J0095344

最新钢笔楷书速成教材　李亚伦等编
北京　知识出版社　1999 年　237 页　20cm（32 开）

ISBN：7-5015-2349-5 定价：CNY10.00
（中国硬笔书法百科书系）

J0095345
最新钢笔书法章法精品 （行草篆书）司惠
国等编
北京 知识出版社 1999 年 220 页 20cm（32 开）
ISBN：7-5015-2351-7 定价：CNY12.00
（中国硬笔书法百科书系）
　　本书是当今研究、探索钢笔书法章法美的专
著，它对钢笔书法创作的谋篇、幅式、题款、钤
印等，都从理论上作了较详尽的阐述。

J0095346
最新钢笔书法章法精品 （楷隶书）司惠国
等编
北京 知识出版社 1999 年 219 页 20cm（32 开）
ISBN：7-5015-2353-3 定价：CNY12.00
（中国硬笔书法百科书系）

汉字美术字书法理论及作品

J0095347
现代图案字画大全 陈华编绘
长沙 文友出版社［民国］石印本［160］页
有图 19cm（32 开）
　　本书前半部分为美术字，后半部分为图
案画。

J0095348
中西美术字谱 （实用图案）朱凤竹编；洪方
竹绘
上海 形象艺术社［1930—1939 年］
2 册（［206］页）有图 13×18cm
定价：大洋一元

J0095349
新时代图案文字集 钱君陶编
上海 新时代书局 1932 年［84］页 19cm（32 开）
　　本书收各种美术字，彩色印刷。作者钱君陶
（1907—1998），编审，书画家。名玉堂、锦堂，字
君陶，号豫堂、禹堂。现通用名为钱君匋。曾任
西泠印社副社长、上海文艺出版社编审、上海市

政协委员等职。代表作品《长征印谱》《君长跋
巨卯选》《鲁迅印谱》《钱君陶印存》。

J0095350
儿童美术字谱 傅德雍绘编
上海 儿童书局 1933 年 62 页 13×19cm
定价：大洋四角
　　本书内容分为美术字的线条、形式、参合、
变体、应用等 5 组，每组附说明，每篇有画法。

J0095351
现代美术字 宋松声编
上海 形象艺术社 1933 年 石印本［146］页
10×25cm（30 开）定价：大洋五角
　　本书书前有朱凤竹的序。

J0095352
彩色美术字 （匾额集）宋松声编
上海 形象艺术社 1934 年 58 页 19×26cm
定价：大洋一元
　　本书收可供匾额用的美术字及匾额形式的
美术字图 48 幅。

J0095353
标语图案集 王子均编绘
上海 形象艺术社 1935 年 石印本
2 册（55+53 页）有图 18cm（15 开）
定价：大洋六角
　　本书为中国美术字图案集。

J0095354
美术字范
上海 开华书局 1935 年 132 页 19×27cm
定价：一元
　　本书系中国美术字专著，有笔画索引。

J0095355
美术字示例 全国基督教青年会军人服务部编
全国基督教青年会军人服务部 1942 年 24 页
18cm（15 开）环筒页装
（军人训练丛书 10）

J0095356
美术字 （文天祥正气歌）王书年著
屯溪 火炬周刊社 1943 年 60 页［14×21cm］

本书将《文天祥正气歌》以 60 种字体写成，共 60 句，每句 5 字，供研究美术字者参考。

J0095357
美术字新研究　朱荻著
桂林　三户图书社（总经售）1943 年　161 页
21cm（32 开）
　　本书为中国汉字的美术字研究，介绍宋体、单纯美术字、变形美术字、黑白美术字等的写法和美术字的装饰方法。

J0095358
超群美术字集　陈百学编绘
文元书局　1944 年　38 页　有图　19×26cm

J0095359
美术字手册　（1944）陈锐编绘
梅县　科学书店　1944 年　再版 40 页　有图
21cm（32 开）

J0095360
图案字画手册　俊彦编绘
桂林　南光书店　1944 年　69 页　有图
[19cm]（32 开）

J0095361
图案字选集　周吉士编
贵州　中国美术工艺社　1944 年　47 页　有图
13×19cm（32 开）环筒页装
　　本书内分中文之部、英文之部、著作方法等 3 章，共收 200 余种图案字。

J0095362
美术字画法大全　章士佼编绘
成都　美的书店　1945 年　90 页　有图　11×13cm
　　本书内收 44 幅美术字图案。

J0095363
黑白图案字　蔡忱毅编绘；张眉孙校阅
上海　新亚书店　1946 年　20 版　100 页　有图
13×15cm

J0095364
怎样写美术字？　刘志忠，郑波微编
[哈尔滨] 东北画报社　1947 年

[60] 页　9×13cm
（通俗美术小丛书 6）
　　本书内容包括写美术字应注意的几件事，以及各种美术字的范例。

J0095365
大众美术字　苍石，蔡雄编
华中新华书店总店　1948 年　72 页　17×19cm

J0095366
怎样写美术字　石磊编著
[北平] 石磊 [自刊] 民国三十七年 [1948]
再版　101 页　18cm（15 开）
（青年技能丛书）

J0095367
美术字讲话　宋石作
上海　教育书店　1950 年　65 页　有图　19cm（32 开）
定价：四元五角
　　本书系美术字基本知识。

J0095368
美术字讲话　宋石作
上海　教育书店　1950 年　再版 65 页　19cm（32 开）
定价：四元五角
　　本书系美术字基本知识。

J0095369
美术字讲话　宋石著
上海　教育书店　1951 年　修订 3 版 77 页　有图
18cm（15 开）定价：旧币 5,000 元
（美术工作丛书　一）

J0095370
美术字讲话　宋石著
上海　新鲁书店　1953 年　影印本 89 页　有图
18cm（15 开）定价：旧币 4,200 元
（美术工作丛书　一）

J0095371
新编实用美术字手册　山东人民出版社编
[济南] 山东人民出版社　1950 年
定价：CNY0.49

J0095372
怎样写美术字　苍石编撰；全国美术协会上海分会编辑
上海　大东书局 1950 年　84 页　有图　18cm（15 开）
定价：五元五角
（新美术学习丛书）

J0095373
工商用美术字　樊邨夫编绘
上海　国光书店 1951 年　再版　影印本　52 页
13×18cm　定价：旧币 2,500 元

J0095374
纪念节日用美术字　樊邨夫编绘
上海　国光书店 1951 年　影印本　52 页
13×18cm　定价：旧币 2,500 元

J0095375
纪念节日用美术字　樊邨夫编绘
上海　国光书店 1951 年　再版　52 页　13×18cm
定价：旧币 2,500 元

J0095376
美术字的写法和练习　陈业恒编
上海　北新书局 1951 年　34 页　18cm（15 开）
定价：旧币 2,500 元

J0095377
美术字手册　陶荫培编绘
上海　万叶书店 1951 年　影印本　84 页
15×18cm　定价：旧币 6,000 元

J0095378
美术字手册　陶荫培编绘
上海　万叶书店 1952 年　5 版　修订本　84 页
定价：旧币 5,500 元　14×17cm

J0095379
美术字帖　陆敏苏编绘
上海　正气书局 1951 年　55 页　19×26cm
定价：旧币 6,500 元（白报纸本），旧币 9,000 元
（道林纸本）

J0095380
美术字学习　陈之初编绘
上海　通力出版社 1951 年　影印本　86 页
13×18cm　定价：旧币 5,000 元

J0095381
美术字学习　（通力增订本）陈之初编绘
上海　通力出版社 1952 年　10 版　103 页
13×18cm　定价：旧币 5,000 元

J0095382
美术字学习　（修订本）陈之初编绘
上海　通力出版社 1954 年　2 版　115 页
13×18cm　定价：旧币 4,500 元

J0095383
美术字学习　（学术知识）陈之初编绘
上海　美术读物出版社 1955 年　新 1 版　110 页
有图　13×18cm　定价：CNY0.34

J0095384
美术字学习　（美术知识）陈之初编绘
上海　新艺术出版社 1955 年　新 1 版　影印本
110 页　有图　13×18cm　定价：CNY0.34

J0095385
实用美术字画　沈潜，重石编撰
上海　春明书店 1951 年　2 版　104 页　12×18cm
定价：旧币 5,000 元

J0095386
图案字作法　田自秉编绘
上海　万叶书店 1951 年　66 页　有图
15×17cm（30 开）定价：旧币 5,000 元
　　作者田自秉，教授、博士生导师。湖南人，
中央工艺美术学院任教。

J0095387
新编实用美术字手册　山东人民出版社编辑
部编辑
济南　山东人民出版社 1951 年　4 版　63 页
13×18cm（36 开）定价：旧币 5,500 元

J0095388
应用美术　（文字编：美术字的写作法）
姜宝泉编绘
上海　万叶书店 1951 年　影印本　62 页

20cm（32 开）定价：旧币 5,000 元

J0095389

美术字　孟化风著；张文瑞整理
石家庄　河北人民美术出版社 1952 年 34 页
13×18cm 定价：CNY0.16

J0095390

美术字　孟化风原著；张文瑞改编
石家庄　石家庄大众美术社 1952 年　影印本
34 页 13×18cm 定价：旧币 2,000 元
（通俗美术小丛书 十七）

J0095391

美术字　孟化风原编；张文瑞改编
石家庄　石家庄大众美术社 1954 年 新 1 版
影印本 34 页 13×18cm 定价：旧币 1,600 元
（通俗美术小丛书 十七）

J0095392

美术字　孟化风著；张文瑞改编
石家庄　河北人民美术出版社 1955 年 3 版
影印本 34 页 13×18cm 定价：CNY0.16

J0095393

美术字手册　石磊编撰
北京　建业书局 1952 年　影印本 96 页
18cm（15 开）定价：旧币 6,000 元

J0095394

美术字作法及应用　吴贤淳，黄能馥编绘
济南　山东人民出版社 1952 年　影印本 76 页
有图 13×18cm 定价：旧币 4,000 元
　　本书系美术字书法。作者黄能馥（1927—
），教授。浙江义乌人。毕业于中央美术学院
实用美术系。历任中央工艺美术学院教授、中
国书法函授大学副校长、中国服饰艺术博物馆
总顾问。著有《中国服饰艺术源流》《中华服饰
七千年》。

J0095395

新美术字　王东编绘
上海　三民图书公司 1952 年 80 页 有图
15×19cm（28 开）定价：旧币 5,200 元

J0095396

新美术字　王东编绘
上海　三民图书公司 1952 年 3 版 影印本 80 页
15×18cm（30 开）定价：旧币 5,200 元

J0095397

怎样写美术字　陈业恒作
上海　北新书局 1952 年 9 版 增订本 95 页
15×18cm 定价：旧币 5500

J0095398

怎样写美术字　陈业恒作
上海　北新书局 1953 年 22 版 增订本 105 页
有图 15×18cm 定价：旧币 5,000 元

J0095399

怎样写美术字　陈业恒作
上海　上海文化出版社 1956 年 新 1 版 重印本
108 页 15×18cm 统一书号：T8077.12
定价：CNY0.34

J0095400

美术字变化法　仇宇，朱梅厂合编
上海　武陵书局 1953 年　影印本 112 页
15cm（40 开）定价：旧币 6,600 元

J0095401

美术字速成作法　王柳影编绘
上海　兴华书局 1953 年　影印本 96 页
13×18cm 定价：旧币 4,500 元
（美术学习丛书）
　　作者王柳影（1917—　），画家。浙江湖州人。
曾任苏州美术专科学校沪校国画专修科教授、上
海市美术家协会会员、上海市文史研究馆馆员。
擅长人物、山水、走兽、花鸟等。作品有《杨贵
妃·沉香亭》《九如图》《螺祖育蚕图》（与友人合
作）等。

J0095402

美术字新编　鲍厚泽编绘
上海　青城书店 1953 年　影印本 79 页
18cm（15 开）定价：旧币 3,800 元

J0095403

新标语美术字　陆亦祥，方仲卿编绘

上海 启明书局 1953 年 改 1 版 影印本 70 页
13×17cm（36 开）定价：旧币 2,800 元

J0095404
学习新美术字　郑孝廉编绘
上海 文工书店 1953 年 影印本 1 册
13×19cm（32 开）定价：旧币 4,000 元

J0095405
怎样学美术字　李润之著
上海 陆开记书店 1953 年 3 版 91 页 有图
26cm（16 开）定价：旧币 5,000 元

J0095406
宋体美术字参考字汇　（一千五百常用字）倪
常明作
上海 大众书局 1954 年 166 页 有图 14×19cm
定价：旧币 10,000 元

J0095407
应用美术字　郑艺等编著
南京 江苏人民出版社 1955 年 影印本 104 页
有图 13×19cm 定价：CNY0.36

J0095408
应用美术字资料　方际青作
上海 新文艺出版社 1955 年 58 页 有图
15×19cm 定价：CNY0.31

J0095409
美术字作法基本练习　吴贤淳编绘
济南 山东人民出版社 1956 年 影印本 78 页
有图 13×18cm 统一书号：T8099.78
定价：CNY0.25

J0095410
怎样学习美术字　黄德海编
石家庄 河北人民美术出版社 1956 年 影印本
78 页 13×18cm 定价：CNY0.27

J0095411
简化美术字　刘粹白编写
郑州 河南人民出版社 1957 年 影印本 36 页
14×18cm 统一书号：8105.47 定价：CNY0.17

J0095412
美术字新作　耿秋作
上海 上海人民美术出版社 1957 年 影印本
121 页 13×19cm 统一书号：T8081.3097
定价：CNY0.50

J0095413
美术字新作　耿秋作
上海 上海人民美术出版社 1963 年 2 版 132 页
13×19cm 统一书号：T8081.3097
定价：CNY0.50

J0095414
怎样写美术字　陈裕荣编著
广州 广东人民出版社 1957 年 影印本 98 页
15×18cm 统一书号：T8111.26 定价：CNY0.40

J0095415
怎样写美术字　程玠若，何和一，章西厓编
上海 上海文艺出版社 1958 年 21 页 18cm（15 开）
统一书号：11178.0084 定价：CNY0.07
（农村图书室文艺丛书 第三辑）

J0095416
美术字　杨德康著
北京 人民美术出版社 1959 年 97 页 13×18cm
统一书号：T8027.1893 定价：CNY0.35

J0095417
新标语美术字　徐凤嘜作
南京 江苏文艺出版社 1959 年 100 页 有图
13×19cm（32 开）统一书号：8141.595
定价：CNY0.28

J0095418
美术字　倪传诗，朱渭忠编绘
郑州 河南人民出版社 1960 年 影印本 94 页
13×19cm 统一书号：T8106.246 定价：CNY0.26

J0095419
怎样写美术字　（业务知识）兰州艺术学院美
术工厂编
兰州 甘肃省群众艺术馆 1960 年 26 页
13×18cm

J0095420
制图字体写法　顾锦梗，顾青珊编著
北京　北京测绘出版社　1960 年　47 页　18×26cm
统一书号：15039.378　定价：CNY0.50

J0095421
美术字写法　王如松编著
上海　上海文化出版社　1962 年　116 页　有图
13×18cm　统一书号：8077.184　定价：CNY0.34

J0095422
拼音字母美术字体的常识和范例　雷梦柳编
北京　文字改革出版社　1963 年　128 页
13×19cm　统一书号：9060.544　定价：CNY0.65

J0095423
好好学习　天天向上　（美术字）
[南京] 江苏人民出版社　1964 年 [1 张]
76cm（2 开）定价：CNY0.20

J0095424
农村应用美术字　上海人民美术出版社编辑
上海　上海人民美术出版社　1964 年　38 页　有图
19cm（32 开）统一书号：T8081.5356
定价：CNY0.10
（工农通俗文库）

J0095425
农村应用美术字　上海人民美术出版社编辑
上海　上海人民美术出版社　1964 年　69 页　有图
19cm（32 开）统一书号：T8081.5450
定价：CNY0.16
（工农通俗文库）

J0095426
实用美术字　杨德康，蓝琛作
北京　朝花美术出版社　1964 年　102 页
13×18cm　统一书号：T8028.1914
定价：CNY0.38

J0095427
实用美术字　杨德康，蓝琛著
北京　朝花美术出版社　1965 年　2 版　102 页
13×19cm　统一书号：T8028.1914
定价：CNY0.38

J0095428
怎样写美术字　王凤仪编
上海　上海人民美术出版社　1964 年　67 页　有图
18cm（15 开）统一书号：T8081.5426
定价：CNY0.26
（工农兵业余美术自学丛书）
　　编者王凤仪（1918—1991），设计教育家。江苏金坛人。毕业于杭州国立艺专应用美术系。历任浙江美术学院任工艺美术系教研组长、中国工业设计协会全国高校工业设计学会常务理事。

J0095429
美术字新编　上海人民美术出版社编绘
上海　上海人民美术出版社　1965 年　97 页　有图
13×18cm　统一书号：T8081.5441
定价：CNY0.36

J0095430
美术字新编　上海人民出版社编辑
上海　上海人民出版社　1971 年　106 页
13×18cm　统一书号：8.3.253　定价：CNY0.22

J0095431
美术字新编　上海人民出版社编辑
上海　上海人民出版社　1974 年　2 版　120 页
13×18cm　统一书号：8171.253　定价：CNY0.27

J0095432
美术字参考资料　天津市八十九中学编
天津　天津人民美术出版社　1972 年　121 页
19cm（32 开）定价：CNY0.35

J0095433
怎样写美术字　翟鸿均编著
昆明　云南人民出版社　1973 年　100 页
13×18cm　统一书号：8116.603　定价：CNY0.22

J0095434
文字造形　（中西文字设计讲座）魏朝宏著
台北　一文出版社　1974 年　254 页　26cm（16 开）
定价：TWD200.00

J0095435
怎样写美术字　吴世华编
南昌　江西人民出版社　1974 年　78 页　13×19cm

统一书号：8110.74 定价：CNY0.46

J0095436
美术字书写参考资料　邓文选编
兰州 甘肃人民出版社 1975 年 92 页 19cm（32 开）
统一书号：8096.384 定价：CNY0.24

J0095437
怎样写美术字　和兰石编写
沈阳 辽宁人民出版社 1975 年 72 页 19cm（32 开）
统一书号：8090.414 定价：CNY0.17

J0095438
怎样写美术字　梁敬泗等编绘
济南 山东人民出版社 1975 年 133 页
19cm（32 开）定价：CNY0.38

J0095439
美术字选编　上海人民出版社编辑
上海 上海人民出版社 1976 年 127 页
19cm（32 开）统一书号：8171.1432
定价：CNY0.29

J0095440
美术宣传员手册　（3 怎样写美术字）
天津 天津人民美术出版社 1977 年 63 页
19cm（32 开）定价：CNY0.20

J0095441
手动照相排字机字体样本　（PVA 感光树脂
版印刷）北京新华印刷厂编辑
北京 新华印刷厂 1977 年 91 页 19cm（32 开）

J0095442
美术字选编　上海人民美术出版社编辑
上海 上海人民美术出版社 1978 年 146 页
19cm（32 开）统一书号：8081.11311
定价：CNY0.39

J0095443
怎样写美术字　全强孙编写
武汉 湖北人民出版社 1978 年 166 页
19cm（32 开）统一书号：8106.1892
定价：CNY0.50

J0095444
240 体阿拉伯数目字　鲁四朋编
香港 万里书店 1979 年 120 页 21cm（32 开）
定价：HKD6.00
（西洋画、美术教材书籍介绍）

J0095445
240 体阿拉伯数目字　鲁四朋编
香港 万里书店 1984 年 2 版 120 页 21cm（32 开）
定价：HKD6.00
（西洋画、美术教材书籍介绍）

J0095446
仿宋字写法　和宪廉编写
呼和浩特 内蒙古人民出版社 1979 年 38 页
19cm（32 开）统一书号：8089.85
定价：CNY0.15

J0095447
仿宋字写法　和孝廉［书］
呼和浩特 内蒙古人民出版社 1980 年 38 页
19cm（小 32 开）定价：CNY0.15

J0095448
美术字图案新编　林白桦编著
广州 广东人民出版社 1979 年 99 页 19cm（32 开）
统一书号：8111.2021 定价：CNY0.29

J0095449
美术字新编　邓文选编
乌鲁木齐 新疆人民出版社 1979 年 19cm（32 开）
统一书号：8098.116 定价：CNY0.27

J0095450
美术字新编　邓文选
乌鲁木齐 新疆人民出版社 1980 年 39 页
19cm（小 32 开）定价：CNY0.27

J0095451
制图字体　武汉测绘学院地图制图系编
北京 测绘出版社 1979 年 145 页 13×19cm
精装 统一书号：15039. 新 93 定价：CNY1.30

J0095452
制图字体　武汉测绘学院地图制图系编

北京　测绘出版社　1979 年　145 页　13×19cm
统一书号：15039. 新 94　定价：CNY0.80

J0095453
制图字体　武汉测绘学院地图制图系编
北京　测绘出版社　1984 年　2 版　修订本　154 页
13×19cm　ISBN：7–5030–0011–2
定价：CNY2.20
　　此本为 1991 年重印本。

J0095454
制图字体　武汉测绘学院地图制图系编
北京　测绘出版社　1984 年　2 版　修订本　154 页
13×19cm　统一书号：15039. 新 348
定价：CNY1.80

J0095455
制图字体　武汉测绘科技大学地图制图系编著
北京　测绘出版社　1994 年　3 版　186 页
17×19cm　ISBN：7–5030–0754–0
定价：CNY12.00

J0095456
美术字　余秉楠编绘
北京　人民美术出版社　1980 年　269 页
19cm（32 开）统一书号：8027.7070
定价：CNY1.20
　　本书编集各种体式的汉字、拉丁字母和阿
拉伯数字，并扼要介绍主要字体的历史、书写方
法和使用要领。作者余秉楠（1933—　　），平面设
计师。上海人，毕业于民主德国莱比锡版画与书
籍艺术高等学校。历任中央工艺美术学院书籍
艺术系主任、教授，国际商标标识双年奖国际评
委。装帧设计有《我们与艺术》《小丑汉斯》等，
著有《装潢设计》。

J0095457
美术字　余秉楠编绘
北京　人民美术出版社　1982 年　2 版　269 页
19cm（小 32 开）定价：CNY1.20

J0095458
美术字参考　鲁广洲编写
银川　宁夏人民出版社　1980 年　103 页
19cm（32 开）统一书号：17157.14

定价：CNY0.63

J0095459
美术字写法　刘业宁编著
南宁　广西人民出版社　1980 年　117 页
19cm（32 开）统一书号：8113.575
定价：CNY0.59

J0095460
美术字写法　刘业宁编著
南宁　广西人民出版社　1984 年　2 版　116 页
19cm（小 32 开）定价：CNY0.71

J0095461
美术字写法　刘业宁编著
南宁　广西人民出版社　1986 年　3 版　116 页
20cm（32 开）定价：CNY0.97

J0095462
美术字新编　林德宏编
南昌　江西人民出版社　1980 年　142 页
19cm（32 开）统一书号：8110.326
定价：CNY0.36

J0095463
实用美术字　刘福臣，刘忠举编
兰州　甘肃人民出版社　1980 年　64 页　19cm（32 开）
统一书号：8096.699　定价：CNY0.46

J0095464
怎样写美术字　段克义编著
西安　陕西人民美术出版社　1980 年　174 页
19cm（32 开）统一书号：8199.81
定价：CNY0.47

J0095465
最新中英美术字设计
香港　百灵出版社［1980—1989 年］192 页
21cm（32 开）定价：HKD12.00

J0095466
美术字参考　江胜全编绘
成都　四川人民出版社　1981 年　102 页
19cm（32 开）统一书号：8118.852
定价：CNY0.45

J0095467

美术字参考　江胜全编绘
成都　四川人民出版社　1983 年　102 页
19cm（32 开）定价：非卖品

J0095468

中国文字艺术　杨宗魁编著
台北　设计家文化出版事业公司　1981 年　5 版
303 页　29cm（16 开）精装　定价：TWD36.00
　　作者杨宗魁，总编的主要作品有《广告创作
年鉴》《形象设计年鉴》《专业摄影年鉴》等。

J0095469

字体图案
广州　广东省地图出版社　1981 年　189 页
25cm（小 16 开）统一书号：10250.9
定价：CNY2.50

J0095470

美术字　韩德安，朱圣明编绘
上海　上海人民美术出版社　1982 年　142 页
19cm（32 开）统一书号：8081.12708
定价：CNY0.38
　　本书根据宋体字的变化规律加以发挥，写成
各类不同的美术字。

J0095471

美术字写法　徐凤嘤编著
南京　江苏人民出版社　1982 年　165 页
19cm（32 开）统一书号：8100.040
定价：CNY0.55
　　本书将美术字的写法和应用，以及同美术字
有关的各个方面，由浅入深地作了比较全面的介
绍，并附有各种图例和参考资料。

J0095472

美术字新编　张志林编绘
天津　天津人民美术出版社　1982 年　192 页
19cm（32 开）统一书号：8073.50233
定价：CNY1.00
　　本书分常用美术字、装饰美术字、美术字的
配合、美术字应用、外文美术字五部分。

J0095473

字体美化与应用　欧阳允文编绘

长沙　湖南美术出版社　1982 年　126 页
19cm（32 开）统一书号：8233.261
定价：CNY0.70
　　本书着重介绍了宋体、黑体、仿宋的笔画特
征、结构规律以及变体美术字的表现形式，变化
范围，并介绍了美术字的写法和美术字如何应用
的问题。

J0095474

变体数目字 900　余强编
香港　万里书店　1983 年　128 页　有图
26cm（16 开）定价：HKD25.00
（工商美术丛书）
　　外文书名：Arabic Numerals Design.

J0095475

美术字　江胜全编绘
重庆　重庆出版社　1983 年　142 页　19cm（32 开）
统一书号：8114.69　定价：CNY0.68

J0095476

美术字　梁胜全编绘
重庆　重庆出版社　1983 年　142 页　19cm（小 32 开）
定价：CNY0.68

J0095477

美术字集锦　李正元编绘
天津　天津人民美术出版社　1983 年　186 页
19cm（32 开）统一书号：8073.50271
定价：CNY0.90
　　作者李正元（1943—　　），高级美术师。四
川南部人，毕业于四川省电影放映学校。历任南
部县电影公司正圆广告美术部艺术导师、中国美
术家协会四川分会会员、南充市美术家协会常务
理事、南部县美术协会主席、中国美术家协会四
川分会会员。出版有《美术字集锦》《美术字与
图案》。

J0095478

美术字技法　刘仪鸿著
广州　岭南美术出版社　1983 年　186 页
19cm（32 开）定价：CNY0.28

J0095479

文字造形　（中西字体设计讲座）魏朝宏著

台北 众文图书公司 1983 年 2 版 改订本 220 页
有图 30cm（15 开）精装 定价：TWD300.00
　　外文书名：Lettering and Logotype.

J0095480
怎样写美术字　　孟林，毛亨编绘
呼和浩特 内蒙古人民出版社 1983 年 99 页
19cm（32 开）统一书号：8089.140
定价：CNY0.60

J0095481
装饰美术字　　张志林编绘
上海 上海人民美术出版社 1983 年 155 页
19cm（32 开）统一书号：8081.13074
定价：CNY0.42
　　本书介绍了报头刊头美术字、商业宣传美术
字、商品装潢美术字、书籍装帧美术字等内容。

J0095482
图解中英美术字写法
香港 文光出版社 1984 年 影印本 209 页 有图
20cm（32 开）定价：HKD20.00

J0095483
图文造形　（文字造形篇）王铄登编
台北 北屋出版事业公司 1984 年 101 页
25cm（16 开）定价：TWD80.00

J0095484
现代橱窗广告技法　　史美勋等编著
北京 工商出版社 1984 年 150 页 21cm（32 开）
定价：CNY1.25
　　本书辑有联邦德国、法国及香港的橱窗广告
文章，内容包括橱窗的建立、陈列设计的原则及
基础技法，艺术形式法则在陈列中的运用，商品
陈列方法和展示技巧，色彩的运用等。书后附有
黑白和彩色橱窗广告插图。

J0095485
英文美术字荟萃　　林丛编著
香港 万里书店 1984 年 181 页 有图
26cm（16 开）ISBN：962-14-0008-2
定价：HKD28.00
（工商美术丛书）

J0095486
美术字与图案　　李正元编绘
上海 上海人民美术出版社 1985 年 202 页
19cm（32 开）统一书号：8081.14571
定价：CNY0.90

J0095487
美术字与图案　　李正元编绘
上海 上海人民美术出版社 1999 年 重印本
202 页 13×19cm ISBN：7-5322-0489-8
定价：CNY7.60

J0095488
文字造形与文字编排　　苏宗雄著
台北 柠檬黄文化事业有限公司 1985 年 220 页
有图 30cm（15 开）精装 定价：TWD600.00
　　外文书名：Lettering and Typography.

J0095489
艺用文字资料　　和兰石编绘
沈阳 辽宁美术出版社 1985 年 301 页
26cm（16 开）统一书号：8161.0837
定价：CNY2.90
　　本书是文字专集，编选了一些金文、碑石、
印章、砖瓦等文字，编排上基本以文字的发展先
后为顺序。

J0095490
阿拉伯数字字体 600 例　　金戈编
上海 上海翻译出版公司 1986 年 120 页
18cm（15 开）统一书号：8311.19
定价：CNY0.87

J0095491
工程字的书写方法　　于国平著
北京 科学普及出版社 1986 年 100 页
19cm（32 开）统一书号：15051.1141
定价：CNY0.55

J0095492
美术字　　曹辉禄编文书写
成都 四川美术出版社 1986 年 142 页
19cm（32 开）统一书号：8373.440
定价：CNY1.95

J0095493
书法与美术字　王诚龙，童曼之编写
长沙　湖南美术出版社［1986年］219页
17×19cm 统一书号：8233.1072 定价：CNY2.70
　　本书介绍了书法艺术的演变历史和书法艺术与美术字的关系。

J0095494
书法与美术字　王城龙，童曼之编写
长沙　湖南美术出版社［1987年］219页
17×19cm 定价：CNY2.70

J0095495
外文美术字及图案资料　谢艺平，刘云石编
兰州　甘肃人民出版社 1986年 20cm（32开）
统一书号：8096.1161 定价：CNY2.30

J0095496
长仿宋体字谱　昆明市标准化协会编
昆明　云南科技出版社 1986年 77页 26cm（16开）
统一书号：17466.1 定价：CNY4.00

J0095497
变体美术字　李正元编绘
北京　朝花美术出版社 1987年 125页
13cm（60开）统一书号：8028.2395
定价：CNY0.78

J0095498
黑体字典　蒋可文编绘
台南　大孚书局 1987年 266页 21cm（32开）
（美术系列）

J0095499
美术字　（技法与欣赏）陈达林著
上海　少年儿童出版社 1987年 70页 17×19cm
统一书号：R8024.173 定价：CNY1.40
（未来画家必读丛书）

J0095500
让汉字发出声音来　（汉字示音印刷字体）陈爱文，周静梓著
北京　光明日报出版社 1987年 65页
18cm（15开）统一书号：7263.201
定价：CNY0.80

J0095501
应用美术字　马廷海编绘
成都　四川美术出版社 1987年 149页
13×18cm 统一书号：8372.782 定价：CNY1.40

J0095502
怎样写好美术字　徐学成，郑华丰编绘
北京　朝花美术出版社 1987年 151页 有图
13cm（60开）统一书号：8028.2320
定价：CNY0.95
　　本书概括阐述美术字的应用、基本要求，以及学习步骤，并着重在怎样写好美术字、美术字的变化和类型3个方面做了详细讲述。后面两部分为怎样写拉丁美术字和怎样写阿拉伯数字。

J0095503
中国文字造形设计　新形象出版事业公司编辑部编著
台北永和　新形象出版事业公司 1987年 295页
26cm（16开）定价：TWD250.00

J0095504
字的艺术　蒋可文编绘
台南　大孚书局 1987年 26cm（16开）
定价：TWD300.00

J0095505
常用美术字新编　高长德编绘
北京　长城出版社 1988年 125页 13×19cm
ISBN：7-80017-069-1 定价：CNY2.30

J0095506
仿宋字及外文字结构与书法彩色缩印本
徐锦华著；徐佩丽等编绘
上海　上海翻译出版公司 1988年 17页
26cm（16开）ISBN：7-80514-196-7
定价：CNY0.90

J0095507
广告设计用楷书体字典　刘小晴编著
香港　万里书店 1988年 225页 29cm（15开）
ISBN：962-14-0338-3 定价：HKD60.00
　　作者刘小晴（1942— ），书法家。号一瓢，二泉，上海崇明人。毕业于鲁迅美术学院国画系，曾担任上海书法家协会副主席、《书法》杂志副

主编、中国书法家协会会员、上海文史馆馆员。
出版有《少年小楷习字帖》《中国书法技法述要》
《怎样写行书》。

J0095508
实用美术字　　刘忠举,钟国章编
成都　四川美术出版社　1988 年　93 页　13×19cm
ISBN：7-5410-0210-0　定价：CNY2.00

J0095509
实用装饰美术字　　张志林编绘
太原　希望出版社　1988 年　135 页　13×19cm
ISBN：7-5379-0352-2　定价：CNY1.95

J0095510
实用装饰美术字　　程铁生编绘
沈阳　辽宁美术出版社　1988 年　218 页
13×19cm　ISBN：7-5314-0015-4
定价：CNY2.40
　　作者程铁生(1938—　),教师。辽宁铁岭人,
毕业于长春师范学校。曾任教师、木材厂美工。
潜心研究美术字。出版有《实用装饰美术字》。

J0095511
实用装饰美术字　　程铁生编绘
沈阳　辽宁美术出版社　1991 年　重印本　218 页
13×19cm　ISBN：7-5314-0015-4
定价：CNY2.40

J0095512
数字设计专集　　邱显德等编辑
台北　活门出版事业公司　1988 年　151 页
26cm(16 开)　定价：TWD390.00

J0095513
装饰阿拉伯数目字　　高阿根,吴曼姑编
上海　上海书画出版社　1988 年　142 页
19cm(32 开)　ISBN：7-80512-200-8
定价：CNY1.87
(大世界画库　实用美术编)

J0095514
最新实用装饰美术字　　吴贤淳,吴伟编绘
西安　陕西科学技术出版社　1988 年　118 页
13×18cm　ISBN：7-5369-0236-0

定价：CNY2.20

J0095515
标题书法　　吴开英著
北京　北京体育学院出版社　1989 年　96 页
19cm(32 开)　ISBN：7-81003-200-3
定价：CNY1.65

J0095516
港台美术字　　王伯谦等编绘
海口　南海出版公司　1989 年　202 页　18×17cm
ISBN：7-80570-033-8　定价：CNY4.80

J0095517
美术十体字典　　高峰致编写
台南　大孚书局　1989 年　296 页　21cm(32 开)
定价：TWD140.00
(美术系列)

J0095518
美术字　　王猛仁编绘
郑州　河南美术出版社　1989 年　有图
19cm(32 开)　ISBN：7-5401-0072-9
定价：CNY2.55

J0095519
美术字·图案　　李正元编绘
长沙　湖南美术出版社　1989 年　132 页　有图
13×19cm　ISBN：7-5356-0329-7
定价：CNY2.90

J0095520
美术字技法　　陈介璞,邓邦等编绘
上海　上海书画出版社　1989 年　190 页
26cm(16 开)　ISBN：7-80512-265-2
定价：CNY2.10
(大世界画库　实用美术编)

J0095521
美术字设计基础　　王亚非编著
沈阳　辽宁美术出版社　1989 年　206 页
26cm(16 开)　ISBN：7-5314-0245-8
定价：CNY18.80
(鲁迅美术学院函授部教材丛书)
　　作者王亚非(1955—　),黑龙江哈尔滨人,

历任鲁迅美术学院成人教育学院副院长、中国广告学会会员、中国美术家协会辽宁分会会员。

J0095522

美术字设计基础　王亚非编著

沈阳　辽宁美术出版社　1989 年　202 页
26cm（16 开）ISBN：7-5314-0245-8
定价：CNY14.45

J0095523

现代宋体　王诚龙，童曼之编写

长沙　湖南美术出版社　1989 年　228 页
19cm（32 开）ISBN：7-5356-0328-9
定价：CNY5.60

　　本书探讨了宋体字形成的历史源流、演变和发展，在研究宋体字构型的基础上，对现代宋体进行了全面的整理和规范。简化字都有繁体对照。共 4511 个。

J0095524

现代文字设计手册　易一平，万良保编绘

郑州　河南美术出版社　1989 年　223 页
19cm（32 开）ISBN：7-5401-0084-2
定价：CNY6.95

　　本手册内容为：一、汉字设计。二、词组设计。三、词句设计。四、英文字母设计。五、26 个英文字母设计。六、英文词组设计，古典和现代风格各异、用途各异的英文大小写词组变形。七、中文字体设计，这部分字体造型不以形象配合，纯以文字之笔画空间或部首结构作巧妙变化，以适用以立体装饰和平面印刷的现代字体设计。

J0095525

中外美术字　乔晋津编

天津　天津杨柳青画社　1989 年　120 页
20cm（32 开）ISBN：7-80503-070-7
定价：CNY4.50

J0095526

装潢美术字　夏静慧，孙敬编绘

天津　天津人民美术出版社　1989 年　128 页
19cm（32 开）ISBN：7-5305-0201-8
定价：CNY2.60

J0095527

POP 广告技法书体图鉴　荒木淳编著

台北　世茂出版社　1990 年　167 页　21cm（32 开）
ISBN：957-529-073-9 定价：TWD150.00

　　本书为美术书法图集。外文书名：Character Collection.

J0095528

变体美术字　刘钧川等编绘

郑州　河南美术出版社　1990 年　13×19cm
ISBN：7-5401-0132-6 定价：CNY1.80

J0095529

变体美术字　谭成俏编绘

上海　上海人民美术出版社　1990 年　254 页
13×19cm ISBN：7-5322-0793-5
定价：CNY3.70

J0095530

海内外艺术字体　（香港·台湾·日本）虞刚选编

南京　江苏美术出版社　1990 年　190 页
18cm（15 开）ISBN：7-5344-0113-5
定价：CNY3.80

J0095531

空心字的写法和字帖　李清德著

长春　吉林人民出版社　1990 年　74 页
26cm（16 开）ISBN：7-206-00932-8
定价：CNY2.50

J0095532

李正元美术字集　李正元著

广州　岭南美术出版社　1990 年　130 页
13×19cm（32 开）ISBN：7-5362-0557-0
定价：CNY2.60

　　本书是中国现代美术字图案选集。

J0095533

美术字　（手写字典）张文宗编

台北　东门出版社　1990 年　341 页　21cm（32 开）
定价：TWD200.00

J0095534

美术字绘法　常俊生绘

合肥　安徽美术出版社　1990 年　126 页
13×19cm（32 开）ISBN：7-5398-0109-3
定价：CNY3.90

　　作者常俊生（1959—　　），安徽省书画研究会
会员。

J0095535
美术字绘写练习　高长德编绘
北京　中国华侨出版公司　1990 年　93 页
13×19cm　ISBN：7-80074-356-X
定价：CNY3.00

J0095536
美术字集　焦俊华，焦晓橙编
石家庄　河北美术出版社　1990 年　123 页
17cm（15 开）ISBN：7-5310-0344-9
定价：CNY3.50

J0095537
数目美术字实例 1000　子叶，黄矜编绘
北京　北京体育学院出版社　1990 年　140 页
26cm（16 开）ISBN：7-81003-089-2
定价：CNY6.25
（实用美术装潢资料大全丛书）

J0095538
艺用古文字图案　刘勉怡编
长沙　湖南美术出版社　1990 年　208 页
27cm（大 16 开）定价：CNY7.80

　　本书内容分：一、新石器时期；二、商周时
期；三、春秋战国时期；四、秦汉时期；五、古文
字选，图案 1000 例，都是秦汉以前的古文字。展
示了中国传统文化书画同源的特点和沿革。编
者刘勉怡（1944—　　），湖南湘乡人，湖南美术出
版社任职。

J0095539
圆黑体　童曼之编写
长沙　湖南美术出版社　1990 年　232 页
19cm（32 开）ISBN：7-5356-0386-1
定价：CNY5.60

　　中国美术字汇编。作者童曼之（1935—　　），
编辑。生于湖南长沙，毕业于岳阳师范，后入湖
南艺术学院美术系。历任湖南美术出版社副编
审，中国出版者协会装帧艺术研究会、美协湖南

分会会员。

J0095540
制图字体练习　李一鸣，朱宪卿编
南京　河海大学出版社　1990 年　42 页　13×19cm
ISBN：7-5630-0325-8　定价：CNY1.20

　　本书介绍了长仿宋字体的间架结构、边旁部
首及基本笔画的写法、组合搭配的规律和比例、
重心的掌握等方法。

J0095541
中国汉字图案　潘鲁生编著
台北　南天书局　1990 年　225 页　29cm（16 开）
ISBN：957-638-043-X　定价：TWD380.00
（中国传统图案系列 10）

　　外文书名：Chinese Characters Patterns. 作者
潘鲁生（1962—　　），艺术学博士，教授，博士师
导师。山东曹县人。毕业于南京艺术学院。任
中国文联副主席、山东省文联主席、山东工艺美
术学院院长、中国民间文艺家协会主席、中国艺
术研究院中国设计艺术院院长、中国美术家协会
工艺美术艺委会主任等。代表作品《零的突破》
《匠心独运》等。主要著述有《论中国民间美术》
《中国民间美术工艺学》等。

J0095542
中国汉字图案　潘鲁生编著
香港　万里书店　1990 年　225 页　29cm（16 开）
ISBN：962-14-0450-9　定价：HKD85.00
（中国传统图案系列　第 11 辑）

　　本书收录中国汉字传统图案 600 余幅。本
书与轻工业出版社合作出版。

J0095543
中文字体设计　岳昕编著
合肥　安徽美术出版社　1990 年　90 页　26cm（16 开）
ISBN：7-5398-0005-4　定价：CNY4.60

　　作者岳昕（1957—　　），北京人，中央工艺美
术学院装潢系任教。

J0095544
字学　（文字造形设计的技法实务）林品章著
台北　星狐出版社　1990 年　2 版　247 页
25cm（小 16 开）定价：TWD300.00

J0095545

变体美术字　焦俊华编

天津　天津杨柳青画社　1991 年　117 页

17×18cm　ISBN：7-80503-126-6

定价：CNY4.50

　　编者焦俊华（1932—　　），生于河北赵县。天津美术学院副教授、中国美术家协会会员、中国白洋淀诗书画院艺术顾问。代表作品《画中揽胜》《中国古塔》等。

J0095546

大众实用美术字　卫金安，李强著

北京　知识出版社　1991 年　120 页　有照片

13×19cm　ISBN：7-5015-0656-6

定价：CNY2.90

J0095547

仿宋体习字　石凤光编

天津　天津杨柳青画社　1991 年　150 页

26cm（16 开）ISBN：7-80503-134-7

定价：CNY7.50

　　本书所收字选自《现代汉语词典》，收入常用和不常用字约 8000 多个。

J0095548

仿宋字书写技法　徐锦华著

上海　上海交通大学出版社　1991 年　188 页

19cm（小 32 开）ISBN：7-313-00916-X

定价：CNY3.20

　　本书介绍工程制图常用的长、方、扁仿宋字体以及长、方、扁外文字体。

J0095549

浮云体　童曼之编写

长沙　湖南美术出版社　1991 年　156 页

17×18cm　ISBN：7-5356-0464-1

定价：CNY5.20

　　浮云体是港澳 20 世纪 80-90 年代流行的一种美术字体，这种字体新颖、活泼、饱满充实、立体感强、富有时代气息，用于宣传广告、包装设计等，加强宣传效果。

J0095550

实用美术字造型结构查考　张代航编著

贵阳　贵州人民出版社　1991 年　72 页　17×19cm

ISBN：7-221-02433-2　定价：CNY2.95

　　本书分 5 个部分。以实用美术字造型结构为基础，从黑体、黑变体、宋体等美术字的系列变化入手，专门列举各种字体的表格作为实用美术字造型结构的查考。有 72 幅图。作者张代航，四川重庆人。《花溪》月刊编辑部美术编辑、贵阳市美术家协会理事。出版有《标志字设计与演变 1000 例》。

J0095551

实用美术字造型结构查考　张代航编著

贵阳　贵州人民出版社　1996 年　2 版　96 页

17×18cm　ISBN：7-221-04188-1

定价：CNY5.30

J0095552

现代美术字（最新字体设计）马碧野等编著

长春　长春出版社　1991 年　197 页　16×18cm

ISBN：7-80573-601-4　定价：CNY5.70

　　本书广泛收集了现代中外优秀美术字字体设计，其中创作和精选了美术字字体应用实例，并对做为现代美术字基础的明体、黑体和字型塑造等方面作了详尽的分析。

J0095553

现代美术字百体　童曼之编著

长沙　湖南美术出版社　1991 年　336 页

17×19cm　ISBN：7-5356-0476-5

定价：CNY8.60

J0095554

新潮美术字　陈建军编著

南宁　广西美术出版社　1991 年　152 页

17×18cm　ISBN：7-80582-186-0

定价：CNY4.95

　　作者陈建军（1960—　　），山西太原人，任广西艺术学院美术系讲师、中国美术家协会广西分会会员。作品有《中国体育投向 21 世纪》《植树造林》《中华武术走向世界》等。

J0095555

新潮美术字　王光福编绘

上海　上海书画出版社　1991 年　134 页

19cm（小 32 开）ISBN：7-80512-573-2

定价：CNY3.00

（大世界画库　实用美术编）

J0095556
中外美术字 2000 例　**汪新等编绘**
上海　上海画报出版社 1991 年 240 页
17×18cm ISBN：7-80530-062-3
定价：CNY4.60
（知识画库）

J0095557
中外实用美术字及装饰框　**张温纯编绘**
天津　天津杨柳青画社 1991 年 121 页
20×18cm ISBN：7-80503-144-4
定价：CNY5.50
　　本书内容分 3 部分：简繁体常用字对照，外国美术字精选，外国著名标志精选。作者张温纯（1957— ），美术编审。生于天津，祖籍山东莱州。中国美术家协会天津分会会员，天津市杨柳青画社从事绘画工作，书刊编辑出版发行事业部经理。编辑出版有《冯骥才画集》《书画装裱艺术》《张锡武画集》《黄胄中国现代人物画》等。

J0095558
中文美术字设计技法　**王光福编著**
香港　万里书店 1991 年 153 页 21cm（32 开）
ISBN：962-14-0468-1 定价：HKD38.00
（新美术丛书 17）
　　外文书名：Designing on Chinese Letters.

J0095559
装饰美术字　**孙有庭著**
杭州　浙江人民出版社 1991 年 193 页
21cm（32 开）ISBN：7-213-00741-6
定价：CNY8.50

J0095560
初学手绘 POP 应用字汇　**黄国煜著**
台北　邯郸出版社 1992 年 138 页 26cm（16 开）
定价：TWD350.00

J0095561
港台美术字　**刘墨等编**
武汉　长江文艺出版社 1992 年 119 页
17×19cm ISBN：7-5354-0619-X
定价：CNY3.50

J0095562
美术字集锦　**马德新编**
广州　岭南美术出版社 1992 年 124 页
17×18cm ISBN：7-5362-0787-5
定价：CNY5.00

J0095563
实用美术字　**杨德康编著**
长沙　湖南少年儿童出版社 1992 年 151 页
14×20cm ISBN：7-5358-0785-2
定价：CNY2.70

J0095564
实用美术字　**辛汇等编绘**
天津　天津人民美术出版社 1992 年 154 页
13×19cm ISBN：7-5305-0307-3
定价：CNY4.70

J0095565
现代美术字设计　**倪伟，陈虹编绘**
上海　上海书店 1992 年 180 页 19×17cm
ISBN：7-80569-487-7 定价：CNY5.80

J0095566
现代艺用汉字　**黄启乐编撰**
昆明　云南美术出版社 1992 年 113 页
20×20cm ISBN：7-80586-010-6
定价：CNY4.50

J0095567
现代字体设计艺术　**虞刚等编**
石家庄　河北美术出版社 1992 年 252 页
20×18cm ISBN：7-5310-0472-0
定价：CNY12.50
　　本书对装帧字体设计艺术理论进行简明扼要的阐述。并收集众多的中外文美术字体。

J0095568
新潮美术字设计手册　**王红卫，贾荣林编著**
北京　警官教育出版社 1992 年 206 页
17×19cm ISBN：7-81027-168-7
定价：CNY16.20

J0095569
新创美术字体　**江春枝编译**

台南　信宏出版社　1992 年　201 页　21cm（32 开）
ISBN：957-538-011-8　定价：TWD130.00
（美术 53）

J0095570
学生学写美术字　高长德等编绘
北京　中国华侨出版社　1992 年　123 页
12×18cm　ISBN：7-80074-582-1
定价：CNY3.50
　　本书提供了近三十余种中文字体，并对其笔画、特征进行了逐一注解。

J0095571
怎样写长仿宋字　任立生等编著
长春　东北师范大学出版社　1992 年　161 页
20cm（32 开）　ISBN：7-5602-0715-4
定价：CNY3.00

J0095572
中国美术字大典　李不言等主编
长春　长春出版社　1992 年　969 页　26cm（16 开）
精装　ISBN：7-80573-693-6　定价：CNY58.00
　　本大典共收集 36400 个汉字。以 1300 多个汉字作为基本字形，每个字罗列了 28 种不同风格、不同特点的字体，收入甲骨文、隶、楷、行、篆等书体和宋体等字体。

J0095573
中外字体设计　沈卓娅，刘境奇编著
南昌　江西美术出版社　1992 年　192 页
26cm（16 开）　ISBN：7-80580-086-3
定价：CNY8.86
　　本书分别介绍了汉字、日文五十音字体、拉丁字母的起源与发展、绘写的要求等。

J0095574
中外字体设计　沈卓娅，刘境奇编著
南昌　江西美术出版社　1998 年　重印本　192 页
26cm（16 开）　ISBN：7-80580-507-5
定价：CNY14.00
　　本书分 5 章：第一章"概说"；第二章"中文字体设计"；第三章"日文字体设计"；第四章"拉丁文字体设计"；第五章"中外字体设计要领"，分别从明确意图、构思布局、编排文字、设计字形 4 个方面进行阐述。

J0095575
常用仿宋体字帖　鲁盖克编
北京　中国建材工业出版社　1993 年　59 页
19cm（小 32 开）　ISBN：7-80090-189-0
定价：CNY3.80

J0095576
常用美术字汇编　汪新等编写
北京　朝花美术出版社　1993 年　412 页
26cm（16 开）　ISBN：7-5056-0182-2
定价：CNY9.50
　　本书共收入 1200 个单字，列出宋体、黑体、综艺体、长牟体等 7 种字体。

J0095577
创意新体美术字　邹君富著
台南　信宏出版社　1993 年　140 页　21cm（32 开）
ISBN：957-538-344-3　定价：TWD100.00
（美术 89）

J0095578
仿宋体　童曼之编写
长沙　湖南美术出版社　1993 年　134 页
20cm（32 开）　ISBN：7-5356-0617-2
定价：CNY5.80
　　本书介绍了仿宋体的特点及其应用、仿宋体的基本规律、笔画规律和仿宋体参考字等。

J0095579
仿宋体　童曼之编写
长沙　湖南美术出版社　1994 年　140 页
17×19cm　ISBN：7-5356-0672-5
定价：CNY6.00
（美术字丛书）

J0095580
仿宋字写法与练习　王其昌等编
北京　机械工业出版社　1993 年　50 页
19cm（小 32 开）　ISBN：7-111-03504-6
定价：CNY1.20

J0095581
黑板报常用变形美术字　春山等绘
北京　中国华侨出版社　1993 年　121 页
13×19cm　ISBN：7-80074-522-8

定价: CNY5.00

J0095582
黑板报常用美术字新编　郭存善, 杨遇泰编绘
北京 中国画报出版社 1993 年 113 页
13 × 19cm ISBN: 7-80024-160-2
定价: CNY4.95

J0095583
黑体字库
上海 上海书画出版社 1993 年 173 页
26cm (16 开) ISBN: 7-80512-724-7
定价: CNY16.80
(现代装潢美术字字库丛书)
　　本书收有 4600 余个常用字, 包括繁简对照、
一字五变、临摹剪贴等。

J0095584
节日常用美术字　郭存善, 冯锐编绘
北京 中国画报出版社 1993 年 121 页
13 × 19cm ISBN: 7-80024-161-0
定价: CNY4.95

J0095585
毛泽东诗词选　史云鹏书
北京 北京师范大学出版社 1993 年 60 页
25cm (小 16 开) ISBN: 7-303-03178-2
定价: CNY4.60
　　本作品系现代中国美术字帖。作者史云鹏
(1943—), 河北徐水人。天津市河东区规划土
地管理处副处长、高级工程师。

J0095586
美术字　王新生, 李彦彬著
石家庄 河北美术出版社 1993 年 84 页 有照片
14 × 20cm ISBN: 7-5310-0572-7
定价: CNY4.00
(儿童美术大全)
　　作者王新生 (1952—), 河北霸县人, 河北
省工艺美术学校室内设计教研室主任、中国工业
设计协会、展示协会会员。作者李彦彬 (1959—
　), 教授。河北大学艺术学院教授、艺术设计
系主任, 河北包装技术协会理事、中国包装设计
委员会委员。出版有《水禽动物图案》《动物装
饰造型》《图案构成》等。

J0095587
美术字之道　何忠主编
长春 吉林文史出版社 1993 年 184 页
26 × 24cm ISBN: 7-80528-653-1
定价: CNY16.00
　　本书介绍了美术字的基本知识及汉语文字、
拉丁语文字、阿拉伯文字等的设计逻辑和有关
知识。

J0095588
商业广告美术字体设计　林湛编著
北京 世界图书出版公司 1993 年 重印本
20cm (32 开) ISBN: 7-5062-1628-0
定价: CNY5.20
(水牛美术丛刊 1)

J0095589
十体常用美术字　刘世南, 黄艳萍编著
南昌 江西美术出版社 1993 年 206 页
26cm (16 开) ISBN: 7-80580-130-4
定价: CNY8.90
　　本书辑入 2400 余个常用汉字, 每字用楷、
隶、宋、行等 10 种不同字体书写, 按笔画顺序
排列。

J0095590
十体常用美术字　刘世南, 黄艳萍编著
南昌 江西美术出版社 1996 年 重印本 206 页
26cm (16 开) ISBN: 7-80580-348-X
定价: CNY16.00

J0095591
实用美术字 2000 例　程铁生编绘
沈阳 辽宁美术出版社 1993 年 502 页
18 × 26cm ISBN: 7-5314-1031-1
定价: CNY48.00
　　作者程铁生 (1938—), 教师。辽宁铁岭人,
毕业于长春师范学校。曾任教师、木材厂美工。
潜心研究美术字。出版有《实用装饰美术字》。

J0095592
实用美术字入门　思维编著
北京 印刷工业出版社 1993 年 162 页
19cm (小 32 开) ISBN: 7-80000-124-5
定价: CNY4.50

J0095593
手绘圆体字 钟亲皓编著
台北 三采文化出版事业公司 1993 年 158 页
26cm（16 开）ISBN：957-9135-17-7
定价：TWD350.00
（字体设计丛书 1）

J0095594
数码美术字 1000 例 李培成，李炳锋编绘
郑州 河南美术出版社 1993 年 124 页
13×19cm ISBN：7-5401-0381-7
定价：CNY4.50

J0095595
数码字书写练习 （第三次修订本）黄瑄编写
北京 中国商业出版社 1993 年 13×18cm
ISBN：7-5044-1815-3 定价：CNY2.60

J0095596
宋体字库
上海 上海书画出版社 1993 年 173 页
26cm（16 开）ISBN：7-80512-727-1
定价：CNY16.80
（现代装潢美术字字库丛书）
　　本书共收有繁简对照的宋体字 4600 余个。

J0095597
魏体字库
上海 上海书画出版社 1993 年 173 页
26cm（16 开）ISBN：7-80512-726-3
定价：CNY16.80
（现代装潢美术字字库丛书）
　　本字库共收入 4600 余个常用字，其中含简
体、繁体，每字分长、扁、空心、立体、斜体 5 种
变化。

J0095598
现代美术字 汪新编绘
南宁 广西美术出版社 1993 年 158 页
13×19cm ISBN：7-80582-609-9
定价：CNY4.95

J0095599
校园常用美术字新编 王彩芳，郭怡芳泓编绘
北京 中国画报出版社 1993 年 120 页

13×18cm ISBN：7-80024-175-0
定价：CNY6.20

J0095600
新编实用美术字 汪新等编绘
北京 中国文联出版公司 1993 年 110 页
13×18cm ISBN：7-5059-1508-8
定价：CNY4.80

J0095601
艺术字精粹 钱淑和绘著
台北 艺术图书公司 1993 年 再版 191 页 有图
26cm（16 开）ISBN：957-9045-32-1
定价：TWD380.00

J0095602
圆头体字库
上海 上海书画出版社 1993 年 173 页
26cm（16 开）ISBN：7-80512-723-9
定价：CNY16.80
（现代装潢美术字字库丛书）
　　本字库收入 4600 多个常用字，包括简体和
繁体，每个字有长、扁、空心、立体和斜体 5 种
变化。

J0095603
怎样写好美术字 顾文华编
西安 陕西人民美术出版社 1993 年 58 页
17×19cm ISBN：7-5368-0511-X
定价：CNY2.50

J0095604
中外美术字 邹家政等编绘
海口 海南摄影美术出版社 1993 年 159 页
18×26cm ISBN：7-80571-405-3
定价：CNY6.00
　　本书包括：基础美术字与变体美术字两部
分。作者邹家政(1947—)，湖南冷水江市人，
湖南湘潭纺织厂图案室工艺美术设计师。

J0095605
中外文美术字体设计 曹奇峡编著
南京 江苏美术出版社 1993 年 108 页
26cm（16 开）ISBN：7-5344-0295-6
定价：CNY4.90

（中级美术自学丛书　美术家之路）

J0095606
中外文美术字体设计　曹奇峡著
南京　江苏美术出版社　1997 年　重印　108 页
26cm（16 开）ISBN：7-5344-0295-6
定价：CNY7.30
（美术家之路）

J0095607
中文艺术字　陈彦君编
台南　世峰出版社　1993 年　282 页　21cm（32 开）
ISBN：957-9696-35-7　定价：TWD100.00
（美术丛书　5）

J0095608
中小学生学写美术字　春山编绘
北京　中国华侨出版社　1993 年　116 页
13×19cm　ISBN：7-80074-534-1
定价：CNY5.00

J0095609
字体设计基础　余秉楠编绘
北京　人民美术出版社　1993 年　209 页　有照片
26cm（16 开）ISBN：7-102-01197-0
定价：CNY9.50
　　　本书中央电视台教育节目部电视讲座。作
者余秉楠（1933—　），平面设计师。上海人，毕
业于民主德国莱比锡版画与书籍艺术高等学校。
历任中央工艺美术学院书籍艺术系主任、教授、
国际商标标识双年奖国际评委。装帧设计有《我
们与艺术》《小丑汉斯》等，著有《装潢设计》。

J0095610
字体设计基础　余秉楠编绘
西安　陕西人民出版社　1995 年　209 页　有图
26cm（16 开）ISBN：7-224-03780-X
定价：CNY13.50

J0095611
综艺体　童曼之，王寿仁编写
长沙　湖南美术出版社　1993 年　142 页
17×19cm　ISBN：7-5356-0622-9
定价：CNY6.80

J0095612
最新实用美术字　汪新等编绘
北京　中国工人出版社　1993 年　129 页
18×17cm　ISBN：7-5008-1352-X
定价：CNY4.40
（实用美术丛书）

J0095613
最新字体设计引导　汤小胤，何平静编
南宁　广西民族出版社　1993 年　116 页
19×17cm　ISBN：7-5363-2173-2
定价：CNY6.20
（现代实用美术丛书）

J0095614
21 世纪新潮美术字体设计　左乾等主编
长春　时代文艺出版社　1994 年　190 页
17×19cm　ISBN：7-5387-0815-4
定价：CNY9.80

J0095615
21 世纪新潮数字字体设计　左乾等主编
长春　时代文艺出版社　1994 年　190 页
17×19cm　ISBN：7-5387-0814-6
定价：CNY9.80

J0095616
板报常用美术字　郭存善等绘
北京　中国画报出版社　1994 年　124 页
13×19cm　ISBN：7-80024-215-3
定价：CNY6.20

J0095617
变宋体　童曼之，王淑云编著
长沙　湖南美术出版社　1994 年　189 页
17×19cm　ISBN：7-5356-0688-1
定价：CNY9.50
（美术字丛书）

J0095618
常用变形美术字　喻能芝等绘编
北京　中国画报出版社　1994 年　123 页
13×19cm　ISBN：7-80024-208-0
定价：CNY5.80

J0095619
常用标语口号美术字　郭存善等绘
北京　中国画报出版社　1994 年　125 页
13×19cm　ISBN：7–80024–058–4
定价：CNY6.60

J0095620
常用字制图字典　吴惠良编著
武汉　武汉测绘科技大学出版社　1994 年　234 页
17×18cm　ISBN：7–81030–329–5
定价：CNY10.80

J0095621
橱窗广告语剪贴美术字　卫金安，李强绘
北京　知识出版社　1994 年　193 页　26cm（16 开）
ISBN：7–5015–1213–2　定价：CNY12.00

J0095622
广告常用美术字　春山等编绘
北京　中国画报出版社　1994 年　123 页
13×19cm　ISBN：7–80024–206–4
定价：CNY6.60

J0095623
广告美术字变体与徽标设计　温云荣编著
北京　中央民族大学出版社　1994 年　182 页
14×20cm　ISBN：7–81001–739–X
定价：CNY7.50

J0095624
广告美术字体设计大典　左乾等主编
长春　长春出版社　1994 年　1866 页
26cm（16 开）精装　ISBN：7–80604–071–4
定价：CNY99.80
　　本书内容包括：广告语、字体范帖、美术学
欣赏、阿拉伯数字欣赏、外文字体欣赏。

J0095625
广告妙语美术字　赵辉等主编；于安祥等绘
长春　长春出版社　1994 年
2 册（172+175 页）17×18cm
ISBN：7–80604–044–7　定价：CNY12.00

J0095626
黑板报常用词语美术字　白长江等绘编

北京　中国画报出版社　1994 年　122 页
13×18cm　ISBN：7–80024–205–6
定价：CNY5.80

J0095627
黑板报常用美术字汇编　郭存善等绘编
北京　中国画报出版社　1994 年　121 页
13×19cm　ISBN：7–80024–191–2
定价：CNY5.60

J0095628
黑板报常用美术字汇编　郭存善等绘编
北京　中国画报出版社　1994 年　121 页
13×19cm　ISBN：7–80024–331–1
定价：CNY7.60

J0095629
美术字入门　三实等绘编
北京　中国画报出版社　1994 年　123 页
13×18cm　ISBN：7–80024–202–1
定价：CNY6.20

J0095630
商用中文艺术字设计　羚羊编著
北京　华龄出版社　1994 年　320 页　26cm（16 开）
ISBN：7–80082–454–3　定价：CNY48.00

J0095631
实用对联美术字　泓泓等绘编
北京　中国画报出版社　1994 年　123 页
19cm（小 32 开）ISBN：7–80024–212–9
定价：CNY5.80

J0095632
实用美术字精华　佳怡，杨连荣编绘
哈尔滨　哈尔滨出版社　1994 年　284 页
13×18cm　ISBN：7–80557–757–9
定价：CNY7.80
（实用美术资料丛书）

J0095633
实用美术字精选集　春山等编绘
北京　中国华侨出版社　1994 年　124 页
13×18cm　ISBN：7–80074–990–8
定价：CNY5.90

J0095634
实用印刷字体手册　曹振英，丘淙编著
北京　印刷工业出版社　1994 年　280 页
20cm（32 开）ISBN：7-80000-156-3
定价：CNY11.00
　　本书介绍常用的印刷字体和计算机信息处理汉字字体及少数民族文字和多种外文字体。

J0095635
手绘 POP 字体字典　黄国煜著
台北　益大书局出版社　1994 年　176 页
26cm（16 开）定价：TWD350.00

J0095636
手绘个性字体　黄锦忠编著
台北　三采文化出版事业公司 1994 年 2 版 159 页
有图 26cm（16 开）ISBN：957-9135-18-5
定价：TWD400.00
（字体设计丛书 2）

J0095637
现代常用美术字绘写与设计　杨增玲编绘
北京　中国物资出版社　1994 年　116 页
17×18cm ISBN：7-5047-0964-6
定价：CNY8.00

J0095638
现代广告美术标准字体查考　贵州科技出版社编
贵阳　贵州科技出版社　1994 年　220 页
13×18cm ISBN：7-80584-337-6
定价：CNY6.98

J0095639
现代美术字　吴毅编
杭州　浙江人民美术出版社　1994 年　140 页
17×18cm ISBN：7-5340-0440-3
定价：CNY6.50
　　编者吴毅（1971—　），教师。福建永泰县人，闽侯师范学校教师、福建省美术教育研究会会员。作品有《吴毅 林珠荆 檀俊灶写生作品选》。

J0095640
现代中外装璜美术字　雨羊等编绘
天津　天津杨柳青画社　1994 年　190 页

21×18cm ISBN：7-80503-217-3
定价：CNY8.80

J0095641
新编常用美术字　志农等编绘
北京　中国华侨出版社　1994 年　123 页
13×19cm ISBN：7-80074-972-X
定价：CNY5.80
（新编实用美术丛书）

J0095642
新编黑板报常用美术字　晓秦等绘
北京　中国画报出版社　1994 年　124 页
13×19cm ISBN：7-80024-211-0
定价：CNY6.20

J0095643
植字·照排字体手册　范磊编
北京　测绘出版社　1994 年　98 页 25cm（16 开）
ISBN：7-5030-0743-5　定价：CNY8.00

J0095644
中外美术字大系　汪新等编写
南宁　广西美术出版社　1994 年　156 页
26cm（16 开）ISBN：7-80582-710-9
定价：CNY11.00

J0095645
常用商品美术字　向往等绘
北京　中国画报出版社　1995 年　124 页
13×19cm ISBN：7-80024-222-6
定价：CNY7.60

J0095646
仿宋体字库　上海书画出版社编
上海　上海书画出版社　1995 年　173 页
26cm（16 开）ISBN：7-80512-486-8
定价：CNY25.00
（现代装潢美术字字库丛书）

J0095647
仿宋字技法　华清波编著
上海　上海科学技术出版社　1995 年　124 页
20cm（32 开）ISBN：7-5323-3988-2
定价：CNY7.00

J0095648
广告美术字　汪新等编绘
南宁　广西美术出版社　1995年　126页
26cm（16开）ISBN：7-80582-890-3
定价：CNY12.80

J0095649
广告美术字　童曼之，王淑云编写
长沙　湖南美术出版社　1995年　224页
17×19cm　ISBN：7-5356-0777-2
定价：CNY13.50
（美术字丛书）

J0095650
黑板报常用格言警句美术字　芳泓等绘
北京　中国画报出版社　1995年　124页
13×18cm　ISBN：7-80024-253-6
定价：CNY6.20

J0095651
琥珀体字库　上海书画出版社编
上海　上海书画出版社　1995年　170页
26cm（16开）ISBN：7-80512-483-3
定价：CNY25.00
（现代装潢美术字字库丛书）

J0095652
楷体字库　上海书画出版社编
上海　上海书画出版社　1995年　173页
26cm（16开）ISBN：7-80512-485-X
定价：CNY25.00
（现代装潢美术字字库丛书）

J0095653
六体常用美术字字典　欧阳允文编著
郑州　河南美术出版社　1995年　重印本　234页
26cm（16开）ISBN：7-5401-0037-0
定价：CNY16.80

J0095654
美术字速成　皋古平著
上海　上海人民美术出版社　1995年　112页
19×17cm　ISBN：7-5322-1409-5
定价：CNY7.30

J0095655
魅力POP美工字典　闵木庆著
台北　邯郸出版社　1995年　173页　有图
30cm（12开）ISBN：957-8883-51-X
定价：TWD350.00

J0095656
青少年美术字五十讲　焦俊华，柴玉红编著
天津　天津人民美术出版社　1995年　87页
26cm（16开）ISBN：7-5305-0451-7
定价：CNY7.80
（青少年自学丛书）

J0095657
商品广告美术字　刘辉编著
长沙　湖南美术出版社　1995年　161页
17×18cm　ISBN：7-5356-0711-X
定价：CNY7.20

J0095658
实用创意自游字体　闵木庆著
台北　邯郸出版社　1995年　173页　30cm（12开）
ISBN：957-8883-30-7　定价：TWD350.00

J0095659
实用美术字书写技法　徐锦华著
上海　上海交通大学出版社　1995年　271页
19cm（小32开）ISBN：7-313-01436-8
定价：CNY9.70

J0095660
实用装饰美术字　汪新等编绘
上海　上海人民美术出版社　1995年　132页
18×17cm　ISBN：7-5322-1261-0
定价：CNY7.30

J0095661
现代板报实用美术字　郭存善等绘编
北京　中国画报出版社　1995年　125页
13×19cm　ISBN：7-80024-191-2
定价：CNY6.60

J0095662
现代文字标志创意图典　夫龙，王安江主编
郑州　河南美术出版社　1995年　443页

24cm（16开）ISBN：7-5401-0441-4
定价：CNY38.50，CNY56.50（精装）
（现代设计家丛书）
　　主编夫龙（1963—　　），编辑、记者。历任中
国青年出版社美术编辑、记者，美国图形艺术协
会注册会员、国际图形艺术联盟会员。

J0095663
现代字体设计事典　　董雁，宋幼君编著
北京　国际文化出版公司　1995年　318页
26cm（16开）ISBN：7-80105-251-X
定价：CNY35.00，CNY46.00（精装）

J0095664
校园美术字　　唐国文编著
南宁　广西美术出版社　1995年　196页
19×17cm　ISBN：7-80582-907-1
定价：CNY10.00
　　作者唐国文（1949—　　），教师。湖南宁乡人，
湖南省艺术学校讲师，中国舞台美术学会、美术
家协会湖南分会会员。

J0095665
新编实用美术字　　马德新，五阳编写
天津　天津人民美术出版社　1995年　155页
14×20cm　ISBN：7-5305-0479-7
定价：CNY6.00

J0095666
新广告美术字　　刘辉，刘笑男绘
郑州　河南美术出版社　1995年　156页
13×19cm　ISBN：7-5401-0475-9
定价：CNY7.50

J0095667
新魏体　　康东，方新编
长沙　湖南美术出版社　1995年　189页
17×19cm　ISBN：7-5356-0812-4
定价：CNY10.00
（美术字丛书）

J0095668
学校黑板报常用美术字　　秦昊等编绘
北京　中国文联出版公司　1995年　124页
13×19cm　ISBN：7-5059-1271-2

定价：CNY6.00
　　中国现代书法作品。

J0095669
招牌美术字　　童曼之，王淑云编写
长沙　湖南美术出版社　1995年　344页
17×19cm　ISBN：7-5356-0710-1
定价：CNY13.60
（美术字丛书）

J0095670
中外美术字写法　　江冰编著
北京　中国标准出版社　1995年　141页
29cm（16开）ISBN：7-5066-1068-X
定价：CNY22.00

J0095671
字体设计　　刘剑菁编著
太原　北岳文艺出版社　1995年　171页
18×21cm　ISBN：7-5378-1517-8
定价：CNY14.80
　　作者刘剑菁（1928—　　），工艺美术家、画
家。别名晓兵，江西萍乡人。历任工人出版社编
辑、《中国摄影》编辑、山西大学艺术系美术教研
室副主任、教授，山西省美术家协会副主席、中
国工艺美术学会会员。

J0095672
字体图案　　于广美编
广州　广东省地图出版社　1995年　202页
26cm（16开）ISBN：7-80522-301-7
定价：CNY19.00

J0095673
字体组合　　任耀辉编绘
长春　时代文艺出版社　1995年　144页　有彩照
17×18cm　ISBN：7-5387-0955-X
定价：CNY9.80
（21世纪新潮美术丛书）

J0095674
综艺体字库　　上海书画出版社编
上海　上海书画出版社　1995年　173页
26cm（16开）ISBN：7-80512-484-1
定价：CNY25.00

（现代装潢美术字字库丛书）

J0095675
POP 正体字学 （1）简仁吉编著
台北 新形象出版事业有限公司［1996年］163页
有彩图 26cm（16开）ISBN：957-8548-93-1
定价：TWD450.00
（POP 设计丛书 字体篇）

J0095676
板报美术字　汪新等编绘
南宁 广西美术出版社 1996年 108页
12×18cm ISBN：7-80625-043-3
定价：CNY6.40

J0095677
汉字字体设计　何洁编著
哈尔滨 黑龙江美术出版社 1996年 重印本 57页
有图 26cm（16开）ISBN：7-5318-0323-2
定价：CNY12.80
（中央工艺美术学院装潢设计艺术系教材丛书）

J0095678
军旅美术字精粹　李杏林编绘
北京 长城出版社 1996年 156页 13×18cm
ISBN：7-80017-317-8 定价：CNY9.80
　　作者李杏林（1959— ），国家一级美术师。
广西苍梧人，毕业于北京民族大学美术系，进修
于清华大学美术学院。广州军区某集团军俱乐
部电影队长、美术创作员，中国书画院深圳分院
院长、广东省美术家协会会员。

J0095679
美术字教程　童曼之编著
长沙 湖南美术出版社 1996年 197页
17×19cm ISBN：7-5356-0815-9
定价：CNY10.00
（美术字丛书）
　　作者童曼之（1935— ），编辑。生于湖南
长沙，毕业于岳阳师范，后入湖南艺术学院美术
系。历任湖南美术出版社副编审、中国出版者协
会装帧艺术研究会、美协湖南分会会员。

J0095680
美术字书法字典　吴波编写

延吉 延边人民出版社 1996年 14+799页
26cm（16开）精装 ISBN：7-80599-437-4
定价：CNY78.00

J0095681
商业常用词语美术字　郭存善，周文海绘
北京 中国画报出版社 1996年 125页
13×19cm ISBN：7-80024-193-9
定价：CNY6.60

J0095682
商业美术字体设计　岳昕著
沈阳 辽宁美术出版社 1996年 141页
17×18cm ISBN：7-5314-1576-3
定价：CNY14.50
　　作者岳昕（1957— ），北京人，中央工艺美
术学院装潢系任教。

J0095683
商用美术字体　王晓林编
杭州 浙江人民美术出版社 1996年 144页
17×19cm ISBN：7-5340-0531-0
定价：CNY8.50
　　作者王晓林，中央工艺美术学院任教。

J0095684
实用百体美术字　汪新等编绘
南宁 广西美术出版社 1996年 136页
17×19cm ISBN：7-80625-038-7
定价：CNY8.60

J0095685
实用美术字　郑军编著
北京 金盾出版社 1996年 119页 17×19cm
ISBN：7-5082-0164-7 定价：CNY6.90
　　作者郑军（1965— ），教授。生于山东诸城，
毕业于无锡轻工业学院。山东艺术学院设计学
院教授。著有《中国民间装饰艺术》《女性装饰
画集》等。

J0095686
实用中外艺术字体装饰集萃 1000 例　墨
篸，墨缘主编；白天佑等绘制
北京 教育科学出版社 1996年 68页 17×19cm
ISBN：7-5041-1565-7 定价：CNY4.80

（实用美术丛书）

　　作者白天佑（1933—　　），中央教育科学研究所副教授。出生于河北磁县。曾留学苏联。中国早教传媒网特约专家、中央教育科学研究所研究员。

J0095687

小学校园板报常用美术字　王彩芳, 小秦绘
北京　中国画报出版社　1996 年　93 页　13×19cm
ISBN：7-80024-059-2　定价：CNY5.60

J0095688

小学校园板报常用美术字　王彩芳, 小秦绘
北京　中国画报出版社　1996 年　93 页　13×19cm
ISBN：7-80024-059-2　定价：CNY6.60

J0095689

新十体美术字字典　魏广君编
郑州　河南美术出版社　1996 年　316 页
26cm（16 开）ISBN：7-5401-0513-5
定价：CNY24.00

J0095690

学生粉笔字、美术字字帖　金刚强主编
杭州　浙江科学技术出版社　1996 年　161 页
20cm（32 开）ISBN：7-5341-0817-9
定价：CNY10.00
（学生习字丛书　学生练字系列字帖）

　　作者金刚强, 浙江上虞人, 浙江省硬笔书法家协会理事。

J0095691

汉字创意设计　郭长贤编著
沈阳　辽宁画报出版社　1997 年　154 页
20×18cm　ISBN：7-80601-106-4
定价：CNY14.80

J0095692

黑体　童曼之, 王淑云编
长沙　湖南美术出版社　1997 年　12+189 页
17×19cm　ISBN：7-5356-0973-2
定价：CNY11.00
（美术字丛书）

J0095693

简繁体对照美术字　李正元编绘
广州　岭南美术出版社　1997 年　205 页　有照片
17×19cm　ISBN：7-5362-1521-5
定价：CNY15.50

　　作者李正元（1943—　　），高级美术师。四川南部人, 毕业于四川省电影放映学校。历任南部县电影公司正圆广告美术部艺术导师、中国美术家协会四川分会会员、南充市美术家协会常务理事、南部县美术协会主席、中国美术家协会四川分会会员。出版有《美术字集锦》《美术字与图案》。

J0095694

商用字款设计 2000 例　王同旭著
哈尔滨　黑龙江美术出版社　1997 年　333 页　有图
21×19cm　ISBN：7-5318-0426-3
定价：CNY48.00

J0095695

实用美术字字典　杨帆编著
北京　华龄出版社　1997 年　540 页　26cm（16 开）
ISBN：7-80082-678-3　定价：CNY48.00

J0095696

文字设计　刘杰编著
重庆　西南师范大学出版社　1997 年　168 页
有彩图　20cm（32 开）ISBN：7-5621-1556-7
定价：CNY58.00
（二十一世纪设计家丛书　装潢系列）

J0095697

现代商业广告字体集　谷夫编绘
上海　上海书店出版社　1997 年　298 页
19×17cm　ISBN：7-80622-210-3
定价：CNY20.00

J0095698

校园美术字与图案　孙玉良编绘
济南　山东友谊出版社　1997 年　137 页
17×19cm　ISBN：7-80551-596-4
定价：CNY13.80

J0095699

中国美术字全集　一行, 金石主编

长春 长春出版社 1997年 4册（48+13+4714页）
有图 27cm（大16开）
精装 ISBN：7-80604-487-6 定价：CNY480.00

J0095700
中国美术字史图说 李明君著
北京 人民美术出版社 1997年 309页 有图
30cm（10开）ISBN：7-102-01634-4
定价：CNY52.00

J0095701
中外字体集粹
杭州 浙江摄影出版社 1997年 256页
28cm（大16开）ISBN：7-80536-447-8
定价：CNY25.00

J0095702
字体·书籍·设计 王红卫，何沙编著
北京 中国纺织出版社 1997年 148页 有图
26cm（16开）ISBN：7-5064-1239-X
定价：CNY25.00

J0095703
字体设计 裴雅青主编
北京 中国商业出版社 1997年 73页
26cm（16开）ISBN：7-5044-3522-8
定价：CNY6.50

J0095704
字体艺术 鹿耀世，文岩编
北京 中国和平出版社 1997年 157页
17×19cm ISBN：7-80101-664-5
定价：CNY9.00
（现代实用美术丛书）

J0095705
汉字标志设计 黄蕾编
杭州 浙江人民美术出版社 1998年 179页
17×19cm ISBN：7-5340-0869-7
定价：CNY12.00

J0095706
汉字美术创意设计 尹贡白编著
北京 科学出版社 1998年 234页 19×21cm
ISBN：7-03-005105-X 定价：CNY19.80

J0095707
简繁体对照美术字 董雁编著
北京 国际文化出版公司 1998年 206页
19×18cm ISBN：7-80105-600-0
定价：CNY16.00

J0095708
美术字技法与应用 徐学成编著
上海 上海书店出版社 1998年 305页 有照片
26cm（16开）ISBN：7-80622-295-2
定价：CNY35.00

J0095709
美术字教程 沈鼎尧编著
苏州 苏州大学出版社 1998年 286页
26cm（16开）ISBN：7-81037-456-7
定价：CNY24.00

J0095710
实用板报美术字与花边 王琳绘编
通辽 内蒙古少年儿童出版社 1998年 188页
13×19cm ISBN：7-5312-0875-X
定价：CNY8.80
（板报设计资料系列丛书）

J0095711
实用黑板报壁报字体设计500例 高强编著
兰州 甘肃民族出版社 1998年 155页
13×19cm ISBN：7-5421-0565-5
定价：CNY8.80

J0095712
实用美术字字典 福建人民出版社编
福州 福建人民出版社 1998年 364页
26cm（16开）ISBN：7-211-03273-1
定价：CNY26.50

J0095713
实用太极吉祥字 关长振著
北京 国际文化出版公司 1998年 13+283页
20cm（32开）ISBN：7-80105-657-4
定价：CNY20.00

J0095714
字体设计基础 郑军主编

北京 高等教育出版社 1998 年 251 页
26cm（16 开）ISBN：7-04-006565-7
定价：CNY25.50
　　本书为中等职业学校实用美术类专业教育
部规划教材。

J0095715
最新节日黑板报美术字　文新，李笑镭主编
兰州 甘肃人民美术出版社 1998 年 140 页
13×18cm ISBN：7-80588-224-X
定价：CNY8.80
（黑板报美术字大全）

J0095716
最新企业黑板报美术字　文新，田文会主编
兰州 甘肃人民美术出版社 1998 年 140 页
13×18cm ISBN：7-80588-225-8
定价：CNY6.80
（黑板报美术字大全）

J0095717
最新校园黑板报美术字　文新，黄仪贞主编
兰州 甘肃人民美术出版社 1998 年 140 页
13×19cm ISBN：7-80588-226-6
定价：CNY6.80
（黑板报美术字大全）

J0095718
板报常用美术字分类使用手册　郭存善等绘
北京 中国画报出版社 1999 年 156 页
13×18cm ISBN：7-80024-433-4
定价：CNY10.00

J0095719
板报实用字体精选　鹿耀世编
北京 中国画报出版社 1999 年 188 页
17×19cm ISBN：7-80024-519-5
定价：CNY15.60
　　作者鹿耀世，书法家、美术编审。字剑平，
中国社会科学出版社美术副编审。出版《字体艺
术》《耀世书法系列》，主编《现代广告创意》《美
术设计图库》《徐悲鸿诞辰一百一十周年书画作
品集》等。

J0095720
报刊题图荟萃　（美术字）张广义编绘
延吉 延边人民出版社 1999 年 121 页
17×19cm ISBN：7-80648-132-X
定价：CNY8.00
（最新图案设计丛书）

J0095721
从平面到三维　（电脑艺术汉字设计）李四达
编著
北京 清华大学出版社 1999 年 265 页 有彩图
光盘 1 片 26cm（16 开）ISBN：7-302-03387-0
定价：CNY118.00

J0095722
电脑美术字体实用设计创意资料集　张秋
实等编著
海口 海南出版社 1999 年 384 页 26cm（16 开）
ISBN：7-80617-874-0 定价：CNY120.00

J0095723
流行广告字体　刘世南，汪英姿编
南昌 江西美术出版社 1999 年 200 页
26cm（16 开）ISBN：7-80580-602-0
定价：CNY19.00

J0095724
美术字设计　上海书画出版社编
上海 上海书画出版社 1999 年 122 页
13×19cm ISBN：7-80635-416-6
定价：CNY10.00
（新世纪黑板报丛书）

J0095725
十五体字帖　（工艺美术实用字体资料）徐生
河编
银川 宁夏人民出版社 1999 年 194 页 有图
26cm（16 开）ISBN：7-227-01949-7
定价：CNY26.50

J0095726
实用变形美术字设计　胡长海等绘画
延吉 延边人民出版社 1999 年 122 页
13×19cm ISBN：7-80648-237-7
定价：CNY16.00

（最新现代美术设计资料丛书）

本书内容包括美术字的产生、笔画、结构、结构字例、变体美术字、美术字参考字例等。

J0095727

实用变形美术字设计　胡长海主编

延吉　延边人民出版社　1999 年　154 页

13×19cm　ISBN：7-80648-237-7

定价：CNY7.00

（最新现代美术设计资料丛书）

本书包括：美术字的产生，笔画，结构，结构字例，变体美术字（包括笔画变化、字形变化、结构变化、粗细变化、装饰变化、夸张变化），美术字参考字例。

J0095728

数码字书写练习册　沈东山，肖明编

北京　中国商业出版社　1999 年　13×19cm

ISBN：7-5044-3896-0　定价：CNY5.50

J0095729

现代商用美术字体设计　靳向红编

南京　江苏科学技术出版社　1999 年　195 页

19×21cm　ISBN：7-5345-2771-6

定价：CNY15.00

J0095730

校园新颖板报美术字　汪新主编；王亚琴等编绘

太原　希望出版社　1999 年　118 页　17×19cm

ISBN：7-5379-2482-1　定价：CNY7.50

（校园美术小百科）

J0095731

新创意黑板报字体设计　朱琳珺主编

上海　上海科技教育出版社　1999 年　124 页

18×26cm　ISBN：7-5428-2017-6

定价：CNY12.00

（新创意黑板报设计图库）

J0095732

艺术字创意精品　顾正华编；吕冬，吕捷绘

奎屯　伊犁人民出版社　1999 年　126 页

13×19cm　ISBN：7-5425-0360-X

定价：CNY9.80，CNY13.50（精装）

J0095733

怎样写印刷体字　卢中南编著

北京　中国少年儿童出版社　1999 年　120 页

26cm（16 开）ISBN：7-5007-4061-1

定价：CNY15.20

（书法大世界）

作者卢中南（1950—　），书法家。生于湖北武汉，祖籍河南济源。中国人民革命军事博物馆副研究馆员、中国书法家协会会员。代表作品有《卢中南楷书成语字帖》《魏碑基础入门》。

J0095734

中英文美术字设计原理与应用　冯建基著

兰州　甘肃人民美术出版社　1999 年　186 页

有照片　26cm（16 开）ISBN：7-80588-278-9

定价：CNY28.00

J0095735

字体创意与表现　张同著

武汉　湖北美术出版社　1999 年　185 页

26cm（16 开）ISBN：7-5394-0854-5

定价：CNY25.00

J0095736

字体设计　郑军，周赤舟著

济南　山东美术出版社　1999 年　64 页

有图　29cm（16 开）

（美术设计教与学丛书）

本书介绍了基本字体的写法与步骤、字体设计原则及规律、新字体设计、字体创意设计、基本字体的分类及特征、拉丁字母创意设计等内容。

J0095737

字体与字体设计　戴莛，文江编著

北京　人民交通出版社　1999 年　154 页

29cm（16 开）ISBN：7-114-03267-6

定价：CNY30.00

中国少数民族文字、

拼音文字书法及作品

J0095738

英文、符号、阿拉伯数字、字体百科　吕绍
鄂，简志忠主编
台北　平常心出版公司［1950—1985 年］
26cm（16 开）精装　定价：TWD1200.00
　　　外文书名：Disply Faces.

J0095739

拼音字母的字体和书法　宁榘编著
北京　通俗读物出版社 1957 年 68 页　有插图
18cm（15 开）统一书号：T9008.31
定价：CNY0.17

J0095740

拼音字母的字体和书法　宁榘编著
北京　文字改革出版社 1958 年 84 页
19cm（32 开）统一书号：9060.156
定价：CNY0.20

J0095741

拼音字母习字帖　史文科编
北京　通俗读物出版社 1958 年 16 页 13×18cm
统一书号：T9008.33 定价：CNY0.06

J0095742

汉语拼音字母习字帖　（第一种　直体楷书）
文字改革出版社编
北京　文字改革出版社 1959 年 29 页
19cm（32 开）定价：CNY0.06

J0095743

汉语拼音字母习字帖　（斜体行书）文字改革
出版社编
北京　文字改革出版社 1962 年 31 页
19cm（32 开）统一书号：9060.542
定价：CNY0.06

J0095744

拼音字母写字本　文字改革出版社编
北京　文字改革出版社 1960 年　影印本 16 页
19cm（32 开）定价：CNY0.04

J0095745

汉语拼音美术字体　天津市工商行政管理局
编；窦家瑜执笔
北京　文字改革出版社 1979 年 298 页
19cm（32 开）统一书号：9060.650
定价：CNY0.65

J0095746

藏文书法字帖　喜饶朗达书
昆明　云南民族出版社 1994 年 62 页 18×26cm
ISBN：7-5367-0808-5 定价：CNY10.00
　　作者喜饶朗达，生于云南丽江，纳西族。北
京民族出版社副编审、藏文书法家。

J0095747

朝文字帖　朴青山等编著
延吉　延边大学出版社 1994 年 173 页
26cm（16 开）ISBN：7-5634-0695-6
定价：CNY6.80

J0095748

小学生蒙文钢笔字帖　塔晓华书
通辽　内蒙古少年儿童出版社 1994 年 88 页
19cm（小 32 开）ISBN：7-5312-0412-6
定价：CNY2.36

J0095749

彝文书写练习　（彝文）吴大军编
成都　四川民族出版社 1996 年 88 页
26cm（16 开）ISBN：7-5409-1363-0
定价：CNY6.00

J0095750

明清彝文书法汇辑　丁诗建等编
贵阳　贵州教育出版社 1998 年 123 页
29cm（16 开）精装　ISBN：7-80583-999-9
定价：CNY69.00

J0095751

彝文书法字帖　（选自《水西大渡河桥碑》）

（明）阿哲遮麦书；丁诗建等编
贵阳 贵州教育出版社 1998 年 34 页
29cm（16 开）ISBN：7-80583-872-0
定价：CNY9.00

J0095752
纳西东巴文书法艺术 （中英文本）周家模等
书；赵庆莲译；叶松青绘图
昆明 云南人民出版社 1999 年 94 页 有图
30cm（10 开）ISBN：7-222-02873-0
定价：CNY36.00
　　外文书名：Naxi Dongba Pictographic
Calligraphy Art.

中国碑帖、书法作品（按时代分）

J0095753
书法 （一卷）（唐）欧阳询撰；（明）王道焜注
明 刻本
（续百川学海）
　　作者欧阳询（557—641），唐朝著名书法家。
字信本，唐朝潭州临湘（今湖南长沙）人，楷书四
大家之一。与同代的虞世南、褚遂良、薛稷三位
并称初唐四大家。楷书有《九成宫醴泉铭》《皇
甫诞碑》《化度寺碑》《虞恭公温彦博碑》，行书
有《仲尼梦奠帖》《行书千字文》。书法著作有《八
诀》《传授诀》《用笔论》《三十六法》。

J0095754
书法 （唐）欧阳询撰
明末 刻本
（锦囊小史）

J0095755
书法 （唐）欧阳询撰
明末 刻本
（居家必备）

J0095756
书法 （唐）欧阳询撰
李际期宛委山堂 清初 刻本 续刻
（说郛）
　　明末刻清初李际期宛委山堂续刻汇印本。

J0095757
书法 （唐）欧阳询撰
清 抄本
（清怀丛书）

J0095758
玉烟堂法帖 （四十卷）（明）陈元瑞辑
明 拓本 线装
　　分二十四册。

J0095759
［渤海藏真帖］ （八卷）
清 影印本 经折装
　　分八册。

J0095760
二树紫藤花馆藏书目录 （一卷）
清 稿本

J0095761
法帖神品目 （明）杨慎撰；（清）李调元校定
清 刻本 毛装
　　十行二十字小字双行白口四周双边单鱼尾。
　　作者杨慎（1488—1559），文学家。字用修，
号升庵，又号逸史氏、博南山人、洞天真逸等。
四川新都（今成都市新都区）人，祖籍庐陵。主
要作品有《升庵集》《江陵别内》《宝井篇》《滇池
涸》等。

J0095762
法帖神品目 （一卷）（明）杨慎撰
绵州李氏万卷楼 清乾隆 刻本
（函海）

J0095763
法帖神品目 （一卷）（明）杨慎撰；（清）李调
元校定
绵州李调元 清乾隆 刻本 线装
（函海）
　　十行二十字白口四周双边单鱼尾。收于《函
海》第十六集升庵著书中。

J0095764
法帖神品目 （一卷）（明）杨慎撰
清道光 刻本 补刻（函海）

J0095765

法帖神品目 （一卷）（明）杨慎撰

广汉钟登甲乐道斋 清末 刻本 重修 线装（函海）

　　十行二十字小字双行同白口四周双边双鱼尾。收于《函海》第二十函中。

J0095766

法帖神品目 （一卷）（明）杨慎撰

清光绪 刻本

（函海）

J0095767

法帖神品目 （一卷）（明）杨慎撰

清光绪八年［1882］刻本 线装

（总纂升庵合集）

J0095768

法帖神品目 （一卷）（明）杨慎撰

清光绪八年［1882］刻本

（总纂升庵合集）

J0095769

翰香馆法书 （十二卷）（清）翰香馆辑

清 拓本 经折装

　　分六册。

J0095770

翰香馆法书 （十二卷）（清）翰香馆辑

清 拓本

J0095771

梁文忠公书扇面 （不分卷）（清）梁鼎芬撰并书

［清］稿本

J0095772

明能书人名 （二卷）（清）李尧臣辑

清 抄本

J0095773

鸣野山房汇刻帖目 （四集）（清）沈复粲辑

味经书屋 清 抄本 蓝格 线装

　　分四册。

J0095774

鸣野山房汇刻帖目 （四集）（清）沈复粲辑

味经书屋 清 抄本 蓝格 线装

　　分八册。

J0095775

鸣野山房汇刻帖目 （四卷）（清）沈复粲辑

味经书屋 清 抄本

J0095776

南屏行箧录 （不分卷）（清）释达受辑

清 抄本

J0095777

南屏行箧录 （不分卷）（清）释达受辑

管庭芬 清同治四年［1865］抄本

J0095778

能书录 （南朝齐）王僧虔撰

李际期宛委山堂 清初 刻本 续刻（说郛）

　　明末刻清初李际期宛委山堂续刻汇印本。

J0095779

盼云轩法帖

清 拓印本 40页 散页

J0095780

绍间摭遗 张士衡辑

清 写本 线装

J0095781

施汝墨迹 （不分卷）（清）施汝鹏书

［清］稿本

J0095782

式古堂书考 （三十卷，目录二卷）（清）卞永誉辑

清 刻本 线装

　　分十三册。十行二十二字白口四周单边。作者卞永誉(1645—1712)，清代书画鉴藏家、画家。盖州(今辽宁盖平)人。字令之(一作合之)，号仙客，室名式古堂。博学好古，性好书画。能书法，工于绘画，喜画水仙、柏石等。著有《式古堂书画汇考》《式古堂朱墨书画纪》等。

J0095783

帖目 （不分卷）□□辑

清 抄本

J0095784
续语堂藏名人手札目　（一卷）（清）魏锡曾辑
［清］手稿本

J0095785
宝贤堂集古法帖　（十二卷）（明）朱奇源编
清康熙十九年至宣统［1680-1911］拓本　折装
　　分十二册。据明弘治年晋府刻石及清康熙
十九年（1680）戴梦熊补刻石拓印。

J0095786
宝贤堂集古法帖　（十二卷）（明）朱奇源编
民国　拓本　经折装
　　分十二册。

J0095787
法式善家藏名人手札　（清）孙星衍等撰；（清）
法式善藏
清乾隆　稿本　经折装
　　分三册。

J0095788
金书寿字册　（不分卷）（清）爱新觉罗永瑆藏
清乾隆至道光　写本　经折装
　　分二册。

J0095789
玉虹鉴真帖　（清）孔继涑辑
曲阜孔氏　清乾隆　拓本　经折装
　　分二十六册。

J0095790
玉虹楼法帖　（清）孔继涑辑
清乾隆　拓本　折装
　　分十六册。

J0095791
御刻墨妙轩法帖　（不分卷）（清）蒋溥等编
清乾隆二十年［1755］拓本　线装
　　分三册。

J0095792
国朝书苑　（不分卷）（清）沈昭兴辑
秀水沈氏　清道光五年［1825］摹刻本

J0095793
帖录　（一卷）（明）项元汴撰
六安晁氏　清道光十一年［1831］木活字印本
（学海类编）
　　作者项元汴（1525—1590），明代鉴赏家、收
藏家。浙江嘉兴人。字子京，号墨林、墨林山人、
退密斋主人、香严居士等。刊有《天籁阁帖》，代
表作品有《墨林山人诗集》《蕉窗九录》等。

J0095794
帖录　（一卷）（明）项元汴撰
上海　涵芬楼　民国九年［1920］影印本
（学海类编）
　　据清道光十一年六安晁氏木活字印本影印。

J0095795
乐仪堂法帖　（不分卷）（清）周以炘书
清道光十九年［1839］刻本

J0095796
南雪斋藏真　（十二卷）（清）伍元蕙辑
清道光二十一年至咸丰二年［1841-1852］拓本

J0095797
海山仙馆藏真　（十六卷）（清）潘仕成辑
清道光二十七年［1847］拓印本

J0095798
海山仙馆藏真续刻　（十六卷）（清）潘仕成辑
清道光二十九年［1849］刻本

J0095799
晋唐小楷　（一卷）（清）李宗瀚辑
清末至民国初　影印本　经折装
　　据临川李氏藏本影印。

J0095800
栖严寺新修舍利塔殿经藏记
清末至民国初　拓本　经折装

J0095801
贞隐园摹古各体法帖
清末至民国初　拓本　线装

J0095802
海山仙馆摹古帖 （八卷）（清）潘仕成辑
清咸丰三年［1853］拓本　线装
　　　分八册。

J0095803
岳雪楼书画录 （五卷）（清）孔广陶撰
清咸丰十一年［1861］刻本

J0095804
岳雪楼书画录 （五卷）（清）孔广陶撰
广州　三十有三万卷堂　清光绪十五年［1889］
刻本

J0095805
敬龢堂藏帖 （不分卷）（清）李鹤年辑
清同治十年［1871］拓本　线装

J0095806
［红名刺］ （清）佚名辑
清光绪至宣统　刻本　粘帖红纸　毛装

J0095807
临川十宝 （不分卷）（清）李宗瀚辑
清光绪　影印本　经折装
　　　分十册。

J0095808
越州石氏帖 （清）李宗瀚辑
清光绪　影印本　经折装
（临川十宝）

J0095809
岳雪楼鉴真法帖 （不分卷）（清）孔广陶辑
南海孔氏岳雪楼　清光绪六年［1880］拓本
线装
　　　分十二册。

J0095810
有明名贤遗翰 （二卷）（清）谢若农辑
汉皋文渊书局　清光绪十三年［1887］刻本　线装
　　　分四册。行款字数不一，目录为朱印。

J0095811
万木草堂藏书目 （不分卷）康有为撰

上海　长兴书局　清光绪十八年［1892］石印本
　　　作者康有为（1858—1927），中国近代思想
家、政治家、书法家。原名祖诒，字广厦，号长
素，又号更生。广东南海县人，清光绪年间进士。
代表作品《新学伪经考》《孔子改制考》《人类公
理》《广艺舟双楫》《康子篇》等。

J0095812
双钩残宋拓瘗鹤铭四十七字 （一卷）□□辑
清光绪二十二年［1896］刻本　双钩

J0095813
小长庐馆集帖 严信厚辑
慈溪严信厚　清光绪二十六年［1900］拓本　有图
经折装
　　　分十二册。

J0095814
名书扇册十五面 邓秋枚辑
上海　神州国光社　1908年　15页　22×31cm
定价：洋八角
（神州国光集外增刊 5）
　　　本书为神州国光集外增刊 5 中的中国古代
扇子法书选集专著。

J0095815
国朝画家书 （四卷）（清）蔡载福辑
上海　西泠印社　清宣统元年［1909］影印本
线装
　　　本书由《国朝画家书四卷》《荔香室石刻二
卷》（清）蔡载福辑合订。分七册。

J0095816
荔香室石刻 （二卷）（清）蔡载福辑
上海　西泠印社　清宣统元年［1909］影印本
　　　本书由《国朝画家书四卷》《荔香室石刻二
卷》（清）蔡载福辑合订。分七册。

J0095817
五朝墨迹 （二十二种 1）（清）赵尔萃编
傲徕山房　清宣统二年［1910］影印本　经折装
　　　分十四册。

J0095818
五朝墨迹 （二十二种 2）（清）赵尔萃编

傲徕山房　清宣统二年［1910］影印本　经折装
　　分十四册。

J0095819
百爵斋藏历代名人法书 （三卷）
上虞罗振玉　民国　影印本　线装
　　分三册。

J0095820
碑帖举要　商务印书馆函授学社国文科编
商务印书馆函授学社国文科［民国］9页
20cm（32开）

J0095821
兜沙经
上海　艺苑真赏社　民国　影印本　线装
　　据拓本影印。

J0095822
傅公祠存碑目录
民国　油印本　线装

J0095823
古宝贤堂法书 （四卷）（清）李清钥编
民国　拓本　经折装
　　分四册。

J0095824
关中于氏藏松江本急就章
［民国］35cm（18开）

J0095825
国朝隶则
东方学会　民国　石印本　线装

J0095826
国朝书苑 （第1集　楹联）槎客编辑
上海　世界社［民国］影印本　30cm（15开）
定价：大洋一元
　　本书收王士鋐、张照、华嵒、金农、郑燮、刘
墉、翁方纲、王文治、毕沅、铁保、阮元、邓石如
等24人的楹联24对。

J0095827
何蝯叟藏张黑女志 （清）何绍基旧藏

上海　有正书局　民国初　影印本　线装
　　何绍基（1799—1873），清代诗人、书法家。
字子贞，号东洲、晚号猿叟（一作蝯叟）。湖南道
州（今道县）人。曾任翰林院编修、国史馆总纂。
代表作品有《惜道味斋经说》《说文段注驳正》
《东洲草堂诗钞》等。

J0095828
华林馆碑帖集
民国　影印本　线装

J0095829
金刚般若波罗密经 （一卷）（姚秦）鸠摩罗什译
民国　有插图　经折装

J0095830
金刚经 （一卷）（姚秦）鸠摩罗什译
京都　永盛斋　民国十一年［1922］刻本　线装

J0095831
金刚般若波罗蜜经 （一卷）
双百鹿斋　民国十九年［1930］刻本　蓝印　有图
线装

J0095832
金刚般若波罗蜜经 （姚秦）鸠摩罗什译
上海　上海佛教书局　1957年　石印本　线装

J0095833
旧拓皇甫诞碑
民国初　影印本　线装

J0095834
李阳冰城隍庙碑
上海　古今书店　民国　影印本　经折装

J0095835
联拓大观 （元）赵孟頫等书；秦文锦藏
上海　艺苑真赏社　民国　影印本　有图　线装
　　分七册。作者秦文锦（1870—1938），画家。
字绚孙、絜孙，号云居士、息园老人等。江苏无
锡人。创办艺苑真赏社（上海古籍书店的前身）。
主要作品《金文集联》《范隶全篇》《碑联集拓》
系列等。

J0095836

鲁相乙瑛碑

上海　有正书局　民国　影印本　线装

J0095837

民国二十三年八月点录各种碑帖

民国　抄本　朱丝栏　线装

J0095838

欧法字汇　（三卷，附索引一卷）（日）佚名编

民国　影印本　线装

　　　分四册。

J0095839

泼墨斋法帖

商务印书馆　民国　石印本　线装

　　　分十册。

J0095840

书苑拾遗

民国　抄本　线装

　　　分二册。

J0095841

宋拓晋唐小楷十一种至宝　（清）张廷济辑

上海　有正书局　民国　影印本　线装

　　　分二册。

J0095842

养花馆书画目　（一卷）（清）沈树镛辑

吴县吴氏画山楼　民国

（画苑秘笈）

J0095843

诒晋斋法帖　（四集）（清）永瑆辑

上海　有正书局　民国　影印本　线装

　　　分十六册。

J0095844

楹联名迹　（第一辑）中华书局辑

民国初　影印本　线装

J0095845

楹联名迹　（三集）中华书局辑

上海　中华书局　民国六至七年［1917-1918］

影印本　线装

　　　分三册。

J0095846

元明古德手迹　有正书局辑

上海　有正书局　民国　影印本　线装

J0095847

贞松堂藏历代名人法书　（三卷）罗振玉辑

上虞罗氏　民国　影印本　线装

　　　分三册。作者罗振玉（1866—1940），古文字学家，金石收藏家。浙江上虞人。字叔蕴，又字叔言，号雪堂、陆庵。任学部参事兼京师大学堂农科监督，辛亥后任伪满监察院长。著有《殷虚书契前编》《三代吉金文存》《西城精舍杂文甲编》《松翁近稿》等。

J0095848

当湖葛氏爱日吟庐藏联　（清）葛金烺集

上海　神州国光社　民国三年［1914］影印本　线装

J0095849

风雨楼所藏楹联　邓实辑

上海　神州国光社　民国三年［1914］影印本　线装

　　　辑者邓实（1877—1951），晚清著名报人。字秋枚，生于上海，祖籍广东顺德。致力于珍本古籍的收藏，曾在上海创办国学保存会藏书楼，收藏大量的珍本古籍。代表作品《国粹学》。

J0095850

绦帖　（十二卷）（宋）潘师且辑

民国三年［1914］影印本　线装

　　　分十二册。

J0095851

楹帖大观全集　神州国光社编

上海　神州国光社　民国三年［1914］影印本　线装

　　　分二册。

J0095852

风雨楼名人尺牍集妙

上海　神州国光社　1915年　影印本　［15］页

27cm（16开）

（神州大观集外名品）

　　　本书收杨维斗、钱牧斋、严秋水、顾云美、

刘石庵等 15 人的墨迹。

J0095853
风雨楼名人墨迹集妙
上海 神州国光社 1915 年 影印本 [12]页
27cm(16 开)
(神州大观集外名品)
　　本书收曹倦圃、屈翁山、龚半千、刘石庵等
9 人的墨迹。

J0095854
墨林星凤　　罗振玉辑
上虞罗振玉 民国五年[1916]影印本 线装

J0095855
[四忠祠碑]
民国七年至民国末年[1918–1949]拓本 经折装

J0095856
汉晋书影　　罗振玉辑
上虞罗振玉 民国七年[1918]影印本 线装

J0095857
精拓散氏盘铭放大本
上海 有正书局 民国七年[1918]石印本 2 版
线装

J0095858
三颂精拓本放大合册　　有正书局辑
上海 有正书局 民国七年[1918]影印本 线装

J0095859
三颂精拓本放大合册
上海 有正书局 民国九年[1920]影印本 线装

J0095860
韩宗石墨　　(第一辑)韩澄辑
民国八年[1919]影印本 线装

J0095861
晋唐楷帖　　叶德辉辑
上海 商务印书馆 民国九年[1920]影印本 线装
　　据宋拓本影印。

J0095862
叙古千文　　(宋)胡寅撰
海藏楼 民国十一年[1922]影印本 线装

J0095863
字学新书摘抄　　(一卷)(元)刘惟志辑
泰东图书局 民国十一年[1922]影印本 线装
(王氏书画苑)
　　据明刻本影印。

J0095864
古文千字文　　袁俊辑
民国十三年[1924]石印本 线装

J0095865
名人楹联大观　　陈和祥等编辑
上海 扫叶山房 民国十五年[1926]石印本 线装
　　分二十八册。

J0095866
名人楹联大观　　陈和祥等编辑
上海 扫叶山房 民国十五年[1926]石印本
28 册 线装
　　本书由《正草隶篆四体大字典》《名人楹联
大观》陈和祥等编辑合订。

J0095867
名人楹联真迹大全　　(四类)刘再苏编
上海 世界书局 民国十五年[1926]影印本 线装
　　分六册。

J0095868
北京富晋书社旧书碑帖书画目录　　富晋书
社编
北京 富晋书社 1927 年 [296]页 18cm(15 开)
　　本书分经、史、子、集、丛书等部。

J0095869
联拓大观　　(清)秦文锦集
上海 艺苑真赏社 民国十六年[1927]影印本
线装
　　作者秦文锦(1870—1938),画家。字纲孙、
聚孙,号云居士、息园老人等。江苏无锡人。创
办艺苑真赏社(上海古籍书店的前身)。主要作品
《金文集联》《范隶全篇》《碑联集拓》系列等。

J0095870
锄彝斋藏周毛鼎铭集拓本　陈簠斋辑
民国十七年［1928］影印本　线装

J0095871
古今尺墨迹大观　高野侯辑
上海　中华书局　民国十七年［1928］铅印本
26cm（16开）线装　定价：大洋十四元（全16册）
　　分二函十六册。白黑口四周单边。辑者高
野侯（1878—1952），画家、出版家。字时显，号
欣木、可庵，浙江余杭人。清末举人，曾任中华
书局董事、美术部主任。精于鉴定，收藏甚富，
兼工隶书，篆刻亦佳。辑有《方寸铁斋印存》等。

J0095872
名贤手翰真迹　（第一辑）西泠印社编
上海　西泠印社　民国十七年［1928］影印本　线装

J0095873
楹联墨迹大观　高野侯辑
上海　中华书局　民国十七年［1928］影印本　线装
　　分十册。

J0095874
楹联墨迹大观　高野侯辑；刘永明编辑
扬州　江苏广陵古籍刻印社　1997年　影印本　线装
定价：CNY240.00
　　分五册。据民国十七年影印本影印。

J0095875
精拓爨龙颜碑
上海　中华书局　民国十八年［1929］影印本　线装

J0095876
金佳石好楼碑帖书籍目录　金骏编
上海　金佳石好楼　1931年　38+22页　22cm（30开）
　　本书包括：书法源流考，非儒非侠斋鬻文书
画润例，补遗3部分。

J0095877
金佳石好楼碑帖书籍目录　金骏编
上海　金佳石好楼　1932年　38+［18］页
23cm（10开）
　　本书附：重庆周辉域先生金石编纂商榷书和
补遗两部分。

J0095878
清芬阁米帖目录　李仁俊编
民国二十年［1931］线装

J0095879
唐明皇鹡鸰颂
［1931年］［影印本］30cm（15开）

J0095880
［五知堂家藏函牍］　（清）李莲炬辑
民国二十一年［1932］写本　粘帖　线装
　　分十册。

J0095881
墨林鸿宝　谭海陵藏；名古书画会编
民国二十二年［1933］影印本　线装
　　据谭海陵藏本影印。

J0095882
先祖资政公手泽　（清）李蕊撰
李祖荫　民国二十二年［1933］影印本　线装

J0095883
故宫信片第六辑　（法书之二）国立北平故宫
博物院古物馆编
北平　国立北平故宫博物院古物馆　1934年
［100］页　13cm（60开）盒装
　　本套为明信片，收宋、元、明、清诸家墨迹，
共100种（张）。

J0095884
丹徒柳氏先德遗墨　柳诒征辑
丹徒柳氏　民国二十五年［1936］影印本　有图
线装

J0095885
魏太傅钟繇草书道德经下篇　（不分卷）
（三国魏）钟繇书
上海　广仓学宭　民国二十五年［1936］影印本
　　作者钟繇（151—230），三国魏书法家。字
元常，颍川（今河南许昌）人。代表作品有《贺捷
表》《力命表》《宣示表》《荐季直表》等。

J0095886
标准国语教本　（德）石密德（E.Schmitt），

陆懿著

上海 德国璧恒图书公司 1939 年 36 页
17cm（40 开）

　　本书为教写中国字的字帖，有德文说明。

J0095887

九成宫集字范本　　商务印书馆编辑

长沙 商务印书馆 民国二十八年［1939］影印本

J0095888

九成宫集字范本　　商务印书馆编辑

商务印书馆 民国二十八年［1939］石印本 线装

J0095889

张长史郎官石记序　　端陶斋藏

文明书局 民国二十九年［1940］影印本 经折装
　　据端陶斋藏本影印。

J0095890

雍睦堂法书　　郭立志选辑

北京琉璃厂豹文斋 民国三十一年［1942］
影印本 再版 线装

J0095891

雍睦堂法书　　郭立志选辑

北京 琉璃厂豹文斋 民国三十一年［1942］
影印本 线装

J0095892

汉刘歆草书序六艺为九种墨迹　（一卷）
题（汉）刘歆书
民国三十二年［1943］影印本

J0095893

旧拓颜鲁公多宝塔碑　　涉园藏

上海 商务印书馆 民国三十七年［1948］
影印本 线装
　　《多宝塔碑》全称《大唐西京千福寺多宝佛
塔感应碑文》，亦称《多宝塔感应碑》。唐代碑刻。
岑勋撰文，颜真卿正书，徐浩隶书题额，史华刻。
天宝十一载（公元 752 年）立。为颜真卿 44 岁时
所作。楷书，三十四行，行六十六字。

J0095894

晴梅馆存笺　　孙伯亮编

上海 安定珂罗版社 民国三十七年［1948］
影印本 线装

J0095895

李仲璿修孔庙碑

上海 宝霞阁 民国 影印本 线装
　　据郑斋所藏明拓本影印。

J0095896

味佛谛庵尺牍　（清）陶方琦撰

民国 影印本 线装
　　据手稿本影印。

J0095897

活用柳字帖　　张国良辑

［台北］华光书局 1950 年 影印本 线装

J0095898

中国三千年书法大系中国三千年百体书集
佘雪曼撰书
香港 雪曼艺文院 1952 年 40 页 有图
26cm（16 开）定价：HKD4.00
（雪曼艺文院丛书 1）

J0095899

法书名画

上海 上海人民美术出版社 1960 年 1 盒 锦盒装

J0095900

龙藏寺碑

北京 文物出版社 1964 年［51］页 37cm（8 开）
线装 统一书号：7068.226 定价：CNY10.00
　　上海图书馆藏善本碑帖之一。

J0095901

龙藏寺碑

北京 文物出版社 1976 年 影印本［46］页
25cm（小 16 开）统一书号：8068.46
定价：CNY0.85
　　隋代楷书碑帖。

J0095902

龙藏寺碑

武汉 武汉古籍书店 1990 年 影印本 55 页
26cm（16 开）定价：CNY1.60

J0095903

米芾篆隶　（一卷）（宋）米芾书；上海博物馆编
北京　文物出版社　1973 年　影印本　1 册 35 叶
41cm（8 开）线装　统一书号：7068.301
定价：CNY14.00

　　南宋绍兴十一年（1141 年）宋高宗赵构命工
匠刻米芾帖 10 卷，一般称为《绍兴米帖》，本书
为其中的第九卷，据上海博物馆藏拓本影印。前
面用古人题"米芾篆隶第九"，后面题"绍兴辛酉
奉圣旨模勒上石"，共 58 幅，宋拓宋装。半叶框
无竖栏行款不一。

J0095904

颜真卿建中帖　左宜有解说
台北　艺术出版社　1975 年　144 页　21cm（32 开）
（法帖丛编　五）

J0095905

丛帖目　（一）容庚编
香港　中华书局香港分局　1980 年　453 页
20cm（32 开）定价：HKD20.00

J0095906

丛帖目　（二）容庚编
香港　中华书局香港分局　1981 年　455—925 页
20cm（32 开）ISBN：962–231–512–7
定价：HKD20.00

J0095907

丛帖目　（三）容庚编
香港　中华书局香港分局　1982 年　927—1340 页
20cm（32 开）ISBN：962–231–512–7
定价：HKD24.00

J0095908

丛帖目　（四）容庚编
香港　中华书局香港分局　1986 年　20cm（32 开）
ISBN：962–231–539–9　定价：HKD45.00

J0095909

丛帖目　（一）容庚著
台北　华正书局　1984 年　影印本　453 页
21cm（32 开）定价：TWD150.00

J0095910

丛帖目　（二）容庚著
台北　华正书局　1984 年　影印本　455—925 页
21cm（32 开）定价：TWD160.00

J0095911

丛帖目　（三）容庚著
台北　华正书局　1984 年　影印本　927—1340 页
21cm（32 开）定价：TWD180.00

J0095912

上海博物馆　上海博物馆编
上海　上海博物馆　1980—1989 年　有彩图
37cm（8 开）

　　本书介绍上海博物馆的历代珍藏品，共有五
卷。第一卷青铜器；第二卷古代、唐宋的陶瓷器；
第三卷元明清的陶瓷器；第四卷历代书画；第五
卷玉器、金铜佛、工艺品。每册均有彩色图版。
附有《上海博物馆所藏目录》。本书与日本放送
出版协会合作出版。

J0095913

广东历代名家书法　曾柱昭主编
香港　香港市政局　1981 年　363 页　有图
28cm（16 开）ISBN：962–215–036–5
定价：HKD36.00

　　本书系广东法书选集。外文书名：Guangdong
Calligraphy.

J0095914

碑帖叙录　杨震方著
上海　上海古籍出版社　1982 年　281 页
21cm（32 开）统一书号：17186.24
定价：CNY1.45

　　本书收上古至宋元的历代碑帖 1400 余种，
并简要介绍了各碑帖的刻成年代、出土时间、撰
书者、行字数、源流、评价等。

J0095915

碑帖叙录　杨震方编著
上海　上海古籍出版社　1988 年　2 版　增订本
331 页　有图版　20cm（32 开）
ISBN：7–5325–0325–9　定价：CNY3.30

J0095916

莲池书院法帖 （第一册）

石家庄 河北美术出版社 1982年 160页

25cm（15开）统一书号：1087.134

定价：CNY2.60

　　本书帖是古代著名书法家的碑帖集，采用河北省博物馆所藏拓本。

J0095917

古今名人书法大观　杨文开编著

台北县 常春树书坊 1983年 321页 有插图

19cm（32开）定价：TWD100.00

（中国人的书 C106）

J0095918

翰香馆法书选　山西人民出版社编

太原 山西人民出版社 1983年 116页

19cm（32开）统一书号：8088.1293

定价：CNY2.30

　　本帖共十二卷：包括《寄苑十帖》二卷在内的一部丛帖。这个选本编入18家的作品24种。

J0095919

历代画家书法选　陈寿荣编

石家庄 河北美术出版社 1983年 104页

27cm（16开）统一书号：8087.561

定价：CNY2.50

　　本书收入中国历代画家的部分作品，包括：苏轼《行书和友人诗》、米芾《行书题画诗》、赵佶《瘦金书题祥龙石图卷》、赵孟頫《小楷归去来辞》、柯九思《行楷题西山美木图》、吴昌硕《篆书石鼓文》等37家的碑帖墨迹42件。编者陈寿荣（1916—2003），画家。字春甫，晚号春翁，山东潍坊人。历任西泠印社社员、中国书法家协会会员、中国美术家协会会员、山东万印楼印社社长、潍坊北海书画院名誉院长。代表作品《历代美术家》《历代仕女》《聊斋百美》《飞鹰百态》等。

J0095920

中国历代名人手迹　高知见编著

台北 康乃馨出版社 1983年 影印本 527页

27cm（16开）精装

J0095921

五体集字翰墨辞汇便览　（晋）王羲之等著

台北 联鸣文化公司 1984年 影印本 3册

20cm（32开）定价：TWD300.00

　　王羲之（303—361），东晋著名书法家。字逸少，山东临沂人。代表作《兰亭序》《黄庭经》《乐毅论》《十七帖》《兰亭集序》《初月帖》等。

J0095922

中国历代名家书法　黄石老人著

台北 星光出版社 1984年 200页 有图

20cm（32开）精装 定价：TWD130.00

（双子星丛书 311）

J0095923

碑帖鉴别常识　王壮弘著

上海 上海书画出版社 1985年 121页 有照片

19cm（32开）统一书号：8172.1258

定价：CNY1.20

（书法知识丛书）

　　本书介绍了碑帖的起源、区分、真伪、重刻、翻刻以及孤本、珍本等。

J0095924

故宫宝笈　（书法）台北故宫博物院编辑委员会编辑

台北 台北故宫博物院 1985年 227页 有图

16cm（26开）精装

J0095925

寒山堂金石林时地考　（明）赵均撰

北京 中华书局 1985年 新1版 51+17+14页

18cm（15开）统一书号：17018.151

（丛书集成初编）

　　本书系中国古代金石、碑帖考证。由《寒山堂金石林时地考》《闲者轩帖考》（清）孙承泽述、《湛园题跋》（清）姜宸英著合订。

J0095926

西安碑石书法荟萃

西安 陕西人民出版社 1985年 77页 18cm（32开）

统一书号：8094.717 定价：CNY4.00

J0095927

中国古今书法选　郑州市群众艺术馆编

郑州 河南美术出版社 1985 年 128 页
38cm（6 开）统一书号：8386.212
定价：CNY7.90

本书共选书法作品 224 件，其中现代作品
171 件。

J0095928
1987：历代名家书法
杭州 西湖摄影艺术出版社 1986 年 78cm（2 开）
定价：CNY5.50

J0095929
宝晋斋碑帖选　蔡荣福编撰
合肥 安徽美术出版社 1986 年 73 页 34×19cm
统一书号：8381.141 定价：CNY2.50

中国古代碑帖，安徽墨宝选辑，安徽无为县
文管所供稿。

J0095930
碑帖鉴定浅说　马子云著
北京 紫禁城出版社 1986 年 114 页 有照片
20cm（32 开）统一书号：7314.036
定价：CNY1.00

作者马子云（1903—1986），陕西人。曾任
故宫博物院研究馆员、国家文物鉴定委员会会
员等。

J0095931
吴大澂书说文解字建首　吴大澂书；巴蜀书
社编
成都 巴蜀书社 1986 年 26 页 26cm（16 开）
统一书号：8329.16 定价：CNY3.80
（历代碑帖墨迹丛书）

作者吴大澂（1835—1902），清代官员、学
者、金石学家、书画家。原名大淳，字止敬，清
卿，号恒轩，别号白云山樵等。江苏吴县人，同
治进士。主要作品《说文古籀补》《皇华纪程》等。

J0095932
虢季子白盘铭
天津 天津市古籍书店 1987 年 影印本
26cm（16 开）定价：CNY0.85

J0095933
兰千山馆法书目录　台北故宫博物院编辑委

员会编辑
台北 台北故宫博物院 1987 年 375 页 有图
30cm（10 开）精装

J0095934
论书百绝　（日）渡边寒鸥著；刘艺译
上海 上海书画出版社 1987 年 204 页 有图
19cm（32 开）统一书号：8172.1666
定价：CNY2.50

J0095935
泰山经石峪金刚经　《历代碑帖法书选》编辑
组编
北京 文物出版社 1987 年 167 页 26cm（16 开）
ISBN：978-7-5010-0820-9 定价：CNY28.00
（历代碑帖法书选）

J0095936
王欧颜柳赵书集联　于植元主编
大连 大连工学院出版社 1987 年 100 页
26cm（16 开）ISBN：7-5611-0047-7
定价：CNY2.35

J0095937
中国历代书法　（日）伏见冲敬著；陈志东译
成都 四川美术出版社 1987 年 198 页 有图
20cm（32 开）ISBN：7-5410-0073-6
定价：CNY4.00

J0095938
中国历代书法家名人墨迹　（上册 清代部
分）周侗主编
北京 中国展望出版社 1987 年 387 页 有图
26cm（16 开）精装 ISBN：7-5050-0257-0
定价：CNY39.20

主编周侗（1936—　），山西平陆人。中国书
法家协会会员、中山书画社社员、北京秦文学会
常务理事。

J0095939
中国历代书法家名人墨迹　（下册 清代部
分）周侗主编
北京 中国展望出版社 1987 年 441 页 有图
26cm（16 开）精装 ISBN：7-5050-0257-0
定价：CNY39.20

J0095940

中国历代书法家名人墨迹 （清代部分）周
偁主编；饶祖培等编辑
北京 中国展望出版社 1987 年 2 册（829 页）
26cm（16 开）精装 ISBN：7-5050-0257-0
定价：CNY39.20
（中国历代书法家名人墨迹丛书）

J0095941

沈鹏书法选 沈鹏书；人民美术出版社编
北京 人民美术出版社 1988 年 27 页 有肖像
26cm（16 开）ISBN：7-102-00296-3
定价：CNY2.05

　　作者沈鹏（1931— ），书法家、美术评论
家、诗人。生于江苏江阴。历任中国文联副主席、
中国书法家协会主席、中国美术出版总社顾问以
及《中国书画》主编、炎黄书画院副院长、中国
书画函授大学教授、《书法之友》杂志名誉主席等
职。书法作品有著作：《书画论评》《沈鹏书画谈》
《三余吟草》《沈鹏书法选》《沈鹏书法作品集》。

J0095942

石门汉魏十三品 陕西汉中市褒斜石门研究
会，陕西汉中市博物馆编
西安 陕西人民美术出版社 1988 年 395 页
有彩照 38cm（6 开）精装 定价：CNY55.00

　　本书是中国陕西汉中市褒斜石门的古代隶
书摩崖石刻拓本。

J0095943

殷周金文字帖
成都 四川美术出版社 1988 年 125 页
26cm（16 开）定价：CNY3.90

J0095944

御定书画谱 （一百卷）（清）孙岳颂（等）纂辑
台北 世界书局 1988 年 影印本 5 册
26cm（16 开）精装
定价：TWD18000.00（全套 500 册）
（景印摛藻堂四库全书荟要 280-284）

J0095945

镇州龙兴寺铸像修阁碑 河北省正定县文物
保管所编
石家庄 河北美术出版社 1988 年 68 页

26cm（16 开）ISBN：7-5310-0169-1
定价：CNY2.50

J0095946

中国历代皇帝墨迹选 王化成主编；边建如
等编辑
北京 国际文化出版公司 1988 年 265 页
有照片及图 26cm（16 开）精装
ISBN：7-80049-059-9 定价：CNY11.80

　　本书收自汉章帝至清宣统帝止共 40 位皇帝
的书法作品 100 件。后附有英、日文前言。

J0095947

中国历代书法鉴赏 董文著
沈阳 辽宁大学出版社 1988 年 254 页 有附图
20cm（32 开）ISBN：7-5610-0329-3
定价：CNY3.30

　　作者董文（1946— ），教授、书法家。别署
大风堂主人，辽宁沈阳市人。历任中国书法家协
会理事、沈阳师范学院书法艺术研究所所长、教
授，辽宁省高等院校书协副主席、辽宁省书法家
协会副主席。出版《董文艺术论》《董文艺术论》
《董文书法作品集》。

J0095948

中日书法百家墨迹精华
沈阳 辽宁大学出版社 1988 年 128 页 有肖像
26cm（16 开）精装 ISBN：7-5610-0215-3
定价：CNY38.00

J0095949

快雪堂法书
北京 北京日报出版社 1989 年 331 页
29cm（16 开）ISBN：7-80502-122-8
定价：CNY30.00

J0095950

名家书法选集 杜秋漾编辑
香港 集古斋 1989 年 128 页 26cm（16 开）
定价：HKD120.00

J0095951

沈尹默论书诗墨迹 沈尹默著
台北 华正书局 1989 年 50 页 38cm（6 开）
定价：TWD250.00

作者沈尹默（1883—1971），学者、诗人、书法家、教育家。出生于陕西汉阴，祖籍浙江吴兴。初名君默、字中、号秋明。曾任北京大学文学教授、河北省教育厅厅长、中法文化交流出版委员会主任、上海市文联副主席、上海市文管会会员、上海中国书法篆刻研究会主任等职。代表作有《沈尹默手稿墨迹》《二王法书管窥》《历代名家学书经验谈辑要释义》。

J0095952

实用对联六体书法合璧　马光，林正编
厦门　厦门大学出版社　1989年　71页
19cm（32开）ISBN：7-5615-0248-6
定价：CNY2.20

J0095953

西山匾联碑刻辑注　赵浩如撰
昆明　云南人民出版社　1989年　127页
19cm（32开）ISBN：7-222-00172-7
定价：CNY1.60
（春城旅游丛书）

J0095954

中国历代书法名作赏析　黄惇等编
南京　江苏美术出版社　1989年　200页
29cm（12开）定价：CNY9.90，CNY15.90（精装）
　　本书收录中国台湾地区、日本藏品，间或有私人收藏。从殷墟文字至清代书法中最佳、最具代表性的作品183幅，内容涉及书史、书体、书家、风格流派、书法美学、创作思想、技法等。本书图版既有欣赏价值又可供读者临习。编者黄惇（1947—　），书法家、篆刻家。号风斋，生于江苏太仓，祖籍扬州。历任南京艺术学院教授，艺术学、美术学博士生导师，南京艺术学院研究院副院长、艺术学研究所所长，《艺术学研究》学刊主编。作品有《水乡秋色》《太湖夜舟》《秋染山寨》等，著有《历代书法名作赏析》《中国古代印论史》等。

J0095955

中国历代书法名作赏析　洪丕谟著
上海　上海教育出版社　1989年　209页
19cm（32开）ISBN：7-5320-1071-6
定价：CNY2.10
（中学生文库）

作者洪丕谟（1940—2005），医生、教师。生于上海，毕业于上海市卫生局中医大专班。华东政法学院教师、中国书法家协会第一届学术委员、上海市大学书法教育学会会长。著有《洪丕谟书法集》《中国书法史话》等。

J0095956

古今名家楹联室名选　上海人民美术出版社编
上海　上海人民美术出版社　1990年　影印本　90页
26cm（16开）ISBN：7-5322-0538-X
定价：CNY3.30

J0095957

墨林集珍　张瑞林主编
苏州　古吴轩出版社　1990年　77页
29cm（16开）ISBN：7-80574-002-X
定价：CNY19.80
　　本书收集了清代至当代几个不同时期的著名书法家和名人的作品。主编张瑞林，古吴轩出版社社长。

J0095958

书法神品五年历　刘增兴编
北京　北京体育学院出版社　1990年
26cm（16开）精装　ISBN：7-81003-440-5
定价：CNY13.80

J0095959

泰山金刚经暨集联
台北　书艺出版社　1990年　200页　31cm（15开）
定价：TWD250.00
（放大碑帖临抚范本　B20）

J0095960

唐伯虎落花诗真迹拓本两种合册
台北　书艺出版社　1990年　112页　31cm（15开）
定价：TWD250.00

J0095961

杨凝式、黄庭坚《题跋两种》　（五代）杨凝式书，（宋）黄庭坚书；辛尘编
南京　江苏教育出版社　1990年　1张　54cm（4开）
定价：CNY1.55
（历代法书精萃丛帖）
　　黄庭坚（1045—1105），北宋文学家、书法家。

字鲁直，号山谷道人。江西省九江人。代表作品有《松风阁诗帖》《诸上座帖》，著有《山谷集》《山谷词》《论古人书》等。

J0095962

杨守敬评碑评帖记　　（清）杨守敬著；陈上岷整理
北京　文物出版社　1990 年　145 页　有肖像
20cm（32 开）ISBN：7-5010-0452-8
定价：CNY4.75
（湖北省博物馆丛书）

　　作者杨守敬（1839—1915），清代地理学家、书法家、金石学家。代表作品有《水经注疏》《日本访书志》《湖北金石志》等。

J0095963

云峰天柱诸山北朝刻石　　于书亭编著
北京　人民美术出版社　1990 年　80 页　26cm（16 开）
ISBN：7-102-00723-X　定价：CNY6.90
（中国古代美术作品介绍丛书）

　　本书收录山东云峰天柱诸山摩崖碑刻拓片47 种。纠正前人著录中名称的混乱及正名之由；对诸山及刻石状况、作者、艺术价值作了较详尽的考证评述。

J0095964

郑羲下碑的特征　　郑聪明著
台北　蕙风堂笔墨公司出版部　1990 年　136 页
30cm（10 开）ISBN：957-9192-14-6
定价：TWD260.00

J0095965

碑帖选粹　　安徽省老年大学编
兰州　甘肃人民出版社　1991 年　259 页
26cm（16 开）ISBN：7-226-00818-1
定价：CNY13.90

　　本书是迄今选择较全的碑帖选本。收集各种书体字 8042 字，其中正书 2138 字，篆隶 1610字，行草 4294 字。本书正、隶、篆大部分在原碑的基础上采用顺序选字的方法排列、行、草两种书体字，均字字牵引，承上启下，相互照应。书首撰有《怎样临写碑帖》一文。所选的各种字体，选自 19 种金石、碑、帖。每种碑、帖的首页，均对其时代、风格特征、用笔方法及注意的问题作了概括的说明。

J0095966

古寿千幅　　刘澍年编
北京　北京出版社　1991 年　70 页
28cm（大 16 开）精装　ISBN：7-200-01342-0
定价：CNY9.50

　　本书集中了古代名家所写的一千个"寿"字。

J0095967

古寿千幅　　刘澍年编
北京　北京出版社　1991 年　70 页
28cm（大 16 开）特精装　ISBN：7-200-01352-8
定价：CNY14.50

J0095968

历代名人楹联墨迹　　汪文娟编
上海　上海人民美术出版社　1991 年　527 页
26cm（16 开）精装　ISBN：7-5322-0680-7
定价：CNY19.00

　　本书精选自明代至现代已故名人的楹联作品 500 多幅，其中部分尚属首次发表，有 527幅图。

J0095969

中国历代名家墨迹《三希堂法帖》
台北　慈风出版社　1991 年　5 册　21cm（32 开）
精装　定价：TWD4000.00

J0095970

历代尺牍书法　　刘恒编
北京　知识出版社　1992 年　175 页　26cm（16 开）
ISBN：7-5015-0655-8　定价：CNY14.00
（书艺精粹丛书）

　　本书收录了自古至今书法家尺牍墨迹 170余件。作者刘恒（1959—　　），字树恒，北京人。任中国书法家协会研究部副编审、中国书法家协会学术委员会委员等职，著有《历代尺牍书法》《中国书法全集·张瑞图卷》。

J0095971

善本碑帖品目　　张西帆著
北京　中国人民大学出版社　1992 年　63 页　有肖像
26cm（16 开）ISBN：7-300-01489-5
定价：CNY7.00

　　作者张西帆（1910—2012），河北肃宁县人，曾任北京卫戍区副司令员。著有《书法随笔》《半成诗稿》《剑胆琴心谱新篇》《张西帆翰墨精品集》等。

J0095972
五体千字文　（朝鲜文）钟远编
牡丹江　黑龙江朝鲜民族出版社　1992年　2版
361页　26cm（16开）　ISBN：7-5389-0349-6
定价：CNY14.40
　　　附：赵孟頫真书三体千字文；隶书千字文、篆书千字文；韩石峰书千字文；简体千字文硬笔小楷；千字文解释；吴昌硕篆刻字典。

J0095973
中国历代名人手迹　唐一寺编著
海口　南海出版公司　1992年　511页
26cm（16开）　精装　ISBN：7-80570-674-3
定价：CNY21.30
　　　本书收集张芝、王羲之、武则天、李白、岳飞、孙中山等300余人的书法名作，包括生平简介和赏析文字。

J0095974
中国书法大成　《中国书法大成》编委会主编
北京　中国书店　1992年　8册　26cm（16开）
精装　ISBN：7-80568-256-9　定价：CNY850.00
　　　本书汇集了历代书法名家五百余人，起于两晋直至明清各代墨迹真品千余件。

J0095975
历代书法选　（首都博物馆藏品）首都博物馆编著
北京　人民美术出版社　1993年　73页　26cm（16开）
ISBN：7-102-01078-8　定价：CNY5.50
　　　本书精选了从西晋至清代许多名家杰作，图中并配以简洁的说明文字、释文及评书家对历代书家作品做的分析与研究。

J0095976
天津三百年书法选集　天津杨柳青画社编
天津　天津杨柳青画社　1993年　134页
28cm（16开）　ISBN：7-80503-163-0
定价：CNY19.80

J0095977
古今碑帖集成　大众书局编

北京　北京出版社　1994年　9函68册（5440页）
26×15cm　线装　ISBN：7-200-02169-5
定价：CNY680.00

J0095978
古今碑帖集联大观　（一）楚石编
北京　中国青年出版社　1994年　102页
19cm（小32开）　ISBN：7-5006-1721-6
定价：CNY3.20

J0095979
拓片、拓本制作技法　李一，齐开义著
北京　北京工艺美术出版社　1995年　84页　有图
20cm（32开）　ISBN：7-80526-123-7
定价：CNY4.50
（中国传统手工技艺丛书　第一期）

J0095980
历代碑帖鉴赏　冯振凯编著
台北　艺术图书公司　1996年　再版　423页
21cm（32开）　ISBN：957-672-237-3
定价：TWD380.00
（中华艺术导览　6）

J0095981
毛公鼎铭文
杭州　西泠印社　1996年　22页　35×19cm
ISBN：7-80517-206-4　定价：CNY6.00
（西泠印社法帖丛编）
　　　毛公鼎铭文，专指西周晚期青铜器物毛公鼎之铭文，道光末年出土于陕西省宝鸡市岐山县。由作器人毛公（厂音）得名。直耳，半球腹，矮短的兽蹄形足，口沿饰环带状的重环纹。铭文32行499字，乃现存最长的铭文：完整的册命。共5段：其一，此时局势不宁；其二，宣王命毛公治理邦家内外；其三，给毛公予宣示王命之专权，着重申明未经毛公同意之命令，毛公可预示臣工不予奉行；其四，告诫勉励之词；其五，赏赐与表扬。是研究西周晚年政治史的重要史料。

J0095982
毛公鼎铭文　《历代碑帖法书选》编辑组编
北京　文物出版社　1999年　26cm（16开）
ISBN：7-5010-1135-4　定价：CNY3.50
（历代碑帖法书选）

J0095983
四库全书存目丛书 （史 278 目录类）
四库全书存目丛书编纂委员会编
济南 齐鲁书社 1996 年 影印本 807 页
26cm（16 开）精装 ISBN：7-5333-0535-3
定价：CNY87600.00（史部）

J0095984
"虎" 字集　金煜编
北京 中国和平出版社 1997 年 92 页 26cm（16 开）
ISBN：7-80101-570-3 定价：CNY14.00
（历代书法选字丛书）

J0095985
1998：中国书法大师精品
（宣纸仿真挂历）郑板桥等书
呼和浩特 内蒙古人民出版社 1997 年
114×43cm ISBN：7-204-03733-2
定价：CNY60.00

J0095986
不了斋碑文集萃　高燮初著
上海 上海画报出版社 1997 年 94 页 有照片
25×26cm ISBN：7-80530-294-4
定价：CNY28.00

J0095987
成语及常用词语字帖
（辑自柳公权玄秘塔碑）邢志宇等编
北京 原子能出版社 1997 年 68 页 26cm（16 开）
ISBN：7-5022-1721-5 定价：CNY8.00

J0095988
成语及常用词语字帖
（辑自欧阳询九成宫碑）邢志宇等编
北京 原子能出版社 1997 年 68 页 26cm（16 开）
ISBN：7-5022-1721-5 定价：CNY8.00

J0095989
成语及常用词语字帖 （辑自颜真卿多宝塔碑）
邢志宇等编
北京 原子能出版社 1997 年 68 页 26cm（16 开）
ISBN：7-5022-1721-5 定价：CNY8.00

J0095990
历代名家诗文集联书法集　田旭中主编；
四川省草书研究会，四川省书学学会编
成都 四川人民出版社 1997 年 87 页 29cm（16 开）
ISBN：7-220-03943-3 定价：CNY36.80
　　主编田旭中（1953—　），书画家、作家。四
川成都人。历任中国书法家协会四川分会会员、
四川省书学学会理事。

J0095991
历代著录法书目　朱家溍主编
北京 紫禁城出版社 1997 年 16+507+27 页
有彩照 26cm（16 开）精装
ISBN：7-80047-173-X 定价：CNY150.00
　　全书共录有古籍 274 种，凡传世法书的著录
和题跋著书，均加以收录，另外也收录了一些书
家文集中的资料。共收书家 1669 人。

J0095992
1999：中国书法宝典 （书法挂历）颜真卿等书
福州 海潮摄影艺术出版社 1998 年 116×76cm
盒装 ISBN：7-80562-520-4 定价：CNY88.00
　　作者颜真卿（709—785），唐代书法家。字
清臣。历任监察御史、殿中侍御史。代表作品有
《韵海镜源》《吴兴集》《庐陵集》等，均佚。宋人
辑有《颜鲁公集》。

J0095993
古今名家书法集锦 （邓石如金农隶书）
（清）邓石如，（清）金农书
长春 吉林摄影出版社 1998 年 134 页
26cm（16 开）ISBN：7-80606-183-5
定价：CNY13.80
　　作者邓石如（1739—1805），清代著名书法篆
刻家。字顽伯，号完白山人，安徽怀宁人。篆刻
作品有《完白山人篆刻偶存》《笔歌墨舞》《城一
日长》，书法作品有《游五园诗》《篆书文轴》《篆
书中堂》。作者金农（1687—1763），清代书画家。
字寿门、司农、吉金，钱塘（今浙江杭州）人，扬
州八怪之首。代表作品有《东萼吐华图》《空捍
如洒图》《腊梅初绽图》《玉蝶清标图》等，著有
《冬心诗集》《冬心随笔》《冬心杂著》等。

J0095994
古今名家书法集锦 （董其昌行书）

(明)董其昌书

长春 吉林摄影出版社 1998 年 136 页
26cm（16 开）ISBN：7-80606-183-5
定价：CNY13.80

　　作者董其昌(1555—1636)，明代著名书画家。字玄宰，号思白，别号香光居士，松江华亭(今上海)人。主要作品有《岩居图》《秋兴八景图》《昼锦堂图》等。

J0095995

古今名家书法集锦　（黄庭坚行书）(宋)黄庭坚书
长春 吉林摄影出版社 1998 年 125 页
26cm（16 开）ISBN：7-80606-183-5
定价：CNY13.80

J0095996

古今名家书法集锦　（柳公权楷书）(唐)柳公权书
长春 吉林摄影出版社 1998 年 134 页
26cm（16 开）ISBN：7-80606-183-5
定价：CNY13.80

　　作者柳公权(778—865)，唐代晚期著名书法家。字诚悬，陕西铜川市人。代表作品《金刚经碑》《玄秘塔碑》《神策军纪圣德碑》等。

J0095997

古今名家书法集锦　（毛泽东诗词选字帖）侯天奇编
长春 吉林摄影出版社 1998 年 130 页
26cm（16 开）ISBN：7-80606-183-5
定价：CNY13.80

J0095998

古今名家书法集锦　（米芾行书）(宋)米芾书
长春 吉林摄影出版社 1998 年 101 页
26cm（16 开）ISBN：7-80606-183-5
定价：CNY13.80

J0095999

古今名家书法集锦　（颜真卿楷书）(唐)颜真卿书
长春 吉林摄影出版社 1998 年 133 页
26cm（16 开）ISBN：7-80606-183-5
定价：CNY13.80

J0096000

古今名家书法集锦　（张旭怀素行书）(唐)张旭,(唐释)怀素书
长春 吉林摄影出版社 1998年 97页 26cm（16 开）
ISBN：7-80606-183-5 定价：CNY13.80

　　作者张旭(658—747)，唐代书法家。字伯高，一字季明，江苏苏州吴县人。主要作品《古诗四帖》《肚痛帖》等。作者怀素(737—799)，唐代书法家。字藏真，俗姓钱，永州零陵(今湖南零陵)人。传世书法作品有《自叙帖》《苦笋帖》《圣母帖》《论书帖》《小草千文》等。

J0096001

古今名家书法集锦　（赵孟頫行书）(元)赵孟頫书
长春 吉林摄影出版社 1998 年 134 页
26cm（16 开）ISBN：7-80606-183-5
定价：CNY13.80

　　作者赵孟頫(1254—1322)，元代著名书画家、诗人。字子昂，号松雪道人等。浙江吴兴(今浙江湖州市)人。能诗善文，精绘艺，工书法，"楷书四大家"之一。作品有《秋郊饮马图》《秀石疏林图》《松石老子图》等，著有《松雪斋文集》等。

J0096002

书法常用诗词佳句手册　李有来编
北京 北京体育大学出版社 1998 年 250 页
20cm（32 开）ISBN：7-81051-245-5
定价：CNY14.60

J0096003

东周书法　(1)陈滞冬著
成都 巴蜀书社 1999 年 29cm（16 开）
ISBN：7-80523-943-6 定价：CNY8.00
(图说中国艺术史 书法传世名作 1 4)

　　作者陈滞冬(1951—　)，画家、书法家、艺术史学者。四川成都人。硕士毕业于四川师范大学中国古代文学研究所。出版《陈滞冬画集》《中国书画与文人意识》《中国书学论著提要》等著作。

J0096004

东周书法　(2)陈滞冬著
成都 巴蜀书社 1999 年 29cm（16 开）
ISBN：7-80523-944-4 定价：CNY8.00
(图说中国艺术史 书法传世名作 . 1 商周秦汉书

法.5）

J0096005
胡小石临甲骨文金文长卷　胡小石［书］
合肥　安徽美术出版社　1999年　37cm
ISBN：7-5398-0735-0　定价：CNY12.00
（名家临书　第一辑　7）

J0096006
历代名碑风格赏评　李义兴等著
杭州　中国美术学院出版社　1999年　171页
26cm（16开）ISBN：7-81019-691-X
定价：CNY24.00
（书法教学丛书）

J0096007
商代书法　（1）陈滞冬著
成都　巴蜀书社　1999年　29cm（16开）
ISBN：7-80523-940-1　定价：CNY8.00
（图说中国艺术史　书法传世名作.1商周秦汉书
法.1）

J0096008
商代书法　（2）陈滞冬著
成都　巴蜀书社　1999年　29cm（16开）
ISBN：7-80523-941-X　定价：CNY8.00
（图说中国艺术史　书法传世名作.1商周秦汉书
法.2）

J0096009
唐诗百首古代名家集字帖　樊建峰等编
南京　江苏美术出版社　1999年　129页
29cm（16开）ISBN：7-5344-1120-3
定价：CNY220.00

J0096010
五体千字文　刘兆英编
西安　陕西旅游出版社　1999年　5册　26cm（16开）
ISBN：7-5418-1650-7　定价：CNY149.00

J0096011
西周书法　陈滞冬著
成都　巴蜀书社　1999年　29cm（16开）
ISBN：7-80523-942-8　定价：CNY8.00
（图说中国艺术史　书法传世名作.1商周秦汉书

法.3）

J0096012
中国传世书法全集　（公元前一五〇〇年～公
元一九八七年）南兆旭主编
北京　中国文联出版社　1999年　3册（876页）
43cm　精装　ISBN：7-5059-2413-3
定价：CNY2980.00

中国碑帖源流考证、题跋、

译文、碑帖目

J0096013
宝章待访录　（一卷）（宋）米芾撰
宋　刻本
（百川学海）
　　作者米芾（1051—1107），北宋书法家、画
家、书画理论家。祖籍太原，出生于湖北襄阳，
长期居润州（今江苏镇江）。初名黻，后改芾，字
元章，号襄阳居士、海岳山人等。书画自成一家，
枯木竹石，山水画独具风格特点。在书法也颇有
造诣，擅篆、隶、楷、行、草等书体，长于临摹古
人书法。代表作品有《宝晋英光集》《宝章待访
录》《书史》《画史》《砚史》。

J0096014
宝章待访录　（一卷）（宋）米芾撰
明　刻本　线装
（百川学海）
　　九行二十字小字双行同白口左右双边单
鱼尾。

J0096015
宝章待访录　（一卷）（宋）米芾撰
明　抄本
（百川学海）
　　九行二十字黑口四周双边。收于《百川学海》
一百种中。

J0096016
宝章待访录　（一卷）（宋）米芾撰
无锡华氏　明弘治　刻本　线装

（百川学海）

十二行二十字小字双行同白口左右双边。收于《百川学海》辛集中。

J0096017
宝章待访录　（一卷）（宋）米芾撰
华珵　明弘治十四年［1501］刻本
（百川学海）

十二行二十字白口左右双边。收于《百川学海》一百种十集二百七十九卷第辛集中。

J0096018
宝章待访录　（一卷）（宋）米芾撰
郑氏宗文堂　明嘉靖十五年［1536］刻本
（百川学海）

十四行二十八字白口左右双边。收于《百川学海二十卷》中。

J0096019
宝章待访录　（一卷）（宋）米芾撰
范氏清宛堂　明万历三十二年［1604］刻本

本书由《米襄阳志林十三卷》（明）范明泰辑、《宝章待访录一卷》（宋）米芾撰合订。分四册。九行十八字白口左右双边。

J0096020
宝章待访录　（一卷）（宋）米芾撰；（明）范明泰辑
范氏清苑堂　明万历三十二年［1604］刻本

J0096021
宝章待访录　（一卷）（宋）米芾撰
范氏无蚊轩　明万历三十二年［1604］刻本

本书由《米襄阳志林十三卷》（明）范明泰辑、《宝章待访录一卷》（宋）米芾撰合订。分二册。九行十八字白口左右双边。

J0096022
宝章待访录　（一卷）（宋）米芾撰
无蚊轩　明万历三十二年［1604］刻本　重修

据明万历三十二年据范氏清宛堂刻本重修。

J0096023
宝章待访录　（一卷）（宋）米芾撰
秀州范氏无蚊轩　明万历三十二年［1604］刻本

本书由《米襄阳志林十三卷》（明）范明泰辑、《宝章待访录一卷》（宋）米芾撰合订。分六册。九行十八字白口左右双边。

J0096024
宝章待访录　（一卷）（宋）米芾撰
明末　刻本
（百川学海）

收于《百川学海》一百十二种一百五十四卷中。

J0096025
宝章待访录　（一卷）（宋）米芾撰
李际期宛委山堂　清初　刻本　重修　线装
（说郛）

明末刻清初李际期宛委山堂重修汇印本。收于《说郛》卷第八十九中。

J0096026
宝章待访录　（一卷）（宋）米芾撰
清顺治　刻本　线装
（说郛）

收于《说郛》卷第九十中。作者米芾（1051—1107），北宋书法家、画家、书画理论家。祖籍太原，出生于湖北襄阳，长期居润州（今江苏镇江）。初名黻，后改芾，字元章，号襄阳居士、海岳山人等。书画自成一家，枯木竹石，山水画独具风格特点。在书法也颇有造诣，擅篆、隶、楷、行、草等书体，长于临摹古人书法。代表作品有《宝晋英光集》《宝章待访录》《书史》《画史》《砚史》。

J0096027
宝章待访录　（一卷）（宋）米芾撰；（明）范明泰辑
清　抄本

J0096028
宝章待访录　（一卷）（宋）米芾撰
内府　清乾隆　写本
（四库全书）

J0096029
宝章待访录　（一卷）（宋）米芾撰
泰东图书局　民国十一年［1922］影印本　线装
（王氏书画苑）

据明刻本影印。

J0096030

宝章待访录　（一卷）（宋）米芾撰

沔阳卢靖慎始基斋　民国十二年［1923］影印本
线装

（湖北先正遗书）

　　据明弘治百川学海本影印。

J0096031

宝章待访录　（一卷）（宋）米芾撰

武进陶氏涉园　民国十六年［1927］刻本　影刻
线装

（百川学海）

　　收于《百川学海》辛集中。

J0096032

法帖刊误　（二卷）（宋）黄伯思撰

宋　刻本

（百川学海）

　　作者黄伯思（1079—1118），北宋书画家、书
学理论家。邵武（今属福建）人。字长睿，别字霄
宾，号云林子，黄履孙。元符三年（1100年）进士，
官至秘书郎。著有《法帖刊误》《东观余论》《博
古图说》等。

J0096033

法帖刊误　（二卷）（宋）黄伯思撰

叶国华　明　抄本

（明叶国华抄）

　　有清黄丕烈跋。

J0096034

法帖刊误　（二卷）（宋）黄伯思撰

明　抄本

　　清朱锡庚、叶德辉跋。清朱锡庚、叶德辉跋。
本书由《广川书跋十卷又一卷》（宋）董逌撰、《法
帖刊误二卷》（宋）黄伯思撰合订。

J0096035

法帖刊误　（一卷）（宋）黄伯思撰

明　刻本

（书学会编）

　　此书纠正了当时颇为流行的官刻法帖《淳化
阁帖》的诸多疏误。

J0096036

法帖刊误　（一卷）（宋）黄伯思撰

明　刻本

（书学会编）

J0096037

法帖刊误　（一卷）（宋）黄伯思撰

肇庆黄氏　明天顺元年［1457］刻本

（书学会编）

J0096038

法帖刊误　（二卷）（宋）黄伯思撰

华珵　明弘治十四年［1501］刻本

（百川学海）

　　十二行二十字白口左右双边。收于《百川学
海》一百种十集二百七十九卷第辛集中。

J0096039

法帖刊误　（二卷）（宋）黄伯思撰

华珵　明弘治十四年［1501］刻本

（百川学海）

　　收于《百川学海》一百种一百七十九卷中。

J0096040

法帖刊误　（二卷）（宋）黄伯思撰

华珵　明弘治十四年［1501］刻本

（百川学海）

　　收于《百川学海》一百种十集一百七十九
卷中。

J0096041

法帖刊误　（二卷）（宋）黄伯思撰

华珵　明弘治十四年［1501］刻本

（百川学海）

　　收于《百川学海》一百种一百七十九卷中。

J0096042

法帖刊误　（二卷）（宋）黄伯思撰

郑氏宗文堂　明嘉靖十五年［1536］刻本

（百川学海）

　　十四行二十八字白口左右双边。收于《百川
学海二十卷》中。

J0096043

法帖刊误　（二卷）（宋）黄伯思撰

郑氏宗文堂 明嘉靖十五年［1536］刻本
（百川学海）

　　收于《百川学海二十卷》中。

J0096044

法帖刊误 （二卷）（宋）黄伯思撰
明末 刻本
（百川学海）

　　收于《百川学海》一百十二种一百五十四卷中。

J0096045

法帖刊误 （一卷）（宋）陈与义撰
周南李际期宛委山堂 清顺治 刻本 线装
（说郛）

　　九行二十字小字双行同白口左右双边单鱼尾。

J0096046

法帖刊误 （二卷）（宋）陈与义撰
清 刻本 重修 线装
（说郛）

　　九行二十字白口左右双边单鱼尾。

J0096047

法帖刊误 （二卷）（宋）黄伯思撰
清 抄本
（书家要览）

J0096048

法帖刊误 （二卷）（宋）黄伯思撰
清 抄本

　　有清卢文弨校，秦更年跋。

J0096049

法帖刊误 （十卷）（宋）陈与义撰
清 抄本
（书家要览）

J0096050

法帖刊误 （二卷）（宋）黄伯思撰
内府 清乾隆 写本
（四库全书）

J0096051

法帖刊误 （二卷）（宋）黄伯思撰
台北 商务印书馆 1983 年 影印本
26cm（16 开）
（景印文渊阁四库全书 史部 四三九 第681册）

J0096052

大观法帖总释 （十卷）□□辑
范氏卧云山房 明 抄本

J0096053

法帖释文 （十卷）（宋）刘次庄撰
明 刻本

　　分二册。九行十八字黑口四周单边。

J0096054

法帖释文 （十卷）（宋）刘次庄撰
明 抄本
（百川学海）

　　收于《百川学海》一百种一百七十九卷中。

J0096055

法帖释文 （一卷）（宋）刘次庄撰
明 刻本
（书学会编）

J0096056

法帖释文 （一卷）（宋）刘次庄撰
明 刻本
（书学会编）

J0096057

法帖释文 （一卷）（宋）刘次庄撰
肇庆黄氏 明天顺元年［1457］刻本
（书学会编）

J0096058

法帖释文 （十卷）（宋）刘次庄撰
华珵 明弘治十四年［1501］刻本
（百川学海）

　　十二行二十字白口左右双边。收于《百川学海》一百种十集二百七十九卷第辛集中。

J0096059

法帖释文 （十卷）（宋）刘次庄撰

华珵 明弘治十四年［1501］刻本

（百川学海）

　　收于《百川学海》一百种一百七十九卷中。

J0096060

法帖释文　（十卷）（宋）刘次庄撰

华珵 明弘治十四年［1501］刻本

（百川学海）

　　收于《百川学海》一百种十集一百七十九卷中。

J0096061

法帖释文　（十卷）（宋）刘次庄撰

华珵 明弘治十四年［1501］刻本

（百川学海）

　　收于《百川学海》一百种一百七十九卷中。

J0096062

法帖释文　（十卷）（宋）刘次庄撰

郑氏宗文堂 明嘉靖十五年［1536］刻本

（百川学海）

　　十四行二十八字白口左右双边。收于《百川学海二十卷》中。

J0096063

法帖释文　（十卷）（宋）刘次庄撰

郑氏宗文堂 明嘉靖十五年［1536］刻本

（百川学海）

　　收于《百川学海二十卷》中。

J0096064

法帖释文　（十卷）（宋）刘次庄撰

明天启七年［1627］刻本

J0096065

法帖释文　（宋）刘次庄撰

上海 商务印书馆 1936年 影印本 88+17+16页 18cm（15开）

（丛书集成初编 1606）

　　本书由《法帖释文》（宋）刘次庄撰、《汇堂摘奇》（明）王佐著、《法帖神品目》（明）杨慎著合订。《法帖释文》十卷，据百川学海本影印；《汇堂摘奇》一卷，据百陵学山本影印；《法帖神品目》一卷，据函海本影印。

J0096066

法帖释文　（十卷）（宋）刘次庄撰

台北 商务印书馆 1983年 影印本

26cm（16开）

（景印文渊阁四库全书 史部 四三九 第681册）

J0096067

法帖释文　（宋）刘次庄撰

北京 中华书局 1985年 新1版 影印本

88+17+16 页 18cm（15开）

统一书号：17018.151

（丛书集成初编）

　　本书由《法帖释文》（宋）刘次庄撰、《汇堂摘奇》（明）王佐著、《法帖神品目》（明）杨慎著合订。

J0096068

法帖释文刊误　（一卷）（宋）陈与义撰

内府 清乾隆 写本

（四库全书）

J0096069

法帖释文考异　（十卷）（明）顾从义撰

明 刻本

J0096070

法帖释文考异　（十卷）（明）顾从义撰

内府 清乾隆 写本

（四库全书）

J0096071

法帖释文考异　（十卷）（明）顾从义撰

台北 商务印书馆 1983年 影印本

26cm（16开）

（景印文渊阁四库全书 史部 四四一 第683册）

J0096072

法帖通解　（一卷）（宋）秦观撰

明万历 刻本

（百陵学山）

J0096073

法帖通解　（一卷）（宋）秦观撰

明万历 刻本

（百陵学山）

收于《百陵学山》一百种一百十五卷中。

J0096074

法帖音释刊误　（一卷）（宋）陈与义撰
程荣　明　刻本
　　本书有傅增湘跋。

J0096075

法帖音释刊误　（一卷）（宋）陈与义撰
程荣　明　刻本
　　有傅增湘跋。九行二十字白口左右双边。

J0096076

法帖音释刊误　（一卷）（宋）陈与义校正
明　刻本　线装
　　分二册。九行二十字白口左右双边。

J0096077

法帖音释刊误　（一卷）（宋）陈与义校正
明　刻本　2册　线装
　　本书由《墨薮二卷》（唐）韦续纂；（明）程荣
校、《法帖音释刊误一卷》（宋）陈与义校正合订。

J0096078

法帖音释刊误　（一卷）（宋）陈与义撰
清初　刻本

J0096079

法帖音释刊误　（一卷）（宋）陈与义撰
清　抄本
　　本书由《书品一卷》（南朝梁）庾肩吾撰、《法
帖音释刊误一卷》（宋）陈与义撰、《翰墨志一卷》
（宋）高宗赵构撰合订。八行二十字白口左右双边。

J0096080

广川书跋　（十卷）（宋）董逌撰
秦雁里草堂　明　抄本
　　有叶德辉跋。作者董逌，生卒年不详。北宋
艺术鉴赏评论家。东平（今山东东平县）人。字
彦远。北宋政和（1111—1117年）年间官徽猷阁
待制。以精于鉴赏考据擅名。著有《广川藏书志》
《广川诗故》《广川书跋》《广川画跋》。

J0096081

广川书跋　（十卷）（宋）董逌撰

吴氏丛书堂　明　抄本
　　本书有清叶万、张蓉镜跋，清黄丕烈校。

J0096082

广川书跋　（十卷）（宋）董逌撰
吴氏丛书堂　明　抄本
　　分二册。有清叶万、张蓉镜跋，黄丕烈校。
十行二十字红格红口四周双边。

J0096083

广川书跋　（六卷）（宋）董逌撰
明　抄本
　　十行十八字。

J0096084

广川书跋　（十卷）（宋）董逌撰
明　刻本
（王氏书画苑）

J0096085

广川书跋　（十卷）（宋）董逌撰
明　抄本
　　本书有清朱锡庚、叶德辉跋。由《广川书跋
十卷又一卷》（宋）董逌撰、《法帖刊误二卷》（宋）
黄伯思撰合订。

J0096086

广川书跋　（十卷）（宋）董逌撰
明　抄本

J0096087

广川书跋　（十卷）（宋）董逌撰
毛氏汲古阁　明崇祯　刻本
（津逮秘书）
　　八行十八字白口四周单边。收于《津逮秘书》
十五集一百五十二种七百四十八卷第六中。

J0096088

广川书跋　（十卷）（宋）董逌撰
明崇祯　刻本
（津逮秘书）

J0096089

广川书跋　（十卷）（宋）董逌撰
张力臣　清　抄本

J0096090
广川书跋 （十卷）（宋）董逌撰
清初 抄本

J0096091
广川书跋 （十卷）（宋）董逌撰
清初 抄本
　　分四册。十行二十字无格。

J0096092
广川书跋 （十卷）（宋）董逌撰
内府 清乾隆 写本
（四库全书）

J0096093
广川书跋 （十卷）（宋）董逌撰
庐文弨 清乾隆四十二年［1777］抄本

J0096094
广川书跋 （十卷）（宋）董逌撰
行素草堂 清光绪 抄本

J0096095
广川书跋 （十卷）（宋）董逌撰
吴县朱氏槐庐家塾刻 清光绪三至十五年
［1877–1889］抄本
（槐庐丛书）

J0096096
广川书跋 （一卷）（宋）董逌撰
会稽徐氏铸学斋 清光绪二十年［1894］稿本
（会稽徐氏初学堂群书辑录）

J0096097
广川书跋 （十卷）（宋）董逌撰
上海 博古斋 民国十一年［1922］影印本
（津逮秘书）
　　据明崇祯毛氏汲古阁刻本影印。

J0096098
广川书跋 （十卷）（宋）董逌撰
台北 商务印书馆 1983 年 影印本
（景印文渊阁四库全书 子部 一一九 第813 册）
　　本书由《广川书跋十卷》（宋）董逌撰、《山
水纯全集》（宋）代韩拙撰合订。《广川书跋》收

录了周朝、秦汉时代的金石文、石刻文，及魏晋
南北朝至唐宋年间书法名家的碑帖。《山水纯全
集》是中国北宋山水画理论著作。

J0096099
绛帖平 （六卷）（宋）姜夔撰
明 抄本
　　本书有明刘凤跋。作者姜夔（1154—1221），
南宋文学家、音乐家。字尧章，号白石道人，饶
州鄱阳（今江西省鄱阳县）人。代表作品有《白
石道人诗集》《白石道人歌曲》《续书谱》《绛帖
平》等。

J0096100
绛帖平 （六卷）（宋）姜夔撰
明 抄本
　　本书有明刘凤跋。九行二十字。

J0096101
绛帖平 （六卷）（宋）姜夔撰
福建［清］重刻本
（武英殿聚珍版书）

J0096102
绛帖平 （六卷）（宋）姜夔撰
广东［清］重刻本
（武英殿聚珍版书）

J0096103
绛帖平 （六卷）（宋）姜夔撰
江西［清］重刻本
（武英殿聚珍版书）

J0096104
绛帖平 （六卷）（宋）姜夔撰
彭氏知圣道斋 清 抄本
　　清彭元瑞校。

J0096105
绛帖平 （六卷）（宋）姜夔撰
浙江［清］重刻本
（武英殿聚珍版书）

J0096106
绛帖平 （六卷）（宋）姜夔撰

清　抄本
　　清翁同龢跋并题诗。

J0096107
绛帖平　（六卷）（宋）姜夔撰
清　黑格抄本

J0096108
绛帖平　（六卷）（宋）姜夔撰
清　抄本

J0096109
绛帖平　（六卷）（宋）姜夔撰
内府　清乾隆　写本
（四库全书）

J0096110
绛帖平　（六卷）（宋）姜夔撰
武英殿　清乾隆　木活字印本
（武英殿聚珍版书）

J0096111
绛帖平　（六卷　总录一卷）（宋）姜夔撰
武英殿　清乾隆　木活字印本
（武英殿聚珍版丛书）
　　收于《武英殿聚珍版丛书》一百四十一种
二千六百五卷中。

J0096112
绛帖平　（六卷）（宋）姜夔撰
东啸轩郁礼　清乾隆三十一年［1766］抄本
　　分二册。有清郁礼校并跋。九行二十字黑
口左右双边。

J0096113
绛帖平　（六卷）（宋）姜夔撰
郁礼　清乾隆三十一年［1766］抄本

J0096114
绛帖平　（宋）姜夔撰
长沙　商务印书馆　1939 年　43 页　18cm（15 开）
（丛书集成初编 1599）
　　本书内容为中国古代碑帖，据聚珍版丛书本
排印。

J0096115
绛帖平　（六卷）（宋）姜夔撰
台北　商务印书馆　1983 年　影印本
（景印文渊阁四库全书　史部　四四〇　第 682 册）

J0096116
绛帖平　（宋）姜夔撰
北京　中华书局　1985 年　新 1 版　31+43 页
18cm（15 开）统一书号：17018.151
（丛书集成初编）
　　中国宋代书法。

J0096117
绛帖平　（外七种）（宋）姜夔等撰
上海　上海古籍出版社　1995 年　影印本　95+713 页
19cm（32 开）精装　ISBN：7-5325-1841-8
定价：CNY37.80
（四库艺术丛书）
　　本书外七种包括：《石刻铺叙》《法帖谱系》
《兰亭考》《兰亭续考》《宝刻丛编》《舆地碑记
目》《宝刻类编》。据文渊阁本《四库全书》影印。

J0096118
历代帝王法帖释文考略　（十卷）（明）顾从
义撰
顾从义［自］明　刻本
　　分二册。九行十九字白口左右双边。

J0096119
历代帝王法帖释文考异　（十卷）（明）顾从
义撰
顾从义［自］明　刻本
　　分四册。九行十九字白口左右双边。

J0096120
历代帝王法帖释文考异　（十卷）（明）顾从
义撰
顾从义［自］明　刻本
　　分二册。九行十九字白口左右双边。

J0096121
历代帝王法帖释文考异　（十卷）（明）顾从
义撰；（明）吴之芳辑
明　自刻本

J0096122
历代帝王法帖释文考异 （十卷）
（明）顾从义撰
明　抄本
　　分四册。九行十九字蓝格白口左右双边。

J0096123
历代帝王法帖释文考异 （十卷）（明）顾从
义撰；（明）吴之芳辑
香雪斋　明　刻本

J0096124
历代帝王法帖释文考异 （十卷）（明）顾从
义撰；（明）吴之芳辑
明崇祯　刻本

J0096125
历代帝王法帖释文考异 （十卷）（明）顾从
义撰；（明）吴之芳辑
清　抄本

J0096126
群公帖跋 （一卷）（宋）桑世昌辑
明　抄本
　　本书由《兰亭考十二卷》《群公帖跋一卷》
（宋）桑世昌辑合订。辑者桑世昌，字泽卿，江苏
扬州人。辑有《兰亭考》《回文类聚》《天台续集
别编》等。

J0096127
群公帖跋 （一卷）（宋）桑世昌辑
明　刻本
　　本书由《兰亭考十二卷》《群公帖跋一卷》
（宋）桑世昌辑合订。

J0096128
群公帖跋 （一卷）（宋）桑世昌辑
清　抄本
　　本书由《兰亭考十二卷》《群公帖跋一卷》
（宋）桑世昌辑合订。

J0096129
山谷题跋 （四卷）（宋）黄庭坚撰
明　刻本
（苏黄风流小品）

作者黄庭坚（1045—1105），北宋文学家、书
法家。字鲁直，号山谷道人。江西省九江人。代
表作品有《松风阁诗帖》《诸上座帖》，著有《山
谷集》《山谷词》《论古人书》等。

J0096130
山谷题跋 （四卷）（宋）黄庭坚撰
明　刻本
（苏黄题跋尺牍合刻）

J0096131
山谷题跋 （九卷）（宋）黄庭坚撰
毛氏汲古阁　明崇祯　刻本
（津逮秘书）
　　八行十八字白口四周单边。收于《津逮秘书》
十五集一百五十二种七百四十八卷第十二中。

J0096132
山谷题跋 （九卷）（宋）黄庭坚撰
毛氏汲古阁　明崇祯　刻本
（津逮秘书）
　　收于《津逮秘书》十五集一百四十六种
七百四十八卷第十二集中。

J0096133
山谷题跋 （九卷）（宋）黄庭坚撰
采隐山居　明崇祯十五年［1642］刻本
（增定汉魏六朝别解）

J0096134
山谷题跋 （三卷）（宋）黄庭坚撰；（清）温一
贞辑
又赏斋　清乾隆五十年［1785］刻本

J0096135
山谷题跋 （四卷）（宋）黄庭坚撰
浦江周氏　清道光　刻本
（纷欣阁丛书）

J0096136
山谷题跋 （三卷）（宋）黄庭坚撰；（清）温一
贞辑
清同治十一年［1872］刻本

J0096137

山谷题跋　（九卷）（宋）黄庭坚撰
上海　博古斋　民国十一年［1922］影印本
（津逮秘书）

　　据明崇祯毛氏汲古阁刻本影印。

J0096138

山谷题跋　（宋）黄庭坚撰；（清）徐嘉霖书
民国　影印本　线装

　　分二册。

J0096139

绛帖释文　（二卷）（宋）曾槃撰
明　抄本

J0096140

铁网珊瑚书法　（八卷）（明）朱存理辑
明　抄本

　　明传抄朱存理稿本。清归兆筬跋。本书由《铁网珊瑚书法八卷》《画品五卷》《石刻一卷》（明）朱存理辑合订。辑者朱存理（1444—1513），明代藏书家、学者、鉴赏家。字性甫，又字性之，号野航，长洲（今江苏苏州）人。纂辑有《经子钩元》《吴郡献征录》《名物寓言》《野航漫录》《鹤岑随笔》《铁网珊瑚》《楼居杂著》《经孝录》等。

J0096141

铁网珊瑚书法　（八卷）（明）朱存理辑
朱存理［自刊］明　抄本

　　据朱存理稿本传抄。明清归兆筬跋。

J0096142

铁网珊瑚书法　（八卷）（明）朱存理辑
清　抄本

　　本书有张寿镛跋。

J0096143

铁网珊瑚书品　（十卷）（明）朱存理辑
明　抄本

J0096144

铁网珊瑚书品　（十卷）（明）朱存理辑
明　抄本

　　本书由《铁网珊瑚书品十卷》《铁网珊瑚画品六卷》（明）朱存理辑合订。

J0096145

铁网珊瑚书品　（十卷）（明）朱存理辑
释就堂　清　抄本

J0096146

铁网珊瑚书品　（十卷）（明）朱存理辑
释就堂　清　抄本

　　本书由《铁网珊瑚书品十卷》《铁网珊瑚画品六卷》（明）朱存理辑合订。

J0096147

铁网珊瑚书品　（十六卷）（明）朱存理辑
释就堂　清　抄本

　　十行二十四字无格。

J0096148

铁网珊瑚书品　（十卷）（明）朱存理辑
欣赏斋　清　刻本

　　本书由《铁网珊瑚书品十卷》《铁网珊瑚画品六卷》（明）朱存理辑合订。

J0096149

铁网珊瑚书品　（八卷）（明）朱存理辑
清　抄本

　　张寿镛跋。本书由《铁网珊瑚书品八卷》《铁网珊瑚画品八卷》（明）朱存理辑合订。

J0096150

铁网珊瑚书品　（十卷）（明）朱存理辑；（清）裕康校
清　抄本

　　清裕康跋。本书由《铁网珊瑚书品十卷》《画品四卷》（明）朱存理辑合订。

J0096151

铁网珊瑚书品　（十卷）（明）朱存理辑
清　抄本

　　本书由《铁网珊瑚书品十卷》《铁网珊瑚画品四卷》（明）朱存理辑合订。　有裕康校并跋。十行二十一字无格。

J0096152

铁网珊瑚书品　（十卷）（明）朱存理辑
清　刻本

　　本书由《铁网珊瑚书品十卷》《铁网珊瑚画

品六卷》(明)朱存理辑合订。

J0096153
铁网珊瑚书品　（十卷）(明)朱存理辑
清 抄本
　　本书由《铁网珊瑚书品十卷》《铁网珊瑚画品六卷》(明)朱存理辑合订。

J0096154
铁网珊瑚书品　（十卷）(明)朱存理辑
清 抄本
　　清章绶衡跋。本书由《铁网珊瑚书品十卷》《铁网珊瑚画品六卷附补遗一卷》(明)朱存理辑合订。

J0096155
铁网珊瑚书品　（十卷）(明)朱存理辑
清 抄本

J0096156
铁网珊瑚书品　（十卷）(明)朱存理辑
曹志仁 清康熙四十五年［1706］抄本
　　本书有清王闻远校并跋。

J0096157
铁网珊瑚书品　（十卷）(明)朱存理辑；(清)王闻远校
曹志仁 清康熙四十五年［1706］抄本
　　本书有清王闻远校跋。本书由《铁网珊瑚书品十卷》《铁网珊瑚画品六卷》(明)朱存理辑合订。

J0096158
铁网珊瑚书品　（十卷）(明)朱存理辑
年希尧澄鉴堂 清雍正六年［1728］刻本
　　本书有清张宗泰校并跋。

J0096159
铁网珊瑚书品　（十卷）(明)朱存理辑；张宗泰批校
年希尧澄鉴堂 清雍正六年［1728］刻本
　　本书有张宗泰跋。本书由《铁网珊瑚书品十卷》《铁网珊瑚画品六卷》(明)朱存理辑合订。分八册。十行二十一字白口左右双边。

J0096160
铁网珊瑚书品　（十卷）(明)朱存理辑
年希尧澄鉴堂 清雍正六年［1728］刻本
　　本书由《铁网珊瑚书品十卷》《铁网珊瑚画品六卷》(明)朱存理辑合订。

J0096161
铁网珊瑚书品　（十卷）(明)朱存理辑
内府 清乾隆 抄本

J0096162
铁网珊瑚书品　（十卷）(明)朱存理辑
内府 清乾隆 抄本
　　本书由《铁网珊瑚书品十卷》《铁网珊瑚画品六卷》(明)朱存理辑合订。

J0096163
新刻古今碑帖考　（一卷）(明)朱晨辑
明 刻本

J0096164
新刻古今碑帖考　（一卷）(宋)朱长文撰
明万历 刻本
（格致丛书）
　　作者朱长文（1039—1098），北宋书学理论家。字伯原，号乐圃、潜溪隐夫，苏州吴县人(今属江苏苏州)。元祐中（1086—1094），所编著《墨池编》《续书断》等。

J0096165
新刻古今碑帖考　（一卷）(明)朱晨辑
清 抄本

J0096166
陆学士题跋　（二卷）(明)陆树声撰
明万历 刻本
（陆学士杂著）

J0096167
宛丘题跋　（一卷）(宋)张耒撰
明末至清初 增刻本 线装
（津逮秘书）
　　明崇祯毛氏汲古阁刻明末至清初增刻本。九行十九字小字双行同白口左右双边。收于《津逮秘书》第十二集中。

J0096168

宛丘题跋　（一卷）（宋）张耒撰
毛氏汲古阁　明崇祯　刻本
（津逮秘书）

　　收于《津逮秘书》十五集一百四十六种
七百四十八卷第十二集中。

J0096169

宛丘题跋　（一卷）（宋）张耒撰
汲古阁　清　刻本　重印　线装
（毛氏汇编）

　　八行十九字白口左右双边。

J0096170

历代帝王法帖释文　（十卷）（宋）刘次庄撰
明天启七年［1627］刻本

J0096171

历代帝王法帖释文　（十卷）（宋）刘次庄撰
清　抄本

　　（清）朱琰、（清）丁丙跋。

J0096172

历代帝王法帖释文　（十卷）（宋）刘次庄撰
刘位坦家　清嘉庆二十五年［1820］抄本

　　有清刘位坦跋。

J0096173

东观余论　（二卷　附录一卷）（宋）黄伯思撰
毛氏汲古阁　明崇祯　刻本
（津逮秘书）

　　八行十八字白口四周单边。收于《津逮秘书》
十五集一百五十二种七百四十八卷第六中。作
者黄伯思（1079—1118），北宋书画家、书学理论
家。邵武（今属福建）人。字长睿，别字霄宾，号
云林子，黄履孙。元符三年（1100年）进士，官
至秘书郎。著有《法帖刊误》《东观余论》《博古
图说》等。

J0096174

东观余论　（二卷）（宋）黄伯思撰
虞山张氏照旷阁　清　刻本　线装

　　分四册。九行二十一字黑口左右双边。

J0096175

东观余论　（二卷　附录一卷）（宋）黄伯思撰
张氏照旷阁　清嘉庆十年［1805］刻本
（学津讨原）

　　收于《学津讨原》二十集一百七十三种
一千五十一卷第十三集中。

J0096176

东观余论　（宋）黄伯思撰
北京　中华书局　1991年　2册（113页）
19cm（小32开）ISBN：7-101-00894-1
（丛书集成初编　1594-1595）

J0096177

放翁题跋　（六卷）（宋）陆游撰
毛氏汲古阁　明崇祯　刻本
（津逮秘书）

　　收于《津逮秘书》十五集一百四十六种
七百四十八卷第十二集中。

J0096178

放翁题跋　（六卷）（宋）陆游撰
明崇祯　刻本
（津逮秘书）

J0096179

放翁题跋　（六卷）（宋）陆游撰
仁和葛氏　清光绪二至七年［1876-1881］刻本
巾箱
（啸园丛书）

J0096180

放翁题跋　（六卷）（宋）陆游撰
上海　博古斋　民国十一年［1922］影印本
（津逮秘书）

　　据明崇祯毛氏汲古阁刻本影印。

J0096181

广川书跋　（十卷）（宋）董逌撰
毛氏汲古阁　明崇祯　刻本
（津逮秘书）

　　收于《津逮秘书》十五集一百四十六种
七百四十八卷第六集中。作者董逌，生卒年不详。
北宋艺术鉴赏评论家。东平（今山东东平县）人。
字彦远。北宋政和（1111—1117年）年间官徽猷

阁待制。以精于鉴赏考据擅名。著有《广川藏书志》《广川诗故》《广川书跋》《广川画跋》。

J0096182
海岳题跋 （一卷）（宋）米芾撰
毛氏汲古阁 明崇祯 刻本
（津逮秘书）

　　作者米芾(1051—1107)，北宋书法家、画家、书画理论家。祖籍太原，出生于湖北襄阳，长期居润州(今江苏镇江)。初名黻，后改芾，字元章，号襄阳居士、海岳山人等。书画自成一家，枯木竹石，山水画独具风格特点。在书法也颇有造诣，擅篆、隶、楷、行、草等书体，长于临摹古人书法。代表作品有《宝晋英光集》《宝章待访录》《书史》《画史》《砚史》。

J0096183
海岳题跋 （一卷）（宋）米芾撰
毛氏汲古阁 明崇祯 刻本
（津逮秘书）

　　收于《津逮秘书》十五集一百四十六种七百四十八卷第十三集中。

J0096184
海岳题跋 （一卷）（宋）米芾撰
毛氏汲古阁 明崇祯 刻本
（津逮秘书）

　　八行十八字白口四周单边。收于《津逮秘书》十五集一百五十二种七百四十八卷第十三中。

J0096185
海岳题跋 （一卷）（宋）米芾撰
民国 刻本 影印

J0096186
鹤山题跋 （七卷）（宋）魏了翁撰
毛氏汲古阁 明崇祯 刻本
（津逮秘书）

　　八行十八字白口四周单边。收于《津逮秘书》十五集一百五十二种七百四十八卷第十二中。

J0096187
鹤山题跋 （七卷）（宋）魏了翁撰
上海 博古斋 民国十一年［1922］影印本
（津逮秘书）

据明崇祯毛氏汲古阁刻本影印。

J0096188
后村题跋 （四卷）（宋）刘克庄撰
毛氏汲古阁 明崇祯 刻本
（津逮秘书）

　　八行十八字白口四周单边。收于《津逮秘书》十五集一百五十二种七百四十八卷第十三中。

J0096189
后村题跋 （四卷）（宋）刘克庄撰
上海 博古斋 民国十一年［1922］影印本
（津逮秘书）

　　据明崇祯毛氏汲古阁刻本影印。

J0096190
淮海题跋 （一卷）（宋）秦观撰
毛氏汲古阁 明崇祯 刻本
（津逮秘书）

　　收于《津逮秘书》十五集一百四十六种七百四十八卷第十二集中。

J0096191
淮海题跋 （一卷）（宋）秦观撰
清初汇印 刻本
（津逮秘书）

　　明崇祯毛氏汲古阁刻清初汇印本。

J0096192
淮海题跋 （一卷）（宋）秦观撰
上海 博古斋 民国十一年［1922］影印本
（津逮秘书）

　　据明崇祯毛氏汲古阁刻本影印。

J0096193
晦庵题跋 （三卷）（宋）朱熹撰
毛氏汲古阁 明崇祯 刻本
（津逮秘书）

　　八行十八字白口四周单边。收于《津逮秘书》十五集一百五十二种七百四十八卷第十三中。作者朱熹(1130—1200)，哲学家、教育家、文学家。字元晦、仲晦，号晦庵、晦翁、考亭先生、云谷老人、沧洲病叟、遯翁等。徽州婺源(今属江西)人，生于南剑州尤溪(今属福建)。著有《四书章句集注》《太极图说解》《通书解说》《楚辞集注》等。

J0096194
晦庵题跋　（三卷）（宋）朱熹撰
毛氏汲古阁　明崇祯　刻本
（津逮秘书）
　　　收于《津逮秘书》十五集一百四十六种
七百四十八卷第十三集中。

J0096195
晦庵题跋　（三卷）（宋）朱熹撰
清初汇印　刻本
（津逮秘书）
　　　明崇祯毛氏汲古阁刻清初汇印本。

J0096196
晦庵题跋　（三卷）（宋）朱熹撰
上海　博古斋　民国十一年［1922］影印本
（津逮秘书）
　　　据明崇祯毛氏汲古阁刻本影印。

J0096197
六一题跋　（十一卷）（宋）欧阳修撰
毛氏汲古阁　明崇祯　刻本
（津逮秘书）
　　　八行十八字白口四周单边。收于《津逮秘书》
十五集一百五十二种七百四十八卷第十三中。
　　　作者欧阳修（1007—1072），北宋政治家、文
学家。字永叔，号醉翁，晚号六一居士，吉州永
丰（今属江西）人。仁宗天圣八年进士。著有《欧
阳文忠公全集》《欧阳文忠公集》《新唐书》《新
五代史》等。

J0096198
六一题跋　（十一卷）（宋）欧阳修撰
毛氏汲古阁　明崇祯　刻本
（津逮秘书）
　　　收于《津逮秘书》十五集一百四十六种
七百四十八卷第十三集中。

J0096199
六一题跋　（十一卷）（宋）欧阳修撰
民国　刻本　影印
　　　本书据明崇祯刻津逮秘书本影印。

J0096200
容斋题跋　（二卷）（宋）洪迈撰
毛氏汲古阁　明崇祯　刻本
（津逮秘书）
　　　八行十八字白口四周单边。收于《津逮秘书》
十五集一百五十二种七百四十八卷第十三中。

J0096201
容斋题跋　（二卷）（宋）洪迈撰
毛氏汲古阁　明崇祯　刻本
（津逮秘书）
　　　收于《津逮秘书》十五集一百四十六种
七百四十八卷第十三集中。

J0096202
石门题跋　（二卷）（宋）释德洪撰
毛氏汲古阁　明崇祯　刻本
（津逮秘书）
　　　收于《津逮秘书》十五集一百四十六种
七百四十八卷第十二集中。

J0096203
石门题跋　（三卷）（宋）释德洪撰
清初汇印　刻本
（津逮秘书）
　　　明崇祯毛氏汲古阁刻清初汇印本。

J0096204
石门题跋　（三卷）（宋）释德洪撰
上海　博古斋　民国十一年［1922］影印本
（津逮秘书）
　　　据明崇祯毛氏汲古阁刻本影印。

J0096205
水心题跋　（一卷）（宋）叶适撰
毛氏汲古阁　明崇祯　刻本
（津逮秘书）
　　　收于《津逮秘书》十五集一百四十六种
七百四十八卷第十三集中。

J0096206
水心题跋　（一卷）（宋）叶适撰
上海　博古斋　民国十一年［1922］影印本
（津逮秘书）
　　　据明崇祯毛氏汲古阁刻本影印。

J0096207
魏公题跋　（一卷）（宋）苏颂撰
毛氏汲古阁　明崇祯　刻本
（津逮秘书）
　　八行十八字白口四周单边。收于《津逮秘书》
十五集一百五十二种七百四十八卷第十三中。

J0096208
魏公题跋　（一卷）（宋）苏颂撰
毛氏汲古阁　明崇祯　刻本
（津逮秘书）
　　收于《津逮秘书》十五集一百四十六种
七百四十八卷第十三集中。

J0096209
魏公题跋　（一卷）（宋）苏颂撰
清初汇印　刻本
（津逮秘书）
　　明崇祯毛氏汲古阁刻清初汇印本。

J0096210
魏公题跋　（一卷）（宋）苏颂撰
上海　博古斋　民国十一年［1922］影印本
（津逮秘书）
　　据明崇祯毛氏汲古阁刻本影印。

J0096211
无咎题跋　（一卷）（宋）晁补之撰
毛氏汲古阁　明崇祯　刻本
（津逮秘书）
　　收于《津逮秘书》十五集一百四十六种
七百四十八卷第十二集中。

J0096212
无咎题跋　（一卷）（宋）晁补之撰
清初汇印　刻本
（津逮秘书）
　　明崇祯毛氏汲古阁刻清初汇印本。

J0096213
无咎题跋　（一卷）（宋）晁补之撰
上海　博古斋　民国十一年［1922］影印本
（津逮秘书）
　　据明崇祯毛氏汲古阁刻本影印。

J0096214
益公题跋　（十二卷）（宋）周必大撰
毛氏汲古阁　明崇祯　刻本
（津逮秘书）
　　八行十八字白口四周单边。收于《津逮秘书》
十五集一百五十二种七百四十八卷第十三中。

J0096215
益公题跋　（十二卷）（宋）周必大撰
上海　博古斋　民国十一年［1922］影印本
（津逮秘书）
　　据明崇祯毛氏汲古阁刻本影印。

J0096216
元丰题跋　（一卷）（宋）曾巩撰
毛氏汲古阁　明崇祯　刻本
（津逮秘书）
　　八行十八字白口四周单边。收于《津逮秘书》
十五集一百五十二种七百四十八卷第十三中。

J0096217
元丰题跋　（一卷）（宋）曾巩撰
毛氏汲古阁　明崇祯　刻本
（津逮秘书）
　　收于《津逮秘书》十五集一百四十六种
七百四十八卷第十三集中。

J0096218
元丰题跋　（一卷）（宋）曾巩撰
清初汇印　刻本
（津逮秘书）
　　明崇祯毛氏汲古阁刻清初汇印本。

J0096219
元丰题跋　（一卷）（宋）曾巩撰
上海　博古斋　民国十一年［1922］影印本
（津逮秘书）
　　据明崇祯毛氏汲古阁刻本影印。

J0096220
止斋题跋　（二卷）（宋）陈傅良撰
毛氏汲古阁　明崇祯　刻本
（津逮秘书）
　　收于《津逮秘书》十五集一百四十六种
七百四十八卷第十三集中。

J0096221

止斋题跋　（二卷）（宋）陈傅良撰
上海　博古斋　民国十一年［1922］影印本
（津逮秘书）
　　据明崇祯毛氏汲古阁刻本影印。

J0096222

跋所藏法帖　（二卷）（清）杨汝谐撰
［清］稿本
（柳汀杂著）

J0096223

北碑南帖论　（一卷）（清）阮元撰
清　刻本
　　作者阮元（1764—1849），清代著名学者。字
伯元，号芸台、雷塘庵主，晚号怡性老人。江苏
仪征人。在经史、数学、天算、舆地、编纂、金石、
校勘等方面都有造诣，代表作品有《经籍籑诂》
《畴人传》《小沧浪笔谈》《耄年自述卷》等。

J0096224

北碑南帖论　（一卷）（清）阮元撰
清　刻本
　　本书由《南北书派论一卷》《北碑南帖论一
卷》（清）阮元撰、《汉氾胜之遗书一卷》（汉）氾
胜之撰；（清）宋葆淳辑合订。

J0096225

北碑南帖论　（一卷）（清）阮元撰
清　抄本
　　本书由《南北书派论一卷》《北碑南帖论一
卷》（清）阮元撰、《汉泛胜之遗书一卷》（汉）泛
胜之撰；（清）宋葆淳辑合订。

J0096226

北碑南帖论　（一卷）（清）阮元撰
清嘉庆二十四年［1819］刻本
　　本书由《南北书派论一卷》《北碑南帖论一
卷》（清）阮元撰、《汉氾胜之遗书一卷》（汉）氾
胜之撰；（清）宋葆淳辑合订。作者阮元（1764—
1849），清代著名学者。字伯元，号芸台、雷塘庵
主，晚号怡性老人。江苏仪征人。在经史、数学、
天算、舆地、编纂、金石、校勘等方面都有造诣，
代表作品有《经籍籑诂》《畴人传》《小沧浪笔谈》
《耄年自述卷》等。

J0096227

淳化阁法帖释文　（十卷）（清）徐朝弼撰
西安　会古堂　清　刻本
　　本书又名：淳化阁释文。

J0096228

淳化阁法帖释文　（十卷）（清）徐朝弼撰
西安　积庆堂张氏　清　刻本
　　本书又名：淳化阁释文。

J0096229

淳化阁法帖释文　（十卷）（清）徐朝弼撰
清　抄本
　　本书又名：淳化阁释文。

J0096230

淳化阁法帖释文　（十卷）（清）徐朝弼撰
清　刻本
　　本书又名：淳化阁释文。

J0096231

淳化阁法帖释文　（十卷）（清）徐朝弼撰
清嘉庆　刻本

J0096232

淳化阁释文　（十卷）（清）徐朝弼集释
清嘉庆　刻本　线装
　　九行二十四字小字双行同白口四周双边单
鱼尾。

J0096233

淳化阁法帖释文　（十卷）（清）徐朝弼集释
西安　会古堂　清嘉庆十七年［1812］刻本　线装
　　九行二十四字小字双行同白口四周双边单
鱼尾。

J0096234

淳化阁帖跋　（一卷）（清）沈兰先撰
吴江沈氏世楷堂　清末　刻本　重印　线装
（昭代丛书）
　　九行二十字白口左右双边单鱼尾。收于《昭
代丛书》别编辛集中。

J0096235

淳化阁帖跋　（一卷）（清）沈兰先撰

吴江沈氏世楷堂 清光绪 刻本 重印 线装
（昭代丛书）

　　九行二十字小字双行同白口左右双边单鱼
尾。收于《昭代丛书》辛集中。

J0096236

淳化阁帖跋 （一卷）（清）沈兰先撰
吴江沈廷镛 民国八年［1919］重修本 线装
（昭代丛书）

　　清道光吴江沈氏世楷堂刻民国八年吴江沈
廷镛重修本。收于《昭代丛书》辛集别编中。

J0096237

淳化阁帖考释 （十卷 叙说一卷 附录四卷）
（清）程穆衡撰
清 抄本

J0096238

淳化阁帖释文 （十卷）（清）朱家标辑
清 抄本
　　苏峨校注。

J0096239

淳化阁帖释文 （十卷）（清）朱家标辑
龙潭朱氏绸锦堂 清康熙二十二年［1683］刻本

J0096240

淳化阁帖释文 （二卷）（清）沈宗骞校定
清乾隆 刻本

　　作者沈宗骞，清代画家、鉴赏家。字熙远，
号芥舟，浙江乌程（今浙江湖州市）人。著有《芥
舟学画编》。

J0096241

淳化阁帖释文 （二卷）（清）沈宗骞校定
冰壶阁 清乾隆三十三年［1768］刻本

J0096242

淳化阁帖释文 （二卷）（清）王澍撰；（清）沈
宗骞校定
冰壶阁 清乾隆三十三年［1768］刻本

　　本书由《淳化秘阁法帖考正十卷附二卷》
（清）王澍撰、《淳化阁帖释文二卷》（清）沈宗骞
校定合订。作者王澍（1668—1722），清代书法家。
江苏金坛人。字若霖，又字箬林，号虚舟、竹云、

良常山人。自署二泉寓客，别号竹云。康熙壬辰
进士，官至吏部员外郎。以书名世，善楷书、行
书。晚年精于鉴定古碑刻。著有《淳化阁帖考正》
《古今法帖考》《竹云题跋》《虚舟题跋》等。

J0096243

淳化阁帖释文 （二卷）（清）沈宗骞校定
兰言轩 清乾隆三十三年［1768］刻本

　　本书由《淳化秘阁法帖考正十卷附二卷》
（清）王澍撰、《淳化阁帖释文二卷》（清）沈宗骞
校定合订。分四册。有清翁同龢录，姚鼐批注。
九行十八字白口左右双边。

J0096244

淳化阁帖释文 （二卷）（清）沈宗骞校定
兰言斋 清乾隆三十三年［1768］刻本

J0096245

淳化阁帖释文 （二卷）（清）王澍撰；（清）沈
宗骞校定
兰言斋 清乾隆三十三年［1768］刻本

　　本书由《淳化秘阁法帖考正十卷附二卷》
（清）王澍撰、《淳化阁帖释文二卷》（清）沈宗骞
校定合订。

J0096246

淳化阁帖释文 （二卷）（清）王澍撰；（清）沈
宗骞校定
清乾隆三十三年至道光二十八年［1768-1848］
印本

　　本书由《淳化秘阁法帖考正十卷附二卷》
（清）王澍撰、《淳化阁帖释文二卷》（清）沈宗骞
校定合订。

J0096247

淳化阁帖释文 （十卷）（清）朱家标辑
山阴韩品章 清乾隆四十九年［1784］抄本

J0096248

淳化阁帖释文 （二卷）（清）沈宗骞校定
海虞俞氏蕴玉山房 清道光二十八年［1848］刻本

J0096249

淳化阁帖释文 （十卷）（清）邓师韩书
官文敦教堂 清同治四年［1865］刻本

J0096250

淳化阁帖释文　（十卷）（清）朱家标辑

周达权　清同治八年［1869］抄本

　　清周达权题识。

J0096251

淳化阁帖释文　（清）撰人不详

上海　商务印书馆　1937年　2册（141页）

18cm（15开）

（丛书集成初编　1619–1920）

　　本书为中国古代法帖，共十卷，据聚珍版丛
书本排印。

J0096252

淳化阁帖释文　（一）（清）撰人不详

北京　中华书局　1985年　新1版　70页　18cm（15开）

统一书号：17018.151

（丛书集成初编）

J0096253

淳化阁帖释文　（二）（清）撰人不详

北京　中华书局　1985年　新1版　71–141页

18cm（15开）统一书号：17018.151

（丛书集成初编）

J0096254

淳化阁帖释文集释　（十卷）（清）徐朝弼撰

清嘉庆十七年［1812］刻本

J0096255

淳化秘阁法帖汇考　（四卷）（清）鲍友恪撰

清　抄本

J0096256

淳化秘阁法帖考正　（十卷　附二卷）（清）王
澍撰

秋水藕花居　清　刻本

J0096257

淳化秘阁法帖考正　（十卷　附二卷）（清）王
澍撰

秋水藕花居　清　刻本

　　分六册。十行十八字白口左右双边。

J0096258

淳化秘阁法帖考正　（十卷　附二卷）（清）王
澍撰

诗鼎斋　清雍正　刻本

J0096259

淳化秘阁法帖考正　（十二卷）（清）王澍撰

内府　清乾隆　写本

（四库全书）

J0096260

淳化秘阁法帖考正　（十卷　附二卷）（清）王
澍撰

冰壶阁　清乾隆三十三年［1768］刻本

　　本书由《淳化秘阁法帖考正十卷附二卷》
（清）王澍撰、《淳化阁帖释文二卷》（清）沈宗骞
校定合订。

J0096261

淳化秘阁法帖考正　（十卷　附二卷）（清）王
澍撰

兰言轩　清乾隆三十三年［1768］刻本

　　本书由《淳化秘阁法帖考正十卷附二卷》
（清）王澍撰、《淳化阁帖释文二卷》（清）沈宗骞
校定合订。有清翁同龢录，姚鼐批注。九行十八
字白口左右双边。

J0096262

淳化秘阁法帖考正　（十卷　附二卷）（清）王
澍撰

兰言斋　清乾隆三十三年［1768］刻本

　　本书由《淳化秘阁法帖考正十卷附二卷》
（清）王澍撰、《淳化阁帖释文二卷》（清）沈宗骞
校定合订。

J0096263

淳化秘阁法帖考正　（十卷　附二卷）（清）王
澍撰

清乾隆三十三年至道光二十八年［1768–1848］
印本

　　本书由《淳化秘阁法帖考正十卷附二卷》
（清）王澍撰、《淳化阁帖释文二卷》（清）沈宗骞
校定合订。

J0096264
淳化秘阁法帖考正 （十二卷　释文二卷　附二卷）（清）王澍撰
海虞蕴玉山房　清道光二十八年［1848］刻本

J0096265
淳化秘阁法帖考正 （十二卷）（清）王澍撰
常熟鲍氏　清同治至光绪　刻本
（后知不足斋丛书）

J0096266
淳化秘阁法帖考正 （十二卷）（清）王澍撰
上海　商务印书馆　民国二十四年［1935］影印本　20cm（32开）线装　定价：国币二元
（四部丛刊）

　　分一函四册。半叶十行十八字白口上单鱼尾上下单边左右双边。收于《四部丛刊》三编史部中。

J0096267
淳化秘阁法帖考正 （十二卷）（清）王澍撰
台北　商务印书馆　1983年　影印本
（景印文渊阁四库全书　史部　四四二　第684册）

J0096268
淳化秘阁法帖考正 （卷一至卷十二）（清）王澍撰
上海　上海书店　1985年　影印本　19cm（32开）精装
（四部丛刊三编　史部　31）
　　据商务印书馆1935版重印。

J0096269
淳化帖释文 （十卷）题吴之芳辑；题郭逸辑
清　抄本
（书家要览）

J0096270
淳化帖释文 （十卷）（清）罗森，（清）孙际昌订
清康熙八年［1669］刻本

J0096271
淳化帖释文 （十卷）（明）黄道周撰
任以治家　清嘉庆十年［1805］抄本

　　本书有清任以治跋。作者黄道周（1585—1646），明代书法家。初名螭若，字玄度，更字幼平、号石斋等。福建漳浦铜山人。代表作品有《儒行集传》《石斋集》《易象正义》《春秋揆》《孝经集传》等。

J0096272
淳化帖释文 （十卷）徐朝弼集释
清嘉庆十七年［1812］刻本　25cm（小16开）线装
　　分一函一册。半叶九行二十字小字双行白口上双鱼尾四周双边。

J0096273
大瓢所论碑帖纂列总目备览 （一卷）（清）杨宾撰；（清）杨霈辑
清　抄本
　　本书由《大瓢偶笔八卷》《铁函斋书跋四卷》《大瓢所论碑帖纂列总目备览一卷》（清）杨宾撰；（清）杨霈辑合订。作者杨宾（1650—1720），字可师，号大瓢、耕夫。山阴（今浙江绍兴）人。代表作品有《柳边纪略》《塞外诗》《大瓢偶笔》《杂文》《力耕堂诗稿》等。

J0096274
大瓢所论碑帖纂列总目备览 （一卷）（清）杨宾撰；（清）杨霈辑
铁岭杨霈粤东粮道署　清道光二十七年［1847］刻本
　　本书由《大瓢偶笔八卷》《铁函斋书跋四卷》《大瓢所论碑帖纂列总目备览一卷》（清）杨宾撰；（清）杨霈辑合订。

J0096275
大瓢所论碑帖纂列总目备览 （一卷）（清）杨宾撰；（清）杨霈辑
粤东粮道署　清道光二十七年［1847］刻本
　　本书由《大瓢所论碑帖纂列总目备览一卷》《大瓢偶笔四卷》（清）杨宾撰；（清）杨霈辑合订。

J0096276
凤墅残帖释文 （八卷）（清）姚衡撰，（清）姚晏撰
赵氏非昔轩　清　抄本
　　本书有清赵宗建校并跋。

J0096277
凤墅残帖释文 （二卷）
清　抄本
　　十一行二十一字黑格白口四周双边。

J0096278
凤墅残帖释文 （二卷）（清）钱大昕撰
历城周氏竹西书屋　清乾隆五十四年［1789］刻本
（贷园丛书初集）
　　作者钱大昕（1728—1804），史学家、考据学家。江苏嘉定（今属上海）人。字及之，一字晓征，号辛楣，又号竹汀。乾隆十九年进士。历任翰林院编修、提督广东学政等。著有《唐石经考异》《经典文字考异》《声类》《廿二史考异》等。

J0096279
凤墅残帖释文 （二卷）（清）钱大昕撰
姚觐元咫进斋　清光绪　刻本

J0096280
凤墅残帖释文 （清）钱大昕著
北京　中华书局　1985 年　新 1 版　13+39+45 页
18cm（15 开）统一书号：17018.151
（丛书集成初编）
　　本书由《法帖谱系》（宋）曹士冕撰、《石刻铺叙》（宋）曾宏父纂述、《凤墅残帖释文》（清）钱大昕著合订。

J0096281
阁帖汇考 （十卷）（清）赵亨衢撰
清　刻本

J0096282
阁帖汇考 （十四卷）（清）赵亨衢撰
清　刻本

J0096283
圭美堂札记题跋 （五卷）（清）徐用锡撰；（清）徐康校；（清）潘志万批注
清　抄本
　　本书有清潘志万跋。

J0096284
金溪题跋 （一卷）（清）魏蘗撰
清　稿本

（魏季词先生遗集）
　　分七册。十行字不等无格。收于《魏季词先生遗集十一卷》中。

J0096285
金溪题跋 （一卷）（清）魏蘗撰
建德周氏　民国二十一年［1932］影印本　线装
（邵阳魏先生遗集）

J0096286
晋王大令保母帖题词 （一卷）（清）贝省三辑
［清］稿本

J0096287
历代帝王法帖释文 （十卷）（清）徐朝弼撰
清　刻本

J0096288
历代帝王法帖释文 （十卷）（清）徐朝弼撰
清嘉庆　刻本

J0096289
钦定淳化阁帖释文 （十卷）（清）于敏中等辑
清　刻本

J0096290
钦定淳化阁帖释文 （十卷）（清）于敏中等辑
浙江［清］重刻本
（武英殿聚珍版书）

J0096291
钦定淳化阁帖释文 （十卷）（清）于敏中等辑
江西［清］重刻本
（武英殿聚珍版书）

J0096292
钦定淳化阁帖释文 （十卷）（清）于敏中等辑
广东［清］重刻本
（武英殿聚珍版书）

J0096293
钦定淳化阁帖释文 （十卷）（清）于敏中等辑
福建［清］重刻本
（武英殿聚珍版书）

J0096294

钦定淳化阁帖释文　（十卷）（清）于敏中等辑
内府　清乾隆　写本
（四库全书荟要）

J0096295

钦定淳化阁帖释文　（十卷）（清）于敏中等辑
内府　清乾隆　写本
（四库全书）

J0096296

钦定淳化阁帖释文　（十卷）（清）于敏中等辑
武英殿　清乾隆　木活字印本
（武英殿聚珍版书）

J0096297

钦定淳化阁帖释文　（十卷）（清）于敏中等辑
清乾隆　刻本

J0096298

钦定淳化阁帖释文　（十卷）（清）金简乃等编
台北　世界书局　1986 年　影印本 26cm（16 开）
（景印摛藻堂四库全书荟要　第二百八十四册
子部）

J0096299

钦定重刻淳化阁帖释文　（十卷）
（清）于敏中等校正
台北　商务印书馆　1983 年　影印本
（景印文渊阁四库全书　史部　四四一　第 683 册）

J0096300

珊瑚网法帖题跋　（三卷）（明）汪砢玉辑
清初　抄本

　　本书由《珊瑚网法书题跋不分卷》《珊瑚网
名画题跋不分卷》《珊瑚网法帖题跋三卷》（明）
汪砢玉辑合订。辑者汪砢玉，明代藏画家。一作
珂玉，字玉水，号乐卿，自号乐闲外史，安徽歙
县人。崇祯中官山东盐运使判官。撰有《珊瑚网》。

J0096301

珊瑚网法贴题跋　（三卷）（明）汪砢玉辑
清初　抄本

J0096302

珊瑚网法书题跋　（二十四卷）（明）汪砢玉辑
清　抄本

　　本书由《珊瑚纲法书题跋二十四卷》《珊瑚
纲名画题跋二十四卷附录一卷》（明）汪砢玉辑
合订。　九行二十四字无直格四周单边。

J0096303

珊瑚网法书题跋　（二十四卷）（明）汪砢玉辑
（清）姚晏校
清初　抄本

J0096304

珊瑚网法书题跋　（不分卷）（明）汪砢玉辑
清初　抄本

　　本书由《珊瑚网法书题跋不分卷》《珊瑚网
名画题跋不分卷》《珊瑚网法帖题跋三卷》（明）
汪砢玉辑合订。

J0096305

珊瑚网法书题跋　（不分卷）（明）汪砢玉辑
清初　抄本

　　本书由《珊瑚网法书题跋不分卷》《名画题
跋不分卷》《法贴题跋三卷》（明）汪砢玉辑合订。
分八册。十行二十字黑格细黑口左右双边。

J0096306

珊瑚网法书题跋　（二十四卷）（明）汪砢玉辑
清　抄本

　　本书由《珊瑚网法书题跋二十四卷》《珊瑚
网名画题跋二十四卷》（明）汪砢玉辑合订。

J0096307

珊瑚网法书题跋　（一）（明）汪砢玉撰
［台北］［艺文印书馆］［1959 年］影印本
17+23+16 叶　19cm（32 开）线装
（丛书集成续编）

J0096308

珊瑚网法书题跋　（二）（明）汪砢玉撰
［台北］［艺文印书馆］［1959 年］影印本 22+32 叶
19cm（32 开）线装
（丛书集成续编）

J0096309

珊瑚网法书题跋　（三）（明）汪砢玉撰
［台北］［艺文印书馆］［1959 年］影印本 18+28 叶
19cm（32 开）线装
（丛书集成续编）

J0096310

珊瑚网法书题跋　（四）（明）汪砢玉撰
［台北］［艺文印书馆］［1959 年］影印本 16+23 叶
19cm（32 开）线装
（丛书集成续编）

J0096311

珊瑚网法书题跋　（五）（明）汪砢玉撰
［台北］［艺文印书馆］［1959 年］影印本 32+26 叶
19cm（32 开）线装
（丛书集成续编）

J0096312

珊瑚网法书题跋　（六）（明）汪砢玉撰
［台北］［艺文印书馆］［1959 年］影印本 26+16 叶
19cm（32 开）线装
（丛书集成续编）

J0096313

珊瑚网法书题跋　（七）（明）汪砢玉撰
［台北］［艺文印书馆］［1959 年］影印本 23+21 叶
19cm（32 开）线装
（丛书集成续编）

J0096314

珊瑚网法书题跋　（八）（明）汪砢玉撰
［台北］［艺文印书馆］［1959 年］影印本
17+18+29 叶　19cm（32 开）线装
（丛书集成续编）

J0096315

珊瑚网法书题跋　（九）（明）汪砢玉撰
［台北］［艺文印书馆］［1959 年］影印本 20+22 叶
19cm（32 开）线装
（丛书集成续编）

J0096316

珊瑚网法书题跋　（十）（明）汪砢玉撰
［台北］［艺文印书馆］［1959 年］影印本 26+31 叶

19cm（32 开）线装
（丛书集成续编）

J0096317

珊瑚网法书题跋　（十一）（明）汪砢玉撰
［台北］［艺文印书馆］［1959 年］影印本 57 叶
19cm（32 开）线装
（丛书集成续编）

J0096318

珊瑚网法书题跋　（十二）（明）汪砢玉撰
［台北］［艺文印书馆］［1959 年］影印本 36+30 叶
19cm（32 开）线装
（丛书集成续编）

J0096319

珊瑚网法书题跋　（十三）（明）汪砢玉撰
［台北］［艺文印书馆］［1959 年］影印本 45 叶
19cm（32 开）线装
（丛书集成续编）

J0096320

珊瑚网法书题跋　（十四）（明）汪砢玉撰
［台北］［艺文印书馆］［1959 年］影印本 45 叶
19cm（32 开）线装
（丛书集成续编）

J0096321

石云先生淳化阁帖释文考异　（十卷）（明）
孙桢撰
清　抄本
　　本书由《石云先生淳化阁帖释文考异十卷》
《校定新安十七帖释文音义一卷》（明）孙桢撰合订。

J0096322

石云先生淳化阁帖释文考异　（十卷）（明）
孙桢撰
清　抄本
　　本书由《石云先生淳化阁帖释文考异十卷》
《校定新安十七帖释文音义一卷》（明）孙桢撰合
订。有清何焯批校题识，王萱铃跋。八行十八字
无格。

J0096323

苏斋论碑帖杂文　（不分卷）（清）翁方纲撰

蒋氏别下斋 清 抄本

十一行二十字上白口下黑口。作者翁方纲（1733—1818），清代金石学家、文学家、书法家。字正三，号覃溪，晚号苏斋，北京大兴人，乾隆十七年进士。著有《粤东金石略》《苏米斋兰亭考》《复初斋诗文集》《小石帆亭著录》等。

J0096324
孙过庭书谱跋 （一卷）（清）黄奭撰
清 刻本
（汉学堂知足斋丛书）

J0096325
天际乌云帖卷题跋 （不分卷）口口辑
缪氏藕香簃［清］抄本 黑格

J0096326
帖剩
清 稿本
（瓶庐丛稿）
收于《瓶庐丛稿》二十六种中。

J0096327
铁函斋书跋 （四卷）（清）杨宾撰;（清）杨霈辑
筠石山房 清 抄本
作者杨宾（1650—1720），字可师，号大瓢、耕夫。山阴（今浙江绍兴）人。代表作品有《柳边纪略》《塞外诗》《大瓢偶笔》《杂文》《力耕堂诗稿》等。

J0096328
铁函斋书跋 （四卷）（清）杨宾撰;（清）杨霈辑
筠石山房 清 抄本
本书由《大瓢偶笔八卷》《铁函斋书跋四卷》（清）杨宾撰;（清）杨霈辑合订。

J0096329
铁函斋书跋 （四卷）（清）杨宾撰;（清）杨霈辑
十芝堂 清 刻本

J0096330
铁函斋书跋 （六卷）（清）杨宾撰
清 抄本
有清张蓉镜校并跋。

J0096331
铁函斋书跋 （四卷）（清）杨宾撰;（清）杨霈辑
清 抄本
本书由《大瓢偶笔八卷》《铁函斋书跋四卷》《大瓢所论碑帖纂列总目备览一卷》（清）杨宾撰;（清）杨霈辑合订。

J0096332
铁函斋书跋 （四卷）（清）杨宾撰;（清）杨霈辑
铁岭杨霈粤东粮道署 清道光二十七年［1847］刻本
本书由《大瓢偶笔八卷》《铁函斋书跋四卷》《大瓢所论碑帖纂列总目备览一卷》（清）杨宾撰;（清）杨霈辑合订。

J0096333
铁函斋书跋 （四卷）（清）杨宾撰;（清）杨霈辑
粤东粮道署 清道光二十七年［1847］刻本

J0096334
铁函斋书跋 （六卷）（清）杨宾撰
魏锡曾家 清光绪二年［1876］抄本
有清魏锡曾校跋，清周星诒题识，清庞泽銮跋。

J0096335
铁函斋书跋 （六卷）（清）杨宾撰
俞鸿筹 清光绪十七年［1891］抄本

J0096336
铁函斋书跋 （三卷）（清）杨宾撰
唐醉石 民国五年［1916］抄本

J0096337
铁函斋书跋 （清）杨宾著
北京 中华书局 1985年 新1版 67页 18cm（32开）
统一书号：17018.151
（丛书集成初编）

J0096338
铁函斋书跋补 （一卷）口口辑
清 抄本

J0096339
退庵题跋 （二卷）（清）梁章钜撰

福州梁氏　清　刻本

郑氏小琳琅馆印本。

J0096340
退庵题跋　（一卷）（清）梁章钜撰
［清］稿本

J0096341
退庵题跋　（二卷）（清）梁章钜撰
清乾隆四十年至清末［1775–1911］刻本　线装

分二册。九行二十二字小字双行同白口左
右双边单鱼尾。

J0096342
退庵题跋　（二卷）（清）梁章钜撰
清光绪　刻本

J0096343
汪氏珊瑚网法书题跋　（二十四卷）（明）汪砢
玉辑
经鉏堂　清　抄本

本书由《汪氏珊瑚网法书题跋二十四卷》
《汪氏珊瑚网名画题跋二十四卷》（明）汪砢玉辑
合订。辑者汪砢玉，明代藏画家。一作珂玉，字
玉水，号乐卿，自号乐闲外史，安徽歙县人。崇
祯中官山东盐运使判官。撰有《珊瑚网》。

J0096344
汪氏珊瑚网法书题跋　（二十四卷）（明）汪砢
玉辑；（清）姚晏校
清初　抄本

J0096345
汪氏珊瑚网法书题跋　（二十四卷）（明）汪砢
玉辑
清　抄本

分十二册。十行二十字无格。

J0096346
汪氏珊瑚网法书题跋　（二十四卷）（明）汪砢
玉辑
清　抄本

本书由《汪氏珊瑚网法书题跋二十四卷》
《汪氏珊瑚网名画题跋二十四卷》（明）汪砢玉辑
合订。十行二十字无格。

J0096347
汪氏珊瑚网法书题跋　（二十四卷）（明）汪砢
玉辑
清初　抄本

本书有清姚晏校。由《汪氏珊瑚网法书题
跋二十四卷》《汪氏珊瑚网名画题跋二十四卷》
（明）汪砢玉辑合订。

J0096348
汪氏珊瑚网法书题跋　（二十四卷）（明）汪砢
玉辑
清　抄本

本书由《汪氏珊瑚网法书题跋二十四卷》
《汪氏珊瑚网名画题跋二十四卷》（明）汪砢玉辑
合订。

J0096349
汪氏珊瑚网法书题跋　（二十四卷）（明）汪砢
玉辑
清　抄本

J0096350
汪氏珊瑚网法书题跋　（二十四卷　不分卷）
（明）汪砢玉辑
清初　抄本

J0096351
西山题跋　（三卷）（宋）真德秀撰
清初汇印　刻本
（津逮秘书）

明崇祯毛氏汲古阁刻清初汇印本。

J0096352
闲者轩帖考　（一卷）（清）孙承泽撰
清　抄本

作者孙承泽（1592—1676），文史学家、鉴藏
家。字耳伯，号北海、退谷。原籍山东益都，明
初隶籍上林苑，遂为北京人。明末举进士，后降
清，官至太子太保都察院左都御史。著有《庚子
销夏记》《春明梦余录》《天府广记》等。

J0096353
闲者轩帖考　（一卷）（清）孙承泽撰
鲍廷博，郑竺　清乾隆二十五年至二十六年
［1760–1761］刻本

J0096354
闲者轩帖考 （一卷）（清）孙承泽撰
清乾隆二十六年［1760］刻本

J0096355
闲者轩帖考 （清）孙承泽撰
长塘鲍氏 清乾隆三十七年［1772］刻本 线装
（知不足斋丛书）

　　九行二十一字黑口左右双边。收于《知不足斋丛书》第四集中。

J0096356
闲者轩帖考 （一卷）（清）孙承泽撰
长塘鲍氏 清乾隆三十七年至道光三年［1772-1823］刻本 汇印
（知不足斋丛书）

J0096357
闲者轩帖考 （一卷）（清）孙承泽撰
清同治至光绪 刻本
（榆园丛刻）

J0096358
闲者轩帖考 （一卷）（清）孙承泽撰
顺德邓氏 清宣统 铅印本
（风雨楼丛书）

J0096359
闲者轩帖考 （一卷）（清）孙承泽撰
上海 古书流通处 民国十年［1921］影印本
（知不足斋丛书）

J0096360
校定新安十七帖释文音义 （一卷）（明）孙楫撰
清 抄本

　　本书由《石云先生淳化阁帖释文考异十卷》《校定新安十七帖释文音义一卷》（明）孙楫撰合订。有清何焯批校题识，王萱铃跋。八行十八字无格四周单边。

J0096361
校定新安十七帖释文音义 （一卷）（明）孙楫撰
清 抄本

　　本书由《石云先生淳化阁帖释文考异十卷》《校定新安十七帖释文音义一卷》（明）孙楫撰合订。

J0096362
虚舟题跋 （十卷）（清）王澍撰
杨建闻川易鹤轩 清乾隆三十五年［1770］刻本

　　作者王澍（1668—1722），清代书法家。江苏金坛人。字若霖，又字箬林，号虚舟、竹云、良常山人。自署二泉寓客，别号竹云。康熙壬辰进士，官至吏部员外郎。以书名世，善楷书、行书。晚年精于鉴定古碑刻。著有《淳化阁帖考正》《古今法帖考》《竹云题跋》《虚舟题跋》等。

J0096363
虚舟题跋 （十卷 又三卷）（清）王澍撰
杨建闻川易鹤轩 清乾隆三十五年［1770］刻本

　　分四册。有清翁方纲批校。八行十八字白口左右双边，无直格。

J0096364
虚舟题跋 （十卷 又三卷）（清）王澍撰
杨建闻川易鹤轩 清乾隆三十五至三十九年［1770-1774］刻本
（王箬林先生题跋）

　　冰壶阁印本，收于《王箬林先生题跋十七卷》中。

J0096365
虚舟题跋 （十卷 又三卷）（清）王澍撰
杨建 清乾隆三十九年［1774］刻本 续刻
（王箬林先生题跋）

　　清乾隆三十五年刻三十九年续刻，收于《王箬林先生题跋十七卷》中。

J0096366
虚舟题跋 （十卷 又三卷）（清）王澍撰
杨建闻川易鹤轩 清乾隆三十九年［1774］刻本 续刻

　　据清乾隆三十五年杨建闻川易鹤轩刻本续刻冰壶阁印本。

J0096367
虚舟题跋 （十卷 又三卷）（清）王澍撰
清乾隆三十九年［1774］刻本 续刻 线装

　　清乾隆三十五年杨建闻川易鹤轩刻清乾隆

三十九年续刻,有清翁方纲批校。

J0096368
虚舟题跋　（十卷）（清）王澍撰
温纯墨妙楼　清乾隆五十四年［1789］刻本
　　本书由《虚舟题跋十卷》《竹云题跋四卷》
《虚舟题跋补原三卷》（清）王澍撰合订。

J0096369
虚舟题跋　（十卷）（清）王澍撰
清光绪十年［1884］刻本

J0096370
虚舟题跋补原　（三卷）（清）王澍撰
温纯墨妙楼　清乾隆五十四年［1789］刻本
　　本书由《虚舟题跋十卷》《竹云题跋四卷》
《虚舟题跋补原三卷》（清）王澍撰合订。

J0096371
虚舟题跋节抄　（一卷）（清）王澍撰；（清）翁
方纲辑
清　稿本
　　本书由《虚舟题跋节抄一卷》《竹云题跋节
抄一卷》（清）王澍撰；（清）翁方纲辑合订。

J0096372
虚舟题跋原　（七卷）（清）王澍撰
清乾隆　刻本

J0096373
续语堂题跋　（一卷）（清）魏锡曾撰
［清］稿本
　　本书由《续语堂题跋一卷》《续语堂文存一
卷》（清）魏锡曾撰合订。

J0096374
续语堂题跋　（一卷）（清）魏锡曾撰
清光绪九年［1883］刻本
（魏稼孙先生全集）
　　本书由《续语堂题跋一卷》《续语堂文存一
卷》（清）魏锡曾撰合订。

J0096375
杨忠愍公手札题跋　（一卷）（清）吴骞辑
清　抄本

（书画题跋）
　　作者吴骞（1733—1813），清代藏书家、文学
家。浙江海宁人。字槎客、葵里，号愚谷，别号
兔床、漫叟等。所辑《拜经楼丛书》校勘精审，著
名于世。著有《拜经楼诗集》《拜经楼诗集续编》
《愚谷文存》等。

J0096376
杨忠愍公手札题跋　（一卷）
清　抄本
（书画题跋）
　　收于《书画题跋》五种五卷中。

J0096377
湛园题跋　（一卷）（清）姜宸英撰
清　抄本

J0096378
湛园题跋　（一卷）（清）姜宸英撰
清　抄本
　　本书由《湛园题跋一卷》（清）姜宸英撰　、
《［元丰］吴郡图经续记三卷》（宋）朱长文纂修合
订。有濮自昆批注。九行二十五字无格。

J0096379
湛园题跋　（一卷）（清）姜宸英撰
黄书琳　清乾隆三年［1738］刻本

J0096380
湛园题跋　（一卷）（清）姜宸英撰
黄叔琳　清乾隆三年［1738］刻本
　　有清劳权校并跋。九行二十一字白口四周
双边。

J0096381
湛园题跋　（一卷）（清）姜宸英撰
蒋氏宜年堂　清道光至咸丰　刻本
（涉闻梓旧）
　　收于《涉闻梓旧》二十五种一百十九卷中。

J0096382
竹云题跋　（四卷）（清）王澍撰
内府　清乾隆　写本
（四库全书）
　　作者王澍（1668—1722），清代书法家。江苏

金坛人。字若霖，又字箬林，号虚舟、竹云、良常山人。自署二泉寓客，别号竹云。康熙壬辰进士，官至吏部员外郎。以书名世，善楷书、行书。晚年精于鉴定古碑刻。著有《淳化阁帖考正》《古今法帖考》《竹云题跋》《虚舟题跋》等。

J0096383
竹云题跋 （四卷）（清）王澍撰
钱人龙 清乾隆三十二年［1767］刻本
　　本书由《竹云题跋四卷》（清）王澍撰、《金粟逸人逸事一卷》（清）朱琰撰合订。

J0096384
竹云题跋 （四卷）（清）王澍撰
钱人龙 清乾隆三十二年［1767］刻本
　　分二册。有清翁方纲批校。八行十八字白口左右双边，无直格。

J0096385
竹云题跋 （四卷）（清）王澍撰
钱人龙 清乾隆三十二年［1767］刻本
（王箬林先生题跋）
　　收于《王箬林先生题跋十七卷》中。

J0096386
竹云题跋 （四卷）（清）王澍撰
钱人龙 清乾隆三十二年［1767］刻本
　　分四册。八行十八字无直格白口左右双边。

J0096387
竹云题跋 （四卷）（清）王澍撰
钱人龙 清乾隆三十二年［1767］刻本
（王箬林先生题跋）
　　冰壶阁印本，收于《王箬林先生题跋十七卷》中。

J0096388
竹云题跋 （四卷）（清）王澍撰
温纯墨妙楼 清乾隆五十四年［1789］刻本
　　本书由《竹云题跋四卷》《虚舟题跋十卷》《虚舟题跋补原三卷》（清）王澍撰合订。

J0096389
竹云题跋 （三卷）（清）王澍撰
山阴宋氏 清光绪十三年［1887］刻本

（忏花盦丛书）
　　本书据清光绪间山阴宋氏刻本汇印。由《竹云题跋四卷》（清）王澍撰、《金粟逸人逸事一卷》（清）朱琰撰合订。

J0096390
竹云题跋 （四卷）（清）王澍撰
台北 商务印书馆 1983年 影印本
（景印文渊阁四库全书 史部 四四二 第684册）

J0096391
竹云题跋 王澍著；钱人龙订
北京 中华书局 1991年 85页 19cm（小32开）
ISBN：7-101-00894-1
（丛书集成初编 1612）
　　据海山仙馆丛书本排印。

J0096392
竹云题跋初稿 （二卷）（清）王澍撰
清 抄本

J0096393
竹云题跋节抄 （一卷）（清）王澍撰；（清）翁方纲辑
清 稿本
　　本书由《虚舟题跋节抄一卷》《竹云题跋节抄一卷》（清）王澍撰；（清）翁方纲辑合订。

J0096394
滋蕙堂法帖题跋 （一卷）（清）曾恒德撰
［清］稿本
（昭代丛书）

J0096395
滋蕙堂法帖题跋 （一卷）（清）曾恒德撰
吴江沈氏世楷堂 清道光 刻本
（昭代丛书）

J0096396
滋蕙堂法帖题跋 （一卷）（清）曾恒德纂
吴江沈氏世楷堂 清末 刻本 重印 线装
（昭代丛书）
　　九行二十字白口左右双边单鱼尾。收于《昭代丛书》新编丁集中。

J0096397

滋蕙堂法帖题跋　（一卷）（清）曾恒德撰
吴江沈氏世楷堂　清光绪　刻本　重印　线装
（昭代丛书）

　　九行二十字小字双行同白口左右双边单鱼
尾。收于《昭代丛书》丁集中。

J0096398

滋蕙堂法帖题跋　（一卷）（清）曾恒德撰
吴江沈廷镛　民国八年［1919］重修本　线装
（昭代丛书）

　　清道光吴江沈氏世楷堂刻民国八年吴江沈
廷镛重修本。收于《昭代丛书》丁集新编中。

J0096399

石刻铺叙　（二卷）（宋）曾宏父撰
李文藻　清乾隆　刻本
（周氏竹西书屋印贷丛书）

　　有清翁方纲校跋并录清何焯批校题识褚德
仪、邓实跋。十一行二十一字黑口左右双边。

J0096400

石刻铺叙　（二卷）（宋）曾宏父撰
吴翌凤　清乾隆四十三年［1778］抄本

　　有清吴翌凤跋并录，何焯批校题识。八行
十八字。

J0096401

石刻铺叙　（宋）曾宏父纂述
北京　中华书局　1985年　新1版　13+39+45页
18cm（15开）统一书号：17018.151
（丛书集成初编）

　　本书由《法帖谱系》（宋）曹士冕撰、《石刻
铺叙》（宋）曾宏父纂述、《凤墅残帖释文》（清）
钱大昕著合订。

J0096402

王箬林先生题跋　（十七卷）（清）王澍撰
钱人龙　清乾隆　刻本

　　分五册。有清李遇孙校注。八行十八字白
口左右双边无直格。作者王澍（1668—1722），清
代书法家。江苏金坛人。字若霖，又字箬林，号
虚舟、竹云、良常山人。自署二泉寓客，别号竹
云。康熙壬辰进士，官至吏部员外郎。以书名世，
善楷书、行书。晚年精于鉴定古碑刻。著有《淳

化阁帖考正》《古今法帖考》《竹云题跋》《虚舟
题跋》等。

J0096403

王箬林先生题跋　（十七卷）（清）王澍撰
清乾隆　刻本

　　本书由《王箬林先生题跋十七卷》《竹云题
跋四卷》《虚舟题跋十卷又三卷》合订。有清陈
鳣跋、李遇孙校注。

J0096404

王箬林先生题跋　（十七卷）（清）王澍撰
清乾隆　刻本

　　分六册。有清陈鳣跋。八行十八字白口左
右双边。

J0096405

抱经楼淳化祖帖考　（一卷）（清）卢登焯撰
卢氏抱经楼　清乾隆五十二年［1787］刻本

　　十行十八字白口左右双边无直格。

J0096406

惜抱轩法帖题跋　（三卷）（清）姚鼐撰
桐城姚鼐惜抱轩　清嘉庆至道光　刻本　线装
（惜抱轩全集）

　　分二册。十行二十二字小字双行同黑口左
右双边单鱼尾。

J0096407

惜抱轩法帖题跋　（三卷）（清）姚鼐撰
清嘉庆十一年［1806］刻本　线装

　　十行二十一字黑口左右双边单鱼尾。

J0096408

惜抱轩法帖题跋　（三卷）（清）姚鼐撰
清嘉庆十一年［1806］刻本

J0096409

惜抱轩法帖题跋　（三卷）（清）姚鼐撰
省心阁　清同治五年［1866］刻本
（惜抱轩全集）

J0096410

惜抱轩法帖题跋　（三卷）（清）姚鼐撰
上海　校经山房　清光绪三十三年［1907］刻本

线装
（惜抱轩全集）

J0096411
惜抱轩法帖题跋　（三卷）（清）姚鼐撰
上海　中华书局　民国　线装
（四部备要）

　　　　收于《四部备要》集部《清别集》之《惜抱轩全集》中。

J0096412
惜抱轩法帖题跋　（三卷）（清）姚鼐撰
上海　会文堂书局　民国三年［1914］石印本　线装
（惜抱轩集）

J0096413
庚子消夏记碑帖考　（一卷）（清）孙承泽撰
清嘉庆二十二年［1817］刻本

　　　　作者孙承泽（1592—1676），文史学家、鉴藏家。字耳伯，号北海、退谷。原籍山东益都，明初隶籍上林苑，遂为北京人。明末举进士，后降清，官至太子太保都察院左都御史。著有《庚子销夏记》《春明梦余录》《天府广记》等。

J0096414
频罗庵题跋　（一卷）（清）梁同书撰
仁和陆贞一　清嘉庆二十二年［1817］刻本
（频罗庵遗集）

J0096415
淳化秘阁法帖源流考　（一卷）（清）周行仁撰
吴江沈氏世楷堂　清道光　刻本
（昭代丛书）

J0096416
南邨帖考　（不分卷）（清）程文荣撰
清道光　刻本

　　　　清徐康补目并跋，清翁同龢跋。

J0096417
南邨帖考　（四卷）（清）程文荣撰
贵池刘氏　清光绪　刻本
（聚学轩丛书）

J0096418
南邨帖考　（不分卷）（清）程文荣撰
长洲章钰算鹤量鲸室　清光绪三十四年［1908］抄本　蓝格

　　　　清徐康补目并跋，清翁同龢跋。

J0096419
南村帖考　（不分卷）（清）程文荣撰
清道光　刻本

　　　　分四册。十二行二十四字小字双行同黑口左右双边。

J0096420
南村帖考　（不分卷）（清）程文荣撰
清道光　刻本

　　　　分二册。十二行二十四字黑口左右双边。

J0096421
苏斋题跋　（二卷）（清）翁方纲撰
蒋氏宜年堂　清道光至咸丰　刻本
（涉闻梓旧）

　　　　收于《涉闻梓旧》二十五种一百十九卷中。

J0096422
苏斋题跋　（一卷）（清）翁方纲撰
西泠印社　民国　木活字本　线装
（遯盦金石丛书）

　　　　分三册。

J0096423
快雨堂题跋　（八卷）（清）王文治撰
上海　广智书局　民国

　　　　作者王文治（1730—1802），清代文学家、书画家。江苏丹徒人，字禹卿，号梦楼。乾隆二十五年（1760）进士，授翰林院编修，官至云南临安知府。好戏曲，精音律。作有《三农得澍》《龙井茶歌》《海宁歌恩》等；又善画，尤精书法，著有《梦楼诗集》《赏雨轩题跋》等。

J0096424
快雨堂题跋　（八卷）（清）王文治撰
汪承谊谼荪阁　清道光十一年［1831］刻本
　　清许瀚、清何绍基跋

J0096425
快雨堂题跋 （八卷）（清）王文治撰
南陵徐乃昌积学斋 清末至民国初 抄本

J0096426
文待诏题跋 （二卷）（明）文徵明撰
六安晁氏 清道光十一年［1831］木活字印本
（学海类编）

作者文徵明（1470—1559），明代画家、书法家、道家、文学家。原名壁（或作璧），字徵明。江苏苏州人。主要作品有《真赏斋图》《绿荫草堂图》《甫田集》等。

J0096427
文待诏题跋 （二卷）（明）文徵明撰
六安晁氏 清道光十一年［1831］木活字印本
（学海类编）

收于《学海类编》四百三十二种八百三卷集余五考据中。

J0096428
文待诏题跋 （二卷）（明）文徵明撰
上海 涵芬楼 民国九年［1920］影印本
（学海类编）

据清道光十一年六安晁氏木活字印本影印。

J0096429
文待诏题跋 （二卷）（明）文徵明撰
上海 涵芬楼 民国九年［1920］影印本
（学海类编）

据清道光十一年六安晁氏木活字印本影印。收于《学海类编》四百三十三种八百六卷中。

J0096430
补刻苏黄题跋 （不分卷）（清）温一贞撰
温二东 清同治十一年［1872］刻本 补刻
据清乾隆间刻本补刻。

J0096431
大观帖考 （一卷）□□辑
民国 抄本

J0096432
攻媿题跋 （十卷）（宋）楼钥撰
乌程张氏 民国二至六年［1913-1917］刻本

（适园丛书）

J0096433
碑帖浅说 （二卷）孙永泽撰
民国十七年［1928］抄本 朱丝栏 毛装
分四册。

J0096434
寒松阁题跋 （一卷）（清）张鸣珂撰
民国二十二年［1933］
（艺海一勺）

J0096435
李江州遗墨题跋 （一卷）（元）李黼撰；（清）王乃昭录
合众图书馆 民国二十九至三十七年［1940-1948］石印本

J0096436
古今碑帖考 朱晨编；（明）胡文焕校
台北 商务印书馆 1977年 影印本 122页
17cm（40开）定价：TWD18.00
（人人文库 2293-2294）

J0096437
新定急就章及考证 高二适著
上海 上海古籍出版社 1982年 420页
21cm（32开）统一书号：9186.15
定价：CNY1.75

本书是中国碑帖考证，《急就章》，又名《急就篇》，西汉史游撰，考异、考校本、汉隶残简、碑帖以及古代字书等，排比章正，详审细察，矫正了历代所传诸本的失误，写成此新定本。作者高二适（1903—1977），书法家、学者、诗人。原名锡璜，中年曾署瘖盦，晚署舒凫。斋号证草圣斋、孤桐堂。著有《新定急就章及考证》《校录》《刘宾客辨易九流疏记》《高二适书法选集》等。

J0096438
新定急就章及考证 高二适著
台北 华正书局 1984年 影印本 420页
20cm（32开）定价：TWD180.00

J0096439
张氏法帖辨伪； 余氏书录辨伪 李天马

编述

济南 齐鲁书社 1987年 235页+41页 20cm（32开）

定价：CNY1.60

J0096440

汉碑研究　中国书法家协会山东分会编

济南 齐鲁书社 1990年 408页 有书影

20cm（32开）ISBN：7-5333-0175-7

定价：CNY7.20

　　本书所收论文对汉碑的产生、形成、发展、演变、风格、分期、影响和汉代隶书的审美意识，以及碑刻的文字、内容、形制等作了研究和考证。

J0096441

南碑瑰宝　（大小爨碑研究）平建友著

昆明 云南大学出版社 1992年 192页 有地图

19cm（小32开）ISBN：7-81025-165-1

定价：CNY1.55

　　《爨宝子碑》与《对龙颜碑》在云南上古史和在中国书法史上都极具价值，被誉为"南碑瑰宝"。本书对碑文的每一地名、职官、典故等进行了注释，并将碑文用现代汉语译出。作者平建友（1940—　　），又名平雍先，云南陆良人，陆良县第一中学高级教师，曲靖地区中学历史教学研究会理事。

J0096442

碑帖鉴定　马子云，施安昌著

桂林 广西师范大学出版社 1993年 81+484页

有图 21cm（32开）精装 ISBN：7-5633-1692-2

定价：CNY33.00

（中国文物鉴定丛书）

　　外文书名：Appraisal of Rubbings from Stone Inscription. 作者马子云（1903—1986），陕西人。曾任故宫博物院研究馆员、国家文物鉴定委员会会员等。作者施安昌（1945—　　），研究员。上海人，毕业于北京大学哲学系。历任故宫博物院研究馆员、故宫博物院学术委员会秘书长。代表作品《汉华山庙碑题跋年表》。

J0096443

韭花帖系列考　穆棣著

上海 学林出版社 1995年 156页 有图

26cm（16开）ISBN：7-80616-204-6

定价：CNY28.00

　　作者穆棣（1947—　　），无锡人，无锡市书画院高级画师，中国书法家协会会员。沧浪书社社员、中国书协会员、无锡市博物馆客座研究员、无锡市书协副主席。少年时学业优秀，"文革"中辍学，下放苏北东台县务农。躬耕之余，勤于临池，一手小楷写得古雅温润。后在无锡市博物馆工作，时为无锡市书画院的国家一级美术师。从20世纪80年代始，开始考订五代名书家杨凝式的《韭花帖》，自从90年代发表《韭花帖系列考》后，一发不可收拾，成为当今鉴定界一位极有实力的中年学者。髫龄学书，留心翰墨；弱冠发愤，积有岁时；壮岁矢志，鉴真辨伪；工书擅文，尤精考鉴，以楷、草、行书见称于世。杨凝式（873—954），字景度，号虚白，陕西华阴人。唐末五代时期宰相、书法家，门下侍郎杨涉之子。唐昭宗时进士，官秘书郎，后历仕后梁、唐、晋、汉、周五代，官至太子太保，世称"杨少师"。杨凝式在书法历史上历来被视为承唐启宋的重要人物。"宋四家"都深受其影响。代表作品有《韭花帖》《卢鸿草堂十志图跋》《神仙起居法》。

J0096444

中国碑帖艺术论　蒋文光，张菊英著

北京 中国工人出版社 1995年 427+161页

有附图 19cm（小32开）ISBN：7-5008-1469-0

定价：CNY14.90

J0096445

桂海碑林　刘玲双编著

桂林 漓江出版社 1997年 144页 有彩照

19cm（小32开）ISBN：7-5407-1723-8

定价：CNY10.00

J0096446

唐传兰亭序帖疏证　李长路著

北京 北京图书馆出版社 1998年 145页

20cm（32开）ISBN：7-5013-1480-2

定价：CNY8.00

J0096447

卫俊秀碑帖札记辑注　卫俊秀著；方磊辑注

西安 陕西师范大学出版社 1998年 152页

有照片 20cm（32开）ISBN：7-5613-1754-9

定价：CNY10.00

中国碑帖丛刻

J0096448
法帖谱系 （二卷）（宋）曹士冕撰
宋 刻本
（百川学海）

　　作者曹士冕（约1184—1254），目录学家。（南宋）江西都昌人。字端可，号陶斋。以幕僚迁转诸地，仕至州、郡。所著《法帖谱系》二卷，每条叙述摹刻始末，兼订其异同工拙，足资考证。承父之遗志，踵成《星凤楼帖》十二卷。

J0096449
法帖谱系 （一卷）（宋）曹士冕撰
钮氏世学楼 明 抄本
（说郛）

J0096450
法帖谱系 （二卷）（宋）曹士冕撰
明 抄本
（百川学海）

J0096451
法帖谱系 （二卷）（宋）曹士冕撰
明 刻本
（王氏书画苑）

J0096452
法帖谱系 （一卷）（宋）曹士冕撰
明 刻本
（书学会编）

J0096453
法帖谱系 （一卷）（宋）曹士冕撰
明 抄本
（说郛）

J0096454
法帖谱系 （一卷）（宋）曹士冕撰
肇庆黄氏 明天顺元年［1457］刻本
（书学会编）

J0096455
法帖谱系 （二卷）（宋）曹士冕撰
华氏 明弘治 刻本
（百川学海）

J0096456
法帖谱系 （二卷）（宋）曹士冕撰
华珵 明弘治十四年［1501］刻本
（百川学海）

　　收于《百川学海》一百种十集一百七十九卷中。

J0096457
法帖谱系 （二卷）（宋）曹士冕撰
华珵 明弘治十四年［1501］刻本
（百川学海）

　　十二行二十字白口左右双边。收于《百川学海》一百种十集二百七十九卷第辛集中。

J0096458
法帖谱系 （二卷）（宋）曹士冕撰
宗文堂 明嘉靖 刻本
（百川学海）

J0096459
法帖谱系 （二卷）（宋）曹士冕撰
郑氏宗文堂 明嘉靖十五年［1536］刻本
（百川学海）

　　十四行二十八字白口左右双边。

J0096460
法帖谱系 （二卷）（宋）曹士冕撰
郑氏宗文堂 明嘉靖十五年［1536］刻本
（百川学海）

　　收于《百川学海二十卷》中。

J0096461
法帖谱系 （二卷）（宋）曹士冕撰
清顺治 刻本 线装
（说郛）

　　收于《说郛》卷第九十中。

J0096462
法帖谱系 （二卷）（宋）曹士冕撰
清 刻本 重修 线装
（说郛）

　　九行二十字白口左右双边单鱼尾。收于《说

郭》卷第八十九中。

J0096463
法帖谱系　（二卷）（宋）曹士冕撰
清　稿本
（师石山房丛书）

J0096464
法帖谱系　（二卷）（宋）曹士冕撰
内府　清乾隆　写本
（四库全书）

J0096465
法帖谱系　（宋）曹士冕撰
北平　国立北平图书馆　民国　抄本　毛装
（说郛）
　　　　收于《说郛》卷七十二中。

J0096466
法帖谱系　（宋）曹士冕撰
上海　商务印书馆　民国十六年［1927］线装
（说郛）
　　　　收于《说郛》卷七十二中。

J0096467
法帖谱系　（宋）曹士冕撰
上海　商务印书馆　民国十九年［1930］线装
（说郛）
　　　　收于《说郛》卷七十二中。

J0096468
法帖谱系　（二卷）（宋）曹士冕撰
台北　商务印书馆　1983 年　影印本
26cm（16 开）
（景印文渊阁四库全书　史部　四四○　第 682 册）
　　　　本书为中国法帖研究。

J0096469
法帖谱系　（宋）曹士冕撰
北京　中华书局　1985 年　新 1 版　13+39+45 页
18cm（15 开）统一书号：17018.151
（丛书集成初编）
　　　　本书由《法帖谱系》（宋）曹士冕撰、《石刻
铺叙》（宋）曾宏父纂述、《凤墅残帖释文》（清）
钱大昕著合订。

J0096470
法帖谱系杂说　（一卷）（宋）曹士冕撰；□□辑
清　刻本
（书家要览）

J0096471
法贴谱系　（二卷）（宋）曹士冕撰
无锡华氏　明弘治　刻本　线装
（百川学海）
　　　　十二行二十字小字双行同白口左右双边。
收于《百川学海》辛集中。

J0096472
淳化阁帖　（明）肃府摹拓
明　拓本　经折装
　　　　分十册。

J0096473
淳化阁帖
上海　上海书店　1984 年　13cm（60 开）
定价：CNY1.70，CNY2.40（精装）
　　　　《淳化阁帖》分十卷：第一至五卷主要为汉
魏、两晋、南北朝及隋唐法书，第六至十卷为"二
王"法书。本书据 20 世纪 40 年代肃府本《淳化
阁帖》的缩印本影印。

J0096474
淳化阁帖
上海　上海书店　1984 年　影印本　132 页
14cm（64 开）ISBN：7-80569-226-2
定价：CNY3.50

J0096475
淳化阁帖　秦明智，徐祖蕃编校译释
兰州　甘肃人民出版社　1988 年　影印本
2 册（513 页）26cm（16 开）精装
ISBN：7-226-00164-0

J0096476
淳化阁帖　北京古籍出版社编
北京　北京古籍出版社　1991 年　影印本　491+35 页
28×20cm　精装　ISBN：7-5300-0054-3
定价：CNY32.50
　　　　本书为我国著名的法帖，共十卷，自汉至
唐，共存书家 103 人，作品约 420 篇。

J0096477

淳化阁帖　赵力光编释

西安　三秦出版社 1992 年 541 页 26cm（16 开）

精装 ISBN：7-80546-286-0 定价：CNY30.00

　　本书所用版本，系清顺治三年（1646）费甲铸本，即称西安本或关中本。分 10 卷：第一卷为历代帝王法帖、第二至四卷为历代名臣法帖、第 5 卷为诸家古法帖、第六至八卷为王羲之书、第九至十卷为王献之书。为便于读者临池赏读，每卷之后附有释文。是中国第一部宋代以前历代名家法书的集大成者。

J0096478

淳化阁帖　（宋）王著编

天津　天津古籍出版社 1996 年 2 册（10+750 页）28cm（大 16 开）

J0096479

淳化阁帖　（无缺字本·附释文）

天津　天津古籍出版社 1996 年 影印本 497 页 26cm（16 开）精装 ISBN：7-80504-541-0

定价：CNY75.00

（中国书法丛帖粹编）

J0096480

淳化阁帖选　秦明智，徐祖蕃编选

兰州　甘肃人民出版社 1984 年 37cm（8 开）

统一书号：8096.1043 定价：CNY6.00

J0096481

淳化秘阁法帖　（十卷）（宋）王著编

清　拓本　折装

　　分十册。

J0096482

谱系杂说　（二卷）（宋）曹士冕撰

明　刻本　线装

（百川学海）

　　九行二十字小字双行同白口左右双边单鱼尾。作者曹士冕（约 1184—1254），目录学家。（南宋）江西都昌人。字端可，号陶斋。以幕僚迁转诸地，仕至州、郡。所著《法帖谱系》二卷，每条叙述摹刻始末，兼订其异同工拙，足资考证。承父之遗志，踵成《星凤楼帖》十二卷。

J0096483

谱系杂说　（二卷）（宋）曹士冕撰

李际期宛委山堂 清初 刻本 重修 线装

（说郛）

　　明末刻清初李际期宛委山堂重修汇印本。收于《说郛》卷第八十九中。

J0096484

谱系杂说　（二卷）（宋）曹士冕撰

泰东图书局 民国十一年［1922］影印本 线装

（王氏书画苑）

　　据明刻本影印。

J0096485

石刻　（一卷）（明）朱存理辑

明　抄本

　　明传抄朱存理稿本。清归兆钱跋。本书由《铁网珊瑚书法八卷》《画品五卷》《石刻一卷》（明）朱存理辑合订。

J0096486

宣和书谱　（二十卷）

明　抄本

　　《宣和书谱》是中国北宋宋徽宗宣和年间由官方主持编撰的宫廷所藏书法作品的著录著作。全书 20 卷，著录宣和时御府所藏历代法书墨迹，包括 197 人的 1344 件作品，按帝王及书体分类设卷。每种书体前有叙论，述及各种书体的渊源和发展，依次为书法家小传、评论，最后列御府所藏作品目录。体例精善，评论精审，资料丰富。分六册。有清周星治、魏锡曾校。十行十九字无格。

J0096487

宣和书谱　（二十卷）

明　刻本

　　本书由《宣和书谱二十卷》《宣和画谱二十卷》合订。九行十九字白口四周双边。

J0096488

宣和书谱　（二十卷）

明　刻本

　　《宣和书谱》是中国北宋宋徽宗宣和年间由官方主持编撰的宫廷所藏书法作品的著录著作。全书 20 卷，著录宣和时御府所藏历代法书墨迹，

包括197人的1344件作品，按帝王及书体分类
设卷。每种书体前有叙论，述及各种书体的渊源
和发展，依次为书法家小传、评论，最后列御府
所藏作品目录。体例精善，评论精审，资料丰富。
分八册。九行十九字白口四周双边。

J0096489

宣和书谱 （二十卷）（明）毛晋订
汲古阁 明末 刻本 27cm（16 开）线装
　　分一函四册。半叶八行十九字白口上下单
边左右双边。

J0096490

宣和书谱 （二十卷）
毛氏汲古阁 明崇祯 刻本
（津逮秘书）
　　八行十八字白口四周单边。收于《津逮秘书》
十五集一百五十二种七百四十八卷第六中。

J0096491

宣和书谱 （二十卷）
毛氏汲古阁 明崇祯 刻本
（津逮秘书）
　　收于《津逮秘书》十五集一百四十六种
七百四十八卷第六集中。

J0096492

宣和书谱 （不分卷）题（清）顾复删定
清 抄本
　　分二册。十行二十四字无格。

J0096493

宣和书谱 （二十卷）
张氏照旷阁 清嘉庆十年［1805］刻本
（学津讨原）
　　收于《学津讨原》二十集一百七十三种
一千五十一卷第十一集中。

J0096494

宣和书谱 （二十卷）（宋）佚名撰
上海 博古斋 民国十一年［1922］影印本 线装
（津逮秘书）
　　据明崇祯毛氏汲古阁刻本影印，分三册。收
于《津逮秘书》第六集中。

J0096495

宣和书谱 （宋）撰人未详
上海 商务印书馆 1936年 影印本 2册（471页）
18cm（32 开）
（丛书集成初编 1632–1633）
　　据津逮秘书本影印。《宣和书谱》是中国北
宋宋徽宗宣和年间由官方主持编撰的宫廷所藏
书法作品的著录著作。全书20卷，著录宣和时
御府所藏历代法书墨迹，包括197人的1344件
作品，按帝王及书体分类设卷 。每种书体前有
叙论，述及各种书体的渊源和发展，依次为书法
家小传、评论，最后列御府所藏作品目录。体例
精善，评论精审，资料丰富。

J0096496

宣和书谱 （廿二卷）（宋）不著撰人
台北 世界书局 1981年 5版 影印本 471 页
15cm（40 开）精装 定价：旧台币 3.50
（中国学术名著 第五辑）

J0096497

宣和书谱 （二十卷）（宋）不著撰人
台北 商务印书馆 1983年 影印本 1册
18cm（30 开）
（景印文渊阁四库全书 子部 一一九 第813册）

J0096498

宣和书谱 （二十卷）（宋）轶名著；顾逸点校
上海 上海书画出版社 1984年 165 页
21cm（32 开）统一书号：8172.1102
定价：CNY0.89
（中国书学丛书）

J0096499

宣和书谱
北京 中华书局 1985年 新1版 影印本 471页
18cm（32 开）统一书号：17018.151
（丛书集成初编）

J0096500

宣和书谱 潘运告主编；桂第子译注
长沙 湖南美术出版社 1999年 10+380 页
18cm（30 开）ISBN：7-5356-1288-1
定价：CNY20.20
（中国书画论丛书）

J0096501
[初拓淳化阁帖]（十卷）
清 拓本 经折装
　　　分十册。

J0096502
[淳化阁帖]（十八卷）
清 拓本 经折装
　　　分十册。

J0096503
集帖目 （三卷）（清）惠兆壬撰
赵氏亦龙亦蠖之居 清 抄本

J0096504
集帖目 （三卷）（清）惠兆壬撰
清 抄本
　　　林宰平校补，章钰跋。

J0096505
集帖目 （三卷）（清）惠兆壬撰
陆家振 清光绪二十二年[1896]抄本
　　　清王懿荣、费念慈跋。 分三册。十行绿格
白口四周双边。

J0096506
钦定重刻淳化阁帖 （十卷）（清）吴省兰辑
清 刻本

J0096507
钦定重刻淳化阁帖 （十卷）（清）高宗敕撰
武英殿 清乾隆 木活字印本
（武英殿聚珍版丛书）
　　　收于《武英殿聚珍版丛书》一百四十一种
二千六百五卷中。

J0096508
钦定重刻淳化阁帖 （东晋）王羲之[等]书
清乾隆三十四年[1769]刻本

J0096509
钦定重刻淳化阁帖 （十卷）（清）吴省兰辑
清乾隆三十八年[1773]刻本

J0096510
戏鸿堂法书 （明）董其昌审定
清 拓本 30cm（12开）
　　　本书为明代著名刻帖，全帖16卷，是由董
其昌选辑晋、唐、宋、元时期名家书迹及旧刻本
镌成。分十六册。作者董其昌（1555—1636），明
代著名书画家。字玄宰，号思白，别号香光居士，
松江华亭（今上海）人。主要作品有《岩居图》《秋
兴八景图》《昼锦堂图》等。

J0096511
戏鸿堂法书 （清）董其昌审定
上海 新学会社 清宣统二年[1910]影印本 线装
　　　分十六册。据新学会社藏本影印。

J0096512
戏鸿堂法帖 （明）董其昌编
北京 中国书店 1989年 1册 15cm（40开）
精装 定价：CNY10.00

J0096513
研山斋珍赏历代名贤法书集览
（三卷）（清）孙承泽撰
清 抄本
（研山斋珍赏集览）

J0096514
研山斋珍赏历代名贤墨迹集览
（三卷）（清）孙承泽撰
清 抄本
　　　分五册。

J0096515
砚山斋珍赏历代名贤墨迹集览
（一卷）（清）孙承泽撰
清 抄本

J0096516
宋拓淳化阁帖
清末 影印本 线装
　　　分十册。

J0096517
宋拓淳化阁法帖
清宣统三年[1911]影印本 线装

J0096518
宋拓淳化阁帖祖刻　汉章帝等书
上海　有正书局　民国初　影印本　线装
　　分二册。

J0096519
宋拓淳化阁帖　王著编
天津　天津市古籍书店　1986 年　668 页
20cm（32 开）定价：CNY5.30

J0096520
宋拓淳化阁帖
北京　中国书店　1988 年　影印本　548+138 页
27cm（16 开）定价：CNY25.00

J0096521
二百兰亭斋贴　（不分卷）（清）吴云辑
二百兰亭斋　清同治五年［1866］刻本
　　辑者吴云（1811—1883），清代著名书画家、
藏书家。字少甫，号平斋，晚号退楼主人，生于
浙江湖州。精于鉴别与考据。著有《醉石山房诗
文钞》。

J0096522
［清世恩临淳化阁帖］
清光绪至宣统　抄本　毛装
　　分三册。

J0096523
碑联集拓　秦文锦编
上海　艺苑真赏社　清光绪至民国初　影印本　有
插图　线装
　　分五册。行字不等。作者秦文锦（1870—
1938），画家。字纲孙、聚孙，号云居士、息园老
人等。江苏无锡人。创办艺苑真赏社（上海古籍
书店的前身）。主要作品《金文集联》《范隶全篇》
《碑联集拓》系列等。

J0096524
碑联集拓　秦文锦编
上海　艺苑真赏社　民国十一年［1922］影印本
有图　线装

J0096525
御刻三希堂石渠宝笈续法帖

清光绪　石印本　线装
　　分三十七册。

J0096526
御刻三希堂石渠宝笈续法帖　（清）梁诗正
等编
清光绪　石印本　37 册　线装
　　本书由《御刻三希堂石渠宝笈法帖》《御刻
三希堂石渠宝笈续法帖》（清）梁诗正等编合订。

J0096527
御刻三希堂石渠宝笈续法帖　（不分卷）（清）
蒋溥等辑
清光绪　石印本
　　本书由《御刻三希堂石渠宝笈法帖不分卷》
（清）梁诗正等辑、《御刻三希堂石渠宝笈续法帖
不分卷》（清）蒋溥等辑合订。

J0096528
［法帖］
［1900—1929 年］影印本［47］页　18cm（15 开）
经折装

J0096529
古鉴阁藏汉华山碑集联拓本　（不分卷）
上海　艺苑真赏社　清光绪二十九年［1903］
影印本

J0096530
傲徕山房所藏五朝墨迹　（二十二辑）
赵尔莘编
赵氏傲徕山房　清宣统　影印本　经折装
　　分十四册。

J0096531
傲徕山房所藏五朝墨迹　（清）赵尔莘辑
天津　赵氏傲徕山房　清宣统二年［1910］影印本
　　本书包括《晋王右军三月贴墨迹一卷》《唐
颜鲁公送刘太冲诗叙墨迹一卷》《唐李北海书古
诗墨迹一卷》《宋思陵敕书四道墨迹一卷》《宋
蔡忠惠书画锦堂记一卷》《宋程卓书吴邕州行状
一卷》《宋吴处士墓志一卷》《宋查元方题一卷》
《宋楚王元佐题一卷》《宋谢泌题一卷》《宋张芳
平题一卷》《宋米元章题一卷》《宋米南宫乐兄贴
墨迹一卷》《元赵松雪画诗墨迹一卷》《元柯丹丘

题松雪画墨迹一卷》《元人泥金写经一卷》《明王
文成客座私祝墨迹一卷》《明王文成大草墨迹一
卷》《明陆子渊自书诗墨迹一卷》《明海忠介大草
墨迹一卷》《明王雅宜大草墨迹一卷》《明唐六如
自书诗墨迹一卷》。分十四册。

J0096532
傲徕山房所藏五朝墨迹 （二十二辑）
（清）赵尔莘藏
赵氏傲徕山房　民国　影印本　散页
　　　分十四册。

J0096533
名书扇册 （第一集）邓秋枚辑
上海　神州国光社　宣统元年［1909］15 叶
22×31cm　定价：洋八角
（神州国光集外增刊 4）
　　　本书为神州国光集外增刊 4 中的中国古代
扇面法书选集专著。

J0096534
名书扇册 （第二集）邓秋枚辑
上海　神州国光社　1909 年　15 页　22×31cm
定价：洋一元五角
（神州国光集外增刊 64）
　　　本书为神州国光集外增刊 64 中的中国古代
扇面法书选集专著。

J0096535
［**碑帖大观**］ （九种）
上海　大众书局　民国　影印本　经折装
　　　分九册。

J0096536
［**淳化阁法帖残本**］ （宋）王著编
民国　影印本　经折装
　　　本书据赵氏味辛斋藏本影印。分四册。

J0096537
［**汉唐宋元明清碑帖**］
民国　影印本　毛装

J0096538
初拓三希堂法帖 （清）梁诗正等编
上海　有正书局　民国　影印本　线装

分三十二册。

J0096539
初拓三希堂续法帖
上海　有正书局　民国五年［1916］影印本　线装
　　　分五册。

J0096540
初拓三希堂原本 ［岭南美术出版社］编
广州　岭南美术出版社　1996 年　影印本　4 册
26cm（16 开）ISBN：7-5362-1416-2
定价：CNY400.00

J0096541
宋拓大观集帖
民国十三年［1924］影印本　线装
　　　分十一册。

J0096542
习字速成法 郭希汾著；萧蜕公书
上海　大东书局　民国十三年［1924］6 版　1 册
19cm（32 开）环筒页装　定价：大洋一角五分
　　　本书汉字毛笔字练习方法，附各体字范。

J0096543
六朝隋唐写经真迹六种 （不分卷）□□辑
上海　中华书局　民国十八年［1929］影印本

J0096544
六朝造像精华 沈韵初，赵悲庵选
上海　有正书局　民国十九年［1930］影印本　线装
　　　分二册。

J0096545
宋拓鼎帖
上海　商务印书馆　民国二十五年［1936］影印本
线装

J0096546
兰亭集刻 （十种）容庚辑
考古学社　民国二十八年［1939］影印本　线装
　　　分十册。

J0096547
汇帖举要 （二卷）郑裕孚辑

民国三十一年［1942］线装

　　本书附《郑君友渔生圹志》吴闿生撰。分二册。

J0096548

习字范本四种　商务印书馆编

上海　商务印书馆　1947年　影印本［73］页
25cm（16开）定价：国币三元

　　本书集颜真卿、柳公权、欧阳询、赵孟頫四大家的碑帖。赵的"无逸"为全文，颜、柳、欧三家字分别选自《颜勤礼碑》《玄秘塔》《九成宫》。

J0096549

广东丛帖叙录　冼玉清编

广州　广东省文献委员会文献馆　1949年　94页
18cm（15开）
（广东文献丛书 1）

　　本书收录广东地区的碑帖19种，并考证其内容及收藏者。

J0096550

辽宁省博物馆藏法书选集　（1）
辽宁省博物馆藏并编辑
北京　文物出版社　1962年　影印本　线装

　　分二十册。

J0096551

辽宁省博物馆藏法书选集　（2）
辽宁省博物馆藏并编辑
北京　文物出版社　1962年　影印本　线装

　　分二十册。

J0096552

辽宁省博物馆藏法书选集　辽宁省博物馆编
［北京］文物出版社　1962年　2版　20册　线装
定价：CNY120.00

　　本书精选辽宁省博物馆法书藏品中从晋到元的作品20件。

J0096553

辽宁省博物馆藏法书选集　（第二集）
辽宁省博物馆编
北京　文物出版社　1982年　影印本　线装
定价：CNY250.00（全套）

　　分二十册。

J0096554

故宫博物院藏历代法书选集　故宫博物院编
北京　文物出版社　1963年　1函20册
44cm（6开）线装　统一书号：7068.212
定价：CNY135.00

J0096555

故宫博物院藏历代法书选集　（第一集）
故宫博物院编
北京　文物出版社　1977年　影印本　1函20册
44cm（6开）线装

　　本书收有西晋陆机的《平复帖》、唐代柳公权墨迹《兰亭诗》、唐人摹《兰亭序》、唐人临《黄庭经》、五代杨凝式《夏热帖》及宋、元、明诸家之作。

J0096556

故宫博物院藏历代法书选集　（第二集）
故宫博物院编
北京　文物出版社　1977年　影印本　44cm（6开）
线装

　　本书收有晋代王珣《伯远帖》、唐代李白《上阳台帖》、唐代颜真卿《竹山堂连句》及宋代苏轼、陆游等名家之作。

J0096557

故宫博物院藏历代法书选集　（第三集）
故宫博物院编
北京　文物出版社　1977年　影印本　44cm（6开）
线装

　　本书收有唐代欧阳询《卜商帖》和《季鹰帖》、宋代李建中的《同年帖》和《贵宅帖》等。

J0096558

故宫博物院藏历代法书选集　（第一集）
故宫博物院编
北京　文物出版社　1982年　影印本　44cm（6开）
线装　统一书号：8068.748　定价：CNY250.00

　　本书收有西晋陆机的《平复帖》、唐代柳公权墨迹《兰亭诗》、唐人摹《兰亭序》、唐人临《黄庭经》、五代杨凝式《夏热帖》及宋、元、明诸家之作。

J0096559

故宫博物院藏历代法书选集　（第二集）

故宫博物院编
北京　文物出版社　1982 年　影印本　44cm（6 开）
线装　统一书号：8068.007　定价：CNY250.00
　　本书收有晋代王珣《伯远帖》、唐代李白《上
阳台帖》、唐代颜真卿《竹山堂连句》及宋代苏轼、
陆游等名家之作。

J0096560
故宫博物院藏历代法书选集　（第三集）
故宫博物院编
北京　文物出版社　1982 年　影印本　1 函 20 册
44cm（6 开）线装　统一书号：8068.958
定价：CNY250.00
　　本书收有唐代欧阳询《卜商帖》和《季鹰帖》、
宋代李建中的《同年帖》和《贵宅帖》等。

J0096561
故宫博物院藏历代法书选集　台北故宫博物
院编
北京　文物出版社　1993—1994 年　影印本
44cm（6 开）线装　ISBN：7-5010-0403-X
　　分四十册。

J0096562
上海博物馆藏历代法书选集　上海博物馆编
北京　文物出版社　1964 年　珂罗版印本
20 册（1 函）44cm（6 开）线装皮纸
统一书号：7068.244　定价：CNY200.00
　　本书选收东晋至明的书法作品 20 件。

J0096563
上海博物馆藏历代法书选集　上海博物馆
藏并编
北京　文物出版社　1964 年　影印本　线装
　　分二十册。

J0096564
上海博物馆藏历代法书选集　（第二集）
上海博物馆编
北京　文物出版社　1982 年　20 册（1 函）
44cm（6 开）线装

J0096565
上海博物馆藏历代法书选集　（第二集 1）
上海博物馆藏并编辑

北京　文物出版社　1982 年　影印本　线装
　　分二十册。

J0096566
上海博物馆藏历代法书选集　（第二集 2）
上海博物馆藏并编辑
北京　文物出版社　1982 年　影印本　线装
　　分二十册。

J0096567
古今名人墨迹大观
1969 年

J0096568
故宫法书选萃　故宫博物院编纂
台北　台北故宫博物院　1973 年　再版　119 页　有图
27cm（16 开）精装　定价：TWD.00
　　外文书名：Masterpieces of Chinese Calligraphy
in the National Palace Museum.

J0096569
桂林石刻　（上）桂林市文物管理委员会编
桂林　桂林市文物管理委员会　1977 年　384 页
20cm（32 开）

J0096570
桂林石刻　（中）桂林市文物管理委员会编
桂林　桂林市文物管理委员会　1977 年　258 页
20cm（32 开）

J0096571
大观帖卷六　（晋）王羲之书
上海　上海书画出版社　1979 年　50 页　38cm（6 开）
统一书号：7172.116　定价：CNY2.00
（历代法书萃英）
　　《大观帖》又名《太清楼帖》，为北宋徽宗大观
三年（1109）御府所刻，共 10 卷，本书影印自宋
拓原刻第六卷，为晋代王羲之所书，是传世珍本。

J0096572
大观帖卷七　（晋）王羲之书；上海书画出版社
编辑
上海　上海书画出版社　1979 年　36 页　38cm（6 开）
统一书号：7172.120　定价：CNY1.50
（历代法书萃英）

《大观帖》又名《太清楼帖》，为北宋徽宗大观三年（1109年）御府所刻，共10卷。本书影印自宋拓原刻第七卷，为晋代王羲之所书，是传世珍本。

J0096573

陕西历代碑石选辑　陕西省博物馆供稿
西安 陕西人民出版社 1979年 150页 38cm（6开）
统一书号：8094.659 定价：CNY21.40

J0096574

桂林石刻　张益桂，刘寿保编；封小明碑拓拍摄
南宁 桂林市文物管理委员会［1980—1989年］
64页 26cm（16开）
　　本书收入唐、宋、元、明、清、民国名人的碑帖30幅。

J0096575

桂林石刻选　桂林市文管会著
南宁 广西人民出版社 1980年 60页 26cm（16开）
统一书号：11113.30 定价：CNY0.94
　　本书系中国古代碑帖选集。

J0096576

名胜书艺　（卷一）
上海 上海书画出版社 1981年 25cm（21开）
统一书号：8172.588 定价：CNY0.23

J0096577

故宫历代法书全集　（一 晋 唐1）
台北故宫博物院编纂
台北［台北］故宫博物院 1982年 再版 177页
37cm（8开）精装
　　本书系台北故宫博物院编纂中国晋代、唐代书法。

J0096578

故宫历代法书全集　（二 唐2 宋1）
台北故宫博物院编纂
台北［台北］故宫博物院 1982年 再版 255页
37cm（8开）精装
　　本书系台北故宫博物院编纂中国唐、宋时期书法。

J0096579

故宫历代法书全集　（三 宋2 元）
台北故宫博物院编纂
台北［台北］故宫博物院 1982年 再版 196页
37cm（8开）精装
　　本书系台北故宫博物院编纂中国宋、元时期书法。

J0096580

故宫历代法书全集　（九 晋 唐）
台北故宫博物院编纂
台北［台北］故宫博物院 1982年 再版 155页
37cm（8开）精装
　　本书系台北故宫博物院编纂中国晋代、唐代书法。

J0096581

故宫历代法书全集　（十～十二 宋1-3）
台北故宫博物院编纂
台北［台北］故宫博物院 1982年 再版 3册
37cm（8开）精装
　　本书系台北故宫博物院编纂中国宋代书法。

J0096582

故宫历代法书全集　（四～八 明）
台北故宫博物院编纂
台北［台北］故宫博物院 1982年 再版 5册
37cm（8开）精装
　　本书系台北故宫博物院编纂中国明代书法。

J0096583

故宫历代法书全集　（十七～二十二 元明书翰1-6）台北故宫博物院编纂
台北［台北］故宫博物院 1982—1984年 再版
6册 37cm（8开）精装
　　本书系台北故宫博物院编纂中国元代、明代书法。

J0096584

故宫历代法书全集　（二十三～二十九 明1-7）
台北故宫博物院编纂
台北［台北］故宫博物院 1982—1984年 再版
7册 37cm（8开）精装
　　本书系台北故宫博物院编纂中国明代书法。

J0096585
故宫历代法书全集 （十三 宋4 元1）
台北故宫博物院编纂
台北［台北］故宫博物院 1984年 再版 199页
37cm（8开）精装
　　本书系台北故宫博物院编纂中国宋、元时期
书法。

J0096586
故宫历代法书全集 （十四 宋5 元2）
台北故宫博物院编纂
台北［台北］故宫博物院 1984年 再版 196页
37cm（8开）精装
　　本书系台北故宫博物院编纂中国宋、元时期
书法。

J0096587
故宫历代法书全集 （三十 轴）台北故宫博
物院编纂
台北［台北］故宫博物院 1984年 再版 131页
37cm（8开）精装
　　本书系台北故宫博物院编纂中国古代书法。

J0096588
故宫历代法书全集 （十五～十六 元3-4）
台北故宫博物院编纂
台北［台北］故宫博物院 1984年 再版 2册
（215；191页）37cm（8开）精装
　　本书系台北故宫博物院编纂中国宋、元时期
书法。

J0096589
历代碑帖法书选 《历代碑帖法书选》编辑组
［编］
北京 文物出版社 1982年 85册 26cm（16开）

J0096590
历代碑帖法书选 （第一集）《历代碑帖法书
选》编辑组编
北京 文物出版社 1987年 1函（20册）
26cm（16开）线装 定价：CNY20.00

J0096591
历代碑帖法书选 （第二集）《历代碑帖法书
选》编辑组编

北京 文物出版社 1989年 10册 26cm（16开）
定价：CNY20.00

J0096592
历代碑帖法书选 （第三集）《历代碑帖法书
选》编辑组编
北京 文物出版社 1993年 10册（1函）
26cm（16开）ISBN：7-5010-0737-3
定价：CNY30.00

J0096593
历代碑帖法书选 （第四集）《历代碑帖法书
选》编辑组编
北京 文物出版社 1995年 10册 26cm（16开）
函套 ISBN：7-5010-0827-2 定价：CNY40.00
（全10册）

J0096594
名胜书艺 （卷二）
上海 上海书画出版社 1983年 32页 25cm（16开）
统一书号：8172.679 定价：CNY0.23
　　本书专门刊登介绍了全国各地名胜古迹的
书法、碑刻、雕塑造像等文章。

J0096595
书法自学丛帖 （正书 上册）上海书画出版
社编辑
上海 上海书画出版社 1983年 278页
25cm（16开）定价：CNY3.00
　　本丛帖遴选了自东晋至元的实用碑帖22
种。所选范本都是每个时代，各个书家的著名代
表作。

J0096596
书法自学丛帖 （正书 中册）上海书画出版
社编辑
上海 上海书画出版社 1983年 264页
25cm（16开）定价：CNY2.85
　　本丛帖遴选了自东晋至元的实用碑帖22
种。所选范本都是每个时代，各个书家的著名代
表作。

J0096597
书法自学丛帖 （正书 下册）上海书画出版
社编辑

上海 上海书画出版社 1983 年 256 页
25cm（16 开）定价：CNY2.80

　　本丛帖遴选了自东晋至元的实用碑帖 22
种。所选范本都是每个时代，各个书家的著名代
表作。

J0096598

原拓泰山金刚经

武汉 武汉市古籍书店 1983 年 影印本 2 册
25cm（小 16 开）定价：CNY1.00（全 2 册）

　　本作品是中国古代碑帖。

J0096599

阅古楼和三希堂法帖　　北海公园管理处编

北京 人民美术出版社 1982 年 影印本 62 页
25cm（小 16 开）统一书号：8027.8109
定价：CNY1.30

　　本书内容包括：阅古楼和《三希堂法帖》介
绍，《三希堂法帖》中 135 家的代表性作品；每一
书法家的简介；草书的释文和部分刻石的图片。

J0096600

阅古楼和《三希堂法帖》　北海公园管理处编

北京 人民美术出版社 1983 年 62 页
25cm（小 16 开）定价：CNY1.30

J0096601

阅古楼和《三希堂法帖》　北海公园管理处编

北京 人民美术出版社 1990 年 62 页
27cm（大 16 开）定价：CNY3.90

J0096602

中国历代书艺概览　　欧广勇编撰

广州 科学普及出版社广州分社 1983 年 200 页
25cm（小 16 开）统一书号：8051.60251
定价：CNY3.15

　　作者欧广勇（1940—　），书法家。广东德庆
人。中国书协创作委员会委员、广东省书协副主
席、岭南书法篆刻艺术研究会会长、中国书协理
事、中国书协创作评审委员、中国书法家协会理
事、书协广东分会副秘书长。著有《中国历代书
艺概论》《中国历代书艺概览》《欧广勇书法集》。

J0096603

中国历代书艺概览　　欧广勇编撰

广州 科学普及出版社广州分社 1983 年 300 页
25cm（小 16 开）定价：CNY3.10

　　本书选录商周至晚清三千多年来的主要书
法作品，选入碑帖 160 多种，凡 300 图。各碑帖
以篆、隶、楷、行、草次第类列，每种书体从艺术
上予以简要评介。

J0096604

中国历代书艺概览　　欧广勇编撰

广州 科学普及出版社广州分社 1984 年 300 页
25cm（小 16 开）统一书号：8051.60251
定价：CNY3.10

J0096605

秋碧堂法书

石家庄 河北美术出版社 1984 年 影印本 235 页
27cm（16 开）统一书号：8087.839
定价：CNY6.00

　　本书原八卷，清康熙时由梁清标主持，金陵
尤永福（天锡）摹镌，是清初有影响的法帖。

J0096606

三希堂法帖　（卷一）

北京 北京日报出版社 1984 年 572+12 页
28cm（16 开）统一书号：8265.001
定价：CNY38.60

　　《三希堂法帖》全称《三希堂石渠宝笈法帖》。
汇刻丛帖。32 册。清乾隆十二年（1747 年）清高
宗命梁诗正等编次内府所藏魏晋时期至明代法
书，聚集众工，摹勒上石。其中包括三希堂所藏
东晋王羲之《快雪时晴帖》、王献之《中秋帖》、王
殉《伯远帖》墨迹三种，故名《三希堂法帖》。此
外还收有魏朝的钟繇，梁朝武帝，唐朝褚遂良、
颜真卿、柳公权、怀素和孙过庭，金元时期的王
庭筠、赵孟頫等 130 多位书法大家不同风格、不
同流派的作品 300 多件，另有题跋 200 多件，印
章 1600 多方。是法帖中的巨制。现藏北京故宫
博物院。

J0096607

三希堂法帖　（卷一、卷二）

北京 北京日报出版社 1984 年 1190 页
26cm（16 开）定价：CNY38.60

J0096608
三希堂法帖 （卷三、卷四）
北京 北京日报出版社 1984年 1217页
26cm（16开）

J0096609
三希堂法帖
北京 北京日报出版社 1984年 4册 25cm（16开）
统一书号：8265.001 定价：CNY38.60

J0096610
三希堂法帖
哈尔滨 黑龙江人民出版社 1984年 3册（3220页）
26cm（16开）精装 统一书号：8093.873
定价：CNY68.00
　　本书据北京故宫藏本影印。

J0096611
三希堂法帖 （第一册）
成都 四川人民出版社 1984年 66页 26cm（16开）
定价：CNY1.80

J0096612
三希堂法帖
成都 四川人民出版社 1984年 25cm（16开）
统一书号：8118.1701 定价：CNY1.80

J0096613
三希堂法帖
北京 中国书店 1987年 影印本 4册（2410页）
19cm（32开）精装 定价：CNY32.00

J0096614
三希堂法帖 （晋）王羲之等书
北京 中国书店 1991年 影印本 4册
26cm（16开）精装 ISBN：7-80568-189-9
定价：CNY180.00
　　《三希堂法帖》全称《三希堂石渠宝笈法帖》。
汇刻丛帖。32册。清乾隆十二年（1747年）清高
宗命梁诗正等编次内府所藏魏晋时期至明代法
书，聚集众工，摹勒上石。其中包括三希堂所藏
东晋王羲之《快雪时晴帖》、王献之《中秋帖》、王
珣《伯远帖》墨迹三种，故名《三希堂法帖》。此
外还收有魏朝的钟繇，梁朝武帝，唐朝褚遂良、
颜真卿、柳公权、怀素和孙过庭，金元时期的王

庭筠、赵孟頫等130多位书法大家不同风格、不
同流派的作品300多件，另有题跋200多件，印
章1600多方。是法帖中的巨制。现藏北京故宫
博物院。

J0096615
三希堂法帖
北京 北京广播学院出版社 1992年
3册（293页）13cm（64开）
ISBN：7-81004-322-6 定价：CNY28.70

J0096616
三希堂法帖 （精华本）张炳忠编
沈阳 辽沈书社 1993年 445页 19cm（32开）
ISBN：7-80507-173-X 定价：CNY18.00

J0096617
三希堂法帖 晓光编
北京 经济日报出版社 1996年 605页
28cm（大16开）精装 ISBN：7-80127-139-4
定价：CNY136.00

J0096618
三希堂法帖
天津 天津古籍出版社 1996年 3册（2407页）
26cm（16开）精装 ISBN：7-80504-540-2
定价：CNY258.00
（中国书法丛帖粹编）

J0096619
三希堂法帖 （清）梁诗正，（清）蒋溥编
天津 天津古籍出版社 1996年
6册（10+2569页）26cm（16开）

J0096620
三希堂法帖 中国书店编
北京 中国书店 1996年 影印本 4册（2410页）
19cm（32开）精装 ISBN：7-80568-178-3
定价：CNY95.00

J0096621
三希堂法帖 上海书店出版社编
上海 上海书店出版社 1997年 影印本 4册
14cm（64开）ISBN：7-80569-223-8
定价：CNY85.00

J0096622

三希堂法帖 （清）梁诗正等编
杭州 浙江古籍出版社 1997 年 14+763 页
26cm（16 开）精装 ISBN：7-80518-424-0
定价：CNY65.00

J0096623

三希堂法帖 （清）梁诗正编
北京 西苑出版社 1998 年 影印本 5 册
（27+3226 页）26cm（16 开）
精装 ISBN：7-80108-075-0 定价：CNY980.00

J0096624

三希堂法帖 （清）梁诗正等编
北京 长征出版社 1999 年 5 册（2751 页）
26cm（16 开）精装 ISBN：7-80015-561-7
定价：CNY998.00

J0096625

三希堂法帖精萃 （豪华礼品本）李延沛选编
哈尔滨 黑龙江人民出版社 1994 年 650 页
20cm（32 开）精装 ISBN：7-207-02444-4
定价：CNY22.15

J0096626

三希堂法帖释文 （清）陈焯编
北京 中国书店 1998 年 影印本 19cm（32 开）
精装 ISBN：7-80568-815-X 定价：CNY16.00

J0096627

三希堂小楷八种
北京 中国书店 1984 年 25cm（16 开）
定价：CNY0.45

J0096628

善本碑帖录 张彦生著
北京 中华书局 1984 年 214 页 27cm（大 16 开）
定价：CNY1.65
　　本书分为四卷。前三卷为碑刻，自秦汉、六
朝至唐宋而止，后一卷为宋元明丛帖。收录碑帖
近 800 种。

J0096629

楹联墨迹大观
北京 中国书店 1984 年 影印本 25cm（小 16 开）

定价：CNY5.20

J0096630

楹联墨迹大观 高野侯书
北京 中国书店 1990 年 影印本 重印本
26cm（16 开）ISBN：7-80568-118-X
定价：CNY12.00，CNY16.00（精装）
　　本书据上海中华书局 1928 年版影印。作者
高野侯（1878—1952），画家、出版家。字时显，
号欣木、可庵，浙江余杭人。清末举人，曾任中
华书局董事、美术部主任。精于鉴定，收藏甚富，
兼工隶书，篆刻亦佳。辑有《方寸铁斋印存》等。

J0096631

云南碑刻与书法 顾峰编
昆明 云南人民出版社 1984 年 152+48 页
19cm（32 开）统一书号：7116.1016
定价：CNY1.85
　　本书收入 20 篇研究云南石刻书法艺术的
文章。

J0096632

赵之谦补寰宇访碑录 （清）赵之谦纂集
上海 上海书画出版社 1984 年 3 册 函
20cm（32 开）线装 定价：CNY28.00
　　作者赵之谦（1829—1884），晚清书画家。浙
江绍兴人，初字益甫，号冷君，号悲庵、梅庵、无
闷等。著有《六朝别字记》《悲庵居士文存》等，
篆刻有《二金蝶堂印存》等。

J0096633

中国名家碑帖字典 冯正曦编译
台北 常春树书坊 1984 年 559 页 21cm（32 开）
精装

J0096634

杜甫草堂墨迹选 （一）杜甫草堂之物保管处
杜甫纪念馆编辑
上海 上海书画出版社 1985 年 93 页 33cm（5 开）
统一书号：8172.1251 定价：CNY3.55
　　杜甫草堂 1955 年建馆，收集了大量与杜甫
有关的书籍文物，包括数以千计的书画作品。第
一集选印明清、近代书法家书写的杜诗九十三
种，作者有张弼、祝允明、徐渭、傅山、郑燮、包
世臣、吴昌硕，何香凝、老舍、沈尹默等几十位

名家，书体各异，流派不同。

J0096635

敦煌遗书书法选　徐祖蕃等编选

兰州 甘肃人民出版社 1985年 120页
38cm(6开) 精装 统一书号：8096.1160
定价：CNY25.00

　　敦煌文物研究所、甘肃省博物馆、敦煌县博物馆藏。

J0096636

历代名帖自学选本　（唐集王半截碑）上海书画出版社[编]

上海 上海书画出版社 1985年 28页 26cm(16开)
ISBN：7-80512-875-8 定价：CNY5.00

　　《唐集王半截碑》为唐兴福寺僧大雅集晋王羲之行书，三十五行，行存二十三字至二十五字不等。

J0096637

历代名帖自学选本　（元赵孟頫福神观记）
（元）赵孟頫书；上海书画出版社（编）

上海 上海书画出版社 1985年 35页 26cm(16开)
ISBN：7-80512-090-0 定价：CNY5.00

　　本书收录的法帖为元代赵孟頫所书，刚健婀娜，有晋唐风韵，作于延祐七年，乃其最晚年之杰作。

J0096638

历代名帖自学选本　（北魏始平公造像）上海书画出版社[编]

上海 上海书画出版社 1986年 13页 26cm(16开)
ISBN：7-80512-249-0 定价：CNY4.00
　　中国北魏记录佛教文化的楷书碑帖。

J0096639

历代名帖自学选本　（隋智永真书千字文）
（隋释）智永书；上海书画出版社（编）

上海 上海书画出版社 1986年 20页 26cm(16开)
ISBN：7-80512-088-9 定价：CNY4.00

　　作者智永，隋代书法家、佛教大师。名法极，浙江会稽人。代表作临摹《真草千字文》。

J0096640

历代名帖自学选本　（唐褚遂良阴符经）（唐）

褚遂良书；上海书画出版社（编）
上海 上海书画出版社 1986年 32页 26cm(16开)
ISBN：7-80512-092-7 定价：CNY5.00

　　中国唐代楷书碑帖。作者褚遂良（596—658或659），唐代政治家、书法家。字登善，杭州钱塘（今浙江杭州市）人。代表作品有《孟法师碑》《雁塔圣教序》等。

J0096641

历代名帖自学选本　（唐颜真卿麻姑仙坛记）
（唐）颜真卿书；上海书画出版社（编）

上海 上海书画出版社 1986年 61页 26cm(16开)
ISBN：7-80512-093-5 定价：CNY7.00

　　作者颜真卿（709—785），唐代书法家。字清臣。历任监察御史、殿中侍御史。代表作品有《韵海镜源》《吴兴集》《庐陵集》等，均佚。宋人辑有《颜鲁公集》。

J0096642

历代名帖自学选本　（唐褚遂良孟法师碑）

上海 上海书画出版社 1987年 24页 24cm(26开)
ISBN：7-80512-238-5 定价：CNY3.50
　　中国唐代楷书碑帖。

J0096643

历代名帖自学选本　（唐褚遂良圣教序）（唐）
褚遂良书

上海 上海书画出版社 1987年 54页 26cm(16开)
ISBN：7-80512-421-3 定价：CNY6.30
　　中国唐代楷书碑帖。

J0096644

历代名帖自学选本　（唐集王圣教序记）（晋）
王羲之书；（唐）释怀仁摹

上海 上海书画出版社 1987年 50页 26cm(16开)
ISBN：7-80512-465-5 定价：CNY6.30
　　中国唐代行书碑帖。

J0096645

历代名帖自学选本　（唐王居士砖塔铭）

上海 上海书画出版社 1987年 11页 26cm(16开)
ISBN：7-80512-466-3 定价：CNY4.00

　　《王居士砖塔铭》唐显庆三年（658年）刻。明万历间出土于西安城南百塔寺。上官灵芝撰，敬客楷书。计十七行，行十七字。

J0096646

历代名帖自学选本 （唐欧阳通道因碑）（唐）
欧阳通书；上海书画出版社（编）
上海 上海书画出版社 1988年 62页 26cm（16开）
ISBN：7-80512-212-1 定价：CNY7.00

　　作者欧阳通（625—691），唐代书法家。字
通师，唐潭州临湘（今湖南长沙）人，欧阳询之子。
传世作品有《道因法师碑》《泉男生墓志》等。

J0096647

临沂历代碑帖法书选　山东省出版总社临沂
办事处编
济南 山东美术出版社 1985年 影印本 130页
26cm（16开）精装 定价：CNY7.00

　　本书共收资料61件，从陶文开始至晚清为
止，涉及各个朝代的著名碑帖和书法。它包括了
陶文、金文、篆、隶、真、行、草等各种书体和不
同的风格流派。

J0096648

西安碑林百图集赏　（日、英、汉文对照）陕
西省博物馆编
西安 陕西旅游出版社 1992年 120页
19cm（小32开）硬折装 ISBN：7-5418-0438-X
定价：CNY7.40

　　本书节选了历代有代表性的碑石120种。

J0096649

西安碑林名碑　（2 欧阳通书道因法师碑）陕
西省博物馆编
西安 陕西人民美术出版社 1986年 58页
30cm（10开）定价：CNY2.60

　　中国唐代楷书碑帖。

J0096650

西安碑林名碑　（3 汉曹全碑）陕西省博物馆编
西安 陕西人民美术出版社 1986年 38页
30cm（10开）定价：CNY1.90

　　中国东汉时代隶书碑帖。

J0096651

西安碑林名碑　（4 颜真卿书多宝塔感应碑）
陕西省博物馆编
西安 陕西人民美术出版社 1986年 48页
30cm（10开）定价：CNY2.30

　　中国唐代楷书碑帖。

J0096652

西安碑林名碑　（一）陕西省博物馆编
西安 陕西人民美术出版社 1989年 盒装
定价：CNY12.40

　　本书从西安碑林两千余方藏石选编而成。
分集出版，多采用旧拓本。碑石上起秦汉下至明
清，隋唐碑刻尤为突出。

J0096653

西安碑林名碑　（二）陕西省博物馆编
西安 陕西人民美术出版社 1989年 5册
33cm（12开）盒装 定价：CNY16.90

J0096654

西安碑林名碑　（三）陕西省博物馆编
西安 陕西人民美术出版社 1988年 5册
36cm（12开）盒装 定价：CNY16.90

J0096655

西安碑林名碑　（四）陕西省博物馆编
西安 陕西人民美术出版社 1989年 5册
33cm（12开）盒装 定价：CNY25.30

J0096656

西安碑林名碑　（五）陕西省博物馆编
西安 陕西人民美术出版社 1989年 5册
33cm（12开）盒装 定价：CNY21.10

J0096657

西安碑林名碑　（六）陕西省博物馆编
西安 陕西人民美术出版社 1989年 5册
33cm（12开）盒装 定价：CNY24.85

J0096658

西安碑林名碑　（一）李域铮编
西安 陕西人民美术出版社 1996年 修订版
272页 有照片 33cm ISBN：7-5368-0857-7
定价：CNY36.00

J0096659

西安碑林名碑　（2）陕西省博物馆编
西安 陕西人民美术出版社 1994年 重印本
1匣（5册）有照片 30cm（12开）匣装

ISBN：7-5368-0330-3 定价：CNY26.50

J0096660

西安碑林名碑 （二）李域铮编
西安 陕西人民美术出版社 1996年 修订版
322页 有照片 33cm（12开）
ISBN：7-5368-0861-5 定价：CNY42.00
　　本书包括：《怀素三帖》《颜氏家庙碑》《真
草千字文碑》《大唐三藏圣教序碑》。

J0096661

西安碑林名碑 （三）李域铮编
西安 陕西人民美术出版社 1996年 修订版
262页 有照片 33cm（12开）
ISBN：7-5368-0862-3 定价：CNY35.00

J0096662

西安碑林名碑 （四）李域铮编
西安 陕西人民美术出版社 1997年 2版
修订版 305页 有照片 33cm（12开）
ISBN：7-5368-0875-5 定价：CNY40.00

J0096663

西安碑林名碑 （五）李域铮编
西安 陕西人民美术出版社 1997年
2版（修订版）271页 有照片 33cm（12开）
ISBN：7-5368-0876-3 定价：CNY36.00

J0096664

西安碑林名碑 （六）李域铮编
西安 陕西人民美术出版社 1997年 修订版
320页 33×19cm ISBN：7-5368-0877-1
定价：CNY42.00

J0096665

西安碑林书法艺术 李域铮等编著
西安 陕西人民美术出版社 1983年 384页
英文说明书9页 26cm（16开）
统一书号：8199.446
定价：CNY10.50，CNY13.50（精装）
　　本书对西安碑林的历史沿革、碑石来源、历
史背景、法艺术、撰作者、古今评介等都作了系
统的介绍和叙述。

J0096666

西安碑林书法艺术 李域铮等编著
西安 陕西人民美术出版社 1989年 增订本
446页 26cm（16开）
精装 ISBN：7-5368-0137-8 定价：CNY29.50
　　本书对西安碑林的历史沿革、碑石来源、历
史背景、书法艺术、撰作者、古今评介等都作了
系统的介绍和叙述。

J0096667

西安碑林书法艺术 李域铮等编著
西安 陕西人民美术出版社 1994年
[3版]增订本 重印本 446页 有插图
26cm（16开）精装 ISBN：7-5368-0687-6
定价：CNY45.00

J0096668

西安碑林书法艺术 （增订本）李域铮等编著
西安 陕西人民美术出版社 1997年 446页
有插图 26cm（16开）精装
ISBN：7-5368-0687-6 定价：CNY59.00

J0096669

真草隶篆蒙学三种 天津市古籍书店编
天津 天津市古籍书店 1986年 30页 19cm（32开）
定价：CNY0.42
　　中国古代法帖选集。

J0096670

字宝 （一 楷书 魏·钟繇《荐季直表》选字）
（魏）钟繇书
长春 吉林美术出版社 1986年 38页 37cm（8开）
统一书号：8390.89 定价：CNY2.05
（学书必备）

J0096671

字宝 （二 楷书 东晋·王羲之《乐毅论》选字）
（东晋）王羲之书
长春 吉林美术出版社 1986年 48页 37cm（8开）
统一书号：8390.90 定价：CNY2.50
（学书必备）

J0096672

字宝 （三 行书 唐·颜真卿《争坐位稿》选字）
（唐）颜真卿书

长春 吉林美术出版社 1986年 59页 37cm（8开）
统一书号：8390.91 定价：CNY3.00
（学书必备）

J0096673
字宝 （四 草书 东晋·王羲之《尺牍》选字）
（东晋）王羲之书
长春 吉林美术出版社 1986年 43页 37cm（8开）
统一书号：8390.92 定价：CNY2.30
（学书必备）
　　中国东晋时代草书法帖。1990年第二次印刷时，增加ISBN号：7-5386-0192-9。

J0096674
字宝 （五 楷书 北魏·《张猛龙碑》选字）
长春 吉林美术出版社 1986年 54页 37cm（8开）
ISBN：7-5386-0042-6 定价：CNY14.50
（学书必备）
　　中国北魏楷书碑帖。

J0096675
字宝 （六 隶书 汉·《礼器碑》选字）
长春 吉林美术出版社 1986年 51页 37cm（8开）
ISBN：7-5386-0043-4 定价：CNY14.50
（学书必备）
　　中国东汉时代隶书碑帖。

J0096676
字宝 （七 行书 唐·褚遂良《枯树赋》选字）
（唐）褚遂良书
长春 吉林美术出版社 1986年 57页 37cm（8开）
ISBN：7-5386-0049-3 定价：CNY15.50
（学书必备）
　　中国唐代行书法帖。

J0096677
字宝 （八 草书 唐·怀素《草书千字文》选字）
（唐释）怀素书
长春 吉林美术出版社 1986年 61页 37cm（8开）
ISBN：8390.96 定价：CNY3.70
（学书必备）
　　中国唐代草书法帖。作者怀素（737—799），唐代书法家。字藏真，俗姓钱，永州零陵（今湖南零陵）人。传世书法作品有《自叙帖》《苦笋帖》《圣母帖》《论书帖》《小草千文》等。

J0096678
字宝 （九 隶书 汉·《曹全碑》选字）
长春 吉林美术出版社 1986年 54页 37cm（8开）
统一书号：8390.98 定价：CNY4.00
（学书必备）
　　中国东汉时代隶书法帖。

J0096679
字宝 （十 篆书 清·《篆书三种》选字）
长春 吉林美术出版社 1986年 60页 37cm（8开）
统一书号：8390.98 定价：CNY4.00
（学书必备）
　　中国清代篆书法帖。

J0096680
实用六体书字典　何崝编著
成都 四川辞书出版社 1987年 208页
19cm（32开）统一书号：8458.3
ISBN：7-80543-013-6 定价：CNY2.10
　　收入常见于古诗文的汉字2486个，每字用甲骨文、金文、篆书、隶书、草书、楷书6种字体书写。每字各体只取一个比较典型的字形。每部中以简体字笔画多少为序。正文前有部首目录供检索。作者何崝（1947—　），教授。四川成都人，毕业于华东师范大学中文系。四川大学历史文化学院教授、硕士生导师，中国文字学会会员、中国书法家协会会员、四川省书学学会副会长。著有《中国古代社会研究》《甲骨文字研究》《商文化管窥》《实用六体书字典》等。

J0096681
书法大观　陈秉生等编
北京 中国计量出版社 1987年 364页
26cm（16开）ISBN：7-5026-0045-0
定价：CNY9.00

J0096682
书法大观　陈秉生等编
北京 中国计量出版社 1987年 364页
26cm（16开）精装 ISBN：7-5026-0085-X
定价：CNY11.00

J0096683
帖学举要　王壮弘编著
上海 上海书画出版社 1987年 177页

19cm（32开）定价：CNY1.70

（书法知识丛书）

　　本书选常见而较为著名的法帖30种汇编而成。书后附录部分有历代单刻伪帖目录、历代集帖目录以及帖学举要附图。

J0096684

真、草、隶、篆蒙学三种　（千字文，百家姓，三字经）天津市古籍书店编

天津　天津市古籍书店　1987年　2版　30页

19cm（32开）定价：CNY0.45

J0096685

中国历代法书墨迹大观　（一　魏晋·隋）谢稚柳主编

上海　上海书店　1987年　146页　38cm（8开）

精装　ISBN：7-80622-294-4　定价：CNY80.00

　　主编谢稚柳（1910—1997），书画家、书画鉴定家。原名稚，字稚柳，后以字行，晚号壮暮翁，斋名鱼饮溪堂等。江苏常州人。历任上海市文物保护委员会编纂、副主任、上海市博物馆顾问、中国书法家协会理事、国家文物局全国古代书画鉴定小组组长等。编著有《敦煌石室记》《敦煌艺术叙录》《水墨画》《唐五代宋元名迹》等。

J0096686

中国历代法书墨迹大观　（二　唐）谢稚柳主编

上海　上海书店　1987年　170页　38cm（8开）

精装　ISBN：7-80622-302-9　定价：CNY85.00

　　本书收唐代诸家法书墨迹。

J0096687

中国历代法书墨迹大观　（三　唐）谢稚柳主编

上海　上海书店　1987年　154页　38cm（8开）

精装　ISBN：7-80622-303-7　定价：CNY76.00

　　本书收唐代诸家法书墨迹。

J0096688

中国历代法书墨迹大观　（四　唐·五代）谢稚柳主编

上海　上海书店　1987年　184页　38cm（8开）

精装　ISBN：7-80622-304-5　定价：CNY90.00

　　本书收唐至五代诸家法书墨迹。

J0096689

中国历代法书墨迹大观　（五　宋）谢稚柳主编

上海　上海书店　1988年　206页　38cm（8开）

精装　ISBN：7-80569-043-X　定价：CNY100.00

　　本书收宋代诸家法书遗墨。

J0096690

中国历代法书墨迹大观　（六　宋）谢稚柳主编

上海　上海书店　1989年　291页　38cm（8开）

精装　ISBN：7-80569-160-6　定价：CNY60.00

　　本书收宋代诸家法书遗墨。

J0096691

中国历代法书墨迹大观　（七　宋）谢稚柳主编

上海　上海书店　1990年　253页　38cm（8开）

精装　ISBN：7-80569-347-1　定价：CNY58.00

　　本书收宋代诸家法书遗墨。

J0096692

中国历代法书墨迹大观　（八　宋·金·元）谢雅柳主编

上海　上海书店　1990年　283页　38cm（8开）精装　ISBN：7-80569-379-X　定价：CNY58.00

　　本书收宋代、金代、元代诸家法书墨迹。

J0096693

中国历代法书墨迹大观　（九　元）谢稚柳主编；胡问遂等编

上海　上海书店　1990年　226页　38cm（8开）精装　ISBN：7-80569-380-3　定价：CNY50.00

　　本书收元代诸家法书遗墨。编者胡问遂（1918—1999），书法家。浙江绍兴人。历任上海中国画院一级美术师、中国书法家协会理事、上海书法家协会主席团成员、上海文史馆馆员。代表作品《大楷习字帖》《七律·到韶山》《七律·自嘲》《常用字字帖》等。

J0096694

中国历代法书墨迹大观　（十　明）谢稚柳主编

上海　上海书店　1992年　230页　38cm（8开）精装　ISBN：7-80569-418-4　定价：CNY59.00

　　本书收明代诸家法书墨迹。

J0096695

中国历代法书墨迹大观　（十一　明）

谢稚柳主编
上海 上海书店 1992年 221页 38cm(8开) 精装
ISBN: 7-80569-419-2 定价: CNY55.00
　　本书收明代诸家法书墨迹。

J0096696
中国历代法书墨迹大观 （十二 明）
谢稚柳主编
上海 上海书店 1992年 208页 38cm(8开)
精装 ISBN: 7-80569-420-6 定价: CNY55.00
　　本书收明代诸家法书墨迹。

J0096697
中国历代法书墨迹大观 （十三 明）
谢稚柳主编
上海 上海书店 1993年 218页 38cm(8开)
精装 ISBN: 7-80569-421-4 定价: CNY65.00
　　本书收明代诸家法书墨迹。

J0096698
中国历代法书墨迹大观 （十四 清）
谢稚柳主编
上海 上海书店 1993年 217页 38cm(8开)
精装 ISBN: 7-80569-422-2 定价: CNY68.00
　　本书收清代诸家法书墨迹。

J0096699
中国历代法书墨迹大观 （十五 清）
谢稚柳主编
上海 上海书店 1994年 216页 38cm(8开)
精装 ISBN: 7-80569-887-2 定价: CNY85.00
　　本书收清代诸家法书墨迹。

J0096700
中国历代法书墨迹大观 （十六
无名氏书家）谢稚柳主编
上海 上海书店 1996年 123页 38cm(8开)
精装 ISBN: 7-80622-115-8 定价: CNY65.00
　　本书收历代无名氏书家法书墨迹。

J0096701
中国历代法书墨迹大观 （十七
无名氏书家）谢稚柳主编
上海 上海书店 1996年 127页 38cm(8开)
精装 ISBN: 7-80622-116-6 定价: CNY65.00

　　本书收历代无名氏书家法书墨迹。

J0096702
中国历代法书墨迹大观 （十八 无名氏书家）
谢稚柳主编
上海 上海书店 1996年 130页 38cm(8开)
精装 ISBN: 7-80622-117-4 定价: CNY68.00
　　本书收历代无名氏书家法书墨迹。

J0096703
毛公鼎放大本
天津 天津市古籍书店 1988年 影印本 36页
26cm(16开) 定价: CNY1.20
（历代碑帖集萃）
　　毛公鼎为西周晚期青铜器。现藏台北故宫
博物院。高53.8厘米。腹内壁铸铭文500字,
是现存青铜器中铭文字数最多者。

J0096704
明拓肃府本淳化阁帖　秦明智,徐祖蕃编校
译释
兰州 甘肃人民出版社 1988年 影印本
2册(513页) 26cm(16开) 精装
　　淳化阁帖,为宋淳化三年(992)宋太宗出秘
阁(帝王藏图书之所)所藏历代法书,命侍学士
王著编次,标明为"法帖",摹刻在枣木板上,拓
赐大臣。

J0096705
秦篆二刻石
天津 天津市古籍书店 1988年 影印本 45页
29cm(16开) 定价: CNY4.50
（历代碑帖集萃）
　　中国古代碑帖,据艺苑真赏社印本(锡山秦
氏古鉴阁藏本)影印。

J0096706
续三希堂法帖　（清）蒋溥等编
北京 北京古籍出版社 1988年 影印本 244页
28cm(16开) 精装 ISBN: 7-5300-0023-3
定价: CNY18.00
　　中国清代书法作品。

J0096707
续三希堂法帖　（清）蒋溥等编

北京 北京古籍出版社 1988年 影印本 244页
19cm（小 32 开）精装 定价：CNY8.00

　　中国古代书法作品集。

J0096708

中国书迹大观 （第六卷 上海博物馆 上）
上海博物馆编
北京 文物出版社 1988年 255页 37cm（8 开）
精装 ISBN：7-5010-0045-X 定价：CNY250.00

　　本书起自东晋王羲之《上虞帖》，下至清吴
昌硕的小戍诗屏共 120 件作品，彩图 80 面，黑
白图 360 面。包括王献之的《鸭头丸帖》等。由
文物出版社和株式会社讲谈社联合出版。

J0096709

中国书迹大观 （第七卷 上海博物馆 下）上
海博物馆编
北京 文物出版社 1989年 240页 37cm（8 开）
精装 ISBN：7-5010-0046-8 定价：CNY250.00

　　本书起自东晋王羲之《上虞帖》，下至清吴
昌硕的小戍诗屏共 120 余件作品，彩图 80 面，黑
白图 360 面。包括王献之的《鸭头丸帖》等。由
文物出版社和株式会社讲谈社联合出版。

J0096710

中国书迹大观 （第四卷 上 辽宁省博物馆）
辽宁省博物馆编
北京 文物出版社 1992年 254页 37cm（8 开）
精装 ISBN：7-5010-0043-3 定价：CNY250.00

　　本书从东晋以后各朝代书法作品 157 件中
选出具有代表性的珍品 110 余件编成。全书有
彩色图版 80 面，黑白图版 360 面。由文物出版
社和株式会社讲谈社联合出版。

J0096711

中国书迹大观 （第一卷 故宫博物院 上）
故宫博物院编
北京 文物出版社 1993年 277页 37cm（8 开）
精装 ISBN：7-5010-0040-9 定价：CNY250.00

　　本画册精选历史书法藏品 161 件，其中包括
自西晋陆机等 144 家的手迹。由文物出版社和
株式会社讲谈社联合出版。

J0096712

中国书迹大观 （第三卷 南京博物院）

南京博物院编
北京 文物出版社 1993年 264页 37cm（8 开）
精装 ISBN：7-5010-0042-5 定价：CNY250.00

　　本书选编南京博物院藏品中的 93 幅法书墨
迹。由文物出版社和株式会社讲谈社联合出版。

J0096713

中国书迹大观 （第五卷 辽宁省博物馆 下）
辽宁省博物馆编
北京 文物出版社 1993年 246页 37cm（8 开）
精装 ISBN：7-5010-0044-1 定价：CNY250.00

　　本书为辽宁省博物馆馆藏明、清时期的名
人墨迹。由文物出版社和株式会社讲谈社联合
出版。

J0096714

中国书迹大观 （第二卷 故宫博物院 下）故
宫博物院编
北京 文物出版社 1994年 276页 37cm（8 开）
精装 ISBN：7-5010-0041-7 定价：CNY250.00

　　本书由文物出版社和株式会社讲谈社联合
出版。

J0096715

天津市艺术博物馆藏法书作品选　　崔锦，杜
滋龄编
天津 天津人民美术出版社 1989年 177页
36cm（6 开）ISBN：7-5305-0197-6
定价：CNY34.00

　　编者杜滋龄（1941—　），教授。生于天津，
毕业于中国美术学院中国画系研究生班。历任
中国画学会副会长、中国艺术研究院博士生导
师、南开大学教授、天津美术家协会副主席。代
表作品《帕米尔初雪》《古老的歌》《大漠行》等。

J0096716

北京图书馆藏善拓题跋辑录　　王敏辑注
北京 文物出版社 1990年 386页 21cm（32 开）
定价：CNY13.00

J0096717

古今百家名联墨迹欣赏　　洪丕谟，蒋频著
上海 学林出版社 1990年 201页 20cm（32 开）
ISBN：7-80510-517-0 定价：CNY3.40

　　作者洪丕谟（1940—2005），医生、教师。生

于上海，毕业于上海市卫生局中医大专班。华东政法学院教师。中国书法家协会第一届学术委员，上海市大学书法教育学会会长等。著有《洪丕谟书法集》《中国书法史话》等。作者蒋频（1963—　），生于浙江富阳，毕业于上海华东政法学院。历任国家文物学会理事、西泠印社社员、中国收藏家协会书画家专业委员会委员、浙江省中国文化研究会艺术研究中心副主任、浙江富春江书画院院长。编著出版有《江湖夜雨十年灯》《古今百家名联墨迹欣赏》以及《蒋频书法选集》等。

J0096718
历代书法选　陈文良，董文武编著
长春　北方妇女儿童出版社　1990年　353页
26cm（16开）ISBN：7-5385-0164-9
定价：CNY11.60
　　本书对上自殷商下至清末的甲骨文、石鼓文、篆、隶、草、楷、行等各种书体以及历代名家名作做了简单评介，共176幅作品。

J0096719
名碑实录选刊　陈复澄著写
北京　团结出版社　1990年　3册　26cm（16开）
　　本套书收《东汉鲜于璜碑》《东汉封龙山颂》《符秦建元四年产碑》三部碑帖。

J0096720
墓志书法精选　（第一册　元腾墓志　唐耀墓志）荣宝斋编辑
北京　荣宝斋　1990年　22页　25×26cm
ISBN：7-5003-0084-0　定价：CNY2.90

J0096721
墓志书法精选　（第二册　杨氏　元鉴　元定墓志）
北京　荣宝斋［1990年］22页　25cm（12开）
ISBN：7-5003-0078-6　定价：CNY2.90

J0096722
墓志书法精选　（第三册　鞠彦云　显祖成嫔奚智墓志）
北京　荣宝斋［1990年］22页　25cm（12开）
ISBN：7-5003-0090-5　定价：CNY2.90

J0096723
墓志书法精选　（第四册　元彬墓志、元绪墓志）
北京　荣宝斋［1990年］22页　25cm（12开）
ISBN：7-5003-0085-9　定价：CNY2.90

J0096724
墓志书法精选　（第五册　吐谷浑墓志、姜敬亲墓志）
北京　荣宝斋［1990年］22页　25cm（12开）
ISBN：7-5003-0079-4　定价：CNY2.90

J0096725
墓志书法精选　（第六册　元桢墓志、奚真墓志）荣宝斋编辑部编
北京　荣宝斋　1992年　影印本　22页　25×26cm
ISBN：7-5003-0116-2　定价：CNY3.30

J0096726
墓志书法精选　（第七册　鲜于仲儿墓志、冯氏墓志）荣宝斋编辑部编
北京　荣宝斋　1992年　影印本　22页　25×26cm
ISBN：7-5003-0117-0　定价：CNY3.30

J0096727
墓志书法精选　（第八册　刘怀民墓志、王僧男墓志）荣宝斋编辑部编
北京　荣宝斋　1992年　影印本　22页　25×26cm
ISBN：7-5003-0118-9　定价：CNY3.30

J0096728
墓志书法精选　（第九册　鄀盖族铭、李元姜墓志）荣宝斋编辑部编
北京　荣宝斋　1992年　影印本　22页　25×26cm
ISBN：7-5003-0119-7　定价：CNY3.30

J0096729
墓志书法精选　（第十册　崔景播墓志、秘丹墓志）荣宝斋编辑
北京　荣宝斋　1992年　影印本　22页　25×26cm
ISBN：7-5003-0120-0　定价：CNY3.30

J0096730
欧斋石墨题跋　朱翼盦著
北京　书目文献出版社　1990年　149页
21cm（32开）定价：CNY3.95

J0096731

旁注楷书三希堂草书字帖

北京　北京古籍出版社　1990 年　276 页

26cm（16 开）精装　ISBN：7-5300-0041-1

定价：CNY18.50

　　本书从《三希堂》及《续三希堂》中优选出王
羲之、王献之、孙虔礼、怀素、杨凝式、黄庭坚、
米芾、赵孟頫等 18 位草书名家的精品，并在每
个草字旁加注楷体释文。

J0096732

旁注楷书三希堂草书字帖　　北京古籍出版社
编

北京　北京古籍出版社　1990 年　276 页

26cm（16 开）定价：CNY13.75

J0096733

全拓中国历代碑刻选　（北魏魏灵藏造像记）

上海　上海书画出版社　1990 年　1 张　76cm（2 开）

定价：CNY5.40

J0096734

全拓中国历代碑刻选　（北魏杨大眼造像记）

上海　上海书画出版社　1990 年　1 张　76cm（2 开）

定价：CNY5.40

J0096735

全拓中国历代碑刻选　（汉苍山元嘉元年画
像石题记）

上海　上海书画出版社　1990 年　1 张　76cm（2 开）

定价：CNY5.40

J0096736

全拓中国历代碑刻选　（汉朝侯小子残碑）

上海　上海书画出版社　1990 年　1 张　76cm（2 开）

定价：CNY5.40

J0096737

全拓中国历代碑刻选　（汉贾仲武妻马姜墓记）

上海　上海书画出版社　1990 年　1 张　76cm（2 开）

定价：CNY5.40

J0096738

全拓中国历代碑刻选　（汉贤良方正子游残碑）

上海　上海书画出版社　1990 年　1 张　76cm（2 开）

定价：CNY5.40

J0096739

全拓中国历代碑刻选　（汉治张角残石·汉君
子残石）

上海　上海书画出版社　1990 年　1 张　76cm（2 开）

定价：CNY5.40

J0096740

三稀珍本　　一白编

南京　江苏教育出版社　1990 年　1 张　39cm（8 开）

定价：CNY1.00

（历代法书精萃丛帖）

J0096741

四川历代碑刻　　高文，高成刚编

成都　四川大学出版社　1990 年　375 页

27cm（大 16 开）定价：CNY13.00

J0096742

五台山诗百家书法撷英　　陈巨锁主编

太原　山西人民出版社　1990 年　142 页

33×19cm（15 开）ISBN：7-203-01409-6

定价：CNY12.60

（中国四大佛教圣地书法丛书 1）

　　本书是中国古代四大佛教圣地书法选集。
作者陈巨锁（1934—　），书法家、作家、文化学
者。别名隐堂，山西原平人。先后在山西艺术学
院和山西大学攻读美术兼书法。历任中国书法
家协会理事、山西省书法家协会副主席、山西省
美协理事、山西省诗书画印艺术家联合会副主席
等、一级美术师。主要作品有《生死门》，出版有
《隐堂散文集》《隐堂随笔》等。

J0096743

新出土中国历代书法　　（日）西村昭一编；陈
滞冬译

成都　成都出版社　1990 年　215 页　20cm（32 开）

ISBN：7-80575-045-9　定价：CNY6.50

　　作者陈滞冬（1951—　），画家、书法家、艺
术史学者。四川成都人。硕士毕业于四川师范
大学中国古代文学研究所。出版《陈滞冬画集》
《中国书画与文人意识》《中国书学论著提要》等
著作。

J0096744

造像书法选编 （第一册）荣宝斋编辑
北京 荣宝斋 [1990—1999 年] 24 页 25×26cm
ISBN：7-5003-0121-9 定价：CNY3.80
（墓志造像书法系列）

　　本书是中国古代石刻墓志造像书法图集。

J0096745

造像书法选编 （第二册）荣宝斋编辑
北京 荣宝斋 [1990—1999 年] 24 页 25×26cm
ISBN：7-5003-0122-7 定价：CNY3.80
（墓志造像书法系列）

　　本书是中国古代石刻墓志造像书法图集。

J0096746

造像书法选编 （第三册）荣宝斋编辑
北京 荣宝斋 [1990—1999 年] 24 页 25×26cm
ISBN：7-5003-0123-5 定价：CNY3.80
（墓志造像书法系列）

　　本书是中国古代石刻墓志造像书法图集。

J0096747

造像书法选编 （第四册）荣宝斋编辑
北京 荣宝斋 [1990—1999 年] 24 页 25×26cm
ISBN：7-5003-0167-7 定价：CNY3.80
（墓志造像书法系列）

　　本书是中国古代石刻墓志造像书法图集。

J0096748

造像书法选编 （第五册）荣宝斋编辑
北京 荣宝斋 [1990—1999 年] 24 页 25×26cm
ISBN：7-5003-0168-5 定价：CNY3.80
（墓志造像书法系列）

　　本书是中国古代石刻墓志造像书法图集。

J0096749

长安历代名碑 （1）陕西省博物馆编
西安 陕西人民美术出版社 1990 年 2 册
33cm（5 开）盒装 ISBN：7-5368-0189-0
定价：CNY25.00

　　本套碑帖收有唐代《豳州昭仁寺碑》《雁塔
圣教序碑》《荷璘碑》及北魏《姚伯多造像碑》。

J0096750

中国成语毛笔钢笔楷书字帖 顾仲书书写

北京 中国国际广播出版社 1990 年 128 页
26cm（16 开）ISBN：7-80035-597-7
定价：CNY5.00

J0096751

中国古代砖文 王镛，李淼编撰
北京 知识出版社 1990 年 207 页 27cm（大 16 开）
定价：CNY11.50

　　作者王镛（1948—　），别署凸斋、鼎楼主人
等。生于北京，山西太原人。硕士毕业于中央
美术学院。历任中央美术学院教授、书法艺术研
究室主任、中国书法家协会篆刻艺术委员会副
主任。

J0096752

中日高僧书法选 徐利明，董惠宁编著
南京 江苏美术出版社 1990 年 170 页
25×26cm ISBN：7-5344-0159-3
定价：CNY19.80

　　本书收录自南朝至近代中日高僧 106 人的
书法作品 170 余件，反映中日两国历史悠久的文
化交流，以及书法艺术的血缘关系。编者徐利明，
南京艺术学院教授。出版有《徐利明书画篆刻》。
编者董惠宁（1955—　），教师。江苏南京人。毕
业于南京艺术学院，留校任教，兼《艺苑》杂志
编辑部编辑、江苏省书法家协会会员、南京印社
社员。

J0096753

快雪堂法帖 （明）冯铨选辑
北京 紫禁城出版社 1991 年 313 页 34×20cm
ISBN：7-80047-127-6 定价：CNY29.80

　　本书为故宫博物院珍藏的《快雪堂法帖》涿
州拓本的影印本，共有 313 幅图。《快雪堂法帖》
所收法书，从王羲之至赵孟頫，凡 21 家 79 帖，
为明代涿州冯铨选辑，宛陵刘光旸摹刻。传世拓
本较少，其中尤以最早的涿拓本为最珍贵。本书
有序言《〈快雪堂法帖〉介绍》，对所收法帖，哪些
是真迹摹出，哪些是墨迹上石，哪些是宋拓善本
的再翻，以及墨迹与刻本的比较等，一一作了探
讨。作者冯铨（1596—1672），明朝书法家。字振
鹭、伯衡，号鹿庵，河北涿州人。代表作品有《瀛
洲赋》《独鹿山房诗集》。

J0096754

历代千字文墨宝　孙宝文编
长春 吉林美术出版社 1991年 2册（688+708页）
38cm（6开）精装 ISBN：7-5386-0201-1
定价：CNY700.00
　　本书所汇《千字文》字帖凡60种。收书家
49人，上自晋代王羲之，下自现代王莲常，真、
草、隶、篆各种书体。

J0096755

历代千字文墨宝　孙宝文编著
长春 吉林美术出版社 1997年 6册
36cm（15开）精装 ISBN：7-5386-0626-2
定价：CNY1188.00

J0096756

千字文　（隋释）智永等书
北京 北京出版社 1991年 115页 26cm（16开）
ISBN：7-200-01201-7 定价：CNY3.30
　　本书包括：（隋）智永禅师书真草千字文，
（唐）褚遂良书千字文和（明）文徵明书千字文。

J0096757

续刻三希堂法帖
北京 中国书店 1991年 影印本 181页
26cm（16开）精装 ISBN：7-80568-271-2
定价：CNY18.00
　　本书为乾隆初年编刻三希堂法帖的续刻本，
是中国历代书法法帖。

J0096758

续刻三希堂法帖
北京 中国书店 1991年 影印本 181页
19cm（小32开）精装 ISBN：7-80568-270-4
定价：CNY8.00

J0096759

续刻三希堂法帖
北京 中国书店 1995年 重印本 181页
18cm（小32开）精装 ISBN：7-80568-270-4
定价：CNY9.00

J0096760

中国书法全集　（18 三国两晋南北朝编 王羲
之、王献之 卷一）刘正成，刘涛主编

北京 荣宝斋 1991年 132页 有画像 26cm（16开）
精装 ISBN：7-5003-0133-2
　　本套书自1991年开始陆续出版。主编刘正
成（1946—　　），编审。笔名听涛斋主、八方斋主、
松竹梅花堂主人等，生于四川成都。历任国际书
法家协会主席、中国书法家协会副秘书长、中国
书协学术委员会副主任、《中国书法》杂志社社
长、主编，《中国书法全集》主编。编著有《刘正
成书法集》《当代书法精品集 - 刘正成》《书法
艺术概论》《晤对书艺 - 刘正成书法对话录》等。

J0096761

中国书法全集　（19 三国两晋南北朝编 王羲
之王献之 卷二）刘正成，刘涛主编
北京 荣宝斋 1991年 1册（239-474页）
26cm（16开）精装 ISBN：7-5003-0134-0

J0096762

中国书法全集　（33 宋辽金编 苏轼 卷一）
刘正成主编
北京 荣宝斋 1991年 304页 有画像 28cm（16开）
精装 ISBN：7-5003-0135-9

J0096763

中国书法全集　（34 宋辽金编 苏轼 卷二）
刘正成主编
北京 荣宝斋 1991年 305-633页 28cm（16开）
精装 ISBN：7-5003-0136-7

J0096764

中国书法全集　（9 秦汉金文陶文卷 秦汉编）
刘正成，王镛主编
北京 荣宝斋 1992年 278页 有彩照及图版
29cm（15开）精装 ISBN：7-5003-0132-4

J0096765

中国书法全集　（37 宋辽金编 米芾卷 一）
刘正成，曹宝麟主编
北京 荣宝斋 1992年 288页 有肖像及图
29cm（16开）精装 ISBN：7-5003-0137-5
定价：CNY41.50
　　主编曹宝麟（1946—　　），书法家，书法理论
家，学者。生于上海，祖籍江苏无锡。斋号晏庐。
历任中国书法家协会学术委员会委员、暨南大学
文化艺术中心教授等职。著有《抱瓮集》《中国

书法全集·蔡襄卷》《曹宝麟书法精选》等。

J0096766

中国书法全集　（38　宋辽金编　米芾卷　二）刘正成，曹宝麟主编

北京　荣宝斋　1992年　289-566页　有图

29cm（16开）精装　ISBN：7-5003-0138-3

定价：CNY41.50

J0096767

中国书法全集　（明代编　54　董其昌卷）刘正成，黄惇主编

北京　荣宝斋　1992年　291+20页　有画像及照片

29×21cm　精装　ISBN：7-5003-0139-1

定价：CNY43.00

J0096768

中国书法全集　（55　明代编　张瑞图卷）刘正成主编

北京　荣宝斋　1992年　253页　有画像

29cm（12开）精装　ISBN：7-5003-0140-5

定价：CNY42.40

J0096769

中国书法全集　（2　商周编　商周金文卷）刘正成，丛文俊主编

北京　荣宝斋　1993年　245页　有彩图　26cm（16开）

精装　ISBN：7-5003-0129-4

　　主编丛文俊（1949—　），史学家、书法家。生于吉林市，历史学博士，吉林大学古籍研究所副所长、副教授，中国书法家协会理事、篆书委员会副主任等。代表作品有《商周金文》《春秋战国金文》《先秦书法史》。

J0096770

中国书法全集　（7　秦汉编　秦汉刻石卷一）刘正成，何应辉主编

北京　荣宝斋　1993年　288页　有图版　28cm（16开）

精装　ISBN：7-5003-0130-8

J0096771

中国书法全集　（8　秦汉编　秦汉刻石卷二）刘正成，何应辉主编

北京　荣宝斋　1993年　289-573页　有图版及地图

28cm（16开）ISBN：7-5003-0131-6

定价：CNY68.60

J0096772

中国书法全集　（25　隋唐五代编颜真卿1）刘正成，朱关田主编

北京　荣宝斋　1993年　236页　有画像　28cm（16开）

精装　ISBN：7-5003-0177-4

　　主编朱关田（1944—　），书法家、篆刻家、书法史家。字曼倬，斋号思微室，浙江绍兴人，毕业于浙江美术学院。历任中国书法家协会常务理事、学术委员会副主任，西泠印社副社长等职。著有《中国书法全集·颜真卿卷》《中国书法全集·李邕卷》等。

J0096773

中国书法全集　（26　隋唐五代编　颜真卿2）刘正成，朱关田主编

北京　荣宝斋　1993年　237-463页　28cm（16开）

精装　ISBN：7-5003-0178-2

J0096774

中国书法全集　（27　隋唐五代编　柳公权卷）刘正成，吴鸿清主编

北京　荣宝斋　1993年　有画像　28cm（16开）

精装　ISBN：7-5003-0174-X

J0096775

中国书法全集　（49　明代编　祝允明卷）刘正成，葛鸿桢主编；（明）祝允明书

北京　荣宝斋　1993年　383页　有图版及地图

28cm（16开）精装　ISBN：7-5003-0172-3

　　主编葛鸿桢（1946—　），书画家。又名泓正，号省之，梦龙散人。江苏苏州人，毕业于北京师范学院（现首都师大）。历任中国书法家协会培训中心教授、中国国画家协会理事。著有《中国书法全集·祝允明》《中国书法全集·文征明》、译著《海外书迹研究》等。

J0096776

中国书法全集　（61　清代编　王铎卷　一）刘正成主编

北京　荣宝斋　1993年　352页　有画像

28cm（16开）精装　ISBN：7-5003-0141-3

定价：CNY48.00

J0096777

中国书法全集 （62 清代编 王铎卷 二）刘
正成主编

北京 荣宝斋 1993 年 1 册（353—681 页）有书影
28cm（16 开）精装 ISBN：7-5003-0142-1

定价：CNY48.00

J0096778

中国书法全集 （78 近现代编 康有为、梁启
超、罗振玉、郑孝胥卷）刘正成，王澄主编

北京 荣宝斋 1993 年 240 页 有照片 29cm（16 开）
精装 ISBN：7-5003-0179-0

J0096779

中国书法全集 （56 明代编 黄道周卷 附蔡
玉卿）刘正成主编

北京 荣宝斋 1994 年 337+13 页 有彩照及地图
28cm（大 16 开）精装 ISBN：7-5003-0173-1

定价：CNY66.90

J0096780

中国书法全集 （70 清代编 何绍基卷 附何
氏）刘正成，梅墨生主编；何绍基书

北京 荣宝斋 1994 年 有画像地图及图
28cm（16 开）精装 ISBN：7-5003-0239-8

定价：CNY66.00

　　主编梅墨生（1960—2019），书画家、诗人、
太极拳家。生于河北。又名觉公。曾任首都师
范大学、北京大学艺术学院教授，书法研究所所
长、博士生导师等。编著有《现代书法家批评》
《书法图式研究》等。作者何绍基（1799—1873），
清代诗人、书法家。字子贞，号东洲、晚号猿叟
（一作蝯叟）。湖南道州（今道县）人。曾任翰林
院编修、国史馆总纂。代表作品有《惜道味斋经
说》《说文段注驳正》《东洲草堂诗钞》等。

J0096781

中国书法全集 （13 三国两晋南北朝编 三国
两晋南北朝墓志卷）刘正成，华人德主编

北京 荣宝斋 1995 年 244 页 有插图及地图
28cm（16 开）精装 ISBN：7-5003-0236-3

定价：CNY66.00

　　主编华人德（1947— ），研究馆员。笔名维
摩，斋号维摩方丈室，江苏无锡人，毕业于北京
大学图书馆学系。历任苏州大学图书馆员、江苏

省文史研究馆馆员、中国书法家协会学术委员会
委员等职。著有《中国书法全集·三国两晋南北
朝墓志卷》《中国书法史·两汉卷》等。

J0096782

中国书法全集 （32 宋辽金编 蔡襄卷）刘正
成，曹宝麟主编

北京 荣宝斋 1995 年 242 页 有插图 28cm（16 开）
精装 ISBN：7-5003-0237-1

J0096783

中国书法全集 （67 清代编 邓石如卷 附郑
传密）刘正成，穆孝天主编

北京 荣宝斋 1995 年 308 页 有画像插图及地图
28cm（16 开）ISBN：7-5003-0238-X

定价：CNY68.80

　　邓石如（1739—1805），清代著名书法篆刻
家。字顽伯，号完白山人，安徽怀宁人。篆刻作
品有《完白山人篆刻偶存》《笔歌墨舞》《城一日
长》，书法作品有《游五园诗》《篆书文轴》《篆书
中堂》。

J0096784

中国书法全集 （4 商周编 春秋战国刻石简
牍帛书卷）刘正成主编；徐畅卷主编

北京 荣宝斋 1996 年 326 页 有彩图 28cm（16 开）
精装 ISBN：7-5003-0342-4

J0096785

中国书法全集 （23 隋唐五代编 李邕卷）刘
正成，朱关田主编

北京 荣宝斋 1996 年 434 页 28cm（16 开）
精装 ISBN：7-5003-0347-5 定价：CNY27.50

J0096786

中国书法全集 （63 清代编 傅山卷）刘正成
主编；林鹏卷主编

北京 荣宝斋 1996 年 420 页 有书影 28cm（16 开）
精装 ISBN：7-5003-0142-1

J0096787

中国书法全集 （3 商周编 春秋战国金文卷）
刘正成主编；丛文俊卷主编

北京 荣宝斋 1997 年 314 页 28cm（16 开）
精装 ISBN：7-5003-0353-X

J0096788

中国书法全集 （5 秦汉编 秦汉简牍帛书卷一 附汉代名家）刘正成主编；沃兴华卷主编
北京 荣宝斋 1997年 272页 有图 28cm（16开）
精装 ISBN：7-5003-0390-4
　　卷主编沃兴华（1955—　），书法家、教授。生于上海。历任华东师范大学历史系教授、博士生导师，中国书法家协会会员、上海市书法家协会理事。著有《敦煌书法》《中国书法》《上古书法图说》等。

J0096789

中国书法全集 （6 秦汉编 秦汉简牍帛书卷二 附汉代名家）刘正成主编；沃兴华卷主编
北京 荣宝斋 1997年 273-574页 有图
28cm（16开）精装 ISBN：7-5003-0380-7

J0096790

中国书法全集 （20 三国两晋南北朝编 魏晋南朝名家）刘正成主编；庄希祖卷主编
北京 荣宝斋 1997年 385页 28cm（16开）
精装 ISBN：7-5003-0346-7

J0096791

中国书法全集 （65 清代编 金农郑燮卷 附扬州八怪）刘正成主编；黄惇，周积寅卷主编
北京 荣宝斋 1997年 375页 有画像插图及地图
28cm（16开）ISBN：7-5003-0349-1
　　卷主编黄惇（1947—　），书法家、篆刻家。号风斋，生于江苏太仓，祖籍扬州。历任南京艺术学院教授，艺术学、美术学博士生导师，南京艺术学院研究院副院长、艺术研究所所长，《艺术学研究》学刊主编。作品有《水乡秋色》《太湖夜舟》《秋染山寨》等，著有《历代书法名作赏析》《中国古代印论史》等。卷主编周积寅（1938—　），教授。笔名禾宙，江苏泰兴人，毕业于南京艺术学院。历任南京艺术学院学报《艺苑》主编、"扬州画派"研究会名誉会长、中国郑板桥研究会及日本郑板桥学会顾问、中国美术家协会会员。编著有《吴派绘画研究》《中国美术通史》《郑板桥》等。

J0096792

中国书法全集 （64 清代编 朱耷 石涛 龚贤 龚晴皋卷）刘正成主编；郭子绪卷主编

北京 荣宝斋 1998年 351+30页 有图
28cm（16开）精装 ISBN：7-5003-0438-2
定价：CNY120.00
　　卷主编郭子绪（1940—2018），教授。字楠石，号卧溪、雪衲。生于河北乐亭，鲁迅美术学院中国画系肄业。历任辽宁画院专业创作、教授，国际书法家协会副主席、中国名人书画院副院长、鲁迅美术学院客座教授，沧浪书社社员，辽宁画院副研究员。代表作品《梅花册页》。

J0096793

中国书法全集 （77 近现代编 吴昌硕卷）刘正成主编；刘江卷主编
北京 荣宝斋 1998年 323页 有照片及图
28cm（16开）精装 ISBN：7-5003-0439-0
　　卷主编刘江，浙江美术学院国画系教授。

J0096794

中国书法全集 （82 近现代编 于右任卷）刘正成主编；王澄卷主编
北京 荣宝斋 1998年 326页 有照片及图
28cm（16开）精装 ISBN：7-5003-0440-4

J0096795

中国书法全集 （86 近现代编 萧蜕 吕凤子 胡小石 高二适卷）刘正成主编；尉天池，徐利明卷主编
北京 荣宝斋 1998年 264页 有照片及图
28cm（16开）精装 ISBN：7-5003-0434-X
　　卷主编尉天池（1936—　），书法教授。安徽砀山，毕业于南京师范学院中文系。历任南京师范大学美术系主任、书法教授，中国书法家协会理事、江苏省书法家协会副主席等。代表作品有《书法基础知识》《于右任书法精品集》等。卷主编徐利明，南京艺术学院教授。出版有《徐利明书画篆刻》。

J0096796

中国书法全集 （22 隋唐五代编 褚遂良卷 附初唐名家）刘正成主编；朱关田卷主编
北京 荣宝斋 1999年 342页 26cm（16开）
精装 ISBN：7-5003-0462-5 定价：CNY120.00

J0096797

中国书法全集 （57 明代编 倪元璐卷）刘正

成主编；刘恒卷主编
北京　荣宝斋　1999 年　266 页　有地图
26cm（16 开）精装　ISBN：7-5003-0461-7
定价：CNY110.00
　　卷主编刘恒（1959—　　），字树恒，北京人。
任中国书法家协会研究部副编审、中国书法家协
会学术委员会委员等职，著有《历代尺牍书法》
《中国书法全集·张瑞图卷》。

J0096798
钢笔毛笔两用字帖　（晋唐名家墨迹，钢笔临
摹示范）卢前编著
上海　上海文化出版社　1992 年　97 页　26cm（16 开）
ISBN：7-80511-489-7　定价：CNY4.20
　　本书汇集二王、虞世南、褚遂良、米芾等名
家墨迹，并对临写方法做了说明。

J0096799
港台海外藏历代法书　（第一集　晋、唐）上
海书画出版社编
上海　上海书画出版社　1992 年　199 页　38cm（6 开）
ISBN：7-80512-370-5　定价：CNY28.00
　　本书是一套历代法书集，分五集出版，按书
家年代编次。每集后附有书家小传、法帖流传简
介及草书释文。

J0096800
港台海外藏历代法书　（第二集　宋　一）上海
书画出版社编
上海　上海书画出版社　1992 年　207 页　38cm（6 开）
ISBN：7-80512-535-X　定价：CNY29.00

J0096801
港台海外藏历代法书　（第三集　宋　二）上海
书画出版社编
上海　上海书画出版社　1992 年　240 页　38cm（6 开）
ISBN：7-80512-536-8　定价：CNY32.00

J0096802
港台海外藏历代法书　（第四集　宋、元）上
海书画出版社编
上海　上海书画出版社　1992 年　233 页　38cm（6 开）
ISBN：7-80512-537-6　定价：CNY30.00

J0096803
港台海外藏历代法书　（第五集　元、明）上
海书画出版社编
上海　上海书画出版社　1992 年　203 页　38cm（6 开）
ISBN：7-80512-538-4　定价：CNY28.00

J0096804
古今名人书诗集粹　王漱石编
延吉　延边大学出版社　1992 年　110 页　有图
26cm（16 开）ISBN：7-5634-0449-X
定价：CNY11.80
　　本书将古今名人创作的诗书画有机地合为
一体，诗情画意、情境交融。编者王漱石（1919—
2009），书画家、美术教育活动家、地理学家。出
生于辽宁海城，毕业于日本艺术学院。历任齐白
石艺术研究会副会长、王羲之研究会理事、清代
扬州画派研究会会员、中国楹联学会会员、报国
书画作家协会会员。代表作品有《书法初步》《齐
白石画派基础技法》《神州墨海》等。

J0096805
焦山碑刻　刘昆等编著
苏州　古吴轩出版社　1992 年　84 页　26cm（16 开）
ISBN：7-80574-024-0　定价：CNY12.00
　　本书重点介绍焦山碑林中部分代表性刻石，
以大量图版展现碑刻的整体或局部放大，加以文
字说明，有的附释文。

J0096806
琅琊古今名人书法选　中国人民政治协商会
议临沂市委员会编
济南　山东友谊书社　1992 年　40 页　有画像
26cm（16 开）ISBN：7-80551-288-4
定价：CNY5.40
　　本书收临沂地区籍贯和久居此地的 31 位书
家的 33 幅书法精品。

J0096807
书道绝句一百首　焦知云编著
北京　北京体育学院出版社　1992 年　110 页
有照片　26cm（16 开）ISBN：7-81003-658-0
定价：CNY5.10
　　本书论述了历代 108 位书法大师的书风、书
论、考证了有关书家的生平、轶事及书法典故、
术语。编者焦知云（1941—　　），生于湖北天门。

历任湖北省荆门市副市长、湖北省竟陵派文学研究会会长、湖北省诗词学会理事。出版有《书道绝句一百首》《焦如云诗词选》等。

J0096808

余清斋法帖　（明）吴廷汇刻；歙县博物馆珍藏
合肥　安徽美术出版社　1992年　影印本　203页
26cm（16开）ISBN：7-5398-0224-3
定价：CNY15.00

　　本书收录王羲之、王珣、王献之、智永、虞世南、孙过庭、颜真卿、苏轼、米芾、谢安书法名家法帖150幅图。本帖刻石33方，刻于明万历年间，今存安徽歙县城西干山侧的新安碑园。作者吴廷，字用卿，明代安徽歙县人，新安巨富。

J0096809

语溪碑林　湖南省文物事业管理局祁阳县语溪文物管理处编
长沙　湖南美术出版社　1992年　114页
29cm（16开）精装　ISBN：7-5356-0551-6
定价：CNY26.70

　　编收湖南省语溪碑林的碑文拓片和语溪自然景观的摄影图。

J0096810

云南历代书法选　林德宏主编；《云南历代书法选》编委会编
昆明　云南教育出版社　1992年　223页
26cm（16开）ISBN：7-5415-0547-1
定价：CNY14.00
（昆明市文学艺术界联合会艺术类丛书　1）

　　本书收入《滇王之印》《朱提洗铭文》《两爨碑》《南诏德化碑》《大理国写经》《元世祖平云南碑》等金石碑刻及写经20件；云南籍张志淳、杨一清、周霖、杨杰等176人的书法作品222件；流寓云南的林则徐、桂馥、蔡锷等12人的书法作品12件。后附"云南主要金石文字简介"和"书法作者事略"。共有254件作品。

J0096811

赤壁赋墨迹精华　孙宝文编
沈阳　辽宁美术出版社　1993年　304页　有照片
37cm　精装　ISBN：7-5314-0885-6
定价：CNY160.00

　　作者孙宝文，吉林文史出版社副社长。

J0096812

法藏敦煌书苑精华　饶宗颐编
广州　广东人民出版社　1993年　影印本　8册
36cm（15开）ISBN：7-218-01283-2
定价：CNY3280.00（全八册）

　　作者饶宗颐（1917—2018），著名史学家、语文学家、画家。生于广东潮安，祖籍广东潮州。字固庵、伯濂、伯子，号选堂。曾任香港中文大学中文系荣休讲座教授，香港大学、北京大学、南京大学等校名誉教授。代表作品《敦煌书法丛刊》《殷代贞卜人物通考》《词集考》等。

J0096813

历朝四杰翰墨精选　（明）王玉池选编
北京　农村读物出版社　1993年　26cm（16开）
ISBN：7-5048-2354-6　定价：CNY4.50

　　编者王玉池（1931—　），研究员。出生于河北束鹿县，毕业于中央工艺美术学院。历任中国艺术研究院美术研究所研究员、中国书法家协会学术委员会委员、中国书画函授大学教授、中国美术家协会会员。专著有《钟繇》《王羲之》《书法瑰宝谭》等。

J0096814

历朝四杰翰墨精选　（清）王玉池选编
北京　农村读物出版社　1993年　26cm（16开）
ISBN：7-5048-2357-0　定价：CNY4.50

J0096815

历朝四杰翰墨精选　（宋）王玉池选编
北京　农村读物出版社　1993年　26cm（16开）
ISBN：7-5048-2356-2　定价：CNY4.50

J0096816

历朝四杰翰墨精选　（唐）王玉池选编
北京　农村读物出版社　1993年　26cm（16开）
ISBN：7-5048-2355-4　定价：CNY4.50

J0096817

历朝四杰翰墨精选　（元）王玉池选编
北京　农村读物出版社　1993年　26cm（16开）
ISBN：7-5048-2353-8　定价：CNY4.50

J0096818

颜柳欧赵四体学生实用作品字帖　牛彤编选

北京　中国文学出版社［1993 年］82 页
26cm（16 开）ISBN：7-5071-0167-3
定价：CNY5.90
　　作者牛彤（1968—　　），中国书法家协会会
员，中国现代硬笔书法研究会会员。

J0096819
博古斋藏楹联集
上海　上海书店出版社 1994 年　109 页
38cm（6 开）精装　ISBN：7-80569-882-1
定价：CNY98.00
　　外文书名：A Selection of Antithetical Couplet
Collected by Bo Gu Zhai.

J0096820
敦煌书法库　（第一辑　魏晋南北朝时期）敦煌
研究院编
兰州　甘肃人民美术出版社 1994 年　影印本
260 页 29cm（16 开）精装
ISBN：7-80588-043-3 定价：CNY58.00
　　本书从数万卷敦煌遗书中精选了几十件能
够反映敦煌遗书各个时期书法艺术风格的作品。

J0096821
敦煌书法库　（第二辑　魏晋南北朝时期）敦煌
研究院编
兰州　甘肃人民美术出版社 1995 年　196 页
29cm（16 开）精装 定价：CNY58.00

J0096822
敦煌书法库　（第三辑　隋唐时期）敦煌研究院编
兰州　甘肃人民美术出版社 1995 年　影印本
184 页 29cm（16 开）精装
ISBN：7-80588-103-0 定价：CNY68.00

J0096823
敦煌书法库　（第四辑　唐代）敦煌研究院编
兰州　甘肃人民美术出版社 1996 年　影印本
196 页 30cm（10 开）精装
ISBN：7-80588-123-5 定价：CNY68.00

J0096824
敦煌书法艺术　沃兴华著
上海　上海人民出版社 1994 年　271 页 有插图
20cm（32 开）ISBN：7-208-01808-1

定价：CNY15.00

J0096825
敦煌写卷书法精选
合肥　安徽美术出版社 1994 年　11+194 页 有书影
29cm（12 开）精装　ISBN：7-5398-0350-9
定价：CNY48.00

J0096826
历代名碑技法　杜中信等著
西安　三秦出版社 1994 年　304 页 有图
20cm（32 开）ISBN：7-80546-435-9
定价：CNY8.00
　　本书选收历代有代表性的碑帖，并介绍学习
这些碑帖的技法。作者杜中信（1942—　　），书法
家、教授。西安公路学院从事书法教学研究，中
国书协会员、陕西省书协理事。代表作品有《历
代名碑技法》《杜中信魏体书》。

J0096827
历代书法名家真迹丛书　（福字集）黄全信编
北京　中国和平出版社 1994 年　85 页
26cm（16 开）精装　ISBN：7-80101-069-8
定价：CNY70.00（合计）
　　编者黄全信（1944—　　），满族，北京人。历
任北京师大附中美术、书法高级教师，北京书法
家协会会员、北京书法教育研究会会员。出版有
《中国书法自学丛书》《黄全信钢笔书法教学系
列》《中国历代皇帝墨宝》等。

J0096828
历代书法名家真迹丛书　（禄字集）黄全信编
北京　中国和平出版社 1994 年　85 页 26cm（16 开）
ISBN：7-80101-028-0 定价：CNY12.00

J0096829
历代书法名家真迹丛书　（寿字集）黄全信编
北京　中国和平出版社 1994 年　85 页 26cm（16 开）
ISBN：7-80101-027-2 定价：CNY12.00

J0096830
历代书法名家真迹丛书　（喜字集）黄全信编
北京　中国和平出版社 1994 年　85 页 26cm（16 开）
ISBN：7-80101-029-9 定价：CNY12.00

J0096831

历代书法名家真迹丛书 （福字集）黄全信编

北京 中国和平出版社 1996 年 2 版 85 页

26cm（16 开）ISBN：7-80101-026-4

定价：CNY14.00

J0096832

历代书法名家真迹丛书 （寿字集）黄全信编

北京 中国和平出版社 1996 年 2 版 85 页

26cm（16 开）ISBN：7-80101-027-2

定价：CNY14.00

J0096833

历代书法名家真迹丛书 （喜字集）黄全信编

北京 中国和平出版社 1996 年 2 版 85 页

26cm（16 开）ISBN：7-80101-029-9

定价：CNY14.00

J0096834

六名家书心经 （唐）欧阳询等书

石家庄 河北美术出版社 1994 年 影印本 80 页

32cm（8 开）ISBN：7-5310-0592-1

定价：CNY13.00

　　六名家包括：（唐）欧阳询、（唐）张旭、（宋）苏轼、（元）赵孟頫、（明）董其昌、（清）刘墉。

J0096835

名家书名文汇编 （第一辑）葛慕森等编

北京 北京出版社 1994 年 影印本 451 页

26cm（16 开）精装 ISBN：7-200-02273-X

定价：CNY32.50

　　本册共收录了王羲之、黄庭坚、岳飞等 18 位名人书写的 29 种书法作品。

J0096836

名家书名文汇编 （第二辑）葛慕森等编

北京 北京出版社 1994 年 影印本 426 页

26cm（16 开）精装 ISBN：7-200-02274-8

定价：CNY31.00

　　本册收录苏轼、董其昌、费密等 7 人书写的 18 种书法作品。

J0096837

书法自修 黄代立编选

武汉 湖北人民出版社 1994 年 4 册 26cm（16 开）

ISBN：7-216-01577-0 定价：CNY14.00

　　本套字帖共 4 册，分：柳体玄秘塔碑选、汉隶碑帖选、新魏碑体选、北魏张猛龙碑选。

J0096838

宋拓《潭帖》 四川省华泰新系统设计研究所编

成都 四川辞书出版社 1994 年 影印本 320 页

37cm 精装 ISBN：7-80543-407-7

定价：CNY295.00

　　《潭帖》收北宋与南宋间的曹植、王羲之、陆机等名家法帖，共 10 卷。

J0096839

天下第一帖 钟文芳主编；当代书画收藏馆筹委会编

北京 国际文化出版公司 1994 年 影印本 268 页

26cm（16 开）精装 ISBN：7-80105-146-7

定价：CNY38.00

　　本书精选我国 3000 余年的书法作品，包括篆（含甲骨文、金文、大、小篆）、隶、楷、行、草法帖名碑。主编钟文芳（1966—　），收藏家、旅行家。字慶，号风云浪子，江西上高人。出版有《慈世成佛》《纵情山水》《风浪斋诗稿》《书画鉴赏指南》《百寿长卷》等。

J0096840

云间书派特展图录 ［台北］故宫博物院编辑委员会编辑；朱惠良著；林杰人，崔学国摄影

台北 台北故宫博物院 1994 年 145 页

30cm（10 开）ISBN：957-562-195-6

　　外文书名：A Special Exhibition of the Calligraphy of the Yun-chien School.

J0096841

中国隶书名帖精华 刘炳森主编

北京 北京出版社 1994 年 577 页 26cm（16 开）

ISBN：7-200-02214-4 定价：CNY46.00

（中国书法名帖精华丛书）

　　主编刘炳森（1937—2005），书法家、国画家。字树盦，号海村，生于上海，祖籍天津武清。就读于北京艺术学院美术系中国画山水科。曾任北京故宫博物院研究员、中国书法家协会副主席、中国书画函授大学特约教授、山东曹州书画院名誉院长。出版有《刘炳森楷书千字文》《刘炳森隶书千字》《刘炳森选编勤礼碑字帖》《刘炳

森主编中国书法艺术》等。

J0096842
中国隶书名帖精华　刘炳森主编
北京 北京出版社 1994 年 577 页
28cm（大 16 开）精装 ISBN：7-200-02215-2
定价：CNY56.00
（中国书法名帖精华丛书）

J0096843
中国隶书名帖精华　刘炳森主编
北京 北京出版社 1997 年 577 页
28cm（大 16 开）精装 ISBN：7-200-02215-2
定价：CNY66.00
（中国书法名帖精华丛书）

J0096844
中国墨迹大全　周偶主编
北京 北京燕山出版社 1994 年 影印本 30 册
26cm（16 开）ISBN：7-5402-0581-4
定价：CNY3600.00

J0096845
敦煌汉简书法精选　马建华，赵吴成编
兰州 甘肃人民美术出版社 1995 年 87 页
29cm（16 开）精装 ISBN：7-80588-116-2
定价：CNY48.00

J0096846
敦煌书法　沃兴华编
上海 上海书店出版社 1995 年 影印本 230 页
38cm（6 开）精装 ISBN：7-80569-888-0
定价：CNY150.00

J0096847
福字大观　黄全信编
北京 光明日报出版社 1995 年 150 页
26cm（16 开）ISBN：7-80091-526-3
定价：CNY16.00

J0096848
广州集雅斋藏书法　邝根明等编
广州 岭南美术出版社 1995 年 111 页
28cm（大 16 开）ISBN：7-5362-1209-7
定价：CNY68.00

J0096849
汉魏碑刻集联大观　（第一辑 礼器碑 石门颂
张迁碑 郙阁颂 西狭颂 校官碑）吴瑾，周树坚编
广州 岭南美术出版社 1995 年 219 页
26cm（16 开）ISBN：7-5362-1186-4
定价：CNY25.00

J0096850
汉魏碑刻集联大观　（第二辑 云峰山论经书
库 泰山金刚经 爨龙颜碑 爨宝子碑）
广州 岭南美术出版社 1998 年 185 页
26cm（16 开）ISBN：7-5362-1878-8
定价：CNY22.00

J0096851
历代名家法书墨迹珍品十种　辽宁省博物馆
编
沈阳 辽宁美术出版社 1995 年 10 册
32cm（10 开）套装 ISBN：7-5314-1022-2
定价：CNY150.00

J0096852
历代诗人咏灞桥书法选　路毓贤编
西安 西安地图出版社 1995 年 26cm（16 开）
ISBN：7-80545-346-2 定价：CNY20.00
　　中国现代书法作品。

J0096853
禄字大观　黄全信编
北京 光明日报出版社 1995 年 150 页 有照片
26cm（16 开）ISBN：7-80091-528-X
定价：CNY16.00

J0096854
陕西古代石刻艺术　李域铮编著
西安 三秦出版社 1995 年 16+343 页 有照片
26cm（16 开）精装 ISBN：7-80546-716-1
定价：CNY75.00

J0096855
寿字大观　黄全信编
北京 光明日报出版社 1995 年 150 页 有照片
26cm（16 开）ISBN：7-80091-527-1
定价：CNY16.00

J0096856

水下碑林白鹤梁　　陈曦震主编

成都　四川人民出版社　1995 年　190 页　有图
20cm（32 开）ISBN：7-220-02759-1
定价：CNY24.00

J0096857

鸳鸯七志斋藏石　　赵力光编

西安　三秦出版社　1995 年　16+318 页
38cm（6 开）精装　ISBN：7-80546-520-7
定价：CNY198.00
（陕西金石文献汇集）

J0096858

中国历代皇帝书迹选　　王化成主编

北京　国际文化出版公司　1995 年　2 版（修订本）
225 页　26cm（16 开）精装
ISBN：7-80105-107-6　定价：CNY48.00

J0096859

中国历代书法大观　　阎正主编

北京　国际文化出版公司　1995 年　2 册（522 页）
26cm（16 开）精装　ISBN：7-80105-116-5
定价：CNY150.00

J0096860

安思远藏善本碑帖选　　安思远收藏

北京　文物出版社　1996 年　101 页　有彩图
26cm（16 开）ISBN：7-5010-0929-5

J0096861

古诗墨翰　（第壹册）孙宝文编

沈阳　辽宁美术出版社　1996 年　494 页　37cm
精装　ISBN：7-5314-1367-1　定价：CNY348.00

J0096862

古诗墨翰　（第贰册）孙宝文编

沈阳　辽宁美术出版社　1996 年　484 页　37cm
精装　ISBN：7-5314-1444-9　定价：CNY335.00

J0096863

今注今释正续三希堂法帖　　张裔译

沈阳　沈阳出版社　1996 年　影印本　16+795 页
26cm（16 开）精装　ISBN：7-5441-0575-X
定价：CNY138.00

J0096864

历代书法名作选系列　　程朗天编

广州　广州出版社　1996 年　35 册　20cm（32 开）
ISBN：7-80592-610-7　定价：CNY140.00

J0096865

墨苑奇珍　　黄全信主编

北京　学苑出版社　1996 年　3 册　26cm（16 开）
精装　ISBN：7-5077-0219-7
定价：CNY［270.00］

J0096866

三秦碑刻英华　　陈根远，罗小幸编著

西安　陕西师范大学出版社　1996 年　148 页
26cm（16 开）ISBN：7-5613-1341-1
定价：CNY23.00

　　编者陈根远（1965— ），教师，古籍鉴定专
家。任职于西安碑林博物馆研究室。出版有《屋
檐上的艺术——中国古代的瓦当》《艺术玩家：
古籍碑帖的鉴藏与市场》《瓦当留真》。编者罗小
幸（1970— ），西安碑林博物馆任职。

J0096867

上海博物馆中国历代书法馆　（中英文本）
上海博物馆［编］

上海　上海博物馆　1996 年　48 页　29cm（16 开）
定价：CNY30.00

　　外文书名：Chinese Calligraphy Gallery Shanghai
Museum.

J0096868

真行草隶十大法帖　　墨翰生主编

石家庄　河北人民出版社　1996 年　2 册（1188 页）
26cm（16 开）ISBN：7-202-01780-6
定价：CNY246.00

J0096869

中国碑帖经典　　王长水编

济南　山东大学出版社　1996 年　687 页
26cm（16 开）精装　ISBN：7-5607-1448-X
定价：CNY78.00

　　编者王长水，山东大学东方书画艺术研究院
院长、山东书法教育研究会副理事长。

J0096870
中国古代名碑法帖精品集　吴身元等编著
南宁　广西美术出版社　1996 年　124 页
29cm（16 开）ISBN：7-80625-041-7
定价：CNY14.80
　　编者吴身元（1948—　），书法家、书法教育家。笔名梧桐、吾舍等，浙江嘉兴人。浙江省硬笔书法家协会副主席。出版有《毛笔书法自学教程》《钢笔书法自学教程》等。

J0096871
中国古代书法经典　（草书卷）董文，李勤学主编
沈阳　春风文艺出版社　1996 年　702 页
26cm（16 开）精装　ISBN：7-5313-1652-8
定价：CNY98.00
　　主编董文（1946—　），教授、书法家。别署大风堂主人，辽宁沈阳市人。历任中国书法家协会理事，沈阳师范学院书法艺术研究所所长、教授，辽宁省高等院校书协主席、辽宁省书法家协会副主席。出版《董文艺术论》《董文艺术论》《董文书法作品集》。

J0096872
中国古代书法经典　（行书卷）董文，李勤学主编
沈阳　春风文艺出版社　1996 年　565 页
26cm（16 开）精装　ISBN：7-5313-1651-X
定价：CNY85.00

J0096873
中国古代书法经典　（楷书卷）董文，李勤学主编
沈阳　春风文艺出版社　1996 年　2 册（1344 页）
26cm（16 开）精装　ISBN：7-5313-1650-1
定价：CNY185.00

J0096874
中国古代书法经典　（隶书卷）董文，李勤学主编
沈阳　春风文艺出版社　1996 年　836 页
26cm（16 开）精装　ISBN：7-5313-1649-8
定价：CNY115.00

J0096875
中国古代书法经典　（篆书卷）董文，李勤学主编
沈阳　春风文艺出版社　1996 年　761 页
26cm（16 开）精装　ISBN：7-5313-1648-X
定价：CNY105.00

J0096876
中国古代书法经典　（草书卷）董文，李勤学主编
台北县　祥瑞文化事业公司　1998 年　珍藏版
702 页　27cm（大 16 开）精装
ISBN：957-848-134-9　定价：TWD3500.00

J0096877
中国古代书法经典　（行书卷）董文，李勤学主编
台北县　祥瑞文化事业公司　1998 年　珍藏版
565 页　27cm（大 16 开）精装
ISBN：957-848-132-2　定价：TWD3500.00

J0096878
中国古代书法经典　（楷书卷）董文，李勤学主编
台北县　祥瑞文化事业公司　1998 年　珍藏版
2 册（1344 页）27cm（大 16 开）精装
ISBN：957-848-130-6　定价：TWD3500.00

J0096879
中国古代书法经典　（隶书卷）董文，李勤学主编
台北县　祥瑞文化事业公司　1998 年　珍藏版
836 页　27cm（大 16 开）精装
ISBN：957-848-135-7　定价：TWD3500.00

J0096880
中国古代书法经典　（篆书卷）董文，李勤学主编
台北县　祥瑞文化事业公司　1998 年　珍藏版
761 页　27cm（大 16 开）精装
ISBN：957-848-133-0　定价：TWD3500.00

J0096881
湖南历代名家书法精粹　刘志盛编
长沙　湖南美术出版社　1997 年　349 页

26cm（16开）ISBN：7-5356-0968-6
定价：CNY27.00

J0096882
龙之舞　（中国历代名人墨宝大典）南兆旭，姬
仲鸣主编
北京　红旗出版社　1997年　27+876页　有图版
42cm（6开）精装　ISBN：7-5051-0173-0
定价：CNY1998.00
　　本书收录了西周、秦汉、三国、魏晋南北朝、
隋、唐、金元、明、清、近现代等各历史时期的名
人的书法作品，并附有作者的简介。

J0096883
山西碑碣　山西省考古研究所［编］
太原　山西人民出版社　1997年　328页　37cm
精装　ISBN：7-203-03499-2　定价：CNY180.00
（山西文物全书）

J0096884
影印明拓停云馆法帖　（明）文徵明撰集
北京　北京出版社　1997年　影印本　2册（706页）
37cm　精装　ISBN：7-200-02925-4
定价：CNY300.00

J0096885
中国古代碑帖精选　（魏碑碑碣）解纪等选辑
北京　当代中国出版社　1997年　304页
26cm（16开）精装　ISBN：7-80092-682-6
定价：CNY29.00

J0096886
中国古代碑帖精选　（魏碑摩崖刻石）解纪等
选辑
北京　当代中国出版社　1997年　305页
26cm（16开）精装　ISBN：7-80092-686-9
定价：CNY29.00

J0096887
中国古代碑帖精选　（魏碑墓志）解纪等选辑
北京　当代中国出版社　1997年　321页
26cm（16开）精装　ISBN：7-80092-684-2
定价：CNY29.00

J0096888
中国古代碑帖精选　（魏碑造像题记）解纪等
选辑
北京　当代中国出版社　1997年　322页
26cm（16开）精装　ISBN：7-80092-680-X
定价：CNY29.00

J0096889
中国古代碑帖精选　（汉隶曹全、张迁碑）解
纪等选辑
北京　当代中国出版社　1998年　326页
26cm（16开）精装　ISBN：7-80092-687-7
定价：CNY29.00

J0096890
中国古代碑帖精选　（汉隶孔宙、华山、史晨
碑）解纪等选辑
北京　当代中国出版社　1998年　314页
26cm（16开）精装　ISBN：7-80092-685-0
定价：CNY29.00

J0096891
中国古代碑帖精选　（汉隶乙瑛、礼器、张景
碑）解纪等选辑
北京　当代中国出版社　1998年　307页
26cm（16开）精装　ISBN：7-80092-683-4
定价：CNY29.00

J0096892
中国古代碑帖精选　（秦篆石鼓文、刻石）解
纪等选辑
北京　当代中国出版社　1998年　303页
26cm（16开）精装　ISBN：7-80092-681-8
定价：CNY29.00

J0096893
中国著名碑帖选集　（第一集）
长春　吉林文史出版社　1997年　25册　30cm（15开）
　　本套丛书包括：《皇甫诞碑12》《九成宫醴
泉铭13》《兰亭叙8》《米芾集24》《苏轼集22》
《雁塔圣教序14》《赵孟頫集25》《颜勤礼碑18》
《祭侄文稿17》《多宝塔碑16》《颜氏家庙碑19》
《黄庭坚集23》《石门颂1》《龙门二十品.下10》
《龙门二十品.上9》《书谱15》《魏晋唐小楷集7》
《张迁碑6》《曹全碑5》《史晨前碑 史晨后碑4》

《礼器碑 3》《张猛龙碑 11》《乙瑛碑 2》《玄秘塔碑 21》《自叙帖 20》。

J0096894
初拓宝贤堂帖　曹中厚主编;《初拓宝贤堂帖》编辑委员会编
上海　上海人民美术出版社　1998 年　332 页
42cm（8 开）精装　ISBN：7-5322-1920-8
定价：CNY398.00

J0096895
敦煌写经
北京　文物出版社　1998 年　10+183 页　有图版
29cm（16 开）精装　ISBN：7-5010-1130-3

J0096896
古今名家书法集锦　（王羲之行书）（东晋）王羲之书
长春　吉林摄影出版社　1998 年　123 页
26cm（16 开）ISBN：7-80606-183-5
定价：CNY13.80

J0096897
故宫博物院珍藏历代碑帖墨迹选　故宫博物院《历代碑帖墨迹选》编辑组编辑
北京　紫禁城出版社　1998 年　32 册
26cm（16 开）第一集　ISBN：7-80047-249-3
定价：CNY80.00（套装）

J0096898
历代碑帖大观　（草书十家名帖）[上海书店出版社]编
上海　上海书店出版社　1998 年　413 页
28cm（大 16 开）精装　ISBN：7-80622-379-7
定价：CNY62.00

J0096899
历代碑帖大观　（汉隶十大名碑）[上海书店出版社]编
上海　上海书店出版社　1998 年　583 页
28cm（大 16 开）精装　ISBN：7-80622-377-0
定价：CNY88.00

J0096900
历代碑帖大观　（行书十家名帖）[上海书店出版社]编
上海　上海书店出版社　1998 年　389 页
28cm（大 16 开）
精装　ISBN：7-80622-380-0　定价：CNY60.00

J0096901
历代碑帖大观　（兰亭序二十二种）[上海书店出版社]编
上海　上海书店出版社　1998 年　368 页
28cm（大 16 开）精装　ISBN：7-80622-381-9
定价：CNY56.00

J0096902
历代碑帖大观　（千字文十五种）[上海书店出版社]编
上海　上海书店出版社　1998 年　395 页
28cm（大 16 开）精装　ISBN：7-80622-382-7
定价：CNY60.00

J0096903
历代碑帖大观　（唐楷十大名碑）[上海书店出版社]编
上海　上海书店出版社　1998 年　488 页
28cm（大 16 开）精装　ISBN：7-80622-378-9
定价：CNY74.00

J0096904
历代帝王千字文　黄全信主编
北京　中央民族大学出版社　1998 年　552 页
29cm（16 开）ISBN：7-81056-101-4
定价：CNY78.00，CNY98.00（精装）

J0096905
历代名家书法荟萃　王焕陛编
长春　长春出版社　1998 年　4 册　26cm（16 开）
精装　ISBN：7-80604-712-3　定价：CNY198.00

J0096906
名碑名帖集联　郑雪峰，徐长鸿撰;胡雪玲，周向东编
天津　天津古籍出版社　1998 年　15+502 页
26cm（16 开）ISBN：7-80504-591-7
定价：CNY56.00

J0096907

名家楹联墨迹　辽宁省博物馆藏
石家庄　河北美术出版社　1998 年　108 页　37cm
ISBN：7-5310-1124-7　定价：CNY46.00

J0096908

名人楹联墨迹大观　（明·清·民初二百余名家
墨宝集萃）刘再苏编辑
武汉　湖北美术出版社　1998 年　17+412 页
26cm（16 开）ISBN：7-5394-0704-2
定价：CNY38.00

J0096909

明末清初书法展　（书家）杨淑芬编辑
台北　财团法人何创时书法艺术文教基金会
1998 年　204 页　37cm（10 开）
ISBN：978-957-9858-25-0　定价：TWD2000.00

J0096910

台湾书法三百年　（1645—1945）陈伟执行编辑
高雄　高雄市立美术馆　1998 年　127 页
30cm（10 开）ISBN：957-02-2075-9
　　外文书名：Calligraphy in Taiwan.

J0096911

中国历代碑帖
沈阳　辽宁画报出版社　1998 年　[20] 册
29cm（16 开）

J0096912

中国历代书法八大家　李翰恭编
北京　中国世界语出版社　1998 年　4 册
26cm（16 开）精装　ISBN：7-5052-0378-9
定价：CNY348.00

J0096913

中国墨迹经典大全　（第 1 卷 魏至隋）周偈
主编
北京　京华出版社　1998 年　419 页
28cm（大 16 开）精装　ISBN：7-80600-299-5
定价：CNY5800.00（全套）

J0096914

中国墨迹经典大全　（第 2-3 卷 唐）周偈主编
北京　京华出版社　1998 年　2 册（409+424 页）

28cm（大 16 开）精装　ISBN：7-80600-299-5
定价：CNY5800.00（全套）

J0096915

中国墨迹经典大全　（第 4 卷 唐·五代）周偈
主编
北京　京华出版社　1998 年　411 页
28cm（大 16 开）精装　ISBN：7-80600-299-5
定价：CNY5800.00（全套）

J0096916

中国墨迹经典大全　（第 5 卷 宋·苏轼）周偈
主编
北京　京华出版社　1998 年　399 页
28cm（大 16 开）精装　ISBN：7-80600-299-5
定价：CNY5800.00（全套）

J0096917

中国墨迹经典大全　（第 6 卷 宋·黄庭坚）周
偈主编
北京　京华出版社　1998 年　420 页
28cm（大 16 开）精装　ISBN：7-80600-299-5
定价：CNY5800.00（全套）

J0096918

中国墨迹经典大全　（第 7 卷 宋·米芾）周偈
主编
北京　京华出版社　1998 年　397 页
28cm（大 16 开）精装　ISBN：7-80600-299-5
定价：CNY5800.00（全套）

J0096919

中国墨迹经典大全　（第 8-14 卷 宋）周偈主编
北京　京华出版社　1998 年　7 册　28cm（大 16 开）
精装　ISBN：7-80600-299-5　定价：CNY5800.00
（全套）

J0096920

中国墨迹经典大全　（第 15-18 卷 元·赵孟頫）
周偈主编
北京　京华出版社　1998 年　4 册　28cm（大 16 开）
精装　ISBN：7-80600-299-5
定价：CNY5800.00（全套）

J0096921

中国墨迹经典大全　（第 19 卷　元·鲜于枢）
周侗主编
北京　京华出版社　1998 年　449 页
28cm（大 16 开）精装　ISBN：7-80600-299-5
定价：CNY580.00（全套）

　　鲜于枢（1246—1302），元代书法家、诗人。
字伯机，号困学岷、寄直老人，大都（今北京）人。
代表作品《苏轼海棠诗卷》《韩愈进学解卷》《论
草书帖》等。

J0096922

中国墨迹经典大全　（第 20-22 卷　元）
周侗主编
北京　京华出版社　1998 年　3 册（453+446+462 页）
28cm（大 16 开）精装　ISBN：7-80600-299-5
定价：CNY5800.00（全套）

J0096923

中国墨迹经典大全　（第 23-24 卷　明·祝允
明）周侗主编
北京　京华出版社　1998 年　2 册（425+438 页）
28cm（大 16 开）精装　ISBN：7-80600-299-5
定价：CNY5800.00（全套）

　　祝允明（1461—1527），明代书法家。字希哲，
自号枝山，世人称为"祝京兆"。江苏吴县人。主
要作品《枝山文集》《祝氏集略》《祝氏小集》等。

J0096924

中国墨迹经典大全　（第 25-26 卷　明·文徵
明）周侗主编
北京　京华出版社　1998 年　2 册（425+432 页）
28cm（大 16 开）精装　ISBN：7-80600-299-5
定价：CNY5800.00（全套）

J0096925

中国墨迹经典大全　（第 27-28 卷　明·董其
昌）周侗主编
北京　京华出版社　1998 年　2 册（401+411 页）
28cm（大 16 开）精装　ISBN：7-80600-299-5
定价：CNY5800.00（全套）

J0096926

中国墨迹经典大全　（第 29-32 卷　明）周侗
主编

北京　京华出版社　1998 年　4 册　28cm（大 16 开）
精装　ISBN：7-80600-299-5　定价：CNY5800.00
（全套）

J0096927

中国墨迹经典大全　（第 33-36 卷　清）周侗
主编
北京　京华出版社　1998 年　4 册　28cm（大 16 开）
精装　ISBN：7-80600-299-5　定价：CNY5800.00
（全套）

J0096928

中国书法经典百品　李青编著
西安　三秦出版社　1998 年　363 页　有图
29cm（16 开）ISBN：7-80628-220-3
定价：CNY48.00

J0096929

中南海古迹楹联　杨宪金等主编
北京　西苑出版社　1998 年　200 页　29cm（16 开）
精装　ISBN：7-80108-109-9　定价：CNY198.00
（中南海珍藏书画系列）

J0096930

法书名集　（绛帖）宋富盛，郭士星主编
太原　山西人民出版社　1999 年　［影印本］403 页
42cm（8 开）精装　ISBN：7-203-03863-7
定价：CNY780.00

J0096931

名人楹联墨迹　［上海书画出版社］编
上海　上海书画出版社　1999 年　238 页
26cm（16 开）ISBN：7-80635-336-4
定价：CNY30.00

J0096932

墨苑掇英　（文山县古今墨迹精选）中共文山
县委宣传部等编
昆明　云南美术出版社　1999 年　214 页　有肖像
26cm（16 开）精装　ISBN：7-80586-630-9
定价：CNY85.00

J0096933

千年藏帖　（颜柳欧赵书法合集）李邦主编
北京　中国物资出版社　1999 年　4 册　29cm（16 开）

ISBN：7-5047-1311-2　定价：CNY600.00（全套）

J0096934
商周秦汉书法
成都　巴蜀书社　1999 年　10 册　29cm（16 开）
（图说中国艺术史　书法传世名作）

J0096935
书法　李澜编撰；董敏，季倩翻译；郭群等摄影
上海　上海古籍出版社　1999 年　52 页　26cm（16 开）
ISBN：7-5325-2563-5　定价：CNY50.00
（南京博物院珍藏系列）

J0096936
书法传世名作
成都　巴蜀书社　1999 年　40 册　29cm（12 开）
（图说中国艺术史）

J0096937
西泠印社法帖丛编　（汉史晨前后碑）
杭州　西泠印社　1999 年　［影印本］64 页
35cm（15 开）ISBN：7-80517-329-X
定价：CNY13.50

J0096938
西泠印社法帖丛编　（龙门二十品）
杭州　西泠印社　1999 年　2 册（66+68 页）
35cm（15 开）ISBN：7-80517-377-X
定价：CNY28.00
　　本书是河南洛阳龙门石窟北魏时期的造像
题记中的精华部分。该书体有的体方笔厚，有方
圆皆备，破方为圆，具有独树一帜的境界，并有
着很高的审美价值。

J0096939
西泠印社法帖丛编　（苏东坡　祝允明　文徵明
赤壁赋三种）［苏东坡等书］
杭州　西泠印社　1999 年　77 页　35cm（15 开）
ISBN：7-80517-365-6　定价：CNY17.80
　　本书辑录苏东坡、祝允明、文徵明三人所
书的《赤壁赋》，苏东坡的行楷、祝允明的草书
以及文徵明的行书，风格各异，神韵独具。苏
东坡（1037—1101），本名苏轼，宋代文学家、书
画家。眉州眉山（今属四川）人，祖籍河北栾城。
字子瞻，一字和仲，号东坡居士。为"唐宋八大

家"之一，擅长文人画。仁宗嘉祐二年（1057 年）
进士。曾任翰林学士、侍读学士、礼部尚书等
职。作品有《东坡七集》《东坡易传》《东坡乐府》
《潇湘竹石图卷》《古木怪石图卷》等。祝允明
（1461—1527），明代书法家。字希哲，自号枝
山，世人称为"祝京兆"。江苏吴县人。主要作
品《枝山文集》《祝氏集略》《祝氏小集》等。文
徵明（1470—1559），明代画家、书法家、道家、
文学家。原名璧（或作璧），字徵明。江苏苏州
人。主要作品有《真赏斋图》《绿荫草堂图》《甫
田集》等。

J0096940
珍稀拓本碑帖系列丛书
沈阳　辽宁美术出版社　1999 年　70 页　26cm（16 开）
ISBN：7-5314-2284-0　定价：CNY12.00
（21 世纪书法系列丛书）

J0096941
正编续编三希堂法帖　甄明菲编
北京　中国世界语出版社　1999 年
4 册（12+2811 页）26cm（16 开）精装
ISBN：7-5052-0448-3　定价：CNY980.00
　　本书全称为《三希堂石渠宝笈法帖》，全书
共三十二卷收录了历代书法家一百三十四人，各
种书体名迹三百四十件。

J0096942
中国传世法书墨迹　欧阳中石主编
北京　西苑出版社　1999 年　3 册（896 页）37cm
精装　ISBN：7-80108-222-2　定价：CNY2680.00
　　作者欧阳中石（1928—　），著名文化学者、
书法家、书法教育家。山东肥城市人。毕业于北
京大学哲学系。历任首都师范大学教授、博士生
导师、中国书法文化研究所所长、中国书法家协
会顾问、中国画研究院院务委员。书法作品有《欧
阳中石书沈鹏诗词选》《中石夜读词钞》，主要著
作有《中国逻辑史》《书法与中国文化》《中国书
法史鉴》《章草便检》等。

J0096943
中国传世书法　杨宪金，冬天晴主编
北京　西苑出版社　1999 年　2 册（590 页）37cm
精装　ISBN：7-80108-180-3　定价：CNY1580.00

J0096944
中国地震碑刻文图精选　齐书勤, 蒋刻训主编
北京 地震出版社 1999 年 422 页 29×21cm
精装 ISBN: 7-5028-1531-7 定价: CNY396.00

J0096945
中国古碑帖菁华放大本
上海 上海交通大学出版社 1999 年 10 册
38cm（6 开）

J0096946
中国历代皇帝墨宝　韩一民等编
石家庄 河北教育出版社 1999 年 306 页
26cm（16 开）精装 ISBN: 7-5434-3524-1
定价: CNY39.00

J0096947
中国历代皇帝墨宝　唐汉主编
北京 蓝天出版社 1999 年 4 册（34+1869 页）
有彩图 26cm（16 开）精装
ISBN: 7-80081-899-3 定价: CNY880.00

J0096948
中国历代书法名家名作评介丛书　胡昌华
编著
北京 中国戏剧出版社 1999 年 16 册 29cm（16 开）
ISBN: 7-104-01123-4 定价: CNY168.80

J0096949
中国书法经典　刘兆英主编
西安 陕西旅游出版社 1999 年 2 册（1867 页）
28cm（大 16 开）精装 ISBN: 7-5418-1553-5
定价: CNY380.00

J0096950
忠惠风范　（蔡襄陵园碑林）蔡庆发, 蔡建华
编著
福州 海潮摄影艺术出版社 1999 年 159 页
有彩照 21cm（32 开）ISBN: 7-80562-668-5
定价: CNY21.80
（蔡襄研究丛书）

秦、汉书法作品

J0096951
沛县祖字　（不分卷）(明)杨盐等撰
[明] 稿本
　　本书由《西园翰墨不分卷》《沛县祖字不分卷》(明)杨盐等撰合订。

J0096952
西园翰墨　（不分卷）(明)杨盐等撰
[明] 稿本
　　本书由《西园翰墨不分卷》《沛县祖字不分卷》(明)杨盐等撰合订。

J0096953
[汉碑拓本]　(清)[佚名]辑
清 拓本 毛装

J0096954
[裴岑纪功碑]
清 拓本 12 页 散页

J0096955
[乙瑛碑]
清 拓本 线装

J0096956
广武将军碑
清 拓本 折装

J0096957
上尊号碑
清 拓本 经折装

J0096958
上尊号碑碑阴
清 拓本 经折装

J0096959
徐太师文贞公宝纶阁法帖　（一卷）(明)徐阶辑
清 抄本

J0096960
阳嘉残石杨叔恭碑合帙
清 拓本 线装

J0096961
御刻三希堂石渠宝笈法帖 （不分卷）（清）
梁诗正等辑
蚩英书馆 清 影印本
　　本书又名：三希堂法帖。

J0096962
御刻三希堂石渠宝笈法帖 （清）梁诗正等编
清乾隆 拓本 经折装
　　分三十一册。

J0096963
御刻三希堂石渠宝笈法帖 （清）梁诗正等编
清乾隆 拓本 折装
　　分三十二册。

J0096964
御刻三希堂石渠宝笈法帖 （不分卷）（清）
梁诗正等辑
清乾隆 拓本

J0096965
御刻三希堂石渠宝笈法帖 （清）梁诗正等编
清光绪 影印本 线装
　　分十五册。

J0096966
御刻三希堂石渠宝笈法帖 （清）梁诗正等编
清光绪 影印本 线装
　　分十六册。

J0096967
御刻三希堂石渠宝笈法帖 （清）梁诗正等编
清光绪 影印本 线装
　　分十六册。

J0096968
御刻三希堂石渠宝笈法帖 （清）梁诗正等编
清光绪 石印本 线装
　　本书由《御刻三希堂石渠宝笈法帖》《御刻
三希堂石渠宝笈续法帖》（清）梁诗正等编合订。

分三十七册。

J0096969
御刻三希堂石渠宝笈法帖 （不分卷）（清）
梁诗正等辑
清光绪 石印本
　　本书由《御刻三希堂石渠宝笈法帖不分卷》
（清）梁诗正等辑、《御刻三希堂石渠宝笈续法帖
不分卷》（清）蒋溥等辑合订。

J0096970
御刻三希堂石渠宝笈法帖释文 （十六卷）
（清）梁诗正等辑
清乾隆六十年［1795］ 刻本

J0096971
百体千文 （不分卷）□□辑
清康熙 刻本

J0096972
娄寿碑 （不分卷）
汉阳叶氏 清道光二十六年［1846］刻本

J0096973
娄寿碑 （清）钱泳双钩
北京 近文斋 民国 影印本 线装

J0096974
［曹全碑］ （汉）佚名书
清末至民国初 拓本 经折装

J0096975
元氏封龙山碑
清末至民国初 拓本 经折装

J0096976
汉故陈君碑 （清）杨守敬摹
宜都杨氏 清同治九年［1870］刻本 线装
　　黑口四周双边单鱼尾。

J0096977
汉东海庙碑残字
上海 有正书局 清光绪至宣统 影印本 线装

J0096978
三希堂法帖　（不分卷）（清）梁诗正等辑
清光绪　影印本

J0096979
三希堂法帖释文　（十六卷）（清）梁诗正等辑
上海　鸿宝斋　清光绪二十三年［1897］石印本

J0096980
宋拓夏承碑　（清）李宗瀚辑
清光绪　影印本　经折装
（临川十宝）
　　据松下清斋鉴藏宋本影印。

J0096981
宋拓夏承碑
民国　影印本　经折装

J0096982
宋拓夏承碑
上海　商务印书馆　民国七年［1918］影印本　线装

J0096983
宋拓夏承碑
上海　大东书局　民国十三年［1924］影印本　线装

J0096984
宋拓夏承碑
上海　中华书局　民国十八年［1929］影印本　线装

J0096985
宋拓夏承碑
上海　商务印书馆　民国二十二年［1933］影印本
线装

J0096986
宋拓夏承碑　天津市古籍书店编辑室选编
天津　天津市古籍书店　1989 年　影印本　57 页
33cm（5 开）定价：CNY3.50
（历代碑帖集萃）
　　此碑系东汉建宁三年（170 年）刻，传为蔡邕
所书。宋拓本现存上海博物馆。

J0096987
宋拓夏承碑

北京　中国书店　1991 年　53 页　26cm（16 开）
ISBN：7-80568-334-4　定价：CNY3.00

J0096988
礼器碑
清光绪二十八年［1902］影印本　线装
　　《礼器碑》全称《汉鲁相韩敕造孔庙礼器碑》，
又称《修孔子庙器碑》《韩明府孔子庙碑》等，是
中国东汉重要碑刻。东汉永寿二年（156 年）立。
现存山东曲阜孔庙。碑身高 1.5 米，宽 0.73 米，
四面皆刻有文字，无额。此碑是汉代隶书的重要
代表作之一。碑文记述鲁相韩敕修饰孔庙、增置
各种礼器、吏民共同捐资立石以颂其德事。碑侧
及碑阴刊刻捐资立石的官吏姓名及钱数。

J0096989
礼器碑　有正印刷所刊
上海　有正书局　1917 年

J0096990
礼器碑　（东汉）佚名书
北京　北京出版社　1990 年　26×15cm
ISBN：7-200-01194-0　定价：CNY2.30

J0096991
礼器碑　宫衍兴编
济南　齐鲁书社　1993 年　影印本　25 页
26cm（16 开）ISBN：7-5333-0310-5
定价：CNY2.20
（山东汉碑原拓原大精选丛书）

J0096992
礼器碑　白景山编
北京　北京体育学院出版社　1994 年　60 页
34cm（10 开）ISBN：7-81003-754-4
定价：CNY5.90
（隶书五种字帖）

J0096993
礼器碑　（后汉）
长春　吉林文史出版社　1997 年　97 页　30cm（15 开）
ISBN：7-80626-177-X　定价：CNY10.50
（中国著名碑帖选集（第一集）3）

J0096994
礼器碑
沈阳 辽宁画报出版社 1998年 96页 29cm（16开）
ISBN：7-80601-197-8 定价：CNY6.98
（中国历代碑帖）

J0096995
礼器碑 （汉）无名氏［书］
北京 华夏出版社 1999年 32×20cm
ISBN：7-5080-1669-6 定价：CNY9.60
（中国历代经典名帖集成）

J0096996
明拓本曹全碑 （汉）佚名书
上海 文明书局 民国十七年［1928］影印本
四版 经折装
　　　　本书与中华书局共同出版。

J0096997
明拓曹全碑
清光绪三十二年［1906］影印本 线装

J0096998
明拓曹全碑 北京中国书法研究社编
北京 人民美术出版社 1962年［48］页
26cm（16开）统一书号：8027.3930
定价：CNY0.53
　　　　本书为中国东汉时代隶书碑帖专著。

J0096999
明拓汉曹全碑
北京 文物出版社 1964年 24页 38cm（6开）
影印本 线装 统一书号：7068.236
定价：CNY9.00
　　　（故宫博物院藏历代善本碑帖）
　　　《曹全碑》为中国东汉时代隶书碑帖。本书
据故宫博物院藏明拓片影印。

J0097000
明拓汉曹全碑 （简装本）
北京 文物出版社 1964年 34cm（10开）
统一书号：7068.236 定价：CNY0.88

J0097001
明拓汉曹全碑

北京 文物出版社 1965年 36cm（6开）
统一书号：7068.252 定价：CNY3.80

J0097002
秦峄山碑 （秦）李斯书
上海 有正书局 清宣统 影印本 线装

J0097003
秦峄山碑 （秦）李斯书
上海 有正书局 民国 影印本 线装

J0097004
秦绎山碑 （长安本）（秦）李斯书
杭州 西泠印社 1986年 影印本 44页 33cm（5开）
统一书号：8191.461 定价：CNY1.50
　　　中国秦代篆书碑帖。

J0097005
宋拓孔庙碑
上海 有正书局 清宣统 影印本 线装

J0097006
宋拓孔宙碑 （清）端方藏
上海 有正书局 民国七年［1918］影印本 线装

J0097007
［孔宙碑］ （清）端方藏
民国 影印本 线装

J0097008
白石神君碑 张仲嘉临
民国 抄本 线装
（张仲嘉临汉碑）

J0097009
白石神君碑
天津 天津市古籍书店 1988年 影印本 26页
29cm（15开）定价：CNY2.00
（历代碑帖集萃）
　　　中国东汉时代隶书碑帖。

J0097010
曹全碑
民国 拓本 经折装
　　　本书全名为《汉郃阳令曹全碑》，是汉代隶

书的代表作品。东汉中平二年(185 年)立。明万历元年(1573 年)在郃阳县(今陕西合阳)莘里村出土。

J0097011
曹全碑
成都 巴蜀书社 1986 年 27cm(16 开)
ISBN：7-80523-308-X 定价：CNY2.20
(历代碑帖墨迹丛书)
　　中国东汉时代隶书碑帖。

J0097012
曹全碑
成都 巴蜀书社 1986 年 27cm(16 开)
定价：CNY0.62
(历代碑帖墨迹丛书)
　　中国东汉时代隶书碑帖。

J0097013
曹全碑　天津市古籍书店编辑室选编
天津 天津市古籍书店 1988 年 影印本 48 页
26cm(16 开) 定价：CNY1.20
(历代碑帖集萃)
　　中国东汉时代隶书碑帖。

J0097014
曹全碑
上海 上海书店 1990 年 26cm(16 开)
ISBN：7-80569-201-7 定价：CNY1.60
(中国历代法书自习范本)

J0097015
曹全碑
北京 中国书店 1991 年 59 页 26cm(16 开)
ISBN：7-80568-304-2 定价：CNY3.20

J0097016
曹全碑　白景山编
北京 北京体育学院出版社 1994 年 85 页
34cm(18 开) ISBN：7-81003-755-2
定价：CNY7.80
(隶书五种字帖)

J0097017
曹全碑　(后汉)

长春 吉林文史出版社 1997 年 45 页 30cm(15 开)
ISBN：7-80626-179-6 定价：CNY5.80
(中国著名碑帖选集(第一集) 5)
　　本书全名为《汉郃阳令曹全碑》,是汉代隶书的代表作品。东汉中平二年(185 年)立。明万历元年(1573 年)在郃阳县(今陕西合阳)莘里村出土。

J0097018
曹全碑　方传鑫编
上海 上海书画出版社 1997 年 56 页 38cm(8 开)
ISBN：7-80635-140-X 定价：CNY11.80
(中国历代名帖放大本)

J0097019
曹全碑　天津人民美术出版社编
天津 天津人民美术出版社 1998 年 96 页
18cm(30 开) ISBN：7-5305-0833-4
定价：CNY6.80
(中国历代碑帖放大选字本)

J0097020
曹全碑　雷志雄主编
武汉 湖北美术出版社 1999 年 36 页 31cm(10 开)
ISBN：7-5394-0866-9 定价：CNY7.00
(中国历代书法名迹临习指导)

J0097021
曹全碑　(汉)无名氏[书]
北京 华夏出版社 1999 年 32×20cm
ISBN：7-5080-1666-1 定价：CNY9.80
(中国历代经典名帖集成)

J0097022
曹全碑精选　田旭中,邓代昆编著
成都 四川美术出版社 1999 年 46 页 38cm(8 开)
ISBN：7-5410-1656-X 定价：CNY12.00
(中国历代名家书法篆刻精品选萃 隶书)
　　田旭中(1953—),书画家、作家。四川成都人。中国书法家协会四川分会会员。四川省书学学会理事。邓代昆(1949—),书画篆刻家。成都人,任中国书画函授大学四川分校书法系主任、副教授。出版有《新中国国礼艺术大师·精品六人集》《神州国光·巴蜀卷》《共和国书法大系》等。

J0097023

曹全碑隶书字帖 （选字本）
上海 朵云轩 1962年 9折 26cm（16开）折装
定价：CNY0.30

J0097024

曹全碑隶书字帖 （选字本）
［上海］朵云轩 1964年 ［1张］36cm（20开）
定价：CNY0.22

J0097025

曹全碑临摹教程 陶湘生编
上海 上海人民美术出版社 1998年 152页
26cm（16开）ISBN：7-5322-1904-6
定价：CNY20.50
（中国历代名家碑帖临摹教程 隶书）

J0097026

曹全碑选字帖 庹纯双编著
成都 四川辞书出版社 1998年 70页 26cm（16开）
ISBN：7-80543-692-4 定价：CNY10.00
（庹氏回米格标准字帖）

J0097027

古鉴阁藏汉礼器碑
上海 艺苑真赏社 民国 影印本 珂罗版 有图
34cm（10开）定价：洋二元四角

　　《礼器碑》全称《汉鲁相韩敕造孔庙礼器碑》，
又称《修孔子庙器碑》《韩明府孔子庙碑》等，是
中国东汉重要碑刻。东汉永寿二年（156年）立。
现存山东曲阜孔庙。碑身高 1.5 米，宽 0.73 米，
四面皆刻有文字，无额。此碑是汉代隶书的重要
代表作之一。碑文记述鲁相韩敕修饰孔庙、增置
各种礼器、吏民共同捐资立石以颂其德事。碑侧
及碑阴刊刻捐资立石的官吏姓名及钱数。

J0097028

汉封龙山颂 （清）秦文锦集
上海 艺苑真赏社 民国 影印本 线装

　　据古鉴阁藏出土初拓本影印。作者秦文锦
（1870—1938），画家。字绗孙、絜孙，号云居士、
息园老人等。江苏无锡人。创办艺苑真赏社（上
海古籍书店的前身）。主要作品《金文集联》《范
隶全篇》《碑联集拓》系列等。

J0097029

汉郙阁颂 （清）秦文锦集
上海 艺苑真赏社 民国 影印本 线装
　　据古鉴阁藏宋拓本影印。

J0097030

汉郭泰碑 （清）吴大澂集
上海 艺苑真赏社 民国 影印本 线装

　　据吴愙斋所藏宋拓本影印。吴大澂（1835—
1902），清代官员、学者、金石学家、书画家。原
名大淳，字止敬、清卿，号恒轩，别号白云山樵
等。江苏吴县人，同治进士。主要作品《说文古
籀补》《皇华纪程》等。

J0097031

汉刻孤本三种
广仓学会 民国 影印本 线装
　　据吴兴张石铭藏本影印。

J0097032

汉礼器碑 《历代碑帖法书选》编辑组编
北京 文物出版社 1983年 ［39］页 26cm（16开）
统一书号：8068.1190 定价：CNY0.45
（历代碑帖法书选）

J0097033

汉礼器碑 （碑阳）《历代碑帖法书选》编辑组编
北京 文物出版社 1987年 重印本 39页
26cm（16开）ISBN：7-5010-0092-1
定价：CNY0.45

J0097034

汉礼器碑 （碑阴、碑侧）《历代碑帖法书选》
编辑组编
北京 文物出版社 1987年 重印本 26cm（16开）
ISBN：7-5010-0093-X 定价：CNY1.00

J0097035

汉礼器碑
成都 成都古籍书店 1991年 影印本 26cm（16开）
定价：CNY3.60
（汉碑集萃）

J0097036

汉礼器碑

北京　中国书店　1991 年　影印本　89 页
26cm（16 开）ISBN：7-80568-308-5
定价：CNY4.60

J0097037

汉礼器碑　聂文豪，李玲选编
南昌　江西美术出版社　1999 年　37cm（8 开）
ISBN：7-80580-549-0　定价：CNY31.00
（中国古代名家名帖 21）

　　编者聂文豪（1944—　　），生于江西省南昌市。历任中国民间文艺家协会会员、江西省书法家协会会员、中国民协书法艺术交流专业委员会副主任。

J0097038

汉礼器碑并阴侧　上海书画出版社编
上海　上海书画出版社　1984 年　97 页　27cm（16 开）
统一书号：8172.1235　定价：CNY3.00

J0097039

汉礼器碑集联　胡梅生集并书
哈尔滨　黑龙江美术出版社　1988 年　100 页
26cm（16 开）ISBN：7-5318-0029-2
定价：CNY3.36

　　作者胡梅生（1928—　　），教授。生于山东莒南县。哈尔滨学院美术教授，曾任黑龙江省师范学校书法、美术教材主编、黑龙江省老年书画研究会艺术顾问。出版有《胡梅生国画作品精选》《柳公权玄秘塔碑集联》《汉礼器碑集联》等。

J0097040

汉礼器碑集联　胡梅生编著
哈尔滨　黑龙江美术出版社　1998 年　200 页
26cm（16 开）ISBN：7-5318-0462-X
定价：CNY19.80

　　本书有 84 幅图，收入作者自书诗歌 84 首，其中以抗联时期的诗篇为主。

J0097041

汉礼器碑阴　张仲嘉书
民国　抄本　线装
（张仲嘉临汉碑）

J0097042

汉李翕西狭颂　（一卷）（汉）仇靖书

神州国光社　民国　石印本

J0097043

汉李翕西狭颂　张仲嘉临
民国　抄本　线装
（张仲嘉临汉碑）

J0097044

汉鲁峻碑　张仲嘉临
民国　抄本　线装
（张仲嘉临汉碑）

J0097045

汉龟池五瑞图题名
上海　有正书局　民国　影印本　线装
　　本书由《隋上方寺塔盘遗刻》《汉龟池五瑞图题名》合订。

J0097046

汉石门颂　张仲嘉临
民国　抄本　线装
（张仲嘉临汉碑）

　　《石门颂》摩崖又名《杨孟文颂摩崖》。王升撰文，隶书 22 行，满行 31 字，额题隶书“故司隶校尉楗为杨君颂”10 字，碑文字载杨孟文修葺石门道之事。汉建和二年（148）刻于陕西褒城褒余道石壁。此摩崖书法古拙自然，富于变幻。每笔起处以毫端逆锋，含蓄蕴藉；中间运行道缓，肃穆敦厚；收笔复以回锋；圆劲流畅，通篇字势挥洒自如，奇趣逸宕，素有“隶中草书”之称。

J0097047

汉石门颂　上海书画出版社编辑
上海　上海书画出版社　1979 年　62 页　38cm（6 开）
统一书号：7172.105　定价：CNY2.01

J0097048

汉石门颂　《历代碑帖法书选》编辑组编
北京　文物出版社　1984 年　25cm（15 开）
统一书号：8068.1238　定价：CNY0.75
（历代碑帖法书选）

J0097049

汉石门颂
天津　天津市古籍书店　1988 年　影印本　82 页

29cm（15 开）定价：CNY3.60
（历代碑帖集萃）

J0097050
汉石门颂
成都 成都古籍书店 1991 年 影印本 26cm（16 开）
定价：CNY3.20
（汉碑集萃）

J0097051
汉石门颂　《翰墨林影印历代丛帖》编辑组编
武汉 武汉古籍书店 1992 年 影印本 54 页
26cm（16 开）定价：CNY3.00
（翰墨林影印历代丛帖）

J0097052
汉石门颂　人民美术出版社编
北京 人民美术出版社 1995 年 26cm（16 开）
ISBN：7-102-01570-4 定价：CNY7.50

J0097053
汉石门颂　《历代碑帖法书选》编辑组编
北京 文物出版社 1995 年 重印本 25cm（15 开）
ISBN：7-5010-0856-6 定价：CNY5.80
（历代碑帖法书选）

J0097054
汉石门颂　陕西人民美术出版社编
西安 陕西人民美术出版社 1998 年 64 页
26cm（16 开）ISBN：7-5368-1086-5
定价：CNY8.00
（历代书法名迹精选丛书）

J0097055
汉石门颂　［西泠印社编］
杭州 西泠印社 1998 年 82 页 35cm（15 开）
ISBN：7-80517-280-3 定价：CNY17.50
（西泠印社法帖丛编）

J0097056
汉王纯碑　张仲嘉临
民国 抄本 线装
（张仲嘉临汉碑）

J0097057
汉郃阳令曹全碑　（汉）佚名书
上海 有正书局 民国 影印本 线装
　　《汉郃阳令曹全碑》，是汉代隶书的代表作品。东汉中平二年（185 年）立。明万历元年（1573 年）在郃阳县（今陕西合阳）莘里村出土。

J0097058
汉郃阳令曹全碑　（汉）佚名书；
（清）王懿荣旧藏
民国 影印本 线装

J0097059
汉幽州刺史朱龟碑
民国 石印本 墨钩 线装

J0097060
汉袁博碑
上海 艺苑真赏社 民国 影印本 线装

J0097061
汉袁博碑　（清）秦文锦集
上海 艺苑真赏社 民国 影印本 线装
　　作者秦文锦（1870—1938），画家。字绚孙、聚孙，号云居士、息园老人等。江苏无锡人。创办艺苑真赏社（上海古籍书店的前身）。主要作品《金文集联》《范隶全篇》《碑联集拓》系列等。

J0097062
汉张迁碑　张仲嘉临
民国 抄本 线装
（张仲嘉临汉碑）
　　《张迁碑》，东汉碑刻，隶书。碑额篆书"汉故榖城长荡阴令张君表颂"。东汉中平三年（186 年）立。碑文记张迁为榖城长时的政绩。笔法方整雄强，拙中见巧。明初出土于山东东平，今移存山东泰安岱庙。本书为张仲嘉临本。

J0097063
汉张迁碑　《历代碑帖法书选》编辑组编
北京 文物出版社 1982 年 影印本 43 页
25cm（15 开）统一书号：8068.1078
定价：CNY0.50（胶版纸），CNY0.28（凸版纸）
（历代碑帖书法选）
　　《张迁碑》，东汉碑刻，隶书。碑额篆书"汉故穀城长荡阴令张君表颂"。东汉中平三年(186年)立。碑文记张迁为穀城长时的政绩。笔法方整雄强，拙中见巧。明初出土于山东东平，今移存山东泰安岱庙。

J0097064
汉张迁碑
武汉　武汉市古籍书店　1982 年　影印本　56 页
25cm(15 开)　定价：CNY0.60

J0097065
汉张迁碑
长春　长春市古籍书店　1982 年　39cm(4 开)
定价：CNY1.90

J0097066
汉张迁碑
上海　上海书画出版社　1988 年　39 页　26cm(16 开)
ISBN：7-80512-221-0　定价：CNY1.04
(历代名帖自学选本)

J0097067
汉张迁碑
天津　天津市古籍书店　1988 年　影印本　58 页
33cm(5 开)　定价：CNY2.40
(历代碑帖集萃)

J0097068
汉张迁碑
成都　成都古籍书店　1991 年　影印本　26cm(16 开)
定价：CNY2.50
(汉碑集萃)

J0097069
汉张迁碑
北京　中国书店　1991 年　58 页　26cm(16 开)
ISBN：7-80568-309-3　定价：CNY3.00

J0097070
汉张迁碑
天津　天津古籍出版社　1996 年　影印本　65 页
26cm(16 开)　ISBN：7-80504-522-4
定价：CNY7.00
(历代碑帖集萃)
　　《张迁碑》，东汉碑刻，隶书。碑额篆书"汉

故穀城长荡阴令张君表颂"。东汉中平三年(公元 186 年)立。碑文记张迁为穀城长时的政绩。笔法方整雄强，拙中见巧。明初出土于山东东平，今移存山东泰安岱庙。

J0097071
汉张迁碑　聂文豪，聂可愚选编
南昌　江西美术出版社　1997 年　37cm
ISBN：7-80580-398-6　定价：CNY16.50
(中国古代名家名帖 9)

J0097072
汉张迁碑　倪文东编
西安　三秦出版社　1998 年　51 页　28cm(大 16 开)
ISBN：7-80628-107-X　定价：CNY9.50
(历代名碑帖学习与赏析　第一辑)
　　作者倪文东(1957—　)，教授。又名倪端、倪陵生，陕西黄陵人，毕业于西北大学中文系。历任西北大学艺术系教授、陕西省青年书法家协会副主席、太白印社社长、中国书法家协会理事、北京师范大学艺术与传媒学院书法系教授。代表作品《二十世纪中国书画家印款辞典》。

J0097073
汉张迁碑
杭州　西泠印社　1998 年　56 页　35cm(15 开)
ISBN：7-80517-278-1　定价：CNY11.80
(西泠印社法帖丛编)

J0097074
明拓汉隶四种
上海　有正书局　民国初　影印本　线装

J0097075
明拓汉隶四种
上海　有正书局　民国八年[1919]　影印本　线装

J0097076
明拓汉隶四种
上海　有正书局　民国十年[1921]　影印本　线装

J0097077
秦泰山碑
上海　艺苑真赏社　民国　影印本　线装

J0097078
双钩允字子游碑
民国　石印本　墨钩　线装

J0097079
宋拓汉围令赵君碑
上海　有正书局　民国　影印本　毛装
　　据长沙黄氏藏本影印。

J0097080
宋拓礼器碑真迹　（汉）□□书
京师　长沙徐崇立　清宣统三年［1911］影印本
线装

J0097081
宋拓鲁峻碑及碑阴　（汉）蔡邕书
上海　有正书局　民国　影印本　线装
　　作者蔡邕（132—192），东汉辞赋家、散文
家、书法家。字伯喈，陈留围（今河南杞县）人。
著有《蔡中郎文集》等。

J0097082
宋拓石门颂
上海　有正书局　民国　影印本　线装

J0097083
泰山秦篆二十九字南宋精拓本
上海　有正书局　民国　石印本　线装
　　本书附《鲁孝王石刻》。

J0097084
西岳华山碑　张仲嘉临
民国　抄本　线装
（张仲嘉临汉碑）

J0097085
西岳华山庙碑　（汉）郭香察书
清光绪至宣统　影印本　线装

J0097086
西岳华山庙碑　（汉）郭香察书
民国　影印本　线装
　　据四明本影印。

J0097087
西岳华山庙碑
上海　商务印书馆　民国十五年［1926］影印本
线装

J0097088
西岳华山庙碑　北京市中国书店编
北京　中国书店　1986年　1册　26cm（16开）
定价：CNY3.00

J0097089
西岳华山庙碑　（隶书）
南京　江苏美术出版社　1992年　59页　有碑影
26cm（16开）ISBN：7-5344-0223-9
定价：CNY3.90
（习书入门丛帖　1）

J0097090
西岳华山庙碑　中国书店编
北京　中国书店　1992年　26cm（16开）精装
ISBN：7-80568-295-X　定价：CNY18.00

J0097091
乙瑛碑　宫衍兴编
济南　齐鲁书社　1993年　32页　26cm（16开）
ISBN：7-5333-0309-1　定价：CNY2.40
（山东汉碑原拓原大精选丛书）
　　《乙瑛碑》，全称《汉鲁相乙瑛请置孔庙百石
卒史碑》，又名《孔庙置守庙百石孔酥碑》，东汉
永兴元年（153年）刻，原石现存山东曲阜孔庙。
与《礼器》《史晨》并称"孔庙三碑"，历为书家
所重。

J0097092
乙瑛碑
上海　上海书店　1994年　影印本　26cm（16开）
ISBN：7-80569-755-8　定价：CNY2.35

J0097093
乙瑛碑　（后汉）
长春　吉林文史出版社　1997年　43页　30cm（1开）
ISBN：7-80626-175-3　定价：CNY5.50
（中国著名碑帖选集（第一集）2）

J0097094

乙瑛碑

天津 天津古籍出版社 1997年 48页 26cm(16开)

ISBN: 7-80504-530-5 定价: CNY6.50

(历代碑帖集萃)

J0097095

乙瑛碑

沈阳 辽宁画报出版社 1998年 41页 29cm(16开)

ISBN: 7-80601-198-6 定价: CNY4.58

(中国历代碑帖)

J0097096

乙瑛碑不二字

上海 有正书局 民国间[1911-1949]年 影印本 线装

J0097097

荥阳郑文公之碑

民国 影印本 34cm(10开) 线装

J0097098

最初拓礼器碑及碑阴

上海 有正书局 民国 影印本 线装

　　分二册。

J0097099

最初拓礼器碑阴

上海 有正书局 民国 影印本 线装

J0097100

秦碣石门颂

上海 艺苑真赏社 民国 影印本 线装

　　据锡山华氏藏徐鼎臣本影印。《石门颂》摩崖又名《杨孟文颂摩崖》。王升撰文，隶书22行，满行31字，额题隶书"故司隶校尉楗为杨君颂"10字，碑文字载杨孟文修葺石门道之事。汉建和二年(148)刻于陕西褒城褒余道石壁。此摩崖书法古拙自然，富于变幻。每笔起处以毫端逆锋，含蓄蕴藉；中间运行道缓，肃穆敦厚；收笔复以回锋；圆劲流畅，通篇字势挥洒自如，奇趣逸宕，素有"隶中草书"之称。

J0097101

秦泰山残字

上虞罗振玉 民国二年[1913] 影印本 玻璃版 线装

　　据明拓本影印。

J0097102

宋拓熹平石经　罗振玉辑

民国二年[1913] 影印本 有像 经折装

　　辑者罗振玉(1866—1940)，古文字学家，金石收藏家。浙江上虞人。字叔蕴，又字叔言，号雪堂、陆庵。任学部参事，兼京师大学堂农科监督，辛亥后任伪满监察院长。著有《殷虚书契前编》、编《三代吉金文存》《西城精舍杂文甲编》《松翁近稿》等。

J0097103

汉碑范　张祖翼临并辑

上海 文明书局 民国四年[1915] 石印本 三版 线装

J0097104

汉谷城长荡阴令张君表颂

民国四年[1915] 影印本 线装

J0097105

汉刘熊碑

上海 有正书局 民国四年[1915] 影印本 线装

J0097106

黄小松藏汉碑五种　(清)黄易藏

上海 有正书局 民国四年[1915] 影印本 线装

　　分五册。黄易(1744—1802)，字大易，号小松、秋盦，又号秋影庵主、散花滩人。浙江钱塘人，兼擅篆刻，与丁敬都并称"丁黄"，为"西泠八家"之一。曾任监生、官济宁同知。绘有《访碑图》，著有《小蓬莱阁金石文字》等。

J0097107

宋拓石鼓文

上海 有正书局 民国七年[1918] 影印本 线装

J0097108

汉娄寿碑　(汉)佚名书

上海 商务印书馆 民国八年[1919] 影印本 再版 线装

J0097109
宋拓汉娄寿碑
上海 商务印书馆 民国八年［1919］影印本
再版 线装

J0097110
张迁碑 古物同欣社集印
北京 商务印书馆 民国八年［1919］影印本 线装
　　《张迁碑》全称《汉故谷城长荡阴令张君表
颂》，亦称《张迁表》。碑石原在山东东平州（今山
东东平县），今置泰安岱庙炳灵门内。张迁碑是
中国东汉重要碑刻。

J0097111
张迁碑
合肥 安徽美术出版社 1991年 重印本
35×21cm ISBN：7-5398-0096-8
定价：CNY5.20

J0097112
张迁碑 宫衍兴编
济南 齐鲁书社 1993年 32页 26cm（16开）
ISBN：7-5333-0315-6 定价：CNY2.40
（山东汉碑原拓原大精选丛书）

J0097113
张迁碑 （后汉）
长春 吉林文史出版社 1997年 64页 30cm（15开）
ISBN：7-80626-180-X 定价：CNY7.50
（中国著名碑帖选集（第一集）6）

J0097114
张迁碑
北京 华夏出版社 1998年 32×20cm
ISBN：7-5080-1608-4 定价：CNY7.80
（中国历代经典名帖集成）

J0097115
张迁碑
沈阳 辽宁画报出版社 1998年 63页 29cm（16开）
ISBN：7-80601-205-2 定价：CNY5.98
（中国历代碑帖）

J0097116
张迁碑 天津人民美术出版社编

天津 天津人民美术出版社 1998年 96页
18cm（小32开）ISBN：7-5305-0834-2
定价：CNY6.80
（中国历代碑帖放大选字本）

J0097117
张迁碑 夏勇编
杭州 中国美术学院出版社 1998年 16页
26cm（16开）ISBN：7-81019-655-3
定价：CNY4.00
（学书范本精华）

J0097118
张迁碑 （汉故谷城长荡阴令张君表颂）夏勇
编著
杭州 中国美术学院出版社 1998年 16页
26cm（16开）ISBN：7-81019-655-3
定价：CNY4.00
（学书范本精华）

J0097119
张迁碑临摹教程
上海 上海人民美术出版社 1997年 173页
26cm（16开）ISBN：7-5322-1747-7
定价：CNY22.80
（中国历代名家碑帖临摹教程 隶书）

J0097120
张迁碑选字帖 庹纯双编著
成都 四川辞书出版社 1998年 50页 26cm（16开）
ISBN：7-80543-695-9 定价：CNY9.00
（庹氏回米格标准字帖）

J0097121
张迁碑字精选 刘中澄编著
沈阳 辽宁美术出版社 1999年 20页 25×34cm
ISBN：7-5314-2193-3 定价：CNY12.00
（中国古代名家书迹系列）

J0097122
海内第一初拓曹全碑 （汉）佚名书；（清）端
方藏
上海 商务印书馆 民国九年［1920］影印本 线装

J0097123
秦汉金篆八种放大本　有正书局辑
上海 有正书局 民国九年［1920］影印本 线装

J0097124
道人礼器临本　李瑞清书
上海 震亚图书局 民国十年［1921］影印本 线装
　　据清宣统二年（1910）原写本影印。李瑞清（1867—1920），教育家、美术家、书法家。字仲麟，号梅庵，晚号清道人，戏号李百蟹。江西抚州人。曾出任两江优级师范学堂监督。著述有《左氏问难》《春秋大事表》《历代帝王年表》《和陶诗》等。

J0097125
汉西狭颂　（汉）佚名书；秦绸孙藏
上海 艺苑真赏社 民国十一年［1922］影印本 线装
　　秦绸孙（1870—1938），画家。本名秦文锦，字绸孙、聚孙，号云居士、息园老人等。江苏无锡人。创办艺苑真赏社（上海古籍书店的前身）。主要作品《金文集联》《范隶全篇》《碑联集拓》系列等。

J0097126
汉西狭颂　《历代碑帖法书选》编辑组编
北京 文物出版社 1986年 26cm（16开）
统一书号：8068.1478 定价：CNY0.76
　　《西狭颂》全称《武都太守李翕西狭颂》。东汉摩崖刻石。在今甘肃成县。隶书。东汉灵帝建宁四年（171年）刻，记载李翕平治西狭阁道的事迹。颂前有《李翕黾池五瑞图》，刻有黄龙、白鹿、嘉禾、木连理等图像。民间俗称《李翕颂》《黄龙碑》。

J0097127
汉西狭颂
成都 成都古籍书店 1991年 影印本 26cm（16开）
定价：CNY2.30
（汉碑集萃）

J0097128
汉西狭颂　《翰墨林影印历代丛帖》编辑组编
武汉 武汉古籍书店 1992年 影印本 52页
26cm（16开）定价：CNY3.00

（翰墨林影印历代丛帖）

J0097129
汉西狭颂　《历代碑帖法书选》编辑组编
北京 文物出版社 1994年 重印本 26cm（16开）
ISBN：7-5010-0825-6 定价：CNY4.50
（历代碑帖法书选）

J0097130
旧拓汉杨伯起碑　（汉）佚名书
上海 商务印书馆 民国十一年［1922］影印本
线装

J0097131
宋拓汉司隶校尉鲁峻碑
上海 有正书局 民国十一年［1922］影印本 线装
　　本书由《宋拓汉司隶校尉鲁峻碑》《宋拓汉司隶校尉鲁峻碑阴》合订。

J0097132
宋拓汉司隶校尉鲁峻碑阴
上海 有正书局 民国十一年［1922］影印本 线装

J0097133
宋拓汉司隶校尉鲁峻碑阴
上海 有正书局 民国十一年［1922］影印本 线装
　　本书由《宋拓汉司隶校尉鲁峻碑》《宋拓汉司隶校尉鲁峻碑阴》合订。

J0097134
汉张元异碑　秦绸孙藏
上海 艺苑真赏社 民国十二年［1923］影印本
线装
　　据秦绸孙藏本影印。

J0097135
汉鲁相置孔子庙卒史碑　（汉）钟繇书
古物同欣社 民国十三年［1924］影印本 线装

J0097136
汉乙瑛碑　（汉）钟繇书
北京 古物同欣社 民国十三年［1924］影印本
线装
　　据元拓本影印。《乙瑛碑》，全称《汉鲁相乙瑛请置孔庙百石卒史碑》，又名《孔庙置守庙百石

孔龢碑》，东汉永兴元年（153 年）刻，原石现存山
东曲阜孔庙。与《礼器》《史晨》并称"孔庙三碑"，
历为书家所重。

J0097137
汉乙瑛碑　《历代碑帖法书选》编辑组编著
北京　文物出版社　1982 年　影印本　25cm（15 开）
统一书号：8068.1059　定价：CNY0.50
（历代碑帖法书选）

J0097138
汉乙瑛碑　《历代碑帖法书选》编辑组编
北京　文物出版社　1986 年　26cm（16 开）
定价：CNY0.55
（历代碑帖法书选）

J0097139
汉乙瑛碑
成都　成都古籍书店　1991 年　影印本　26cm（16 开）
定价：CNY2.00
（汉碑集萃）

　　《乙瑛碑》，全称《汉鲁相乙瑛请置孔庙百石
卒史碑》，又名《孔庙置守庙百石孔龢碑》，东汉
永兴元年（153 年）刻，原石现存山东曲阜孔庙。
与《礼器》《史晨》并称"孔庙三碑"，历为书家
所重。

J0097140
汉乙瑛碑　《历代碑帖法书选》编辑组编
成都　成都古籍书店　1994 年　重印本　26cm（16 开）
ISBN：7-5010-0570-2　定价：CNY2.10
（历代碑帖法书选）

J0097141
汉乙瑛碑　（汉《乙瑛碑》临习指南）赵熊编撰
西安　陕西人民美术出版社　1996 年　45 页
26cm（16 开）ISBN：7-5368-0853-4
定价：CNY4.95
（古今书法技法丛书　隶书字帖）

J0097142
汉乙瑛碑
杭州　西泠印社　1998 年　42 页　35cm（15 开）
ISBN：7-80517-279-X　定价：CNY11.00
（西泠印社法帖丛编）

J0097143
汉乙瑛碑　天津人民美术出版社编
天津　天津人民美术出版社　1999 年　96 页
18cm（小 32 开）ISBN：7-5305-1031-2
定价：CNY6.80
（中国历代碑帖放大选字本）

J0097144
曹景完碑　（汉）佚名书；（清）端方藏
上海　商务印书馆　民国十五年［1926］影印本
线装

J0097145
汉张寿碑　（清）秦绲孙集
上海　艺苑真赏社　民国十五年［1926］影印本
线装

J0097146
汉张寿碑
天津　天津市古籍书店　1988 年　影印本　16 页
26cm（16 开）定价：CNY1.20
（历代碑帖集萃）
　　中国汉代隶书碑帖。

J0097147
汉郎中郑固碑
上海　商务印书馆　民国十七年［1928］影印本
线装
　　据翁苏斋校字本影印。

J0097148
汉酸枣令刘熊碑　高野侯鉴定
上海　中华书局　民国十七年［1928］影印本　再版
线装
　　高野侯（1878—1952），画家、出版家。字时
显，号欣木、可庵，浙江余杭人。清末举人，曾
任中华书局董事、美术部主任。精于鉴定，收藏
甚富，兼工隶书，篆刻亦佳。辑有《方寸铁斋印
存》等。

J0097149
汉熹平周易石经残碑录　文素松集拓
萍乡文素松思简楼　民国十九年［1930］影印本
线装

J0097150

汉韩仁碑 （汉）佚名书；黄邻谷藏
上海　商务印书馆　民国二十二年［1933］影印本
线装

J0097151

明拓汉张迁碑 王福厂集
上海　中华书局　民国二十五年［1936］影印本
线装

J0097152

明拓汉张迁碑
上海　上海书画出版社　1980年　24页　39cm（4开）
统一书号：7172.132　定价：CNY22.00
　　本书为中国东汉时代隶书碑帖。

J0097153

汉武荣碑 （清）秦文锦集
上海　艺苑真赏社　民国　影印本　线装
　　据古鉴阁藏明拓本影印。作者秦文锦
（1870—1938），画家。字纲孙、聚孙，号云居士、
息园老人等。江苏无锡人。创办艺苑真赏社（上
海古籍书店的前身）。主要作品《金文集联》《范
隶全篇》《碑联集拓》系列等。

J0097154

汉杨淮袁纪 （清）秦文锦集
上海　艺苑真赏社　民国　影印本　线装
　　据古鉴阁宋拓本影印。

J0097155

明拓张迁碑
民国　影印本　经折装

J0097156

曹娥碑墨迹
上海　上海人民美术出版社　1964年　1函
44cm（5开）精装　统一书号：8081.5486
定价：CNY80.00

J0097157

曹娥碑墨迹 （一卷）（晋）佚名书；辽宁省博
物馆收藏
上海　上海人民美术出版社　1964年　影印本
44cm（5开）经折装　统一书号：8081.5486

定价：CNY80.00
　　据辽宁省博物馆藏影印，附铅字杨仁恺作释
文。半叶无框无竖栏行款不一。

J0097158

汉张景碑 （一卷）（汉）佚名书
北京　文物出版社　1973年　影印本　37cm（8开）
线装　统一书号：7068.328　定价：CNY4.00
　　中国东汉时代隶书碑帖作品。半叶无框无
竖栏三行六字。

J0097159

汉张景碑 （汉）佚名书
北京　文物出版社　1976年　影印本　线装

J0097160

汉张景碑 《历代碑帖法书选》编辑组编
北京　文物出版社　1982年　影印本　26cm（16开）
统一书号：8068.852　定价：CNY0.28
（历代碑帖法书选）

J0097161

汉张景碑
上海　上海书画出版社　1988年　17页　26cm（16开）
ISBN：7-80512-222-9　定价：CNY0.70
（历代名帖自学选本）
　　中国东汉时代隶书碑帖。

J0097162

汉张景碑 （汉）张景书；《历代碑帖法书选》编
辑组编
北京　文物出版社　1992年　影印本　26cm（16开）
ISBN：7-5010-0569-9　定价：CNY0.50
（历代碑帖法书选）
　　本书系中国东汉时代隶书碑帖。

J0097163

汉隶书选字帖 （一）上海书画编辑
上海　上海书画社　1975年　32页　26cm（16开）
定价：CNY0.22

J0097164

汉隶书选字帖 （二）上海书画社编辑
上海　上海书画社　1977年　影印本　41页
26cm（16开）定价：CNY0.28

J0097165

汉隶书选字帖 （三）上海书画出版社编辑
上海 上海书画出版社 1979 年 33 页 26cm（16 开）
统一书号：7172.104 定价：CNY0.28

J0097166

秦铭刻文字选 上海书画社编辑
上海 上海书画社 1976 年 48 页 26cm（16 开）
统一书号：7172.69 定价：CNY0.70

J0097167

汉史晨前后碑
北京 文物出版社 1977 年 60 页 39cm（8 开）
线装本 定价：CNY18.00
　　《史晨碑》亦称《史晨前后碑》，东汉碑刻，隶书。东汉建宁二年（169 年）立。一面刻《鲁相史晨祀孔子奏铭》，称"前碑"，又一面刻《史晨飨孔庙碑》，称"后碑"。碑文记载了当时尊孔活动的情况。笔法端正谨严。现存山东曲阜孔庙。

J0097168

汉史晨前后碑
北京 文物出版社 1978 年 影印本 57 页
25cm（15 开）统一书号：6068.654
定价：CNY1.00
　　本书系中国东汉时代隶书碑帖。

J0097169

汉史晨前后碑 《历代碑帖法书选》编辑组编
北京 文物出版社 1986 年 26cm（16 开）
统一书号：8068.1500 定价：CNY0.76
　　中国东汉时代隶书碑帖。

J0097170

汉史晨前后碑 北京市文物局，中国书法家协会北京市分会编
北京 长征出版社 1986 年 33cm（5 开）
定价：CNY2.00
（历代碑帖精品选）
　　中国东汉时代隶书碑帖。

J0097171

汉史晨前后碑
成都 成都古籍书店 1991 年 影印本 26cm（16 开）
定价：CNY2.50

（汉碑集萃）

J0097172

汉史晨前后碑
武汉 湖北古籍书店 1991 年 影印本 26cm（16 开）
定价：CNY1.98
（翰墨林影印历代丛帖）

J0097173

汉史晨前后碑 《历代碑帖法书选》编辑组编
北京 文物出版社 1992 年 影印本 26cm（16 开）
ISBN：7-5010-0573-7 定价：CNY1.40
（历代碑帖书法选）

J0097174

汉史晨前后碑 北京市文物局，中国书法家协会北京市分会编
北京 文物出版社 1995 年 重印本 33cm（5 开）
ISBN：7-5010-0573-7 定价：CNY4.50
（历代碑帖精品选）

J0097175

汉史晨前后碑 天津人民美术出版社编
天津 天津人民美术出版社 1999 年 96 页
18cm（小 32 开）ISBN：7-5305-1033-9
定价：CNY6.80
（中国历代碑帖选字本）

J0097176

汉魏碑帖选字 王明九编辑
天津 天津杨柳青画店 1978 年 32 页 26cm（16 开）
统一书号：7174.001 定价：CNY0.23
　　作者王明九（1913—2001），书法家。原名王旭堂，字明九，笔名象，后以字行世。祖籍浙江绍兴。历任中国民族博物馆艺术顾问、中国书法家协会会员、天津市书法家协会名誉理事。代表作品有《中华五千年翰墨精粹集锦》《王明九书古诗文百篇》《书法三昧浅说》《唐诗百首·书法百种》等。

J0097177

汉杨统碑 甘肃省博物馆供稿
兰州 甘肃人民出版社 1979 年 32 页 26cm（16 开）
统一书号：8096.695 定价：CNY0.42
　　本书系中国东汉时代隶书碑帖。

J0097178
绎山碑
广州 广东人民出版社 1980 年 28 页 26cm（16 开）
统一书号：8111.2145 定价：CNY0.40
　　本书收录的是中国秦汉时代的碑帖。

J0097179
汉曹全碑　《历代碑帖法书选》编辑组编
北京 文物出版社 1981 年 26cm（16 开）
统一书号：8068.853 定价：CNY0.52
　　本书全名为《汉郃阳令曹全碑》，是汉代隶书的代表作品。东汉中平二年（185 年）立。明万历元年（1573 年）在郃阳县（今陕西合阳）莘里村出土。

J0097180
汉曹全碑　（影印本）《历代碑帖法书选》编辑组编
北京 文物出版社 1982 年 26cm（16 开）
统一书号：8068.853 定价：CNY0.52
（历代碑帖法书选）

J0097181
汉曹全碑　陕西省博物馆编
西安 陕西人民美术出版社 1986 年 38 页 有图33cm（5 开）统一书号：8199.1160
定价：CNY1.90
（西安碑林名碑 3）
　　中国东汉时代隶书碑帖。

J0097182
汉曹全碑
上海 上海书画出版社 1987 年 48 页 26cm（16 开）
定价：CNY0.66
（历代名帖自学选本）

J0097183
汉曹全碑
成都 成都古籍书店 1991 年 影印本 26cm（16 开）
定价：CNY1.70
（汉碑集萃）

J0097184
汉曹全碑　（汉《曹全碑》临习指南）赵熊编撰
西安 陕西人民美术出版社 1996 年 45 页

26cm（16 开）ISBN：7-5368-0854-2
定价：CNY4.95
（古今书法技法丛书 隶书字帖）

J0097185
汉曹全碑　聂文豪，聂薇选编
南昌 江西美术出版社 1997 年 37cm（8 开）
ISBN：7-80580-399-4 定价：CNY23.50
（中国古代名家名帖 10）

J0097186
汉曹全碑　《历代碑帖法书选》编辑组编
北京 文物出版社 1997 年 重印本 26cm（16 开）
统一书号：8068.853 ISBN：7-5010-0095-6
定价：CNY5.60
（历代碑帖法书选）

J0097187
汉曹全碑　薛军编
西安 三秦出版社 1998 年 52 页 28cm（大 16 开）
ISBN：7-80628-102-9 定价：CNY9.80
（历代名碑帖学习与赏析 第一辑）

J0097188
汉曹全碑　[西泠印社编]
杭州 西泠印社 1998 年 43 页 35cm（15 开）
ISBN：7-80517-277-3 定价：CNY10.00
（西泠印社法帖丛编）

J0097189
汉曹全碑读临要法　佟铸编著
沈阳 辽宁美术出版社 1997 年 81 页 26cm（16 开）
ISBN：7-5314-1757-X 定价：CNY9.00
　　作者佟铸（1928—　　），满族，教授，画家。辽宁沈阳人，中国书画函授大学盛京分校常务副校长、教授，中国书法家协会会员。

J0097190
汉曹全碑及其笔法　金玪编著
杭州 西泠印社 1998 年 87 页 26cm（16 开）
ISBN：7-80517-262-5 定价：CNY11.50

J0097191
汉简隶书选　许宝驯，王壮弘编
上海 上海书画出版社 1981 年 44 页 37cm（8 开）

统一书号：7172.145 定价：CNY2.08
（历代法书萃英丛书）

　　本书是从甘肃博物馆所藏《居延汉简》《武威汉简》《甘谷汉简》的木简书法中选编而成，入选的汉简上起战国、下迄西晋，跨度约700余年。

J0097192

汉鲜于璜碑　天津市文物管理处，天津市历史博物馆著

北京 文物出版社 1982年 影印本 39cm（4开）
统一书号：8068.834 定价：CNY1.50

　　本书系中国东汉时代隶书碑帖。

J0097193

汉鲜于璜碑　（汉）鲜于璜书；《历代碑帖法书选》编辑组编

北京 文物出版社 1990年 26cm（16开）
ISBN：7-5010-0397-1 定价：CNY1.80
（历代碑帖法书选）

　　鲜于璜碑是迄今发现的保存完整、字数最多的一通汉碑。其书法笔致方整朴厚，点画富于变化，与传世隶书名作《张迁碑》风格相近。

J0097194

秦汉石刻的篆书　崇善，周志高编著

北京 人民美术出版社 1982年 45页 19cm（32开）
统一书号：8027.8072 定价：CNY1.50

　　本书选编秦汉两代石刻中的主要篆书作品数十件，并附有评介性文章。

J0097195

西狭颂　上海书画出版社编

上海 上海书画出版社 1983年 65页 39cm（8开）
统一书号：7172.189 定价：CNY3.20
（历代书法萃英）

　　本书为著名汉碑之一。隶书二十行，每行二十字，字字清晰。

J0097196

西狭颂　胡祥庆主编

北京 中国工人出版社 1993年 有彩照
26cm（16开）精装 ISBN：7-5008-1442-9
定价：CNY145.00

　　本书所拓之碑《西狭颂》全称《武都太守李翕西狭颂》。东汉摩崖刻石。为汉隶上品。在今甘肃成县。东汉灵帝建宁四年（171年）刻，记载李翕平治西狭阁道的事迹。颂前有《李翕黾池五瑞图》，刻有黄龙、白鹿、嘉禾、木连理等图像。民间俗称《李翕颂》《黄龙碑》。

J0097197

西狭颂

沈阳 辽宁画报出版社 1998年 67页 29cm（16开）
ISBN：7-80601-200-1 定价：CNY6.48
（中国历代碑帖）

J0097198

西狭颂　吉林文史出版社编

长春 吉林文史出版社 1999年 66页 30cm（15开）
ISBN：7-80626-431-0 定价：CNY9.00
（中国著名碑帖选集（第二集）36）

J0097199

汉碑大观　（清）钱泳编；（清）钱梅溪篆集

北京 中国书店 1984年 影印本 426页
26cm（16开）定价：CNY6.80

　　本书系中国宋代碑帖。据上海碧梧山庄影印本影印。

J0097200

汉碑大观　（清）钱泳编

北京 中国书店 1984年 26cm（16开）精装
ISBN：7-80568-091-4 定价：CNY22.00

　　本书包括汉碑大观第一集至第八集。

J0097201

汉碑大观　（清）钱觯书；汪仁寿署

武汉 武汉古籍书店 1990年 影印本 2册（522页）
有肖像 26cm（16开）定价：CNY14.00

　　中国汉代隶书碑帖。作者钱觯（1759—1844），著名学者。初名鹤、字立群、号梅溪居士等，江苏金匮人（今江苏无锡人）。

J0097202

汉碑大观　（清）钱泳编

北京 中国书店 1993年 2版 506页
26cm（16开）精装 ISBN：7-80568-091-4
定价：CNY28.00

　　本书包括汉碑大观第一集至第八集。

J0097203

汉碑大观　（清）钱泳著

沈阳　沈阳出版社　1998 年　重印本　522 页　有画像

26cm（16 开）ISBN：7-5441-0782-5

定价：CNY39.80

J0097204

汉韩仁铭夏承碑　云林堂编

1984 年

J0097205

汉西岳华山碑　故宫博物院《历代碑帖墨迹选》编辑组编辑

北京　紫禁城出版社　1984 年　26cm（16 开）

定价：CNY0.55

（历代碑帖墨迹选）

　　《汉西岳华山碑》即《汉西岳华山庙碑》，东汉名碑，刻于东汉桓帝延熹八年（165），原在陕西省华阴县西岳庙中，明嘉靖三十四年（1555）毁于地震，今已无存。据拓本及著录推知碑高 2.54 米，广 1.19 米，隶书 22 行，行 37 字。额篆书"西岳华山庙碑"6 字，额之左、右及下方遍布唐、宋题名，几无空地。末行有"郭香察书"字样。碑文内容系概述汉代礼祀名山大川之制的历史渊源、祀典内容及祭祀之庄重气氛。

J0097206

汉西岳华山庙碑

上海　上海书画出版社　1980 年　556 页　39cm（4 开）

统一书号：7172.136　定价：CNY44.00

J0097207

汉西岳华山庙碑

上海　上海书画出版社　1980 年　68 页

25cm（小 16 开）线装本　定价：CNY44.00

J0097208

汉西岳华山庙碑　（汉）蔡邕著

上海　上海书画出版社　1987 年　38 页　26cm（16 开）

定价：CNY0.58

（历代名帖自学选本）

　　作者蔡邕（132—192），东汉辞赋家、散文家、书法家。字伯喈，陈留圉（今河南杞县）人。著有《蔡中郎文集》等。

J0097209

汉西岳华山庙碑　（汉）郭香察书；《翰墨林影印历代丛帖》编辑组编

武汉　武汉古籍书店　1992 年　影印本　38 页

26cm（16 开）

（翰墨林影印历代丛帖）

J0097210

汉西岳华山庙碑　故宫博物院编

北京　文物出版社　1993 年　影印本　46 页

34cm（10 开）ISBN：7-5010-0734-9

定价：CNY5.00

　　本书根据故宫博物馆所藏的华阴本影印而成。

J0097211

汉袁安·袁敞碑　上海书画出版社编

上海　上海书画出版社　1984 年　27cm（16 开）

统一书号：8172.1220　定价：CNY1.40

　　本书系中国汉代隶书碑帖。

J0097212

汉袁安·袁敞碑　《历代碑帖法书选》编辑组编

北京　文物出版社　1984 年　26cm（16 开）

统一书号：8068.1209　定价：CNY0.80（甲种本），

CNY0.55（乙种本）

　　本书系中国汉代隶书碑帖。

J0097213

汉袁安袁敞碑　《历代碑帖法书选》编辑组编

北京　文物出版社　1994 年　重印本　26cm（16 开）

ISBN：7-5010-0817-5　定价：CNY3.50

（历代碑帖法书选）

J0097214

秦石鼓文　《历代碑帖法书选》编辑组编

北京　文物出版社　1984 年　影印本　26cm（16 开）

统一书号：8068.1269　定价：CNY0.50

（历代碑帖法书选）

　　石鼓文为中国现存最早的秦代石刻文字。唐代初期在陕西省凤翔县出土，共 10 块圆柱形石块，形状似鼓，在其四周各刻四言诗一首，是关于秦王田猎活动的诗句，故亦称为"猎碣"。原载有 700 余字，字体为战国时的大篆，也称籀文。现收藏于北京故宫博物院铭刻馆内。

J0097215

秦石鼓文   《历代碑帖法书选》编辑组编

北京 文物出版社 1997 年 重印本 26cm（16 开）

ISBN：7-5010-0091-3 定价：CNY5.00

（历代碑帖法书选）

J0097216

山东秦汉碑刻   山东省文物总店编

济南 齐鲁书社 1984 年 39cm（4 开）

统一书号：8206 定价：CNY3.45

J0097217

汉简书法选   徐祖蕃编选

兰州 甘肃人民出版社 1985 年 55 页 38cm（6 开）

定价：CNY5.50

J0097218

汉孔宙碑   《历代碑帖法书选编辑组》编

北京 文物出版社 1985 年 影印本 26cm（16 开）

统一书号：8068.1477 定价：CNY0.66

（历代碑帖法书选）

　　《孔宙碑》全称《汉泰山都尉孔君之碑》。东汉隶书碑刻。延熹七年（164 年）立于鲁县（今山东曲阜）孔庙。有碑阴。文共 15 行，满行 28 字。碑阴上题"门生故吏名"五篆书，下 3 列各 21 行。笔势婉秀端谨，是汉隶中以韵致胜者。

J0097219

汉孔宙碑

成都 成都古籍书店 1991 年 影印本 26cm（16 开）

定价：CNY2.30

（汉碑集萃）

J0097220

明拓衡方碑

郑州 河南美术出版社 1985 年 48 页 26cm（16 开）

统一书号：8386.432 定价：CNY1.35

　　本书为中国东汉时代隶书碑帖专著。

J0097221

明拓衡方碑   天津市古籍书店编辑室选编

天津 天津市古籍书店 1988 年 影印本 59 页 26cm（16 开）定价：CNY1.25

（历代碑帖集萃）

　　中国东汉时代隶书碑帖。

J0097222

朝侯小子残碑   王钧，崔志强编

北京 北京燕山出版社 1986 年 26cm（16 开）

统一书号：8436.1 定价：CNY0.46

（燕山书法丛书）

J0097223

封龙山颂

上海 上海书店 1986 年 影印本 35cm（18 开）

定价：CNY1.10

　　中国东汉时代隶书碑帖。

J0097224

汉韩仁铭   《历代碑帖法书选》编辑组编

北京 文物出版社 1986 年 26cm（16 开）

统一书号：8068.1499 定价：CNY0.36

　　中国东汉时代隶书碑帖。

J0097225

汉王舍人碑   齐鲁书社编

济南 齐鲁书社 1986 年 25cm（15 开）

统一书号：8206.65 定价：CNY0.80

　　中国汉代隶书碑帖。

J0097226

汉尹宙碑   云林堂编

1986 年

　　《尹宙碑》全称《汉故豫州从事尹府君铭》。东汉隶书碑刻。熹平六年（177 年）立于鄢陵（今属河南）。文 14 行，满行 27 字。

J0097227

汉尹宙碑   《历代碑帖法书选》编辑部编

北京 文物出版社 1991 年 26cm（16 开）

ISBN：7-5010-0599-0 定价：CNY1.00

（历代碑帖法书选）

J0097228

明拓汉礼器碑

上海 上海书店 1986 年 影印本 ［72 页］30cm（10 开）定价：CNY2.30

　　中国东汉时代隶书碑帖。

J0097229

杨刻急救章   齐鲁书社编

济南 齐鲁书社 1986 年 影印本 1 册 25cm（16 开）
统一书号：8206.64 定价：CNY2.90

　　中国西汉时代章草碑帖。

J0097230
《石门颂》萧娴临本　　萧娴书
南京 江苏古籍出版社 1987 年 64 页 有照片
23×25cm 统一书号：17354.026
ISBN：7-80519-045-3 定价：CNY3.50
（名家临古丛帖）

　　中国东汉时代隶书摩崖石刻，为汉隶的代表
作之一。本书为当代女书法家萧娴的临本。

J0097231
《乙瑛碑》林散之临本　　林散之书
南京 江苏古籍出版社 1987 年 50 页 有照片
23×25cm ISBN：7-80519-044-5
定价：CNY3.00
（名家临古丛帖）

　　《乙瑛碑》，全称《汉鲁相乙瑛请置孔庙百石
卒史碑》，又名《孔庙置守庙百石孔龢碑》，东汉
永兴元年（153 年）刻，原石现存山东曲阜孔庙。
与《礼器》《史晨》并称"孔庙三碑"，历为书家所
重。本书为林散之的临本。作者林散之（1898—
1989），山水画家、书法家。名霖，又名以霖，字
散之，号三痴、左耳等。生于江苏江浦县，祖籍
安徽和县。历任南京书画院名誉院长、江苏省书
法家协会名誉主席。代表作有《许瑶诗论怀素草
书》《自作诗论书一首》《李白草书歌行》等。

J0097232
木简隶书
南京 江苏美术出版社 1987 年 40 页 26cm（16 开）
ISBN：7-5344-0001-5 定价：CNY1.20

J0097233
秦邮帖　　（上册）中国人民政治协商会议高邮
县委员会供稿
南京 南京大学出版社 1987 年 [102] 页
31cm（10 开）统一书号：8336.015
定价：CNY2.90

J0097234
秦邮帖　　（下册）中国人民政治协商会议高邮
县委员会供稿

南京 南京大学出版社 1987 年 [122] 页
31cm（10 开）定价：CNY2.20

J0097235
秦邮续帖　　（上下卷）中国人民政治协商会议
高邮县委员会编辑
南京 南京大学出版社 1987 年 33cm（5 开）
ISBN：7-305-00138-4 定价：CNY2.20

J0097236
汉白石神君碑　　云林堂编
1988 年

J0097237
汉白石神君碑
郑州 河南美术出版社 1989 年 23 页 26cm（16 开）
ISBN：7-5401-0083-4 定价：CNY1.45

　　中国东汉时代隶书碑帖。

J0097238
明拓孔宙碑
天津 天津市古籍书店 1988 年 影印本 35 页
26cm（16 开）定价：CNY0.95
（历代碑帖集萃）

　　《孔宙碑》全称《汉泰山都尉孔君之碑》。东
汉隶书碑刻。延熹七年（164 年）立于鲁县（今山
东曲阜）孔庙。有碑阴。文共 15 行，满行 28 字。
碑阴上题"门生故吏名"五篆书，下 3 列各 21 行。
笔势婉秀端谨，是汉隶中以韵致胜者。

J0097239
明拓礼器碑
天津 天津市古籍书店 1988 年 影印本 42 页
26cm（16 开）定价：CNY0.95
（历代碑帖集萃）

　　《礼器碑》全称《汉鲁相韩敕造孔庙礼器碑》，
又称《修孔子庙器碑》《韩明府孔子庙碑》等，是
中国东汉重要碑刻。东汉永寿二年（156）立。现
存山东曲阜孔庙。碑身高 1.5 米，宽 0.73 米，四
面皆刻有文字，无额。此碑是汉代隶书的重要代
表作之一。碑文记述鲁相韩敕修饰孔庙、增置各
种礼器、吏民共同捐资立石以颂其德事。碑侧及
碑阴刊刻捐资立石的官吏姓名及钱数。

J0097240

明拓史晨前后碑

天津 天津市古籍书店 1988 年 影印本 69 页 26cm（16 开）定价：CNY1.75

（历代碑帖集萃）

　　中国东汉时代隶书碑帖。

J0097241

明拓夏承碑　《历代碑帖法书选》编辑组编

北京 文物出版社 1988 年 26cm（16 开）

ISBN：7-5010-0110-3 定价：CNY0.85

（历代碑帖法书选）

　　中国东汉时代隶书碑帖。

J0097242

明拓夏承碑　《历代碑帖法书选》编辑组编

北京 文物出版社 1994 年 重印本 26cm（16 开）

ISBN：7-5010-0822-1 定价：CNY3.80

（历代碑帖法书选）

　　中国东汉时代隶书碑帖。

J0097243

明拓乙瑛碑　天津市古籍书店编辑室编

天津 天津市古籍书店 1988 年 影印本 48 页 26cm（16 开）定价：CNY1.10

（历代碑帖集萃）

　　中国东汉时代隶书碑帖。

J0097244

峄山刻石　（秦）李斯书；陕西省博物馆编

西安 陕西人民美术出版社 1988 年 44 页 33cm（5 开）统一书号：8199.1528

定价：CNY2.90

（西安碑林名碑）

　　中国秦代篆书碑帖。

J0097245

殷墟文字集联

天津 天津市古籍书店 1988 年 影印本 50 页 29cm（16 开）定价：CNY2.70

（历代碑帖集萃）

　　中国古代碑帖，据上海艺苑真赏社印本（锡山秦氏古鉴阁藏本）影印。

J0097246

袁博碑

天津 天津市古籍书店 1988 年 影印本 20 页 33cm（5 开）定价：CNY1.10

（历代碑帖集萃）

　　中国汉代隶书碑帖。

J0097247

张表碑

天津 天津市古籍书店 1988 年 影印本 36 页 26cm（16 开）定价：CNY1.10

（历代碑帖集萃）

　　中国东汉时代隶书碑帖。

J0097248

郑固碑　天津市古籍书店编辑室编

天津 天津市古籍书店 1988 年 影印本 30 页 26cm（16 开）定价：CNY0.95

（历代碑帖集萃）

　　中国东汉时代隶书碑帖。

J0097249

汉孟孝琚碑　谢崇崐供稿

郑州 河南美术出版社 1989 年 33 页 26cm（16 开）

ISBN：7-5401-0103-2 定价：CNY1.65

　　中国东汉时代隶书碑帖。

J0097250

东汉封龙山颂　陈复澄著写

北京 团结出版社 1990 年 26cm（16 开）

ISBN：7-80061-296-6 定价：CNY2.90

（名碑实录选刊）

　　东汉时代隶书碑帖。

J0097251

东汉鲜于璜碑　陈复澄著写

北京 团结出版社 1990 年 26cm（16 开）

ISBN：7-80061-297-X 定价：CNY4.30

（名碑实录选刊）

　　东汉时代隶书碑帖。

J0097252

苻秦建元四年产碑　陈复澄著写

北京 团结出版社 1990 年 26cm（16 开）

ISBN：7-80061-298-8 定价：CNY2.90

（名碑实录选刊）

隶书碑帖。

J0097253
秦会稽刻石
上海　上海书店　1990 年　26cm（16 开）
ISBN：7-80569-202-5　定价：CNY1.60

秦代小篆碑帖。

J0097254
真赏斋藏宋拓汉娄寿碑
天津　天津市古籍书店　1990 年　影印本　45 页
32cm（10 开）　定价：CNY6.00
（历代碑帖集萃）

J0097255
东汉碑刻的隶书　王靖宪编著
北京　人民美术出版社　1991 年　45 页　25cm（15 开）
统一书号：8027.7265　定价：CNY1.50
（中国古代美术作品介绍丛书）

本书近万字，74 幅图，论述了隶书在东汉盛行的原因，及其在艺术史上的地位。

J0097256
东汉碑刻的隶书　王靖宪编著
北京　人民美术出版社　1991 年　57 页　26cm（16 开）
ISBN：7-102-00646-2　定价：CNY5.50
（中国古代美术作品介绍）

本书有 74 幅图，收录东汉碑碣刻石隶书拓片 74 种。

J0097257
汉衡方碑
成都　成都古籍书店　1991 年　影印本　26cm（16 开）
定价：CNY2.50
（汉碑集萃）

J0097258
汉简书法论集　赵正著
兰州　甘肃人民美术出版社　1991 年　258 页
有插图　19cm（小 32 开）　ISBN：7-80588-008-5
定价：CNY5.50

J0097259
汉夏承碑
成都　成都古籍书店　1991 年　影印本　26cm（16 开）
定价：CNY2.20
（汉碑集萃）

J0097260
史晨碑　宫衍兴编
济南　齐鲁书社　1993 年　影印本　24 页
26cm（16 开）　ISBN：7-5333-0313-X
定价：CNY2.00
（山东汉碑原拓原大精选丛书）

《史晨碑》亦称《史晨前后碑》，东汉碑刻，隶书。东汉建宁二年（169 年）立。一面刻《鲁相史晨祀孔子奏铭》，称“前碑”，又一面刻《史晨飨孔庙碑》，称“后碑”。碑文记载了当时尊孔活动的情况。笔法端正谨严。现存山东曲阜孔庙。

J0097261
史晨碑
上海　上海书店　1993 年　重印本　26cm（16 开）
ISBN：7-80569-191-6　定价：CNY2.00
（中国历代法书自习范本）

J0097262
史晨碑
沈阳　辽宁画报出版社　1998 年　67 页　29cm（12 开）
ISBN：7-80601-206-0　定价：CNY5.98
（中国历代碑帖）

J0097263
史晨碑　坚明编
上海　上海书画出版社　1998 年　57 页　38cm（8 开）
ISBN：7-80635-213-9　定价：CNY11.80
（中国历代名帖放大本）

J0097264
史晨前碑　（后汉）
长春　吉林文史出版社　1997 年　68 页　30cm（15 开）
ISBN：7-80626-176-1　定价：CNY7.80
（中国著名碑帖选集（第一集）4）

本书《史晨前碑》《史晨后碑》合订。

J0097265
史晨前后碑
北京　中国书店　1991 年　71 页　26cm（16 开）
ISBN：7-80568-293-3　定价：CNY4.00

J0097266
碑联集 （汉石门颂）《翰墨林影印历代丛帖》
编辑组编
武汉 武汉古籍书店 1992 年 影印本 54 页
26cm（16 开）定价：CNY3.00
（翰墨林影印历代丛帖）

J0097267
曾国藩藏本宋拓尹宙碑
西安 陕西人民教育出版社 [1992 年] 50 页
12×35cm 经折装 ISBN：7-5419-3676-6
定价：CNY18.80（HKD158.00）

J0097268
汉碑三种 （贤良方正残石 党锢残石 鲜于
璜碑）天津杨柳青画社编
天津 天津杨柳青画社 1992 年
ISBN：7-80503-145-2 定价：CNY6.95
　　本书是中国汉代隶书碑帖。据天津市历史
博物馆藏精旧拓本制版。共有 90 幅图。

J0097269
汉代碑刻隶书选粹 （普及本 一）葛慕森等编
北京 北京出版社 1992 年 111 页 26cm（16 开）
ISBN：7-200-01460-5 定价：CNY6.90
（历代碑刻书法选粹）
　　本书收入《五凤刻石》《莱子侯刻石》《子游
残石》《景君碑》《石门颂》和《乙瑛碑》六种汉代
碑刻隶书名拓。

J0097270
汉代碑刻隶书选粹 （普及本 二）葛慕森等编
北京 北京出版社 1992 年 159 页 26cm（16 开）
ISBN：7-200-01461-3 定价：CNY9.30
（历代碑刻书法选粹）
　　本书收入《礼器碑》《张景碑》《孔宙碑》《封
龙山碑》和《华山碑》五种汉代碑刻隶书名拓。

J0097271
汉代碑刻隶书选粹 （普及本 三）葛慕森等编
北京 北京出版社 1992 年 195 页 26cm（16 开）
ISBN：7-200-01462-1 定价：CNY11.00
（历代碑刻书法选粹）
　　本书收入《衡方碑》《史晨碑》《西狭颂》《熹
平石经残石》《曹全碑》《张迁碑》《袁博碑》七种

汉代碑刻隶书名拓。

J0097272
汉代碑刻隶书选粹 葛慕森等编选
北京 北京出版社 1992 年 影印本 467 页 有书影
29cm（16 开）精装 ISBN：7-200-01459-1
定价：CNY29.00
　　本书包括《礼器碑》《华山碑》著名隶书碑刻
的著名拓本，共 18 种，所收碑刻均按刻、立年代
顺序编次，并对每种碑刻附有简介，并及古今名
家评语。

J0097273
汉代刻石隶书 唐吟方，夏冰编
北京 知识出版社 1992 年 140 页 26cm（16 开）
ISBN：7-5015-0657-4 定价：CNY12.00
（书艺精粹丛书 5）
　　本书收入汉代隶书刻石拓本 155 种，集中表
现了汉代刻石隶书的发展阶段和书法风格。

J0097274
《曹全碑》结字、结体习字帖 李里编著
北京 北京出版社 1993 年 111 页 26cm（16 开）
ISBN：7-200-02123-7 定价：CNY6.50
　　本书包括书法入门、《曹全碑》的用笔特点
及结字规律、《曹全碑》的用笔训练及结字、结体、
习字实例等 4 章。编者李里（1931—　　），山西襄
汾县人。历任中国美协、山西书法协会会员、董
寿平书画艺术研究会常务理事、山西美术研究会
副会长、山西老年书画家协会副主席和山西农民
书画研究会常务副会长。

J0097275
衡方碑 宫衍兴编
济南 齐鲁书社 1993 年 20 页 26cm（16 开）
ISBN：7-5333-0312-1 定价：CNY1.80
（山东汉碑原拓原大精选丛书）
　　《衡方碑》全称《汉卫尉卿衡府君碑》，著名
汉碑之一。碑主人衡方，字兴祖。官至京兆尹、
兵步校尉。其门生故吏朱登等为他镌石颂功德，
碑文末行有两行小字："门生平原乐陵朱登字仲
希书"。东汉建宁元年（168 年）九月立，隶书 20
行，每行 36 字。藏于山东泰安岱庙。碑阴存题
名二列，字甚漫漶。碑额阳文隶书"汉故卫尉卿
衡府君之碑"二行十字，二行之间有竖格线。

J0097276

景君碑　宫衍兴编

济南　齐鲁书社　1993 年　25 页　26cm（16 开）

ISBN：7-5333-0308-2　定价：CNY2.20

（山东汉碑原拓原大精选丛书）

《景君碑》，全称《汉故益州太守北海相景君铭》，中国东汉重要碑刻。此碑一反汉隶多方扁的特征，字形稍长，结体宽博，笔画平直方劲，与汉隶方扁的特征不相吻合。该碑的书法结构淳古、风神飘逸、属于隶书中的佳品。在线条的表达上，多参篆籀之意，以平直方劲的笔法，使有凌厉万钧之气势。代表了从篆到隶过渡的书体。

J0097277

孔宙碑　宫衍兴编

济南　齐鲁书社　1993 年　影印本　29 页

26cm（16 开）　ISBN：7-5333-0311-3

定价：CNY2.40

（山东汉碑原拓原大精选丛书）

《孔宙碑》全称《汉泰山都尉孔君之碑》。东汉隶书碑刻。延熹七年（164 年）立于鲁县（今山东曲阜）孔庙。有碑阴。文共 15 行，满行 28 字。首行另刻大字标题"有汉泰山都尉孔君之铭"。碑阴上题"门生故吏名"五篆书，下 3 列各 21 行。笔势婉秀端谨，是汉隶中以韵致胜者。

J0097278

隶书曹全碑一百天　程方平编制

北京　中央民族学院出版社　1993 年　100 页

37cm　ISBN：7-81001-335-1　定价：CNY7.80

（一百天毛笔速成名帖习字系列）

编制者程方平，教授。浙江衢州人，历任国家教委高等教育研究中心副研究员、教育与科普研究所所长、中国比较教育学会、陶行知研究会常务理事、中国书法协会会员等职。著有《新师说》《教育情报学简论》《隋唐五代的儒学》《辽金元教育史》《历代名帖速藏习字系列》等。

J0097279

鲁峻碑　宫衍兴编

济南　齐鲁书社　1993 年　影印本　20 页

26cm（16 开）　ISBN：7-5333-0314-8

定价：CNY1.80

（山东汉碑原拓原大精选丛书）

《鲁峻碑》立于东汉熹平二年（173 年）四月。17 行，行 32 字。现山东济宁市。碑原在金乡焦氏山南鲁峻墓所。据《水经注·济水》引戴延之《西征记》云："墓前尚有石祠石庙，四壁皆青石隐起，自书契以来，忠臣、孝子、贞妇、孔子及弟子七十二人形象，像边皆刻石记之。"后被移置任城（即今山东济宁）孔庙。碑主人鲁峻，字仲岩（一作仲严），山阳昌邑（今山东菏泽市巨野县昌邑集）人。官至司隶校尉、屯骑校尉。

J0097280

石门颂　王宏编

天津　天津古籍出版社　1993 年　26cm（16 开）

定价：CNY2.50

（标准学生习字帖）

J0097281

石门颂　（后汉）

长春　吉林文史出版社　1997 年　83 页　30cm（15 开）

ISBN：7-80626-178-8　定价：CNY9.50

（中国著名碑帖选集（第一集）1）

《石门颂》摩崖又名《杨孟文颂摩崖》。王升撰文，隶书 22 行，满行 31 字，额题隶书"故司隶校尉楗为杨君颂"10 字，碑文主载杨孟文修葺石门道之事。汉建和二年（148 年）刻于陕西褒城褒余道石壁。此摩崖书法古拙自然，富于变幻。每笔起处以毫端逆锋，含蓄蕴藉；中间运行道缓，肃穆敦厚；收笔复以回锋；圆劲流畅，通篇字势挥洒自如，奇趣逸宕，素有"隶中草书"之称。

J0097282

石门颂

沈阳　辽宁画报出版社　1998 年　82 页　29cm（16 开）

ISBN：7-80601-204-4　定价：CNY6.48

（中国历代碑帖）

J0097283

石门颂　（杨孟文颂摩崖）来一石编

杭州　中国美术学院出版社　1998 年　16 页

26cm（16 开）　ISBN：7-81019-656-1

定价：CNY4.00

（学书范本精华）

编者来一石（1963—　），教师。本名来萧敏，生于浙江萧山，浙江农业大学艺术教研室主任，出版作品有《当代青年篆刻家精选集：来一石》。

J0097284

石门颂集联

天津　天津市古籍书店　1990 年　影印本　42 页

33cm（5 开）定价：CNY2.80

J0097285

学汉张迁碑　佟铸著

沈阳　辽宁美术出版社　1993 年　95 页　20cm（32 开）

ISBN：7-5314-1001-X　定价：CNY5.50

　　本书介绍了初学汉隶的书法知识。著者认

为汉张迁碑古拙凝重又富于结构变化，是初学汉

隶的好教材。作者佟铸（1928—　），满族，教授，

画家。辽宁沈阳人，中国书画函授大学盛京分校

常务副校长、教授，中国书法家协会会员。

J0097286

学习礼器碑技法　陈利华编著

北京　人民中国出版社　1993 年　101 页

26cm（16 开）ISBN：7-80065-116-9

定价：CNY6.80

（学习名家法帖技法丛书）

　　《礼器碑》，隶书，东汉永寿二年（156）立。

此碑为东汉碑中之绝品。

J0097287

回宫格隶书字帖　（曹全碑）杨为国主编

北京　中国美术学院社　1994 年　88 页　26cm（16 开）

ISBN：7-81019-294-9　定价：CNY5.80

　　主编杨为国（1955—　），书法家、教授。出

生于浙江杭州。历任中国书画艺术委员会副主

席、中国书法家协会会员、中国硬笔书法协会副

主席、中国美院出版社编辑、浙江省书法家协会

会员、北京大学回宫格书法艺术学校校长。碑帖

作品有《自书告身》《勤礼》等。

J0097288

汉木简　（隶书 汉）[董惠宁编]

南京　江苏美术出版社　1995 年　重印本　58 页

有书影　26cm（16 开）ISBN：7-5344-0367-7

定价：CNY8.60

（习书入门丛帖 7）

　　编者董惠宁（1955—　），教师。江苏南京人。

毕业于南京艺术学院，留校任教，兼《艺苑》杂志

编辑部编辑、江苏省书法家协会会员、南京印社

社员。

J0097289

汉·张迁碑　（隶书）陈东昱，方飞编著

北京　首都师范大学出版社　1996 年　87 页

26cm（16 开）ISBN：7-81039-626-9

定价：CNY16.00

（《中国历代书法名碑名帖精选·精讲·精练》丛

书 三精书法丛书 第一辑）

J0097290

汉隶精品大观　霍祥，柳林东主编

石家庄　河北人民出版社　1996 年　526 页

26cm（16 开）精装 ISBN：7-202-01968-X

定价：CNY102.00

J0097291

马王堆帛书艺术　陈松长编著

上海　上海书店出版社　1996 年　16+265 页

有彩图

38cm（6 开）精装 ISBN：7-80622-061-5

定价：CNY220.00

J0097292

怎样临摹曹全碑　胡新群编著

南京　江苏古籍出版社　1996 年　94 页 26cm（16 开）

ISBN：7-80519-692-3　定价：CNY9.80

（名碑名帖实用临摹丛书）

J0097293

汉隶书法选　程朗天编

广州　广州出版社　1997 年　重印本　92 页

20cm（32 开）ISBN：7-80592-610-7

定价：CNY140.00（全套）

（历代书法名作选系列）

J0097294

汉隶书史晨碑解析字帖　张又栋编著

北京　新时代出版社　1997 年　128 页 26cm（16 开）

ISBN：7-5042-0341-6　定价：CNY13.00

（书法字海解析丛帖 第一集）

J0097295

隶书书法精选　（曹全碑 史晨碑）善泓等编

北京 中国画报出版社 1997 年 46 页 26cm（16 开）
ISBN：7-80024-410-5 定价：CNY7.00

J0097296
初拓汉张迁碑
苏州 古吴轩出版社 1998 年 影印本 51 页
38cm（6 开）ISBN：7-80574-369-X
定价：CNY12.00
（古今书法精粹）

J0097297
汉《曹全碑》隶书大字谱　蒋启元，欧阳文炎
编著
南宁 广西美术出版社 1998 年 47 页 38cm（6 开）
ISBN：7-80625-476-5 定价：CNY13.00
（书法大字谱 第三辑）

J0097298
汉任城王墓刻石精选　山东省济宁市文物局编
济南 山东美术出版社 1998 年 151 页 有图
38cm（6 开）ISBN：7-5330-1177-5
定价：CNY70.00

J0097299
水写字帖　（张迁碑字精选）刘中澄编著
沈阳 辽宁美术出版社 1998 年 1 套 36cm（15 开）
ISBN：7-5314-1836-3 定价：CNY16.00
（中国古代名家书迹系列）

J0097300
宋拓汉西岳华山碑　故宫博物院《历代碑帖
墨迹选》编辑组编辑
北京 紫禁城出版社 1998 年 26cm（16 开）
ISBN：7-80047-250-7 定价：CNY4.50
（故宫博物院珍藏历代碑帖墨迹选 第一集 2）

J0097301
宋拓司隶校尉鲁峻碑　故宫博物院《历代碑
帖墨迹选》编辑组编辑
北京 紫禁城出版社 1998 年 26cm（16 开）
ISBN：7-80047-272-8 定价：CNY5.00
（故宫博物院珍藏历代碑帖墨迹选 第二集 6）

J0097302
《曹全碑》隶书技法　胡昌华编著

北京 中国戏剧出版社 1999 年 66 页 有照片
26cm（16 开）ISBN：7-104-00951-5
定价：CNY7.80
（学生书法技法丛书）

J0097303
汉·张景碑肥致碑　周到等编
郑州 中州古籍出版社 1999 年 26 页
28cm（大 16 开）ISBN：7-5348-1769-2
定价：CNY3.40
（中国碑刻书法精品选 1）

J0097304
汉碑集联　周辉集
北京 中国书店 1999 年 286 页 26cm（16 开）
ISBN：7-80568-914-8 定价：CNY24.00

J0097305
汉代书法　（石刻 1）陈滞冬著
成都 巴蜀书社 1999 年 29cm（16 开）
ISBN：7-80523-948-7 定价：CNY8.00
（图说中国艺术史 书法传世名作 . 1 商周秦汉书
法 . 9）
　　作者陈滞冬（1951—　　），画家、书法家、艺术
史学者。四川成都人。硕士毕业于四川师范大学
中国古代文学研究所。出版《陈滞冬画集》《中国
书画与文人意识》《中国书学论著提要》等著作。

J0097306
汉代书法　（石刻 2）陈滞冬著
成都 巴蜀书社 1999 年 29cm（16 开）
ISBN：7-80523-949-5 定价：CNY8.00
（图说中国艺术史 书法传世名作 . 1 商周秦汉书
法 . 10）

J0097307
汉代书法　（帛书）陈滞冬著
成都 巴蜀书社 1999 年 29cm（16 开）
ISBN：7-80523-947-9 定价：CNY8.00
（图说中国艺术史 书法传世名作 . 1 商周秦汉书
法 . 8）

J0097308
汉代书法　（简牍）陈滞冬著
成都 巴蜀书社 1999 年 29cm（16 开）

ISBN：7-80523-946-0 定价：CNY8.00
（图说中国艺术史 书法传世名作.1 商周秦汉书
法.7）

J0097309
汉华山碑 沈欣编
上海 上海交通大学出版社 1999 年 30 页
38cm（6 开） ISBN：7-313-02336-7
定价：CNY7.50
（中国古碑帖菁华放大本）

J0097310
汉简书风 （一）胡之主编
重庆 重庆出版社 1999 年 16 页 29cm（16 开）
ISBN：7-5366-4404-3 定价：CNY12.00
（中国历代书风系列）

J0097311
汉简书风 （二）胡之主编
重庆 重庆出版社 1999 年 32 页 29cm（16 开）
ISBN：7-5366-4457-4 定价：CNY20.00
（中国历代书风系列）

J0097312
汉隶曹全碑　张迁碑
北京 中国戏剧出版社 1999 年 91 页 29cm（15 开）
ISBN：7-104-01123-4 定价：CNY11.80
（中国历代书法名家名作评介丛书）

J0097313
汉隶乙瑛碑　华山庙碑
北京 中国戏剧出版社 1999 年 86 页 29cm（16 开）
ISBN：7-104-01123-4 定价：CNY11.50
（中国历代书法名家名作评介丛书）

J0097314
隶书《曹全碑》水写贴 陈祖范编
上海 上海教育出版社 1999 年 19×26cm 精装
ISBN：7-5320-6510-3 定价：CNY5.00
　　本作品系中国摄影年画。作者陈祖范
（1926— ），书法家。祖籍浙江鄞县，生于上海。
原名绪章，号态斋，别署继雅堂主人。历任中国
书法家协会会员、香港东方文化中心委员、国际
书画学会理事等职。出版专著《近代书苑采英》
《书法自修导读》等。

J0097315
隶书《张迁碑》水写贴 陈祖范编
上海 上海教育出版社 1999 年 19×26cm
ISBN：7-5320-6509-X 定价：CNY5.00

J0097316
秦·峄山刻石 ［秦］李斯书
北京 中国戏剧出版社 1999 年 70 页 29cm（12 开）
ISBN：7-104-01123-4 定价：CNY9.20
（中国历代书法名家名作评介丛书）
　　本书由《秦·峄山刻石》（秦）李斯书、《清·邓
石如篆书册》（清）邓石如书合订。

J0097317
秦代书法 陈滞冬著
成都 巴蜀书社 1999 年 29cm（16 开）
ISBN：7-80523-945-2 定价：CNY8.00
（图说中国艺术史 书法传世名作.1 商周秦汉书
法.6）

魏、晋、南北朝书法作品

J0097318
大唐三藏圣教序 （晋）王羲之书；（唐）释怀
仁集字
宋 拓本 经折装
　　作者王羲之（303—361），东晋著名书法家。
字逸少，山东临沂人。代表作《兰亭序》《黄庭经》
《乐毅论》《十七帖》《兰亭集序》《初月帖》等。
怀仁，唐朝长安弘福寺僧人。

J0097319
大唐三藏圣教序
清末 拓本 经折装

J0097320
大唐三藏圣教序 （晋）王羲之书；（唐）释怀
仁集字
上海 有正书局 清光绪 影印本 线装

J0097321
大唐三藏圣教序 （晋）王羲之书；（唐）释怀
仁集字
上海 有正书局 清光绪元年［1875］影印本 线装

J0097322
大唐三藏圣教序　（晋）王羲之书；（唐）释怀仁集字
民国　摄影本　经折装

J0097323
大唐三藏圣教序　（晋）王羲之书；（唐）释怀仁集字
民国　影印本　线装

J0097324
大唐三藏圣教序　（晋）王羲之书；（唐）释怀仁集字
上海　商务印书馆　民国二十三年［1934］
影印本　4 版　线装

J0097325
大唐三藏圣教序　（晋）王羲之书；（唐）释怀仁集字
上海　上海古籍书店　1963 年　影印本　线装
　　书签等题宋拓怀仁集王羲之书圣教序。据宋拓本影印。

J0097326
大唐三藏圣教序
上海　上海古籍书店　1963 年　定价：CNY0.70

J0097327
大唐三藏圣教序　（晋）王羲之书；（唐）释怀仁集字
北京　文物出版社　1963 年　影印本　线装
　　书签题《宋拓怀仁集王书圣教序》。据宋拓本影印。

J0097328
大唐三藏圣教序碑　（唐）释怀仁集字；（晋）王羲之书；陕西省博物馆编
西安　陕西人民美术出版社　1987 年　48 页
35cm（10 开）统一书号：8199.1345
定价：CNY2.55
　　中国东晋时代行书碑帖。

J0097329
大唐三藏圣教序　（晋）王羲之书；（唐释）怀仁集字

上海　上海古籍书店［1988 年］35cm（18 开）
定价：CNY0.70

J0097330
二王帖目录评释　（三卷）□□辑
范氏卧云山房　明　抄本

J0097331
［爨使君碑］
清　拓本　线装
　　中国南朝时代毛笔字碑帖。

J0097332
［晋辟雍碑］
清　墨拓本　经折装

J0097333
［兰亭集序］
激素飞清阁　清　刻本　线装
　　行、字、边不等白口单鱼尾。

J0097334
爨使君碑
清　拓本　经折装

J0097335
晋王羲之平安帖　（晋）王羲之书
清　拓本　经折装
　　本帖后有宋延祐至清道光间名人题跋。

J0097336
兰亭集序　（一卷）（晋）王羲之书
激素飞清阁　清　刻本

J0097337
齐百人造像
清　拓本　线装

J0097338
受禅表碑
清　拓本　经折装

J0097339
天发神谶碑文
清　抄本　线装

（高邈阁丛书）

J0097340
天发神谶碑　唐楷之编
杭州　中国美术学院出版社　1998 年　16 页
26cm（16 开）ISBN：7-81019-664-2
定价：CNY4.00
（学书范本精华）

J0097341
天发神谶碑
杭州　西泠印社　1999 年　43 页　35cm（15 开）
ISBN：7-80517-378-8　定价：CNY11.00
（西泠印社法帖丛编）

J0097342
王基残石
清　拓本　经折装

J0097343
王右军感怀帖真迹　（晋）王羲之书
［1644—1911 年］拓本　线装

J0097344
魏百官劝进碑
清　拓本　毛装

J0097345
魏李宪墓志铭
清　拓本　线装

J0097346
右军小楷　（三卷）
清　拓本　有图　经折装
　　　分三册。

J0097347
二王帖　（三卷）（宋）许开辑
洋溢堂　清雍正五年［1727］刻本
　　　清姚衡跋。本书由《二王帖三卷》（宋）许开
辑、《二王帖评释三卷》（宋）许开辑合订。

J0097348
圣教序集要　（晋）王羲之书
清乾隆三十三年［1768］拓本　经折装

J0097349
［**魏高贞碑**］
清末至民国初　拓本　经折装

J0097350
崇藏墨皇北宋拓圣教序　（晋）王羲之书
上海　有正书局　清末　影印本　线装

J0097351
崇藏墨皇北宋拓圣教序
成都　成都古籍书店　1985 年　影印本　38cm（6 开）
定价：CNY1.40

J0097352
馆本十七帖　（晋）王羲之书
宜都杨守敬　清末　刻本　线装
　　　行款不一白口四周双边单鱼尾。

J0097353
馆本十七帖　（一卷）（晋）王羲之书
宜都杨守敬　清末　刻本

J0097354
快雪堂法书　（晋）王羲之书
清末　影印本　线装
　　　分四册。

J0097355
快雪堂法书　（晋）王羲之等书
寒香馆　清光绪二十五年［1899］影印本　线装
　　　分六册。

J0097356
快雪堂法书　（晋）王羲之等书
民国　拓本　经折装
　　　分四册。

J0097357
兰亭序三种　（不分卷）（晋）王羲之撰并书
清末　影印本　线装

J0097358
乐毅论　（一卷）（晋）王羲之书
清末　拓本　经折装

J0097359
乐毅论 （晋）王羲之书
长沙　商务印书馆　民国二十七年［1938］
影印本　线装
（宋拓王帖三种）

J0097360
六朝字学精华 （一卷）郑怀撰
清末　石印本　线装

J0097361
青玉版十三行 （不分卷）（晋）王献之书
清末　影印本　线装
　　作者王献之（344—386），东晋书法家、诗
人、画家。字子敬，生于浙江绍兴，祖籍山东临
沂。代表作品有《鸭头丸帖》《淳化阁帖》《中秋
帖》等。

J0097362
神龙半印本
清末　影印本　线装
　　六行字数不等白口四周单边单鱼尾。

J0097363
宋拓赐潘贵妃兰亭序 （晋）王羲之书；（清）
成亲王评
清末至民国初　影印本　经折装

J0097364
宋拓绛帖后卷 （晋）王羲之书
清末　影印本　线装
　　据岳雪楼所藏影印。

J0097365
王右军快雪时晴帖 （不分卷）（晋）王羲之书
清末　影印本

J0097366
右军快雪时晴帖 （晋）王羲之书
清末　照像本　有图　经折装

J0097367
御临王献之书洛神赋十三行并图 （一卷）
（清）高宗弘历书
清末　影印本

J0097368
北宋拓圣教序 （一卷）（晋）王羲之书；（唐）
释怀仁集字
上海　有正书局　清光绪　影印本　线装

J0097369
大代华岳庙碑
上海　有正书局　清光绪至宣统　影印本　线装

J0097370
古鉴阁藏怀仁圣教集联拓本 （晋）王羲之
书；（唐）释怀仁集字
上海　艺苑真赏社　清光绪至民国初　影印本　有
图　线装
（碑联集拓）
　　民国十年（1921）据宋搨本影印。收于《碑
联集拓》中。

J0097371
启法寺碑 （清）李宗瀚辑
清光绪　影印本　经折装
（临川十宝）

J0097372
三希堂小楷八种 （不分卷）（晋）王羲之等书
上海　有正书局　清光绪　影印本　线装

J0097373
三希堂小楷八种 （晋）王羲之等书
上海　有正书局　民国四年［1915］影印本　线装

J0097374
四体千字文 （一卷）（南朝）周兴嗣次韵
文星堂万记　清光绪　刻本

J0097375
宋拓黄庭内景经
上海　有正书局　清光绪至宣统　影印本　线装

J0097376
宋拓黄庭内景经
北京　文物出版社　1964年［26］页　37cm（8开）
线装　统一书号：7068.235　定价：CNY5.00
　　上海图书馆藏善本碑帖之一。

J0097377
宋拓十三行 （不分卷）（晋）王羲之书
上海　有正书局　清光绪至宣统　影印本　线装

J0097378
献之书释文 （晋）王献之撰
清光绪　刻本
（三贴释文）

J0097379
杨惺吾刻馆本十七帖　杨守敬辑
杨守敬［自刊］清光绪　刻本　线装
　　辑者杨守敬(1839—1915)，清代地理学家、书法家、金石学家。代表作品有《水经注疏》《日本访书志》《湖北金石志》等。

J0097380
何蝯叟藏张黑女志
上海　有正书局［1900—1949年］影印本　有图26cm（16开）定价：大洋一元
　　本书为《魏南阳张玄墓志》拓片影印集。书后有清道光年间安吴、包世臣题记2件。

J0097381
原拓魏郑道忠墓志
上海　有正书局　清光绪三十三年［1907］影印本　线装

J0097382
涿拓兰亭十三跋 （不分卷）（晋）王羲之撰并书；（元）赵孟頫等书跋
上海　国学丛书社　清光绪三十三年［1907］影印本　线装
　　本书由《涿拓兰亭十三跋不分卷》（晋）王羲之撰并书；（元）赵孟頫等书跋、《翁刻天冠山题咏不分卷》（元）赵孟頫书合订。

J0097383
［王洪范碑］
清宣统元年［1909］影印本　线装

J0097384
定武兰亭 （晋）王羲之撰并书
上海　艺苑真赏社　民国　影印本　线装

J0097385
定武兰亭肥本 （晋）王羲之撰并书
上海　商务印书馆　民国六年［1917］影印本

J0097386
定武兰亭十三跋 （晋）王羲之撰并书；（元）赵孟頫等跋
民国　影印本　精装

J0097387
定武兰亭瘦本 （柯丹丘藏）（东晋）王羲之书
上海　有正书局［民国］影印本　[21]页30cm（12开）

J0097388
定武兰亭五种
上海　神州国光社　1909年　22×30cm
定价：洋一元二角
（神州国光集集外所印碑版 1）

J0097389
定武兰亭五字未损本 （晋）王羲之撰并书
民国　影印本　线装

J0097390
定武兰亭序 （晋）王羲之撰并书
民国　影印本　线装

J0097391
定武兰亭真本 （一卷）（晋）王羲之撰并书
北洋官报局　清宣统元年［1909］影印本

J0097392
定武兰亭真本 （晋）王羲之撰并书；北平故宫博物院古物馆藏并编辑
北平　故宫博物院　民国十九年［1930］影印本　线装

J0097393
定武兰亭真本 （晋）王羲之书
北平　国立北平故宫博物院
民国二十三年［1934］影印本　线装

J0097394
嵩高灵庙碑

上海 有正书局 清宣统 影印本 线装

J0097395
宋拓黄庭经
上海 神州国光社 宣统元年[1909] 14 叶
30cm(15 开) 定价：洋一元四角
(神州国光集外所印碑版 2)

J0097396
宋拓黄庭经
上海 神州国光社 1919 年 14 页 30cm(15 开)
线装 定价：大洋 1.50
　　本书为中国魏晋南北朝时代的碑帖拓本。

J0097397
宋拓黄庭经 (晋)王羲之书
上海 文明书局 民国十三年[1924]影印本 线装

J0097398
宋拓黄庭经 (晋)王羲之书
上海 文明书局 民国二十九年[1940]影印本
经折装

J0097399
宋拓王大令洛神赋
上海 神州国光社 1909 年 31cm(15 开)
定价：洋五角
(神州国光集外所印碑版 5)

J0097400
魏司马昞墓志
上海 神州国光社 1909 年 1 册 31cm(15 开)
定价：洋一元二角
(神州国光集外所印碑版 9)

J0097401
原石初拓魏崔颋墓志
上海 神州国光社 清宣统元年[1909]影印本

J0097402
晋王右军三月帖墨迹 (一卷)(晋)王羲之书
天津 赵氏傲徕山房 清宣统二年[1910]影印本
(傲徕山房所藏五朝墨迹)
　　收于《傲徕山房所藏五朝墨迹》中。

J0097403
[兰亭序十二种] (晋)王羲之撰并书
上海 文明书局 民国 影印本 经折装
　　本书 12 种包括：《赵子固落水兰亭》《玉石
本兰亭叙》《宋拓兰亭瘦本》《兰亭序唐荆川藏
本》《唐拓兰亭序》《汪百毂兰亭序》《兰亭序百
毂藏本》《唐模兰亭叙》《兰亭叙》《宋拓兰亭序》
《开皇兰亭叙》《褚河南临兰亭序》。分十二册。

J0097404
[王羲之快雪时晴帖照片] (晋)王羲之书
北平延光室 民国 照相本 16 幅 散页

J0097405
[钟繇荐关内侯季直表] (魏)钟繇书
民国 影印本 经折装

J0097406
草诀百韵歌 (晋)王羲之书
上海 尚古山房 民国 影印本 线装

J0097407
澄清堂帖 (晋)王羲之书
民国 影印本 线装

J0097408
澄清堂帖 (晋)王羲之书
民国 影印本 线装
　　分三册。

J0097409
初拓快雪堂帖 (晋)王羲之等书
上海 有正书局 民国 影印本 线装

J0097410
初拓洛神赋十三行 (晋)王献之书
民国 影印本 线装

J0097411
初拓洛神赋十三行 [晋王献之书]
上海 文明书局玻璃版部 民国二十九年[1940]
11 版 珂罗版印本 30cm(12 开) 定价：
国币六角(订本),国币一元四角(裱本)

J0097412

初拓思古斋兰亭序　（晋）王羲之撰并书
上海　有正书局　民国　影印本　线装

J0097413

初拓思古斋石刻　（晋）王羲之撰并书
上海　艺苑真赏社　民国　影印本　线装

J0097414

初拓张猛龙碑
上海　有正书局　民国　影印本　线装

J0097415

初拓郑文公碑
上海　有正书局　民国　影印本　线装

J0097416

初拓郑文公碑
上海　有正书局　民国六年［1917］影印本　3 版
线装
　　据同治七年（1868）拓本影印。

J0097417

初拓郑文公碑
上海　有正书局　民国六年［1917］影印本　5 版
线装

J0097418

初拓郑文公碑
碧梧山庄　民国十三年［1924］影印本　有图　线装
　　分三册。

J0097419

初拓郑文公碑
武汉　武汉市古籍书店　1983 年　影印版　2 册
25cm（15 开）定价：CNY1.40（全两册）
　　本作品是中国北魏碑帖。

J0097420

初拓郑文公碑　（北魏）郑道昭书
武汉　武汉古籍书店　1992 年　影印本　108 页
26cm（16 开）定价：CNY4.40
（翰墨林影印历代丛帖）
　　作者郑道昭（455—516），北魏书法家。字
僖伯，自号中岳先生，河南开封人。代表作品有
《郑文公上碑》《郑文公下碑》《论经书诗》《观海
童诗》等。

J0097421

淳熙秘阁续法帖　（魏）钟繇等书
民国　影印本　线装

J0097422

后魏中岳嵩灵庙碑
民国　影印本　经折装

J0097423

怀仁集王书圣教序钩本　佚名摹
民国　抄本　线装

J0097424

怀仁集王羲之书圣教序
上海　上海古籍书店　1963 年　44 页　25cm（15 开）
定价：CNY0.70

J0097425

怀仁集王羲之书圣教序
上海　上海书店　1963 年　35cm（18 开）
ISBN：7-80569-048-0 定价：CNY3.80

J0097426

怀仁集王羲之书圣教序　（晋）王羲之书
上海　上海古籍书店 1966 年　影印本
35cm（15 开）定价：CNY0.70

J0097427

怀仁集王羲之书圣教序　（晋）王羲之书；（唐
释）怀仁集
上海　上海古籍书店　1979 年　44 页　25cm（15 开）
定价：CNY0.70
　　东晋时代行书法帖。

J0097428

怀仁集王羲之书圣教序　（晋）王羲之书；聂
文豪，聂薇选编
南昌　江西美术出版社　1997 年　37cm
ISBN：7-80580-429-X 定价：CNY27.00
（中国古代名家名帖 14）

J0097429

怀仁集王羲之书圣教序 （晋）王羲之书
天津　天津人民美术出版社　1997 年　318 页
26cm（16 开）ISBN：7-5305-0761-3
定价：CNY29.80
（历代碑帖墨迹大字本）

J0097430

怀仁集王羲之圣教序 （晋）王羲之书；（唐释）
怀仁集
杭州　西泠印社　1998 年　42 页　35×19cm
ISBN：7-80517-259-5　定价：CNY11.00
（西泠印社法帖丛编）

J0097431

怀仁集王羲之书圣教序 （临写辅导）王正
良著
西安　陕西人民美术出版社　1998 年　69 页
26cm（16 开）ISBN：7-5368-1019-9
定价：CNY11.00
　　作者王正良（1949—　　），编辑。浙江嵊县人，
历任《浙江青年报》总编兼《中国钢笔书法》杂志
主编、中国硬笔书法家协会副主席。

J0097432

怀仁集王羲之书圣教序 坚明编
上海　上海书画出版社　1998 年　77 页　38cm（6 开）
ISBN：7-80635-214-7　定价：CNY16.00
（中国历代名帖放大本）

J0097433

集字圣教序 （行书）（晋）王羲之书
南京　江苏美术出版社　1992 年　61 页　有书影
26cm（16 开）ISBN：7-5344-0223-9
定价：CNY4.40
（习书入门丛帖 3）

J0097434

集字圣教序 （晋）王羲之书；（唐释）怀仁集字
北京　华夏出版社　1998 年　32×20cm
ISBN：7-5080-1607-6　定价：CNY9.80
（中国历代经典名帖集成）

J0097435

怀仁集《王书圣教序》临摹解析 （附王书圣

教序碑）雷天等编
北京　中国华侨出版社　1999 年　110 页
26cm（16 开）ISBN：7-80120-241-4
定价：CNY9.00
（行书技法入门）

J0097436

集字圣教序 （东晋）王羲之书
长春　吉林文史出版社　1999 年　37 页　29cm（15 开）
ISBN：7-80626-430-2　定价：CNY6.00
（中国著名碑帖选集（第二集）37）

J0097437

晋唐楷帖 （八种）（明）章藻辑
上海　商务印书馆　民国　石印本　线装

J0097438

晋唐小楷十种 （越州石氏本）
上海　有正书局　民国　影印本［39］页 33cm（5 开）
定价：大洋三元
　　本书内收柳公权、颜真卿等人的碑帖 30 余
幅。后附鉴赏家题词。

J0097439

晋王大令书洛神赋 （晋）王献之书
民国　影印本　线装

J0097440

晋王羲之道德经 （晋）王羲之书
上海　艺苑真赏社　民国　影印本　32cm（10 开）
线装

J0097441

晋王羲之行书帖墨迹 （晋）王羲之书
上海　艺苑真赏社　民国　影印本　线装

J0097442

晋王羲之快雪时晴帖墨迹 （晋）王羲之书
民国　影印本　有图　线装
（三希墨宝）

J0097443

晋王献之草书帖 （不分卷）（晋）王献之书
上海　艺苑真赏社　民国　影印本

J0097444

晋王献之洛神赋十三行　（晋）王献之书
北京　文物出版社　1965 年　8 页　26cm（16 开）
线装　统一书号：7068.237　定价：CNY1.40
　　中国晋代小楷字帖。

J0097445

晋王献之洛神赋十三行　（晋）王献之书
北京　文物出版社　1965 年　影印本　线装

J0097446

晋王献之洛神赋十三行　（晋）王献之书；《历
代碑帖法书选》编辑组编
北京　文物出版社　1981 年　8 页　26cm（16 开）
统一书号：8068.851　定价：CNY0.22

J0097447

晋王献之书洛神赋十三行帖　（一折）（晋）
王献之书
民国　一折　26cm（16 开）

J0097448

晋王献之书洛神赋十三行帖　（附：麦华三
临本）
［广东］岭南美术出版社　1962 年
定价：CNY0.16

J0097449

晋王献之中秋帖墨迹　（晋）王献之书
民国　影印本　有图　线装
（三希墨宝）

J0097450

晋王珣伯远帖　（晋）王珣书
北京　文物出版社　1982 年　影印本　线装
（故宫博物院藏历代法书选集）

J0097451

晋王珣伯远帖　（晋）王珣书
北京　文物出版社　1993 年　影印本　线装
（故宫博物院藏历代法书选集　第二集）

J0097452

晋王珣伯远帖墨迹　（晋）王珣书并绘
民国　影印本　有图　经折装

J0097453

晋王珣行书伯远帖　（晋）王珣书；故宫博物
院《历代碑帖墨迹选》编辑组编
北京　紫禁城出版社　1998 年　26cm（16 开）
ISBN：7-80047-270-1　定价：CNY3.30
（故宫博物院珍藏历代碑帖墨迹选　第一集　8）

J0097454

旧拓龙门二十品　（下）
民国　影印拓本　26cm（16 开）　线装

J0097455

开皇本兰亭序　（晋）王羲之撰并书
上海　有正书局　民国　影印本　线装

J0097456

开皇本兰亭序帖
民国　影印本　线装

J0097457

开皇兰亭真本　（晋）王羲之书
上海　艺苑真赏社　民国　影印本　线装

J0097458

柯丹丘藏定武兰亭瘦本
上海　有正书局［民国］珂罗版印本　31cm（5 开）
定价：大洋一元

J0097459

柯丹丘藏定武三亭瘦本　（晋）王羲之书
上海　有正书局　民国　影印本　毛装

J0097460

柯丹丘藏定武兰亭瘦本　（晋）王羲之撰并书
上海　有正书局　民国二十五年［1936］影印本

J0097461

六朝墓志菁英二编　［罗振玉编］
［1911—1940 年］珂罗版印本　线装

J0097462

清内府本王右军游目帖　（晋）王羲之书
博文堂　民国　影印本　经折装

J0097463
清内府藏晋拓保母帖　（晋）王献之书
上海　有正书局　民国　影印本

J0097464
三希墨宝　（晋）王羲之等书
民国　影印本　有图　线装
　　分三册。

J0097465
三希真迹　（晋）王献之等书
晨报社　民国　影印本

J0097466
十三行　（晋）王献之书
上海　艺苑真赏社　民国　影印本　线装
　　据古鉴阁藏宋拓本影印。

J0097467
石门铭　（不分卷）（北魏）王远书
上海　艺苑真赏社　民国　珂罗版印本
　　《石门铭》北魏正书摩崖石刻。王远书。永平二年（509年）刻于褒斜道（今属陕西）石门崖壁。字共28行，满行22字。记梁秦二州刺史羊祉重开汉褒斜道石门故道事。书法清劲超逸，所谓"不食人间烟火"者。

J0097468
石门铭　（北魏）王远书
上海　上海书画出版社　1982年　25cm（16开）
统一书号：7172.172　定价：CNY3.60
（历代法书萃英）

J0097469
石门铭　《历代碑帖法书选》编辑组编
北京　文物出版社　1984年　25cm（16开）
统一书号：8068.317　定价：CNY0.85
（历代碑帖法书选）

J0097470
石门铭　天津市古籍书店编辑室编
天津　天津市古籍书店　1988年　影印本　91页
26cm（16开）定价：CNY2.10
（历代碑帖集萃）

J0097471
石门铭
成都　巴蜀书社　1998年　70页　26cm（16开）
ISBN：7-80523-934-7　定价：CNY9.80
（中国著名碑帖）

J0097472
石门铭　《历代碑帖法书选》编辑组编
北京　文物出版社　1998年　重印本　26cm（16开）
ISBN：7-5010-0249-5　定价：CNY9.00
（历代碑帖法书选）

J0097473
石门铭　吉林文史出版社编
长春　吉林文史出版社　1999年　79页　29cm（15开）
ISBN：7-80626-426-4　定价：CNY12.00
（中国著名碑帖选集（第二集）30）

J0097474
宋蝉翼拓黄庭经　（晋）王羲之书
北京　博文堂　民国　影印本　经折装

J0097475
宋拓丙舍帖　（晋）王羲之书
民国　影印本　线装

J0097476
宋拓淳熙秘阁续法帖　（十卷）（魏）钟繇等书
上海　有正书局　民国　影印本　线装

J0097477
宋拓定武兰亭　（晋）王羲之撰并书
上海　有正书局　民国　影印本　线装
　　《定武兰亭》为北宋时发现于定武（今河北真定县）的碑刻，故名。行书。二十八行。相传为唐欧阳询据王羲之真迹临摹上石，也有传为王羲之真迹勾勒上石。为诸种兰亭刻本之冠。

J0097478
宋拓定武兰亭序　（晋）王羲之撰并书；（元）吴炳藏
上海　有正书局　民国　影印本　线装

J0097479
宋拓定武兰亭　（晋）王羲之撰并书

上海 有正书局 民国八年[1919]影印本 八版
线装

J0097480
宋拓定武本兰亭序 （晋）王羲之撰并书
北平 国立北平故宫博物院 民国二十二年
[1933]影印本 线装

J0097481
宋拓定武兰亭序 （晋）王羲之撰并书
北平 国立北平故宫博物院 民国三十二年
[1943]影印本 线装

J0097482
宋拓东方像赞 （晋）王羲之书
上海 艺苑真赏社 民国 影印本 线装

J0097483
宋拓河南本十七帖 （晋）王羲之书
上海 有正书局 民国 影印本 线装

J0097484
宋拓开皇本兰亭叙 （晋）王羲之撰并书
北京 博文堂 民国 影印本 经折装

J0097485
宋拓索靖月仪帖 （西晋）索靖书
上海 有正书局 民国 影印本 线装
　　作者索靖(244—303)，西晋著名书法家。
敦煌郡龙勒县(今甘肃敦煌)人。字幼安。流传
后世的书法作品有《出师颂》《月仪帖》《急就
章》等。

J0097486
宋拓魏黄初修孔子庙碑
上海 有正书局 民国 影印本 线装

J0097487
宋拓越州石氏帖 （晋）王羲之等书
上虞罗振玉 民国 影印本 线装

J0097488
陶靖节先生草书真迹 （晋）陶渊明书
中国图书公司 [民国]影印本 线装

J0097489
王羲之快雪时晴帖 （晋）王羲之书
民国 摄影本 16 张 线装

J0097490
王羲之快雪时晴帖 （晋）王羲之书
北平 国立北平故宫博物院
民国二十四年[1935]影印本 有照片 线装

J0097491
王羲之快雪时晴帖墨迹 （晋）王羲之书
民国 影印本 经折装

J0097492
王羲之兰亭序 （晋）王羲之书
上海 大众书局 民国 影印本 经折装
（碑帖大观）

J0097493
王献之中秋帖墨迹 （晋）王献之书
民国 影印本 有图 经折装

J0097494
王右军草诀百韵 （晋）王羲之书
上海 尚古山房 民国 影印本 经折装

J0097495
王右军乐毅论 （晋）王羲之书
上海 有正书局 民国 影印本 线装

J0097496
王右军真迹帖 （晋）王羲之书
民国 影印本 经折装

J0097497
魏碑大观二集
民国 影印本 26cm(16 开) 线装
　　分六册。

J0097498
魏刁遵墓志铭初拓本
民国 影印本 线装

J0097499
魏高孝宣碑

民国　墨拓本　线装

J0097500
魏故南阳张府君墓志
民国　影印本　线装

J0097501
魏刘懿墓志铭初拓本
上海　艺苑真赏社　民国　影印本　线装

J0097502
魏齐造像二十品
上海　有正书局　民国　石印本　线装

J0097503
魏司马景和妻墓志铭
民国　影印本　线装

J0097504
文殊般若经
上海　艺苑真赏社　民国　影印本　线装
　　据旧拓本影印。

J0097505
武进孙氏元晏斋十三行九字未损本　（洛神赋）（东晋）王献之书
上海　有正书局［民国］影印本［40］页
27cm（16开）

J0097506
校正真草隶篆四体三字经　（晋）王羲之书
上海　锦章书局　民国　线装

J0097507
瘗鹤铭
上海　有正书局　民国　石印本　线装

J0097508
瘗鹤铭　（焦山摩崖刻石）
石家庄　河北美术出版社　1986年　影印本
42页　35cm（8开）统一书号：8087.1648
定价：CNY1.60
　　《瘗鹤铭》原刻在焦山（在今江苏镇江）西麓石壁上，宋初被雷轰崩落长江中，清康熙五十二年（1713年）陈鹏年募工搜出，仅存五残石。后又陆续有捞得者。现存焦山碑刻博物馆。此铭为大字楷书，但其时代和书者均不可考。本书共收入42幅图。据北京文物商店所藏旧时精拓本应有。

J0097509
瘗鹤铭
天津　天津市古籍书店　1988年　影印本　44页
33cm（5开）定价：CNY2.00
（历代碑帖集萃）
　　本书据旧拓本影印。

J0097510
瘗鹤铭　（鹤州本　水前本）
南京　江苏美术出版社　1989年　影印本
36页　35cm（8开）ISBN：7-5344-0090-2
定价：CNY6.40

J0097511
右军草法至宝
民国　影本　线装

J0097512
元显敬墓志铭
民国　拓本　经折装

J0097513
张猛龙碑集联
民国　影印本　线装

J0097514
张猛龙碑集联
民国九年［1920］石印本　线装

J0097515
中国内府藏右军千文·日本内府藏右军尺牍墨迹合册　（东晋）王羲之书
上海　有正书局［民国］影印本
25页［19×26cm］

J0097516
中国内府藏右军千文·日本内府藏右军尺牍墨迹合册　（东晋）王羲之书
上海　有正书局　民国　珂罗版印本　34cm（8开）

J0097517
忠武王碑
上海 世界书局 民国 石印本 线装

J0097518
钟元常荐季直表
民国 影印本 经折装

J0097519
周文清藏北宋未断本圣教序 （晋）王羲之书
上海 有正书局 民国 影印本 线装

J0097520
最初精拓爨龙颜碑
上海 有正书局 民国 石印暨影印本 线装
　　《爨龙颜碑》南朝宋碑刻。正书。碑额题"宋故龙骧将军护镇蛮校尉宁州刺史邛都县侯爨使君之碑"。大明二年(458年)立。爨道庆撰文。清道光年间，阮元在云南陆凉(今陆良)访得，始著于世。笔法多隶意。

J0097521
最初拓爨龙颜碑 （南朝宋）爨道庆撰
上海 有正书局 民国 影印本 线装

J0097522
最初精拓爨龙颜碑 （南朝宋）爨道庆撰文
上海 有正书局 民国八年［1919］影印本 线装

J0097523
索靖书出师颂 （西晋）索靖书
上海 商务印书馆 1914年 影印本 再版
［15］页［19×26cm］
　　本书附杨钟羲等人的题跋。

J0097524
索靖书出师颂 （西晋）索靖书
上海 商务印书馆 民国九年［1920］影印本
四版 线装

J0097525
索靖书出师颂 （西晋）索靖书
上海 商务印书馆 民国十四年［1925］影印本
线装

J0097526
旧拓好大王碑
上海 有正书局 民国四年［1915］影印本 线装

J0097527
南唐澄清堂帖 （晋）王羲之书
上海 有正书局 民国六年［1917］影印本 线装

J0097528
泰山金刚经
上海 震亚图书局 民国十年［1921］影印本 线装

J0097529
泰山金刚经集联 上海佛记书局辑
上海 佛记书局 民国十二年［1923］影印本 线装

J0097530
泰山经石峪金刚经 泰安文物管理局藏
1965年 拓本

J0097531
泰山经石峪金刚经 山东省泰山风景区管理局，山东省泰安地区文物管理局著
济南 齐鲁书社 1984年 19cm（32开）
统一书号：8206.50 定价：CNY2.50
　　《泰山经石峪金刚经》在山东泰安泰山石坪上，字径二尺，南北朝楷书大字名作。存九百字，笔势奇古雄伟，浑穆简静，体在楷隶之间。

J0097532
泰山经石峪金刚经 （上）《历代碑帖法书选》编辑组编
北京 文物出版社 1987年 影印本［86］页
26cm（16开）统一书号：8068.1642
定价：CNY1.05
（历代碑帖法书选）

J0097533
泰山经石峪金刚经 （下）《历代碑帖法书选》编辑组编
北京 文物出版社 1987年 影印本［88］页
26cm（16开）统一书号：8068.1643
定价：CNY1.05

J0097534

泰山经石峪金刚经 （上）《历代碑帖法书选》
编辑组编
北京 文物出版社 1994年 重印本 26cm（16开）
ISBN：7-5010-0820-5 定价：CNY5.50
（历代碑帖法书选）

J0097535

泰山经石峪金刚经 （下）《历代碑帖法书选》
编辑组编
北京 文物出版社 1994年 重印本 26cm（16开）
ISBN：7-5010-0821-3 定价：CNY5.50
（历代碑帖法书选）

J0097536

泰山经石峪金刚经集联 曾农髯等集联
合肥 安徽美术出版社 1996年 60页
28cm（大16开）ISBN：7-5398-0467-X
定价：CNY10.00
（历代墨宝丛书）

J0097537

泰山经峪金刚经集联 李梅庵，谭祖庵，曾
农髯辑
上海 震亚图书局 民国六年［1917］石印本 线装

J0097538

水拓本瘗鹤铭
上虞罗振玉 民国七年［1918］影印本 线装

J0097539

宋拓王右军金刚经 （晋）王羲之书
上海 有正书局 民国七年［1918］影印本 线装

J0097540

宋拓王右军书 （晋）王羲之书
上海 商务印书馆 民国七年［1918］影印本 线装

J0097541

宋拓王右军书 （晋）王羲之书
上海 商务印书馆 民国八年［1919］影印本 线装

J0097542

宋拓王右军书 （晋）王羲之书
成都 成都古籍书店 1986年 影印本 78页

25cm（16开）定价：CNY1.70
　　中国东晋时代草书书法帖。

J0097543

宋拓王右军书 （晋）王羲之书
合肥 安徽美术出版社 1992年 重印本 78页
26cm（16开）ISBN：7-5398-0054-2
定价：CNY3.20
　　中国宋代碑帖。

J0097544

郑道昭云峰山论经书 （北魏）郑道昭书
上海 有正书局 民国七年［1918］影印本 线装

J0097545

初拓李超墓志
上海 商务印书馆 民国八年［1919］再版
石印本 线装

J0097546

东方朔象赞
上海 艺苑真赏社 民国八年［1919］影印本 线装
　　据宋拓本影印。

J0097547

晋拓保母帖 （晋）王献之书
上海 有正书局 1919年 影印本 6页 30cm（6开）
定价：大洋一元
　　本书为中国东晋时代法帖影印本，封面题：
清内府藏晋拓保母帖。

J0097548

晋拓保母帖 （晋）王献之书
上海 有正书局 民国八年［1919］影印本 线装

J0097549

宋游丞相藏兰亭宣城本 （晋）王羲之撰并书
上海 商务印书馆 民国九年［1920］影印本 线装

J0097550

宋游相藏定武兰亭王沇本 （晋）王羲之撰
上海 商务印书馆 民国九年［1920］影印本 线装

J0097551

宋仲温藏定武兰亭肥本 （晋）王羲之书

上海 有正书局 民国八年［1919］再版 影印本
有图 32cm（5 开）定价：大洋二元

J0097552

张黑女志 （清）何绍基旧藏
上海 有正书局 民国八年［1919］影印本
　　《张黑女墓志》全称《魏故南阳张府君墓志》，
亦称《张玄墓志》。北魏墓志。正书。普泰元年
（531 年）刻。其书尚存隶意，结体峻美，笔势飞
动。原石已佚，清道光年间何绍基得旧拓孤本。

J0097553

张黑女墓志
上海 上海古籍出版社 1984 年 25cm（小 16 开）
定价：CNY0.45
　　中国北魏楷书碑帖。

J0097554

张黑女墓志
上海 上海书店 1987 年 2 版 影印本 ［17］页
26cm（16 开）定价：CNY0.45
（历代法书自习范本）
　　中国北魏楷书碑帖。

J0097555

张黑女墓志 （放大本）田绪明编补
北京 北京出版社 1990 年 35 页 26cm（16 开）
ISBN：7-200-01052-9 定价：CNY1.55
　　《张黑女墓志》全称《魏故南阳张府君墓志》，
亦称《张玄墓志》。北魏墓志。正书。普泰元年
（531 年）刻。其书尚存隶意，结体峻美，笔势飞
动。原石已佚，清道光年间何绍基得旧拓孤本。
编者田绪明（1962—　　），书法家。湖北云梦人，
毕业于首都师范大学书法专业。历任中国书法
家协会会员、中国长城书画协会副秘书长、中国
现代硬笔书法研究会会员、全国神剑文学艺术学
会会员。编著有《北魏墓志三种解析字帖》《张
黑女墓志放大本》《汉张迁碑放大本》等。

J0097556

张黑女墓志
上海 上海书店 1991 年 重印本 有图
26cm（16 开）ISBN：7-80569-349-8
定价：CNY0.70
（中国历代法书自习范本）

　　中国北魏楷书碑帖。

J0097557

张黑女墓志
上海 上海书店 1992 年 影印本 26cm（16 开）
ISBN：7-80569-349-8 定价：CNY0.70
（中国历代法书自习范本）
　　中国北魏楷书碑帖。

J0097558

张黑女墓志 《放大本北魏墓志》编辑部编
太原 山西古籍出版社 1995 年 26cm（16 开）
ISBN：7-80598-053-5 定价：CNY4.50
（放大本北魏墓志系列）

J0097559

张黑女墓志 况瑞峰，胡雪玲主编
天津 天津古籍出版社 1995 年 44 页 37cm
ISBN：7-80504-395-7 定价：CNY16.80
（楷书字范 5）
　　中国北魏楷书碑帖。

J0097560

张黑女墓志铭 金仁敏编
上海 上海书画出版社 1997年 31页 38cm（6开）
ISBN：7-80635-115-9 定价：CNY7.90
（中国历代名帖放大本）

J0097561

张黑女墓志 天津人民美术出版社编
天津 天津人民美术出版社 1998 年 96 页
18cm（小 32 开）ISBN：7-5305-0839-3
定价：CNY6.80
（中国历代碑帖放大选字本）

J0097562

初拓朱君山墓志铭 （清）王化洽拓
上海 文明书局 民国九年［1920］影印本 线装
　　据清乾隆四年拓本影印。

J0097563

宋游丞相藏定武兰亭王沇本 （晋）王羲之撰
并书
上海 商务印书馆 民国九年［1920］影印本 线装

J0097564

宋游丞相藏定武兰亭王沇本　（晋）王羲之撰并书

上海　商务印书馆　民国十九年［1930］影印本　线装

J0097565

宋游丞相藏定武兰亭王沇本　（晋）王羲之撰并书

上海　商务印书馆　民国二十二年［1933］影印本　线装

J0097566

宋游丞相藏兰亭玉泉本　（晋）王羲之撰并书

上海　商务印书馆　民国九年［1920］影印本　线装

J0097567

宋游丞相藏兰亭玉泉本　（晋）王羲之书

上海　商务印书馆　民国二十二年［1933］影印本　线装

J0097568

匋斋藏瘗鹤铭　（二种）有正书局辑

上海　有正书局　民国九年［1920］石印本　线装

J0097569

魏故怀令李君墓志铭　王孝禹辑

上海　有正书局　民国九年［1920］影印本　线装（魏墓志三种）

J0097570

魏墓志三种　王孝禹辑

上海　有正书局　民国九年［1920］影印本　线装

J0097571

魏扬州长史南梁郡太守宜阳子司马景和妻墓志铭　王孝禹辑

上海　有正书局　民国九年［1920］影印本　线装（魏墓志三种）

J0097572

大观帖第六卷榷场残本　（晋）王羲之书；古物同欣社选

北平　中华书局　民国十年［1921］影印本　线装

J0097573

宋拓圣教序　（晋）王羲之书

上海　商务印书馆　民国十年［1921］影印本　线装

J0097574

初拓爨龙颜碑　（南朝宋）爨道庆撰文

上海　商务印书馆　民国十一年［1922］3版影印本　线装

J0097575

历代名臣法帖第七　（晋）王羲之撰并书；古物同欣社选集

北京　中华书局　民国十一年［1922］影印本　线装

J0097576

魏王基断碑

上海　有正书局　民国十一年［1922］影印本　线装

J0097577

刁惠公墓志铭

上海　有正书局　民国十二年［1923］石印本　再版　线装

J0097578

晋王羲之奉橘帖　（晋）王羲之撰并书

北京　京华印书局　民国十三年［1924］影印本

J0097579

中国日本内府藏右军千文尺牍墨迹　（晋）王羲之书

上海　有正书局　民国十三年［1924］影印本　线装

J0097580

王右军正草十七帖　（晋）王右军书

上海　世界书局　民国十四年［1925］影印本　再版　线装

J0097581

王右军千字文尺牍墨迹合册　（不分卷）（晋）王羲之书

上海　有正书局　民国十五年［1926］影印本

J0097582

郑文公碑精华　世界书局辑

上海　世界书局　民国十五年［1926］石印本

3 版　线装
（拓本六朝碑帖精华）

J0097583
王右军奉橘帖墨迹　（不分卷）（晋）王羲之书
北京延光室　民国十六年［1927］影印本

J0097584
右军书范　（晋）王羲之书
上海　商务印书馆　民国十六年［1927］影印本
线装

J0097585
北魏司马氏墓志　（三通）
武进陶氏　民国十七年［1928］影印本　线装
　　本书内容包括：《司马元兴墓志铭》《司马景
和墓志铭》《司马景和妻墓志铭》《司马进宗墓
志铭》《崔敬邕墓志铭》，据定海方氏藏本影印。
本书由《北魏司马氏墓志》《东魏司马升墓志》
合订。

J0097586
唐拓十七帖　（晋）王羲之书
潢川吴氏涑水砚斋　民国十七年［1928］影印本
线装

J0097587
唐拓十七帖　（晋）王羲之等书
北平　博文堂　民国　影印本　经折装

J0097588
唐拓十七帖　（晋）王羲之书
上海　有正书局　民国　影印本　线装

J0097589
唐拓十七帖　（晋）王羲之书
天津　天津市古籍书店　1990 年　影印本　26 页
33cm（5 开）定价：CNY1.60
（历代碑帖集萃）

J0097590
初拓王基碑
中华书局　民国十八年［1929］影印本　线装

J0097591
三希堂二王小楷合册
上海　世界书局　民国十九年［1930］石印本
七版　线装
（名人真迹小楷法帖四种）

J0097592
初拓高湛墓志
上海　商务印书馆　民国二十年［1931］石印本
线装

J0097593
二王真迹　（晋）王羲之,（晋）王献之书
味纯主人［发行者］1931 年　影印本　[10] 页
33cm（5 开）定价：一元五角
　　本书内容包括王右军《丧乱帖》、王大令《地
黄汤帖》。附释文。

J0097594
王羲之汇帖大观　（晋）王羲之书；碧梧山庄
编辑
上海　碧梧山庄　民国二十一年［1932］影印本
线装
　　分十册。

J0097595
王右军奉橘帖　（晋）王羲之书
天津延光室　民国二十一年［1932］影印本　线装

J0097596
南唐澄心堂拓右军父子四人法帖　（晋）王
羲之等书
上海　商务印书馆　民国二十三年［1934］影印本
线装

J0097597
王右军三帖墨迹　（晋）王羲之撰并书
北平　国立北平故宫博物院
民国二十三年［1934］影印本　线装

J0097598
北魏人书摩诃般若波罗密经残卷　苏厚如藏
北平　京城印刷局　民国二十四年［1935］影印本
线装

J0097599

南唐澄心堂拓右军洛神赋全文 （晋）王羲
之书

上海　商务印书馆　民国二十四年［1935］影印本
线装

J0097600

宋拓集王羲之书金刚经 （晋）王羲之书

上海　鸿宝斋　民国二十四年［1935］影印本　线装

J0097601

宋拓玉版十三行 （晋）王献之书

觯斋书社　民国二十四年［1935］影印本　线装

J0097602

王右军徂暑感怀书墨宝 遯园辑

北平　国立北平故宫博物院
民国二十四年［1935］影印本　线装

J0097603

二王墨影 （晋）王羲之，（晋）王献之书

考古学社　民国二十五年［1936］石印暨铅印本
线装

J0097604

二王墨影 （晋）王羲之，（晋）王献之撰并书；
容庚编

北平　文奎堂等　民国二十五年［1936］影印本
线装

J0097605

怀仁集字本兰亭序 （晋）王羲之撰并书；王
向甫藏

太原　山西书局　民国二十五年［1936］影印本
线装

J0097606

四美堂王羲之字帖 （开皇本定武本兰亭序及
精品合璧附兰亭始末记及集联）四美堂主人编
上海　古今书店　1936年［58］页　16cm（25开）
经折装
　　　本书内收《兰亭序》，附何近之《兰亭始末记》
《兰亭集联》。

J0097607

四美堂王羲之字帖 （开皇本定武本兰亭序及
精品合璧附兰亭始末记及集联）四美堂主人编
上海　古今书店　1937年　再版［58］页
16cm（25开）经折装

J0097608

宋拓王帖三种 （晋）王羲之，（晋）王献之撰
并书

上海　商务印书馆　民国二十五年［1936］影印
本　线装

J0097609

宋拓王帖三种 商务印书馆辑

长沙　商务印书馆　民国二十七年［1938］影印
本　再版　线装

J0097610

宋元名人跋王大令保母志 （晋）王献之书；
（宋）俞德麟等跋
民国二十五年［1936］影印本　线装

J0097611

济美帖 （晋）王羲之书
长沙　商务印书馆　民国二十七年［1938］影印本
线装
（宋拓王帖三种）

J0097612

宋拓王大令十三行 （晋）王献之书
长沙　商务印书馆　民国二十七年［1938］影印本
线装
（宋拓王帖三种）

J0097613

西晋陆士衡平复帖真迹 （晋）陆机书；丛碧
山房藏
北京　启新照相制版局　民国二十七年［1938］
影印本　线装

J0097614

宋拓怀仁集书吴文碑 （晋）王羲之撰并书；
（唐释）怀仁集字
上海　文明书局　民国二十九年［1940］影印本
线装

J0097615

宋拓乐毅论 （晋）王羲之书
上海　文明书局　民国二十九年［1940］影印本
经折装

J0097616

宋拓十七帖 （晋）王羲之书
上海　商务印书馆　民国二十九年［1940］影印
本　线装

J0097617

宋拓澄清堂残本 （晋）王羲之书
民国　影印本　线装
　　分二册。

J0097618

魏墓志三种合册 （三种）有正书局辑
上海　有正书局　民国　影印本　线装

J0097619

晋尚书令王献之鸭头丸帖 （晋）王献之书
上海　上海人民美术出版社　1959年　影印本
　　中国东晋时代草书法帖，卷轴装。

J0097620

西晋陆机平复帖 （晋）陆机书；故宫博物院藏
北京　文物出版社　1959年　［5］页　29cm（16开）
线装本　统一书号：7068.81　定价：CNY1.13
　　西晋草书法帖。

J0097621

西晋陆机平复帖 （晋）陆机书
北京　文物出版社　1959年　影印本　1册5叶
29×34cm（12开）线装本　统一书号：7068.81
定价：CNY1.13
　　西晋草书法帖。半叶无框无竖栏行款不一。

J0097622

西晋陆机平复帖 （晋）陆机书；故宫博物院藏
北京　文物出版社　1959年　影印本　线装

J0097623

西晋陆机平复帖 故宫博物院藏
［北京］文物出版社　1962年　2版　1册　线装本
定价：CNY1.70

J0097624

西晋陆机平复帖 （晋）陆机书
北京　文物出版社　1982年　影印本　线装
（故宫博物院藏历代法书选集）

J0097625

西晋陆机平复帖 （晋）陆机书
北京　文物出版社　1994年　影印本　线装
（故宫博物院藏历代法书选集　第一集）

J0097626

王大令鸭头丸帖真迹
上海　上海人民美术出版社　1960年
　　《鸭头丸帖》东晋王献之草书作品。绢本。
2行15字。因起首"鸭头丸"三字得名。字势笔
气相连，如一笔而成。现藏上海博物馆。

J0097627

张猛龙碑精华 柯璜鉴定；刘永德选集
太原　山西人民出版社　1960年　10页　26cm（16开）
统一书号：7088.188　定价：CNY0.22

J0097628

宝晋斋法帖 （十卷）（晋）王羲之书；中华书
局上海编辑所编
上海　上海古籍书店　1961年　影印本　折装
　　分三册。

J0097629

宝晋斋法帖 （宋）米芾，（宋）曹之格编
北京　北京古籍出版社　1992年　影印本　359页
36cm（12开）ISBN：7-5300-0075-6
定价：CNY29.00
　　本帖选入大书法家王羲之、王献之的书法
110多帖，收入王徽之、谢安等人书法9帖，后附
米芾书法多种。作者米芾（1051—1107），北宋书
法家、画家、书画理论家。祖籍太原，出生于湖
北襄阳，长期居润州（今江苏镇江）。初名黻，后
改芾，字元章，号襄阳居士、海岳山人等。书画
自成一家，枯木竹石，山水画独具风格特点。在
书法也颇有造诣，擅篆、隶、楷、行、草等书体，
长于临摹古人书法。代表作品有《宝晋英光集》
《宝章待访录》《书史》《画史》《砚史》。

J0097630
宝晋斋法帖 （宋）米芾,（宋）曹之格编
北京 北京古籍出版社 1992 年 影印本 359 页
36cm（12 开）精装 定价：CNY48.50

J0097631
宝晋斋法帖选
上海 上海古籍书店 1979 年 81 页 25cm（15 开）
定价：CNY1.60

J0097632
晋人书度尚曹娥诔辞 （晋）佚名书；辽宁省
博物馆藏
北京 文物出版社 1961 年 影印本 [20] 页
42cm（8 开）线装 统一书号：7068.163
定价：CNY4.00
（辽宁省博物馆藏法书选集）
　　据晋写本影印。

J0097633
晋王羲之墨迹 （晋）王羲之书；台北故宫博
物院编辑委员会编辑
台北 台北故宫博物院 1962 年 32 叶 39cm（4 开）
（故宫法书 第一辑）

J0097634
晋王羲之墨迹 （晋）王羲之书；台北故宫博
物院编纂；王世杰主编
台中 台北故宫博物院 1962 年 影印本 线装

J0097635
宋拓怀仁集王书圣教序 （一卷）（晋）王羲
之书；（唐释）怀仁集字
北京 文物出版社 1963 年 影印本 37cm（8 开）
线装 统一书号：7068.215 定价：CNY9.00
　　本书行款不一。《三藏圣教序》是唐太宗为
表彰玄奘赴西域各国求取佛经，回国后翻译三藏
要籍而写的。太子李治（高宗）并为附记。唐宏
福寺僧沙门怀仁，能文工书，选内府所藏王羲之
诸帖，历时二十余年，从中勾选所需之字，集摹
镌刻而成此碑，史称《怀仁集王羲之圣教序》或
《怀仁集圣教序》等。共计 2400 余字。

J0097636
宋拓怀仁集王书圣教序

北京 文物出版社 1965 年 [36] 页 37cm（8 开）
统一书号：7068.215 定价：CNY3.20

J0097637
宋拓怀仁集王书圣教序 陕西省博物馆供稿
西安 陕西人民出版社 1977 年 影印本
38cm（6 开）统一书号：8094.554
定价：CNY5.00
（陕西名碑拓片选 3）

J0097638
宋拓怀仁集王书圣教序 陕西省博物馆供稿
西安 陕西人民出版社 1978 年 影印本
38cm（6 开）线装 统一书号：8094.617

J0097639
宋拓怀仁集王书圣教序 （晋）王羲之书；（唐
释）怀仁集字
西安 陕西人民出版社 1978 年 影印本 线装
　　《三藏圣教序》是唐太宗为表彰玄奘赴西域
各国求取佛经，回国后翻译三藏要籍而写的。太
子李治（高宗）并为附记。唐宏福寺僧沙门怀仁，
能文工书，选内府所藏王羲之诸帖，历时二十余
年，从中勾选所需之字，集摹镌刻而成此碑，史
称《怀仁集王羲之圣教序》或《怀仁集圣教序》等。
共计 2400 余字。

J0097640
宋拓怀仁集王书圣教序 陕西省博物馆供稿
北京 文物出版社 1978 年 [36] 页 25cm（16 开）
统一书号：8068.656 定价：CNY0.70

J0097641
宋拓怀仁集王书圣教序 《历代碑帖法书选》
编辑组编
北京 文物出版社 1984 年 25cm（16 开）
统一书号：8068.1324 定价：CNY0.46
（历代碑帖法书选）

J0097642
宋拓怀仁集王书圣教序 （晋）王羲之书；《历
代碑帖法书选》编辑组编
北京 文物出版社 1986 年 影印本 26cm（16 开）
定价：CNY0.55
（历代碑帖法书选）

J0097643
宋拓怀仁集王书圣教序　（墨迹还原本）（晋）
王羲之书
北京　北京广播学院出版社　1992 年　159 页
26cm（16 开）ISBN：7-81004-310-2
定价：CNY17.50
（中国名碑还原放大系列字帖 1）

J0097644
宋拓怀仁集王书圣教序　（晋）王羲之书；《历
代碑帖法书选》编辑组编
北京　文物出版社　1994 年　26cm（16 开）
ISBN：7-5010-0547-8　定价：CNY2.10
（历代碑帖法书选）

J0097645
宋拓怀仁集王书圣教序　（晋）王羲之书
沈阳　辽宁画报出版社　1998 年　46 页　29cm（16 开）
ISBN：7-80601-190-0　定价：CNY4.58
（中国历代碑帖）

J0097646
宋拓怀仁集王羲之书圣教序　（晋）王羲之书
天津　天津市古籍书店　1988 年　影印本　68 页
26cm（16 开）定价：CNY1.90
（历代碑帖集萃）

J0097647
宋拓唐怀仁集晋王羲之书圣教序
上海　上海古籍书店　1963 年　线装本
定价：CNY6.00

J0097648
王羲之书圣教序　（晋）王羲之书
上海　上海古籍书店　1963 年　[42]页　35cm（6 开）
定价：CNY0.70

J0097649
曹娥碑墨迹　（晋）佚名书；辽宁省博物馆收藏
上海　上海人民美术出版社　1964 年　影印本
经折装　统一书号：8081.5486　定价：CNY30.00

J0097650
魏碑三种
上海　上海古籍书店　1964 年　[46]页　26cm（16 开）
定价：CNY0.45

J0097651
魏碑三种
上海　上海古籍书店　1978 年　44 页　26cm（16 开）
定价：CNY0.55

J0097652
二王法书管窥　沈尹默著
上海　上海教育出版社　1965 年　29 页　38cm（6 开）
线装　统一书号：8150.2　定价：CNY3.20
　　作者沈尹默（1883—1971），学者、诗人、书
法家、教育家。出生于陕西汉阴，祖籍浙江吴兴。
初名君默、字中、号秋明。曾任北京大学文学教
授、河北省教育厅厅长、中法文化交流出版委员
会主任、上海市文联副主席、上海市文管会会
员、上海中国书法篆刻研究会主任等职。代表作
有《沈尹默手稿墨迹》《二王法书管窥》《历代名
家学书经验谈辑要释义》。

J0097653
晋王献之鸭头丸帖　（一卷）（晋）王献之书；
上海博物馆藏
北京　文物出版社　1965 年　影印　1 册 6 页
38cm（6 开）统一书号：7068.264
定价：CNY0.80
　　中国东晋书法作品。半叶无竖栏字数不均。

J0097654
晋王献之鸭头丸帖　（晋）王献之书；上海博
物馆藏
北京　文物出版社　1965 年　[8 页]38cm（6 开）
统一书号：7068.264　定价：CNY0.80
　　中国东晋书法法帖。

J0097655
王羲之小楷字帖　（选字本）（晋）王羲之书
上海　朵云轩　1965 年　[12]页　25cm（16 开）
统一书号：Z-02　定价：CNY0.22

J0097656
梁萧敷及王氏墓志铭　（南朝梁）徐勉撰

北京　文物出版社　1975 年　影印本　线装

据上海博物馆藏本影印。

J0097657

宋拓馆本十七帖　朴龙宽编

［大同］华严寺　1975 年

J0097658

王羲之传本墨迹选　（晋）王羲之书；上海书画出版社编

上海　上海书画出版社　1975 年　1 册　26cm（16 开）

定价：CNY0.80

本书收集了王羲之流传的墨迹作品。有《寒切帖》《姨母帖》等 10 余种。

J0097659

王羲之传本墨迹选　（晋）王羲之书；上海书画社编辑

上海　上海书画社　1975 年　［14］页　38cm（6 开）

统一书号：7172.73　定价：CNY0.80

王羲之传世的墨迹有《寒切帖》《姨母帖》等 10 余种。这些墨迹传系唐人双勾廓填摹本，其中《快雪时晴帖》的摹本时间可能更晚些。册中所收的墨迹就是从这些摹本中选出来的。

J0097660

王羲之兰亭叙　朴龙宽编

1975 年

J0097661

王羲之兰亭帖　（附书翰八种）王羲之书；黄晟现编

1976 年

J0097662

魏碑选字帖　（一）上海书画社编辑

上海　上海书画社　1977 年　32 页　26cm（16 开）

定价：CNY0.25

J0097663

魏碑选字帖　（二）上海书画社编辑

上海　上海书画社　1977 年　20 页　26cm（16 开）

统一书号：7172.82　定价：CNY0.18

J0097664

六朝墓志选字　天津杨柳青画店编辑

天津　天津杨柳青画店　1978 年　32 页　26cm（16 开）

统一书号：7174.002　定价：CNY0.23

J0097665

王羲之十七帖　（晋）王羲之书；天津杨柳青画店编辑

天津　天津杨柳青画店　1978 年　影印本　33 页　25cm（16 开）

J0097666

王羲之十七帖　天津杨柳青画店编辑

天津　天津杨柳青画店　1978 年　33 页　25cm（15 开）

定价：CNY0.34

J0097667

北魏崔敬邕墓志　上海书画出版社编辑

上海　上海书画出版社　1979 年　16 页　25cm（15 开）

统一书号：7172.122　定价：CNY0.50

中国北魏时期墓志碑帖。

J0097668

北魏崔敬邕墓志　《历代碑帖法书选》编辑组编

北京　文物出版社　1984 年　影印本　25cm（15 开）

统一书号：8068.1331　定价：CNY0.26

（历代碑帖法书选）

《崔敬邕墓志》北魏正书石刻。熙平二年（517 年）刻。清康熙十八年（1679 年）出土于安平（今属河北）。楷书，共 29 行，每行 29 字。

J0097669

北魏崔敬邕墓志

武汉　武汉古籍书店　1990 年　影印本　18 页　26cm（16 开）定价：CNY0.65

J0097670

龙门四品　北京图书馆，龙门文物保管所编

北京　文物出版社　1979 年　46 页　38cm（6 开）

统一书号：8068.729　定价：CNY1.40

中国北魏碑帖。

J0097671

宋拓兰亭序帖　（上海博物馆藏品）上海博物馆编

上海　上海古籍书店　1979 年　影印本　104 页
38cm（6 开）定价：CNY3.00
　　东晋时代行书法帖。

J0097672
宋拓兰亭续帖　上海博物馆编辑
上海　上海古籍书店　1979 年　38cm（6 开）
定价：CNY3.00
　　东晋时代行书法帖。

J0097673
龙门二十品　中国书法编辑组编辑
北京　文物出版社　1980 年　209 页　19cm（32 开）
精装　统一书号：8068.728　定价：CNY34.00

J0097674
龙门二十品　中国书法编辑组编辑
北京　文物出版社　1980 年　209 页　37cm（8 开）
精装　统一书号：8068.728　定价：CNY34.00
　　《龙门二十品》是从河南洛阳龙门石窟北魏
时期的造像题记中精选出来的，为魏碑体书法的
代表作品。

J0097675
龙门廿品　故宫博物院供稿
郑州　中州书画社　1981 年　影印本　39cm（8 开）
线装　定价：CNY10.00

J0097676
龙门二十品　（上）《历代碑帖法书选》编辑组编
北京　文物出版社　1983 年　25cm（小 16 开）
统一书号：8068.1223（上）定价：CNY0.80
（历代碑帖法书选）
　　本书据清乾隆、嘉庆时的最佳拓本影印。

J0097677
龙门二十品　（下）《历代碑帖法书选》编辑组编
北京　文物出版社　1983 年　25cm（小 16 开）
统一书号：8068.1224（下）定价：CNY0.70
（历代碑帖法书选）
　　本书据清乾隆、嘉庆时的最佳拓本影印。

J0097678
龙门二十品
［1990—1999 年］29cm（16 开）

　　《龙门二十品》是从河南洛阳龙门石窟北魏
时期的造像题记中精选出来的，为魏碑体书法的
代表作品。

J0097679
龙门二十品
北京　中国书店　1991 年　142 页　26cm（16 开）
ISBN：7-80568-307-7　定价：CNY7.50

J0097680
龙门二十品　《历代碑帖法书选》编辑组编
北京　文物出版社　1992 年　影印本
重印本　26cm（16 开）ISBN：7-5010-0575-3
定价：CNY3.50
（历代碑帖法书选）
　　本书据北京图书馆藏清乾隆、嘉庆年间最佳
拓本影印出版。

J0097681
龙门二十品　王宏编
天津　天津古籍出版社　1994 年　111 页
26cm（16 开）ISBN：7-80504-329-9
定价：CNY7.50
（标准学生习字帖）

J0097682
龙门二十品　（上 北魏）
长春　吉林文史出版社　1997 年　69 页　30cm（15 开）
ISBN：7-80626-181-8　定价：CNY9.00
（中国著名碑帖选集（第一集）9）

J0097683
龙门二十品　（下 北魏）
长春　吉林文史出版社　1997 年　63 页　30cm（16 开）
ISBN：7-80626-182-6　定价：CNY8.50
（中国著名碑帖选集（第一集）10）

J0097684
明初拓北魏嵩高灵庙碑
上海　上海书画出版社　1980 年　52 页
40cm（小 8 开）线装　统一书号：7172.134
定价：CNY20.00
　　本书为北魏楷书碑帖拓本。

J0097685

南京出土六朝墓志

北京 文物出版社 1980 年 52 页 38cm（6 开）

线装本 定价：CNY18.00

　　本书 54 面，收入南京出土的六朝墓志的书法，大体上可分为两类：一是隶书，如东晋谢鲲墓志和晋恭帝玄宫石碣；二是楷书，如东晋王兴之夫妇、王丹虎、王闽之、颜刘氏及南朝蔡冰等 10 方墓志。

J0097686

荥阳郑文公之碑　（北魏）郑道昭书

济南 齐鲁书社 1980 年 36 页 37cm（8 开）

统一书号：8206.39 定价：CNY1.40

　　本书为中国北魏楷书碑帖。

J0097687

北魏张猛龙碑　朱玖莹选辑

高雄 大众书局 1981 年 影印本 64 页

35cm（18 开）定价：TWD150.00

（历代法书选辑）

　　《张猛龙碑》北魏碑刻。正书。碑额题魏鲁郡太守张府君清颂之碑"。正光三年（522 年）立。碑文记张猛龙兴学事迹。笔法雄秀险劲，碑阴题名亦颇流动。碑今在山东曲阜孔庙。

J0097688

北魏张猛龙碑　大康临摹

北京 人民教育出版社 1982 年 84 页 25cm（15 开）

统一书号：7012.0490 定价：CNY0.87

（中学生习字帖 2）

J0097689

北魏张猛龙碑　《历代碑帖法书选》编辑组编

北京 文物出版社 1984 年 影印本 25cm（15 开）

统一书号：8068.1232 定价：CNY0.52

（历代碑帖法书选）

J0097690

北魏张猛龙碑

上海 上海书画出版社 1988 年 40 页 26cm（16 开）

ISBN：7-80512-219-9 定价：CNY1.11

（历代名帖自学选本）

　　《张猛龙碑》北魏碑刻。正书。碑额题魏鲁郡太守张府君清颂之碑"。正光三年（522 年）立。碑文记张猛龙兴学事迹。笔法雄秀险劲，碑阴题名亦颇流动。碑今在山东曲阜孔庙。

J0097691

北魏张猛龙碑　余铭编

西安 三秦出版社 1999 年 52 页 28cm（大 16 开）

ISBN：7-80628-108-8 定价：CNY9.50

（历代名碑帖学习与赏析 第一辑）

J0097692

北魏张猛龙碑解析字帖　萧风编著

北京 新时代出版社 1997 年 116 页 26cm（16 开）

ISBN：7-5042-0346-7 定价：CNY12.00

（书法字海解析丛帖 第一集）

J0097693

北魏张猛龙碑临习技法　董雁主编；历代碑帖法书技法选编委会［编］

海口 南海出版公司 1998 年 78 页 26cm（16 开）

ISBN：7-5442-0905-9 定价：CNY9.00

（历代碑帖法书技法选 魏碑卷）

　　主编董雁（1968—　），北京人。字子人，号若鸿，室名抱素斋。毕业于首都师范大学书法专业。北京市书法家协会篆刻研究会会员，任职于清华大学美术学院。书画、篆刻作品辑入《当代名家唐诗宋词元曲书画集》《中国印学年鉴》等专集。

J0097694

北魏郑道昭郑羲下碑　朱玖莹选辑

高雄 大众书局 1981 年 影印本 94 页

35cm（18 开）定价：TWD260.00

（历代法书选辑）

J0097695

洛神赋十三行旧拓四种

济南 齐鲁书社 1981 年 25cm（小 16 开）

统一书号：8206.45 定价：CNY0.64

　　本书系中国晋代碑帖选集专著。

J0097696

晋爨宝子碑　（影印本）

昆明 云南人民出版社 1982 年 28 页 36cm（6 开）

统一书号：7116.779 定价：CNY1.40

　　《爨宝子碑》，又称小爨碑。刻于东晋义熙元年(405)。清乾隆四十三年(1778年)出土于曲靖城南杨旗田。高1.83米,宽0.68米。碑额题刻"晋故振威将军建宁太守爨府君之墓"。碑文四百字,字体古朴雄劲,碑文书法具有由汉隶向楷书过渡的风格,是晋碑中难得的珍品,被人誉为"南碑瑰宝"。现存云南曲靖市城关镇第一中学碑亭内。

J0097697
晋爨宝子碑
天津 天津市古籍书店 1987年 44页 33×19cm
定价:CNY1.95

J0097698
晋爨宝子碑
广州 岭南美术出版社 1993年 33×19cm
ISBN:7-5362-0944-4 定价:CNY19.00

J0097699
爨宝子碑
上海 上海书店 1984年 30cm(10开)
定价:CNY0.50
  据原碑拓本影印。

J0097700
爨宝子碑 《历代碑帖法书选》编辑组编
北京 文物出版社 1985年 影印本 26cm(16开)
统一书号:8068.1446 定价:CNY0.70

J0097701
爨宝子碑 《历代碑帖法书选》编辑组编
北京 文物出版社 1985年 影印本 26cm(16开)
统一书号:8068.1447 定价:CNY0.40
(历代碑帖法书选)

J0097702
爨宝子碑 颜新元供稿撰文;箫文硬笔书写
长沙 湖南美术出版社 1998年 21页 26cm(16开)
ISBN:7-5356-1091-9 定价:CNY4.10
(名碑名帖软硬笔对照系列)

J0097703
爨宝子碑
沈阳 辽宁画报出版社 1998年 16页 29cm(16开)
ISBN:7-80601-199-4 定价:CNY2.98

(中国历代碑帖)
  《爨宝子碑》,又称小爨碑。刻于东晋义熙元年(405)。清乾隆四十三年(1778年)出土于曲靖城南杨旗田。高1.83米,宽0.68米。碑额题刻"晋故振威将军建宁太守爨府君之墓"。碑文四百字,字体古朴雄劲,碑文书法具有由汉隶向楷书过渡的风格,是晋碑中难得的珍品,被人誉为"南碑瑰宝"。现存云南曲靖市城关镇第一中学碑亭内。

J0097704
爨宝子碑 《历代碑帖法书选》编辑组编
北京 文物出版社 1999年 重印本 26cm(16开)
ISBN:7-5010-0713-6 定价:CNY2.80
(历代碑帖法书选)

J0097705
爨宝子碑集联 秦文锦编集
广州 岭南美术出版社 1989年 影印本
26cm(16开) ISBN:7-5362-0423-X
定价:CNY2.95
  本书为《爨宝子碑》之拓本。距今已有1580多年历史,它用笔变化多样、聚散有致、潇洒纵模。共收录36幅图。作者秦文锦(1870—1938),画家。字绚孙、褧孙、号云居士、息园老人等。江苏无锡人。创办艺苑真赏社(上海古籍书店的前身)。主要作品《金文集联》《范隶全篇》《碑联集拓》系列等。

J0097706
爨宝子碑临习指南 姜荣贵编著
沈阳 辽宁美术出版社 1997年 144页
26cm(16开) ISBN:7-5314-1812-6
定价:CNY16.00
(名碑名帖临习指南系列)

J0097707
爨龙颜碑
上海 上海书店 1984年 27cm(16开)
定价:CNY1.25
  《爨龙颜碑》南朝宋碑刻。正书。碑额题"宋故龙骧将军护镇蛮校尉宁州刺史邛都县侯爨使君之碑"。大明二年(458年)立。爨道庆撰文。清道光年间,阮元在云南陆凉(今陆良)访得,始著于世。笔法多隶意。它与东晋的《爨宝子碑》

并称《二爨》。

J0097708

爨龙颜碑
上海　上海书店　1984 年　27cm（16 开）
统一书号：T39.1　定价：CNY1.25

J0097709

爨龙颜碑　《历代碑帖法书选》编辑组编
北京　文物出版社　1985 年　影印本　26cm（16 开）
统一书号：8068.1446　定价：CNY0.73
（历代碑帖法书选）

J0097710

爨龙颜碑　中国书法家协会云南分会编
昆明　云南教育出版社　1987 年　35×18cm
统一书号：9468.2　定价：CNY3.70
　　本书根据无跋旧拓本原大影印，附有释文。

J0097711

爨龙颜碑　《历代碑帖法书选》编辑组编辑
北京　文物出版社　1997 年　重印本　26cm（16 开）
ISBN：7-5010-0712-8　定价：CNY5.60
（历代碑帖法书选）

J0097712

爨龙颜碑
沈阳　辽宁画报出版社　1998 年　53 页　29cm（16 开）
ISBN：7-80601-201-X　定价：CNY4.98
（中国历代碑帖）

J0097713

爨龙颜碑集联　叶尔恺撰句；秦文锦编集
天津　天津市古籍书店　1990 年　影印本　28 页
33cm（5 开）定价：CNY1.80
（碑联集拓）
　　作者叶尔恺（1864—1937），字柏皋，浙江杭
州人。清末进士，授编修。历任陕西、云南、甘
肃学政，书法工章草。有《宝凤阁随笔》。编者秦
文锦（1870—1938），画家。字绚孙、聚孙，号云
居士、息园老人等。江苏无锡人。创办艺苑真赏
社（上海古籍书店的前身）。主要作品《金文集联》
《范隶全篇》《碑联集拓》系列等。

J0097714

爨龙颜碑集联　（清）叶尔恺撰句；秦文锦编集
合肥　安徽美术出版社　1995 年　44 页
28cm（大 16 开）ISBN：7-5398-0421-1
定价：CNY8.00
（历代墨宝丛书）

J0097715

爨宝子碑·爨龙颜碑
长春　吉林文史出版社　1999 年　81 页　30cm（15 开）
ISBN：7-80626-402-7　定价：CNY10.00
（中国著名碑帖选集（第二集）28）
　　《爨宝子碑》，又称小爨碑。刻于东晋义熙元
年（405 年）。清乾隆四十三年（1778 年）出土于
曲靖城南杨旗田。高 1.83 米，宽 0.68 米。碑额
题刻"晋故振威将军建宁太守爨府君之墓"。碑
文四百字，字体古朴雄劲，碑文书法具有由汉隶
向楷书过渡的风格，是晋碑中难得的珍品，被人
誉为"南碑瑰宝"。现存云南曲靖市城关镇第一
中学碑亭内。《爨龙颜碑》南朝宋碑刻。正书。
碑额题"宋故龙骧将军护镇蛮校尉宁州刺史邛都
县侯爨使君之碑"。大明二年（458 年）立。爨道
庆撰文。清道光年间，阮元在云南陆凉（今陆良）
访得，始著于世。笔法多隶意。《爨宝子碑》与《爨
龙颜碑》并称《二爨》。

J0097716

爨宝子碑·爨龙颜碑
杭州　西泠印社　1999 年　83 页　35cm（15 开）
ISBN：7-80517-358-3　定价：CNY15.00
（西泠印社法帖丛编）

J0097717

晋爨宝子集联
合肥　安徽美术出版社　1995 年　44 页
28cm（大 16 开）ISBN：7-5398-0420-3
定价：CNY8.00
（历代墨宝丛书）

J0097718

王献之真迹　（晋）王献之书
银川　宁夏人民出版社　1982 年　180 页
17cm（32 开）统一书号：K10157.116
定价：CNY2.05
　　本书收入包括小楷帖《洛神赋》、全文《柳

跋十三行》，以及《地黄汤帖》《中秋帖》《送梨帖》《鸭头丸帖》等著名法帖。作者王献之（344—386），东晋书法家、诗人、画家。字子敬，生于浙江绍兴，祖籍山东临沂。代表作品有《鸭头丸帖》《淳化阁帖》《中秋帖》等。

J0097719

王羲之小楷字帖 （晋）王羲之书
武汉 武汉市古籍书店 1983 年 22 页 25cm（16 开）
定价：CNY0.30

J0097720

右军草法至宝 （晋）王羲之书
武汉 武汉市古籍书店 1983 年 影印本 22 页
22cm（30 开）定价：CNY0.28
　　本书是中国晋代书法。

J0097721

北魏刁遵墓志 《历代碑帖法书选》编辑组编
北京 文物出版社 1984 年 影印本 25cm（15 开）
统一书号：8068.1330 定价：CNY0.36
（历代碑帖法书选）
　　《刁遵墓志》北魏正书石刻。清雍正年间出土于南皮（今属河北）。字共 28 行，满行 33 字。北魏熙平二年（517 年）刻。

J0097722

北魏刁遵墓志
《历代碑帖法书选》编辑组编
北京 文物出版社 1998 年 26cm（16 开）
ISBN：7-5010-0248-7 定价：CNY4.50
（历代碑帖法书选）

J0097723

北魏元怀墓志 《历代碑帖法书选》编辑组编
北京 文物出版社 1984 年 25cm（15 开）
统一书号：8068.1239 定价：CNY0.26
（历代碑帖法书选）
　　《元怀墓志》北魏正书石刻。熙平二平（517 年）八月刻。1925 年河南洛阳城北张羊村北陵出土。正书，十六行，行二十字。书法端劲秀拔。现存河南图书馆。

J0097724

北魏元怀墓志

《历代碑帖法书选》编辑组编
北京 文物出版社 1998 年 26cm（16 开）
ISBN：7-5010-0256-8 定价：CNY3.00
（历代碑帖法书选）

J0097725

北魏张玄墓志 《历代碑帖法书选》编辑组编
北京 文物出版社 1984 年 影印本 25cm（15 开）
统一书号：8068.1316 定价：CNY0.22
（历代碑帖法书选）
　　《张玄墓志》，北魏墓志。全称《魏故南阳张府君墓志》，清人为避康熙帝玄烨讳，称《张黑女墓志》。正书，20 行，每行 20 字。北魏普泰元年（531 年）刻。其书尚存隶意，结体峻美，笔势飞动。原石已佚，清道光年间何绍基得旧拓孤本。

J0097726

北魏张玄墓志 《历代碑帖法书选》编辑组编
北京 文物出版社 1994 年 26cm（16 开）
ISBN：7-5010-0816-7 定价：CNY1.30
（历代碑帖法书选）

J0097727

北魏张玄墓志铭 钟明善编
西安 三秦出版社 1998 年 60 页 28cm（16 开）
ISBN：7-80628-110-X 定价：CNY10.50
（历代名碑帖学习与赏析 第一辑）

J0097728

晋唐小楷五种 《历代碑帖法书选》编辑组编
北京 文物出版社 1984 年 25cm（小 16 开）
统一书号：8068.1329 定价：CNY0.34
（历代碑帖法书选）
　　本册是《宣示表》《黄庭经》《乐毅论》《般若波罗密多心经》《尊胜陀罗尼咒》5 种的合称。

J0097729

晋唐小楷五种 《历代碑帖法书选》编辑组编
北京 文物出版社 1994 年 重印本 26cm（16 开）
ISBN：7-5010-0826-4 定价：CNY2.00
（历代碑帖法书选）

J0097730

晋王羲之兰亭序 （神龙本）（晋）王羲之书
天津 天津市古籍书店 1995 年 影印本 重印本

21 页　33cm（10 开）定价：CNY4.00

（历代碑帖集萃）

J0097731

晋王羲之兰亭序帖　《历代碑帖法书选》编辑
组编

北京　文物出版社　1984 年　影印本　25cm（16 开）

统一书号：8068.1332　定价：CNY0.26

（历代碑帖法书选）

　　本册是中国东晋时代著名行书法帖。

J0097732

晋王羲之兰亭序帖　（晋）王羲之书；
《历代碑帖法书选》编辑组编

北京　文物出版社　1986 年　影印本　26cm（16 开）

定价：CNY0.33

（历代碑帖法书选）

　　中国东晋时代行书法帖。

J0097733

晋王羲之兰亭序帖　（晋）王羲之书；
《历代碑帖法书选》编辑组编

北京　文物出版社　1995 年　影印本　26cm（16 开）

ISBN：7-5010-0134-0　定价：CNY1.50

（历代碑帖法书选）

　　本册是中国东晋时代著名行书法帖，据故宫
博物院藏品影印。

J0097734

王羲之行书字典　郑佐时编

香港　万里书店　1984 年　2 版　448页　20cm（32 开）

精装

J0097735

王羲之楷摹临帖　许庄叔编

贵阳　贵州人民出版社　1984 年［88 页］

25cm（16 开）统一书号：7115.711

定价：CNY0.96

J0097736

魏郑文公下碑

故宫博物院《历代碑帖墨迹选》编辑组编

北京　紫禁城出版社　1984 年　影印本　1 册

25cm（16 开）统一书号：8314.008

定价：CNY1.00

（故宫博物院珍藏历代碑帖墨迹选）

　　《郑文公碑》，北魏摩崖刻石。正书。永平四
年（511 年）刻。有上下二碑，上碑在山东平度天
柱山，下碑碑额题"荥阳郑文公之碑"，在莱州云
峰山。

J0097737

符秦建元四年产碑

西安　三秦出版社　1985 年　影印本　44 页

38cm（6 开）定价：CNY2.63

J0097738

晋好大王碑

香港　中华书局香港分局　1985 年　30cm（10 开）

ISBN：962-231-528-3

　　《好大王碑》全称《国冈上广开土境平安好
太王碑》，又称《广开土王碑》《好太王碑》《高句
丽好大王碑》。经考为东晋义熙十年（414 年）刻，
书体为古隶。清光绪末吉林集安发现。碑高6米。
四面环刻，共44 行，每行41 字，共计 1775 字。

J0097739

晋王羲之寒切帖　（绫裱卷轴）（晋）王羲之书

上海　朵云轩［1985 年］［1 轴］

J0097740

晋王羲之王献之小楷书选　故宫博物院《历
代碑帖墨迹选》编辑组编

北京　紫禁城出版社　1985 年　影印本　30 页

26cm（16 开）统一书号：8314.027

定价：CNY0.55

　　据明拓《宝晋斋法帖》等影印。

J0097741

晋王羲之王献之小楷书选　（晋）王羲之，
（晋）王献之书；故宫博物院《历代碑帖墨迹选》
编辑组编辑

北京　紫禁城出版社　1998 年　30 页　26cm（16 开）

ISBN：7-80047-254-X　定价：CNY4.50

（故宫博物院珍藏历代碑帖墨迹选　第一集　6）

J0097742

晋王义之王献之小楷书选　故宫博物院《历
代碑帖墨迹选》编辑组编

北京　紫禁城出版社　1985 年　30 页　26cm（16 开）

定价: CNY0.55

J0097743

索靖书月仪帖 （西晋）索靖书
郑州 河南美术出版社 1985年 影印本 22页
26cm（16开）统一书号: 8386.429
定价: CNY0.75

　　据毛秉乾先生所藏宋拓刻本影印之中国晋代章草法帖。作者索靖（244—303），西晋著名书法家。敦煌郡龙勒县（今甘肃敦煌）人。字幼安。流传后世的书法作品有《出师颂》《月仪帖》《急就章》等。

J0097744

唐玄序集王羲之金刚经 （晋）王羲之书
台北 华正书局 1985年 118页 30cm（16开）
　　中国东晋时代行书法帖。

J0097745

魏受禅表碑
香港 中华书局香港分局 1985年 32cm（10开）
ISBN: 962-231-528-3

J0097746

吴天发神谶碑
香港 中华书局香港分局 1985年 1册
32cm（12开）ISBN: 962-231-530-5

J0097747

荥阳郑文公碑 吴云书
北京 中国书店 1985年 ［48］页 27cm（16开）
定价: CNY1.05

　　《郑文公碑》，北魏摩崖刻石。正书。永平四年（511年）刻。有上下二碑，上碑在山东平度天柱山，下碑碑额题"荥阳郑文公之碑"，在莱州云峰山。

J0097748

荥阳郑文公碑 吴云著
北京 中国书店 1991年 重印本 26cm（16开）
ISBN: 7-80568-364-6 定价: CNY2.60

J0097749

元魏墓志书法选 周绍良编
香港 中华书局香港分局 1985年 26cm（16开）

定价: HKD26.00

J0097750

元怿墓志
郑州 河南美术出版社 1985年 63页 26cm（16开）
统一书号: 8386.426 定价: CNY1.85
（河南古代碑刻墓志丛刊）
　　洛阳石刻艺术馆供稿的北魏楷书碑帖。

J0097751

云峰诸山北朝刻石讨论会论文选集 山东石刻艺术博物馆, 中国书法家协会山东分会编
济南 齐鲁书社 1985年 300页 19cm（32开）
统一书号: 8206.61 定价: CNY1.50
　　中国北魏摩崖石刻书法。

J0097752

北魏始平公造像 （北魏）孟达文, （北魏）朱义章书; 上海书画出版社编
上海 上海书画出版社 1986年 13页 26cm（16开）
ISBN: 7-80512-249-0 定价: CNY0.34
　　中国北魏楷书碑帖。

J0097753

二王法帖行楷八种 （晋）王羲之, （晋）王献之书
成都 成都古籍书店 1986年 54页 35cm（18开）
定价: CNY1.15

J0097754

放大兰亭序集联 韩嘉羊辑
天津 天津古籍出版社 1986年 86页 25cm（15开）
统一书号: 8330.2 定价: CNY4.20

　　本书将王羲之的《兰亭序》墨迹放大、编辑成对联形式。其中对联内容多为治学为人的格言和修身养性的警句。

J0097755

放大兰亭序集联 （续编）尹连城, 韩嘉羊编
天津 天津市古籍书店 1988年 80页
［30cm］（10开）定价: CNY4.30
　　中国魏晋南北朝时代书法作品。

J0097756

放大兰亭序集联 韩嘉祥, 尹连城编

台北 蕙风堂笔墨公司出版部 1990 年 2 册
36cm（6 开）定价：TWD600.00
　　东晋时代行书法帖。

J0097757
放大兰亭序集联
天津 天津古籍出版社 1998 年 86 页 35cm（8 开）
ISBN：7–80504–077–X 定价：CNY16.00
　　本书将王羲之的《兰亭序》墨迹放大、编辑
成对联形式。其中对联内容多为治学为人的格
言和修身养性的警句。

J0097758
明初拓本张猛龙碑
天津 天津市古籍书店 1986 年 影印本 46 页
10cm（64 开）定价：CNY0.92
　　中国北魏楷书碑帖。

J0097759
王右军书洛神赋古帖　（晋）王羲之书
成都 成都古籍出版社 1986 年 影印本 28 页
26cm（16 开）定价：CNY0.50
　　中国东晋时代行书法帖。

J0097760
魏碑十种　北京市中国书店编
北京 中国书店 1986 年 1 册 10cm（64 开）
定价：CNY4.30

J0097761
魏碑十种
北京 中国书店 1995 年 重印本 1 册 26cm（16 开）
ISBN：7–80568–116–3 定价：CNY13.00

J0097762
魏敬使君碑
天津 天津市古籍书店 1986 年 影印本 48 页
10cm（64 开）定价：CNY0.72

J0097763
魏敬使君碑
天津 天津市古籍书店 1986 年 48 页 26cm（16 开）
定价：CNY0.72

J0097764
魏司马悦墓志　中原石刻艺术馆，河南孟县
文化馆编
郑州 中州古籍出版社 1986 年 28 页 26cm（16 开）
定价：CNY0.60
（中原历代碑帖丛书）

J0097765
魏张黑女志　天津古籍书店影印
天津 天津市古籍书店 1986 年 影印本 30 页
10cm（64 开）定价：CNY0.59
　　《张黑女墓志》，北魏墓志。全称《魏故南阳
张府君墓志》，亦称《张玄墓志》。清人为避康熙
帝玄烨讳，故称《张黑女墓志》。正书，20 行，每
行 20 字。普泰元年（531 年）刻。其书尚存隶意，
结体峻美，笔势飞动。原石已佚，清道光年间何
绍基得旧拓孤本。

J0097766
北魏墓志四种　金保书编
天津 天津杨柳青画社 1987 年 影印本 有折图
26cm（16 开）ISBN：7–80503–006–5
定价：CNY2.10
　　收入 4 幅图，有《元思墓志》《元彦墓志》
《穆纂墓志》和《李超墓志》。原拓本为天津市艺
术博物馆藏。

J0097767
传世最佳本集王圣教序　上海书画出版社编
上海 上海书画出版社 1987 年 32 页 38cm（6 开）
统一书号：CN8177.1704 定价：CNY2.20
（历代法书萃英）
　　中国东晋时代行书碑帖。

J0097768
晋出师颂　史孝山书
天津 天津市古籍书店 1987 年 28 页 33×19cm
定价：CNY1.35
　　中国古代章草碑帖。

J0097769
旧拓瘗鹤铭
成都 四川美术出版社 1987 年 26cm（16 开）
统一书号：8373.796 ISBN：7–5410–0088–4
定价：CNY1.40

《瘗鹤铭》原刻在焦山(在今江苏镇江)西麓石壁上,宋初被雷轰崩落长江中,清康熙五十二年(1713年)陈鹏年募工拽出,仅存五残石。后又陆续有捞得者。现存焦山碑刻博物馆。此铭为大字楷书,但其时代和书者均不可考。

J0097770

唐怀仁集王书圣教序　(晋)王羲之书;(唐释)怀仁集; 故宫博物院《历代碑帖墨迹选》编辑组编辑

北京　紫禁城出版社　1998年　26cm(16开)

ISBN:7-80047-266-3　定价:CNY6.40

(故宫博物院珍藏历代碑帖墨迹选　3)

　　《三藏圣教序》是唐太宗为表彰玄奘赴西域各国求取佛经,回国后翻译三藏要籍而写的。太子李治(高宗)并为附记。唐宏福寺僧沙门怀仁,能文工书,选内府所藏王羲之诸帖,历时二十余年,从中勾选所需之字,集摹镌刻而成此碑,史称《怀仁集王羲之圣教序》或《怀仁集圣教序》等。共计2400余字。

J0097771

唐怀仁集王书圣教序临习技法　董雁主编; 历代碑帖法书技法选编委会[编]

海口　南海出版公司　1998年　117页　26cm(16开)

ISBN:7-5442-0906-7　定价:CNY12.80

(历代碑帖法书技法选　行书卷)

J0097772

唐怀仁集王羲之书圣教序　(晋)王羲之书; (唐释)怀仁集

济南　齐鲁社　1992年　53页　26cm(16开)

ISBN:7-5333-0245-1　定价:CNY3.20

J0097773

唐怀仁集王羲之书圣教序　王正良编

西安　三秦出版社　1998年　66页　28cm(大16开)

ISBN:7-80628-109-6　定价:CNY10.50

(历代名碑帖学习与赏析　第一辑)

　　《三藏圣教序》是唐太宗为表彰玄奘赴西域各国求取佛经,回国后翻译三藏要籍而写的。太子李治(高宗)并为附记。唐宏福寺僧沙门怀仁,能文工书,选内府所藏王羲之诸帖,历时二十余年,从中勾选所需之字,集摹镌刻而成此碑,史称《怀仁集王羲之圣教序》或《怀仁集圣教序》等。

共计2400余字。编者王正良(1949—　　),编辑。浙江嵊县人,历任《浙江青年报》总编、兼《中国钢笔书法》杂志主编、中国硬笔书法家协会副主席。

J0097774

唐集王圣教序　(晋)王羲之书;(唐释)怀仁集字

西安　西安地图出版社　1993年　36页　36cm(15开)

ISBN:7-80545-208-3　定价:CNY4.80

J0097775

唐集王圣教序记　(唐释)怀仁摹

上海　上海书画出版社　1987年　50页　26cm(16开)

统一书号:8172.1683　定价:CNY0.74

(历代名帖自学读本)

　　中国唐代行书碑帖。

J0097776

王羲之草书至宝　(东晋)王羲之书

天津　天津市古籍书店　1987年　影印本　1册　26cm(16开)　定价:CNY0.45

J0097777

王羲之兰亭叙　佘雪曼著

台北　艺术图书公司　1987年　120页　21cm(32开)

定价:TWD100.00

　　中国东晋时代行书法帖。

J0097778

王羲之兰亭叙及其笔法　(东晋)王羲之书; 佘雪曼编撰

杭州　西泠印社　1987年　58页　有肖像　26cm(16开)　ISBN:7-80517-005-3

定价:CNY2.10

　　中国东晋时代行书法帖。

J0097779

魏碑黑女志铭　蔡松男编著

台北县　蔡松男　1987年　38页　26cm(16开)

　　中国北魏楷书碑帖。

J0097780

吴天发神谶碑

天津　天津市古籍书店　1987年　影印本　42页

19×33cm（12 开）定价：CNY1.85

中国三国时代篆书碑帖。

J0097781

选字放大北魏刁遵墓志　刘炳森编

北京　紫禁城出版社 1987 年　72 页　26cm（16 开）

ISBN：7-80047-022-9 定价：CNY2.00

《刁遵墓志》，北魏正书石刻。清雍正年间出土于南皮（今属河北）。字共 28 行，满行 33 字。北魏熙平二年（517 年）刻。编者刘炳森（1937—2005），书法家、国画家。字树盦，号海村，生于上海，祖籍天津武清。就读于北京艺术学院美术系中国画山水科。曾任北京故宫博物院研究员、中国书法家协会副主席、中国书画函授大学特约教授、山东曹州书画院名誉院长。出版有《刘炳森楷书千字文》《刘炳森隶书千字》《刘炳森选编勤礼碑字帖》《刘炳森主编中国书法艺术》等。

J0097782

中岳嵩高灵庙碑　（北魏）寇谦书

成都　四川美术出版社 1987 年　26cm（16 开）

统一书号：8373.795 ISBN：7-5410-0085-X

定价：CNY1.30

中国北魏隶书碑帖。

J0097783

中岳嵩高灵庙碑　（北魏）寇谦书

长春　吉林文史出版社 1999 年　50 页　30cm（15 开）

ISBN：7-80626-427-2 定价：CNY8.00

（中国著名碑帖选集（第二集）31）

J0097784

钟繇书宣示表　（魏）钟繇书

天津　天津市古籍出版社 1987 年　影印本 12 页

26cm（16 开）定价：CNY0.52

中国三国时代魏国书法法帖。

J0097785

北齐刘碑造像记

天津　天津市古籍书店 1988 年　影印本 57 页

26cm（16 开）定价：CNY2.40

（历代碑帖集萃）

中国北齐楷书碑帖。

J0097786

北齐唐邕写经碑

天津　天津市古籍书店 1988 年　影印本 45 页

26cm（16 开）定价：CNY1.70

（历代碑帖集萃）

中国北齐楷书碑帖。

J0097787

北魏高贞碑

成都　巴蜀社 1988 年　41 页　26cm（16 开）

ISBN：7-80523-128-1 定价：CNY1.90

中国北魏楷书碑帖。

J0097788

北魏高贞碑

天津　天津市古籍书店 1988 年　影印本 38 页

26cm（16 开）定价：CNY1.10

（历代碑帖集萃）

中国北魏楷书碑帖。

J0097789

北魏孟敬训墓志

上海　上海书画出版社 1988 年　10 页　26cm（16 开）

ISBN：7-80512-220-2 定价：CNY0.56

（历代名帖自学选本）

中国北魏楷书碑帖。

J0097790

东魏敬使君碑

上海　上海书画出版社 1988 年　38 页　26cm（16 开）

ISBN：7-80512-218-0 定价：CNY1.15

《敬使君碑》亦称《敬使君显俊碑》，全称《禅静寺刹前铭敬使君之碑》。东魏正书碑刻。兴和二年（公元 540 年）立于长社（今河南长葛东）。此碑为颂扬北齐仆射永安侯敬使君显儁营造禅静寺的功德而立。文共 26 行，满行 51 字。

J0097791

东魏·敬史君碑　周到编

郑州　中州古籍出版社 1999 年　52 页

28cm（大 16 开）ISBN：7-5348-1773-0

定价：CNY6.00

（中国碑刻书法精品选 4）

J0097792

放大圣教序集联 （上）（晋）王羲之书；顾志
新集

天津　天津古籍出版社　1988 年　88 页　35×19cm

ISBN：7-80504-081-8　定价：CNY4.50

　　中国东晋时代行书碑帖。顾志新（1945—　），
书法家、国家一级美术师。生于天津，祖籍江苏
吴县。历任天津书法家协会副主席、天津书法
家协会篆刻专业委员会主任、中国书法家协会理
事、九三学社天津书画院副院长等。出版有《顾
志新书画小品集》《中南海珍藏书法集》等。

J0097793

放大圣教序集联 （下）（晋）王羲之书；顾志
新集

天津　天津古籍出版社　1988 年　88 页　35cm（18 开）

ISBN：7-80504-082-6　定价：CNY4.50

　　中国东晋时代行书碑帖。

J0097794

放大宋拓玉版十三行 （晋）王献之书

天津　天津古籍出版社　1988 年　影印本　14 页

26cm（16 开）ISBN：7-80504-070-2

定价：CNY0.65

　　中国东晋时代楷书法帖。

J0097795

放大王羲之黄庭经 （东晋）王羲之书

天津　天津古籍出版社　1988 年　36 页　26cm（16 开）

ISBN：7-80504-065-6　定价：CNY1.30

　　中国东晋时代楷书法书。作者王羲之（303—
361），东晋著名书法家。字逸少，山东临沂人。
代表作《兰亭序》《黄庭经》《乐毅论》《十七帖》
《兰亭集序》《初月帖》等。

J0097796

晋王羲之十七帖 （晋）王羲之书

上海　上海书画出版社　1988 年　34 页　26cm（16 开）

ISBN：7-80512-217-2　定价：CNY1.15

（历代名帖自学选本）

　　中国东晋时代草书碑帖。

J0097797

旧拓爨龙颜

天津　天津市古籍书店　1988 年　影印本　90 页

26cm（16 开）定价：CNY2.70

（历代碑帖集萃）

　　《爨龙颜碑》，南朝宋碑刻。正书。碑额题
"宋故龙骧将军护镇蛮校尉宁州刺史邛都县侯爨
使君之碑"。大明二年（458 年）立。爨道庆撰文。
清道光年间，阮元在云南陆凉（今陆良）访得，始
著于世。笔法多隶意。它与东晋的《爨宝子碑》
并称《二爨》。

J0097798

开皇兰亭序 （晋）王羲之书

天津　天津市古籍书店　1988 年［影印本］27 页

33cm（5 开）定价：CNY2.80

　　中国东晋时代行书碑帖。

J0097799

司马景和及妻孟氏墓志

天津　天津市古籍书店　1988 年　影印本　28 页

26cm（16 开）定价：CNY0.95

（历代碑帖集萃）

　　中国晋代碑帖，据初拓放大本影印。

J0097800

司马景和妻墓志

上海　上海书店　1992 年　影印本　26cm（16 开）

ISBN：7-80569-494-X　定价：CNY0.80

（中国历代法书自习范本）

　　本书为楷书碑帖，全称《魏代扬州长史南梁
郡太守宜阳子司马景和妻墓志铭》。

J0097801

王羲之行书字典

扬州　江苏广陵古籍刻印社　1988 年　影印本

448 页　19cm（32 开）精装　统一书号：T8.021

定价：CNY9.40

J0097802

王羲之书澄清堂帖 （楷草对照）（东晋）王羲
之书

成都　四川美术出版社　1988 年　1 册　26cm（16 开）

ISBN：7-5410-0195-3　定价：CNY3.50

J0097803

魏高盛碑

天津　天津市古籍书店　1988 年　影印本　32 页

26cm（16 开）定价：CNY1.75
（历代碑帖集萃）

  中国魏代碑帖，据初拓本影印。

J0097804

颍上本黄庭兰亭 （晋）王羲之书
天津 天津古籍出版社 1988 年 影印本 20 页
33cm（5 开）定价：CNY2.10
（历代碑帖集萃）

  中国东晋时代行书碑帖。

J0097805

云峰山诗刻
天津 天津市古籍书店 1988 年 影印本 36 页
26cm（16 开）定价：CNY1.75
（历代碑帖集萃）

  中国古代碑帖。

J0097806

郑文公碑 （北魏）郑道昭书
天津 天津市古籍书店 1988 年 影印本 161 页
33cm（5 开）定价：CNY7.50
（历代碑帖集萃）

  《郑文公碑》，北魏摩崖刻石。正书。永平四
年（511 年）刻。有上下二碑，上碑在山东平度天
柱山，下碑碑额题"荥阳郑文公之碑"，在莱州云
峰山。

J0097807

郑文公碑 姜舟［编］
天津 天津市古籍书店 1993 年 36 页 26cm（16 开）
定价：CNY2.50

  编者姜舟（1941— ），画家、教师。原名敦
修，字大公，江苏沛县人。毕业于南京师范大学
美术系。历任徐州师范大学美术系主任、副教授，
徐州市文联副主席、徐州市美术家协会主席。出
版有《姜舟花鸟画集》《龙门二十品技法》等。

J0097808

郑文公碑
沈阳 辽宁画报出版社 1998 年 107 页
29cm（16 开）ISBN：7-80601-202-8
定价：CNY9.18
（中国历代碑帖）

J0097809

北魏元桢墓志 陕西省博物馆编
西安 陕西人民美术出版社 1989 年 64 页
33cm（5 开）ISBN：7-5368-0167-X
定价：CNY5.06
（西安碑林名碑 4 16）

J0097810

晋王羲之书乐毅论 （东晋）王羲之书
天津 天津古籍出版社 1989 年 影印本 7 页
33×19cm 定价：CNY0.85
（历代碑帖集萃）

  中国东晋楷书碑帖。

J0097811

王羲之十七帖 （晋）王羲之书
长沙 湖南美术出版社 1989 年 1 册 38cm（6 开）
ISBN：7-5356-0291-6 定价：CNY3.80

  本书为王羲之传世精品的摹本，系宋代宰相
贾似道所摹，为摹本中之善本。作者王羲之，晋
代大书法家，与其子王献之并称"二王"，影响书
坛 1600 多年。

J0097812

王羲之书法字典 余雪曼编写
成都 四川美术出版社 1989 年 165 页
19cm（32 开）ISBN：7-5410-0381-6
定价：CNY4.50

J0097813

王羲之体书法字典 余雪曼编写
成都 四川美术出版社 1989 年 165 页
19cm（32 开）定价：CNY4.50

J0097814

王羲之体书法字典 吕树明责任编辑
成都 四川美术出版社 1989 年 165 页
19cm（32 开）ISBN：7-5410-0381-6
定价：CNY4.50

J0097815

王羲之王献之书法集成 （晋）王羲之,（晋）
王献之书
天津 天津市古籍书店 1989 年 306 页 38cm（6 开）
精装 定价：CNY45.00

J0097816

王羲之王献之书法集成 （晋）王羲之,（晋）
王献之书；王宏编
天津　天津古籍出版社　1995 年　重印本　306 页
38cm（6 开）精装　ISBN：7-80504-440-6
定价：CNY88.00

J0097817

魏碑大观 （上）
合肥　黄山书社　1989 年　影印本　1042 页
26cm（16 开）精装　ISBN：7-80535-122-8
定价：CNY48.00

J0097818

魏碑大观 周钟麟编
兰州　兰州古籍书店　1989 年　影印本　1 册
26cm（16 开）精装　定价：CNY36.40

J0097819

魏碑集粹 木德高等编
昆明　云南教育出版社　1989 年　影印本　8 册（1 函）
19cm（32 开）线装
　　本书底本是上海碧梧山庄 1930 年前后印制
的。共收集魏碑拓本 15 件，32 件旧拓，"两爨"
碑因与魏碑近似而收入。

J0097820

兴福寺半截碑 （晋）王羲之书；（唐释）大雅
集；陕西省博物馆编
西安　陕西人民美术出版社　1989 年　29 页
33cm（5 开）ISBN：7-5368-0168-8
定价：CNY4.20
（西安碑林名碑）
　　中国东晋时代行书碑帖。

J0097821

**《始平公造像记》《颜氏家庙碑》书法临习
指导** 孙伯翔等编
北京　中央广播电视大学出版社　1990 年　102 页
26cm（16 开）ISBN：7-304-00481-9
定价：CNY2.50
　　内容包括：怎样临习《始平公造像记》拓本、
临本，以及《颜氏家庙碑》点画结构分析举例等。
编者孙伯翔（1934—　　），艺术家。字振羽，别署
师魏斋主人，天津武清人。历任中国书法家协会

理事、天津市文学艺术界联合会委员、天津市书
法家协会副主席。

J0097822

北魏墓志二十品 辽宁省博物馆编
北京　文物出版社　1990 年　221 页　26cm（16 开）
ISBN：7-5010-0388-2　定价：CNY9.50

J0097823

北魏元略墓志 《历代碑帖法书选》编辑组编
北京　文物出版社　1990 年　26cm（16 开）
ISBN：7-5010-0419-6　定价：CNY0.55
（历代碑帖法书选）
　　《元略墓志》全称《魏故侍中骠骑大将军仪同
三司尚书令徐州刺史太保东平王元君墓志铭》，
北魏建义元年七月（528 年）刻。1919 年在河南
洛阳安驾沟出土。正书，34 行，行 33 字。

J0097824

好太王碑古今集联 叶尔恺，抱瓮斋撰句；
秦文锦，锲斋编集
广州　岭南美术出版社　1990 年　38 页　26cm（16 开）
ISBN：7-5362-0491-4　定价：CNY4.40
　　作者叶尔恺（1864—1937），字柏皋，浙江杭
州人。清末进士，授编修。历任陕西、云南、甘
肃学政，书法工章草。有《宝凤阁随笔》。编者秦
文锦（1870—1938），画家。字纲孙、聚孙，号云
居士、息园老人等。江苏无锡人。创办艺苑真赏
社（上海古籍书店的前身）。主要作品《金文集联》
《范隶全篇》《碑联集拓》系列等。

J0097825

宋星凤廔本黄庭经
天津　天津杨柳青画社　1990 年　19 页　26cm（16 开）
ISBN：7-80503-099-5　定价：CNY1.90
　　王羲之小楷《黄庭经》，相传写于东晋穆帝
永和十二年（356 年）五月，60 行，计 1200 余字。
《黄庭经》，道教经名，全称为《太上黄庭内景
经》《太上黄庭外　景经》。相传王羲之的"写经换
鹅"即指此，但他只写了《黄庭外景经》。王羲之
真迹现已不存，传世多临本、摹本。天津艺术馆
藏本为宋代星凤廔本，本书据此本复制印刷。

J0097826

王羲之《兰亭序》 （东晋）王羲之书

南京 江苏教育出版社 1990年 1张 54cm（4开）

定价：CNY1.55

（历代法书精萃丛帖）

J0097827

王羲之草书诀字帖 （东晋）王羲之书

长沙 湖南美术出版社 1990年 1册 26cm（16开）

ISBN：7-5356-0348-3 定价：CNY1.48

J0097828

王羲之行书草书汇编 （晋）王羲之书

北京 北京书籍出版社 1990年 356页

28cm（16开）ISBN：7-5300-0038-1

定价：CNY19.80

J0097829

王羲之行书草书汇编 （晋）王羲之书

北京 北京书籍出版社 1990年 356页

28cm（16开）精装 ISBN：7-5300-0039-X

定价：CNY23.50

J0097830

王羲之行书结构习字帖　路振平主编；吴希平、刘树岭编写

长沙 湖南文艺出版社 1990年 40页 26cm（16开）

ISBN：7-5404-0502-3 定价：CNY1.60

　　主编路振平（1946—　　），河南长葛人。历任湖南省中医药研究院文献信息研究所副研究员、湖南省书法家协会常务理事、湖南省青年书法家协会副主席、湖南省省直书画家协会副主席、中国书法家协会会员。书法著作有《行书基础与创新》《王羲之行书结构习字帖》等。

J0097831

王羲之琅琊帖　（东晋）王羲之书；修士良编

北京 北京燕山出版社 1990年 1册 26cm（16开）

ISBN：7-5402-0198-3 定价：CNY1.50

（燕山书法丛书）

J0097832

王羲之小楷习字帖　（晋）王羲之书

北京 北京出版社 1990年 30页 26cm（16开）

ISBN：7-200-01128-2 定价：CNY1.40

J0097833

魏写经残卷一种

天津 天津杨柳青画社 1990年 34页 35cm（8开）

ISBN：7-80503-098-7 定价：CNY3.30

（历代书法墨迹选）

　　本书收录36幅图。各个历史时期的写经，书体大多是工整、严谨、细腻而熟练，但又各具风格特征。经文书写，自始至终，一丝不苟，可见书写者的功力。

J0097834

魏郑文公碑

合肥 安徽美术出版社 1990年 1册 26cm（16开）

ISBN：7-5398-0089-5 定价：CNY5.80

J0097835

好大王碑

福州 福建美术出版社 1991年 影印本 270页

34×19cm ISBN：7-5393-0147-3

定价：CNY19.80

　　《好大王碑》全称《国冈上广开土境平安好太王碑》，又称《广开土王碑》《好太王碑》《高句丽好大王碑》。经考为东晋义熙十年（414年）刻，书体为古隶。清光绪末吉林集安发现。碑高6米。四面环刻，共44行，每行41字，共计1775字。

J0097836

好大王碑

苏州 古吴轩出版社 1999年 影印本 2册（207页）

34cm（10开）ISBN：7-80574-434-3

定价：CNY28.00

（古今书法精粹）

J0097837

好太王碑

长春 吉林文史出版社 1999年 298页

30cm（15开）ISBN：7-80626-403-5

定价：CNY48.00

（中国著名碑帖选集（第二集）27）

J0097838

王羲之草诀百韵歌　（晋）王羲之著

沈阳 春风文艺出版社 1991年 22页 26cm（16开）

ISBN：7-5313-0586-0 定价：CNY2.20

J0097839

王羲之行书用笔习字帖　　路振平主编

长沙　湖南文艺出版社　1991 年　48 页　26cm（16 开）

ISBN：7-5404-0779-4　定价：CNY2.00

J0097840

王羲之行书字帖　　（晋）王羲之书；李小凡，刘
亚军选辑

北京　北京出版社　1991 年　43 页　26cm（16 开）

ISBN：7-200-01279-3　定价：CNY1.90

J0097841

王羲之书法作品集　　（晋）王羲之书；刘尚勇编

北京　北京燕山出版社　1991 年　74 页　有肖像

26cm（16 开）　ISBN：7-5402-0225-4

定价：CNY3.00

J0097842

王献之小楷习字帖　　（晋）王献之书；陆剑秋，
双秋选编

北京　北京出版社　1991 年　24 页　26cm（16 开）

ISBN：7-200-01360-9　定价：CNY1.20

J0097843

魏齐造像精华　　（清）狄平子编辑

天津　天津市古籍书店　1991 年　影印本　86 页

38cm（6 开）　定价：CNY15.00

　　本书精选了魏、齐造像书法 40 余品。

J0097844

魏张猛龙碑书法入门　　曾景充编著

香港　明天出版社　1991 年　185 页　19cm（小 32 开）

ISBN：962-277-121-1　定价：HKD42.00

（名家碑帖初学丛书）

　　作者曾景充（1932—2009），书法家。生于广
州。中国书法家协会会员，曾任广东书协理事、
广东书协艺术指导委员、广州市书协副会长、美
协广东分会会员、广东省中国文物鉴藏家协会理
事、广州市文史研究馆馆员、东方书画院客座教
授。著有《行书要法》《魏体千字文》《曾景充钢
笔书》《五体临池指要》等。

J0097845

右军洛神赋　　（晋）王羲之书；《翰墨林影印历
代丛帖》编辑组编

武汉　武汉古籍书店　1991 年　影印本　32 页

26cm（16 开）定价：CNY1.16

（翰墨林影印历代丛帖）

J0097846

中国传统名帖放大本三藏圣教序　　（晋）王
羲之书

北京　学苑出版社　1991 年　300 页　26cm（16 开）

ISBN：7-5077-0124-7　定价：CNY11.50

J0097847

中国传统名帖放大本 - 羲之兰亭叙　　（晋）
王羲之书

北京　学苑出版社　1991 年　54 页　26cm（16 开）

ISBN：7-5077-0126-3　定价：CNY3.60

J0097848

钟繇小楷习字帖　　（三国魏）钟繇书；陆剑秋，
双秋选编

北京　北京出版社　1991 年　13 页　26cm（16 开）

ISBN：7-200-01361-7　定价：CNY0.80

J0097849

放大本张玄墓志

成都　成都古籍书店　1992 年　影印本　26cm（16 开）

定价：CNY4.00

J0097850

集王羲之行书滕王阁序　　（晋）王羲之书；范
制庵，李志贤编集

上海　上海书店　1992 年　33cm

ISBN：7-80569-551-2　定价：CNY2.50

　　编者范制庵（1916—　　），书画家。字乐山，
号怀日，生于江苏如皋。历任上海海墨画社社
员、海安书画院顾问、仲贞子艺术馆名誉馆长、
上海豫园书画楼特约画师、中国书法家协会会
员、上海文史馆馆员等职。编著有《五体书法辞
典》《中国行书大字典》《中国隶书大字典》《中
国篆书大字典》《中国楷书大子典》等。编者李
志贤（1950—　　），书法家。生于上海，广东番禺
人。历任中国书法家协会会员、上海书法家协会
理事、上海静安区书法协会副主席、朵云轩古玩
公司任业务副总经理。编写有《书法词典》《我
这五十年李志贤书法集》《李志贤书法河南安阳
展——我这五十年(三)》《李志贤书法台湾高雄

展——我这五十年(四)》。

J0097851
晋魏隋唐墨迹　石谷风藏
合肥　安徽美术出版社　1992年　91页
26cm(16开)　精装　ISBN：7-5398-0240-5
定价：CNY48.00
　　本书收入首次公开出版的编者的古风堂个
人珍藏的部分晋唐文书和写经残片90帧。石谷
风(1919—2016)，国画家。原名石振华，别号"野
人"，湖北黄梅县人，毕业于北平艺专国画科。
安徽省博物馆任职，从事文物考古工作多年。作
品有《霜晨月》《雨中岚山》《黄山松石》。出版
有《古风堂艺谈》《石谷风动物画辑》《石谷风画
集》《石谷风的动物画》。

J0097852
联搨大观　(晋出师颂)(西晋)索靖书；《翰墨
林影印历代丛帖》编辑组编
武汉　武汉古籍书店　1992年　影印本　26cm(16开)
定价：CNY1.45
(翰墨林影印历代丛帖)
　　作者索靖(244—303)，西晋著名书法家。
敦煌郡龙勒县(今甘肃敦煌)人。字幼安。流传
后世的书法作品有《出师颂》《月仪帖》《急就
章》等。

J0097853
龙门造像记　(魏碑)
南京　江苏美术出版社　1992年　59页　有碑影
26cm(16开)　ISBN：7-5344-0223-9
定价：CNY3.90
(习书入门丛帖 2)

J0097854
洛神赋　(晋)王羲之书
北京　中国书店　1992年　有画像　26cm(16开)
ISBN：7-80568-389-1　定价：CNY1.80

J0097855
山东北朝摩崖刻经全集　山东石刻艺术博物
馆，中国书法家协会山东分会编
济南　齐鲁书社　1992年　有彩照　38cm(6开)
精装　ISBN：7-5333-0223-0　定价：CNY120.00
　　本书包括：泰山经石峪刻经、徂徕山刻经、

水牛山刻经、铁山刻经、冈山刻经、葛山刻经、
尖山刻经、峄山刻经。

J0097856
十七帖
北京　中国书店　1992年　26cm(16开)
ISBN：7-80568-390-5　定价：CNY2.00

J0097857
十七帖　(晋)王羲之[书]
北京　华夏出版社　1999年　32×20cm
ISBN：7-5080-1671-8　定价：CNY7.20
(中国历代经典名帖集成)

J0097858
宋拓第一圣教序　(晋)王羲之书；(唐释)怀
仁集字；《翰墨林影印历代丛帖》编辑组编
武汉　武汉古籍书店　1992年　影印本　46页
26cm(16开)　定价：CNY1.70
(翰墨林影印历代丛帖)

J0097859
王羲之草诀歌　(晋)王羲之著
北京　北京出版社　1992年　22页　26cm(16开)
ISBN：7-200-01592-X　定价：CNY1.10
　　本帖为草书歌诀，共212句，1060个字。

J0097860
王羲之草书传本墨迹选　(晋)王羲之书；萧
新柱编选
北京　北京美术摄影出版社　1992年　36cm(15开)
ISBN：7-80501-137-0　定价：CNY2.00
(历代书法选萃)
　　本帖所选东晋书法家王羲之草书墨迹10种。

J0097861
王羲之草书集字格言　李泽兴，陆伟然编
哈尔滨　黑龙江人民出版社　1992年　152页
附古本《宋拓十七帖》33cm
ISBN：7-207-02166-6　定价：CNY11.90

J0097862
王羲之草书习字帖　(旁注楷书)(晋)王羲之
书；颜砺，颜娥主编
北京　北京出版社　1992年　33页　26cm(16开)

ISBN：7-200-01678-0 定价：CNY2.30

（历代名家草书译丛）

J0097863

王羲之草书习字帖 （东晋）王羲之书；蒋文
光编

北京 中国工人出版社 1993年 94页 26cm（16开）

ISBN：7-5008-1273-6 定价：CNY3.30

　　编者蒋文光（1938— ），著名书画、金银
器、碑帖鉴定专家。上海嘉定人，毕业于上海复
旦大学历史系。原国家博物馆资深研究员、文物
鉴定委员会委员。著有《中国书法史》《中国历
代名画鉴赏》《中国碑帖艺术论》《中国古代金银
器珍品图鉴》《中国历代古陶瓷珍品图鉴》《初唐
四大书法家》等。

J0097864

王羲之草书习字帖 （旁注楷书 1）（晋）王羲
之书

北京 中国书店 1993年 42页 26cm（16开）

ISBN：7-80568-528-2 定价：CNY3.50

（二王全帖 5）

J0097865

王羲之草书习字帖 （旁注楷书 2）（晋）王羲
之书

北京 中国书店 1993年 46页 26cm（16开）

ISBN：7-80568-529-0 定价：CNY3.75

（二王全帖 6）

J0097866

王羲之草书习字帖 （旁注楷书 3）（晋）王羲
之书

北京 中国书店 1993年 40页 26cm（16开）

ISBN：7-80568-530-4 定价：CNY3.50

（二王全帖 7）

J0097867

王羲之草书习字帖 （旁注楷书 4）（晋）王羲
之书

北京 中国书店 1993年 40页 26cm（16开）

ISBN：7-80568-531-2 定价：CNY3.50

（二王全帖 8）

J0097868

王羲之草书习字帖 （旁注楷书 5）（晋）王羲
之书

北京 中国书店 1993年 42页 26cm（16开）

ISBN：7-80568-532-0 定价：CNY3.50

（二王全帖 9）

J0097869

王羲之草书习字帖 （旁注楷书 6）（晋）王羲
之书

北京 中国书店 1993年 42页 26cm（16开）

ISBN：7-80568-533-9 定价：CNY3.50

（二王全帖 10）

J0097870

王羲之草书习字帖 （晋）王羲之书

南京 江苏美术出版社 1996年 44页 26cm（16开）

ISBN：7-5344-0496-7 定价：CNY4.95

（书法家之路丛帖）

J0097871

王羲之行书 （晋）王羲之书

北京 中国书籍出版社 1992年 影印本 60页
26cm（16开） ISBN：7-5068-0097-7

定价：CNY2.40

J0097872

王羲之行书习字帖 （晋）王羲之书；顾鸿，
于洁编

北京 中国工人出版社 1992年 59页 26cm（16开）

ISBN：7-5008-0963-8 定价：CNY2.30

（历代名家行书字帖）

J0097873

王羲之圣教序 （唐释）怀仁集字

北京 北京出版社 1992年 60页 26×15cm

ISBN：7-200-01807-4 定价：CNY2.00

　　《三藏圣教序》是唐太宗为表彰玄奘赴西域
各国求取佛经，回国后翻译三藏要籍而写的。太
子李治（高宗）并为附记。唐宏福寺僧沙门怀仁，
能文工书，选内府所藏王羲之诸帖，历时二十余
年，从中勾选所需之字，集摹镌刻而成此碑，共
计2400余字。史称《怀仁集王羲之圣教序》或《怀
仁集圣教序》等。

J0097874

王羲之书法大观　汉生编；李燕萍图
北京 人民中国出版社 1992年 48页 26cm（16开）
ISBN：7-80065-137-1 定价：CNY3.00

J0097875

王羲之书法全集　（晋）王羲之书；曾菩，君如编
北京 北京广播学院出版社 1992年 490页
26cm（16开）ISBN：7-81004-331-5
定价：CNY22.70

J0097876

王羲之书法选　（晋）王羲之书；中国历代书
法名作系列丛书编辑组编
深圳 海天出版社 1992年 54页 26cm（16开）
ISBN：7-80542-360-1 定价：CNY2.95
（中国历代书法名著系列丛书）
　　本书所选以我国东晋书法家王羲之五幅小楷
精品，《乐毅论》选用宋、明两种拓本；《黄庭经》
为明刻明拓本；《孝女曹娥碑》《东方朔画赞》为
宋刻宋拓本。《断碑集句》也是王羲之的精品。
作者王羲之，晋代书法家。其书法具有极高的艺
术价值和历史地位。《兰亭序》为历代书法名家
公认天下第一行书。

J0097877

王羲之书法字典　（日）杭迫柏树编
北京 中国青年出版社 1992年 636页
20cm（32开）精装 ISBN：7-5006-1138-2
定价：CNY20.00
　　本书所录以我国东晋书法家王羲之墨迹为
主，同时收有与之同时代有关书法，其中特别是
继承其书法的智永的真草千字文和孙过庭的书
谱，所选近两万字，按王羲之小楷、集字碑、兰
亭序、墨迹本、王献之墨迹、智永真草千字文、
孙过庭书谱等顺序排列。

J0097878

王羲之书法字典　（日）杭迫柏树编
北京 中国青年出版社 1999年 635页
20cm（32开）精装 ISBN：7-5006-1138-2
定价：CNY34.80
　　本书所录以我国东晋书法家王羲之墨迹为
主，同时收有与之同时代有关书法，其中特别是
继承其书法的智永的真草千字文和孙过庭的书

谱，所选近两万字，按王羲之小楷、集字碑、兰
亭序、墨迹本、王献之墨迹、智永真草千字文、
孙过庭书谱等顺序排列。

J0097879

王羲之真书习字帖　王世铭编
郑州 河南美术出版社 1992年 98页 26cm（16开）
ISBN：7-5401-0299-3 定价：CNY3.80
　　以《乐毅论》为帖，论述楷书基本笔画及临
习要领等。

J0097880

王献之草书习字帖　（旁注楷书）（晋）王献之
书；颜砺，颜娥主编
北京 北京出版社 1992年 37页 26cm（16开）
ISBN：7-200-01679-9 定价：CNY2.50
（历代名家草书译丛）

J0097881

王献之书法全集　（晋）王献之书；戴山青编
北京 北京广播学院出版社 1992年 169页
26cm（16开）ISBN：7-81004-329-3
定价：CNY13.30
　　作者王献之（344—386），东晋书法家、诗
人、画家。字子敬，生于浙江绍兴，祖籍山东临
沂。代表作品有《鸭头九帖》《淳化阁帖》《中秋
帖》等。编者戴山青（1944—2004），书法家。字
云父，曾任"现代书法学会"秘书长。

J0097882

王右军正草十七帖　（晋）王羲之书；《翰墨林
影印历代丛帖》编写组
武汉 武汉古籍书店 1992年 影印本 34页
26cm（16开）定价：CNY1.65
（翰墨林影印历代丛帖）

J0097883

右军草法至宝　（晋）王羲之书
长春 时代文艺出版社 1992年 22页 26cm（16开）
ISBN：7-5387-0462-0 定价：CNY2.20

J0097884

郑道昭书法选　（北魏）郑道昭书；中国历代
书法名作系列丛书编辑组编
深圳 海天出版社 1992年 92页 26cm（16开）

ISBN：7-80542-450-0 定价：CNY6.45
（中国历代书法名作系列丛书）

　　作者郑道昭（455—516），北魏书法家。字僖伯，自号中岳先生，河南开封人。代表作品有《郑文公上碑》《郑文公下碑》《论经书诗》《观海童诗》等。

J0097885

北魏墓志精拓四种　天津杨柳青画社编
天津　天津杨柳青画社 1993年 4张 73×72cm
ISBN：7-80503-202-5 定价：CNY4.50

J0097886

二王书艺论　董时著
济南　山东大学出版社 1993年 180页 有图
20cm（32开）ISBN：7-5607-1057-3
定价：CNY3.60

　　本书从汉字书写艺术史上王羲之、王献之父子的地位，论及两者艺术上用笔的不同等，书后附部分字帖。作者董时，济南大学任教。

J0097887

行书怀仁圣教序一百天　程方平编制
北京　中央民族学院出版社 1993年 100页 37cm
ISBN：7-81001-344-0 定价：CNY7.80
（一百天毛笔速成名帖习字系列）

　　作者程方平，教授。浙江衢州人，历任国家教委高等教育研究中心副研究员、教育与科普研究所所长、中国比较教育学会、陶行知研究会常务理事、中国书法协会会员等职。著有《新师说》《教育情报学简论》《隋唐五代的儒学》《辽金元教育史》《历代名帖速藏习字系列》等。

J0097888

集王羲之书体诗词对联字帖　（晋）王羲之书；韦尚英编
桂林　漓江出版社 1993年 60页 26cm（16开）
ISBN：7-5407-1366-6 定价：CNY3.70

J0097889

论经书诗　上海书画出版社编
上海　上海书画出版社 1993年 149页
36cm（15开）ISBN：7-80512-691-7
定价：CNY32.00

　　本碑帖共收字 3524 字。

J0097890

名句佳联集字字帖　（怀仁集王羲之《圣教序》）张伟生主编；吴伯森编著
上海　上海书画出版社 1993年 58页 26cm（16开）
ISBN：7-80512-748-4 定价：CNY8.00

　　主编张伟生（1954—　），编审，画家。历任中国书法家协会新闻出版委员会委员、上海书法家协会副主席、上海书画出版社编审、编辑室主任，《书与画》杂志执行主编、上海吴昌硕艺术研究会副会长、上海书画院画师。出版有《临帖指南》《颜真卿多宝塔碑临习》《宋元书法》《上海百年文化史·书法卷》《书法名家经典十讲》《楷书道德经》等。

J0097891

十七帖草书习字帖　（晋）王羲之书；蒋文光编
北京　中国工人出版社 1993年 54页 26cm（16开）
ISBN：7-5008-1275-2 定价：CNY3.10

J0097892

王羲之行书圣教序分解字帖　李志贤编著
南京　江苏古籍出版社 1993年 53页 26cm（16开）
ISBN：7-80519-475-0 定价：CNY3.00

J0097893

王羲之行书习字帖　（旁注楷书 1）（晋）王羲之书
北京　中国书店 1993年 46页 26cm（16开）
ISBN：7-80568-526-6 定价：CNY3.75
（二王全帖 3）

J0097894

王羲之行书习字帖　（旁注楷书 2）（晋）王羲之书
北京　中国书店 1993年 44页 26cm（16开）
ISBN：7-80568-527-4 定价：CNY3.75
（二王全帖 4）

J0097895

王羲之行书章法习字帖　路振平主编；吴希平，刘树岭编写
长沙　湖南文艺出版社 1993年 56页 26cm（16开）
ISBN：7-5404-1063-9 定价：CNY2.30

J0097896
王羲之楷书习字帖　（评介解析 1）（晋）王羲
之书
北京 中国书店 1993 年 42 页 26cm（16 开）
ISBN：7-80568-524-X 定价：CNY3.75
（二王全帖 1）

J0097897
王羲之楷书习字帖　（评介解析 2）（晋）王羲
之书
北京 中国书店 1993 年 38 页 26cm（16 开）
ISBN：7-80568-525-8 定价：CNY3.50
（二王全帖 2）

J0097898
王羲之圣教序　（放大详释本）（唐释）怀仁集；
路振平释
北京 中国国际广播出版社 1993 年 120 页
34×19cm ISBN：7-5078-0426-7
定价：CNY11.80

J0097899
王羲之书法精华　林枫主编
北京 北京出版社 1993 年 300 页 28cm（16 开）
ISBN：7-200-01892-9 定价：CNY18.50

J0097900
王羲之书法精华　（晋）王羲之书；李仲元编
沈阳 辽宁美术出版社 1993 年 102 页
26cm（16 开）ISBN：7-5314-0975-5
定价：CNY6.80
　　本书收王羲之书法作品 19 幅，每幅作品均
加了释文。

J0097901
王羲之书法精选　（晋）王羲之书；路鹏，文纪
等选辑
北京 当代中国出版社 1993 年 313 页
26cm（16 开）ISBN：7-80092-138-7
定价：CNY18.00
（历代名家书法荟萃）
　　本书选收王羲之小楷、行书、行草，包括
《乐毅论》《黄庭经》《二谢帖》等。

J0097902
王羲之书法精选　（晋）王羲之书；路鹏，文纪
等选辑
北京 当代中国出版社 1993 年 313 页
26cm（16 开）精装 ISBN：7-80092-137-9
定价：CNY22.00
（历代名家书法荟萃）
　　本书选收王羲之小楷、行书、行草，包括
《乐毅论》《黄庭经》《二谢帖》等。

J0097903
王羲之小楷　（晋）王羲之书
北京 中国书籍出版社 1993 年 43 页 26cm（16 开）
ISBN：7-5068-0110-8 定价：CNY1.95

J0097904
王羲之小楷习字帖　（晋）王羲之书；路同等
选辑
北京 中国工人出版社 1993 年 67 页 26cm（16 开）
ISBN：7-5008-1348-1 定价：CNY2.95
（历代名家小楷字帖）

J0097905
王羲之研究论文集　鲍贤伦主编
杭州 浙江美术学院社 1993 年 220 页 有彩照
20cm（32 开）ISBN：7-81019-269-8
定价：CNY8.00
　　本书收《古永欣寺在绍兴考》《右军书体考》
《从〈兰亭序〉的"涂改"说起》等 20 多篇文章。

J0097906
王献之草书习字帖　（东晋）王献之书；蒋文
光编
北京 中国工人出版社 1993 年 79 页 26cm（16 开）
ISBN：7-5008-1274-4 定价：CNY3.20

J0097907
王献之草书习字帖　（旁注楷书 1）（晋）王献
之书
北京 中国书店 1993 年 42 页 26cm（16 开）
ISBN：7-80568-536-3 定价：CNY3.50
（二王全帖 13）

J0097908
王献之行书习字帖　（旁注楷书 1）（晋）王献

之书
北京 中国书店 1993 年 40 页 26cm（16 开）
ISBN：7-80568-534-7 定价：CNY3.50
（二王全帖 11）

J0097909
王献之行书习字帖 （旁注楷书 2）（晋）王献
之书
北京 中国书店 1993 年 44 页 26cm（16 开）
ISBN：7-80568-535-5 定价：CNY3.75
（二王全帖 12）

J0097910
王献之书法选 （晋）王献之书；中国历代书
法名作系列丛书编辑组编
深圳 海天出版社 1993 年 87 页 26cm（16 开）
ISBN：7-80542-563-9 定价：CNY5.20
（中国历代书法名作系列丛书 第三辑）
　　本书选收王献之的《地黄汤帖》《送梨帖》
《相应帖》《洛神赋十三行》等。

J0097911
魏碑临习字帖 黄艳萍选编
南昌 江西美术出版社 1993 年 26cm（16 开）
ISBN：7-80580-116-9 定价：CNY2.20

J0097912
魏碑临习字帖 黄艳萍选编
南昌 江西美术出版社 1997 年 重印本
26cm（16 开）ISBN：7-80580-408-7
定价：CNY4.50
（初学书法入门丛书 名家名帖）

J0097913
魏碑石门铭一百天 程方平编制
北京 中央民族学院出版社 1993 年 100 页
37cm ISBN：7-81001-339-4 定价：CNY7.80
（一百天毛笔速成名帖习字系列）

J0097914
魏碑张猛龙碑一百天 程方平编制
北京 中央民族学院出版社 1993 年 100 页
37cm ISBN：7-81001-338-6 定价：CNY7.80
（一百天毛笔速成名帖习字系列）

J0097915
魏晋钟王正书字典 田其湜编
长沙 湖南美术出版社 1993 年 178 页
26cm（16 开）ISBN：7-5356-0611-3
定价：CNY18.00

J0097916
学习魏刁遵墓志技法 陈利华，贾润海编著
北京 人民中国出版社 1993 年 95 页 26cm（16 开）
ISBN：7-80065-125-8 定价：CNY6.80
（学习名家法帖技法丛书）
　　《北魏刁遵墓志》乃魏碑中之上乘，是北朝
诸多墓志中精丽派的代表作品。

J0097917
赵元谦魏碑五种 钟克豪编
广州 世界图书出版公司广州分公司 1993 年
92 页 26cm（16 开）ISBN：7-5062-2392-9
定价：CNY7.30
（历代碑帖选粹）

J0097918
正草隶篆四体千字文 王羲之书
台北 益群书店 1993 年 250 页 21cm（32 开）
ISBN：957-552-059-9 定价：TWD120.00
（书法范帖总汇）

J0097919
郑文公上碑 上海书画出版社编著
上海 上海书画出版社 1993 年 影印本 57 页
38×26cm ISBN：7-80512-692-5
定价：CNY12.00
　　《郑文公碑》，北魏摩崖刻石。正书。永平四
年（511 年）刻。有上下二碑，上碑在山东平度天
柱山，下碑碑额题"荥阳郑文公之碑"，在莱州云
峰山。

J0097920
回宫格行书字帖 （怀仁集王书圣教序）杨为
国主编；（晋）王羲之书
杭州 中国美术学院社 1994 年 94 页 26cm（16 开）
ISBN：7-81019-293-0 定价：CNY5.80

J0097921
回宫格行书字帖 （兰亭序）杨为国主编；

（晋）王羲之书
杭州 中国美术学院社 1994 年 90 页 26cm（16 开）
ISBN：7-81019-292-2 定价：CNY5.80

J0097922
集古梅花诗王羲之书帖　王一韦选编
太原 山西高校联合出版社 1994 年 56 页
26cm（16 开） ISBN：7-81032-449-7
定价：CNY3.95

J0097923
天下第一大行书字帖 （王羲之兰亭序圣教
序心经）卢前临摹整理
上海 上海交通大学出版社 1994 年 117 页
有图 26cm（16 开） ISBN：7-313-01302-7
定价：CNY10.60
　　内容包括：《晋王羲之兰亭序》帖、《怀仁集
王羲之书圣教序·心经》帖，以及作者临摹及整
理的放大本钢笔临摹本等。作者卢前，上海师范
大学书法专业兼职教授，中国硬笔书法家协会副
主席。

J0097924
王羲之法帖 （晋）王羲之书；肖岚主编
深圳 海天出版社 1994 年 190 页 26cm（16 开）
ISBN：7-80542-734-8 定价：CNY12.50

J0097925
王羲之法帖 （晋）王羲之书
深圳 海天出版社 1996 年 208 页 26cm（16 开）
ISBN：7-80615-378-0 定价：CNY19.00
（中华墨宝）

J0097926
王羲之行书《唐集王圣教序》笔法举要
（晋）王羲之原书；孔墨丁编
西安 陕西摄影 1994 年 43 页 26cm（16 开）
ISBN：7-80591-075-8 定价：CNY3.70
（如何临习行书）

J0097927
王羲之兰亭序描红本
杭州 浙江人民美术出版社 1994 年 38cm（6 开）
ISBN：7-5340-0587-6 定价：CNY1.90

J0097928
王羲之圣教序及其笔法　骆恒光著
杭州 西泠印社 1994 年 130 页 26cm（16 开）
ISBN：7-80517-132-7 定价：CNY7.80
　　作者骆恒光（1943— ），书法家。号翼之，
浙江诸暨人。毕业于浙江美术学院。历任浙江
教育出版社美术编辑、中国硬笔书法家协会副
主席、中国书法家协会会员、浙江分会理事、浙
江省书法理论研究会副会长兼秘书长。著有《骆
恒光论书》《行书法图说》《王羲之圣教序及其
笔法》。

J0097929
王羲之十七帖 （晋）王羲之书
上海 上海书店 1994 年 影印本 36cm（15 开）
ISBN：7-80569-885-6 定价：CNY7.50

J0097930
王羲之书曹娥碑　黄庭经 （无缺字放大本）
（晋）王羲之书；黄洋考订补正
北京 中国书店 1994 年 影印本 103 页
26cm（16 开） ISBN：7-80568-632-7
定价：CNY8.80
（历代书法精华）

J0097931
王羲之书法录名言帖　李寿明等编
贵阳 贵州民族出版社 1994 年 40 页 26cm（16 开）
ISBN：7-5412-0437-4 定价：CNY4.50

J0097932
王羲之书法全集　王羲之书
北京 群言出版社 1994 年 536 页 26cm（16 开）
精装 ISBN：7-80080-059-8 定价：CNY70.00
（中国历代书法名家全集系列）

J0097933
王羲之书法珍品 （晋）王羲之书；禾成编
北京 团结出版社 1994 年 影印本 96 页 有彩图
26cm（16 开） ISBN：7-80061-945-1
定价：CNY4.80

J0097934
王羲之书佛遗教经 （无缺字放大本）（晋）王
羲之书；黄洋考订补正

北京　中国书店　1994 年　影印本　164 页
26cm（16 开）ISBN：7-80568-634-3
定价：CNY13.70
（历代书法精华）

J0097935
王羲之书乐毅论　东方朔画赞 （无缺字放
大本）（晋）王羲之书；黄洋考订补正
北京　中国书店　1994 年　影印本　88 页
26cm（16 开）ISBN：7-80568-631-9
定价：CNY7.50
（历代书法精华）

J0097936
王羲之书圣教序 （楷书旁注　无缺字放大本）
（唐释）怀仁集字；黄洋考订补正
北京　中国书店　1994 年　134 页　26cm（16 开）
ISBN：7-80568-633-5　定价：CNY11.40
（历代书法精华）

J0097937
王羲之王献之全集 （晋）王羲之，（晋）王献
之书
上海　上海书画出版社　1994 年　461+25 页
38cm（6 开）ISBN：7-80512-867-7
定价：CNY320.00

J0097938
王献之书法全集
北京　群言出版社　1994 年　162 页　26cm（16 开）
ISBN：7-80080-060-1　定价：CNY28.00
（中国历代书法名家全集系列）

J0097939
魏晋四大家书法墨宝　君如，李夏编
北京　国际文化出版公司　1994 年　26cm（16 开）
ISBN：7-80049-935-9　定价：CNY11.80
（中国历代书法名家作品丛帖）

J0097940
文殊般若经碑　山东石刻博物馆，汶上县博
物馆编
济南　齐鲁书社　1994 年　32 页　40cm（小 8 开）
ISBN：7-5333-0419-5　定价：CNY18.00

J0097941
新编龙门五十品　王汝编撰
天津　天津古籍出版社　1994 年　影印本　84 页
29cm（16 开）ISBN：7-80504-353-1
定价：CNY9.80
　　　据北京遗箴堂所藏清代原拓本影印

J0097942
中国魏书名帖精华　欧阳中石主编
北京　北京出版社　1994 年　542 页　26cm（16 开）
ISBN：7-200-02164-4　定价：CNY46.00
（中国书法名帖精华丛书）

J0097943
崔敬邕墓志　《放大本北魏墓志》编辑组编
太原　山西古籍出版社　1995 年　26cm（16 开）
ISBN：7-80598-055-1　定价：CNY5.30
（放大本北魏墓志系列）

J0097944
刁遵墓志　《放大本北魏墓志》编辑部编
太原　山西古籍出版社　1995 年　26cm（16 开）
ISBN：7-80598-054-3　定价：CNY4.00
（放大本北魏墓志系列）
　　《刁遵墓志》，北魏正书石刻。清雍正年间出
土于南皮（今属河北）。字共 28 行，满行 33 字。
北魏熙平二年（517 年）刻。

J0097945
书圣神品 （王羲之书法集粹　旁注释文）（晋）
王羲之书；蔡茂友主编
北京　中国书籍出版社　1995 年　影印本　224 页
28cm（大 16 开）ISBN：7-5068-0485-9
定价：CNY28.00

J0097946
王羲之行书习字帖 （二）周妍编
乌鲁木齐　新疆美术摄影出版社　1995 年　2 册
26cm（16 开）ISBN：7-80547-340-4
定价：CNY9.60

J0097947
王献之书法精选 （晋）王献之书；解纪等选辑
北京　当代中国出版社　1995 年　314 页
26cm（16 开）ISBN：7-80092-364-9

定价：CNY21.00
（历代名家书法荟萃）

J0097948
元怀墓志　《放大本北魏墓志》编辑组编
太原　山西古籍出版社　1995 年　26cm（16 开）
ISBN：7-80598-052-7　定价：CNY4.50
（放大本北魏墓志系列）
　　《元怀墓志》，北魏正书石刻。熙平二平（517年）八月刻。1925 年河南洛阳城北张羊村北陵出土。正书，十六行，行二十字。书法端劲秀拔。现存河南图书馆。

J0097949
元略墓志　《放大本北魏墓志》编辑组编
太原　山西古籍出版社　1995 年　26cm（16 开）
ISBN：7-80598-051-9　定价：CNY6.00
（放大本北魏墓志系列）
　　《元略墓志》全称《魏故侍中骠骑大将军仪同三司尚书令徐州刺史太保东平王元君墓志铭》，北魏建义元年七月（528 年）刻。1919 年在河南洛阳安驾沟出土。正书，34 行，行 33 字。

J0097950
张猛龙碑　（楷书 北魏）[董惠宁编]
南京　江苏美术出版社　1995 年　重印本 58 页　有碑影　26cm（16 开）ISBN：7-5344-0370-7
定价：CNY8.60
（习书入门丛帖 8）
　　《张猛龙碑》，北魏碑刻。正书。碑额题魏鲁郡太守张府君清颂之碑"。正光三年（522 年）立。碑文记张猛龙兴学事迹。笔法雄秀险劲，碑阴题名亦颇流动。碑今在山东曲阜孔庙。编者董惠宁（1955—　），教师。江苏南京人。毕业于南京艺术学院，留校任教，兼《艺苑》杂志编辑部编辑、江苏省书法家协会会员、南京印社社员。

J0097951
张猛龙碑　况瑞峰，胡雪琤主编
天津　天津古籍出版社　1995 年　44 页　37cm
ISBN：7-80504-396-5　定价：CNY16.80
（楷书字范 4）

J0097952
张猛龙碑　（北魏）

长春　吉林文史出版社　1997 年　53 页　30×20cm
ISBN：7-80626-183-4　定价：CNY6.50
（中国著名碑帖选集（第一集）11）

J0097953
张猛龙碑　雷志雄主编
武汉　湖北美术出版社　1999 年　36 页　31cm（10 开）
ISBN：7-5394-0867-7　定价：CNY7.00
（中国历代书法名迹临习指导）

J0097954
张猛龙碑　（北魏）无名氏[书]
北京　华夏出版社　1999 年　32×20cm
ISBN：7-5080-1495-2　定价：CNY9.80
（中国历代经典名帖集成）
　　《张猛龙碑》，北魏碑刻。正书。碑额题魏鲁郡太守张府君清颂之碑"。正光三年（522 年）立。碑文记张猛龙兴学事迹。笔法雄秀险劲，碑阴题名亦颇流动。碑今在山东曲阜孔庙。

J0097955
张猛龙碑　聂文豪，龚美红选编
南昌　江西美术出版社　1999 年　37cm
ISBN：7-80580-587-3　定价：CNY16.00
（中国古代名家名帖 22）

J0097956
张猛龙碑　西泠印社编
杭州　西泠印社　1999 年　58 页　35cm（15 开）
ISBN：7-80517-368-0　定价：CNY11.50
（西泠印社法帖丛编）

J0097957
如何临习行书　（王羲之行书"兰亭序"笔法举要）孔墨丁编著
西安　陕西旅游出版社　1996 年　43 页　26cm（16 开）
ISBN：7-5418-1287-0　定价：CNY4.80
（书法普及教育系列丛书 书法入门-楷·行书技法大全）

J0097958
如何临习行书　（王羲之行书"唐集王圣教序"笔法举要）孔墨丁编著
西安　陕西旅游出版社　1996 年　43 页　26cm（16 开）
ISBN：7-5418-1287-0　定价：CNY4.80

（书法普及教育系列丛书 书法入门－楷·行书技法大全）

J0097959
宋拓怀仁集·圣教序　（行书）（晋）王羲之书；宋焕起，王理正编著
北京 首都师范大学出版社 1996年 107页 26cm（16开）ISBN：7-81039-623-4
定价：CNY16.00
（《中国历代书法名碑名帖精选·精讲·精练》丛书 三精书法丛书 第一辑）

J0097960
王羲之行书入门　赵云轩编
西安 西安地图出版社 1996年 78页 26cm（16开）
ISBN：7-80545-526-0 定价：CNY9.80
（书法基本笔画系列丛书）

J0097961
王羲之行书习字帖　（晋）王羲之书
南京 江苏美术出版社 1996年 44页 26cm（16开）
ISBN：7-5344-0491-6 定价：CNY4.95
（书法家之路丛帖）

J0097962
王羲之兰亭序　（晋）王羲之书；梁邦植选编
南昌 江西美术出版社 1996年 37cm（8开）
ISBN：7-80580-331-5 定价：CNY6.00
（中国古代名家名帖 1）

J0097963
王羲之兰亭序　（晋）王羲之书；况瑞峰，胡雪琤主编
天津 天津古籍出版社 1996年 45页 37cm（8开）
ISBN：7-80504-433-3 定价：CNY16.80
（行书字范 6）

J0097964
王羲之兰亭序全本字帖　（东晋）王羲之书；庹纯双编著
成都 四川辞书出版社 1996年 47页 26cm（16开）
ISBN：7-80543-553-7 定价：CNY6.00
（庹氏回米格标准字帖 行书系列）

J0097965
魏碑三种
成都 成都古籍书店 1996年 影印本 38cm（6开）
定价：CNY19.40
（中国书法精品）

J0097966
魏碑书法选　程朗天编
广州 广州出版社 1996年 92页 20cm（32开）
ISBN：7-80592-610-7 定价：CNY140.00（全套）
（历代书法名作选系列）

J0097967
怎样临摹石门铭　周玉峰编著
南京 江苏古籍出版社 1996年 98页 26cm（16开）
ISBN：7-80519-693-1 定价：CNY9.80
（名碑名帖实用临摹丛书）

J0097968
正书妙品　（魏·鄯乾墓铭）曾一帆编
福州 福建美术出版社 1996年 26cm（16开）
经折装 ISBN：7-5393-0502-9 定价：CNY10.00

J0097969
北魏墓志三种解析字帖　田绪明编著
北京 新时代出版社 1997年 144页 26cm（16开）
ISBN：7-5042-0342-4 定价：CNY14.00
（书法字海解析丛帖 第一集）

作者田绪明（1962—　），书法家。湖北云梦人，毕业于首都师范大学书法专业。历任中国书法家协会会员、中国长城书画协会副秘书长、中国现代硬笔书法研究会会员、全国神剑文学艺术学会会员。编著有《北魏墓志三种解析字帖》《张黑女墓志放大本》《汉张迁碑放大本》等。

J0097970
北魏云峰山刻石观海童诗　（北魏）［郑道昭］书
北京 农村读物出版社［1997年］33×19cm
ISBN：7-5048-2641-3 定价：CNY18.00

J0097971
晋王羲之圣教序　（晋）王羲之书
天津 天津古籍出版社 1997年 影印本 68页
26cm（16开）ISBN：7-80504-526-7

定价：CNY5.90
（历代碑帖集萃）

J0097972
兰亭墨迹汇编　《兰亭墨迹汇编》编辑委员会编
北京　北京出版社　1997年［影印本］
40cm（小8开）ISBN：7-200-01847-3
定价：CNY80.00

J0097973
兰亭叙　（五种）（晋）王羲之［原书］
长春　吉林文史出版社　1997年　33页　30cm（15开）
ISBN：7-80626-194-X　定价：CNY5.50
（中国著名碑帖选集（第一集）8）

J0097974
钱开文书历代碑帖集　（一　张猛龙碑）钱开
文书
上海　上海书画出版社　1997年　41页　有照片
42cm（8开）ISBN：7-80635-164-7
定价：CNY48.00

J0097975
茹茹公主墓志
石家庄　河北美术出版社　1997年　22页　37cm
ISBN：7-5310-1005-4　定价：CNY9.00
（北朝墓志书法精选）

J0097976
山东平阴三山北朝摩崖　柳文金编
北京　荣宝斋出版社　1997年　115页　有冠图及图
37cm　ISBN：7-5003-0417-X　定价：CNY98.00

J0097977
圣教序习字帖　（晋）王羲之书
太原　山西教育出版社　1997年　74页　26cm（16开）
ISBN：7-5440-0953-X　定价：CNY9.80
（行书自学辅导丛帖　1）

J0097978
王羲之《乐毅论》楷书大字谱　陆有珠编著
南宁　广西美术出版社　1997年　45页　38cm（6开）
ISBN：7-80625-325-4　定价：CNY13.00
（书法大字谱）

J0097979
王羲之法书珍品集　（晋）王羲之书
扬州　江苏广陵古籍刻印社　1997年　312页
26cm（16开）精装　定价：CNY56.00

J0097980
王羲之行书圣教序解析字帖　李一忱编著
北京　新时代出版社　1997年　163页　26cm（16开）
ISBN：7-5042-0344-0　定价：CNY16.00
（书法字海解析丛帖　第一集）

J0097981
王羲之行书字典
扬州　江苏广陵古籍刻印社［1997年］影印本
448页　19cm（32开）精装　定价：CNY24.80

J0097982
王羲之行书字帖　（晋）王羲之书
延吉　延边人民出版社　1997年　26cm（16开）
ISBN：7-80599-761-6　定价：CNY12.00
（古今墨宝集锦）

J0097983
王羲之十七帖　（晋）王羲之书；张伟生编
上海　上海书画出版社　1997年　69页　38cm（6开）
ISBN：7-80635-137-X　定价：CNY14.00
（中国历代名帖放大本）

J0097984
王羲之书法精选　吴波编著
延吉　延边人民出版社　1997年　76页　26cm（16开）

J0097985
王羲之书法精选　（行书）（晋）王羲之书；陈
泽等编
北京　中国画报出版社　1997年　46页　26cm（16开）
ISBN：7-80024-407-5　定价：CNY7.00

J0097986
王羲之书法选　（晋）王羲之书；程朗天编
广州　广州出版社　1997年　重印本　90页
20cm（32开）ISBN：7-80592-610-7
定价：CNY140.00（全套）
（历代书法名作选系列）

J0097987

王羲之书兰亭序 （东晋）王羲之书
天津 天津人民美术出版社 1997年 54页
26cm（16开）ISBN：7-5305-0758-3
定价：CNY7.00
（历代碑帖墨迹大字本）

J0097988

王羲之万岁通天帖 （东晋）王羲之书；许礼平，
苏士澍主编
北京 文物出版社 1997年 69页 29cm（16开）
ISBN：7-5010-0962-7
（中国名家法书 5）

J0097989

王献之书法选 （晋）王献之书；程朗天编
广州 广州出版社 1997年 重印本 91页
20cm（32开）ISBN：7-80592-610-7
定价：CNY140.00（全套）
（历代书法名作选系列）

J0097990

魏晋唐小楷集 （魏晋唐）
长春 吉林文史出版社 1997年 90页 30cm（1开）
ISBN：7-80626-184-2 定价：CNY12.00
（中国著名碑帖选集（第一集）7）

J0097991

元诞墓志
石家庄 河北美术出版社 1997年 49页 37cm
ISBN：7-5310-0995-1 定价：CNY15.00
（北朝墓志书法精选）

J0097992

怎样临摹瘗鹤铭 王宜早，张中铎编著
南京 江苏古籍出版社 1997年 90页 26cm（16开）
ISBN：7-80519-843-8 定价：CNY9.00
（名碑名帖实用临摹丛书 第二辑）

J0097993

中国魏碑名帖精华 欧阳中石主编
北京 北京出版社 1997年 542页 26cm（16开）
精装 ISBN：7-200-02152-0 定价：CNY66.00
（中国书法名帖精华丛书）

　　作者欧阳中石（1928—　），著名文化学者、

书法家、书法教育家。山东肥城市人。毕业于北京大学哲学系。历任首都师范大学教授、博士生导师、中国书法文化研究所所长、中国书法家协会顾问、中国画研究院院务委员。书法作品有《欧阳中石书沈鹏诗词选》《中石夜读词钞》，主要著作有《中国逻辑史》《书法与中国文化》《中国书法史鉴》《章草便检》等。

J0097994

《怀仁集王羲之书圣教序》行草大字谱 杨
世全编著
南宁 广西美术出版社 1998年 47页 38cm（6开）
ISBN：7-80625-443-9 定价：CNY13.00
（书法大字谱 第三辑）

J0097995

《张猛龙碑》魏书大字谱 杨世全编著
南宁 广西美术出版社 1998年 47页 38cm（6开）
ISBN：7-80625-475-7 定价：CNY13.00
（书法大字谱 第三辑）

J0097996

北魏墓志三种 （元桢墓志 穆亮墓志 元嵩墓
志）陕西人民美术出版社编
西安 陕西人民美术出版社 1998年 46页
26cm（16开）ISBN：7-5368-1088-1
定价：CNY6.50
（历代书法名迹精选丛书）

J0097997

初拓司马景和妻墓志
苏州 古吴轩出版社 1998年 19页 38cm（6开）
ISBN：7-80574-371-1 定价：CNY4.80
（古今书法精粹）

J0097998

二王法书管窥 沈尹默著
上海 上海教育出版社 1998年 27×17cm 线装
ISBN：7-5320-5829-8 定价：CNY25.00
　　作者沈尹默（1883—1971），学者、诗人、书法家、教育家。出生于陕西汉阴，祖籍浙江吴兴。初名君默、字中、号秋明。曾任北京大学文学教授，河北省教育厅厅长、中法文化交流出版委员会主任、上海市文联副主席、上海市文管会委员、上海中国书法篆刻研究会主任等职。代表作

有《沈尹默手稿墨迹》《二王法书管窥》《历代名家学书经验谈辑要释义》。

J0097999
二王行书　（王羲之　王献之）
（晋）王羲之,（晋）王献之书；沈浩编
杭州　中国美术学院出版社　1998 年　16 页
26cm（16 开）ISBN：7-81019-657-X
定价：CNY4.00
（学书范本精华）

J0098000
放大圣教序集联　顾志新集
天津　天津古籍出版社　1998 年　修订 1 版 88 页
35cm（15 开）ISBN：7-80504-082-6
定价：CNY16.00
　　顾志新（1945—　），书法家、国家一级美术师。生于天津，祖籍江苏吴县。历任天津书法家协会副主席、天津书法家协会篆刻专业委员会主任、中国书法家协会理事、九三学社天津书画院副院长等。出版有《顾志新书画小品集》《中南海珍藏书法集》等。

J0098001
汉魏四种法书　颜新元供稿撰文；箫文硬笔书写
长沙　湖南美术出版社　1998 年　34 页 26cm（16 开）
ISBN：7-5356-1090-0 定价：CNY5.70
（名碑名帖软硬笔对照系列）

J0098002
皇帝吊殷比干文　（北魏）孝文帝元宏撰；刘舒侠释注
太原　北岳文艺出版社　1998 年　168 页
26cm（16 开）ISBN：7-5378-1821-5
定价：CNY28.00

J0098003
晋王羲之书圣教序集联　（晋）王羲之书；胡梅生编著
哈尔滨　黑龙江美术出版社　1998 年　200 页
26cm（16 开）ISBN：7-5318-0463-8
定价：CNY19.80
　　编著者胡梅生（1928—　），教授。生于山东莒南县。哈尔滨学院美术教授，曾任黑龙江省师

范学校书法、美术教材主编、黑龙江省老年书画研究会艺术顾问。出版有《胡梅生国画作品精选》《柳公权玄秘塔碑集联》《汉礼器碑集联》等。

J0098004
兰亭序　（晋）王羲之书；天津人民美术出版社编
天津　天津人民美术出版社　1998 年　96 页
18cm（小 32 开）ISBN：7-5305-0838-5
定价：CNY6.80
（中国历代碑帖放大选字本）
　　《兰亭集序》是中国东晋时代书圣王羲之于穆帝永和九年（353）在绍兴兰渚山下以文会友时所写，也称《兰亭序》《临河序》《禊帖》《三月三日兰亭诗序》等。

J0098005
明拓魏郑文公下碑　故宫博物院《历代碑帖墨迹选》编辑组编辑
北京　紫禁城出版社　1998 年　26cm（16 开）
ISBN：7-80047-253-1 定价：CNY8.50
（故宫博物院珍藏历代碑帖墨迹选 5）

J0098006
圣教序　（怀仁集王羲之书《圣教序》）（晋）王羲之书；白砥编
杭州　中国美术学院出版社　1998 年　16 页
26cm（16 开）ISBN：7-81019-661-8
定价：CNY4.00
（学书范本精华）

J0098007
圣教序临习与创作　李里编写
北京　中国书店　1998 年　82 页 26cm（16 开）
ISBN：7-80568-897-4 定价：CNY8.00
（历代碑帖自学丛书）
　　编者李里（1931—　），山西襄汾县人。历任中国美协、山西书法协会会员、董寿平书画艺术研究会常务理事、山西美术研究会副会长、山西老年书画家协会副主席和山西农民书画研究会常务副会长。

J0098008
水写字帖　（王羲之圣教序碑字精选）谢京秋编著
沈阳　辽宁美术出版社　1998 年　1 套 36cm（15 开）

ISBN：7-5314-1835-5 定价：CNY16.50
（中国古代名家书迹系列）

J0098009
水写字帖 （张猛龙碑字精选）徐炽编著
沈阳 辽宁美术出版社 1998年 1套 36cm（15开）
ISBN：7-5314-1837-1 定价：CNY16.00
（中国古代名家书迹系列）

J0098010
唐人集王书金刚经 （晋）王羲之书；故宫博
物院《历代碑帖墨迹选》编辑组编辑
北京 紫禁城出版社 1998年 26cm（16开）
ISBN：7-80047-271-X 定价：CNY6.00
（故宫博物院珍藏历代碑帖墨迹选 4）

J0098011
唐人摹王羲之书兰亭序墨迹 冯承素等摹
沈阳 辽宁画报出版社 1998年 18页 29cm（16开）
ISBN：7-80601-189-7 定价：CNY2.98
（中国历代碑帖）
　　作者冯承素（617—672），唐代书法家。字
万寿，长安信都（今陕西西安）人。唐高宗时官
至中书主书。代表作品《冯摹兰亭序》。

J0098012
王羲之　王献之书法集 （晋）王羲之，（晋）
王献之书
南京 江苏美术出版社 1998年 62页
28cm（大16开）ISBN：7-5344-0856-3
定价：CNY28.00
（中国历代大师名作丛书）

J0098013
王羲之《兰亭序》行书大字谱 陆有珠主编
南宁 广西美术出版社 1998年 45页 38cm（8开）
ISBN：7-80625-377-7 定价：CNY13.00
（书法大字谱 第二辑）

J0098014
王羲之草书十七帖解析字帖 李松编著
北京 新时代出版社 1998年 132页 26cm（16开）
ISBN：7-5042-0377-7 定价：CNY13.00
（书法字海解析丛帖 第二集）

J0098015
王羲之传世名迹 （晋）王羲之书
苏州 古吴轩出版社 1998年 43页 34cm（10开）
ISBN：7-80574-382-7 定价：CNY6.00
（古今书法精粹）

J0098016
王羲之兰亭序帖三种 浙江古籍出版社编辑
杭州 浙江古籍出版社 1998年 18页 26cm（16开）
ISBN：7-80518-441-0 定价：CNY4.20
（历代碑帖精华）

J0098017
王羲之兰亭叙 （东晋）王羲之书
福州 福建美术出版社 1998年 54页 26cm（16开）
ISBN：7-5393-0719-6 定价：CNY8.00

J0098018
王羲之书草诀歌 （晋）王羲之书
南宁 广西美术出版社 1998年 84页 29cm（16开）
ISBN：7-80625-530-3 定价：CNY14.80

J0098019
王羲之书法精华 （晋）王羲之书；林枫主编
北京 北京出版社 1998年 10+300页
28cm（16开）精装 ISBN：7-200-01916-X
定价：CNY36.00

J0098020
王羲之书法精品选 （晋）王羲之书；肖岸主编
北京 华龄出版社 1998年 85页 26cm（16开）
ISBN：7-80082-811-5 定价：CNY9.80
（中国古代书法经典丛书）

J0098021
王羲之书法全集 （晋）王羲之书；张速编
天津 天津古籍出版社 1998年 450+12页
26cm（16开）ISBN：7-80504-607-7
定价：CNY48.00
（中国历代书法名家名品全集）

J0098022
王献之名帖精选 （晋）王献之著
杭州 浙江古籍出版社 1998年 12页 26cm（16开）
ISBN：7-80518-452-6 定价：CNY3.00

（历代碑帖精华）

J0098023

王献之书法全集　（晋）王献之书；张速编
天津　天津古籍出版社　1998 年　468 页
26cm（16 开）ISBN：7-80504-608-5
定价：CNY48.00
（中国历代书法名家名品全集）

J0098024

兴福寺断碑　（晋）王羲之书；（唐释）大雅集
北京　华夏出版社　1998 年　32×20cm
ISBN：7-5080-1604-1　定价：CNY6.80
（中国历代经典名帖集成）

J0098025

张猛龙碑临习指南　姜荣贵编著
沈阳　辽宁美术出版社　1998 年　164 页
26cm（16 开）ISBN：7-5314-1964-5
定价：CNY15.00
（名碑名帖临习指南系列）

J0098026

张猛龙碑魏体描红本　（一）谢新知编著
长沙　湖南美术出版社　1998 年　32 页　19×26cm
ISBN：7-5356-1171-0　定价：CNY4.00

J0098027

张猛龙碑魏体描红本　（二）谢新知编著
长沙　湖南美术出版社　1998 年　32 页　19×26cm
ISBN：7-5356-1172-9　定价：CNY4.00

J0098028

张猛龙碑魏体描红本　（三）谢新知编著
长沙　湖南美术出版社　1998 年　32 页　19×26cm
ISBN：7-5356-1173-7　定价：CNY4.00

J0098029

张猛龙碑选字帖　庹纯双编著
成都　四川辞书出版社　1998 年　56 页 26cm（16开）
ISBN：7-80543-694-0　定价：CNY9.00
（庹氏回米格标准字帖）

J0098030

北魏　蒿高灵庙碑　沈欣编
上海　上海交通大学出版社　1999 年　18 页
38cm（6 开）ISBN：7-313-02359-6
定价：CNY7.00
（中国古碑帖菁华放大本）

　　《蒿高灵庙碑》，北魏太安二年（456）立，原
石在河南登封中岳庙。本帖从明拓本中选字放
大影印。

J0098031

北魏《成实论》　无下拓主编
南宁　广西美术出版社　1999 年　68 页 35cm（15 开）
ISBN：7-80625-724-1　定价：CNY88.00（全套）
（九真集法帖　民间书法墨迹丛帖）

J0098032

北魏《大慈如来告疏》　无下拓主编
南宁　广西美术出版社　1999 年　32 页 35cm（15 开）
ISBN：7-80625-724-1　定价：CNY88.00（全套）
（九真集法帖　民间书法墨迹丛帖）

J0098033

北魏·司马悦墓志元怀墓志　周到编
郑州　中州古籍出版社　1999 年　52 页
28cm（大 16 开）ISBN：7-5348-1774-9
定价：CNY6.00
（中国碑刻书法精品选 3）

J0098034

北魏墓志珍稀拓片系列丛帖
沈阳　辽宁美术出版社　1999 年　10 册 25×26cm
ISBN：7-5314-2283-2　定价：CNY80.00
（21 世纪书法系列丛书）

J0098035

草诀歌　（晋）王羲之书
合肥　黄山书社　1999 年　86 页 26cm（16 开）
（中国历代著名碑帖墨迹放大系列）

　　本书是一本根据字形变化规律，抓住草书字
形结构或偏旁部首的书写特点，以歌诀形式编写
的通俗读本，是学习草书的最佳范本。

J0098036

敦煌遗书　无下拓主编
南宁　广西美术出版社　1999 年　6 册 35cm（15 开）
（九真集法帖　民间书法墨迹丛帖）

J0098037

二王尺牍集　（东晋）王羲之，王献之书

长春 吉林文史出版社 1999 年 61 页 30cm（15 开）

ISBN：7-80626-389-6 定价：CNY8.00

（中国著名碑帖选集（第二集）26）

J0098038

高句丽好大王碑

成都 四川美术出版社 1999 年 重印本 107 页

37cm（12 开）ISBN：7-5410-1697-7

定价：CNY25.00

　　《高句丽好大王碑》全称《国冈上广开土境平安好太王碑》，又称《广开土王碑》《好太王碑》《好大王碑》。经考为东晋义熙十年（414 年）刻，书体为古隶。清光绪末吉林集安发现。碑高 6 米。四面环刻，共 44 行，每行 41 字，共计 1775 字。

J0098039

高句丽好大王碑

天津 天津人民美术出版社 1999 年 96 页

19cm（小 32 开）ISBN：7-5305-1035-5

定价：CNY6.80

（中国历代碑帖放大选字本）

　　《高句丽好大王碑》全称《国冈上广开土境平安好太王碑》，又称《广开土王碑》《好太王碑》《好大王碑》。经考为东晋义熙十年（公元 414 年）刻，书体为古隶。清光绪末吉林集安发现。碑高 6 米。四面环刻，共 44 行，每行 41 字，共计 1775 字。

J0098040

高贞碑

长春 吉林文史出版社 1999 年 47 页 30cm（15 开）

ISBN：7-80626-446-9 定价：CNY7.00

（中国著名碑帖选集（第二集）43）

　　《高贞碑》，全称《魏故营州刺史侯高君之碑》。篆书题额，北魏正光四年（523）刻，清嘉庆十一年（1806）在山东德州卫河第三屯出土，石移德州学宫。所出古碑除《高贞碑》外，尚有《高庆》《高湛》二石，世称德州“三高”。

J0098041

晋《三国志·步骘传》　无下拓主编

南宁 广西美术出版社 1999 年 32 页 35cm（15 开）

ISBN：7-80625-724-1 定价：CNY88.00（全套）

（九真集法帖 民间书法墨迹丛帖）

J0098042

晋·临辟雍碑　周到等编

郑州 中州古籍出版社 1999 年 68 页

28cm（大 16 开）ISBN：7-5348-1775-7

定价：CNY7.70

（中国碑刻书法精品选 2）

J0098043

旧拓定武本摹刻兰亭序　天津人民美术出版社编

天津 天津人民美术出版社 1999 年

33cm（12 开）盒套经折装 ISBN：7-5305-1020-7

定价：CNY51.00

　　本书由《旧拓定武本摹刻兰亭序》《董美人墓志初拓本》合订。

J0098044

嫔耿氏墓志　卢林编

沈阳 辽宁美术出版社 1999 年 22 页 25×26cm

ISBN：7-5314-2283-2 定价：CNY8.00

（21 世纪书法系列丛书 北魏墓志珍稀拓片系列丛帖 6）

J0098045

汝南王修治古塔铭

苏州 古吴轩出版社 1999 年 影印本 46 页

34cm（10 开）ISBN：7-80574-386-X

定价：CNY6.50

（古今书法精粹）

J0098046

圣教序　（晋）王羲之书；天津人民美术出版社编

天津 天津人民美术出版社 1999 年 96 页

18cm（小 32 开）ISBN：7-5305-1038-X

定价：CNY6.80

（中国历代碑帖放大选字本）

J0098047

司马显姿墓志　卢林编

沈阳 辽宁美术出版社 1999 年 22 页 25×26cm

ISBN：7-5314-2283-2 定价：CNY8.00

（21 世纪书法系列丛书 北魏墓志珍稀拓片系列丛帖 3）

J0098048

四山摩崖 （一 尖山摩崖 葛山摩崖）
广州 岭南美术出版社 1999 年 139 页 38cm（6 开）
ISBN：7-5362-1974-1 定价：CNY38.00
（大字本历代摩崖碑帖选萃）

J0098049

宋拓墨皇本圣教序 （晋）王羲之书
天津 天津人民美术出版社 1999 年
32cm（10 开）经折装 ISBN：7-5305-1019-3
定价：CNY118.00

J0098050

唐人摹兰亭序三种 （唐）冯承素摹本
北京 华夏出版社 1999 年 32×20cm
ISBN：7-5080-1665-3 定价：CNY8.80
（中国历代经典名帖集成）

J0098051

唐唐玄序集王羲之书金刚经 沈欣编
上海 上海交通大学出版社 1999 年 46 页
38cm（6 开） ISBN：7-313-02338-3
定价：CNY10.00
（中国古碑帖菁华放大本）

J0098052

王羲之　王献之选集 （晋）王羲之，王献之书
杭州 浙江人民美术出版社 1999 年 61 页
29cm（16 开） ISBN：7-5340-0962-6
定价：CNY20.00
（历代法帖选）

J0098053

王羲之尺牍四种 （晋）王羲之［书］
北京 华夏出版社 1999 年 32×20cm
ISBN：7-5080-1667-X 定价：CNY6.60
（中国历代经典名帖集成）

J0098054

王羲之法帖两种 （晋）王羲之书
西安 陕西人民出版社 1999 年 37 页 33cm
ISBN：7-224-05233-7 定价：CNY10.00
（中国珍稀碑帖丛书）

J0098055

王羲之兰亭序 （晋）王羲之书；雷志雄主编
武汉 湖北美术出版社 1999 年 36 页 31cm（10 开）
ISBN：7-5394-0865-0 定价：CNY7.00
（中国历代书法名迹临习指导）

J0098056

王羲之兰亭序　怀仁集王书圣教序 （晋）
王羲之书
北京 中国戏剧出版社 1999 年 65 页 29cm（15 开）
ISBN：7-104-01123-4 定价：CNY8.80
（中国历代书法名家名作评介丛书）

J0098057

王羲之圣教序碑字精选水写字帖 谢京秋
编著
沈阳 辽宁美术出版社 1999 年 20 页 25×34cm
ISBN：7-5314-2194-1 定价：CNY12.00
（中国古代名家书迹系列）

J0098058

王羲之圣教序精选 田旭中，邓代昆编著
成都 四川美术出版社 1999 年 45 页 38cm（6 开）
ISBN：7-5410-1657-8 定价：CNY12.00
（中国历代名家书法篆刻精品选萃 行书）
　　田旭中（1953— ），书画家、作家。四川成都人。历任中国书法家协会四川分会会员、四川省书学学会理事。邓代昆（1949— ），书画篆刻家。成都人，任中国书画函授大学四川分校书法系主任、副教授。出版有《新中国国礼艺术大师·精品六人集》《神州国光·巴蜀卷》《共和国书法大系》等。

J0098059

王羲之书法全集 （晋）王羲之书；杨璐主编
北京 中国书店 1999 年 4 册 26cm（16 开）
ISBN：7-80568-899-0 定价：CNY160.00

J0098060

王偃墓志 卢林编
沈阳 辽宁美术出版社 1999 年 22 页 25×26cm
ISBN：7-5314-2283-2 定价：CNY8.00
（21 世纪书法系列丛书 北魏墓志珍稀拓片系列
丛帖 4）

J0098061
魏碑·郑文公碑
北京 中国戏剧出版社 1999 年 110 页
29cm（16 开）ISBN：7-104-01123-4
定价：CNY14.20
（中国历代书法名家名作评介丛书）

J0098062
魏碑张猛龙碑　张黑女墓志
北京 中国戏剧出版社 1999 年 65 页 29cm（16 开）
ISBN：7-104-01123-4 定价：CNY8.80
（中国历代书法名家名作评介丛书）

J0098063
魏墓志铭七品
长春 吉林文史出版社 1999 年 62 页 30cm（15 开）
ISBN：7-80626-401-9 定价：CNY8.00
（中国著名碑帖选集（第二集）32）

J0098064
西凉《十诵比丘诫本》 无下拓主编
南宁 广西美术出版社 1999 年 68 页 35cm（15 开）
ISBN：7-80625-724-1 定价：CNY88.00（全套）
（九真集法帖 民间书法墨迹丛帖）

J0098065
西魏《大比丘尼羯磨经》 无下拓主编
南宁 广西美术出版社 1999 年 44 页 35cm（15 开）
ISBN：7-80625-724-1 定价：CNY88.00（全套）
（九真集法帖 民间书法墨迹丛帖）

J0098066
西魏《东都发愿文》 无下拓主编
南宁 广西美术出版社 1999 年 56 页 35cm（15 开）
ISBN：7-80625-724-1 定价：CNY88.00（全套）
（九真集法帖 民间书法墨迹丛帖）

J0098067
于纂墓志 卢林编
沈阳 辽宁美术出版社 1999 年 22 页 25×26cm
ISBN：7-5314-2283-2 定价：CNY8.00
（21 世纪书法系列丛书 北魏墓志珍稀拓片系列
丛帖 8）

J0098068
元玕墓志 卢林编
沈阳 辽宁美术出版社 1999 年 22 页 25×26cm
ISBN：7-5314-2283-2 定价：CNY8.00
（21 世纪书法系列丛书 北魏墓志珍稀拓片系列
丛帖 10）

J0098069
元晔墓志 卢林编
沈阳 辽宁美术出版社 1999 年 22 页 25×26cm
ISBN：7-5314-2283-2 定价：CNY8.00
（21 世纪书法系列丛书 北魏墓志珍稀拓片系列
丛帖 1）

J0098070
元延明墓志 卢林编
沈阳 辽宁美术出版社 1999 年 22 页 25×26cm
ISBN：7-5314-2283-2 定价：CNY8.00
（21 世纪书法系列丛书 北魏墓志珍稀拓片系列
丛帖 5）

J0098071
元演墓志 卢林编
沈阳 辽宁美术出版社 1999 年 22 页 25×26cm
ISBN：7-5314-2283-2 定价：CNY8.00
（21 世纪书法系列丛书 北魏墓志珍稀拓片系列
丛帖 9）

J0098072
元毓墓志 卢林编
沈阳 辽宁美术出版社 1999 年 22 页 25×26cm
ISBN：7-5314-2283-2 定价：CNY8.00
（21 世纪书法系列丛书 北魏墓志珍稀拓片系列
丛帖 2）

J0098073
元纂墓志 卢林编
沈阳 辽宁美术出版社 1999 年 22 页 25×26cm
ISBN：7-5314-2283-2 定价：CNY8.00
（21 世纪书法系列丛书 北魏墓志珍稀拓片系列
丛帖 7）

J0098074
怎样临习十七帖 王继安编；中国书法家协
会书法培训中心编

桂林 漓江出版社 1999年 48页 26cm(16开)
ISBN: 7-5407-2396-3 定价: CNY10.00
(金钥匙书法名帖自学丛书)

J0098075
张猛龙碑字精选水写字贴　徐炽编著
沈阳 辽宁美术出版社 1999年 20页 25×34cm
ISBN: 7-5314-2192-5 定价: CNY12.00
(中国古代名家书迹系列)

J0098076
郑文公下碑　(北魏)郑道昭书
长春 吉林文史出版社 1999年 114页
30cm(15开) ISBN: 7-80626-390-X
定价: CNY15.00
(中国著名碑帖选集(第二集)29)

隋、唐书法作品

J0098077
[**皇甫诞碑**]　(唐)欧阳询书
明至清 墨拓本 线装
　　作者欧阳询(557—641), 唐朝著名书法家。
字信本, 唐朝潭州临湘(今湖南长沙)人, 楷书四
大家之一。与同代的虞世南、褚遂良、薛稷三位
并称初唐四大家。楷书有《九成宫醴泉铭》《皇
甫诞碑》《化度寺碑》《虞恭公温彦博碑》, 行书
有《仲尼梦奠帖》《行书千字文》。书法著作有《八
诀》《传授诀》《用笔论》《三十六法》。

J0098078
[**柳公权玄秘塔碑**]　(唐)柳公权书
明至清 拓本 线装
　　《玄秘塔碑》即《唐故左街僧录大达法师碑
铭》。唐代碑刻。裴休撰文, 柳公权书。会昌元
年(841年)立。楷书, 二十八行, 行五十四字。
作者柳公权(778—865), 唐代晚期著名书法家。
字诚悬, 陕西铜川市人。代表作品《金刚经碑》
《玄秘塔碑》《神策军纪圣德碑》等。

J0098079
[**颜家庙碑**]　(唐)颜真卿撰并书
明至清 拓本 线装
　　分四册。作者颜真卿(709—785), 唐代书法

家。字清臣。历任监察御史、殿中侍御史。代表
作品有《韵海镜源》《吴兴集》《庐陵集》等, 均
佚。宋人辑有《颜鲁公集》。

J0098080
李北海娑罗树碑　(不分卷)(唐)李邕书
明 拓本
　　作者李邕(678—747), 唐代书法家。即李
北海, 也称李括州, 字泰和, 唐朝宗室。鄂州江
夏(今湖北武汉市江夏区)人。主要作品有《李思
训碑》《麓山寺碑》《云麾将军碑》等。

J0098081
[**柳公权玄秘塔碑**]　(唐)柳公权书
清 拓本 经折装

J0098082
[**清拓多宝佛塔感应碑**]
清 拓本 经折装
　　《多宝塔碑》全称《大唐西京千福寺多宝佛
塔感应碑文》, 亦称《多宝塔感应碑》。唐代碑刻。
岑勋撰文, 颜真卿正书, 徐浩隶书题额, 史华刻。
天宝十一载(752年)立。为颜真卿44岁时所作。
楷书, 三十四行, 行六十六字。

J0098083
[**颜真卿书裴将军诗**]
清 双钩本 经折装

J0098084
[**兖公之颂碑**]　(唐)张之宏撰;(唐)包文该书
清 拓本 经折装

J0098085
大唐王居士砖塔之铭　(唐)敬客书
清 拓本 线装
　　《王居士砖塔铭》, 唐代正书碑刻。敬客书。
显庆三年(658年)刻, 明末出土于终南山(在今
陕西)梗梓谷。文凡17行, 满行17字。出土时
石尚完好, 后碑裂为七。

J0098086
大唐西京千福寺多宝佛塔感应碑　(唐)颜
真卿书
清 拓本 经折装

J0098087

大唐西京千福寺多宝佛塔感应碑文

(唐)岑勋撰

清 拓本 折装

　　《多宝塔碑》全称《大唐西京千福寺多宝塔感应碑文》，亦称《多宝塔感应碑》。唐代碑刻。岑勋撰文，颜真卿正书，徐浩隶书题额，史华刻。天宝十一载(752年)立。为颜真卿44岁时所作。楷书，三十四行，行六十六字。

J0098088

大唐西京千福寺多宝佛塔感应碑文

(唐)岑勋撰；(唐)颜真卿书

清 拓本 经折装

J0098089

二百兰亭斋温虞公碑宋拓本 （一卷）

(清)吴云辑

归安吴云 清 刻本 线装

　　行款不一白口半页四周单边。辑者吴云(1811—1883)，清代著名书画家、藏书家。字少甫，号平斋，晚号退楼主人，生于浙江湖州。精于鉴别与考据。著有《醉石山房诗文钞》。

J0098090

孔子庙堂碑 （唐)虞世南书

清 拓本 经折装

　　《孔子庙堂碑》，唐代碑刻。正书。虞世南撰文并书。立于贞观年间。记述高祖武德九年(626年)封孔子三十三世后裔孔德伦为褒圣侯及修葺孔庙等事。作者虞世南(558—638)，唐代书法家、文学家、诗人、政治家。字伯施，越州余姚(今浙江省慈溪市)人。主要作品有《虞秘监集》《孔子庙堂碑》。

J0098091

琅邪碑 （唐)柳公权书

清 拓本 经折装

J0098092

灵飞经法帖

清 拓本 经折装

J0098093

柳公权玄秘塔碑 （唐)柳公权书

清至民国初 拓本 线装

　　《玄秘塔碑》即《唐故左街僧录大达法师碑铭》。唐代碑刻。裴休撰文，柳公权书。会昌元年(841年)立。楷书，二十八行，行五十四字。

J0098094

庙堂碑唐本存字 （一卷）(清)翁方纲辑

清 刻本 线装

　　行款不一白口四周单边。辑者翁方纲(1733—1818)，清代金石学家、文学家、书法家。字正三，号覃溪，晚号苏斋，北京大兴人，乾隆十七年进士。著有《粤东金石略》《苏米斋兰亭考》《复初斋诗文集》《小石帆亭著录》等。

J0098095

攀龙麟附凤翼 （一 攀)(唐)虞世南书

清 拓印本 1幅 80×76cm

J0098096

攀龙麟附凤翼 （二 龙)(唐)虞世南书

清 拓印本 1幅 80×76cm

J0098097

攀龙麟附凤翼 （三 麟)(唐)虞世南书

清 拓印本 1幅 80×76cm

J0098098

攀龙麟附凤翼 （四 附)(唐)虞世南书

清 拓印本 1幅 80×76cm

J0098099

攀龙麟附凤翼 （五 凤)(唐)虞世南书

清 拓印本 1幅 80×76cm

J0098100

攀龙麟附凤翼 （六 翼)(唐)虞世南书

清 拓印本 1幅 80×76cm

J0098101

千文字 （唐)欧阳询书

清 拓本 经折装

　　作者欧阳询(557—641)，唐朝著名书法家。字信本，唐朝潭州临湘(今湖南长沙)人，楷书四大家之一。与同代的虞世南、褚遂良、薛稷三位并称初唐四大家。楷书有《九成宫醴泉铭》《皇甫诞碑》《化度寺碑》《虞恭公温彦博碑》，行书有《仲尼梦奠帖》《行书千字文》。书法著作有《八诀》《传授诀》《用笔论》《三十六法》。

J0098102
隋残碑
清　拓本　线装

J0098103
孙过庭章草释文 （一卷）佚名辑
清　刻本

J0098104
孙过庭章草释文 （一卷）佚名辑
清咸丰至同治　刻本

J0098105
唐封祀坛碑
清　拓本　经折装

J0098106
翁同龢临篆书石鼓文 （不分卷）（清）翁同
龢书
清　写本　红格
　　作者翁同龢（1830—1904），清代书法家。江苏常熟人。字叔平，一字声甫，晚号松禅、瓶斋居士。清咸丰六年状元。同治、光绪帝师，官至工部尚书、军机大臣，卒谥文恭。工诗文书画，以书法称名于时。著有《翁文恭公日记》《瓶庐诗文稿》。

J0098107
颜鲁公书李玄靖碑全文
清　抄本　线装

J0098108
［唐颜君碑］ （清）贝墉藏
清嘉庆　拓本　经折装

J0098109
颜书编年录 （四卷）（清）黄本骥撰
清光绪　刻本
（翠琅玕馆丛书本）
　　收于《翠琅玕馆丛书本》中。

J0098110
颜书编年录 （四卷）（清）黄本骥撰
清道光九年［1829］刻本

J0098111
程子四箴 （不分卷）（唐）颜真卿书
文成堂书庄　清末　石印本

J0098112
大唐王居士砖塔之铭 （唐）上官灵芝撰
清末　影印本　线装
　　六行十字白口四周双边单鱼尾。

J0098113
大唐王居士砖塔之铭 （唐）上官灵芝撰
清末　影印本　线装
　　六行字数不等白口四周双边单鱼尾。《王居士砖塔铭》，唐代正书碑刻。敬客书。显庆三年（658年）刻，明末出土于终南山（在今陕西）梗梓谷。文凡17行，满行17字。出土时石尚完好，后碑裂为七。

J0098114
大唐中岳隐居太和先生琅耶王征君临终口授铭 （唐）王征撰
清末至民国初　拓本　剪帖　线装
　　作者王征（1938—　　），画家。浙江温岭人，毕业于浙江美术学院中国画系。历任浙江博物馆美术员、北京人民美术出版社编辑、济南军区美术员、杭州浙江工艺美校高级讲师、校长，中国美术家协会会员。作品有《红楼梦》《三国演义》《金瓶梅》。出版有《国画人物画法》等。

J0098115
九成宫醴泉铭 （唐）欧阳询书
清末　影印本　经折装
　　《九成宫醴泉铭》，唐代碑刻。魏徵撰文，欧阳询正书。碑额篆书。贞观六年（632年）立。楷书，二十四行，行五十字。作者欧阳询（557—641），唐朝著名书法家。字信本，唐朝潭州临湘（今湖南长沙）人，楷书四大家之一。与同代的虞世南、褚遂良、薛稷三位并称初唐四大家。楷书有《九成宫醴泉铭》《皇甫诞碑》《化度寺碑》《虞恭公温彦博碑》，行书有《仲尼梦奠帖》《行书千字文》。书法著作有《八诀》《传授诀》《用笔论》

《三十六法》。

J0098116
玄秘塔碑 (唐)柳公权书
清末 石印本 统一书号: 8199.1162
定价: CNY2.60
　　《玄秘塔碑》即《唐故左街僧录大达法师碑铭》。唐代碑刻。装休撰文,柳公权书。会昌元年(841年)立。楷书,二十八行,行五十四字。

J0098117
颜书东方朔画讚记 穆氏刻石;聂守仁藏并跋
清末至民国初 拓本暨稿本 毛装

J0098118
有唐抚州南城县麻姑山仙坛记
(唐)颜真卿撰并书
清末 石印本

J0098119
有唐抚州南城县麻姑山仙坛记
(一卷)(唐)颜真卿撰并书
清末 石印本

J0098120
二百兰亭斋温虞公碑 (一卷)(清)吴云双钩
清同治二年[1863]刻本 线装

J0098121
孔子庙堂之碑 (不分卷)(唐)虞世南书
清同治九年[1870]刻本 双钩

J0098122
有唐抚州南城县麻姑山仙坛记
(一卷)(唐)颜真卿撰并书
杨守敬 清同治九年至光绪四年[1870-1878]刻本
　　本书《有唐抚州南城县麻姑山仙坛记一卷》《激素飞清阁石印碑帖》合刻。

J0098123
宋拓化度寺碑 (唐)欧阳询书;(清)吴云临
清同治十一年[1872]刻本 线装
　　白口半页四周单边。欧阳询(557—641),唐朝著名书法家。字信本,唐朝潭州临湘(今湖

南长沙)人,楷书四大家之一。与同代的虞世南、褚遂良、薛稷三位并称初唐四大家。楷书有《九成宫醴泉铭》《皇甫诞碑》《化度寺碑》《虞恭公温彦博碑》,行书有《仲尼梦奠帖》《行书千字文》。书法著作有《八诀》《传授诀》《用笔论》《三十六法》。作者吴云(1811—1883),清代著名书画家、藏书家。字少甫,号平斋,晚号退楼主人,生于浙江湖州。精于鉴别与考据。著有《醉石山房诗文钞》。

J0098124
初拓董美人墓志铭
上海 有正书局 清光绪 影印本 线装

J0098125
楚北杨氏兰亭砖塔铭摹本 杨守敬辑
激素飞清阁 清光绪 刻本 线装
　　辑者杨守敬(1839—1915),清代地理学家、书法家、金石学家。代表作品有《水经注疏》《日本访书志》《湖北金石志》等。

J0098126
大唐王居士砖塔之铭 (唐)上官灵芝撰;(唐)敬客书
上海 有正书局 清光绪 影印本 线装
　　《王居士砖塔铭》,唐代正书碑刻。敬客书。显庆三年(658年)刻,明末出土于终南山(在今陕西)梗梓谷。文凡17行,满行17字。出土时石尚完好,后碑裂为七。

J0098127
化度寺碑 (唐)欧阳询书
清光绪 影印本 线装
　　《化度寺碑》,(唐)欧阳询贞观五年(631年)十一月刻,正书,35行,行33字。本书据宋拓本影印。作者欧阳询(557—641),唐朝著名书法家。字信本,唐朝潭州临湘(今湖南长沙)人,楷书四大家之一。与同代的虞世南、褚遂良、薛稷三位并称初唐四大家。楷书有《九成宫醴泉铭》《皇甫诞碑》《化度寺碑》《虞恭公温彦博碑》,行书有《仲尼梦奠帖》《行书千字文》。书法著作有《八诀》《传授诀》《用笔论》《三十六法》。

J0098128
化度寺碑 (清)李宗瀚辑

清光绪　影印本　经折装

（临川十宝）

　　《化度寺碑》，（唐）欧阳询贞观五年（631年）十一月刻，正书，35行，行33字。

J0098129

老子西升经　（唐）褚遂良书

清光绪　拓本　折装

　　作者褚遂良（596—658或659），唐代政治家、书法家。字登善，杭州钱塘（今浙江杭州市）人。代表作品有《孟法师碑》《雁塔圣教序》等。

J0098130

庙堂碑唐石本　（唐）虞世南书；（清）李宗瀚辑

清光绪　影印本　经折装

（临川十宝）

J0098131

庙堂碑唐石本　（一卷）（唐）虞世南书；（清）李宗瀚辑

清光绪　影印本　经折装

J0098132

明拓柳公权玄秘塔　（一卷）（唐）柳公权书

上海　有正书局　清光绪至宣统　影印本　线装

　　《玄秘塔碑》即《唐故左街僧录大达法师碑铭》。唐代碑刻。裴休撰文，柳公权书。会昌元年（841年）立。楷书，二十八行，行五十四字。

J0098133

宋拓多宝塔碑　（清）李宗瀚辑

清光绪　影印本　经折装

（临川十宝）

J0098134

宋拓李北海云麾碑　（唐）李邕撰并书

上海　有正书局　清光绪至宣统　影印本　线装

J0098135

宋拓善才寺碑　（唐）褚遂良书；（清）李宗瀚辑

清光绪　影印本　经折装

（临川十宝）

　　收于《临川十宝》中。

J0098136

宋拓颜书李元靖碑　（唐）颜真卿书

清光绪　影印本　经折装

　　分四册。

J0098137

宋拓虞恭公碑　（唐）欧阳询书；（清）李宗瀚辑

清光绪　影印本　经折装

（临川十宝）

　　作者欧阳询（557—641），唐朝著名书法家。字信本，唐朝潭州临湘（今湖南长沙）人，楷书四大家之一。与同代的虞世南、褚遂良、薛稷三位并称初唐四大家。楷书有《九成宫醴泉铭》《皇甫诞碑》《化度寺碑》《虞恭公温彦博碑》，行书有《仲尼梦奠帖》《行书千字文》。书法著作有《八诀》《传授诀》《用笔论》《三十六法》。

J0098138

宋拓虞世南东庙堂碑　（唐）虞世南书

上海　有正书局　清光绪至宣统　影印本　线装

J0098139

唐故云麾将军李公碑　（清）李宗瀚辑

清光绪　影印本　经折装

（临川十宝）

J0098140

唐拓九成宫醴泉铭　（唐）欧阳询书

上海　有正书局　清光绪　影印本　线装

　　《九成宫醴泉铭》，唐代碑刻。魏徵撰文，欧阳询正书。碑额篆书。贞观六年（632年）立。楷书，二十四行，行五十字。

J0098141

唐拓九成宫醴泉铭　（唐）欧阳询书

上海　有正书局　民国十五年［1926］影印本

　　《九成宫醴泉铭》，唐代碑刻。魏徵撰文，欧阳询正书。碑额篆书。贞观六年（632年）立。楷书，二十四行，行五十字。作者欧阳询（557—641），唐朝著名书法家。字信本，唐朝潭州临湘（今湖南长沙）人，楷书四大家之一。与同代的虞世南、褚遂良、薛稷三位并称初唐四大家。楷书有《九成宫醴泉铭》《皇甫诞碑》《化度寺碑》《虞恭公温彦博碑》，行书有《仲尼梦奠帖》《行书千字文》。书法著作有《八诀》《传授诀》《用笔论》

《三十六法》。

J0098142
唐拓孟法师碑 （唐）褚遂良书；（清）李宗瀚辑
清光绪　影印本　经折装
（临川十宝）
　　《孟法师碑》全称《唐京师至德观法主孟法师碑》，亦称《至德观法主孟静素碑》。唐代正书碑刻。唐贞观十六年（642）刻。岑文本撰，褚遂良楷书。碑石久佚，有清代李宗瀚藏唐拓本传世。册共20面，每面4行，满行9字，凡769字。为褚氏早年之作。

J0098143
幽州昭仁寺碑文 （唐）朱子奢撰文；王懿石珍藏
清光绪［影印本］29cm（16开）
　　据拓本影印。作者朱子奢（？—641），字不详，苏州吴人。生年不详，卒于唐太宗贞观十五年。善文辞，通春秋。作者王文韶（1830—1908），清末大臣。字夔石，号耕娱、庚虞，又号退圃。官至政务大臣、武英殿大学士。

J0098144
唐温泉 （不分卷）唐太宗李世民撰
清光绪十年［1884］珂罗版印本

J0098145
草书集成 （五卷）（清）石梁书
上海书局　清光绪十二年［1886］石印本

J0098146
三帖释文 （不分卷）（清）虽园主人辑
清光绪十三年［1887］刻本

J0098147
翠云馆试帖 （二卷）（清）黄士恂撰
清光绪十五年［1889］刻本

J0098148
贻经堂试帖 （二卷）（清）郑城撰
清光绪十五年［1889］刻本

J0098149
孙节愍公遗翰 （一卷 附一卷）（清）邓元鏸辑

清光绪十八年［1892］刻本

J0098150
破邪论 （不分卷）（唐）虞世南书
清光绪二十二年［1896］石印本

J0098151
春江钓图 （不分卷）严信厚辑
慈溪严信厚　清光绪二十六年［1900］拓本
　　本书由《小石庐馆集帖不分卷》《春江钓图不分卷》严信厚辑合订。

J0098152
小石庐馆集帖 （不分卷）严信厚辑
慈溪严信厚　清光绪二十六年［1900］拓本
　　本书由《小石庐馆集帖不分卷》《春江钓图不分卷》严信厚辑合订。

J0098153
宋拓房梁公碑 （清）李在钰藏
李在钰　清光绪二十九年［1903］影印本　线装

J0098154
绛帖考 （一卷）（清）徐琪撰
清光绪三十年［1904］刻本

J0098155
大将军昌乐公府司士行参军张通妻陶墓志
清光绪三十三年［1907］影印本　线装
　　四行八字白口。

J0098156
隋邯郸县令蔡府君故妻张夫人墓志铭
清光绪三十三年［1907］影印本　线装
　　四行八字白口。

J0098157
宋拓九成宫醴泉铭 （唐）欧阳询书
上海　有正书局　清光绪三十四年［1908］影印本　线装
　　《九成宫醴泉铭》，唐代碑刻。魏徵撰文，欧阳询正书。碑额篆书。贞观六年（632年）立。楷书，二十四行，行五十字。作者欧阳询（557—641），唐朝著名书法家。字信本，唐朝潭州临湘（今湖南长沙）人，楷书四大家之一。与同代的虞世南、褚遂良、薛稷三位并称初唐四大家。楷书有《九成宫醴泉铭》《皇甫诞碑》《化度寺碑》《虞恭公温彦博碑》，行书有《仲尼梦奠帖》《行书千字文》。书法著作有《八诀》《传授诀》《用笔论》《三十六法》。

J0098158

唐国子祭酒曲阜孔冲远碑

上海　有正书局　清光绪三十四年至宣统［1908-1911］影印本　线装

J0098159

吴谷人手书有正味斋续集之九未刊稿 （不分卷）（清）吴锡麟撰

上海　有正书局　清光绪三十四年［1908］影印本

J0098160

六朝人手书左手传 （不分卷）

上海　有正书局　清宣统元年［1909］石印本

J0098161

宋拓麻姑仙坛记合本 （唐）颜真卿撰并书

上海　神州国光社　清宣统元年［1909］影印本

J0098162

宋拓唐房梁公碑 （不分卷）（唐）褚遂良书

上海　神州国光社　清宣统元年［1909］影印本　线装

J0098163

宋拓唐孔颖达碑 （海内孤本）

上海　神州国光社　1909 年　33×40cm

定价：洋二元

J0098164

隋元公姬夫人墓志　邓秋枚辑

上海　神州国光社　清宣统元年［1909］影印本　线装

　　辑者邓秋枚（1877—1951），晚清著名报人。本名邓实，字秋枚，生于上海，祖籍广东顺德。致力于珍本古籍的收藏，曾在上海创办国学保存会藏书楼，收藏大量的珍本古籍。代表作品《国粹学》。

J0098165

唐人书法华信解品

清宣统元年［1909］影印本　线装

J0098166

御题三希堂续刻法帖 （不分卷）（唐）褚遂良等书；（清）蒋溥等辑

上海　上海蜚英书馆　清宣统元年［1909］石印本

　　本书又名：三希堂续刻法帖。

J0098167

原石初拓堉塔铭 （唐）上官灵芝撰；（唐）敬客书

神州国光社　清宣统元年［1909］影印本

J0098168

三希堂续刻法帖 （唐）褚遂良等书

北京　存古堂　清宣统三年［1910］影印本　重印　线装

　　分四册。

J0098169

唐颜鲁公送刘太冲诗叙墨迹 （一卷）（唐）颜真卿书

天津　赵氏傲徕山房　清宣统二年［1910］影印本（傲徕山房所藏五朝墨迹）

J0098170

御题三希堂续刻法帖 （不分卷）（唐）褚遂良等书；（清）蒋溥等辑

上海　存古堂　清宣统二年［1910］影印本

J0098171

［褚遂良书倪宽赞］ （唐）褚遂良书

民国　照像复制本　线装

　　中国唐代楷书法帖。

J0098172

［化度寺碑］ （唐）欧阳询书

民国　影印本　经折装

　　《化度寺碑》，全称《化度寺故僧邕禅师舍利塔铭》，正书碑刻。李百药撰，欧阳询书。贞观五年（631年）立于长安终南山化度寺。碑高2尺3寸，宽2尺5寸，字凡35行，行32字。作者欧阳询（557—641），唐朝著名书法家。字信本，唐朝潭州临湘(今湖南长沙)人，楷书四大家之一。与同代的虞世南、褚遂良、薛稷三位并称初唐四大家。楷书有《九成宫醴泉铭》《皇甫诞碑》《化度寺碑》《虞恭公温彦博碑》，行书有《仲尼梦奠帖》《行书千字文》。书法著作有《八诀》《传授诀》《用笔论》《三十六法》。

J0098173

[**汝南公主墓志铭墨迹**]　(唐)虞世南书
民国 影印本 有图及像 线装

作者虞世南(558—638)，唐代书法家、文学家、诗人、政治家。字伯施，越州余姚(今浙江省慈溪市)人。主要作品有《虞秘监集》《孔子庙堂碑》。

J0098174

[**唐太宗草书御屏书**]　(唐)唐太宗书
民国 影印本 经折装

J0098175

[**颜真卿墨迹三种**]
民国 影印本 线装

J0098176

[**颜真卿书裴将军诗**]
民国 影印本 经折装

J0098177

[**转轮王经**]　(唐)钟绍京书
民国 影印本 经折装

J0098178

北宋拓云麾将军李秀碑　(唐)李邕书
民国 影印本 经折装

J0098179

陈鹿翁墨迹　(一卷)题(唐)顾升书
清宣统三年[1911]石印本

本书由《瘗琴铭不分卷》《陈鹿翁墨迹一卷》题(唐)顾升书合订。

J0098180

初拓怀素草书自叙帖　(唐释)怀素撰并书
上海 有正书局 民国 影印本 线装

作者怀素(737—799)，唐代书法家。字藏真，

俗姓钱，永州零陵(今湖南零陵)人。传世书法作品有《自叙帖》《苦笋帖》《圣母帖》《论书帖》《小草千文》等。

J0098181

褚河南大楷习字范本　(一卷)(唐)褚遂良书
上海 有正书局 民国 石印本

J0098182

褚河南孟法师碑　(唐)褚遂良书
民国 影印本 经折装

《孟法师碑》全称《唐京师至德观法主孟法师碑》，亦称《至德观法主孟静素碑》。唐代正书碑刻。唐贞观十六年(642)刻。岑文本撰，褚遂良楷书。碑石久佚，有清代李宗瀚藏唐拓本传世。册共20面，每面4行，满行9字，凡769字。为褚氏早年之作。

J0098183

笪江上题唐模兰亭帖
[民国][影印本]29cm(16开)

J0098184

大唐王居士砖塔之铭　(唐)敬客书;(唐)上官灵芝制文
民国 影印本 经折装

《王居士砖塔铭》，唐代正书碑刻。敬客书。显庆三年(658年)刻，明末出土于终南山(在今陕西)梗梓谷。文凡17行，满行17字。出土时石尚完好，后碑裂为七。

J0098185

大唐西京千佛寺多宝佛塔感应碑文　(一卷)(唐)岑勋撰;(唐)颜真卿书
民国 影印本

《大唐西京千福寺多宝佛塔感应碑文》，亦称《多宝塔感应碑》《多宝塔碑》。唐代碑刻。岑勋撰文，颜真卿正书，徐浩隶书题额，史华刻。天宝十一载(752年)立。为颜真卿44岁时所作。楷书，三十四行，行六十六字。

J0098186

东方先生画赞碑阴记　(唐)颜真卿书
民国 影印本 线装

J0098187
敦煌秘宝唐人书金刚经
潢川吴宜常 民国 影印本 线装

J0098188
法华寺碑 (清)何绍基手钩
上海 有正书局 民国 影印本 线装
分二册。作者何绍基(1799—1873),清代诗人、书法家。字子贞,号东洲、晚号猿叟(一作蝯叟)。湖南道州(今道县)人。曾任翰林院编修、国史馆总纂。代表作品有《惜道味斋经说》《说文段注驳正》《东洲草堂诗钞》等。

J0098189
法华寺碑 (清)何绍基手钩
上海 有正书局 民国 影印本 2册 线装
本书由《李北海法华寺碑》(唐)李邕书、《法华寺碑》(清)何绍基手钩合订。

J0098190
阁帖 (十卷)(宋)王著编
民国 影印本 有像 线装
分五册。据宋拓本影印。

J0098191
化度寺碑 (唐)欧阳询书
[民国] 影印本 经折装
《化度寺碑》,全称《化度寺故僧邕禅师舍利塔铭》,正书碑刻。李百药撰,欧阳询书。贞观五年(631年)立于长安终南山化度寺。碑高2尺3寸,宽2尺5寸,字凡35行,行32字。作者欧阳询(557—641),唐朝著名书法家。字信本,唐朝潭州临湘(今湖南长沙)人,楷书四大家之一。与同代的虞世南、褚遂良、薛稷三位并称初唐四大家。楷书有《九成宫醴泉铭》《皇甫诞碑》《化度寺碑》《虞恭公温彦博碑》,行书有《仲尼梦奠帖》《行书千字文》。书法著作有《八诀》《传授诀》《用笔论》《三十六法》。

J0098192
祭侄文稿墨迹 (不分卷)(唐)颜真卿撰并书
民国 影印本

J0098193
九成宫醴泉铭 (唐)欧阳询书

上虞罗振玉 民国 影印本 线装
《九成宫醴泉铭》,唐代碑刻。魏徵撰文,欧阳询正书。碑额篆书。贞观六年(632年)立。楷书,二十四行,行五十字。

J0098194
九成宫醴泉铭 (唐)魏徵撰;(唐)欧阳询书
[民国] [影印本] 34cm(10开)

J0098195
九成宫醴泉铭 (唐)欧阳询书
民国 拓本 经折装

J0098196
乐毅论 (不分卷)(唐)褚遂良书
上海 艺苑真赏社 民国 影印本

J0098197
李北海法华寺碑 (唐)李邕撰并书
上海 有正书局 民国 影印本 线装
《法华寺碑》,全称《秦望山法华寺碑》。唐代行书碑刻。李邕撰文并书。开元二十三年(735年)立于会稽(今浙江绍兴)秦望山天衣寺。原石久佚,明代有翻刻本。本书据何蝯叟藏本影印。

J0098198
李北海法华寺碑 (唐)李邕书
上海 有正书局 民国 影印本 线装
本书由《李北海法华寺碑》(唐)李邕书、《法华寺碑》(清)何绍基手钩合订。分二册。

J0098199
李北海法华寺碑 (唐)李邕书
上海 有正书局 民国十年[1921]影印本 9版 线装

J0098200
李北海书古诗真迹 (唐)李邕书
北京 公慎书局 民国[影印本] 40cm(3开)
定价:大洋七元四角

J0098201
柳公权兰亭 (唐)柳公权书
民国 拓本 经折装

J0098202
柳公权玄秘塔 （唐）柳公权书
上海 尚古山房 民国 影印本 经折装
　　《玄秘塔碑》即《唐故左街僧录大达法师碑铭》。唐代碑刻。裴休撰文，柳公权书。会昌元年（841年）立。楷书，二十八行，行五十四字。

J0098203
孟法师碑铭 （唐）褚遂良书
民国 双钩本 线装
　　《孟法师碑》全称《唐京师至德观法主孟法师碑》，亦称《至德观法主孟静素碑》。唐代正书碑刻。唐贞观十六年（642）刻。岑文本撰，褚遂良楷书。碑石久佚，有清代李宗瀚藏唐石拓本传世。册共20面，每面4行，满行9字，凡769字。为褚氏早年之作。

J0098204
明精拓多宝塔 （唐）颜真卿书
[民国] 36×22cm
　　《多宝塔碑》全称《大唐西京千福寺多宝佛塔感应碑文》，亦称《多宝塔感应碑》。唐代碑刻。岑勋撰文，颜真卿正书，徐浩隶书题额，史华刻。天宝十一载（752年）立。为颜真卿44岁时所作。楷书，三十四行，行六十六字。

J0098205
明拓伊阙佛龛碑 （唐）褚遂良书
上海 有正书局 民国 影印本 线装

J0098206
欧阳询九成宫 （唐）欧阳询书
上海 大众书局 民国 影印本 经折装
（碑帖大观）
　　《九成宫醴泉铭》，唐代碑刻。魏徵撰文，欧阳询正书。碑额篆书。贞观六年（632年）立。楷书，二十四行，行五十字。

J0098207
欧阳询书心经 （唐）欧阳询书
上海 大众书局 民国 影印本 经折装

J0098208
宋拓麻姑仙坛记
[民国] 影印本 经折装

　　《麻姑仙坛记》全称《有唐抚州南城县麻姑山仙坛记》。唐代碑刻。颜真卿撰文并正书。大历六年（771年）立。为颜书代表作之一。原石在临川（今江西抚州），久佚，宋搨真本流传极少。

J0098209
宋拓褚河南哀册 （唐）褚遂良书
上海 有正书局 民国 影印本 线装

J0098210
宋拓褚河南圣教序 （唐）褚遂良书
上海 有正书局 民国 影印本 线装
　　《雁塔圣教序》唐代碑刻。此碑分前后两部分，前部《大唐三藏圣教序》由唐太宗撰文，表彰玄奘法师去印度取经，往返经历十七年，回长安后翻译佛教三藏要籍的情况。后部《述三藏圣教序记》由唐高宗撰。褚遂良书，永徽四年（653）立，正书，21行，行42字。现存西安大雁塔。此碑是褚遂良五十八岁时书，最能代表其独特风格。

J0098211
宋拓褚河南雁塔圣教序 （唐）褚遂良书
上海 有正书局 民国 影印本 线装

J0098212
宋拓孤本罗池庙碑 （唐）沈传师书；（唐）韩愈撰
博文堂 民国 影印本 经折装

J0098213
宋拓化度寺碑 （唐）欧阳询书
民国 影印本 线装
　　据香叶草堂藏本影印。《化度寺碑》，全称《化度寺故僧邕禅师舍利塔铭》，正书碑刻。李百药撰，欧阳询书。贞观五年（631年）立于长安终南山化度寺。碑高2尺3寸，宽2尺5寸，字凡35行，行32字。作者欧阳询（557—641），唐朝著名书法家。字信本，唐朝潭州临湘（今湖南长沙）人，楷书四大家之一。与同代的虞世南、褚遂良、薛稷三位并称初唐四大家。楷书有《九成宫醴泉铭》《皇甫诞碑》《化度寺碑》《虞恭公温彦博碑》，行书有《仲尼梦奠帖》《行书千字文》。书法著作有《八诀》《传授诀》《用笔论》《三十六法》。

J0098214
宋拓化度寺碑三种 （唐）欧阳询书
民国 影印本 线装

J0098215
宋拓孟法师碑 （一卷）（唐）褚遂良书
民国 影印本

J0098216
宋拓明拓褚河南枯树赋合册 （唐）褚遂良书
上海 有正书局 民国 影印本 线装

J0098217
宋拓唐姜柔远碑
上海 有正书局 民国 石印本 线装

J0098218
宋拓唐云麾将军碑 （唐）李邕撰并书
民国 影印本 线装

J0098219
宋拓薛少保书随信行禅师碑 （唐）薛稷书；
邓秋枚集印
上海 神州国光社 1911年 影印本 54页 20cm
（32开）环筒页装
　　《信行禅师碑》唐代正书碑刻。薛稷书。神龙二年（706年）八月立。原石久佚。传世清代何绍基藏剪裱本，为南宋贾似道旧藏。册尾残缺，存1800余字。本书为何子贞藏帖。作者薛稷（649—713），唐代书法家。字嗣通，蒲州汾阴（山西万荣县）人。主要作品《信行禅师碑》等。

J0098220
宋拓薛少保书信行禅师碑 （唐）薛稷书
上海 有正书局 民国 影印本 线装

J0098221
宋拓颜平原东方画赞 （唐）颜真卿书
上海 有正书局 民国 影印本 线装

J0098222
宋拓颜真卿书祭姪稿 （唐）颜真卿书
上海 有正书局 ［民国］影印本 ［20］页
［19×26cm］环筒页装
　　《祭侄稿》，全称《祭侄季明文稿》，又名《祭侄帖》。行书法帖。系颜真卿于唐乾元元年（758年）为悼念安史之乱中死节的侄儿季明所书祭文稿本。行草，25行，共234字。清时，真迹辗转入清内府，现藏台北故宫博物院。历来与《争坐位稿》《告伯父文稿》合称"三稿"。

J0098223
宋拓颜真卿书祭姪稿
上海 有正书局 民国八年［1919］影印本 线装

J0098224
宋拓颜真卿书祭姪稿 （唐）颜真卿书
上海 有正书局 民国十一年［1922］影印本
再版 线装

J0098225
宋拓虞恭公碑 （唐）欧阳询书
民国 影印本 经折装

J0098226
宋拓虞世南庙堂碑集成全文本 （唐）虞世南书
上海 有正书局 民国 影印本
　　作者虞世南（558—638），唐代书法家、文学家、诗人、政治家。字伯施，越州余姚（今浙江省慈溪市）人。主要作品有《虞秘监集》《孔子庙堂碑》。

J0098227
宋拓云麾碑 （唐）李邕撰并书
上海 有正书局 民国 影印本 线装
　　《云麾碑》即是《唐故云麾将军碑》，亦称《李思训碑》，全称《唐故云麾将军右武卫大将军赠秦州都督彭国公谥曰昭公李府君神道碑》。唐代行书碑刻。李邕撰并书。开元八年（720年）建于今陕西境内。字共30行，满行70字。为李邕代表作之一。今存陕西蒲城桥陵。

J0098228
宋拓砖塔铭
上海 有正书局 民国 影印本 线装

J0098229
隋上方寺塔盘遗刻
上海 有正书局 民国 影印本 线装

本书由《隋上方寺塔盘遗刻》《汉皀池五瑞图题名》合订。

J0098230
唐本庙堂碑
民国 影印本 线装

J0098231
唐故特进尚书右仆射上柱国虞恭公温公碑 （唐）欧阳询书
民国 石印本 线装

作者欧阳询（557—641），唐朝著名书法家。字信本，唐朝潭州临湘（今湖南长沙）人，楷书四大家之一。与同代的虞世南、褚遂良、薛稷三位并称初唐四大家。楷书有《九成宫醴泉铭》《皇甫诞碑》《化度寺碑》《虞恭公温彦博碑》，行书有《仲尼梦奠帖》《行书千字文》。书法著作有《八诀》《传授诀》《用笔论》《三十六法》。

J0098232
唐故右武卫大将军李府君碑 （唐）李邕撰
民国 影印本 线装

全称《唐故云麾将军右武卫大将军赠秦州都督彭国公谥曰昭公李府君神道碑》，亦称《唐故云麾将军碑》《李思训碑》。唐代行书碑刻。李邕撰并书。开元八年（720年）建于今陕西境内。字共30行，满行70字。为李邕代表作之一。今存陕西蒲城桥陵。

J0098233
唐贺季真草书孝经 （唐）贺知章书
上海 有正书局 民国 影印本 线装

J0098234
唐李北海书曹娥碑 （唐）李邕书
上海 艺苑真赏分社 民国 影印本 线装

J0098235
唐李怀琳绝交书 （唐）李怀琳书
上海 有正书局 民国 影印本 线装

J0098236
唐摹兰亭真迹 （唐）冯承素临
民国 影印本 线装

J0098237
唐人书章草
［民国］影印本 34cm（10开）经折装

J0098238
唐僧怀素苦笋帖 （唐释）怀素书
民国 影印本 1轴

《苦笋帖》，唐代怀素草书作品。是怀素传世书迹中的代表作。

J0098239
唐释怀素圣母帖 （唐释）怀素书
上海 艺苑真赏社 民国 影印本 线装

据古鉴阁藏宋拓本影印。

J0098240
唐孙过庭草书千字文 （唐）孙过庭书
民国 影印本 线装

据余清斋本影印。作者孙过庭（646—691），唐代书法家、书法理论家。名虔礼，以字行。吴郡富阳（今浙江富阳）人。有墨迹《书谱》传世。

J0098241
唐拓化度寺邕禅师舍利塔铭 （唐）欧阳询书
上海 有正书局 ［民国］影印本 ［7］页
23×28cm 定价：大洋八角

《化度寺碑》，全称《化度寺故僧邕禅师舍利塔铭》，正书碑刻。李百药撰，欧阳询书。贞观五年（631年）立于长安终南山化度寺。碑高2尺3寸，宽2尺5寸，字凡35行，行32字。

J0098242
唐拓颜鲁公多宝塔碑
上海 有正书局 民国 影印本 线装

《多宝塔碑》全称《大唐西京千福寺多宝佛塔感应碑文》，亦称《多宝塔感应碑》。唐代碑刻。岑勋撰文，颜真卿正书，徐浩隶书题额，史华刻。天宝十一载（752年）立。为颜真卿44岁时所作。楷书，三十四行，行六十六字。

J0098243
唐贤首国师墨迹 （唐释）贤首书
上海 有正书局 民国初 影印本 毛装

J0098244

唐颜家庙碑 （不分卷）（唐）颜真卿书
上海 艺苑真赏社 民国 影印本
　　据宋漫堂本影印。

J0098245

唐颜鲁公东方画赞
上海 艺苑真赏社 民国 影印本 线装
　　分二册。

J0098246

唐颜鲁公论坐位帖宋拓本 （唐）颜真卿书
上海 艺苑真赏社 民国 影印本 线装
　　《争坐位帖》亦称《与郭仆射书》。唐代颜真卿行书作品。广德二年（764年）书。64行，旁添小字4行。

J0098247

唐虞永兴真草千字文墨迹 （不分卷）（唐）虞世南书
上海 艺苑真赏社 民国 影印本
　　作者虞世南（558—638），唐代书法家、文学家、诗人、政治家。字伯施，越州余姚（今浙江省慈溪市）人。主要作品有《虞秘监集》《孔子庙堂碑》。

J0098248

唐钟绍京书转轮经 （唐）钟绍京书
民国 影印本 经折装

J0098249

翁覃溪手钩化度寺碑 （清）翁方纲摹
上海 有正书局 民国 影印本 线装

J0098250

翁覃溪手钩化度寺碑 （清）翁方纲摹
上海 有正书局 民国七年［1918］影印本 线装

J0098251

玄秘塔字帖 周若瑟集
民国 拓本 线装

J0098252

薛河东书七启墨宝 （唐）薛稷书
民国 影印本

　　作者薛稷（649—713），唐代书法家。字嗣通，蒲州汾阴（山西万荣县）人。主要作品《信行禅师碑》等。

J0098253

薛少保信行禅师碑 （唐）李贞撰；（唐）薛稷书
上海 有正书局 民国 影印本 线装
　　《信行禅师碑》，唐代正书碑刻。薛稷书。神龙二年（706年）八月立。原石久佚。传世清代何绍基藏剪裱本，为南宋贾似道旧藏。册尾残缺，存1800余字。

J0098254

颜鲁公麻姑坛记 （唐）颜真卿书
民国 拓本 经折装
　　《麻姑仙坛记》，全称《有唐抚州南城县麻姑山仙坛记》。唐代碑刻。颜真卿撰文并正书。大历六年（公元771年）立。为颜书代表作之一。原石在临川（今江西抚州），久佚，宋拓真本流传极少。

J0098255

颜鲁公三表真迹
民国 影印本 经折装

J0098256

颜鲁公双鹤铭 （一卷）（唐）颜真卿书
上海 尚古山房 民国 石印本

J0098257

颜鲁公双鹤铭法帖 （唐）颜真卿书
北平 泰山堂书帖庄 民国 影印本 折装
　　据拓本影印。

J0098258

颜真卿书勤礼碑 颜真卿书
上海 有正书局 ［民国］31cm（10开）
定价：大洋一元（全2册）
　　《颜勤礼碑》全称《唐故秘书省著作郎夔州都督府长史上护军颜君神道》。唐代正书碑刻。颜真卿书。大历十四年（779年）立于长安（今陕西西安）。原石于元明时期湮没，1922年10月复出土于西安旧藩廨库堂后，四面刻，文存三面，44行，满行38字。是颜氏晚年代表作。现藏西安碑林博物馆。

J0098259

兖公之颂 （唐）张之宏撰文；（唐）包文该书
民国间［1911-1949］年　影印本　26cm（16开）
线装

　　据拓本影印。

J0098260

杨少师书韭花帖墨迹 （五代）杨景度书
上海　有正书局　［民国］影印本　［10］页
34cm（8开）

　　本书书末附陈廷经、罗惇衍；王拯等12人
的手书题跋。

J0098261

杨少师书韭花帖墨迹 （五代）杨凝式书
上海　有正书局　民国　影印本

J0098262

瘗琴铭 （不分卷）题（唐）顾升书
清宣统三年［1911］石印本

　　本书由《瘗琴铭不分卷》《陈鹿翁墨迹一卷》
题（唐）顾升书合订。

J0098263

虞世南夫子庙堂碑 （唐）虞世南书
上海　有正书局　民国　影印本　线装

　　《孔子庙堂碑》，唐代碑刻。正书。虞世南撰
文并书。立于贞观年间。记述高祖武德九年（626
年）封孔子三十三世后裔孔德伦为襄圣侯及修葺
孔庙等事。作者虞世南（558—638），唐代书法家、
文学家、诗人、政治家。字伯施，越州余姚（今浙
江省慈溪市）人。主要作品有《虞秘监集》《孔子
庙堂碑》。

J0098264

虞世南汝南公主墓志墨迹 （唐）虞世南书
上海　有正书局　民国　影印本　线装

J0098265

虞书真迹 （唐）虞世南书
民国　影印本　线装

J0098266

张司直书李元静先生碑 （唐）张从申书
上海　有正书局　民国　石印本　线装

J0098267

智永禅师正草千字文 （隋释）智永书
上海　大众书局　民国　影印本　经折装
（碑帖大观）

　　收于《碑帖大观》中。

J0098268

颜鲁公墨迹四种 （不分卷）（唐）颜真卿书
上虞罗氏宝墨堂　民国元年［1912］珂罗版印本

J0098269

褚遂良书儿宽赞 （唐）褚遂良书
上海　商务印书馆　民国三年［1914］影印本　线装

J0098270

颜鲁公书告身
上海　商务印书馆　民国三年［1914］影印本　线装

J0098271

褚遂良冯承素书兰亭序 （唐）褚遂良，（唐）
冯承素书
上海　商务印书馆　民国四年［1915］影印本　线装

J0098272

皇甫君碑帖 （唐）欧阳询书
上海　进步书局　民国四年［1915］石印本　再版
线装

　　《皇甫君碑》即《皇甫诞碑》，全称《隋柱国左
光禄大夫弘义明公皇甫府君之碑》。唐贞观中立。
于志宁撰，欧阳询书。楷书二十八行，行五十九
字。篆书题额。今存陕西西安碑林。作者欧阳
询（557—641），唐朝著名书法家。字信本，唐
潭州临湘（今湖南长沙）人，楷书四大家之一。与
同代的虞世南、褚遂良、薛稷三位并称初唐四大
家。楷书有《九成宫醴泉铭》《皇甫诞碑》《化度
寺碑》《虞恭公温彦博碑》，行书有《仲尼梦奠帖》
《行书千字文》。书法著作有《八诀》《传授诀》《用
笔论》《三十六法》。

J0098273

宋拓龙藏寺碑 （隋）佚名书

上海　有正书局　民国四年［1915］影印本　线装

J0098274

宋拓龙藏寺碑　（隋）佚名书
上海　有正书局　民国五年［1916］5版　影印本
线装

J0098275

匋斋藏宋拓麓山寺碑　（唐）李邕书
上海　有正书局　民国四年［1915］影印本　线装

J0098276

褚河南临兰亭绢本真迹　（唐）褚遂良书
上海　商务印书馆　1916年　再版　影印本［16］页
30cm（12开）

J0098277

褚河南临兰亭绢本真迹　（唐）褚遂良书
上海　商务印书馆　民国二十三年［1934］影印本
线装

J0098278

褚河南临兰亭绢本真迹　（唐）褚遂良书
上海　商务印书馆　民国二十八年［1939］影印本
线装

J0098279

欧阳询行书习字范本　（唐）欧阳询书
上海　有正书局　民国五年［1916］影印本　五版
线装

作者欧阳询（557—641），唐朝著名书法家。字信本，唐朝潭州临湘（今湖南长沙）人，楷书四大家之一。与同代的虞世南、褚遂良、薛稷三位并称初唐四大家。楷书有《九成宫醴泉铭》《皇甫诞碑》《化度寺碑》《虞恭公温彦博碑》，行书有《仲尼梦奠帖》《行书千字文》。书法著作有《八诀》《传授诀》《用笔论》《三十六法》。

J0098280

宋拓卫景武公碑
上海　有正书局　民国五年［1916］影印本　毛装
据寄青霞轩藏本影印。

J0098281

宋拓卫景武公碑

上海　有正书局　民国十四年［1925］3版　珂罗
版　37cm（8开）定价：大洋二元五角

J0098282

宋拓云麾李秀碑完本　（唐）李邕撰并书
上海　文明书局　民国五年［1916］影印本
经折装

《李思训碑》全称《唐故云麾将军右武卫大将军赠泰州都督彭国公谥曰昭公李府君神道碑》，亦称《唐故云麾将军碑》。唐代行书碑刻。李邕撰并书。开元八年（720年）建于今陕西境内。字共30行，满行70字。为李邕代表作之一。今存陕西蒲城桥陵。作者李邕（678—747），唐代书法家。即李北海，也称李括州，字泰和，唐朝宗室。鄂州江夏（今湖北武汉市江夏区）人。主要作品有《李思训碑》《麓山寺碑》《云麾将军碑》等。

J0098283

宋拓云麾李秀碑完本　（唐）李邕撰并书
上海　文明书局　民国十五年［1926］影印本
2版　经折装

J0098284

宋拓麓山寺碑　（唐）李邕书
上海　有正书局　民国六年［1917］影印本　线装

J0098285

宋拓岳麓寺碑　（唐）李邕书
上海　有正书局　民国六年［1917］影印本　七版
线装

《岳麓寺碑》，唐代行楷书碑刻。李邕书。开元十八年（730年）立。现存今湖南长沙岳麓公园。碑高2.7米，宽1.35米，文共28行，满行56字。楷书带行，为李邕存世书迹代表作。本书据福山王氏藏本影印。

J0098286

隋邯郸县令蔡府君故妻张夫人墓志铭
上海　艺苑真赏社　民国六年［1917］影印本　线装

J0098287

虞世南东庙堂碑　（唐）虞世南书
上海　有正书局　民国六年［1917］影印本　五版
线装

《孔子庙堂碑》，唐代正书碑刻。虞世南撰并书。武唐德九年（626年）立。楷书三十五行，行六十字。

J0098288
宋拓孔祭酒碑
上海 商务印书馆 民国七年［1918］影印本 线装

J0098289
宋拓郎官厅壁记　（唐）张旭书
上虞罗振玉 民国七年［1918］影印本 线装
　　作者张旭（658—747），唐代书法家。字伯高，一字季明，江苏苏州吴县人。主要作品《古诗四帖》《肚痛帖》等。

J0098290
唐拓柳书金刚经　（存一册）（唐）柳公权书
上海 有正书局 民国七年［1918］影印本
26cm（16开）线装
　　半叶三行六字。

J0098291
颜真卿行书习字范本
上海 有正书局 民国七年［1918］影印本 九版 线装

J0098292
智永真草千文真迹　（隋释）智永书
民国七年［1918］影印本 线装

J0098293
初拓张陶二夫人墓志
上海 有正书局 民国八年［1919］影印本 线装
　　据抱残守缺斋藏本影印。

J0098294
多宝塔分类习字帖　（唐）颜真卿书；吴墨农 编辑
上海 中华书局 民国八年［1919］影印本 线装
　　作者颜真卿（709—785），唐代书法家。字清臣。历任监察御史、殿中侍御史。代表作品有《韵海镜源》《吴兴集》《庐陵集》等，均佚。宋人辑有《颜鲁公集》。

J0098295
破邪论　（唐）虞世南撰并书

上海 艺苑真赏社 民国八年［1919］影印本 线装
　　据宋拓本影印。

J0098296
唐多宝塔宋拓本　（唐）颜真卿书；（唐）岑勋 撰文
上海 中华书局 民国八年［1919］影印本 线装
　　《多宝塔碑》全称《大唐西京千福寺多宝佛塔感应碑文》，亦称《多宝塔感应碑》。唐代碑刻。岑勋撰文，颜真卿正书，徐浩隶书题额，史华刻。天宝十一载（752年）立。为颜真卿44岁时所作。楷书，三十四行，行六十六字。

J0098297
唐温泉铭　（唐）太宗李世民撰并书
民国八年至十年［1919–1921］珂罗版印本

J0098298
唐玄秘塔碑精拓本　（唐）柳公权书
上海 中华书局 民国八年［1919］影印本 线装
　　《玄秘塔碑》即《唐故左街僧录大达法师碑铭》。唐代碑刻。裴休撰文，柳公权书。会昌元年（841年）立。楷书，二十八行，行五十四字。

J0098299
［颜鲁公草书裴将军诗］　李秉成刻石并拓印
高阳 李秉成 民国九年［1920］拓本 线装

J0098300
大唐故岳岭军副使王府君墓志铭　王孝禹辑
上海 有正书局 民国九年［1920］影印本 线装
（魏墓志三种）

J0098301
法华寺碑　（唐）李邕书；（清）何绍基手钩
上海 有正书局 民国九年［1920］5版 影印本 线装
　　《法华寺碑》，全称《秦望山法华寺碑》。唐代行书碑刻。李邕撰文并书。开元二十三年（735年）立于会稽（今浙江绍兴）秦望山天衣寺。原石久佚，明代有翻刻本，传世仅清代何绍基藏一剪裱孤本。

J0098302
九成宫醴泉铭　（唐）欧阳询书

上海　商务印书馆　民国九年［1920］影印本　线装

《九成宫醴泉铭》，唐代碑刻。魏徵撰文，欧阳询正书。碑额篆书。贞观六年（632年）立。楷书，二十四行，行五十字。作者欧阳询（557—641），唐朝著名书法家。字信本，唐朝潭州临湘（今湖南长沙）人，楷书四大家之一。与同代的虞世南、褚遂良、薛稷三位并称初唐四大家。楷书有《九成宫醴泉铭》《皇甫诞碑》《化度寺碑》《虞恭公温彦博碑》，行书有《仲尼梦奠帖》《行书千字文》。书法著作有《八诀》《传授诀》《用笔论》《三十六法》。

J0098303

九成宫醴泉铭　（唐）欧阳询书
长沙　商务印书馆　民国二十九年［1940］9版影印本　线装

J0098304

宋拓大麻姑仙坛记　（唐）颜真卿撰并书
上海　有正书局　民国九年［1920］影印本　十版线装

《麻姑仙坛记》全称《有唐抚州南城县麻姑山仙坛记》。唐代碑刻。颜真卿撰文并正书。大历六年（771年）立。为颜书代表作之一。

J0098305

唐九成宫醴泉铭　（唐）欧阳询书
上海　中华书局　民国九年［1920］影印本　再版线装

J0098306

唐拓全石唐顺陵碑孤本　高愚钻辑
上海　中华书局　民国九年［1920］影印本　线装
分四册。

J0098307

王百谷题定武兰亭帖
上海　文明书局　民国九年［1920］再版
29cm（15开）定价：银一元三角（裱本），银一圆一角（订本）

J0098308

北宋拓麓山寺碑
上海　有正书局　民国十年［1921］5版　珂罗版
36cm（6开）定价：大洋四元

J0098309

宋拓皇甫君碑　（唐）欧阳询书
上海　商务印书馆　民国十年［1921］影印本再版　线装

《皇甫诞碑》全称《隋柱国左光禄大夫弘义明公皇甫府君之碑》。唐贞观中立。于志宁撰，欧阳询书。楷书二十八行，行五十九字。篆书题额。今存陕西西安碑林。本书据宋拓本影印。

J0098310

佛说四十二章经　（唐释）怀素书
民国十一年［1922］拓本　线装

J0098311

宋拓玄秘塔　（唐）裴休撰文；（唐）柳公权书
上海　有正书局　民国十一年［1922］影印本　线装

《玄秘塔碑》即《唐故左街僧录大达法师碑铭》。唐代碑刻。裴休撰文，柳公权书。会昌元年（841年）立。楷书，二十八行，行五十四字。裴休（791—846），书法家。字公美，河内济源（今河南济源）人，祖籍河东闻喜（今山西运城闻喜）。唐穆宗时登进士第。历官兵部侍郎、同平章事、中书侍郎、宣武节度使、荆南节度使等职，曾主持改革漕运及茶税等积弊，颇有政绩。晚年官至吏部尚书、太子少师，封河东县子。主要作品《圭峰禅师碑》。作者柳公权（778—865），唐代晚期著名书法家。字诚悬，陕西铜川市人。代表作品《金刚经碑》《玄秘塔碑》《神策军纪圣德碑》等。

J0098312

唐贤首国师墨宝
上海　有正书局　1922年　影印本　［26］页
34cm（10开）

J0098313

唐贤首国师墨宝
上海　有正书局　民国十一年［1922］影印本　毛装

J0098314

杜牧之书张好好诗　（唐）杜牧书
北京　京华印书局　民国十二年［1923］影印本

J0098315

杜牧之书张好好诗　（唐）杜牧书
天津延光室　民国十二年［1923］影印本　线装

J0098316

宋拓欧阳询缘果道场砖塔下舍利记 （唐）
欧阳询撰并书

上海 商务印书馆 民国十二年［1923］影印本
线装

J0098317

海内第一唐石真本宋拓化度寺碑 （唐）欧
阳询书

民国十三年［1924］影印本 线装

　　《化度寺碑》，全称《化度寺故僧邕禅师舍利
塔铭》，正书碑刻。李百药撰，欧阳询书。贞观
五年（631年）立于长安终南山化度寺。碑高2
尺3寸，宽2尺5寸，字凡35行，行32字。

J0098318

化度寺碑［残本］ （唐）欧阳询书

上虞罗振玉 民国十三年［1924］影印本 线装

J0098319

宋拓龙藏寺碑 （隋）佚名书

上海 文明书局玻璃版部

民国十三年［1924］影印本 再版 经折装

J0098320

宋拓温虞恭公碑 （唐）欧阳询书

上海 文明书局玻璃版部

民国十三年［1924］影印本 再版 经折装

　　作者欧阳询（557—641），唐朝著名书法家。
字信本，唐朝潭州临湘（今湖南长沙）人，楷书四
大家之一。与同代的虞世南、褚遂良、薛稷三位
并称初唐四大家。楷书有《九成宫醴泉铭》《皇
甫诞碑》《化度寺碑》《虞恭公温彦博碑》，行书
有《仲尼梦奠帖》《行书千字文》。书法著作有《八
诀》《传授诀》《用笔论》《三十六法》。

J0098321

隋丁道护书启法寺碑 （隋）丁道护书；罗振
玉辑

民国十三年［1924］影印本 经折装

　　有启法寺碑铭及罗振玉跋。

J0098322

颜鲁公祭姪文稿

北京 延光室 民国十三年［1924］影印本 毛装

J0098323

邕禅师舍利塔铭 罗振玉辑

民国十三年［1924］影印本 线装

　　全称《化度寺故僧邕禅师舍利塔铭》，亦称
《化度寺碑》。作者罗振玉（1866—1940），古文字
学家，金石收藏家。浙江上虞人。字叔蕴，又字
叔言，号雪堂、陆庵。任学部参事，兼京师大学
堂农科监督，辛亥后任伪满监察院长。著有《殷
虚书契前编》，编《三代吉金文存》《西城精舍杂
文甲编》《松翁近稿》等。

J0098324

孟法师碑铭 （一卷）（唐）褚遂良书

上海 文明书局 民国十四年［1925］影印本

　　《孟法师碑》全称《唐京师至德观法主孟
师碑》，亦称《至德观法主孟静素碑》。唐代正
书碑刻。唐贞观十六年（642）刻。岑文本撰，褚遂
良楷书。碑石久佚，有清代李宗瀚藏唐拓本传世。
册共20面，每面4行，满行9字，凡769字。为
褚氏早年之作。

J0098325

宋拓皇甫诞碑 （唐）欧阳询书

上海 文明书局玻璃版部 民国十四年［1925］
影印本 三版 经折装

　　《皇甫诞碑》全称《隋柱国左光禄大夫弘义明
公皇甫府君之碑》。唐贞观中立。于志宁撰，欧
阳询书。楷书二十八行，行五十九字。篆书题额。
今存陕西西安碑林。

J0098326

薛少保信行禅师碑 （唐）薛稷书

上海 有正书局 民国十四年［1925］影印本 线装

　　《信行禅师碑》，唐代正书碑刻。薛稷书。神
龙二年（706年）八月立。原石久佚。传世清代
何绍基藏剪裱本，为南宋贾似道旧藏。册尾残缺，
存1800余字。作者薛稷（649—713），唐代书法家。
字嗣通，蒲州汾阴（山西万荣县）人。主要作品《信
行禅师碑》等。

J0098327

智永真草千字文 （隋释）智永书

上海 商务印书馆 民国十四年［1925］影印本
线装

J0098328

怀素自叙帖真迹　（唐释）怀素撰并书

北京　延光室　民国十五年［1926］影印本　有图　线装

　　分二册。《自叙帖》为唐代怀素草书作品。纸本墨迹卷。大历十二年（777年）书。126行。是怀素草书代表作。一说为宋人仿作。现藏台北故宫博物院。

J0098329

柳公权楷书

北京　延光室　民国十五年［1926］影印本　线装

J0098330

陕本虞永兴孔子庙堂碑　（唐）虞世南撰并书

上海　有正书局　民国十五年［1926］影印本

　　作者虞世南（558—638），唐代书法家、文学家、诗人、政治家。字伯施，越州余姚（今浙江省慈溪市）人。主要作品有《虞秘监集》《孔子庙堂碑》。

J0098331

宋拓蜀石经周官礼第九第十残本

庐江刘健之　民国十五年［1926］影印本　有图　线装

　　分八册。据庐江刘健之藏本影印。

J0098332

宋拓玄秘塔　（唐）柳公权书

上海　群玉山房　民国十五年［1926］影印本　线装

　　《玄秘塔碑》即《唐故左街僧录大达法师碑铭》。唐代碑刻。裴休撰文，柳公权书。会昌元年（841年）立。楷书，二十八行，行五十四字。

J0098333

颜鲁公书裴将军诗卷

上海　商务印书馆　民国十五年［1926］影印本　线装

J0098334

颜鲁公书裴将军诗卷　（唐）颜真卿书

上海　商务印书馆　1941年　再版　影印本　［13］页　30cm（15开）

　　本书附王亚夫、王世懋等多人的手书题跋。

J0098335

唐房梁公碑全本　（唐）褚遂良书

上海　有正书局　民国十六年［1927］影印本　线装

　　作者褚遂良（596—658或659），唐代政治家、书法家。字登善，杭州钱塘（今浙江杭州市）人。代表作品有《孟法师碑》《雁塔圣教序》等。

J0098336

陆柬之书文赋真迹　（唐）陆柬之书

北平　延光室　民国十七年［1928］影印本　线装

J0098337

南唐李后主墨迹　（五代）李煜书

上海　文明书局　民国十七年［1928］影印本　线装

J0098338

［临川李氏静娱室四宝］　（四种）（清）李宗瀚藏

民国十八年［1929］摄影本　经折装

　　分四册。

J0098339

临川李氏静娱室四宝　（四种）（清）李宗瀚藏

耐庐　民国十八年［1929］影印本　线装

　　分四册。

J0098340

宋拓九成宫醴泉铭　（唐）欧阳询书

上海　文明书局玻璃版部　民国十八年［1929］影印本　经折装

　　《九成宫醴泉铭》，唐代碑刻。魏徵撰文，欧阳询正书。碑额篆书。贞观六年（632年）立。楷书，二十四行，行五十字。作者欧阳询（557—641），唐朝著名书法家。字信本，唐朝潭州临湘（今湖南长沙）人，楷书四大家之一。与同代的虞世南、褚遂良、薛稷三位并称初唐四大家。楷书有《九成宫醴泉铭》《皇甫诞碑》《化度寺碑》《虞恭公温彦博碑》，行书有《仲尼梦奠帖》《行书千字文》。书法著作有《八诀》《传授诀》《用笔论》《三十六法》。

J0098341

怀素律公帖墨迹　（唐释）怀素书

北平　故宫博物院　民国二十年［1931］影印本　线装

J0098342

九成宫 （唐）欧阳询书

上海 中国图书公司和记 民国二十年［1931］
影印本 六版 线装

J0098343

唐明皇鹡鸰颂 （唐）唐玄宗书

北平 国立北平故宫博物院
民国二十一年［1932］影印本 线装

J0098344

僧怀素自叙真迹 （唐释）怀素书撰

北平 国立北平故宫博物院
民国二十二年［1933］影印本 再版 线装

　　《自叙帖》，唐代怀素草书作品。纸本墨迹卷。
大历十二年（777年）书。126 行。是怀素草书代
表作。一说为宋人仿作。现藏台北故宫博物院。

J0098345

宋拓道因法师碑 （唐）李俨撰；（唐）欧阳通书

北平 国立北平故宫博物院
民国二十二年［1933］影印本 线装

　　《道因法师碑》，全称《故大德道因法师碑》。
今存陕西西安碑林。唐龙朔三年（663）刻。李
俨撰，欧阳通书。楷书，三十四行，行七十三字。
额上刻三佛像。作者欧阳通（625—691），唐代书
法家。字通师，唐潭州临湘（今湖南长沙）人，欧
阳询之子。传世作品有《道因法师碑》《泉男生
墓志》等。

J0098346

宋拓道因法师碑 （唐）李俨撰；（唐）欧阳通书

北平 国立北平故宫博物院 民国二十四年
［1935］影印本 2版 线装

J0098347

宋拓岳麓寺碑 （唐）李邕书

北平 故宫博物院 民国二十二年［1933］影印本
线装

　　《岳麓寺碑》，唐代行楷书碑刻。李邕书。开
元十八年（730年）立。现存今湖南长沙岳麓公园。
碑高 2.7 米，宽 1.35 米，文共 28 行，满行 56 字。
楷书带行，为李邕存世书迹代表作。

J0098348

宋拓岳麓寺碑 （唐）李邕书

北平 故宫博物院 民国二十四年［1935］影印本
再版 线装

　　据宋拓本影印。

J0098349

唐颜真卿书祭姪文稿

北京 故宫博物院 民国二十二年［1933］影印本
线装

　　《祭侄稿》，全称《祭侄季明文稿》，又名《祭
侄帖》。行书法帖。系颜真卿于唐乾元元年（758
年）为悼念安史之乱中死节的侄儿季明所书祭文
稿本。行草，25 行，共 234 字。清时，真迹辗转
入清内府，现藏台北故宫博物院。历来与《争坐
位稿》《告伯父文稿》合称"三稿"。

J0098350

初拓董美人墓志 陈敬伯收藏

上海 商务印书馆 民国二十三年［1934］影印本
线装

J0098351

宋拓柳临洛神赋十三行 （唐）柳公权书；
（魏）曹植撰

上海 商务印书馆 民国二十三年［1934］影印本
线装

J0098352

唐陆柬之书陆机文赋 （唐）陆柬之书

北平 国立北平故宫博物院
民国二十三年［1934］影印本 线装

J0098353

唐人十二月朋友相闻书 （唐）佚名书

北平 国立北平故宫博物院
民国二十三年［1934］影印本 再版 线装

J0098354

张司直玄静先生碑 （唐）张从申书

上海 商务印书馆 民国二十三年［1934］影印本
线装

J0098355

唐颜鲁公书祭姪季明文稿 （唐）颜真卿书

北平 国立北平故宫博物院
民国二十四年［1935］再版 影印本 线装

J0098356
唐颜鲁公书祭姪季明文稿 （唐）颜真卿书
北平 国立北平故宫博物院
民国二十六年［1937］影印本 线装

《祭侄稿》，全称《祭侄季明文稿》，又名《祭侄帖》。行书法帖。系颜真卿于唐乾元元年（758年）为悼念安史之乱中死节的侄儿季明所书祭文稿本。行草，25行，共234字。清时，真迹辗转入清内府，现藏台北故宫博物院。历来与《争坐位稿》《告伯父文稿》合称"三稿"。本书为白纸本。

J0098357
唐颜真卿书祭姪文稿 （唐）颜真卿书
北平故宫博物院 民国二十四年［1935］影印本 线装

J0098358
钟可大灵飞经
上海 大东书局 民国二十四年［1935］石印本 线装

J0098359
柳公权楷书 （唐）柳公权书
上海 商务印书馆 民国二十五年［1936］影印本 线装

J0098360
明拓唐纪太山铭 （唐）唐玄宗书
上海 中华书局 民国二十五年［1936］影印本 线装

分二册。

J0098361
四美堂柳公权字帖 （宋拓玄秘塔铭全碑及精品合璧附集联）四美堂主人收藏编辑
上海 古今书店 1936年［58］页 18cm（32开）经折装

本书为中国唐代楷书碑帖，附集联。

J0098362
四美堂颜真卿字帖 （宋拓多宝塔铭全碑及精品合璧附集联）四美堂主人收藏编辑

上海 古今书店 1936年［56］页 16cm（25开）经折装

本书为中国唐代法帖，附集联。

J0098363
唐褚遂良书倪宽赞 （唐）褚遂良书
北平故宫博物院 民国二十五年［1936］影印本 线装

J0098364
唐释怀素小草千文 （唐释）怀素书
上海 民国二十五年［1936］影印本 有像 线装

据上海徐氏五云双星砚斋藏唐贞元十五年（799年）怀素手迹影印

J0098365
五代杨凝式书神仙起居法墨迹 （五代）杨凝式书；国立北平故宫博物院藏
北平 国立北平故宫博物院
民国二十五年［1936］影印本 线装

J0098366
大周冯善廊浮图铭
上海 商务印书馆 民国二十六年［1937］影印本（唐小本释氏碑）

据铁琴铜剑楼藏本影印有顾广圻跋。

J0098367
大周少林寺神王师子记
上海 商务印书馆 民国二十六年［1937］影印本（唐小本释氏碑）

据铁琴铜剑楼藏本影印有顾广圻跋。

J0098368
柳字帖 （玄秘塔集句）粹芬阁编集
上海 世界书局 1937年 3版 2册（30+30页）21cm（32开）活页装 定价：一角

本书为唐代楷书书法家柳公权的字帖，书前有"凡例"和"习字的必要条件"。此书为颜柳欧赵映临两用书字帖之一。

J0098369
欧阳询书法范本 谷雁来，寿文祥编
上海 儿童书店 1937年 80页 20cm（32开）
定价：国币二角

（武岭丛书）

　　本书为唐代楷书书法家欧阳询的法帖，书前有编者例言，学书须知。

J0098370

欧字帖 （九成宫集句）粹芬阁编集

上海 世界书局 1937 年 3 版 2 册（[60]页）

19cm（30 开）活页装

　　本书为唐代楷书书法家欧阳询的字帖，书前有"凡例"及"习字的必要条件"。

J0098371

欧字帖 （九成宫集句）粹芬阁编集

上海 世界书局 1937 年 再版 2 册（30+30 页）

21cm（32 开）活页装 定价：一角

　　本书为中国唐代楷书法帖。

J0098372

四美堂柳公权字帖 （宋拓玄秘塔铭全碑及精品合璧附集联）四美堂主人收藏编辑

上海 古今书店 1937 年 再版 [58]页

17cm（30 开）经折装

　　本书为中国唐代楷书碑帖，附集联。

J0098373

四美堂颜真卿字帖 （宋拓多宝塔铭全碑及精品合璧附集联）四美堂主人收藏编辑

上海 古今书店 1937 年 再版 [56]页

16cm（25 开）经折装

　　本书为中国唐代法帖，附集联。

J0098374

唐慈润寺故大灵琛禅师灰身塔铭文

上海 商务印书馆 民国二十六年[1937]影印本

（唐小本释氏碑）

　　据铁琴铜剑楼藏本影印，有顾广圻跋。

J0098375

唐大安国寺故大德惠隐禅师塔铭

上海 商务印书馆 民国二十六年[1937]影印本

（唐小本释氏碑）

　　据铁琴铜剑楼藏本影印，有顾广圻跋。

J0098376

唐大慈恩寺大法师基公塔铭

上海 商务印书馆 民国二十六年[1937]影印本

（唐小本释氏碑）

　　据铁琴铜剑楼藏本影印，有顾广圻跋。

J0098377

唐故大德敬节法师塔铭

上海 商务印书馆 民国二十六年[1937]影印本

（唐小本释氏碑）

　　据铁琴铜剑楼藏本影印，有顾广圻跋。

J0098378

唐故大德塔铭

上海 商务印书馆 民国二十六年[1937]影印本

（唐小本释氏碑）

　　据铁琴铜剑楼藏本影印，有顾广圻跋。

J0098379

唐故内供奉翻经义解讲律论法师辩空和尚塔铭

上海 商务印书馆 民国二十六年[1937]影印本

（唐小本释氏碑）

　　据铁琴铜剑楼藏本影印，有顾广圻跋。

J0098380

唐故义福禅师塔铭 （唐）杜昱撰

上海 商务印书馆 民国二十六年[1937]影印本

（唐小本释氏碑）

　　据铁琴铜剑楼藏本影印，有顾广圻跋。

J0098381

唐故优婆姨段常省塔铭

上海 商务印书馆 民国二十六年[1937]影印本

（唐小本释氏碑）

　　据铁琴铜剑楼藏本影印，有顾广圻跋。

J0098382

唐故张神师墓志铭

上海 商务印书馆 民国二十六年[1937]影印本

（唐小本释氏碑）

　　据铁琴铜剑楼藏本影印，有顾广圻跋。

J0098383

唐净域寺故大德法藏禅师塔铭 （唐）由休光撰

上海 商务印书馆 民国二十六年[1937]影印本

（唐小本释氏碑）

　　据铁琴铜剑楼藏本影印，有顾广圻跋。

J0098384

唐龙花寺内外临坛大德韦和尚墓志铭

上海　商务印书馆　民国二十六年［1937］影印本

（唐小本释氏碑）

　　据铁琴铜剑楼藏本影印，有顾广圻跋。

J0098385

唐少林寺灵运禅师功德塔碑铭

上海　商务印书馆　民国二十六年［1937］影印本

（唐小本释氏碑）

　　据铁琴铜剑楼藏本影印，有顾广圻跋。

J0098386

唐嵩山会善寺故景贤大师身塔石记

上海　商务印书馆　民国二十六年［1937］影印本

（唐小本释氏碑）

　　据铁琴铜剑楼藏本影印，有顾广圻跋。

J0098387

唐嵩山净藏禅师身塔铭

上海　商务印书馆　民国二十六年［1937］影印本

（唐小本释氏碑）

　　据铁琴铜剑楼藏本影印，有顾广圻跋。

J0098388

唐小本释氏碑　（二十种）

上海　商务印书馆　民国二十六年［1937］影印本

　　分四册。据铁琴铜剑楼藏本影印。

J0098389

唐宣化寺故比丘尼坚行禅师塔铭

上海　商务印书馆　民国二十六年［1937］影印本

（唐小本释氏碑）

　　据铁琴铜剑楼藏本影印，有顾广圻跋。

J0098390

唐易州新安府折冲李公石浮图之铭　（唐）
梁高望书

上海　商务印书馆　民国二十六年［1937］影印本

（唐小本释氏碑）

　　据铁琴铜剑楼藏本影印，有顾广圻跋。

J0098391

唐幽栖寺尼正觉浮图之铭

上海　商务印书馆　民国二十六年［1937］影印本

（唐小本释氏碑）

　　据铁琴铜剑楼藏本影印，有顾广圻跋。

J0098392

**唐真化寺多宝塔院故寺主临坛大德尼如愿
律师墓志铭**　（唐）秦昊书

上海　商务印书馆　民国二十六年［1937］影印本

（唐小本释氏碑）

　　据铁琴铜剑楼藏本影印，有顾广圻跋。

J0098393

颜真卿书法范本　谷雁来，寿文祥编

上海　儿童书局　1937年　80页　20cm（32开）

定价：国币二角

（武岭丛书）

　　本书为中国唐代法帖，书前有编者前言、学
书须知。

J0098394

宋拓玄秘塔　（唐）裴休撰；（唐）柳公权书

长沙　商务印书馆　民国二十七年［1938］影印本

四版　线装

　　《玄秘塔碑》即《唐故左街僧录大达法师碑
铭》。唐代碑刻。裴休撰文，柳公权书。会昌元
年（841年）立。楷书，二十八行，行五十四字。

J0098395

唐褚遂良临兰亭帖　（唐）褚遂良临

北平　国立北平故宫博物院

民国二十七年［1938］影印本　线装

J0098396

唐褚遂良临兰亭帖　（唐）褚遂良书

北平　国立北平故宫博物院

民国二十七年［1938］影印本　线装

J0098397

唐虞世南临兰亭帖　（唐）虞世南临

北平　国立北平故宫博物院

民国二十七年［1938］影印本　线装

J0098398

大唐王居士砖塔之铭 （唐）敬客书

浙江上虞罗振玉 民国二十八年［1939］影印本
线装

　　《王居士砖塔铭》，唐代正书碑刻。敬客书。显庆三年（658年）刻，明末出土于终南山（在今陕西）梗梓谷。文凡17行，满行17字。

J0098399

唐冯承素临兰亭帖 （唐）冯承素书

北平故宫博物院 民国二十八年［1939］影印本
线装

　　作者冯承素（617—672），唐代书法家。字万寿，长安信都（今陕西西安）人。唐高宗时官至中书主书。代表作品《冯摹兰亭序》。

J0098400

唐冯承素临兰亭帖 （唐）冯承素临

北平 国立北平故宫博物院
民国二十八年［1939］影印本 线装

J0098401

唐僧怀素自叙帖 （唐释）怀素书撰

西泠印社 民国二十八年［1939］影印本 线装

　　《自叙帖》为唐代怀素草书作品。纸本墨迹卷。大历十二年（777年）书。126行。是怀素草书代表作。一说为宋人仿作。现藏台北故宫博物院。本书据醴陵磐园陶氏藏明拓影印。

J0098402

褚河南临兰亭绢本真迹 （不分卷）（唐）褚遂良书

文明书局 民国二十九年［1940］影印本

J0098403

柳公权玄秘塔 （唐）裴休撰；（唐）柳公权书

长沙 商务印书馆 民国二十九年［1940］影印本
八版 线装

　　《玄秘塔碑》即《唐故左街僧录大达法师碑铭》。唐代碑刻。裴休撰文，柳公权书。会昌元年（841年）立。楷书，二十八行，行五十四字。

J0098404

宋拓藏真律公帖 （唐释）怀素书

北平 故宫博物院 民国二十九年［1940］影印本

线装

J0098405

宋拓叶有道碑 （唐）李邕撰并书

上海 文明书局 民国二十九年［1940］影印本
经折装

　　作者李邕（678—747），唐代书法家。即李北海，也称李括州，字泰和，唐朝宗室。鄂州江夏（今湖北武汉市江夏区）人。主要作品有《李思训碑》《麓山寺碑》《云麾将军碑》等。

J0098406

九成宫醴泉铭 （唐）欧阳询书

上海 有正书局 民国三十年［1941］影印本 再版
线装

　　《九成宫醴泉铭》，唐代碑刻。魏徵撰文，欧阳询正书。碑额篆书。贞观六年（632年）立。楷书，二十四行，行五十字。作者欧阳询（557—641），唐朝著名书法家。字信本，唐朝潭州临湘（今湖南长沙）人，楷书四大家之一。与同代的虞世南、褚遂良、薛稷三位并称初唐四大家。楷书有《九成宫醴泉铭》《皇甫诞碑》《化度寺碑》《虞恭公温彦博碑》，行书有《仲尼梦奠帖》《行书千字文》。书法著作有《八诀》《传授诀》《用笔论》《三十六法》。

J0098407

宋拓麻姑仙坛记三种

［北京］文明书局 民国三十六年［1947］5版
31cm（15开）定价：六角五分

　　《麻姑仙坛记》全称《有唐抚州南城县麻姑山仙坛记》。唐代碑刻。颜真卿撰文并正书。大历六年（771年）立。为颜书代表作之一。本书与中华书局合作出版。

J0098408

大唐西京千佛寺多宝佛塔感应碑文 （一卷）（唐）岑勋撰；（唐）颜真卿书

上海 商务印书馆 民国三十七年［1948］影印本

　　《多宝塔碑》全称《大唐西京千福寺多宝佛塔感应碑文》，亦称《多宝塔感应碑》。唐代碑刻。岑勋撰文，颜真卿正书，徐浩隶书题额，史华刻。天宝十一载（752年）立。为颜真卿44岁时所作。楷书，三十四行，行六十六字。本书据宋拓本影印。

J0098409

唐冯承素临兰亭帖 （晋）王羲之撰；（唐）冯承素临

北平　故宫博物院　民国三十七年［1948］影印本　线装

　　作者王羲之（303—361），东晋著名书法家。字逸少，山东临沂人。代表作《兰亭序》《黄庭经》《乐毅论》《十七帖》《兰亭集序》《初月帖》等。冯承素（617—672），唐代书法家。字万寿，长安信都（今陕西西安）人。唐高宗时官至中书主书。代表作品《冯摹兰亭序》。

J0098410

金刚般若波罗密经 （唐）柳公权书

民国　摄影本　有照片　经折装

J0098411

明拓雁塔圣教序 （唐）褚遂良书

民国　影印本　经折装

　　《雁塔圣教序》，唐代碑刻。褚遂良书，永徽四年（653年）立，正书，21行，行42字。现存西安大雁塔。此碑是褚遂良五十八岁时书，最能代表其独特风格。

J0098412

欧阳询皇甫君碑 吴墨农辑

上海　中华书局　1949年　影印本

六版　线装

　　《皇甫诞碑》全称《隋柱国左光禄大夫弘义明公皇甫府君之碑》。唐贞观中立。于志宁撰，欧阳询书。楷书，二十八行，行五十九字。篆书题额。

J0098413

唐拓孟法师碑 （唐）褚遂良书

民国　影印本　经折装

　　《孟法师碑》全称《唐京师至德观法主孟法师碑》，亦称《至德观法主孟静素碑》。唐代正书碑刻。唐贞观十六年（642年）刻。岑文本撰，褚遂良楷书。碑石久佚，有清代李宗瀚藏唐拓本传世。册共20面，每面4行，满行9字，凡769字。为褚氏早年之作。

J0098414

翁覃溪手钩宋拓化度寺碑墨迹 （唐）欧阳询书；（清）翁方纲重摹

上海　有正书局　民国　影印本　线装

　　《化度寺碑》，全称《化度寺故僧邕禅师舍利塔铭》，正书碑刻。李百药撰，欧阳询书。贞观五年（631年）立于长安终南山化度寺。碑高2尺3寸，宽2尺5寸，字凡35行，行32字。作者欧阳询（557—641），唐朝著名书法家。字信本，唐朝潭州临湘（今湖南长沙）人，楷书四大家之一。与同代的虞世南、褚遂良、薛稷三位并称初唐四大家。楷书有《九成宫醴泉铭》《皇甫诞碑》《化度寺碑》《虞恭公温彦博碑》，行书有《仲尼梦奠帖》《行书千字文》。书法著作有《八诀》《传授诀》《用笔论》《三十六法》。作者翁方纲（1733—1818），清代金石学家、文学家、书法家。字正三，号覃溪，晚号苏斋，北京大兴人，乾隆十七年进士。著有《粤东金石略》《苏米斋兰亭考》《复初斋诗文集》《小石帆亭著录》等。

J0098415

颜真卿大麻姑仙坛记

上海　中华书局　1949年　影印本　线装

　　《麻姑仙坛记》，全称《有唐抚州南城县麻姑山仙坛记》。唐代碑刻。正书。颜真卿撰文并书。大历六年（771年）立。为颜书代表作之一。

J0098416

大唐三藏教序

西安　陕西人民出版社　1958年　有图　26cm（16开）

定价：CNY0.46

J0098417

唐皇甫诞碑

西安　陕西人民出版社　1958年　影印本

26cm（16开）定价：CNY0.36

　　《皇甫诞碑》全称《隋柱国左光禄大夫弘义明公皇甫府君之碑》。唐贞观中立。于志宁撰，欧阳询书。楷书，二十八行，行五十九字。篆书题额。

J0098418

唐玄秘塔碑

西安　陕西人民出版社　1958年　有图　26cm（16开）

定价：CNY0.68

　　《玄秘塔碑》即《唐故左街僧录大达法师碑

铭》。唐代碑刻。裴休撰文，柳公权书。会昌元
年（841年）立。楷书，二十八行，行五十四字。

J0098419
唐颜勤礼碑
西安　陕西人民出版社　1958年　有图　26cm（16开）
定价：CNY0.86

J0098420
颜真卿书颜勤礼碑精华　（唐）颜真卿书
太原　山西人民出版社　1958年　16页　24cm（16开）
（碑帖精华）

J0098421
颜真卿书颜勤礼碑精华　（唐）颜真卿书
太原　山西人民出版社　1959年　影印本　16页
24cm（26开）统一书号：7088.116
定价：CNY0.22
（碑帖精华）

J0098422
唐怀素苦笋帖卷　（唐释）怀素书
上海　上海人民美术出版社　1959年　影印本　1轴
　　中国唐代草书法帖，卷轴装。

J0098423
唐摹王右军家书集　辽宁省博物馆藏
北京　文物出版社　1959年　[18]页　42cm（5开）
线装　统一书号：7068.134　定价：CNY4.00
　　本书为唐人用双勾廓填法摹写王羲之家族
的墨迹，时代从晋到梁。此帖在宋代已有散失。
这里收现存王羲之、王献之等7人的书翰，共10
通。其中包括王羲之的《姨母帖》《初月帖》，王
献之的《廿九日帖》，王徽之的《新月帖》等。

J0098424
唐摹王右军家书集　（晋）王羲之撰并书；（唐）
佚名摹
北京　文物出版社　1959年　影印本　线装

J0098425
颜真卿书颜勤礼碑精华　柯璜检定；刘永德
选集
[太原]山西人民出版社　1959年
定价：CNY0.22

中国唐代楷书碑帖。

J0098426
[颜君庙碑铭]　（唐）颜真卿撰并书
[1960—1969年]影印本　经折装

J0098427
欧阳询书醴泉铭碑精华　刘永德著
太原　山西人民出版社　1960年　石印本　12页
24cm（26开）统一书号：7088.189
定价：CNY0.24

J0098428
怀素自叙帖
台北　泰山出版社　1961年　37cm（8开）
定价：TWD38.00
　　作者怀素（737—799），唐代书法家。字藏真，
俗姓钱，永州零陵（今湖南零陵）人。传世书法
作品有《自叙帖》《苦笋帖》《圣母帖》《论书帖》
《小草千文》等。

J0098429
唐怀素论书帖　（唐释）怀素书
北京　文物出版社　1961年　影印本　[7]页
41cm（8开）线装　统一书号：7068.168
定价：CNY2.40

J0098430
唐怀素论书帖　（唐释）怀素书
北京　文物出版社　1961年　影印本　线装

J0098431
唐怀素论书帖　（唐释）怀素书
北京　文物出版社　1961年　[影印本]42cm（5开）
定价：CNY100.00（全套）
（辽宁省博物馆藏法书选集）
　　收于《辽宁省博物馆藏法书选集》中。

J0098432
唐怀素论书帖　（一卷）（唐释）怀素书；辽宁
博物馆藏
北京　文物出版社　1961年　影印本　1册7叶
43cm（8开）线装　统一书号：7068.168
定价：CNY2.40
　　半叶无框无竖栏行款不一。

J0098433

唐摹王羲之一门书翰 王羲之等书
北京 文物出版社 1961 年 [影印本] 42cm(5 开)
定价: CNY100.00(全套)
(辽宁省博物馆藏法书选集)

收于《辽宁省博物馆藏法书选集》中。

J0098434

唐欧阳询行书千字文 (唐)欧阳询书
北京 文物出版社 1961 年 影印本 [9]页
42cm(5 开) 线装 统一书号: 7068.50
定价: CNY4.20

作者欧阳询(557—641),唐朝著名书法家。字信本,唐朝潭州临湘(今湖南长沙)人,楷书四大家之一。与同代的虞世南、褚遂良、薛稷三位并称初唐四大家。楷书有《九成宫醴泉铭》《皇甫诞碑》《化度寺碑》《虞恭公温彦博碑》,行书有《仲尼梦奠帖》《行书千字文》。书法著作有《八诀》《传授诀》《用笔论》《三十六法》。

J0098435

唐欧阳询行书千字文 (唐)欧阳询书
北京 文物出版社 1961 年 [影印本] 42cm(5 开)
定价: CNY100.00(全套)
(辽宁省博物馆藏法书选集)

收于《辽宁省博物馆藏法书选集》中。

J0098436

唐欧阳询梦奠帖 (唐)欧阳询书
北京 文物出版社 1961 年 影印本 线装

J0098437

唐欧阳询梦奠帖 (唐)欧阳询书;辽宁省博物馆藏
北京 文物出版社 1961 年 影印本 [10]页
41cm(5 开) 线装 统一书号: 7068.173
定价: CNY3.60

J0098438

唐欧阳询梦奠帖 (唐)欧阳询书
北京 文物出版社 1961 年 [影印本] 42cm(5 开)
定价: CNY100.00(全套)
(辽宁省博物馆藏法书选集)

收于《辽宁省博物馆藏法书选集》中。作者欧阳询(557—641),唐朝著名书法家。字信本,

唐朝潭州临湘(今湖南长沙)人,楷书四大家之一。与同代的虞世南、褚遂良、薛稷三位并称初唐四大家。楷书有《九成宫醴泉铭》《皇甫诞碑》《化度寺碑》《虞恭公温彦博碑》,行书有《仲尼梦奠帖》《行书千字文》。书法著作有《八诀》《传授诀》《用笔论》《三十六法》。

J0098439

唐欧阳询梦奠帖 (一卷)(唐)欧阳询书
北京 文物出版社 1961 年 影印本 41cm(5 开)
线装 统一书号: 7068.173 定价: CNY3.60

半叶无框无竖栏行款不一。

J0098440

唐张旭草书古诗四帖 (唐)张旭书
北京 文物出版社 1961 年 [影印本] 42cm(5 开)
定价: CNY100.00(全套)
(辽宁省博物馆藏法书选集)

收于《辽宁省博物馆藏法书选集》中。作者张旭(658—747),唐代书法家。字伯高,一字季明,江苏苏州吴县人。主要作品《古诗四帖》《肚痛帖》等。

J0098441

唐张旭草书古诗四帖 (唐)张旭书
北京 文物出版社 1961 年 影印本 11 页
41cm(8 开) 统一书号: 7068.171
定价: CNY4.40

辽宁省博物馆藏

J0098442

唐张旭草书古诗四帖 (唐)张旭书
北京 文物出版社 1961 年 影印本 线装

书名据书名页等题。据辽宁省博物馆藏本影印

J0098443

唐张旭草书古诗四帖 (一卷)(唐)张旭书
北京 文物出版社 1961 年 影印本 42cm(8 开)
线装 统一书号: 7068.171 定价: CNY4.40

据辽宁博物馆藏影印,附杨仁恺铅字释文. 半叶无框无竖栏行款不一。

J0098444

褚遂良圣教序字帖 (选字本)(唐)褚遂良书

上海 朵云轩 1962 年 10 折 27cm（16 开）折装
统一书号：Z-10 定价：CNY0.30

J0098445
褚遂良圣教序字帖 （选字本）（唐）褚遂良书
上海 朵云轩 1964 年 20 页 27cm（16 开）
统一书号：Z-10 定价：CNY0.22

J0098446
大唐西京千福寺多宝佛塔感应碑文 （唐）
岑勋撰；（唐）颜真卿书；故宫博物院编
北京 故宫博物院 1962 年 影印本 37cm（8 开）
线装 统一书号：7068.199 定价：CNY9.00
　　半叶五行十字。

J0098447
大字麻姑仙坛记字帖 （选字本）
［上海］朵云轩 1962 年 定价：CNY0.30

J0098448
大字麻姑仙坛记字帖 （选字本）（唐）颜真卿书
上海 朵云轩 1963 年［10］折 27cm（16 开）
经折装 统一书号：Z-2 定价：CNY0.32

J0098449
多宝塔字帖 （选字本）
［上海］朵云轩 1962 年 19cm（32 开）
定价：CNY0.30

J0098450
九成宫字帖 （选字本）
［上海］朵云轩 1962 年［14×21cm］
定价：CNY0.30

J0098451
九成宫字帖 （选字本）（唐）欧阳询书
上海 朵云轩 1964 年［32］页 19cm（32 开）
统一书号：Z-01 定价：CNY0.22
　　作者欧阳询（557—641），唐朝著名书法家。
字信本，唐朝潭州临湘（今湖南长沙）人，楷书四
大家之一。与同代的虞世南、褚遂良、薛稷三位
并称初唐四大家。楷书有《九成宫醴泉铭》《皇
甫诞碑》《化度寺碑》《虞恭公温彦博碑》，行书
有《仲尼梦奠帖》《行书千字文》。书法著作有《八
诀》《传授诀》《用笔论》《三十六法》。

J0098452
灵飞经小楷字帖 （唐）钟绍京书
上海 朵云轩 1962 年［28］页 26cm（16 开）
定价：CNY0.42

J0098453
灵飞经小楷字帖 （选字本）（唐）钟绍京书
上海 朵云轩 1964 年［24］页 26cm（16 开）
统一书号：Z-03 定价：CNY0.42

J0098454
灵飞经小楷字帖 （选字本）（唐）钟绍京书
上海 朵云轩 1964 年［24］页 21cm（28 开）
统一书号：Z-03 定价：CNY0.32

J0098455
柳公权书金刚经选字 （唐）柳公权书；浙江
人民出版社编辑
杭州 浙江人民出版社 1962 年［12 页］
26cm（16 开）统一书号：8103.82
定价：CNY0.12

J0098456
柳公权书神策军碑 （选录本）（唐）柳公权
书；北京中国书法研究社编
北京 人民美术出版社 1962 年 影印本［26 页］
26cm（16 开）统一书号：8027.3725
定价：CNY0.30
　　唐代书法家柳公权的著名碑刻《神策军碑》
现仅存前半部分，本书将原碑中残损或重复的字
加以删节，选取其中完整精彩的 390 字，并对柳
字的特点及临写要求做了简要的说明。

J0098457
柳公权书玄秘塔 （唐）柳公权书
南京 江苏人民出版社 1962 年［68］页
25cm（小 16 开）统一书号：7100.1525
定价：CNY0.36
　　《玄秘塔碑》即《唐故左街僧录大达法师碑
铭》。唐代碑刻。裴休撰文，柳公权书。会昌元
年（841 年）立。楷书，二十八行，行五十四字。

J0098458
柳公权书玄秘塔 （唐）柳公权书
上海 上海古籍书店 1962 年 26cm（16 开）

经折装 定价: CNY0.30

J0098459

柳公权玄秘塔

贵州 贵州人民出版社 1962 年 定价: CNY0.13

J0098460

柳体玄秘塔标准习字帖　柳溥庆编

北京 北京出版社 1962 年 36 页 26cm(16 开)
统一书号: 8071.141 定价: CNY0.36

　　编者柳溥庆(1900—1974), 印刷技术专家。
江苏武进人。又名圖青、步青、柳霖。毕业于上
海美术专科学校、巴黎印刷学院。曾任中国人民
银行总工程师兼印刷技术研究所所长。编写出
版多种颜、柳、欧体书法字帖, 著作有《近代平
版印刷之理论与实施》《照相凹版术》《蛋白版的
原理和方法》等。

J0098461

柳体玄秘塔标准习字帖　柳溥庆编

北京 北京出版社 1979 年 36 页 26cm(16 开)
统一书号: 8071.311 定价: CNY0.38

　　中国唐代楷书碑帖。

J0098462

孟法师碑字帖　(选字本)(唐)褚遂良书

上海 朵云轩 1962 年 7 折 19cm(32 开)折装
统一书号: Z–09 定价: CNY0.18

　　本作品为中国唐代楷书碑帖。

J0098463

孟法师碑字帖　(选字本)(唐)褚遂良书

上海 朵云轩 1963 年 [7] 折 19cm(32 开)
经折装 统一书号: Z–9 定价: CNY0.18

J0098464

欧阳询书九成宫醴泉铭　(唐)欧阳询书; 北
京市教育局中小学教材编审处编

北京 北京出版社 1962 年 影印本 [64 页]
26cm(16 开)统一书号: 8071.143
定价: CNY0.50

　　作者欧阳询(557—641), 唐朝著名书法家。
字信本, 唐朝潭州临湘(今湖南长沙)人, 楷书四
大家之一。与同代的虞世南、褚遂良、薛稷三位
并称初唐四大家。楷书有《九成宫醴泉铭》《皇
甫诞碑》《化度寺碑》《虞恭公温彦博碑》, 行书
有《仲尼梦奠帖》《行书千字文》。书法著作有《八
诀》《传授诀》《用笔论》《三十六法》。

J0098465

欧阳询书九成宫醴泉铭选字　(唐)欧阳询
书; 浙江人民出版社编辑

杭州 浙江人民出版社 1962 年 [12 页]
26cm(16 开)统一书号: 8103.81
定价: CNY0.12

J0098466

欧阳询书醴泉铭　(选录本)(唐)欧阳询书;
北京中国书法研究社编

北京 人民美术出版社 1962 年 影印本
[20]页 26cm(16 开)统一书号: 8027.3723
定价: CNY0.30

　　本书是唐代著名的书法家欧阳询最有代表
性的碑刻《九成宫醴泉铭》的选录本, 去掉了残
缺不全的字。

J0098467

宋拓九成宫醴泉铭　(一卷)(唐)欧阳询书

北京 文物出版社 1962 年 影印本 [52]页
25cm(小 16 开)统一书号: 7068.189
定价: CNY0.80

　　《九成宫醴泉铭》, 唐代碑刻。魏徵撰文, 欧
阳询正书。碑额篆书。贞观六年(632年)立。楷书,
二十四行, 行五十字。

J0098468

宋拓九成宫醴泉铭　(故宫博物院藏历代善本
碑帖之一)

北京 文物出版社 1962 年 (12 开)
定价: CNY10.00(线装本), CNY1.00(普及本)

J0098469

宋拓九成宫醴泉铭　(唐)欧阳询书; 故宫博
物院藏

北京 文物出版社 1962 年 2 版 影印本
[54 页]有图 26cm(16 开)
统一书号: 7068.189 定价: CNY1.00
(故宫博物院藏历代善本碑帖 1)

J0098470

宋拓九成宫醴泉铭　（唐）欧阳询书
北京　文物出版社　1962年　影印本
［34］页　37cm（8开）线装　统一书号：7068.191
定价：CNY10.00

J0098471

宋拓九成宫醴泉铭　（唐）欧阳询书
北京　文物出版社　1962年　影印本　线装

J0098472

宋拓多宝佛塔感应碑　（唐）颜真卿书
北京　文物出版社　1962年　影印本　［44］页
37cm（8开）线装　统一书号：7068.193
定价：CNY1.40
　　本书所收多宝佛塔感应碑由唐代大书法家
颜真卿书写，适合初学者临摹。

J0098473

宋拓多宝佛塔感应碑　（故宫博物院藏历代
善本碑帖之一）
［北京］文物出版社　1962年（12开）
定价：CNY1.40（普及本），CNY9.00（线装本）
　　中国宋代汉字碑帖。

J0098474

玄秘塔字帖　（唐）柳公权书
上海　朵云轩　1962年　9折　26cm（16开）折装
定价：CNY0.30
　　《玄秘塔碑》即《唐故左街僧录大达法师碑
铭》。唐代碑刻。裴休撰文，柳公权书。会昌元
年（841年）立。楷书，二十八行，行五十四字。

J0098475

玄秘塔字帖　（选字本）（唐）柳公权书
上海　朵云轩　1963年　9折　26cm（16开）折装
定价：CNY0.30

J0098476

玄秘塔字帖　（选字本）（唐）柳公权书
上海　朵云轩　1964年　［20］页　26cm（16开）
统一书号：Z-06　定价：CNY0.22

J0098477

颜体多宝塔标准习字帖　柳溥庆编

北京　北京出版社　1962年　影印本　29页
26cm（16开）统一书号：8071.140
定价：CNY0.26

J0098478

颜真卿书多宝塔碑选字　（唐）颜真卿书；浙
江人民出版社编辑
杭州　浙江人民出版社　1962年　［12页］
26cm（16开）统一书号：8103.80
定价：CNY0.12
　　作者颜真卿（709—785），唐代书法家。字
清臣。历任监察御史、殿中侍御史。代表作品有
《韵海镜源》《吴兴集》《庐陵集》等，均佚。宋人
辑有《颜鲁公集》。

J0098479

颜真卿书告身墨迹　（唐）颜真卿书
上海　上海古籍书店　1962年　1册　26cm（16开）
经折装　定价：CNY0.24

J0098480

颜真卿书麻姑山仙坛记　（唐）颜真卿书
南京　江苏人民出版社　1962年　［62］页
25cm（16开）统一书号：K7100.1527
定价：CNY0.26

J0098481

颜真卿书颜勤礼碑　（选录本）（唐）颜真卿
书；北京中国书法研究社编
北京　人民美术出版社　1962年　影印本　［26］页
26cm（16开）统一书号：8027.3724
定价：CNY0.30
　　本书为颜真卿书法碑刻之一，是颜体楷书的
名迹，全书精选共260字。

J0098482

颜真卿书颜氏家庙碑　（上、下）陕西省博物
馆编
西安　陕西人民美术出版社　1962年　2册　33cm

J0098483

颜真卿书颜氏家庙碑　（唐）颜真卿书
上海　上海古籍书店　1962年　8折　26cm（16开）
经折装　定价：CNY0.24

J0098484

褚遂良书孟法师碑 （唐）褚遂良书
上海　上海古籍书店　1963年　［40］页　26cm（16开）
定价：CNY0.40

J0098485

多宝塔字帖 （选字本）（唐）颜真卿书
上海　朵云轩　1963年　［15］折　1cm（32开）折装
定价：CNY0.32

J0098486

柳公权书玄秘塔 （唐）柳公权书；北京市教
育局中小学教材编审处编
北京　北京出版社　1963年　50页　有图　33cm（5开）
统一书号：8071.144　定价：CNY0.68
　　作者柳公权（778—865），唐代晚期著名书
法家。字诚悬，陕西铜川市人。代表作品《金刚
经碑》《玄秘塔碑》《神策军纪圣德碑》等。

J0098487

柳公权书玄秘塔 （唐）柳公权书
北京　北京出版社　1989年　58页　26cm（16开）
ISBN：7-200-00720-X　定价：CNY1.75
　　中国唐代楷书碑帖。

J0098488

柳公权玄秘塔碑铭 　辽宁省博物馆编
沈阳　辽宁美术出版社　1963年　52页　26cm（16开）
统一书号：T8117.1451　定价：CNY0.40

J0098489

柳体玄秘塔标准习字帖
南昌　江西教育出版社　1963年　19cm（32开）
定价：CNY0.12

J0098490

宋拓大达法师玄秘塔碑 （唐）柳公权书；故
宫博院编
北京　文物出版社　1963年　［50］页　37cm（8开）
线装　统一书号：7068.214　定价：CNY10.00
　　本书据故宫博物院所藏宋拓本影印，是现存
宋拓本中最好的本子。

J0098491

宋拓大达法师玄秘塔碑 （一卷）（唐）裴休

撰；（唐）柳公权书；故宫博物院编
北京　文物出版社　1963年　影印本　37cm（8开）
线装　统一书号：7068.214　定价：CNY10.00
　　作者裴休（791—846），书法家。字公美，河
内济源（今河南济源）人，祖籍河东闻喜（今山西
运城闻喜）。唐穆宗时登进士第。历官兵部侍郎、
同平章事、中书侍郎、宣武节度使、荆南节度使
等职，曾主持改革漕运及茶税等积弊，颇有政
绩。晚年官至吏部尚书、太子少师，封河东县子。
主要作品《圭峰禅师碑》。

J0098492

唐柳公权书兰亭诗 　故宫博物院编
北京　文物出版社　1963年　影印本　线装

J0098493

唐柳公权书兰亭诗 （宣纸本）故宫博物院编
北京　文物出版社　1963年　线装　定价：CNY9.40

J0098494

唐柳公权书兰亭诗 （一卷）（唐）柳公权书；
故宫博物院编
北京　文物出版社　1963年　影印本　［20］叶
43cm（5开）线装　统一书号：7068.221
定价：CNY9.40
　　半叶无框无竖栏行款不一。

J0098495

唐柳公权书兰亭诗 （唐）柳公权书；故宫博
物院编
北京　文物出版社　1964年　2版　［20］叶
43cm（5开）线装　统一书号：7068.221
定价：CNY9.40

J0098496

唐陆柬之书陆机文赋 （唐）陆柬之［书］；台
北故宫博物院编辑委员会编辑
台北　台北故宫博物院　1963年　31叶　39cm（8开）
（故宫法书　第四辑）

J0098497

唐人临黄庭经 　故宫博物院编
北京　文物出版社　1963年　影印本　7页
44cm（5开）线装　统一书号：7068.220
定价：CNY3.40

据故宫博物院藏本影印。

J0098498

唐人临黄庭经 （宣纸本）故宫博物院编

北京 文物出版社 1963年 线装 定价：CNY3.40

　　据故宫博物院藏本印制。

J0098499

唐人临黄庭经 （一卷）（唐）佚名临；故宫博物院藏并编

北京 文物出版社 1963年 影印本 1册8叶 44cm（5开）线装 统一书号：7068.220

定价：CNY3.40

　　半叶无框无竖栏行款不一。

J0098500

唐人临黄庭经 （唐）佚名摹

北京 文物出版社 1982年 影印本 线装

（故宫博物院藏历代法书选集）

J0098501

唐人临黄庭经 （唐）佚名临

北京 文物出版社 1994年 影印本 线装

（故宫博物院藏历代法书选集 第一集）

J0098502

唐人摹兰亭叙 故宫博物院编

北京 文物出版社 1963年 影印本 [12]页 44cm（5开）线装 统一书号：7068.218

定价：CNY5.50

J0098503

唐人摹兰亭叙 （晋）王羲之撰并书；（唐）佚名摹；故宫博物院编

北京 文物出版社 1963年 影印本 线装

J0098504

唐人摹兰亭叙 （一卷）（晋）王羲之撰并书；（唐）佚名摹；故宫博物院藏

北京 文物出版社 1963年 影印本 1册[12]页 44cm（8开）线装 统一书号：7068.218

定价：CNY5.50

　　半叶无框无竖栏行款不一。

J0098505

唐人摹兰亭叙 （晋）王羲之撰；（唐）佚名摹

北京 文物出版社 1982年 影印本 线装

（故宫博物院藏历代法书选集）

J0098506

唐人摹兰亭叙 （晋）王羲之撰；（唐）佚名临

北京 文物出版社 1994年 影印本 线装

（故宫博物院藏历代法书选集 第一集）

J0098507

颜体多宝塔标准习字帖

南昌 江西教育出版社 1963年 1册 19cm（32开）

定价：CNY0.10

J0098508

颜真卿多宝塔碑 （节本）（唐）颜真卿书；辽宁省博物馆编

沈阳 辽宁人民出版社 1963年 [32页] 26cm（16开）统一书号：8090.74

定价：CNY0.22

　　《多宝塔碑》全称《大唐西京千福寺多宝佛塔感应碑文》，亦称《多宝塔感应碑》。唐代碑刻。岑勋撰文，颜真卿正书，徐浩隶书题额，史华刻。天宝十一载（752年）立。为颜真卿44岁时所作。楷书，三十四行，行六十六字。

J0098509

颜真卿书多宝塔 （唐）颜真卿书；北京市教育局中小学教材编审处编

北京 北京出版社 1963年 42页 有图 33cm（8开）统一书号：8071.145 定价：CNY0.60

J0098510

颜真卿书多宝塔 （唐）颜真卿书

北京 北京出版社 1989年 52页 26cm（16开）

ISBN：7-200-00719-6 定价：CNY1.65

J0098511

虞世南书孔子庙堂碑 （唐）虞世南书

上海 上海古籍书店 1963年 [62]页 26cm（16开）

定价：CNY0.65

　　作者虞世南（558—638），唐代书法家、文学家、诗人、政治家。字伯施，越州余姚（今浙江省慈溪市）人。主要作品有《虞秘监集》《孔子庙堂碑》。

J0098512

真书千字文　（隋释）智永书
上海　上海古籍书店　1963 年　25 页　26cm（16 开）
定价：CNY0.28

J0098513

智永真书千字文
上海　上海古籍书店　1963 年　26cm（16 开）
定价：CNY0.28

J0098514

砖塔铭字帖　（选本字）（唐）敬客书
上海　朵云轩　1963 年　19cm（32 开）经折装
定价：CNY0.18

J0098515

砖塔铭字帖　（选字本）（唐）敬客书
[上海]　朵云轩　1964 年［1 张］19cm（小 32 开）
定价：CNY0.12

J0098516

多宝塔字帖　（选字本）（唐）颜真卿书
上海　朵云轩　1964 年［32］页　19cm（32 开）
统一书号：Z-04　定价：CNY0.22

J0098517

柳公权小楷字帖　（选字本）（唐）柳公权书
上海　朵云轩　1964 年［24］页　25cm（小 16 开）
统一书号：Z-16　定价：CNY0.42

J0098518

龙藏寺碑　（隋）张公礼撰；（隋）佚名书
北京　文物出版社　1964 年　影印本　线装

J0098519

龙藏寺碑　（隋）张公礼撰；（隋）佚名书
北京　文物出版社　1975 年　影印本　2 版　线装
　　碑帖拓本影印作品。

J0098520

宋拓道因法师碑
北京　文物出版社　1964 年［44］页　37cm（8 开）
线装　统一书号：7068.228　定价：CNY9.00

　　《道因法师碑》为初唐大书法家欧阳询之子、书法家欧阳通的代表作之一。本书据宋拓精本影印。拓本现藏故宫博物院。

J0098521

宋拓道因法师碑　（唐）李俨撰；（唐）欧阳通书
北京　文物出版社　1964 年　影印本　线装

　　作者欧阳通（625—691），唐代书法家。字通师，唐潭州临湘（今湖南长沙）人，欧阳询之子。传世作品有《道因法师碑》《泉男生墓志》等。

J0098522

宋拓道因法师碑　（唐）李俨撰；（唐）欧阳通书
北京　文物出版社　1975 年　影印本　线装

J0098523

唐褚遂良摹兰亭序　（兰亭八柱第二本）（唐）褚遂良书；兰亭墨迹汇编编辑委员会编
北京　北京出版社　1964 年［46］页　33cm（5 开）
统一书号：8071.160　定价：CNY0.55
（兰亭墨迹汇编　2）

J0098524

唐褚遂良摹兰亭序　（清梁章钜藏本）（唐）褚遂良书；兰亭墨迹汇编编辑委员会编
北京　北京出版社　1964 年［22］页　33cm（10 开）
统一书号：8071.162　定价：CNY0.30
（兰亭墨迹汇编　4）

J0098525

唐冯承素摹兰亭帖　（唐）冯承素书；《兰亭墨迹汇编》编辑委员会编
北京　北京出版社　1964 年　33cm（5 开）
统一书号：8071.161　定价：CNY0.45
（兰亭墨迹汇编　3）

J0098526

唐冯承素摹兰亭序　（唐）冯承素书；兰亭墨迹汇编编辑委员会编
北京　北京出版社　1964 年［37］页　33cm（5 开）
统一书号：8071.161　定价：CNY0.45
（兰亭墨迹汇编　3）

J0098527

唐冯承素摹兰亭序　（唐）冯承素书；《兰亭墨

迹汇编》编辑委员会编

北京 北京出版社 1987 年 ［48］页 33×45cm

ISBN：7-200-00127-9 定价：CNY1.10

　　中国唐代行书碑帖。

J0098528

唐怀素论书帖 （唐释）怀素书

上海 上海人民美术出版社 1964 年 影印本 1 函 44cm（8 开）精装 统一书号：8081.5492

定价：CNY55.00

　　本书所收《论书帖》为唐朝著名书法家释怀素的代表作之一，据辽宁博物馆藏品影印。此卷书体应规入矩，被认为是较多保留王羲之父子风范的早年作品，不类张旭。全帖共草书 9 行，计 85 字，分红木盒装绢裱手卷、锦盒装册页和普通册页三种。

J0098529

唐怀素论书帖 （唐释）怀素书

上海 上海人民美术出版社 1964 年 影印本 经折装

J0098530

唐怀素论书帖 （一卷）（唐释）怀素书；辽宁博物馆藏

上海 上海人民美术出版社 1964 年 影印本 43cm（8 开）线装 统一书号：8081.5491 定价：CNY55.00

　　行款不一。

J0098531

唐柳公权书兰亭诗 （唐）柳公权书；兰亭墨迹汇编编辑委员会编

北京 北京出版社 1964 年 ［64］页 33cm（5 开）统一书号：8071.164 定价：CNY0.75

（兰亭墨迹汇编 6）

J0098532

唐柳公权书兰亭诗 （唐）柳公权书；《兰亭墨迹汇编》编辑委员会编

北京 北京出版社 1987 年 ［66］页 33×45cm

ISBN：7-200-00126-0 定价：CNY1.90

　　中国唐代行书法帖。

J0098533

唐释高闲草书千字文 （唐释）高闲书；上海博物馆编

北京 文物出版社 1964 年 10 页 43cm（8 开）线装 统一书号：7068.248 定价：CNY4.00

J0098534

唐虞世南临兰亭帖 （唐）虞世南书；《兰亭墨迹汇编》编辑委员会编

北京 北京出版社 1964 年 ［32］页 33cm（8 开）统一书号：8071.159 定价：CNY0.40

（兰亭墨迹汇编 1）

J0098535

唐张旭草书古诗四帖 （唐）张旭书

上海 上海人民美术出版社 1964 年 影印本 1 函 44cm（8 开）精装 统一书号：8081.5489

定价：CNY80.00

　　本书为唐朝草书大家张旭狂草作品影印本，原作藏于辽宁博物馆。全帖共 50 行，计 188 字，无款署，有"政和""乾隆御览之宝""东北博物馆珍藏"等鉴藏印。作者张旭（658—747），唐代书法家。字伯高，一字季明，江苏苏州吴县人。主要作品《古诗四帖》《肚痛帖》等。

J0098536

唐张旭草书古诗四帖 （一卷）（唐）张旭书

上海 上海人民美术出版社 1964 年 影印本 44cm（5 开）经折装 统一书号：8081.5488

定价：CNY80.00

　　张旭工狂草，有"草圣"之誉。帖中钤有"政和"及"乾隆御览之宝"、"东北博物馆珍藏"等鉴藏印。　半叶无框无竖栏行款不一。

J0098537

颜真卿麻姑仙坛记大字帖 （选字本）（唐）颜真卿书

［上海］朵云轩 1964 年 ［1 张］［17×29cm］

定价：CNY0.22

J0098538

颜真卿自书告身墨迹

上海 上海古籍书店 1964 年 影印本 经折装

J0098539

虞世南中楷字帖　（选字本）（唐）虞世南书
上海　朵云轩　1964 年［16］页　19cm（32 开）
统一书号：Z-15　定价：CNY0.12

J0098540

褚遂良行楷字帖　（选字本）
上海　朵云轩　1965 年　20cm（32 开）
定价：CNY0.20
　　　中国唐代法帖。

J0098541

柳公权中楷字帖　（选字本）（唐）柳公权书
上海　朵云轩　1965 年［12］页　19cm（32 开）
统一书号：Z-19　定价：CNY0.08

J0098542

欧阳询中楷字帖　（选字本）
上海　朵云轩　1965 年　19cm（32 开）
定价：CNY0.20
　　　中国唐代法帖。

J0098543

宋拓唐李邕书李思训碑　（唐）李邕书
北京　文物出版社　1965 年［24］页　37cm（8 开）
线装　统一书号：7068.257　定价：CNY4.50
　　　《李思训碑》全称《唐故云麾将军右武卫大将军赠秦州都督彭国公谥曰昭公李府君神道碑》，亦称《唐故云麾将军碑》。唐代行书碑刻。李邕撰并书。开元八年（720 年）建于今陕西境内。字共 30 行，满行 70 字。为李邕代表作之一。今存陕西蒲城桥陵。本书据宋拓本影印。

J0098544

苏孝慈志小楷字帖　（选字本）
上海　朵云轩　1965 年　19cm（32 开）简装
定价：CNY0.27

J0098545

唐怀素论书帖　（简装本）（唐释）怀素书
北京　文物出版社　1965 年　影印本　37cm（8 开）
统一书号：7068.168　定价：CNY0.60
　　　中国唐代草书法帖。

J0098546

唐怀素论书帖　（唐释）怀素书；辽宁省博物馆藏
北京　文物出版社　1978 年　重印本　38cm（6 开）
统一书号：8068.699　定价：CNY0.40
　　　中国唐代草书法帖。

J0098547

唐柳公权书兰亭诗　（简装本）（唐）柳公权书
北京　文物出版社　1965 年［18］页　37cm（8 开）
统一书号：7068.221　定价：CNY1.90

J0098548

唐摹王羲之一门书翰　（简装本）
北京　文物出版社　1965 年［18］页　37cm（8 开）
统一书号：7068.134　定价：CNY1.80
　　　中国唐代书法帖。

J0098549

唐欧阳询行书千字文　（简装本）（唐）欧阳询书
北京　文物出版社　1965 年［22］页　36cm（6 开）
统一书号：7068.50　定价：CNY2.10
　　　作者欧阳询（557—641），唐朝著名书法家。字信本，唐朝潭州临湘（今湖南长沙）人，楷书四大家之一。与同代的虞世南、褚遂良、薛稷三位并称初唐四大家。楷书有《九成宫醴泉铭》《皇甫诞碑》《化度寺碑》《虞恭公温彦博碑》，行书有《仲尼梦奠帖》《行书千字文》。书法著作有《八诀》《传授诀》《用笔论》《三十六法》。

J0098550

唐人摹兰亭叙　（简装本）
北京　文物出版社　1965 年［6］页　37cm（8 开）
统一书号：7068.218　定价：CNY0.70
　　　中国唐代法帖。

J0098551

唐释怀素苦笋帖　（一卷）（唐释）怀素书
北京　文物出版社　1965 年　影印本　1 册 4 叶
37cm（8 开）简装　统一书号：7068.263
定价：CNY0.85
　　　中国唐代草书法帖。半叶无框无竖栏行款不一。

J0098552
唐张旭草书古诗四帖　（简装本）（唐）张旭书
北京 文物出版社 1965 年 影印本 37cm（8 开）
统一书号：7068.171 定价：CNY1.30
　　中国唐代草书法帖。

J0098553
颜体字帖　（沁园春 采桑子）荣宝斋编辑
北京 荣宝斋 1965 年 24 页 24cm（16 开）
统一书号：6502 定价：CNY0.20
　　中国唐代法帖。

J0098554
颜真卿大楷字帖　（选字本）
上海 朵云轩 1965 年 [12]页 26cm（16 开）
统一书号：2-20 定价：CNY0.14
　　中国唐代法帖。

J0098555
颜真卿中楷字帖　（选字本）
上海 朵云轩 1965 年 19cm（小 32 开）
定价：CNY0.20
　　中国唐代法帖。

J0098556
钟绍京小楷字帖　（选字本）
上海 朵云轩 1965 年 19cm（小 32 开）
定价：CNY0.38
　　中国唐代法帖。

J0098557
唐怀素书自叙　（下）（唐释）怀素书；台北故
宫博物院编辑委员会编辑
台北 台北故宫博物院 1966 年 18 叶 39cm（8 开）
（故宫法书 第七辑 2）
　　《自叙帖》，唐代怀素草书作品。纸本墨迹卷。
大历十二年（777 年）书。126 行。是怀素草书代
表作。一说为宋人仿作。现藏台北故宫博物院。

J0098558
唐怀素书自叙　（唐释）怀素书；台北故宫博
物院编辑委员会编辑
台北 台北故宫博物院 1979 年 44 页 36cm（6 开）
　　中国唐代草书法。

J0098559
唐怀素书自叙　（唐释）怀素书；台北故宫博
物院编辑委员会编辑
台北 台北故宫博物院 1990 年 4 版 18 页
39cm（8 开）线装
（故宫法书 第 7 辑）

J0098560
唐怀素书自叙　（唐释）怀素书；台北故宫博
物院编辑委员会编辑
台北 台北故宫博物院 1996 年 22 页 39cm（8 开）
线装 ISBN：957-562-243-X
（故宫法书 第 7 辑）
　　本书为环筒形装订，套装 ISBN 号 957-562-
077-1。

J0098561
唐人摩兰亭序墨迹三种　（唐）冯承素摹本
上海 上海书画社 1973 年 38cm（6 开）
统一书号：7172.55 定价：CNY0.50
　　本书是《冯摹兰亭序》卷，唐冯承素摹，纸
本，行书，纵 24.5cm，横 69.9cm。北京故宫博物
院藏。

J0098562
唐神策军碑　（唐）柳公权书
北京 中国书店 1973 年 34cm（10 开）
统一书号：7068.315（乙）定价：CNY1.00
　　《神策军碑》全称《皇帝巡幸左神策军纪圣德
碑》。唐代正书碑刻。

J0098563
怀素自叙帖真迹　（唐释）怀素书
北京 文物出版社 1974 年 34cm（10 开）
定价：CNY1.75

J0098564
怀素自叙帖真迹　（唐释）怀素书
北京 文物出版社 1974 年 37cm（8 开）
统一书号：8068.3 定价：CNY1.75

J0098565
怀素自叙帖真迹　（唐释）怀素撰并书；故宫
博物院编
北京 文物出版社 1974 年 影印本 线装

J0098566

怀素自叙帖真迹　故宫博物院编

北京　文物出版社　1974 年　39cm（8 开）线装本

定价：CNY20.00

　　本书据故宫博物院所藏珂罗版印制。

J0098567

怀素自叙帖真迹

北京　文物出版社　1974 年　39cm（8 开）

定价：CNY1.75

　　《自叙帖》，唐代怀素草书作品。纸本墨迹卷。大历十二年（777 年）书。126 行。是怀素草书代表作。一说为宋人仿作。现藏台北故宫博物院。

J0098568

神策军碑

北京　文物出版社　1974 年　39cm（8 开）线装本

定价：CNY10.00

　　《神策军碑》全称《皇帝巡幸左神策军纪圣德碑》。唐代正书碑刻。柳公权书。

J0098569

唐人楷书选字帖　（二）上海书画社编

上海　上海书画社　1974 年　27cm（16 开）

定价：CNY0.18

J0098570

唐人楷书选字帖　（一）上海书画社编辑

上海　上海书画社　1975 年　26cm（16 开）

J0098571

唐人楷书选字帖　（三）上海书画社编辑

上海　上海书画社　1975 年　24 页　26cm（16 开）

统一书号：7172.66　定价：CNY0.18

J0098572

唐神策军碑　（唐）柳公权书

北京　文物出版社　1974 年　影印本　线装

　　根据北京图书馆藏本影印的唐代楷书碑帖。

J0098573

唐神策军碑　（一卷）（唐）柳公权书

北京　文物出版社　1974 年　影印本　37cm（8 开）

线装　统一书号：7068.315（甲）定价：CNY10.00

　　《神策军碑》全称《皇帝巡幸左神策军纪圣德

碑》。唐代正书碑刻。半叶无框无竖栏三行五字。

J0098574

钟绍京小楷字帖　（选字本）上海书画社编

上海　上海书画社　1974 年　13 页　19cm（小 32 开）

定价：CNY0.05

J0098575

颜勤礼碑　颜真卿书；朴龙宽编

云林笔房　1975 年

　　《颜勤礼碑》全称《唐故秘书省著作郎夔州都督府长史上护军颜君神道》。唐代正书碑刻。颜真卿书。大历十四年（779 年）立于长安（今陕西西安）。原石于元明时期湮没，1922 年 10 月复出土于西安旧藩廨库堂后，四面刻，文存三面，44 行，满行 38 字。是颜氏晚年代表作。现藏西安碑林博物馆。

J0098576

大唐西京千福寺多宝佛塔感应碑文

云林堂编

1976 年

J0098577

孙过庭景福殿赋　（唐）孙过庭书；故宫博物院编

北京　文物出版社　1976 年　影印本　38cm（6 开）

统一书号：8068.16　定价：CNY1.10

　　唐代草书法帖。作者孙过庭（646—691），唐代书法家、书法理论家。名虔礼，以字行。吴郡富阳（今浙江富阳）人。有墨迹《书谱》传世。

J0098578

孙过庭景福殿赋　（唐）孙过庭书；故宫博物馆编

北京　文物出版社　1976 年　影印本　线装

J0098579

唐人摹兰亭序墨迹三种　（晋）王羲之撰；上海书画社编

上海　上海书画社　1976 年　影印本　二版

J0098580

九成宫醴泉铭　（唐）欧阳询书

北京　文物出版社　1977 年　影印本　2 版　线装

《九成宫醴泉铭》，唐代碑刻。魏徵撰文，欧阳询正书。碑额篆书。贞观六年（632年）立。楷书，二十四行，行五十字。作者欧阳询（557—641），唐朝著名书法家。字信本，唐朝潭州临湘（今湖南长沙）人，楷书四大家之一。与同代的虞世南、褚遂良、薛稷三位并称初唐四大家。楷书有《九成宫醴泉铭》《皇甫诞碑》《化度寺碑》《虞恭公温彦博碑》，行书有《仲尼梦奠帖》《行书千字文》。书法著作有《八诀》《传授诀》《用笔论》《三十六法》。

J0098581
唐故左街僧录大达法师碑铭　云林堂编
1977年

《唐故左街僧录大达法师碑铭》即《玄秘塔碑》。唐代碑刻。裴休撰文，柳公权书。会昌元年（841年）立。楷书，二十八行，行五十四字。内容为宣扬佛教和记载大达法师端甫受到当时统治者的宠遇。

J0098582
唐神策军碑
北京 文物出版社 1977年 34页 28cm（大16开）
简装本 定价：CNY1.00

《神策军碑》全称《皇帝巡幸左神策军纪圣德碑》。唐代正书碑刻。柳公权书。会昌三年（公843年）立。

J0098583
颜勤礼碑　（唐）颜真卿书
广州 广东人民出版社 1977年 1册 26cm（16开）
统一书号：8111.1710 定价：CNY1.10

《颜勤礼碑》全称《唐故秘书省著作郎夔州都督府长史上护军颜君神道》。唐代正书碑刻。颜真卿书。大历十四年（779年）立于长安（今陕西西安）。原石于元明时期湮没，1922年10月复出土于西安旧藩廨库堂后，四面刻，文存三面，44行，满行38字。是颜氏晚年代表作。现藏西安碑林博物馆。

J0098584
有唐茅山玄靖先生广陵李君碑铭　云林堂编
1977年

《有唐茅山玄靖先生广陵李君碑铭》，通称《李玄靖碑》。为唐代颜真卿的楷书碑帖。碑于大

历十二年（777年）立在江苏句容县茅山玉晨观，南宋绍兴七年（1137年）断裂，明嘉靖三年（1524）遭火石碎。据《金石萃编》载："碑已断裂，约高一丈余，广三尺二寸五分，厚一尺四分。四面刻，前后各十九行，两侧各四行，行皆三十九字，正书。"

J0098585
褚遂良楷书字帖　（唐）褚遂良书；上海书画出版社编辑
上海 上海书画出版社 1978年 32页 26cm（16开）
统一书号：7172.88 定价：CNY0.28

作者褚遂良（596—658或659），唐代政治家、书法家。字登善，杭州钱塘（今浙江杭州市）人。代表作品有《孟法师碑》《雁塔圣教序》等。

J0098586
宋拓怀素草书千字文　（唐释）怀素书
上海 上海古籍书店 1978年 影印本 38页
38cm（6开）定价：CNY1.50

J0098587
唐柳公权书玄秘塔碑　（唐）柳公权书
北京 文物出版社 1978年 影印本 50页
33cm（5开）统一书号：8068.599
定价：CNY0.90

故宫博物院藏，唐代楷书碑帖。

J0098588
唐柳公权书玄秘塔碑　（唐）柳公权书
北京 文物出版社 1981年 25cm（16开）
统一书号：8068.908 定价：CNY0.60

J0098589
唐陆柬之书陆机文赋　（唐）陆柬之书
上海 上海书画出版社 1978年 35页 38cm（6开）
统一书号：7172.89 定价：CNY1.60
唐代行楷法书。

J0098590
唐人小楷选字帖　（一）上海书画出版社编
上海 上海书画出版社 1978年 重印本 14页
18cm（32开）统一书号：7172.50
定价：CNY0.05

J0098591

唐人小楷选字贴　（二）上海书画出版社编辑
上海　上海书画出版社　1978 年　32 页　19cm（32 开）
定价：CNY0.18

J0098592

唐颜真卿传本墨迹选　（唐）颜真卿书；上海
书画出版社编辑
上海　上海书画出版社　1978 年　41 页　38cm（6 开）
统一书号：7172.94 定价：CNY1.50
（历代法书萃英）

　　本书选印颜真卿传世的墨迹 4 种：即《祭侄
季明文稿》《告身帖》《刘中使帖》和《湖卅帖》。
作者颜真卿是唐代中期杰出的书法家。

J0098593

唐颜真卿书多宝塔碑　（唐）颜真卿书
北京　文物出版社　1978 年　影印本　44 页
25cm（16 开）统一书号：8068.600
定价：CNY0.80

　　《多宝塔碑》全称《大唐西京千福寺多宝佛
塔感应碑文》，亦称《多宝塔感应碑》。唐代碑刻。
岑勋撰文，颜真卿正书，徐浩隶书题额，史华刻。
天宝十一载（752 年）立。为颜真卿 44 岁时所作。
楷书，三十四行，行六十六字。现存陕西西安
碑林。

J0098594

唐颜真卿书多宝塔碑　（唐）颜真卿书
北京　文物出版社　1978 年　影印本　线装

J0098595

唐颜真卿竹山堂连句　（唐）颜真卿书
北京　文物出版社　1978 年　影印本　34 页
25cm（16 开）统一书号：8068.602
定价：CNY0.65

J0098596

唐张旭草书古诗四帖　上海书画出版社编辑
上海　上海书画出版社　1978 年　20 页　26cm（16 开）
定价：CNY0.75

　　本书为唐代杰出书法家张旭的海内传世孤
本《草书古诗四帖》，即写庾信的两首《步虚词》
和谢灵运的《王子晋赞》与《岩下一老公四五少
年赞》墨迹，并原迹所附之明代丰坊、董其昌
题跋。

J0098597

唐张旭草书古诗四帖　上海书画出版社编辑
上海　上海书画出版社　1978 年　5 张　52cm（4 开）
统一书号：7172.103 定价：CNY0.75

　　本书为彩色精印唐代杰出书法家张旭的海
内传世孤本《草书古诗四帖》，即写庾信的两首
《步虚词》和谢灵运的《王子晋赞》与《岩下一老
公四五少年赞》墨迹，并原迹所附之明代丰坊、
董其昌题跋。

J0098598

颜勤礼碑　（唐）颜真卿书
西安　陕西人民出版社　1978 年　69 页　38cm（6 开）
统一书号：8094.615 定价：CNY5.50

　　《颜勤礼碑》全称《唐故秘书省著作郎夔州都
督府长史上护军颜君神道》。唐代正书碑刻。颜
真卿书。大历十四年（779 年）立于长安（今陕西
西安）。原石于元明时期湮没，1922 年 10 月复出
土于西安旧藩廨库堂后，四面刻，文存三面，44
行，满行 38 字。是颜氏晚年代表作。

J0098599

颜真卿中楷字帖　上海书画出版社编辑
上海　上海书画出版社　1978 年　28 页 26cm（16 开）
统一书号：7172.90 定价：CNY0.26

J0098600

敦煌本柳公权书金刚经　（唐）柳公权书
北京　文物出版社　1979 年　影印本　59 页
38cm（6 开）统一书号：8068.799
定价：CNY1.60

　　《金刚经刻石》是目前看到的柳书中最早的
一块碑。本书据敦煌拓本影印，该拓本现藏于巴
黎图书馆。

J0098601

敦煌唐碑三种　石门图书公司编辑部主编
台北　石门图书公司　1979 年　影印本　107 页
38cm（6 开）

　　中国唐代敦煌学碑帖。

J0098602

怀素自叙帖真迹　（唐释）怀素书；辽宁美术

出版社编辑

沈阳 辽宁美术出版社 1979年 44页 25cm(15开)

统一书号: 8117.1627 定价: CNY0.90

(历代书法选辑)

《自叙帖》,唐代怀素草书作品。纸本墨迹卷。大历十二年(777年)书。126行。是怀素草书代表作。一说为宋人仿作。现藏台北故宫博物院。

J0098603

柳公权大楷字帖 上海书画出版社编辑

上海 上海书画出版社 1979年 33页 26cm(16开)

统一书号: 7172.119 定价: CNY0.28

中国唐代楷书碑帖。

J0098604

柳公权大楷字帖 上海书画出版社编辑

上海 上海书画出版社 1979年 影印本 33页

26cm(16开) 统一书号: 7172.119

定价: CNY0.28

中国唐代楷书碑帖。

J0098605

柳公权大楷字帖 上海书画出版社编辑

上海 上海书画出版社 1979年 24页 26cm(16开)

定价: CNY0.23

中国唐代楷书碑帖。

J0098606

欧阳通字帖 (道因法师碑)(唐)欧阳通书

成都 四川人民出版社 1979年 56页 24cm(26开)

统一书号: 8118.639 定价: CNY0.54

《道因法师碑》,全称《故大德道因法师碑》。今存陕西西安碑林。唐龙朔三年(663年)刻。李俨撰,欧阳通书。楷书,三十四行,行七十三字。额上刻三佛像。作者欧阳通(625—691),唐代书法家。字通师,唐潭州临湘(今湖南长沙)人,欧阳询之子。传世作品有《道因法师碑》《泉男生墓志》等。

J0098607

欧阳询化度寺 (唐)欧阳询书;天津杨柳青

画店编辑

天津 天津杨柳青画店 1979年 20页

25cm(小16开) 统一书号: 7174.006

定价: CNY0.46

《化度寺碑》,全称《化度寺故僧邕禅师舍利塔铭》,正书碑刻。李百药撰,欧阳询书。贞观五年(631年)立于长安终南山化度寺。碑高2尺3寸,宽2尺5寸,字凡35行,行32字。作者欧阳询(557—641),唐朝著名书法家。字信本,唐朝潭州临湘(今湖南长沙)人,楷书四大家之一。与同代的虞世南、褚遂良、薛稷三位并称初唐四大家。楷书有《九成宫醴泉铭》《皇甫诞碑》《化度寺碑》《虞恭公温彦博碑》,行书有《仲尼梦奠帖》《行书千字文》。书法著作有《八诀》《传授诀》《用笔论》《三十六法》。

J0098608

宋拓柳公权玄秘塔

上海 上海古籍书店 1979年 48页 25cm(16开)

定价: CNY1.10

《玄秘塔碑》即《唐故左街僧录大达法师碑铭》。唐代碑刻。裴休撰文,柳公权书。会昌元年(841年)立。楷书,二十八行,行五十四字。内容为宣扬佛教和记载大达法师端甫受到当时统治者的宠遇。

J0098609

宋拓麓山寺碑并阴 (唐)李邕书

上海 上海书画出版社 1979年 影印本 [90]页

38cm(6开) 统一书号: 7172.125

定价: CNY3.70

(历代法书萃英)

本书影印自唐代著名书法家和文学家李邕所书碑文拓本,原拓本现藏于苏州博物馆。作者李邕(678—747),唐代书法家。即李北海,也称李括州,字泰和,唐朝宗室。鄂州江夏(今湖北武汉市江夏区)人。主要作品有《李思训碑》《麓山寺碑》《云麾将军碑》等。

J0098610

宋拓麓山寺碑并阴 (唐)李邕书

上海 书画出版社 1979年 影印本 86页

38cm(6开) 线装 定价: 36.00

J0098611

宋拓智永真草千字文 (隋释)智永书

北京 文物出版社 1979年 60页 25cm(16开)

统一书号: 8068.683 定价: CNY1.10

隋代草书法帖。

J0098612

宋拓智永真草千字文　（隋释）智永书

北京　文物出版社　1979年　影印本　54页

53cm（4开）线装　定价：CNY16.00

J0098613

唐怀素草书食鱼帖　（唐释）怀素书

北京　文物出版社　1979年　12页　38cm（6开）

统一书号：8068.750　定价：CNY0.50

　　本书据青岛市博物馆藏原件影印。此帖放逸流畅而不狂怪，结字和《自叙帖》相近，保持了怀素书法的真面目。

J0098614

唐怀素草书食鱼帖　（唐释）怀素书；青岛市博物馆编

北京　文物出版社　1981年　影印本　线装

J0098615

唐怀素草书食鱼帖　青岛市博物馆藏［编辑］

北京　文物出版社　1981年　39cm（8开）线装

　　本书据青岛市博物馆藏原件影印，此帖放逸流畅而不狂怪，结字和《自叙帖》相近，保持了怀素书法的真面目。

J0098616

唐欧阳询行书千字文　（唐）欧阳询书

沈阳　辽宁美术出版社　1979年　26页　25cm（16开）

统一书号：8117.1647　定价：CNY0.70

　　作者欧阳询（557—641），唐朝著名书法家。字信本，唐朝潭州临湘（今湖南长沙）人，楷书四大家之一。与同代的虞世南、褚遂良、薛稷三位并称初唐四大家。楷书有《九成宫醴泉铭》《皇甫诞碑》《化度寺碑》《虞恭公温彦博碑》，行书有《仲尼梦奠帖》《行书千字文》。书法著作有《八诀》《传授诀》《用笔论》《三十六法》。

J0098617

唐颜真卿书东方朔画赞　（唐）颜真卿书；上海书画出版社编辑

上海　上海书画出版社　1979年　104页　38cm（6开）

统一书号：7172.99　定价：CNY2.90

（历代法书萃英）

　　中国唐代楷书碑帖。

J0098618

唐颜真卿书元次山墓碑　（唐）颜真卿书；河南省博物馆编

郑州　河南人民出版社　1979年　［83页］

38cm（6开）统一书号：8105.871

定价：CNY1.80

　　《元次山碑》又名《容州都督元结碑》，全称《唐故容州都督兼御史中丞　本管经略使元君表墓碑铭并序》。是颜真卿于大历七年（772年）为元次山所写的墓碑。四面环书，楷书，碑文共1360字。

J0098619

颜体多宝塔标准习字帖　柳溥庆编

北京　北京出版社　1979年　28页　26cm（16开）

统一书号：8071.309　定价：CNY0.30

　　中国唐代楷书碑帖。编者柳溥庆（1900—1974），印刷技术专家。江苏武进人。又名圆青、步青、柳霖。毕业于上海美术专科学校、巴黎印刷学院。曾任中国人民银行总工程师兼印刷技术研究所所长。编写出版多种颜、柳、欧体书法字帖，著作有《近代平版印刷之理论与实施》《照相凹版术》《蛋白版的原理和方法》等。

J0098620

颜真卿大楷字帖　（唐）颜真卿书

上海　上海书画出版社　1979年　32页　26cm（16开）

统一书号：7172.44　定价：CNY0.28

　　中国唐代碑帖楷书勤礼碑选字本。

J0098621

虞世南中楷字帖　（唐）虞世南书；上海书画出版社编辑

上海　上海书画出版社　1979年　影印本　24页

26cm（16开）统一书号：7172.97

定价：CNY0.23

　　中国唐代夫子庙堂碑楷书碑帖。作者虞世南（558—638），唐代书法家、文学家、诗人、政治家。字伯施，越州余姚（今浙江省慈溪市）人。主要作品有《虞秘监集》《孔子庙堂碑》。

J0098622

智永真草千字文　（隋释）智永书；上海书画出版社编辑

上海　上海书画出版社　1979年　51页

25cm（小16开）统一书号：7172.126
定价：CNY1.06
（历代法书萃英）

中国隋代汉字草书法帖。作者智永，隋代书法家、佛教大师。名法极，浙江会稽人。代表作临摹《真草千字文》。

J0098623
柳公权 （第二册）（唐）柳公权书；中国书法编辑组编辑
北京 文物出版社 1980年 244页 38cm（6开）
精装 统一书号：8068.831 定价：CNY36.00
编入本书的柳公权作品包括碑刻拓本、刻帖和墨迹。作者柳公权（778—865），唐代晚期著名书法家。字诚悬，陕西铜川市人。代表作品《金刚经碑》《玄秘塔碑》《神策军纪圣德碑》等。

J0098624
柳公权 （唐）柳公权书；中国书法编辑组编辑
北京 文物出版社 1980年 37cm（8开）精装
统一书号：8068.800
定价：CNY33.00，CNY36.00

J0098625
明拓唐褚遂良雁塔圣教序 （唐）褚遂良著
上海 上海书画出版社 1980年 30页 39cm（4开）
统一书号：7172.133 定价：CNY25.00
《雁塔圣教序》，唐代碑刻。此碑分前后两部分，前部《大唐三藏圣教序》由唐太宗撰文，表彰玄奘法师去印度取经，往返经历十七年，回长安后翻译佛教三藏要籍的情况。后部《述三藏圣教序记》由唐高宗撰。褚遂良书，永徽四年（653年）立，正书，21行，行42字。现存西安大雁塔。此碑是褚遂良五十八岁时书，最能代表其独特风格。

J0098626
欧阳询字帖（皇甫府君碑） （唐）欧阳询书
成都 四川人民出版社 1980年 52页 22cm（30开）
统一书号：8118.645 定价：CNY0.50
《皇甫诞碑》全称《隋柱国左光禄大夫弘义明公皇甫府君之碑》。唐贞观中立。于志宁撰，欧阳询书。楷书，二十八行，行五十九字。篆书题额。今存陕西西安碑林。作者欧阳询（557—641），唐朝著名书法家。字信本，唐朝潭州临湘

（今湖南长沙）人，楷书四大家之一。与同代的虞世南、褚遂良、薛稷三位并称初唐四大家。楷书有《九成宫醴泉铭》《皇甫诞碑》《化度寺碑》《虞恭公温彦博碑》，行书有《仲尼梦奠帖》《行书千字文》。书法著作有《八诀》《传授诀》《用笔论》《三十六法》。

J0098627
孙过庭书千字第五本 （唐）孙过庭书
沈阳 辽宁美术出版社 1980年 39cm（4开）
统一书号：8117.1768 定价：CNY0.90

J0098628
孙过庭书千字文第五本辽宁省博物馆藏
（唐）孙过庭书
沈阳 辽宁美术出版社 1980年 影印本
39cm（4开）定价：CNY0.90

J0098629
唐褚遂良雁塔圣教序 褚遂良书；许宝驯，王壮弘编
上海 上海书画出版社 1980年 54页 27cm（16开）
统一书号：7172.142 定价：CNY1.72

J0098630
唐柳公权书神策军碑 （历代碑帖法书选）
《历代碑帖法书选》编辑组编
北京 文物出版社 1980年 38页 27cm（大16开）
定价：CNY0.65
《神策军碑》全称《皇帝巡幸左神策军纪圣德碑》。唐代正书碑刻。柳公权书。会昌三年（843年）立。

J0098631
唐柳公权书神策军碑 （唐）柳公权书；《历代碑帖法书选》编辑组编
北京 文物出版社 1994年 重印本 26cm（16开）
ISBN：7-5010-0099-9 定价：CNY3.20
（历代碑帖法书选）

J0098632
唐明征君碑 （南京市博物馆藏）高正臣书
北京 文物出版社 1980年 64页 37cm（8开）
统一书号：8068.810 定价：CNY1.70
《明征君碑》，在今江苏省南京市栖霞山栖霞

寺门前右侧，原名《摄山栖霞寺明征君碑》，唐高宗上元三年（676）立，李治撰文，高正臣书。碑文通篇是四六韵文，后用十首铭词结束。内容是通过介绍明崇俨的六世祖刘宋时的明僧绍崇信佛教，隐居栖霞山以及梁武帝大造佛像等活动。明征君碑是保存最早的行书碑刻之一。

J0098633
唐颜真卿书八关斋会报德记　上海博物馆藏
北京　文物出版社　1980年　影印本　线装

J0098634
唐颜真卿书八关斋会报德记
北京　文物出版社　1980年　176页　38cm（6开）
线装本　定价：CNY69.00
　　碑为唐代大书法家颜真卿所写，碑石立于唐大历七年（772），原存河南商丘南门外开元寺。"八关斋"是佛教名数，大意是指佛教徒要不杀生、不偷盗等八种戒律，又称八关，即八关一斋的意思。本册所用拓本为上海博物馆所藏，是传世字数最多，墨拓最早的宋拓本。

J0098635
颜真卿书裴将军诗　（唐）颜真卿书；浙江省博物馆收藏
杭州　西泠印社　1980年　影印本　27页　36cm（6开）
统一书号：8191.132　定价：CNY1.00
（宋拓忠义堂法帖 1）

J0098636
颜真卿书清远道士诗　（唐）颜真卿书
杭州　西泠印社　1980年　影印本　15页　39cm（8开）
统一书号：8191.133　定价：CNY0.65
（宋拓忠义堂法帖 2）

J0098637
裴休字帖　（圭峰禅师碑）四川省博物馆收藏
成都　四川人民出版社　1981年　46页　20cm（32开）
定价：CNY0.45

J0098638
唐柳公权玄秘塔碑　《历代碑帖法书选》编辑组编
北京　文物出版社　1981年　[58页]27cm（大16开）
定价：CNY0.60

《玄秘塔碑》即《唐故左街僧录大达法师碑铭》。唐代碑刻。裴休撰文，柳公权书。会昌元年（841年）立。楷书，二十八行，行五十四字。内容为宣扬佛教和记载大达法师端甫受到当时统治者的宠遇。

J0098639
唐欧阳询书九成宫醴泉铭　（唐）欧阳询书；
《历代碑帖法书选》编辑组编
北京　文物出版社　1981年　[54页]25cm（16开）
统一书号：8068.848　定价：CNY0.55
　　《九成宫醴泉铭》，唐代碑刻。魏徵撰文，欧阳询正书。碑额篆书。贞观六年（632年）立。楷书，二十四行，行五十字。作者欧阳询（557—641），唐朝著名书法家。字信本，唐朝潭州临湘（今湖南长沙）人，楷书四大家之一。与同代的虞世南、褚遂良、薛稷三位并称初唐四大家。楷书有《九成宫醴泉铭》《皇甫诞碑》《化度寺碑》《虞恭公温彦博碑》，行书有《仲尼梦奠帖》《行书千字文》。书法著作有《八诀》《传授诀》《用笔论》《三十六法》。

J0098640
唐裴休书圭峰禅师碑　（唐）裴休书
成都　四川人民出版社　1981年　46页　25cm（16开）
统一书号：R8118·641　定价：CNY0.45
　　作者裴休（791—846），书法家。字公美，河内济源（今河南济源）人，祖籍河东闻喜（今山西运城闻喜）。唐穆宗时登进士第。历官兵部侍郎、同平章事、中书侍郎、宣武节度使、荆南节度使等职，曾主持改革漕运及茶税等积弊，颇有政绩。晚年官至吏部尚书、太子少师，封河东县子。主要作品《圭峰禅师碑》。

J0098641
颜真卿　（第一册）中国书法编辑组编
北京　文物出版社　1981年　290页　38cm（6开）
精装　统一书号：8068.855　定价：CNY42.00
　　本书是中国唐代碑帖书法作品，共5册。有墨迹本4种，碑版拓本20种，刻帖本39种，共63种作品。所选碑刻拓本有《多宝塔碑》《移蔡帖》等。

J0098642
颜真卿　（第二册）中国书法编辑组编

北京 文物出版社 1981年 332页 38cm（6开）
精装 统一书号：8068.856 定价：CNY45.00

J0098643
颜真卿 （第三册）中国书法编辑组编
北京 文物出版社 1982年 286页 38cm（6开）
精装 统一书号：8068.857 定价：CNY40.00
　　本书是中国唐代碑帖书法作品，本册有《广平文贞公宋公碑》《客州都督元结墓碑》。

J0098644
颜真卿 （第四册）中国书法编辑组编
北京 文物出版社 1983年 277页 38cm（6开）
精装 统一书号：8068.884 定价：CNY40.00
　　本书是中国唐代碑帖书法作品，本册有《工部尚书上蔡县开国侯藏怀恪碑》《干禄字书》《唐茅山元靖先生广陵李君碑》。

J0098645
颜真卿 （第五册）中国书法编辑组编
北京 文物出版社 1985年 289页 38cm（6开）
精装 统一书号：8068.885 定价：CNY49.00
　　本书是中国唐代碑帖书法作品。

J0098646
大唐王居士砖塔铭 《历代碑帖法书选》编辑组编
北京 文物出版社 1982年 影印本 25cm（小16开）
统一书号：8068.995 定价：CNY0.18
（历代碑帖法书选）
　　《王居士砖塔铭》，唐代正书碑刻。敬客书。显庆三年（658年）刻，明末出土于终南山（在今陕西）梗梓谷。文凡17行，满行17字。

J0098647
大唐王居士砖塔铭 《历代碑帖法书选》编辑组编
北京 文物出版社 1982年 26cm（16开）
ISBN：7-5010-0824-8 定价：CNY0.80
（历代碑帖法书选）

J0098648
欧阳询书皇甫诞碑 （唐）欧阳询书
西安 陕西人民出版社 1982年 影印本 27cm（16开）统一书号：8094.687

定价：CNY2.45
　　《皇甫诞碑》全称《隋柱国左光禄大夫弘义明公皇甫府君之碑》。唐贞观中立。于志宁撰，欧阳询书。楷书，二十八行，行五十九字。作者欧阳询（557—641），唐朝著名书法家。字信本，唐朝潭州临湘（今湖南长沙）人，楷书四大家之一。与同代的虞世南、褚遂良、薛稷三位并称初唐四大家。楷书有《九成宫醴泉铭》《皇甫诞碑》《化度寺碑》《虞恭公温彦博碑》，行书有《仲尼梦奠帖》《行书千字文》。书法著作有《八诀》《传授诀》《用笔论》《三十六法》。

J0098649
宋拓柳公权玄秘塔 （唐）柳公权书
武汉 武汉市古籍书店 1982年 影印本 108页 19cm（32开）统一书号：48.32632
定价：CNY0.60
　　《玄秘塔碑》即《唐故左街僧录大达法师碑铭》。唐代碑刻。裴休撰文，柳公权书。会昌元年（841年）立。楷书，二十八行，行五十四字。内容为宣扬佛教和记载大达法师端甫受到当时统治者的宠遇。

J0098650
宋拓忠义堂法帖之四 颜真卿，蔡明远书
杭州 西泠印社 1982年 22页 30cm（12开）
定价：CNY0.68

J0098651
隋龙藏寺碑 大康临摹
北京 人民教育出版社 1982年 84页 25cm（16开）
统一书号：7012.0492 定价：CNY0.87

J0098652
隋龙藏寺碑 大康临摹
北京 人民教育出版社 1983年 84页 26cm（16开）
定价：CNY0.87
（中学生习字帖 4）
　　本书所临是中国隋代碑帖。

J0098653
隋墓志三种 大康临摹
北京 人民教育出版社 1982年 92页 25cm（16开）
统一书号：7012.0491 定价：CNY0.94
（中学生习字帖 3）

J0098654

唐杜牧张好好诗　（唐）杜牧书

北京　文物出版社　1982 年　影印本　线装

（故宫博物院藏历代法书选集）

J0098655

唐杜牧张好好诗　（唐）杜牧撰并书

北京　文物出版社　1993 年　影印本　线装

（故宫博物院藏历代法书选集　第二集）

J0098656

唐怀素三帖　（唐释）怀素书

西安　陕西人民出版社　1982 年　影印本　31 页

37cm（8 开）统一书号：8094.679

定价：CNY1.55

　　本帖收入唐代怀素和尚的《东陵圣母贴》《藏真贴》和《律公帖》。附赵敏生所写的释文。

J0098657

唐怀素三帖　（唐释）怀素书

陕西人民出版社　1982 年　影印本　线装

　　本书是古代中国法书拓本集，包括《东陵圣母帖》《藏真帖》《律公帖》。据陕西省博物馆收藏拓本影印。

J0098658

唐九成宫醴泉铭　（临本）康雍临

北京　人民教育出版社　1982 年　90 页　30cm（15 开）

统一书号：7012.0493　定价：CNY0.94

J0098659

唐九成宫醴泉铭　康雍临摹

北京　人民教育出版社　1983 年　90 页　26cm（16 开）

定价：CNY0.94

（中学生习字帖 5）

J0098660

唐柳公权书兰亭诗　（晋）王羲之撰；（唐）柳公权书

北京　文物出版社　1982 年　影印本　线装

（故宫博物院藏历代法书选集）

J0098661

唐柳公权书兰亭诗　（晋）王羲之等撰；（唐）柳公权书

北京　文物出版社　1994 年　影印本　线装

（故宫博物院藏历代法书选集　第一集）

J0098662

唐柳公权书玄秘塔碑　（唐）柳公权书

杭州　西泠印社　1982 年　51 页　27cm（16 开）

定价：CNY0.75

　　《玄秘塔碑》即《唐故左街僧录大达法师碑铭》。唐代碑刻。裴休撰文，柳公权书。会昌元年（841 年）立。楷书，二十八行，行五十四字。内容为宣扬佛教和记载大达法师端甫受到当时统治者的宠遇。

J0098663

唐孙过庭草书千字文第五本　（唐）孙过庭书

北京　文物出版社　1982 年　影印本　线装

（辽宁省博物馆藏法书选集）

　　收于《辽宁省博物馆藏法书选集》中。

J0098664

唐孙过庭景福殿赋　（唐）孙过庭书

北京　文物出版社　1982 年　影印本　线装

（故宫博物院藏历代法书选集）

J0098665

唐孙过庭景福殿赋　（魏）何晏撰；（唐）孙过庭书

北京　文物出版社　1993 年　影印本　线装

（故宫博物院藏历代法书选集　第二集）

J0098666

唐徐浩书嵩阳观记　（唐）徐浩书

郑州　中州书画社　1982 年　39cm（8 开）

统一书号：8219.126　定价：CNY2.80

　　徐浩是唐代著名书法家之一，他的隶书尤著称于世。这本隶书结构严谨、笔意奔放，对初学隶书者尤有裨益。

J0098667

唐颜真卿大字麻姑仙坛记碑　（唐）颜真卿书

武汉　武汉市古籍书店　1982 年　62 页　25cm（16 开）

统一书号：48.32632　定价：CNY0.65

　　《麻姑仙坛记》，全称《有唐抚州南城县麻姑山仙坛记》。唐代碑刻。颜真卿撰文并正书。大历六年（771 年）立。为颜书代表作之一。

J0098668

唐颜真卿书多宝塔碑 （唐）颜真卿书
北京 文物出版社 1982年 25cm（16开）
统一书号：8068.978 定价：CNY0.55
（历代碑帖书法选）

　　《多宝塔碑》全称《大唐西京千福寺多宝佛塔感应碑文》，亦称《多宝塔感应碑》。唐代碑刻。岑勋撰文，颜真卿正书，徐浩隶书题额，史华刻。天宝十一载（752年）立。为颜真卿44岁时所作。楷书，三十四行，行六十六字。现存陕西西安碑林。

J0098669

唐颜真卿书多宝塔碑 《历代碑帖法书选》编辑组编
北京 文物出版社 1982年 26cm（16开）
ISBN：7-5010-0102-2 定价：CNY5.60
（历代碑帖法书选）

J0098670

唐颜真卿竹山堂连句 （唐）颜真卿书
北京 文物出版社 1982年 影印本 线装
（故宫博物院藏历代法书选集）

J0098671

唐颜真卿竹山堂连句 （唐）颜真卿书
北京 文物出版社 1993年 影印本 线装
（故宫博物院藏历代法书选集 第二集）

J0098672

五代杨凝式神仙起居法 （五代）杨凝式书
北京 文物出版社 1982年 影印本 线装
（故宫博物院藏历代法书选集）

J0098673

五代杨凝式神仙起居法 （五代）杨凝式书
北京 文物出版社 1993年 影印本 线装
（故宫博物院藏历代法书选集 第二集）

J0098674

五代杨凝式夏热帖 （五代）杨凝式书
北京 文物出版社 1982年 影印本 线装
（故宫博物院藏历代法书选集）

J0098675

五代杨凝式夏热帖 （五代）杨凝式书
北京 文物出版社 1994年 影印本 线装
（故宫博物院藏历代法书选集）

　　收于《故宫博物院藏历代法书选集》第一集中。

J0098676

颜真卿行书 （与蔡明远书送刘太冲序）（唐）颜真卿书
杭州 西泠印社 1982年 22页 35cm（8开）
统一书号：8191.198 定价：CNY0.68
（宋拓忠义堂法帖 4）

　　本书是中国唐代行书法帖。

J0098677

颜真卿书争坐位帖 （唐）颜真卿书
杭州 西泠印社 1982年 18页 39cm（8开）
统一书号：8191.195 定价：CNY0.65
（宋拓忠义堂法帖 3）

　　《争坐位帖》亦称《与郭仆射书》。唐代颜真卿行书作品。广德二年（764年）书。64行，旁添小字4行。

J0098678

灵气经小楷字帖 （唐）钟绍京书
武汉 武汉市古籍书店 1983年 35页 22cm（30开）

J0098679

宋拓智永真草千字文 （隋释）智永书；《历代碑帖法书选》编辑组编
北京 文物出版社 1983年 25cm（16开）胶版纸
统一书号：8068.1172 定价：CNY0.90

J0098680

宋拓智永真草千字文 （隋释）智永书；《历代碑帖法书选》编辑组编
北京 文物出版社 1995年 重印本 25cm（16开）
统一书号：8068.1172 ISBN：7-5010-0858-2
定价：CNY4.00

J0098681

唐欧阳询皇甫碑 欧阳询书
上海 上海书画出版社 1983年 32页 37cm（8开）
统一书号：7172.180 定价：CNY1.76

　　《皇甫诞碑》全称《隋柱国左光禄大夫弘义明公皇甫府君之碑》。唐贞观中立。于志宁撰，欧阳询书。楷书，二十八行，行五十九字。篆书题额。作者欧阳询（557—641），唐朝著名书法家。字信本，唐朝潭州临湘（今湖南长沙）人，楷书四大家之一。与同代的虞世南、褚遂良、薛稷三位并称初唐四大家。楷书有《九成宫醴泉铭》《皇甫诞碑》《化度寺碑》《虞恭公温彦博碑》，行书有《仲尼梦奠帖》《行书千字文》。书法著作有《八诀》《传授诀》《用笔论》《三十六法》。

J0098682
唐欧阳询皇甫君碑　（唐）欧阳询书；上海书画出版社编
上海　上海书画出版社　1983 年　32 页　38cm（6 开）
定价：CNY1.76
（历代法书萃英）

J0098683
唐魏栖梧书善才寺碑　（唐）魏栖梧书
上海　上海书画出版社　1983 年　影印本　29 页
39cm（8 开）统一书号：7172.187
定价：CNY2.08
（历代法书萃英）

J0098684
唐贤写经遗墨　（唐人及各家题咏）
上海　上海书画出版社　1983 年　58 页　30cm（16 开）
统一书号：7172.184　定价：CNY1.75

J0098685
唐颜真卿书颜勤礼碑　（唐）颜真卿，《历代碑帖法书选》编辑组书
北京　文物出版社　1983 年　112 页　25cm（16 开）
统一书号：8068.850　定价：CNY0.95
　　《颜勤礼碑》全称《唐故秘书省著作郎夔州都督府长史上护军颜君神道》。唐代正书碑刻。颜真卿书。大历十四年（779 年）立于长安（今陕西西安）。四面刻，文存三面，44 行，满行 38 字。是颜氏晚年代表作。现据初拓本影印。

J0098686
唐颜真卿书颜勤礼碑　（唐）颜真卿；《历代碑帖法书选》编辑组书编
北京　文物出版社　1995 年　重印本　25cm（16 开）

统一书号：8068.850　ISBN：7-5010-0107-3
定价：CNY7.30

J0098687
颜体大楷字帖　（唐）颜真卿书
杭州　西泠印社　1983 年　2 版　32 页　25cm（16 开）
统一书号：8191.237　定价：CNY0.32

J0098688
颜体大楷字帖　西泠印社编
杭州　西泠印社　1987 年　32 页　26cm（16 开）
定价：CNY0.70
　　中国唐代楷书法帖。

J0098689
颜体大楷字帖
杭州　西泠印社　1994 年　2 版　32 页　26cm（16 开）
ISBN：7-80517-124-6　定价：CNY1.90

J0098690
颜真卿放生池碑　（唐）颜真卿书
杭州　西泠印社　1983 年　2 册　27cm（16 开）
统一书号：8191.240　定价：CNY2.50（全 2 册）
（宋拓忠义堂法帖　5）
　　本书是中国唐代楷书法帖的现代临摹本。

J0098691
颜真卿书放生池碑　（唐）颜真卿书
杭州　西泠印社　1983 年　2 册（59；36 页）
25cm（15 开）统一书号：8.191.240
定价：CNY2.50（全 2 册）
（宋拓忠义堂法帖　5）
　　本书是中国唐代楷书法帖的现代临摹本。

J0098692
颜真卿书放生池碑　（上）（唐）颜真卿书
杭州　西泠印社　1994 年　2 版　影印本　59 页
33×19cm　ISBN：7-80517-122-X
定价：CNY3.00
（宋拓忠义堂法帖　5）

J0098693
颜真卿书放生池碑　（下）（唐）颜真卿书
杭州　西泠印社　1994 年　2 版　影印本　36 页
33×19cm　ISBN：7-80517-122-X

定价：CNY3.00
（宋拓忠义堂法帖 5）

J0098694
董美人墓志　上海古籍书店编
上海　上海古籍书店 1984 年 25cm（15 开）
统一书号：T36.1 定价：CNY0.40
　　《董美人墓志》，刻于隋开皇十七年（597），书者不详，铭文是蜀王杨秀所撰。该碑于清嘉庆末、道光初（1820 年前后），在陕西兴平县出土。楷书 21 行，每行 23 字，字径约 2.3 厘米。

J0098695
怀素小草千字文　（唐释）怀素书
上海　上海古籍书店 1984 年 影印本 39cm（4 开）
定价：CNY0.95

J0098696
柳公权楷摹临帖　（唐）柳公权书；许庄叔编
贵阳　贵州人民出版社 1984 年 35 页 26cm（16 开）
定价：CNY0.80

J0098697
欧阳询小楷千字文　（唐）欧阳询书
北京　中国书店 1984 年 影印本 22cm（30 开）
定价：CNY0.20
　　作者欧阳询（557—641），唐朝著名书法家。字信本，唐朝潭州临湘（今湖南长沙）人，楷书四大家之一。与同代的虞世南、褚遂良、薛稷三位并称初唐四大家。楷书有《九成宫醴泉铭》《皇甫诞碑》《化度寺碑》《虞恭公温彦博碑》，行书有《仲尼梦奠帖》《行书千字文》。书法著作有《八诀》《传授诀》《用笔论》《三十六法》。

J0098698
隋董美人墓志　《历代碑帖法书选》编辑组编
北京　文物出版社 1984 年 25cm（16 开）
统一书号：8068.1240 定价：CNY0.75

J0098699
隋龙藏寺碑　《历代碑帖法书选》编辑组编
北京　文物出版社 1984 年 25cm（16 开）
统一书号：8068.1314 定价：CNY0.46
（历代碑帖法书选）
　　《龙藏寺碑》，隋开皇六年（586）刻。无撰书人名，《集古录》记为张公礼撰。楷书三十行，行五十字。

J0098700
隋龙藏寺碑　《历代碑帖法书选》编辑组编
北京　文物出版社 1999 年 重印本 26cm（16 开）
ISBN：7-5010-0097-2 定价：CNY4.20
（历代碑帖法书选）
　　楷书碑帖，镌刻于隋代。

J0098701
唐褚遂良书雁塔圣教序记　褚遂良书；《历代碑帖法书选》编辑组书
北京　文物出版社 1984 年 25cm（16 开）
统一书号：8068.1237 定价：CNY0.62
　　《雁塔圣教序》，唐代碑刻。此碑分前后两部分，前部《大唐三藏圣教序》由唐太宗撰文，表彰玄奘法师去印度取经，往返经历十七年，回长安后翻译佛教三藏要籍的情况。后部《述三藏圣教序记》由唐高宗撰。褚遂良书，永徽四年（653 年）立，正书，21 行，行 42 字。

J0098702
唐褚遂良书雁塔圣教序记　（唐）褚遂良书；《历代碑帖法书选》编辑组编
北京　文物出版社 1997 年 重印本 26cm（16 开）
ISBN：7-5010-0101-4 定价：CNY6.60
（历代碑帖法书选）
　　楷书碑帖，镌刻于唐代。

J0098703
唐国诠书善见律　国诠书
北京　紫禁城出版社 1984 年 30cm（15 开）
统一书号：112-221 定价：CNY0.70
（故宫博物院珍藏历代碑帖墨迹选）

J0098704
唐李邕书李思训碑　李邕书，故宫博物院《历代碑帖墨迹选》编辑组
北京　紫禁城出版社 1984 年 26cm（16 开）
统一书号：8314.006 定价：CNY0.45
　　《李思训碑》全称《唐故云麾将军右武卫大将军赠秦州都督彭国公谥曰昭公李府君神道碑》，亦称《唐故云麾将军碑》。唐代行书碑刻。李邕撰并书。开元八年（720 年）建于今陕西境内。

字共 30 行，满行 70 字。为李邕代表作之一。

J0098705

唐李邕书麓山寺碑　李邕书；《历代碑帖法书选》编辑组

北京 文物出版社 1984 年 26cm（16 开）

统一书号：8068.1301 定价：CNY0.85

　　行书碑帖，镌刻于唐代。《麓山寺碑》又名《岳麓寺碑》，碑文 28 行，每行 56 字，原石现藏湖南长沙市岳麓公园。

J0098706

唐李邕书麓山寺碑　（唐）李邕书；《历代碑帖法书选》编辑组编

北京 文物出版社 1995 年 重印本 26cm（16 开）

ISBN：7-5010-0860-4 定价：CNY6.30

（历代碑帖法书选）

J0098707

唐灵飞经　（唐）钟绍京书；《历代碑帖法书选》编辑组编

北京 文物出版社 1984 年 25cm（16 开）

统一书号：8068.1268 定价：CNY0.40

（历代碑帖法书选）

　　《灵飞经》是书家的代表作品。此贴是著名的小楷范本。作者钟绍京，唐代著名书法家。

J0098708

唐灵飞经　《历代碑帖法书选》编辑组编

北京 文物出版社 1997 年 重印本 26cm（16 开）

ISBN：7-5010-0103-0 定价：CNY4.50

（历代碑帖法书选）

　　灵飞经是书家的代表作品。此贴是著名的小楷范本。

J0098709

唐颜真卿书争座位帖　（唐）颜真卿书，《历代碑帖法书选》编辑组编

北京 文物出版社 1984 年 25cm（16 开）

统一书号：8068.1267 定价：CNY0.22

　　《争座位帖》亦称《与郭仆射书》。唐代颜真卿行书作品。广德二年（764 年）书。64 行，旁添小字 4 行。

J0098710

唐虞世南书孔子庙堂碑　（唐）虞世南书

北京 文物出版社 1984 年 影印本 25cm（16 开）

统一书号：8068.1315 定价：CNY0.40

（历代碑帖法书选）

　　《孔子庙堂碑》，唐代正书碑刻。虞世南撰并书。武唐德九年（626 年）立。楷书三十五行，行六十字。作者虞世南（558—638），唐代书法家、文学家、诗人、政治家。字伯施，越州余姚（今浙江省慈溪市）人。主要作品有《虞秘监集》《孔子庙堂碑》。

J0098711

唐虞世南书孔子庙堂碑　（唐）虞世南书；《历代碑帖法书选》编辑组编

北京 文物出版社 1998 年 重印本 26cm（16 开）

ISBN：7-5010-0253-3 定价：CNY4.60

（历代碑帖法书选）

J0098712

褚遂良孟法师碑　褚遂良书

上海 上海书店 1985 年 35cm（5 开）

统一书号：43.1 定价：CNY0.75

　　《孟法师碑》全称《唐京师至德观法主孟法师碑》，亦称《至德观法主孟静素碑》。唐代正书碑刻。唐贞观十六年（642 年）刻。岑文本撰，褚遂良楷书。碑石久佚，有清代李宗瀚藏唐拓本传世。册共 20 面，每面 4 行，满行 9 字，凡 769 字。为褚氏早年之作。

J0098713

圭峰定慧禅师碑　裴休撰书

西安 三秦出版社 1985 年 54 页 25cm（15 开）

统一书号：70388.025 定价：CNY2.50

　　本书系裴休撰书中国唐代楷书碑帖。作者裴休（791—846），书法家。字公美，河内济源（今河南济源）人，祖籍河东闻喜（今山西运城闻喜）。唐穆宗时登进士第。历官兵部侍郎、同平章事、中书侍郎、宣武节度使、荆南节度使等职，曾主持改革漕运及茶税等积弊，颇有政绩。晚年官至吏部尚书、太子少师，封河东县子。主要作品《圭峰禅师碑》。

J0098714

九成宫醴泉铭　（唐）欧阳询书

上海　上海书店 1985 年 35cm（15 开）
定价：CNY1.10

《九成宫醴泉铭》，唐代碑刻。魏徵撰文，欧阳询正书。碑额篆书。贞观六年（632 年）立。楷书，二十四行，行五十字。作者欧阳询（557—641），唐朝著名书法家。字信本，唐朝潭州临湘（今湖南长沙）人，楷书四大家之一。与同代的虞世南、褚遂良、薛稷三位并称初唐四大家。楷书有《九成宫醴泉铭》《皇甫诞碑》《化度寺碑》《虞恭公温彦博碑》，行书有《仲尼梦奠帖》《行书千字文》。书法著作有《八诀》《传授诀》《用笔论》《三十六法》。

J0098715

旧拓等慈寺碑　北京市文物局，中国书法家协会北京市分会编
北京　长征出版社 1985 年 33cm（5 开）
统一书号：8268.007 定价：CNY2.30
（历代碑帖精品选）

J0098716

蜀本怀素自叙帖　（唐释）怀素书；兰曦供稿
郑州　河南美术出版社 1985 年 30 页 38cm（6 开）
统一书号：8386.378 定价：CNY1.60

《自叙帖》，唐代怀素草书作品。纸本墨迹卷。大历十二年（777 年）书。126 行。是怀素草书代表作。一说为宋人仿作。现藏台北故宫博物院。

J0098717

水写纸字帖　（欧体）四川少年儿童出版社编
成都　四川少年儿童出版社 1985 年 8 页
26cm（16 开）定价：CNY0.10

本书选用适合青少年练习的欧阳询《九成宫醴泉铭》帖，为横排描红帖。

J0098718

水写纸字帖　（颜体）四川少年儿童出版社编
成都　四川少年儿童出版社 1985 年 8 页
26cm（16 开）定价：CNY1.20

本书选用适合青少年练习的颜真卿《颜勤礼碑》帖，为横排描红帖。

J0098719

隋太仆卿元智暨夫人姬氏墓志铭
香港　中华书局香港分局 1985 年 32cm（10 开）

ISBN：962-231-532-1

J0098720

唐等慈寺碑
郑州　河南美术出版社 1985 年 58 页 26cm（16 开）
统一书号：8386.415 定价：CNY1.50

中国唐代碑贴。

J0098721

唐李阳冰三坟记　云林堂编
1985 年

《三坟记》，唐李季卿（李适之之子）撰文，李阳冰书。叙述的是立碑人李季卿迁葬他三个哥哥的事情。唐大历二年（767）立。碑文两面刻，篆书，二十四行，行二十字。原石早佚，宋时重刻，现存陕西省西安碑林。

J0098722

唐兴福寺半截碑　上海书画出版社编
上海　上海书画出版社 1985 年 28 页 26cm（16 开）
统一书号：8172.1445 定价：CNY0.50

中国唐代碑帖。

J0098723

唐颜真卿争座位帖
香港　中华书局香港分局 1985 年 32cm（8 开）
ISBN：962-231-531-3
（碑帖名品录）

《争坐位帖》亦称《与郭仆射书》。唐代颜真卿行书作品。广德二年（764 年）书。64 行，旁添小字 4 行。

J0098724

唐张旭草书古诗四首　（唐）张旭书；上海人民美术出版社编辑
上海　上海人民美术出版社 1985 年 38cm（6 开）
定价：CNY1.10

作者张旭（658—747），唐代书法家。字伯高，一字季明，江苏苏州吴县人。主要作品《古诗四帖》《肚痛帖》等。

J0098725

颜真卿书臧怀属碑　（唐）颜真卿书
西安　陕西人民出版社 1985 年 影印本 68 页
38cm（6 开）定价：CNY4.00

中国唐代书法选集。

J0098726

虞恭公温彦博碑

成都　成都古籍书店　1985 年　影印本　26cm（16 开）

定价：CNY1.00

J0098727

道因法师碑　（唐）欧阳通书

北京　北京市中国书店　1986 年　82 页　26cm（16 开）

定价：CNY1.80

《道因法师碑》，全称《故大德道因法师碑》。今存陕西西安碑林。唐龙朔三年（663）刻。李俨撰，欧阳通书。楷书，三十四行，行七十三字。额上刻三佛像。作者欧阳通（625—691），唐代书法家。字通期，唐潭州临湘（今湖南长沙）人，欧阳询之子。传世作品有《道因法师碑》《泉男生墓志》等。

J0098728

道因法师碑　（唐）欧阳通书；陕西省博物馆编

西安　陕西人民美术出版社　1986 年　58 页

33cm（5 开）统一书号：8199.1159

定价：CNY2.60

（西安碑林名碑 2）

J0098729

多宝塔感应碑　（唐）颜真卿书；陕西省博物馆编

西安　陕西人民美术出版社　1986 年　48 页

33cm（5 开）统一书号：8199.1161

定价：CNY2.30

（西安碑林名碑 4）

《多宝塔感应碑》全称《大唐西京千福寺多宝佛塔感应碑文》，亦称《多宝塔碑》。唐代碑刻。岑勋撰文，颜真卿正书，徐浩隶书题额，史华刻。天宝十一载（752 年）立。为颜真卿 44 岁时所作。楷书，三十四行，行六十六字。现存陕西西安碑林。

J0098730

法华寺碑　（唐）李邕撰书

天津　天津市古籍书店　1986 年　影印本　48 页

26cm（16 开）定价：CNY0.75

《法华寺碑》，全称《秦望山法华寺碑》。唐代行书碑刻。李邕撰文并书。开元二十三年（735 年）立于会稽（今浙江绍兴）秦望山天衣寺。原石久佚，明代有翻刻本，传世仅清代何绍基藏一剪裱孤本。

J0098731

皇甫诞碑　（唐）欧阳询书；陕西省博物馆编

西安　陕西人民美术出版社　1986 年　48 页　有图

33cm（5 开）统一书号：8199.1140

定价：CNY2.30

（西安碑林名碑 1）

《皇甫诞碑》全称《隋柱国左光禄大夫弘义明公皇甫府君之碑》。唐贞观中立。于志宁撰，欧阳询书。楷书，二十八行，行五十九字。篆书题额。作者欧阳询（557—641），唐朝著名书法家。字信本，唐朝潭州临湘（今湖南长沙）人，楷书四大家之一。与同代的虞世南、褚遂良、薛稷三位并称初唐四大家。楷书有《九成宫醴泉铭》《皇甫诞碑》《化度寺碑》《虞恭公温彦博碑》，行书有《仲尼梦奠帖》《行书千字文》。书法著作有《八诀》《传授诀》《用笔论》《三十六法》。

J0098732

教学习字帖　沈炳编

杭州　西泠印社　1986 年　50 页　19 × 26cm

统一书号：8191.640　定价：CNY1.00

中国唐代楷书碑帖习字帖。

J0098733

教学习字帖　（颜真卿书《多宝塔碑》）沈炳编著

杭州　西泠印社　1998 年　51 页　26cm（16 开）

ISBN：7-80517-258-7　定价：CNY5.80

J0098734

李北海法华寺碑　（唐）李邕撰书

天津　天津市古籍书店　1986 年　影印本　48 页

10cm（64 开）定价：CNY0.75

J0098735

李思训碑　（唐）李邕撰并书

北京　中国书店　1986 年　[62 页] 26cm（16 开）

定价：CNY1.40

《李思训碑》全称《唐故云麾将军右武卫大将军赠秦州都督彭国公谥曰昭公李府君神道碑》，亦称《唐故云麾将军碑》。唐代行书碑刻。李邕撰并书。开元八年（720年）建于今陕西境内。
字共30行，满行70字。为李邕代表作之一。

J0098736
李思训碑 （唐）李邕撰并书
北京 中国书店 1991年 重印本 26cm（16开）
ISBN：7-80568-365-4 定价：CNY3.00

J0098737
柳公权玄秘塔 （唐）柳公柳书
天津 天津市古籍书店 1986年 影印本 56页
26cm（16开）定价：CNY0.75
　　《玄秘塔碑》即《唐故左街僧录大达法师碑
铭》。唐代碑刻。裴休撰文，柳公权书。会昌元
年（841年）立。楷书，二十八行，行五十四字。
内容为宣扬佛教和记载大达法师端甫受到当时
统治者的宠遇。

J0098738
柳公权玄秘塔集联 胡梅生集并书
哈尔滨 黑龙江美术出版社 1986年 100页
26cm（16开）统一书号：CN8358.635
定价：CNY1.75
　　黑龙江省书法家胡梅生的个人书法集。作
者将《柳公权玄秘塔》集成58副对联。胡梅生
（1928—　），教授。生于山东莒南县。哈尔滨学
院美术教授，曾任黑龙江省师范学校书法、美术
教材主编、黑龙江省老年书画研究会艺术顾问。
出版有《胡梅生国画作品精选》《柳公权玄秘塔
碑集联》《汉礼器碑集联》等。

J0098739
孟法师碑 褚遂良书
北京 北京市中国书店 1986年 44页 26cm（16开）
定价：CNY1.00
　　《孟法师碑》全称《唐京师至德观法主孟法
师碑》，亦称《至德观法主孟静素碑》。唐代正书
碑刻。唐贞观十六年（642年）刻。岑文本撰，褚
遂良楷书。碑石久佚，有清代李宗瀚藏唐拓本传
世。册共20面，每面4行，满行9字，凡769字。
为褚氏早年之作。

J0098740
孟法师碑 （唐）褚遂良书
天津 天津市古籍书店出版社 1986年 影印本

24页 26cm（16开）定价：CNY0.44
（历代碑帖集萃）

J0098741
欧阳询　颜真卿　柳公权碑帖精选 袁旭
临选编
太原 希望出版社 1986年 48页 26cm（16开）
统一书号：7398.113 定价：CNY1.15
　　中国唐代楷书碑帖。编者袁旭临（1937—　），
书法家。号雪岭、墨溚，生于河北沧州市。历
任山西太原市文化局副局长、山西省书协常务
理事、太原市画院副院长、太原市书法家协会主
席。编著出版《楷书基础知识》《欧阳询、颜真卿、
柳公权碑帖精选》《楷书汉字笔顺图解》《楷书练
习系列册》等。

J0098742
欧阳询　颜真卿　柳公权碑帖精选 袁旭
临选编
北京 希望出版社 1987年 重印本 26cm（16开）
ISBN：7-5379-6009-7 定价：CNY1.35
　　中国唐代楷书碑帖。

J0098743
曲石精庐藏唐墓志 李希泌编
济南 齐鲁书社 1986年 影印本 105页
25cm（16开）统一书号：11206.98
定价：CNY3.90
　　中国唐代楷书碑帖。

J0098744
宋拓道因法师碑
上海 上海书店 1986年 影印本 25cm（小16开）
定价：CNY1.40
　　《道因法师碑》，全称《故大德道因法师碑》。
今存陕西西安碑林。唐龙朔三年（663）刻。李
俨撰，欧阳通书。楷书，三十四行，行七十三字。
额上刻三佛像。

J0098745
宋拓颜鲁公大麻姑仙坛记 （唐）颜真卿书
天津 天津市古籍书店 1986年 26cm（16开）
定价：CNY1.20
　　《麻姑仙坛记》全称《有唐抚州南城县麻姑
山仙坛记》。唐代碑刻。颜真卿撰文并正书。大

历六年(771年)立。为颜书代表作之一。作者
颜真卿(709—785),唐代书法家。字清臣。历任
监察御史、殿中侍御史。代表作品有《韵海镜源》
《吴兴集》《庐陵集》等,均佚。宋人辑有《颜鲁
公集》。

J0098746
宋拓颜鲁公大字麻姑仙坛记　(唐)颜真卿书
成都　成都古籍出版社　1986年　影印本　66页
26cm(16开)定价:CNY1.10
　　中国唐代楷书碑帖。

J0098747
苏孝慈墓志铭　王钧,崔志强编
北京　北京燕山出版社　1986年　26cm(16开)
统一书号:8436.2　定价:CNY0.46
　　中国唐代碑帖。

J0098748
隋苏慈墓志　《历代碑帖法书选》编辑组编
北京　文物出版社　1986年　34页　26cm(16开)
统一书号:8068.1505　定价:CNY0.44
(历代碑帖法书选)
　　中国隋代楷书碑帖。

J0098749
隋元公姬夫人墓志铭
上海　上海书店　1986年　影印本［48页］
25cm(小16开)定价:CNY1.40
　　中国隋代碑帖。

J0098750
唐褚遂良阴符经　(唐)褚遂良书;上海书画
出版社编
上海　上海书画出版社1986年　32页26cm(16开)
定价:CNY0.50
　　中国唐代楷书法帖。

J0098751
唐代书法　(袖珍本)鲁牧编
北京　北京体育学院出版社　1986年　363页
有图 13cm(60开)统一书号:8451.6
定价:CNY1.20

J0098752
唐贺知章书孝经　《历代碑帖法书选》编辑组编
北京　文物出版社　1986年　26cm(16开)
(历代碑帖法书选)
　　中国唐代草书法帖。

J0098753
唐贺知章孝经　(唐)贺知章书;《历代碑帖法
书选》编辑组编
北京　文物出版社　1986年　66页　26cm(16开)
统一书号:8068.1571　定价:CNY0.73
　　中国唐代草书法帖。

J0098754
唐怀素自叙帖真迹　(唐释)怀素书
北京　文物出版社　1986年　影印本　26cm(16开)
统一书号:8068.1570　定价:CNY0.76
　　《自叙帖》,唐代怀素草书作品。纸本.墨迹卷。
大历十二年(777年)书。126行。是怀素草书代
表作。一说为宋人仿作。现藏台北故宫博物院。

J0098755
唐欧阳通书道因法师碑　(唐)欧阳通书;《历
代碑帖法书选》编辑组编
北京　文物出版社　1986年　影印本　54页
26cm(16开)统一书号:8068.1591
定价:CNY0.66
　　《道因法师碑》,全称《故大德道因法师碑》。
今存陕西西安碑林。唐龙朔三年(663)刻。李
俨撰,欧阳通书。楷书,三十四行,行七十三字。
额上刻三佛像。作者欧阳通(625—691),唐代书
法家。字通师,唐潭州临湘(今湖南长沙)人,欧
阳询之子。传世作品有《道因法师碑》《泉男生
墓志》等。

J0098756
唐欧阳询书化度寺碑　(唐)欧阳询书
北京　文物出版社　1986年　影印本　32页
26cm(16开)统一书号:8068.1589
定价:CNY0.42
(历代碑帖法书选)
　　《化度寺碑》,全称《化度寺故僧邕禅师舍利
塔铭》,正书碑刻。李百药撰,欧阳询书。贞观五
年(631年)立于长安终南山化度寺。碑高2尺3
寸,宽2尺5寸,字凡35行,行32字。作者欧

阳询（557—641），唐朝著名书法家。字信本，唐朝潭州临湘（今湖南长沙）人，楷书四大家之一。与同代的虞世南、褚遂良、薛稷三位并称初唐四大家。楷书有《九成宫醴泉铭》《皇甫诞碑》《化度寺碑》《虞恭公温彦博碑》，行书有《仲尼梦奠帖》《行书千字文》。书法著作有《八诀》《传授诀》《用笔论》《三十六法》。

J0098757

唐欧阳询虞恭公碑　（唐）欧阳询书
上海　上海书画出版社　1986年　影印本
27页　26cm（16开）定价：CNY0.50
（历代名帖自学选本）
　　中国唐代楷书碑帖。

J0098758

唐人小楷临习册　上海书画出版社编
上海　上海书画出版社　1986年　48页　19cm（32开）
定价：CNY0.55

J0098759

唐颜真卿书多宝塔碑　（唐）颜真卿书
北京　文物出版社　1986年　影印本　26cm（16开）
定价：CNY0.63
（历代碑帖法书选）
　　《多宝塔碑》全称《大唐西京千福寺多宝佛塔感应碑文》，亦称《多宝塔感应碑》。唐代碑刻。岑勋撰文，颜真卿正书，徐浩隶书题额，史华刻。天宝十一载（752年）立。为颜真卿44岁时所作。楷书，三十四行，行六十六字。现存陕西西安碑林。

J0098760

唐张旭书古诗四帖　（唐）张旭书；《历代碑帖法书选》编辑组编
北京　文物出版社　1986年　23页　26cm（16开）
统一书号：8068.1590　定价：CNY0.34
（历代碑帖法书选）
　　中国唐代草书法帖。

J0098761

唐张旭书古诗四帖　《历代碑帖法书选》编辑组［编］
北京　文物出版社　1986年　影印版　19页
26cm（16开）ISBN：978-7-5010-0329-7

定价：CNY5.00
（历代碑帖法书选）

J0098762

玄秘塔碑　（唐）柳公权书；陕西省博物馆编
西安　陕西人民美术出版社　1986年　58页　有图
33cm（12开）统一书号：8199.1162
定价：CNY2.60
（西安碑林名碑5）
　　《玄秘塔碑》即《唐故左街僧录大达法师碑铭》。唐代碑刻。裴休撰文，柳公权书。会昌元年（841年）立。楷书，二十八行，行五十四字。内容为宣扬佛教和记载大达法师端甫受到当时统治者的宠遇。

J0098763

颜家庙碑　颜真卿书
天津　天津市古籍书店　1986年　190页
26cm（16开）定价：CNY3.50
　　《颜家庙碑》，全称《唐故通议大夫行薛王友柱国赠秘书少监国子祭酒太子少保颜君庙碑铭并序》。唐代正书碑刻。颜真卿书。李阳冰题篆额《颜氏家庙之碑》。建中元年（780年）建于长安（今陕西西安）。四面刻，碑阳碑阴各24行，满行47字，两侧各6行，满行52字。是颜氏晚年名作。

J0098764

颜真卿　麻姑仙坛记　（唐）颜真卿书；上海书画出版社编
上海　上海书画出版社　1986年　61页　26cm（16开）
定价：CNY0.82
　　《麻姑仙坛记》全称《有唐抚州南城县麻姑山仙坛记》。唐代碑刻。颜真卿撰文并正书。大历六年（771年）立。为颜书代表作之一。

J0098765

颜真卿麻姑仙坛记　（唐）颜真卿书
上海　上海书店　1986年　影印本　26cm（16开）
统一书号：8172.1444　定价：CNY0.82
（历代名帖自学选本）

J0098766

颜真卿行书字帖　（唐）颜真卿书
杭州　西泠印社　1986年　影印本　65页

25cm（16 开）定价：CNY2.30

J0098767
颜真卿书习字范本 （颜真卿永字八法体系书
法）潘国煌著
台北 艺术图书公司 1986 年 56 页 26cm（16 开）
定价：TWD160.00
　　中国唐代楷书法帖。

J0098768
颜真卿书颜家庙碑 （唐）颜真卿书
天津 天津市古籍书店 1986 年 190 页
26cm（16 开）定价：CNY3.50
　　《颜家庙碑》，全称《唐故通议大夫行薛王友
柱国赠秘书少监国子祭酒太子少保颜君庙碑铭
并序》。唐代正书碑刻。颜真卿书。李阳冰题篆
额《颜氏家庙之碑》。建中元年（780 年）建于长
安（今陕西西安）。四面刻，碑阳碑阴各 24 行，满
行 47 字，两侧各 6 行，满行 52 字。是颜氏晚年
名作。

J0098769
叶有道碑 （唐）李邕书
北京 北京市中国书店 1986 年 56 页 26cm（16 开）
定价：CNY1.30
　　中国唐代碑帖。

J0098770
张旭三贴
郑州 河南美术出版社 1986 年 [34 页]
48cm（6 开）定价：CNY1.80
　　中国唐代草书法帖。

J0098771
智永真书千字文 （隋释）智永书
上海 上海书画出版社 1986 年 影印本 20 页
26cm（16 开）定价：CNY0.42
（历代名帖自学选本）
　　中国隋代楷书法帖。

J0098772
褚遂良书倪宽赞 （唐）褚遂良书
天津 天津市古籍书店 1987 年 影印本 20 页
26cm（16 开）定价：CNY0.98
　　中国唐代楷书法帖。

J0098773
董美人墓志
上海 上海书店 1987 年 2 版 影印本 [12]页
26cm（16 开）统一书号：T36.2 定价：CNY0.40
（历代法书自习范本）
　　《董美人墓志》，刻于隋开皇十七年（597），
书者不详，铭文是蜀王杨秀所撰。该碑于清嘉庆
末、道光初（1820 年前后），在陕西兴平县出土。
楷书 21 行，每行 23 字，字径约 2.3 厘米。

J0098774
怀素三帖 （东陵母帖 藏真律公二帖）（唐释）
怀素书；陕西省博物馆编
西安 陕西人民出版社 1987 年 31 页 34cm（10 开）
统一书号：8199.1342 定价：CNY1.70
（西安碑林名碑）
　　中国唐代草书碑帖。作者怀素（737—799），
唐代书法家。字藏真，俗姓钱，永州零陵（今湖
南零陵）人。传世书法作品有《自叙帖》《苦笋帖》
《圣母帖》《论书帖》《小草千文》等。

J0098775
怀素书千字文 （唐释）怀素书
成都 四川美术出版社 1987 年 [46]页
26cm（16 开）ISBN：7-5410-0086-8
定价：CNY1.40
　　中国唐代草书法帖。

J0098776
皇甫诞碑 （唐）欧阳询书；云林堂编
1987 年
　　《皇甫诞碑》全称《隋柱国左光禄大夫弘义明
公皇甫府君之碑》。唐贞观中立。于志宁撰，欧
阳询书。楷书，二十八行，行五十九字。篆书题
额。作者欧阳询（557—641），唐朝著名书法家。
字信本，唐朝潭州临湘（今湖南长沙）人，楷书四
大家之一。与同代的虞世南、褚遂良、薛稷三位
并称初唐四大家。楷书有《九成宫醴泉铭》《皇
甫诞碑》《化度寺碑》《虞恭公温彦博碑》，行书
有《仲尼梦奠帖》《行书千字文》。书法著作有《八
诀》《传授诀》《用笔论》《三十六法》。

J0098777
李阳冰三坟记 （唐）李阳冰书
成都 巴蜀书社 1987 年 38 页 34×18cm

ISBN：7-80523-045-5 定价：CNY1.54

《三坟记》，唐李季卿（李适之之子）撰文，李阳冰书。叙述的是立碑人李季卿迁葬他三个哥哥的事情。唐大历二年（767）立。碑文两面刻，篆书，二十四行，行二十字。原石早佚，宋时重刻，现存陕西省西安碑林。作者李阳冰，唐代文学家、书法家。字少温，祖籍河北赵县。代表作品《三坟记》《谦卦铭》《怡亭铭》等。

J0098778

历代名帖自学选本 （唐九成宫醴泉铭）（唐）
欧阳询书；上海书画出版社（编）
上海 上海书画出版社 1987年 47页 26cm（16开）
ISBN：7-80512-094-3 定价：CNY5.50

中国唐代楷书碑帖。

J0098779

柳公权书回元观钟楼铭 （并序）（唐）柳公
权书
西安 三秦出版社 1987年 17页 32cm（10开）
ISBN：7-80546-023-X 定价：CNY1.20

中国唐代楷书碑帖。

J0098780

麓山寺碑 （唐）李邕撰书；杨得云整理
长沙 湖南美术出版社 1987年 62页 37cm（8开）
定价：CNY4.50

《麓山寺碑》，亦称《岳麓寺碑》，刻于唐开元十八年（730年），李邕撰文并书，黄仙鹤刻。本书以《董氏涵斋未刊本》为基底，摭补《朴孙都护本》《曼陀罗室藏本》《竹坞主人》《孔氏玉虹楼藏本》等多种传世宋拓，并参照北京故宫博物院藏本，对比参照而成。作者李邕是唐代杰出书法家，以今传世之《麓山寺碑》及两《云麾将军碑》尤著。

J0098781

欧阳询书九成宫醴泉铭 （唐）欧阳询书
北京 北京出版社 1987年 影印本 34页
26cm（16开） ISBN：7-200-00125-2
定价：CNY0.55

《九成宫醴泉铭》，唐代碑刻。魏徵撰文，欧阳询正书。碑额篆书。贞观六年（632年）立。楷书，二十四行，行五十字。碑文记载唐太宗在九成宫避暑时发现涌泉之事。

J0098782

宋拓欧阳询缘果道场砖塔下舍利记 （唐）
欧阳询书
成都 成都古籍书店 1987年 影印本 26cm（16开）
定价：CNY0.65

中国唐代楷书碑帖。

J0098783

唐褚遂良孟法师碑 （唐）褚遂良书
上海 上海书画出版社 1987年 24页 26cm（16开）
定价：CNY0.42
（历代名帖自学选本）

《孟法师碑》全称《唐京师至德观法主孟法师碑》，亦称《至德观法主孟静素碑》。唐代正书碑刻。唐贞观十六年（642）刻。岑文本撰，褚遂良楷书。碑石久佚，有清代李宗瀚藏唐拓本传世。册共20面，每面4行，满行9字，凡769字。为褚氏早年之作。作者褚遂良（596—658或659），唐代政治家、书法家。字登善，杭州钱塘（今浙江杭州市）人。代表作品有《孟法师碑》《雁塔圣教序》等。

J0098784

唐褚遂良摹兰亭序 （唐）褚遂良书；《兰亭墨
迹汇编》编辑委员会编
北京 北京出版社 1987年 ［36］页 33×45cm
ISBN：7-200-00128-7 定价：CNY1.40

中国唐代行书法帖。

J0098785

唐褚遂良圣教序 （唐）褚遂良书
上海 上海书画出版社 1987年 54页 26cm（16开）
定价：CNY0.74
（历代名帖自学选本）

中国唐代楷书碑帖。

J0098786

唐代石刻篆文 施安昌编
北京 紫禁城出版社 1987年 163页 26cm（16开）
ISBN：7-80047-005-9 定价：CNY5.00

中国唐代隶书碑帖。编者施安昌（1945—），研究员。上海人，毕业于北京大学哲学系。历任故宫博物院研究馆员、故宫博物院学术委员会秘书长。代表作品《汉华山庙碑题跋年表》。

J0098787

唐九成宫醴泉铭 （唐）欧阳询书
上海 上海书画出版社 1987年 47页 26cm（16开）
定价：CNY0.66
（历代书画自学选本）
　　中国唐代楷书碑帖。

J0098788

唐李阳冰城隍庙记 （唐）李阳冰篆书
上海 上海书画出版社 1987年 22页 26cm（16开）
定价：CNY0.42
（历代名帖自学选本）
　　中国唐代篆书碑帖。

J0098789

唐柳公权书玄秘塔碑 （唐）裴休撰；柳公权书
西安 陕西人民出版社 1987年 57页 26cm（16开）
定价：CNY5.10
　　《玄秘塔碑》即《唐故左街僧录大达法师碑铭》。唐代碑刻。裴休撰文，柳公权书。会昌元年（841年）立。楷书，二十八行，行五十四字。内容为宣扬佛教和记载大达法师端甫受到当时统治者的宠遇。作者裴休（791—846），书法家。字公美，河内济源（今河南济源）人，祖籍河东闻喜（今山西运城闻喜）。唐穆宗时登进士第。历官兵部侍郎、同平章事、中书侍郎、宣武节度使、荆南节度使等职，曾主持改革漕运及茶税等积弊，颇有政绩。晚年官至吏部尚书、太子少师，封河东县子。主要作品《圭峰禅师碑》。作者柳公权（778—865），唐代晚期著名书法家。字诚悬，陕西铜川市人。代表作品《金刚经碑》《玄秘塔碑》《神策军纪圣德碑》等。

J0098790

唐柳公权书玄秘塔碑 （唐）柳公权书
西安 陕西人民出版社 1987年 影印本 线装
定价：CNY5.10

J0098791

唐柳公权书玄秘塔碑 （唐）柳公权书；《历代碑帖法书选》编辑组编
北京 文物出版社 1987年 影印本 重印
26cm（16开）统一书号：8068.908
ISBN：7-5010-0098-0 定价：CNY0.95

J0098792

唐柳公权玄秘塔碑 （唐）柳公权书
上海 上海书画出版社 1987年 58页 26cm（16开）
定价：CNY0.82
（历代名帖自学选本）
　　中国唐代楷书碑帖。

J0098793

唐麓山寺碑 （唐）李邕书；云林堂编
1987年
　　《麓山寺碑》，也称《岳麓寺碑》，唐代行楷书碑刻。李邕书。开元十八年（730年）立。现存今湖南长沙岳麓公园。碑高2.7米，宽1.35米，文共28行，满行56字。楷书带行，为李邕存世书迹代表作。

J0098794

唐人小楷灵飞经
上海 上海书画出版社 1987年 28页 26cm（16开）
统一书号：8172.1910 定价：CNY0.42
（历代名帖自学选本）
　　中国唐代楷书法帖。

J0098795

唐人小楷灵飞经
上海 上海书画出版社 1987年 22页 26cm（16开）
定价：CNY0.42
（历代名帖自学选本）
　　中国唐代楷书法帖。

J0098796

唐石宋拓化度寺碑
成都 成都古籍书店 1987年 影印本 37cm（9开）
定价：CNY1.50
　　《化度寺碑》，全称《化度寺故僧邕禅师舍利塔铭》，正书碑刻。李百药撰，欧阳询书。贞观五年（631年）立于长安终南山化度寺。碑高2尺3寸，宽2尺5寸，字凡35行，行32字。

J0098797

唐王居士塔铭 （唐）敬客书
上海 上海书画出版社 1987年 影印本 11页
26cm（16开）定价：CNY0.34
（历代名帖自学读本）
　　《王居士砖塔铭》，唐代正书碑刻。敬客书。

显庆三年(658年)刻,明末出土于终南山(在今陕西)梗梓谷。文凡17行,满行17字。

J0098798

唐颜真卿祭侄文稿 （唐)颜真卿书;《历代碑帖法书选》编辑组编

北京 文物出版社 1987年 [30]页 26cm(16开)

统一书号:8068.1641 定价:CNY0.44

(历代碑帖法书选)

中国唐代行书碑帖。

J0098799

颜氏家庙碑 （唐)颜真卿书;陕西省博物馆编

西安 陕西人民美术出版社 1987年 2册(163页)

35cm(8开) 定价:CNY7.60

(西安碑林名碑)

《颜家庙碑》,全称《唐故通议大夫行薛王友柱国赠秘书少监国子祭酒太子少保颜君庙碑铭并序》。唐代正书碑刻。颜真卿书。建中元年(780年)建于长安(今陕西西安)。四面刻,碑阳碑阴各24行,满行47字,两侧各6行,满行52字。是颜氏晚年名作。

J0098800

颜书安帖 朱海良编著

南京 江苏古籍出版社 1987年 59页 26cm(16开)

ISBN:7-80519-003-8 定价:CNY1.70

(书法学习丛书)

中国唐代楷书法帖。

J0098801

颜书字帖 朱海良编著

南京 江苏古籍出版社 1987年 2版 60页

26cm(16开) 定价:CNY1.70

(书法学习丛书)

中国唐代楷书法帖。

J0098802

颜书字帖 朱海良编著

南京 江苏古籍出版社 1987年 59页 26cm(16开)

统一书号:17354.019 ISBN:7-80519-003-8

定价:CNY1.70

(书法学习丛书)

中国唐代楷书法帖。

J0098803

颜真卿书争坐位帖 （唐)颜真卿书

天津 天津市古籍书店 1987年 42页

33×19cm(10开) 定价:CNY1.80

《争坐位帖》亦称《与郭仆射书》。唐代颜真卿行书作品。广德二年(764年)书。64行,旁添小字4行。

J0098804

董美人墓志

上海 上海书店 1987年 2版 影印本 26cm(16开)

定价:CNY0.40

《董美人墓志》,刻于隋开皇十七年(597),书者不详,铭文是蜀王杨秀所撰。该碑于清嘉庆末、道光初(1820年前后),在陕西兴平县出土。楷书21行,每行23字,字径约2.3厘米。

J0098805

真草千字文碑 （隋释)智永书;陕西省博物馆编

西安 陕西人民美术出版社 1987年 62页

34cm(10开) 统一书号:8199.1344

定价:CNY3.20

(西安碑林名碑)

中国隋代草书碑帖。

J0098806

智永真书千字文 （隋释)智永书

上海 上海书店 1987年 影印本 [25]页

26cm(16开) 定价:CNY0.40

(历代法书自习范本)

中国隋代草书法帖。

J0098807

道因法师碑 （唐)欧阳通书

天津 天津市古籍书店 1988年 影印本 81页

26cm(16开) 定价:CNY1.95

(历代碑帖集萃)

《道因法师碑》,全称《故大德道因法师碑》。今存陕西西安碑林。唐龙朔三年(663)刻。李俨撰,欧阳通书。楷书,三十四行,行七十三字。额上刻三佛像。作者欧阳通(625—691),唐代书法家。字通师,唐潭州临湘(今湖南长沙)人,欧阳询之子。传世作品有《道因法师碑》《泉男生墓志》等。

J0098808

等慈寺碑

天津　天津市古籍书店　1988 年　影印本　41 页
35cm（18 开）定价：CNY1.95
（历代碑帖集萃）

　　中国唐代楷书碑帖。

J0098809

敦煌遗书　（唐人楷书）马负书编选
兰州　甘肃人民出版社　1988 年　33cm（5 开）
定价：CNY1.50

J0098810

敦煌遗书唐人楷书　马负书编选
兰州　甘肃人民出版社　1988 年　34×17cm
ISBN：7-226-00167-5　定价：CNY1.50

J0098811

九成宫醴泉铭　（唐）欧阳询书；陕西省麟游
县博物馆编
西安　陕西人民美术出版社　1988 年　44 页
26cm（16 开）ISBN：7-5368-0071-1
定价：CNY2.15

　　《九成宫醴泉铭》，唐代碑刻。魏徵撰文，欧
阳询正书。碑额篆书。贞观六年（632 年）立。
楷书，二十四行，行五十字。碑文记载唐太宗在
九成宫避暑时发现涌泉之事。作者欧阳询（557—
641），唐朝著名书法家。字信本，唐朝潭州临湘
（今湖南长沙）人，楷书四大家之一。与同代的虞
世南、褚遂良、薛稷三位并称初唐四大家。楷书
有《九成宫醴泉铭》《皇甫诞碑》《化度寺碑》《虞
恭公温彦博碑》，行书有《仲尼梦奠帖》《行书千
字文》。书法著作有《八诀》《传授诀》《用笔论》
《三十六法》。

J0098812

旧拓唐同州圣教序

天津　天津市古籍书店　1988 年　影印本　52 页
33cm（5 开）定价：CNY2.50
（历代碑帖集萃）

　　中国唐代行书碑帖。

J0098813

孔子庙堂碑　虞世南书；陕西省博物馆编
西安　陕西人民美术出版社　1988 年　37 页　有照片

19cm（32 开）定价：CNY2.50
（西安碑林名碑 12）

　　《孔子庙堂碑》，唐代正书碑刻。虞世南撰并
书。武唐德九年（626 年）立。楷书三十五行，行
六十字。作者虞世南（558—638），唐代书法家、
文学家、诗人、政治家。字伯施，越州余姚（今浙
江省慈溪市）人。主要作品有《虞秘监集》《孔子
庙堂碑》。

J0098814

柳公权原道碑　（唐）柳公权书
北京　文化艺术出版社 1988 年 16 页 26cm（16 开）
ISBN：7-5039-0137-3　定价：CNY0.70

　　中国唐代楷书碑帖。

J0098815

麓山寺碑　天津市古籍书店编辑室选编
天津　天津市古籍书店　1988 年　影印本　81 页
26cm（16 开）定价：CNY2.10
（历代碑帖集萃）

　　《岳麓寺碑》，也称《麓山寺碑》，唐代行楷书
碑刻。李邕。开元十八年（730 年）立。现存
今湖南长沙岳麓公园。碑高 2.7 米，宽 1.35 米，
文共 28 行，满行 56 字。楷书带行，为李邕存世
书迹代表作。

J0098816

欧阳询姚辩墓志铭　（唐）欧阳询书
北京　文化艺术出版社　1988 年　影印本　16 页
26cm（16 开）ISBN：7-5039-0136-5
定价：CNY0.70

　　中国唐代楷书碑帖。作者欧阳询（557—
641），唐朝著名书法家。字信本，唐朝潭州临湘
（今湖南长沙）人，楷书四大家之一。与同代的虞
世南、褚遂良、薛稷三位并称初唐四大家。楷书
有《九成宫醴泉铭》《皇甫诞碑》《化度寺碑》《虞
恭公温彦博碑》，行书有《仲尼梦奠帖》《行书千
字文》。书法著作有《八诀》《传授诀》《用笔论》
《三十六法》。

J0098817

宋拓九成宫碑　（唐）欧阳询书
北京　中国书店　1988 年　影印本　26cm（16 开）
ISBN：7-80568-023-X　定价：CNY1.80

　　《九成宫醴泉铭》，唐代碑刻。魏徵撰文，欧

阳询正书。碑额篆书。贞观六年(632年)立。楷书，二十四行，行五十字。碑文记载唐太宗在九成宫避暑时发现涌泉之事。

J0098818

宋拓李思训碑 （唐）李邕书；天津古籍书店编辑室编

天津 天津市古籍书店 1988年 影印本 41页 26cm(16开) 定价：CNY0.95

（历代碑帖集萃）

《李思训碑》全称《唐故云麾将军右武卫大将军赠秦州都督彭国公谥曰昭公李府君神道碑》，亦称《唐故云麾将军碑》。唐代行书碑刻。李邕撰并书。开元八年(720年)建于今陕西境内。字共30行，满行70字。作者李邕(678—747)，唐代书法家。即李北海，也称李括州，字泰和，唐朝宗室。鄂州江夏(今湖北武汉市江夏区)人。主要作品有《李思训碑》《麓山寺碑》《云麾将军碑》等。

J0098819

宋拓李玄靖碑 （唐）颜真卿书

扬州 江苏广陵古籍刻印社 1988年 214页 35cm 精装 统一书号：T8.010 定价：CNY11.40

《李玄靖碑》，全称《有唐茅山玄靖先生广陵李君碑铭》。为唐代颜真卿的楷书碑帖。碑于大历十二年(777年)立在江苏句容县茅山玉晨观，南宋绍兴七年(1137年)断裂，明嘉靖三年(1524年)遭火石碎。据《金石萃编》载："碑已断裂，约高一丈余，广三尺二寸五分，厚一尺四分。四面刻，前后各十九行，两侧各四行，行皆三十九字，正书。"

J0098820

宋拓玄秘塔 （唐）柳公权书

北京 中国书店 1988年 影印本 26cm(16开)

ISBN：7-80568-026-4 定价：CNY2.80

《玄秘塔碑》即《唐故左街僧录大达法师碑铭》。唐代碑刻。裴休撰文，柳公权书。会昌元年(841年)立。楷书，二十八行，行五十四字。内容为宣扬佛教和记载大达法师端甫受到当时统治者的宠遇。

J0098821

宋拓薛少保书信行禅师碑

天津 天津市古籍书店 1988年 影印本 53页 26cm(16开) 定价：CNY1.50

（历代碑帖集萃）

《信行禅师碑》，唐代正书碑刻。薛稷书。神龙二年(706年)八月立。原石久佚。传世清代何绍基藏剪裱本，为南宋贾似道旧藏。册尾残缺，存1800余字。

J0098822

宋拓雁塔圣教序

天津 天津市古籍书店 1988年 影印本 54页 26cm(16开) 定价：CNY1.50

（历代碑帖集萃）

《雁塔圣教序》，唐代碑刻。褚遂良书，永徽四年(653年)立，正书，21行，行42字。此碑是褚遂良五十八岁时书，最能代表其独特风格。

J0098823

宋拓虞恭公温彦博碑 （唐）欧阳询书

天津 天津市古籍书店 1988年 影印本 22页 26cm(16开) 定价：CNY0.90

（历代碑帖集萃）

中国唐代楷书碑帖。

J0098824

隋董美人墓志铭

天津 天津市古籍书店 1988年 影印本 9页 26cm(16开) 定价：CNY0.70

（历代碑帖集萃）

《董美人墓志》，刻于隋开皇十七年(597年)，书者不详，铭文是蜀王杨秀所撰。该碑于清嘉庆末、道光初(1820年前后)，在陕西兴平县出土。楷书21行，每行23字，字径约2.3厘米。

J0098825

隋龙藏寺碑

上海 上海书画出版社 1988年 46页 26cm(16开)

ISBN：7-80512-216-4 定价：CNY1.29

（历代名帖自学选本）

中国隋代楷书碑帖。

J0098826

唐褚遂良倪宽赞 （唐）褚遂良书

上海 上海书画出版社 1988年 10页 26cm(16开)

ISBN：7-80512-215-6 定价：CNY0.58

（历代名帖自学选本）

中国唐代楷书碑帖。

J0098827

唐代书法革新家　周倜主编
北京　北京燕山出版社　1988年　124页
26cm（16开）ISBN：7-5402-0106-1
定价：CNY2.95
（中国历代书法家名人碑帖　唐代　二）

中国唐代碑帖。主编周倜（1936—　），山西
平陆人。中国书法家协会会员、中山书画社社员、
北京秦文学会常务理事。

J0098828

唐李北海书叶有道碑
天津　天津市古籍书店　1988年　54页　29cm（16开）
定价：CNY3.10
（历代碑帖集萃）

中国唐代碑帖。

J0098829

唐李邕书法华寺碑　（唐）李邕书
天津　天津市古籍书店　1988年　2版　影印本　15页
26cm（16开）定价：CNY1.60
（历代碑帖集萃）

《法华寺碑》，全称《秦望山法华寺碑》。唐代
行书碑刻。李邕撰文并书。开元二十三年（735年）
立于会稽（今浙江绍兴）秦望山天衣寺。原石久
佚，明代有翻刻本，传世仅清代何绍基藏一剪裱
孤本。

J0098830

唐柳公权书金刚经　（唐）柳公权书
天津　天津市古籍书店　1988年　影印本　215页
26cm（16开）定价：CNY6.40
（历代碑帖集萃）

中国唐代碑帖。

J0098831

唐欧阳询化度寺碑　（唐）欧阳询书
天津　天津市古籍书店　1988年　影印本　15页
26cm（16开）定价：CNY0.75
（历代碑帖集萃）

《化度寺碑》，全称《化度寺故僧邕禅师舍利
塔铭》，正书碑刻。李百药撰，欧阳询书。贞观

五年（631年）立于长安终南山化度寺。碑高二
尺三寸，宽二尺五寸，字凡35行，行32字。作
者欧阳询（557—641），唐朝著名书法家。字信本，
唐朝潭州临湘（今湖南长沙）人，楷书四大家之
一。与同代的虞世南、褚遂良、薛稷三位并称初
唐四大家。楷书有《九成宫醴泉铭》《皇甫诞碑》
《化度寺碑》《虞恭公温彦博碑》，行书有《仲尼梦
奠帖》《行书千字文》。书法著作有《八诀》《传
授诀》《用笔论》《三十六法》。

J0098832

唐欧阳询皇甫君碑　（唐）欧阳询书
上海　上海书画出版社　1988年　40页　26cm（16开）
ISBN：7-80512-213-X　定价：CNY1.15

《皇甫诞碑》全称《隋柱国左光禄大夫弘义明
公皇甫府君之碑》。唐贞观中立。于志宁撰，欧
阳询书。楷书，二十八行，行五十九字。

J0098833

唐欧阳询温公墓志铭　（唐）欧阳询书
天津　天津市古籍书店　1988年　影印本　15页
26cm（16开）定价：CNY0.90
（历代碑帖集萃）

中国唐代碑帖。

J0098834

唐拓虞世南孔子庙堂碑　（唐）虞世南书
天津　天津市古籍书店　1988年　影印本　52页
［30cm］（10开）定价：CNY2.30
（历代碑帖集萃）

《孔子庙堂碑》，唐代正书碑刻。虞世南撰并
书。武唐德九年（626年）立。楷书三十五行，行
六十字。

J0098835

唐徐浩书不空和尚碑　（唐）徐浩书
天津　天津市古籍书店　1988年　影印本　37页
26cm（16开）定价：CNY1.30
（历代碑帖集萃）

中国唐代碑帖。

J0098836

唐颜真卿多宝塔铭　上海书画出版社编
上海　上海书画出版社　1988年　52页　26cm（16开）
ISBN：7-80512-214-8　定价：CNY1.30

《多宝塔碑》全称《大唐西京千福寺多宝佛塔感应碑文》，亦称《多宝塔感应碑》。唐代碑刻。岑勋撰文，颜真卿正书，徐浩隶书题额，史华刻。天宝十一载（752年）立。为颜真卿44岁时所作。楷书，三十四行，行六十六字。

J0098837

唐颜真卿郭家庙碑 （唐）颜真卿书
天津 天津市古籍书店 1988年 影印本 60页
26cm（16开）定价：CNY1.70
（历代碑帖集萃）

《郭家庙碑》亦称《太保兴国贞公郭家庙碑》，全称《有唐故中大夫使持节寿州诸军事寿州刺史上柱国赠太保郭公庙碑铭并序》。唐广德二年（764年）立于陕西省西安府布政署中。高300厘米，宽170厘米。是唐朝功臣郭子仪为其父郭敬之所立碑，由颜真卿撰文并书，额为篆书。碑文正书30行，行58字。是颜真卿56岁时所书。现存陕西省西安碑林。

J0098838

唐虞世南庙堂碑 （唐）虞世南书
上海 上海书画出版社 1988年 52页 26cm（16开）
ISBN：7-80512-211-3 定价：CNY3.10
（历代名帖自学选本）

《孔子庙堂碑》，唐代正书碑刻。虞世南撰并书。武唐德九年（626年）立。楷书三十五行，行六十字。

J0098839

玄秘塔碑 （唐）柳公权书
南京 江苏古籍出版社 1988年 74页
25×26cm（12开）ISBN：7-80519-106-9
定价：CNY2.80

《玄秘塔碑》即《唐故左街僧录大达法师碑铭》。唐代碑刻。裴休撰文，柳公权书。会昌元年（841年）立。楷书，二十八行，行五十四字。内容为宣扬佛教和记载大达法师端甫受到当时统治者的宠遇。

J0098840

颜鲁公三表真迹
天津 天津市古籍书店 1988年 影印本 33页
35cm（8开）定价：CNY1.45
（历代碑帖集萃）

中国唐代碑帖。

J0098841

颜勤礼碑 （唐）颜真卿书；陕西省博物馆编
西安 陕西人民美术出版社 1988年 2册（61+50页）
30×19cm（15开）定价：CNY6.80
（西安碑林名碑 13-14）

《颜勤礼碑》全称《唐故秘书省著作郎夔州都督府长史上护军颜君神道》。唐代正书碑刻。颜真卿书。大历十四年（779年）立于长安（今陕西西安）。四面刻，文存三面，44行，满行38字。是颜氏晚年代表作。

J0098842

颜勤礼碑 天津市古籍书店编辑室选编
天津 天津市古籍书店 1988年 影印本 86页
26cm（16开）定价：CNY1.90
（历代碑帖集萃）

J0098843

颜真卿的书法艺术 王景芬编著
北京 人民美术出版社 1988年 52页 26cm（16开）
ISBN：7-102-00313-7 定价：CNY5.20
（中国古代美术作品介绍）

本书收书法大家颜真卿墨迹及碑刻39幅。

J0098844

颜真卿书东方画赞碑 （唐）颜真卿书
天津 天津市古籍书店 1988年 影印本 87页
26cm（16开）定价：CNY2.40
（历代碑帖集萃）

中国唐代楷书碑帖。

J0098845

兖公颂碑 （唐）张之宏撰文；（唐）包文该书
天津 天津市古籍书店 1988年 影印本 55页
26cm（16开）定价：CNY1.20
（历史碑帖集萃）

中国唐代楷书碑帖。

J0098846

虞世南孔子庙堂碑
天津 天津市古籍书店 1988年 影印本 52页
29cm（15开）定价：CNY2.30
（历代碑帖集萃）

《孔子庙堂碑》，唐代正书碑刻。虞世南撰并书。武唐德九年（626年）立。楷书三十五行，行六十字。

J0098847

大智禅师碑 （唐）史惟则书；陕西省博物馆编
西安　陕西人民美术出版社　1989年　2册
33cm（5开）ISBN：7-5368-0182-3
定价：CNY9.94
（西安碑林名碑 6 27-28）
　　中国唐代隶书碑帖。

J0098848

广智三藏不空和尚碑 （唐）徐浩书；陕西省博物馆编
西安　陕西人民美术出版社　1989年　59页
33cm（5开）ISBN：7-5368-0182-3
定价：CNY4.97
（西安碑林名碑 6 29）
　　中国唐代楷书碑帖。

J0098849

回元观钟楼铭并序 （唐）柳公权书；陕西省博物馆编
西安　陕西人民美术出版社　1989年　18页
33cm（18开）ISBN：7-5368-0182-3
定价：CNY4.97
（西安碑林名碑 6 30）
　　中国唐代碑帖。

J0098850

美哉南投 （唐释）怀素书
天津　天津市美术印刷厂　1989年　24页
35cm（18开）定价：CNY1.80

J0098851

欧阳询九成宫醴泉铭 （唐）欧阳询书
上海　上海书店　1989年　影印本　26cm（16开）
ISBN：7-80569-092-8　定价：CNY1.40
　　《九成宫醴泉铭》，唐代碑刻。魏徵撰文，欧阳询正书。碑额篆书。贞观六年（632年）立。楷书，二十四行，行五十字。碑文记载唐太宗在九成宫避暑时发现涌泉之事。作者欧阳询（557—641），唐朝著名书法家。字信本，唐朝潭州临湘（今湖南长沙）人，楷书四大家之一。与同代的虞

世南、褚遂良、薛稷三位并称初唐四大家。楷书有《九成宫醴泉铭》《皇甫诞碑》《化度寺碑》《虞恭公温彦博碑》，行书有《仲尼梦奠帖》《行书千字文》。书法著作有《八诀》《传授诀》《用笔论》《三十六法》。

J0098852

欧阳询书九成宫 （唐）欧阳询书
北京　北京出版社　1989年　52页　26cm（16开）
ISBN：7-200-00721-8　定价：CNY1.65
　　中国唐代楷书碑帖。

J0098853

石台孝经 （唐）唐玄宗书；陕西省博物馆编
西安　陕西人民美术出版社　1989年　4册
33cm（5开）ISBN：7-5368-0168-8
定价：CNY［16.90］
（西安碑林名碑）
　　中国唐代隶书碑帖。

J0098854

宋拓神策军碑 柳公权书
天津　天津大港华康印刷厂　1989年　58页
35cm（12开）定价：CNY4.00
　　《神策军碑》全称《皇帝巡幸左神策军纪圣德碑》。唐代正书碑刻。柳公权书。会昌三年（843年）立，碑石久佚，仅传宋拓本上半残册（计56页），清代经孙承泽、安岐等人递藏。

J0098855

唐·颜真卿书麻姑山仙坛记 （唐）颜真卿书；沈胜双，饶华友编
北京　能源出版社［1989年］151页　37cm（8开）
ISBN：7-80018-130-8　定价：CNY18.50
（法书存真集）
　　《麻姑仙坛记》，全称《有唐抚州南城县麻姑山仙坛记》。唐代碑刻。颜真卿撰文并正书。大历六年（771年）立。为颜书代表作之一。

J0098856

唐·颜真卿书麻姑山仙坛记选字 （唐）颜真卿书；陈光建，王康宁编
北京　能源出版社［1989年］99页　37cm（8开）
ISBN：7-80018-130-8
（法书存真集）

J0098857

唐·颜真卿书送裴将军诗 （唐）颜真卿书；
沈胜双，王康宁编
北京 能源出版社［1989 年］27 页 37cm（8 开）
ISBN：7-80018-130-8 定价：CNY6.50
（法书存真集）

　　本书是颜体行草书法的代表，20 世纪 80 年代以来的首次出版，保存了颜字的风格和神韵。

J0098858

唐代草书家　周侗主编
北京 北京燕山出版社 1989 年 133 页
26cm（16 开）ISBN：7-5402-0096-0
定价：CNY4.30
（中国历代书法家名人碑帖 唐代 三）

　　中国唐代草书碑帖。

J0098859

唐李邕书少林寺戒坛铭 （唐）李邕书
天津 天津市古籍书店 1989 年 21 页 26cm（16 开）
定价：CNY1.50
（历代碑帖集萃）

　　《少林寺戒坛铭》，唐开元三年（715 年）立。僧义净撰，李邕书，伏灵芝刻字。楷书，21 行，每行 18 字。

J0098860

唐刘浚墓志铭　陕西省博物馆编
西安 陕西人民美术出版社 1989 年 66 页
33cm（5 开）ISBN：7-5368-0167-X
定价：CNY5.06
（西安碑林名碑 4 18）

　　本书由《唐刘浚墓志铭》《唐永泰公主墓志铭》合订。中国唐代楷书碑帖。

J0098861

唐摹万岁通天帖
北京 人民美术出版社 1989 年 52 页 34cm（8 开）
ISBN：7-102-00077-4 定价：CNY7.50

　　本书为中国唐代摹写的王羲之家族数代人的墨迹。本书除此帖外，还附有启功所藏《真赏斋》的此帖刻本以及启功关于此帖研究的论文《唐摹万岁通天帖》。

J0098862

唐释怀素圣母帖 （唐释）怀素书
天津 天津市古籍书店 1989 年 影印本 24 页
33cm（5 开）定价：CNY1.80
（历代碑帖集萃）

　　《圣母帖》，唐僧怀素书。宋元祐三年（1088 年）刊石。今在陕西西安碑林。草书，55 行，篆书年月 1 行，正书题名 5 行。

J0098863

唐宋伯康墓志铭　陕西省博物馆编
西安 陕西人民美术出版社 1989 年 59 页
33cm（5 开）ISBN：7-5368-0167-X
定价：［CNY5.06］
（西安碑林名碑 4 20）

　　本书由《唐宋伯康墓志铭》与（后梁）李昭远书，陕西省博物馆编的《后梁石彦辞墓志》合订。

J0098864

唐太宗晋祠之铭并序 （唐）李世民撰文并书；
刘舒侠编注
太原 山西人民出版社 1989 年 51 页 26cm（16 开）
定价：CNY7.50

　　中国唐代行书碑帖。有《晋祠之铭并序》全文和点校注释等。

J0098865

唐太宗温泉铭 （唐）李世民书；天津古籍书店编辑室编
天津 天津市古籍书店 1989 年 15 页 26cm（16 开）
定价：CNY0.75
（历代碑帖集萃）

　　《温泉铭》，唐贞观二十二年（648 年）立，行书，存 48 行。石久佚，仅一唐拓孤本传世。

J0098866

唐颜真卿墨迹四种 （唐）颜真卿书
天津 天津市古籍书店 1989 年 18 页 37cm（8 开）
定价：CNY3.00
（历代碑帖集萃）

J0098867

唐颜真卿书元结墓表
天津 天津市古籍书店 1989 年 影印本 152 页
26cm（16 开）定价：CNY5.00

J0098868

唐颜真卿小楷颜家庙碑
天津　天津市古籍书店　1989年　影印本　19页
26cm（16开）定价：CNY0.75
（历代碑帖集萃）

《颜家庙碑》，全称《唐故通议大夫行薛王友柱国赠秘书少监国子祭酒太子少保颜君庙碑铭并序》。唐代正书碑刻。颜真卿书。李阳冰题篆额《颜氏家庙之碑》。建中元年（780年）建于长安（今陕西西安）。四面刻，碑阳碑阴各24行，满行47字，两侧各6行，满行52字。是颜氏晚年名作。

J0098869

唐叶慧明碑　（唐）韩择木书
天津　天津市古籍书店　1989年　影印本　35页
33×19cm　定价：CNY2.70
（历代碑帖集萃）

J0098870

唐雍王李贤墓志铭　陕西省博物馆编
西安　陕西人民美术出版社　1989年　46页
33cm（5开）ISBN：7-5368-0167-X
定价：CNY5.06
（西安碑林名碑　4　17）
中国唐代楷书碑帖。

J0098871

唐张去奢墓志　（唐）裴兖书；陕西省博物馆编
西安　陕西人民美术出版社　1989年　81页
33cm（5开）ISBN：7-5368-0167-X
定价：CNY5.06
（西安碑林名碑　4　19）
中国唐代碑帖。

J0098872

颜真卿多宝塔　（唐）颜真卿书
南京　江苏美术出版社　1989年　42页　35cm（8开）
ISBN：7-5344-0080-5　定价：CNY2.38

《多宝塔碑》全称《大唐西京千福寺多宝佛塔感应碑文》，亦称《多宝塔感应碑》。唐代碑刻。岑勋撰文，颜真卿正书，徐浩隶书题额，史华刻。天宝十一载（752年）立。为颜真卿44岁时所作。楷书，三十四行，行六十六字。

J0098873

颜真卿行书探寻　刘浩然编著
北京　北京体育学院出版社　1989年　97页
19cm（32开）ISBN：7-81003-197-X
定价：CNY1.65
（中国书法系列丛书）

作者刘浩然（1943—　），回族，书法家。字一之，河南周口人，毕业于北京师范学院中国书法艺术专业。历任西安市文联艺术创作研究创作员、中国书法家协会会员、西安市书法家协会名誉主席。著有《颜真卿行书探寻》《浩然逆收作品选》《真行学书百韵歌》《怎样进行楷书训练》等。

J0098874

颜真卿书多宝塔碑　（唐）颜真卿书
南京　江苏美术出版社　1989年　42页　36cm（12开）
定价：CNY2.38

《多宝塔碑》全称《大唐西京千福寺多宝佛塔感应碑文》，亦称《多宝塔感应碑》。唐代碑刻。岑勋撰文，颜真卿正书，徐浩隶书题额，史华刻。天宝十一载（752年）立。为颜真卿44岁时所作。楷书，三十四行，行六十六字。

J0098875

颜真卿中兴颂　（唐）颜真卿书
长沙　湖南美术出版社　1989年　影印本　55页
37cm（8开）ISBN：7-5356-0290-8
定价：CNY5.80
（语溪碑林书法选）

《中兴颂》全称《大唐中兴颂》，又称《中兴颂摩崖》《中兴颂》，俗称《摩崖碑》。唐元结撰，颜真卿书。楷书，21行，每行20字，共334字，直书左行。唐大历六年（771年）六月刻，在今湖南祁阳县浯溪东崖。本书正文前附有原碑整张拓片影印及全碑释文。

J0098876

杨孝恭碑　（唐）陆尚宾书；陕西省博物馆编
西安　陕西人民美术出版社　1989年　95页
33cm（5开）ISBN：7-5368-0182-3
定价：CNY4.97
（西安碑林名碑　6　26）
中国唐代隶书碑帖。

J0098877

虞世南孔子庙堂碑 （唐）虞世南书
上海 上海书店 1989 年 26cm（16 开）
ISBN：7-80569-188-6 定价：CNY1.68
（历代法书自习范本）

　　《孔子庙堂碑》，唐代碑刻。正书。虞世南撰文并书。立于贞观年间。记述高祖武德九年（626 年）封孔子三十三世后裔孔德伦为褒圣侯及修葺孔庙等事。

J0098878

初拓姬夫人志　江苏广陵古籍刻印社影印
扬州 江苏广陵古籍刻印社（发行）1990 年 有图
26cm（16 开）定价：CNY0.90

J0098879

褚遂良书阴符经 （唐）褚遂良书
上海 上海书店 1990 年 35cm（24 开）
ISBN：7-80569-251-3 定价：CNY2.20

　　《大字阴符经》，传为褚遂良晚年代表作。全帖共 96 行，461 字。

J0098880

李邕叶有道碑 （唐）李邕书
上海 上海书店 1990 年 26cm（16 开）
ISBN：7-80569-187-8 定价：CNY1.56
（历代法书自习范本）

J0098881

灵飞经小楷字帖 （唐）钟绍京书
北京 北京出版社 1990 年 26×15cm
ISBN：7-200-01193-2 定价：CNY1.30

J0098882

柳公权楷书结构分析字帖　李剑舟编著
郑州 河南美术出版社 1990 年 71 页 26cm（16 开）
ISBN：7-5401-0141-5 定价：CNY4.50

J0098883

明拓道因法师碑
扬州 江苏广陵古籍刻印社 1990 年 26cm（16 开）
定价：CNY1.98

　　《道因法师碑》，全称《故大德道因法师碑》。今存陕西西安碑林。唐龙朔三年（663 年）刻。李俨撰，欧阳通书。楷书，三十四行，行七十三字。

额上刻三佛像。

J0098884

欧阳询《张翰帖·梦奠帖》 （唐）欧阳询书；一白编
南京 江苏教育出版社 1990 年 1 张 54cm（4 开）
定价：CNY1.00
（历代法书精萃丛帖）

　　作者欧阳询（557—641），唐朝著名书法家。字信本，唐朝潭州临湘（今湖南长沙）人，楷书四大家之一。与同代的虞世南、褚遂良、薛稷三位并称初唐四大家。楷书有《九成宫醴泉铭》《皇甫诞碑》《化度寺碑》《虞恭公温彦博碑》，行书有《仲尼梦奠帖》《行书千字文》。书法著作有《八诀》《传授诀》《用笔论》《三十六法》。

J0098885

欧阳询虞恭公碑 （唐）欧阳询书
上海 上海书店 1990 年 27cm（大 16 开）
定价：CNY1.30

　　《虞恭公碑》亦称《温彦博碑》。唐代正书碑刻。欧阳询书。贞观十一年（637 年）刻于醴泉（今陕西礼泉）九嵏山。文凡 36 行，满行 77 字。为欧阳氏晚年名作。

J0098886

欧阳询正草九歌千字文 （唐）欧阳询书
合肥 安徽美术出版社 1990 年 26cm（16 开）
ISBN：7-5398-0095-X 定价：CNY2.20

J0098887

宋拓大字麻姑仙坛记　江苏广陵古籍刻印社影印
扬州 江苏广陵古籍刻印社 1990 年 26cm（16 开）
定价：CNY2.50

　　《麻姑仙坛记》全称《有唐抚州南城县麻姑山仙坛记》。唐代碑刻。颜真卿撰文并正书。大历六年（771 年）立。

J0098888

宋拓孟法师碑　江苏广陵古籍刻印社影印
扬州 江苏广陵古籍刻印社（发行）1990 年 有图
26cm（16 开）定价：CNY1.05

　　《孟法师碑》全称《唐京师至德观法主孟法师碑》，亦称《至德观法主孟静素碑》。唐代正书碑刻。唐贞观十六年（642 年）刻。岑文本撰，褚遂良楷书。碑石久佚，有清代李宗瀚藏唐拓本传世。册共 20 面，每面 4 行，满行 9 字，凡 769 字。为褚氏早年之作。

J0098889

宋拓神策军碑　天津市古籍书店影印
天津　天津市古籍书店　1990 年　58 页
定价：CNY4.00

　　《神策军碑》全称《皇帝巡幸左神策军纪圣德碑》。唐代正书碑刻。柳公权书。会昌三年（843 年）立，碑石久佚，仅传宋拓本上半残册（计 56 页），清代经孙承泽、安岐等人递藏。

J0098890

宋拓雁塔圣教序记　江苏广陵古籍刻印社影印
扬州　江苏广陵古籍刻印社　1990 年　26cm（16 开）
定价：CNY1.85

　　《雁塔圣教序》，唐代碑刻。褚遂良书，永徽四年（653 年）立，正书，21 行，行 42 字。现存西安大雁塔。此碑是褚遂良五十八岁时书，最能代表其独特风格。

J0098891

唐李阳冰书谦卦刻石集联拓本　（唐）李阳冰书
武汉　武汉古籍书店　1990 年　影印本 62 页
26cm（16 开）

　　作者李阳冰，唐代文学家、书法家。字少温，祖籍河北赵县。代表作品《三坟记》《谦卦铭》《怡亭铭》等。

J0098892

唐写经残卷三种
天津　天津杨柳青画社　1990 年　28 页　35cm（10 开）
ISBN：7-80503-097-9　定价：CNY3.00
（历代书法墨迹选）

　　本书是书写的佛教经典。自东晋、南北朝，至隋、唐、五代，各个历史时期的写经书体，虽有统一风格，但又各具特色。此册所收三种残卷，或用笔轻劲，字达秀挺，颇似欧书，通篇书行疏朗，有隽雅意味；或笔法娴熟，结字舒展，使转得体，潇洒多姿；既严谨结构，又雍容华贵，用笔大胆，落墨凝重，秾纤相间，与《兰亭》颇有相似处。天津艺术博物馆藏。

J0098893

唐颜真卿多宝塔　（唐）颜真卿书
南京　南京古旧书店　1990 年　44 页
定价：CNY1.30

　　《多宝塔碑》全称《大唐西京千福寺多宝佛塔感应碑文》，亦称《多宝塔感应碑》。唐代碑刻。天宝十一载（752 年）立。为颜真卿 44 岁时所作。楷书，三十四行，行六十六字。

J0098894

唐颜真卿多宝塔碑　（唐）颜真卿书
天津　天津市古籍书店　1990 年　影印本　41 页
35cm（8 开）定价：CNY2.50
（历代碑帖集萃）

J0098895

唐颜真卿书八关斋会报德记　（唐）颜真卿书
南京　东南大学出版社　1990 年　135 页 38cm（6 开）
ISBN：7-81023-151-X　定价：CNY14.00

J0098896

颜体大楷字帖　（唐）颜真卿书；左克成编
南昌　江西美术出版社　1990 年　1 册 26cm（16 开）
ISBN：7-80580-022-7　定价：CNY2.15

J0098897

颜真卿书东方朔画赞碑、东方先生墓碑
（唐）颜真卿书；陵县文学艺术界联合会编
青岛　青岛海洋大学出版社　1990 年　208 页
有照片　26cm（16 开）ISBN：7-81026-081-2
定价：CNY16.50
（中华书法国萃）

J0098898

颜真卿书干禄字书　（唐）颜真卿书；施安昌编
北京　紫禁城出版社　1990 年　108 页 26cm（16 开）
ISBN：7-80047-046-6　定价：CNY6.80

J0098899

颜真卿小麻姑仙坛记　（唐）颜真卿撰并书
上海　上海书店　1990 年　影印本　1 册 26cm（16 开）
ISBN：7-80569-186-X　定价：CNY0.85

J0098900

最初拓本董美人

武汉　武汉古籍书店　1990年　影印本　14页
26cm（16开）

《董美人墓志》，刻于隋开皇十七年（597年），
书者不详，铭文是蜀王杨秀所撰。该碑于清嘉庆
末、道光初（1820年前后），在陕西兴平县出土。
楷书21行，每行23字，字径约2.3厘米。

J0098901

褚遂良　潘景年编
济南　齐鲁书社　1991年　32页　26cm（16开）
ISBN：7-5333-0189-7　定价：CNY1.80
（历代名帖临赏丛书）

J0098902

褚遂良《孟法师碑》选字帖　苍舒，施霭编
太原　山西人民出版社　1991年　32页
19cm（小32开）　ISBN：7-203-01862-8
定价：CNY1.00
（中楷自学辅导丛帖）

《孟法师碑》全称《唐京师至德观法主孟法
师碑》，亦称《至德观法主孟静素碑》。唐代正书
碑刻。唐贞观十六年（642年）刻。岑文本撰，褚
遂良楷书。碑石久佚，有清代李宗瀚藏唐拓本传
世。册共20面，每面4行，满行9字，凡769字。
为褚氏早年之作。

J0098903

褚遂良书伊阙佛龛碑　（唐）褚遂良书
上海　上海书店　1991年　35×19cm
ISBN：7-80569-390-0　定价：CNY7.50

J0098904

等慈寺碑　（唐）颜师古撰；湖南美术出版社编
长沙　湖南美术出版社　1991年　影印本　73页
38×26cm　ISBN：7-5356-0480-3
定价：CNY8.50

《等慈碑》全名《大唐皇帝等慈寺之碑》，又
称《等慈寺塔记铭》。唐颜师古撰，无书者名，无
立碑年月。碑石原在河南氾水（今河南荥阳县），
碑记唐太宗李世民破王世充窦建德后在战处建
寺，超度阵亡将士之灵，颂扬战功。碑文楷书，
32行，每行65字，碑侧刻宋之丰、杨孝醇等题
名，额篆书"大唐皇帝等慈寺之碑"3行9字。现
存于郑州博物馆。作者颜师古（581—645），唐琅
邪临沂（今属山东）人，迁居京兆万年（今陕西西

安），唐初著名的大学问家，又精于书法。

J0098905

九成宫醴泉铭　（唐）欧阳询书
合肥　安徽美术出版社　1991年　30页　26cm（16开）
ISBN：7-5398-0212-X　定价：CNY2.00

《九成宫醴泉铭》，唐代碑刻。魏徵撰文，欧
阳询正书。碑额篆书。贞观六年（632年）立。
楷书，二十四行，行五十字。碑文记载唐太宗在
九成宫避暑时发现涌泉之事。作者欧阳询（557—
641），唐朝著名书法家。字信本，唐朝潭州临湘
（今湖南长沙）人，楷书四大家之一。与同代的虞
世南、褚遂良、薛稷三位并称初唐四大家。楷书
有《九成宫醴泉铭》《皇甫诞碑》《化度寺碑》《虞
恭公温彦博碑》，行书有《仲尼梦奠帖》《行书千
字文》。书法著作有《八诀》《传授诀》《用笔论》
《三十六法》。

J0098906

兰亭序三种　（唐）冯承素等书
上海　上海书店　1991年　38cm（6开）
ISBN：7-80569-341-2　定价：CNY2.30

《兰亭序》被称为天下第一行书，是王羲之
的代表作，原本已失，传世只有摹本、临本、刻
本三种。分别为冯承素、虞世南、褚遂良的摹临
本。作者冯承素（617—672），唐代书法家。字万
寿，长安信都（今陕西西安）人。唐高宗时官至
中书主书。代表作品《冯摹兰亭序》。

J0098907

柳公权　潘景年编
济南　齐鲁书社　1991年　32页　26cm（16开）
ISBN：7-5333-0191-9　定价：CNY1.80
（历代名帖临赏丛书）

J0098908

柳公权《玄秘塔碑》书法入门　卢瑞祥编著
香港　明天出版社　1991年　171页　19cm（小32开）
ISBN：962-277-111-4　定价：HKD40.00
（名家碑帖初学丛书）

J0098909

柳公权大楷习字帖　（唐）柳公权书；骆恒光编
北京　中国国际广播出版社　1991年　48页
26cm（16开）　ISBN：7-5078-0363-5

定价: CNY1.90

J0098910

柳公权行书字帖 （唐）柳公权书；刘亚军，龚
赤禹选辑
北京　北京出版社　1991 年　45 页　26cm（16 开）
ISBN: 7-200-01283-1　定价: CNY2.05

J0098911

欧阳询　潘景年编
济南　齐鲁书社　1991 年　32 页　26cm（16 开）
ISBN: 7-5333-0188-9　定价: CNY1.80
（历代名帖临赏丛书）

J0098912

欧阳询行书字帖 （唐）欧阳询书；龚赤禹，李
弘原选辑
北京　北京出版社　1991 年　36 页　26cm（16 开）
ISBN: 7-200-01285-8　定价: CNY1.80

　　本帖选印唐代著名书法家、欧体书法创始人
欧阳询的《张翰思鲈帖》（又名《季鹰帖》）、《卜商
读书帖》和《欧阳修千字文》三种。作者欧阳询
（557—641），唐朝著名书法家。字信本，唐朝潭
州临湘（今湖南长沙）人，楷书四大家之一。与
同代的虞世南、褚遂良、薛稷三位并称初唐四大
家。楷书有《九成宫醴泉铭》《皇甫诞碑》《化度
寺碑》《虞恭公温彦博碑》，行书有《仲尼梦奠帖》
《行书千字文》。书法著作有《八诀》《传授诀》《用
笔论》《三十六法》。

J0098913

欧阳询小楷习字帖 （唐）欧阳询书；陆剑秋，
双秋选编
北京　北京出版社　1991 年　38 页　26cm（16 开）
ISBN: 7-200-01363-3　定价: CNY1.55

J0098914

欧阳询颜真卿柳公权行书草书习字帖
（唐）欧阳询等书
北京　北京出版社　1991 年　影印本　121 页
26cm（16 开）定价: CNY4.40

J0098915

孙过庭书谱字典　李树权编
天津　天津市古籍书店［1991 年］136 页

26cm（16 开）定价: CNY9.00

J0098916

唐柳公权玄秘塔碑及其笔法 （唐）柳公权
书；钱少敏编撰
杭州　西泠印社　1991 年　106 页　26cm（16 开）
ISBN: 7-80517-082-7　定价: CNY4.50

　　本书内容有唐柳公权书《玄秘塔碑》宋拓本，
柳公权《玄秘塔碑》基本笔法（偏旁部首）图解，
柳公权《玄秘塔碑》字形结构图解。

J0098917

唐拓欧阳询九成宫醴泉铭
天津　天津市古籍书店　1991 年　影印本　48 页
26cm（32 开）定价: CNY2.00
（历代碑帖集萃）

　　《九成宫醴泉铭》，唐代碑刻。魏徵撰文，欧
阳询正书。碑额篆书。贞观六年（632年）立。楷书，
二十四行，行五十字。碑文记载唐太宗在九成宫
避暑时发现涌泉之事。

J0098918

唐颜真卿祭侄文稿 （行书）［（唐）颜真卿书］
天津　天津古籍出版社　1991 年　影印本
36cm（15 开）定价: CNY2.30

　　《祭侄稿》，全称《祭侄季明文稿》，又名《祭
侄帖》。行书法帖。系颜真卿于唐乾元元年（758
年）为悼念安史之乱中死节的侄儿季明所书祭文
稿本。行草，25 行，共 234 字。清时，真迹辗转
入清内府，现藏台北故宫博物院。历来与《争坐
位稿》《告伯父文稿》合称"三稿"。

J0098919

颜鲁公多宝塔 （唐）颜真卿书
北京　中国书店　1991 年　53 页　26cm（16 开）
ISBN: 7-80568-292-5　定价: CNY3.00

　　《多宝塔碑》全称《大唐西京千福寺多宝佛
塔感应碑文》，亦称《多宝塔感应碑》。唐代碑刻。
岑勋撰文，颜真卿正书，徐浩隶书题额，史华刻。
天宝十一载（752 年）立。为颜真卿 44 岁时所作。
楷书，三十四行，行六十六字。

J0098920

颜勤礼碑·回宫格楷书字帖　杨为国，吴涤
生编著

杭州 浙江美术学院出版社 1991 年 61 张 附多
功能帖架 1 个 27cm（大 16 开）
ISBN：7-81019-134-9 定价：CNY9.20
（书屋丛书）

J0098921
颜勤礼碑·回宫格楷书字帖　杨为国，吴涤
生编著
杭州 浙江美术学院出版社 1992 年 2 版 96 页
26cm（16 开）ISBN：7-81019-134-9
定价：CNY3.80

J0098922
颜真卿　潘景年编
济南 齐鲁书社 1991 年 32 页 26cm（16 开）
ISBN：7-5333-0190-X 定价：CNY1.80
（历代名帖临赏丛书）
　　本帖收颜真卿书迹 6 种：《祭侄稿》《颜勤
礼碑》《争座位帖》《刘中使帖》《裴将军诗》《告
身帖》。

J0098923
颜真卿《多宝塔碑》选字帖　苍舒，施蔼编
太原 山西人民出版社 1991 年 32 页
19cm（小 32 开）ISBN：7-203-01863-6
定价：CNY1.00
（中楷自学辅导丛帖）

J0098924
**颜真卿草篆帖、送书帖、与澄师帖、一行帖、
广平帖**　（唐）颜真卿书
长沙 湖南文艺出版社 1991 年 26 页 26cm（16 开）
ISBN：7-5404-0798-0 定价：CNY1.85
（颜真卿丛帖八种）

J0098925
颜真卿大楷习字帖　骆恒光编
北京 中国国际广播出版社 1991 年 48 页
26cm（16 开）ISBN：7-5078-0364-3
定价：CNY1.90
　　编者骆恒光（1943—　），书法家。号翼之，
浙江诸暨人。毕业于浙江美术学院。历任浙江
教育出版社美术编辑、中国硬笔书法家协会副
主席、中国书法家协会会员、浙江分会理事、浙
江省书法理论研究会副会长兼秘书长。著有《骆

恒光论书》《行书法图说》《王羲之圣教序及其
笔法》。

J0098926
颜真卿大唐中兴颂碑　（唐）颜真卿书
长沙 湖南文艺出版社 1991 年 189 页
26cm（16 开）ISBN：7-5404-0773-5
定价：CNY7.50
（颜真卿丛帖）
　　《中兴颂》全称《大唐中兴颂》，又称《中兴颂
摩崖》《中兴颂》，俗称《摩崖碑》。唐元结撰，颜
真卿书。楷书，21 行，每行 20 字，共 334 字，直
书左行。唐大历六年（公元 771 年）六月刻，在今
湖南祁阳县浯溪东崖。

J0098927
颜真卿东方朔画赞碑　（唐）颜真卿书
长沙 湖南文艺出版社 1991 年 109 页
26cm（16 开）ISBN：7-5404-0781-6
定价：CNY4.50
（颜真卿丛帖）
　　《东方朔画赞碑》，全称《汉太中大夫东方先
生画赞并序》。唐天宝十三年（754 年）十二月立。
在德州。晋夏侯湛撰，唐颜真卿书。正书。碑阳
赞 18 行，碑阴记 17 行，每行皆 30 字。碑额亦二，
一篆书，一隶书，皆 12 字。

J0098928
颜真卿郭敬之家庙碑　（唐）颜真卿书
长沙 湖南文艺出版社 1991 年 影印本 164 页
26cm（16 开）ISBN：7-5404-0782-4
定价：CNY6.50
（颜真卿丛帖）

J0098929
**颜真卿行书鲁公自书告身、峡州帖、鹿脯
帖、捧袂帖**　（唐）颜真卿书
长沙 湖南文艺出版社 1991 年 24 页 26cm（16 开）
ISBN：7-5404-0795-6 定价：CNY1.65
（颜真卿丛帖八种）

J0098930
颜真卿行书字帖　（唐）颜真卿书；李小凡，刘
亚军选辑
北京 北京出版社 1991 年 35 页 26cm（16 开）

ISBN：7-200-01280-7　定价：CNY1.65

　　本帖选印唐代大书法家颜真卿的行书名作《与郭仆射书》《刘太冲帖》《蔡明远帖》共三种，即可供习字者临摹，也可供书法爱好者欣赏。

J0098931

颜真卿行书字帖　（唐）颜真卿书；李小凡，刘亚军选辑

北京　北京出版社　1998年　重印本　67页
26cm（16开）ISBN：7-200-01280-7
定价：CNY5.00

J0098932

颜真卿金天王庙题名　（唐）颜真卿书
长沙　湖南文艺出版社　1991年　19页　26cm（16开）
ISBN：7-5404-0794-8　定价：CNY1.50
（颜真清丛帖八种）

　　《金天王庙题名》唐乾元元年（758年）刻。为颜真卿游华岳庙时之题名，刻于北周《华岳颂碑》右侧，楷书四行，行二十二字。

J0098933

颜真卿书八关斋会报德记　（唐）颜真卿撰并书

天津　天津市古籍书店　1991年　影印本　121页
38×26cm　定价：CNY18.00

　　《八关斋会报德记》，唐大历七年（772年）刻，颜真卿撰并书。在河南商丘，本为石幢，八面刻，字径二寸许，每面各五行，行二十八字。原石于唐武宗毁佛寺时毁，后重建，八面中三面为原石，五面为以后补刻。

J0098934

颜真卿书郭家庙碑　（唐）颜真卿书
天津　天津杨柳青画社　1991年　影印本　58页
35cm（8开）ISBN：7-80503-142-8
定价：CNY4.40

　　《郭家庙碑》亦称《太保兴国贞公郭家庙碑》，全称《有唐故中大夫使持节寿州诸军事寿州刺史上柱国赠太保郭公庙碑铭并序》。唐广德二年（764年）立于陕西省西安府布政司署中。高300厘米，宽170厘米。是唐朝功臣郭子仪为其父郭敬之所立碑，由颜真卿撰文并书，额为篆书。碑文正书30行，行58字。是颜真卿56岁时所书。现存陕西省西安碑林。本书乃宋拓本，收58

幅图。

J0098935

颜真卿书华岳庙题名　（唐）颜真卿书
成都　巴蜀书社　1991年　影印本　43页
26cm（16开）ISBN：7-80523-394-2
定价：CNY1.90
（历代碑帖墨迹丛书）

　　本书还收《放生池残碑》《自书告身》两帖。

J0098936

颜真卿小楷习字帖　（唐）颜真卿书；陆剑秋，双秋选编
北京　北京出版社　1991年　49页　26cm（16开）
ISBN：7-200-01365-X　定价：CNY1.95

J0098937

颜真卿与蔡明远帖、邹游帖、湖州帖　（唐）颜真卿书
长沙　湖南文艺出版社　1991年　22页　26cm（16开）
ISBN：7-5404-0797-2　定价：CNY1.65
（颜真卿丛帖六种）

J0098938

颜真卿与夫人帖、守政帖、修书帖、祭侄帖
（唐）颜真卿书
长沙　湖南文艺出版社　1991年　28页　26cm（16开）
ISBN：7-5404-0796-4　定价：CNY1.80
（颜真卿丛帖八种）

J0098939

虞世南《夫子庙堂碑》选字帖　苍舒，施蔼编
太原　山西人民出版社　1991年　32页
19cm（小32开）ISBN：7-203-01865-2
定价：CNY1.00
（中楷自学辅导丛帖）

J0098940

智永真草千字文　［隋释］智永书
北京　中国书店　1991年　49页　26cm（16开）
ISBN：7-80568-301-8　定价：CNY2.60

J0098941

中国传统名帖放大本——九成宫醴泉铭
（唐）欧阳询书

北京　学苑出版社　1991 年　185 页　26cm
ISBN：7-5077-0127-1　定价：CNY9.00

作者欧阳询（557—641），唐朝著名书法家。字信本，唐朝潭州临湘（今湖南长沙）人，楷书四大家之一。与同代的虞世南、褚遂良、薛稷三位并称初唐四大家。楷书有《九成宫醴泉铭》《皇甫诞碑》《化度寺碑》《虞恭公温彦博碑》，行书有《仲尼梦奠帖》《行书千字文》。书法著作有《八诀》《传授诀》《用笔论》《三十六法》。

J0098942

中国传统名帖放大本——智永真草千字文　（隋释）智永书
北京　学苑出版社　1991 年　325 页　26cm（16 开）
ISBN：7-5077-0125-5　定价：CNY12.00

J0098943

褚遂良楷书习字帖　（唐）褚遂良书；路同等选辑
北京　中国工人出版社　1992 年　67 页　26cm（16 开）
ISBN：7-5008-1131-4　定价：CNY2.65
（历代名家楷书字帖）

本帖选辑的作品为《孟法师碑》《雁塔圣教序》。

J0098944

褚遂良书法选　（唐）褚遂良书；中国历代书法名作系列丛书编辑组编
深圳　海天出版社　1992 年　59 页　26cm（16 开）
ISBN：7-80542-454-3　定价：CNY4.50
（中国历代书法名作系列丛书）

J0098945

多宝塔碑　（楷书）（唐）颜真卿书
南京　江苏美术出版社　1992 年　61 页　有书影
26cm（16 开）ISBN：7-5344-0223-9
定价：CNY3.90
（习书入门丛帖）

《多宝塔碑》全称《大唐西京千福寺多宝佛塔感应碑文》，亦称《多宝塔感应碑》。唐代碑刻。岑勋撰文，颜真卿正书，徐浩隶书题额，史华刻。天宝十一载（752 年）立。为颜真卿 44 岁时所作。楷书，三十四行，行六十六字。

J0098946

多宝塔碑　（楷书）（唐）颜真卿书
南京　江苏美术出版社　1998 年　重印本　61 页
26cm（16 开）ISBN：7-5344-0468-1
定价：CNY11.50
（习书入门丛帖 5）

J0098947

怀素草书汇编　（唐释）怀素书
北京　北京古籍出版社　1992 年　影印本　191 页
26cm（16 开）ISBN：7-5300-0063-2
定价：CNY［15.50］

本书汇集了怀素的 10 余种帖本。作者怀素，字藏真，长沙人，唐代著名的书法家。

J0098948

怀素草书习字帖　（旁注楷书）（唐释）怀素书；颜砺，颜娥主编
北京　北京出版社　1992 年　43 页　26cm（16 开）
ISBN：7-200-01681-0　定价：CNY2.70
（历代名家草书译丛）

J0098949

怀素自叙帖　（唐释）怀素书
上海　上海书店　1992 年　影印本　37cm
ISBN：7-80569-588-1　定价：CNY8.50

J0098950

九成宫醴泉铭　（楷书）（唐）欧阳询书
南京　江苏美术出版社　1992 年　57 页　有书影
26cm（16 开）ISBN：7-5344-0223-9
定价：CNY3.90
（习书入门丛帖 4）

《九成宫醴泉铭》，唐代碑刻。魏徵撰文，欧阳询正书。碑额篆书。贞观六年（公元 632 年）立。楷书，二十四行，行五十字。碑文记载唐太宗在九成宫避暑时发现涌泉之事。作者欧阳询（557—641），唐朝著名书法家。字信本，唐朝潭州临湘（今湖南长沙）人，楷书四大家之一。与同代的虞世南、褚遂良、薛稷三位并称初唐四大家。楷书有《九成宫醴泉铭》《皇甫诞碑》《化度寺碑》《虞恭公温彦博碑》，行书有《仲尼梦奠帖》《行书千字文》。书法著作有《八诀》《传授诀》《用笔论》《三十六法》。

J0098951

九成宫醴泉铭 （唐）欧阳询书;《翰墨林影印历代丛帖》编辑组编

武汉 武汉古籍书店 1992年 影印本 42页 26cm（16开）定价:CNY1.90

（翰墨林影印历代丛帖）

J0098952

孔子庙堂碑 （唐）虞世南书;《翰墨林影印历代丛帖》编辑组编

武汉 武汉古籍书店 1992年 影印本 26cm（16开）定价:CNY1.80

（翰墨林影印历代丛帖）

孔子庙堂碑》，唐代正书碑刻。虞世南撰并书。武唐德九年（626年）立。楷书三十五行，行六十字。

J0098953

柳公权行书 （唐）柳公权书

北京 中国书籍出版社 1992年 62页 26cm（16开）ISBN:7-5068-0104-3 定价:CNY2.40

J0098954

柳公权行书习字帖 （唐）柳公权书；顾鸿，于洁选辑

北京 工人出版社 1992年 54页 26cm（16开）ISBN:7-5008-0968-9 定价:CNY2.10

（历代名家行书字帖）

本帖辑印柳公权行书《兰亭诗》和《奉荣帖》等四种，既可供习字者临摹，也可供书法爱好者欣赏。

J0098955

柳公权楷书字汇 （唐）柳公权书；沈道荣编

天津 天津市古籍书店 1992年 443页 26cm（16开）定价:CNY28.00

本书收入柳公权传世的楷书碑帖13种，单字字头2049字，包括异体字87、俗体字15，单字的重文总计8622字。作者柳公权（778—865），唐代晚期著名书法家。字诚悬，陕西铜川市人。代表作品《金刚经碑》《玄秘塔碑》《神策军纪圣德碑》等。编者沈道荣（1939—　），湖南临湘人。中国书法家协会会员。专著有《草字辨异手册》《硬笔草体辨异字帖》《历代名句硬笔字帖》《欧阳询楷书字汇》等。

J0098956

柳公权楷书字帖 （唐）柳公权书;《翰墨林影印历代丛帖》编辑组编

武汉 武汉古籍书店 1992年 影印本 36页 26cm（16开）定价:CNY1.80

（翰墨林影印历代丛帖）

J0098957

柳公权书法选 （唐）柳公权书；中国历代书法名作系列丛书编辑组编

深圳 海天出版社 1992年 58页 26cm（16开）ISBN:7-80542-362-8 定价:CNY3.15

（中国历代书法名作系列丛书）

J0098958

柳公权书教弟子言 （唐）柳公权书;《翰墨林影印历代丛帖》编辑组编

武汉 武汉古籍书店 1992年 影印本 16页 26cm（16开）定价:CNY0.80

（翰墨林历代影印丛帖）

J0098959

柳公权书金刚经 （唐）柳公权书;《翰墨林影印历代丛帖》编辑组编

武汉 武汉古籍书店 1992年 影印本 26cm（16开）定价:CNY2.65

（翰墨林影印历代丛帖）

J0098960

柳公权书李晟碑 （唐）柳公权书；董国柱，孟兆辉编

西安 三秦出版社 1992年 110页 26cm（16开）ISBN:7-80546-433-2 定价:CNY5.80

《李晟碑》，唐大和三年（829）刻。裴度撰，柳公权书并篆额。楷书，三十四行，行六十字。

J0098961

柳公权书神策军碑 （墨迹还原本）（唐）柳公权书

北京 北京广播学院出版社 1992年 54页 26cm（16开）ISBN:7-81004-313-7 定价:CNY5.20

（中国名碑还原放大系列字帖）

《神策军碑》全称《皇帝巡幸左神策军纪圣德碑》。唐代正书碑刻。柳公权书。会昌三年（843年）

立，碑石久佚，仅传宋拓本上半残册(计 56 页)。为便于临写，本书将原碑中残损或重复的字加以删节，选取完整精彩的共 390 字。书中对柳字的特点及临写要求做了简要的说明。

J0098962

柳公权书神策军碑 （唐）柳公权书
上海 上海书店 1992 年 34×19cm
ISBN：7-80569-415-X 定价：CNY4.00

J0098963

柳公权书神策军碑 （唐）柳公权书；《翰墨林影印历代丛帖》编辑组编
武汉 武汉古籍出版社 1992 年 影印本 54 页
26cm(16 开) 定价：CNY2.40
(翰墨林历代影印丛帖)

J0098964

柳公权书玄秘塔 （无缺字本）（唐）柳公权书；黄洋考订补正
北京 中国书店 1992 年 影印本 58 页
26cm(16 开) ISBN：7-80568-391-3
定价：CNY3.30
(历代书法精华)

《玄秘塔碑》即《唐故左街僧录大达法师碑铭》。唐代碑刻。裴休撰文，柳公权书。会昌元年(841 年)立。楷书，二十八行，行五十四字。内容为宣扬佛教和记载大达法师端甫受到当时统治者的宠遇。

J0098965

陆柬之书法选 （唐）陆柬之书；肖岚主编
深圳 海天出版社 1992 年 影印本 47 页
26cm(16 开) ISBN：7-80542-449-7
定价：CNY3.70
(中国历代书法名作系列丛书)

作者陆柬之(585—638)，唐代书法家。吴(今江苏苏州人)人。传世书迹以《五言兰亭诗》刻帖、《书陆机文赋》墨迹为最好。

J0098966

陆柬之书陆机文赋 （唐）陆柬之书
上海 上海书店 1992 年 影印本 37cm
ISBN：7-80569-586-5 定价：CNY5.90

J0098967

欧阳通楷书习字帖 （唐）欧阳通书；路同等选辑
北京 中国工人出版社 1992 年 71 页 26cm(16 开)
ISBN：7-5008-1128-4 定价：CNY2.80
(历代名家楷书字帖)

本帖选辑的作品为《道因法师碑》。作者欧阳通(625—691)，唐代书法家。字通师，唐潭州临湘(今湖南长沙)人，欧阳询之子。传世作品有《道因法师碑》《泉男生墓志》等。

J0098968

欧阳询行书 （唐）欧阳询书
北京 中国书籍出版社 1992 年 66 页 26cm(16 开)
ISBN：7-5068-0103-5 定价：CNY2.60

作者欧阳询(557—641)，唐朝著名书法家。字信本，唐朝潭州临湘(今湖南长沙)人，楷书四大家之一。与同代的虞世南、褚遂良、薛稷三位并称初唐四大家。楷书有《九成宫醴泉铭》《皇甫诞碑》《化度寺碑》《虞恭公温彦博碑》，行书有《仲尼梦奠帖》《行书千字文》。书法著作有《八诀》《传授诀》《用笔论》《三十六法》。

J0098969

欧阳询行书习字帖 （唐）欧阳询；顾鸿，于洁编
北京 中国工人出版社 1992 年 51 页 26cm(16 开)
ISBN：7-5008-0971-9 定价：CNY2.00
(历代名家行书字帖)

本帖辑印唐代著名书法家欧阳询的《千字文》和《卜商帖》等 11 种。

J0098970

欧阳询九成宫碑选字帖 （唐）欧阳询书；赵步唐编著
西安 三秦出版社 1992 年 34 页 18×26cm
ISBN：7-80546-474-X 定价：CNY1.80

J0098971

欧阳询楷书兰亭记 （唐）欧阳询书
天津 天津大学出版社 1992 年 28 页 33cm
ISBN：7-5618-0439-3 定价：CNY4.50

J0098972

欧阳询楷书习字帖 （唐）欧阳询书；路同等

选辑

北京 中国工人出版社 1992年 78页 26cm（16开）

ISBN：7-5008-1132-2 定价：CNY2.90

（历代名家楷书字帖）

　　本帖选辑的作品为《九成宫醴泉铭》《皇甫君碑》。

J0098973

欧阳询书法选 （唐）欧阳询书；中国历代书法名作系列丛书编辑组编

深圳 海天出版社 1992年 64页 26cm（16开）

ISBN：7-80542-357-1 定价：CNY3.50

（中国历代书法名作系列丛书）

J0098974

欧阳询书化度寺碑 （唐）欧阳询书

上海 上海书店 1992年 影印本 26cm（16开）

ISBN：7-80569-597-0 定价：CNY1.00

（中国历代法书自习范本）

　　《化度寺碑》，全称《化度寺故僧邕禅师舍利塔铭》，正书碑刻。李百药撰，欧阳询书。贞观五年（631年）立于长安终南山化度寺。碑高二尺三寸，宽二尺五寸，字凡35行，行32字。

J0098975

欧阳询书皇甫诞碑 （墨迹还原本）（唐）欧阳询书

北京 北京广播学院出版社 1992年 56页 26cm（16开）ISBN：7-81004-311-0

定价：CNY11.00

　　《皇甫诞碑》全称《隋柱国左光禄大夫弘义明公皇甫府君之碑》。唐贞观中立。于志宁撰，欧阳询书。楷书，二十八行，行五十九字。篆书题额。作者欧阳询（557—641），唐朝著名书法家。字信本，唐朝潭州临湘（今湖南长沙）人，楷书四大家之一。与同代的虞世南、褚遂良、薛稷三位并称初唐四大家。楷书有《九成宫醴泉铭》《皇甫诞碑》《化度寺碑》《虞恭公温彦博碑》，行书有《仲尼梦奠帖》《行书千字文》。书法著作有《八诀》《传授诀》《用笔论》《三十六法》。

J0098976

欧阳询书皇甫诞碑 （唐）欧阳询书；《翰墨林影印历代丛帖》编辑组编

武汉 武汉古籍出版社 1992年 影印本 56页

26cm（16开）定价：CNY1.90

（翰墨林影印历代丛帖）

J0098977

欧阳询书九成宫 （无缺字本）（唐）欧阳询书；黄洋考订补正

北京 中国书店 1992年 影印本 52页

26cm（16开）ISBN：7-80568-398-0

定价：CNY2.10

（历代书法精华）

J0098978

裴休楷书习字帖 （唐）裴休书；路同等选辑

北京 中国工人出版社 1992年 60页

26cm（16开）ISBN：7-5008-1129-2

定价：CNY2.40

（历代名家楷书字帖）

　　本帖选辑其楷书作品《唐故圭峰定慧师传法碑》。作者裴休（791—846），书法家。字公美，河内济源（今河南济源）人，祖籍河东闻喜（今山西运城闻喜）。唐穆宗时登进士第。历官兵部侍郎、同平章事、中书侍郎、宣武节度使、荆南节度使等职，曾主持改革漕运及茶税等积弊，颇有政绩。晚年官至吏部尚书、太子少师，封河东县子。主要作品《圭峰禅师碑》。

J0098979

千字文小楷法帖 （唐）欧阳询等书

北京 北京出版社 1992年 57页 26cm（16开）

ISBN：7-200-01729-9 定价：CNY2.20

　　《千字文》是历史上诸多书法家竞相书写，留下的墨宝。本书选择了欧阳询、文徵明、文彭五位书法家书写的五种小楷法帖。

J0098980

宋拓清远道士诗 （唐）颜真卿书；《翰墨林影印历代丛帖》编辑组编

武汉 武汉古籍书店 1992年 影印本 21页

26cm（16开）定价：CNY0.95

（翰墨林影印历代丛帖）

J0098981

孙虔礼　张旭草书习字帖 （旁注楷书）（唐）孙虔礼，（唐）张旭书；颜䃟，颜娥主编

北京 北京出版社 1992年 34页 28cm（大16开）

ISBN：7-200-01682-9 定价：CNY2.30
（历代名家草书译丛）

　　作者孙虔礼（648—703），字过庭，唐代杰出书法家、书法理论家。作者张旭（658—747），唐代书法家。字伯高，一字季明，江苏苏州吴县人。主要作品《古诗四帖》《肚痛帖》等。

J0098982

唐《九成宫醴泉铭》及其笔法　（唐）欧阳询书；任平编撰
杭州　西泠印社　1992年　69页　26cm（16开）
ISBN：7-80517-086-X 定价：CNY2.80

　　介绍了《九成宫》的内容及基本用笔方法。作者任平（1952—　　），书法家。江苏如皋人，毕业于杭州大学中文系，获博士学位。历任文化部中国艺术研究院教授、博士生导师、中国艺术研究院美术研究所学术委员会委员、书法研究室主任，中国书法家协会书法教育专业委员会委员、中国语言学会会员等。代表作品优《中国书法》《说隶》《笔歌墨舞》《中国书法全集》等。

J0098983

唐褚遂良临兰亭序　（唐）褚遂良书
济南　齐鲁书社　1992年　33页　26cm（16开）
ISBN：7-5333-0248-6 定价：CNY2.20

　　唐褚遂良用行书临的兰亭序，附范仲淹米芾　米友仁跋题。作者褚遂良（596—658或659），唐代政治家、书法家。字登善，杭州钱塘（今浙江杭州市）人。代表作品有《孟法师碑》《雁塔圣教序》等。

J0098984

唐褚遂良书雁塔圣教序　（墨迹还原本）（唐）褚遂良书
北京　北京广播学院出版社　1992年　121页　26cm（16开）ISBN：7-81004-314-5
定价：CNY11.70
（中国名碑还原放大系列字帖 5）

　　《雁塔圣教序》，唐代碑刻。褚遂良书，永徽四年（653年）立，正书，21行，行42字。现存西安大雁塔。此碑是褚遂良五十八岁时书，最能代表其独特风格。

J0098985

唐代碑刻正书选粹　（普及本 1）葛慕森等编选

北京　北京出版社　1992年　182页　28cm（10开）
ISBN：7-200-01632-2 定价：CNY13.00
（历代碑刻书法选粹）

J0098986

唐代碑刻正书选粹　（普及本 2）葛慕森等编选
北京　北京出版社　1992年　156页　28cm（10开）
ISBN：7-200-01633-0 定价：CNY11.20
（历代碑刻书法选粹）

J0098987

唐代碑刻正书选粹　（普及本 3）葛慕森等编选
北京　北京出版社　1992年　170页　28cm（10开）
ISBN：7-200-01634-9 定价：CNY12.20
（历代碑刻书法选粹）

　　本书收入颜真卿《颜勤礼碑》、柳公权《玄秘塔碑》《神策军碑》及裴休《定慧禅师碑》。

J0098988

唐代碑刻正书选粹　葛慕森等编选
北京　北京出版社　1992年　影印本　508页　26cm（16开）精装　ISBN：7-200-01631-4
定价：CNY42.00

　　本书收欧阳询书《化度寺碑》《九成宫醴泉铭》《卢恭公碑》《皇甫诞碑》，颜真卿书《多宝塔碑》《东方朔画赞碑》《颜勤礼碑》，柳公权书《玄秘塔碑》《神策军碑》，虞世南书《孔子庙堂碑》，褚遂良书《孟法师碑》《慈恩寺圣教序》，包文该书《兖公颂碑》和裴休书《定慧禅师碑》共 14 种。

J0098989

唐高宗撰书李勣碑　（唐）唐高宗书；张学勤，周立军编
西安　三秦出版社　1992年　71页　26cm（16开）
ISBN：7-80546-503-7 定价：CNY5.00

　　《李勣碑》，全称《大唐故司空太子太师上柱国赠太尉扬州大都督英贞武公李公之碑》。唐仪凤二年（677年）十月立。唐高宗李治撰并书。行书，32行，行约90字。

J0098990

唐李阳冰篆书二种　（唐）李阳冰书
成都　成都古籍书店　1992年　影印本　26cm（16开）
定价：CNY2.50

　　作者李阳冰，唐代文学家、书法家。字少温，

祖籍河北赵县。代表作品《三坟记》《谦卦铭》《怡亭铭》等。

J0098991

唐名家墨迹大观　朱仲岳编
上海　上海人民美术出版社　1992年　影印本
242页　26cm（16开）ISBN：7-5322-1051-0
定价：CNY12.00

J0098992

唐欧阳通书道因法师碑　（墨迹还原本）（唐）
欧阳通书
北京　北京广播学院出版社　1992年　200页
26cm（16开）ISBN：7-81004-312-9
定价：CNY16.50
（中国名碑还原放大系列字帖3）

　　《道因法师碑》，全称《故大德道因法师碑》。今存陕西西安碑林。唐龙朔三年（663）刻。李俨撰，欧阳通书。楷书，三十四行，行七十三字。额上刻三佛像。作者欧阳通（625—691），唐代书法家。字通师，唐潭州临湘（今湖南长沙）人，欧阳询之子。传世作品有《道因法师碑》《泉男生墓志》等。

J0098993

唐释怀素自叙帖　（唐释）怀素书
天津　天津市古籍书店　1992年　影印本　45页
38cm（6开）定价：CNY6.00
（古代碑帖集萃）

　　《自叙帖》，唐代怀素草书作品。纸本墨迹卷。大历十二年（777年）书。126行。是怀素草书代表作。一说为宋人仿作。现藏台北故宫博物院。

J0098994

唐宋十二名家法书精选　（第一卷　欧阳询）
（唐）欧阳询书
上海　上海书画出版社　1993年　66页　39cm（8开）
精装　定价：CNY31.50

　　本书收集唐代8位、宋代4位书法大家的书法墨迹，每卷一位。作者欧阳询（557—641），唐朝著名书法家。字信本，唐朝潭州临湘（今湖南长沙）人，楷书四大家之一。与同代的虞世南、褚遂良、薛稷三位并称初唐四大家。楷书有《九成宫醴泉铭》《皇甫诞碑》《化度寺碑》《虞恭公温彦博碑》，行书有《仲尼梦奠帖》《行书千字文》。书法著作有《八诀》《传授诀》《用笔论》《三十六法》。

J0098995

唐宋十二名家法书精选　（第二卷　虞世南）
（唐）虞世南书
上海　上海书画出版社　1992年　72页
39cm（8开）精装　ISBN：7-80512-609-7
定价：CNY20.00

　　本书收集唐代8位，宋代4位书法大家的书法墨迹，每卷一位。作者虞世南（558—638），唐代书法家、文学家、诗人、政治家。字伯施，越州余姚（今浙江省慈溪市）人。主要作品有《虞秘监集》《孔子庙堂碑》。

J0098996

唐宋十二名家法书精选　（第四卷　张旭）
（唐）张旭书
上海　上海书画出版社　1992年　影印本　76页
39×26cm　精装　ISBN：7-80512-610-0
定价：CNY21.00

　　本书收集唐代8位，宋代4位书法大家的书法墨迹，每卷一位。张旭，字伯高，一字季明，苏州吴县人，书法家，擅长草书，喜欢饮酒，世称“张颠”、与怀素并称“颠张醉素”，与贺知章、张若虚、包融并称“吴中四士”，又与贺知章等人并称“饮中八仙”，其草书则与李白的诗歌、裴旻的剑舞并称“三绝”。先后任左率府长史、金吾长史，因而被世人称为“张长史”；张旭在喝醉时就草书，挥笔大叫，将头浸入墨汁中用头书写，世上人称他为“张颠”。酒醒后，张旭看见自己用头写的字，认为它神异而不可重新得到。

J0098997

唐宋十二名家法书精选　（第八卷　柳公权）
（唐）柳公权书
上海　上海书画出版社　1992年　227页
39×27cm　精装　ISBN：7-80512-608-9
定价：CNY36.50

　　本书收集唐代8位，宋代4位书法大家的书法墨迹，每卷一位。作者柳公权（778—865），唐代晚期著名书法家。字诚悬，陕西铜川市人。代表作品《金刚经碑》《玄秘塔碑》《神策军纪圣德碑》等。

J0098998

唐宋十二名家法书精选 （第十二卷 蔡襄）

（宋）蔡襄书

上海 上海书画出版社 1993年 76页

39cm（8开）精装 ISBN：7-80512-613-5

定价：CNY20.00

　　本书收集唐代8位、宋代4位书法大家的书法墨迹，每卷一位。作者蔡襄（1012—1067），北宋书法家、文学家。字君谟，福建仙游县人。擅长正楷、行书和草书。传世墨迹有《蔡襄自书诗帖》《洛阳桥记》《吐谷浑词》《蒙惠帖》《陶生帖》等。

J0098999

玄秘塔碑·回宫格楷书字帖 杨为国，吴涤生编著

杭州 浙江美术学院出版社 1992年 2版 96页

26cm（16开）ISBN：7-81019-133-0

定价：CNY10.40

J0099000

颜鲁公争坐位帖 （唐）颜真卿书；《翰墨林影印历代丛帖》编辑组编

武汉 武汉古籍书店 1992年 影印本 26cm（16开）

定价：CNY1.25

（翰墨林影印历代丛帖）

　　《争坐位帖》亦称《与郭仆射书》。唐代颜真卿行书作品。广德二年（764年）书。64行，旁添小字4行。

J0099001

颜勤礼碑 （唐）颜真卿书；《翰墨林影印历代丛帖》编辑组编

武汉 武汉古籍书店 1992年 影印本 113页

26cm（16开）定价：CNY4.50

（翰墨林影印丛帖）

　　《颜勤礼碑》全称《唐故秘书省著作郎夔州都督府长史上护军颜君神道》。唐代正书碑刻。颜真卿书。大历十四年（779年）立。四面刻，文存三面，44行，满行38字。是颜氏晚年代表作。

J0099002

颜氏家庙碑 （唐）颜真卿书；《翰墨林影印历代丛帖》编辑组编

武汉 武汉古籍书店 1992年 影印本 188页

26cm（16开）定价：CNY5.50

（翰墨林影印丛帖）

　　《颜家庙碑》，全称《唐故通议大夫行薛王友柱国赠秘书少监国子祭酒太子少保颜君庙碑铭并序》。唐代正书碑刻。颜真卿书。李阳冰题篆额《颜氏家庙之碑》。建中元年（780年）建于长安（今陕西西安）。四面刻，碑阳碑阴各24行，满行47字，两侧各6行，满行52字。是颜氏晚年名作。

J0099003

颜真卿行书 （唐）颜真卿书

北京 中国书籍出版社 1992年 影印本 60页

26cm（16开）ISBN：7-5068-0105-1

定价：CNY2.40

J0099004

颜真卿行书习字帖 （唐）颜真卿书；顾鸿，于洁选辑

北京 中国工人出版社 1992年 54页 26cm（16开）

ISBN：7-5008-0967-0 定价：CNY2.10

（历代名家行书字帖）

J0099005

颜真卿祭侄文稿、争坐位帖合册 颜真卿书

成都 成都古籍书店 1992年 影印本 37cm

定价：CNY3.00

J0099006

颜真卿楷书习字帖 （唐）颜真卿书；路同等选辑

北京 中国工人出版社 1992年 60页 26cm（16开）

ISBN：7-5008-1127-6 定价：CNY2.40

（历代名家楷书字帖）

　　本帖选辑的作品为《多宝佛塔应碑》。

J0099007

颜真卿楷书写法 （标准楷书写法）曹直编辑

台北 艺术图书公司 1992年 重印本 109页

19cm（32开）ISBN：7-5062-2219-1

定价：CNY2.90

（楷书写法丛书 3）

　　本书介绍了颜体楷书的写法，收入了"多宝塔"、"神道"、"勤礼"等碑帖。本书与世界图书出版公司合作出版。

J0099008

颜真卿书大唐中兴颂 （唐）颜真卿书

北京 北京古籍出版社 1992 年 166 页 33cm

ISBN：7-5300-0069-1 定价：CNY8.70

《中兴颂》全称《大唐中兴颂》，又称《中兴颂摩崖》《中兴颂》，俗称《摩崖碑》。唐元结撰，颜真卿书。楷书，21 行，每行20字，共334字，直书左行。唐大历六年（771年）六月刻，在今湖南祁阳县浯溪东崖。本书据流传稀少的宋拓本原大精印。

J0099009

颜真卿书法选 （唐）颜真卿书；中国历代书法名作系列丛书编辑组编

深圳 海天出版社 1992 年 109 页 26cm（16 开）

ISBN：7-80542-361-X 定价：CNY5.60

（中国历代书法名作系列丛书）

本书收入的颜体代表作，后人推崇备至，为历代书法家仿效。作者颜真卿（709—785），唐代书法家。字清臣。历任监察御史、殿中侍御史。代表作品有《韵海镜源》《吴兴集》《庐陵集》等，均佚。宋人辑有《颜鲁公集》。

J0099010

颜真卿书祭侄文稿 （唐）颜真卿书

上海 上海书店 1992 年 38×26cm

ISBN：7-80569-585-7 定价：CNY3.50

《祭侄稿》，全称《祭侄季明文稿》，又名《祭侄帖》。行书法帖。系颜真卿于唐乾元元年（758年）为悼念安史之乱中死节的侄儿季明所书祭文稿本。行草，25行，共234字。清时，真迹辗转入清内府，现藏台北故宫博物院。历来与《争坐位稿》《告伯父文稿》合称"三稿"。

J0099011

颜真卿书麻姑仙坛记 （唐）颜真卿书

上海 上海书店出版社 1992 年 重印本 1 册

26cm（16 开）ISBN：7-80569-284-X

定价：CNY2.50

（中国历代法书自习范本）

《麻姑仙坛记》全称《有唐抚州南城县麻姑山仙坛记》。唐代碑刻。颜真卿撰文并正书。大历六年（771年）立。为颜书代表作之一。

J0099012

颜真卿书颜勤礼碑 （唐）颜真卿书

北京 北京出版社 1992 年 影印本 111 页

26cm（16 开）ISBN：7-200-01816-3

定价：CNY4.10

《颜勤礼碑》全称《唐故秘书省著作郎夔州都督府长史上护军颜君神道》。唐代正书碑刻。颜真卿书。大历十四年（779年）立于长安（今陕西西安）。四面刻，文存三面，44行，满行38字，是颜氏晚年代表作。为便于初学者临写，原碑中残损或重复的字本书加以删节，只选取完整精彩的字，因此不再保持文句的连贯。全书共搜集260字。

J0099013

颜真卿书竹山堂连句 （唐）颜真卿书

上海 上海书店 1992 年 26cm（16 开）

ISBN：7-80569-599-7 定价：CNY1.35

（中国历代法书自习范本）

J0099014

虞世南楷书习字帖 （唐）虞世南书；路同等选辑

北京 中国工人出版社 1992 年 60 页 26cm（16 开）

ISBN：7-5008-1133-0 定价：CNY2.40

（历代名家楷书字帖）

本帖选辑的作品为《孔子庙堂碑》。作者虞世南（558—638年），字伯施，唐越州余姚（今浙江省）人，著名书法家。

J0099015

虞世南孔子庙堂碑临习指南 （楷书）张天民编写

台南 大众书局 1992 年 141 页 30cm（10 开）

ISBN：957-37-0736-5 定价：TWD160.00

（名家墨迹精选 24）

J0099016

张旭草书李青莲序 （唐）张旭书；《翰墨林影印历代丛帖》编辑组编

武汉 武汉古籍书店 1992 年 影印本 26 页

26cm（16 开）定价：CNY1.35

（翰墨林影印丛帖）

作者张旭，字伯高，江苏人，唐代书法家。

J0099017
中国传统名帖放大临摹本 （九成宫）（唐）
欧阳询书；房弘毅等编
北京 中国华侨出版公司 1992 年 180 页
26cm（16 开） ISBN：7-80074-544-9
定价：CNY10.60
　　作者欧阳询（557—641），唐朝著名书法家。
字信本，唐朝潭州临湘（今湖南长沙）人，楷书四
大家之一。与同代的虞世南、褚遂良、薛稷三位
并称初唐四大家。楷书有《九成宫醴泉铭》《皇
甫诞碑》《化度寺碑》《虞恭公温彦博碑》，行书
有《仲尼梦奠帖》《行书千字文》。书法著作有
《八诀》《传授诀》《用笔论》《三十六法》。编者
房弘毅（1955— ），硬笔书法家。生于北京，就
读于中国书画函授大学。曾任中国现代硬笔书
法研究会编辑部副主任。代表作品有《楷书历代
名篇》。

J0099018
中国传统名帖放大临摹本 （九成宫）（唐）
欧阳询书；房弘毅等编
北京 中国华侨出版公司 1993 年 26cm（16 开）
ISBN：7-80074-645-3 定价：CNY58.00（合订本）

J0099019
中国传统名帖放大临摹本多宝塔 （唐）颜
真卿书；房弘毅等编
北京 中国华侨出版公司 1992 年 2 册（337 页）
26cm（16 开） ISBN：7-80074-545-7
定价：CNY20.10

J0099020
中国传统名帖放大临摹本玄秘塔 （唐）柳
公权书；房弘毅等编
北京 中国华侨出版公司 1992 年 211 页
26cm（16 开） ISBN：7-80074-546-5
定价：CNY12.20

J0099021
钟绍京书法选 （唐）钟绍京书；肖岚主编；中
国历代书法名作系列丛书编辑组编
深圳 海天出版社 1992 年 39 页 26cm（16 开）
ISBN：7-80542-452-7 定价：CNY3.20
　　作者钟绍京，字可大，虔州赣（今江西赣州）
人，封越国公，唐代书法家。

J0099022
重编唐柳公权书玄秘塔碑 （唐）柳公权书；
田树生编
北京 语文出版社 1992 年 63 页 26cm（16 开）
ISBN：7-80006-484-0 定价：CNY2.40

J0099023
《颜勤礼碑》结字结体习字帖 李里编著
北京 北京出版社 1993 年 91 页 26cm（16 开）
ISBN：7-200-01860-0 定价：CNY5.40
　　编者李里（1931— ），山西襄汾县人。历任
中国美协、山西书法协会会员、董寿平书画艺术
研究会常务理事、山西美术研究会副会长、山西
老年书画家协会副主席和山西农民书画研究会
常务副会长。

J0099024
标准学生习字帖 （道因法师碑）王宏编
天津 天津古籍出版社 1993 年 47 页 26cm（16 开）
定价：CNY3.50

J0099025
褚遂良《雁塔圣教序》 （唐）褚遂良书；苍舒，
施蔼编写
上海 上海书店 1993 年 有照片 19cm（小 32 开）
ISBN：7-80569-713-2 定价：CNY1.35
（楷书自学辅导）
　　《雁塔圣教序》，唐代碑刻。褚遂良书，永徽
四年（653 年）立，正书，21 行，行 42 字。现存
西安大雁塔。此碑是褚遂良五十八岁时书，最能
代表其独特风格。

J0099026
褚遂良楷书 （唐）褚遂良书
北京 中国书籍出版社 1993 年 52 页 26cm（16 开）
ISBN：7-5068-0117-5 定价：CNY2.20

J0099027
大唐回元观钟楼铭并序 （楷书）大众书局
编辑部编辑
台南 大众书局 1993 年 129 页 30cm（10 开）
ISBN：957-37-0816-7 定价：TWD170.00
（墨林精粹选辑 25）

J0099028

多宝塔 （唐）颜真卿书
西安 西安地图出版社 1993年 52页 36cm（15开）
ISBN：7-80545-212-1 定价：CNY6.00

《多宝塔碑》全称《大唐西京千福寺多宝佛塔感应碑文》，亦称《多宝塔感应碑》。唐代碑刻。岑勋撰文，颜真卿正书，徐浩隶书题额，史华刻。天宝十一载（752年）立。为颜真卿44岁时所作。楷书，三十四行，行六十六字。

J0099029

怀素草书集 （唐释）怀素书；邹德忠编
北京 团结出版社 1993年 影印本 155页
26cm（16开）ISBN：7-80061-765-3
定价：CNY9.90

编者邹德忠（1938— ），教授。别名知不知子，笔名斋惠，生于山东烟台。中国书协书法培训中心教授、中国书法家协会理事。

J0099030

怀素草书习字帖 （唐释）怀素书；蒋文光编
北京 中国工人出版社 1993年 120页
26cm（16开）ISBN：7-5008-1278-7
定价：CNY4.70

作者怀素（737—799），唐代书法家。字藏真，俗姓钱，永州零陵（今湖南零陵）人。传世书法作品有《自叙帖》《苦笋帖》《圣母帖》《论书帖》《小草千文》等。编者蒋文光（1938— ），著名书画、金银器、碑帖鉴定专家。上海嘉定人，毕业于上海复旦大学历史系。原国家博物馆资深研究员、文物鉴定委员会委员。著有《中国书法史》《中国历代名画鉴赏》《中国碑帖艺术论》《中国古代金银器珍品图鉴》《中国历代古陶瓷珍品图鉴》《初唐四大书法家》等。

J0099031

怀素草书自叙帖 （唐释）怀素书
北京 人民美术出版社 1993年 26cm（16开）
ISBN：7-102-01261-6 定价：CNY1.60

《自叙帖》，唐代怀素书作品。纸本墨迹卷。大历十二年（777年）书。126行。是怀素草书代表作。一说为宋人仿作。现藏台北故宫博物院。

J0099032

怀素大小草千字文 （唐释）怀素书

天津 天津市古籍书店 1993年 影印本 68页
33cm 定价：CNY4.80

J0099033

楷书雁塔圣教序一百天 程方平编制
北京 中央民族学院出版社 1993年 100页
37cm ISBN：7-81001-343-2 定价：CNY7.80
（一百天毛笔速成名帖习字系列）

作者程方平，教授。浙江衢州人，历任国家教委高等教育研究中心副研究员、教育与科普研究所所长、中国比较教育学会、陶行知研究会常务理事、中国书法协会会员等职。著有《新师说》《教育情报学简论》《隋唐五代的儒学》《辽金元教育史》《历代名帖速藏习字系列》等。

J0099034

李邕书法选 （唐）李邕书；中国历代书法名作系列丛书编辑组编
深圳 海天出版社 1993年 73页 26cm（16开）
ISBN：7-80542-562-0 定价：CNY4.40
（中国历代书法名作系列丛书 第三辑）

本书所选碑帖《岳麓寺碑》，也称《麓山寺碑》，唐代行楷书碑刻。李邕书。开元十八年（730年）立。现存今湖南长沙岳麓公园。碑高2.7米，宽1.35米，文共28行，满行56字。楷书带行，为李邕存世书迹代表作。

J0099035

柳公权书《金刚经》 （唐）柳公权书
北京 北京出版社 1993年 影印本 223页
26cm（16开）精装 ISBN：7-200-01803-1
定价：CNY14.00

J0099036

柳公权书法精选 （唐）柳公权书；路鹏等选辑
北京 当代中国出版社 1993年 301页
26cm（16开）ISBN：7-80092-142-5
定价：CNY17.50
（历代名家书法荟萃）

本书精选了柳体楷书《玄秘塔碑》《神策军碑》和行书《兰亭诗》及草书《蒙诏帖》等。

J0099037

柳公权书法精选 （唐）柳公权书；路鹏等选辑
北京 当代中国出版社 1993年 301页

26cm（32开）精装 ISBN：7-80092-141-7
定价：CNY21.50
（历代名家书法荟萃）

J0099038

柳公权书法全集　柳公权书
北京 群言出版社 1993年 影印本 469页
26cm（16开）精装 ISBN：7-80080-046-6
定价：CNY60.00
（中国历代书法名家全集系列）

　　本书收集柳公权传世的各种帖本和碑刻。作者柳公权（778—865），唐代晚期著名书法家。字诚悬，陕西铜川市人。代表作品《金刚经碑》《玄秘塔碑》《神策军纪圣德碑》等。

J0099039

柳公权书归林诗太和帖　（唐）柳公权书
北京 北京出版社 1993年 50页 26cm（16开）
ISBN：7-200-01893-7 定价：CNY2.10

J0099040

柳公权书金刚经　（唐）柳公权书
北京 北京出版社 1993年 223页 26cm（16开）
ISBN：7-200-01803-1 定价：CNY40.00

J0099041

柳公权书玄秘塔碑临习指南　姜荣贵编著
沈阳 辽宁美术出版社 1993年 143页
26cm（16开）ISBN：7-5314-1026-5
定价：CNY10.00
（名碑名帖临习指南系列）

J0099042

柳公权小楷　（唐）柳公权书
北京 中国书籍出版社 1993年 63页 26cm（16开）
ISBN：7-5068-0115-9 定价：CNY2.60

J0099043

名句佳联集字字帖　（褚遂良《雁塔圣教序》）
张伟生主编；方尧明编著
上海 上海书画出版社 1993年 58页 26cm（16开）
ISBN：7-80512-747-6 定价：CNY8.00

　　主编张伟生（1954—　），编审，画家。历任中国书法家协会新闻出版委员会委员、上海书法家协会副主席、上海书画出版社编审、编辑室主任，《书与画》杂志执行主编、上海吴昌硕艺术研究会副会长、上海书画院画师。出版有《临帖指南》《颜真卿多宝塔碑临习》《宋元书法》《上海百年文化史·书法卷》《书法名家经典十讲》《楷书道德经》等。

J0099044

欧阳通《道因法师碑》　（唐）欧阳通书；苍舒，施蔼编写
上海 上海书店出版社 1993年 有照片
19cm（小32开）ISBN：7-80569-715-9
定价：CNY1.35
（楷书自学辅导）

　　《道因法师碑》，全称《故大德道因法师碑》。今存陕西西安碑林。唐龙朔三年（663）刻。李俨撰，欧阳通书。楷书，三十四行，行七十三字。额上刻三佛像。作者欧阳通（625—691），唐代书法家。字通师，唐潭州临湘（今湖南长沙）人，欧阳询之子。传世作品有《道因法师碑》《泉男生墓志》等。

J0099045

欧阳通楷书　（唐）欧阳通书
北京 中国书籍出版社 1993年 64页 26cm（16开）
ISBN：7-5068-0119-1 定价：CNY2.60

J0099046

欧阳询《九成宫》　（唐）欧阳询书；苍舒，施蔼编写
上海 上海书店出版社 1993年 有照片
19cm（小32开）ISBN：7-80569-714-0
定价：CNY1.35
（楷书自学辅导）

　　作者欧阳询（557—641），唐朝著名书法家。字信本，唐潭州临湘（今湖南长沙）人，楷书四大家之一。与同代的虞世南、褚遂良、薛稷三位并称初唐四大家。楷书有《九成宫醴泉铭》《皇甫诞碑》《化度寺碑》《虞恭公温彦博碑》，行书有《仲尼梦奠帖》《行书千字文》。书法著作有《八诀》《传授诀》《用笔论》《三十六法》。

J0099047

欧阳询楷书　（唐）欧阳询书
北京 中国书籍出版社 1993年 79页 26cm（16开）
ISBN：7-5068-0120-5 定价：CNY3.30

J0099048

欧阳询书法精选 （唐）欧阳询书；路鹏等选辑
北京 当代中国出版社 1993 年 314 页
26cm（16 开）ISBN：7-80092-204-9
定价：CNY18.00
（历代名家书法荟萃）

　　本书精选欧体楷书、小楷、行书、草书，包括《皇甫诞碑》《千字文》《卜商帖》等。

J0099049

欧阳询书法全集 欧阳询书
北京 群言出版社 1993 年 影印本 245 页
26cm（16 开）精装 ISBN：7-80080-047-4
定价：CNY34.00
（中国历代书法名家全集系列）

　　本书收集了欧阳询的各种字帖碑刻作品。

J0099050

欧阳询小楷习字帖 （唐）欧阳询书；路同等选辑
北京 中国工人出版社 1993 年 影印本 62 页
26cm（16 开）ISBN：7-5008-1347-3
定价：CNY2.80
（历代名家小楷字帖）

J0099051

孙过庭书法选 （唐）孙过庭书；中国历代书法名作系列丛书编辑组编
深圳 海天出版社 1993 年 86 页 26cm（16 开）
ISBN：7-80542-564-7 定价：CNY5.00
（中国历代书法名作系列丛书 第三辑）

　　作者孙过庭（646—691），唐代书法家、书法理论家。名虔礼，以字行。吴郡富阳（今浙江富阳）人。有墨迹《书谱》传世。

J0099052

唐李白上阳台帖 （唐）李白书
北京 文物出版社 1993 年 影印本 线装
（故宫博物院藏历代法书选集 第二集）

　　《上阳台帖》传为唐代李白行书法帖。5 行25 字。宋徽宗赵佶跋称："字画飘逸，豪气雄健"，卷前有赵佶签题"唐李太白上阳台"七字及清高宗弘历题引首"青莲逸翰"。现藏北京故宫博物院。

J0099053

唐人书郁单越经墨迹
上海 上海书画出版社 1993 年 影印本 14 页
26×25cm ISBN：7-80512-673-9
定价：CNY3.85

J0099054

学习柳公权玄秘塔技法 陈利华编著
北京 人民中国出版社 1993 年 147 页
26cm（16 开）ISBN：7-80065-123-1
定价：CNY6.80
（学习名家法帖技法丛书）

　　《玄秘塔》是柳书中"最露筋骨者"，是柳体字的代表作品。

J0099055

学习欧阳询九成宫技法 陈利华编著
北京 人民中国出版社 1993 年 102 页
26cm（16 开）ISBN：7-80065-121-5
定价：CNY6.80
（学习名家法帖技法丛书）

　　《九成宫》是欧书楷书中最著名的代表作品。

J0099056

学习颜真卿多宝塔技法 陈利华编著
北京 人民中国出版社 1993 年 111 页
26cm（16 开）ISBN：7-80065-122-3
定价：CNY6.80
（学习名家法帖技法丛书）

　　《多宝塔》是颜真卿壮年时期的作品。

J0099057

颜勤礼碑 （唐）颜真卿书
西安 西安地图出版社 1993 年 47 页
40cm（小 8 开）ISBN：7-80545-215-6
定价：CNY5.80

　　《颜勤礼碑》全称《唐故秘书省著作郎夔州都督府长史上护军颜君神道》。唐代正书碑刻。颜真卿书。大历十四年（779 年）立。四面刻，文存三面，44 行，满行 38 字。是颜氏晚年代表作。

J0099058

颜体间架结构歌诀习字帖 梁永诚编
北京 中国工人出版社 1993 年 30 页 26cm（16 开）
ISBN：7-5008-1307-4 定价：CNY1.70

J0099059

颜真卿行书大字典 （唐）颜真卿书；佟玉斌，沈宝贵编著

北京 长征出版社 1993年 23+542页

26cm（16开） 精装 ISBN：7-80015-247-2

定价：CNY35.40

　　本字典收集了我国唐代中期书法大师颜真卿早、中、晚期的行书（包括行草、行楷）碑帖（墨迹与拓本）40余种，收行书字条1500余例。

J0099060

颜真卿楷书 （唐）颜真卿书

北京 中国书籍出版社 1993年 81页 26cm（16开）

ISBN：7-5068-0116-7 定价：CNY3.30

J0099061

颜真卿楷书字汇 （唐）颜真卿书；沈道荣编

天津 天津市古籍书店 1993年 613页 有画像

26cm（16开） 定价：CNY35.00

　　本书收入颜真卿的正书碑帖21种，辑录单字的真书字头共3151个。

J0099062

颜真卿书法精选 （唐）颜真卿书；路鹏等选辑

北京 当代中国出版社 1993年 314页

26cm（16开） 精装 ISBN：7-80092-139-5

定价：CNY27.00

（历代名家书法荟萃）

　　精选了颜体楷书《多宝佛塔感应碑》、《颜勤礼碑》和行书《刘太冲帖》等。

J0099063

颜真卿书法精选 （唐）颜真卿书；路鹏等选辑

北京 当代中国出版社 1993年 314页

26cm（16开） ISBN：7-80092-140-9

定价：CNY21.00

（历代名家书法荟萃）

J0099064

颜真卿书法全集 （唐）颜真卿书

北京 群言出版社 1993年 影印本 3册（1749页）

26cm（16开） 精装 ISBN：7-80080-045-8

定价：CNY219.00

（中国历代书法名家全集系列）

　　作者颜真卿（709—785），唐代书法家。字

清臣。历任监察御史、殿中侍御史。代表作品有《韵海镜源》《吴兴集》《庐陵集》等，均佚。宋人辑有《颜鲁公集》。

J0099065

颜真卿书郭家庙碑 （附碑阴记 无缺字本）

（唐）颜真卿书；黄洋考订补正

北京 中国书店 1993年 163页 26cm（16开）

ISBN：7-80568-598-3 定价：CNY10.50

（历代书法精华 丛帖）

　　《郭家庙碑》亦称《太保兴国贞公郭家庙碑》，全称《有唐故中大夫使持节寿州诸军事寿州刺史上柱国赠太保郭公庙碑铭并序》。唐广德二年（764年）立于陕西省西安府布政司署中。高300厘米，宽170厘米。是唐朝功臣郭子仪为其父郭敬之所立碑，由颜真卿撰文并书，额为篆书。碑文正书30行，行58字。是颜真卿56岁时所书。现存陕西省西安碑林。

J0099066

颜真卿书颜勤礼碑临习指南 （唐）颜真卿书；姜荣贵编著

沈阳 辽宁美术出版社 1993年 194页

26cm（16开） ISBN：7-5314-0987-9

定价：CNY8.80

（名碑名帖临习指南系列）

　　本书内容包括：《颜真卿书颜勤礼碑》笔法举要、构法举要、临法举要等7部分。

J0099067

颜真卿小楷习字帖 （唐）颜真卿书；路同等选辑

北京 中国工人出版社 1993年 影印本 70页

26cm（16开） ISBN：7-5008-1342-2

定价：CNY3.10

（历代名家小楷字帖）

J0099068

虞世南《夫子庙堂碑》 （唐）虞世南书；苍舒，施蔼编写

上海 上海书店 1993年 有照片 19cm（小32开）

ISBN：7-80569-717-5 定价：CNY1.35

（楷书自学辅导）

　　作者虞世南（558—638），唐代书法家、文学家、诗人、政治家。字伯施，越州余姚（今浙江省

慈溪市）人。主要作品有《虞秘监集》《孔子庙堂碑》。

J0099069

虞世南书法选 （唐）虞世南书；中国历代书法名作系列丛书编辑组编
深圳 海天出版社 1993 年 51 页 26cm（16 开）
ISBN：7-80542-569-8 定价：CNY3.40
（中国历代书法名作系列丛书 第三辑）

J0099070

张旭草书习字帖 （唐）张旭书；蒋文光编
北京 中国工人出版社 1993 年 55 页 26cm（16 开）
ISBN：7-5008-1277-9 定价：CNY2.50

J0099071

智永真草千字文习字帖 ［隋释］智永书；蒋文光编
北京 中国工人出版社 1993 年 59 页 26cm（16 开）
ISBN：7-5008-1276-0 定价：CNY3.20

J0099072

钟绍京小楷 （唐）钟绍京书
北京 中国书籍出版社 1993 年 影印本 45 页
26cm（16 开） ISBN：7-5068-0111-6
定价：CNY1.95
　　作者钟小京（生卒年不详），唐代著名的书法家。字可大，唐虔州赣（今江西赣州）人。

J0099073

钟绍京小楷习字帖 （唐）钟绍京书；路同等选辑
北京 中国工人出版社 1993 年 35 页 26cm（16 开）
ISBN：7-5008-1343-0 定价：CNY1.70
（历代名家小楷字帖）
　　作者钟绍京，唐虔州赣（今江西赣州）人，是钟繇十世孙，时号“小钟”，以繇为“大钟”。

J0099074

褚遂良大楷字帖 （唐）褚遂良书；左克成选编
南昌 江西美术出版社 1994 年 48 页 26cm（16 开）
ISBN：7-80580-159-2 定价：CNY2.80

J0099075

褚遂良大楷字帖 （唐）褚遂良书；左克成编

南昌 江西美术出版社 1996 年 重印本 48 页
26cm（16 开） ISBN：7-80580-350-1
定价：CNY4.50
（初学书法入门丛书 名家名帖）

J0099076

褚遂良法帖 （唐）褚遂良书；肖岚主编
深圳 海天出版社 1994 年 145 页 26cm（16 开）
ISBN：7-80542-732-1 定价：CNY10.90

J0099077

褚遂良书法全集 （唐）褚遂良书
北京 群言出版社 1994 年 304 页 26cm（16 开）
精装 ISBN：7-80080-053-9 定价：CNY39.00
（中国历代书法名家全集系列）
　　本书包括：《阴符经》《圣教序》《兰亭序》等
7 部分。

J0099078

怀素书法全集 （唐释）怀素书
北京 群言出版社 1994 年 150 页 26cm（16 开）
精装 ISBN：7-80080-056-3 定价：CNY28.00
（中国历代书法名家全集系列）

J0099079

回宫格楷书字帖 （褚遂良 雁塔圣教序）（唐）
褚遂良［原序］；杨为国主编
北京 中国美术学院社 1994 年 96 页 26cm（16 开）
ISBN：7-81019-291-4 定价：CNY5.80
　　主编杨为国（1955—　　），书法家、教授。出生于浙江杭州。历任中国书画艺术委员会副主席、中国书法家协会会员、中国硬笔书法协会副主席、中国美院出版社编辑、浙江省书法家协会会员、北京大学回宫格书法艺术学校校长。碑帖作品有《自书告身》《勤礼》等。

J0099080

回宫格楷书字帖 （多宝塔碑） 杨为国主编；
（唐）颜真卿书
杭州 中国美术学院社 1994 年 96 页 26cm（16 开）
ISBN：7-81019-288-4 定价：CNY5.80

J0099081

回宫格楷书字帖 （神策军碑） 杨为国主编；
（唐）柳公权书

杭州 中国美术学院社 1994年 72页 26cm（16开）
ISBN：7-81019-289-2 定价：CNY5.80

J0099082

柳公权法帖 （唐）柳公权书；肖岚主编
深圳 海天出版社 1994年 影印本 190页
26cm（16开）ISBN：7-80542-731-3
定价：CNY12.50

J0099083

柳公权法帖 （唐）柳公权书
深圳 海天出版社 1996年 190页 26cm（16开）
ISBN：7-80615-378-0 定价：CNY17.50
（中华墨宝）

J0099084

柳公权书玄秘塔 （唐）柳公权书
北京 中国书籍出版社 1994年 58页 26cm（16开）
ISBN：7-5068-0299-6 定价：CNY3.80
（新编全本名帖）

J0099085

柳公权玄秘塔碑 （唐）柳公权书；况瑞峰，胡
雪琤主编
天津 天津古籍出版社 1994年 44 37×21cm
ISBN：7-80504-373-6 定价：CNY7.80
（楷书字范 3）

J0099086

欧体大楷字帖 （唐）欧阳询书；左克成编
南昌 江西美术出版社 1994年 重印本
26cm（16开）ISBN：7-80580-098-7
定价：CNY2.80

　　作者欧阳询（557—641），唐朝著名书法家。
字信本，唐朝潭州临湘（今湖南长沙）人，楷书四
大家之一。与同代的虞世南、褚遂良、薛稷三位
并称初唐四大家。楷书有《九成宫醴泉铭》《皇
甫诞碑》《化度寺碑》《虞恭公温彦博碑》，行书
有《仲尼梦奠帖》《行书千字文》。书法著作有《八
诀》《传授诀》《用笔论》《三十六法》。

J0099087

欧阳询法帖 （唐）欧阳询书；肖岚主编
深圳 海天出版社 1994年 影印本 177页
26cm（16开）ISBN：7-80542-736-4

定价：CNY12.30

J0099088

欧阳询法帖 （唐）欧阳询书
深圳 海天出版社 1996年 177页 26cm（16开）
ISBN：7-80615-378-0 定价：CNY16.50
（中华墨宝）

J0099089

欧阳询皇甫君碑 （唐）欧阳询书
上海 上海书店 1994年 26cm（16开）
ISBN：7-80569-757-4 定价：CNY2.70

　　《皇甫诞碑》全称《隋柱国左光禄大夫弘义
明公皇甫府君之碑》。唐贞观中立。于志宁撰，
欧阳询书。楷书，二十八行，行五十九字。篆书
题额。

J0099090

欧阳询九成宫醴泉铭 （楷书字范）（唐）欧阳
询书；况瑞峰，胡雪琤编著
天津 天津古籍出版社 1994年 44页 37cm
ISBN：7-80504-335-3 定价：CNY7.80

　　《九成宫醴泉铭》，唐代碑刻。魏徵撰文，欧
阳询正书。碑额篆书。贞观六年（632年）立。楷书，
二十四行，行五十字。碑文记载唐太宗在九成宫
避暑时发现涌泉之事。

J0099091

欧阳询九成宫临写法 吴柏森编著
上海 上海书店 1994年 26cm（16开）
ISBN：7-80569-894-5 定价：CNY6.50

J0099092

欧阳询书九成宫 （唐）欧阳询书
北京 中国书籍出版社 1994年 52页 26cm（16开）
ISBN：7-5068-0298-8 定价：CNY3.50
（新编全本名帖）

J0099093

欧阳询书九成宫碑临习指南 （唐）欧阳询
书；姜荣贵编著
沈阳 辽宁美术出版社 1994年 135页
26cm（16开）定价：CNY10.00
（名碑名帖临习指南系列）

J0099094

宋拓本颜真卿书忠义堂帖 （唐）颜真卿书
杭州 西泠印社 1994年 2册（487页）
38×17cm ISBN：7-80517-160-2
定价：CNY98.00

　　《忠义堂帖》，十卷。南宋嘉定八年（1215年），永春刘元刚（刘彧作留）刻石，二年后，东平巩嵘续刻。每卷首行上书"颜鲁公帖第几"，下书"忠义堂"，故世称《忠义堂帖》，亦称《颜鲁公帖》。此帖皆颜真卿书，初刻凡三十八帖，续帖五帖。此帖传世拓本很少，未见全帙。所知孙承泽旧藏宋拓八卷，后归何子贞，分装四本，首题"忠义堂帖"隶书四字。末卷有嘉定丁丑东平巩嵘跋。

J0099095

隋龙藏寺碑
上海 上海书店 1994年 26cm（16开）
ISBN：7-80569-880-5 定价：CNY4.50
（中国历代书法自习范本）

J0099096

缩本唐碑精选 （楷书帖范本）王汝编撰
天津 天津古籍出版社 1994年 101页
26cm（16开）ISBN：7-80504-352-3
定价：CNY9.80

J0099097

唐代四大家书法墨宝 君如、李夏编
北京 国际文化出版公司 1994年 135页
26cm（16开）ISBN：7-80049-935-9
定价：CNY11.80
（中国历代书法名家作品丛帖）

　　收入欧阳询、柳公权、颜真卿、褚遂良四大书法家墨宝。

J0099098

唐怀素自叙帖真迹 《历代碑帖法书选》编辑组编
北京 文物出版社 1994年 重印本 26cm（16开）
ISBN：7-5010-0823-X 定价：CNY4.50
（历代碑帖法书选）

　　《自叙帖》，唐代怀素草书作品。纸本墨迹卷。大历十二年（777年）书。126行。是怀素草书代表作。一说为宋人仿作。现藏台北故宫博物院。

J0099099

唐柳公权书金刚经 （唐）柳公权书；《历代碑帖法书选》编辑组编
北京 文物出版社 1994年 影印本 26cm（16开）
ISBN：7-5010-0802-7 定价：CNY6.00
（历代碑帖法书选）

J0099100

颜体楷书间架结构九十二法字帖 杨璐主编
北京 中国书店 1994年 38页 26cm（16开）
ISBN：7-80568-616-5 定价：CNY3.60
（书法技法丛帖）

J0099101

颜真卿法帖 （唐）颜真卿书；肖岚主编
深圳 海天出版社 1994年 190页 26cm（16开）
ISBN：7-80542-733-X 定价：CNY12.50

J0099102

颜真卿法帖 肖岚主编
深圳 海天出版社 1994年 190页 26cm（16开）
ISBN：7-80615-378-0 定价：CNY17.50
（中华墨宝）

J0099103

颜真卿书多宝塔 （唐）颜真卿书
北京 中国书籍出版社 1994年 52页 26cm（16开）
ISBN：7-5068-0300-3 定价：CNY3.50
（新编全本名帖）

　　《多宝塔碑》全称《大唐西京千福寺多宝佛塔感应碑文》，亦称《多宝塔感应碑》。唐代碑刻。岑勋撰文，颜真卿正书，徐浩隶书题额，史华刻。天宝十一载（752年）立。为颜真卿44岁时所作。楷书，三十四行，行六十六字。

J0099104

颜真卿书法精华 宋建平编
沈阳 辽宁美术出版社 1994年 134页
26cm（16开）定价：CNY8.80

J0099105

颜真卿颜勤礼碑 （唐）颜真卿书
天津 天津古籍出版社 1994年 44页 37×21cm
ISBN：7-80504-336-1 定价：CNY7.80
（楷书字范）

《颜勤礼碑》全称《唐故秘书省著作郎夔州都督府长史上护军颜君神道》。唐代正书碑刻。颜真卿书。大历十四年（779年）立。四面刻，文存三面，44行，满行38字。是颜氏晚年代表作。

J0099106

雁塔圣教序　　王宏编

天津　天津古籍出版社　1994年　28页　26cm（16开）

ISBN：7-80504-332-9　定价：CNY2.40

（标准学生习字帖）

《雁塔圣教序》，唐代碑刻。褚遂良书，永徽四年（653年）立，正书，21行，行42字。现存西安大雁塔。此碑是褚遂良五十八岁时书，最能代表其独特风格。

J0099107

虞世南《孔子庙堂碑》及其笔法　　顾秀芳编撰

杭州　西泠印社　1994年　68页　26cm（16开）

ISBN：7-80517-128-9　定价：CNY4.20

J0099108

张旭怀素书法精选　　（唐）张旭，（唐释）怀素书；解纪等选辑

北京　当代中国出版社　1994年　314页

26cm（16开）ISBN：7-80092-284-7

定价：CNY21.00

（历代名家书法荟萃）

J0099109

张旭怀素书法精选　　解纪等选辑

北京　当代中国出版社　1994年　314页

26cm（16开）ISBN：7-80092-284-7

定价：CNY21.00

（历代名家书法荟萃）

J0099110

智永真书千字文描红本　　（上）（隋释）智永书

杭州　浙江人民美术出版社　1994年　38cm（6开）

ISBN：7-5340-0588-4　定价：CNY1.80

J0099111

智永真书千字文描红本　　（下）（隋释）智永书

杭州　浙江人民美术出版社　1994年　38cm（6开）

ISBN：7-5340-0588-4　定价：CNY1.80

J0099112

智永正书千字文　　王宏编

天津　天津古籍出版社　1994年　18页　26cm（16开）

ISBN：7-80504-330-2　定价：CNY1.80

（标准学生习字帖）

J0099113

忠义堂帖　　（宋拓本）（唐）颜真卿书

杭州　西泠印社　1994年　影印本

2册（487页）38×17cm　ISBN：7-80517-160-2

定价：CNY98.00

《忠义堂帖》，十卷。南宋嘉定八年（1215年），永春刘元刚（刘或作留）刻石，二年后，东平巩嵘续刻。每卷首行上书"颜鲁公帖第几"，下书"忠义堂"，故世称《忠义堂帖》，亦称《颜鲁公帖》。此帖皆颜真卿书，初刻凡三十八帖，续帖五帖。此帖传世拓本很少，未见全帙。所知孙承泽旧藏宋拓八卷，后归何子贞，分装四本，首题"忠义堂帖"隶书四字。末卷有嘉定丁丑东平巩嵘跋。

J0099114

《佛遗教经》译注　　（孙过庭书《佛遗教经》法帖）（唐）孙过庭书；王赣注释；周琼校刊

沈阳　辽宁古籍出版社　1995年　1函

29cm（16开）经折装　ISBN：7-80507-273-6

定价：CNY20.00

J0099115

褚遂良书法精选　　（唐）褚遂良书；解纪等选辑

北京　当代中国出版社　1995年　影印本　314页

26cm（16开）ISBN：7-80092-391-6

定价：CNY23.00

（历代名家书法荟萃）

J0099116

怀素草书全集　　（唐释）怀素书；邹德忠主编

北京　冶金工业出版社　1995年　256页　有彩图

26cm（16开）ISBN：7-5024-1762-1

定价：CNY38.00

J0099117

怀素千字文　　（草书）（唐释）怀素书；［董惠宁编］

南京　江苏美术出版社　1995年　重印本　58页

有书影　26cm（16开）ISBN：7-5344-0366-9

定价：CNY8.60

（习书入门丛帖 10）

作者怀素（737—799），唐代书法家。字藏真，俗姓钱，永州零陵（今湖南零陵）人。传世书法作品有《自叙帖》《苦笋帖》《圣母帖》《论书帖》《小草千文》等。编者董惠宁（1955—　），教师。江苏南京人。毕业于南京艺术学院，留校任教，兼《艺苑》杂志编辑部编辑、江苏省书法家协会会员、南京印社社员。

J0099118

李思训碑 （行书）（唐）李邕书；［董惠宁编］
南京 江苏美术出版社 1995年 重印本 58页
有书影 26cm（16 开） ISBN：7-5344-0369-3
定价：CNY8.60
（习书入门丛帖 9）

J0099119

李邕书法精选 （唐）李邕书；解纪等选辑
北京 当代中国出版社 1995年 321页
26cm（16 开） ISBN：7-80092-460-2
定价：CNY23.00
（历代名家书法荟萃）

J0099120

李邕书麓山寺碑 （唐）李邕书；人民美术出版社编
北京 人民美术出版社 1995年 26cm（16 开）
ISBN：7-102-01571-2 定价：CNY6.00

J0099121

柳公权玄秘塔碑 （唐）柳公权书
石家庄 河北美术出版社 1995年 109页
26cm（16 开） ISBN：7-5310-0729-0
定价：CNY11.00
（学生习字帖）

《岳麓寺碑》，也称《麓山寺碑》，唐代行楷书碑刻。李邕书。开元十八年（730年）立。现存今湖南长沙岳麓公园。碑高2.7米，宽1.35米，文共28行，满行56字。楷书带行，为李邕存世书迹代表作。

J0099122

欧阳询九成宫碑 （唐）欧阳询书
石家庄 河北美术出版社 1995年 94页
26cm（16 开） ISBN：7-5310-0728-2

定价：CNY9.80
（学生习字帖）

作者欧阳询（557—641），唐朝著名书法家。字信本，唐朝潭州临湘（今湖南长沙）人，楷书四大家之一。与同代的虞世南、褚遂良、薛稷三位并称初唐四大家。楷书有《九成宫醴泉铭》《皇甫诞碑》《化度寺碑》《虞恭公温彦博碑》，行书有《仲尼梦奠帖》《行书千字文》。书法著作有《八诀》《传授诀》《用笔论》《三十六法》。

J0099123

孙过庭书法精选 （唐）孙过庭书；解纪等选辑
北京 当代中国出版社 1995年 314页
26cm（16 开） ISBN：7-80092-464-5
定价：CNY23.00
（历代名家书法荟萃）

J0099124

唐人小楷 徐中敏选编
长沙 湖南美术出版社 1995年 26页 26cm（16 开）
ISBN：7-5356-0774-8 定价：CNY4.80
（李苦禅藏帖选粹）

编者徐中敏（1940—　），教授。笔名宇石，生于重庆，毕业于四川美院工艺美术系。历任湖南美术出版社副编审、中国书籍装帧研究会会员等。

J0099125

唐颜真卿书麻姑山仙坛记 （唐）颜真卿书；《历代碑帖法书选》编辑组编
北京 文物出版社 1995年 影印本 26cm（16 开）
ISBN：7-5010-0809-4 定价：CNY3.10
（历代碑帖法书选）

《麻姑仙坛记》全称《有唐抚州南城县麻姑山仙坛记》。唐代碑刻。颜真卿撰文并正书。大历六年（771年）立。为颜书代表作之一。

J0099126

唐颜真卿书颜家庙碑 《历代碑帖法书选》编辑组编
北京 文物出版社 1995年 26cm（16 开）
ISBN：7-5010-0850-7 定价：CNY12.50

《颜家庙碑》，全称《唐故通议大夫行薛王友柱国赠秘书少监国子祭酒太子少保颜君庙碑铭并序》。唐代正书碑刻。颜真卿书。李阳冰题篆额《颜氏家庙之碑》。建中元年(780年)建于长安(今陕西西安)。四面刻,碑阳碑阴各24行,满行47字,两侧各6行,满行52字。是颜氏晚年名作。

J0099127

颜楷《多宝塔碑》技法 张敏编著

长沙 湖南文艺出版社 1995年 70页 37cm

ISBN:7-5404-1353-0 定价:CNY9.30

(书法技巧实用丛书)

作者张敏,湖南省青年书法家协会副秘书长。

J0099128

颜平原多宝塔放大字帖 (方圆格)(唐)颜真卿书;张世杰编

兰州 兰州大学出版社 1995年 130页

26cm(16开) ISBN:7-311-00898-0

定价:CNY9.00

J0099129

颜勤礼碑 (唐)颜真卿书

成都 四川少年儿童出版社 1995年 134页

38cm(6开) ISBN:7-5365-1319-4

定价:CNY18.50

(中国书法精品)

《颜勤礼碑》全称《唐故秘书省著作郎夔州都督府长史上护军颜君神道》。唐代正书碑刻。颜真卿书。大历十四年(779年)立。四面刻,文存三面,44行,满行38字。是颜氏晚年代表作。现藏西安碑林博物馆。

J0099130

颜书八关斋会报德记 (唐)颜真卿书

石家庄 河北美术出版社 1995年 影印本 84页

37×26cm ISBN:7-5310-0712-6

定价:CNY24.00

《八关斋会报德记》,唐大历七年(772年)刻,颜真卿撰并书。在河南商丘,本为石幢,八面刻,字径二寸许,每面各五行,行二十八字。原石于唐武宗毁佛寺时毁,后重建,八面中三面为原石,五面为以后补刻。

J0099131

颜真卿多宝塔碑 (唐)颜真卿书

石家庄 河北美术出版社 1995年 168页

26cm(16开) ISBN:7-5310-0731-2

定价:CNY16.00

(学生习字帖)

《多宝塔碑》全称《大唐西京千福寺多宝佛塔感应碑文》,亦称《多宝塔感应碑》。唐代碑刻。岑勋撰文,颜真卿正书,徐浩隶书题额,史华刻。天宝十一载(752年)立。为颜真卿44岁时所作。楷书,三十四行,行六十六字。现存陕西西安碑林。

J0099132

虞世南书法精选 (唐)虞世南书;解纪等选辑

北京 当代中国出版社 1995年 影印本 314页

26cm(16开) ISBN:7-80092-393-2

定价:CNY23.00

(历代名家书法荟萃)

作者虞世南(558—638),唐代书法家、文学家、诗人、政治家。字伯施,越州余姚(今浙江省慈溪市)人。主要作品有《虞秘监集》《孔子庙堂碑》。

J0099133

智永书真草千字文 (隋释)智永书;陈骧龙,刘建平选编

天津 天津人民美术出版社 1995年 26页

37cm(8开) ISBN:7-5305-0440-1

定价:CNY5.20

智永,隋代书法家、佛教大师。名法极,浙江会稽人。代表作临摹《真草千字文》。选编者陈骧龙(1941—2012),书法家。生于北京,祖籍浙江温州。曾任天津人民美术出版社编辑、中国书法家协会会员、美术家协会天津分会会员。著有《华夏五千年艺术丛书 版画集》《青少年书法五十讲》等。

J0099134

智永真书千字文及其笔法 (隋释)智永书;骆恒光著

杭州 西泠印社 1995年 重印本 109页

26cm(16开) ISBN:7-80517-130-0

定价:CNY9.80

J0099135

褚遂良法帖 肖岚主编

深圳　海天出版社　1996年　188页　26cm（16开）
ISBN：7-80615-378-0　定价：CNY17.50
（中华墨宝）

J0099136
褚遂良楷书习字帖　（唐）褚遂良书
南京　江苏美术出版社　1996年　44页　26cm（16开）
ISBN：7-5344-0493-2　定价：CNY4.95
（书法家之路丛帖）

J0099137
褚遂良孟法师碑楷书字帖　乐泉编
南京　江苏美术出版社　1996年　26cm（16开）
经折装　ISBN：7-5344-0568-8　定价：CNY3.90
（历代名碑名帖选字本）

　　编者乐泉（1950—2019），书法家。号拓园、
万千莲花斋，生于江苏南京。历任中国艺术研究
院中国书法院研究员、中国书协会员、中华诗词
学会会员。出版有《乐泉书法集》《当代书法家
精品集——乐泉卷》《中国名画家精品集——乐
泉卷》《当代画坛六人之约》等。

J0099138
褚遂良雁塔圣教序　（唐）褚遂良书；聂文豪，
聂可愚选编
南昌　江西美术出版社　1996年　37cm
ISBN：7-80580-332-3　定价：CNY19.80
（中国古代名家名帖 3）

　　《雁塔圣教序》，唐代碑刻。褚遂良书，永徽
四年（653）立，正书，21行，行42字。现存西
安大雁塔。此碑是褚遂良五十八岁时书，最能代
表其独特风格。

J0099139
褚遂良雁塔圣教序楷书字帖　乐泉编
南京　江苏美术出版社　1996年　26cm（16开）
经折装　ISBN：7-5344-0574-2　定价：CNY3.90
（历代名碑名帖选字本）

J0099140
多宝塔碑　王守惇，施继圣编
天津　天津古籍出版社　1996年　100页
26cm（16开）
（颜柳欧名碑便临）

　　《多宝塔碑》全称《大唐西京千福寺多宝佛

塔感应碑文》，亦称《多宝塔感应碑》。唐代碑刻。
岑勋撰文，颜真卿正书，徐浩隶书题额，史华刻。
天宝十一载（752年）立。为颜真卿44岁时所作。
楷书，三十四行，行六十六字。现存陕西西安碑
林。本书除了将原帖原字放大到最适于摹写的
尺寸外，同时又以墨迹形式将原字进行了缩小，
以供练习小楷之用。

J0099141
多宝塔碑　（唐）颜真卿书
天津　天津古籍出版社　1996年　51页　26cm（16开）
ISBN：7-80504-529-1　定价：CNY5.80
（历代碑帖集萃）

J0099142
怀素草书墨迹五种　（唐释）怀素书
天津　天津古籍出版社　1996年　94页　33×19cm
ISBN：7-80504-505-4　定价：CNY18.00

J0099143
九成宫碑　王守惇，王嘉千编
天津　天津古籍出版社　1996年　101页
26cm（16开）
（颜柳欧名碑便临）

　　《九成宫醴泉铭》，唐代碑刻。魏徵撰文，欧
阳询正书。本书将原帖原字放大到最适于摹写
的尺寸外，又以墨迹形式将原字缩小了，以供练
习小楷之用。

J0099144
柳公权《神策军碑》临帖指导　朱兴邦编著
苏州　古吴轩出版社　1996年　44页　26cm（16开）
ISBN：7-80574-225-1　定价：CNY6.80
（临帖指导丛书）

J0099145
柳公权大楷水写帖　符实，施蔼编
上海　上海教育出版社　1996年　40页　19×26cm
ISBN：7-5320-4787-3　定价：CNY4.50

J0099146
柳公权行书习字帖　（旁注楷书）（唐）柳公权书
北京　中国书店　1996年　90页　26cm（16开）
ISBN：7-80568-737-4　定价：CNY8.00
（历代行书丛帖）

J0099147

欧体习字帖 （描红、临摹、临范本）童心选编
广州 广东经济出版社 1996年 3册 19×26cm
ISBN：7-80632-026-1 定价：CNY13.50

J0099148

欧阳通大德法师字帖 乐泉编
南京 江苏美术出版社 1996年 26cm（16开）
经折装 ISBN：7-5344-0570-X 定价：CNY3.90
（历代名碑名帖选字本）

J0099149

欧阳通书法精选 （唐）欧阳通书；解纪等选辑
北京 当代中国出版社 1996年 289页
26cm（16开） ISBN：7-80092-519-6
定价：CNY23.00
（历代名家书法荟萃）

　　作者欧阳通（625—691），唐代书法家。字
通师，唐潭州临湘（今湖南长沙）人，欧阳询之子。
传世作品有《道因法师碑》《泉男生墓志》等。

J0099150

欧阳询大楷水写帖 符实，施蔼编
上海 上海教育出版社 1996年 40页 19×26cm
ISBN：7-5320-4789-X 定价：CNY4.50

J0099151

欧阳询行书习字帖 （旁注楷书）（唐）欧阳询书
北京 中国书店 1996年 116页 26cm（16开）
ISBN：7-80568-736-6 定价：CNY10.00
（历代行书丛帖）

　　作者欧阳询（557—641），唐朝著名书法家。
字信本，唐朝潭州临湘（今湖南长沙）人，楷书四
大家之一。与同代的虞世南、褚遂良、薛稷三位
并称初唐四大家。楷书有《九成宫醴泉铭》《皇
甫诞碑》《化度寺碑》《虞恭公温彦博碑》，行书
有《仲尼梦奠帖》《行书千字文》。书法著作有《八
诀》《传授诀》《用笔论》《三十六法》。

J0099152

欧阳询九成宫 （唐）欧阳询书；聂文豪，聂可
愚选编
南昌 江西美术出版社 1996年 37cm
ISBN：7-80580-327-7 定价：CNY16.00
（中国古代名家名帖 2）

　　《九成宫醴泉铭》，唐代碑刻。魏徵撰文，欧
阳询正书。碑额篆书。贞观六年（632年）立。楷书，
二十四行，行五十字。碑文记载唐太宗在九成宫
避暑时发现涌泉之事。

J0099153

欧阳询九成宫楷书习字帖 乐泉编
南京 江苏美术出版社 1996年 26cm（16开）
经折装 ISBN：7-5344-0569-6 定价：CNY3.90
（历代名碑名帖选字本）

J0099154

欧阳询书皇甫府君碑 （唐）欧阳询书
北京 中国书店 1996年 影印本 49页 33cm
ISBN：7-80568-605-X 定价：CNY7.00

　　《皇甫诞碑》全称《隋柱国左光禄大夫弘义明
公皇甫府君之碑》。唐贞观中立。于志宁撰，欧
阳询书。楷书，二十八行，行五十九字。

J0099155

如何临习行书 （欧阳询行书“千字文”笔法
举要）孔墨丁编著
西安 陕西旅游出版社 1996年 43页 26cm（16开）
ISBN：7-5418-1287-0 定价：CNY4.80
（书法普及教育系列丛书 书法入门-楷·行书技
法大全）

J0099156

如何临习行书 （颜真卿行书“论座帖”笔法
举要）孔墨丁编著
西安 陕西旅游出版社 1996年 44页 26cm（16开）
ISBN：7-5418-1287-0 定价：CNY4.80
（书法普及教育系列丛书 书法入门-楷·行书技
法大全）

J0099157

苏孝慈碑
成都 成都古籍书店 1996年 影印本 87页
38cm（6开）定价：CNY19.40
（中国书法精品）

J0099158

武则天升仙太子碑 （唐）武则天书
武汉 湖北美术出版社 1996年 121页 有图
34cm（10开）ISBN：7-5394-0645-3

定价：CNY35.00

J0099159
徐浩裴书法精选　解纪等选辑
北京　当代中国出版社 1996年 314页
19cm（小32开）ISBN：7-80092-483-1
定价：CNY23.00
（历代名家书法荟萃）

J0099160
薛稷书法精选　解纪等辑
北京　当代中国出版社 1996年 322页
26cm（16开）ISBN：7-80092-485-8
定价：CNY23.00
（历代名家书法荟萃）

J0099161
薛稷信行禅师碑　（唐）薛稷书
上海　上海书画出版社 1996年 52页 33cm
ISBN：7-80512-922-3 定价：CNY12.00
（历代书法萃英）

　　《信行禅师碑》，唐代正书碑刻。薛稷书。神
龙二年（706年）八月立。原石久佚。传世清代
何绍基藏剪裱本，为南宋贾似道旧藏。册尾残缺，
存1800余字。作者薛稷（649—713），唐代书法家。
字嗣通，蒲州汾阴（山西万荣县）人。主要作品《信
行禅师碑》等。

J0099162
颜柳欧名碑便临　王守惇，王嘉千编
天津　天津古籍出版社 1996年 3册 26cm（16开）
　　本丛书包括欧阳询的《九成宫碑》、颜真卿
的《多宝塔碑》、柳公权的《玄秘塔碑》3册。

J0099163
颜勤礼碑
天津　天津古籍出版社 1996年 影印本 86页
26cm（16开）ISBN：7-80504-501-1
定价：CNY6.20
（历代碑帖集萃）

　　《颜勤礼碑》全称《唐故秘书省著作郎夔州都
督府长史上护军颜君神道》。唐代正书碑刻。颜
真卿书。大历十四年（779年）立。四面刻，文存
三面，44行，满行38字。是颜氏晚年代表作。

J0099164
颜真卿　（唐）颜真卿书；王冬龄编
杭州　中国美术学院出版社 1996年 26cm（16开）
ISBN：7-81019-539-5 定价：CNY4.00
（学书范本精华 颜真卿·行书）

J0099165
颜真卿《多宝塔》临帖指导　聂国桢编著
苏州　古吴轩出版社 1996年 44页 26cm（16开）
ISBN：7-80574-236-7 定价：CNY6.80
（临帖指导丛书）

J0099166
颜真卿大楷水写帖　符实，施蔼编
上海　上海教育出版社 1996年 40页 19×26cm
ISBN：7-5320-4788-1 定价：CNY4.50

J0099167
颜真卿行书习字帖　（旁注楷书）（唐）颜真卿书
北京　中国书店 1996年 132页 26cm（16开）
ISBN：7-80568-738-2 定价：CNY12.00
（历代行书丛帖）

J0099168
颜真卿麻姑仙坛记字帖　乐泉编
南京　江苏美术出版社 1996年 26cm（16开）
经折装 ISBN：7-5344-0563-7 定价：CNY3.90
（历代名碑名帖选字本）

J0099169
颜真卿书多宝塔　（无缺字本）（唐）颜真卿书；
黄洋考订补正
北京　中国书店 1996年 重印本 52页
26cm（32开）ISBN：7-80568-396-4
定价：CNY4.50
（历代书法精华 丛帖）

　　《多宝塔碑》全称《大唐西京千福寺多宝佛
塔感应碑文》，亦称《多宝塔感应碑》。唐代碑刻。
岑勋撰文，颜真卿正书，徐浩隶书题额，史华刻。
天宝十一载（752年）立。为颜真卿44岁时所作。
楷书，三十四行，行六十六字。

J0099170
颜真卿书法精华　（唐）颜真卿书；宋建平编
沈阳　辽宁美术出版社 1996年 重印本 10+134页

26cm（16开）ISBN：7-5314-1045-1
定价：CNY11.80

J0099171
颜真卿书法选　（唐）颜真卿书；程朗天编
广州　广州出版社　1996年　92页　20cm（32开）
ISBN：7-80592-610-7　定价：CNY140.00（全套）
（历代书法名作选系列）

J0099172
颜真卿书麻姑仙坛记　（无缺字本）（唐）颜真
卿书；黄洋考订补正
北京　中国书店　1996年　重印本　64页
26cm（16开）ISBN：7-80568-600-9
定价：CNY5.00
（历代书法精华　丛帖）
　　《麻姑仙坛记》全称《有唐抚州南城县麻姑山
仙坛记》。唐代碑刻。颜真卿撰文并正书。大历
六年（771年）立。为颜书代表作之一。

J0099173
颜正卿多宝塔楷书字帖　乐泉编
南京　江苏美术出版社　1996年　26cm（16开）
经折装　ISBN：7-5344-0561-0　定价：CNY3.90
（历代名碑名帖选字本）

J0099174
怎样临好《麻姑仙坛记》（毛笔钢笔两用）
陈国祥编著
上海　上海文化出版社　1996年　102页
26cm（16开）ISBN：7-80511-817-5
定价：CNY8.30

J0099175
怎样临好《雁塔圣教序》（毛笔钢笔两用）
刘祖梁编著
上海　上海文化出版社　1996年　108页
19cm（小32开）ISBN：7-80511-819-1
定价：CNY8.60

J0099176
怎样临摹褚遂良雁塔圣教序　庄希祖编著
南京　江苏古籍出版社　1996年　97页　26cm（16开）
ISBN：7-80519-696-6　定价：CNY9.80
（名碑名帖实用临摹丛书）

J0099177
怎样临摹柳公权玄秘塔碑　王春南，杜基顺
编著
南京　江苏古籍出版社　1996年　94页　26cm（16开）
ISBN：7-80519-699-0　定价：CNY9.80
（名碑名帖实用临摹丛书）

J0099178
怎样临摹欧阳询九成宫醴泉铭　乐泉编著
南京　江苏古籍出版社　1996年　93页　26cm（16开）
ISBN：7-80519-695-8　定价：CNY9.80
（名碑名帖实用临摹丛书）

J0099179
智永真草千字文两种　（隋释）智永书
天津　天津古籍出版社　1996年　影印本　26页
26cm（16开）ISBN：7-80504-503-8
定价：CNY3.60
（历代碑帖集萃）

J0099180
褚遂良《圣教序》楷书大字谱　扬世全编著
南宁　广西美术出版社　1997年　46页　38cm（6开）
ISBN：7-80625-327-0　定价：CNY13.00
（书法大字谱　第一辑）

J0099181
褚遂良《雁塔圣教序》描红本
南京　江苏文艺出版社　1997年　48页　26cm（16开）
ISBN：7-5399-1076-3　定价：CNY3.50

J0099182
褚遂良倪宽赞　（唐）褚遂良书；金仁敏编
上海　上海书画出版社　1997年　25页　38cm（6开）
ISBN：7-80635-116-7　定价：CNY6.50
（中国历代名帖放大本）

J0099183
褚遂良书法选　（唐）褚遂良书；程朗天编
广州　广州出版社　1997年　重印本　86页
20cm（32开）ISBN：7-80592-610-7
定价：CNY140.00（全套）
（历代书法名作选系列）

J0099184

多宝塔碑 （唐）颜真卿书

长春 吉林文史出版社 1997年 43页 30cm（15开）

ISBN：7-80626-191-5 定价：CNY6.50

（中国著名碑帖选集 16）

J0099185

法华寺碑习字帖 （唐）李邕书

太原 山西教育出版社 1997年 72页 26cm（16开）

ISBN：7-5440-0954-8 定价：CNY9.80

（行书自学辅导丛帖 2）

　　作者李邕（678—747），唐代书法家。即李北海，也称李括州，字泰和，唐朝宗室。鄂州江夏（今湖北武汉市江夏区）人。主要作品有《李思训碑》《麓山寺碑》《云麾将军碑》等。

J0099186

龙藏寺碑

天津 天津市古籍书店 1988年 影印本 54页 26cm（16开）定价：CNY1.35

（历代碑帖集萃）

　　中国隋代楷书碑帖。

J0099187

怀素书法选 （唐释）怀素书；程朗天编

广州 广州出版社 1997年 重印本 92页 20cm（32开）ISBN：7-80592-610-7

定价：CNY140.00（全套）

（历代书法名作选系列）

　　作者怀素（737—799），唐代书法家。字藏真，俗姓钱，永州零陵（今湖南零陵）人。传世书法作品有《自叙帖》《苦笋帖》《圣母帖》《论书帖》《小草千文》等。

J0099188

怀素小草千字文 （唐释）怀素书；谢雷编

太原 山西人民出版社 1997年 194页 37cm（6开）

ISBN：7-203-03590-5 定价：CNY32.00

J0099189

怀素小草千字文 谢雷编

太原 山西人民出版社 1997年 2版 194页 38cm（6开）ISBN：7-203-03592-1

定价：CNY32.00

J0099190

怀素小草千字文 （唐释）怀素书；张伟生编

上海 上海书画出版社 1997年 61页 38cm（6开）

ISBN：7-80635-138-8 定价：CNY12.50

（中国历代名帖放大本）

J0099191

怀素自叙帖 （唐释）怀素书

北京 文物出版社 1997年 85页 29cm（16开）

ISBN：7-5010-0983-X

（中国名家法书 14）

J0099192

皇甫诞碑 （唐）欧阳询书

长春 吉林文史出版社 1997年 48页 30cm（15开）

ISBN：7-80626-189-3 定价：CNY6.50

（中国著名碑帖选集 12）

　　《皇甫诞碑》全称《隋柱国左光禄大夫弘义明公皇甫府君之碑》。唐贞观中立。于志宁撰，欧阳询书。楷书，二十八行，行五十九字。篆书题额。作者欧阳询（557—641），唐朝著名书法家。字信本，唐朝潭州临湘（今湖南长沙）人，楷书四大家之一。与同代的虞世南、褚遂良、薛稷三位并称初唐四大家。楷书有《九成宫醴泉铭》《皇甫诞碑》《化度寺碑》《虞恭公温彦博碑》，行书有《仲尼梦奠帖》《行书千字文》。书法著作有《八诀》《传授诀》《用笔论》《三十六法》。

J0099193

祭侄文稿 （唐）颜真卿书

长春 吉林文史出版社 1997年 33页 30cm（15开）

ISBN：7-80626-187-7 定价：CNY4.50

（中国著名碑帖选集（第一集）17）

　　《祭侄稿》，全称《祭侄季明文稿》，又名《祭侄帖》。行书法帖。系颜真卿于唐乾元元年（758年）为悼念安史之乱中死节的侄儿季明所书祭文稿本。行草，25行，共234字。清时，真迹辗转入清内府，现藏台北故宫博物院。历来与《争坐位稿》《告伯父文稿》合称"三稿"。

J0099194

九成宫醴泉铭 （唐）欧阳询书

长春 吉林文史出版社 1997年 39页 30cm（15开）

ISBN：7-80626-190-7 定价：CNY5.60

（中国著名碑帖选集（第一集）13）

《九成宫醴泉铭》，唐代碑刻。魏徵撰文，欧阳询正书。碑额篆书。贞观六年（632年）立。楷书，二十四行，行五十字。碑文记载唐太宗在九成宫避暑时发现涌泉之事。

J0099195

九成宫醴泉铭 （放大本）

天津 天津杨柳青画社 1997年 141页 26cm（16开）ISBN：7-80503-336-6

定价：CNY14.80

J0099196

李邕书法选 （唐）李邕书；程朗天编

广州 广州出版社 1997年 重印本 91页 20cm（32开）ISBN：7-80592-610-7

定价：CNY140.00（全套）

（历代书法名作选系列）

J0099197

柳公权楷体红模字 宣武少年美术馆编

北京 农村读物出版社 1997年 26cm（16开）

ISBN：7-5048-2796-7 定价：CNY4.50

J0099198

柳公权神策军碑 （唐）柳公权书；张雷编

上海 上海书画出版社 1997年 33页 38cm（6开）

ISBN：7-80635-143-4 定价：CNY7.90

（中国历代名帖放大本）

《神策军碑》全称《皇帝巡幸左神策军纪圣德碑》。唐代正书碑刻。柳公权书。会昌三年（843年）立，碑石久佚，仅传宋拓本上半残册（计56页），清代经孙承泽、安岐等人递藏。笔法遒健，融欧、颜于一炉。

J0099199

柳公权书法选 （唐）柳公权书；程朗天编

广州 广州出版社 1997年 90页 20cm（32开）

ISBN：7-80592-610-7 定价：CNY140.00（全套）

（历代书法名作选系列）

J0099200

柳公权书金刚经 （无缺字放大本）（唐）柳公权书

北京 中国书店 1997年 216页 26cm（16开）

ISBN：7-80568-750-1 定价：CNY17.00

（历代书法精华 丛帖）

J0099201

柳公权书玄秘塔 吴波编著

延吉 延边人民出版社 1997年 74页 26cm（16开）

《玄秘塔碑》即《唐故左街僧录大达法师碑铭》。唐代碑刻。裴休撰文，柳公权书。会昌元年（841年）立。楷书，二十八行，行五十四字。内容为宣扬佛教和记载大达法师端甫受到当时统治者的宠遇。

J0099202

柳公权书玄秘塔碑 （唐）柳公权书

天津 天津人民美术出版社 1997年 217页 26cm（16开）ISBN：7-5305-0759-1

定价：CNY20.00

（历代碑帖墨迹大字本）

J0099203

柳公权玄秘塔 （唐）柳公权书；聂文豪，胡慧选编

南昌 江西美术出版社 1997年 37cm

ISBN：7-80580-380-3 定价：CNY18.50

（中国古代名家名帖 8）

J0099204

柳体《神策军碑》临摹习字帖 永珍等主编

北京 中国华侨出版社 1997年 61页 26cm（16开）

ISBN：7-80120-112-4 定价：CNY6.00

J0099205

柳体《玄秘塔碑》临摹习字帖 永珍等主编

北京 中国华侨出版社 1997年 60页 26cm（16开）

ISBN：7-80120-111-6 定价：CNY6.00

J0099206

柳体部首偏旁临帖 （柳公权《玄秘塔碑》）（唐）柳公权书；许敦平选编

广州 岭南美术出版社 1997年 59页 26cm（16开）

ISBN：7-5362-1738-2 定价：CNY8.00

（中国历代名碑帖标准临本丛帖）

J0099207

柳体楷书描红 （神策军碑）吕大铭，王建主编

北京 中国书籍出版社 1997年 48页 19×26cm

ISBN: 7-5068-0625-8 定价: CNY3.50
（名家名帖楷书描红系列）

J0099208
柳体楷书描红 （玄秘塔碑）吕大铭, 王建主编
北京 中国书籍出版社 1997年 48页 19×26cm
ISBN: 7-5068-0520-0 定价: CNY3.50
（名家名帖楷书描红系列）

J0099209
陆柬之文赋 （唐）陆柬之书；聂文豪, 李玲选编
南昌 江西美术出版社 1997年 37cm
ISBN: 7-80580-424-9 定价: CNY23.00
（中国古代名家名帖 16）

J0099210
欧体《化度寺碑》临摹习字帖 永珍等主编
北京 中国华侨出版社 1997年 61页 26cm（16开）
ISBN: 7-80120-138-8 定价: CNY6.00

J0099211
欧体楷书描红 （化度寺碑）吕大铭, 王建主编
北京 中国书籍出版社 1997年 48页 19×26cm
ISBN: 7-5068-0626-6 定价: CNY3.50

J0099212
欧阳询《九成宫》楷书大字谱 滕民初编著
南宁 广西美术出版社 1997年 46页 38cm（6开）
ISBN: 7-80625-324-6 定价: CNY13.00
（书法大字谱 第一辑）

J0099213
欧阳询皇甫君碑 （唐）欧阳询书；金仁敏编
上海 上海书画出版社 1997年 56页 38cm（6开）
ISBN: 7-80635-142-6 定价: CNY11.80
（中国历代名帖放大本）

　　《皇甫诞碑》全称《隋柱国左光禄大夫弘义明公皇甫府君之碑》。唐贞观中立。于志宁撰, 欧阳询书。楷书, 二十八行, 行五十九字。篆书题额。作者欧阳询(557—641), 唐朝著名书法家。字信本, 唐朝潭州临湘(今湖南长沙)人, 楷书四大家之一。与同代的虞世南、褚遂良、薛稷三位并称初唐四大家。楷书有《九成宫醴泉铭》《皇甫诞碑》《化度寺碑》《虞恭公温彦博碑》, 行书有《仲尼梦奠帖》《行书千字文》。书法著作有《八诀》《传授诀》《用笔论》《三十六法》。

J0099214
欧阳询九成宫醴泉铭临摹教程
上海 上海人民美术出版社 1997年 166页 26cm（16开）ISBN: 7-5322-1760-4
定价: CNY21.00
（中国历代名家碑帖临摹教程 楷书）

J0099215
欧阳询梦奠帖 （唐）欧阳询书；许礼平, 苏士澍主编
北京 文物出版社 1997年 60页 29cm（16开）
ISBN: 7-5010-0961-9
（中国名家法书 3）

J0099216
欧阳询书法选 （唐）欧阳询书；程朗天编
广州 广州出版社 1997年 重印本 91页 20cm（32开）ISBN: 7-80592-610-7
定价: CNY140.00（全套）
（历代书法名作选系列）

J0099217
欧阳询书九成宫 吴波编著
延吉 延边人民出版社 1997年 68页 26cm（16开）

J0099218
欧阳询书九成宫碑 （唐）欧阳询书
天津 天津人民美术出版社 1997年 178页 26cm（16开）ISBN: 7-5305-0757-5
定价: CNY16.80
（历代碑帖墨迹大字本）

　　《九成宫醴泉铭》, 唐代碑刻。魏徵撰文, 欧阳询正书。碑额篆书。贞观六年(632年)立。楷书, 二十四行, 行五十字。碑文记载唐太宗在九成宫避暑时发现涌泉之事。

J0099219
水写字帖 （颜真卿颜勤礼碑字精选） 黄复盛编著
沈阳 辽宁美术出版社 1997年 1套 36×25cm
ISBN: 7-5314-1821-5 定价: CNY17.00
（中国古代名家书迹系列）

　　编者黄复盛(1938—　　　), 画家。辽宁鞍山人,

毕业于鲁迅美术学院国画系人物画专业。历任辽宁美术出版社副编审、中国书法家协会会员、辽宁美术家协会会员、辽宁中国画研究会理事、辽宁美术出版社副编审。代表作品有《清代画论四篇语译》《黄复盛书法辑》等。

J0099220

水写字帖 （柳公权神策军碑字精选）（唐）柳公权书

沈阳 辽宁美术出版社 1999年 20页 26×36cm
ISBN：7-5314-2397-9 定价：CNY15.00
（中国古代名家书迹系列 21世纪书法系列丛书）

J0099221

水写字帖 （欧阳询书九成宫碑字精选）（唐）欧阳询书

沈阳 辽宁美术出版社 1999年 20页 26×36cm
ISBN：7-5314-2396-0 定价：CNY15.00
（中国古代名家书迹系列 21世纪书法系列丛书）

J0099222

水写字帖 （颜真卿书画赞碑字精选）（唐）颜真卿书

沈阳 辽宁美术出版社 1999年 20页 26×36cm
ISBN：7-5314-2399-5 定价：CNY15.00
（中国古代名家书迹系列 21世纪书法系列丛书）

J0099223

孙过庭书法选 （唐）孙过庭书；程朗天编

广州 广州出版社 1997年 重印本 92页
20cm（32开）ISBN：7-80592-610-7
定价：CNY140.00（全套）
（历代书法名作选系列）

J0099224

唐褚遂良墨迹 （唐）褚遂良书；故宫博物院编辑委员会编辑

台北 台北故宫博物院 1997年 重印本 27叶
39cm（8开）线装 ISBN：957-562-137-9
定价：TWD800.00
（故宫法书 第三辑）

J0099225

唐欧阳询九成宫 （唐）欧阳询书

天津 天津古籍出版社 1997年 影印本 48页

26cm（16开）ISBN：7-80504-502-X
定价：CNY4.80
（历代碑帖集萃）

《九成宫醴泉铭》，唐代碑刻。魏徵撰文，欧阳询正书。碑额篆书。贞观六年（632年）立。楷书，二十四行，行五十字。碑文记载唐太宗在九成宫避暑时发现涌泉之事。

J0099226

唐欧阳询书皇甫府君碑 （唐）欧阳询书；《历代碑帖法书选》编辑组编

北京 文物出版社 1997年 26cm（16开）
ISBN：7-5010-0989-9 定价：CNY4.80
（历代碑帖法书选）

《皇甫诞碑》全称《隋柱国左光禄大夫弘义明公皇甫府君之碑》。唐贞观中立。于志宁撰，欧阳询书。楷书，二十八行，行五十九字。篆书题额。

J0099227

唐玄宗书纪泰山铭 （无缺字本）（唐）李隆基书

北京 中国书店 1997年 132页 26cm（16开）
ISBN：7-80568-748-X 定价：CNY11.00
（历代书法精华 丛帖）

《纪泰山铭》，摩崖石刻。在今山东泰山东岳庙后石崖上。唐开元十四年（726）刻。玄宗撰文并隶书。字径四寸五分，二十四行，行五十一字。

J0099228

唐颜真卿多宝塔碑临习技法 （唐）颜真卿书；董雁主编

海口 南海出版公司 1997年 86页 有画像
26cm（16开）ISBN：7-5442-0845-1
定价：CNY8.80
（历代碑帖法书技法选 楷书卷）

作者颜真卿（709—785），唐代书法家。字清臣。历任监察御史、殿中侍御史。代表作品有《韵海镜源》《吴兴集》《庐陵集》等，均佚。宋人辑有《颜鲁公集》。主编董雁（1968— ），北京人。字子人，号若鸿，室名抱素斋。毕业于首都师范大学书法专业。北京市书法家协会篆刻研究会会员，任职于清华大学美术学院。书画、篆刻作品辑入《当代名家唐诗宋词元曲书画集》《中国印学年鉴》等专集。

J0099229

唐颜真卿书东方画赞碑 （唐）颜真卿书；《历代碑帖法书选》编辑组编

北京 文物出版社 1997年 26cm（16开）

ISBN：7-5010-0968-6 定价：CNY9.60

（历代碑帖法书选）

　　《东方画赞碑》，全称《汉太中大夫东方先生画赞并序》，亦称《东方朔画赞碑》。唐天宝十三年（754年）十二月立。在德州。晋夏侯湛撰，唐颜真卿书。正书。碑阳赞18行，碑阴记17行，每行皆30字。碑额亦二，一篆书，一隶书，皆12字。

J0099230

徐浩书法选 （唐）徐浩书；程朗天编

广州 广州出版社 1997年 重印本 92页 20cm（32开） ISBN：7-80592-610-7

定价：CNY140.00（全套）

（历代书法名作选系列）

J0099231

玄秘塔碑 （唐）柳公权书

长春 吉林文史出版社 1997年 51页 30cm（15开）

ISBN：7-80626-192-3 定价：CNY7.00

（中国著名碑帖选集（第一集）21）

　　《玄秘塔碑》即《唐故左街僧录大达法师碑铭》。唐代碑刻。裴休撰文，柳公权书。会昌元年（841年）立。楷书，二十八行，行五十四字。内容为宣扬佛教和记载大达法师端甫受到当时统治者的宠遇。

J0099232

薛稷书法选 （唐）薛稷书；程朗天编

广州 广州出版社 1997年 92页 20cm（32开）

ISBN：7-80592-610-7 定价：CNY140.00（全套）

（历代书法名作选系列）

　　作者薛稷（649—713），唐代书法家。字嗣通，蒲州汾阴（山西万荣县）人。主要作品《信行禅师碑》等。

J0099233

颜公大楷 （上 东方朔画赞碑碑阳）（唐）颜真卿书

长沙 湖南美术出版社 1997年 104页 26cm（16开） ISBN：7-5356-1032-3

定价：CNY16.00

（李苦禅藏帖选粹）

　　《东方朔画赞碑》，全称《汉太中大夫东方先生画赞并序》。唐天宝十三年（754年）十二月立。在德州。晋夏侯湛撰，唐颜真卿书。正书。碑阳赞18行，碑阴记17行，每行皆30字。碑额亦二，一篆书，一隶书，皆12字。

J0099234

颜公大楷 （下 东方朔画赞碑碑阴）（唐）颜真卿书

长沙 湖南美术出版社 1997年 70页 26cm（16开）

ISBN：7-5356-1033-1 定价：CNY12.00

（李苦禅藏帖选粹）

J0099235

李邕的书法艺术 蒋文光编著

北京 人民美术出版社 1988年 43页 26cm（16开）

ISBN：7-102-00315-3 定价：CNY4.50

（中国古代美术作品介绍）

　　本书收录唐代书法大家李邕碑帖书迹24种。24幅图。文中论述李邕书法的师承渊源和其笔法、结体、章法的特点。介绍李邕存世书迹刻石的相关资料。对李邕行草书在书法史上所占重要地位作了评介。

J0099236

颜勤礼碑 （唐）颜真卿书

长春 吉林文史出版社 1997年 94页 30×20cm

ISBN：7-80626-185-0 定价：CNY11.00

（中国著名碑帖选集（第一集）18）

　　《颜勤礼碑》全称《唐故秘书省著作郎夔州都督府长史上护军颜君神道》。唐代正书碑刻。颜真卿书。大历十四年（779年）立。四面刻，文存三面，44行，满行38字。是颜氏晚年代表作。

J0099237

颜氏家庙碑 （唐）颜真卿书

长春 吉林文史出版社 1997年 119页 30cm（1开）

ISBN：7-80626-199-0 定价：CNY13.00

（中国著名碑帖选集（第一集）19）

　　《颜家庙碑》，全称《唐故通议大夫行薛王友柱国赠秘书少监国子祭酒太子少保颜君碑铭并序》。唐代正书碑刻。颜真卿书。李阳冰题篆额《颜氏家庙之碑》。建中元年（780年）建于长安(今陕西西安)。四面刻,碑阳碑阴各24行,满行47字,两侧各6行,满行52字。是颜氏晚年名作。

J0099238
颜体《多宝塔碑》临摹习字帖　　永珍等主编
北京 中国华侨出版社 1997年 60页 26cm(16开)
ISBN:7-80120-113-2 定价:CNY6.00

J0099239
颜体楷书描红　(多宝塔碑)吕大铭,王建主编
北京 中国书籍出版社 1997年 48页 19×26cm
ISBN:7-5068-0624-X 定价:CNY3.50
(名家名帖楷书描红系列)

J0099240
颜体楷书描红　(勤礼碑)吕大铭,王建主编
北京 中国书籍出版社 1997年 48页 19×26cm
ISBN:7-5068-0519-7 定价:CNY3.50
(名家名帖楷书描红系列)

J0099241
颜真卿多宝塔　(唐)颜真卿书;聂文豪,聂薇选编
南昌 江西美术出版社 1997年 37cm
ISBN:7-80580-383-8 定价:CNY28.00
(中国古代名家名帖 7)

　　《多宝塔碑》全称《大唐西京千福寺多宝佛塔感应碑文》,亦称《多宝塔感应碑》。唐代碑刻。岑勋撰文,颜真卿正书,徐浩隶书题额,史华刻。天宝十一载(752年)立。为颜真卿44岁时所作。楷书,三十四行,行六十六字。

J0099242
颜真卿楷书放生池碑解析字帖　(唐)颜真卿书;安永魁编著
北京 新时代出版社 1997年 104页 26cm(16开)
ISBN:7-5042-0345-9 定价:CNY11.00
(书法字海解析丛帖 第一集)

J0099243
颜真卿麻姑仙坛记　(唐)颜真卿书;梁金保,梁琳选编
南昌 江西美术出版社 1997年 37cm
ISBN:7-80580-426-5 定价:CNY14.00

(中国古代名家名帖 17)
　　《麻姑仙坛记》全称《有唐抚州南城县麻姑山仙坛记》。唐代碑刻。颜真卿撰文并正书。大历六年(771年)立。为颜书代表作之一。

J0099244
颜真卿勤礼碑　(唐)颜真卿书;梁金保,梁琳选编
南昌 江西美术出版社 1997年 38cm(6开)
ISBN:7-80580-423-0 定价:CNY23.00
(中国古代名家名帖 11)

　　《颜勤礼碑》全称《唐故秘书省著作郎夔州都督府长史上护军颜君神道》。唐代正书碑刻。颜真卿书。大历十四年(779年)立。四面刻,文存三面,44行,满行38字。是颜氏晚年代表作。

J0099245
颜真卿书多宝塔　　吴波编著
延吉 延边人民出版社 1997年 73页 26cm(16开)

J0099246
颜真卿书多宝塔碑　(唐)颜真卿书
天津 天津人民美术出版社 1997年 336页 26cm(16开) ISBN:7-5305-0756-7
定价:CNY29.80
(历代碑帖墨迹大字本)

J0099247
雁塔圣教序　(唐)褚遂良书
长春 吉林文史出版社 1997年 55页 30cm(15开)
ISBN:7-80626-193-1 定价:CNY7.00
(中国著名碑帖选集 14)

　　《雁塔圣教序》,唐代碑刻。褚遂良书,永徽四年(653年)立,正书,21行,行42字。现存西安大雁塔。此碑是褚遂良五十八岁时书,最能代表其独特风格。作者褚遂良(596—658或659),唐代政治家、书法家。字登善,杭州钱塘(今浙江杭州市)人。代表作品有《孟法师碑》《雁塔圣教序》等。

J0099248
虞世南书法选　(唐)虞世南书;程朗天编
广州 广州出版社 1997年印 92页 20cm(32开)
ISBN:7-80592-610-7 定价:CNY140.00(全套)
(历代书法名作选系列)

作者虞世南(558—638)，唐代书法家、文学家、诗人、政治家。字伯施，越州余姚(今浙江省慈溪市)人。主要作品有《虞秘监集》《孔子庙堂碑》。

J0099249

虞世南书孔子庙堂碑　（无缺字放大本）(唐)虞世南书

北京　中国书店　1997年　344页　26cm(16 开)

ISBN：7-80568-746-3　定价：CNY27.00

(历代书法精华 丛帖)

《孔子庙堂碑》，唐代正书碑刻。虞世南撰并书。武唐德九年(626 年)立。楷书三十五行，行六十字。

J0099250

虞体部首偏旁临帖　（虞世南《孔子庙堂碑》）

(唐)虞世南书；郑荣明选编

广州　岭南美术出版社　1997年　59页　26cm(16 开)

ISBN：7-5362-1665-3　定价：CNY8.00

(中国历代名碑帖标准临本丛帖)

J0099251

怎样临摹虞世南孔子庙堂碑　庄希祖，张仪编著

南京　江苏古籍出版社　1997年　90页　26cm(16 开)

ISBN：7-80519-846-2　定价：CNY9.00

(名碑名帖实用临摹丛书 第二辑 4)

《孔子庙堂碑》，唐代正书碑刻。虞世南撰并书。武唐德九年(626 年)立。楷书三十五行，行六十字。

J0099252

智永书法精选　（隋释)智永书；解纪等选辑

北京　当代中国出版社　1997年　313页

26cm(16 开)　ISBN：7-80092-593-5

定价：CNY23.00

(历代名家书法荟萃)

J0099253

智永真草千字文　（隋释)智永书；聂文豪，聂可愚选编

南昌　江西美术出版社　1997年　38页(6 开)

ISBN：7-80580-425-7　定价：CNY28.00

(中国古代名家名帖 12)

J0099254

钟绍京书法精选　（唐)钟绍京书；解纪等选辑

北京　当代中国出版社　1997年　300页

26cm(16 开)　ISBN：7-80092-595-1

定价：CNY23.00

(历代名家书法荟萃)

J0099255

自叙帖　（唐释)怀素书

长春　吉林文史出版社　1997年　50页

30cm(1 开)　ISBN：7-80626-186-9

定价：CNY6.50

(中国著名碑帖选集(第一集) 20)

《自叙帖》，唐代怀素草书作品。纸本墨迹卷。大历十二年(777 年)书。126 行。是怀素草书代表作。一说为宋人仿作。现藏台北故宫博物院。

J0099256

褚遂良行书二种　（唐)褚遂良书

杭州　西泠印社　1998年　17页　35cm(15 开)

ISBN：7-80517-286-2　定价：CNY4.50

(西泠印社法帖丛编)

J0099257

大唐王居士砖塔铭　故宫博物院《历代碑帖墨迹选》编辑组编辑

北京　紫禁城出版社　1998年　26cm(16 开)

ISBN：7-80047-262-0　定价：CNY2.90

(故宫博物院珍藏历代碑帖墨迹选 5)

《王居士砖塔铭》，唐代正书碑刻。敬客书。显庆三年(658 年)刻，明末出土于终南山(在今陕西)梗梓谷。文凡17 行，满行17 字。

J0099258

道因法师碑　（唐)欧阳通书

北京　中国书店　1998年　26cm(16 开)

ISBN：7-80568-363-8　定价：CNY6.00

《道因法师碑》，全称《故大德道因法师碑》。今存陕西西安碑林。唐龙朔三年(663)刻。李俨撰，欧阳通书。楷书，三十四行，行七十三字。额上刻三佛像。作者欧阳通(625—691)，唐代书法家。字通师，唐潭州临湘(今湖南长沙)人，欧阳询之子。传世作品有《道因法师碑》《泉男生墓志》等。

J0099259
放大九成宫集联　陈云君撰联；况瑞峰集字
天津　天津古籍出版社　1998 年　80 页　35cm（9 开）
ISBN：7-80504-083-4　定价：CNY16.00
　　中国唐代楷书书法作品。作者陈云君
（1946—　），教授。江西义宁人。历任中华诗词
学会理事、中国书法家协会会员、天津茂林书画
进修学院常务副院长。出版有《中国书法技法
概论》《陈云君诗书画选集》《陈云君七言绝句
选》等。

J0099260
告身帖　（唐）颜真卿书；天津人民美术出版社编
天津　天津人民美术出版社　1998 年　72 页
18cm（小 32 开）ISBN：7-5305-0832-6
定价：CNY5.80
（中国历代碑帖放大选字本）
　　《告身帖》为颜真卿楷书法帖。唐建中元年
（780 年）72 岁时所书。全帖 33 行，每行字数不等，
共计 253 字。

J0099261
怀素自叙帖　（唐释）怀素书
杭州　浙江古籍出版社　1998 年　35 页　26cm（16 开）
ISBN：7-80518-444-5　定价：CNY5.60
（历代碑帖精华）
　　《自叙帖》，唐代怀素草书作品。纸本墨迹卷。
大历十二年（777 年）书。126 行。是怀素草书代
表作。一说为宋人仿作。现藏台北故宫博物院。

J0099262
黄体皇甫君碑标准习字帖　柳蒲庆，柳伦编
北京　北京出版社　1998 年　32 页　26cm（16 开）
ISBN：7-200-03462-2　定价：CNY4.50

J0099263
祭侄文稿　（唐）颜真卿［书］
北京　华夏出版社　1998 年　32×20cm
ISBN：7-5080-1609-2　定价：CNY6.60
（中国历代经典名帖集成）
　　本书由《祭姪文稿》《争座位帖》合订。

J0099264
九成宫　（唐）欧阳询书；天津人民美术出版社编
天津　天津人民美术出版社　1998 年　96 页

18cm（小 32 开）ISBN：7-5305-0831-8
定价：CNY6.80
（中国历代碑帖放大选字本）
　　作者欧阳询（557—641），唐朝著名书法家。
字信本，唐朝潭州临湘（今湖南长沙）人，楷书四
大家之一。与同代的虞世南、褚遂良、薛稷三位
并称初唐四大家。楷书有《九成宫醴泉铭》《皇
甫诞碑》《化度寺碑》《虞恭公温彦博碑》，行书
有《仲尼梦奠帖》《行书千字文》。书法著作有《八
诀》《传授诀》《用笔论》《三十六法》。

J0099265
兰亭序　（唐）褚遂良书；台北故宫博物院藏
天津　天津人民美术出版社　1998 年　影印本
1 轴　38×900cm　盒装　定价：CNY64.00

J0099266
李邕《岳麓寺碑》及其笔法　（唐）李邕书；
陈文明，张赤编著
杭州　西泠印社　1998 年　112 页　26cm（16 开）
ISBN：7-80517-261-7　定价：CNY14.20

J0099267
柳公权《玄秘塔碑》笔法图解　（唐）柳公权
书；吕金柱编著
杭州　浙江人民美术出版社　1998 年　62 页
26cm（16 开）ISBN：7-5340-0773-9
定价：CNY9.50
（名家碑帖笔法丛书）
　　作者柳公权（778—865），唐代晚期著名书
法家。字诚悬，陕西铜川市人。代表作品《金刚
经碑》《玄秘塔碑》《神策军纪圣德碑》等。

J0099268
柳公权法书全集　［唐］柳公权书；庞月光编
北京　中国书籍出版社　1998 年　498 页
26cm（16 开）ISBN：7-5068-0760-2
定价：CNY58.00

J0099269
柳公权楷书神策军碑解析字帖　张书范编著
北京　新时代出版社　1998 年　92 页　26cm（16 开）
ISBN：7-5042-0378-5　定价：CNY9.00
（书法字海解析丛帖　第二集）
　　编者张书范（1943—　），字语迟，祖籍河北

深州，中国书法家协会会员、北京市书法家协会理事。编写有《楷行书章法一百例》《魏碑技法》《柳体技法》等。

J0099270

柳公权神策军碑　（唐）柳公权书；梁金保，梁琳选编

南昌　江西美术出版社 1998 年 38cm（6 开）

ISBN：7–80580–484–2 定价：CNY12.00

（中国古代名家名帖 19）

J0099271

柳公权神策军碑　（唐）柳公权书

杭州　西泠印社 1998 年 54 页 35cm（15 开）

ISBN：7–80517–242–0 定价：CNY11.80

（西泠印社法帖丛编）

《神策军碑》全称《皇帝巡幸左神策军纪圣德碑》。唐代正书碑刻。柳公权书。会昌三年（843 年）立，碑石久佚，仅传宋拓本上半残册（计 56 页），清代经孙承泽、安岐等人递藏。笔法遒健，融欧、颜于一炉。

J0099272

柳公权书大唐回元观钟楼铭并序　（唐）柳公权书；陕西人民美术出版社编

西安　陕西人民美术出版社 1998 年 39 页 26cm（16 开）ISBN：7–5368–1087–3

定价：CNY5.50

（历代书法名迹精选丛书）

J0099273

柳公权书法精品选　（唐）柳公权书；肖岸主编

北京　华龄出版社 1998 年 73 页 26cm（16 开）

ISBN：7–80082–814–X 定价：CNY8.80

（中国古代书法经典丛书）

J0099274

柳公权书法名品全集　（唐）柳公权书；张速编

天津　天津古籍出版社 1998 年 472 页 26cm（16 开）ISBN：7–80504–610–7

定价：CNY48.00

（中国历代书法名家名品全集）

J0099275

柳公权书玄秘塔碑　（唐）柳公权书

苏州　古吴轩出版社 1998 年 重印本 38 页 38cm（8 开）ISBN：7–80574–170–0

定价：CNY9.80

《玄秘塔碑》即《唐故左街僧录大达法师碑铭》。唐代碑刻。裴休撰文，柳公权书。会昌元年（841 年）立。楷书，二十八行，行五十四字。内容为宣扬佛教和记载大达法师端甫受到当时统治者的宠遇。

J0099276

柳公权书玄秘塔碑　（唐）柳公权书

杭州　浙江古籍出版社 1998 年 58 页 26cm（16 开）

ISBN：7–80518–443–7 定价：CNY6.20

（历代碑帖精华）

J0099277

柳公权书玄秘塔碑文集字联帖　黄山集；张希臻书

哈尔滨　哈尔滨工程大学出版社 1998 年 88 页 26cm（16 开）ISBN：7–81007–885–2

定价：CNY12.00

J0099278

柳公权玄秘塔碑　邢胜编

上海　上海书画出版社 1998 年 97 页 38cm（6 开）

ISBN：7–80635–216–3 定价：CNY18.50

（中国历代名帖放大本）

J0099279

柳公权玄秘塔碑　（唐）柳公权书

杭州　西泠印社 1998 年 51 页 35cm（15 开）

ISBN：7–80517–241–2 定价：CNY11.80

（西泠印社法帖丛编）

J0099280

柳公权玄秘塔选字放大本　杨友吉选编

长沙　湖南少年儿童出版社 1998 年 44 页 26cm（16 开）ISBN：7–5358–1484–0

定价：CNY4.50

J0099281

柳体描临　（唐柳公权书玄秘塔碑）陕西人民美术出版社编

西安　陕西人民美术出版社 1998 年 80 页 26cm（16 开）ISBN：7–5368–1081–4

定价：CNY6.80
（历代楷书典范描临系列）

J0099282
孟法师碑 （唐）褚遂良书
北京 中国书店 1998年 重印本 26cm（16开）
ISBN：7-80568-362-X 定价：CNY4.00
　　《孟法师碑》全称《唐京师至德观法主孟法师碑》，亦称《至德观法主孟静素碑》。唐代正书碑刻。唐贞观十六年（642）刻。岑文本撰，褚遂良楷书。碑石久佚，有清代李宗瀚藏唐拓本传世。册共20面，每面4行，满行9字，凡769字。为褚氏早年之作。

J0099283
欧体描临 （唐欧阳询书九成宫醴泉铭）陕西人民美术出版社编
西安 陕西人民美术出版社 1998年 80页
26cm（16开）ISBN：7-5368-1084-9
定价：CNY6.80
（历代楷书典范描临系列）

J0099284
欧阳询行书帖 （唐）欧阳询书
长沙 湖南美术出版社 1998年 16页
28cm（大16开）ISBN：7-5356-1161-3
定价：CNY3.50
（名碑名帖软硬笔对照系列）
　　作者欧阳询（557—641），唐朝著名书法家。字信本，唐朝潭州临湘（今湖南长沙）人，楷书四大家之一。与同代的虞世南、褚遂良、薛稷三位并称初唐四大家。楷书有《九成宫醴泉铭》《皇甫诞碑》《化度寺碑》《虞恭公温彦博碑》，行书有《仲尼梦奠帖》《行书千字文》。书法著作有《八诀》《传授诀》《用笔论》《三十六法》。

J0099285
欧阳询九成宫碑 白木编
上海 上海书画出版社 1998年 85页 38cm（6开）
ISBN：7-80635-217-1 定价：CNY16.50
（中国历代名帖放大本）

J0099286
欧阳询九成宫醴泉铭 （唐）欧阳询书
杭州 西泠印社 1998年 48页 35cm（15开）

ISBN：7-80517-284-6 定价：CNY10.00
（西泠印社法帖丛编）
　　《九成宫醴泉铭》，唐代碑刻。魏徵撰文，欧阳询正书。碑额篆书。贞观六年（632年）立。楷书，二十四行，行五十字。碑文记载唐太宗在九成宫避暑时发现涌泉之事。

J0099287
欧阳询九成宫选字放大本 杨友吉选编
长沙 湖南少年儿童出版社 1998年 44页
26cm（16开）ISBN：7-5358-1481-6
定价：CNY4.50

J0099288
欧阳询书法集 （唐）欧阳询书
南京 江苏美术出版社 1998年 62页
28cm（大16开）ISBN：7-5344-0853-9
定价：CNY28.00
（中国历代大师名作丛书）

J0099289
欧阳询书法精品选 （唐）欧阳询书；肖岸主编
北京 华龄出版社 1998年 73页 26cm（16开）
ISBN：7-80082-812-3 定价：CNY8.80
（中国古代书法经典丛书）

J0099290
欧阳询书九成宫醴泉铭 （唐）欧阳询书
杭州 浙江古籍出版社 1998年 48页 26cm（16开）
ISBN：7-80518-450-X 定价：CNY5.60
（历代碑帖精华）

J0099291
千字文 （隋释）智永书；天津人民美术出版社编
天津 天津人民美术出版社 1998年 96页
18cm（28开）
ISBN：7-5305-0836-9 定价：CNY6.80
（中国历代碑帖放大选字本）

J0099292
神策军碑 （唐）柳公权书；天津人民美术出版社编
天津 天津人民美术出版社 1998年 96页
18cm（小32开）ISBN：7-5305-0840-7
定价：CNY6.80

（中国历代碑帖放大选字本）

《神策军碑》全称《皇帝巡幸左神策军纪圣德碑》，唐代正书碑刻。柳公权书。会昌三年（843年）立，碑石久佚，仅传宋拓本上半残册（计56页），清代经孙承泽、安岐等人递藏。笔法遒健，融欧、颜于一炉。

J0099293
神策军碑　（唐）柳公权书；唐吟方编
杭州　中国美术学院出版社　1998年　16页
26cm（16开）ISBN：7-81019-658-8
定价：CNY4.00
（学书范本精华）

J0099294
实用大字帖　（唐柳公权《神策军碑》选字本）
邓英，龚建华编著
上海　上海画报出版社　1998年　44页　26cm（16开）
ISBN：7-80530-431-9　定价：CNY7.00
（画报写字丛书）

J0099295
实用大字帖　（唐柳公权《玄秘塔碑》选字本）
江理平，邓英编
上海　上海画报出版社　1998年　44页　26cm（16开）
ISBN：7-80530-374-6　定价：CNY7.00
（画报写字丛书）

J0099296
实用大字帖　（唐欧阳询《九成宫醴泉铭》选之本）江理平，邓英编著
上海　上海画报出版社　1998年　44页　26cm（16开）
ISBN：7-80530-373-8　定价：CNY7.00
（画报写字丛书）

　　本册的字选自唐欧阳询《九成宫醴泉铭》，按笔画、结构的序列编排，各字例一律配印演示行笔过程的副图。

J0099297
实用大字帖　（唐颜真卿《多宝塔碑》选字本）
邓英，龚建华编著
上海　上海画报出版社　1998年　44页　26cm（16开）
ISBN：7-80530-430-0　定价：CNY7.00
（画报写字丛书）

J0099298
实用大字帖　（唐颜真卿《颜勤礼碑》选字本）
邓英，龚建华编著
上海　上海画报出版社　1998年　44页　26cm（16开）
ISBN：7-80530-429-7　定价：CNY7.00
（画报写字丛书）

J0099299
书法起步教程　（颜真卿多宝塔楷书习字教范）
乐善，虹云主编
西安　陕西人民美术出版社　1998年　3册
19×26cm　ISBN：7-5368-1042-3
定价：CNY12.00

J0099300
宋拓皇甫明公碑　（唐）欧阳询书；故宫博物院《历代碑帖墨迹选》编辑组编辑
北京　紫禁城出版社　1998年　26cm（16开）
ISBN：7-80047-260-4　定价：CNY4.30
（故宫博物院珍藏历代碑帖墨迹选　13）

　　作者欧阳询（557—641），唐朝著名书法家。字信本，唐朝潭州临湘（今湖南长沙）人，楷书四大家之一。与同代的虞世南、褚遂良、薛稷三位并称初唐四大家。楷书有《九成宫醴泉铭》《皇甫诞碑》《化度寺碑》《虞恭公温彦博碑》，行书有《仲尼梦奠帖》《行书千字文》。书法著作有《八诀》《传授诀》《用笔论》《三十六法》。

J0099301
宋拓唐李邕行书李思训碑　（唐）李邕书；故宫博物院《历代碑帖墨迹选》编辑组编辑
北京　紫禁城出版社　1998年　26cm（16开）
ISBN：7-80047-251-5　定价：CNY3.10
（故宫博物院珍藏历代碑帖墨迹选　3）

　　《李思训碑》全称《唐故云麾将军右武卫大将军赠秦州都督彭国公谥曰昭公李府君神道碑》，亦称《唐故云麾将军碑》。唐代行书碑刻。李邕撰并书。开元八年（720年）建于今陕西境内。字共30行，满行70字。

J0099302
宋拓颜真卿东方画赞　（唐）颜真卿书
苏州　古吴轩出版社　1998年　78页　38cm（8开）
ISBN：7-80574-350-9　定价：CNY15.00
（古今书法精粹）

《东方朔画赞碑》，全称《汉太中大夫东方先生画赞并序》。唐天宝十三年（754年）十二月立。在德州。晋夏侯湛撰，唐颜真卿书。正书。碑阳赞18行，碑阴记17行，每行皆30字。碑额亦二，一篆书，一隶书，皆12字。

J0099303

隋太仆卿元公夫人姬氏合志 故宫博物院《历代碑帖墨迹选》编辑组编辑
北京 紫禁城出版社 1998年 26cm（16开）
ISBN：7-80047-267-1 定价：CNY3.30
（故宫博物院珍藏历代碑帖墨迹选 15）

J0099304

孙过庭《书谱》草书大字谱 李翔峰编著
南宁 广西美术出版社 1998年 47页 38cm（6开）
ISBN：7-80625-498-6 定价：CNY13.00
（书法大字谱 第三辑）

李翔峰（1956— ），书法家。广西宜州人，毕业于广西大学。中国硬笔书法家协会会员、广西书法家协会理事、广西教育学会书法教育专业委员会副理事长兼秘书长。著有《书法教程》《赠言荟萃钢笔正楷字帖》等。

J0099305

唐朝皇帝墨宝 黄全信主编
北京 中央民族大学出版社 1998年 312页
28cm（大16开）ISBN：7-81056-106-5
定价：CNY46.00
（历代帝王墨宝）

主编黄全信（1944— ），满族，北京人。历任北京师大附中美术、书法高级教师，北京书法家协会会员、北京书法教育研究会会员。出版有《中国书法自学丛书》《黄全信钢笔书法教学系列》《中国历代皇帝墨宝》等。

J0099306

唐褚遂良书雁塔圣教序记 （唐）褚遂良书；故宫博物院《历代碑帖墨迹选》编辑组编辑
北京 紫禁城出版社 1998年 26cm（16开）
ISBN：7-80047-265-5 定价：CNY6.40
（故宫博物院珍藏历代碑帖墨迹选 1）

《雁塔圣教序》，唐代碑刻。褚遂良书，永徽四年（653年）立，正书，21行，行42字。现存西安大雁塔。此碑是褚遂良五十八岁时书，最能

代表其独特风格。

J0099307

唐杜牧行书张好好诗 （唐）杜牧书；故宫博物院《历代碑帖墨迹选》编辑组编辑
北京 紫禁城出版社 1998年 26cm（16开）
ISBN：7-80047-269-8 定价：CNY2.90
（故宫博物院珍藏历代碑帖墨迹选 10）

J0099308

唐多宝塔碑 （上）黄宗义修复
台北 蕙风堂笔墨公司出版部 1998年 168页
26cm（16开）ISBN：957-9532-49-4
定价：TWD200.00
（修复放大碑帖选集 19）

《多宝塔碑》全称《大唐西京千福寺多宝佛塔感应碑文》，亦称《多宝塔感应碑》。唐代碑刻。岑勋撰文，颜真卿正书，徐浩隶书题额，史华刻。天宝十一载（752年）立。为颜真卿44岁时所作。楷书，三十四行，行六十六字。

J0099309

唐多宝塔碑 （下）黄宗义修复
台北 蕙风堂笔墨公司出版部 1998年 168-337页
26cm（16开）ISBN：957-9532-50-8
定价：TWD200.00
（修复放大碑帖选集 20）

J0099310

唐国诠小楷书善见律 （唐）国诠书；故宫博物院《历代碑帖墨迹选》编辑组编辑
北京 紫禁城出版社 1998年 26cm（16开）
ISBN：7-80047-249-3 定价：CNY6.00
（故宫博物院珍藏历代碑帖墨迹选 1）

J0099311

唐孔子庙堂碑 吴鸿鹏编；（唐）虞世南楷书
台北 蕙风堂 1998年 79页 26cm（16开）
ISBN：957-9532-57-5 定价：TWD120.00
（书法入门讲座 3）

《孔子庙堂碑》，唐代正书碑刻。虞世南撰并书。武唐德九年（626年）立。楷书三十五行，行六十字。作者虞世南（558—638），唐代书法家、文学家、诗人、政治家。字伯施，越州余姚（今浙江省慈溪市）人。主要作品有《虞秘监集》《孔子

庙堂碑》。

J0099312

唐灵飞经　西泠印社编

杭州　西泠印社　1998年　32页　35cm（15开）

ISBN：7-80517-281-1　定价：CNY7.50

（西泠印社法帖丛编）

J0099313

唐柳公权书神策军碑　（唐）柳公权书

沈阳　辽宁画报出版社　1998年　68页　29cm（16开）

ISBN：7-80601-185-4　定价：CNY5.98

（中国历代碑帖）

　　《神策军碑》全称《皇帝巡幸左神策军纪圣德碑》。唐代正书碑刻。柳公权书。会昌三年（843年）立，碑石久佚，仅传宋拓本上半残册（计56页），清代经孙承泽、安岐等人递藏。笔法遒健，融欧、颜于一炉。

J0099314

唐柳公权书玄秘塔碑　（唐）柳公权书

沈阳　辽宁画报出版社　1998年　58页　29cm（16开）

ISBN：7-80601-187-0　定价：CNY5.98

（中国历代碑帖）

　　《玄秘塔碑》即《唐故左街僧录大达法师碑铭》。唐代碑刻。裴休撰文，柳公权书。会昌元年（841年）立。楷书，二十八行，行五十四字。内容为宣扬佛教和记载大达法师端甫受到当时统治者的宠遇。

J0099315

唐柳公权玄秘塔碑集联　（楷体碑帖集联　古今书法对照）胡梅生编著

哈尔滨　黑龙江美术出版社　1998年　200页

26cm（16开）ISBN：7-5318-0461-1

定价：CNY19.80

　　编者胡梅生（1928—　　），教授。生于山东莒南县。哈尔滨学院美术教授，曾任黑龙江省师范学校书法、美术教材主编，黑龙江省老年书画研究会艺术顾问。出版有《胡梅生国画作品精选》《柳公权玄秘塔碑集联》《汉礼器碑集联》等。

J0099316

唐柳公权玄秘塔碑临习技法　董雁主编；历代碑帖法书技法选编委会［编］

海口　南海出版公司　1998年　87页　26cm（16开）

ISBN：7-5442-0909-1　定价：CNY9.00

（历代碑帖法书技法选　楷书卷）

J0099317

唐欧阳询九成宫醴泉铭　钟明善编

西安　三秦出版社　1998年　61页　28cm（大16开）

ISBN：7-80628-104-5　定价：CNY10.50

（历代名碑帖学习与赏析　第一辑）

J0099318

唐欧阳询书九成宫醴泉铭　（唐）欧阳询书

沈阳　辽宁画报出版社　1998年　48页　29cm（16开）

ISBN：7-80601-186-2　定价：CNY4.98

（中国历代碑帖）

　　《九成宫醴泉铭》，唐代碑刻。魏徵撰文，欧阳询正书。碑额篆书。贞观六年（632年）立。楷书，二十四行，行五十字。碑文记载唐太宗在九成宫避暑时发现涌泉之事。作者欧阳询（557—641），唐朝著名书法家。字信本，唐朝潭州临湘（今湖南长沙）人，楷书四大家之一。与同代的虞世南、褚遂良、薛稷三位并称初唐四大家。楷书有《九成宫醴泉铭》《皇甫诞碑》《化度寺碑》《虞恭公温彦博碑》，行书有《仲尼梦奠帖》《行书千字文》。书法著作有《八诀》《传授诀》《用笔论》《三十六法》。

J0099319

唐欧阳询书九成宫醴泉铭　（唐）欧阳询书；故宫博物院《历代碑帖墨迹选》编辑组编辑

北京　紫禁城出版社　1998年　26cm（16开）

ISBN：7-80047-263-9　定价：CNY5.00

（故宫博物院珍藏历代碑帖墨迹选　2）

J0099320

唐孙过庭书谱集联　（草体碑帖集联　古今书法对照）胡梅生编著

哈尔滨　黑龙江美术出版社　1998年　200页

26cm（16开）ISBN：7-5318-0464-6

定价：CNY19.80

J0099321

唐拓褚遂良孟法师碑　（唐）褚遂良书

苏州　古吴轩出版社　1998年　影印本　25页

38cm（6开）ISBN：7-80574-349-5

定价：CNY6.00

（古今书法精粹）

《孟法师碑》全称《唐京师至德观法主孟法师碑》，亦称《至德观法主孟静素碑》。唐代正书碑刻。唐贞观十六年（642）刻。岑文本撰，褚遂良楷书。碑石久佚，有清代李宗瀚藏唐拓本传世。册共20面，每面4行，满行9字，凡769字。为褚氏早年之作。

J0099322

唐颜真卿书多宝塔碑 （唐）颜真卿书

沈阳 辽宁画报出版社 1998年 42页 29cm（16开）

ISBN：7-80601-181-1 定价：CNY4.58

（中国历代碑帖）

《多宝塔碑》全称《大唐西京千福寺多宝佛塔感应碑文》，亦称《多宝塔感应碑》。唐代碑刻。岑勋撰文，颜真卿正书，徐浩隶书题额，史华刻。天宝十一载（752年）立。为颜真卿44岁时所作。楷书，三十四行，行六十六字。

J0099323

唐颜真卿书麻姑仙坛记 （唐）颜真卿书

沈阳 辽宁画报出版社 1998年 64页 29cm（16开）

ISBN：7-80601-188-9 定价：CNY5.98

（中国历代碑帖）

《麻姑仙坛记》全称《有唐抚州南城县麻姑山仙坛记》。唐代碑刻。颜真卿撰文并正书。大历六年（771年）立。为颜书代表作之一。

J0099324

唐颜真卿书颜勤礼碑 （唐）颜真卿书

沈阳 辽宁画报出版社 1998年 112页

29cm（16开）ISBN：7-80601-184-6

定价：CNY9.18

（中国历代碑帖）

《颜勤礼碑》全称《唐故秘书省著作郎夔州都督府长史上护军颜君神道》。唐代正书碑刻。颜真卿书。大历十四年（779年）立。四面刻，文存三面，44行，满行38字。是颜氏晚年代表作。

J0099325

王羲之兰亭序三种

杭州 西泠印社 1998年 18页 35×19cm

ISBN：7-80517-257-9 定价：CNY7.00

（西泠印社法帖丛编）

J0099326

学书法 （楷书《东方朔画赞碑》）项未来编著

北京 科学普及出版社 1998年 156页

26cm（16开）ISBN：7-110-03323-6

定价：CNY18.00

J0099327

学书法 （楷书《多宝塔碑》）项未来编著

北京 科学普及出版社 1998年 156页

26cm（16开）ISBN：7-110-03320-1

定价：CNY18.00

J0099328

颜勤礼碑及其笔法 王小勇编著

杭州 西泠印社 1998年 179页 26cm（16开）

ISBN：7-80517-318-4 定价：CNY19.00

J0099329

颜体描临 （唐颜真卿书多宝塔感应碑）陕西人民美术出版社编

西安 陕西人民美术出版社 1998年 80页

26cm（16开）ISBN：7-5368-1082-2

定价：CNY6.80

（历代楷书典范描临系列）

J0099330

颜真卿《颜勤礼碑》笔法图解 （唐）颜真卿书；吕金柱编著

杭州 浙江人民美术出版社 1998年 63页

26cm（16开）ISBN：7-5340-0772-0

定价：CNY9.50

（名家碑帖笔法丛书）

J0099331

颜真卿多宝塔碑 （唐）颜真卿书

杭州 西泠印社 1998年 51页 35cm（15开）

ISBN：7-80517-240-4 定价：CNY11.80

（西泠印社法帖丛编）

《多宝塔碑》全称《大唐西京千福寺多宝佛塔感应碑文》，亦称《多宝塔感应碑》。唐代碑刻。岑勋撰文，颜真卿正书，徐浩隶书题额，史华刻。天宝十一载（752年）立。为颜真卿44岁时所作。楷书，三十四行，行六十六字。

J0099332
颜真卿行书习字帖　（新编）路振平编著
长沙 湖南文艺出版社 1998年 44页 26cm（16开）
ISBN：7-5404-1913-X 定价：CNY4.50
　　编者路振平（1946— ），河南长葛人。历任湖南省中医药研究院文献信息研究所副研究员、湖南省书法家协会常务理事、湖南省青年书法家协会副主席、湖南省省直书画家协会副主席、中国书法家协会会员。书法著作有《行书基础与创新》《王羲之行书结构习字帖》等。

J0099333
颜真卿祭侄稿争座位帖　（唐）颜真卿书
杭州 西泠印社 1998年 22页 35cm（15开）
ISBN：7-80517-189-0 定价：CNY7.80
（西泠印社法帖丛编）

J0099334
颜真卿勤礼碑选字放大本　杨友吉选编
长沙 湖南少年儿童出版社 1998年 44页
26cm（16开）ISBN：7-5358-1483-2
定价：CNY4.50

J0099335
颜真卿书东方朔画赞　（唐）颜真卿书
杭州 西泠印社 1998年 107页 35cm（15开）
ISBN：7-80517-285-4 定价：CNY19.80
（西泠印社法帖丛编）
　　《东方朔画赞碑》，全称《汉太中大夫东方先生画赞并序》。唐天宝十三年（754年）十二月立。在德州。晋夏侯湛撰，唐颜真卿书。正书。碑阳赞18行，碑阴记17行，每行皆30字。碑额亦二，一篆书，一隶书，皆12字。

J0099336
颜真卿书东方朔画赞　（无缺字本）（唐）颜真卿书；黄洋考订补正
北京 中国书店 1998年 重印本 180页
26cm（16开 ）ISBN：7-80568-601-7
定价：CNY12.00
（历代书法精华 丛帖）
　　《东方朔画赞碑》，全称《汉太中大夫东方先生画赞并序》。唐天宝十三年（754年）十二月立。在德州。晋夏侯湛撰，唐颜真卿书。正书。碑阳赞18行，碑阴记17行，每行皆30字。碑额亦二，

一篆书，一隶书，皆12字。

J0099337
颜真卿书多宝塔碑　（唐）颜真卿书
杭州 浙江古籍出版社 1998年 52页 26cm（16开）
ISBN：7-80518-442-9 定价：CNY5.80
（历代碑帖精华）
　　《多宝塔碑》全称《大唐西京千福寺多宝佛塔感应碑文》，亦称《多宝塔感应碑》。唐代碑刻。岑勋撰文，颜真卿正书，徐浩隶书题额，史华刻。天宝十一载（752年）立。为颜真卿44岁时所作。楷书，三十四行，行六十六字。

J0099338
颜真卿书法集　（唐）颜真卿书
南京 江苏美术出版社 1998年 62页
28cm（大16开）ISBN：7-5344-0855-5
定价：CNY28.00
（中国历代大师名作丛书）

J0099339
颜真卿书法精品选　（唐）颜真卿书；肖岸主编
北京 华龄出版社 1998年 85页 26cm（16开）
ISBN：7-80082-813-1 定价：CNY9.80
（中国古代书法经典丛书）

J0099340
颜真卿书法名品全集　（唐）颜真卿书；张速编
天津 天津古籍出版社 1998年 472页
26cm（16开）ISBN：7-80504-609-3
定价：CNY48.00
（中国历代书法名家名品全集）

J0099341
颜真卿书裴将军诗　（唐）颜真卿书
石家庄 河北人民出版社 1998年 26cm（16开）
ISBN：7-202-02361-X 定价：CNY3.50

J0099342
颜真卿书颜家庙碑　（无缺字本）（唐）颜真卿书；黄洋考订补正
北京 中国书店 1998年 重印本 192页
26cm（16开）ISBN：7-80568-599-1
定价：CNY13.00
（历代书法精华 丛帖）

《颜家庙碑》，全称《唐故通议大夫行薛王友柱国赠秘书少监国子祭酒太子少保颜君庙碑铭并序》。唐代正书碑刻。颜真卿书。李阳冰题篆额《颜氏家庙之碑》。建中元年(780年)建于长安(今陕西西安)。四面刻，碑阳碑阴各24行，满行47字，两侧各6行，满行52字。是颜氏晚年名作。

J0099343

颜真卿书颜勤礼碑　（唐）颜真卿书
苏州　古吴轩出版社　1998年　重印本　38页
37cm(8开)　ISBN：7-80574-169-7
定价：CNY9.80

《颜勤礼碑》全称《唐故秘书省著作郎夔州都督府长史上护军颜君神道》。唐代正书碑刻。颜真卿书。大历十四年(779年)立。四面刻，文存三面，44行，满行38字。是颜氏晚年代表作。本书为便于初学者临写，原碑中残损或重复的字加以删节，只选取完整精彩的字，因此不再保持文句的连贯。全书共搜集260字。

J0099344

雁塔圣教序　（唐）褚遂良［书］
北京　华夏出版社　1998年　32×20cm
ISBN：7-5080-1606-8　定价：CNY11.80
（中国历代经典名帖集成）

《雁塔圣教序》，唐代碑刻。褚遂良书，永徽四年（653年）立，正书，21行，行42字。现存西安大雁塔。此碑是褚遂良五十八岁时书，最能代表其独特风格。

J0099345

元拓卫景武公李靖碑　（唐）王知敬书；故宫博物院《历代碑帖墨迹选》编辑组编辑
北京　紫禁城出版社　1998年　26cm(16开)
ISBN：7-80047-264-7　定价：CNY6.00
（故宫博物院珍藏历代碑帖墨迹选7）

J0099346

元拓张从申茅山玄静碑　（元）张从申书；故宫博物院《历代碑帖墨迹选》编辑组编辑
北京　紫禁城出版社　1998年　26cm(16开)
ISBN：7-80047-261-2　定价：CNY3.30
（故宫博物院珍藏历代碑帖墨迹选14）

J0099347

智永真草千字文　（隋释）智永书
北京　华夏出版社　1998年　32×20cm
ISBN：7-5080-1605-X　定价：CNY11.80
（中国历代经典名帖集成）

J0099348

智永真草千字文　陕西人民美术出版社编
西安　陕西人民美术出版社　1998年　87页
26cm（16开）ISBN：7-5368-1085-7
定价：CNY10.00
（历代书法名迹精选丛书）

J0099349

智永真书千字文　（隋释）智永书
福州　福建美术出版社　1998年　84页　26cm（16开）
ISBN：7-5393-0719-6　定价：CNY10.00

J0099350

自述帖　（唐释）怀素书；台北故宫博物院藏
天津　天津人民美术出版社　1998年　影印本　1轴
38×1750cm　盒装　ISBN：85305.1559
定价：CNY132.00

《自述帖》亦称《自叙帖》，唐代怀素草书作品。纸本墨迹卷。大历十二年（777年）书。126行。是怀素草书代表作。一说为宋人仿作。现藏台北故宫博物院。作者怀素（737—799），唐代书法家。字藏真，俗姓钱，永州零陵（今湖南零陵）人。传世书法作品有《自叙帖》《苦笋帖》《圣母帖》《论书帖》《小草千文》等。

J0099351

自叙帖　（唐释）怀素［书］
北京　华夏出版社　1998年　32×20cm
ISBN：7-5080-1610-6　定价：CNY9.80
（中国历代经典名帖集成）

J0099352

标准楷书　（柳公权《玄秘塔碑》）陈进编著；昆华制作
杭州　中国美术学院出版社　1999年　54页
29cm（13开）ISBN：7-81019-768-1
定价：CNY8.00

J0099353

标准楷书 （欧阳询《九成宫醴泉铭》）陈进编著；昆华制作

杭州 中国美术学院出版社 1999 年 54 页
29cm（13 开）ISBN：7-81019-769-X
定价：CNY8.00

J0099354

标准楷书 （颜真卿《多宝塔碑》）陈进编著；昆华制作

杭州 中国美术学院出版社 1999 年 54 页
29cm（13 开）ISBN：7-81019-767-3
定价：CNY8.00

J0099355

草书千字文 （唐释）怀素［书］

北京 华夏出版社 1999 年 32×20cm
ISBN：7-5080-1496-0 定价：CNY8.60
（中国历代经典名帖集成）

J0099356

草书孙过庭《书谱》临写法 徐庆华编著

上海 上海书画出版社 1999 年 36 页 38cm（6开）
ISBN：7-80635-520-0 定价：CNY10.00
（历代名帖临写入门）

　　本书主要精选了唐代著名书法家孙过庭的草书代表作品《书谱》中笔画清晰、字体工整的 96 个字进行书法技巧讲解。孙过庭（646—691），唐代书法家、书法理论家。名虔礼，以字行。吴郡富阳（今浙江富阳）人。有墨迹《书谱》传世。编者徐庆华（1963—　　），教授。字来，号了一，别署一斋，生于上海。历任上海书法家协会副主席、上海市青年书法家协会名誉主席、中国西藏书会名誉会长、上海交通大学媒体与设计学院副教授、硕士生导师，中国书协会员、西泠印社社员，出版有《易经书法》等。

J0099357

初拓颜勤礼碑 （唐）颜真卿书

北京 中国书店 1999 年 72 页 37cm
ISBN：7-80568-923-7 定价：CNY18.00

　　《颜勤礼碑》全称《颜故秘书省著作郎夔州都督府长史上护军颜君神道》。唐代正书碑刻。颜真卿书。大历十四年（779 年）立。四面刻，文存三面，44 行，满行 38 字。是颜氏晚年代表作。

现藏西安碑林博物馆。

J0099358

褚遂良《雁塔圣教序》笔法图解 （唐）褚遂良［书］；吕金柱编著

杭州 浙江人民美术出版社 1999 年 54 页
26cm（16 开）ISBN：7-5340-0564-7
定价：CNY9.50
（名家碑帖笔法丛书）

　　《雁塔圣教序》，唐代碑刻。褚遂良书，永徽四年（653 年）立，正书，21 行，行 42 字。现存西安大雁塔。此碑是褚遂良五十八岁时书，最能代表其独特风格。

J0099359

褚遂良雁塔圣教序 （唐）褚遂良书；西泠印社编

杭州 西泠印社 1999 年 56 页 35cm（15 开）
ISBN：7-80517-369-9 定价：CNY11.00
（西泠印社法帖丛编）

J0099360

道因法师碑 （唐）欧阳通书

长春 吉林文史出版社 1999 年 66 页 30cm（15 开）
ISBN：7-80626-460-4 定价：CNY9.50
（中国著名碑帖选集（第二集）45）

　　本书由《道因法师碑》《泉男生墓志》合订。《道因法师碑》，全称《故大德道因法师碑》。今存陕西西安碑林。唐龙朔三年（663）刻。李俨撰，欧阳通书。楷书，三十四行，行七十三字。额上刻三佛像。作者欧阳通（625—691），唐代书法家。字通师，唐潭州临湘（今湖南长沙）人，欧阳询之子。传世作品有《道因法师碑》《泉男生墓志》等。

J0099361

等慈寺碑 天津人民美术出版社编

天津 天津人民美术出版社 1999 年 96 页
18cm（小 32 开）ISBN：7-5305-1034-7
定价：CNY6.80
（中国历代碑帖选字本）

　　《等慈碑》全名《大唐皇帝等慈寺之碑》，又称《等慈寺塔记铭》。唐颜师古撰，无书者名，无立碑年月。碑石原在河南汜水（今河南荥阳县），碑记唐太宗李世民破王世充窦建德后在战处建寺，超度阵亡将士之灵，颂扬战功。碑文楷书，

32 行，每行 65 字，碑侧刻宋之丰、杨孝醇等题名，额篆书"大唐皇帝等慈寺之碑" 3 行 9 字。现存于郑州博物馆。

J0099362

东方朔画赞碑 （唐）颜真卿书

长春 吉林文史出版社 1999 年 108 页
30cm（15 开）ISBN：7-80626-459-0
定价：CNY14.50
（中国著名碑帖选集（第二集）46）

《东方朔画赞碑》，全称《汉太中大夫东方先生画赞并序》。唐天宝十三年（754 年）十二月立。在德州。晋夏侯湛撰，唐颜真卿书。正书。碑阳赞 18 行，碑阴记 17 行，每行皆 30 字。碑额亦二，一篆书，一隶书，皆 12 字。

J0099363

多宝塔碑 （唐）颜真卿［书］

北京 华夏出版社 1999 年 32×20cm
ISBN：7-5080-1494-4 定价：CNY9.60
（中国历代经典名帖集成）

《多宝塔碑》全称《大唐西京千福寺多宝佛塔感应碑文》，亦称《多宝塔感应碑》。唐代碑刻。岑勋撰文，颜真卿正书，徐浩隶书题额，史华刻。天宝十一载（752 年）立。为颜真卿 44 岁时所作。楷书，三十四行，行六十六字。现存陕西西安碑林。

J0099364

怀素千字文 （唐释）怀素书；雷志雄主编

武汉 湖北美术出版社 1999 年 32 页 31cm（10 开）
ISBN：7-5394-0864-2 定价：CNY6.50
（中国历代书法名迹临习指导）

J0099365

皇甫诞碑 （唐）欧阳询［书］

北京 华夏出版社 1999 年 32×20cm
ISBN：7-5080-1497-9 定价：CNY9.80
（中国历代经典名帖集成）

《皇甫诞碑》全称《隋柱国左光禄大夫弘义明公皇甫府君之碑》。唐贞观中立。于志宁撰，欧阳询书。楷书，二十八行，行五十九字。篆书题额。作者欧阳询（557—641），唐朝著名书法家。字信本，唐朝潭州临湘（今湖南长沙）人，楷书四大家之一。与同代的虞世南、褚遂良、薛稷三位

并称初唐四大家。楷书有《九成宫醴泉铭》《皇甫诞碑》《化度寺碑》《虞恭公温彦博碑》，行书有《仲尼梦奠帖》《行书千字文》。书法著作有《八诀》《传授诀》《用笔论》《三十六法》。

J0099366

晋祠铭 （唐）唐太宗书

长春 吉林文史出版社 1999 年 63 页 30cm（15 开）
ISBN：7-80626-457-4 定价：CNY9.00
（中国著名碑帖选集（第二集）44）

本书由《晋祠铭》《温泉铭》合订。《晋祠铭》，唐代碑刻。太宗李世民撰文并书。行书，碑首飞白书。直婴二十年（646 年）立。

J0099367

九成宫醴泉铭 （唐）欧阳询［书］

北京 华夏出版社 1999 年 32×20cm
ISBN：7-5080-1498-7 定价：CNY10.80
（中国历代经典名帖集成）

作者欧阳询（557—641），唐朝著名书法家。字信本，唐朝潭州临湘（今湖南长沙）人，楷书四大家之一。与同代的虞世南、褚遂良、薛稷三位并称初唐四大家。楷书有《九成宫醴泉铭》《皇甫诞碑》《化度寺碑》《虞恭公温彦博碑》，行书有《仲尼梦奠帖》《行书千字文》。书法著作有《八诀》《传授诀》《用笔论》《三十六法》。

J0099368

孔子庙堂碑 （唐）虞世南书

长春 吉林文史出版社 1999 年 36 页 29cm（15 开）
ISBN：7-80626-433-7 定价：CNY6.00
（中国著名碑帖选集 39）

《孔子庙堂碑》，唐代碑刻。正书。虞世南撰文并书。

J0099369

枯树赋 （唐）褚遂良［书］

北京 华夏出版社 1999 年 32×20cm
ISBN：7-5080-1668-8 定价：CNY6.60
（中国历代经典名帖集成）

《枯树赋》是南北朝时期文学家庾信羁留北方时抒写对故乡的思念并感伤自己身世的作品。本书是唐代大书法家褚遂良以《枯树赋》为内容书写的书法作品。

J0099370

李思训碑 （唐）李邕

长春 吉林文史出版社 1999 年 53 页 30cm（15 开）

ISBN：7-80626-432-9 定价：CNY8.00

（中国著名碑帖选集（第二集）38 ）

　　本书由《李思训碑》《孟法师碑》合订。《李思训碑》全称《唐故云麾将军右武卫大将军赠秦州都督彭国公谥曰昭公李府君神道碑》，亦称《唐故云麾将军碑》。唐代行书碑刻。李邕撰并书。开元八年（720 年）建于今陕西境内。字共 30 行，满行 70 字。

J0099371

李邕《李思训碑》临摹解析 （附李思训碑）

雷天等编

北京 中国华侨出版社 1999 年 102 页

26cm（16 开） ISBN：7-80120-243-0

定价：CNY8.00

（行书技法入门）

J0099372

刘炳森选编等慈寺碑字帖 刘炳森选编

北京 中国和平出版社 1999 年 105 页

26cm（16 开） ISBN：7-80101-964-4

定价：CNY16.00

（当代名家析名帖）

　　编者刘炳森（1937—2005），书法家、国画家。字树盦，号海村，生于上海，祖籍天津武清。就读于北京艺术学院美术系中国画山水科。曾任北京故宫博物院研究员、中国书法家协会副主席、中国书画函授大学特约教授、山东曹州书画院名誉院长。出版有《刘炳森楷书千字文》《刘炳森隶书千字》《刘炳森选编勤礼碑字帖》《刘炳森主编中国书法艺术》等。

J0099373

柳公权《玄秘塔碑》 吴锡标编著

杭州 西泠印社 1999 年 125 页 26cm（16 开）

ISBN：7-80517-397-4 定价：CNY16.00

（古帖新释系列丛书）

　　本书包括柳公权与《玄秘塔碑》略说，《玄秘塔碑》范本，《玄秘塔碑》基本笔法与偏旁，《玄秘塔碑》基本结字十六法，柳公权书法联句新编。

J0099374

柳公权《玄秘塔碑》描摹练习册 一斋编著

杭州 西泠印社 1999 年 19×26cm

ISBN：7-80517-300-1 定价：CNY3.90

J0099375

柳公权·神策军碑 （唐）柳公权书

北京 中国戏剧出版社 1999 年 69 页 29cm（16 开）

ISBN：7-104-01123-4 定价：CNY9.20

（中国历代书法名家名作评介丛书）

　　《神策军碑》全称《皇帝巡幸左神策军纪圣德碑》。唐代正书碑刻。柳公权书。会昌三年（843 年）立，碑石久佚，仅传宋拓本上半残册（计 56 页），清代经孙承泽、安岐等人递藏。

J0099376

柳公权·玄秘塔 （唐）柳公权书

北京 民族出版社 1999 年 124 页 26cm（16 开）

统一书号：8105.164 定价：CNY10.00

（中国古典名帖放大临摹本选）

　　《玄秘塔碑》即《唐故左街僧录大达法师碑铭》。唐代碑刻。装休撰文，柳公权书。会昌元年（841 年）立。楷书，二十八行，行五十四字。内容为宣扬佛教和记载大达法师端甫受到当时统治者的宠遇。

J0099377

柳公权·玄秘塔碑 （唐）柳公权书

北京 中国戏剧出版社 1999 年 60 页 29cm（16 开）

ISBN：7-104-01123-4 定价：CNY8.20

（中国历代书法名家名作评介丛书）

J0099378

柳公权神策军碑 （唐）柳公权书；雷志雄主编

武汉 湖北美术出版社 1999 年 30 页 31cm（10 开）

ISBN：7-5394-0871-5 定价：CNY6.50

（中国历代书法名迹临习指导）

J0099379

柳公权神策军碑及其笔法 ［（唐）柳公权书］；韩卿，沈浩编著

杭州 西泠印社 1999 年 78 页 26cm（16 开）

ISBN：7-80517-395-8 定价：CNY10.50

　　《神策军碑》是唐代柳公权晚年的作品，精炼苍劲，风神整峻。本书还挑选了一些柳体的基

本笔画和部分结构类型加以分析，供读者学习和掌握柳体的用笔和结构特征。

J0099380

柳公权玄秘塔碑临写法 ［(唐)柳公权书］；
巢伟民编著
上海　上海书店出版社　1999 年　145 页
26cm(16 开)　ISBN：7-80622-431-9
定价：CNY17.50

　　本书内容包括：《玄秘塔碑》简述、《玄秘塔碑》拓本、《玄秘塔碑》基本笔画图解、《玄秘塔碑》结构变化图解等。作者柳公权(778—865)，唐代晚期著名书法家。字诚悬，陕西铜川市人。代表作品《金刚经碑》《玄秘塔碑》《神策军纪圣德碑》等。编者巢伟民(1951—　　)，书法家。江苏常州人，毕业于华东师大中文系。中国书法家协会会员、上海市书法家协会会员、上海市美学学会会员。著有《楚文化与中国书法》《试论中国书法的民族性》等。

J0099381

孟法师碑 (唐)褚遂良［书］
北京　华夏出版社　1999 年　32×20cm
ISBN：7-5080-1670-X　定价：CNY7.60
(中国历代经典名帖集成)

　　《孟法师碑》全称《唐京师至德观法主孟法师碑》，亦称《至德观法主孟静素碑》。唐代正书碑刻。唐贞观十六年(642)刻。岑文本撰，褚遂良楷书。碑石久佚，有清代李宗瀚藏唐拓本传世。册共 20 面，每面 4 行，满行 9 字，凡 769 字。

J0099382

欧阳询·九成宫 (唐)欧阳询书
北京　民族出版社　1999 年　124 页　26cm(16 开)
统一书号：8105.163　定价：CNY10.00
(中国古典名帖放大临摹本选)

　　作者欧阳询(557—641)，唐朝著名书法家。字信本，唐朝潭州临湘(今湖南长沙)人，楷书四大家之一。与同代的虞世南、褚遂良、薛稷三位并称初唐四大家。楷书有《九成宫醴泉铭》《皇甫诞碑》《化度寺碑》《虞恭公温彦博碑》，行书有《仲尼梦奠帖》《行书千字文》。书法著作有《八诀》《传授诀》《用笔论》《三十六法》。

J0099383

欧阳询九成宫 (唐)欧阳询书
福州　福建美术出版社　1999 年　93 页　26cm(16 开)
ISBN：7-5393-0762-5　定价：CNY11.00
(书法名帖　放大临摹本)

J0099384

欧阳询九成宫醴泉铭　行书千字文 (唐)欧阳询书
北京　中国戏剧出版社　1999 年　86 页　29cm(16 开)
ISBN：7-104-01123-4　定价：CNY11.50
(中国历代书法名家名作评介丛书)

　　《九成宫醴泉铭》，唐代碑刻。魏徵撰文，欧阳询正书。碑额篆书。贞观六年(632年)立。楷书，二十四行，行五十字。碑文记载唐太宗在九成宫避暑时发现涌泉之事。

J0099385

欧阳询宋拓九成宫 (唐)欧阳询书
天津　天津人民美术出版社　1999 年　96 页
19cm(小 32 开)　ISBN：7-5305-1032-0
定价：CNY6.80
(中国历代碑帖放大选字本)

J0099386

隋龙藏寺碑 沈欣编
上海　上海交通大学出版社　1999 年　53 页
38cm(6 开)　ISBN：7-313-02360-X
定价：CNY14.00
(中国古碑帖菁华放大本)

　　《龙藏寺碑》，隋开皇六年(586)刻，原石在河北正定县。本帖从明拓本中选字放大影印。

J0099387

唐　欧阳询虞恭公温彦博碑 沈欣编
上海　上海交通大学出版社　1999 年　18 页
38cm(6 开)　ISBN：7-313-02362-6
定价：CNY7.00
(中国古碑帖菁华放大本)

　　《虞恭公温彦博碑》，唐贞观十一年(637)刻，为陕西礼泉唐太宗昭陵陪葬碑之一。本帖从宋拓本中选字放大影印。

J0099388

唐·史惟则书荀元惠碑

（唐）史惟则书；周到等编

郑州　中州古籍出版社　1999 年　42 页

28cm（大 16 开）ISBN：7-5348-1770-6

定价：CNY5.10

（中国碑刻书法精品选 7）

J0099389

唐·武则天书升仙太子碑

（唐）武则天书；周到编

郑州　中州古籍出版社　1999 年　186 页

28cm（大 16 开）ISBN：7-5348-1772-2

定价：CNY21.00

（中国碑刻书法精品选 5）

J0099390

唐·玄林禅师碑　　周到编

郑州　中州古籍出版社　1999 年　69 页

28cm（大 16 开）ISBN：7-5348-1771-4

定价：CNY8.10

（中国碑刻书法精品选 6）

J0099391

唐·颜真卿书八关斋会报德记　（唐）颜真卿书；
周到编

郑州　中州古籍出版社　1999 年　103 页

28cm（大 16 开）ISBN：7-5348-1777-3

定价：CNY11.50

（中国碑刻书法精品选 9）

《八关斋会报德记》，唐大历七年（772 年）刻，颜真卿撰并书。在河南商丘，本为石幢，八面刻，字径二寸许。每面各五行，行二十八字。原石于唐武宗毁佛寺时毁，后重建，八面中三面为原石，五面为以后补刻。

J0099392

唐·颜真卿书元次山碑　（唐）颜真卿书；
周到编

郑州　中州古籍出版社　1999 年　98 页

28cm（大 16 开）ISBN：7-5348-1776-5

定价：CNY11.20

（中国碑刻书法精品选 8）

《元次山碑》又名《容州都督元结碑》，全称《唐故容州都督兼御史中丞　本管经略使元君表墓碑铭并序》。是颜真卿于大历七年（772 年）为元次山所写的墓碑。四面环书，楷书，碑文共

1360 字。

J0099393

唐褚遂良伊阙佛龛碑　　沈欣编

上海　上海交通大学出版社　1999 年　66 页

38cm（6 开）ISBN：7-313-02363-4

定价：CNY16.00

（中国古碑帖菁华放大本）

《伊阙佛龛碑》，唐摩崖刻石，又名《三龛记》，唐贞观十五年（641 年）十一月立。正书。三十二行，行五十一字。额阴文篆书“伊阙佛龛之碑”。本帖从宋拓本中选字放大影印。

J0099394

唐李邕李思训碑　　沈欣编

上海　上海交通大学出版社　1999 年　46 页

38cm（6 开）ISBN：7-313-02337-5

定价：CNY10.00

（中国古碑帖菁华放大本）

《李思训碑》全称《唐故云麾将军右武卫大将军赠秦州都督彭国公谥曰昭公李府君神道碑》，亦称《唐故云麾将军碑》。唐代行书碑刻。李邕撰并书。开元八年（720 年）建于今陕西境内。字共 30 行，满行 70 字。

J0099395

唐柳公权玄秘塔碑　　黄家昌编

西安　三秦出版社　1999 年　49 页　28cm（大 16 开）

ISBN：7-80628-105-3　定价：CNY9.50

（历代名碑帖学习与赏析　第一辑）

《玄秘塔碑》即《唐故左街僧录大达法师碑铭》。唐代碑刻。裴休撰文，柳公权书。会昌元年（841 年）立。楷书，二十八行，行五十四字。内容为宣扬佛教和记载大达法师端甫受到当时统治者的宠遇。

J0099396

唐欧阳通道因法师碑　　沈欣编

上海　上海交通大学出版社　1999 年　74 页

38cm（6 开）ISBN：7-313-02340-5

定价：CNY14.00

（中国古碑帖菁华放大本）

《道因法师碑》，全称《故大德道因法师碑》。今存陕西西安碑林。唐龙朔三年（663 年）刻。李俨撰，欧阳通书。楷书，三十四行，行七十三

字。额上刻三佛像。

J0099397

唐欧阳询虞恭公碑
上海 上海书画出版社 1999年 重印本 27页
26cm（16开）ISBN：7-80512-091-9
定价：CNY5.00
　　中国唐代楷书碑帖。

J0099398

唐颜真卿多宝塔碑　董建平编
西安 三秦出版社 1999年 55页 28cm（大16开）
ISBN：7-80628-101-0 定价：CNY9.50
（历代名碑帖学习与赏析 第一辑）
　　《多宝塔碑》全称《大唐西京千福寺多宝佛
塔感应碑文》，亦称《多宝塔感应碑》。唐代碑刻。
岑勋撰文，颜真卿正书，徐浩隶书题额，史华刻。
天宝十一载（752年）立。为颜真卿44岁时所作。
楷书，三十四行，行六十六字。

J0099399

唐颜真卿元次山碑　沈欣编
上海 上海交通大学出版社 1999年 54页
38cm（6开）ISBN：7-313-02339-1
定价：CNY11.00
（中国古碑帖菁华放大本）
　　《元次山碑》又名《容州都督元结碑》，全称
《唐故容州都督兼御史中丞 本管经略使元君表
墓碑铭并序》。是颜真卿于大历七年（772年）为
元次山所写的墓碑。四面环书，楷书，碑文共
1360字。

J0099400

唐虞世南孔子庙堂碑　沈欣编
上海 上海交通大学出版社 1999年 58页
38cm（6开）ISBN：7-313-02361-8
定价：CNY15.00
（中国古碑菁华放大本）
　　《孔子庙堂碑》，唐代碑刻。正书。虞世南撰
文并书。立于贞观年间。记述高祖武德九年（626
年）封孔子三十三世后裔孔德伦为褒圣侯及修葺
孔庙等事。有《陕西本》和《成武本》传世，本帖
从原刻唐拓本中选字放大影印。

J0099401

玄秘塔碑　（唐）柳公权书；王康宁，饶华友主编
成都 四川少年儿童出版社 1999年 111页
38cm（6开）ISBN：7-5365-2230-4
定价：CNY17.00
（中国书法精品）

J0099402

玄秘塔碑　（唐）柳公权书；天津人民美术出版
社编
天津 天津人民美术出版社 1999年 96页
18cm（小32开）ISBN：7-5305-1039-8
定价：CNY6.80
（中国历代碑帖放大选字本）

J0099403

颜勤礼碑集字字帖　单杰华编著
南京 江苏古籍出版社 1999年 814页
26cm（16开）ISBN：7-80643-251-5
定价：CNY88.00

J0099404

颜勤礼碑集字字帖　（颜真卿书名言名对）单
杰华编著
南京 江苏古籍出版社 1999年 76页 26cm（16开）
ISBN：7-80643-251-5 定价：CNY12.00
　　本书包括：《神品》《心画》《多思》《经典》
《大观》《行成于思》《日积月累》《时不我与》
《一日千里》《人定胜天》等作品。

J0099405

颜真卿《多宝塔碑》描摹练习册　一斋编著
杭州 西泠印社 1999年 19×26cm
ISBN：7-80517-300-1 定价：CNY3.90

J0099406

颜真卿·多宝塔感应碑　（唐）颜真卿书
北京 中国戏剧出版社 1999年 54页 29cm（16开）
ISBN：7-104-01123-4 定价：CNY7.50
（中国历代书法名家名作评介丛书）
　　《多宝塔碑》全称《大唐西京千福寺多宝佛
塔感应碑文》，亦称《多宝塔感应碑》。唐代碑刻。
岑勋撰文，颜真卿正书，徐浩隶书题额，史华刻。
天宝十一载（752年）立。为颜真卿44岁时所作。
楷书，三十四行，行六十六字。

J0099407

颜真卿·颜勤礼碑　（唐）颜真卿书
北京　中国戏剧出版社　1999年　113页
29cm（16开）ISBN：7-104-01123-4
定价：CNY14.80
（中国历代书法名家名作评介丛书）

　　《颜勤礼碑》全称《唐故秘书省著作郎夔州都督府长史上护军颜君神道》。唐代正书碑刻。颜真卿书。大历十四年（779年）立。四面刻，文存三面，44行，满行38字。是颜氏晚年代表作。

J0099408

颜真卿多宝塔　（唐）颜真卿书
北京　民族出版社　1999年　124页　26cm（16开）
统一书号：8105.162　定价：CNY10.00
（中国古典名帖放大临摹本选）

J0099409

颜真卿多宝塔碑及其笔法　[（唐）颜真卿书]；季琳编著
杭州　西泠印社　1999年　75页　26cm（16开）
ISBN：7-80517-396-6　定价：CNY9.80

　　《多宝塔碑》是唐代中期杰出政治家和著名书法家颜真卿早年的作品。本书还挑选了一些基本笔画和部分结构类型加以分析，供读者学习和掌握颜体的用笔和结构特征。

J0099410

颜真卿行书祭侄文稿　争座位帖　裴将军诗帖　（唐）颜真卿书
北京　中国戏剧出版社　1999年　80页　29cm（13开）
ISBN：7-104-01123-4　定价：CNY11.20
（中国历代书法名家名作评介丛书）

J0099411

颜真卿礼碑精选　田旭中，邓代昆编著
成都　四川美术出版社　1999年　43页　29×26cm
ISBN：7-5410-1660-8　定价：CNY12.00
（中国历代名家书法篆刻精品选萃）

　　编者田旭中（1953—　），书画家、作家。四川成都人。历任中国书法家协会四川分会会员、四川省书学会理事。编者邓代昆（1949—　），书画篆刻家。成都人，任中国书画函授大学四川分校书法系主任、副教授。出版有《新中国国礼艺术大师·精品六人集》《神州国光·巴蜀卷》《共

和国书法大系》等。

J0099412

颜真卿麻姑山仙坛记　（唐）颜真卿书；西泠印社编
杭州　西泠印社　1999年　61页　35cm（15开）
ISBN：7-80517-388-5　定价：CNY11.80
（西泠印社法帖丛编）

　　《麻姑仙坛记》，全称《有唐抚州南城县麻姑山仙坛记》。唐代碑刻。颜真卿撰文并正书。大历六年（771年）立。为颜书代表作之一。

J0099413

颜真卿麻姑仙坛记　（唐）颜真卿书
福州　福建美术出版社　1999年　150页
26cm（16开）ISBN：7-5393-0759-5
定价：CNY16.00
（书法名帖　放大临摹本）

J0099414

颜真卿颜勤礼碑　（唐）颜真卿书
天津　天津人民美术出版社　1999年　96页
19cm（32开）ISBN：7-5305-1030-4
定价：CNY6.80
（中国历代碑帖放大选字本）

　　《颜勤礼碑》全称《唐故秘书省著作郎夔州都督府长史上护军颜君神道》。唐代正书碑刻。颜真卿书。大历十四年（779年）立。四面刻，文存三面，44行，满行38字。是颜氏晚年代表作。

J0099415

颜真卿颜勤礼碑字精选　黄复盛编著
沈阳　辽宁美术出版社　1999年　20页　25×34cm
ISBN：7-5314-2191-7　定价：CNY12.00
（中国古代名家字迹系列）

　　编者黄复盛（1938—　），画家。辽宁鞍山人，毕业于鲁迅美术学院国画系人物画专业。历任辽宁美术出版社副编审、中国书法家协会会员、辽宁美术家协会会员、辽宁中国画研究会理事、辽宁美术出版社副编审。代表作品有《清代画论四篇语译》《黄复盛书法辑》等。

J0099416

怎样临习九成宫碑　王景芬编；中国书法家

协会书法培训中心编

桂林 漓江出版社 1999年 64页 26cm（16开）

ISBN：7-5407-2402-1 定价：CNY10.00

（金钥匙书法名帖自学丛书）

J0099417

怎样临习玄秘塔碑　　王景芬编；中国书法家

协会书法培训中心编

桂林 漓江出版社 1999年 90页 26cm（16开）

ISBN：7-5407-2403-X 定价：CNY12.00

（金钥匙书法名帖自学丛书）

J0099418

昭仁寺碑宋拓本　　天津人民美术出版社编

天津 天津人民美术出版社 1999年 33cm

盒套经折装 ISBN：7-5305-1024-X

定价：CNY120.00

J0099419

真草千字文　（隋释）智永书

杭州 浙江人民美术出版社 1999年 53页

26cm（16开） ISBN：7-5340-0963-4

定价：CNY18.00

（历代法帖选）

J0099420

智永真草千字文　（隋释）智永书

北京 中国戏剧出版社 1999年 114页

29cm（12开） ISBN：7-104-01123-4

定价：CNY14.80

（中国历代书法名家名作评介丛书）

　　本书由《智永真草千字文》（隋释）智永书、

《自叙帖》（唐）怀素书合订。

J0099421

智永真草千字文明拓本　（隋释）智永书；天

津人民美术出版社编

天津 天津人民美术出版社 1999年 33cm 盒套

经折装 ISBN：7-5305-1023-1 定价：CNY79.50

宋、元书法作品

J0099422

宝晋斋法帖　（十卷）（宋）米芾摹；曹之格刻

明至清初 拓本 折装

　　《宝晋斋法帖》，汇刻丛帖。10卷。北宋米

芾得晋王羲之《王略帖》、谢安《八月五日帖》、王

献之《十二月帖》真迹，摹勒上石，并名其斋为

"宝晋斋"。后刻石毁。南宋吴为守葛祐之搜此

残石重刻。南宋咸淳四年（1268年），曹之格任

无为通判，据此旧石，并以所藏晋人法帖及米芾

墨迹，摹刻上石，名为《宝晋斋法帖》。作者米芾

（1051—1107），北宋书法家、画家、书画理论家。

祖籍太原，出生于湖北襄阳，长期居润州（今江

苏镇江）。初名黻，后改芾，字元章，号襄阳居士、

海岳山人等。书画自成一家，枯木竹石，山水画

独具风格特点。在书法也颇有造诣，擅篆、隶、

楷、行、草等书体，长于临摹古人书法。代表作

品有《宝晋英光集》《宝章待访录》《书史》《画

史》《砚史》。

J0099423

宋大观法帖　（十卷）（宋）龙大渊等编

吴县陈钜昌 明 拓本

J0099424

［初拓石刻道教碑］　（元）赵孟頫书

清 拓本 线装

　　分四册。

J0099425

道德宝章　（元）赵孟頫书；（清）白玉蟾注

清 刻本 线装

　　六行十二字小字双行四字同黑口四周双边

双鱼尾。

J0099426

道德宝章　（宋）白玉蟾注；（元）赵孟頫书

清 影印本

　　据元赵孟頫写本影印。

J0099427

宋河南穆府君墓表　（宋）王寿卿书

［清］拓本 剪帖 线装

J0099428

苏书荔子丹　（宋）苏轼书

清 拓本 经折装

　　作者苏东坡（1037—1101），本名苏轼，宋代

文学家、书画家。眉州眉山（今属四川）人，祖籍河北栾城。字子瞻，一字和仲，号东坡居士。为"唐宋八大家"之一，擅长文人画。仁宗嘉祐二年（1057）进士。曾任翰林学士、侍读学士、礼部尚书等职。作品有《东坡七集》《东坡易传》《东坡乐府》《潇湘竹石图卷》《古木怪石图卷》等。

J0099429

晚香堂原石旧拓苏帖 （宋）苏轼书；乐敬宇藏
清 拓本 有像 经折装
　　四行字数不一黑口。

J0099430

元牍纪 （不分卷）（明）盛时泰撰
清 抄本

J0099431

元金胶西郡王范成进残碑
［清］拓本 30 幅 散页

J0099432

赵孟頫道德经墨迹 （春秋）李耳撰；（元）赵孟頫书；（清）佚名临
清 抄本 经折装

J0099433

赵子昂正书三门记 （不分卷）（元）赵孟頫书
清 影印本

J0099434

［大元敕赐开府仪同三司上卿玄教大宗师张公碑铭］ （元）赵孟頫书
［1645—1911 年］37cm（8 开）
　　分二册。

J0099435

清华斋赵帖 （十二卷）（元）赵孟頫书
清乾隆 拓本 线装
　　分八册。

J0099436

清华斋赵帖 （十二卷）（元）赵孟頫书
清乾隆 拓本

J0099437

草书苏东坡满江红词 （宋）苏轼书
上海 文明书局 ［1811—1949 年］影印本 线装

J0099438

［苏黄墨宝］ （宋）苏轼等书
清末 影印本 线装
　　六行十五字白口四周双边单鱼尾。

J0099439

安乐行品 （一卷）（元）赵孟頫书
上海 有正书局 清末至民国初 影印本
　　本书由《妙法莲华经从地涌出品一卷》《安乐行品一卷》《如来寿量品一卷》《分别功德品一卷》（元）赵孟頫书合订。

J0099440

分别功德品 （一卷）（元）赵孟頫书
上海 有正书局 清末至民国初 影印本
　　本书由《妙法莲华经从地涌出品一卷》《安乐行品一卷》《如来寿量品一卷》《分别功德品一卷》（元）赵孟頫书合订。

J0099441

观音殿记 （一卷）（元）赵孟頫书
清末 影印本 经折装

J0099442

黄山谷松风阁诗 （宋）黄庭坚撰
清末至民国初 影印本
　　据手书影印。作者黄庭坚（1045—1105），北宋文学家、书法家。字鲁直，号山谷道人。江西省九江人。代表作品有《松风阁诗帖》《诸上座帖》，著有《山谷集》《山谷词》《论古人书》等。

J0099443

米书无为章吉老墓表 （宋）米芾书
清末至民国初 拓本 经折装
　　作者米芾（1051—1107），北宋书法家、画家、书画理论家。祖籍太原，出生于湖北襄阳，长期居润州（今江苏镇江）。初名黻，后改芾，字元章，号襄阳居士、海岳山人等。书画自成一家，枯木竹石，山水画独具风格特点。在书法也颇有造诣，擅篆、隶、楷、行、草等书体，长于临摹古人书法。代表作品有《宝晋英光集》《宝章待访录》《书史》《画史》《砚史》。

J0099444

妙法莲华经从地涌出品　（一卷）（元）赵孟
頫书
上海　有正书局　清末至民国初　影印本
　　本书由《妙法莲华经从地涌出品一卷》《安
乐行品一卷》《如来寿量品一卷》《分别功德品一
卷》（元）赵孟頫书合订。

J0099445

群仙高会赋　（唐）吕洞宾撰；（元）赵孟頫书
逊记书庄　清末　影印本　线装
　　书签题赵子昂群仙赋。

J0099446

如来寿量品　（一卷）（元）赵孟頫书
上海　有正书局　清末至民国初　影印本
　　本书由《妙法莲华经从地涌出品一卷》《安
乐行品一卷》《如来寿量品一卷》《分别功德品一
卷》（元）赵孟頫书合订。

J0099447

黄山谷书发原文墨迹　（宋）黄庭坚书
上海　有正书局　清光绪至宣统　影印本　线装

J0099448

黄山谷书发愿文墨迹　（宋）黄庭坚书
上海　有正书局　清光绪十四年至宣统［1875–
1911］影印本　线装

J0099449

黄山谷习字帖　（宋）黄庭坚书
上海　有正书局　清光绪　影印本　线装

J0099450

三希堂米南宫法书帖　（不分卷）（宋）米芾书
上海　有正书局　清光绪　影印本　线装
　　分二册。

J0099451

三希堂苏长公法书帖　（三卷）（宋）苏轼书
上海　有正书局　清光绪至宣统　影印本　线装
　　分三册。

J0099452

三希堂苏长公法书帖　（宋）苏轼书
上海　有正书局　民国十三年［1924］6 版　27cm
（16 开）定价：大洋一元二角（全 3 册）
　　分三册。

J0099453

苏文忠公行书帖　（宋）苏轼书
上海　有正书局　清光绪至宣统　影印本　线装

J0099454

苏文忠公行书帖　（第一册）（宋）苏轼书
上海　有正书局　民国　影印本　线装

J0099455

苏长公西楼帖　（宋）苏轼书
上海　有正书局　清光绪至宣统　影印本　线装

J0099456

广川画跋校勘记　（六卷）（清）刘晚荣撰
新会刘氏藏修书屋　清光绪十六年［1890］刻本
（藏修堂丛书）

J0099457

再和杨公济梅花十绝　（一卷）（元）赵孟頫书
上海　尚古山房　清光绪二十三年［1897］石印本

J0099458

北宋拓苏书醉翁亭记　（宋）苏轼书
上海　有正书局　清光绪三十二年［1906］影印
本　线装

J0099459

北宋拓苏书醉翁亭记　（宋）苏轼书；唐风楼藏
上海　有正书局　民国七年［1918］3 版　影印本
线装

J0099460

林和靖先生诗稿　（宋）林逋书
上海　有正书局　清光绪三十三年［1907］影印
本　线装

J0099461

林和靖先生书稿　（一卷）（宋）林逋书
上海　有正书局　清光绪三十三年［1907］影印本

J0099462

宋拓东坡西楼帖　（宋）苏轼书
上海　有正书局　清光绪三十三年［1907］影印本　线装

J0099463

宋拓东坡西楼帖　（宋）苏轼书
上海　有正书局　民国九年［1920］影印本　十版线装

J0099464

涿拓米元章行书帖　（宋）米芾书
上海　国学丛书社　清光绪三十三年［1907］影印本　线装
　　据涿拓本影印。作者米芾（1051—1107），北宋书法家、画家、书画理论家。祖籍太原，出生于湖北襄阳，长期居润州（今江苏镇江）。初名黻，后改芾，字元章，号襄阳居士、海岳山人等。书画自成一家，枯木竹石，山水画独具风格特点。在书法也颇有造诣，擅篆、隶、楷、行、草等书体，长于临摹古人书法。代表作品有《宝晋英光集》《宝章待访录》《书史》《画史》《砚史》。

J0099465

兰亭四妙　（一卷）（元）赵孟頫等书
双桐簃书社　清光绪三十四年［1908］石印本

J0099466

松雪斋与进之帖　（一卷）（元）赵孟頫书
神州国光社　清光绪三十四年［1908］珂罗版印本

J0099467

宋拓苏书丰乐亭记　（宋）苏轼书
上海　有正书局　清光绪三十四年［1908］影印本　线装

J0099468

宋张樗寮华严经墨迹　（宋）张樗寮书
上海　有正书局　清光绪三十四年至宣统［1908-1911］影印本　线装

J0099469

宋张樗寮华严经墨迹　（宋）张即之书
上海　有正书局　民国　影印本　线装

作者张即之（1186—1263），南宋书法家、政治家。字温夫，号樗寮，历阳（今安徽省和县）人。传世作品有楷书《佛遗教经》《金刚般若波罗蜜经》《太上洞玄灵宝无量度人上品妙经》，行书《双松图歌》《待漏院记》《书杜诗》《汪氏报本庵记》等。

J0099470

米元章行草书易说帖　（一卷）（宋）米芾书
上海　神州国光社　清宣统元年［1909］影印本
　　作者米芾（1051—1107），北宋书法家、画家、书画理论家。祖籍太原，出生于湖北襄阳，长期居润州（今江苏镇江）。初名黻，后改芾，字元章，号襄阳居士、海岳山人等。书画自成一家，枯木竹石，山水画独具风格特点。在书法也颇有造诣，擅篆、隶、楷、行、草等书体，长于临摹古人书法。代表作品有《宝晋英光集》《宝章待访录》《书史》《画史》《砚史》。

J0099471

米元章行草书易说帖　（宋）米芾书
上海　神州国光社　1910年　影印本　30×23cm
定价：洋八角
（神州国光集外增刊 70）

J0099472

宋人手写发愿经　（不分卷）（宋）苏轼书
上海　有正书局　清宣统元年［1909］石印本

J0099473

宋拓西楼苏帖　（不分卷）（宋）苏轼书
清宣统　影印本　线装
　　分六册。

J0099474

苏东坡书怀素自叙　（一卷）（宋）苏轼书
清宣统元年［1909］影印本

J0099475

赵松雪书胆巴碑真迹　（不分卷）（元）赵孟頫书
清宣统　影印本　线装

J0099476

宋蔡忠惠书画锦堂记　（一卷）（宋）蔡襄书

天津 赵氏傲徕山房 清宣统二年［1910］影印本
（傲徕山房所藏五朝墨迹）

作者蔡襄（1012—1067），北宋书法家、文学家。字君谟，福建仙游县人。擅长正楷、行书和草书。传世墨迹有《蔡襄自书诗帖》《洛阳桥记》《吐谷浑词》《蒙惠帖》《陶生帖》等。

J0099477
宋查元方题 （一卷）（宋）查元方书
天津 赵氏傲徕山房 清宣统二年［1910］影印本
（傲徕山房所藏五朝墨迹）

J0099478
宋程卓书吴邕州行状 （一卷）（宋）高程卓书
天津 赵氏傲徕山房 清宣统二年［1910］影印本
（傲徕山房所藏五朝墨迹）

J0099479
宋楚王元佐题 （一卷）（宋）赵元佐书
天津 赵氏傲徕山房 清宣统二年［1910］影印本
（傲徕山房所藏五朝墨迹）

J0099480
宋米南官乐兄帖墨迹 （一卷）（宋）米芾书
天津 赵氏傲徕山房 清宣统二年［1910］影印本
（傲徕山房所藏五朝墨迹）

J0099481
宋米元章题 （一卷）（宋）米芾书
天津 赵氏傲徕山房 清宣统二年［1910］影印本
（傲徕山房所藏五朝墨迹）

J0099482
宋思陵敕书四道墨迹 （一卷）宋高宗赵构书
天津 赵氏傲徕山房 清宣统二年［1910］影印本
（傲徕山房所藏五朝墨迹）

J0099483
宋吴处士墓志 （一卷）（宋）□□书
天津 赵氏傲徕山房 清宣统二年［1910］影印本
（傲徕山房所藏五朝墨迹）

J0099484
宋谢泌题 （一卷）（宋）谢泌书
天津 赵氏傲徕山房 清宣统二年［1910］影印本

（傲徕山房所藏五朝墨迹）

J0099485
宋张方平题 （一卷）（宋）张方平书
天津 赵氏傲徕山房 清宣统二年［1910］影印本
（傲徕山房所藏五朝墨迹）

J0099486
元柯丹丘题松雪画墨迹 （一卷）（元）柯九思书
天津 赵氏傲徕山房 清宣统二年［1910］影印本
（傲徕山房所藏五朝墨迹）

作者柯九思（1290—1343），元代著名画家。字敬仲，号丹丘、丹丘生、五云阁吏等，浙江仙居县人。存世书迹有《老人星赋》《读诛蚊赋诗》《重题兰亭独孤本》等，代表作《竹石图》《清閟阁墨竹图》《双竹图》。

J0099487
元人泥金写经 （一卷）（元）□□书
天津 赵氏傲徕山房 清宣统二年［1910］影印本
（傲徕山房所藏五朝墨迹）

J0099488
元赵松雪题画诗墨迹 （一卷）（元）赵孟頫书
天津 赵氏傲徕山房 清宣统二年［1910］影印本
（傲徕山房所藏五朝墨迹）

J0099489
［米海岳墨迹三种］ （宋）米芾书
民国 影印本 经折装

J0099490
［苏东坡书和柳子玉喜雪诗］ （宋）苏轼书
民国 影印本 经折装

J0099491
［王晋卿挑耳图题词］ （宋）苏轼书
民国 影印本 经折装

J0099492
北宋未断本圣教序
上海 有正书局 民国 影印本 毛装
据周文清藏本影印。

J0099493
北宋未断本圣教序　（晋）王羲之书；（唐）释怀仁集字；周文清审定
上海　有正书局　民国十四年［1925］8版　影印本　线装

J0099494
参同契　（汉）魏伯阳撰；（元）赵孟頫书
民国　影印本　经折装

J0099495
草书礼部韵　（宋）宋高宗书
民国　影印本　线装
　　　分六册。据日本延享四年（1747）刻本影印。

J0099496
赤壁赋　（宋）苏轼撰
民国　影印本　线装

J0099497
初拓赵松雪道教碑　（元）赵孟頫书
上海　有正书局　民国　影印本　线装

J0099498
初拓赵松雪六体千文足本　（梁）周兴嗣撰；（元）赵孟頫书
上海　有正书局　民国　影印本　线装

J0099499
初拓赵子昂道教碑　（元）赵子昂书
上海　启明书局　民国　影印本［100］页
长 20cm（32开）经折装
　　　作者赵子昂（1254—1322），即赵孟頫，元代著名书画家、诗人。字子昂，号松雪道人等。浙江吴兴（今浙江湖州市）人。能诗善文，精绘艺，工书法，"楷书四大家"之一。作品有《秋郊饮马图》《秀石疏林图》《松石老子图》等，著有《松雪斋文集》等。

J0099500
大乘妙法莲华经　（元）赵孟頫书
［民国］影印本　线装

J0099501
大观帖　（十卷）（宋）龙大渊等辑

民国　影印本
　　　据临川李宗瀚藏第五卷本印

J0099502
大辽阳台山清水院创造藏经记碑阴
民国　拓本　线装

J0099503
东坡黄州寒食诗墨迹　（宋）苏轼书
上海　有正书局　民国　影印本　有图　线装

J0099504
故宋正议大夫守尚书户部侍郎赠银青光禄大夫赵府君阡表　（元）赵孟頫撰并书
民国　影印本　经折装

J0099505
海岳书萃　（宋）米芾书
民国　影印本　经折装
　　　作者米芾（1051—1107），北宋书法家、画家、书画理论家。祖籍太原，出生于湖北襄阳，长期居润州（今江苏镇江）。初名黻，后改芾，字元章，号襄阳居士、海岳山人等。书画自成一家，枯木竹石，山水画独具风格特点。在书法也颇有造诣，擅篆、隶、楷、行、草等书体，长于临摹古人书法。代表作品有《宝晋英光集》《宝章待访录》《书史》《画史》《砚史》。

J0099506
杭州福神观记　（元）赵孟頫书
上海　文明书局　民国　影印本　线装

J0099507
黄山谷行书华严疏墨宝　（宋）黄庭坚书
上海　有正书局　民国　影印本
　　　作者黄庭坚（1045—1105），北宋文学家、书法家。字鲁直，号山谷道人。江西省九江人。代表作品有《松风阁诗帖》《诸上座帖》，著有《山谷集》《山谷词》《论古人书》等。

J0099508
黄山谷行书习字范本　（宋）黄庭坚书
上海　有正书局　民国　影印本　线装

J0099509

黄山谷写草书忆旧诗残本　（宋）黄庭坚书

民国　拓本　线装

J0099510

黄山谷写金刚经　（宋）黄庭坚书

上海　有正书局　民国　影印本　有图　线装

J0099511

金拓蜀先主庙碑　（金）王庭筠书

上海　有正书局　民国　影印本　线装

　　　作者王庭筠（1151—1202），金代文学家、书画家。字子端，号黄华山主、黄华老人。金代辽东（今营口熊岳）人，米芾之甥。著有《王翰林文集》《黄华集》《藂辨》等。

J0099512

米芾草书　（宋）米芾书

北平　富晋书社　民国　影印本　线装

J0099513

欧阳文忠公泷冈阡表　（宋）欧阳修书

江西开智书局　清宣统三年［1911］影印本　线装

　　　据明拓本影印。作者欧阳修（1007—1072），北宋政治家、文学家。字永叔，号醉翁，晚号六一居士，吉州永丰（今属江西）人。仁宗天圣八年进士。著有《欧阳文忠公全集》《欧阳文忠公集》《新唐书》《新五代史》等。

J0099514

千字文　（一卷）（元）鲜于枢书，（元）赵孟頫书

民国　影印本

　　　作者鲜于枢（1246—1302），元代书法家、诗人。字伯机，号困学岷、寄直老人，大都（今北京）人。代表作品《苏轼海棠诗卷》《韩愈进学解卷》《论草书帖》等。作者赵孟頫（1254—1322），元代著名书画家、诗人。字子昂，号松雪道人等。浙江吴兴（今浙江湖州市）人。能诗善文，精绘艺，工书法，"楷书四大家"之一。作品有《秋郊饮马图》《秀石疏林图》《松石老子图》等，著有《松雪斋文集》等。

J0099515

三希堂小楷四种　（元）赵孟頫等书

上海　有正书局　民国　影印本　线装

J0099516

山谷松风阁墨迹　（宋）黄山谷书

［民国］影印本　［16］页　35×30cm

定价：大洋一元

J0099517

宋蔡忠惠公自书诗真迹　（宋）蔡襄撰并书

民国　影印本　线装

　　　作者蔡襄（1012—1067），北宋书法家、文学家。字君谟，福建仙游县人。擅长正楷、行书和草书。传世墨迹有《蔡襄自书诗帖》《洛阳桥记》《吐谷浑词》《蒙惠帖》《陶生帖》等。

J0099518

宋黄山谷狄梁公碑初拓本　（宋）范仲淹撰；（宋）黄庭坚书

上海　艺苑真赏社　民国　影印本　线装

J0099519

宋徽宗书诗卷　（宋）赵佶书

民国　影印本　线装

　　　据北平内政部古物陈列所底本影印。作者赵佶（1082—1135），即宋徽宗，北宋书画家。擅长花鸟画，兼善瘦金体书法。组织编撰《宣和书谱》《宣和画谱》，存世画迹有《芙蓉锦鸡》《池塘秋晚》《四禽》《雪江归棹》等。

J0099520

宋刘原父南华秋水篇墨宝　（宋）刘敞书；故宫博物院编

上海　有正书局　民国　影印本　线装

J0099521

宋苏文忠寄参寥诗卷真迹　（宋）苏轼书

上海　艺苑真赏社　民国　玻璃版宣纸精印

34cm（10开）定价：洋一元八角

J0099522

宋拓大观帖　佚名编

上海　有正书局　民国　影印本　线装

　　　分三册。

J0099523

宋拓黄山谷题中兴颂崖下诗原刻孤本

（宋）黄庭坚撰并书

上海　艺苑真赏社　民国　影印本　线装

J0099524

宋拓龙藏寺碑
上海　有正书局　民国　影印本　线装

J0099525

宋张樗寮写华严墨迹　（宋）张樗寮书
上海　有正书局　民国　影印本　线装

J0099526

苏东坡金刚经　（宋）苏轼书
上海　有正书局　民国　影印本　有图　线装

J0099527

苏东坡清虚堂诗　（宋）苏轼书
上海　大众书局　民国　影印本　经折装
（碑帖大观）

J0099528

苏东坡书昆阳城赋　（宋）苏轼撰并书
民国　影印本　经折装

J0099529

苏东坡养生论墨迹　（魏）嵇康撰；（宋）苏轼书
上海　有正书局　民国　影印本

J0099530

苏黄米蔡墨宝　有正书局辑
上海　有正书局　民国　影印本　线装
　　分二册。

J0099531

太上无极混元一气度人妙经　（元）赵孟頫书
民国　影印本　经折装

J0099532

戏鱼堂帖　（十卷）（唐）李邕等书；（宋）刘次
庄摹
北京　北京集成图书公司　民国　影印本　线装

J0099533

戏鱼堂帖　（十卷）（宋）刘次庄辑
民国　石印本

J0099534

鲜于氏临兰亭叙　（元）鲜于枢摹
民国　影印本　毛装

J0099535

闲邪公家传　（元）周驰撰；（元）赵孟頫书
民国　石印本　线装

J0099536

新拓赵松雪萧山大成殿记　（元）张伯淳撰；
（元）赵孟頫书
上海　有正书局　民国　影印本　线装

J0099537

元八家法书　罗振玉辑
上虞罗振玉　民国　影印本　线装
　　辑者罗振玉（1866—1940），古文字学家，金
石收藏家。浙江上虞人。字叔蕴，又字叔言，号
雪堂、陆庵。任学部参事，兼京师大学堂农科监
督，辛亥后任伪满监察院长。著有《殷虚书契前
编》、编《三代吉金文存》《西城精舍杂文甲编》
《松翁近稿》等。

J0099538

元八家法书　罗振玉辑
上虞罗振玉　民国七年［1918］影印本　线装

J0099539

元杨铁厓先生书张氏通波阡表真迹　（元）
杨维祯撰并书
上海　有正书局　民国　影印本　线装

J0099540

元赵文敏仇公墓碑　（元）赵孟頫撰并书
民国　影印本　线装
　　分二册。

J0099541

元赵文敏归去来辞真迹　（一卷）（元）赵孟
頫书
上海　艺苑真赏社　民国　珂罗版影印本

J0099542

岳武穆书出师表　（宋）岳飞书
上海　大众书局　民国　影印本

作者岳飞(1103—1142)，南宋时期军事家、战略家、书法家、诗人。字鹏举，相州汤阴(今河南省汤阴县)人。抗金名将。代表作有《满江红·写怀》《小重山·昨夜寒蛩不住鸣》《五岳祠盟记》。

J0099543
赵集贤书道德经真迹　(春秋)李耳撰；(元)赵孟頫书
上海　延古斋　民国　影印本　线装

J0099544
赵书道德经　(元)赵孟頫书
上海　大众书局　民国　影印本　经折装
(碑帖大观)

J0099545
赵松雪草书墨宝　(元)赵孟頫书
上海　有正书局　民国　影印本　线装

J0099546
赵松雪胆巴碑真迹　(元)赵孟頫书
民国　影印本　线装

J0099547
赵松雪净土词墨宝　(元)赵孟頫书
上海　有正书局［民国］影印本［13］页
37cm(8开)定价：大洋四角
　　本书收望江南净土词12首，为白云法师撰，松雪道人(即赵孟頫)书。

J0099548
赵松雪兰亭序十三跋　(元)赵孟頫书
上海　有正书局　民国　影印本　线装

J0099549
赵松雪六体千字文　(一卷)(元)赵孟頫书
上海　有正书局　民国　影印本

J0099550
赵松雪手札　(元)赵孟頫撰并书
上海　有正书局　民国　影印本　线装

J0099551
赵松雪书海赋墨迹　(元)赵孟頫书
上海　有正书局　民国　影印本　线装

据元大德七年(1303)赵孟頫手迹影印。

J0099552
赵松雪书妙法莲华经墨宝　(晋)释鸠摩罗什译；(元)赵孟頫书
民国　影印本　线装

J0099553
赵松雪闲邪公传　(元)周驰撰；(元)赵孟頫书
上海　有正书局　民国　影印本　线装

J0099554
赵文敏胆巴碑墨迹　(元)赵孟頫撰并书
冯氏韫真堂　民国　摄影本　折装

J0099555
赵文敏公虞文靖公法书
民国　影印本　线装

J0099556
赵文敏书仇公墓碑　(元)赵孟頫撰并书
上海　文明书局　民国　影印本　线装

J0099557
赵文敏书急就篇　(元)赵孟頫书
民国　影印本　线装

J0099558
赵子昂书送李愿归盘谷序　(元)赵孟頫书
民国　影印本　经折装

J0099559
赵子昂正书三门记　(元)赵孟頫书
民国　影印本　线装

J0099560
真草千字文　(一卷)(元)赵孟頫书
上海　逊记碑帖社　民国　石印本

J0099561
篆书千字文　(宋释)梦瑛书
［民国］拓本　经折装

J0099562
黄山谷法书　黄庭坚书

1912 年［影印本］28cm（26 开）经折本

J0099563
苏东坡书赤壁赋 （宋）苏轼撰并书
上海 商务印书馆 民国三年［1914］影印本 线装

J0099564
苏东坡书洞庭春色赋中山松醪赋 （宋）苏
轼书
上海 商务印书馆 民国三年［1914］影印本 线装

J0099565
苏东坡书武昌西山诗 （宋）苏轼书
上海 商务印书馆 民国三年［1914］影印本 线装

J0099566
赵文敏书感兴诗 （元）赵孟𫖯书
上海 商务印书馆 民国三年［1914］影印本 线装

J0099567
赵文敏书急就篇 （元）赵孟𫖯书
上海 商务印书馆 民国三年［1914］影印本 线装

J0099568
赵文敏书急就篇 （元）赵孟𫖯书
上海 商务印书馆 民国四年［1915］影印本 再版
线装

J0099569
米海岳方圆庵记 （宋）米芾书
上海 文明书局 民国四年［1915］影印本 经折装
　　作者米芾（1051—1107），北宋书法家、画
家、书画理论家。祖籍太原，出生于湖北襄阳，
长期居润州（今江苏镇江）。初名黻，后改芾，字
元章，号襄阳居士、海岳山人等。书画自成一家，
枯木竹石，山水画独具风格特点。在书法也颇有
造诣，擅篆、隶、楷、行、草等书体，长于临摹古
人书法。代表作品有《宝晋英光集》《宝章待访
录》《书史》《画史》《砚史》。

J0099570
宋元墨宝 （第一集）有正书局编
上海 有正书局 民国四年［1915］影印本 线装

J0099571
苏文忠天际乌云帖真迹 （宋）苏轼书
高凤池 民国四年［1915］影印本 有图

J0099572
苏文忠天际乌云帖真迹 （一卷）（宋）苏轼书
上海 商务印书馆 民国四年［1915］影印本

J0099573
苏文忠天际乌云帖真迹 （宋）苏轼书
上海 商务印书馆 1917 年 4 版 影印本［40］页
30cm（5 开）定价：大洋二元

J0099574
苏文忠天际乌云帖真迹 （宋）苏轼书
上海 商务印书馆 民国九年［1920］影印本 六版
线装

J0099575
苏文忠天际乌云帖真迹 （不分卷）（宋）苏
轼书
上海 商务印书馆 民国二十一年［1932］影印本

J0099576
赵松雪大楷习字范本 （元）赵孟𫖯书
上海 有正书局 民国四年［1915］影印本 线装

J0099577
赵孟𫖯四札墨迹 （元）赵孟𫖯书
上海 有正书局 1916 年 影印本［11］页
37cm（8 开）

J0099578
吴江史氏刻天际乌云帖
上海 商务印书馆 民国六年［1917］影印本 线装

J0099579
吴江史氏刻天际乌云帖
上海 商务印书馆 民国九年［1920］再版 影印本
线装

J0099580
赵松雪金刚经 （元）赵孟𫖯书
上海 有正书局 民国六年［1917］影印本 三版
线装

J0099581
赵文敏书洛神赋 （魏）曹植撰；（元）赵孟頫书
上海 文明书局 民国六年［1917］影印本 线装

J0099582
东坡春帖子词墨宝 （清宫藏）（宋）苏轼书
上海 有正书局 1918年 影印本 ［12］页
27cm（16开）
　　本书附邓文原等人的墨迹及王一麃的跋等。

J0099583
黄山谷发愿文墨迹 （宋）黄庭坚书；寄青霞
轩藏
上海 有正书局 民国七年［1918］影印本 六版
线装

J0099584
宋拓苏长公雪堂帖 （宋）苏轼撰并书
上海 有正书局 民国七年［1918］影印本 五版
线装

J0099585
朱子论语注稿墨迹 （宋）朱熹书
上海 商务印书馆 民国七年［1918］影印本
有画像 线装

J0099586
［米元章帖］ （宋）米芾书
真赏社 民国八年［1919］影印本 线装
　　作者米芾（1051—1107），北宋书法家、画
家、书画理论家。祖籍太原，出生于湖北襄阳，
长期居润州（今江苏镇江）。初名黻，后改芾，字
元章，号襄阳居士、海岳山人等。书画自成一家，
枯木竹石，山水画独具风格特点。在书法也颇有
造诣，擅篆、隶、楷、行、草等书体，长于临摹古
人书法。代表作品有《宝晋英光集》《宝章待访
录》《书史》《画史》《砚史》。

J0099587
东坡居士养生论墨宝 （清内府藏）（宋）苏轼书
上海 有正书局 1919年 影印本 ［14］页 27cm
（16开）
　　本书末附朱之蕃手书题词。

J0099588
东坡居士养生论墨宝 （清内府藏）（宋）苏轼书
上海 有正书局 1920年 再版 影印本
［14］页 27×36cm
　　本书末附朱之蕃手书题词。

J0099589
赵松雪妙法莲华经 （一卷）（元）赵孟頫书
上海 有正书局 民国八年［1919］影印拓本
26cm（16开）线装 定价：四角
　　黑底白字行款不一。

J0099590
朱文公论语集注草稿真迹 （宋）朱熹书
上海 商务印书馆 民国八年［1919］影印本 有图
线装

J0099591
黄山谷书松风阁诗 （宋）黄庭坚书
上海 商务印书馆 民国九年［1920］石印本 五版
线装

J0099592
苏东坡眉山远景楼记真迹 （宋）苏轼书
［无锡］无锡文华书局 民国九年［1920］影印本
线装

J0099593
赵松雪临黄庭经真迹 （元）赵孟頫书
上海 有正书局 民国九年［1920］影印本 线装

J0099594
赵文敏妙岩寺记 （宋）牟巘撰；（元）赵孟頫
书；蒋乐庵藏
上海 中华书局 民国九年［1920］影印本 再版
线装

J0099595
赵文敏妙岩寺记 （宋）牟巘撰；（元）赵孟頫
书；蒋乐庵藏
上海 中华书局 民国二十六年［1937］影印本
8版 线装

J0099596
赵文敏书法华经真迹 （元）赵孟頫书

上海　文明书局　民国九年［1920］影印本　再版
线装

J0099597

［秦碣石颂］　（宋）徐铉临；（清）孔昭孔双钩
北京　古物同欣社　民国十年［1921］影印本　线装

J0099598

徐鼎臣临秦碣石颂　（宋）徐铉临；古物同欣
社辑
古物同欣社　民国十年［1921］影印本　线装

J0099599

东坡居士洞庭春色赋墨迹　（宋）苏轼书
上海　有正书局　民国十一年［1922］影印本　线装
　　据清内府藏本影印。

J0099600

东坡居士洞庭春色赋墨迹　（清内府藏）（宋）
苏轼书
上海　有正书局　1922年　影印本　［28］页
38cm（6开）定价：大洋二元
　　本书附乾隆等名人的题跋。

J0099601

东坡墨迹三种合册　（清宫藏）（宋）苏轼书
上海　有正书局　1922年　影印本　［8］页
27cm（16开）
　　本书为中国北宋书法影印本。

J0099602

宋高宗敕梁汝嘉墨迹　（宋）宋高宗书；裴氏藏
无锡　理工制版所　民国十一年［1922］影印本
线装

J0099603

苏东坡书怀素自叙　（宋）苏轼书
上海　商务印书馆　民国十一年［1922］7版
影印本　线装

J0099604

黄山谷千峰诗　（宋）黄庭坚撰并书
上海　文明书局　民国十二年［1923］影印本　三版
线装

J0099605

米南宫天马赋　（宋）米芾撰并书
上海　文明书局　民国十二年［1923］影印本　四版
线装
　　作者米芾（1051—1107），北宋书法家、画
家、书画理论家。祖籍太原，出生于湖北襄阳，
长期居润州（今江苏镇江）。初名黻，后改芾，字
元章，号襄阳居士、海岳山人等。书画自成一家，
枯木竹石，山水画独具风格特点。在书法也颇有
造诣，擅篆、隶、楷、行、草等书体，长于临摹古
人书法。代表作品有《宝晋英光集》《宝章待访
录》《书史》《画史》《砚史》。

J0099606

苏东坡醉翁亭记　（宋）苏轼书
上海　文明书局　民国十二年［1923］影印本　七版
线装

J0099607

苏文忠书前赤壁赋　（宋）苏轼书
延光室　民国十二年［1923］影印本　线装
　　据清内府藏本影印。

J0099608

岳武穆后出师表　（宋）岳飞书
上海　文明书局　民国十二年［1923］影印本　再版
线装
　　作者岳飞（1103—1142），南宋时期军事家、
战略家、书法家、诗人。字鹏举，相州汤阴（今河
南省汤阴县）人。抗金名将。代表作有《满江红·写
怀》《小重山·昨夜寒蛩不住鸣》《五岳祠盟记》。

J0099609

岳武穆前出师表　（宋）岳飞书
上海　文明书局　民国十二年［1923］影印本　四版
线装

J0099610

岳武穆前出师表　（宋）岳飞书
上海　文明书局　民国十三年［1924］影印本　五版
线装

J0099611

赵文敏真草千字文　（元）赵孟頫书
上海　文明书局　民国十二年［1923］石印本　第

6 版 线装

J0099612
米南宫苕溪诗 （宋）米芾书
天津 延光室 民国十三年［1924］影印本 线装

J0099613
米南宫苕溪诗 （宋）米芾撰并书
北平 延光室 民国十三年［1924］影印本

J0099614
米南宫苕溪诗 （宋）米芾撰并书
北平 延光室 民国二十三年［1934］影印本 三版
线装

J0099615
欧阳文忠集古录跋尾真迹 （一卷）（宋）欧
阳修撰并书
北京 延光室 民国十三年［1924］影印本
　　作者欧阳修（1007—1072），北宋政治家、文
学家。字永叔，号醉翁，晚号六一居士，吉州永
丰（今属江西）人。仁宗天圣八年进士。著有《欧
阳文忠公全集》《欧阳文忠公集》《新唐书》《新
五代史》等。

J0099616
赵松雪正草千文 （元）赵孟頫书
上海 有正书局 民国十三年［1924］影印本 线装

J0099617
赵文敏书阡表真迹 （元）赵孟頫撰并书
上海 文明书局 民国十三年［1924］影印本 再版
经折装

J0099618
东坡居士洞庭春色赋墨迹 （清内府藏）（宋）
苏轼书
上海 有正书局 1925年 4版 影印本［28］页
38cm（6开）
　　本书附乾隆等名人的题跋。

J0099619
丰乐亭记 （一卷）（宋）苏轼撰并书
上海 有正书局 民国十四年［1925］影印本
　　据宋拓本印

J0099620
赵松雪行书心经墨宝 （元）赵孟頫书
上海 有正书局 民国十四年［1925］影印本 5版
线装

J0099621
赵文敏度人经真迹 （元）赵孟頫书
上海 文明书局 民国十四年［1925］影印本 三版
折装
　　本书与中华书局共同出版。

J0099622
宋蔡忠惠公墨迹 （宋）蔡襄书
北平 京华印书局 民国十六年［1927］影印本
线装
　　作者蔡襄（1012—1067），北宋书法家、文学
家。字君谟，福建仙游县人。擅长正楷、行书和
草书。传世墨迹有《蔡襄自书诗帖》《洛阳桥记》
《吐谷浑词》《蒙惠帖》《陶生帖》等。

J0099623
元赵松雪六体千文 （元）赵孟頫书
北平 古物陈列所 民国十六年［1927］影印本
线装

J0099624
米襄阳书天衣禅师碑 （宋）米芾书
上海 中华书局 民国十七年［1928］影印本 再版
有图 线装
　　作者米芾（1051—1107），北宋书法家、画
家、书画理论家。祖籍太原，出生于湖北襄阳，
长期居润州（今江苏镇江）。初名黻，后改芾，字
元章，号襄阳居士、海岳山人等。书画自成一家，
枯木竹石，山水画独具风格特点。在书法也颇有
造诣，擅篆、隶、楷、行、草等书体，长于临摹古
人书法。代表作品有《宝晋英光集》《宝章待访
录》《书史》《画史》《砚史》。

J0099625
鲜于枢书楔帖周驰题跋 （元）鲜于枢,（元）
周驰书
神州国光社 民国十七年［1928］影印本 线装

J0099626
元初两大书家真迹鲜于枢书楔帖周驰题跋

（元）鲜于枢,（元）周驰书
上海　神州国光编辑所　民国十七年［1928］
影印本　线装

J0099627
宋拓龙藏寺碑
古物同欣社　民国十八年［1929］影印本　线装

J0099628
元牍纪　（二卷）（明）盛时泰撰
国学图书馆　民国十八年［1929］

J0099629
赵文敏墨迹妙品　（元）赵孟頫书；霍邱裴氏藏
无锡　理工制版所　民国十八年［1929］影印本
线装

J0099630
[**朱子尺牍墨迹**]　（宋）朱喜撰并书；北平故
宫博物院古物馆编
北平　故宫博物院　民国十九年［1930］影印本
有肖像　线装

J0099631
东坡黄州寒食诗墨迹
上海　有正书局［1930—1949 年］36cm（6 开）
定价：大洋二元

J0099632
故宫藏本赵孟頫书急就章　（元）赵孟頫书；
国立北平故宫博物院藏
北平　国立北平故宫博物院　民国十九年［1930］
影印本　线装

J0099633
宋人法书　（二卷）北平故宫博物院编
北平故宫博物院　民国十九年［1930］影印本
线装
　　分二册。

J0099634
宋人法书　北平故宫博物院编
北平　北平故宫博物院　民国二十四年［1935］
影印本　线装
　　分五册。

J0099635
宋四家墨宝　北平故宫博物院编
北京　北平故宫博物院古物馆　民国十九年［1930］
影印本　线装

J0099636
宋四家墨宝　北平故宫博物院编
北平　故宫博物院　民国二十三年［1934］影印本
3 版　线装

J0099637
宋四家墨宝　北平故宫博物院编
北平　故宫博物院　民国二十五年［1936］影印本
4 版　线装

J0099638
吴江史刻天际乌云帖　（宋）苏轼书
上海　商务印书馆　民国十九年［1930］影印本
3 版　线装

J0099639
影印朱子尺牍墨迹　（宋）朱熹书
北平　故宫博物院　民国十九年［1930］影印本
有画像　线装

J0099640
赵文敏书汲黯传真迹　（元）赵孟頫书
上海　文明书局　民国十九年［1930］影印本　四版
经折装

J0099641
[**苏东坡前赤壁赋**]　（宋）苏轼撰并书
北平　延光室　民国二十年［1931］三版　影印本
线装

J0099642
鲜于枢草书　（元）鲜于枢书
民国二十年［1931］影印本　线装
　　据裴氏壮陶阁藏本影印，有朱笔释文。作者
鲜于枢（1246—1302），元代书法家、诗人。字伯
机，号困学岷、寄直老人，大都（今北京）人。代
表作品《苏轼海棠诗卷》《韩愈进学解卷》《论草
书帖》等。

J0099643
赵松雪书六体千文 （元）赵孟頫书；宝蕴楼藏
北平 古物陈列所 民国二十年［1931］影印本
线装

J0099644
[**米襄阳明道观壁记真迹**] （宋）米芾书
上海 文明书局 民国二十一年［1932］三版
影印本 线装
　　作者米芾(1051—1107)，北宋书法家、画
家、书画理论家。祖籍太原，出生于湖北襄阳，
长期居润州（今江苏镇江）。初名黻，后改芾，字
元章，号襄阳居士、海岳山人等。书画自成一家，
枯木竹石，山水画独具风格特点。在书法也颇有
造诣，擅篆、隶、楷、行、草等书体，长于临摹古
人书法。代表作品有《宝晋英光集》《宝章待访
录》《书史》《画史》《砚史》。

J0099645
[**米襄阳章圣天临殿记真迹**] （宋）米芾书
上海 文明书局 民国二十一年［1932］三版
影印本 经折装

J0099646
林逋手札二帖 （宋）林逋撰并书
北平 故宫博物院 民国二十一年［1932］影印本
线装

J0099647
米南宫蜀素帖真迹 （宋）米芾书
北平 延光室 民国二十一年［1932］影印本 二版
线装

J0099648
司马温公告身 （不分卷）（宋）司马光撰；（宋）
佚名书
上海 商务印书馆 民国二十一年［1932］影印本
线装

J0099649
宋徽宗诗帖 （宋）赵佶书
北平 怀一印刷所（印刷）民国二十一年［1932］
再版 有图 22×34cm 定价：洋壹元

J0099650
宋贤笺牍 北平故宫博物院编
北平故宫博物院 民国二十一年［1932］影印本
线装

J0099651
宋贤遗翰 北平故宫博物院编
北平故宫博物院 民国二十一年［1932］影印本
线装

J0099652
眉山苏氏三世遗翰 （宋）苏洵等书
北平 故宫博物院 民国二十二年［1933］影印本
线装

J0099653
宋黄庭坚书松风阁诗卷 （宋）黄庭坚撰并书
北平 故宫博物院 民国二十二年［1933］影印本
线装

J0099654
宋徽宗书诗卷 （宋）宋徽宗书
北平 故宫博物院 民国二十二年［1933］影印本
线装

J0099655
宋四家真迹 （宋）苏轼，（宋）黄庭坚，（宋）米
芾，（宋）蔡襄撰并书；故宫博物院编
北平 故宫博物院 民国二十二年［1933］影印本

J0099656
宋诸名家墨宝册 （宋）杜衍等书；故宫博物
院编
北平 故宫博物院 民国二十二年［1933］影印本
线装

J0099657
元赵孟頫书七札 （元）赵孟頫撰并书；国立
北平故宫博物院藏
北平 国立北平故宫博物院 民国二十二年［1933］
影印本 线装

J0099658
宋拓米襄阳行书 （宋）米芾书
上海 商务印书馆 民国二十三年［1934］影印本

再版 线装

J0099659
苏文忠前赤壁赋 （宋）苏轼撰并书
北平 延光室 民国二十三年［1934］影印本 四版
线装

J0099660
赵文敏书洛神赋 （魏）曹植撰;（元）赵孟頫书
上海 有正书局 民国二十三年［1934］影印本
20版 线装

J0099661
赵氏一门法书 （元）赵孟頫等书;国立北平
故宫博物院藏
北平 故宫博物院 民国二十四年［1935］影印本
线装

J0099662
旧拓宋米南宫篆真宗御制诗 （一卷）（宋）
米芾书
上海 中华书局 民国二十五年［1936］影印本
　　作者米芾(1051—1107),北宋书法家、画
家、书画理论家。祖籍太原,出生于湖北襄阳,
长期居润州(今江苏镇江)。初名黻,后改芾,字
元章,号襄阳居士、海岳山人等。书画自成一家,
枯木竹石,山水画独具风格特点。在书法也颇有
造诣,擅篆、隶、楷、行、草等书体,长于临摹古
人书法。代表作品有《宝晋英光集》《宝章待访
录》《书史》《画史》《砚史》。

J0099663
旧拓元梦英篆书千字文 （一卷）（宋释）梦
瑛书
上海 中华书局 民国二十五年［1936］影印本

J0099664
四美堂赵松雪字帖 （初拓福神观记全碑及精
品合璧附集联）四美堂主人收藏编辑
上海 古今书店 1936年［58］页 16cm(25开)
经折装
　　本书为中国元代书法家赵孟頫法帖。

J0099665
四美堂赵松雪字帖 （初拓福神观记全碑及精

品合璧附集联）四美堂主人收藏编辑
上海 古今书店 1937年 再版［58］页
16cm(25开)经折装
　　本书为中国元代书法家赵孟頫法帖。

J0099666
元鲜于枢书透光古镜歌 （元）鲜于枢书
北平 国立北平故宫博物院 民国二十五年［1936］
影印本 线装

J0099667
元赵孟頫尺牍诗翰 （元）赵孟頫撰并书
北平 国立北平故宫博物院 民国二十五年［1936］
影印本 线装

J0099668
元赵孟頫书黄庭经 （元）赵孟頫书;国立北
平故宫博物院藏
北平 国立北平故宫博物院 民国二十五年［1936］
影印本 有图 线装

J0099669
元赵孟頫鲜于枢行草合册 （元）赵孟頫,
（元）鲜于枢书
北平 国立北平故宫博物院 民国二十五年［1936］
影印本 线装

J0099670
岳忠武奏草真迹
上海 商务印书馆 1936年 39cm(4开)环筒页装
定价:国币三元五角
　　本书为中国南宋草书法书。

J0099671
岳忠武奏草真迹 （宋）岳飞撰并书;方石苏藏
上海 商务印书馆 民国二十五年［1936］影印本
线装

J0099672
赵孟頫书庐山草堂记 （元）赵孟頫书;陈敬
伯藏
上海 商务印书馆 民国二十五年［1936］影印本
线装

J0099673

宋苏轼书前赤壁赋 （宋）苏轼书；国立北平故宫博物院编

北平 国立北平故宫博物院 民国二十六年［1937］影印本 线装

J0099674

宋贤书翰 （宋）蔡襄等书

北平 故宫博物院 民国二十六年［1937］影印本 线装

作者蔡襄（1012—1067），北宋书法家、文学家。字君谟，福建仙游县人。擅长正楷、行书和草书。传世墨迹有《蔡襄自书诗帖》《洛阳桥记》《吐谷浑词》《蒙惠帖》《陶生帖》等。

J0099675

宋贤书翰 国立北平故宫博物院编

国立北平故宫博物院 民国二十六年［1937］影印本 线装

J0099676

元赵孟頫书绝交书 （魏）嵇康撰；（元）赵孟頫书

北平 国立北平故宫博物院 民国二十六年［1937］影印暨铅印本 线装

J0099677

元赵孟頫书绝交书 （魏）嵇康撰；（元）赵孟頫书

北平 国立北平故宫博物院 民国二十六年［1937］影印暨铅印本 线装

J0099678

赵文敏书度人经真迹 （元）赵孟頫书

文明书局 民国二十六年［1937］影印本 线装

J0099679

赵文敏书琴赋真迹 （元）赵孟頫书

上海 文明书局 民国二十六年［1937］影印本 五版 线装

J0099680

赵文敏书琴赋真迹 （元）赵孟頫书

上海 文明书局 民国二十九年［1940］影印本 经折装

J0099681

赵字帖 （名碑集句）粹芬阁编集

上海 世界书局 1937 年 3 版 2 册（30+30 页）21cm（32 开）活页装 定价：一角

本书为中国元代法帖，书前有"凡例"和"习字的必要条件"，本书系颜柳欧赵映临两用字帖之一。

J0099682

宋米南宫书千字文 （宋）米芾书

张东暐 民国二十七年［1938］影印本 线装

作者米芾（1051—1107），北宋书法家、画家、书画理论家。祖籍太原，出生于湖北襄阳，长期居润州（今江苏镇江）。初名黻，后改芾，字元章，号襄阳居士、海岳山人等。书画自成一家，枯木竹石，山水画独具风格特点。在书法也颇有造诣，擅篆、隶、楷、行、草等书体，长于临摹古人书法。代表作品有《宝晋英光集》《宝章待访录》《书史》《画史》《砚史》。

J0099683

宋人摹褚书乐毅论 （宋）佚名书

北平 国立北平故宫博物院 民国二十七年［1938］影印本 线装

J0099684

宋吴琚诗帖 （一卷）（宋）吴琚书；故宫博物院编

北平 国立北平故宫博物院 民国二十八年［1939］影印本 41cm（8 开）线装 定价：国币一元五角

半叶无框无竖栏行款不一。

J0099685

元龚璛七贤诗迹 （元）龚璛书；陈云哲藏

长沙 商务印书馆 民国二十八年［1939］影印本 线装

J0099686

赵松雪小楷洛神赋真迹 （一卷）（魏）曹植撰；（元）赵孟頫书；黄黄楼藏

［长沙］商务印书馆 民国二十八年［1939］影印本 34cm（10 开）线装

行款不一。

J0099687

宋蔡襄自书诗札　（宋）蔡襄撰并书

北平　故宫博物院　民国三十年［1941］影印本
线装

　　作者蔡襄（1012—1067），北宋书法家、文学家。字君谟，福建仙游县人。擅长正楷、行书和草书。传世墨迹有《蔡襄自书诗帖》《洛阳桥记》《吐谷浑词》《蒙惠帖》《陶生帖》等。

J0099688

宋高宗书千字文　（宋）宋高宗书；国立北平故宫博物院藏

北平　国立北平故宫博物院　民国三十年［1941］
影印本　线装

J0099689

赵孟頫集册　（元）赵孟頫书；国立北平故宫博物院藏

北平　故宫博物院　民国三十年［1941］影印本
线装

J0099690

元赵孟頫书急就章　（元）赵孟頫书；故宫博物院藏

北平　北平故宫博物院　民国三十二年［1943］
影印本　再版　线装

J0099691

元赵孟頫书急就章　（元）赵孟頫书；故宫博物院藏

北平　北平故宫博物院　民国三十二年［1943］
影印本　再版　线装

J0099692

米芾尺牍　（宋）米芾撰并书

北平　故宫博物院　民国三十六年［1947］影印本
线装

　　作者米芾（1051—1107），北宋书法家、画家、书画理论家。祖籍太原，出生于湖北襄阳，长期居润州（今江苏镇江）。初名黻，后改芾，字元章，号襄阳居士、海岳山人等。书画自成一家，枯木竹石，山水画独具风格特点。在书法也颇有造诣，擅篆、隶、楷、行、草等书体，长于临摹古人书法。代表作品有《宝晋英光集》《宝章待访录》《书史》《画史》《砚史》。

J0099693

松雪洛神赋　（魏）曹植撰；（元）赵孟頫书

民国　影印本　经折装

J0099694

苏东坡司马温公碑　吴墨农辑

上海　中华书局　1949年　影印本
七版　线装

J0099695

郭天锡手书日记　（元）郭畀撰并书

上海　古典文学出版社　1958年　影印本　线装

　　本书据上海市文物保管委员会收藏元郭畀手书至大元年（1308年）8月27日迄至大二年（1309年）10月30日日记真迹影印。

J0099696

宋人书翰　（第一集）（宋）李建中等书

北京　文物出版社　1958年　影印本　线装

J0099697

宋人书翰　（二集）文物出版社编辑

北京　文物出版社　1958年　影印本　44cm（8开）
线装　定价：CNY5.50

　　本书收有15人15帖，其中包括从11世纪到13世纪这一段时期内著名的诗词家、理论家和书法家的作品，及曾经左右过时政的一些人的手迹。　分一函二册。半叶无框无竖栏行款不一。

J0099698

宋人书翰　（第二册）文物出版社编

北京　文物出版社　1959年　43cm（8开）线装
统一书号：7068.45　定价：CNY5.50

　　本书收有15人15帖，其中包括从11世纪到13世纪这一段时期内著名的诗词家、理论家和书法家的作品，及曾经左右过时政的一些人的手迹。

J0099699

宋人书翰　（第二集）文物出版社编辑

北京　文物出版社　1959年　影印本　线装

J0099700

杭州福神观记　（一卷）（元）邓文原撰；（元）赵孟頫书

北京 文物出版社 1959年 影印本 31×42cm
线装 统一书号：7068.102 定价：CNY3.00
　　中国元代楷书碑帖。半叶无框无竖栏八行
六字。

J0099701
宋黄庭坚诗稿二种　故宫博物院藏
北京 文物出版社 1959年 [10]页 42cm（8开）
统一书号：7068.132 定价：CNY2.50
　　本册选辑了黄庭坚的大字行书《诗送四十九
侄》和草书杜甫诗《寄贺兰铦》。黄庭坚（1045—
1105），北宋文学家、书法家。字鲁直，号山谷道
人。江西省九江人。代表作品有《松风阁诗帖》
《诸上座帖》，著有《山谷集》《山谷词》《论古人
书》等。

J0099702
宋米芾二帖册　（宋）米芾书；故宫博物院藏
北京 文物出版社 1959年 影印本 [16]页
39cm（4开）线装 统一书号：7068.101
定价：CNY2.40
　　本册所辑2帖为故宫博物院所藏米芾墨
迹《珊瑚帖》和《简尺》2种。作者米芾（1051—
1107），北宋书法家、画家、书画理论家。祖籍
太原，出生于湖北襄阳，长期居润州（今江苏镇
江）。初名黻，后改芾，字元章，号襄阳居士、海
岳山人等。书画自成一家，枯木竹石，山水画独
具风格特点。在书法也颇有造诣，擅篆、隶、楷、
行、草等书体，长于临摹古人书法。代表作品
有《宝晋英光集》《宝章待访录》《书史》《画史》
《砚史》。

J0099703
宋米芾法书三种　（宋）米芾书
北京 文物出版社 1959年 影印本 [10]页
39cm（4开）线装 统一书号：7068.117
定价：CNY2.40
　　收入宋代书法家、"宋四家"之一米芾《向太
后挽词》《破羌帖》和《褚刻兰亭题跋小楷》3种。

J0099704
宋米芾楷书三种　（宋）米芾书
北京 文物出版社 1959年 影印本 1函1册
39cm（4开）线装 统一书号：7068.117
定价：CNY2.40

J0099705
宋欧阳修诗文手稿　（一卷）（宋）欧阳修撰并书
北京 文物出版社 1959年 影印本 1册9叶
42cm（8开）线装 统一书号：7068.131
定价：CNY3.00
　　作者欧阳修（1007—1072），北宋政治家、文
学家。字永叔，号醉翁，晚号六一居士，吉州永
丰（今属江西）人。仁宗天圣八年进士。著有《欧
阳文忠公全集》《欧阳文忠公集》《新唐书》《新
五代史》等。

J0099706
宋欧阳修诗文手稿　（北宋）欧阳修书；辽宁
省博物馆藏
北京 文物出版社 1959年 [15]页 42cm（8开）
统一书号：7068.131 定价：CNY3.00

J0099707
宋欧阳修诗文手稿　（宋）欧阳修撰并书
北京 文物出版社 1959年 影印本 线装
　　据辽宁省博物馆藏宋嘉祐八年（1063）欧阳
修诗文手稿影印。

J0099708
宋欧阳修诗文手稿　（宋）欧阳修书
北京 文物出版社 1961年 [影印本] 42cm（5开）
定价：CNY100.00（全套）
（辽宁省博物馆藏法书选集）

J0099709
宋苏文忠公祭黄几道文真迹　（绫锦裱手卷）
（宋）苏轼作
上海 上海博物馆 1959年

J0099710
宋文天祥宏斋帖　（一卷）（宋）文天祥撰并书
北京 文物出版社 1959年 影印本 1册6叶
39cm（8开）线装 统一书号：7068.82
定价：CNY1.71

J0099711
宋文天祥宏斋帖　（宋）文天祥书；故宫博物
院藏
北京 文物出版社 1959年 8页 39cm（8开）线装
统一书号：7068.82 定价：CNY1.71

J0099712

宋文天祥宏斋帖 （宋）文天祥撰并书
北京 文物出版社 1959 年 影印本 线装

J0099713

宋文天祥宏斋帖 故宫博物院藏
北京 文物出版社 1959 年 线装本
定价：CNY1.71
　　中国宋代行书法帖。

J0099714

宋文彦博三帖 （宋）文彦博书；故宫博物院藏
北京 文物出版社 1959 年 影印本 ［7］页
32cm（15 开）线装 统一书号：7068.101
定价：CNY2.00
　　中国宋代行书法帖。

J0099715

元康里巎草书述笔法 （唐）颜真卿撰；（元）
康里巎书；故宫博物院藏
北京 文物出版社 1959 年 影印本 线装
　　作者颜真卿（709—785），唐代书法家。字
清臣。历任监察御史、殿中侍御史。代表作品有
《韵海镜源》《吴兴集》《庐陵集》等，均佚。宋人
辑有《颜鲁公集》。作者康里巎（1295—1345），元
代书法家。字子山，号正斋、恕叟，史传多作康
里巎巎。康里（今属新疆）人。幼时入学国子监，
曾任礼部尚书、翰林学士。代表作《谪龙说卷》
《李白古风诗卷》《述笔法卷》等。

J0099716

元康里巎草书述笔法 （一卷）（唐）颜真卿
撰；（元）康里巎书
北京 文物出版社 1959 年 影印本 12 页
42cm（8 开）线装 统一书号：7068.80
定价：CNY2.20
　　半叶无框无竖栏行款不一。

J0099717

元康里巎书谪龙说 （唐）柳宗元撰；（元）康
里巎书
北京 文物出版社 1959 年 影印本 ［9］
41cm（8 开）线装 统一书号：7068.130
定价：CNY2.20
　　本书据故宫博物院藏《谪龙说》纸卷本影印，

为唐代文学家柳宗元之作，原作纵 28.8 厘米，横
137.9 厘米。

J0099718

元康里巎书谪龙说 （唐）柳宗元撰；（元）康
里巎书；故宫博物院藏
北京 文物出版社 1959 年 影印本 线装

J0099719

元康里巎草谪龙说 故宫博物院藏
北京 文物出版社 1959 年 线装本
定价：CNY2.20

J0099720

元鲜于枢书杜诗 （唐）杜甫撰；（元）鲜于枢书
北京 文物出版社 1959 年 影印本 41cm（8 开）
线装 统一书号：7068.133 定价：CNY3.40
　　中国元代书法法帖。行款不一。作者鲜于
枢（1246—1302），元代书法家、诗人。字伯机，
号困学岷、寄直老人，大都（今北京）人。代表
作品《苏轼海棠诗卷》《韩愈进学解卷》《论草书
帖》等。

J0099721

元鲜于枢书杜诗 故宫博物院藏
北京 文物出版社 1959 年 线装本
定价：CNY3.40
　　中国元代书法法帖。

J0099722

元鲜于枢书杜诗 （元）鲜于枢书
北京 文物出版社 1982 年 影印本 线装
（故宫博物院藏历代法书选集）

J0099723

元鲜于枢书杜诗 （唐）杜甫撰；（元）鲜于枢书
北京 文物出版社 1994 年 影印本 线装
（故宫博物院藏历代法书选集 第一集）

J0099724

元赵孟頫书福神观记 （元）邓文撰；（元）赵
孟頫书
北京 文物出版社 1959 年 影印本 线装
　　本书据元延祐七年（1320）赵孟頫手书影印。

J0099725
元赵孟頫书福神观记
北京 文物出版社 1959年 线装 定价：CNY3.00
　　中国元代楷书法帖。

J0099726
赵孟頫书妙严寺记精华 （元）赵孟頫书
太原 山西人民出版社 1959年 影印本 重印本
11页 26cm（16开）统一书号：7088.115
定价：CNY0.17
（碑帖精华）

J0099727
赵孟頫书妙严寺记精华 柯璜检定；刘永德
选集
[太原] 山西人民出版社 1959年
定价：CNY0.17
　　中国元代楷书法帖。

J0099728
赵松雪临兰亭序 （元）赵孟頫书
北京 中国古典艺术出版社 1959年 4折 经折装
统一书号：8029.114 定价：CNY0.20
　　中国元代行书法帖。

J0099729
赵松雪书送秦少章序真迹 溥雪斋收藏
北京 古典艺术出版社 1959年 定价：CNY1.80
　　中国元代行书法帖。

J0099730
赵松雪书送秦少章序真迹 （元）赵孟頫书；
溥雪斋藏
北京 人民美术出版社 1959年 影印本 线装

J0099731
松雪书道德经 （春秋）李耳撰；（元）赵孟頫书
北京 美术公司 [1960—1969年] 拓本 有像
经折装

J0099732
宋林逋自书诗卷 （一卷）（宋）林逋撰并书
北京 文物出版社 1960年 影印本 41cm（8开）
线装特藏 统一书号：7068.139 定价：CNY5.00

J0099733
宋林逋自书诗卷 故宫博物院藏
北京 文物出版社 1960年 [26]页 42cm（8开）
统一书号：7068.139 定价：CNY5.00

J0099734
宋拓宝晋斋法帖 中华书局上海编辑所编辑
北京 中华书局 1960年 1函6册 40cm（15开）
线装 统一书号：8018.2 定价：CNY1.35

J0099735
宋拓宝晋斋法帖 （十册，附释文一册）中华
书局上海编辑所编辑
北京 中华书局 1960年 裱本 2函11册
37cm（8开）线装特藏 统一书号：8018.2

J0099736
宋拓宝晋斋法帖 （上编版）
北京 中华书店 1963年 3函 经折装
定价：CNY34.00

J0099737
归去来并序 （一卷）（晋）陶渊明撰；（元）赵
孟頫书；辽宁省博物馆藏
北京 文物出版社 1961年 影印本 有像
43cm（8开）线装 统一书号：7068.178
定价：CNY2.00
　　本书据辽宁博物馆藏本影印，后附铅字附
记。题名据卷首著录。半叶八行十字。

J0099738
急就章 （一卷）（元）赵孟頫书；辽宁省博物
馆藏
北京 文物出版社 1961年 影印本 43cm（8开）
线装 统一书号：7068.172 定价：CNY5.60
　　半叶无框无竖栏行款不一。

J0099739
宋高宗赵构草书洛神赋 （宋）赵构书
北京 文物出版社 1961年 [9]页 42cm（8开）
线装 统一书号：7068.68 定价：CNY3.20

J0099740
宋高宗赵构草书洛神赋 （宋）赵构书
北京 文物出版社 1961年 [影印本] 42cm（5开）

定价：CNY100.00（全套）
（辽宁省博物馆藏法书选集）

J0099741
宋高宗赵构草书洛神赋 （魏）曹植撰；（宋）
宋高宗书；辽宁省博物馆藏
北京 文物出版社 1961 年 影印本 1 册 7 叶
42cm（8 开）线装 统一书号：7068.68
定价：CNY3.20
　　半叶无框无竖栏行款不一。

J0099742
宋黄庭坚诗稿二种 （一卷）（宋）黄庭坚书
北京 文物出版社 1961 年 影印本 1 册 7 叶
42cm（8 开）线装 统一书号：7068.132
定价：CNY2.50
　　本册选辑了黄庭坚的大字行书《诗送四十九
侄》和草书杜甫诗《寄贺兰铦》。半叶无框无竖栏
行款不一。

J0099743
宋徽宗赵佶草书千字文 （宋）赵佶书
北京 文物出版社 1961 年 影印本［25］页
42cm（8 开）线装 统一书号：7068.165
定价：CNY9.60

J0099744
宋徽宗赵佶草书千字文 （宋）赵佶书
北京 文物出版社 1961 年［影印本］42cm（5 开）
定价：CNY100.00（全套）
（辽宁省博物馆藏法书选集）

J0099745
宋徽宗赵佶草书千字文 （宋）宋徽宗书；辽
宁博物馆藏
北京 文物出版社 1961 年 影印本 1 册 24 页
43cm（5 开）线装 统一书号：7068.165
定价：CNY9.60
　　半叶无框无竖栏行款不一。

J0099746
宋徽宗赵佶草书千字文 （宋）宋徽宗书
北京 文物出版社 1961 年 影印本 线装
　　本书据辽宁省博物馆藏宋宣和三年（1121）
宋徽宗手书影印。

J0099747
宋徽宗赵佶书蔡行勅 （宋）赵佶书
北京 文物出版社 1961 年［影印本］42cm（5 开）
定价：CNY100.00（全套）
（辽宁省博物馆藏法书选集）

J0099748
宋徽宗赵佶书蔡行勅 （宋）赵佶书
北京 文物出版社 1961 年 影印本［7］页
42cm（8 开）线装 统一书号：7068.174
定价：CNY2.60

J0099749
宋徽宗赵佶书蔡行勅 （宋）宋徽宗撰并书；
辽宁省博物馆藏
北京 文物出版社 1961 年 影印本 1 册 8 叶
42cm（8 开）线装 统一书号：7068.174
定价：CNY2.60
　　半叶无框无竖栏行款不一。

J0099750
宋徽宗赵佶书蔡行勅 （宋）宋徽宗撰并书；
辽宁省博物馆藏
北京 文物出版社 1961 年 影印本 线装

J0099751
宋徽宗赵佶书圜丘季享勅 （宋）赵佶书
北京 文物出版社 1961 年［影印本］42cm（5 开）
定价：CNY100.00（全套）
（辽宁省博物馆藏法书选集）

J0099752
宋徽宗赵佶书圜丘季享勅 （宋）宋徽宗书；
辽宁省博物馆藏
北京 文物出版社 1961 年 影印本 线装
　　本书据宋大观四年（1110）宋徽宗手迹影印。

J0099753
宋徽宗赵佶书圜丘季享勅 （一卷）（宋）宋
徽宗书；辽宁省博物馆藏
北京 文物出版社 1961 年 影印本 1 册 10 叶
42cm（8 开）线装 统一书号：7068.167
定价：CNY3.60
　　半叶无框无竖栏行款不一。

J0099754

宋徽宗赵佶书园丘季享勅　（宋）赵佶书

北京　文物出版社　1961 年　影印本　[10]页

42cm（ 8 开）线装　统一书号：7068.167

定价：CNY3.60

J0099755

宋陆游自书诗　（宋）陆游书；辽宁省博物馆藏

北京　文物出版社　1961 年　影印本　[30]页

43cm（ 8 开）线装　统一书号：7068.44

定价：CNY11.60

J0099756

宋陆游自书诗　（宋）陆游撰并书

北京　文物出版社　1961 年　影印本　线装

　　本书据辽宁省博物馆藏宋嘉泰四年（ 1204 ）

陆游自书诗稿影印。

J0099757

宋陆游自书诗　（一卷）（宋）陆游书

北京　文物出版社　1961 年　影印本　43cm（ 5 开）

线装　统一书号：7068.44　定价：CNY11.60

　　半叶无框无竖栏行款不一。

J0099758

宋文天祥书木鸡集序　（宋）文天祥书

北京　文物出版社　1961 年　影印本　线装

　　本书据辽宁省博物馆藏宋咸淳九年（ 1273 ）

文天祥手迹影印。

J0099759

宋文天祥书木鸡集序　（宋）文天祥书

北京　文物出版社　1961 年　影印本　[5]页

42cm（ 8 开）线装　统一书号：7068.166

定价：CNY1.60

J0099760

宋文天祥书木鸡集序　（宋）文天祥书

北京　文物出版社　1961 年　[影印本]42cm（ 5 开）

定价：CNY100.00（全套）

（辽宁省博物馆藏法书选集）

J0099761

宋文天祥书木鸡集序　（一卷）（宋）文天祥书

北京　文物出版社　1961 年　影印本　30cm（ 15 开）

线装　统一书号：7068.168　定价：CNY1.60

　　半叶无框无竖栏行款不一。

J0099762

宋孝宗赵昚草书赤壁赋　（宋）赵昚书

北京　文物出版社　1961 年　[影印本]42cm（ 5 开）

定价：CNY100.00（全套）

（辽宁省博物馆藏法书选集）

J0099763

宋孝宗赵昚草书赤壁赋　（宋）宋孝宗书

北京　文物出版社　1961 年　影印本　线装

J0099764

宋孝宗赵昚草书赤壁赋　（一卷）宋孝宗书

北京　文物出版社　1961 年　影印本　1 册8 叶

42cm（ 8 开）线装　统一书号：7068.177

定价：CNY3.20

　　行款不一。

J0099765

宋孝宗赵昚草书赤壁赋　宋孝宗书

北京　文物出版社　1961 年　影印本　[7]页

42cm（ 8 开）线装　统一书号：7068.177

定价：CNY3.20

J0099766

宋张即之书报本庵记　（南宋）张即之著

北京　文物出版社　1961 年　[影印本]42cm（ 5 开）

定价：CNY100.00（全套）

（辽宁省博物馆藏法书选集）

　　作者张即之（ 1186—1263 ），南宋书法家、政

治家。字温夫，号樗寮，历阳（今安徽省和县）人。

传世作品有楷书《佛遗教经》《金刚般若波罗蜜

经》《太上洞玄灵宝无量度人上品妙经》，行书

《双松图歌》《待漏院记》《书杜诗》《汪氏报本庵

记》等。

J0099767

宋张即之书报本庵记　（宋）张即之书

北京　文物出版社　1961 年　影印本　5 页

42cm（ 8 开）线装　统一书号：7068.175

定价：CNY1.60

J0099768

宋张即之书报本庵记 （宋）张即之书

北京 文物出版社 1961 年 影印本 线装

　　本书据辽宁省博物馆藏宋淳熙十二年（1185）本影印。

J0099769

宋张即之书报本庵记 （一卷）（宋）张即之书

北京 文物出版社 1961 年 影印本 42cm（8 开）线装 统一书号：7068.175 定价：CNY1.60

　　半叶无框无竖栏行款不一。

J0099770

宋朱熹书翰文稿 （宋）朱熹书

北京 文物出版社 1961 年 14 页 有图 42cm（8 开）线装 统一书号：7068.164 定价：CNY5.20

J0099771

宋朱熹书翰文稿 （宋）朱熹书

北京 文物出版社 1961 年 [影印本] 有图 42cm（5 开）定价：CNY100.00（全套）（辽宁省博物馆藏法书选集）

J0099772

宋朱熹书翰文稿 （宋）朱熹书

北京 文物出版社 1961 年 影印本 有像 线装

J0099773

宋朱熹书翰文稿 （一卷）（宋）朱熹书

北京 文物出版社 1961 年 影印本 1 册 14 叶 有图 42cm（8 开）线装 统一书号：7068.164 定价：CNY5.20

　　半叶无框无竖栏行款不一。

J0099774

烟江叠嶂诗 （一卷）（宋）苏轼撰；（元）赵孟𫖯书；辽宁省博物馆藏

北京 文物出版社 1961 年 影印本 有图 43cm（6 开）线装 统一书号：7068.179 定价：CNY7.60

　　半叶万历无竖栏字数不均。

J0099775

元鲜于枢书王安石诗 （元）鲜于枢书

北京 文物出版社 1961 年 影印本 [17]页

42cm（8 开）线装 统一书号：7068.169 定价：CNY6.40

　　作者鲜于枢（1246—1302），元代书法家、诗人。字伯机，号困学岷、寄直老人，大都（今北京）人。代表作品《苏轼海棠诗卷》《韩愈进学解卷》《论草书帖》等。

J0099776

元鲜于枢书王安石诗 （元）鲜于枢书

北京 文物出版社 1961 年 [影印本] 有图 42cm（5 开）定价：CNY100.00（全套）（辽宁省博物馆藏法书选集）

J0099777

元鲜于枢书王安石诗 （一卷）（宋）王安石撰；（元）鲜于枢书

北京 文物出版社 1961 年 影印本 41cm（8 开）线装 统一书号：7068.169 定价：CNY6.40

　　半叶无框无竖栏四行八字。

J0099778

元赵孟𫖯书归去来辞 （元）赵孟𫖯书

北京 文物出版社 1961 年 影印本 [12]页 43cm（8 开）线装 统一书号：7068.178 定价：CNY2.00

　　《归去来辞》是晋代文学家陶渊明的代表作之一，据明、清人著录记载，赵孟𫖯曾写过五六卷之多。卷首附有陶渊明的画像，像后有赵孟𫖯至治元年的题识。

J0099779

元赵孟𫖯书归去来辞 （元）赵孟𫖯书

北京 文物出版社 1961 年 [影印本] 有图 42cm（5 开）定价：CNY100.00（全套）（辽宁省博物馆藏法书选集）

J0099780

元赵孟𫖯书归去来辞 （晋）陶渊明撰；（元）赵孟𫖯书；辽宁省博物馆藏

北京 文物出版社 1961 年 影印本 有像 线装

　　书名据书名页题；据（元）赵孟𫖯稿本影印。

J0099781

元赵孟𫖯书急就章 （元）赵孟𫖯书

北京 文物出版社 1961 年 影印本 [14]页

43cm（8开）线装 统一书号：7068.172
定价：CNY5.60

J0099782
元赵孟頫书急就章　（元）赵孟頫书
北京 文物出版社 1961年［影印本］有图
42cm（5开）定价：CNY100.00（全套）
（辽宁省博物馆藏法书选集）

J0099783
元赵孟頫书急就章　（元）赵孟頫书；辽宁省
博物馆藏
北京 文物出版社 1961年 影印本 线装
　　本据据元至大二年（1309年）赵孟頫手书
影印。

J0099784
元赵孟頫书烟江叠嶂诗　（元）赵孟书
北京 文物出版社 1961年 影印本［19］页 有图
43cm（8开）线装 统一书号：7068.179
定价：CNY7.60

J0099785
元赵孟頫书烟江叠嶂诗　（元）赵孟頫书
北京 文物出版社 1961年［影印本］有图
42cm（5开）定价：CNY100.00（全套）
（辽宁省博物馆藏法书选集）
　　收于《辽宁省博物馆藏法书选集》中。

J0099786
元赵孟頫书烟江叠嶂诗　（宋）苏轼撰；（元）
赵孟頫书；辽宁省博物馆藏
北京 文物出版社 1961年 影印本 有图 线装

J0099787
柯九思老人星赋　（元）柯九思书
北京 人民美术出版社 1962年 18页 26cm（16开）
统一书号：8027.3928 定价：CNY0.25
　　中国元代法帖。作者柯九思（1290—1343），
元代著名画家。字敬仲，号丹丘、丹丘生、五云
阁吏等，浙江仙居县人。存世书迹有《老人星赋》
《读诛蚊赋诗》《重题兰亭独孤本》等，代表作《竹
石图》《清閟阁墨竹图》《双竹图》。

J0099788
赵孟頫书道德经　（元）赵孟頫书
南京 江苏人民出版社 1962年［38］页
25cm（小16开）统一书号：K7100.1526
定价：CNY0.18

J0099789
赵孟頫书妙严寺记
上海 上海古籍书店 1962年 经折装
定价：CNY0.20

J0099790
赵孟頫书妙严寺记　（元）赵孟頫书
上海 上海古籍书店 1962年 经折装
定价：CNY0.20

J0099791
赵孟頫书三门记　（元）赵孟頫书；北京中国
书法研究社编
北京 人民美术出版社 1962年 影印本［21］页
26cm（16开）统一书号：8027.3728
定价：CNY0.25
　　《三门记》全称为《玄妙观重修三门记》，为
元代牟𪩘撰文、大德六年（1302年）由赵孟頫书
并篆额。楷书，五十八行，行十一字，额三行。

J0099792
赵孟頫书三门记字帖　（选字本）
［上海］朵云轩 1962年 20cm（32开）
定价：CNY0.30

J0099793
六体千字文　（墨迹）（元）赵孟頫书
上海 上海古籍书店 1963年 102页
定价：CNY0.90

J0099794
苏东坡丰乐亭记字帖　（选字本）（宋）苏轼书
上海 朵云轩 1963年 20cm（32开）经折装
定价：CNY0.32

J0099795
苏东坡丰乐亭记字帖　（选字本）（宋）苏轼书
［上海］朵云轩 1964年［17×29cm］
定价：CNY0.22

J0099796

苏轼丰乐亭记 （宋）苏轼书；辽宁省博物馆编

沈阳 辽宁美术出版社 1963年 60页 26cm（16开）

统一书号：T8117.1450 定价：CNY0.50

J0099797

续千字文 （一卷）（元）赵孟頫书；故宫博物院藏并编

北京 文物出版社 1963年 影印本 43cm（10开）

线装 统一书号：7068.219 定价：CNY2.20

　　据故宫博物院藏本影印。半叶无框无竖栏十行十字。

J0099798

元赵孟頫书续千字文 （元）赵孟頫书；故宫博物院编

北京 文物出版社 1963年 2版 影印本 ［5］页

44cm（9开）线装 统一书号：7068.219

定价：CNY2.20

　　《续千字文》是宋人侍其玮模仿《千字文》行文方式撰写的一篇四言韵文，全文采用了1000个不重复的汉字，而这1000个字，又未曾被《千字文》使用过。本书据故宫博物院藏品影印，由元朝著名书法家赵孟頫书于元延祐二年（1315），纸本，界乌丝栏，纵24.3厘米，横153.3厘米，不见著录。

J0099799

元赵孟頫书续千字文 （元）赵孟頫书；国立北平故宫博物院藏并编

北京 文物出版社 1963年 影印本 线装

　　本书据元延祐二年（1315）赵孟頫手书影印。

J0099800

元赵孟頫书续千字文 （元）赵孟頫书

北京 文物出版社 1982年 影印本 线装

（故宫博物院藏历代法书选集）

J0099801

元赵孟頫书续千字文 （宋）侍其瑒撰；（元）赵孟頫书

北京 文物出版社 1994年 影印本 线装

（故宫博物院藏历代法书选集 第一集）

J0099802

赵孟頫寿春堂记 （元）赵孟頫书；辽宁省博物馆编

沈阳 辽宁人民出版社 1963年 ［55页］

26cm（16开）统一书号：8090.73

定价：CNY0.34

J0099803

赵孟頫书道德经 （简本）（元）赵孟頫书

上海 上海古籍书店 1963年 ［36页］

定价：CNY0.45

J0099804

赵孟頫书寿春堂记 （元）赵孟頫书

北京 北京出版社 1963年 44页 26cm（16开）

统一书号：8071.155 定价：CNY0.38

J0099805

赵孟頫书寿春堂记 （元）赵孟頫书

北京 北京出版社 1991年 44页 26cm（16开）

ISBN：7-200-01251-3 定价：CNY1.90

J0099806

赵松雪隶书千字文 （元）赵孟頫书

上海 上海古籍书店 1963年 1册（折装）

定价：CNY0.28

J0099807

赵松雪书六体千字文 （墨迹）（元）赵孟頫书

上海 上海古籍书店 1963年 26cm（16开）

定价：CNY0.90

J0099808

北宋黄庭坚华严疏 （宋）黄庭坚书；上海博物馆编

北京 文物出版社 1964年 5页 43cm（8开）线装

统一书号：7068.247 定价：CNY4.00（皮纸），

CNY2.80（玉版纸）

J0099809

北宋黄庭坚华严疏 （宋）黄庭坚书；上海博物馆编

北京 文物出版社 1964年 影印本 5页

43cm（8开）线装 统一书号：7068.247

定价：CNY4.00

J0099810
南宋赵孟坚自书诗 （宋）赵孟坚书；上海博物馆编
北京 文物出版社 1964年 18页 44cm（9开）
线装 统一书号：7068.246
定价：CNY9.00（皮纸），CNY6.00（玉版纸）

J0099811
南宋赵孟坚自书诗 （宋）赵孟坚撰并书；上海博物馆编
北京 文物出版社 1964年 影印本 线装

J0099812
宋黄山谷书墨竹赋等五种 （宋）黄庭坚书
上海 上海古籍书店 1964年 影印本 [41页]
26cm（16开）定价：CNY0.45

J0099813
宋徽宗瘦金书字帖 （宋）赵佶书
上海 朵云轩 1964年 [20]页 26cm（16开）
统一书号：Z-14 定价：CNY0.40

J0099814
宋徽宗赵佶草书千字文 （宋）赵佶书
上海 上海人民美术出版社 1964年 影印本 1函
44cm（5开）精装 统一书号：8081.5495
定价：CNY100.00
　　本书为宋徽宗赵佶书法作品影印本，共99行，1013字，篇尾草署"宣和壬寅御书"，押书"天下一人"，原作现藏辽宁省博物馆。

J0099815
宋徽宗赵佶草书千字文 （宋）宋徽宗书；辽宁博物馆藏
上海 上海人民美术出版社 1964年 影印本
43cm（5开）经折装 统一书号：8081.5494
定价：CNY100.00
　　宋徽宗赵佶雅好笔研丹青，亲自掌管翰林图画院，使文臣编辑《宣和画谱》《宣和书谱》《宣和博古图》等书。此卷递藏有绪，清代入内府，《石渠宝笈》著录，为赵佶草书真迹，现藏辽宁省博物馆。半叶无框无竖栏行款不一。

J0099816
元鲜于枢行书诗赞 （元）鲜于枢书；上海博物馆编
北京 文物出版社 1964年 19叶 44cm（9开）
线装 统一书号：7068.249 定价：CNY9.00（皮纸），
CNY6.00（玉版纸）

J0099817
元鲜于枢行书诗赞 （元）鲜于枢书；上海博物馆编
北京 文物出版社 1964年 影印本 线装
　　本书据（元）鲜于枢稿本影印。

J0099818
元俞和临定武本兰亭序 （元）俞和书；兰亭墨迹汇编编辑委员会编
北京 北京出版社 1964年 [22]页 33cm（5开）
统一书号：8071.166 定价：CNY0.30
（兰亭墨迹汇编 8）

J0099819
元赵孟頫临定武本兰亭序 （元）赵孟頫书；兰亭墨迹汇编编辑委员会编
北京 北京出版社 1964年 18页 33cm（5开）
统一书号：8071.165 定价：CNY0.25
（兰亭墨迹汇编 7）

J0099820
元赵孟頫书绝交书 （元）赵孟頫书
上海 上海古籍书店 1964年 [30]页 26cm（16开）
定价：CNY0.35

J0099821
赵孟頫妙严寺记字帖 （选字本）（元）赵孟頫书
[上海] 朵云轩 1964年 19cm（小32开）
定价：CNY0.15

J0099822
赵孟頫三门记字帖 （选字本）（元）赵孟頫书
上海 朵云轩 1964年 [20]页 26cm（16开）
统一书号：Z-07 定价：CNY0.22

J0099823
赵孟頫小字帖 （选字本）（元）赵孟頫书
上海 朵云轩 1964年 24页 25cm（小16开）
统一书号：Z-17 定价：CNY0.42

J0099824

赵松雪书六体千字文　（元）赵孟頫书
上海　上海古籍书店 1964 年　影印本 102 页
26cm（16 开）定价：CNY0.90

J0099825

北宋米芾拜中岳命诗（简装本）（宋）米芾书
北京　文物出版社 1965 年　影印本 36cm（15 开）
统一书号：7068.255 定价：CNY0.70

　　作者米芾（1051—1107），北宋书法家、画家、书画理论家。祖籍太原，出生于湖北襄阳，长期居润州（今江苏镇江）。初名黻，后改芾，字元章，号襄阳居士、海岳山人等。书画自成一家，枯木竹石，山水画独具风格特点。在书法也颇有造诣，擅篆、隶、楷、行、草等书体，长于临摹古人书法。代表作品有《宝晋英光集》《宝章待访录》《书史》《画史》《砚史》。

J0099826

北宋米芾拜中岳命诗　（宋）米芾书
北京　文物出版社 1982 年　影印本　线装
（故宫博物院藏历代法书选集）

J0099827

北宋米芾拜中岳命诗　（宋）米芾撰并书
北京　文物出版社 1994 年　影印本　线装
（故宫博物院藏历代法书选集　第一集）

J0099828

北宋苏轼答谢民师论文帖　（宋）苏轼书
北京　文物出版社 1965 年　[10]页 37cm（8 开）
统一书号：7068.258 定价：CNY1.30

J0099829

北宋苏轼祭黄几道文　（宋）苏轼书
北京　文物出版社 1965 年　[6]页 37cm（8 开）
统一书号：7068.265 定价：CNY0.70

J0099830

北宋赵佶真书千字文　（宋）赵佶书
北京　文物出版社 1965 年 3 页 43cm（8 开）
线装　统一书号：7068.259 定价：CNY5.00

J0099831

北宋赵佶真书千字文　（宋）宋徽宗书

北京　文物出版社 1965 年　影印本　线装
　　本书据上海图书馆藏本影印。

J0099832

北宋赵佶真书千字文
北京　文物出版社 1965 年 53cm（4 开）
定价：CNY5.00（皮纸线装），
CNY3.40（玉版纸线装）
　　中国北宋楷书法帖。

J0099833

黄山谷松风阁诗墨迹　（宋）黄庭坚书
上海　上海古籍书店 1965 年　影印本 [8]页
36cm（6 开）定价：CNY0.30

J0099834

黄山谷松风阁诗墨迹
上海　上海古籍书店 1978 年 14 页 25cm（15 开）
定价：CNY0.35

J0099835

灵隐大川济禅师塔铭　（一卷）（元）释祖闿
撰；（元）赵孟頫书；上海博物馆藏
北京　文物出版社 1965 年　影印本 43cm（8 开）
线装　统一书号：7068.261 定价：CNY6.20
　　中国元代书法作品。半叶无框无竖栏行款不一。

J0099836

米芾苕溪诗蜀素帖墨迹　（宋）米芾书
上海　上海古籍书店 1965 年　影印本 30cm（10 开）
定价：CNY0.55

　　作者米芾（1051—1107），北宋书法家、画家、书画理论家。祖籍太原，出生于湖北襄阳，长期居润州（今江苏镇江）。初名黻，后改芾，字元章，号襄阳居士、海岳山人等。书画自成一家，枯木竹石，山水画独具风格特点。在书法也颇有造诣，擅篆、隶、楷、行、草等书体，长于临摹古人书法。代表作品有《宝晋英光集》《宝章待访录》《书史》《画史》《砚史》。

J0099837

米芾苕溪诗蜀素帖墨迹
上海　上海古籍书店 1978 年 14 页 25cm（小 16 开）
定价：CNY0.55

J0099838

南宋赵构临虞世南真草千字文　（宋）赵构书
北京　文物出版社　1965年　［13］页　44cm（9开）
皮纸线装　统一书号：7068.260　定价：CNY9.40，
CNY6.20（玉版纸线装）

　　本书为宋高宗赵构临虞世南真草《千字文》
影印本，卷末自题"赠思温"字，上钤"御书"朱
文印，卷后有赵构自跋及元末明初俞友仁、钱
宰、明代项元汴等人的题跋，原作藏于上海博物
馆。作者赵构即宋高宗。善书法，初学黄庭坚、
米芾，后师"二王"，著《翰墨志》。

J0099839

南宋赵构临虞世南真草千字文　（宋）宋高
宗书；上海博物馆藏
北京　文物出版社　1965年　影印本　1册14叶
43cm（8开）线装　统一书号：7068.260
定价：CNY6.20

　　行款不一。

J0099840

南宋赵构临虞世南真草千字文　（宋）宋高
宗书
北京　文物出版社　1965年　影印本　线装
　　据上海博物馆藏本影印。

J0099841

宋拓薛绍彭摹刻兰亭叙　（宋）薛绍彭摹
北京　文物出版社　1965年　8页　37cm（8开）
统一书号：7068.256　定价：CNY3.00
　　据故宫博物院藏宋拓本影印。

J0099842

苏东坡墨迹选　（宋）苏轼书
上海　上海古籍书店　1965年　影印本　［57］页
26cm（16开）定价：CNY0.90

J0099843

元揭傒斯临智永真草千字文　（元）揭傒斯
临；上海博物馆藏
北京　文物出版社　1965年　38cm（6开）
统一书号：8068.655　定价：CNY0.70
　　中国元代楷书法帖。

J0099844

元揭傒斯临智永真草千字文　（元）揭傒斯书
北京　文物出版社　1965年　［22］页　37cm（8开）
简装本　统一书号：7068.266　定价：CNY2.60

J0099845

元揭傒斯临智永真草千字文　（一卷）（元）
揭傒斯书
北京　文物出版社　1965年　影印本　37cm（8开）
线装　统一书号：7068.266　定价：CNY2.60
　　中国元代法帖。半叶无框无竖栏八行
十二字。

J0099846

元杨维桢真镜庵募缘疏　（元）杨维桢书
北京　文物出版社　1965年　影印本　线装
　　据上海博物馆藏本影印。

J0099847

元杨维桢真镜庵募缘疏　（一卷）（元）杨维
桢书
北京　文物出版社　1965年　影印本　1册7叶
53cm（4开）统一书号：7068.262
定价：CNY3.40（玉版纸线装），
CNY5.00（皮纸线装）

　　此卷行书，后有都穆、曹三才、钱大昕等人
的题跋，内容是杨维桢为上海县高昌乡真镜庵撰
文并书写的募缘启事，是《真镜庵募缘疏》的最
大特点。半叶无框无竖栏行款不一。作者杨维
桢（1296—1370），元代诗人、书画家、戏曲家。
字廉夫，号铁崖、铁笛道人，又号铁心道人等。
著有《春秋合题着说》《史义拾遗》《东维子文集》
《铁崖古乐府》《丽则遗音》等。

J0099848

元赵孟頫书灵隐大川济禅师塔铭　（元）赵
孟頫书
北京　文物出版社　1965年　11叶　53cm（4开）
皮纸线装　统一书号：7068.261
定价：CNY9.40，CNY6.20（玉版纸线装）

　　本书为元代书法家赵孟頫行书《释普济塔
铭》影印本，卷首题名《灵隐大川济禅师塔铭》，
卷后有虞集、黄潽、郑元佑、释泽行、茂竺元、张
洪、王世贞等人的题跋，原作藏于上海博物馆。
作者赵孟頫（1254—1322），元代著名书画家、诗

人。字子昂，号松雪道人等。浙江吴兴（今浙江湖州市）人。能诗善文，精绘艺，工书法，"楷书四大家"之一。作品有《秋郊饮马图》《秀石疏林图》《松石老子图》等，著有《松雪斋文集》等。

J0099849

元赵孟頫书灵隐大川济禅师塔铭 （元）释祖闿撰；（元）赵孟頫书；上海博物馆藏
北京 文物出版社 1965年 影印本 线装

J0099850

赵孟頫大字帖
上海 朵云轩 1965年 20cm（32开）
定价：CNY0.20
　　中国宋代行书法帖。

J0099851

宋拓天发神谶碑 （故宫博物院藏善本碑帖之一）
[北京] 文物出版社 1966年 38cm（6开）线装
定价：CNY0.14
　　《天发神谶碑》建于吴天玺元年（276），一名《天玺记功碑》，在宋代以前断为三石，所以又称《三断碑》。因碑文残缺已无从查考书者。本书依据故宫博物院所藏宋拓孤本影印，书后附清代书法家吴让之临写的《天发神谶碑》供临习参考。

J0099852

宋拓天发神谶碑 《历代碑帖法书选》编辑组编
北京 文物出版社 1986年 26cm（16开）
统一书号：8068.1569 定价：CNY0.86
　　《天发神谶碑》建于吴天玺元年（276），一名《天玺记功碑》，在宋代以前断为三石，所以又称《三断碑》。书后附清代书法家吴让之临写的《天发神谶碑》。

J0099853

米芾书（离骚经） 中华丛书委员会编
[上海] 永祥印书馆 1967年

J0099854

米南宫多景楼真迹 （宋）米芾书；叶公超收藏
台北 汉华文化事业股份有限公司 1970年
影印本 [7]页 26cm（16开）精装
定价：TWD250.00

本书米芾法帖手迹13幅。作者米芾（1051—1107），北宋书法家、画家、书画理论家。祖籍太原，出生于湖北襄阳，长期居润州（今江苏镇江）。初名黻，后改芾，字元章，号襄阳居士、海岳山人等。书画自成一家，枯木竹石，山水画独具风格特点。在书法也颇有造诣，擅篆、隶、楷、行、草等书体，长于临摹古人书法。代表作品有《宝晋英光集》《宝章待访录》《书史》《画史》《砚史》。

J0099855

大楷选字本字帖 （一）
上海 上海书画社 1972年 32页 26cm（16开）
定价：CNY0.20

J0099856

大楷选字本字帖 （二 选自赵孟頫《胆巴碑》）
上海书画社编辑
上海 上海书画社 1973年 26cm（16开）
定价：CNY0.16

J0099857

米芾墨迹三种 米芾书
上海 上海书画社 1973年 37cm（8开）
统一书号：7172.47 定价：CNY2.00
　　本书选印北宋著名书画家米芾的《虹具诗》《多景诗》《研山铭》墨迹3种，书后附释文。

J0099858

元赵孟頫墨迹 （元）赵孟頫书；故宫博物院编辑委员会编辑
台北 台北故宫博物院 1974年 40叶 38cm（6开）
（故宫法书 第十六辑）

J0099859

宋文彦博三帖 故宫博物院藏
北京 文物出版社 1977年 16页 39cm（8开）
线装本 定价：CNY6.00

J0099860

汶莱宋碑与判院 陈铁凡撰
台北 燕京文化摄影公司 1977年 86页 有图
21cm（32开）定价：TWD40.00
（中文经济协会丛书 2）

J0099861

米芾墨迹三种　米芾书；上海书画社编
上海　上海书画社　1978年　影印本　重印本
56页　38cm（6开）统一书号：7172.47
定价：CNY2.00
　　本书选印北宋著名书画家米芾的《虹具诗》
《多景诗》《研山铭》墨迹3种，书后附释文。

J0099862

苏东坡墨迹选
上海　上海古籍书店　1978年　64页　25cm（16开）
定价：CNY0.90

J0099863

赵子昂行书洛神赋　（元）赵孟頫书；天津杨
柳青画店编辑
天津　天津杨柳青画店　1978年　12页　25cm（15开）
统一书号：7174.003　定价：CNY0.30

J0099864

金王庭筠书重修蜀先主庙碑　（金）王庭筠
撰书
北京　文物出版社　1979年　64页　39cm（6开）
线装本　定价：CNY30.00
　　本书据金拓本影印，为金代著名诗人、书
法家王庭筠的书法作品。作者王庭筠（1151—
1202），金代文学家、书画家。字子端，号黄华山
主、黄华老人。金代辽东（今营口熊岳）人，米芾
之甥。著有《王翰林文集》《黄华集》《蕠辨》等。

J0099865

金王庭筠书重修蜀先主庙碑　（金）王庭筠
撰书
北京　文物出版社　1980年　68页　38cm（6开）
统一书号：8068.731　定价：CNY1.80
　　本书据上海市博物馆藏本影印。

J0099866

宋蔡襄谢赐御书诗
上海　上海古籍书店　1979年　34页　38cm（6开）
定价：CNY1.10

J0099867

宋黄庭坚诸上座帖　（宋）黄庭坚书；上海书
画出版社编辑
上海　上海书画出版社　1979年　35页　38cm（6开）
统一书号：7172.117　定价：CNY1.50
（历代法书萃英）
　　北宋草书法帖。作者黄庭坚（1045—1105），
北宋文学家、书法家。字鲁直，号山谷道人。江
西省九江人。代表作品有《松风阁诗帖》《诸上
座帖》，著有《山谷集》《山谷词》《论古人书》等。

J0099868

宋张即之楷书合册　（宋）张即之书
合肥　安徽人民出版社　1979年　16页　35cm（15开）
统一书号：8102.1046　定价：CNY0.38
　　南宋楷书法帖。

J0099869

宋张即之楷书合册　（宋）张即之书
合肥　安徽人民出版社　1980年　2版　18页
19cm（32开）统一书号：8102.1046
定价：CNY0.60

J0099870

元赵孟书仇锷墓碑铭　（元）赵孟书；上海书
画出版社编辑
上海　上海书画出版社　1979年　77页　38cm（6开）
定价：CNY2.25

J0099871

元赵孟頫六体千字文　（元）赵孟頫书
北京　文物出版社　1979年　影印本　70页
38cm（6开）统一书号：8068.741
定价：CNY1.90
　　《六体千字文》相传是元代大书法家赵孟頫
书写，全卷布局纵横成行，将大篆、小篆、隶书、
章草、楷书、草书6种书体组合在一起。本书据
原貌影印出版。

J0099872

元赵孟頫书仇锷墓碑铭　（元）赵孟頫书；上
海书画出版社编
上海　上海书画出版社　1979年　影印本　77页
38cm（6开）统一书号：7172.96
定价：CNY2.25
（历代法书萃英）
　　中国元代行楷碑帖。

J0099873

岳飞书前后出师表 （南宋）岳飞书
成都　成都市美术社　1979 年　影印本　27cm（16 开）
线装

中国南宋草书法帖。作者岳飞（1103—1142），南宋时期军事家、战略家、书法家、诗人。字鹏举，相州汤阴（今河南省汤阴县）人。抗金名将。代表作有《满江红·写怀》《小重山·昨夜寒蛩不住鸣》《五岳祠盟记》。

J0099874

赵孟頫小楷字帖　　上海书画出版社编辑
上海　上海书画出版社　1979 年　31 页　19cm（32 开）
统一书号：7172.107　定价：CNY0.21

中国元代楷书法帖。

J0099875

赵孟頫小楷字帖　　上海书画社编辑
上海　上海书画社　1979 年　31 页　19cm（32 开）
统一书号：7172.107　定价：CNY0.14

中国元代楷书法帖。

J0099876

赵孟頫中楷字帖　（元）赵孟頫书；上海书画
出版社编辑
上海　上海书画出版社　1979 年　21 页　26cm（16 开）
统一书号：7172.111　定价：CNY0.21

中国元代楷书碑帖《妙严寺记》选字本。作者赵孟頫（1254—1322），元代著名书画家、诗人。字子昂，号松雪道人等。浙江吴兴（今浙江湖州市）人。能诗善文，精绘艺，工书法，"楷书四大家"之一。作品有《秋郊饮马图》《秀石疏林图》《松石老子图》等，著有《松雪斋文集》等。

J0099877

赵孟頫中楷字帖　（元）赵孟頫书
上海　上海书画社　1979 年　21 页　26cm（16 开）
统一书号：7172.111　定价：CNY0.21

中国元代楷书法帖。

J0099878

赵松雪书六体千字文
上海　上海古籍书店　1979 年　102 页　26cm（16 开）
定价：CNY0.90

《六体千字文》相传是元代大书法家赵孟頫

书写，全卷布局纵横成行，将大篆、小篆、隶书、章草、楷书、草书 6 种书体组合在一起。赵松雪（1254—1322），即赵孟頫，元代著名书画家、诗人。字子昂，号松雪道人等。浙江吴兴（今浙江湖州市）人。能诗善文，精绘艺，工书法，"楷书四大家"之一。作品有《秋郊饮马图》《秀石疏林图》《松石老子图》等，著有《松雪斋文集》等。

J0099879

赵松雪书六体千字文　［赵松雪书］
上海　上海古籍书店［印行］1979 年　102 页
26cm（16 开）定价：CNY0.90

J0099880

重修蜀先生庙碑　（金）王庭筠书
北京　文物出版社　1979 年　影印本　线装

本书据上海博物馆藏本影印。

J0099881

米芾的书法艺术
北京　人民美术出版社　1980 年　58 页
25cm（小 16 开）统一书号：8027.7264
定价：CNY1.85
（中国古代美术作品介绍丛书）

本书收入宋代书法大家米芾重要墨迹 42 种，碑帖拓片 12 种，并介绍了米芾的生平、成就等。

J0099882

鲜于枢草书进学解　（元）鲜于枢书；天津杨柳青画店编辑
天津　天津杨柳青画店　1980 年　29 页　25cm（16 开）
统一书号：7174.005　定价：CNY0.60

J0099883

岳飞书诸葛亮前后出师表
郑州　河南人民出版社　1980 年　57 页　27cm（16 开）
统一书号：8105.955　定价：CNY1.00

J0099884

赵孟頫字帖　（寿春堂记）（元）赵孟頫书
成都　四川人民出版社　1980 年　54 页　26cm（16 开）
统一书号：8118.646　定价：CNY0.45

J0099885

赵松雪书道德经　（元）赵孟頫书

西安　陕西人民出版社［1980—1989 年］影印本
有画像　线装

J0099886
赵松雪书道德经 （元）赵孟頫书
西安　陕西人民出版社 1987 年［50］页
33cm（5 开）线装　统一书号：8094.753
定价：CNY2.50
　　中国元代楷书法帖。

J0099887
蔡襄墨迹精品　蔡襄书
上海　上海古籍出版社 1981 年　影印本　12 页
25cm（15 开）定价：CNY0.90
　　作者蔡襄（1012—1067），北宋书法家、文学
家。字君谟，福建仙游县人。擅长正楷、行书和
草书。传世墨迹有《蔡襄自书诗帖》《洛阳桥记》
《吐谷浑词》《蒙惠帖》《陶生帖》等。

J0099888
蔡襄墨迹精品　蔡襄书
上海　上海古籍书店 1981 年　27cm（16 开）
统一书号：30.1.5300 定价：CNY0.90

J0099889
六体千字文 （元）赵孟頫书；《历代碑帖法书
选》编辑组编
北京　文物出版社 1981 年　25cm（16 开）
统一书号：8068.975 定价：CNY0.90
　　《六体千字文》相传是元代大书法家赵孟頫
书写，全卷布局纵横成行，将大篆、小篆、隶书、
章草、楷书、草书 6 种书体组合在一起。

J0099890
六体千字文　《历代碑帖法书选》编辑组编
北京　文物出版社 1986 年　影印本 26cm（16 开）
统一书号：8068.975 定价：CNY1.10
（历代碑帖法书选）
　　中国元代法帖。

J0099891
六体千字文 （元）赵孟頫书；《历代碑帖法书
选》编辑组编
北京　文物出版社 1987 年　重印本 26cm（16 开）
统一书号：8086·975 ISBN：7-5010-0108-1

定价：CNY1.45
（历代碑帖书法选）

J0099892
少林寺日本两禅师撰书三碑　河南省开封地
区文物管理委员会等编
北京　文物出版社 1981 年 26cm（16 开）
统一书号：8068.832 定价：CNY1.40

J0099893
少林寺日本两禅师撰书三碑　河南省开封地
区文物管理委员会编
北京　文物出版社 1995 年 26cm（16 开）
定价：CNY1.40

J0099894
宋拓群玉堂帖 （卷八　下）
上海　上海书画出版社 1981 年 38cm（6 开）
定价：CNY11.00
　　《群玉堂帖》原名《阅古堂帖》，是南宋韩侂
胄家藏墨迹。本册系米芾小行楷书，有《呈事帖》、
《王略帖跋》、《王羲之八十一字赞唱和诗》、《三米
兰亭跋》、《太师行》等八帖。

J0099895
苏东坡字帖 （宋）苏轼书
成都　四川人民出版社 1981 年 39 页 25cm（16 开）
定价：CNY0.48

J0099896
苏轼书欧阳永叔醉翁亭记 （宋）苏轼书
郑州　中州书画社 1981 年 37cm（8 开）
统一书号：8219.2 定价：CNY1.60

J0099897
朱子书帖　朱熹书
［厦门］宝莲阁 1981 年

J0099898
北宋范仲淹道服赞 （宋）范仲淹书
北京　文物出版社 1982 年　影印本　线装
（故宫博物院藏历代法书选集）

J0099899
北宋范仲淹道服赞 （宋）范仲淹撰并书

北京 文物出版社 1994 年 影印本 线装
（故宫博物院藏历代法书选集 第一集）

J0099900
北宋林逋自书诗 （宋）林逋书
北京 文物出版社 1982 年 影印本 线装
（故宫博物院藏历代法书选集）

J0099901
北宋林逋自书诗 （宋）林逋撰并书
北京 文物出版社 1994 年 影印本 线装
（故宫博物院藏历代法书选集 第一集）

J0099902
黄山谷书经伏波神祠诗 （北宋）黄庭坚书
上海 上海古籍书店 1982 年 37cm（8 开）
统一书号：48.32641 定价：CNY1.10

J0099903
黄山谷书经伏波神祠诗 （宋）黄庭坚书
上海 上海古籍书店 1982 年 影印本 38cm（6 开）
定价：CNY1.10

J0099904
黄庭坚书幽兰赋 （宋）黄庭坚书
郑州 中州书画社 1982 年 12 幅 64cm（2 开）
套装 统一书号：8219.248 定价：CNY2.60
　　《幽兰赋》系黄书上品，赋为唐韩伯庸作，它
对兰花作了生动描述和热情赞颂。石刻十二方
原藏黄公祠内。

J0099905
南宋文天祥宏斋帖 （宋）文天祥书
北京 文物出版社 1982 年 影印本 线装
（故宫博物院藏历代法书选集）

J0099906
南宋文天祥宏斋帖 （宋）文天祥书
北京 文物出版社 1994 年 影印本 线装
（故宫博物院藏历代法书选集 第一集）

J0099907
南宋张即之书佛遗教经 （宋）张即之书
北京 文物出版社 1982 年 影印本 线装
（故宫博物院藏历代法书选集）

J0099908
南宋张即之书佛遗教经 （宋）张即之书
北京 文物出版社 1994 年 影印本 线装
（故宫博物院藏历代法书选集 第一集）

J0099909
南宋朱熹城南唱和诗 （宋）朱熹书
北京 文物出版社 1982 年 影印本 线装
（故宫博物院藏历代法书选集）

J0099910
南宋朱熹城南唱和诗 （宋）朱熹撰并书
北京 文物出版社 1994 年 影印本 线装
（故宫博物院藏历代法书选集 第一集）

J0099911
群玉堂米帖 （宋）米芾书
上海 上海书画出版社 1982 年 影印本 3 册
38cm（6 开）统一书号：8172.722
定价：CNY10.00
（历代法书萃英）
　　《群玉堂帖》原名《阅古堂帖》，全帖共 10 卷。
本书分三册，上册是《群玉堂帖》卷 8 中的一部
分，以北京故宫博物院所藏吴荣光藏本与姚鹏
图藏本拼合精选而成，两本皆宋拓；中册是《群
玉堂帖》卷中的米芾《学书帖》；下册系米芾小
行楷书，其中有《宝事帖》《王略帖跋》《王羲之
八十一字赞唱和诗》等 8 帖，宋拓本。作者米芾
（1051—1107），北宋书法家、画家、书画理论家。
祖籍太原，出生于湖北襄阳，长期居润州（今江
苏镇江）。初名黻，后改芾，字元章，号襄阳居士、
海岳山人等。书画自成一家，枯木竹石，山水画
独具风格特点。在书法也颇有造诣，擅篆、隶、
楷、行、草等书体，长于临摹古人书法。代表作
品有《宝晋英光集》《宝章待访录》《书史》《画
史》《砚史》。

J0099912
群玉堂米贴 （宋）米芾书
上海 上海书画出版社 1982 年 影印本 3 册
38cm（8 开）统一书号：8172.722
定价：CNY10.00
　　本字帖共分三册：上册是米芾的小行草书；
中册是米芾的大字行书《学书贴》；下册是米芾
的小行楷书。

J0099913
宋蔡襄书洛阳桥碑 （宋）蔡襄书
福州 福建人民出版社 1982年 影印本 30页
19cm（32开）统一书号：8173.588
定价：CNY3.00
　　本书所收的"洛阳桥碑"是蔡襄代表作之一，
碑高2.8米，宽1.56米，共二石，计153字。碑
今存福建泉州市城东蔡公祠。本书据此拓印。
作者蔡襄（1012—1067），北宋书法家、文学家。
字君谟，福建仙游县人。擅长正楷、行书和草书。
传世墨迹有《蔡襄自书诗帖》《洛阳桥记》《吐谷
浑词》《蒙惠帖》《陶生帖》等。

J0099914
宋高宗赵构书白居易诗 （宋）宋高宗书
北京 文物出版社 1982年 影印本 线装
（辽宁省博物馆藏法书选集）

J0099915
宋黄庭坚诸上座 （宋）黄庭坚书
北京 文物出版社 1982年 影印本 线装
（故宫博物院藏历代法书选集）

J0099916
宋黄庭坚诸上座 （宋）黄庭坚书
北京 文物出版社 1993年 影印本 线装
（故宫博物院藏历代法书选集 第二集）

J0099917
宋陆游怀成都诗 （宋）陆游书
北京 文物出版社 1982年 影印本 线装
（故宫博物院藏历代法书选集）

J0099918
宋米芾珊瑚帖　复官帖 （宋）米芾书
北京 文物出版社 1982年 影印本 线装
（故宫博物院藏历代法书选集）
　　作者米芾（1051—1107），北宋书法家、画
家、书画理论家。祖籍太原，出生于湖北襄阳，
长期居润州（今江苏镇江）。初名黻，后改芾，字
元章，号襄阳居士、海岳山人等。书画自成一家，
枯木竹石，山水画独具风格特点。在书法也颇有
造诣，擅篆、隶、楷、行、草等书体，长于临摹古
人书法。代表作品有《宝晋英光集》《宝章待访
录》《书史》《画史》《砚史》。

J0099919
宋米芾珊瑚帖　复官帖 （宋）米芾书
北京 文物出版社 1993年 影印本 线装
（故宫博物院藏历代法书选集 第二集）

J0099920
宋米芾苕溪诗卷 （宋）米芾书；《历代碑帖法
书选》编辑组编辑
北京 文物出版社 1982年 25cm（16开）
统一书号：8068.996 定价：CNY0.18
（历代碑帖法书选）

J0099921
宋米芾苕溪诗卷 《历代碑帖法书选》编辑组编
北京 文物出版社 1994年 重印本 26cm（16开）
ISBN：7-5010-0819-1 定价：CNY0.80
（历代碑帖法书选）

J0099922
宋米芾向太后挽词 （宋）米芾书
北京 文物出版社 1982年 影印本 线装
（故宫博物院藏历代法书选集）

J0099923
宋米芾向太后挽词 （宋）米芾撰并书
北京 文物出版社 1993年 影印本 线装
（故宫博物院藏历代法书选集 第二集）

J0099924
宋米芾自书天马赋 （宋）米芾书
北京 上海博物馆工厂 1982年 影印本 线装
（辽宁省博物馆藏法书选集）

J0099925
宋四贤尺牍 （宋）王严叟等书
北京 上海博物馆工厂 1982年 影印本 线装
（辽宁省博物馆藏法书选集）

J0099926
宋苏轼治平帖 （宋）苏轼书
北京 文物出版社 1982年 影印本 线装
（故宫博物院藏历代法书选集）

J0099927
宋苏轼治平帖 （宋）苏轼书

北京　文物出版社　1993 年　影印本　线装
（故宫博物院藏历代法书选集　第二集）

J0099928
宋文彦博三帖　（宋）文彦博书
北京　文物出版社　1982 年　影印本　线装
（故宫博物院藏历代法书选集）

J0099929
宋文彦博三帖　（宋）文彦博书
北京　文物出版社　1993 年　影印本　线装
（故宫博物院藏历代法书选集　第二集）

J0099930
宋张即之书大方广佛华严经　（宋）张即之书
北京　文物出版社　1982 年　影印本　线装
（辽宁省博物馆藏法书选集）

J0099931
宋张即之书杜甫七律两首　（宋）张即之书
北京　文物出版社　1982 年　影印本　线装
（辽宁省博物馆藏法书选集）

J0099932
元邓文原临急就章　（元）邓文原书
北京　文物出版社　1982 年　影印本　线装
（故宫博物院藏历代法书选集）

J0099933
元邓文原临急就章　（元）邓文原临
北京　文物出版社　1993 年　影印本　线装
（故宫博物院藏历代法书选集　第二集）

J0099934
元康里巎书述笔法　（元）康里巎书
北京　文物出版社　1982 年　影印本　线装
（故宫博物院藏历代法书选集）
　　作者康里巎（1295—1345），元代书法家。字
子山，号正斋、恕叟，史传多作康里巎巎。康里
（今属新疆）人。幼时入学国子监，曾任礼部尚书、
翰林学士。代表作有《谪龙说卷》《李白古风诗
卷》《述笔法卷》等。

J0099935
元陆居仁苕之水诗　（元）陆居仁书

北京　文物出版社　1982 年　影印本　线装
（故宫博物院藏历代法书选集）

J0099936
元陆居仁苕之水诗　（元）陆居仁撰并书
北京　文物出版社　1993 年　影印本　线装
（故宫博物院藏历代法书选集　第二集）

J0099937
元吴镇心经　（元）吴镇书
北京　文物出版社　1982 年　影印本　线装
（故宫博物院藏历代法书选集）
　　作者吴镇（1280—1354），元代著名画家。字
仲圭，号梅花道人，尝署梅道人。浙江嘉善人。
存世作品有《渔父图》《双松平远图》《洞庭渔隐
图》等。

J0099938
元吴镇心经　（元）吴镇撰并书
北京　文物出版社　1993 年　影印本　线装
（故宫博物院藏历代法书选集　第二集）

J0099939
元杨维桢书城南唱和诗　（元）杨维桢书
北京　文物出版社　1982 年　影印本　线装
（故宫博物院藏历代法书选集）
　　作者杨维桢（1296—1370），元代诗人、书画
家、戏曲家。字廉夫，号铁崖、铁笛道人，又号
铁心道人等。著有《春秋合题着说》《史义拾遗》
《东维子文集》《铁崖古乐府》《丽则遗音》等。

J0099940
元杨维桢书城南唱和诗　（宋）张栻撰；（元）
杨维桢书
北京　文物出版社　1994 年　影印本　线装
（故宫博物院藏历代法书选集　第一集）

J0099941
元俞和自书诗　（元）俞和书
北京　文物出版社　1982 年　影印本　线装
（故宫博物院藏历代法书选集）

J0099942
元俞和自书诗　（元）俞和撰并书
北京　文物出版社　1993 年　影印本　线装

（故宫博物院藏历代法书选集　第二集）

J0099943

元张雨题画二诗　（元）张雨书
北京　文物出版社　1982 年　影印本　线装
（故宫博物院藏历代法书选集）

J0099944

元张雨题画二诗　（元）张雨撰并书
北京　文物出版社　1993 年　影印本　线装
（故宫博物院藏历代法书选集　第二集）

J0099945

元赵孟頫书般若波罗密多心经　（元）赵孟頫书
北京　文物出版社　1982 年　影印本　线装
（辽宁省博物馆藏法书选集）

J0099946

元赵孟頫书胆巴碑　赵孟頫书；《历代碑帖法书选》编辑组
北京　文物出版社　1982 年　25cm（16 开）
统一书号：8068.1107　定价：CNY0.50

J0099947

元赵孟頫书高峰禅师行状　（元）赵孟頫书
北京　文物出版社　1982 年　影印本　线装
（故宫博物院藏历代法书选集）

J0099948

元赵孟頫书高峰禅师行状　（元）赵孟頫书
北京　文物出版社　1994 年　影印本　线装
（故宫博物院藏历代法书选集　第一集）

J0099949

元诸家为周文英撰书诗志传合璧　（元）杨维祯等书
北京　文物出版社　1982 年　影印本　线装
（辽宁省博物馆藏法书选集）

J0099950

月岩如僵月　月泉洒晴雪　仙境在人间　真成两奇绝　（游天冠山诗——月岩）
（元）赵孟頫书
西安　陕西人民美术出版社　1982 年　［1 张］

76cm（2 开）定价：CNY0.18

J0099951

岳飞书吊古战场文　（宋）岳飞书
武汉　武汉市古籍书店　1982 年　影印本
37cm（8 开）定价：CNY0.70

J0099952

赵松雪书六体千字文　（元）赵孟頫书
上海　上海古籍书店［影印］1982 年　影印本
102 页　18cm（小 32 开）定价：CNY0.35

J0099953

六体千字文　（元）赵孟頫书
上海　上海古籍书店　1983 年　影印本　102 页
19cm（32 开）统一书号：G33.2　定价：CNY0.35

J0099954

米芾书翰墨迹　（北宋）米芾书；上海书画出版社编
上海　上海书画出版社　1983 年　77 页　37cm（8 开）
统一书号：7172.183　定价：CNY3.52
　　本书为中国北宋书法家米芾的书法选集。作者米芾（1051—1107），北宋书法家、画家、书画理论家。祖籍太原，出生于湖北襄阳，长期居润州（今江苏镇江）。初名黻，后改芾，字元章，号襄阳居士、海岳山人等。书画自成一家，枯木竹石，山水画独具风格特点。在书法也颇有造诣，擅篆、隶、楷、行、草等书体，长于临摹古人书法。代表作品有《宝晋英光集》《宝章待访录》《书史》《画史》《砚史》。

J0099955

米襄阳魏泰诗真迹　（北宋）米芾书；上海书画出版社编
上海　上海书画出版社　1983 年　影印本
39cm（4 开）统一书号：7172.188
定价：CNY0.80
　　本书为中国北宋行书法帖。

J0099956

元赵孟頫书妙严寺记　《历代碑帖法书选》编辑组
北京　文物出版社　1983 年　36 页　25cm（小 16 开）
统一书号：1068.1192　定价：CNY0.40

（历代碑帖法书选）

J0099957

赵子昂北陇耕云书卷石刻　（元）赵孟頫书
合肥　安徽人民出版社 1983 年　12 页
26cm（16 开）统一书号：8102.1204
定价：CNY0.22

J0099958

醉翁亭记　（宋）苏轼书
合肥　安徽美术出版社 1983 年　63 页 39cm（4 开）
定价：CNY1.80
（安徽墨宝选辑）

J0099959

醉翁亭记　（宋）苏轼书
合肥　安徽人民出版社 1983 年 63 页 35cm（15 开）
统一书号：8102.1257 定价：CNY1.30

J0099960

还我河山　岳飞书
郑州　河南人民出版社 1984 年　76cm（2 开）
定价：CNY0.40
　　作者岳飞（1103—1142），南宋时期军事家、
战略家、书法家、诗人。字鹏举，相州汤阴（今河
南省汤阴县）人。抗金名将。代表作有《满江红·写
怀》《小重山·昨夜寒蛩不住鸣》《五岳祠盟记》。

J0099961

黄山谷书李白忆旧游诗　（宋）黄庭坚书
上海　上海古籍书店 1984 年　27cm（16 开）
定价：CNY1.00

J0099962

满江红　岳飞书
郑州　河南人民出版社 1984 年　108cm（全开）
定价：CNY0.80

J0099963

宋蔡襄书刘蒙伯墓碣文　（宋）蔡襄书；福建
美术出版社编
福州　福建美术出版社［1984 年］［40 页］
38cm（6 开）统一书号：8421.101
定价：CNY2.00
　　刘蒙伯墓碑文，刻于 1061 年。原碑楷书 20

行，每行 52 字至 55 字不等。碑今存福州，据
此拓印，为蔡氏楷书中珍品。作者蔡襄（1012—
1067），北宋书法家、文学家。字君谟，福建仙游
县人。擅长正楷、行书和草书。传世墨迹有《蔡
襄自书诗帖》《洛阳桥记》《吐谷浑词》《蒙惠帖》
《陶生帖》等。

J0099964

宋徽宗楷书千字文　宋徽宗作
上海　上海书店 1984 年　34cm（10 开）
定价：CNY0.90

J0099965

宋徽宗楷书千字文　（宋）赵佶书
上海　上海书店 1985 年［影印本］42cm（8 开）
定价：CNY0.90
　　宋代中国楷书法帖。

J0099966

苏东坡草书醉翁亭记　（宋）苏轼书
成都　四川人民出版社 1984 年 46 页 25cm（16 开）
统一书号：8118.1702 定价：CNY1.20

J0099967

元鲜于枢书苏轼海棠诗　（元）鲜于枢书；《历
代碑帖法书选》编辑组编
北京　文物出版社 1984 年　25cm（小 16 开）
统一书号：8068.1328 定价：CNY0.34
（历代碑帖法书选）
　　作者鲜于枢（1246—1302），元代书法家、诗
人。字伯机，号困学岷、寄直老人，大都（今北京）
人。代表作品《苏轼海棠诗卷》《韩愈进学解卷》
《论草书帖》等。

J0099968

元鲜于枢书苏轼海棠诗　（元）鲜于枢书；《历
代碑帖法书选》编辑组编
北京　文物出版社 1995 年　重印本 26cm（16 开）
ISBN：7-5010-0861-2 定价：CNY2.00
（历代碑帖法书选）

J0099969

元赵孟頫书洛神赋　赵孟頫书，《历代碑帖
书选》编辑组
北京　文物出版社 1984 年　25cm（小 16 开）

统一书号：8068.1319 定价：CNY0.22
（历代碑帖法书选）

　　中国元代行楷碑帖。

J0099970
元赵孟頫书洛神赋　《历代碑帖法书选》编辑
组编
北京 文物出版社 1994年 重印本 26cm（16开）
ISBN：7-5010-0818-3 定价：CNY1.30
（历代碑帖法书选）

J0099971
元赵孟頫书张总管墓志铭　故宫博物院《历
代碑帖墨迹选》编辑组编
北京 紫禁城出版社 1984年 26cm（16开）
统一书号：8314.004 定价：CNY0.40
（故宫博物院珍藏历代碑帖墨迹选）

　　中国元代楷书碑帖。

J0099972
元赵孟頫书张总管墓志铭　赵孟頫书
北京 紫禁城出版社 1984年 25cm（15开）
统一书号：8314.004 定价：CNY0.40

J0099973
北宋拓苏书丰乐亭记
成都 成都古籍书店 1985年 影印本 26cm（16开）
定价：CNY1.00

J0099974
北宋拓苏书丰乐亭记
成都 成都古籍书店 1990年 26cm（16开）
定价：CNY1.70

J0099975
宋人墨迹集册　（一）故宫博物院编辑委员会
编辑
台北 台北故宫博物院 1985年 3版 50叶
39cm（4开）线装
（故宫法书 第十五辑 1）

J0099976
宋人墨迹集册　故宫博物院编辑委员会编辑
台北 台北故宫博物院 1995年 40叶 38cm（6开）
线装 ISBN：957-562-209-X

（故宫法书 第十五辑 2）

J0099977
**宋苏东坡书天际乌云帖真迹昆阳城赋墨迹
合册**　（宋）苏东坡书
成都 成都古籍书店 1985年 影印本 26cm（16开）
定价：CNY1.08

　　作者苏东坡（1037—1101），本名苏轼，宋代
文学家、书画家。眉州眉山（今属四川）人，祖籍
河北栾城。字子瞻，一字和仲，号东坡居士。为
"唐宋八大家"之一，擅长文人画。仁宗嘉祐二年
（1057）进士。曾任翰林学士、侍读学士、礼部尚
书等职。作品有《东坡七集》《东坡易传》《东坡
乐府》《潇湘竹石图卷》《古木怪石图卷》等。

J0099978
宋拓颜书李元靖碑
成都 成都古籍书店 1985年 影印本 26cm（16开）
定价：CNY1.80

　　据临川李氏藏本影印。

J0099979
宋拓云麾李秀碑完本
成都 成都古籍书店 1985年 影印本 38cm（6开）
定价：CNY1.00

J0099980
宋徽宗楷书千字文　（宋）赵佶书
上海 上海书店 1985年 38cm（6开）
统一书号：T45.1 定价：CNY0.90
　　中国宋代楷书法帖。

J0099981
宋赵佶瘦金书　（北宋）赵佶书；故宫博物院
《历代碑帖墨迹选》编辑组编
北京 紫禁城出版社 1985年 26cm（16开）
统一书号：8314.029 定价：CNY0.30
（故宫博物院珍藏历代碑帖墨迹选）
　　中国宋代楷书法帖。

J0099982
苏东坡洞庭春色赋、中山松醪卷墨迹　（宋）
苏东坡书；吉林美术出版社编辑
长春 吉林美术出版社 1985年 影印本 44页
25cm（16开）精装 统一书号：8390.20

定价：CNY6.00

中国宋代行书法帖。

J0099983

苏东坡寒食图　（宋）苏东坡书

上海　上海书画出版社　1985年　1张　76cm（2开）

定价：CNY0.20

J0099984

苏轼书罗池庙迎享送神诗碑　（宋）苏轼书

郑州　河南美术出版社　1985年　38cm（6开）

统一书号：8386.379　定价：CNY1.50

中国宋代楷书法帖。

J0099985

天冠山诗帖　（元）赵孟頫书

北京　北京市中国书店　1985年　26cm（16开）

定价：CNY0.90

J0099986

天际乌云帖真迹　（宋）苏东坡书

成都　成都古籍出版社　1985年　[60]页

30cm（12开）　定价：CNY1.08

本书由《天际乌云帖真迹》《昆阳城赋墨迹》

合订。

J0099987

元赵孟頫福神观记　（元）赵孟頫书；上海书

画出版社编

上海　上海书画出版社　1985年　35页　26cm（16开）

统一书号：8172.1441　定价：CNY0.58

（历代名帖自学选本）

J0099988

元赵孟頫神观记　赵孟頫书；上海书画出版

社编

上海　上海书画出版社　1985年　35页　26cm（16开）

统一书号：8172.1441　定价：CNY0.58

J0099989

赵孟頫行书册　（元）赵孟頫书

郑州　河南美术出版社　1985年　15页　26cm（16开）

定价：CNY0.45

J0099990

北宋赵佶真书千字文秾芳诗　（宋）赵佶书；

《历代碑帖法书选》编辑组编

北京　文物出版社　1986年　影印本　26cm（16开）

统一书号：8068.1479　定价：CNY0.59

（历代碑帖法书选）

中国北宋楷书法帖。

J0099991

北宋赵佶真书千字文秾芳诗　（北宋）赵佶书

北京　文物出版社　1986年　10cm（64开）

统一书号：8068.1479　定价：CNY3.25

J0099992

赤壁怀古　（宋）苏东坡书

兰州　甘肃人民出版社　1986年　1张　76cm（2开）

定价：CNY0.25

J0099993

景苏园帖

武汉　湖北美术出版社　1986年　影印本

2册（405页）38cm（6开）

统一书号：8399.432　定价：CNY20.00

本书是中国北宋行书碑帖。据清代杨寿昌

《景苏园帖》石刻拓片影印。

J0099994

米芾魏泰诗　（宋）米芾书

上海　上海书画出版社　1986年　1张　76cm（2开）

定价：CNY0.20

作者米芾（1051—1107），北宋书法家、画

家、书画理论家。祖籍太原，出生于湖北襄阳，

长期居润州（今江苏镇江）。初名黻，后改芾，字

元章，号襄阳居士、海岳山人等。书画自成一家，

枯木竹石，山水画独具风格特点。在书法也颇有

造诣，擅篆、隶、楷、行、草等书体，长于临摹古

人书法。代表作品有《宝晋英光集》《宝章待访

录》《书史》《画史》《砚史》。

J0099995

苏东坡草书《念奴娇赤壁怀古》　（宋）苏东

坡书

福州　福建美术出版社　1986年　2张　76cm（2开）

定价：CNY0.80

J0099996

苏东坡书丰乐亭记 （宋）苏轼书
上海 上海书店 1986年［76页］38cm（6开）
定价：CNY2.90
　　中国北宋楷书碑帖。作者苏东坡（1037—1101），本名苏轼，宋代文学家、书画家。眉州眉山（今属四川）人，祖籍河北栾城。字子瞻，一字和仲，号东坡居士。为"唐宋八大家"之一，擅长文人画。仁宗嘉祐二年（1057）进士。曾任翰林学士、侍读学士、礼部尚书等职。作品有《东坡七集》《东坡易传》《东坡乐府》《潇湘竹石图卷》《古木怪石图卷》等。

J0099997

苏东坡书丰乐亭记 （宋）苏轼书
上海 上海书店 1991年 影印本 37×26cm（8开）
ISBN：7-80569-388-9 定价：CNY7.50
　　中国北宋楷书碑帖。

J0099998

元赵孟頫汲黯传 （元）赵孟頫书
上海 上海书画出版社 1986年 影印本 18页
26cm（16开）统一书号：8172.1440
定价：CNY0.34
（历代名帖自学选本）
　　中国元代楷书法帖。

J0099999

元赵孟頫书妙严寺记 （元）赵孟頫书
北京 文物出版社 1986年 影印本 26cm（16开）
统一书号：8068.1192 定价：CNY0.40
（历代碑帖法书选）
　　中国元代行书碑帖。

J0100000

赵孟頫书道教碑 （元）赵孟頫书
天津 天津市古籍书店 1986年 167页
26cm（16开）定价：CNY2.98
　　中国元代楷书碑帖。

J0100001

赵孟頫书狄梁公碑 赵孟頫书
天津 天津杨柳青画社 1986年 23页 33×17cm
统一书号：CN7174.30 定价：CNY0.58
　　中国元代行书碑帖。

J0100002

赵孟頫书福神观记 （元）赵孟頫书；天津市古籍书店影印
天津 天津市古籍书店 1986年 影印本 53页
26cm（16开）定价：CNY0.75
　　中国元代行书碑帖。

J0100003

赵孟頫小楷道德经真迹 （元）赵孟頫书；上海书画出版社编
上海 上海书画出版社 1986年 影印本 50页
25cm（小16开）统一书号：8172.1504
定价：CNY1.80
（历代法书萃英）
　　中国元代楷书法帖。

J0100004

赵孟頫小楷字贴
上海 上海书画出版社 1986年 8页 17cm（40开）
袋装 定价：CNY0.52
（系列塑料活页字帖）

J0100005

赵孟頫中楷字贴
上海 上海书画出版社 1986年 8页 17cm（40开）
袋装 定价：CNY0.52
（系列塑料活页字帖）

J0100006

蔡京书赵公神道碑 （宋）蔡京书
成都 四川美术出版社 1987年［58］页
26cm（16开）统一书号：8373.1110
ISBN：7-5410-0064-7 定价：CNY1.70
　　中国北宋楷书碑帖。作者蔡京（1047—1126），北宋书法家。字元长。兴化仙游（今属福建省）人。主要作品有《草堂诗题记》《节夫帖》《宫使帖》。

J0100007

黄庭坚书廉颇蔺相如列传 （北宋）黄庭坚书
郑州 河南美术出版社 1987年 17页 38cm（6开）
定价：CNY1.80
　　中国北宋草书法帖。

J0100008

满江红　岳飞著；雷世纲书
武汉　湖北美术出版社　1987年　16cm（25开）
折叠装　ISBN：7-5394-0009-9　定价：CNY0.38
　　中国现代行楷法帖。

J0100009

秦邮帖　（宋）苏东坡等书；（清）钱泳刻
南京　南京大学出版社　1987年　影印本　2册
32cm（12开）ISBN：7-305-00138-4
定价：CNY5.10

J0100010

赵孟頫妙严寺记　（元）赵孟頫书
上海　上海书店　1987年　26cm（16开）
定价：CNY0.55
　　中国元代楷书法帖。

J0100011

赵孟頫书安素轩石刻　（元）赵孟頫书
天津　天津市古籍书店　1987年　影印本　54页
26cm（16开）定价：CNY0.98
　　中国元代楷书碑帖。

J0100012

赵文敏书急就篇　（元）赵孟頫书
天津　天津市古籍书店　1987年　影印本　42页
26cm（16开）定价：CNY0.86
　　中国元代章草法帖。

J0100013

赵文敏书琴赋真迹　（元）赵孟頫书
天津　天津市古籍书店　1987年　影印本　17页
26cm（16开）定价：CNY0.54
　　中国元代楷书法帖。

J0100014

赵子昂书敬君碑　（元）赵孟頫书
成都　四川美术出版社　1987年　26cm（16开）
ISBN：7-5410-0087-6　定价：CNY1.60
　　中国元代楷书碑帖。

J0100015

大观圣作之碑　赵佶书；陕西省博物馆编
西安　陕西人民美术出版社　1988年　53页　有照片

30×19cm　定价：CNY3.30
（西安碑林名碑　15）
　　中国北宋楷书碑帖。

J0100016

米芾行书　（宋）米芾书
北京　中国书店　1988年　26cm（16开）
ISBN：7-80568-025-6　定价：CNY1.80
　　作者米芾（1051—1107），北宋书法家、画家、书画理论家。祖籍太原，出生于湖北襄阳，长期居润州（今江苏镇江）。初名黻，后改芾，字元章，号襄阳居士、海岳山人等。书画自成一家，枯木竹石，山水画独具风格特点。在书法也颇有造诣，擅篆、隶、楷、行、草等书体，长于临摹古人书法。代表作品有《宝晋英光集》《宝章待访录》《书史》《画史》《砚史》。

J0100017

米书千字文　（宋）米芾书
北京　中国书店　1988年　影印本　26cm（16开）
ISBN：7-80568-024-8　定价：CNY0.80
　　中国北宋行书碑帖。

J0100018

书经补遗　（清）阮元辑
南京　江苏古籍出版社　1988年　影印本
19cm（32开）精装　ISBN：7-80519-073-9
（宛委别藏　71）
　　作者阮元（1764—1849），清代著名学者。字伯元，号芸台、雷塘庵主，晚号怡性老人。江苏仪征人。在经史、数学、天算、舆地、编纂、金石、校勘等方面都有造诣，代表作品有《经籍籑诂》《畴人传》《小沧浪笔谈》《耄年自述卷》等。

J0100019

宋米芾蜀素帖　（宋）米芾书
上海　上海书画出版社　1988年　15页　26cm（16开）
ISBN：7-80512-209-1　定价：CNY0.70
（历代名帖自学选本）
　　中国北宋行书法帖。

J0100020

宋米襄阳辨法帖真迹　（北宋）米芾书
天津　天津市古籍书店　1988年　影印本　13页
33cm（5开）定价：CNY1.20

（历代碑帖集萃）

　　中国北宋行草碑帖。

J0100021

宋苏东坡赤壁赋 （宋）苏轼书

上海 上海书画出版社 1988年 16页 26cm（16开）

ISBN：7-80512-210-5 定价：CNY0.70

（历代名帖自学选本）

　　中国北宋行楷法帖。

J0100022

宋拓米芾方圆庵记

天津 天津市古籍书店 1988年 影印本 40页

26cm（16开）定价：CNY1.15

（历代碑帖集萃）

J0100023

宋拓善才寺碑

天津 天津市古籍书店 1988年 影印本 37页

26cm（16开）定价：CNY1.40

（历代碑帖集萃）

J0100024

宋拓苏东坡书丰乐亭记 （宋）苏东坡书

天津 天津市古籍书店 1988年 影印本 73页

26cm（16开）定价：CNY1.50

（历代碑帖集萃）

J0100025

苏轼天际乌云帖真迹 （宋）苏轼书

天津 天津市古籍书店 1988年 影印本 40页

26cm（16开）定价：CNY1.10

（历代碑帖集萃）

　　中国宋代行书碑帖。

J0100026

元公姬氏碑

天津 天津市古籍书店 1988年 影印本 27页

26cm（16开）定价：CNY1.00

（历代碑帖集萃）

　　中国元代楷书碑帖。

J0100027

元鲜于枢书透光古镜歌 （元）鲜于枢书

天津 天津市古籍书店 1988年 影印本 30页

［30cm］（10开）定价：CNY1.70

J0100028

元赵孟頫临黄庭经真迹 （元）赵孟頫书

天津 天津市美术印刷厂 1988年 52页

33cm（10开）定价：CNY2.50

J0100029

元赵孟頫临黄庭经真迹 赵孟頫书

天津 天津市美术印刷厂 1989年 12页

33cm（12开）定价：CNY1.00

J0100030

岳飞书后出师表

天津 天津市古籍书店 1988年 影印本 118页

26cm（16开）定价：CNY3.80

　　中国宋代草书碑帖。

J0100031

岳飞书前出师表

天津 天津市古籍书店 1988年 影印本 114页

26cm（16开）定价：CNY3.80

　　中国宋代草书碑帖。

J0100032

赵孟頫大楷字帖 （元）赵孟頫撰

合肥 安徽美术出版社 1988年 26cm（16开）

ISBN：7-5398-0036-4 定价：CNY2.30

　　中国元代楷书法帖。

J0100033

赵孟頫光福重建塔记真迹 （元）赵孟頫书

天津 天津古籍出版社 1988年 16页 37cm（8开）

ISBN：7-80504-079-6 定价：CNY1.10

　　中国元代行书法帖。

J0100034

赵孟頫书中峰和尚诗真迹 （元）赵孟頫书

天津 天津古籍出版社 1988年 22页 26cm（16开）

ISBN：7-80504-064-8 定价：CNY1.00

　　中国元代行书法帖。

J0100035

米芾墨迹大观 朱仲岳编

上海 上海人民美术出版社 1989年 150页

26cm（16开）ISBN：7-5322-0496-0
定价：CNY7.80
　　本书集中国北宋大书法家米芾书法作品 74
幅。作者米芾，中国北宋大书法家。

J0100036
南唐李后主墨迹 （南唐）李煜书
天津　天津市古籍书店　1989 年　影印本　26 页
33cm（5开）定价：CNY1.80
　　中国南唐行草法帖。

J0100037
宋黄庭坚书狄梁公碑 （宋）黄庭坚书
天津　天津市古籍书店　1989 年　影印本　46 页
33cm（5开）定价：CNY3.00
（历代碑帖集萃）
　　中国宋代行书碑帖。

J0100038
宋黄庭坚五君咏 （宋）黄庭坚书
天津　天津市古籍书店　1989 年　20 页 37cm（8开）
定价：CNY3.00
（历代碑帖集萃）
　　中国宋代行书碑帖。

J0100039
宋米芾三帖真迹 米芾书
天津　天津市古籍书店　1989 年　影印本　14 页
33cm（5开）定价：CNY1.00
（历代碑帖集萃）
　　中国宋代行书碑帖。作者米芾（1051—
1107），北宋书法家、画家、书画理论家。祖籍
太原，出生于湖北襄阳，长期居润州（今江苏镇
江）。初名黻，后改芾，字元章，号襄阳居士、海
岳山人等。书画自成一家，枯木竹石，山水画独
具风格特点。在书法也颇有造诣，擅篆、隶、楷、
行、草等书体，长于临摹古人书法。代表作品
有《宝晋英光集》《宝章待访录》《书史》《画史》
《砚史》。

J0100040
宋米芾手札 （宋）米芾书
天津　天津市古籍书店　1989 年　26 页 26cm（16开）
定价：CNY1.50
（历代碑帖集萃）

中国宋代行书碑帖。米芾（1051—1107），宋
代书法家、字元章。

J0100041
宋苏轼罗池庙神辞碑 （宋）苏轼书
天津　天津市古籍书店　1989 年　影印本　25 页
39cm（4开）定价：CNY3.50
（历代碑帖集萃）
　　中国北宋行书碑帖。

J0100042
宋苏轼书爱酒歌真迹 （宋）苏轼书
天津　天津市古籍书店　1989 年　影印本　15 页
33cm（5开）定价：CNY1.30
（历代碑帖集萃）
　　中国北宋行书碑帖。

J0100043
苏轼的书法艺术 陈振濂编著
北京　人民美术出版社 1989 年　57 页 26cm（16开）
ISBN：7-102-00241-6 定价：CNY4.20
（中国古代美术作品介绍丛书）
　　本书收录宋代书法家苏轼书法墨迹 23 件，
碑帖拓本 10 种。文中肯定了苏轼是宋代书法"尚
意"的代表人物。具体论述苏书风貌的创造倾向，
用笔用墨特色及后世的影响。介绍其生平与治
学，肯定其在中国文艺史上的卓著地位。作者陈
振濂（1956—　　），书法家。号颐斋。生于上海，
浙江鄞县人。曾任浙江大学人文学院副院长、中
国文联副主席、中国书法家协会副主席、中国文
艺评论家协会副主席、浙江省文联副主席、西泠
印社副社长。著作有《书法美学》《大学书法教
材集成》。

J0100044
元鲜于枢行草真迹 （元）鲜于枢书
天津　天津市古籍书店　1989 年　影印本　15 页
39cm（4开）定价：CNY2.50
（历代碑帖集萃）

J0100045
岳飞书前后出师表 （南宋）岳飞书
北京　中国书店 1989 年　影印本　64 页
26cm（16开）ISBN：7-80568-014-0
定价：CNY2.20

中国南宋草书法书。

J0100046

岳飞书谢朓诗 （南宋）岳飞书

北京 中国书店 1989年 影印本 26cm（16开）

ISBN：7-80568-013-2 定价：CNY1.50

　　中国南宋法书，根据李氏古芬山馆版本影印。

J0100047

赵孟頫书胆巴碑 （元）赵孟頫书

天津 天津市古籍书店 1989年 影印本 30页

39cm（4开）定价：CNY4.00

J0100048

赵松雪书佑圣观捐施题名记 （元）赵孟頫编著

成都 巴蜀书社 1989年 24页 26cm（16开）

ISBN：7-80523-253-9 定价：CNY1.10

（历代碑帖墨迹丛书）

J0100049

赵子昂书送李愿归盘谷序 赵子昂书

天津 天津市古籍书店 1989年 影印本 17页

33×19cm 定价：CNY1.60

　　本书是中国唐代行书法帖。

J0100050

蔡襄墨迹大观 （宋）蔡襄书；朱仲岳编

上海 上海人民美术出版社 1990年 84页

26cm（16开）ISBN：7-5322-0562-2

定价：CNY5.00

　　本书收录宋代书法家蔡襄的墨迹30余件，包括楷、行、草以及行楷、行书诸书体。作者蔡襄（1012—1067），北宋书法家、文学家。字君谟，福建仙游县人。擅长正楷、行书和草书。传世墨迹有《蔡襄自书诗帖》《洛阳桥记》《吐谷浑词》《蒙惠帖》《陶生帖》等。

J0100051

黄山谷小楷金刚经 （宋）黄庭坚书

天津 天津市古籍书店 1990年 61页

32×19cm（12开）定价：CNY2.50

（历代碑帖集萃）

J0100052

黄庭坚草书《廉颇蔺相如列传》 （宋）黄庭坚书

北京 北京师范大学出版社 1990年 54页

30cm（15开）ISBN：7-303-01055-6

定价：CNY8.00

（书法教学参考丛帖）

　　本书是根据美国纽约大都会博物馆所藏黄氏草书精品图版（35幅）影印出版。

J0100053

黄庭坚墨迹大观 朱仲岳编

上海 上海人民美术出版社 1990年 176页

26cm（16开）ISBN：7-5322-0645-9

定价：CNY9.20

　　本书共收录黄庭坚书法作品36幅图。

J0100054

旧拓米芾小楷千字文 天津市古籍书店影印

天津 天津市古籍书店 1990年 影印本 15页

26cm（16开）定价：CNY0.80

（历代碑帖集萃）

J0100055

米芾的书法艺术 沈鹏编著

北京 人民美术出版社 1990年 2版 57页

26cm（16开）ISBN：7-102-00816-3

定价：CNY5.50

（中国古代美术作品介绍）

　　本书收宋代书法大家米芾重要墨迹42种，碑帖拓片12种。主要论述米芾行草书在宋代书坛及中国书法史上的地位与贡献。作者沈鹏（1931—　　），书法家、美术评论家、诗人。生于江苏江阴。历任中国文联副主席、中国书法家协会主席、中国美术出版总社顾问以及《中国书画》主编、炎黄书画院副院长、中国书画函授大学教授、《书法之友》杂志名誉主席等职。书法作品有著作：《书画论评》《沈鹏书画谈》《三余吟草》《沈鹏书法选》《沈鹏书法作品集》。

J0100056

米芾行草字帖 （宋）米芾书

合肥 安徽美术出版社 1990年 影印本 37页

31cm（10开）ISBN：7-5398-0085-2

定价：CNY3.50

（滋蕙堂墨宝 6）

　　中国北宋行草法帖。作者米芾(1051—1107)，北宋书法家、画家、书画理论家。祖籍太原，出生于湖北襄阳，长期居润州(今江苏镇江)。初名黻，后改芾，字元章，号襄阳居士、海岳山人等。书画自成一家，枯木竹石，山水画独具风格特点。在书法也颇有造诣，擅篆、隶、楷、行、草等书体，长于临摹古人书法。代表作品有《宝晋英光集》《宝章待访录》《书史》《画史》《砚史》。

J0100057

宋高宗书千字文墨迹　（宋）高宗书
天津　天津市古籍书店　1990年　影印本　22页
35cm（15开）定价：CNY1.60

　　选用故宫博物院1936年印行本作底本，影印再版。中国南宋行书法帖。

J0100058

宋高宗书真草习字帖　（宋）宋高宗书
天津　天津人民美术出版社　1990年　59页
26cm（16开）ISBN：7-5305-0117-1
定价：CNY3.50

J0100059

苏东坡金刚经字帖　（后秦）鸠摩罗什译；（宋）苏东坡书；黄昆山注释
海口　南海出版公司　1990年　90页　26cm（16开）
ISBN：7-80570-139-3　定价：CNY5.90

　　据宋平先生藏书整理，附《金刚经》注。作者苏东坡(1037—1101)，本名苏轼，宋代文学家、书画家。眉州眉山(今属四川)人，祖籍河北栾城。字子瞻，一字和仲，号东坡居士。为"唐宋八大家"之一，擅长文人画。仁宗嘉祐二年(1057)进士。曾任翰林学士、侍读学士、礼部尚书等职。作品有《东坡七集》《东坡易传》《东坡乐府》《潇湘竹石图卷》《古木怪石图卷》等。

J0100060

苏轼《寒食诗帖》　（宋）苏轼书；辛尘编
南京　江苏教育出版社　1990年　1张　54cm（4开）
定价：CNY1.55
（历代法书精萃丛帖）

J0100061

晚香堂苏帖　（明）陈继儒辑刻
北京　中国书店　1990年　影印本　2册
26cm（16开）精装　ISBN：7-80568-089-2
定价：CNY54.00

　　作者陈继儒(1558—1639)，明代文学家、书画家。字仲醇，号眉公，又号麋公。华亭(今上海市松江县)人。主要作品有：诗文集《眉公十集》，词集《晚香堂词》2卷和《邵康节外纪》等。

J0100062

赵孟頫敕藏御服碑　（元）赵孟頫书
上海　上海书店　1990年　26cm（16开）
ISBN：7-80569-220-3　定价：CNY0.95

J0100063

赵孟頫行书玄教宗传碑　（元）赵孟頫书
天津　天津市古籍书店　1990年　影印本　52页
38×26cm　定价：CNY6.50
（历代碑帖集萃）

J0100064

赵孟頫昆山州淮云院记　（元）赵孟頫书
上海　上海书店　1990年　27cm（大16开）
定价：CNY0.90

J0100065

赵孟頫小楷道德经　（元）赵孟頫书
上海　上海书店　1990年　27cm（大16开）
定价：CNY1.56

J0100066

赵孟頫小楷道德经　（元）赵孟頫书
上海　上海书店　1992年　影印本　26cm（16开）
ISBN：7-80569-185-1　定价：CNY1.60
（中国历代法书自习范本）

J0100067

赵孟頫小楷习字帖　（元）赵孟頫书
北京　北京出版社　1990年　41页　26cm（16开）
ISBN：7-200-01127-4　定价：CNY1.80

J0100068

赵孟頫真草千字文　（元）赵孟頫书
上海　上海书店　1990年　26cm（16开）
ISBN：7-80569-200-9　定价：CNY1.55
（中国历代法书自习范本）

J0100069

赵孟頫真草千字文 （元）赵孟頫书
上海 上海书店 1991年 重印本 26cm（16开）
ISBN：7-80569-200-9 定价：CNY1.30
（中国历代法书自习范本）

J0100070

赵松雪六体千字文 （元）赵孟頫著
北京 中国书店 1990年 26cm（16开）
ISBN：7-80568-090-6 定价：CNY4.20

J0100071

朱子大书法帖 （宋）朱熹书
长沙 湖南文艺出版社 1990年 189页 37cm（8开）
ISBN：7-5404-0512-0 定价：CNY16.50

J0100072

道德经小楷字帖 （元）赵孟頫书
北京 北京出版社 1991年 26cm（16开）
ISBN：7-200-01555-5 定价：CNY1.50

J0100073

道教碑 （元）赵孟頫书
北京 中国人民大学出版社 1991年 197页
26cm（16开）ISBN：7-300-01110-1
定价：CNY18.00

J0100074

黄庭坚 潘景年编
济南 齐鲁书社 1991年 32页 26cm（16开）
ISBN：7-5333-0192-7 定价：CNY1.80
（历代名帖临赏丛书）

J0100075

黄庭坚书诸上座 （宋）黄庭坚书
成都 巴蜀书社 1991年 34页 26cm（16开）
ISBN：7-80523-381-0 定价：CNY1.65
（历代碑帖墨迹丛书）
　　作者黄庭坚（1045—1105），北宋文学家、书
法家。字鲁直，号山谷道人。江西省九江人。代
表作品有《松风阁诗帖》《诸上座帖》，著有《山
谷集》《山谷词》《论古人书》等。

J0100076

米芾 潘景年编

济南 齐鲁书社 1991年 32页 26cm（16开）
ISBN：7-5333-0193-5 定价：CNY1.80
（历代名帖临赏丛书）

J0100077

米芾书虹县诗　多景楼诗 （宋）米芾书
成都 巴蜀书社 1991年 42页 26cm（16开）
ISBN：7-80523-382-9 定价：CNY1.90
（历代碑帖墨迹丛书）
　　作者米芾（1051—1107），北宋书法家、画
家、书画理论家。祖籍太原，出生于湖北襄阳，
长期居润州（今江苏镇江）。初名黻，后改芾，字
元章，号襄阳居士、海岳山人等。书画自成一家，
枯木竹石，山水画独具风格特点。在书法也颇有
造诣，擅篆、隶、楷、行、草等书体，长于临摹古
人书法。代表作品有《宝晋英光集》《宝章待访
录》《书史》《画史》《砚史》。

J0100078

前后出师表 岳飞书
天津 天津人民美术出版社 1991年 4轴
76cm（2开）ISBN：7-5305-2528-4
定价：CNY5.20

　　作者岳飞（1103—1142），南宋时期军事家、
战略家、书法家、诗人。字鹏举，相州汤阴（今河
南省汤阴县）人。抗金名将。代表作有《满江红·写
怀》《小重山·昨夜寒蛩不住鸣》《五岳祠盟记》。

J0100079

宋徽宗、宋高宗墨迹 （宋）赵佶，（宋）赵构
书；上海书店编
上海 上海书店 1991年 37×26cm
ISBN：7-80569-408-7 定价：CNY6.00
　　本书收入了宋徽宗瘦金书法帖和宋高宗行
草书法帖两种。

J0100080

苏东坡书表忠观记 （大楷）（宋）苏轼撰并书
天津 天津市古籍书店 1991年 影印本 140页
38×26cm 定价：CNY18.00
　　作者苏东坡（1037—1101），本名苏轼，宋代
文学家、书画家。眉州眉山（今属四川）人，祖籍
河北栾城。字子瞻，一字和仲，号东坡居士。为
"唐宋八大家"之一，擅长文人画。仁宗嘉祐二年

（1057）进士。曾任翰林学士、侍读学士、礼部尚书等职。作品有《东坡七集》《东坡易传》《东坡乐府》《潇湘竹石图卷》《古木怪石图卷》等。

J0100081

苏东坡书宸奎阁碑　（宋）苏轼书
上海　上海书店　1991年　38cm（6开）
ISBN：7-80569-345-5　定价：CNY4.70

J0100082

苏东坡西楼帖　（宋）苏轼书；北京市文物商店编
北京　北京燕山出版社　1991年　38页　26cm（16开）
ISBN：7-5402-0396-X　定价：CNY1.75
（燕山书法丛书）

J0100083

苏轼临颜真卿争坐位法帖　（宋）苏轼书；无为县图书馆供稿
合肥　安徽美术出版社　1991年　影印本　116页
35cm（15开）　ISBN：7-5398-0183-2
定价：CNY8.80

J0100084

苏轼墨迹大观　（宋）苏轼书；朱仲岳编著
上海　上海人民美术出版社　1991年　132页
有画像　26cm（16开）ISBN：7-5322-0633-5
定价：CNY7.10

　　本书共收入苏轼书法墨迹41幅，表现了苏轼书法之美，并附"历代评苏轼书"。

J0100085

武穆真迹　（宋）岳飞书；《翰墨林影印历代丛帖》编辑组编
武汉　武汉市古籍书店　1991年　影印本　76页
26cm（16开）定价：CNY2.40
（翰墨林影印历代丛帖）

J0100086

元赵文敏急就章真迹　（元）赵孟頫书；《翰墨林影印历代丛帖》编写组编
武汉　武汉古籍书店　1991年　26cm（16开）
定价：CNY1.25
（翰墨林影印历代丛帖）

J0100087

张即之书法选　（金刚般若波罗蜜经）辛冰，其芮编
北京　北京理工大学出版社　1991年　110页
26cm（32开）ISBN：7-81013-380-2
定价：CNY4.90
（历代书法名迹丛书）

　　作者张即之（1186—1263），南宋书法家、政治家。字温夫，号樗寮，历阳（今安徽省和县）人。传世作品有楷书《佛遗教经》《金刚般若波罗蜜经》《太上洞玄灵宝无量度人上品妙经》，行书《双松图歌》《待漏院记》《书杜诗》《汪氏报本庵记》等。

J0100088

赵构楷行两体小字帖　白雁，剑秋选编
北京　北京出版社　1991年　39页　26cm（16开）
ISBN：7-200-01330-7　定价：CNY1.70

　　本书辑宋代书法家赵构所书《嵇康养生论》一篇，行书、楷书两书体对照。

J0100089

赵孟頫行书字帖　（元）赵孟頫书；刘亚军，龚赤禹选辑
北京　北京出版社　1991年　59页　26cm（16开）
ISBN：7-200-01284-X　定价：CNY2.40

J0100090

赵孟頫楷行两体小字帖　白雁，剑秋选编
北京　北京出版社　1991年　52页　19cm（小32开）
ISBN：7-200-01333-1　定价：CNY2.05

　　本书辑元代名书法家赵孟頫所书《千字文》篇，行书、楷书两种书法对照。

J0100091

赵孟頫六体千字文　（元）赵孟頫书
北京　北京出版社　1991年　102页　26cm（16开）
ISBN：7-200-01293-9　定价：CNY3.30

　　本书是赵孟頫的代表作品，全面、集中地反映了赵体字的风格、特点，是学习赵体字的最新字帖。

J0100092

赵孟頫寿春堂记　（元）赵孟頫书；《翰墨林影印历代丛帖》编辑组编

武汉　武汉古籍书店　1991年　影印本　43页
26cm（16开）定价：CNY1.50
（翰墨林影印丛帖）

J0100093
赵孟頫书仇锷墓志铭　（元）赵孟頫书
上海　上海书店　1991年　影印本　35×19cm
ISBN：7-80569-414-1　定价：CNY6.00

J0100094
赵孟頫书法三种　（元）赵孟頫书
北京　北京出版社　1991年　77页　26×15cm
ISBN：7-200-01220-3　定价：CNY2.30
　　本帖选取了赵孟頫的三种书法作品：行书
《三门记》、楷书《狄梁公碑》、楷书《洛神赋》。

J0100095
赵孟頫书福神观记　（元）赵孟頫书
北京　北京出版社　1991年　56页　26cm（16开）
ISBN：7-200-01351-X　定价：CNY1.80
　　本帖是元朝书法大家赵孟頫晚年代表作品，
可作习字的范本，又可供鉴赏、珍藏。

J0100096
草书韵典　（宋）赵构书
北京　北京出版社　1992年　影印本　512页
26×16cm　ISBN：7-200-01593-8
定价：CNY13.80
　　本书是宋代著名草书字典，全书22196个
字，一般一个楷书配一个草书，多者配3、4个
草书。

J0100097
行草千字文汇编　（宋）赵佶，（明）程南云书
沈阳　辽宁美术出版社　1992年　84页　26cm（16开）
ISBN：7-5314-0949-6　定价：CNY5.00
　　作者程南云，明代书法家。字清轩，号远斋，
江西南城人。参与《永乐大典》的编修。

J0100098
黄山谷书刘明仲墨竹赋　（宋）黄庭坚书
武汉　武汉古籍书店　1992年　影印本　51页
26cm（16开）定价：CNY2.40
（翰墨林影印历代丛帖）

J0100099
黄山谷书诸上座　（宋）［黄庭坚书］
上海　上海书店　1992年　26cm（16开）
ISBN：7-80569-596-2　定价：CNY1.40
（中国历代法书自习范本）

J0100100
黄庭坚行书　（宋）黄庭坚书
北京　中国书籍出版社　1992年　64页　26cm（16开）
ISBN：7-5068-0101-9　定价：CNY2.60
　　本书收选黄庭坚书法精品《梨花诗》《苦笋
赋》《松风阁》《上苑诗》等。

J0100101
黄庭坚行书至宝　（宋）黄庭坚书；君如等编
北京　国际文化出版公司　1992年　58页
26cm（16开）ISBN：7-80049-201-X
定价：CNY3.90
　　本书所选《上苑诗》《苦笋赋》等为黄庭坚书
法精品。

J0100102
黄庭坚楷书习字帖　（宋）黄庭坚书；路同等
选辑
北京　中国工人出版社　1992年　56页　26cm（16开）
ISBN：7-5008-1124-1　定价：CNY2.30
（历代名家楷书字帖）
　　本帖选辑的作品为《狄梁公碑》。

J0100103
黄庭坚书出宫赋　（宋）黄庭坚书
成都　巴蜀书社　1992年　影印本　15页
26cm（16开）ISBN：7-80523-428-0
定价：CNY1.00
（历代碑帖墨迹丛书）

J0100104
黄庭坚书法选　（宋）黄庭坚书；中国历代书
法名作系列丛书编辑组编
深圳　海天出版社　1992年　68页　26cm（16开）
ISBN：7-80542-359-8　定价：CNY3.70
（中国历代书法名作系列丛书）
　　作者黄庭坚（1045—1105），北宋文学家、书
法家。字鲁直，号山谷道人。江西省九江人。代
表作品有《松风阁诗帖》《诸上座帖》，著有《山

谷集》《山谷词》《论古人书》等。

J0100105

黄庭坚书松风阁诗　黄庭坚书;《翰墨林影印历代丛帖》编辑组编

武汉　武汉古籍书店　1992年　影印本　28页
26cm(16开)　定价:CNY1.15
(翰墨林影印历代丛帖)。

J0100106

康里巎巎草书习字帖　(旁注楷书)(元)康里巎巎书;颜碢,颜娥主编

北京　北京出版社　1992年　42页　26cm(16开)
ISBN:7-200-01685-3　定价:CNY2.70
(历代名家草书译丛)

　　本书是草书名作《颜鲁公论书帖》单行本,每个草字旁注了楷书释文,并附有书法评介,介绍其书法源流、特点及学习要点、指出了学习草书的门径。作者康里巎(1295—1345),元代书法家。字子山,号正斋、恕叟,史传多作康里巎巎。康里(今属新疆)人。幼时入学国子监,曾任礼部尚书、翰林学士。代表作有《谪龙说卷》《李白古风诗卷》《述笔法卷》等。

J0100107

梁简文帝梅花赋　(襄阳米南宫先生书帖)
(宋)米芾书

北京　北京出版社　1992年　40cm(小8开)
ISBN:7-200-01805-8　定价:CNY9.00

　　作者米芾(1051—1107),北宋书法家、画家、书画理论家。祖籍太原,出生于湖北襄阳,长期居润州(今江苏镇江)。初名黻,后改芾,字元章,号襄阳居士、海岳山人等。书画自成一家,枯木竹石,山水画独具风格特点。在书法也颇有造诣,擅篆、隶、楷、行、草等书体,长于临摹古人书法。代表作品有《宝晋英光集》《宝章待访录》《书史》《画史》《砚史》。

J0100108

梁简文帝梅花赋　(襄阳米南宫先生书帖)
(宋)米芾书

北京　北京出版社　1992年　40页　41×30cm　精装
ISBN:7-200-01806-6　定价:CNY19.00

J0100109

米芾多景楼诗册　(宋)米芾书

上海　上海书店　1992年　38cm(6开)
ISBN:7-80569-583-0　定价:CNY2.90

　　本书为米芾所书墨迹本,共96字。

J0100110

米芾行书　(宋)米芾书

北京　中国书籍出版社　1992年　60页　26cm(16开)
ISBN:7-5068-0100-0　定价:CNY2.40

J0100111

米芾行书习字帖　(宋)米芾书

南京　江苏美术出版社　1996年　44页　26cm(16开)
ISBN:7-5344-0500-9　定价:CNY4.95
(书法家之路丛帖)

J0100112

米芾行书习字帖　(新编)路振平编著

长沙　湖南文艺出版社　1998年　44页　26cm(16开)
ISBN:7-5404-1915-6　定价:CNY4.50

　　编者路振平(1946—　),河南长葛人。历任湖南省中医药研究院文献信息研究所副研究员、湖南省书法家协会常务理事、湖南省青年书法家协会副主席、湖南省省直书画家协会副主席、中国书法家协会会员。书法著作有《行书基础与创新》《王羲之行书结构习字帖》等。

J0100113

米芾行书习字帖　(宋)米芾书;顾鸿,于洁选辑

北京　中国工人出版社　1992年　57页　26cm(16开)
ISBN:7-5008-0965-4　定价:CNY2.30
(历代名家行书字帖)

　　本帖辑印米芾行书名作《蜀素帖》《天马赋》《与门下仆射书》等7种,可供习字者临摹,又可供书法爱好者欣赏。作者米芾(1051—1107),北宋书法家、画家、书画理论家。祖籍太原,出生于湖北襄阳,长期居润州(今江苏镇江)。初名黻,后改芾,字元章,号襄阳居士、海岳山人等。书画自成一家,枯木竹石,山水画独具风格特点。在书法也颇有造诣,擅篆、隶、楷、行、草等书体,长于临摹古人书法。代表作品有《宝晋英光集》《宝章待访录》《书史》《画史》《砚史》。

J0100114

米芾行书至宝 （宋）米芾书；君如等编

北京 国际文化出版公司 1992 年 66 页

26cm（16 开）ISBN：7–80049–195–1

定价：CNY4.30

　　本书包括《天马赋》《多景楼诗》等米芾的书法杰作。

J0100115

米芾书法选 （宋）米芾书；中国历代书法名作系列丛书编辑组编

深圳 海天出版社 1992 年 影印本 86 页

26cm（16 开）ISBN：7–80542–453–5

定价：CNY5.95

（中国历代书法名作系列丛书）

　　本书编入的《吴江舟中作》《多景楼诗》等为米芾的杰出代表作。

J0100116

米芾书虹县诗 （宋）米芾书

上海 上海书店 1992 年 26cm（16 开）

ISBN：7–80569–594–6 定价：CNY1.00

（中国历代法书自习范本）

J0100117

书法之美特展图录 故宫博物院编辑委员会编辑；何传馨执行编辑

台北 台北故宫博物院 1992 年 99 页 30cm（10 开）

　　外文书名：Special exhibition of the beauty of calligraphy.

J0100118

宋徽宗书法选 （宋）赵佶书；中国历代书法名作系列丛书编辑组编

深圳 海天出版社 1992 年 101 页 26cm（16 开）

ISBN：7–80542–457–8 定价：CNY6.95

（中国历代书法名作系列丛书）

　　本书收入宋徽宗赵佶的《正书千字文》《大草千字文》等代表作。

J0100119

宋徽宗赵佶画迹真伪案例 贺文略撰

香港 中国古代书画鉴赏学会 1992 年 影印本 81 页 有图 29cm（12 开）

（崇 – 堂丛书 1）

J0100120

宋四家书法字典 （日）东南光编

北京 中国青年出版社 1992 年 827 页

20cm（32 开）精装 ISBN：7–5006–1137–4

定价：CNY24.00

　　本书分类整理了宋朝蔡襄、苏轼、黄庭坚、米芾的真迹及其刻本（招本）。

J0100121

宋四家书法字典 （日）东南光编

北京 中国青年出版社 1999 年［2 版］26+827 页

20cm（32 开）精装 ISBN：7–5006–1137–4

定价：CNY43.00

J0100122

宋赵佶真书千字文称芳诗 （宋）赵佶真书；《历代碑帖法书选》编辑组编

北京 文物出版社 1992 年 重印本 26cm（16 开）

ISBN：7–5010–0571–0 定价：CNY1.10

（历代碑帖法书选）

　　中国北宋楷书法帖。

J0100123

苏东坡尺牍墨迹九种 （宋）苏轼书；萧新柱编选

北京 北京美术摄影出版社 1992 年 38cm（6 开）

ISBN：7–80501–136–2 定价：CNY2.00

（历代书法选萃）

J0100124

苏东坡洞庭春色赋中山松醪赋 （宋）苏轼书；《翰墨林影印历代丛帖》编辑组编

武汉 武汉古籍书店 1992 年 影印本 21 页

26cm（16 开）定价：CNY1.20

（翰墨林影印历代丛帖）

J0100125

苏东坡行书 （宋）苏轼书

北京 中国书籍出版社 1992 年 66 页 26cm（16 开）

ISBN：7–5068–0098–5 定价：CNY2.60

　　本书所选的《黄州寒食诗》、《渔父词》、《武昌西山赠邓圣求诗》、《石恪维摩赞》、《鱼枕冠颂》都是苏东坡行书中的代表作。

J0100126

苏东坡行书习字帖 （宋）苏东坡书
北京 中国工人出版社 1992 年 58 页 26cm（16 开）
ISBN：7-5008-0969-7 定价：CNY2.30
（历代名家行书字帖）

J0100127

苏东坡行书至宝 （宋）苏轼书；君如等编
北京 国际文化出版公司 1992 年 61 页
26cm（16 开）ISBN：7-80049-200-1
定价：CNY4.20

　　本书包括《春帖子词》《赤壁赋》等苏轼的书法杰作。

J0100128

苏东坡行书至宝 （宋）苏轼书；君如等编
北京 国际文化出版公司 1997 年 重印本 61 页
26cm（16 开）ISBN：7-80049-200-1
定价：CNY4.20

　　包括《春帖子词》《赤壁赋》等苏轼的书法杰作。

J0100129

苏东坡楷书习字帖 （宋）苏轼书；路同等选辑
北京 中国工人出版社 1992 年 40 页 26cm（16 开）
ISBN：7-5008-1125-X 定价：CNY1.80
（历代名家楷书字帖）

　　本帖选辑的作品为《醉翁亭记》《宸奎阁碑》。

J0100130

苏东坡书法选 （北宋）苏轼书；中国历代书法名作系列丛书编辑组编
深圳 海天出版社 1992 年 65 页 19cm（小 32 开）
ISBN：7-80542-356-3 定价：CNY3.50
（中国历代书法名作系列丛书）

J0100131

苏东坡书丰乐亭记 （宋）苏轼书；《翰墨林影印历代丛帖》编辑组编
武汉 武汉市古籍书店 1992 年 影印本 79 页
26cm（16 开）定价：CNY2.70
（翰墨林影印历代丛帖）

J0100132

苏轼行书字帖 苏轼书；王成觉，萧里群选辑
北京 北京出版社 1992 年 57 页 26cm（16 开）
ISBN：7-200-01637-3 定价：CNY2.40

　　本书选辑宋书法名家苏轼的行书字帖《赤壁赋》《洞庭春色赋》《鱼枕冠颂》等 5 种。

J0100133

西楼苏帖选 （宋）苏轼书；萧新柱编选
北京 北京美术摄影出版社 1992 年 36cm（15 开）
ISBN：7-80501-135-4 定价：CNY2.20
（历代书法选萃）

　　《西楼苏帖》乃宋代汪应辰汇刻苏轼诗文、信札的集帖。本帖选其中精品 12 种。

J0100134

鲜于枢书法选 （元）鲜于枢书；中国历代书法名作系列丛书编辑组编
深圳 海天出版社 1992 年 57 页 26cm（16 开）
ISBN：7-80542-355-5 定价：CNY3.15
（中国历代书法名作系列丛书）

　　本书所选《御史箴》《行书跋》《海棠诗》，为鲜体代表作。作者鲜于枢（1246—1302），元代书法家、诗人。字伯机，号困学岷、寄直老人，大都（今北京）人。代表作品《苏轼海棠诗卷》《韩愈进学解卷》《论草书帖》等。

J0100135

岳飞书法选 （宋）岳飞书；中国历代书法名作系列丛书编辑组编
深圳 海天出版社 1992 年 影印本 61 页
26cm（16 开）ISBN：7-80542-451-9
定价：CNY4.50
（中国历代书法名作系列丛书）

J0100136

岳飞书前后出师表 （宋）岳飞书；《翰墨林影印历代丛帖》编辑组编
武汉 武汉古籍书店 1992 年 影印本 74 页
26cm（16 开）定价：CNY3.00
（翰墨林影印历代丛帖）

J0100137

岳飞书诸葛亮前后出师表 （宋）岳飞书；刘尚勇编
北京 中国国际广播出版社 1992 年 61 页
26cm（16 开）ISBN：7-5078-0333-3

定价：CNY5.00

J0100138
赵孟頫行书 （元）赵孟頫书
北京 中国书籍出版社 1992年 影印本 65页
26cm（16开）ISBN：7-5068-0102-7
定价：CNY2.60
　　本书选收的佳作有《兰亭十三跋》《绝交书》
《烟江叠嶂诗》等。

J0100139
赵孟頫行书习字帖 （元）赵孟頫书；顾鸿，
于洁选辑
北京 中国工人出版社 1992年 63页 26cm（16开）
ISBN：7-5008-0962-X 定价：CNY2.40
（历代名家行书字帖）

J0100140
赵孟頫行书至宝 （元）赵孟頫书；君如等[编]
北京 国际文化出版公司 1992年 61页
26cm（16开）ISBN：7-80049-199-4
定价：CNY4.20

J0100141
赵孟頫楷书规范习字帖 （元）赵孟頫书；张
平生编
南宁 广西美术出版社 1992年 31页 26cm（16开）
ISBN：7-80582-371-5 定价：CNY1.70
（古代名家书法规范习字帖）

J0100142
赵孟頫楷书习字帖 （元）赵孟頫书；路同等
选辑
北京 中国工人出版社 1992年 52页 26cm（16开）
ISBN：7-5008-1126-8 定价：CNY2.20
（历代名家楷书字帖）
　　本帖选辑作品有《三门记》《敕藏御服碑》等。

J0100143
赵孟頫书仇公墓碑铭 （元）赵孟頫书
成都 成都古籍书店 1992年 [影印本] 85页
37cm（8开）定价：CNY5.00

J0100144
赵孟頫书仇公墓碑铭 赵孟頫书

成都 成都古籍书店 1992年 影印本 37cm
定价：CNY5.00

J0100145
赵孟頫书道教碑 （元）赵孟頫书；《翰墨林影
印历代丛帖》编辑组编
武汉 武汉古籍书店 1992年 影印本 200页
26cm（16开）定价：CNY5.75
（翰墨林影印历代丛帖）

J0100146
赵孟頫书帝师胆巴碑 （元）赵孟頫书
上海 上海书店 1992年 26cm（16开）
ISBN：7-80569-598-9 定价：CNY1.30
（中国历代法书自习范本）

J0100147
赵孟頫书法选 （元）赵孟頫书；中国历代书
法名作系列丛书编辑组编
深圳 海天出版社 1992年 64页 26cm（16开）
ISBN：7-80542-363-6 定价：CNY3.50
　　本书还有题名《赵孟頫书寿春堂》。作者赵
孟頫（1254—1322），元代著名书画家、诗人。字
子昂，号松雪道人等。浙江吴兴（今浙江湖州市）
人。能诗善文，精绘艺，工书法，"楷书四大家"
之一。作品有《秋郊饮马图》《秀石疏林图》《松
石老子图》等，著有《松雪斋文集》等。

J0100148
赵孟頫书观音殿记 （元）赵孟頫书
北京 北京体育学院出版社 1992年 49页
26cm（16开）ISBN：7-81003-650-5
定价：CNY2.80
（中国优秀传统碑帖放大本）

J0100149
赵孟頫书归去来辞 （元）赵孟頫书
北京 中国和平出版社 1992年 影印本
26cm（16开）ISBN：7-80037-728-8
定价：CNY3.50
（书法丛书）
　　本书为历代名家碑帖选之一。赵孟頫曾多
次书写过《归去来辞》。现据初拓本影印出版。
原石近年在江苏地区发现。是本虽为摹本，但传
摹精细，如实地再现了赵书风貌。

J0100150

赵孟頫书前后赤壁赋 （元）赵孟頫书
武汉 武汉古籍书店 1992年 影印本 26cm（16开）
定价：CNY4.65
（翰墨林影印历代丛帖）

J0100151

赵孟頫书前后赤壁赋 （元）赵孟頫书；《翰墨林影印历代丛帖》编辑组编
武汉 武汉古籍书店 1992年 影印本 43页
26cm（16开）定价：CNY4.65
（翰墨林影印丛帖）

J0100152

赵孟頫书寿春堂 （无缺字本）（元）赵孟頫书
北京 中国书店 1992年 44页 26cm（16开）
ISBN：7-80568-397-2 定价：CNY2.50
（历代书法精华）

J0100153

赵孟頫为袁桷书千字文 （成亲王旧藏本）
赵孟頫书
合肥 安徽美术出版社 1992年 35cm（15开）
ISBN：7-5398-0214-6 定价：CNY3.20

J0100154

中国传统名帖放大临摹本 （胆巴碑）（元）
赵孟頫书；房弘毅等编
北京 中国华侨出版公司 1992年 151页
26cm（16开）ISBN：7-80074-547-3
定价：CNY9.20

　　编者房弘毅（1955—　　），硬笔书法家。生于北京，就读于中国书画函授大学。曾任中国现代硬笔书法研究会编辑部副主任。代表作品有《楷书历代名篇》。

J0100155

醉翁亭记 （安徽碑帖选辑）（宋）苏轼书
合肥 安徽美术出版社 1992年 重印本
35cm（8开）ISBN：7-5398-0239-1
定价：CNY7.00

J0100156

蔡襄书法选 （宋）蔡襄书；中国历代书法名作系列丛书编辑组编

深圳 海天出版社 1993年 67页 26cm（16开）
ISBN：7-80542-570-1 定价：CNY4.20
（中国历代书法名作系列丛书 第三辑）

　　作者蔡襄（1012—1067），北宋书法家、文学家。字君谟，福建仙游县人。擅长正楷、行书和草书。传世墨迹有《蔡襄自书诗帖》《洛阳桥记》《吐谷浑词》《蒙惠帖》《陶生帖》等。

J0100157

放大赵孟頫寿春堂记 钟克豪编
广州 世界图书出版公司广州分公司 1993年
106页 26cm（16开）ISBN：7-5062-2391-0
定价：CNY7.20
（历代碑帖选粹）

J0100158

黄庭坚的书法艺术 （宋）黄庭坚书；水赍佑编著
北京 人民美术出版社 1993年 47页 26cm（16开）
ISBN：7-102-00999-2 定价：CNY5.50
（中国古代美术作品介绍）

J0100159

黄庭坚书法精选 （宋）黄庭坚书；路鹏等选辑
北京 当代中国出版社 1993年 305页
26cm（16开）ISBN：7-80092-144-1
定价：CNY17.50
（历代名家书法荟萃）

　　选收黄庭坚楷书《狄梁公碑》、小楷《金刚经》、行书《苦笋赋》、草书《廉颇蔺相如传》等。

J0100160

黄庭坚小楷字帖 （宋）黄庭坚书；路同等选辑
北京 中国工人出版社 1993年 影印本 65页
26cm（16开）ISBN：7-5008-1341-4
定价：CNY2.80
（历代名家小楷字帖）

J0100161

康里巎巎草书习字帖 （元）康里巎巎书；蒋文光编
北京 中国工人出版社 1993年 50页 26cm（16开）
ISBN：7-5008-1281-7 定价：CNY2.90

　　作者康里巎（1295—1345），元代书法家。字子山，号正斋、恕叟，史传多作康里巎巎。康里

（今属新疆）人。幼时入学国子监，曾任礼部尚书、翰林学士。代表作有《谪龙说卷》《李白古风诗卷》《述笔法卷》等。编者蒋文光（1938—　　），著名书画、金银器、碑帖鉴定专家。上海嘉定人，毕业于上海复旦大学历史系。原国家博物馆资深研究员、文物鉴定委员会委员。著有有《中国书法史》《中国历代名画鉴赏》《中国碑帖艺术论》《中国古代金银器珍品图鉴》《中国历代古陶瓷珍品图鉴》《初唐四大书法家》等。

J0100162
柯九思书法选　（元）柯九思书；中国历代书法名作系列丛书编辑组编
深圳　海天出版社　1993年　55页　26cm（16开）
ISBN：7-80542-568-X　定价：CNY3.60
（中国历代书法名作系列丛书　第三辑）

　　本书选行楷《老人星赋》和楷书《上京宫词》。作者柯九思（1290—1343），元代著名画家。字敬仲，号丹丘、丹丘生、五云阁吏等，浙江仙居县人。存世书迹有《老人星赋》《读诛蚊赋诗》《重题兰亭独孤本》等，代表作《竹石图》《清閟阁墨竹图》《双竹图》。

J0100163
快雪堂米芾法书　（宋）米芾书
成都　巴蜀书社　1993年　49页　26cm（16开）
ISBN：7-80523-447-7　定价：CNY3.30
（历代碑帖墨迹丛书）

　　作者米芾（1051—1107），北宋书法家、画家、书画理论家。祖籍太原，出生于湖北襄阳，长期居润州（今江苏镇江）。初名黻，后改芾，字元章，号襄阳居士、海岳山人等。书画自成一家，枯木竹石，山水画独具风格特点。在书法也颇有造诣，擅篆、隶、楷、行、草等书体，长于临摹古人书法。代表作品有《宝晋英光集》《宝章待访录》《书史》《画史》《砚史》。

J0100164
米芾书法精选　（北宋）米芾；路鹏等选辑
北京　当代中国出版社　1993年　314页
26cm（16开）ISBN：7-80092-208-1
定价：CNY18.00
（历代名家书法荟萃）

　　本书精选米芾小楷、行书、草书，包括《千字文》《学书帖》《元日帖》等。

J0100165
米芾小楷　（宋）米芾书
北京　中国书籍出版社　1993年　55页　26cm（16开）
ISBN：7-5068-0114-0　定价：CNY2.30

J0100166
宋高宗草书习字帖　宋高宗赵构书；蒋文光编
北京　中国工人出版社　1993年　69页　26cm（16开）
ISBN：7-5008-1280-9　定价：CNY3.20

J0100167
宋高宗书毛诗　（宋）赵构书
成都　巴蜀书社　1993年　27页　26cm（16开）
ISBN：7-80523-448-5　定价：CNY2.10
（历代碑帖墨迹丛书）

J0100168
宋陆游怀成都赋　（宋）陆游撰并书
北京　文物出版社　1993年　影印本　线装
（故宫博物院藏历代法书选集　第二集）

J0100169
苏东坡书法精选　（北宋）苏东坡书；路鹏等选辑
北京　当代中国出版社　1993年　314页
26cm（16开）ISBN：7-80092-207-3
定价：CNY18.00
（历代名家书法荟萃）

　　本书精选苏东坡楷书、行书、草书，包括《醉翁亭记》《赤壁赋》《桃花诗帖》等。

J0100170
苏轼书丰乐亭记　（无缺字本）（宋）苏轼书
北京　中国书店　1993年　78页　26cm（16开）
ISBN：7-80568-576-2　定价：CNY5.25
（历代书法精华）

J0100171
苏轼书醉翁亭记　（无缺字本）（宋）苏轼书
北京　中国书店　1993年　72页　26cm（16开）
ISBN：7-80568-575-4　定价：CNY4.80
（历代书法精华）

J0100172

唐宋十二名家法书精选　（第十卷　黄庭坚）
（北宋）黄庭坚书
上海　上海书画出版社　1993 年　204 页
39cm（8 开）精装　ISBN：7-80512-614-3
定价：CNY38.00
　　作者黄庭坚（1045—1105），北宋文学家、书法家。字鲁直，号山谷道人。江西省九江人。代表作品有《松风阁诗帖》《诸上座帖》，著有《山谷集》《山谷词》《论古人书》等。

J0100173

唐宋十二名家法书精选　（第三卷　褚遂良）
（唐）褚遂良书
上海　上海书画出版社　1993 年　227 页
39cm（8 开）精装　ISBN：7-80512-615-1
定价：CNY42.00
　　作者褚遂良（596—658 或 659），唐代政治家、书法家。字登善，杭州钱塘（今浙江杭州市）人。代表作品《孟法师碑》《雁塔圣教序》等。

J0100174

唐宋十二名家法书精选　（第九卷　苏轼）（北宋）苏轼书
上海　上海书画出版社　1993 年　227 页
39cm（8 开）精装　ISBN：7-80512-606-2
定价：CNY40.00
　　作者苏东坡（1037—1101），本名苏轼，宋代文学家、书画家。眉州眉山（今属四川）人，祖籍河北栾城。字子瞻，一字和仲，号东坡居士。为"唐宋八大家"之一，擅长文人画。仁宗嘉祐二年（1057）进士。曾任翰林学士、侍读学士、礼部尚书等职。作品有《东坡七集》《东坡易传》《东坡乐府》《潇湘竹石图卷》《古木怪石图卷》等。

J0100175

唐宋十二名家法书精选　（第十一卷　米芾）
（宋）米芾［书］
上海　上海书画出版社　1993 年　300 页
38cm（6 开）精装　ISBN：7-80512-617-8
定价：CNY43.50
　　作者米芾（1051—1107），北宋书法家、画家、书画理论家。祖籍太原，出生于湖北襄阳，长期居润州（今江苏镇江）。初名黻，后改芾，字元章，号襄阳居士、海岳山人等。书画自成一家，

枯木竹石，山水画独具风格特点。在书法也颇有造诣，擅篆、隶、楷、行、草等书体，长于临摹古人书法。代表作品有《宝晋英光集》《宝章待访录》《书史》《画史》《砚史》。

J0100176

学习赵孟頫寿春堂记技法　陈利华编著
北京　人民中国出版社　1993 年　127 页
26cm（16 开）ISBN：7-80065-124-X
定价：CNY6.80
（学习名家法帖技法丛书）
　　《寿春堂记》是赵孟頫的大字楷书，是赵体代表作品之一。

J0100177

张即之书大方广佛华严经　（南宋）张即之书
上海　上海书店　1993 年　36cm（15 开）
ISBN：7-80569-753-1　定价：CNY7.30
　　作者张即之（1186—1263），南宋书法家、政治家。字温夫，号樗寮，历阳（今安徽省和县）人。传世作品有楷书《佛遗教经》《金刚般若波罗蜜经》《太上洞玄灵宝无量度人上品妙经》，行书《双松图歌》《待漏院记》《书杜诗》《汪氏报本庵记》等。

J0100178

张即之书杜诗　（宋）张即之书
成都　巴蜀书社　1993 年　重印本　60 页
26cm（16 开）ISBN：7-80523-449-3
定价：CNY3.70
　　中国宋代行书法帖。

J0100179

赵孟頫《妙严寺记》　（元）赵孟頫书；苍舒，施蔼编写
上海　上海书店　1993 年　有照片　19cm（小 32 开）
ISBN：7-80569-716-7　定价：CNY1.35
（楷书自学辅导）

J0100180

赵孟頫楷书　（元）赵孟頫书
北京　中国书籍出版社　1993 年　影印本　66 页
26cm（16 开）ISBN：7-5068-0113-2
定价：CNY2.60

J0100181

赵孟頫书法精品选 （元）赵孟頫书；蒋文光编
北京 北京理工大学出版社 1993年 影印本 59页
26cm（16开）ISBN：7-81013-699-2
定价：CNY3.00
（历代书法名迹丛书）

　　本书选辑的是刻于松雪斋法书墨刻的赵
氏的两件精品《玄妙重修三门记》《张总管墓
志铭》。

J0100182

赵孟頫书法精选 （元）赵孟頫书；路鹏等选辑
北京 当代中国出版社 1993年 314页
26cm（16开）ISBN：7-80092-206-5
定价：CNY18.00
（历代名家书法荟萃）

J0100183

赵孟頫小楷 （元）赵孟頫书
北京 中国书籍出版社 1993年 影印本 84页
26cm（16开）ISBN：7-5068-0118-3
定价：CNY3.30

J0100184

赵孟頫小楷 （元）赵孟頫书；中国书籍出版社
编
北京 中国书籍出版社 1999年 2版 69页
26cm（16开）ISBN：7-5068-0118-3
定价：CNY4.50

J0100185

赵孟頫小楷习字帖 （元）赵孟頫书；路同等
选辑
北京 中国工人出版社 1993年 69页 26cm（16开）
ISBN：7-5008-1345-7 定价：CNY3.10
（历代名家小楷字帖）

J0100186

蔡襄书法全集 （宋）蔡襄书
北京 群言出版社 1994年 154页 26cm（16开）
精装 ISBN：7-80080-052-0 定价：CNY22.24
（中国历代书法名家全集系列）

　　作者蔡襄（1012—1067），北宋书法家、文学
家。字君谟，福建仙游县人。擅长正楷、行书和
草书。传世墨迹有《蔡襄自书诗帖》《洛阳桥记》

《吐谷浑词》《蒙惠帖》《陶生帖》等。

J0100187

黄庭坚法帖 （宋）黄庭坚书；肖岚主编
深圳 海天出版社 1994年 201页 26cm（16开）
ISBN：7-80542-727-5 定价：CNY14.60

J0100188

黄庭坚法帖 （宋）黄庭坚书
深圳 海天出版社 1996年 201页 26cm（16开）
ISBN：7-80615-378-0 定价：CNY18.50
（中华墨宝）

J0100189

黄庭坚书法全集 （宋）黄庭坚书
北京 群言出版社 1994年 495页 26cm（16开）
精装 ISBN：7-80080-050-4 定价：CNY63.00
（中国历代书法名家全集系列）

J0100190

回宫格行书字帖 （洛神赋）杨为国主编；
（元）赵孟頫书
杭州 中国美术学院社 1994年 94页 26cm（16开）
ISBN：7-81019-290-6 定价：CNY5.80

J0100191

米芾书《昼锦堂记》 （宋）米芾书
合肥 安徽美术出版社 1994年 25页 30×20cm
ISBN：7-5398-0317-7 定价：CNY3.60
（历代碑帖丛书）

　　作者米芾（1051—1107），北宋书法家、画
家、书画理论家。祖籍太原，出生于湖北襄阳，
长期居润州（今江苏镇江）。初名黻，后改芾，字
元章，号襄阳居士、海岳山人等。书画自成一家，
枯木竹石，山水画独具风格特点。在书法也颇有
造诣，擅篆、隶、楷、行、草等字体，长于临摹古
人书法。代表作品有《宝晋英光集》《宝章待访
录》《书史》《画史》《砚史》。

J0100192

米芾书法全集 （宋）米芾书
北京 群言出版社 1994年 影印本 682页
26cm（16开）精装 ISBN：7-80080-051-2
定价：CNY86.00
（中国历代书法名家全集系列）

J0100193
神霄玉清万寿宫诏碑帖 宋徽宗书
桂林 漓江出版社 1994年 27页 26cm（16开）
ISBN：7-5407-1540-5 定价：CNY3.85

J0100194
宋元四大家书法墨宝 君如，李夏编
北京 国际文化出版公司 1994年 139页
26cm（16开）ISBN：7-80049-935-9
定价：CNY11.80
（中国历代书法名家作品丛帖）

　　收入苏东坡、黄庭坚、米芾、赵孟頫四大书
法家墨宝。

J0100195
苏东坡法帖 （宋）苏轼书；肖岚主编
深圳 海天出版社 1994年 影印本 216页
26cm（16开）ISBN：7-80542-728-3
定价：CNY14.80

J0100196
苏东坡法帖 （宋）苏轼书
深圳 海天出版社 1996年 216页 26cm（16开）
ISBN：7-80615-378-0 定价：CNY19.50
（中华墨宝）

J0100197
苏东坡书表忠观碑 （宋）苏轼撰书
上海 上海书店 1994年 35×18cm
ISBN：7-80569-892-9 定价：CNY18.00

J0100198
苏轼书法全集 苏轼书
北京 群言出版社 1994年 806页 26cm（16开）
精装 ISBN：7-80080-049-0 定价：CNY102.20
（中国历代书法名家全集系列）

J0100199
苏轼书醉翁亭记 （宋）苏轼书
北京 中国书籍出版社 1994年 69页 26cm（16开）
ISBN：7-5068-0302-X 定价：CNY4.50
（新编全本名帖）

J0100200
晚香堂苏帖 （宋）苏东坡书；（明）陈继儒临摹；

戈元等集注
哈尔滨 黑龙江人民出版社 1994年 影印本
234页 26cm（16开）ISBN：7-207-02745-1
定价：CNY16.00

　　作者苏东坡（1037—1101），本名苏轼，宋代
文学家、书画家。眉州眉山（今属四川）人，祖籍
河北栾城。字子瞻，一字和仲，号东坡居士。为
"唐宋八大家"之一，擅长文人画。仁宗嘉祐二年
（1057）进士。曾任翰林学士、侍读学士、礼部尚
书等职。作品有《东坡七集》《东坡易传》《东坡
乐府》《潇湘竹石图卷》《古木怪石图卷》等。作
者陈继儒（1558—1639），明代文学家、书画家。
字仲醇，号眉公，又号麋公。华亭（今上海市松
江县）人。主要作品有：诗文集《眉公十集》，词
集《晚香堂词》2卷和《邵康节外纪》等。

J0100201
元康里巎书述笔法 （元）康里巎书
北京 文物出版社 1994年 影印本 线装
（故宫博物院藏历代法书选集 第一集）

　　作者康里巎（1295—1345），元代书法家。字
子山，号正斋、恕叟，史传多作康里巎巎。康里
（今属新疆）人。幼时入学国子监，曾任礼部尚书、
翰林学士。代表作有《谪龙说卷》《李白古风诗
卷》《述笔法卷》等。

J0100202
赵孟頫大楷字帖 （元）赵孟頫书；左克成编
南昌 江西美术出版社 1994年 26cm（16开）
ISBN：7-80580-156-8 定价：CNY2.80

J0100203
赵孟頫大楷字帖 （元）赵孟頫书；左克成编
南昌 江西美术出版社 1996年 2版 26cm（16开）
ISBN：7-80580-338-2 定价：CNY4.50
（初学书法入门丛书）

J0100204
赵孟頫法帖 （元）赵孟頫书；肖岚主编
深圳 海天出版社 1994年 190页 26cm（16开）
ISBN：7-80542-730-5 定价：CNY13.10

J0100205
赵孟頫法帖 （元）赵孟頫书
深圳 海天出版社 1996年 190页 26cm（16开）

ISBN：7-80615-378-0 定价：CNY17.50

J0100206
赵孟頫行书千字文 （元）赵孟頫书；孙宝文编
长春 吉林文史出版社 1994 年 影印本 17 页
36cm（15 开）ISBN：7-80528-737-6
定价：CNY5.50
（千字文墨迹丛帖）

J0100207
赵孟頫书胆巴碑墨迹 （元）赵孟頫书
合肥 安徽美术出版社 1994 年 41 页 30×20cm
ISBN：7-5398-0293-6 定价：CNY5.80
（历代碑帖丛书）

J0100208
赵孟頫书绝交书 （元）赵孟頫著
上海 上海书店 1994 年 26cm（16 开）
ISBN：7-80569-889-9 定价：CNY2.00
（中国历代法书自习范本）

J0100209
赵孟頫书寿春堂 （元）赵孟頫书
北京 中国书籍出版社 1994 年 44 页 26cm（16 开）
ISBN：7-5068-0301-1 定价：CNY3.00
（新编全本名帖 附简体碑文）

J0100210
蔡襄书法精选 （北宋）蔡襄书；解纪等选辑
北京 当代中国出版社 1995 年 影印本 314 页
26cm（16 开）ISBN：7-80092-395-9
定价：CNY23.00
（历代名家书法荟萃）
　　作者蔡襄（1012—1067），北宋书法家、文学家。字君谟，福建仙游县人。擅长正楷、行书和草书。传世墨迹有《蔡襄自书诗帖》《洛阳桥记》《吐谷浑词》《蒙惠帖》《陶生帖》等。

J0100211
黄庭坚行书精品 （宋）黄庭坚书
石家庄 河北人民出版社 1995 年 131 页
26cm（16 开）ISBN：7-202-01710-5
定价：CNY10.00

J0100212
米芾书离骚经 （北宋）米芾书
天津 天津人民美术出版社 1995 年 影印本 52 页
37cm ISBN：7-5305-0437-1 定价：CNY9.00
　　作者米芾（1051—1107），北宋书法家、画家、书画理论家。祖籍太原，出生于湖北襄阳，长期居润州（今江苏镇江）。初名黻，后改芾，字元章，号襄阳居士、海岳山人等。书画自成一家，枯木竹石，山水画独具风格特点。在书法也颇有造诣，擅篆、隶、楷、行、草等书体，长于临摹古人书法。代表作品有《宝晋英光集》《宝章待访录》《书史》《画史》《砚史》。

J0100213
米芾书舞鹤赋 （宋）米芾书
石家庄 河北美术出版社 1995 年 56 页 37cm
ISBN：7-5310-0710-X 定价：CNY18.00

J0100214
宋人摹褚遂良乐毅论 陈骧龙，刘建平选编
天津 天津人民美术出版社 1995 年 影印本 8 页
26cm（16 开）ISBN：7-5305-0438-X
定价：CNY2.00
　　选编者陈骧龙（1941—2012），书法家。生于北京，祖籍浙江温州。曾任天津人民美术出版社编辑、中国书法家协会会员、美术家协会天津分会会员。著有《华夏五千年艺术丛书 版画集》《青少年书法五十讲》等。

J0100215
宋四家真迹精选 陈骧龙，刘建平选编
天津 天津人民美术出版社 1995 年 18 页
37cm（8 开）ISBN：7-5305-0439-8
定价：CNY4.00

J0100216
元赵孟頫书归去来辞 （元）赵孟頫书；辽宁省博物馆供稿
石家庄 河北美术出版社 1995 年 26cm（16 开）
ISBN：7-5310-0674-X 定价：CNY3.40
（历代名碑名帖丛书）

J0100217
元赵孟頫书秋声赋 （元）赵孟頫书；辽宁省博物馆供稿

石家庄　河北美术出版社　1995 年　26cm（16 开）
ISBN：7-5310-0688-X　定价：CNY3.00
（历代名碑名帖丛书）

J0100218
赵佶的书法艺术　（宋）赵佶书；水赉佑编著
北京　人民美术出版社　1995 年　44 页　26cm（16 开）
ISBN：7-102-01500-3　定价：CNY8.40

J0100219
赵佶赵构书法精选　（宋）赵佶，（宋）赵构书；
解纪等选辑
北京　当代中国出版社　1995 年　314 页
26cm（16 开）ISBN：7-80092-466-1
定价：CNY23.00
（历代名家书法荟萃）

　　作者赵佶（1082—1135），即宋徽宗，北宋书
画家。擅长花鸟画，兼善瘦金体书法。组织编撰
《宣和书谱》《宣和画谱》，存世画迹有《芙蓉锦
鸡》《池塘秋晚》《四禽》《雪江归棹》等。赵构，
即宋高宗。善书法，初学黄庭坚、米芾，后师"二
王"，著《翰墨志》。

J0100220
赵孟頫墨迹大观　（元）赵孟頫书；王连起，郭
斌编
上海　上海人民美术出版社　1995 年
2 册（10+540 页）26cm（16 开）
ISBN：7-5322-1103-7　定价：CNY55.00

J0100221
赵孟頫寿春堂碑　（元）赵孟頫书
石家庄　河北美术出版社　1995 年　53 页
26cm（16 开）ISBN：7-5310-0730-4
定价：CNY6.80
（学生习字帖）

J0100222
赵孟頫书赤壁二赋　（元）赵孟頫书；陈骧龙，
刘建平选编
天津　天津人民美术出版社　1995 年　11 页
37cm（8 开）ISBN：7-5305-0436-3
定价：CNY3.80

J0100223
赵孟頫书胆巴碑临习指南　（元）赵孟頫书；
姜荣贵编著
沈阳　辽宁美术出版社　1995 年　132 页
26cm（16 开）ISBN：7-5314-1282-9
定价：CNY10.00
（名碑名帖临习指南系列）

J0100224
赵孟頫书法全集　（元）赵孟頫书；李正伟编
北京　群言出版社　1995 年　2 册（1074 页）
26cm（16 开）精装　ISBN：7-80080-048-2
定价：CNY171.00
（中国历代书法名家全集系列）

J0100225
蔡襄书法选　（宋）蔡襄书；程朗天编
广州　广州出版社　1996 年　92 页　20cm（32 开）
ISBN：7-80592-610-7　定价：CNY140.00（全套）
（历代书法名作选系列）

　　作者蔡襄（1012—1067），北宋书法家、文学
家。字君谟，福建仙游县人。擅长正楷、行书和
草书。传世墨迹有《蔡襄自书诗帖》《洛阳桥记》
《吐谷浑词》《蒙惠帖》《陶生帖》等。

J0100226
湖州妙严寺记　（元）赵孟頫书
成都　成都古籍书店　1996 年　影印本　64 页
38cm（6 开）定价：CNY14.50
（中国书法精品）

J0100227
**黄庭坚　松风阁　经伏波神祠　赠张大同
卷跋**　（宋）黄庭坚书；向志宣选编
南昌　江西美术出版社　1996 年　37cm
ISBN：7-80580-329-3　定价：CNY6.00
（中国古代名家名帖 4）

J0100228
黄庭坚行书习字帖　（旁注楷书）（宋）黄庭坚书
北京　中国书店　1996 年　134 页　26cm（16 开）
ISBN：7-80568-741-2　定价：CNY12.00
（历代行书丛帖）

J0100229
黄庭坚墨迹二十种　（宋）黄庭坚书
天津　天津古籍出版社 1996年 251页 33cm
ISBN：7-80504-441-4 定价：CNY36.00

J0100230
康里巙书法精选　解纪等选辑
北京　当代中国出版社 1996年 314页
26cm（16开）ISBN：7-80092-481-5
定价：CNY23.00
（历代名家书法荟萃）

J0100231
李纲　岳飞书法精选　（宋）李纲，（宋）岳飞
书；解纪等选辑
北京　当代中国出版社 1996年 314页
26cm（16开）ISBN：7-80092-521-8
定价：CNY23.00
（历代名家书法荟萃）
　　　作者李纲（1083—1140），宋代政治家、文学
家。字伯纪，号梁溪，邵武（福建）人。著有《梁
溪先生文集》《靖康传信录》《梁溪词》等。作者
岳飞（1103—1142），南宋时期军事家、战略家、
书法家、诗人。字鹏举，相州汤阴（今河南省汤
阴县）人。抗金名将。代表作有《满江红·写怀》《小
重山·昨夜寒蛩不住鸣》《五岳祠盟记》。

J0100232
米芾行书习字帖　（旁注楷书）（宋）米芾书
北京　中国书店 1996年 134页 26cm（16开）
ISBN：7-80568-742-0 定价：CNY12.00
（历代行书丛帖）

J0100233
米芾书法选　（宋）米芾书；程朗天编
广州　广州出版社 1996年 92页 20cm（32开）
ISBN：7-80592-610-7 定价：CNY140.00（全套）
（历代书法名作选系列）

J0100234
如何临习行书　（米芾行书"天马赋"笔法举
要）孔墨丁编著
西安　陕西旅游出版社 1996年 43页 26cm（16开）
ISBN：7-5418-1287-0 定价：CNY4.80
（书法普及教育系列丛书 书法入门－楷·行书技

法大全）

J0100235
如何临习行书　（苏东坡行书"石恪维摩赞、
鱼忱冠颂"笔法举要）孔墨丁编著
西安　陕西旅游出版社 1996年 43页 26cm（16开）
ISBN：7-5418-1287-0 定价：CNY4.80
（书法普及教育系列丛书 书法入门－楷·行书技
法大全）

J0100236
如何临习行书　（赵孟頫行书"宝云寺记"笔
法举要）孔墨丁编著
西安　陕西旅游出版社 1996年 43页 26cm（16开）
ISBN：7-5418-1287-0 定价：CNY4.80
（书法普及教育系列丛书 书法入门－楷·行书技
法大全）

J0100237
如何临习行书　（赵孟頫行书"洛神赋"笔法
举要）孔墨丁编著
西安　陕西旅游出版社 1996年 43页 26cm（16开）
ISBN：7-5418-1287-0 定价：CNY4.80
（书法普及教育系列丛书 书法入门－楷·行书技
法大全）

J0100238
蜀素帖　（宋）米芾书；戴家妙编
杭州　中国美术学院出版社 1996年 26cm（16开）
ISBN：7-81019-540-9 定价：CNY4.00
（学书范本精华 米芾《蜀素帖》）

J0100239
松雪翁乐善堂帖　（元）赵孟頫书
北京　书目文献出版社 1996年 2册
38cm（6开）线装 ISBN：7-5013-1301-6
定价：CNY3000.00

J0100240
宋米芾墨迹　（故宫法书第十一辑）台北故宫
博物院编辑委员会编辑
台北　台北故宫博物院编辑委员会 1996年 3册
38cm（6开）

J0100241

宋苏轼墨迹 （下）（宋）苏轼书；台北故宫博物院编辑委员会编辑
台北 台北故宫博物院 1996年 重印本 31叶
39cm（4开）线装 ISBN：957-562-118-2
定价：TWD1300.00
（故宫法书 第九辑 2）

J0100242

苏轼行书习字帖 （旁注楷书）（宋）苏轼书
北京 中国书店 1996年 112页 26cm（16开）
ISBN：7-80568-740-4 定价：CNY10.00
（历代行书丛帖）

J0100243

苏轼中楷 （司马温公神道碑）徐中敏选编
长沙 湖南美术出版社 1996年 83页 26cm（16开）
ISBN：7-5356-0819-1 定价：CNY17.80
（李苦禅藏帖选粹）

　　编者徐中敏(1940—)，教授。笔名宇石，生于重庆，毕业于四川美院工艺美术系。历任湖南美术出版社副编审、中国书籍装帧研究会会员等。

J0100244

戏鱼堂法帖 （十卷）（宋）刘次庄编；金沛霖主编
北京 北京古籍出版社 1996年 影印本 线装
（中国善本丛帖集刊）

　　分三册。据宋元祐七年(1092)摹刻本影印。

J0100245

鲜于枢书法精选 （元）鲜于枢书；解纪等选辑
北京 当代中国出版社 1996年 322页
26cm（16开）精装 ISBN：7-80092-478-5
定价：CNY29.00
（历代名家书法荟萃）

　　作者鲜于枢(1246—1302)，元代书法家、诗人。字伯机，号困学岷、寄直老人，大都(今北京)人。代表作品《苏轼海棠诗卷》《韩愈进学解卷》《论草书帖》等。

J0100246

鲜于枢书法精选 解纪等选辑
北京 当代中国出版社 1996年 322页

26cm（16开）ISBN：7-80092-479-3
定价：CNY23.00
（历代名家书法荟萃）

J0100247

元鲜于枢书王安石杂诗卷 （元）鲜于枢书
石家庄 河北美术出版社 1996年 26cm（16开）
ISBN：7-5310-0881-5 定价：CNY6.50
（历代名碑名帖丛书）

J0100248

元代名家墨迹大观 （元）鲜于枢等书；郑晓华编著
上海 上海人民美术出版社 1996年 333页
26cm（16开）ISBN：7-5322-1495-8
定价：CNY50.50

J0100249

张即之书金刚经 张即之书
天津 天津杨柳青画社 1996年 119页
26cm（16开）ISBN：7-80503-308-0
定价：CNY14.50

　　作者张即之(1186—1263)，南宋书法家、政治家。字温夫，号樗寮，历阳(今安徽省和县)人。传世作品有楷书《佛遗教经》《金刚般若波罗蜜经》《太上洞玄灵宝无量度人上品妙经》，行书《双松图歌》《待漏院记》《书杜诗》《汪氏报本庵记》等。

J0100250

赵孟頫行书习字帖 （旁注楷书）（元）赵孟頫书
北京 中国书店 1996年 126页 26cm（16开）
ISBN：7-80568-739-0 定价：CNY11.00
（历代行书丛帖）

J0100251

赵孟頫楷书习字帖 （元）赵孟頫书
南京 江苏美术出版社 1996年 44页 26cm（16开）
ISBN：7-5344-0490-8 定价：CNY4.95
（书法家之路丛帖）

J0100252

赵孟頫楷书习字帖 王宇飞等编著
北京 中国书籍出版社 1996年 44页 26cm（16开）
ISBN：7-5068-0526-X 定价：CNY4.20

（名家书法入门丛书）

J0100253
赵孟頫闲居赋　（元）赵孟頫书；周翎选编
南昌　江西美术出版社　1996年　37cm
ISBN：7-80580-328-5　定价：CNY6.50
（中国古代名家名帖 5）

J0100254
道教碑　（元）赵孟頫书
北京　中国书店　1997年　197页　26cm（16开）
ISBN：7-80568-766-8　定价：CNY19.00

J0100255
黄庭坚集　（宋）黄庭坚书
长春　吉林文史出版社　1997年　61页　30cm（15开）
ISBN：7-80626-196-6　定价：CNY8.00
（中国著名碑帖选集（第一集）23）

J0100256
黄庭坚书法选　（宋）黄庭坚书；程朗天编
广州　广州出版社　1997年　92页　20cm（32开）
ISBN：7-80592-610-7　定价：CNY140.00（全套）
（历代书法名作选系列）

J0100257
楷行隶草篆习字帖
延吉　延边人民出版社　1997年　133页
26cm（16开）ISBN：7-80599-761-6
定价：CNY14.00
（古今墨宝集锦）

J0100258
米芾　黄庭坚行书　（芙蓉楼名碑）（宋）米
芾,（宋）黄庭坚书
长沙　湖南美术出版社　1997年　57页　38cm（6开）
ISBN：7-5356-1002-1　定价：CNY15.00
　　作者米芾（1051—1107），北宋书法家、画家、书画理论家。祖籍太原，出生于湖北襄阳，长期居润州（今江苏镇江）。初名黻，后改芾，字元章，号襄阳居士、海岳山人等。书画自成一家，枯木竹石，山水画独具风格特点。在书法也颇有造诣，擅篆、隶、楷、行、草等书体，长于临摹古人书法。代表作品有《宝晋英光集》《宝章待访录》《书史》《画史》《砚史》。作者黄庭坚（1045—

1105），北宋文学家、书法家。字鲁直，号山谷道人。江西省九江人。代表作品有《松风阁诗帖》《诸上座帖》，著有《山谷集》《山谷词》《论古人书》等。

J0100259
米芾行书墨迹五十五种　（宋）米芾书
天津　天津古籍出版社　1997年　190页
33cm（10开）ISBN：7-80504-534-8
定价：CNY29.70

J0100260
米芾行书字帖　（北宋）米芾书
延吉　延边人民出版社　1997年　26cm（16开）
ISBN：7-80599-761-6　定价：CNY12.00
（古今墨宝集锦）

J0100261
米芾集　（宋）米芾书
长春　吉林文史出版社　1997年　69页　30cm（1开）
ISBN：7-80626-197-4　定价：CNY9.00
（中国著名碑帖选集（第一集）24）

J0100262
米芾书法精选　吴波编著
延吉　延边人民出版社　1997年　69页　26cm（16开）

J0100263
米芾蜀素帖　（宋）米芾书；聂文豪，席瑜选编
南昌　江西美术出版社　1997年　37cm
ISBN：7-80580-428-1　定价：CNY14.00
（中国古代名家名帖 15）
　　编者聂文豪（1944—　　），生于江西省南昌市。历任中国民间文艺家协会会员，江西省书法家协会会员，中国民协书法艺术交流专业委员会副主任。

J0100264
宋黄庭坚松风阁诗、华严疏卷　《历代碑帖法书选》编辑组编
北京　文物出版社　1997年　26cm（16开）
ISBN：7-5010-0952-X　定价：CNY2.00
（历代碑帖法书选）

J0100265

宋徽宗草书千字文　（北宋）赵佶书；许礼平，
苏士澍主编
北京　文物出版社　1997年　85页　29cm（16开）
ISBN：7-5010-0955-4
（中国名家法书 2）

J0100266

苏东坡行书字帖　（宋）苏东坡书
延吉　延边人民出版社　1997年　92页　26cm（16开）
ISBN：7-80599-761-6　定价：CNY14.00
（古今墨宝集锦）

J0100267

苏东坡书法精选　吴波编著
延吉　延边人民出版社　1997年　66页　26cm（16开）

J0100268

苏轼集　（宋）苏轼书
长春　吉林文史出版社　1997年　69页　30cm（15开）
ISBN：7-80626-195-8　定价：CNY8.50
（中国著名碑帖选集（第一集）22）

J0100269

苏轼书法选　（宋）苏轼书；程朗天编
广州　广州出版社　1997年　重印本　91页
20cm（32开）ISBN：7-80592-610-7
定价：CNY140.00（全套）
（历代书法名作选系列）

J0100270

唐鲁郡颜文忠公新庙记碑
山东费县颜真卿研究会编
[山东费县颜真卿研究会] 1997年　82页
26cm（16开）

J0100271

鲜于枢书法选　（元）鲜于枢书；程朗天编
广州　广州出版社　1997年　重印本　92页
20cm（32开）ISBN：7-80592-610-7
定价：CNY140.00（全套）
（历代书法名作选系列）

J0100272

元　赵孟頫行书烟江叠嶂图诗卷　（元）赵孟

颊书
石家庄　河北美术出版社　1997年　26cm（16开）
ISBN：7-5310-0882-3　定价：CNY3.90
（历代名碑名帖丛书）

J0100273

岳飞行书字帖　（南宋）岳飞书
延吉　延边人民出版社　1997年　26cm（16开）
ISBN：7-80599-761-6　定价：CNY12.00
（古今墨宝集锦）

J0100274

怎样临摹黄庭坚松风阁诗　沈春芳编著
南京　江苏古籍出版社　1997年　84页　有画像
26cm（16开）ISBN：7-80519-841-1
定价：CNY9.00
（名碑名帖实用临摹丛书　第二辑）

J0100275

怎样临摹苏轼黄州寒食诗　薛龙春编著
南京　江苏古籍出版社　1997年　84页　有画像
26cm（16开）ISBN：7-80519-842-X
定价：CNY9.00
（名碑名帖实用临摹丛书　第二辑）

J0100276

赵佶书法选　（宋）赵佶书；程朗天编
广州　广州出版社　1997年　重印本　92页
20cm（32开）ISBN：7-80592-610-7
定价：CNY140.00（全套）
（历代书法名作选系列）

J0100277

赵孟頫《胆巴碑》楷书大字谱　韦灯编著
南宁　广西美术出版社　1997年　44页　38cm（6开）
ISBN：7-80625-364-5　定价：CNY13.00
（书法大字谱　第一辑）

J0100278

赵孟頫《胆巴碑》描红本
南京　江苏文艺出版社　1997年　48页　26cm（16开）
ISBN：7-5399-1077-1　定价：CNY3.50

J0100279

赵孟頫仇锷墓碑铭　（元）赵孟頫书；张雷编

上海 上海书画出版社 1997年 85页 38cm（6开）
ISBN：7-80635-141-8 定价：CNY16.50
（中国历代名帖放大本）

J0100280
赵孟頫行书字帖 （元）赵孟頫书
延吉 延边人民出版社 1997年 133页
26cm（16开）ISBN：7-80599-761-6
定价：CNY14.00
（古今墨宝集锦）

J0100281
赵孟頫集 （元）赵孟頫书
长春 吉林文史出版社 1997年 84页 30cm（1开）
ISBN：7-80626-198-2 定价：CNY9.50
（中国著名碑帖选集（第一集）25）

J0100282
赵孟頫三门记 （元）赵孟頫书；聂文豪，胡慧
选编
南昌 江西美术出版社 1997年 37cm
ISBN：7-80580-427-3 定价：CNY23.00
（中国古代名家名帖 13）

J0100283
赵孟頫书胆巴碑 （元）赵孟頫书
天津 天津人民美术出版社 1997年 151页
26cm（16开）ISBN：7-5305-0760-5
定价：CNY14.60
（历代碑帖墨迹大字本）

J0100284
赵孟頫书法精选 吴波编著
延吉 延边人民出版社 1997年 66页 26cm（16开）

J0100285
赵孟頫书法精选 （楷书）（元）赵孟頫书；晓
山等编
北京 中国画报出版社 1997年 46页 26cm（16开）
ISBN：7-80024-360-5 定价：CNY7.00

J0100286
赵孟頫书法选 （元）赵孟頫书；程朗天编
广州 广州出版社 1997年 重印本 92页
20cm（32开）ISBN：7-80592-610-7

定价：CNY140.00（全套）
（历代书法名作选系列）

J0100287
赵松雪千字文 （元）赵孟頫书
延吉 延边人民出版社 1997年 26cm（16开）
ISBN：7-80599-761-6 定价：CNY14.00
（古今墨宝集锦）

J0100288
赵体《胆巴碑》临摹习字帖 永珍等主编
北京 中国华侨出版社 1997年 61页 26cm（16开）
ISBN：7-80120-173-6 定价：CNY6.00

J0100289
赵体楷书描红 （胆巴碑）吕大铭，王建主编
北京 中国书籍出版社 1997年 48页 19×26cm
ISBN：7-5068-0522-7 定价：CNY3.50
（名家名帖楷书描红系列）

J0100290
赵体楷书描红 （寿春堂碑）吕大铭，王建主编
北京 中国书籍出版社 1997年 48页 19×26cm
ISBN：7-5068-0627-4 定价：CNY3.50
（名家名帖楷书描红系列）

J0100291
胆巴碑 （元）赵孟頫书；天津人民美术出版社编
天津 天津人民美术出版社 1998年 96页
18cm（小32开）ISBN：7-5305-0837-7
定价：CNY6.80
（中国历代碑帖放大选字本）

J0100292
黄庭坚 （黄庭坚《诸上座帖》）（宋）黄庭坚书；
金玎编
杭州 中国美术学院出版社 1998年 16页
26cm（16开）ISBN：7-81019-659-6
定价：CNY4.00
（学书范本精华）

J0100293
黄庭坚书法精品选 （宋）黄庭坚书；肖岸主编
北京 华龄出版社 1998年 100页 26cm（16开）
ISBN：7-80082-816-6 定价：CNY9.80

（中国古代书法经典丛书）

J0100294
黄庭坚书帖　（宋）黄庭坚书
长沙　湖南美术出版社 1998 年 15 页
28cm（大 16 开）ISBN：7-5356-1088-9
定价：CNY3.50
（名碑名帖软硬笔对照系列）

J0100295
黄庭坚松风阁诗　（宋）黄庭坚书
杭州　浙江古籍出版社 1998 年 13 页 26cm（16 开）
ISBN：7-80518-446-1　定价：CNY3.80
（历代碑帖精华）

J0100296
黄庭坚诸上座帖　（宋）黄庭坚书
苏州　古吴轩出版社 1998 年 51 页 38cm（6 开）
ISBN：7-80574-370-3　定价：CNY12.00
（古今书法精粹）

J0100297
米芾行书二帖　（北宋）米芾书
苏州　古吴轩出版社 1998 年 67 页 34cm（10 开）
ISBN：7-80574-385-1　定价：CNY9.00
（古今书法精粹）

　　作者米芾（1051—1107），北宋书法家、画家、书画理论家。祖籍太原，出生于湖北襄阳，长期居润州（今江苏镇江）。初名黻，后改芾，字元章，号襄阳居士、海岳山人等。书画自成一家，枯木竹石，山水画独具风格特点。在书法也颇有造诣，擅篆、隶、楷、行、草等书体，长于临摹古人书法。代表作品有《宝晋英光集》《宝章待访录》《书史》《画史》《砚史》。

J0100298
米芾书法集　（宋）米芾书
南京　江苏美术出版社 1998 年 62 页
28cm（大 16 开）ISBN：7-5344-0857-1
定价：CNY28.00
（中国历代大师名作丛书）

J0100299
米芾书法精品选　（宋）米芾书；肖岸主编
北京　华龄出版社 1998 年 80 页 26cm（16 开）

ISBN：7-80082-725-9　定价：CNY8.80
（中国古代书法经典丛书）

J0100300
米芾书帖　颜新元供稿撰文；箫文硬笔书写
长沙　湖南美术出版社 1998 年 54 页 26cm（16 开）
ISBN：7-5356-1093-5　定价：CNY9.00
（名碑名帖软硬笔对照系列）

J0100301
米芾蜀素帖　（宋）米芾书
杭州　浙江古籍出版社 1998 年 14 页 26cm（16 开）
ISBN：7-80518-447-X　定价：CNY3.80
（历代碑帖精华）

J0100302
实用大字帖　（元赵孟頫《胆巴碑》选字本）邓英，龚建华编著
上海　上海画报出版社 1998 年 44 页 26cm（16 开）
ISBN：7-80530-432-7　定价：CNY7.00
（画报写字丛书）

J0100303
宋蔡襄自书诗　（宋）蔡襄书；《历代碑帖法书选》编辑组编
北京　文物出版社 1998 年 26cm（16 开）
ISBN：7-5010-0992-9　定价：CNY3.50
（历代碑帖法书选）

　　作者蔡襄（1012—1067），北宋书法家、文学家。字君谟，福建仙游县人。擅长正楷、行书和草书。传世墨迹有《蔡襄自书诗帖》《洛阳桥记》《吐谷浑词》《蒙惠帖》《陶生帖》等。

J0100304
宋朝皇帝墨宝　黄全信主编
北京　中央民族大学出版社 1998 年 312 页
26cm（16 开）ISBN：7-81056-107-3
定价：CNY46.00
（历代帝王墨宝）

　　主编黄全信（1944—　　），满族，北京人。历任北京师大附中美术、书法高级教师，北京书法家协会会员、北京书法教育研究会会员。出版有《中国书法自学丛书》《黄全信钢笔书法教学系列》《中国历代皇帝墨宝》等。

J0100305

宋黄庭坚草书诸上座帖 （宋）黄庭坚书；故宫博物院《历代碑帖墨迹选》编辑组编辑
北京 紫禁城出版社 1998年 26cm（16开）
ISBN：7-80047-275-2 定价：CNY6.00
（故宫博物院珍藏历代碑帖墨迹选 13）

J0100306

宋林逋行书自书诗并苏轼行书和诗 （宋）林逋,（宋）苏轼书；故宫博物院《历代碑帖墨迹选》编辑组编辑
北京 紫禁城出版社 1998年 26cm（16开）
ISBN：7-80047-276-0 定价：CNY4.00
（故宫博物院珍藏历代碑帖墨迹选 11）

　　作者苏东坡(1037—1101)，本名苏轼，宋代文学家、书画家。眉州眉山(今属四川)人，祖籍河北栾城。字子瞻，一字和仲，号东坡居士。为"唐宋八大家"之一，擅长文人画。仁宗嘉祐二年(1057)进士。曾任翰林学士、侍读学士、礼部尚书等职。作品有《东坡七集》《东坡易传》《东坡乐府》《潇湘竹石图卷》《古木怪石图卷》等。

J0100307

宋米芾行书破羌帖题赞 （宋）米芾书；故宫博物院《历代碑帖墨迹选》编辑组编辑
北京 紫禁城出版社 1998年 26cm（16开）
ISBN：7-80047-277-9 定价：CNY1.70
（故宫博物院珍藏历代碑帖墨迹选 10）

J0100308

宋米芾行书苕溪诗 （宋）米芾书；故宫博物院《历代碑帖墨迹选》编辑组编辑
北京 紫禁城出版社 1998年 26cm（16开）
ISBN：7-80047-279-5 定价：CNY2.90
（故宫博物院珍藏历代碑帖墨迹选 9）

J0100309

宋米芾墨迹三种 （宋）米芾书
沈阳 辽宁画报出版社 1998年 50页 29cm（16开）
ISBN：7-80601-183-8 定价：CNY4.98
（中国历代碑帖）

J0100310

宋苏轼行书治平帖 （宋）苏轼书；故宫博物院《历代碑帖墨迹选》编辑组编辑

北京 紫禁城出版社 1998年 26cm（16开）
ISBN：7-80047-280-9 定价：CNY1.70
（故宫博物院珍藏历代碑帖墨迹选 8）

J0100311

宋拓元次山碑 （唐）颜真卿书；故宫博物院《历代碑帖墨迹选》编辑组编
北京 紫禁城出版社 1998年 26cm（16开）
ISBN：7-80047-268-X 定价：CNY8.50
（故宫博物院珍藏历代碑帖墨迹选 16）

J0100312

宋张即之楷书度人经 （宋）张即之书；故宫博物院《历代碑帖墨迹选》编辑组编辑
北京 紫禁城出版社 1998年 26cm（16开）
ISBN：7-80047-274-4 定价：CNY13.00
（故宫博物院珍藏历代碑帖墨迹选 12）

　　作者张即之(1186—1263)，南宋书法家、政治家。字温夫，号樗寮，历阳(今安徽省和县)人。传世作品有楷书《佛遗教经》《金刚般若波罗蜜经》《太上洞玄灵宝无量度人上品妙经》，行书《双松图歌》《待漏院记》《书杜诗》《汪氏报本庵记》等。

J0100313

宋赵佶瘦金书选 （宋）赵佶书；故宫博物院《历代碑帖墨迹选》编辑组编辑
北京 紫禁城出版社 1998年 26cm（16开）
ISBN：7-80047-256-6 定价：CNY2.20
（故宫博物院珍藏历代碑帖墨迹选 9）

J0100314

苏东坡书法精品选 （宋）苏东坡书；肖岸主编
北京 华龄出版社 1998年 81页 26cm（16开）
ISBN：7-80082-815-8 定价：CNY8.80
（中国古代书法经典丛书）

J0100315

苏轼 （苏轼《前赤壁赋》）（宋）苏轼书；杨文涛编
杭州 中国美术学院出版社 1998年 16页 26cm（16开） ISBN：7-81019-663-4
定价：CNY4.00
（学书范本精华）

J0100316

苏轼赤壁赋 （宋）苏轼书
杭州 浙江古籍出版社 1998 年 15 页 26cm（16 开）
ISBN：7-80518-445-3 定价：CNY3.80
（历代碑帖精华）

J0100317

苏轼书醉翁亭记 （宋）苏轼书
杭州 西泠印社 1998 年 63 页 35cm（15 开）
ISBN：7-80517-164-5 定价：CNY10.80
（西泠印社法帖丛编）

J0100318

元赵孟頫行书万寿曲 （元）赵孟頫书；故宫
博物院《历代碑帖墨迹选》编辑组编辑
北京 紫禁城出版社 1998 年 26cm（16 开）
ISBN：7-80047-248-5 定价：CNY1.70
（故宫博物院珍藏历代碑帖墨迹选 11）

J0100319

元赵孟頫楷书张总管墓志铭 （元）赵孟頫
书；故宫博物院《历代碑帖墨迹选》编辑组编辑
北京 紫禁城出版社 1998 年 26cm（16 开）
ISBN：7-80047-252-3 定价：CNY2.90
（故宫博物院珍藏历代碑帖墨迹选 4）

J0100320

元周伯琦小楷朱德润墓志铭 （元）周伯琦
书；故宫博物院《历代碑帖墨迹选》编辑组编辑
北京 紫禁城出版社 1998 年 26cm（16 开）
ISBN：7-80047-278-7 定价：CNY2.20
（故宫博物院珍藏历代碑帖墨迹选 14）

J0100321

元周伯琦篆书宫学国史二箴 （元）周伯琦
书；故宫博物院《历代碑帖墨迹选》编辑组编辑
北京 紫禁城出版社 1998 年 26cm（16 开）
ISBN：7-80047-273-6 定价：CNY3.10
（故宫博物院珍藏历代碑帖墨迹选 15）

J0100322

岳飞墨宝 （南宋）岳飞书；黄全信主编
北京 中央民族大学出版社 1998 年 312 页
有画像 28cm（16 开） ISBN：7-81056-100-6
定价：CNY46.00，CNY66.00（精装）

J0100323

赵孟頫 （赵孟頫行草书法）（元）赵孟頫书；
许洪流编
杭州 中国美术学院出版社 1998 年 16 页
26cm（16 开） ISBN：7-81019-662-6
定价：CNY4.00
（学书范本精华）

J0100324

赵孟頫《胆巴碑》及其笔法 （元）赵孟頫书；
陈文明，张啸东编著
杭州 西泠印社 1998 年 65 页 26cm（16 开）
ISBN：7-80517-260-9 定价：CNY9.80

J0100325

赵孟頫胆巴碑选字放大本 杨友吉选编
长沙 湖南少年儿童出版社 1998 年 44 页
26cm（16 开） ISBN：7-5358-1482-4
定价：CNY4.50

J0100326

赵孟頫道教碑 （元）赵孟頫书
长沙 湖南美术出版社 1998 年 63 页
28cm（大 16 开） ISBN：7-5356-1089-7
定价：CNY10.10
（名碑名帖软硬笔对照系列）

J0100327

赵孟頫行楷二帖 （元）赵孟頫书
长沙 湖南美术出版社 1998 年 82 页
28cm（大 16 开） ISBN：7-5356-1094-3
定价：CNY12.80
（名碑名帖软硬笔对照系列）

J0100328

赵孟頫书胆巴碑 （元）赵孟頫书
苏州 古吴轩出版社 1998 年 55 页 38cm（6 开）
ISBN：7-80574-347-9 定价：CNY12.00
（古今书法精粹）

J0100329

赵孟頫书胆巴碑 （元）赵孟頫书
杭州 浙江古籍出版社 1998 年 28 页 26cm（16 开）
ISBN：7-80518-448-8 定价：CNY5.00
（历代碑帖精华）

J0100330
赵孟頫书法名品全集　（元）赵孟頫书；张速编
天津　天津古籍出版社　1998 年　471 页
26cm（16 开）ISBN：7-80504-611-5
定价：CNY48.00
（中国历代书法名家名品全集）

J0100331
赵孟頫书六体千字文　（元）赵孟頫书
石家庄　河北人民出版社　1998 年　102 页
26cm（16 开）ISBN：7-202-02362-8
定价：CNY14.00

J0100332
赵孟頫与山巨源绝交书　（元）赵孟頫书；聂
文豪，聂薇选编
南昌　江西美术出版社　1998 年　38cm（6 开）
ISBN：7-80580-482-6　定价：CNY20.00
（中国古代名家名帖 20）

J0100333
赵体描临　（元赵孟頫书妙严寺记）陕西人民
美术出版社编
西安　陕西人民美术出版社　1998 年　80 页
26cm（16 开）ISBN：7-5368-1083-0
定价：CNY6.80
（历代楷书典范描临系列）

J0100334
朱熹城南唱和诗卷　（大连图书馆藏邻苏园
本）（宋）朱熹书
大连　大连出版社　1998 年　影印本　38cm（6 开）
ISBN：7-80612-519-1　定价：CNY18.00

J0100335
洞庭春色赋·中山松醪赋　（宋）苏轼书
长春　吉林文史出版社　1999 年　52 页　30cm（15 开）
（中国著名碑帖选集（第二集）33）
　　本书收录了苏轼的《洞庭春色中山松醪二
赋》墨迹，全篇章法似锦，韵致自然天成，字字
清新美妙，笔笔得心应手，毫无造作之意。

J0100336
古帖新释　（赵孟頫《妙严寺记》）[元]赵孟頫
书；王似锋编著

杭州　西泠印社　1999 年　92 页　26cm（16 开）
ISBN：7-80517-397-4　定价：CNY16.00

J0100337
黄山谷书狄梁公碑宋拓本　[（宋）黄庭坚书]
天津　天津人民美术出版社　1999 年
32cm（10 开）套经折装　ISBN：7-5305-1021-5
定价：CNY71.00

J0100338
旧拓主本急就章　卢林编著
沈阳　辽宁美术出版社　1999 年　70 页　26cm（16 开）
ISBN：7-5314-2284-0　定价：CNY12.00
（21 世纪书法系列丛书　珍稀拓本碑帖系列丛书）

J0100339
米芾蜀素帖　苕溪诗帖　多景楼诗帖
（宋）米芾书
北京　中国戏剧出版社　1999 年　71 页　29cm（16 开）
ISBN：7-104-01123-4　定价：CNY9.80
（中国历代书法名家名作评介丛书）
　　作者米芾（1051—1107），北宋书法家、画
家、书画理论家。祖籍太原，出生于湖北襄阳，
长期居润州（今江苏镇江）。初名黻，后改芾，字
元章，号襄阳居士、海岳山人等。书画自成一家，
枯木竹石，山水画独具风格特点。在书法也颇有
造诣，擅篆、隶、楷、行、草等书体，长于临摹古
人书法。代表作品有《宝晋英光集》《宝章待访
录》《书史》《画史》《砚史》。

J0100340
米芾选集　（宋）米芾书
杭州　浙江人民美术出版社　1999 年　77 页
29cm（16 开）ISBN：7-5340-0966-9
定价：CNY25.00
（历代法帖选）

J0100341
倪瓒楷书　（选字本）（元）倪瓒书
天津　天津人民美术出版社　1999 年　96 页
19cm（小 32 开）ISBN：7-5305-1036-3
定价：CNY6.80
（中国历代名画家书法系列）
　　作者倪瓒（1301—1374），元末明初画家、
诗人。初名倪珽，字泰宇，别字元镇，号云林

子、荆蛮民、幻霞子。江苏无锡人。擅长画山水，亦工墨竹，亦擅诗文。主要作品有《渔庄秋霁图》《六君子图》《容膝斋图》《清閟阁集》等。

J0100342
三赋帖　（苏轼　米芾　董其昌）（宋）苏轼等书
西安　陕西人民出版社　1999 年　47 页　33cm
ISBN：7-224-05234-5　定价：CNY12.00
（中国珍稀碑帖丛书）

J0100343
蜀素帖　[北宋]米芾书；天津人民美术出版社编
天津　天津人民美术出版社　1999 年　46 页
18cm（小 32 开）ISBN：7-5305-1026-6
定价：CNY4.80
（中国历代名画家书法系列）

J0100344
水写字帖　（赵孟頫书胆巴碑字精选）（元）赵孟頫书
沈阳　辽宁美术出版社　1999 年　20 页　26×36cm
ISBN：7-5314-2398-7　定价：CNY15.00
（中国古代名家书迹系列 21 世纪书法系列丛书）

J0100345
宋苏轼人来得书·新岁展庆帖　（宋）苏轼书；《历代碑帖法书选》编辑组编
北京　文物出版社　1999 年　26cm（16 开）
ISBN：7-5010-1111-7　定价：CNY1.80
（历代碑帖法书选）

J0100346
苏东坡黄州寒食诗卷　（宋）苏东坡书
杭州　西泠印社　1999 年　38 页　35cm（15 开）
ISBN：7-80517-387-7　定价：CNY10.50
（西泠印社法帖丛编）

J0100347
苏东坡醉翁亭记　（北宋）苏东坡书；梁金保，梁琳选编
南昌　江西美术出版社　1999 年　38cm（6 开）
ISBN：7-80580-585-7　定价：CNY24.00
（中国古代名家名帖 23）

J0100348
苏轼选集　（宋）苏轼书
杭州　浙江人民美术出版社　1999 年　75 页
29cm（16 开）ISBN：7-5340-0965-0
定价：CNY24.00
（历代法帖选）

J0100349
岳飞奏草真迹　（宋）岳飞书
北京　中国书店　1999 年　43 页　37cm
ISBN：7-80568-924-5　定价：CNY12.00

J0100350
赵佶瘦金书　（北宋）赵佶书
天津　天津人民美术出版社　1999 年　71 页
19cm（小 32 开）ISBN：7-5305-1029-0
定价：CNY5.80
（中国历代名画家书法系列）

J0100351
赵孟頫胆巴碑　（元）赵孟頫书
北京　民族出版社　1999 年　124 页　26cm（16 开）
统一书号：8105.161　定价：CNY10.00
（中国古典名帖放大临摹本选）

J0100352
赵孟頫胆巴碑　妙严寺记　（元）赵孟頫书
北京　中国戏剧出版社　1999 年　68 页
29cm（16 开）ISBN：7-104-01123-4
定价：CNY8.20
（中国历代书法名家名作评介丛书）

J0100353
朱熹榜书千字文　（宋）朱熹书
北京　中国青年出版社　1999 年　3 册　35×54cm
精装　ISBN：7-5006-3516-8　定价：CNY3980.00
（中国古典名帖放大临摹本选）

明、清书法作品

J0100354
[明人书札]　（明）邢桐等撰并书；邓拓集
明　稿本　经折装
　　邓拓（1912—1966），政论家、历史学家、诗

人。乳名旭初，原名邓子健，笔名马南邨。福建闽县人。曾任《人民日报》社社长兼总编辑、全国新闻工作者协会主席、中共北京市委书记处书记、《前线》主编等职。作品有《燕山夜话》《邓拓散文》《邓拓文集》《邓拓诗词选》等。

J0100355

草诀百韵歌 （一卷）□□辑

徽诚方九如　明　刻本

J0100356

陈眉公真迹 （不分卷）（明）陈继儒书

［明］稿本

J0100357

董文敏公书札册 （不分卷）（明）董其昌撰并书

［明］稿本

　　作者董其昌（1555—1636），明代著名书画家。字玄宰，号思白，别号香光居士，松江华亭（今上海）人。主要作品有《岩居图》《秋兴八景图》《昼锦堂图》等。

J0100358

董文敏公书札册 （不分卷）（明）董其昌撰

明　稿本

J0100359

杜氏书谱 （三卷）（清）杜濬撰

明　刻本　补修

（杜氏四谱）

J0100360

古今名笔便学临池真迹 （不分卷）□□辑

翰墨林　明　刻本

J0100361

金刚般若波罗蜜经 （明）文徵明书

明　稿本　经折装

　　作者文徵明（1470—1559），明代画家、书法家、道家、文学家。原名壁（或作璧），字徵明。江苏苏州人。主要作品有《真赏斋图》《绿荫草堂图》《甫田集》等。

J0100362

里言百韵 （不分卷）（明）黄道周书

［明］稿本

　　有武福鼎题款。作者黄道周（1585—1646），明代书法家。初名螭若，字玄度，更字幼平、号石斋等。福建漳浦铜山人。代表作品有《儒行集传》《石斋集》《易象正义》《春秋揆》《孝经集传》等。

J0100363

明董玄宰书敕赐午门麦饼宴诗册 （一卷）（明）董其昌书

［明］稿本

J0100364

明刘宾仲藏三家赠言真迹 （不分卷）（明）董其昌，（明）陈继儒，（明）王思任书

［明］稿本

　　本书有姚朋图等题识。

J0100365

明拓碧落碑

明　拓本　经折装

J0100366

明拓唐元君次山碑

明　拓本　经折装

　　分四册。

J0100367

新刻名公笔法草书重珍 （八卷）题陈伯龄辑

书林陈国晋　明　刻本

J0100368

新刻名公笔法草书重珍 （八卷）题陈伯龄辑

书林陈康俟　清康熙二十六年［1687］刻本

　　本书由《新刻名公笔法草书重珍八卷》《印隽一卷》题陈伯龄辑合订。

J0100369

新刻名公笔法草书重珍 （八卷，卷附印隽一卷）（清）陈伯龄等辑

书林陈康俟　清康熙二十六年［1687］刻本

有插图　线装

　　分六册。

J0100370

赤壁赋　（一卷）（宋）苏轼撰；（明）汪道全书
仇以才　明弘治七年［1494］刻本

J0100371

陶渊明诗集文衡山写定　（晋）陶潜撰；（明）
文徵明书
明嘉靖八年［1529］泥金写本　经折装

J0100372

董思白墨录　（明）董其昌书
明万历至崇祯　稿本　经折装

J0100373

新刻皇明草对　（一卷）（明）李廷机撰；（明）
刘国猷辑
忠正堂　明万历　刻本

J0100374

［**陈仁先尺牍**］　（清）陈曾寿书
清　稿本　线装

J0100375

［**陈奕禧墨迹**］　（清）陈奕禧书
清初　写本　折装

J0100376

［**陈益瘗鹤诗**］　（清）陈益撰
清　拓本　1页　散页

J0100377

［**大兴朱氏三世遗墨**］　（清）朱锡庚等书
清　稿本　线装

J0100378

［**董香光书画锦堂记**］　（明）董其昌书
清　拓本　经折装

J0100379

［**傅山书孝经**］　（清）傅山书
清　写本　经折装

　　作者傅山（1607—1684），明清之际思想家、
书法家、医学家。初名鼎臣，字青竹，改字青主，
又有浊翁、观化等别名，生于山西太原。主要作
品有《庄子翼批注》《逍遥游》《庄子理字》《庄子

情字》《荀卿评庄子》等。

J0100380

［**傅山书孝经**］　（清）傅山书
清顺治至康熙初　写本　经折装

J0100381

［**马钦临颜鲁公争坐位帖**］　（清）马钦临
清　写本　经折装
　　　　分二册。

J0100382

［**名家书札**］　（清）周闲等书
清　稿本　剪贴　精折装

J0100383

［**南韵斋主人书兰亭**］　（清）南韵斋主人书
清　抄本　经折装

J0100384

［**牛鉴等名家书札**］　（清）牛鉴等撰并书
清　稿本　经折装

J0100385

［**孙毓汶诗**］　（清）孙学本撰并书
清　拓本　1页　散页

J0100386

［**吴大澂等书札**］　（清）吴大澂等书
清　稿本　经折装

　　作者吴大澂（1835—1902），清代官员、学
者、金石学家、书画家。原名大淳，字止敬、清
卿，号恒轩，别号白云山樵等。江苏吴县人，
同治进士。主要作品《说文古籀补》《皇华纪
程》等。

J0100387

［**郑灿信札**］　（清）郑灿撰
清初至乾隆四十二年［1644–1777］稿本
经折装

J0100388

八旗书录　（三卷）李放辑
义州李放　清　抄本　蓝丝栏　线装

J0100389
八旗书录 （三卷）李放辑
［清］稿本

J0100390
北翁于老生寿序 （一卷）（清）曹溶撰并书
清 写本

J0100391
北翁于老先生寿序 （清）曹溶撰并书
清 写本 红绫 经折装

J0100392
草诀百韵 （一卷）（清）朱宗文摹辑
清 抄本
　　本书由《草圣汇辨四卷》《草诀百韵一卷》
（清）朱宗文摹辑合订。

J0100393
查昇书净因寺碑记墨迹 （不分卷）（清）查
昇撰
［清］稿本

J0100394
陈奕禧墨迹 （一卷）（清）陈奕禧书
清 手稿本

J0100395
陈奕禧香泉墨宝 （清）陈香泉书
清 写本 乌丝栏 经折装
　　作者陈香泉（1648—1709），清代书法家。本
名陈奕禧，字六谦，又字子文、文一，号香泉，晚
号葑叟，浙江海宁盐官人。著有《梦墨楼法帖》
《予宁堂法帖》《金石遗文录》《春霭堂集》《皋兰
载笔》等。

J0100396
带经堂墨迹 （不分卷）（清）王士禛书
［清］稿本

J0100397
邓伯讷书集联 （清）邓伯讷书
清 写本 经折装

J0100398
东坡遗意 （明）顾杲，（明）邹德基书
清 刻本 线装
（赏奇轩四种合编）
　　黄纸本。

J0100399
东坡遗意 （一卷）（明）顾杲书，（明）邹德基书
清 刻本
（赏奇轩四种合编）
　　据清末文富堂刻本石印。

J0100400
东坡遗意 （一卷）
清 刻本
（赏奇轩四种合编）

J0100401
读画斋题画诗 （不分卷）（清）顾修辑
清 刻本

J0100402
钝吟书要 （一卷）（清）冯班撰
［清］稿本
（昭代丛书）

J0100403
钝吟书要 （一卷）（清）冯班撰
清 稿本
（艺苑丛钞）

J0100404
冯武何焯墨迹 （清）冯武，（清）何焯书
清 写本 2张 散页
　　本书内收有冯武、何焯诗词各1首。作者冯
武，明末清初藏书家、刻书家、书法家。江苏常
熟人。字窦伯，号简缘。刻印过冯舒《默庵遗稿》、
冯班《钝吟杂录》《评点才调集》等。

J0100405
归去来辞 （晋）陶潜撰；（明）董其昌书
清 拓本 折装

J0100406
寒山旧庐诗 （一卷）（清）梁诗正等撰并书

［清］稿本

J0100407
和草诀百韵歌　（一卷）（清）宝心传书
清　刻本

J0100408
集楷册　（清）李宗翰,（清）汤金钊等书
清　写本　线装

J0100409
江建霞篆书　（清）江标书
清　写本　乌丝栏　3张
　　二十行十四字。

J0100410
乐毅论考　（不分卷）（清）翁方纲撰
清　稿本
　　作者翁方纲(1733—1818),清代金石学家、
文学家、书法家。字正三,号罩溪,晚号苏斋,
北京大兴人,乾隆十七年进士。著有《粤东金石
略》《苏米斋兰亭考》《复初斋诗文集》《小石帆
亭著录》等。

J0100411
李鸿章致李瀚章李鸿藻书札　（不分卷）
（清）李鸿章书
［清］写本

J0100412
历代名画题跋录　（一卷）（明）顾炳辑
清　抄本
（论画五种）
　　辑者顾炳,明代书画艺术家。字黯然,号懔
泉,浙江钱塘人。

J0100413
梁闻山戴文节书画杂录　（一卷）（清）方士
淦撰
定远方氏　清　稿本

J0100414
梁闻山书　（清）梁巘书
清　拓本　经折装
　　作者梁巘(1710—1788)。清代书法家。字

闻山,一作文山,号松斋。安徽亳州人。乾隆
二十七年举人。著有《评书帖》《论书笔记》。

J0100415
柳汀杂著　（清）杨汝谐撰
［清］稿本
　　本丛书包括:《跋所藏法帖二卷》《书画题跋
三卷》。

J0100416
毛树棠李树堂倭仁翁同　（不分卷）（清）李
鸿章书
［清］写本

J0100417
梦楼先生真迹　（不分卷）（清）王文治书
［清］写本
　　作者王文治(1730—1802),清代文学家、
书画家。江苏丹徒人,字禹卿,号梦楼。乾隆
二十五年(1760)进士,授翰林院编修,官至云南
临安知府。好戏曲,精音律。作《三农得澍》《龙
井茶歌》《海宇歌恩》等;又善画,尤精书法,著
有《梦楼诗集》《赏雨轩题跋》等。

J0100418
名人书札墨迹　（清）莫友芝等书
清　写本　99张　散页

J0100419
摩诃般若波罗密多心经
清　写本　经折装

J0100420
潜吉堂杂著　（一卷）（清）杨秉桂撰
清　刻本

J0100421
清五家书札墨迹　（清）姚莹,（清）汪喜孙,
（清）刘文淇等撰
清　抄本　线装

J0100422
石画记　（不分卷）（清）阮元撰
清　稿本
　　作者阮元(1764—1849),清代著名学者。字

伯元,号芸台、雷塘庵主,晚号怡性老人。江苏仪征人。在经史、数学、天算、舆地、编纂、金石、校勘等方面都有造诣,代表作品有《经籍纂诂》《畴人传》《小沧浪笔谈》《耋年自述卷》等。

J0100423
时晴斋法帖 （不分卷）（清）汪由敦临
清 拓本

J0100424
说文部首 （清）李文田书
清 拓印本 14页 散页

J0100425
王铎手书残稿 （不分卷）（清）王铎书
[清] 手稿本
　　作者王铎(1592—1652),明末清初书画家。字觉斯,号十樵、嵩樵,又号痴庵、痴仙道人,别署烟潭渔叟,河南孟津人。作品有《拟山园帖》《琅华馆帖》《雪景竹石图》等。

J0100426
王觉斯行书诗两首 （不分卷）（清）王铎书
[清] 稿本

J0100427
王梦楼诗册 （不分卷）（清）王文治撰并书
[清] 写本

J0100428
王虚舟书法良模 （清）王澍撰
清 刻本 线装
（增订集录）
　　作者王澍(1668—1722),清代书法家。江苏金坛人。字若霖,又字箬林,号虚舟、竹云、良常山人。自署二泉寓客,别号竹云。康熙壬辰进士,官至吏部员外郎。以书名世,善楷书、行书。晚年精于鉴定古碑刻。著有《淳化阁帖考正》《古今法帖考》《竹云题跋》《虚舟题跋》等。

J0100429
吴大澂等书札 （一卷）（清）吴大澂等书
[清] 稿本

J0100430
相国汪文瑞公墨迹 （清）汪由敦书
清 写本 经折装

J0100431
严荪友手抄古文墨迹 （清）严绳孙书
严绳孙 清 抄本 朱丝栏 线装
　　分二册。

J0100432
瑶华道人墨宝 （清）瑶华道人书
满洲弘旿 清 稿本 经折装

J0100433
御制赓和帖
清 写本 包背装

J0100434
杂录渔洋山人诗 （不分卷）（清）王士禛撰;
（清）王昌龄书
王昌龄 清 泥金抄本

J0100435
赵季梅画友诗 （一卷）（清）赵彦修撰
师许 清 刻本

J0100436
郑板桥选字帖 （清）郑板桥书
[1644—1911年] 30cm（12开）经折装
　　作者郑板桥(1693—1765),清代书画家、文学家。原名郑燮,字克柔,号理庵,又号板桥,人称板桥先生。生于江苏兴化,祖籍苏州。乾隆元年(1736年)进士。官山东范县、潍县县令。代表作品《修竹新篁图》《清光留照图》《丛兰荆棘图》《甘谷菊泉图》等,著有《郑板桥集》。

J0100437
重修青籁书屋记 （清）钱泳书
清 拓本 有像 折装
　　五行九字。

J0100438
拙老人赤牍 （清）蒋衡书
清 稿本 经折装

J0100439

拙老人赤牍 （一卷）（清）蒋衡书

［清］稿本

J0100440

字法真传 （不分卷）□□辑

［清］手稿本

J0100441

潘龄皋弟子规 （第五种）（清）潘龄皋著

天津［1645—1911年］19cm（小32开）

作者潘龄皋(1867—1954)，清末民初著名书法家。字锡九，河北安新人。清光绪二十年(1894年)中举人，后殿试中进士，授翰林院编修，曾先后在甘肃任知县等。辛亥革命成功后任甘肃省省长。1949年后任中央人民政府军事委员会参议．中央文史馆馆员。代表作品有《胡大川幻想诗》《南濠诗话》《又一村诗话》。

J0100442

陈奕禧墨迹 （一卷）（清）陈奕禧书

清康熙 写本

J0100443

秣陵碑 董其昌

清康熙 拓本 36cm（6开）经折本

本书为清代康熙年间拓本。

J0100444

渊鉴斋御书册 （清）清圣祖书

清康熙 写本 经折装

J0100445

张迈临孙过庭书谱 （不分卷）（清）张迈书

清康熙 写本

J0100446

魏莲陆先生遗墨 （不分卷）（清）魏一鳌书

清康熙十七年［1678］手稿本

本书又名：合刻三贤集跋。

J0100447

印隽 （一卷）题陈伯龄辑

书林陈康俟 清康熙二十六年［1687］刻本

本书由《新刻名公笔法草书重珍八卷》《印隽一卷》题陈伯龄辑合订。

J0100448

御书药师瑠璃光如来本愿功德经 （清）康熙书

清康熙三十四年［1695］刻本 经折装

五行十四字。

J0100449

杜工部秋兴八首 （唐）杜甫撰;（清）杜天鉴书

清康熙四十八年［1709］抄本 经折装

J0100450

草诀百韵 （清）陈澄泉临

清乾隆 刻本 线装

分二册。

J0100451

草书习慎 （清）汪毅诒临

清乾隆 刻本 线装

本书由《草书习慎》（清）汪毅诒临、《草诀百韵》（清）陈澄泉临合订。 分二册。

J0100452

王铁夫先生书简 （清）王芑孙撰并书

清乾隆至嘉庆 稿本 绿丝栏 经折装

J0100453

文公家训 （不分卷）（清）王超书

清乾隆 写本

J0100454

迎銮恭纪颂 （不分卷）（清）杨揆撰并书

清乾隆 写本

J0100455

黄石公素书 （一卷）（清）汪由敦书

清乾隆三年［1738］写本

J0100456

草诀百韵 （一卷）（清）陈澄泉书

汪氏养竹斋 清乾隆十四年［1749］刻本

本书由《草书习慎一卷》（清）汪谷诒书、《草诀百韵一卷》（清）陈澄泉书合订。

J0100457
草诀百韵 （清）陈澄泉临
袁浦汪毂诒养竹斋　清乾隆十四年［1749］刻本
线装
　　　分二册。行字不一白口左右双边单鱼尾。

J0100458
草书习慎 （一卷）（清）汪谷诒书
汪氏养竹斋　清乾隆十四年［1749］刻本
　　　本书由《草书习慎一卷》（清）汪谷诒书、《草
诀百韵一卷》（清）陈澄泉书合订。

J0100459
草书习慎 （清）汪毂诒临
袁浦汪毂诒养竹斋　清乾隆十四年［1749］刻本
线装
　　　本书由《草书习慎》（清）汪毂诒临、《草诀
百韵》（清）陈澄泉临合订。　分二册。行字不一
白口左右双边单鱼尾。

J0100460
草书习慎 （一卷）（清）汪谷诒书，（清）陈恭书
云阳文星堂　清乾隆十四年［1749］刻本

J0100461
御笔药师瑠璃光如来本愿功德经 （清）乾
隆书
清乾隆二十三年［1758］刻本　有图　经折装
　　　六行十五字。

J0100462
墨妙轩法帖录 （一卷）（清）高宗弘历辑
陈焯　清乾隆四十一年［1776］抄本

J0100463
草诀百韵 （一卷）（清）朱宗文摹辑
鸳湖　香云阁　清乾隆四十八年［1783］刻本
　　　本书由《草圣汇辨四卷》《草诀百韵一卷》
（清）朱宗文摹辑合订。

J0100464
［萨迎阿书札］ （清）萨迎阿撰
清嘉庆　稿本　线装

J0100465
读画斋题画诗 （十九卷）（清）顾修辑
东山草堂　清嘉庆元年［1796］刻本

J0100466
潘文慎公墨迹 （清）潘锡恩书
清嘉庆至道光　稿本　经折装
　　　分三册。

J0100467
朱为弼手札 （清）朱为弼撰并书
清嘉庆至道光　稿本　经折装

J0100468
铁梅庵先生真迹 （清）铁保书
满州铁保　清嘉庆六年［1801］稿本　经折装

J0100469
邓顽伯先生心经 邓石如书
清嘉庆十年［1805］
　　　作者邓石如（1739—1805），清代著名书法篆
刻家。字顽伯，号完白山人，安徽怀宁人。篆刻
作品有《完白山人篆刻偶存》《笔歌墨舞》《城一
日长》，书法作品有《游五园诗》《篆书文轴》《篆
书中堂》。

J0100470
贞隐园法帖 （十卷）（明）郭秉詹临
清嘉庆十八年［1813］拓本

J0100471
［清名家手札］ （清）黎兆勋等撰并书
清道光至同治　稿本　9页　散页

J0100472
［书法册］ （清）周彦，（清）张灏，（清）秦映奎
等书
清道光　写本　经折装
　　　八行字数不等。

J0100473
洪汝奎等书札 （清）洪汝奎等撰并书
清道光至咸丰　稿本　经折装
　　　分四册。

J0100474
倦舫法帖 (清)洪瞻墉摹
清道光 拓本 经折装
分八册。

J0100475
彭蕴章等书札 (清)彭蕴章等书
清道光 稿本 线装
分二册。

J0100476
张月斋先生词翰 (清)张穆书
清道光 稿本 线装
分二册。作者张穆(1805—1849),字石舟,又字石州。山西平定古州人。谱名瀛暹,后改名为穆,自署月斋居士,晚年号靖阳亭长。是道光朝经世致用学风的中坚人物,在晚清学术文化史上具有重要的地位和影响。

J0100477
[**陈幸叔临礼器碑**] (清)陈克明书
清道光三年[1823]手写本 经折装
六行十字。

J0100478
篆法偏旁正讹歌 (不分卷)(清)李登辑;(清)胡正言书
清照斋 清道光五年[1825]刻本
本书由《宝翰楼增订四体书法不分卷》(清)郑炳也辑、《书法摘要善本三卷》《篆法偏旁正讹歌不分卷》(清)李登辑;(清)胡正言书合订。作者胡正言,明末书画篆刻家、出版家。字曰从,号十竹,原籍安徽休宁。代表作品《印存玄览》《十竹斋笺谱》《六书正伪》《印存初集》等。

J0100479
红树山房试帖 (二卷)(清)邹靖书
清道光七年[1827]刻本

J0100480
城隍庙碑 (清)翟云升书
清道光二十一年[1841]拓本 折装
作者翟云升(1776—1858),清代书法家、古文字学家。字舜堂,号文泉,山东莱州市人。代表作品《说文形声后案》《说文辨异》等。

J0100481
听帆楼集帖 (不分卷)(清)潘正炜辑
清道光二十八年[1848]拓本

J0100482
[**樊云门手写诗**] (清)樊增祥撰并书
清末 写本 经折装

J0100483
渤海藏真帖 (清)陈氏摹
清末 拓本 经折装
分八册。

J0100484
曾胡彭左手札 (清)曾国藩等书
清末 写本 经折装

J0100485
东坡遗意 (二卷)(明)顾杲书,(明)邹德基书
文富堂 清末 刻本
(赏奇轩合编)

J0100486
东游赋 (清)石丈道人撰
清末至民国初 抄本 经折装

J0100487
董文敏公秣陵诗 (董其昌书法)(明)董其昌书
[1851—1921年]36cm(12开)

J0100488
段刻傅书 (清)傅山书;(清)段綍辑
清末至民国初 拓本 经折装
分三册。

J0100489
钝吟书要 (一卷)(清)冯班撰
吴江沈氏世楷堂 清末 刻本 重印 线装
(昭代丛书)
九行二十字白口左右双边单鱼尾。

J0100490
钝吟书要 (一卷)(清)冯班撰
吴江沈氏世楷堂 清光绪 刻本 重印 线装
(昭代丛书)

　　九行二十字小字双行同白口左右双边单鱼尾。

J0100491
方玉润书札　（清）方玉润撰并书
宝甯方玉润　清末　稿本　线装

J0100492
顾子方帖　（明）顾杲书
清末　刻本　线装
（赏奇轩四种）

J0100493
顾子方帖　（一卷）（明）顾杲书
清末　刻本
　　本书由《顾子方帖一卷》（明）顾杲书、《邹公履帖一卷》（明）邹德□书合订。

J0100494
观澜阁书画题跋　（二卷）（清）金黼廷撰
清末　抄本
　　黄裳题跋。

J0100495
国朝名家遗墨　（清）王昶,（清）袁枚等书
清末　影印本　线装

J0100496
国朝名家遗墨　（一卷）（清）王昶等书
清末　影印本

J0100497
国朝诸名家墨迹手札　（一卷）（清）朱彝尊等书
清末　影印本　线装

J0100498
快雨堂诗稿　（不分卷）（清）王文治书
清光绪　影印本

J0100499
兰亭摹本　（清）佚名临
清末至民国初　抄本　毛装

J0100500
李鸿藻临柳书　（清）李鸿藻书

高阳李鸿藻　清末　写本　经折装

J0100501
李眉生尺牍　（清）李鸿裔撰并书
清咸丰至同治　稿本　经折装
　　分二册。

J0100502
吕先生遗墨　（清）吕九霞书
清末　稿本　折装
　　分五册。

J0100503
瞿忠宣公遗墨　（一卷）（明）瞿式耜撰并书
清末至民国初　石印本　线装
　　行款不一字数不等。

J0100504
盛伯羲祭酒手札　（清）盛昱书
满洲镶白旗盛昱　清末　稿本　经折装

J0100505
书聚　（四集）（清）云士篆书
清末　写本　线装
　　分四册。

J0100506
顺德梁斗南等手书小楷　（不分卷）（清）梁耀枢等书
清末　石印本

J0100507
谭壮飞先生遗墨　（一卷）（清）谭嗣同书
清末　石印本

J0100508
同馆词翰　（清）朱汝珍等书；章楹辑
清末至民国初　稿本　经折装

J0100509
王廉生翰苑名郏　（不分卷）（清）王懿荣书
清末　刻本

J0100510
王良常篆书千字文　（清）王澍书

求古斋 清末 石印本 经折装

作者王澍(1668—1722)，清代书法家。江苏金坛人。字若霖，又字箬林，号虚舟、竹云、良常山人。自署二泉寓客，别号竹云。康熙壬辰进士，官至吏部员外郎。以书名世，善楷书、行书。晚年精于鉴定古碑刻。著有《淳化阁帖考正》《古今法帖考》《竹云题跋》《虚舟题跋》等。

J0100511
王良常篆书千字文 （不分卷）（清）王澍书
求古斋 清末 石印本

J0100512
吴清卿中丞赵㧑叔大令墨剩合璧 （不分卷）（清）吴大澂,（清）赵之谦书
清末 影印本 经折装

J0100513
新正咏雪联句 （清）汪由敦书
清末 拓本 经折装
五行十三字小字双行同四周花边。

J0100514
诒晋斋法书 （四集 十六卷）（清）爱新觉罗氏永瑆书
清末 影印本 线装
分八册。

J0100515
邹公履帖 （明）邹德基书
清末 刻本 线装

J0100516
邹公履帖 （一卷）（明）邹德基书
清末 刻本
本书由《顾子方帖一卷》（明）（顾杲）书、《邹公履帖一卷》（明）邹德□书合订。

J0100517
先朝议公墨宝 （清）丁嘉琳书
清咸丰六年［1856］写本 线装

J0100518
尺素遗芬
清咸丰七年［1857］拓本 线装

分二册。

J0100519
千字文 （不分卷）（明）张楷真草书;（清）徐大椿篆隶书
清咸丰七年［1857］刻本

J0100520
衍周余墨 （清）衍周书
清咸丰八年［1858］写本 线装

J0100521
百兰山馆藏帖 （一卷）（清）何绍基书
清同治 刻本 线装
四行字数不等白口四周双边单鱼尾。作者何绍基(1799—1873)，清代诗人、书法家。字子贞，号东洲、晚号猿叟(一作蝯叟)。湖南道州(今道县)人。曾任翰林院编修、国史馆总纂。代表作品有《惜道味斋经说》《说文段注驳正》《东洲草堂诗钞》等。

J0100522
陈簠斋手札 （清）陈介祺书
潍县陈介祺 清同治 稿本 经折装

J0100523
陈介祺手札 （清）陈介祺书
潍县陈介祺 清同治 稿本 线装

J0100524
范寅书李杜诗 （清）范寅书
会稽范寅 清同治 稿本 经折装

J0100525
延陵故札 （清）吴承潞书
归安吴承潞 清同治 稿本 线装

J0100526
最录南唐五百字 （不分卷）（清）何绍基书
清同治至宣统 影印本 经折装
据清同治四年(1865)底本影印。

J0100527
尺素遗芬 （十六卷）（清）潘仕成辑
清同治三年［1864］拓印本

J0100528
古伀公书离骚经原刻 （一卷）（清）苏珥书
清同治四年［1865］摹刻本
　　本书为碧江苏种德家藏本。

J0100529
梦幻居题画诗 （不分卷）（清）郑绩撰
清同治五年［1866］刻本

J0100530
五体书豳风七月诗 （不分卷）（清）李朝栋书
清同治九年［1870］刻本　线装
　　白口四周双边单鱼尾。

J0100531
莫犹人先生墓表 （清）曾国藩书
清同治十二年［1873］刻本　线装
　　四行九字黑口半页四周单边。

J0100532
［胡石查书札］ （清）胡义赞书
清光绪　稿本　经折装

J0100533
［杨忠愍公家书墨迹］ （明）杨继盛撰并书
清光绪　影印本　经折装
　　据明杨继盛原稿影印。

J0100534
［张廉卿墨迹］ （清）张裕钊撰并书
清光绪　影印本　线装
　　分四册。作者张裕钊（1823—1894），清代书
法家。字廉卿，湖北武昌人。官至内阁中书。代
表作品《张廉卿先生论学手札》。

J0100535
［张廉卿批语］ （清）张裕钊书
清光绪　影印本　线装

J0100536
曾惠敏公书谱摹本 （不分卷）（清）曾纪泽书
清光绪　影印本
　　据清光绪间稿本印。

J0100537
初拓真赏斋法帖 （三卷）（明）华夏辑；（明）
章简甫刻
上海　有正书局　清光绪至宣统　影印本　线装
　　卷端题真赏斋贴。

J0100538
董文敏写古诗十九首神品 （明）董其昌书
上海　有正书局［1875—1949年］影印本　线装

J0100539
何蝯叟行书墨迹 （一卷）（清）何绍基书
上海　有正书局　清光绪　石印本

J0100540
画友诗 （一卷）（清）赵彦修撰
元和江氏湖南使院　清光绪　刻本
（灵鹣阁丛书）

J0100541
静同年楷则 （不分卷）（清）刘世安书
清光绪　石印本

J0100542
李若农先生书高太君墓铭 （一卷）（清）李
文田书
清光绪　影印本　经折装

J0100543
李仲约书张君墓表 （不分卷）（清）李文田书
清光绪　石印本

J0100544
梁任公墨迹 （不分卷）梁启超书
［清光绪至民国初］稿本
　　作者梁启超（1873—1929），中国近代政治
家、教育家、史学家、文学家。字卓如，号任公，
别署饮冰室主人。著有《变法通议》《饮冰室合
集》等。

J0100545
论语 （二卷）（清）吴大澂篆书
清光绪　石印本

J0100546

明代名臣墨宝 （不分卷）（明）史可法等书
上海　有正书局　清光绪　影印本　线装
　　　　分四册。

J0100547

明拓史晨飨孔庙碑
上海　有正书局　清光绪至宣统　影印本　线装

J0100548

明王守仁高攀龙两大儒手帖 （不分卷）
（明）王守仁书，（明）高攀龙书
清光绪　影印本
（明代名人尺牍）

J0100549

明于忠肃公手迹 （明）于谦书
上海　有正书局　清光绪至宣统　影印本　线装

J0100550

明于忠肃公手迹 （明）于谦书
上海　有正书局　清光绪三十三年［1907］影印本
线装

J0100551

墨池堂选帖 （五卷）（明）章藻集刻
清光绪　影印本　线装
　　　　分五册。

J0100552

墨池堂选帖 （五卷）（明）章藻集并刻
清宣统元年［1909］影印本　线装
　　　　分五册。

J0100553

年大将军真迹 （一卷）（清）年羹尧书
清光绪　影印本　经折装

J0100554

彭大司马手札 （不分卷）（清）彭玉麟书
湘阳郭氏岵瞻堂　清光绪　刻本　线装
　　　　本书由《左恪靖侯手札不分卷》（清）左宗棠
书、《彭大司马手札不分卷》（清）彭玉麟书合订。
白口半页四周单边。

J0100555

前明太祖新书二帖 （明）明太祖书
清光绪至宣统　影印本　线装

J0100556

石印刘静皆太史六则 （不分卷）（清）刘世安书
荣宝斋　清光绪至宣统　石印本

J0100557

书法千字文 （日本）卷大任菱湖撰
南清河王氏　清光绪　木活字本　线装
（牖蒙丛编）
　　　　十二行二十四字黑口四周双边单鱼尾。

J0100558

松禅老人遗墨 （清）翁同龢书
清光绪　影印本　线装
　　　　分二册。行字不一白口半页四周单边。作
者翁同龢（1830—1904），清代书法家。江苏常
熟人。字叔平，一字声甫，晚号松禅、瓶斋居士。
清咸丰六年状元。同治、光绪帝师，官至工部尚
书、军机大臣，卒谥文恭。工诗文书画，以书法
称名于时。著有《翁文恭公日记》《瓶庐诗文稿》。

J0100559

宋拓智永正草千字文 （一卷）（隋释）智永书
上海　有正书局　清光绪至宣统　影印本　线装

J0100560

王梦楼先生墨迹 （一卷）（清）王文治书
清光绪　铅印本
（申报馆丛书）

J0100561

文衡山阿房宫赤壁赋真迹 （明）文徵明书
上海　有正书局　清光绪至宣统　刻本　线装

J0100562

文衡山行王雅宜草北山移文合璧 （明）文
徵明，（明）王宠书
上海　有正书局　清光绪至宣统　影印本　线装
　　　　作者文徵明（1470—1559），明代画家、书法
家、道家、文学家。原名璧（或作壁），字徵明。
江苏苏州人。主要作品有《真赏斋图》《绿荫草
堂图》《甫田集》等。作者王宠（1494—1533），

明代书法家。字履仁，后字履吉，号雅宜山人，江苏吴县人。著有《雅宜山人集》，传世书迹有《诗册》。

J0100563
文衡山行王雅宜草北山移文合璧　（明）文徵明，（明）王宠书
上海　有正书局　民国　影印本　线装
　　分二册。

J0100564
吴大澂篆文孝经　（不分卷）（清）吴大澂书
清光绪　影印本

J0100565
吴大澂篆文孝经　（清）吴大澂书
清光绪　影印本　线装
　　六行九字白口四周单边。

J0100566
吴清卿古文孝经　（清）吴大澂书
清光绪　拓本　线装

J0100567
小万柳堂临梦楼诗册　（一卷）吴芝英书
清光绪　石印本

J0100568
小万柳堂书苏诗　（一卷）（清）吴芝英书
清光绪　石印本

J0100569
御制盛京赋　（清）傅恒，（清）汪由敦等篆
武英殿　清光绪　刻本　线装
　　分四十八册。五行七字白口四周双边单鱼尾。

J0100570
张廉卿墨迹　（不分卷）（清）张裕钊书
上海　有正书局　清光绪至宣统　影印本　线装
　　作者张裕钊（1823—1894），清代书法家。字廉卿，湖北武昌人。官至内阁中书。代表作品《张廉卿先生论学手札》。

J0100571
张廉卿墨迹　（清）张裕钊书
上海　有正书局　民国六年［1917］石印本　3版　线装

J0100572
张廉卿批语　（一卷）（清）张裕钊书
清光绪　影印本

J0100573
朱柏庐先生治家格言　（清）刘福姚书
清光绪　刻本　线装
　　三行五字白口四周双边单鱼尾。

J0100574
左恪靖侯手札　（不分卷）（清）左宗棠书
湘阳郭氏岵瞻堂　清光绪　刻本　线装
　　本书由《左恪靖侯手札不分卷》（清）左宗棠书、《彭大司马手札不分卷》（清）彭玉麟书合订。白口半页四周单边。

J0100575
绣水杜篆舫方伯墨迹　（清）杜文澜书
绣水杜文澜　清光绪五年［1879］抄本　经折装
　　五行八字四周单边。

J0100576
赵之谦急就篇蒋君传合　（清）赵之谦书
求古斋　清光绪六年［1880］

J0100577
篆文四书　（不分卷）□□辑
上海　点石斋　清光绪六年［1880］石印本

J0100578
试帖小楷　（不分卷）（清）洪钧等书；（清）阮望辑
清光绪九年［1883］刻本　线装
　　七行十七字白口四周双边单鱼尾。

J0100579
彭大司马手札　（一卷）（清）彭玉麟书
上海　大成书局石印本　清光绪十年［1884］刻本

J0100580

孝经　(清)郭尚先书；杨永坤摹刻

宛平 杨永坤 清光绪十年［1884］刻本 线装

　　四行八字白口左右双边单鱼尾。

J0100581

［大篆孝经］　(清)吴大澂书

上海 同文书局 清光绪十一年［1885］石印本
线装

　　六行九字白口四周单边。

J0100582

八贤手札　(不分卷)(清)曾国藩等撰；(清)
郭庆藩辑

上海 同文书局 清光绪十一年［1885］石印本

J0100583

吴中丞说文部首墨迹　(不分卷)(清)吴大澂书

吴县刘氏 清光绪十一年［1885］影印本 线装

　　据清光绪四年(1878)吴大澂手写本影印。
四行五字半页四周单边。

J0100584

在昔篇　(一卷)(清)杨沂孙书

碧梧山庄 清光绪十一年［1885］石印本

　　作者杨沂孙(1812—1881)，清书法家。字子
与，号咏春，晚号濠叟。江苏常熟人。代表作品
有《赠少卿尊兄七言联》《文字说解问伪》《完白
山人传》《石鼓赞》。

J0100585

东坡遗意　(二卷)(明)顾杲，(明)邹德基书

上海 同文书局 清光绪十二年［1886］石印本
有图 线装

(赏奇轩合编)

J0100586

论语　(二卷)(清)吴大澂篆书

上海 同文书局 清光绪十二年［1886］石印本
线装

　　分二册。七行十二字白口半页四周单边。

J0100587

林文忠公手札　(清)林则徐书

清光绪十六年［1890］拓本 经折装

分八册。

J0100588

屈原赋　(二十五篇 不分卷)(清)王仁堪等书

退想斋 清光绪十六年［1890］影印本 线装

　　分二册。

J0100589

成亲王归去来兮辞　(一卷)(清)爱新觉罗氏
永瑆书

清光绪十八年［1892］石印本

J0100590

同治圣德颂千字文　(一卷)(清)郭宗仪书

清光绪十八年［1892］石印本

J0100591

翰苑楷摺萃珍　(不分卷)□□辑

清光绪二十年［1894］石印本

J0100592

双清堂石刻　(十卷)(清)刘树堂书

清光绪二十年［1894］石印本

J0100593

阳湖毕修方先生墨宝　(一卷)(清)毕辅宸书

肇启新书局 清光绪二十年［1894］石印本

J0100594

天目纪游草　(一卷)题［清］潜道人撰；胡嗣
瑗书

清光绪二十一年［1895］石印本

J0100595

湘乡师相言兵事手函　(不分卷)(清)曾国藩
撰并书

清光绪二十六年［1900］石印本 线装

　　分二册。

J0100596

小长芦馆集贴　(不分卷)(清)严义彬辑

上海 小长芦馆 清光绪二十六年［1900］影印本

J0100597

唐若川篆书诗品　(不分卷)唐济镇书

清光绪二十七年［1901］石印本

J0100598
集涪翁文一百四十音笺序目　（清）徐琪集
清光绪二十八年［1902］刻本　线装
　　　十行二十字黑口左右双边。

J0100599
真赏斋帖　（二卷）（明）章简叔镌
清光绪二十八年［1902］影印本　经折装

J0100600
真赏斋帖　（二卷）（明）华夏辑
清光绪二十八年［1902］影印本

J0100601
明相国徐文定公墨迹　（明）徐光启书
鸿宝斋　清光绪二十九年［1903］石印本　有画像
线装
　　　行款不一。

J0100602
恽毓鼎小楷墓志铭　（不分卷）（清）恽毓鼎书
清光绪二十九年［1903］影印本　经折装

J0100603
蒋树声遗墨　（一卷）（清）蒋树声撰并书
清光绪三十年［1904］石印本　线装
　　　行款不一白口半页四周单边。

J0100604
二金蜨堂尺牍　（清）赵之谦书
严氏小长芦馆　清光绪三十一年［1905］石印本
线装

J0100605
金冬心先生诗稿墨迹　（清）金农撰并书
上海　有正书局　清光绪三十一年［1905］影印本
线装
　　　十行字数不等。作者金农（1687—1763），清
代书画家。字寿门、司农、吉金，钱塘（今浙江杭
州）人，扬州八怪之首。代表作品有《东萼吐华图》
《空捍如洒图》《腊梅初绽图》《玉蝶清标图》等，
著有《冬心诗集》《冬心随笔》《冬心杂著》等。

J0100606
金冬心先生自书诗稿墨迹　（一卷）（清）金
农撰并书
上海　有正书局　清光绪三十一年［1905］影印本
线装
　　　书名页题《冬心先生自写诗册》。有清光绪
三十一年（1905）罗振玉跋。据上虞罗氏丰乐堂
藏本影印。

J0100607
李文忠公临怀仁集圣教序　（一卷）（清）李
鸿章书
清光绪三十一年［1905］影印本　线装

J0100608
松禅老人遗墨　（清）翁同龢书；邹王宾辑
邹王宾　清光绪三十一年［1905］影印本　线装
　　　分二册。行字不一白口半页四周单边。

J0100609
松禅老人遗墨　（不分卷）（清）翁同龢书；邹
王宾辑
清光绪　石印本

J0100610
王梦楼行书　（不分卷）（清）王文治书
上海　有正书局　清光绪三十一年［1905］影印本
线装
　　　卷端题快语堂诗稿

J0100611
小万柳堂临董书孝经　（一卷）（清）吴芝英书
清光绪三十一年［1905］石印本

J0100612
百大家名贤手札　（十二卷）（清）李鸿章等撰
醉二室　清光绪三十二年［1906］影印本

J0100613
梦楼先生倡和诗　（一卷）（清）王文治撰并书
上海抱经庐　清光绪三十二年［1906］影印本
经折装

J0100614
明十五完人手帖　（明）黄道周等撰并书

上海 国学保存会 清光绪三十二年［1906］
影印本 线装

J0100615
明十五完人手帖 （明）黄道周等撰并书
上海 国学保存会 清光绪三十四年［1908］
影印本 再版 线装
　　据明黄道周等人手迹影印。

J0100616
明十五完人手帖 （不分卷）（明）黄道周等撰
并书
上海 国学保存会 清光绪三十四年［1908］
影印本
（明代名人尺牍）
　　据明黄道周等人手迹影印。

J0100617
明王守仁高攀龙两大儒手帖 （一卷）（明）
王守仁书，（明）高攀龙书
上海 国粹学报馆 清光绪三十二年［1906］
影印本

J0100618
明王守仁高攀龙两大儒手帖 （一卷）（明）
王守仁书，（明）高攀龙书
上海 国粹学报馆 清光绪三十四年［1908］
影印本
（明代名人尺牍）

J0100619
春在堂铭 （一卷）（清）俞樾撰并书
江苏省刷印局 清光绪三十三年［1907］石印本
线装
（曲园篆书五种）
　　六行八字黑口。作者俞樾（1821—1906），经
学家。浙江德清人。字荫甫，号曲园，别号曲园
居士、俞楼游客等。道光三十年进士，授翰林院
编修，提督河南学政。致力于经学研究，也注重
小说、戏曲。工书法，精篆、隶。著有《春在堂
全书》《群经评议》《诸子评议》《茶香室经说》
《俞楼杂志》等。

J0100620
黄石斋手写诗卷 （明）黄道周撰并书

上海 国粹学报馆 清光绪三十三年［1907］
影印本 线装

J0100621
刘梁墨宝合册 （二种）（清）刘墉书，（清）梁
同书书
清光绪三十三年［1907］影印本 线装
　　本书内容包括：《石庵法书》（清）刘墉书、
《山舟法书》（清）梁同书书。有汪克壎丁未年
题跋。

J0100622
刘石庵法帖 （二卷）（清）刘墉书
上海 国学丛书社 清光绪三十三年［1907］影
印本 线装
　　作者刘墉（1719—1804），书法家。字崇如，
号石庵，山东诸城人。乾隆进士，官至东阁大学
士。工书法。著有《丹林诗钞》《刘文清遗集》《石
庵诗集》。

J0100623
曲园先生书札手稿 （不分卷）（清）俞樾书
江苏省刷印局 清光绪三十三年［1907］石印本

J0100624
曲园篆书 （清）俞樾书
江苏省刷印局 清光绪三十三年［1907］石印本
线装
　　六行八字。

J0100625
曲园篆书五种 （清）俞樾书
江苏省刷印局 清光绪三十三年［1907］石印本
线装
　　行款不一黑口。

J0100626
山舟法书 （一卷）（清）梁同书书
清光绪三十三年［1907］石印本
（刘梁墨宝合册）

J0100627
石庵法书 （二卷）（清）刘墉书
上海 国学丛书社 清光绪三十三年［1907］
影印本

J0100628

史氏家藏左文襄公手札　（不分卷）（清）左宗棠撰并书

阳湖史氏　清光绪三十三年［1907］影印本　有像线装

分二册。

J0100629

书冢碑　（清）俞樾撰并书

江苏省刷印局　清光绪三十三年［1907］石印本线装

（曲园篆书五种）

六行八字黑口。

J0100630

王文愍与李子丹太史书　（不分卷）（清）王懿荣书

清光绪三十三年［1907］影印本　线装

J0100631

先府君家传　（一卷）（清）俞樾撰并书

江苏省刷印局　清光绪三十三年［1907］石印本线装

（曲园篆书五种）

六行八字黑口。

J0100632

周孝女传　（一卷）（清）俞樾撰并书

江苏省刷印局　清光绪三十三年［1907］石印本

（曲园篆书五种）

六行八字黑口。

J0100633

奏定文朝礼典记　（一卷）（清）俞樾书

江苏省刷印局　清光绪三十三年［1907］石印本线装

（曲园篆书五种）

四行五字黑口。

J0100634

板桥先生真墨　（不分卷）（清）郑燮书

上海　吴县郑熙　清光绪三十四年［1908］影印本线装

分二册。九行字数不等白口四周单边。

J0100635

常熟翁相国手札　（清）翁同龢书

上海　有正书局　清光绪三十四年［1908］影印本线装

J0100636

常熟翁相国手札　（八集）（清）翁同龢书

上海　有正书局

清光绪三十四年至民国四年［1908-1915］影印本　线装

分八册。

J0100637

国朝名家遗墨　（一卷）李其光辑

天津　西普文石印书局　清光绪三十四年［1908］石印本　线装

J0100638

国朝四十名家墨迹　（不分卷）（清）沈钧辑

上海　教育图书馆　清光绪三十四年［1908］石印本

J0100639

国朝四十名家墨迹　（清）江开等书；（清）沈钧编

上海　上海教育图书馆　清光绪三十四年［1908］影印本　线装

分三册。

J0100640

刘石庵墨迹　（不分卷）（清）刘墉书

东寅　清光绪三十四年［1908］石印本

J0100641

刘文清公真迹　（清）刘墉书

清光绪三十四年［1908］影印本　线装

行款不一。

J0100642

明代名人尺牍　（七种）邓实辑

上海　国学保存会　清光绪三十四年［1908］影印本　线装

分八册。辑者邓实（1877—1951），晚清著名报人。字秋枚，生于上海，祖籍广东顺德。致力于珍本古籍的收藏，曾在上海创办国学保存会藏书楼，收藏大量的珍本古籍。代表作品《国粹学》。

J0100643
明东林八贤遗札 （明）赵南星等撰并书
上海 国粹学报馆 清光绪三十四年［1908］
影印本 线装

J0100644
明东林八贤遗札 （明）赵南星撰并书；邓实辑
上海 国学保存会 清光绪三十四年［1908］
影印本 线装
（明代名人尺牍）
　　据明赵南星手迹影印。

J0100645
明两大儒手帖 （明）王守仁,（明）高攀龙书
上海 国粹学报馆 清光绪三十四年［1908］
影印本 线装

J0100646
明瞿忠宣公手札及蜡丸书 （不分卷）（清）
瞿式耜书
上海 国学保存会 清光绪三十四年［1908］
影印本
（明代名人尺牍）

J0100647
明瞿忠宣手札及蜡丸书 （明）瞿式耜书
上海 国学保存会 清光绪三十四年［1908］
影印本 线装

J0100648
明王文成与朱侍御三札 （明）王守仁书
上海 国粹学报馆 清光绪三十四年［1908］
影印本 线装

J0100649
明王文成与朱侍御三札 （不分卷）（明）王
守仁书
上海 国粹学报馆 清光绪三十四年［1908］
影印本
（明代名人尺牍）

J0100650
明文衡山小楷《离骚》《九章》《九歌》 （明）

文徵明书
上海 神州国光社 清光绪三十四年［1908］
影印本

J0100651
明贤名翰合册 （不分卷）邓实辑
上海 国学保存会 清光绪三十四年［1908］
影印本
（明代名人尺牍）

J0100652
清故优贡生诏举孝廉方正俞君墓志 （清）
翁同龢撰并书
上海 有正书局 清光绪三十四年［1908］影印本
线装

J0100653
清故优贡生诏举孝廉方正俞君墓志 （清）
翁同龢撰并书
上海 有正书局 清光绪三十四年［1908］影印本
线装

J0100654
适俞氏姊墓志铭 （清）翁同龢撰并书
上海 有正书局 清光绪三十四年［1908］影印本
线装

J0100655
松禅老人遗墨 （二卷）（清）翁同龢书
上海 南洋官书局 清光绪三十四年［1908］
影印本 线装
　　分二册。据邹氏云松仙馆藏板影印。

J0100656
文徵明行书怀归出京诗 （不分卷）（明）文
徵明书
习静斋 清光绪三十四年［1908］石印本

J0100657
翁相国手临汉隶三种 （清）翁同龢书
上海 有正书局 清光绪三十四年［1908］石印本
线装

J0100658
翁相国手临汉隶三种合册 （清）翁同龢书

上海 文明书局 清光绪三十四年［1908］石印本
线装

《翁相国手临张兴祖碑不分卷》《翁相国手临张迁碑不分卷》《翁相国手临娄元儒碑不分卷》

J0100659
翁相国手札 （第一集）（清）翁同龢书
上海 有正书局 清宣统三年［1911］影印本
27×16cm 线装

J0100660
翁相国手札 （第二集 不分卷）（清）翁同龢书
上海 有正书局 清光绪三十四年［1908］影印本
27×16cm 线装

J0100661
翁相国手札 （第三集 不分卷）（清）翁同龢书
上海 有正书局 清宣统 影印本 27×16cm 线装

J0100662
翁相国手札 （第四集 不分卷）（清）翁同龢书
上海 有正书局 清宣统元年［1909］影印本
27×16cm 线装

J0100663
翁相国手札 （第五集 不分卷）（清）翁同龢书
上海 有正书局 清宣统元年［1909］影印本
27×16cm 线装

J0100664
翁相国手札 （第六集 不分卷）（清）翁同龢书
上海 有正书局 清宣统三年［1911］影印本
27×16cm 线装

J0100665
翁相国手札 （第七集 不分卷）（清）翁同龢书
上海 有正书局 清宣统三年［1911］影印本
27×16cm 线装

J0100666
翁相国手札 （第八集）（清）翁同龢书
上海 有正书局 清宣统三年［1911］影印本
27×16cm 线装

J0100667
翁学士翁相国小楷合册 （不分卷）（清）翁同龢书
上海 有正书局 清光绪三十四年［1908］影印本

J0100668
武昌张裕钊书 （不分卷）（清）张裕钊书
清光绪三十四年［1908］石印本

作者张裕钊（1823—1894），清代书法家。字廉卿，湖北武昌人。官至内阁中书。代表作品《张廉卿先生论学手札》。

J0100669
俞母龚宜人墓志铭 （清）张瑛撰；（清）吴鸿纶书
上海 有正书局 清光绪三十四年［1908］影印本
线装

J0100670
诸城相国真迹 （一卷）（清）刘墉书
清光绪三十四年［1908］石印本

作者刘墉（1719—1804），书法家。字崇如，号石庵，山东诸城人。乾隆进士，官至东阁大学士。工书法。著有《丹林诗钞》《刘文清遗集》《石庵诗集》。

J0100671
［初拓清啸阁本］ 恽寿平书
清宣统 影印本 线装
（南田丛帖）

作者恽寿平（1633—1690），清代画家、书法家。名格，字寿平，以字行，又字正叔，别号南田等。江苏武进人。主要作品有《红梅山茶图》《梅竹图》《玉堂富贵图》《桃花图》《三友图》《梧轩图》《蓼汀渔藻图》《林居高士图》等。

J0100672
［瓯香馆模古］ 恽寿平书
清宣统 影印本 线装
（南田丛帖）

J0100673
［瓯香馆诗稿］ 恽寿平书
清宣统 影印本 线装
（南田丛帖）

J0100674

［瓯香馆手札］ 恽寿平书

清宣统　影印本　线装

（南田丛帖）

J0100675

宝恽室帖 （四卷）（清）恽格书

上海　上海书画会　清宣统元年［1909］影印本

有图　线装

　　　分四册。作者恽格（1633—1690），清代画家、书法家。名格，字寿平，以字行，又字正叔，别号南田等。江苏武进人。主要作品有《红梅山茶图》《梅竹图》《玉堂富贵图》《桃花图》《三友图》《梧轩图》《蓼汀渔藻图》《林居高士图》等。

J0100676

邓石如隶书张子西铭 （一卷）（宋）张戴撰；（清）邓石如书

上海　文明书局　清宣统元年［1909］影印本　线装

J0100677

邓石如隶书张子西铭 （宋）张载撰；（清）邓石如书

上海　文明书局　民国六年［1917］影印本　线装

J0100678

番易姜夔尧章续书谱 （一卷）（宋）姜夔撰；（清）蒋衡书

上海　国学保存会　清宣统元年［1909］影印本　线装

　　　作者姜夔（1154—1221），南宋文学家、音乐家。字尧章，号白石道人，饶州鄱阳（今江西省鄱阳县）人。代表作品有《白石道人诗集》《白石道人歌曲》《续书谱》《绛帖平》等。

J0100679

固如张侍郎遗迹 （一卷）（清）张仁黼书；（清）张孝敁辑

桐城马氏　清宣统元年［1909］影印本

J0100680

固始张侍郎手迹 （不分卷）（清）张仁黼书

清宣统元年［1909］影印本

　　　据清宣统元年手稿本影印。

J0100681

固始张侍郎遗迹 （清）张仁黼撰并书

桐城马氏　清宣统元年［1909］影印本　有像　线装

J0100682

固始张侍郎遗迹 （清）张仁黼书；（清）张孝敁辑

清宣统　影印本　有像　线装

J0100683

固始张侍郎遗墨 （清）张仁黼书

清宣统　影印本　线装

J0100684

皇甫府君碑 （一卷）唐欧阳询书；（清）杨泗孙临

上海　鸿文书局　清光绪二十一年［1909］石印本

J0100685

黄石斋书王忠文祠记 （明）黄道周书

上海　神州国光社　清宣统元年［1909］铜版印本

J0100686

黄石斋书王忠文祠记 （明）黄道周撰并书

上海　神州国光社　民国十八年［1929］影印本再版　线装

J0100687

嘉兴曹孺岩先生临郭有道碑 （一卷）（清）曹培亨书

南洋官书局　清宣统元年［1909］石印本

J0100688

筠清馆法帖 （六卷）（清）吴荣光书

上海　文明书局　清宣统元年［1909］影印本　线装

　　　分六册。据南海吴氏拓本影印。

J0100689

筠清馆法帖 （六卷）（清）吴荣光摹

上海　文明书局　民国十三年［1924］影印本　三版线装

　　　分五册。

J0100690

乐饥斋诗草 （一卷）（清）傅山撰并书

上海　国学保存会　清宣统元年［1909］影印本
线装

　　本书据清傅山手迹影印。

J0100691

陆文慎公墨迹　（不分卷）（清）陆宝忠书
娄东唐氏　清宣统元年［1909］影印本　线装

J0100692

南田丛帖　（不分卷）（清）恽格书
清宣统　影印本

　　作者恽格（1633—1690），清代画家、书法
家。名格，字寿平，以字行，又字正叔，别号南
田等。江苏武进人。主要作品有《红梅山茶图》
《梅竹图》《玉堂富贵图》《桃花图》《三友图》
《梧轩图》《蓼汀渔藻图》《林居高士图》等。

J0100693

南田丛帖　（五种）恽寿平书
清宣统　影印本　线装
　　分五册。

J0100694

清爱堂法帖　（清）刘墉书
北京　官书局　清宣统元年［1909］影印本　线装
　　分四册。

J0100695

屈原赋　（二十五篇　不分卷）（清）王仁堪等书
上海　商务印书馆　清宣统元年［1909］影印本
线装

J0100696

肃亲王遗墨　（清）肃亲王书
京华书局　清宣统元年［1909］石印本　线装

J0100697

肃亲王遗墨　（不分卷）（清）善耆书
清宣统元年［1909］石印本

J0100698

文待诏书落花唱和诗　（明）文徵明；（清）徐
琪摹录
清宣统元年［1909］影印本　线装

J0100699

翁松禅楷书顾亭林诗　（一卷）（清）翁同龢书
上海　神州国光社　清宣统元年［1909］珂罗版
印本

J0100700

翁覃溪书月山诗序　邓秋枚辑
上海　神州国光社　宣统元年［1909］珂罗版印本
8叶　30cm（15开）定价：洋八角
（神州国光集外增刊　61）

J0100701

张船山自写诗册　（清）张问陶书；邓秋枚集
上海　神州国光社　清宣统元年［1909］影印本
有像　线装

　　作者张问陶（1764—1814），清代书画家、诗
人、诗论家。字仲冶，一字柳门，号船山、蜀山
老猿。四川遂宁人。代表作品《船山诗草》。

J0100702

张船山自写诗册　（不分卷）（清）张问陶书；
邓实辑
上海　神州国光社　清宣统元年［1909］铜版印本

J0100703

张廉卿先生楷书千字文　（不分卷）（清）张
裕钊书
上海　文明书局　清宣统　石印本　线装

J0100704

张勇烈公神道碑　（清）张裕钊书
清宣统元年［1909］影印本　有像　线装

J0100705

赵撝叔尺牍　（一卷）（清）赵之谦书
清宣统元年［1909］石印本

J0100706

庄巢阿先生临皇甫君碑　（不分卷）（清）庄凤
威书
上海　商务印书馆　清宣统元年［1909］石印本

J0100707

处世格言　潘龄皋书
北京文成堂书庄　清宣统二年［1910］影印本

线装

作者潘龄皋(1867—1954)，清末民初著名书法家。字锡九，河北安新人。清光绪二十年(1894年)中举人，后殿试中进士，授翰林院编修，曾先后在甘肃任知县等。辛亥革命成功后任甘肃省省长。1949年后任中央人民政府军事委员会参议、中央文史馆馆员。代表作品有《胡大川幻想诗》《南濠诗话》《又一村诗话》。

J0100708

广西右江镇总兵张公墓表碑帖 （一卷）(清)张裕剑书

湖北官刷印局 清宣统二年［1910］石印本 线装

四行七字。

J0100709

海翁常熟书谱 （二卷）(清)翁同龢书

清宣统二年［1910］石印本 线装

分二册。五行字数不等黑口。

J0100710

济上鸿泥图题册 （一卷 附录二卷）(清)张士珩辑

淞云精舍 清宣统二年［1910］铅印本

J0100711

临本郭有道碑 （一卷）(清)曹培亨书

上海南洋官书局 清宣统二年［1910］影印本 线装

J0100712

名人尺牍墨宝 （第一集）上海文明书局编

上海 文明书局 清宣统二年［1910］影印本 线装

分六册。

J0100713

名人尺牍墨宝 （三集十八卷）(清)袁枚等撰并书; 文明书局编

上海 文明书局

清宣统二年至民国四年［1910-1915］

影印本 线装

分十八册。

J0100714

名人尺牍墨宝 （第一集六卷）上海文明书局编

上海 文明书局 民国二年［1913］影印本 再版 线装

分六册。

J0100715

名人尺牍墨宝 （外集二卷）文明书局辑

上海 文明书局 民国二年至四年［1913-1915］影印本

J0100716

明海忠介大草墨迹 （一卷）(明)海瑞书

天津 赵氏傲徕山房 清宣统二年［1910］影印本（傲徕山房所藏五朝墨迹）

作者海瑞(1514—1587)，明朝著名清官。字汝贤，号刚峰，海南琼山(今海口市)人。海瑞一生经历了正德、嘉靖、隆庆、万历四朝。主要作品《治安疏》。

J0100717

明陆子渊自书诗墨迹 （一卷）(明)陆深书

天津 赵氏傲徕山房 清宣统二年［1910］影印本（傲徕山房所藏五朝墨迹）

J0100718

明唐六如自书诗墨迹 （一卷）(明)唐寅书

天津 赵氏傲徕山房 清宣统二年［1910］影印本（傲徕山房所藏五朝墨迹）

作者唐寅(1470—1524)，明代画家、书法家、诗人。名寅，字伯虎，又字子畏，号六如居士等，江苏苏州人。作品有《骑驴思归图》《山路松声图》《李端端落籍图》《秋风纨扇图》《枯槎鹳鸰图》等。

J0100719

明王文成大草墨迹 （一卷）(明)王守仁书

天津 赵氏傲徕山房 清宣统二年［1910］影印本（傲徕山房所藏五朝墨迹）

J0100720

明王文成客座私祝墨迹 （一卷）(明)王守仁书

天津 赵氏傲徕山房 清宣统二年［1910］影印本（傲徕山房所藏五朝墨迹）

J0100721
明王雅宜大草墨迹　（一卷）（明）王宠书
天津 赵氏傲徕山房 清宣统二年［1910］影印本
（傲徕山房所藏五朝墨迹）

　　作者王宠（1494—1533），明代书法家。字履
仁，后字雅吉，号雅宜山人，江苏吴县人。著有
《雅宜山人集》，传世书迹有《诗册》。

J0100722
诗品　（一卷）唐济镇书
清宣统二年［1910］石印本

J0100723
翁松禅写书谱墨迹　（清）翁同龢书
上海 有正书局 清宣统二年［1910］石印本 线装

J0100724
翁松禅写书谱墨迹　（清）翁同龢书
上海 有正书局 民国六年［1917］石印本 线装

J0100725
续景楷帖　（不分卷）□□辑
上海 文明书局 清宣统二年至民国三年［1910-
1914］影印本
　　据宋拓本影印。本书由《续景楷帖不分卷》
《再续景楷帖不分卷》合订。

J0100726
再续景楷帖　（不分卷）□□辑
上海 文明书局
清宣统二年至民国三年［1910-1914］影印本
　　据宋拓本影印。本书由《续景楷帖不分卷》
《再续景楷帖不分卷》合订。

J0100727
［**曾国藩手札**］（清）曾国藩书
民国 影印本 线装

J0100728
［**邓石如篆书六种**］（清）邓石如书
民国 拓本 线装
　　分六册。

J0100729
［**黄公度书札**］（清）黄遵宪书

国立北平图书馆 民国 摄影本 线装

J0100730
［**黄左田书札**］　黄钺书
民国 稿本 经折装
　　作者黄钺（1869—1943），辛亥革命元勋。字
幼蟾，湖南宁乡人。同盟会员。曾任甘肃临时军
政府都督，后授陆军上将衔，赴南京任大总统军
事顾问官等职。抗日战争时期在家乡组织湖南
抗日义勇军游击部队，任总司令。撰有《陇右光
复记》等。

J0100731
［**涧于中丞遗墨**］（清）张佩纶书
民国 影印本 珂罗版 线装

J0100732
［**乐毅论考**］（清）翁方纲撰并书
民国 影印本 线装
　　作者翁方纲（1733—1818），清代金石学家、
文学家、书法家。字正三，号覃溪，晚号苏斋，
北京大兴人，乾隆十七年进士。著有《粤东金石
略》《苏米斋兰亭考》《复初斋诗文集》《小石帆
亭著录》等。

J0100733
［**钱唐许君墓志铭**］（清）陈鸿寿书
民国 石印本 线装

J0100734
［**翁方纲石刻帖**］（清）翁方纲书
民国 拓本 线装

J0100735
包慎伯临争坐位帖　（清）包世臣书
民国 影印本 线装
　　作者包世臣（1775—1855），学者、作家、书
法家。字慎伯，号倦翁，别署白门倦游阁外史、
小倦游阁外史，安徽泾县人。著有《中衢一勺》
《艺舟双楫》《管情三义》《齐民四术》，合称《安
吴四种》，又著《小倦游阁文稿》。

J0100736
陈曼生手札墨迹　（清）陈鸿寿撰
上海 有正书局 民国 影印本 有图 线装

J0100737

陈曼生手札墨迹 （清）陈鸿寿撰

苏州 有正书局苏州分局 民国 影印本 有图 线装

J0100738

陈曼生先生真迹 （清）陈鸿寿撰并书

上海 世界画报社 民国 影印本 线装

J0100739

成亲王临化度寺碑 （清）永瑆书

上海 有正书局 民国 石印本 线装

J0100740

淳化阁帖 （十卷）（明）董其昌临

民国 影印本 线装

　　分四册。作者董其昌（1555—1636），明代著名书画家。字玄宰，号思白，别号香光居士，松江华亭（今上海）人。主要作品有《岩居图》《秋兴八景图》《昼锦堂图》等。

J0100741

大唐三藏圣教序 （清）汪士鋐书

上海 有正书局 民国 影印本 线装

J0100742

邓石如楷隶三种合册 （清）邓石如书

上海 有正书局 民国 影印本 线装

J0100743

邓石如书司马温公家仪 （清）邓石如书

上海 有正书局 民国 影印本 线装

J0100744

邓完白先生隶书墨迹 （清）邓石如书

上海 有正书局 民国初 影印本 线装

J0100745

董文敏行书日诗月诗真录 （明）董其昌书

民国 影印本 线装

J0100746

董文敏书天马赋墨录 （明）董其昌书

民国 影印本 线装

J0100747

董香光行书帖 （第一册）（明）董其昌书

上海 有正书局 民国 影印本 线装

J0100748

董香光行书帖 （明）董其昌撰并书

上海 有正书局 民国 影印本 线装

J0100749

董香光墨迹五种 （明）董其昌书

上海 有正书局 民国 影印本 线装

J0100750

董香光手札 （明）董其昌撰并书

上海 有正书局 民国 影印本 线装

J0100751

福山王文敏公墨迹手札 （清）王懿荣撰并书

上海 有正书局 民国 影印本 线装

J0100752

傅青主先生法书南华经 （清）傅山书

民国 影印本 线装

J0100753

傅青主先生临本兰亭墨迹 （清）傅山临

民国 影印本 线装

J0100754

傅青主先生自书诗稿墨迹 （清）傅山撰并书

上海 有正书局 民国 影印本 有像 线装

J0100755

高凤翰左手书手札 （清）高凤翰撰并书

北京 有正书局 民国 影印本 线装

　　作者高凤翰（1683—1749），清代国画家。字西园，号南阜，山东胶州人。代表作品《砚史》《南阜集》等。

J0100756

高氏三世诵芬帖 （明）高攀龙撰并书

民国 影印本 线装

J0100757

观澜阁书画题跋 （二卷）（清）金黼廷撰

民国 抄本

J0100758
国朝隶则三种 （不分卷）（清）□□辑
上海 东方学会 民国 石印本

J0100759
海日楼遗墨 （清）沈曾植书
民国 石印本 线装
　　作者沈曾植（1850—1922），学者、诗人、书法家。字子培，号乙庵，清末浙江嘉兴人，精于史学掌故和书法。代表作品有《元秘史笺注》《蒙古源流笺证》等，编著有《海日楼题跋》《淳化阁帖》等。

J0100760
海山仙馆丛帖 （十种）（明）郭廷执书
民国 影印本 线装
　　分五册。

J0100761
汉碑大观 （八集）（清）钱泳书
上海 碧梧山庄 民国 影印本 有像 线装
　　分八册。

J0100762
何蝯叟临张迁碑字册 （二卷）（清）何绍基书
上海 有正书局 民国 石印本 线装

J0100763
何子贞临张迁碑 （清）何绍基书
上海 有正书局 民国 影印本 线装
　　作者何绍基（1799—1873），清代诗人、书法家。字子贞，号东洲、晚号猿叟（一作蝯叟）。湖南道州（今道县）人。曾任翰林院编修、国史馆总纂。代表作品有《惜道味斋经说》《说文段注驳正》《东洲草堂诗钞》等。

J0100764
黄石斋夫人书孝经 （明）蔡玉卿书
上海 有正书局 民国 影印本 线装

J0100765
黄石斋手牍 （明）黄道周撰并书
民国 影印本 有像 经折装

J0100766
黄石斋先生尺牍 （明）黄道周撰并书；观槿斋藏
上海 商务印书馆 民国 影印本 线装

J0100767
黄石斋先生尺牍 （明）黄道周撰并书；观槿斋藏
上海 商务印书馆 民国十二年［1923］影印本 线装

J0100768
黄石斋先生尺牍 （明）黄道周撰并书；观槿斋藏
上海 商务印书馆 民国十四年［1925］影印本 再版 线装

J0100769
季子白盘铭 （清）吴大澂书
民国 影印本 线装
　　作者吴大澂（1835—1902），清代官员、学者、金石学家、书画家。原名大淳，字止敬、清卿，号恒轩，别号白云山樵等。江苏吴县人，同治进士。主要作品《说文古籀补》《皇华纪程》等。

J0100770
简学斋清夜斋手书诗稿合印 （清）陈沆，（清）魏源撰并书
民国 影印本 线装

J0100771
姜湛园先生临帖各种 （清）姜宸英书
上海 有正书局 民国 影印本 线装

J0100772
金刚般若波罗密经 （晋）鸠摩罗什译；（明）姚广孝书
民国 影印本 线装

J0100773
金刚般若波罗密经 （清）翁方纲书
民国 石印本 线装

J0100774
乐毅论翻刻表 （清）翁方纲撰并书

民国　影印本　有表格　线装

J0100775
李申耆先生手札　（清）李兆洛撰并书
上海　有正书局　民国　影印本　线装

J0100776
李文诚公缩临醴泉铭　（清）李文田临
民国　影印本

J0100777
梁山舟孙安人诔墨迹　（清）梁同书撰并书
上海　世界画报社　民国　影印本　线装

J0100778
临桂况君墓志铭　（清）冯开撰；朱孝臧书
民国　拓本　2页　散页

J0100779
刘梁合璧　（清）刘墉，（清）梁同书书
上海　有正书局　民国　影印本　线装

J0100780
刘石庵楷书墨迹　（清）刘墉书
上海　有正书局　民国　影印本　线装

J0100781
刘石庵墨迹　（清）刘墉书
［民国］影印本　13×19cm

J0100782
刘石庵先生小楷　（清）刘墉书
天真美术馆　民国　影印本　线装

J0100783
刘石庵相国墨迹　（第一至第三集）（清）刘
墉书
上海　有正书局　民国［3册］影印本　线装

J0100784
刘石庵小楷写经　（一卷）（清）刘墉书
上海　神州国光社　清宣统三年［1911］铜版印本

J0100785
刘石庵小楷写经　（清）刘石庵书；邓秋枚集印

上海　神州国光社　1923年　2版［56］页
27cm（16开）
（神州国光集外名品）
　　本书包括：《妙法莲华经如来寿量品第十六》
《大方广园觉了义经略疏序》《信名铭》3种法帖。

J0100786
刘石庵致法梧门手札　（清）刘墉撰并书
上海　有正书局　民国　影印本　线装

J0100787
刘文清真迹　（清）刘墉书
上海通运公司　民国　影印本　线装

J0100788
龙友妙墨　（明）杨文聪书
民国　影印本　经折装

J0100789
明陈眉公手书诗册　（明）陈继儒撰
民国　影印本　线装
　　作者陈继儒（1558—1639），明代文学家、书
画家。字仲醇，号眉公，又号麋公。华亭（今上
海市松江县）人。主要作品有：诗文集《眉公十
集》，词集《晚香堂词》2卷和《邵康节外纪》等。

J0100790
明代名人尺牍墨迹　彪蒙书室辑
上海　彪蒙书室　民国　影印本　线装
　　分四册。

J0100791
明代名人尺牍墨迹　彪蒙书室辑
上海　彪蒙书室　民国　影印本　线装

J0100792
明代名人手迹　（五集）（明）沈周等书
上海　有正书局　民国　影印本　线装
　　分五册。

J0100793
明代名贤手札墨迹　（明）文徵明等书
上海　有正书局　民国　影印本　线装
　　分三册。

J0100794

明季忠烈尺牍初编　潘承厚辑

民国　影印本　有肖像　线装

J0100795

明卢忠肃公象升草书手迹　（明）卢象升书

上海　有正书局　民国　影印本　线装

J0100796

明清两代名人尺牍　（明）祝允明等撰并书；
（清）冯瑜临

上海　有正书局　民国　影印本　线装

　　分五册。

J0100797

明史阁部杜诗　（一卷）（明）史可法书

清宣统三年［1911］影印本　线装

J0100798

明宋太史真迹小楷　（宋）曾宏父撰；（明）宋
濂书

北京　法轮印字局　民国初　影印本　线装

J0100799

明拓齐修孔子庙碑

民国　影印本　线装

J0100800

明王觉斯草书入秦行真迹　（清）王铎书；秦氏
古鉴阁藏

上海　艺苑真赏社　民国　影印本　线装

　　作者王铎（1592—1652），明末清初书画家。
字觉斯，号十樵、嵩樵，又号痴庵、痴仙道人，别
署烟潭渔叟，河南孟津人。作品有《拟山园帖》
《琅华馆帖》《雪景竹石图》等。

J0100801

明王雅宜楷书洛神赋真迹　（魏）曹植撰；
（明）王宠书

上海　艺苑真赏社　民国　影印本　有图　线装

J0100802

明吴门四君子法书　（明）沈周，（明）唐寅，
（明）陈淳，（明）文彭书

民国　影印本　线装

作者沈周（1427—1509），明代书画家。字启
南，号石田、白石翁、有居竹居主人等。长洲（今
江苏苏州）人。传世作品有《庐山高图》《秋林
话旧图》《沧州趣图》。著有《石田集》《客座新
闻》等。作者唐寅（1470—1524），明代画家、书
法家、诗人。名寅，字伯虎，又字子畏，号六如
居士等，江苏苏州人。作品有《骑驴思归图》《山
路松声图》《李端端落籍图》《秋风纨扇图》《枯
槎鹡鸰图》等。作者陈淳（1483—1544），明代书
画家。初名淳，字道复，后改字复甫，号白阳山
人，长州（今江苏吴县）人。代表作品有《红梨诗
画图》《山茶水仙图》《葵石图》《罨画图》等。作
者文彭（1498—1573），明代画家、书法家。字寿
承，号三桥、三桥居士、渔阳子、国子先生。长
洲（今江苏吴县）人。文徵明长子。书初学钟、王，
后法怀素，晚年专习孙过庭，篆隶真行草无所不
能。代表作品有《桐阳壁署图》《兰竹图》，书有
《古诗十九首卷》，著《博士诗》。

J0100803

明姚广孝书金刚经正楷　（明）姚广孝书

上海　有正书局　民国　影印本　线装

J0100804

莫友芝正草隶篆墨迹　（清）莫友芝书

上海　有正书局　民国　影印本　线装

J0100805

南海招子庸书札墨迹　（清）招子庸撰并书；
黎世蘅藏

南海黎世蘅　民国　稿本　经折装

J0100806

南园楷书大招册　（清）钱沣书

民国初　影印本　线装

J0100807

南园楷书鹏赋册　（清）钱沣书

民国初　影印本　线装

J0100808

南园书洞庭春色赋　（清）钱沣书

民国　影印本　线装

J0100809
千字文　（清）刘墉书
上海　文明书局　民国　影印本　经折装

J0100810
钱南园楷书墨迹　（清）钱沣书
上海　有正书局　民国　影印本　线装

J0100811
钱南园争坐位
［求古斋］［民国］27cm（16 开）线装

J0100812
乾隆御书惠山杂咏　（清）清高宗书
上海　大众书局　民国　影印本　经折装
（碑帖大观）

J0100813
清邓石如阴符经　（清）邓石如书
民国　影印本　线装

J0100814
清故山东提学使罗君之墓表　赵启霖撰；何
维朴书
民国　拓本　线装

J0100815
屈原赋　（二十五篇）（清）王仁堪等书
上海　镇江大成书局　民国　影印本　线装

J0100816
瞿忠宣公遗墨　（明）瞿式耜撰并书
上海　有正书局　民国　影印本　线装

J0100817
沈文墨迹合璧　（明）沈周,（明）文徵明书
上海　有正书局　民国　影印本　线装
　　作者沈周（1427—1509），明代书画家。字启
南，号石田、白石翁、有居竹居主人等。长洲（今
江苏苏州）人。传世作品有《庐山高图》《秋林话
旧图》《沧州趣图》。著有《石田集》《客座新闻》
等。作者文徵明（1470—1559），明代画家、书法
家、道家、文学家。原名壁（或作璧），字徵明。
江苏苏州人。主要作品有《真赏斋图》《绿荫草
堂图》《甫田集》等。

J0100818
十家手札　（清）孙星衍等撰并书
上海　有正书局　民国　影印本　线装

J0100819
石庵精楷　（清）刘墉书
上海　有正书局　民国　影印本　线装

J0100820
石庵书　（清）刘墉书
民国　影印本　线装
　　据手稿本影印。

J0100821
史阁部草书杜诗真迹　（一卷）（明）史可法书
清宣统三年［1911］影印　线装

J0100822
舒铁云王仲瞿往来手札及诗曲稿合册
（清）舒位,（清）王良士撰并书
上海　有正书局　民国　影印本　27×16cm　线装

J0100823
霜红龛三世墨迹合册　（清）傅山书
民国　影印本　线装

J0100824
太平天国翼王题记　（清）石达开撰
民国　拓本　1 幅　线装
　　本书附《楚南刘云青原韵》。

J0100825
谭嗣同先生遗墨　（清）谭嗣同书
民国　影印本　线装

J0100826
完白山民手札　（清）邓石如撰并书
上海　有正书局　民国　影印本　线装

J0100827
汪由敦临多宝塔楷书　（唐）岑勋撰；（清）汪
由敦书
上海　有正书局　民国　影印本　线装

J0100828

王可庄太府小楷习字帖　（不分卷）（清）王
仁堪书

西泠印社　清宣统三年［1911］影印本　线装

J0100829

王梦楼先生尺牍　（清）王文治撰并书

上海　上海通运公司　民国　影印本　线装

　　作者王文治（1730—1802），清代文学家、
书画家。江苏丹徒人，字禹卿，号梦楼。乾隆
二十五年（1760）进士，授翰林院编修，官至云南
临安知府。好戏曲，精音律。作有《三农得澍》《龙
井茶歌》《海宇歌恩》等；又善画，尤精书法，著
有《梦楼诗集》《赏雨轩题跋》等。

J0100830

王虚舟临唐宋各种　（清）王澍书

上海　世界社　民国　影印本　线装

　　作者王澍（1668—1722），清代书法家。江苏
金坛人。字若霖，又字箬林，号虚舟、竹云、良
常山人。自署二泉寓客，别号竹云。康熙壬辰进
士，官至吏部员外郎。以书名世，善楷书、行书。
晚年精于鉴定古碑刻。著有《淳化阁帖考正》《古
今法帖考》《竹云题跋》《虚舟题跋》等。

J0100831

王虚舟书法良模　（清）王澍撰

吴东彭治　民国　抄本　线装

（昆山丛书　第二集）

J0100832

文衡山行书律诗真迹　（明）文徵明书

上海　有正书局　民国　影印本　线装

J0100833

文秋山临赵文敏公自雪斋诗句　（清）文秋
山临

民国　影印本　经折装

J0100834

文徵明书怀归诗　（明）文徵明书

上海　有正书局　民国　影印本　线装

J0100835

文徵明书千字文　（第五种）（明）文徵明书

上海　大众书局［民国］26cm（16开）

J0100836

翁覃溪楷书金刚经　（一卷）（清）翁方纲书；
刘世珩藏

上海　神州国光社　清宣统三年［1911］影印本

J0100837

翁覃溪手札　（清）翁方纲撰并书

上海　有正书局　民国　影印本　线装

J0100838

倭文端公家书墨迹　（清）倭仁撰

民国　影印本　线装

J0100839

西泠八家尺牍　（清）丁敬等撰并书

西泠印社　民国　影印本　线装

　　作者丁敬（1695—1765），清代书画家、篆刻
家。字敬身，别号砚林、胜怠老人等。浙江钱塘
人。主要作品有《武林金石记》《砚林诗集》《砚
林印存》《寿寿初稽》等。

J0100840

奚铁生手札　（清）奚冈撰并书

上海　有正书局　民国　影印本　线装

　　作者奚冈（1746—1803），清代篆刻家、书画
家。字纯章、铁生，号萝龛、蝶野子、散木居士
等。原籍歙县（今属安徽），一作黟县（今属安徽）。
曾作《冬花庵烬余稿》《溪山素秋图》《蕉竹幽兰
图》《春林归翼图》等。

J0100841

徐遁庵先生遗墨　（清）徐嘉书

民国　影印本　线装

J0100842

杨濠叟书文字建首　（清）杨沂孙书

民国　石印本　线装

　　作者杨沂孙（1812—1881），清书法家。字子
与，号咏春，晚号濠叟。江苏常熟人。代表作品
有《赠少卿尊兄七言联》《文字说解问伪》《完白
山人传》《石鼓赞》。

J0100843
杨龢甫先生手迹四种 （清）杨调元书
民国 影印本 线装

J0100844
杨椒山先生手迹 （明）杨继盛书
上海 有正书局 民国 影印本 线装

J0100845
姚惜抱轩墨迹 （清）姚鼐书
北京 民国 石印本 线装

J0100846
遗民为僧之遗墨 （清）寄凡辑
上海 有正书局 民国间[1911-1949]年 影印本 线装

J0100847
瑛梦禅致竹轩夫人手札 （清）瑛宝撰并书
上海 有正书局 民国 影印本 线装

J0100848
有所思斋辑藏明人翰墨迹册子目录 胡宝怀辑
民国 线装

J0100849
御制说经诗 （清）汪士鋐书
上海 有正书局 民国 影印本 线装

J0100850
御制说经诗 （清）汪士鋐书
上海 有正书局 民国 影印本 线装

J0100851
御制文渊阁记 （清）陆锡熊书
民国 影印本 线装

J0100852
元宋仲温书谱真迹 （明）宋克书
民国 影印本 经折装

J0100853
恽南田行书诗册 （清）恽格撰并书；古鉴阁藏
上海 艺苑真赏社 民国 影印本 线装

J0100854
张月斋书小秀野唱和诗 （清）张穆书
民国 影印本 线装

作者张穆（1805—1849），字石舟，又字石州。山西平定古州人。谱名瀛暹，后改名为穆，自署月斋居士，晚年号靖阳亭长。是道光朝经世致用学风的中坚人物，在晚清学术文化史上具有重要的地位和影响。

J0100855
张廉卿书李刚介碑 （不分卷）（清）张裕钊书
上海 文明书局 清宣统三年[1911]石印本 线装

作者张裕钊（1823—1894），清代书法家。字廉卿，湖北武昌人。官至内阁中书。代表作品《张廉卿先生论学手札》。

J0100856
张廉卿书李刚介碑 （清）张裕钊书
上海 文明书局 民国四年[1915]石印本 2版 线装

J0100857
张廉卿书箴言 （清）张裕钊书
上海 文明书局 清宣统三年[1911]石印本 线装

J0100858
张廉卿箴言 （清）张裕钊书
上海 文明书局 清宣统三年[1911]石印本 线装

J0100859
张侍郎书千字文墨迹 （清）张仁黼书
民国 影印本 线装

J0100860
张文襄公手书掇宁斋诗草 （清）刘肇均撰；（清）张之洞书
民国 影印本 线装

J0100861
张文襄手札 （一卷）（清）张之洞撰并书
清宣统三年[1911]石印本 线装

行款不一字数不等。

J0100862
张文襄书翰墨宝 （清）张之洞撰并书

上海 文明书局 清宣统三年［1911］石印本 线装
　　分二册。

J0100863
赵撝叔手札 （清）赵之谦书
民国 影印本 线装

J0100864
郑板桥临兰亭叙 （清）郑燮摹
民国 影印本 线装

J0100865
郑谷口隶书柳敬亭传墨迹 （清）郑簠书
上海 有正书局 民国 影印本 线装

J0100866
置君怀袖 （清）王文治撰并书
民国 影印本 线装

J0100867
重修棠荫书院记
［民国］影印本 32cm（10开）经折本

J0100868
周山茨翁罩溪书曹宗丞碑传 （清）周升桓，
（清）翁方纲书
上海 上海通运公司 民国 影印本 线装

J0100869
祝京兆法书 （明）祝允明书
民国 影印本 线装

J0100870
祝枝山草书杜诗墨迹 （唐）杜甫撰；
（明）祝允明书
上海 有正书局 民国 影印本 线装

J0100871
祝枝山草书杜诗墨迹 （唐）杜甫撰；
（明）祝允明书
上海 有正书局 民国 影印本 线装

J0100872
祝枝山草书诗稿墨迹 （明）祝允明书
上海 有正书局 民国 影印本 线装

J0100873
祝枝山草书诗稿墨迹 （明）祝允明书
上海 有正书局 民国五年［1916］影印本 线装

J0100874
篆法指南 （二集）（清）杨沂孙书；王鼎考正
上海 碧梧山庄 民国 影印本 线装
　　分二册。

J0100875
紫阳遗墨 （清）宫伟镠书
上海 大众书局 民国 影印本 经折装
（碑帖大观）

J0100876
金冬心书书画小记 （清）金农书
上海 文明书局 民国元年［1912］影印本 线装
　　作者金农（1687—1763），清代书画家。字寿
门、司农、吉金，钱塘（今浙江杭州）人，扬州八
怪之首。代表作品有《东萼吐华图》《空挥如洒
图》《腊梅初绽图》《玉蝶清标图》等，著有《冬
心诗集》《冬心随笔》《冬心杂著》等。

J0100877
赏心集 （一卷）（清）樊增祥书
上海 广益书局 民国二年［1913］影印本 线装
　　分二册。

J0100878
闲乐集 （一卷）（清）樊增祥书
上海 广益书局 民国二年［1913］影印本 线装
　　分二册。

J0100879
［塞向老人遗墨遗诗等八种］ （清）顾印伯撰
并书；程康辑
程康 民国三年［1914］石印暨铅印本 线装

J0100880
今夕庵题画诗 （一卷）（清）居巢撰
上海 神州国光社 民国三年［1914］
（美术丛书）
　　作者居巢（1811—1889），清代书画家。原名
易，字士杰，号梅生、梅巢、今夕庵主等。广东
番禺县（今广州市海珠区）人。代表作品《梨花》

《含笑花图》等。

J0100881

松禅遗墨 （清）翁同龢书

阳湖张氏 民国三年［1914］影印本 线装

　　作者翁同龢（1830—1904），清代书法家。江苏常熟人。字叔平，一字声甫，晚号松禅、瓶斋居士。清咸丰六年状元。同治、光绪帝师，官至工部尚书、军机大臣，卒谥文恭。工诗文书画，以书法称名于时。著有《翁文恭公日记》《瓶庐诗文稿》。

J0100882

宋锦嫛题 （第一集）（清）顾印伯书

北京 财政部印刷局 民国三年［1914］石印本 线装

J0100883

郑板桥四子书真迹 （清）郑燮书

张锡銮 民国三至四年［1914-1915］影印本 线装

　　分六册。

J0100884

板桥书道情词墨迹 （清）郑燮撰并书

上海 有正书局 民国四年［1915］影印本 线装

　　本书据清乾隆间郑燮墨迹影印。

J0100885

板桥先生四子书真迹 （四种）（清）郑燮书

奉天张锡銮 民国四年［1915］影印本 线装

　　分六册。

J0100886

廖养泉楷书治家格言帖 （清）朱用纯撰文；（清）廖纶书

上海 进步书局 民国四年［1915］影印本 线装

　　本书与文明书局合作出版。朱用纯（1617—1698），明末清初理学家、教育家。字致一，自号柏庐。江苏昆山县人。著有《治家格言》《愧讷集》《大学中庸讲义》等。

J0100887

渔家乐帖 （清）郑燮书

文明书局 民国四年［1915］影印本 线装

J0100888

张廉卿书南宫县学记 （清）张裕钊书

上海 有正书局 民国四年［1915］影印本 线装

J0100889

郑板桥四子书真迹 （不分卷）（清）郑燮书

奉天作新印刷居 民国四年［1915］珂罗版印本

　　分六册。

　　作者郑板桥（1693—1765），清代书画家、文学家。原名郑燮，字克柔，号理庵，又号板桥，人称板桥先生。生于江苏兴化，祖籍苏州。乾隆元年（1736年）进士。官山东范县、潍县县令。代表作品《修竹新篁图》《清光留照图》《丛兰荆棘图》《甘谷菊泉图》等，著有《郑板桥集》。

J0100890

郑板桥四子书真迹 （清）郑燮书

奉天 张锡銮 民国四年［1915］影印本 线装

　　分六册。

J0100891

邓石如篆书十五种 （清）邓石如书

上海 文明书局 民国五年［1916］影印本 线装

　　分六册。据作者手迹影印。

J0100892

邓石如篆书十五种 （清）邓石如书

上海 文明书局 民国八年［1919］影印本 再版 线装

　　分六册。

J0100893

邓石如篆书十五种 （清）邓石如书

上海 文明书局 民国十一年［1922］影印本 线装

　　分六册。据作者手迹影印。

J0100894

吕晚邨墨迹 （清）吕留良书

上海 商务印书馆 1917年 石印本 32cm（10开）环筒页装 定价：大洋一元

　　本书附张季直跋。

J0100895

吕晚邨墨迹 （清）吕留良书

上海 商务印书馆 民国六年［1917］影印本 线装

J0100896

明拓李药师碑

上海 中国图书公司 民国六年[1917]影印本
线装

J0100897

翁松禅临书谱墨迹 （清）翁同龢书

上海 有正书局 民国六年[1917]影印本 七版
线装

J0100898

姚惜抱墨迹 （清）姚鼐书

上海 商务印书馆 1917年 影印本 [10]页
31cm(10开) 定价：大洋一元五角
　　本书附张元济的题跋。

J0100899

姚惜抱墨迹 （清）姚鼐书

上海 商务印书馆 民国六年[1917]影印本 线装

J0100900

戴文节公行楷三种 （清）戴熙书

中华书局 民国七年[1918]影印本 线装
　　作者戴熙（1801—1860），画家。字醇士，号
鹿林、鹿床、榆庵、榆庵等，清钱塘（今杭州）人。
道光十二年进士，改翰林院庶吉士，授编修。工
诗书画，治印。著有《习苦斋画絮·诗文集》《赐
砚斋题画偶录》《宋元四家诗选》《粤雅集》等。

J0100901

刘石庵行书习字范本 （清）刘墉书

上海 有正书局 民国七年[1918]影印本 线装

J0100902

明初拓本张猛龙碑

上海 商务印书馆 民国七年[1918]影印本 线装

J0100903

王觉斯诗册墨迹 （清）王铎书

上海 文明书局 民国七年[1918]影印本 再版
线装
　　作者王铎（1592—1652），明末清初书画家。
字觉斯，号十樵、嵩樵，又号痴庵、痴仙道人，别
署烟潭渔叟，河南孟津人。作品有《拟山园帖》
《琅华馆帖》《雪景竹石图》等。

J0100904

王觉斯诗册墨迹 （清）王铎书

上海 文明书局 民国二十三年[1934]影印本
5版 线装

J0100905

翁松禅墨迹 （四集）（清）翁同龢书

上海 商务印书馆 民国七年[1918]影印本 线装
　　分四册。

J0100906

翁松禅墨迹 （第十集）（清）翁同龢书

上海 商务印书馆 民国二十年[1931]影印本
线装

J0100907

翁松禅墨迹 （十集）（清）翁同龢书

上海 商务印书馆
民国二十二至二十五年[1933-1936]石印本
线装
　　分十册。

J0100908

翁松禅墨迹 （十集）（清）翁同龢书

上海 商务印书馆 民国二十三年[1934]影印本
第2版 线装
　　分十册。

J0100909

包安吴论书诗真迹 （清）包世臣书；丁鹤庐
藏；高野侯鉴定

上海 中华书局 民国八年[1919]影印本 线装
　　作者包世臣（1775—1855），学者、作家、书
法家。字慎伯，号倦翁，别署白门倦游阁外史、
小倦游阁外史，安徽泾县人。著有《中衢一勺》
《艺舟双楫》《管情三义》《齐民四术》，合称《安
吴四种》，又著《小倦游阁文稿》。高野侯（1878—
1952），画家、出版家。字时显，号欣木、可庵，
浙江余杭人。清末举人，曾任中华书局董事、美
术部主任。精于鉴定，收藏甚富，兼工隶书，篆
刻亦佳。辑有《方寸铁斋印存》等。

J0100910

包安吴论书诗真迹 （清）包世臣书；丁鹤庐
藏；高野侯鉴定

上海 中华书局 民国十七年［1928］3 版 影印本
线装

J0100911
邓完白隶书墨迹 （清）邓石如书
上海 有正书局 民国八年［1919］影印本 五版
线装

J0100912
钝吟书要 （一卷）（清）冯班撰
吴江沈廷镛 民国八年［1919］重修本 线装
（昭代丛书）
　　　清道光吴江沈氏世楷堂刻民国八年吴江沈
廷镛重修本。收于《昭代丛书》辛集别编中。

J0100913
明孙仲墙藏宋拓夏承碑 （清）沈翰摹
上海 商务印书馆 民国八年［1919］影印本 双钩
线装

J0100914
明拓史晨飧孔庙碑
上海 有正书局 民国八年［1919］影印本 线装

J0100915
钱南园书正气歌 （清）钱沣书
上海 中华书局 民国八年［1919］影印本 线装

J0100916
杨濠叟书篆隶行楷三种 （不分卷）
（清）杨沂孙书
民国八年［1919］石印本

J0100917
［**石斋逸诗**］（明）黄道周撰并书
上海 有正书局 民国九年［1920］影印本 线装
　　　作者黄道周（1585—1646），明代书法家。初
名蛾若，字玄度，更字幼平、号石斋等。福建漳
浦铜山人。代表作品有《儒行集传》《石斋集》《易
象正义》《春秋揆》《孝经集传》等。

J0100918
陈曼生书许大夫墓志真迹 （清）陈鸿寿书
上海 中华书局 民国九年［1920］石印本 线装

J0100919
戴文节公书百字箴 （清）戴熙书
上海 中华书局 民国九年［1920］影印本 线装
　　　作者戴熙（1801—1860），画家。字醇士，号
鹿林、鹿床、榆庵、榆庵等，清钱塘（今杭州）人。
道光十二年进士，改翰林院庶吉士，授编修。工
诗书画，治印。著有《习苦斋画絮·诗文集》《赐
砚斋题画偶录》《宋元四家诗选》《粤雅集》等。

J0100920
高爽泉书千字文 （清）高垲书
上海 商务印书馆 民国九年［1920］影印本 线装

J0100921
何义门书桃花源记 （清）何焯书
上海 商务印书馆 民国九年［1920］影印本 线装

J0100922
李公庙碑 （清）吴大澂篆并书
苏州 振新书社 民国九年［1920］影印本 线装
　　　作者吴大澂（1835—1902），清代官员、学
者、金石学家、书画家。原名大淳，字止敬、清
卿，号恒轩，别号白云山樵等。江苏吴县人，同
治进士。主要作品《说文古籀补》《皇华纪程》等。

J0100923
梁山舟祭弟文真迹 （清）梁同书书
上海 中华书局 民国九年［1920］影印本 线装

J0100924
梁山舟祭弟文真迹 （清）梁同书书
上海 中华书局 民国十年［1921］影印本 再版
线装

J0100925
王梦楼行书寿屏十二轴合册 （一卷）
（清）王文治书
上海 有正书局 民国九年［1920］石印本

J0100926
小楷心经十四种 （清）金可垛等书
上海 商务印书馆 民国九年［1920］影印本
线装

J0100927

杨濠叟篆书诗经真迹 （一卷）（清）杨沂孙书

上海 中华书局 民国九年［1920］影印本

　　作者杨沂孙（1812—1881），清书法家。字子与，号咏春，晚号濠叟。江苏常熟人。代表作品有《赠少卿尊兄七言联》《文字说解问伪》《完白山人传》《石鼓赞》。

J0100928

杨濠叟篆书诗经真迹 （一卷）（清）杨沂孙书

上海 中华书局 民国十五年［1926］石印本

J0100929

杨濠叟篆书诗经真迹 （一卷）（清）杨沂孙书

上海 中华书局 民国二十五年［1936］影印本

J0100930

祝枝山赤壁赋 （宋）苏轼撰；（明）祝允明书；浦永清藏

上海 中华书局 民国九年［1920］影印本 线装

J0100931

何子贞书廖夫人墓志 （清）何绍基书

上海 商务印书馆 民国十年［1921］影印本 线装

　　作者何绍基（1799—1873），清代诗人、书法家。字子贞，号东洲、晚号猿叟（一作蝯叟）。湖南道州（今道县）人。曾任翰林院编修、国史馆总纂。代表作品有《惜道味斋经说》《说文段注驳正》《东洲草堂诗钞》等。

J0100932

刘石庵公家书真迹 （清）刘墉书；刘大同藏

民国十年［1921］影印本 有像 线装

　　分二册。

J0100933

孙雪居行楷真迹 （明）孙克弘书；高格庐藏

上海 中华书局 民国十年［1921］影印本 再版 线装

J0100934

王虚舟隶书千字文 （清）王澍书

上海 中华书局 民国十年［1921］影印本 二版 线装

J0100935

王虚舟隶书千字文 （清）王澍书

上海 中华书局 1949年 影印本

七版 线装

J0100936

文待诏滕王阁序真迹 （唐）王勃撰；（明）文徵明书；丁芸轩藏

上海 中华书局 民国十年［1921］影印本 再版 线装

J0100937

文待诏滕王阁序真迹 （唐）王勃撰；（明）文徵明书；丁芸轩藏

上海 中华书局 民国十四年［1925］影印本 三版 线装

J0100938

吴愙斋先生楷书李仙女庙碑 （清）吴大澂书

苏州 振新书社 民国十年［1921］影印本 线装

　　分六册。据吴县吴万珍藏本影印。

J0100939

吴愙斋先生隶书三关口凿道记 （清）吴大澂书

苏州 振新书社 民国十年［1921］影印本 线装

　　分六册。据吴县吴万珍藏本影印。

J0100940

吴愙斋先生篆书李公庙碑 （清）吴大澂书

苏州 振新书社 民国十年［1921］影印本 线装

　　分六册。据吴县吴万珍藏本影印。

J0100941

吴愙斋先生篆书陶公庙碑 （清）吴大澂书

苏州 振新书社 民国十年［1921］影印本 线装

　　分六册。据吴县吴万珍藏本影印。

J0100942

吴愙斋先生篆书铜柱铭 （清）吴大澂书

苏州 振新书社 民国十年［1921］影印本 线装

　　分六册。据吴县吴万珍藏本影印。

J0100943

吴愙斋先生篆书周真人庙碑 （清）吴大澂书

苏州　振新书社　民国十年［1921］影印本　线装
　　分六册。据吴县吴万珍藏本影印。

J0100944

包安吴家书临帖两种　（清）包世臣书
上海　有正书局　民国十一年［1922］5版　石印本
线装

J0100945

何子贞临张迁碑　（清）何绍基书
上海　文明书局　民国十一年［1922］影印本　线装
　　作者何绍基（1799—1873），清代诗人、书法
家。字子贞，号东洲、晚号猿叟（一作蝯叟）。湖
南道州（今道县）人。曾任翰林院编修、国史馆
总纂。代表作品有《惜道味斋经说》《说文段注
驳正》《东洲草堂诗钞》等。

J0100946

何子贞书石门颂礼器碑墨迹　（清）何绍基书
上海　有正书局　民国十一年［1922］影印本　线装

J0100947

金刚经　［鸠摩罗什译］
檇李沈氏　民国十一年［1922］刻本　重刻　线装

J0100948

明清名人尺牍墨宝　（三集）
上海　文明书局　民国十一年［1922］影印本　线装
　　分十八册。

J0100949

邵二泉诗卷真迹　（明）邵宝书
上海　上海中华书局　民国十一年［1922］石印本
线装

J0100950

史阁部草书杜诗真迹　（明）史可法书
上海　中华书局　民国十一年［1922］影印本　线装

J0100951

史阁部草书杜诗真迹　（明）史可法书
上海　中华书局　民国十四年［1925］影印本　再版
线装

J0100952

陈玉方小楷墨迹　陈希祖书
上海　有正书局　民国十二年［1923］影印本　线装

J0100953

邓完白隶书　（清）邓石如书
上海　有正书局　民国十二年［1923］石印本　线装

J0100954

董文敏曹娥碑　（明）董其昌书
上海　文明书局　民国十二年［1923］影印本　4版
线装
　　本书包括《曹娥碑》《洛神赋十三行补》《参
同契叙篇》《雪赋》等；据拓本影印，与中华书局
共同出版。作者董其昌（1555—1636），明代著名
书画家。字玄宰，号思白，别号香光居士，松江
华亭（今上海）人。主要作品有《岩居图》《秋兴
八景图》《昼锦堂图》等。

J0100955

刘石庵行书诗稿　（清）刘墉书
上海　进步书局　民国十二年［1923］影印本　3版
线装
　　本书与文明书局合作出版。

J0100956

腾冲李氏碑志五种　李根源等辑
上海　泰东图书局　民国十二年［1923］影印本
线装
　　分五册。

J0100957

翁覃溪手札墨宝　（清）翁方纲撰并书
上海　文明书局　民国十二年［1923］影印本　线装
　　分二册。
　　作者翁方纲（1733—1818），清代金石学家、
文学家、书法家。字正三，号覃溪，晚号苏斋，
北京大兴人，乾隆十七年进士。著有《粤东金石
略》《苏米斋兰亭考》《复初斋诗文集》《小石帆
亭著录》等。

J0100958

张潜园书广雅相国奏议　（清）张之洞，（清）
奎俊撰；（清）张曾畴书
民国十二年［1923］影印本　有照片　线装

J0100959

祝枝山草书古诗十九首　（明）祝允明书

上海 文明书局 民国十二年［1923］影印本 再版
线装

　　本书与中华书局共同出版。

J0100960

高忠宪公诗手稿真迹　（明）高攀龙撰并书

民国十三年［1924］影印本 线装

J0100961

绿天红雪轩剩墨　（清）赵席珍书

民国十三年［1924］石印本 线装

J0100962

文徵明行书千字文墨迹　（明）文徵明书

无锡 理工社制版所 民国十三年［1924］影印本
线装

　　本书与文华书局合作出版。

J0100963

文徵明行书千字文墨迹　（明）文徵明书

无锡 理工社制版所 民国十五年［1926］影印本
再版 线装

　　本书与文华书局合作出版。

J0100964

赵撝叔吴让之胡荄甫篆书墨迹合册

（清）赵之谦,（清）吴熙载,（清）胡澍书

上海 有正书局 民国十三年［1924］影印本 六版
线装

J0100965

赤壁赋　（一卷）（宋）苏轼撰并书

延光室影印 民国十四年［1925］影印本

J0100966

名人手札真迹大全　（清）曾国藩等书；刘再
苏编

上海 世界书局 民国十四年［1925］影印本 线装
　　分六册。

J0100967

千字文　（一卷）（明）祝允明书

民国十四年［1925］影印本

J0100968

霜红龛法书　（不分卷）（清）传山书

上海 商务印书馆 民国十四年［1925］影印本
有图像

J0100969

文衡山先生高士传真迹　（明）文徵明书

上海 商务印书馆 民国十四年［1925］影印本
有图 线装

J0100970

文衡山先生三绝卷　（明）文徵明书

上海 商务印书馆 民国十四年［1925］影印本
有图 线装

J0100971

吴愙斋中丞写定石鼓文　（清）吴大澂书

北京 民国十四年［1925］石印本 线装

J0100972

影印姚惜抱先生墨迹　（第一集）（清）姚惜抱书

姚惜抱［自刊］1925 年 ［24 页］27cm（16 开）

定价：大洋二元

J0100973

赵撝叔篆书　（清）赵之谦书

上海 西泠印社 民国十四年［1925］影印本 线装

J0100974

明初拓史晨前后碑

上海 商务印书馆 民国十五年［1926］影印本
线装

J0100975

明初拓史晨前后碑

上海 商务印书馆 民国二十四年［1935］影印本
线装

J0100976

塞向翁书札　（清）顾印愚书

北京 华阳王氏菊饮轩 民国十五年［1926］
影印本 线装

J0100977

伊墨卿先生真迹　（清）伊秉绶书

上海 商务印书馆 民国十五年［1926］影印本
有像 线装

　　作者伊秉绶（1754—1815），清代书法家。字
组似，号墨卿，晚号墨庵。福建汀州府宁化县人。
作品有《默庵集锦》《节临唐宋人书屏》《衡方
碑》，出版有《清伊秉绶作品集》《隶书墨迹选》。

J0100978
鹤巢老人墨宝 （清）顾淳庆书
绍兴顾燮光 民国十六年［1927］影印本 线装

J0100979
南通范伯子墨迹 （清）范当世书
民国十六年［1927］影印本 线装

J0100980
渔洋山人手柬 （清）王士祯撰并书
上海 商务印书馆 民国十六年［1927］影印本
线装

J0100981
渔洋山人手柬 （清）王士祯撰并书
上海 商务印书馆 民国十六年［1927］影印本
线装

J0100982
包慎伯书女子白真真诗册 （清）包世臣书
上海 神州国光社 民国十七年［1928］影印本
有图 线装

J0100983
金石家篆书楹联 （清）孙星衍等书
上海 西泠印社 民国十七年［1928］影印本 线装
　　分二册。

J0100984
刘石庵书古本大学真迹 （清）刘墉书
上海 文明书局 民国十七年［1928］影印本 线装

J0100985
宋仲温急就章墨迹 （明）宋克书；卓君庸藏
京华印书处 民国十七年［1928］影印本 线装

J0100986
宋仲温书唐张怀瓘论用笔十法墨迹

（唐）张怀瓘撰；（明）宋克书；卓君庸藏
北平 京华印书局 民国十七年［1928］影印本
线装

　　作者张怀瓘，唐代书法家、书学理论家。扬
州海陵（今江苏泰州市）人。著有《书议》《书断》
《书估》《画断》《六体书论》《论用笔十法》《玉
堂禁经》《文字论》等。

J0100987
翁松禅扇集 （清）翁同龢书
上海 商务印书馆 民国十七年［1928］影印本
线装

　　作者翁同龢（1830—1904），清代书法家。江
苏常熟人。字叔平，一字声甫，晚号松禅、瓶斋
居士。清咸丰六年状元。同治、光绪帝师，官至
工部尚书、军机大臣，卒谥文恭。工诗文书画，
以书法称名于时。著有《翁文恭公日记》《瓶庐
诗文稿》。

J0100988
严修能精写东莱书说 （宋）吕祖谦撰；（清）
严元照临
民国十七年［1928］影印本 线装
　　分二册。

J0100989
伊墨卿先生自书诗册 （清）伊秉绶撰并书
上海 商务印书馆 民国十七年［1928］影印本
线装

J0100990
伊墨卿先生自书诗册 （清）伊秉绶撰并书
上海 商务印书馆 民国二十五年［1936］影印本
线装

J0100991
何子贞先生法帖 （清）何绍基书
固始张玮 民国十八年［1929］拓本 经折装
　　作者何绍基（1799—1873），清代诗人、书法
家。字子贞，号东洲、晚号猿叟（一作蝯叟）。湖
南道州（今道县）人。曾任翰林院编修、国史馆
总纂。代表作品有《惜道味斋经说》《说文段注
驳正》《东洲草堂诗钞》等。

J0100992
胡金竹先生草书千文　（清）胡方书
陈垣　民国十八年［1929］影印本　线装

J0100993
考正篆书在昔篇　（清）杨沂孙书；王鼎考正
上海　碧梧山庄　民国十八年［1929］影印本　线装
　　　分二册。作者杨沂孙（1812—1881），清书法
家。字子与，号咏春，晚号濠叟。江苏常熟人。
代表作品有《赠少卿尊兄七言联》《文字说解问
伪》《完白山人传》《石鼓赞》。

J0100994
考正篆书在昔篇　（清）杨沂孙书；王鼎考正
上海　碧梧山庄　民国十八年［1929］影印本　线装

J0100995
史阁部为江文石先生书云洲子歌　（明）史
可法撰并书
上海　神州国光社　民国十八年［1929］影印本
线装

J0100996
王觉斯诗册墨宝　（清）王铎书
上海　文明书局　民国十八年［1929］影印本　4版
线装
　　　作者王铎（1592—1652），明末清初书画家。
字觉斯，号十樵、嵩樵，又号痴庵、痴仙道人，别
署烟潭渔叟，河南孟津人。作品有《拟山园帖》
《琅华馆帖》《雪景竹石图》等。

J0100997
何子贞临黄庭经　（清）何绍基书
上海　商务印书馆　民国十九年［1930］影印本
线装
　　　作者何绍基（1799—1873），清代诗人、书法
家。字子贞，号东洲、晚号猿叟（一作蝯叟）。湖
南道州（今道县）人。曾任翰林院编修、国史馆
总纂。代表作品有《惜道味斋经说》《说文段注
驳正》《东洲草堂诗钞》等。

J0100998
金冬心隶书　（清）金农书
上海　商务印书馆　民国十九年［1930］影印本
线装

J0100999
三愿堂遗墨　（清）赵彦称书
南京国学图书馆　民国十九年［1930］影印本
有像　线装
　　　分二册。

J0101000
龚定庵诗文真迹三种　（清）龚自珍书
中华书局　民国二十年［1931］影印本　线装

J0101001
黄石斋手札　（明）黄道周撰并书；李无庸藏
［西泠印社］民国二十年［1931］影印本　线装
　　　据明黄道周手札影印。

J0101002
刘石庵编年书集　（清）刘墉书
上海　商务印书馆　民国二十年［1931］影印本
线装

J0101003
明贤墨迹　许安巢藏
上海　商务印书馆　民国二十年［1931］影印本
线装
　　　分二册。

J0101004
王文成公书郭景纯梦示诗　（明）王守仁书
上海　振美珂罗金属版印刷所　民国二十年［1931］
影印本　线装

J0101005
篆书李公庙碑　吴大澂书
吴县邹章卿　民国二十年［1931］石印本　线装

J0101006
篆书陶公庙碑　（一卷）（清）吴大澂书
苏州　振新书社　民国二十年［1931］影印本

J0101007
明祝枝山书曹植诗　（魏）曹植撰；（明）祝允
明书
北平　北平故宫博物院　民国二十一年［1932］
影印本

J0101008

明祝枝山书曹植诗 （明）祝允明书

北平故宫博物院 民国二十一年［1932］影印本
线装

J0101009

［林文忠公写经小楷］（五种）（清）林则徐书

民国二十二年［1933］影印本 线装

J0101010

李北海叶有道碑 （清）李邕撰并书

上海 商务印书馆 民国二十二年［1933］影印本
线装

　　作者李邕（678—747），唐代书法家。即李
北海，也称李括州，字泰和，唐朝宗室。鄂州江
夏（今湖北武汉市江夏区）人。主要作品有《李思
训碑》《麓山寺碑》《云麾将军碑》等。

J0101011

林文忠公写经小楷 （五种）（清）林则徐书

上海 商务印书馆 民国二十二年［1933］影印本
线装

J0101012

明相国徐文定公墨迹 （明）徐光启书

上海 徐家汇天主教堂 民国二十二年［1933］
影印本 有画像 线装

J0101013

翁松禅家书 （第二集）（清）翁同龢书

上海 商务印书馆
民国二十二至二十三年［1933–1934］
影印本 线装
　　分二册。

J0101014

方正学临麻姑山仙坛记 （明）方孝孺书

上海 大东书局 民国二十三年［1934］影印本
有图 线装

J0101015

傅青主征君墨迹 （清）傅山书

上海 商务印书馆 民国二十三年［1934］影印本
线装

J0101016

刘石庵扇集 （清）刘墉书

上海 商务印书馆 民国二十三年［1934］影印本
线装

J0101017

刘石庵扇集 （清）刘墉书

上海 商务印书馆 民国二十三年［1934］影印本
3版 线装

J0101018

名人隶书楹联 （清）丁敬等书；丁鹤庐辑

上海 西泠书社 民国二十三年［1934］影印本
线装

　　作者丁敬（1695—1765），清代书画家、篆刻
家。字敬身，别号砚林、胜怠老人等。浙江钱塘
人。主要作品有《武林金石记》《砚林诗集》《砚
林印存》《寿寿初稽》等。

J0101019

名人篆书楹联 （清）王懿荣等书；丁鹤庐辑

上海 西泠印社 民国二十三年［1934］影印本
线装

J0101020

明方正学临麻姑仙坛记卷 （唐）颜真卿撰并
书；（明）方孝孺临；许源来藏

上海 大东书局 民国二十三年［1934］影印本
有图及像 线装

J0101021

宋仲温草书杜子美诗 （唐）杜甫撰；（明）宋
克书

上海 昌艺社 民国二十三年［1934］影印本 线装

J0101022

宋仲温急就章墨迹 （明）宋克书；卓君庸藏

和记印书馆 民国二十三年［1934］影印本
再版 线装

J0101023

宋仲温书唐张怀瓘论用笔十法墨迹 （唐）
张怀瓘撰；（明）宋克书；卓君庸藏

北平 和记印书馆 民国二十三年［1934］影印本
再版 线装

J0101024

王文成公墨迹 （明）王守仁书；李涵础藏

河南博物馆 民国二十三年［1934］影印本 线装

J0101025

翁常熟扇集 （第一集）（清）翁同龢书

上海 商务印书馆 民国二十三年［1934］影印本
线装

J0101026

百砚室珍藏名人书轴 （明）宋克等书；百砚
室编

百研室 民国二十四年［1935］影印本 线装

J0101027

东莱明太宰赵公吉亭书重修普照寺碑
（明）赵焕书

东莱赵氏 民国二十四年［1935］影印本 线装

J0101028

东莱明太宰赵公吉亭书重修普照寺碑
（明）赵焕书

赵琪 民国二十四年［1935］石印本 线装

J0101029

傅青主墨迹 （清）傅山书

上海 商务印书馆 民国二十四年［1935］影印本
再版 线装

J0101030

傅青主先生墨迹小楷金刚经 （清）傅山书；
胡鹤龄藏

上海 商务印书馆 民国二十四年［1935］影印本
线装

J0101031

憨山大师自书六咏真迹 （明）释德清撰并书；
肥遁庐藏

上海 商务印书馆 民国二十四年［1935］影印本
线装

J0101032

韩苑七贤楷书楚辞 吴季衡藏

上海 商务印书馆 民国二十四年［1935］影印本
线装

J0101033

翰苑七贤楷书楚辞 吴季衡藏

上海 商务印书馆 民国二十四年［1935］影印本
线装

J0101034

蒋仲叔隶书 （清）蒋和书；黄邻谷藏

上海 商务印书馆 民国二十四年［1935］影印本
线装

J0101035

天一阁宋拓刘熊碑双钩本 （清）赵之谦摹

上海 中华书局 民国二十四年［1935］影印本
三版 线装

J0101036

王觉斯分书八关斋会记 （唐）颜真卿撰；
（清）王铎书；李墨巢藏

上海 商务印书馆 民国二十四年［1935］影印本
线装

J0101037

王觉斯楷书八关斋 （唐）颜真卿撰；
（清）王铎书；李墨巢藏

上海 商务印书馆 民国二十四年［1935］影印本
线装

J0101038

王可庄书千字文 （清）王仁堪书

上海 商务印书馆 民国二十四年［1935］影印本
线装

J0101039

徐广轩撰书王月潭小传真迹 （清）徐润第撰
并书

太原 山西书局 民国二十四年［1935］影印本
线装

J0101040

［曾子问］ （清）傅山书；常子襄藏

太原 徐永昌 民国二十五年［1936］再版 影印本
有像 线装

　　本书据清傅山小楷真迹影印。

J0101041
傅青主先生小楷曾子问　（清）傅山书；常子襄藏
太原　山西文献委员会　民国二十五年［1936］影印本　有像　线装

J0101042
傅青主先生小楷佩觿集　（三卷）（宋）郭忠恕撰；（清）傅山书；陈芷庄藏
太原　山西书局　民国二十五年［1936］影印本　有像　线装

J0101043
傅青主先生小楷玄天上帝文真迹　（清）傅山书；赵竹坪藏
太原　山西文献委员会　民国二十五年［1936］影印本　有像　线装

J0101044
黄石斋先生榕坛问业真迹　（明）黄道周书；铁琴铜剑楼藏
上海　商务印书馆　民国二十五年［1936］影印本　线装
　　　本书据明黄道周手稿本影印。

J0101045
李文忠蕳公神道碑　（一卷）（清）李鸿章撰并书
文明书局　民国二十五年［1936］石印本

J0101046
刘石庵行楷四种真迹　（不分卷）（清）刘墉书
民国二十五年［1936］影印本

J0101047
潘龄皋弟子规　（清）潘龄皋著
北京　北平瑞文书局　1936年　19×13cm
　　　作者潘龄皋（1867—1954），清末民初著名书法家。字锡九，河北安新人。清光绪二十年（1894年）中举人，后殿试中进士，授翰林院编修，曾先后在甘肃任知县等。辛亥革命成功后任甘肃省省长。1949年后任中央人民政府军事委员会参议．中央文史馆馆员。代表作品有《胡大川幻想诗》《南濠诗话》《又一村诗话》。

J0101048
佩觿集　（三卷）（宋）郭忠恕撰；（清）傅山书；陈芷庄藏
太原　山西书局　民国二十五年［1936］影印本　有像　线装

J0101049
霜红龛法书　（清）傅山书
山西书局　民国二十五年［1936］影印本　有像　线装

J0101050
霜红龛墨宝　（第一集）（清）傅山书；常赞春等藏
太原　山西书局　民国二十五年［1936］影印本　有像　线装
　　　　分二册。

J0101051
谭复生唐佛尘先生墨迹　（清）谭嗣同，（清）唐才常书；汪兆铭编
上海　民国二十五年［1936］影印本　线装

J0101052
谭复生先生墨迹　（清）谭嗣同撰并书
汪兆铭　民国二十五年［1936］影印本　线装

J0101053
惜抱轩手札　（清）姚鼐撰并书
上海　商务印书馆　民国二十五年［1936］影印本　线装
　　　　分四册。

J0101054
番禺陈东塾先生书札　（清）陈澧书
上海　中华书局　民国二十六年［1937］影印本　线装

J0101055
明王宠临帖　（明）王宠书
北平　国立北平故宫博物院　民国二十六年［1937］影印本　线装
　　　作者王宠（1494—1533），明代书法家。字履仁，后字履吉，号雅宜山人，江苏吴县人。著有《雅宜山人集》，传世书迹有《诗册》。

J0101056

南园临各种法帖 （清）钱沣书；孙药痴藏

太原 山西书局 民国二十六年［1937］影印本 线装

J0101057

删定孙吴郡书谱叙 （清）包世臣书；朱隰苓藏

北平 民国二十六年［1937］影印本 线装

作者包世臣（1775—1855），学者、作家、书法家。字慎伯，号倦翁，别署白门倦游阁外史、小倦游阁外史，安徽泾县人。著有《中衢一勺》《艺舟双楫》《管情三义》《齐民四术》，合称《安吴四种》，又著《小倦游阁文稿》。

J0101058

玉笥山房墨迹 （清）顾廷纶书

民国二十六年［1937］石印本 线装

分二册。

J0101059

翁松禅致张蔷庵手书 （清）翁同龢书

商务印书馆 民国二十七年［1938］影印本 线装

J0101060

翁松禅致张蔷庵手书 （清）翁同龢书

长沙 商务印书馆 民国二十七年［1938］影印本 线装

J0101061

黄石斋先生夫妻手书孝经 （明）黄道周，（明）蔡玉卿书

民国二十八年［1939］影印本 线装

本书据明黄道周、蔡玉卿手迹影印。作者黄道周（1585—1646），明代书法家。初名螭若，字玄度，更字幼平、号石斋等。福建漳浦铜山人。代表作品有《儒行集传》《石斋集》《易象正义》《春秋揆》《孝经集传》等。

J0101062

刘石庵真迹 （清）刘墉书；陈夙之藏

上海 商务印书馆 民国二十八年［1939］影印本 线装

作者刘墉（1719—1804），书法家。字崇如，号石庵，山东诸城人。乾隆进士，官至东阁大学士。工书法。著有《丹林诗钞》《刘文清遗集》《石

庵诗集》。

J0101063

明董思翁书多心经真迹 （明）董其昌书；袁体明藏

上海 艺苑真赏社 民国二十八年［1939］影印本 线装

J0101064

董文敏宝鼎斋法书 （明）董其昌书

长沙 商务印书馆 民国二十九年［1940］影印本 线装

分五册。

J0101065

郭文清公墨迹 （清）郭棻等书；郭立志辑

民国二十九年［1940］影印本 有像 线装

J0101066

何子贞先生临坐位帖 （清）何绍基书

刘崇仁堂 民国二十九年［1940］影印本 再版 线装

作者何绍基（1799—1873），清代诗人、书法家。字子贞，号东洲、晚号猿叟（一作蝯叟）。湖南道州（今道县）人。曾任翰林院编修、国史馆总纂。代表作品有《惜道味斋经说》《说文段注驳正》《东洲草堂诗钞》等。

J0101067

袁忠节公手札 （清）袁昶书

商务印书馆 民国二十九年［1940］影印本 线装

分二册。

J0101068

明清藏书家尺牍 潘承厚辑

吴县潘承厚 民国三十年［1941］影印本 线装

分四册。

J0101069

明清藏书家尺牍 潘厚辑

民国三十二年［1943］影印本 线装

分四册。

J0101070

屠赤水先生手写园咏 （明）屠隆书

民国三十一年［1942］影印本　线装

　　作者屠隆（1542—1605），明代文学家、戏曲家。浙江鄞县人，字长卿，号赤水，晚称鸿苞居士。万历五年进士。做过青浦知县、礼部郎中。校订成《新刊合评王实甫西厢记》4种；撰有传奇《昙花记》《彩毫记》《修文记》，合称《凤仪阁三种》传于世；诗文集有《由拳》《白榆》《栖真馆集》等。

J0101071

王船山先生墨宝四种　（清）王夫之书
湖南省立南岳图书馆　民国三十一年［1942］影印本　线装

J0101072

明代名人墨宝　周作民辑并藏
淮安周氏　民国三十二年［1943］影印本　线装
　　分四册。

J0101073

明代名人墨宝　袁樊编
上海　鉴真社　民国三十二年［1943］影印本　线装

J0101074

明代名人墨宝　（四卷）（明）胡翰等书
民国三十二年［1943］影印本　线装
　　分四册。

J0101075

明清两朝画苑尺牍　（明）聂大年等书；潘承厚辑
吴县潘氏　民国三十二年［1943］影印本
有图及像　线装
　　分六册。

J0101076

王虚舟先生墨迹　（清）王澍书；熊思襄藏
上海　中华书局　民国三十五年［1946］影印本　线装

J0101077

崔桐诗卷　（明）崔桐书
民国三十六年［1947］影印本　线装
　　据明本影印。

J0101078

邓文原章草真迹　（清）邓石如书
北平　国立北平故宫博物院　民国三十六年［1947］影印本　线装

　　作者邓石如（1739—1805），清代著名书法篆刻家。字顽伯，号完白山人，安徽怀宁人。篆刻作品有《完白山人篆刻偶存》《笔歌墨舞》《城一日长》，书法作品有《游五园诗》《篆书文轴》《篆书中堂》。

J0101079

明崔宗伯手书诗卷精品　（明）崔桐书
民国三十六年［1947］影印本　线装

J0101080

高爽泉楷书二种　高垲书
上海　中华书局　1949年　影印本
8版　线装

J0101081

高忠宪公墨宝　（明）高攀龙撰并书
上海　有正书局　民国　影印本　线装

J0101082

黄石斋书张天如墓志墨宝　（明）黄道周撰并书
上海　有正书局　民国　影印本　线装
　　本书据明弘光元年（1645）黄道周手迹影印。

J0101083

黄石斋先生书孝经　（明）黄道周书
上海　有正书局　民国　影印本　线装
　　本书据明崇祯间黄道周手迹影印。

J0101084

金刚般若波罗密经　（清）翁方纲书
民国　影印本　线装
　　据嘉庆六年（1801）手写本影印。

J0101085

离骚经　（战国）屈原撰；（明）文徵明书
民国　影印本　线装

J0101086

刘文清公手书谢折　（清）刘墉书

民国　影印本　线装

据乾隆五十二年（1787）原迹影印。

J0101087

妙法莲华经观世音菩萨普门品　（清）傅山书

民国　影印本　线装

作者傅山（1607—1684），明清之际思想家、书法家、医学家。初名鼎臣，字青竹，改字青主，又有浊翁、观化等别名，生于山西太原。主要作品有《庄子翼批注》《逍遥游》《庄子理字》《庄子情字》《荀卿评庄子》等。

J0101088

石庵先生法书神品　（清）刘墉书

民国　影印本　线装

据乾隆间底本影印。

J0101089

王觉斯草书墨迹　（清）王铎书

上海　有正书局　民国　影印本　线装

J0101090

王良常书正草千字文　（清）王澍书

上海　文明书局　1949年　影印本

六版　线装

J0101091

习字帖　（清）刘墉书

上海　进步书局　民国　影印本　线装

J0101092

孝经　（清）汪士鋐书

民国　影印本　线装

J0101093

张得天书岳阳楼记　（清）张照书

上海　文明书局　1949年　影印本

四版　线装

作者张照（1691—1745），清藏书家、书法家、戏曲家。字得天，号泾南，亦号天瓶居士，江南娄县人。

J0101094

明清名人百家手札　（附明清名人百家传略）

[1950—1959年]影印本[260]页

J0101095

徐松龛家书真迹　（清）徐继畬书

[1950—1955年]影印本　24页　27cm（16开）

J0101096

史可法先生墨影　（明）史可法撰并书；北京河北会馆藏

北京市河北省会馆　1951年　影印本　线装

J0101097

顾端文西元卷遗迹　（明）顾宪成书

常州顾宝琛　1957年　影印本　有像　线装

J0101098

守砚庵墨迹　（第一辑）吴忠善书

台北　嘉年印刷铸字公司　1957年　30cm（16开）

J0101099

守砚庵墨迹　（第二辑）吴忠善书

台北　嘉年印刷铸字公司　1957年　30cm（16开）

J0101100

归庄手写诗稿　（明）归庄撰并书；路工藏

北京　中华书局　1959年　影印本　线装

据明归庄明崇祯十三年至清顺治九年（1640—1652）诗稿影印，白纸本。　分二册。

J0101101

明宋克书急就章　（一卷）（明）宋克书

北京　文物出版社　1960年　影印本　1册8叶

31×41cm　线装特藏　统一书号：7068.122

定价：CNY3.50

本书据故宫博物院藏明洪武三年（1370）宋克稿本影印，附释文。

J0101102

词人纳兰容若手简　（清）纳兰成德撰并书；上海图书馆编

上海　上海图书馆　1961年　影印本　有图　线装

J0101103

龚自珍魏源手批简学斋诗　（清）陈沆撰；（清）龚自珍，（清）魏源手批

上海　上海图书馆　1961年　影印本　线装

J0101104

黄自元间架结构帖　（清）黄自元书

太原　山西人民出版社　1961 年　[25] 页

26cm（16 开）统一书号：7088.248

定价：CNY0.25

　　本书根据汉字结构规律，提出 92 种书写方法，并用口诀形式解释。作者黄自元（1837—1918），清末书法家、实业家。字敬舆，号澹叟，湖南安化县龙塘乡人，著有《间架结构九十二法》《黄自元临九成宫》。

J0101105

黄自元间架结构帖　（清）黄自元书写

太原　山西人民出版社　1981 年　2 版　13 页

22cm（30 开）统一书号：7088.248

定价：CNY0.25

J0101106

何子贞书西园雅集图记　（清）何子贞书

上海　上海古籍书店　1962 年　[12] 折　26cm（16 开）

折装　定价：CNY0.28

　　本书系中国清代何绍基法书作品。作者何绍基（1799—1873），清代诗人、书法家。字子贞，号东洲、晚号猿叟（一作蝯叟）。湖南道州（今道县）人。曾任翰林院编修、国史馆总纂。代表作品有《惜道味斋经说》《说文段注驳正》《东洲草堂诗钞》等。

J0101107

何子贞书西园雅集图记　（清）何绍基书

上海　上海古籍书店　1964 年　影印本　线装

J0101108

钱南园书施芳谷寿序　（清）钱南园书

上海　上海古籍书店　1962 年　11 折　26cm（16 开）

折装　定价：CNY0.30

J0101109

文徵明小楷离骚经　（明）文徵明书

北京　人民美术出版社　1962 年　21 页　26cm（16 开）

统一书号：8027.3929　定价：CNY0.25

J0101110

徐光启手迹　（明）徐光启书；上海市文物保管

委员会编

北京　中华书局　1962 年　影印本　1 册　有图

33cm（12 开）线装　统一书号：10018.5068

定价：CNY37.00

　　本书有农政全书手劄、书简、家信、序跋。

J0101111

赵孟頫读书乐　（清）陆润庠书

贵州　贵州人民出版社　1962 年　定价：CNY0.13

J0101112

赵之谦北魏书字帖　（清）赵之谦书

上海　朵云轩　1962 年　7 折　20cm（32 开）折装

统一书号：Z-08　定价：CNY0.18

J0101113

赵之谦北魏书字帖　（清）赵之谦书

上海　朵云轩　1964 年　[16] 页　19cm（32 开）

统一书号：Z-08　定价：CNY0.12

J0101114

祝枝山手写正德兴宁志稿本　（明）祝允明撰

[上海] 中华书局　1962 年　上编版　线装

定价：CNY3.00

J0101115

孔继勋小楷字帖　（杜甫七律）（清）孔继勋书；

北京出版社编

北京　北京出版社　1963 年　[27] 页　18cm（15 开）

统一书号：8071.151　定价：CNY0.14

J0101116

明文徵明行书兰亭序轴　（绫裱）

上海　朵云轩　1963 年

J0101117

清高凤翰隶书联　（绫裱卷轴）

上海　朵云轩　1963 年

J0101118

清金农漆书联　（绫裱卷轴）

上海　朵云轩　1963 年

J0101119

清郑板桥行书联　（绫裱卷轴）

上海　朵云轩　1963 年　[1 轴]

J0101120

八大山人行书字轴 （绫裱卷轴）

[上海] 朵云轩 1964 年 [1 轴]

J0101121

邓石如法书选集 （清）邓石如书；邓以蛰编

北京 文物出版社 1964 年 161 页 有图

43cm（12 开）线装本 统一书号：7068.225

定价：CNY45.00

　　本书选入清代中叶书法家、篆刻家邓石如自乾隆四十六年至嘉庆十年约 25 年间的法书作品，以作品中写明的年月为序，并附其印章数方。作者邓以蛰（1892—1973），美学家、美术史家。字叔存，安徽怀宁人，毕业于日本早稻田大学。邓石如的五世孙，邓稼先之父。曾在清华大学、北京大学、燕京大学、厦门大学任教授。主要作品有《画理探微》《六法通铨》《书法欣赏》等。

J0101122

邓石如法书选集 （清）邓石如书；邓以蛰编

北京 文物出版社 1964 年 影印本 有图 线装

J0101123

邓石如法书选集 （清）邓石如书；邓以蛰编

北京 文物出版社 1991 年 影印本 有图 线装

ISBN：7-5010-0556-7

J0101124

明文徵明墨迹选 （明）文徵明书

上海 上海古籍书店 1964 年 [62]页 26cm（16 开）

定价：CNY0.60

J0101125

钱南园书正气歌 （清）钱南园书

上海 上海古籍书店 1964 年 [39]页 26cm（16 开）

定价：CNY0.40

　　颜体习字帖。

J0101126

唐褚遂良摹兰亭序 （明陈鉴摹本）（唐）褚遂良书；兰亭墨迹汇编编辑委员会编

北京 北京出版社 1964 年 [46]页 33cm（10 开）

统一书号：8071.163 定价：CNY0.55

（兰亭墨迹汇编 5）

　　作者褚遂良（596—658 或 659），唐代政治家、书法家。字登善，杭州钱塘（今浙江杭州市）人。代表作品有《孟法师碑》《雁塔圣教序》等。

J0101127

祝允明书兰亭叙文徵明补图 （手卷）

北京 荣宝斋 1964 年

　　中国明代汉字法帖。

J0101128

邓石如隶书字帖 （选字本）（清）邓石如书

上海 朵云轩 1965 年 20 页 26cm（16 开）宣纸

统一书号：Z-19 定价：CNY0.351

　　中国清代隶书法帖。

J0101129

赵之谦大字帖 （选字本）（清）赵之谦书

上海 朵云轩 1965 年 20 页 26cm（16 开）

统一书号：Z-08 定价：CNY0.35

　　中国清代法帖。

J0101130

邓石如隶书选 （简装本）（清）邓石如书

北京 文物出版社 1966 年 20 页 36cm（6 开）

统一书号：7068.269 定价：CNY2.00

　　本书从《邓石如法书集》中选择各个时期的部分隶书作品，并增选两副对联，其中《焚香香书册》原为 24 幅，只选其中 4 幅。

J0101131

邓石如隶书选 （简装本）

[北京] 文物出版社 1966 年 38cm（6 开）

定价：CNY2.00

　　从《邓石如法书集》中选择各个时期的部分隶书作品，并增选两副对联。其中《焚香香书册》原为 24 幅，只选其中 4 幅。

J0101132

篆文论语 吴大澂书

台北 艺文出版社 1966 年 影印本 29+44+56 叶 有图 19cm（32 开）线装

（无求备斋论语集成）

J0101133

林文忠公写经小楷

台北 商务印书馆 1973 年 18cm（15 开）

精装 定价: TWD12.00

（人人文库 1977～1978）

作者林则徐（1785—1850），清代政治家、思想家和诗人。字元抚，又字少穆、石麟，晚号俟村老人，谥号文忠。福建侯官县人。曾任湖广总督、陕甘总督和云贵总督，两次受命钦差大臣；因其主张严禁鸦片，在中国有"民族英雄"之誉。代表作品《试帖诗稿》《使滇吟草》《拜石山房诗草》《黑头公集》等。

J0101134

乾嘉名人手札 王云五主编

台北 商务印书馆 1973年 26cm（16开）

定价: TWD315.00

中国清代名人手稿。

J0101135

明文徵明墨迹 （明）文徵明书；故宫博物院编辑委员会编辑

台北 台北故宫博物院 1975年 52叶 39cm（4开）

（故宫法书 第十九辑）

J0101136

草诀百韵歌 （明）韩道亨书；故宫博物院编

北京 文物出版社 1976年 影印本［36］页

25cm（15开）统一书号: 8068.17

定价: CNY0.70

中国明代草书法帖。

J0101137

名人翰札墨迹 （清）袁枚等撰；虎头痴后藏

台北 艺文印书馆 1976年 影印本 线装

分二十四册。

J0101138

草诀百韵歌 （明）韩道亨书

北京 故宫博物院 1977年 影印本 36页

定价: CNY0.70

J0101139

明陈道复古诗十九首 故宫博物院藏

北京 文物出版社 1977年 16页 39cm（8开）

线装本 定价: CNY2.50

J0101140

明陈道复古诗十九首 （明）陈道复书

北京 文物出版社 1982年 影印本 线装

（故宫博物院藏历代法书选集）

作者陈淳（1483—1544），明代书画家。初名淳，字道复，后改字复甫，号白阳山人，长州（今江苏吴县）人。代表作品有《红梨诗画图》《山茶水仙图》《葵石图》《罨画图》等。

J0101141

明陈道复古诗十九首 （明）陈道复书

北京 文物出版社 1993年 影印本 线装

（故宫博物院藏历代法书选集 第二集）

J0101142

松禅老人尺牍墨迹 （清）翁同龢书

台北 台北故宫博物院 1977年 影印本 254页

26cm（16开）

J0101143

明徐渭青天歌卷 （明）徐渭书；苏州市文管会编

上海 上海人民美术出版社 1978年 20帧

38cm（6开）套装 统一书号: 8081.11305

定价: CNY2.00

（艺苑掇英丛书）

本书为中国明代草书法帖。作者徐渭（1521—1593），明代书画家、文学家。初字文清，改字文长，号天池，又号青藤道人，田水月等，浙江山阴（今绍兴）人。传世之作《墨葡萄图》《山水人物花鸟》《牡丹蕉石图》《墨花》《黄甲图》等；主要著作有《四声猿》《南词叙录》《徐文长全集》等。

J0101144

钱南园墨迹 （清）钱南园书

昆明 云南人民出版社 1978年 20岩页

38cm（6开）统一书号: 9116.11 定价: CNY1.00

J0101145

行书题画诗 （1980年年历）（明）唐寅作

上海 上海书画出版社 1979年［1张］78cm（2开）

定价: CNY0.13

中国明代汉字法帖。作者唐寅（1470—1524），明代画家、书法家、诗人。名寅，字伯虎，又字子畏，号六如居士等，江苏苏州人。作品有《骑驴思归图》《山路松声图》《李端端落籍图》《秋风纨扇图》《枯槎鹳鸲图》等。

J0101146
何绍基字帖　（西园雅集图记）（清）何绍基书
成都　四川人民出版社 1979年 24页 24cm（26开）
统一书号：8118.643 定价：CNY0.20

J0101147
明文徵明书赤壁赋　（明）文徵明书；上海书
画出版社编辑
上海　上海书画出版社 1979年 12页 38cm（6开）
统一书号：7172.121 定价：CNY0.60
（历代法书萃英）

J0101148
明祝允明草书前后赤壁赋　（上海博物馆藏）
上海博物馆编
上海　上海古籍书店 1979年 56页 38cm（6开）
定价：CNY1.70

J0101149
明祝枝山草书诗翰　（明）祝允明书；上海书画
出版社编
上海　上海书画出版社 1979年 影印本 34页
38cm（6开）统一书号：7172.118
定价：CNY1.35
（历代法书萃英）

J0101150
清代名人翰墨　（续集）（清）孙廷璋等书
台北　文海出版社 1979年 影印本 242页
21cm（32开）精装
（近代中国史料丛刊续编 第六十三辑 629）

J0101151
清代名人翰墨
台北　文海出版社 1984年 影印本 21cm（32开）
精装 定价：TWD500.00
（近代中国史料丛刊续编 第三十二辑 320）

J0101152
清代名人墨迹
台北　文海出版社 1979年 影印本 210页

21cm（32开）精装
（近代中国史料丛刊续编 第六十八辑 680）

J0101153
祝允明草书唐人诗卷　（明）祝允明书
北京　文物出版社 1979年 影印本 [24页]
38cm（6开）统一书号：80826.686
定价：CNY0.80
　　本书所收为明代草书第一人祝枝山的代表作。

J0101154
祝允明草书唐人诗卷　（明）祝允明书；苏州
市博物馆藏
北京　文物出版社 1980年 影印本 线装

J0101155
祝允明草书唐人诗卷
北京　文物出版社 1980年 39cm（8开）线装本
定价：CNY14.00

J0101156
大观楼长联　（影印）（清）孙髯作；（清）赵藩
书；李承埔摄
昆明　云南人民出版社 1980年 [1张] 76cm（2开）
定价：CNY0.20

J0101157
何绍基墨迹选汇　（一辑）（清）何绍基书；王
启初编
长沙　湖南美术出版社 1980年 60页 38cm（8开）
统一书号：8233.42 定价：CNY2.00
　　本书收集何绍基墨迹共153帧，分3辑。第一辑38帧为湖南省博物馆藏品，第二、三辑选自各地博物馆及收藏家的藏品。作者何绍基（1799—1873），清代诗人、书法家。字子贞，号东洲、晚号猿叟（一作蝯叟）。湖南道州（今道县）人。曾任翰林院编修、国史馆总纂。代表作品有《惜道味斋经说》《说文段注驳正》《东洲草堂诗钞》等。

J0101158
何绍基墨迹选汇　（二辑）（清）何绍基书；王启
初编
长沙　湖南美术出版社 1982年 60页 26cm（16开）

统一书号：8233.287　定价：CNY1.20

J0101159
何绍基墨迹选汇 （一辑）(清)何绍基书；王启
初编
长沙 湖南美术出版社 1983 年 重印本 60 页
25cm(小 16 开) 统一书号：8233.42
定价：CNY2.00

J0101160
何绍基墨迹选汇 （二辑）(清)何绍基书；王启
初编
长沙 湖南美术出版社 1983 年 2 版 64 页
38cm(6 开) 统一书号：8233.287
定价：CNY2.50

J0101161
何绍基墨迹选汇 （三辑）(清)何绍基书；王启
初编
长沙 湖南美术出版社 1983 年 58 页 38cm(6 开)
统一书号：8233.419 定价：CNY2.20

J0101162
南宫县学碑记
[1980—1989 年] 影印本 30cm(10 开) 经折本

J0101163
唐寅落花诗册 （明)唐寅撰并书；苏州市博物
馆藏
北京 文物出版社 1980 年 影印本 线装

J0101164
唐寅落花诗册
北京 文物出版社 1980 年 24 页 39cm(8 开)
线装本 定价：CNY16.00

J0101165
唐寅落花诗册 （线装本)苏州市博物馆藏
北京 文物出版社 1980 年 [30 页] 39cm(8 开)
统一书号：8068.693 定价：CNY1.00

J0101166
唐寅落花诗册 唐寅书；《历代碑帖法书选》编
辑组编
北京 文物出版社 1985 年 26cm(16 开)

统一书号：8068.1449 定价：CNY0.62
(历代碑帖法书选)

J0101167
唐寅落花诗册 （明)唐寅书；《历代碑帖法书选》
编辑组编
北京 文物出版社 1997 年 重印本 26cm(16 开)
ISBN：7-5010-0176-6 定价：CNY5.00
(历代碑帖法书选)

J0101168
文徵明行书游虎丘诗卷 苏州市博物馆藏品；
天津杨柳青画店编辑
天津 天津杨柳青画店 1980 年 23 页 27cm(16 开)
统一书号：7174.012 定价：CNY0.46

J0101169
祝允明书杜甫诗五首 （明)祝允明书
石家庄 河北人民出版社 1980 年 26 页
37cm(8 开) 统一书号：8086.1212
定价：CNY0.90

J0101170
黄自元焦相栋碑 陕西省博物馆供稿
西安 陕西人民出版社 1981 年 36 页 30cm(10 开)
定价：CNY0.70

J0101171
黄自元书焦相栋碑 （清)黄自元书
西安 陕西人民出版社 1981 年 影印本 36 页
27cm(16 开) 统一书号：8094.676
定价：CNY0.70

J0101172
明代名人墨宝
[1981 年] [影印本] 38cm(6 开)
　　　　　分四册。

J0101173
明清楹联
上海 上海书画出版社 1981 年 113 页 37cm(8 开)
统一书号：8172.589 定价：CNY6.00
　　本书辑入上自明中叶下迄清末的各类书联
100 副。在编排形式上分成两部分，首先是书联，
皆黑白精印，旁附释文；第二部分是书家小传，

包括书家生卒年月、字号籍贯等。

J0101174

上海博物馆藏明清书法　上海博物馆编

上海　上海书画出版社　1981 年　450 页

25cm（16 开）统一书号：7172.148

定价：CNY1.25

J0101175

吴让之篆书二种　吴让之书

上海　上海古籍书店　1981 年　1 册　26cm（16 开）

定价：CNY0.50

　　作者吴让之（1799—1870），清代书法家、篆

刻家。原名廷飏，字熙载，号让之，江苏仪征人。

J0101176

吴让之篆书字帖　吴让之书

杭州　西泠印社　1981 年　55 页　27cm（16 开）

统一书号：8191.134　定价：CNY1.20

J0101177

戴东原、戴子高手札真迹

台北［台湾］编译馆　1982 年　再版　影印本 118 页

26cm（16 开）定价：旧台币 1.70

（中华丛书）

J0101178

邓石如篆书　（清）邓石如书；《历代碑帖法书选》

编辑组编

北京　文物出版社　1982 年　26cm（16 开）

统一书号：8068.1077　定价：CNY0.32

（历代碑帖法书选）

J0101179

邓石如篆书　（清）邓石如书；《历代碑帖法书选》

编辑组编

北京　文物出版社　1992 年　影印本　26cm（16 开）

ISBN：7-5010-0568-0　定价：CNY0.70

（历代碑帖法书选）

J0101180

邓石如篆书　（清）邓石如书；《历代碑帖法书选》

编辑组编

北京　文物出版社　1995 年　影印本　26cm（16 开）

ISBN：7-5010-0568-0　定价：CNY1.80

（历代碑帖法书选）

J0101181

董其昌临阁帖　（明）董其昌书；曹志桂释文

南京　江苏人民出版社　1982 年　影印本

193 页　27cm（16 开）统一书号：7100.173

定价：CNY4.00

　　本书为董其昌临阁帖墨迹的第一本影印集。

收阁帖纸本 8 卷，共 5900 余字，附《董其昌临阁

帖浅识》一文及阁帖释文。

J0101182

董其昌书草诀歌　（明）董其昌书

长春　长春市古籍书店　1982 年　2 版　影印本

25cm（15 开）定价：CNY0.60

J0101183

过云楼藏明人小札　（一卷）金陵书画社编

南京　金陵书画社　1982 年　影印本　88 页

25cm（15 开）线装　统一书号：8234.017

定价：CNY15.00

　　本书系从过云楼的藏品中挑选出来的明代

名人手札，第一次影印发表。本辑选高攀龙、杨

涟、文震孟、左光斗、魏大中、周顺昌、史可法等

10 家信札 15 通 34 页，并附人物小传及释文。

J0101184

何绍基书苏东坡诗　（清）何绍基书

武汉　武汉市古籍书店　1982 年　影印本 43 页

25cm（15 开）定价：CNY0.55

J0101185

明陈道复书杜甫陪郑广文游何氏山林诗

（明）陈道复书

北京　文物出版社　1982 年　影印本　线装

（辽宁省博物馆藏法书选集）

　　作者陈淳（1483—1544），明代书画家。初名

淳，字道复，后改字复甫，号白阳山人，长州（今

江苏吴县）人。代表作品有《红梨诗画图》《山茶

水仙图》《葵石图》《卷画图》等。

J0101186

明程南云行书千字文　（明）程南云书

北京　文物出版社　1982 年　影印本　线装

（辽宁省博物馆藏法书选集）

作者程南云，明代书法家。字清轩，号远斋，江西南城人。参与《永乐大典》的编修。

J0101187
明董其昌书东方朔答客难并自书诗
（明）董其昌书
北京 文物出版社 1982 年 影印本 线装
（辽宁省博物馆藏法书选集）

J0101188
明解缙自书诗 （明）解缙书
北京 文物出版社 1982 年 影印本 线装
（故宫博物院藏历代法书选集）

J0101189
明解缙自书诗 （明）解缙撰并书
北京 文物出版社 1994 年 影印本 线装
（故宫博物院藏历代法书选集 第一集）

J0101190
明陆应阳自书诗 （明）陆应阳书
北京 文物出版社 1982 年 影印本 线装
（辽宁省博物馆藏法书选集）

J0101191
明莫是龙杂书 （明）莫是龙书
北京 文物出版社 1982 年 影印本 线装
（辽宁省博物馆藏法书选集）

J0101192
明沈粲千字文 （明）沈粲书
北京 文物出版社 1982 年 影印本 线装
（故宫博物院藏历代法书选集）

J0101193
明沈粲千字文 （明）沈粲书
北京 文物出版社 1993 年 影印本 线装
（故宫博物院藏历代法书选集 第二集）

J0101194
明宋克书急就章 （明）宋克书
北京 文物出版社 1982 年 影印本 线装
（故宫博物院藏历代法书选集）

J0101195
明宋克书急就章 （明）宋克书
北京 文物出版社 1994 年 影印本 线装
（故宫博物院藏历代法书选集 第一集）

J0101196
明唐寅书落花诗 （明）唐寅书
北京 文物出版社 1982 年 影印本 线装
（辽宁省博物馆藏法书选集）

J0101197
明王守仁龙江留别诗 （明）王守仁书
北京 文物出版社 1982 年 影印本 线装
（故宫博物院藏历代法书选集）

J0101198
明王守仁龙江留别诗 （明）王守仁撰并书
北京 文物出版社 1994 年 影印本 线装
（故宫博物院藏历代法书选集 第一集）

J0101199
明文徵明书滕王阁序 文徵明书
长春 长春市古籍书店 1982 年 2 版 影印本
25cm（小 16 开）定价：CNY0.45
　本书为中国明代草书法书专著。

J0101200
明文徵明自书西苑诗 （明）文徵明书
北京 文物出版社 1982 年 影印本 线装
（辽宁省博物馆藏法书选集）

J0101201
明吴宽，沈周次韵东园菊花诗 （明）吴宽，
（明）沈周书
北京 文物出版社 1982 年 影印本 线装
（故宫博物院藏历代法书选集）

J0101202
明吴宽诸家杂书诗文稿 （明）吴宽，（明）文徵明，（明）王宠，（明）董其昌等书
北京 文物出版社 1982 年 影印本 线装
（辽宁省博物馆藏法书选集）

J0101203
明祝允明书唐宋四家文 （明）祝允明书

北京 文物出版社 1982 年 影印本 线装
（故宫博物院藏历代法书选集）

J0101204
明祝允明小楷书东坡记游 （明）祝允明书
北京 文物出版社 1982 年 影印本 线装
（辽宁省博物馆藏法书选集）

J0101205
清傅山书丹枫阁记 （清）傅山书
北京 文物出版社 1982 年 影印本 线装
（辽宁省博物馆藏法书选集）
　　收于《辽宁省博物馆藏法书选集》中。

J0101206
清傅山书丹枫阁记 （清）傅山书；《历代碑帖
法书选》编辑组
北京 文物出版社 1985 年 影印本 24cm（16 开）
统一书号：8068.1467 定价：CNY0.28
（历代碑帖法书选）
　　据辽宁博物馆藏品影印的历代碑帖法书选。

J0101207
清傅山书丹枫阁记 （清）傅山书；《历代碑帖
法书选》编辑组编
北京 文物出版社 1995 年 影印本 26cm（16 开）
ISBN：7-5010-0845-0 定价：CNY1.30
（历代碑帖法书选）

J0101208
清龚贤书渔歌子 （清）龚贤书
北京 文物出版社 1982 年 影印本 线装
（辽宁省博物馆藏法书选集）
　　作者龚贤（1618—1689），明末清初画家。又
名岂贤，字半千，又字野遗，岂贤，号半亩等。
江苏昆山人。著有《香草堂集》《画诀》《柴丈人
画稿》《龚半千课徒画说》。

J0101209
清王铎草书杜律并枯兰复花赋
北京 文物出版社 1982 年 影印本 线装
（辽宁省博物馆藏法书选集）

J0101210
王铎书法选 王铎书法编选组编

郑州 河南美术出版社 1982 年 194 页 37cm
统一书号：8219.296

J0101211
王铎书法选 （明）王铎书；王铎书法编选组编
郑州 中州书画社 1982 年 影印本 194 页
19cm（32 开）
　　本书所收作者作品包括墨迹和配帖两部分。

J0101212
篆法指南 （清）杨沂孙书
长春 长春市古籍书店 1982 年 22cm（30 开）
定价：CNY1.95
　　作者杨沂孙（1812—1881），清书法家。字子
与，号咏春，晚号濠叟。江苏常熟人。代表作品
有《赠少卿尊兄七言联》《文字说解问伪》《完白
山人传》《石鼓赞》。

J0101213
冬心先生隶书 （清）金农书
上海 上海古籍书店 1983 年 22cm（32 开）
定价：CNY0.45
　　作者金农（1687—1763），清代书画家。字寿
门、司农、吉金，钱塘（今浙江杭州）人，扬州八
怪之首。代表作品有《东萼吐华图》《空捍如洒
图》《腊梅初绽图》《玉蝶清标图》等，著有《冬
心诗集》《冬心随笔》《冬心杂著》等。

J0101214
行书 （1984〈农历甲子年〉年历）（明）王铎书
北京 人民美术出版社 1983 年 78cm（2 开）
定价：CNY0.27
　　1984 年历书，中国明代汉字法书作品。

J0101215
何绍基临礼器碑 （清）何绍基书
长沙 湖南美术出版社 1983 年 25cm（15 开）
统一书号：8233.432 定价：CNY1.30

J0101216
何绍基临礼器碑 （清）何绍基书
长沙 湖南美术出版社 1996 年 86 页 26cm（16 开）
ISBN：7-5356-0840-X 定价：CNY8.50

J0101217

明清楹联墨迹选

长春 长春市古籍书店 1983年 26cm（16开）

定价：CNY2.60

　　本书系中国明清时代法帖专著。

J0101218

明徐渭（文长）书唐岑参诗《和贾舍人早朝》

（明）徐渭书

杭州 西泠印社［1983年］76cm（2开）

定价：CNY0.32

　　作者徐渭（1521—1593），明代书画家、文学家。初字文清，改字文长，号天池，又号青藤道人，田水月等，浙江山阴（今绍兴）人。传世之作《墨葡萄图》《山水人物花鸟》《牡丹蕉石图》《墨花》《黄甲图》等；主要著作有《四声猿》《南词叙录》《徐文长全集》等。

J0101219

明雅宜山人小楷真迹　王宠书

上海 上海书画出版社 1983年 30页 19cm（32开）

统一书号：7172.183 定价：CNY1.06

（历代法书萃英）

　　本书为中国明代楷书法书专著。作者王宠（1494—1533），明代书法家。字履仁，后字履吉，号雅宜山人，江苏吴县人。著有《雅宜山人集》，传世书迹有《诗册》。

J0101220

钱南园行书墨迹　（清）钱沣书

昆明 云南人民出版社 1983年 册 38cm（6开）

定价：CNY0.95

　　收入清代昆明书法家钱南园中晚年行草书"桂花厅记"和自题"守林图"诗四首墨迹。

J0101221

太原段帖　（最初精拓）（清）傅山书；山西人民出版社编

太原 山西人民出版社 1983年 影印本 82页 27cm（16开）统一书号：8088.1294

定价：CNY1.80

　　本帖为国内著名的法帖之一。帖中真、行、草、隶，各体具备。是傅山书法的集锦。

J0101222

五体回文诗帖　（香雪斋雁字回文诗）（清）张玉德书；陕西咸阳地区文管会编

西安 陕西人民美术出版社 1983年 52页 25cm（16开）统一书号：8199.424

定价：CNY0.90

　　这册碑帖，选自清代张玉德的《雁字回文诗》碑，真、行、草、隶、篆五体皆备。

J0101223

包世臣书陶诗　（清）包世臣书；上海书画社编

上海 上海书画出版社 1984年 42页 27cm（16开）

统一书号：8172.1223 定价：CNY1.70

（历代法书萃英）

J0101224

陈子文手抄《紫泥法》墨迹　（清）陈子文书

合肥 安徽人民出版社 1984年 28页 26cm（16开）

统一书号：8102.1484 定价：CNY0.65

　　作者陈子文（1966—　　），教师。原名陈乐于，湖北黄梅人，湖北蕲春师范任教。

J0101225

邓石如书法篆刻艺术　（清）邓石如，穆孝天作

合肥 安徽人民出版社 1984年 40页 25cm（15开）

统一书号：8102.1287 定价：CNY0.90

　　选编邓石如正草隶篆各体书法19幅和印谱6幅。所选作品，无论在用笔、结构，还是在意境、神韵方面，都非常之美。

J0101226

邓完白墨迹三种　（清）邓石如书

北京 北京市中国书店 1984年 68页 25cm（15开）

定价：CNY0.80

J0101227

邓完白墨迹三种　（清）邓完白书

北京 北京市中国书店 1998年 26cm（16开）

ISBN：7-80568-862-1 定价：CNY6.00

（碑帖系列）

J0101228

何绍基临张迁碑　（清）何绍基书

长沙 湖南美术出版社 1984年 25cm（15开）

统一书号：8233.514 定价：CNY0.78

J0101229

何绍基临张迁碑 （清）何绍基［书］

长沙 湖南美术出版社 1996年 50页 26cm（16开）

ISBN：7-5356-0839-6 定价：CNY5.50

（何绍基临汉碑十种）

J0101230

明王锋草书诗卷 上海书画出版社编

上海 上海书画出版社 1984年 定价：CNY2.40

（历代法书萃英）

J0101231

明祝允明草书洛神赋卷 沈阳故宫博物馆著

北京 文物出版社 1984年 19cm（32开）

统一书号：8068.1318 定价：CNY1.20

　　本书所收是祝允明草书中的精品之一，原作现藏沈阳故宫博物院。

J0101232

齐云山明代碑刻选 吴敏编

合肥 安徽人民出版社 1984年 影印本

29cm（12开）统一书号：8102.1322

定价：CNY0.50

（安徽墨宝选辑）

　　收入20幅图。所选作品中有大学士袁炜的《云宫朝真后览胜有述》，休宁人金塘的行书《咏白岳》，戴炼书写的《齐云岩紫霄宫玄帝碑铭》等。

J0101233

清金农楷书消寒诗序册 （清）金农书；《历代碑帖法书选》编辑组编

北京 文物出版社 1984年 影印本 26cm（16开）

统一书号：8068.1338 定价：CNY0.20

（历代碑帖法书选）

　　金农是我国清代著名的书画家。他的书法融合了《国山碑》《天发神谶碑》等石刻文字，以稚拙朴厚为妍，楷书多隶意，表现出较强的个性，自称"漆书"，对后世有一定影响。

J0101234

王铎草书诗卷 （明）王铎书；上海书画出版社编

上海 上海书画出版社 1984年 54页 25cm（16开）

定价：CNY2.40

J0101235

文徵明西苑诗三首 （明）文徵明书

上海 上海书画出版社 1984年 76cm（2开）

定价：CNY0.16

　　作者文徵明（1470—1559），明代画家、书法家、道家、文学家。原名璧（或作壁），字徵明。江苏苏州人。主要作品有《真赏斋图》《绿荫草堂图》《甫田集》等。

J0101236

文徵明小楷七种 上海书画出版社编

上海 上海书画出版社 1984年 56页 25cm（16开）

统一书号：8172.1224 定价：CNY2.00

（历代法书萃英）

　　中国明代楷书法帖

J0101237

文徵明小楷七种 上海书画出版社编

上海 上海书画出版社 1993年 重印本 54页

33cm（5开）ISBN：7-80512-051-X

定价：CNY4.60

（历代法书萃英）

　　中国明代楷书法帖

J0101238

郑板桥书法四条屏 （清）郑板桥作

上海 上海书画出版社［1984年］4轴 54cm（4开）

定价：CNY1.15

J0101239

祝枝山墨迹二首 （明）祝枝山书

上海 上海书画出版社 1984年 76cm（2开）

定价：CNY0.16

J0101240

陈老莲草书五言联 （绫裱卷轴）（明）陈老莲书

上海 朵云轩［1985年］2张 76cm（2开）

　　陈洪绶（1599—1652），明末清初著名书画家、诗人。字章侯，幼名莲子，一名胥岸，号老莲，别号小净名，晚号老迟、悔迟，又号悔僧、云门僧。汉族，浙江绍兴府诸暨县（今浙江省诸暨市枫桥镇陈家村）人。年少师事刘宗周，补生员，后乡试不中，崇祯年间召入内廷供奉。明亡入云门寺为僧，后还俗，以卖画为生，死因说法不一。一生以画见长，尤工人物画，与顺天崔子忠齐名，号称"南陈北崔"，人谓其人物画成就"力量气局，超拔磊落，在仇(英)、唐(寅)之上，盖明三百年无此笔墨"，当代国际学者推尊他为"代表十七世纪出现许多有彻底的个人独特风格艺术家之中的第一人"。陈洪绶去世后，其画艺画技为后学所师承，堪称一代宗师，名作《九歌》《西厢记》插图、《水浒叶子》《博古叶子》等版刻传世，工诗善书，有《宝纶堂集》。

J0101241
城隍庙碑 （清）郑燮撰闰并书
北京 中国书店 1985年 26cm（16开）
定价：CNY0.90

J0101242
邓石如法书选集 云林堂编
1985年

J0101243
邓石如书法篆刻艺术 穆孝天编撰
合肥 安徽美术出版社 1985年 40页 26cm（16开）
定价：CNY1.50

J0101244
杜甫草堂墨迹选 （二 张照、刘墉、何绍基三家合集）杜甫草堂文物保管处杜甫纪念馆编辑
上海 上海书画出版社 1985年 14页 25cm（15开）
统一书号：8172.1252 定价：CNY2.00

J0101245
傅山书法 （清）傅山书；中国书法家协会山西分会编辑
太原 山西人民出版社 1985年 190页
36cm（6开）统一书号：8088.2046
定价：CNY25.00，CNY31.00（精装）

　　本书所收作品选自山西省博物馆、晋祠文管所，真草隶篆皆备，以墨迹为主，其中包括傅山在书法上重要的作品共200余件。

J0101246
傅山书法 （清）傅山书；中国书法家协会山西分会，山西省博物馆，晋祠文物保管所编
太原 山西人民出版社 1987年 影印本 190页
38cm（6开）统一书号：8088.2046
定价：CNY25.00，CNY31.00（精装）

J0101247
高邕之行书四条屏 （清）高邕之书
武汉 湖北美术出版社 1985年 4张（卷轴）
76cm（2开）定价：CNY4.00

J0101248
何绍基临汉碑两种 （清）何绍基书
长沙 湖南美术出版社 1985年 26cm（16开）
定价：CNY0.85

　　作者何绍基（1799—1873），清代诗人、书法家。字子贞，号东洲、晚号猿叟（一作蝯叟）。湖南道州（今道县）人。曾任翰林院编修、国史馆总纂。代表作品有《惜道味斋经说》《说文段注驳正》《东洲草堂诗钞》等。

J0101249
何绍基留蜀墨迹 （清）何绍基书；四川省文化厅文物处编
成都 四川人民出版社 1985年 重印 78页
48cm（13开）线装 定价：CNY10.00
（四川珍藏书画选编）

　　收入何绍基所书楹联、挂屏、立轴、横幅、册页和书信等墨迹129幅，原件均为四川境内各博物馆和其他单位所藏。

J0101250
黄瘿瓢草书七言联 （绫裱卷轴）黄瘿瓢书
上海 朵云轩 [1985年]2张 76cm（2开）

J0101251
金农隶书墨迹 金农著
成都 巴蜀书社 1985年 26cm（16开）
统一书号：8329.10 定价：CNY0.45
（历代杯碑帖墨迹丛书）

　　本书为金农隶书墨迹，原为阳遂轩旧藏，均是金农壮年所作。

J0101252
明清楹联选 李仲元主编
沈阳 辽宁美术出版社 1985年 200页
38cm（6开）精装 统一书号：8161.0748
定价：CNY30.00

J0101253
明宋克书急就章 （明）宋克书；《历代碑帖法

书选》编辑组编

北京 文物出版社 1985 年 26cm（16 开）

统一书号：8068.1480 定价：CNY0.40

（历代碑帖法书选）

　　本书为中国明代草书法书专著。

J0101254

明宋克书急就章 《历代碑帖法书选》编辑组编

北京 文物出版社 1997 年 重印本 26cm（16 开）

ISBN：7-5010-0711-X 定价：CNY3.50

（历代碑帖法书选）

　　本书为中国明代章草法帖专著。

J0101255

明拓急就章 上海书画出版社编

上海 上海书画出版社 1985 年 33cm（5 开）

统一书号：8172.1357 定价：CNY2.80

J0101256

潘公墓志铭 （清）赵之谦撰并书

北京 北京市中国书店 1985 年 影印本 14 页

15cm（40 开）定价：CNY0.40

　　中国清代隶书书法。

J0101257

清杨沂孙篆书 （清）杨沂孙书；《历代碑帖法书选》编辑组编

北京 文物出版社 1985 年 26cm（16 开）

统一书号：8068.1481 定价：CNY0.59

（历代碑帖法书选）

　　作者杨沂孙（1812—1881），清书法家。字子与，号咏春，晚号濠叟。江苏常熟人。代表作品有《赠少卿尊兄七言联》《文字说解问伪》《完白山人传》《石鼓赞》。

J0101258

清杨沂孙篆书 《历代碑帖法书选》编辑组编

北京 文物出版社 1992 年 重印本 26cm（16 开）

ISBN：7-5010-0574-5 定价：CNY1.10

（代碑帖法书选）

J0101259

书法四条屏 徐文达等书

太原 山西人民出版社 1985 年 4 张 76cm（2 开）

定价：CNY0.84

　　作者徐文达（1825—1890），清代书法家。字仁山，安徽南陵人，清光绪年间任两淮盐运使、福建按察使护、护理漕运总督。

J0101260

王铎诗稿 （明）王铎著；刘世英，何留根供稿撰文

郑州 河南美术出版社 1985 年 109 页

26cm（16 开）统一书号：8386.425

定价：CNY3.00

（王铎书法丛刊 2）

　　中国清代行书法书。

J0101261

王图炳行书对 （清）王图炳书

上海 上海书画出版社 1985 年 2 张 78cm（2 开）

定价：CNY0.68

J0101262

王文治行书 （清）王文汉书

上海 上海书画出版社 1985 年 2 张 78cm（2 开）

定价：CNY0.68

J0101263

吴荣光行书 （清）吴荣光书

上海 上海书画出版社 1985 年 2 张 78cm（2 开）

定价：CNY0.68

J0101264

伊秉绶隶书墨迹选 （清）伊秉绶书

上海 上海书店 1985 年 1 册 35cm（8 开）

统一书号：T44.1 定价：CNY1.00

　　作者伊秉绶（1754—1815），清代书法家。字组似，号墨卿，晚号墨庵。福建汀州府宁化县人。作品有《默庵集锦》《节临唐宋人书屏》《衡方碑》，出版有《清伊秉绶作品集》《隶书墨迹选》。

J0101265

伊秉绶隶书五言联 （绫表卷轴）伊秉绶书

上海 朵云轩［1985 年］2 张 76cm（2 开）

J0101266

赵之谦书汉铙歌真迹 （清）赵之谦书

成都 巴蜀社 1985 年 26cm（16 开）

统一书号：8329.9 定价：CNY0.43

（历代碑帖墨迹丛书）

J0101267

郑板桥七言诗行书手卷 （清）郑燮书

天津 天津人民美术出版社 1985年 4张（卷轴）

53cm（4开）定价：CNY0.40

J0101268

郑板桥书法 （清）郑燮书

天津 天津人民美术出版社 1985年 1张

76cm（2开）定价：CNY0.20

J0101269

郑板桥书法集 （清）郑燮书；周积寅编著

南京 江苏美术出版社 1985年 26cm（16开）

统一书号：8353.6005 定价：CNY5.00，

CNY7.00（精装）

本书从国内各博物馆和私人收藏家藏品中
精选出郑板桥早、中、晚期墨迹83件，版图130
幅，辅以文字评介。

J0101270

板桥家书 板桥题画 郑板桥作

重庆 重庆出版社 1986年 26cm（16开）

定价：CNY2.30

中国清代法书。本书与华夏出版社合作
出版。

J0101271

成亲王书竹枝词 （清）永瑆书

成都 巴蜀书社 1986年 20页 10cm（64开）

统一书号：8329.15 定价：CNY0.32

（历代碑帖墨迹丛书）

J0101272

邓石如篆书弟子职 （清）邓石如书

杭州 西泠印社 1986年 影印本 80页

26cm（16开）统一书号：8191.427

定价：CNY1.80

本书是作者晚年书法代表作。作者邓石如
（1739—1805），清代著名书法篆刻家。字顽伯，
号完白山人，安徽怀宁人。篆刻作品有《完白山
人篆刻偶存》《笔歌墨舞》《城一日长》，书法作
品有《游五园诗》《篆书文轴》《篆书中堂》。

J0101273

黄牧父籀书吕子呻吟语 （清）黄士陵书；上
海书画出版社编

上海 上海书画出版社 1986年 100页

26cm（16开）统一书号：8172.1646

定价：CNY1.20

中国清代大篆法书。作者黄士陵（1849—
1908），篆刻家。字牧甫，亦作穆甫、穆父，安徽
黟县人。代表作品《心经印谱》。

J0101274

明詹景凤书千字文 （明）詹景凤著；《历代碑
帖法书选》编辑组编

北京 文物出版社 1986年 1册（54页）

10cm（64开）统一书号：8068.1501

定价：CNY0.62

（历代碑帖法书选）

作者詹景凤（1532—1602），书法家。字东图，
号白岳山人等，安徽休宁人。初为南丰掌教，终
吏部司务。著有《东图玄览》《东图集》《詹氏小
辨》等。

J0101275

明张瑞图墨迹二种 （明）张瑞图书；上海书
画出版社编

上海 上海书画出版社 1986年 影印本 19页

25cm（小16开）统一书号：8172.1250

定价：CNY2.15

（历代法书萃英）

作者张瑞图（1570—1644），书画家。字无画，
号长公、二水等，万历进士，殿试探花，任太子
太师中级殿大学士、左柱国吏部尚书。代表作品
有《送康侯杨外孙北上七篇》《杜甫奉和贾至诗
句轴》等。

J0101276

拟山园帖 （清）王铎书

南京 江苏古籍出版社 1986年 影印本 454页

26cm（16开）精装 统一书号：17354.014

定价：CNY15.00

明末清初著名书法家王铎所书，由其子王无
咎摹刻，全10卷。《拟山园帖》是王铎书法的代
表作。

J0101277
清代书法四屏　（清）翁方纲等书
上海　上海书画出版社 1986 年 4 张 76cm（2 开）
定价：CNY0.80
　　中国清代书法作品。

J0101278
碎玉集　（郑板桥书法）王诚龙编
长沙　湖南美术出版社 1986 年 268 页
10cm（64 开）统一书号：8233.956
定价：CNY4.90
　　2 集。上集从编者珍藏的郑板桥书法资料中精选郑氏单字 1848 个，重字 7840 个，按部首单字编排，并有简繁对照。续集精选单字 2059 个，重字 9227 个，与前集无重复，编排与上集相同。

J0101279
碎玉集　（郑板桥书法）（清）郑燮书；王诚龙编
长沙　湖南美术出版社 1987 年 2 版 265 页
26cm（16 开）ISBN：7-5356-0018-2
定价：CNY4.90

J0101280
碎玉集　（续集 郑板桥书法）（清）郑燮书；王诚龙编
长沙　湖南美术出版社 1988 年 321 页
26cm（16 开）ISBN：7-5356-0147-2
定价：CNY6.50

J0101281
唐诗二首　（明）祝枝山书
杭州　浙江人民美术出版社［1986 年］
2 轴（卷轴）76cm（2 开）定价：CNY2.30

J0101282
唐诗二首　（明）祝枝山书
杭州　浙江人民美术出版社［1987 年］2 轴（2 开）
定价：CNY2.30

J0101283
王宠行草诗卷　（明）王宠书
重庆　重庆出版社 1986 年 14 页 34cm（15 开）
统一书号：8114.441 定价：CNY1.35
　　中国明代行草法帖。作者王宠（1494—1533），明代书法家。字履仁，后字履吉，号雅宜山人，

江苏吴县人。著有《雅宜山人集》，传世书迹有《诗册》。

J0101284
吴大澂篆书夏小正墨迹　（清）吴大澂书
上海　上海书店 1986 年 影印本［34 页］
38cm（6 开）定价：CNY1.20
　　中国清代篆书法书。作者吴大澂（1835—1902），清代官员、学者、金石学家、书画家。原名大淳，字止敬、清卿，号恒轩，别号白云山樵。江苏吴县人，同治进士。主要作品《说文古籀补》《皇华纪程》等。

J0101285
吴让之篆书二种　（清）吴熙载著
香港　商务印书馆香港分馆 1986 年 1 册
26cm（16 开）ISBN：962-07-4067-X
定价：HKD9.00
（书法学习丛帖）

J0101286
吴让之篆书唐诗　（清）吴熙载书
上海　上海书店 1986 年 1 册 35cm（8 开）
定价：CNY0.75
　　中国清代篆书法帖。

J0101287
疑山园帖　（清）王铎书
南京　江苏古籍出版社 1986 年 影印本 454 页
10cm（64 开）精装 定价：CNY13.80

J0101288
赵之谦法书选集　云林堂编
1986 年

J0101289
郑板桥书法　（清）郑板桥
南京　江苏美术出版社 1986 年 4 张 76cm（2 开）
定价：CNY2.70
　　中国清代书法作品。

J0101290
祝枝山书唐诗　（明）祝枝山书
杭州　浙江人民美术出版社 1986 年 2 张
76cm（2 开）定价：CNY0.40

中国明代书法作品。

J0101291
池上篇　（明）董其昌书
上海　上海书画出版社　1987年　1张　78cm（2开）
定价：CNY0.20
　　明书法作品。作者董其昌（1555—1636），明代著名书画家。字玄宰，号思白，别号香光居士，松江华亭（今上海）人。主要作品有《岩居图》《秋兴八景图》《昼锦堂图》等。

J0101292
邓石如篆书心经　（清）邓石如书
天津　天津市古籍书店　1987年　影印本　18页
26cm（16开）定价：CNY0.45
　　中国清代篆书法帖。

J0101293
董其昌书品　（明）董其昌书
长沙　湖南美术出版社　1987年　37cm（8开）
定价：CNY3.30
　　本书是董氏写自家品第书法的随笔札记。其中关于"晋人书取韵，唐人书取法，宋人书取意"的论述，颇有见地。

J0101294
何绍基书大唐中兴颂诗　（清）何绍基书
长沙　湖南美术出版社　1987年　［14］页
37cm（8开）ISBN：7-5356-0091-3
定价：CNY1.35
（浯溪碑林书法选）

J0101295
何子贞楷书前后赤壁赋　何子贞书；荣宝斋编
北京　荣宝斋　1987年　30页　19cm（32开）
ISBN：7-5003-0013-1　定价：CNY0.90
　　作者何绍基（1799—1873），清代诗人、书法家。字子贞，号东洲、晚号猿叟（一作蝯叟）。湖南道州（今道县）人。曾任翰林院编修、国史馆总纂。代表作品有《惜道味斋经说》《说文段注驳正》《东洲草堂诗钞》等。

J0101296
何子贞西园雅集图记　（清）何子贞书
上海　上海书店　1987年　影印本　［20］页

26cm（16开）定价：CNY0.35
（历代法书自习范本）

J0101297
黄辉行书册　（明）黄辉书
成都　巴蜀书社　1987年　［26］页　26cm（16开）
定价：CNY0.45
（历代碑帖墨迹丛书）

J0101298
愙斋缩写石鼓文　（清）吴大澂临摹
天津　天津市古籍书店　1987年　影印本　22页
33×19cm　定价：CNY1.25

J0101299
李榕书事状碑　（清）李榕书
成都　巴蜀书社　1987年　影印本　46页
26cm（16开）ISBN：7-80523-023-4
定价：CNY1.50
（历代碑帖墨迹丛书）
　　作者李榕（1819—1889），清代书法家。字申夫，号六容。历迁江宁盐运使、湖北按察使、湖南布政使。著有《十三峰书屋全集》。

J0101300
刘春霖书朱子治家格言　（清）刘春霖书
天津　天津市古籍书店　1987年　影印本　60页
26cm（16开）定价：CNY1.20

J0101301
刘春霖先生楷法　（清）刘春霖书
天津　天津市古籍书店　1987年　影印本　27页
26cm（16开）定价：CNY0.59

J0101302
明乔一琦书金刚经　（明）乔一琦书
上海　上海书店　1987年　影印本　［118］页
30cm（10开）定价：CNY2.70
　　中国明代书法作品。作者乔一琦（1571—1619），明代名将、书法家。字原魏，号伯主。出生于上海。书迹留有《乔将军草书帖》。

J0101303
明清名家楹联书法集粹　（清）吴石潜缩摹
北京　华夏出版社　1987年　影印本　158页

21cm（32 开）ISBN：7-80053-113-9
定价：CNY3.95

J0101304
明王铎行书墨迹 （明）王铎书
上海　上海书画出版社 1987 年 36 页 26cm（16 开）
统一书号：8172.1908 定价：CNY0.58
（历代名帖自学选本）
　　中国明代行书法帖。

J0101305
明祝枝山书曹植诗 （明）祝枝山书；荣宝斋
编辑
北京　荣宝斋 1987 年 58 页 25cm（小 16 开）
ISBN：7-5003-0015-8 定价：CNY1.10
　　中国明代行草作品。

J0101306
难得糊涂 （清）郑板桥书
南京　江苏美术出版社 1987 年 1 轴（2 开）
定价：CNY0.90
　　中国清代书法作品。

J0101307
清费密书后赤壁赋 （清）弗密书
成都　巴蜀书社 1987 年 ［22］页 26cm（16 开）
定价：CNY0.43
（历代碑帖墨迹丛书）
　　中国清代行草碑帖。

J0101308
松江急就篇
上海　上海书店 1987 年 ［82］页 27cm（12 开）
定价：CNY2.10
　　中国明代碑帖。

J0101309
汪道全书赤壁赋 （明）汪道全书
成都　巴蜀书社 1987 年　影印本 47 页
26cm（16 开）ISBN：7-80523-005-6
定价：CNY0.80
　　中国明代楷书法帖。

J0101310
文待诏滕王阁序真迹 （明）文徵明书；荣宝

斋编辑
北京　荣宝斋 1987 年 20 页 26cm（16 开）
统一书号：8030-1531 定价：CNY0.75
　　中国明代行书法帖。

J0101311
文徵明小字帖 （明）文徵明书
济南　山东美术出版社 1987 年　影印本 20 页
26cm（16 开）ISBN：7-5330-0050-1
定价：CNY0.98
（老年人书法自学丛书）
　　本书由小楷和行书两部分组成。

J0101312
文徵明小字字帖 （明）文徵明书
济南　山东美术出版社 1987 年 20 页 26cm（16 开）
定价：CNY0.98
　　中国明代楷书书法作品。

J0101313
翁方纲书汉隶四碑帖 （清）翁方纲书
长沙　湖南美术出版社 1987 年 ［20］页
26×13cm（24 开）ISBN：7-5356-0044-1
定价：CNY0.60

J0101314
吴清卿摹彝器款识真迹 （清）吴清卿摹；荣
宝斋编辑
北京　荣宝斋 1987 年 56 页 26cm（16 开）
ISBN：7-5003-0016-6 定价：CNY1.20
　　中国清代金文法书。

J0101315
吴让之临天发神谶碑 （清）吴让之著
上海　上海书店 1987 年 26cm（16 开）
定价：CNY0.65

J0101316
张廉卿寸楷南宫县学记 （清）张廉卿书
天津　天津市古籍书店 1987 年 28 页 26cm（16 开）
定价：CNY0.84
　　中国清代楷书法帖。

J0101317
赵之谦南唐四百九十六字 （清）赵之谦书

上海　上海书店　1987 年　影印本 [27] 页
26cm（ 16 开）定价：CNY0.45
（历代法书自习范本）
　　　中国清代楷书书法作品。

J0101318
郑板桥判牍　（清）郑燮书；李一氓编
北京　文物出版社　1987 年 [171] 页　26cm（ 16 开）
统一书号：8068.1580　定价：CNY8.50
　　　本书所收墨迹是清代书画家郑板桥任山东
范县和潍县县令时写在诉状上的亲笔判案批语，
书中将故宫博物院、中国历史博物馆、山东省博
物馆、四川成都李氏个人所藏及日本友人过本氏
个人收藏部分判词原件汇集成册，辑入黑白图版
173 幅。

J0101319
草书习字帖　（清）顾新亚书
北京　中国书店　1988 年　影印本　26cm（ 16 开）
ISBN：7-80568-020-5　定价：CNY5.50
　　　本书据清光绪三十二年版本影印。

J0101320
邓石如隶书易经谦卦　（清）邓石如书
天津　天津杨柳青画社　1988 年 [128] 页
[30cm]（ 10 开）定价：CNY5.74
（历代书法墨迹选）
　　　中国清代隶书作品。

J0101321
邓石如书庐山草堂记　（清）邓石如书；刘建
超主编
天津　天津杨柳青画社　1988 年　29cm（ 12 开）
ISBN：7-80503-059-6　定价：CNY4.65
　　　中国清代篆书法帖。

J0101322
杜甫诗小楷字帖　（清）孔继勋书
北京　北京古籍出版社　1988 年　27 页　19cm（ 32 开）
ISBN：7-5300-0028-4　定价：CNY0.60

J0101323
傅山书法选　（清）傅山书
北京　荣宝斋　1988 年　30 页　26cm（ 16 开）
ISBN：7-5003-0034-4　定价：CNY1.00

J0101324
何绍基大楷　（清）何绍基书
成都　四川美术出版社　1988 年　42 页　38cm（ 6 开）
ISBN：7-5410-0224-0　定价：CNY2.80
　　　中国清代楷书碑帖。

J0101325
何绍基临石门颂残本　（清）何绍基书
石家庄　河北美术出版社　1988 年　38 页
26cm（ 16 开）ISBN：7-5310-0083-0
定价：CNY4.50
　　　本书是作者所临《石门颂》的一部分。《石门
颂》是中国东汉时代隶书碑帖。

J0101326
刘春霖小楷墨迹　（清）刘春霖著
北京　电子工业出版社　1988 年 [8] 页
24cm（ 26 开）ISBN：7-5053-0307-4
定价：CNY0.39

J0101327
名医何鸿舫事略及墨迹　何时希编著
上海　学林出版社　1988 年　124 页　18cm（ 15 开）
ISBN：7-80510-085-3　定价：CNY1.65
（何氏历代医学丛书 编外 2）
　　　中国清代法书选集。

J0101328
明董其昌墨迹二种　（明）董其昌书；上海人民
美术出版社编辑
上海　上海人民美术出版社　1988 年　57 页
34cm（ 10 开）ISBN：7-5322-0167-8
定价：CNY2.30
（国外所藏书法精品丛书）

J0101329
明董其昌琵琶行　（明）董其昌书
上海　上海书画出版社　1988 年　16 页　26cm（ 16 开）
ISBN：7-80512-207-5　定价：CNY0.67
（历代名帖自学选本）
　　　中国明代行楷法帖。

J0101330
明文徵明行书
北京　荣宝斋 [1988 年] 1 轴

J0101331
明张瑞图诗卷三种　（明）张瑞图书；上海人民
美术出版社编
上海　上海人民美术出版社　1988 年　59 页
［30cm］（10 开）定价：CNY2.45
（国外所藏书法精品丛书）
　　中国明代书法作品。

J0101332
明祝枝山草书　（明）祝允明书
上海　上海书画出版社　1988 年　27 页　26cm（16 开）
ISBN：7-80512-208-3　定价：CNY0.85
（历代名帖自学选本）

J0101333
清邓石如白氏草堂记墨迹　（清）邓石如书；
上海人民美术出版社编辑
上海　上海人民美术出版社　1988 年　102 页
34cm（15 开）ISBN：7-5322-0166-X
定价：CNY3.80
（国外所藏书法精品丛书）

J0101334
清吴大澂篆书五种
天津　天津市古籍书店　1988 年　影印本　288 页
26cm（16 开）定价：CNY8.50
（历代碑帖集萃丛书）

J0101335
清赵之谦吴镇诗墨迹　（清）赵之谦书；上海
人民美术出版社编辑
上海　上海人民美术出版社　1988 年　70 页
34cm（5 开）ISBN：7-5322-0170-8
定价：CNY2.70
（国外所藏书法精品丛书）

J0101336
宋敖陶孙诗评　邓石如书
天津　天津杨柳青画社　1988 年　35cm（15 开）
ISBN：7-80503-038-3　定价：CNY5.65

J0101337
文徵明行书离骚　（明）文徵明书
天津　天津古籍出版社　1988 年　63 页　26cm（16 开）
ISBN：7-80504-078-8　定价：CNY3.15

中国明代行书作品。

J0101338
文徵仲著潘半岩小传　（明）文徵明书
成都　巴蜀书社　1988 年　1 册　33cm（5 开）
ISBN：7-80523-093-5　定价：CNY1.20
　　中国明代行书作品。

J0101339
杨升庵自书诗卷　（明）杨升庵书
成都　巴蜀书社　1988 年　1 册　26cm（16 开）
ISBN：7-80523-188-5　定价：CNY2.00
（历代碑帖墨迹丛书）

J0101340
赵之谦南唐集字　（清）赵之谦书
天津　天津古籍出版社　1988 年　30 页　26cm（16 开）
ISBN：7-80504-066-4　定价：CNY1.30
　　中国清代楷书书法作品。

J0101341
郑板桥四子书真迹　（清）郑燮书
北京　北京日报出版社　1988 年　430 页
26cm（16 开）精装　ISBN：7-80502-058-2
定价：CNY25.00

J0101342
草书习字帖　（清）顾新亚编
北京　北京出版社　1989 年　157 页　26cm（16 开）
ISBN：7-200-00764-1　定价：CNY4.80

J0101343
邓石如隶书字帖　（清）邓石如书
合肥　安徽美术出版社　1989 年　64 页　26cm（16 开）
ISBN：7-5398-0039-9　定价：CNY2.70
　　本书收录清书法家邓石如 70 幅图。

J0101344
何子贞临衡方碑　（清）何绍基书
上海　上海书店　1989 年　26cm（16 开）
ISBN：7-80569-091-X　定价：CNY1.70
　　中国清代隶书书法作品。作者何绍基
（1799—1873），清代诗人、书法家。字子贞，号
东洲、晚号猿叟（一作蝯叟）。湖南道州（今道县）
人。曾任翰林院编修、国史馆总纂。代表作品有

《惜道味斋经说》《说文段注驳正》《东洲草堂诗钞》等。

J0101345
何子贞临石门颂　（清）何绍基书
上海　上海书店　1989 年　26cm（16 开）
ISBN：7-80569-090-1　定价：CNY1.25
　　中国清代隶书书法作品。

J0101346
黄道周墨迹二种　（明）黄道周书
上海　上海书画出版社　1989 年　26cm（16 开）
ISBN：7-80512-205-9　定价：CNY2.90
　　中国明代草书、楷书作品。

J0101347
明董其昌书海市诗　（明）董其昌书
天津　天津市古籍书店　1989 年　影印本　45 页
26cm（16 开）定价：CNY1.50
（历代碑帖集萃）

J0101348
明董其昌书杜诗三首　（明）董其昌书
扬州　江苏广陵古籍刻印社　1989 年　24 页
定价：CNY1.60

J0101349
明乔一琦将军手迹　（明）乔一琦书
上海　上海书店　1989 年　103 页　有肖像
35cm（15 开）ISBN：7-80569-203-3
定价：CNY8.50
　　中国明代书法作品。作者乔一琦（1571—1619），明代名将、书法家。字原魏，号伯圭。出生于上海。书迹留有《乔将军草书帖》。

J0101350
明清名人书法选　《明清名人书法选》编辑组编
天津　天津市古籍书店　1989 年　105 页 38cm（6 开）
定价：CNY25.00

J0101351
明唐荆川草书诗稿真迹　（明）唐顺之书
天津　天津市古籍书店　1989 年　影印本　15 页
33cm（5 开）定价：CNY1.50
（历代碑帖集萃）

J0101352
难得糊涂　（清）郑板桥书
上海　上海书画出版社　1989 年　1 张　76cm（2 开）
定价：CNY0.55
　　中国清代书法作品。

J0101353
难得糊涂　（清）郑板桥书
上海　上海书画出版社　1990 年　1 张　76cm（2 开）
定价：CNY0.55
　　中国清代书法作品。

J0101354
清傅青主行草墨迹　（清）傅青主书
天津　天津市古籍书店　1989 年　影印本　25 页
38cm（6 开）定价：CNY3.50
（历代碑帖集萃）
　　作者傅山（1607—1684），明清之际思想家、书法家、医学家。初名鼎臣，字青竹，改字青主，又有浊翁、观化等别名，生于山西太原。主要作品有《庄子翼批注》《逍遥游》《庄子理字》《庄子情字》《荀卿评庄子》等。

J0101355
清傅山小楷千字文　（清）傅山书
天津　天津市古籍书店　1989 年　影印本　21 页
26cm（16 开）定价：CNY0.90
（历代碑帖集萃）

J0101356
清王铎诗册墨迹　（清）王铎书
天津　天津市古籍书店　1989 年　影印本　37 页
33cm（5 开）定价：CNY2.70
（历代碑帖集萃）
　　作者王铎（1592—1652 年），明末清初书画家。字觉斯，号十樵、嵩樵，又号痴庵、痴仙道人，别署烟潭渔叟，河南孟津人。作品有《拟山园帖》《琅华馆帖》《雪景竹石图》等。

J0101357
清吴让之临帖精品　（清）吴让之书
天津　天津市古籍书店　1989 年　59 页 26cm（16 开）
定价：CNY2.20
（历代碑帖集萃）
　　作者吴让之（1799—1870），清代书法家、篆刻家。原名廷飓，字熙载，号让之，江苏仪征人。

J0101358

沈周自书诗册墨迹　（明）沈周书
天津　天津市古籍书店　1989年　影印本　14 页
33cm（5 开）定价：CNY1.00
（历代碑帖集萃）

　　中国明代行书书法作品。作者沈周（1427—1509），明代书画家。字启南，号石田、白石翁、有居竹居主人等。长洲（今江苏苏州）人。传世作品有《庐山高图》《秋林话旧图》《沧州趣图》。著有《石田集》《客座新闻》等。

J0101359

万寿山昆明湖记　颐和园管理处编
北京　北京燕山出版社　1989年　1册 26cm（16 开）
ISBN：7-5402-0186-X　定价：CNY3.00

　　本书是中国清代行楷碑帖。

J0101360

吴大澂书崿台铭　（浯溪碑林书法选）吴大澂书
长沙　湖南美术出版社　1989年　1册 38cm（6 开）
定价：CNY2.80

　　作者吴大澂（1835—1902），清代官员、学者、金石学家、书画家。原名大淳，字止敬、清卿，号恒轩，别号白云山樵等。江苏吴县人，同治进士。主要作品《说文古籀补》《皇华纪程》等。

J0101361

吴大澂书崿台铭　（浯溪碑林书法选）（清）吴大澂书
长沙　湖南美术出版社　1989年　1册
37×26cm（8 开）ISBN：7-5356-0243-6
定价：CNY2.80

J0101362

杨岘翁临礼器碑　（清）杨岘书
天津　天津市古籍书店　1989年　78页 26cm（16 开）
定价：CNY3.50
（历代碑帖集萃）

　　杨岘（1819—1896），清代书法家。字见山，号庸斋、藐翁行。

J0101363

伊秉绶书光孝寺虞仲翔祠碑　（清）伊秉绶书

合肥　安徽美术出版社　1989年　31页 26cm（16 开）
ISBN：7-5398-0064-X　定价：CNY1.60

　　中国清代隶书碑帖。作者伊秉绶（1754—1815），清代书法家。字组似，号墨卿，晚号墨庵。福建汀州府宁化县人。作品有《默庵集锦》《节临唐宋人书屏》《衡方碑》，出版有《清伊秉绶作品集》《隶书墨迹选》。

J0101364

赵之谦楷书真迹　（清）赵之谦书
天津　天津市古籍书店　1989年　影印本 30 页
32×18cm　定价：CNY2.10

J0101365

正气歌　（清）左宗棠书
长沙　湖南美术出版社　1989年　1张 107cm（全开）
定价：CNY0.90

　　中国清代书法作品。

J0101366

八大山人翰墨集　（清）朱耷书；丛林编
北京　知识出版社　1990年　111页 26cm（16 开）
ISBN：7-5015-0414-8　定价：CNY6.00

　　朱耷（1626—1705），明末清初著名画家。本名朱统托，字雪个，号八大山人、个山、人屋、道朗等，江西南昌人。代表作有《水木清华图》《荷花水鸟图》《松石图》《河上花图卷》《杨柳浴禽图》《仿倪山水》《八大山人诗抄》等。

J0101367

邓石如书法集　（清）邓石如书篆；方绍武编
合肥　黄山书社　1990年　376页 26cm（16 开）
精装　ISBN：7-80535-175-9　定价：CNY28.00

　　本书收集中国清代汉字法书与印谱作品81件，篆刻作品179方，包括篆、隶、楷、行草和篆刻 5 部分。

J0101368

傅山草书千字文　（清）傅山书
太原　山西人民出版社　1990年
38×13cm（18 开）精装　ISBN：7-203-01762-1
定价：CNY11.00

　　本书底本系祁县戴枫仲 11 世孙戴宝 1936年献出。

J0101369

黄自元墨迹 （清）黄自元书

长沙 湖南美术出版社 1990年 21页 37cm（8开）

ISBN：7-5356-0381-5 定价：CNY3.90

　　作者黄自元（1837—1918），清末书法家、实业家。字敬舆，号澹叟，湖南安化县龙塘乡人，著有《间架结构九十二法》《黄自元临九成宫》。

J0101370

楷书间架结构九十二法字帖 （清）黄自元书

北京 北京出版社 1990年 25页 26cm（16开）

ISBN：7-200-01140-1 定价：CNY1.20

J0101371

康熙御笔金刚经 （清）康熙书；北京市文物商店编

北京 北京燕山出版社 1990年 影印本 107页 26cm（16开） ISBN：7-5402-0254-8

定价：CNY3.78

（燕山书法丛书）

J0101372

林则徐黄自元书治家格言 （清）林则徐，

（清）黄自元书

上海 上海书店 1990年 重印本 26cm（16开）

ISBN：7-80569-206-8 定价：CNY0.60

　　本帖合印清代林则徐、黄自元楷书朱柏庐《治家格言》两种。

J0101373

清金冬心诗卷墨迹 （清）金农书

上海 上海人民美术出版社 1990年 42页 35×19cm ISBN：7-5322-0683-1

定价：CNY3.30

（国外所藏书法精品丛书）

　　作者金农（1687—1763），清代书画家。字寿门、司农、吉金，钱塘（今浙江杭州）人，扬州八怪之首。代表作品有《东萼吐华图》《空捍如酒图》《腊梅初绽图》《玉蝶清标图》等，著有《冬心诗集》《冬心随笔》《冬心杂著》等。

J0101374

清吴让之庾信诗墨迹 （清）吴让之书

上海 上海人民美术出版社 1990年 41页 35cm（8开） ISBN：7-5322-0539-8

定价：CNY3.30

J0101375

文徵明行书律诗真迹 （明）文徵明书

天津 天津市古籍书店 1990年 20页 26cm（16开）

定价：CNY0.90

（历代碑帖集萃）

J0101376

文徵明行书千字文 （明）文徵明书

天津 天津市古籍书店 1990年 影印本 34页 35cm（12开） 定价：CNY2.50

J0101377

文徵明诗书真迹 （明）文徵明书

北京 北京出版社 1990年 67页 27cm（大16开）

定价：CNY2.05

　　本书是一套20世纪80年代末发现的明代书法家文徵明的书法真迹，内容是文徵明写的33首诗，行书飘洒秀逸、是明清书法作品中的珍品。

J0101378

文徵明诗书真迹 （明）文徵明书

北京 北京出版社 1991年 67页 26cm（16开）

ISBN：7-200-01219-X 定价：CNY2.05

J0101379

香雪斋雁字回文诗碑 （清）张玉德撰书

台北 商务印书馆 1990年 480页 31cm（10开） 精装 ISBN：957-05-0217-7

定价：TWD180.00

J0101380

祝枝山写赤壁赋墨宝 （明）祝允明书

天津 天津市古籍书店 1990年 影印本 28页 26cm（16开） 定价：CNY1.20

（历代碑帖集萃）

J0101381

八大山人行书卷 （清）朱耷书

杭州 浙江人民美术出版社 1991年 45页 33cm（5开） ISBN：7-5340-0257-5

定价：CNY3.50

（画家墨迹拔萃）

本书收八大山人以行草书写的宋代米芾所撰的《西园雅集图记》。八大山人将绘画上点、线、面的造型原则引入了自己的书法，呈现出与众不同的艺术意象。

J0101382
淳化阁帖　（明）董其昌临；翟立功，武立峰辑录
北京　农村读物出版社　1991 年　520 页
26cm（16 开）精装　ISBN：7-5048-1630-2
定价：CNY26.00

J0101383
邓石如的书法艺术　（清）邓石如书；穆孝天编著
北京　人民美术出版社　1991 年　45 页　26cm（16 开）
ISBN：7-102-00853-8　定价：CNY5.90
（中国古代美术作品介绍）

本书精选作者代表作品十件，并介绍了他的生平及艺术特色。作者邓石如是我国清代杰出的书法、篆刻艺术大师。他真、草、隶、篆四体书皆精，有"清代第一书法家"之称。

J0101384
邓石如书白氏草堂记　（清）邓石如书
上海　上海书店　1991 年　26cm（16 开）
ISBN：7-80569-410-9　定价：CNY2.40

J0101385
董其昌行书字帖　（明）董其昌书；李弘原，李小凡选辑
北京　北京出版社　1991 年　59 页　26cm（16 开）
ISBN：7-200-01282-3　定价：CNY2.40

本帖选印明代著名书法家董其昌的《邵康节先生自著无名公传并程朱赞》和《仿怀仁圣教序》两种。

J0101386
董文敏行书真迹　（明）董其昌书；《翰墨林影印历代丛帖》编辑组编
武汉　武汉古籍书店　1991 年　影印本　22 页
26cm（16 开）定价：CNY0.72
（翰墨林影印历代丛帖）

J0101387
画家墨迹拔萃

杭州　浙江人民美术出版社　1991 年　33cm（5 开）

本书有《蒲华行草三种》（清）蒲华书；《徐渭草书长卷》（明）徐渭书。

J0101388
黄道周诗卷墨迹二种　（明）黄道周书
上海　上海人民美术出版社　1991 年　53 页
36×19cm　ISBN：7-5322-0542-8
定价：CNY3.80
（国外所藏书法精品丛书）

作者黄道周（1585—1646），明代书法家。初名螭若，字玄度，更字幼平、号石斋等。福建漳浦铜山人。代表作品有《儒行集传》《石斋集》《易象正义》《春秋揆》《孝经集传》等。

J0101389
康熙御制碑文　（承德避暑山庄碑文精选）何凤臣整理编选
北京　中国文联出版公司　1991 年　影印本　23 页
36×19cm　ISBN：7-5059-1447-2
定价：CNY2.95（乙）

J0101390
明倪元璐诗卷墨迹　（明）倪元璐书
上海　上海人民美术出版社　1991 年　55 页
34cm（10 开）ISBN：7-5322-0684-X
定价：CNY4.00
（国外所藏书法精品丛书）

作者倪元璐（1593—1644），明代书法家、政治家、文学家。字玉汝、鸿宝。浙江上虞人。代表作品有《舞鹤赋卷》《行书诗轴》《金山诗轴》等。

J0101391
蒲华行草三种　（清）蒲华书
杭州　浙江人民美术出版社　1991 年　47 页
33cm（32 开）ISBN：7-5340-0240-0
定价：CNY3.50
（画家墨迹拔萃）

本书收蒲华行草作品三种，一为诗评四条屏，一为《跋张旭率意帖》斗方，一为《题仇文山瑶台春晓图四绝》。蒲华（1830—1911），清代文人画家。浙江嘉兴人。字作英，亦作竹英、竹云，号胥山野史、胥山外史、种竹道人，斋名九琴十砚斋、九研十研楼、芙蓉庵，夫蓉盦、剑胆琴心

室等。传世作品有《倚篷人影出菰芦图》《荷花图》《竹菊石图》《桐荫高士图》。

J0101392

乾隆御制碑文 （承德避暑山庄碑文精选）何凤臣整理编选

北京　中国文联出版公司　1991 年　22 页

35cm（15 开）ISBN：7-5059-1446-4

定价：CNY2.95

　　本书选自避暑山庄《绿毯八韵碑》。

J0101393

清徐三庚出师表墨迹 （清）徐三庚书

上海　上海人民美术出版社　1991 年　108 页

34cm（10 开）ISBN：7-5322-0682-3

定价：CNY7.00

（国外所藏书法精品丛书）

　　作者徐三庚（1826—1890），清代著名书法家、篆刻家。字辛古，号袖海、大横，别号荐未道人、似鱼室主等。浙江上虞人。代表作品有《金罍山民印存》。

J0101394

王铎行草杜甫诗 （清）王铎书

苏州　古吴轩出版社　1991 年　20 页　35cm（15 开）

ISBN：7-80574-003-8 定价：CNY2.90

J0101395

文徵明行草卷 （明）文徵明书

杭州　浙江人民美术出版社　1991 年　37 页

33×19cm ISBN：7-5340-0285-0

定价：CNY3.50

（画家墨迹拔萃）

　　本书作者早年临智永真草千字文，后来上追王羲之，深得《圣教序》神理，同时参以王献之笔法，形成了温纯精绝的风格。文徵明把王字作了适当的简化、规范处理，给后人学习晋人书法提供了途径。

J0101396

文徵明行楷两体小字帖 （明）文徵明书；白雁，剑秋选编

北京　北京出版社　1991 年　47 页　26cm（16 开）

ISBN：7-200-01389-7 定价：CNY1.95

J0101397

文徵明行书字帖 （明）文徵明书；龚赤禹，李弘原选辑

北京　北京出版社　1991 年　影印本　95 页

26cm（16 开）ISBN：7-200-01286-6

定价：CNY2.40

J0101398

文徵明小楷习字帖 （明）文徵明书；陆剑秋，双秋选编

北京　北京出版社　1991 年　62 页　26cm（16 开）

ISBN：7-200-01362-5 定价：CNY2.30

J0101399

吴让之书庾信诗 （清）吴让之书

上海　上海书店　1991 年　影印本　35×19cm

ISBN：7-80569-409-5 定价：CNY2.90

J0101400

徐三庚书出师表 （清）徐三庚书

上海　上海书店　1991 年　影印本　35×19cm

ISBN：7-80569-405-2 定价：CNY8.50

J0101401

徐渭草书长卷 （明）徐渭书

杭州　浙江人民美术出版社　1991 年　41 页

33cm（32 开）ISBN：7-5340-0241-X

定价：CNY3.50

（画家墨迹拔萃）

　　本书收作者狂草长卷一件。书写古风二首，一为《春风》，一为《杨妃春睡图》。书风酣畅淋漓。作者徐渭，明代多才多艺的大艺术家。

J0101402

伊秉绶书法选集 （清）伊秉绶书；丘幼宣编

福州　福建美术出版社　1991 年　79 页　有肖像

33×27cm ISBN：7-5393-0150-3

定价：CNY17.00

　　本书收入作者对联、横幅、中堂、扇面等。作者以篆法作隶书，横平竖直，略去蚕头燕尾的波折，于方正严整之中寓变化；又以篆法入行草，转折圆浑，结体瘦长，呈现一种清俊秀雅的韵味。共墨迹 88 件。

J0101403

赵之谦书荣胜之书　（清）赵之谦书

上海　上海书店　1991年　影印本　35×19cm

ISBN：7-80569-406-0　定价：CNY4.50

作者赵之谦（1829—1884），晚清书画家。浙江绍兴人，初字益甫，号冷君，号悲庵、梅庵、无闷等。著有《六朝别字记》《悲庵居士文存》等，篆刻有《二金蝶堂印存》等。

J0101404

郑板桥书法三种　（清）郑板桥书

北京　北京出版社　1991年　54页　26×15cm

ISBN：7-200-01221-1　定价：CNY1.80

本书选载郑氏书写的楷书《城隍庙记》、行书《田游岩传》和《重修文昌祠记》。

J0101405

草堂记　（安徽墨宝选辑）（清）查士标书

合肥　安徽美术出版社　1992年　60页　35cm（12开）

ISBN：7-5398-0077-1　定价：CNY5.20

作者查士标（1615—1698），清代书画家。号梅壑山人，安徽休宁人。代表作品《云山图》《空山结屋图》《秋林远岫图》《云山烟树图》等。

J0101406

邓石如隶书　（清）邓石如书；《翰墨林影印历代丛帖》编辑组编

武汉　武汉古籍书店　1992年　影印本　30页　26cm（16开）定价：CNY1.20

（翰墨林影印历代丛帖）

J0101407

董其昌草书杜律诗册　（明）董其昌书；萧新柱编选

北京　北京美术摄影出版社　1992年　36cm（15开）

ISBN：7-80501-138-9　定价：CNY2.50

（历代书法选萃）

作者董其昌（1555—1636），明代著名书画家。字玄宰，号思白，别号香光居士，松江华亭（今上海）人。主要作品有《岩居图》《秋兴八景图》《昼锦堂图》等。

J0101408

董其昌行书　（明）董其昌书

北京　中国书籍出版社　1992年　57页　26cm（16开）

ISBN：7-5068-0099-3　定价：CNY2.20

本书所选的《神龙感应记》《题画十则》《近作诗四首》是董其昌的传世佳作。

J0101409

董其昌行书习字帖　（明）董其昌书；顾鸿，于洁选编

北京　工人出版社　1992年　65页　26cm（16开）

ISBN：7-5008-0966-2　定价：CNY2.60

（历代名家行书字帖）

本册辑印董其昌的行书《龙神感应记》《邵康节先生自著无名公传并程朱赞》。

J0101410

董其昌书法选　（明）董其昌书；中国历代书法名作系列丛书编辑组编

深圳　海天出版社　1992年　88页　26cm（16开）

ISBN：7-80542-456-X　定价：CNY6.20

（中国历代书法名作系列丛书）

J0101411

傅山乐饥斋诗草精选　（放大本）（清）傅山书；邓代昆，田旭中编

成都　成都出版社　1992年　38cm（6开）

定价：CNY5.80

（历代碑帖抚萃）

本书精选260余字，每字附以字析及双钩字形，书后载专文论述傅山的书风特色。作者傅山（1607—1684），明清之际思想家、书法家、医学家。初名鼎臣，字青竹，改字青主，又有浊翁、观化等别名，生于山西太原。主要作品有《庄子翼批注》《逍遥游》《庄子理字》《庄子情字》《荀卿评庄子》等。编者邓代昆（1949—　），书画篆刻家。成都人，任中国书画函授大学四川分校书法系主任、副教授。出版有《新中国国礼艺术大师·精品六人集》《神州国光·巴蜀卷》《共和国书法大系》等。编者田旭中（1953—　），书画家、作家。四川成都人。历任中国书法家协会四川分会会员。四川省书学学会理事。

J0101412

傅山小楷金刚经　（明）傅山书

上海　上海书店　1992年　影印本　26cm（16开）

ISBN：7-80569-495-8　定价：CNY1.50

（中国历代书法自习范本）

J0101413
何道州临史晨碑 （清）何绍基书；《翰墨林影印历代丛帖》编辑组编
武汉 武汉古籍书店 1992年 影印本 43页
26cm（16开）定价：CNY1.80
（翰墨林影印历代丛帖）

中国清代隶书法帖。《史晨碑》是孔庙珍品，东汉隶书碑刻，此碑笔姿古厚朴实，端庄道美，历来评定为汉碑之逸品，磨灭处较少，是汉碑中比较清晰的一种。 版权页题名为：何绍基临史晨碑手迹。

J0101414
何绍基法书七种 （清）何绍基书；卜希旸编选
北京 北京美术摄影出版社 1992年 53页
35cm（15开）ISBN：7-80501-150-8
定价：CNY6.00
（历代书法选萃）

J0101415
何绍基书金陵杂述 （清）何绍基书
杭州 浙江人民美术出版社 1992年 34页
33cm ISBN：7-5340-0343-1 定价：CNY3.00
（名家书艺探源）

本书收何绍基行草手卷《金陵杂述》诗32首。作者何绍基学书从唐楷入手，得"横平竖直"的书理，青年时期下功夫于魏碑《张黑女墓志》，后来又参以唐代李邕的体势，并凭藉对颜真卿《争座位帖》和《裴将军诗》的深切体会，化出了凝劲虚灵的书风。

J0101416
何子贞书篴园记 （清）何子贞书
上海 上海书店 1992年 26cm（16开）
ISBN：7-80569-492-3 定价：CNY0.80
（中国历代法书自习范本）

作者何子贞（1799—1873），清代诗人、书法家。本名何绍基，字子贞，号东洲、晚号猿叟（一作蝯叟）。湖南道州（今道县）人。曾任翰林院编修、国史馆总纂。代表作品有《惜道味斋经说》《说文段注驳正》《东洲草堂诗钞》等。

J0101417
黄道周墨迹大观 （明）黄道周书；郑威编
上海 上海人民美术出版社 1992年 196页
26cm（16开）ISBN：7-5322-1059-6
定价：CNY9.90

J0101418
黄自元书法选 （清）黄自元书；中国历代书法名作系列丛书编辑组编
深圳 海天出版社 1992年 83页 26cm（16开）
ISBN：7-80542-455-1 定价：CNY5.95
（中国历代书法名作系列丛书）

J0101419
林公则徐家传饲鹤图暨题䲵咏集 黄泽德编
福州 福建人民出版社 1992年 影印本 67+48页
有照片及书影 21×18cm
ISBN：7-211-01006-1 定价：CNY10.00

林则徐家传珍藏之《饲鹤图》三卷，共收题咏者65人。本书共分饲鹤图原件照片及饲鹤图题咏（点校和说明）两部分内容。

J0101420
明·文徵明墨迹精选 （明）文徵明书；上海人民美术出版社编辑
上海 上海人民美术出版社 1992年 36页
33cm ISBN：7-5322-1043-X 定价：CNY2.85
（国外所藏书法精品丛书）

J0101421
明陈淳草书千字文墨迹 （明）陈淳书；上海人民美术出版社编辑
上海 上海人民美术出版社 1992年 37页
34cm（10开）ISBN：7-5322-1047-2
定价：CNY2.85
（国外所藏书法精品丛书）

作者陈淳（1483—1544），明代书画家。初名淳，字道复，后改字复甫，号白阳山人，长州（今江苏吴县）人。代表作品有《红梨诗画图》《山茶水仙图》《葵石图》《卷画图》等。

J0101422
明代书家书古诗词选
上海 上海书画出版社 1992年 影印本 38页
39cm（8开）ISBN：7-80512-505-8
定价：CNY4.50

J0101423
明文徵明小楷四山五十咏　（明）文徵明书
济南　齐鲁书社　1992 年　影印本　21 页
26cm（16 开）ISBN：7-5333-0244-3
定价：CNY1.60
　　《四山五十咏》为（明）蔡汝楠所作。

J0101424
明祝枝山赤壁赋墨迹　（明）祝枝山书
上海　上海人民美术出版社　1992 年　61 页
34cm（10 开）ISBN：7-5322-1046-4
定价：CNY4.25
（国外所藏书法精品丛书）

J0101425
潘龄皋太史墨宝　（清）潘龄皋书
长春　时代文艺出版社　1992 年　5 册　有肖像
26cm（16 开）套装　ISBN：7-5387-0549-X
定价：CNY15.00
　　作者潘龄皋（1867—1954），清末民初著名书
法家。字锡九，河北安新人。清光绪二十年（1894
年）中举人，后殿试中进士，授翰林院编修，曾
先后在甘肃任知县等。辛亥革命成功后任甘肃
省省长。1949 年后任中央人民政府军事委员会
参议，中央文史馆馆员。代表作品有《胡大川幻
想诗》《南濠诗话》《又一村诗话》。

J0101426
清·伊秉绶墨迹精选　（清）伊秉绶书；上海人
民美术出版社编辑
上海　上海人民美术出版社　1992 年　44 页
33cm　ISBN：7-5322-1044-8　定价：CNY3.30
（国外所藏书法精品丛书）

J0101427
清邓石如阴符经　（清）邓石如书；《翰墨林影
印历代丛帖》编辑组编
武汉　武汉古籍书店　1992 年　影印本　50 页
26cm（16 开）定价：CNY2.20
（翰墨林影印历代丛帖）

J0101428
清傅山墨迹精选　（清）傅山［书］
上海　上海人民美术出版社　1992 年　36 页
34cm（10 开）ISBN：7-5322-1045-6

定价：CNY2.85
（国外所藏书法精品丛书）

J0101429
沈曾植隶草十七种　（清）沈曾植书
杭州　浙江人民美术出版社　1992 年　58 页
33cm　ISBN：7-5340-0319-9　定价：CNY4.80
（名家书艺探源）
　　沈曾植将魏碑的方折笔法化入黄道周、倪
元璐的行草中去，又引章草意趣和《流沙坠简》
笔法，从而形成了"奇峭博丽"的书风，他以这
种敢于"造险"、"犯险"、"破险"的结体方法，创
作了本书所收的饶有画意的隶书、行草作品 17
种。作者沈曾植（1850—1922），学者、诗人、书
法家。字子培，号乙庵，清末浙江嘉兴人，精于
史学掌故和书法。代表作品有《元秘史笺注》《蒙
古源流笺证》等，编著有《海日楼题跋》《淳化阁
帖》等。

J0101430
唐伯虎行书习字帖　（明）唐伯虎书；顾鸿，
于洁编
北京　中国工人出版社　1992 年 49 页 26cm（16 开）
ISBN：7-5008-0964-6　定价：CNY1.90
（历代名家行书字帖）
　　作者唐伯虎（1470—1524），明代画家、书法
家、诗人。名寅，字伯虎，又字子畏，号六如居
士等，江苏苏州人。作品有《骑驴思归图》《山路
松声图》《李端端落籍图》《秋风纨扇图》《枯槎
鹳鸲图》等。

J0101431
唐伯虎行书字帖　（明）唐寅书；王承觉，萧里
群选辑
北京　北京出版社　1992 年 54 页 26cm（16 开）
ISBN：7-200-01639-X　定价：CNY2.30
　　本书选了唐伯虎行书之代表作七言律诗 30
首。唐寅（1470—1524），明代画家、书法家、诗
人。名寅，字伯虎，又字子畏，号六如居士等，
江苏苏州人。作品有《骑驴思归图》《山路松声
图》《李端端落籍图》《秋风纨扇图》《枯槎鹳鸲
图》等。

J0101432
唐伯虎书法选　（明）唐寅书；中国历代书法

名作系列丛书编辑组编
深圳 海天出版社 1992年 62页 26cm（16开）
ISBN：7-80542-458-6 定价：CNY4.50
（中国历代书法名作系列丛书）

J0101433
王铎报寇葵衷书 （明）王铎书
成都 巴蜀书社 1992年 影印本 26页
26cm（16开）ISBN：7-80523-422-1
定价：CNY1.58
（历代碑帖墨迹丛书）

　　作者王铎（1592—1652年），明末清初书画家。字觉斯，号十樵、嵩樵，又号痴庵、痴仙道人，别署烟潭渔叟，河南孟津人。作品有《拟山园帖》《琅华馆帖》《雪景竹石图》等。

J0101434
王铎书法选 （清）王铎书
苏州 古吴轩出版社 1992年 22页 35cm（15开）
ISBN：7-80574-016-X 定价：CNY3.20

J0101435
王铎书法字典 （明）王铎书；（日）伊藤松涛编
北京 中国青年出版社 1992年 746页
20cm（32开）精装 ISBN：7-5006-1319-9
定价：CNY23.30

J0101436
文徵明行书 （明）文徵明书
北京 中国书籍出版社 1992年 影印本 62页
26cm（16开）ISBN：7-5068-0096-9
定价：CNY2.40

J0101437
文徵明行书习字帖 （明）文徵明书；顾鸿，于洁编
北京 中国工人出版社 1992年 60页 26cm（16开）
ISBN：7-5008-0970-0 定价：CNY2.30
（历代名家行书字帖）

J0101438
文徵明书法选 （明）文徵明书；中国历代书法名作系列丛书编辑组编
深圳 海天出版社 1992年 64页 26cm（16开）
ISBN：7-80542-358-X 定价：CNY3.50

（中国历代书法名作系列丛书）

　　作者文徵明（1470—1559），明代画家、书法家、道家、文学家。原名壁（或作壁），字徵明。江苏苏州人。主要作品有《真赏斋图》《绿荫草堂图》《甫田集》等。

J0101439
文徵明书滕王阁序 （明）文徵明书
上海 上海书店 1992年 影印本 26cm（16开）
ISBN：7-80569-496-6 定价：CNY0.80
（中国历代法书自习范本）

J0101440
翁方纲书金刚经 （清）翁方纲书
上海 上海书店 1992年 35×18cm
ISBN：7-80569-498-2 定价：CNY3.70

　　作者翁方纲（1733—1818），清代金石学家、文学家、书法家。字正三，号覃溪，晚号苏斋，北京大兴人，乾隆十七年进士。著有《粤东金石略》《苏米斋兰亭考》《复初斋诗文集》《小石帆亭著录》等。

J0101441
吴大澂书钟鼎文 （清）吴大澂书
上海 上海书店 1992年 影印本 26cm（16开）
ISBN：7-80569-493-1 定价：CNY1.50
（中国历代法书自习范本）

J0101442
小楷多宝塔碑字帖 （清）陈邦彦书
北京 北京出版社 1992年 影印本 36页
20cm（32开）ISBN：7-200-01720-5
定价：CNY1.40

　　作者陈邦彦（1678—1752），清代学者、书画鉴藏家、书法家。字世南，号春晖，又号匏庐，晚自号春晖老人，室名春晖堂，浙江海宁人。官至礼部侍郎。著有《乌衣香牒》《春驹小谱》《历代题画诗》等。传世墨迹有《行书诗册》《行书卷》《行书七律五首诗轴》等。

J0101443
张瑞图墨迹大观 （明）张瑞图书；郑威编
上海 上海人民美术出版社 1992年 165页
26cm（16开）ISBN：7-5322-1058-8
定价：CNY8.50

作者张瑞图(1570—1644),书画家。字无画,号长公、二水等,万历进士,殿试探花,任太子太师中级殿大学士、左柱国吏部尚书。代表作品有《送康侯杨外孙北上七篇》《杜甫奉和贾至诗句轴》等。

J0101444

张瑞图书法选　(明)张瑞图书

福州 福建美术出版社 1992年 97页 35cm(9开)

ISBN:7-5393-0173-2 定价:CNY8.50

本书收入作者行草书作品,其笔势奇纵恣肆,气韵连贯,行距宽大疏朗,无丝毫矫饰之气。共有诗词条幅25件。

J0101445

张瑞图书前后赤壁赋　(明)张瑞图书

苏州 古吴轩出版社 1992年 44页 35cm(15开)

ISBN:7-80574-018-6 定价:CNY4.80

J0101446

赵之谦尺牍　(清)赵之谦撰;赵而昌整理标点

上海 上海书店 1992年 176页 26cm(16开)

ISBN:7-80569-552-0 定价:CNY9.80

J0101447

郑板桥手迹二种　(清)郑燮书;《翰墨林影印历代丛帖》编辑组编

武汉 武汉古籍书店 1992年 影印本 23页 26cm(16开) 定价:CNY1.00

(翰墨林影印丛帖)

作者郑燮(1693—1765),清代书画家、文学家。字克柔,号理庵,又号板桥,人称板桥先生。生于江苏兴化,祖籍苏州。乾隆元年(1736年)进士。官山东范县、潍县县令。代表作品《修竹新篁图》《清光留照图》《丛兰荆棘图》《甘谷菊泉图》等,著有《郑板桥集》。

J0101448

祝允明书法选　(明)祝允明书;中国历代书法名作系列丛书编辑组编

深圳 海天出版社 1992年 74页 26cm(16开)

ISBN:7-80542-354-7 定价:CNY3.90

(中国历代书法名作系列丛书)

J0101449

董其昌草书习字帖　(明)董其昌书;蒋文光编

北京 中国工人出版社 1993年 44页 26cm(16开)

ISBN:7-5008-1282-5 定价:CNY2.80

作者董其昌(1555—1636),明代著名书画家。字玄宰,号思白,别号香光居士,松江华亭(今上海)人。主要作品有《岩居图》《秋兴八景图》《昼锦堂图》等。编者蒋文光(1938—　),著名书画、金银器、碑帖鉴定专家。上海嘉定人,毕业于上海复旦大学历史系。原国家博物馆资深研究员、文物鉴定委员会委员。著有《中国书法史》《中国历代名画鉴赏》《中国碑帖艺术论》《中国古代金银器珍品图鉴》《中国历代古陶瓷珍品图鉴》《初唐四大书法家》等。

J0101450

董其昌法书特展研究图录　朱惠良著

台北 台北故宫博物院 1993年 205页 30cm(10开) ISBN:957-562-139-5

定价:[TWD800.00]

J0101451

董其昌书勤政励学箴　钟克豪编

广州 世界图书出版公司广州分公司 1993年 24页 26cm(16开) ISBN:7-5062-2394-5

定价:CNY3.60

(历代碑帖选粹)

J0101452

董其昌小楷习字帖　(明)董其昌书;路同等选辑

北京 中国工人出版社 1993年 41页 26cm(16开)

ISBN:7-5008-1346-5 定价:CNY1.95

(历代名家小楷字帖)

J0101453

故宫藏明清名人书札墨迹选　(明代二)张鲁泉,傅鸿展主编

北京 荣宝斋 1993年 影印本 216-458页 28cm(大16开) 精装 ISBN:7-5003-0213-4

J0101454

故宫藏明清名人书札墨迹选　(明代一)张鲁泉,傅鸿展主编

北京 荣宝斋 1993年 影印本 1-215页

28cm（大 16 开）精装 ISBN：7-5003-0212-6

本集共选了明代名人书札 180 余种，其中有：张羽、沈周、祝允明、茅坤、徐枋等。

J0101455

康熙书法选　（清）清圣祖玄烨书；中国历代书法名作系列丛书编辑组编

深圳 海天出版社 1993 年 85 页 26cm（16 开）

ISBN：7-80542-571-X 定价：CNY5.10

（中国历代书法名作系列丛书 第三辑）

本书临董其昌的《金刚般若波罗蜜经》。

J0101456

林则徐小楷佛经四种　（清）林则徐书

上海 上海书店 1993 年 146 页 19cm（小 32 开）

ISBN：7-80569-595-4 定价：CNY2.50

J0101457

名人楹联墨宝集锦　（清）吴隐摹集

北京 全国图书馆文献缩微复制中心 1993 年影印本 386 页 26cm（16 开）精装

定价：CNY49.00

本书收集了明、清两代 300 位名人的楹联手迹。作者吴隐（1867—1922），近代篆刻家、书法家。原名金培，字石泉、石潜，号潜泉等，浙江绍兴人。杭州西泠印社创始人之一。

J0101458

明清名人尺牍墨迹大观　（清）佚名辑

扬州 江苏广陵古籍刻印社［1993 年］影印本 9 册 27×16cm 线装 定价：CNY150.00

J0101459

明吴宽沈周次韵东园菊花诗　（明）吴宽，（明）沈周书

北京 文物出版社 1993 年 影印本 线装

（故宫博物院藏历代法书选集 第二集）

J0101460

清代草书　李艳霞编

北京 光明日报出版社 1993 年 156 页

26cm（16 开）ISBN：7-80091-463-1

定价：CNY24.00

（清代法书分类丛书）

本书包括：清代书法概述、草书概论、图版

及图版说明 4 部分。

J0101461

清代行书　华宁编

北京 光明日报出版社 1993 年 166 页

26cm（16 开）ISBN：7-80091-462-3

定价：CNY24.00

（清代法书分类丛书）

本书包括：清代书法概述、行书概论、图版及图版说明等 4 部分。

J0101462

清代楷书　傅红展编

北京 光明日报出版社 1993 年 166 页

26cm（16 开）ISBN：7-80091-461-5

定价：CNY24.00

（清代法书分类丛书）

J0101463

清代隶书　马季戈编

北京 光明日报出版社 1993 年 159 页

26cm（16 开）ISBN：7-80091-460-7

定价：CNY24.00

（清代法书分类丛书）

J0101464

清代篆书　傅东光编

北京 光明日报出版社 1993 年 147 页

26cm（16 开）ISBN：7-80091-459-3

定价：CNY24.00

（清代法书分类丛书）

J0101465

沈粲书法选　（明）沈粲书；中国历代书法名作系列丛书编辑组编

深圳 海天出版社 1993 年 68 页 26cm（16 开）

ISBN：7-80542-567-1 定价：CNY4.20

（中国历代书法名作系列丛书 第三辑）

J0101466

唐寅书落花诗　（明）唐寅书

上海 上海书店 1993 年 影印本 36cm（15 开）

ISBN：7-80569-747-7 定价：CNY6.00

J0101467

王宠小楷 （明）王宠书

北京 中国书籍出版社 1993年 58页 26cm（16开）

ISBN：7-5068-0112-4 定价：CNY2.30

作者王宠（1494—1533），明代书法家。字履仁，后字雅宜，号雅宜山人，江苏吴县人。著有《雅宜山人集》，传世书迹有《诗册》。

J0101468

王铎自书诗轴真迹 （清）王铎书

广东 岭南美术出版社 1993年 影印本 19页

33×19cm ISBN：7-5362-1005-1

定价：CNY5.10

（历代书艺鉴赏丛帖）

J0101469

文徵明小楷楚辞精品册 （明）文徵明书

广东 岭南美术出版社 1993年 影印本 19页

33×19cm ISBN：7-5362-1006-X

定价：CNY5.00

（历代书艺鉴赏丛帖）

J0101470

文徵明小楷习字帖 （明）文徵明书；路同等选辑

北京 中国工人出版社 1993年 62页 26cm（16开）

ISBN：7-5008-1350-3 定价：CNY2.80

（历代名家小楷字帖）

J0101471

新编黄自元楷书歌诀习字帖 （清）黄自元书；梁永诚编著

北京 中国工人出版社 1993年 26页 26cm（16开）

ISBN：7-5008-1223-X 定价：CNY1.30

J0101472

扬州八怪书法印章选 张郁明编著

南京 江苏美术出版社 1993年 156+381页

有图版 20cm（32开）ISBN：7-5344-0300-6

定价：CNY32.00, CNY45.00（精装）

（扬州八怪研究资料丛书）

本选集共收扬州八怪十五家五百余幅作品。作者张郁明（1942— ），书法家。扬州教育学院任教，中国书法家协会会员，清代扬州画派研究会副会长。

J0101473

张瑞图行书唐诗 （明）张瑞图书

上海 上海书店 1993年 38cm（6开）

ISBN：7-80569-593-8 定价：CNY15.50

作者张瑞图（1570—1644），书画家。字无画，号长公、二水等，万历进士，殿试探花，任太子太师中级殿大学士、左柱国史部尚书。代表作品有《送康侯杨外孙北上七篇》《杜甫奉和贾至诗句轴》等。

J0101474

张瑞图书澜陂行长卷精品 （明）张瑞图书

广东 岭南美术出版社 1993年 影印本 19页

33×19cm ISBN：7-5362-1004-3

定价：CNY5.00

（历代书艺鉴赏丛帖）

J0101475

郑板桥款识书法 （清）郑板桥书；梁山初雪选编

北京 北京出版社 1993年 66页 26cm（16开）

ISBN：7-200-02042-7 定价：CNY2.90

本帖收集郑板桥的款识书法作品80余帧。

J0101476

郑板桥书法选 郑燮书；中国历代书法名作系列丛书编辑组编

深圳 海天出版社 1993年 62页 26cm（16开）

ISBN：7-80542-565-5 定价：CNY3.80

（中国历代书法名作系列丛书 第三辑）

J0101477

郑板桥四书手读 （清）郑板桥著

成都 巴蜀书社 1993年 影印本 430页

20cm（32开）ISBN：7-80523-600-3

定价：CNY15.00

J0101478

祝枝山小楷习字帖 （明）祝枝山书；路同等选辑

北京 中国工人出版社 1993年 41页 26cm（16开）

ISBN：7-5008-1351-1 定价：CNY1.95

（历代名家小楷字帖）

作者祝枝山（1460—1526），字希哲，因生而右手六指，自号枝山，又号枝指生，明长州（今江苏苏州人）。

J0101479
八大山人行楷千字文　（清）朱耷书
北京　荣宝斋出版社　1994 年　21 页　33cm
ISBN：7-5003-0270-3　定价：CNY5.00
（荣宝斋珍藏墨迹精选）

J0101480
草书加释祝枝山千字文　（明）祝枝山书
上海　三联书店上海分店　1994 年　35×19cm
ISBN：7-5426-0800-2　定价：CNY5.00

J0101481
查士标行书千字文　（清）查士标书；孙宝文编
长春　吉林文史出版社　1994 年　影印本　46 页
36cm（9 开）ISBN：7-80528-744-9
定价：CNY9.50
（千字文墨迹丛帖）
　　作者查士标（1615—1698），号梅壑山人，安
徽休宁人，清代书画家。

J0101482
陈淳行书千字文　（明）陈淳书；孙宝文编
长春　吉林文史出版社　1994 年　14 页　36cm（15 开）
ISBN：7-80528-740-6　定价：CNY4.50
（千字文墨迹丛帖）
　　作者陈淳（1483—1544），明代书画家。初名
淳，字道复，后改字复甫，号白阳山人，长州（今
江苏吴县）人。代表作品有《红梨诗画图》《山茶
水仙图》《葵石图》《瓮画图》等。

J0101483
成亲王法帖　（清）爱新罗觉·永瑆书；肖岚主编
深圳　海天出版社　1994 年　176 页　26cm（16 开）
ISBN：7-80542-735-6　定价：CNY12.30

J0101484
成亲王法帖　　肖岚主编
深圳　海天出版社　1996 年　176 页　26cm（16 开）
ISBN：7-80615-378-0　定价：CNY16.50
（中华墨宝）

J0101485
邓石如书法篆刻全集　（清）邓石如书篆；孟滢

等编注
合肥　安徽美术出版社　1994 年　3 册　有插图
28cm（大 16 开）精装　ISBN：7-5398-0264-2
定价：CNY152.00［合计］
　　　分 3 卷：邓石如书法墨迹、邓石如书法拓本、
邓石如篆刻。

J0101486
邓石如篆书张子西铭阴符经　（清）邓石如书
北京　中国和平出版社　1994 年　82 页　26cm（16 开）
ISBN：7-80101-328-X　定价：CNY8.00
（历代名家碑帖选）

J0101487
董其昌法帖　（明）董其昌书；肖岚主编
深圳　海天出版社　1994 年　190 页　26cm（16 开）
ISBN：7-80542-729-1　定价：CNY13.90

J0101488
董其昌法帖　　肖岚主编
深圳　海天出版社　1996 年　208 页　26cm（16 开）
ISBN：7-80615-378-0　定价：CNY19.00
（中华墨宝）

J0101489
董其昌书法精选　（明）董其昌书；解纪，安然
选辑
北京　当代中国出版社　1994 年　影印本　314 页
26cm（16 开）ISBN：7-80092-286-3
定价：CNY21.00
（历代名家书法荟萃）

J0101490
傅山书丹枫阁记　（清）傅山书；《中华碑帖精
选》编辑组编
太原　山西古籍出版社　1994 年　36cm（15 开）
ISBN：7-80598-023-3　定价：CNY2.30
（中华碑帖精选）

J0101491
傅山书行草精品五种　（清）傅山书；《中华碑
帖精选》编辑组编
太原　山西古籍出版社　1994 年　36cm（15 开）
ISBN：7-80598-023-3　定价：CNY2.30
（中华碑帖精选）

J0101492
傅山书兰亭序 （清）傅山书；《中华碑帖精选》编辑组编
太原 山西古籍出版社 1994年 36cm（15开）
ISBN：7-80598-023-3 定价：CNY2.30
（中华碑帖精选）

J0101493
傅山书李御史暨汾二子传 （清）傅山书；《中华碑帖精选》编辑组编
太原 山西古籍出版社 1994年 36cm（15开）
ISBN：7-80598-023-3 定价：CNY2.80
（中华碑帖精选）

J0101494
古今楹联汇刻 （清）吴隐摹编
北京 北京出版社 1994年 影印本 388页 37cm
精装 ISBN：7-200-02330-2 定价：CNY70.00
　　本书共收明清书家296人，凡367联，分12集，各附书家小传。作者吴隐（1867—1922），近代篆刻家、书法家。原名金培，字石泉、石潜，号潜泉等，浙江绍兴人。杭州西泠印社创始人之一。

J0101495
古今楹联汇刻 （清）吴隐摹集
北京 中国书店 1994年 影印本 386页
26cm（16开）ISBN：7-80568-613-0
定价：CNY35.00

J0101496
梁同书楷书千字文 （清）梁同书书；孙宝文编
长春 吉林文史出版社 1994年 22页 37cm（9开）
ISBN：7-80528-742-2 定价：CNY5.50
（千字文墨迹丛帖）

J0101497
明清名家书法大成 明清名家书法大成编纂委员会编
上海 上海书画出版社 1994年 8册 38cm（8开）
ISBN：7-80512-001-3 定价：CNY500.00

J0101498
明清名家书法大成 （明代书法）沈培方主编；《明清名家书法大成》编纂委员会编

上海 上海书画出版社 1994年 2册 36cm（8开）
ISBN：7-80512-000-5

J0101499
明清名家书法大成 （清代书法）乐心龙，庄新兴主编；《明清名家书法大成》编纂委员会编
上海 上海书画出版社 1994年 4册 36cm（8开）
ISBN：7-80512-000-5

J0101500
明清名家书法大成 （篆刻）庄新兴主编；《明清名家书法大成》编纂委员会编
上海 上海书画出版社 1994年 2册 36cm（8开）
ISBN：7-80512-000-5

J0101501
明清四大家书法墨宝 君如，李夏编
北京 国际文化出版公司 1994年 136页
26cm（16开）ISBN：7-80049-935-9
定价：CNY11.80
（中国历代书法名家作品丛帖）
　　本书收入祝允明、文徵明、董其昌、邓石如四大书法家墨宝。

J0101502
明祝允明书唐宋四家文 （唐）韩愈等撰；（明）祝允明书
北京 文物出版社 1994年 影印本 线装
（故宫博物院藏历代法书选集 第一集）

J0101503
唐元竑行书千字文 （明）唐元竑书；孙宝文编
长春 吉林文史出版社 1994年 38页 37cm（9开）
ISBN：7-80528-745-7 定价：CNY9.00
（千字文墨迹丛帖）

J0101504
王宠墨迹大观 （明）王宠书；胡传海编
上海 上海人民美术出版社 1994年 225页
26cm（16开）ISBN：7-5322-1345-5
定价：CNY16.30

J0101505
王铎草书诗卷 上海书画出版社
上海 上海书画出版社 1994年 重印本 54页

33cm（5开）ISBN：7-80512-134-6

定价：CNY10.00

（历代法书萃英）

J0101506

王铎行草诗卷　（清）王铎书

杭州　浙江人民美术出版社　1994年　53页

33×18cm　ISBN：7-5340-0548-5

定价：CNY8.00

　　作者王铎（1592—1652年），明末清初书画家。字觉斯，号十樵、嵩樵，又号痴庵、痴仙道人，别署烟潭渔叟，河南孟津人。作品有《拟山园帖》《琅华馆帖》《雪景竹石图》等。

J0101507

王铎墨迹大观　（清）王铎书；胡传海编

上海　上海人民美术出版社　1994年　影印本

181页　有书影　26cm（16开）

ISBN：7-5322-1246-7　定价：CNY14.30

　　本书论述了王铎的书法艺术，并选收了其各体书法作品200余幅。

J0101508

王铎书法精选　（清）王铎书；解纪，安然选辑

北京　当代中国出版社　1994年　影印本　314页

26cm（16开）ISBN：7-80092-290-1

定价：CNY21.00

（历代名家书法荟萃）

J0101509

王铎书法精选　（清）王铎书；解纪等选辑

北京　当代中国出版社　1994年　314页

26cm（16开）ISBN：7-80092-290-1

定价：CNY21.00

（历代名家书法荟萃）

J0101510

王澍真草千字文　（清）王澍书；孙宝文编

长春　吉林文史出版社　1994年　影印本

22页　36cm（9开）ISBN：7-80528-746-5

定价：CNY5.50

（千字文墨迹丛帖）

　　作者王澍（1668—1722），清代书法家。江苏金坛人。字若霖，又字箬林，号虚舟、竹云、良常山人。自署二泉寓客，别号竹云。康熙壬辰进

士，官至吏部员外郎。以书名世，善楷书、行书。晚年精于鉴定古碑刻。著有《淳化阁帖考正》《古今法帖考》《竹云题跋》《虚舟题跋》等。

J0101511

文徵明书法精选　（明）文徵明书；解纪等选辑

北京　当代中国出版社　1994年　影印本　314页

26cm（16开）ISBN：7-80092-288-X

定价：CNY21.00

（历代名家书法荟萃）

J0101512

文徵明书法全集　（明）文徵明书

北京　群言出版社　1994年　影印本　400页

26cm（16开）精装　ISBN：7-80080-054-7

定价：CNY51.00

J0101513

吴大澂临金文三种　（清）吴大澂书；《历代碑帖法书选》编辑组编

北京　文物出版社　1994年　26cm（16开）

ISBN：7-5010-0778-0　定价：CNY3.50

（历代碑帖法书选）

　　作者吴大澂（1835—1902），清代官员、学者、金石学家、书画家。原名大淳，字止敬、清卿，号恒轩，别号白云山樵等。江苏吴县人，同治进士。主要作品《说文古籀补》《皇华纪程》等。

J0101514

吴让之篆书《吴均帖》及其笔法　来一石编撰

杭州　西泠印社　1994年　71页　26cm（16开）

ISBN：7-80517-120-3　定价：CNY4.20

　　吴让之（1799—1870），清代书法家、篆刻家。原名廷飏，字熙载，号让之，江苏仪征人。编者来一石（1963—　），教师。本名来萧敏，生于浙江萧山，浙江农业大学艺术教研室主任，出版作品有《当代青年篆刻家精选集：来一石》。

J0101515

吴让之篆书墨迹　（清）吴让之书

北京　荣宝斋出版社　1994年　57页　33cm

ISBN：7-5003-0269-X　定价：CNY9.80

（荣宝斋珍藏墨迹精选）

J0101516

徐渭行书千字文 （明）徐渭书；孙宝文编

长春 吉林文史出版社 1994年 影印本 14页

36cm（9开）ISBN：7-80528-739-2

定价：CNY5.00

（千字文墨迹丛帖）

  作者徐渭（1521—1593），明代书画家、文学家。初字文清，改字文长，号天池，又号青藤道人，田水月等，浙江山阴（今绍兴）人。传世之作《墨葡萄图》《山水人物花鸟》《牡丹蕉石图》《墨花》《黄甲图》等；主要著作有《四声猿》《南词叙录》《徐文长全集》等。

J0101517

元璐墨迹大观 （明）倪元璐书；傅红展编著

上海 上海人民美术出版社 1994年 89页

26cm（16开）ISBN：7-5322-1328-5

定价：CNY7.80

  作者倪元璐（1593—1644），明代书法家、政治家、文学家。字玉汝、鸿宝。浙江上虞人。代表作品有《舞鹤赋卷》《行书诗轴》《金山诗轴》等。

J0101518

张廉卿楷书千字文 （清）张廉卿书；孙宝文编

长春 吉林文史出版社 1994年 影印本 38页

36cm（15开）ISBN：7-80528-743-0

定价：CNY8.50

（千字文墨迹丛帖）

  作者张廉卿（1823—1894），清代书法家。本名张裕钊，字廉卿，湖北武昌人。官至内阁中书。代表作品《张廉卿先生论学手札》。

J0101519

张瑞图西园雅集行书图记 （明）张瑞图书

北京 荣宝斋出版社 1994年 39页 33cm

ISBN：7-5003-0268-1 定价：CNY6.80

（荣宝斋珍藏墨迹精选）

J0101520

张裕钊《论学手札》助读 张裕钊著及书；丁有国主编

武汉 湖北美术出版社 1994年 208页

26cm（16开）ISBN：7-5394-0538-4

定价：CNY15.00

  本书共辑入张裕钊书信56篇。

J0101521

张裕钊书法六种 （清）张裕钊书；征飞编

石家庄 河北人民出版社 1994年 影印本 210页

26cm（16开）ISBN：7-202-01631-1

定价：CNY28.00

J0101522

郑板桥家书诗词 （手迹本）郑板桥著

太原 北岳文艺出版社 1994年 20cm（32开）

ISBN：7-5378-1394-9 定价：CNY14.80

J0101523

郑板桥书法全集 （清）郑板桥书

北京 群言出版社 1994年 821页 26cm（16开）

精装 ISBN：7-80080-058-X 定价：CNY105.00

（中国历代书法名家全集系列）

J0101524

朱耷行书千字文 （清）朱耷书；孙宝文编

长春 吉林文史出版社 1994年 影印本 13页

36cm（15开）ISBN：7-80528-741-4

定价：CNY5.00

（千字文墨迹丛帖）

J0101525

祝允明楷书千字文 （明）祝允明书；孙宝文编

长春 吉林文史出版社 1994年 影印本 42页

36cm（15开）ISBN：7-80528-738-4

定价：CNY9.50

（千字文墨迹丛帖）

J0101526

祝允明书法全集 祝允明书

北京 群言出版社 1994年 193页 26cm（16开）

精装 ISBN：7-80080-055-5 定价：CNY29.00

（中国历代书法名家全集系列）

J0101527

祝枝山千字文 （明）祝枝山书

上海 三联书店上海分店 1994年 35cm（15开）

ISBN：7-5426-0800-2 定价：CNY5.00

（加释丛书）

J0101528
陈道复咏花诗墨迹 （明）陈道复书
石家庄 河北美术出版社 1995 年 26cm（16 开）
ISBN：7-5310-0734-7 定价：CNY3.90
（历代名碑名帖丛书）
　　作者陈淳（1483—1544），明代书画家。初名
淳，字道复，后改字复甫，号白阳山人，长州（今
江苏吴县）人。代表作品有《红梨诗画图》《山茶
水仙图》《葵石图》《卷画图》等。

J0101529
邓石如墨迹二种 （清）邓石如书
北京 荣宝斋出版社 1995 年 55 页 33cm
ISBN：7-5003-0317-3 定价：CNY9.80
（荣宝斋珍藏墨迹精选）

J0101530
邓石如书法精选 （清）邓石如书；解纪等选辑
北京 当代中国出版社 1995 年 313 页
26cm（16 开）ISBN：7-80092-370-3
定价：CNY21.00
（历代名家书法荟萃）

J0101531
董其昌行书真迹 （明）董其昌书
北京 荣宝斋出版社 1995 年 21 页 33cm
ISBN：7-5003-0319-X 定价：CNY5.00
（荣宝斋珍藏墨迹精选）

J0101532
傅山墨迹三种 （清）傅山书
石家庄 河北美术出版社 1995 年 26cm（16 开）
ISBN：7-5310-0735-5 定价：CNY4.90
（历代名碑名帖丛书）
　　作者傅山（1607—1684），明清之际思想家、
书法家、医学家。初名鼎臣，字青竹，改字青主，
又有浊翁、观化等别名，生于山西太原。主要作
品有《庄子翼批注》《逍遥游》《庄子理字》《庄子
情字》《荀卿评庄子》等。

J0101533
傅山书翰精选 （清）傅山书
广州 岭南美术出版社 1995 年 81 页
28cm（大 16 开）ISBN：7-5362-1232-1
定价：CNY15.80

（历代书艺鉴赏丛帖）

J0101534
黄慎草书 （清）黄慎书
北京 荣宝斋出版社 1995 年 27 页 33cm
ISBN：7-5003-0316-5 定价：CNY6.80
（荣宝斋珍藏墨迹精选）
　　作者黄慎（1687—1772），清代书画家。初名
盛，字恭寿，躬懋、菊壮，号瘿瓢子，别号东海布
衣。福建宁化人。代表画作《十二司月花神图》
《商山四皓图》《伏生授经图》《醉眠图》《芦鸭
图》《蛟湖诗草》等。

J0101535
金农墨迹二种 （清）金农书
北京 荣宝斋出版社 1995 年 55 页 33cm
ISBN：7-5003-0315-7 定价：CNY9.80
（荣宝斋珍藏墨迹精选）

J0101536
康熙皇帝御批真迹 （清）康熙书；中国第一
历史档案馆编
北京 西苑出版社 1995 年 影印本 325 页
有彩图 26cm（16 开）精装
ISBN：7-80108-054-8 定价：CNY85.00
（清代皇帝御批真迹选 1）

J0101537
康熙皇帝御批真迹 （清）玄烨书；陈锵仪主编
北京 西苑出版社 1999 年 2 版 325 页 有彩图
26cm（16 开）精装 ISBN：7-80108-054-8
定价：CNY780.00
（清代皇帝御批真迹选）

J0101538
明代名人墨宝
上海 上海书店出版社 1995 年 影印本 253 页
38cm（6 开）精装 ISBN：7-80569-946-1
定价：CNY180.00

J0101539
明清名家书法楹联汇刊 程云校注
广州 广东高等教育出版社 1995 年 10 册
30cm（10 开）经折装 ISBN：7-5361-1716-7
定价：CNY588.00

J0101540

明清名人名联选　文巨，丁白编
桂林　漓江出版社　1995 年　210 页　33cm
ISBN：7-5407-1848-X　定价：CNY26.00

J0101541

明文徵明自书梅花诗　（明）文徵明书；辽宁
省博物馆供稿
石家庄　河北美术出版社　1995 年　26cm（16 开）
ISBN：7-5310-0675-8　定价：CNY3.80
（历代名碑名帖丛书）

J0101542

难得糊涂　（书法）（清）郑板桥书
天津　天津人民美术出版社　1995 年　1 轴
53×150cm　定价：CNY6.30

J0101543

乾隆皇帝御批真迹　（清）弘历书；陈锵仪主编；
中国第一历史档案馆编
北京　西苑出版社　1995 年　287 页　有彩图
26cm（16 开）精装　ISBN：7-80108-056-4
定价：CNY85.00
（清代皇帝御批真迹选　三）

J0101544

乾隆皇帝御批真迹　（清）弘历书；陈锵仪主编
北京　西苑出版社　1999 年　2 版　287 页　有彩图
26cm（16 开）精装　ISBN：7-80108-056-4
定价：CNY780.00
（清代皇帝御批真迹选）

J0101545

清王铎草书杜律　（并枯兰复花赋）（清）王铎书；
辽宁省博物馆供稿
石家庄　河北美术出版社　1995 年　26cm（16 开）
ISBN：7-5310-0689-8　定价：CNY4.90
（历代名碑名帖丛书）

J0101546

清张裕钊楷书字帖　（张书范临本　附张书范
作品）张书范书
北京　中国世界语出版社　1995 年　119 页
有照片　26cm（16 开）ISBN：7-5052-0225-1
定价：CNY18.80

作者张书范（1943—　），字语迟，祖籍河北
深州，中国书法家协会会员、北京市书法家协会
理事。编写有《楷行书章法一百例》《魏碑技法》
《柳体技法》等。

J0101547

宋湘先生翰墨　（清）宋湘书；谢志峰编著
广州　岭南美术出版社　1995 年　72 页　有画像
29cm（16 开）ISBN：7-5362-1251-8
定价：CNY68.00
作者宋湘（1757—1826），清朝诗人、书法
家、教育家。字焕襄，号芷湾、嘉应。广东梅县
人，毕业于广州粤秀书院。执掌惠州丰湖书院、
广州粤秀书院。作者谢志峰（1937—　），原名祝
新，笔名春风，出生于广东梅县。历任广州市社
会治安综合治理委员会办公室主任、广州市社会
治安综合治理研究学会副会长。著有《青铜兵器
史》《谢志峰藏端说砚》《客家文脉》等。

J0101548

唐伯虎书法精选　（明）唐伯虎书；解纪等选辑
北京　当代中国出版社　1995 年　314 页
27cm（大 16 开）ISBN：7-80092-462-9
定价：CNY23.00
（历代名家书法荟萃）
作者唐伯虎（1470—1524），明代画家、书法
家、诗人。名寅，字伯虎，又字子畏，号六如居
士等，江苏苏州人。作品有《骑驴思归图》《山路
松声图》《李端端落籍图》《秋风纨扇图》《枯槎
鹡鸰图》等。

J0101549

王宠诗文稿墨迹书法选　（明）王宠书；张玉范，
大军编
北京　荣宝斋出版社　1995 年　42 页　28cm（大 16 开）
ISBN：7-5003-0299-1　定价：CNY7.80

J0101550

小莽苍苍斋藏清代学者法书选集　小莽苍
苍斋，中国历史博物馆编
北京　文物出版社　1995 年　386 页　有照片
29cm（16 开）精装　ISBN：7-5010-0771-3
小莽苍苍斋，为田家英收藏清代学者墨迹的
书斋。田家英（1922—1966），毛泽东政治秘书。

J0101551

小莽苍苍斋藏清代学者法书选集 （续）
陈烈编
北京 文物出版社 1999 年 42+337 页 有照片
29cm（16 开）精装 ISBN：7-5010-1141-9

J0101552

雍正皇帝御批真迹 （清）雍正书；中国第一
历史档案馆编
北京 西苑出版社 1995 年 影印本 294 页 有彩图
26cm（16 开）精装 ISBN：7-80108-055-6
定价：CNY85.00
（清代皇帝御批真迹选 2）

J0101553

张瑞图书法精选 （明）张瑞图书；解纪等选辑
北京 当代中国出版社 1995 年 影印本 314 页
26cm（16 开）ISBN：7-80092-397-5
定价：CNY23.00
（历代名家书法荟萃）

J0101554

张树侯篆书千字文残卷 张树侯书
合肥 安徽美术出版社 1995 年 58 页 26cm（16 开）
ISBN：7-5398-0375-4 定价：CNY5.60
（安徽墨宝选辑）

　　作者张树侯（1866—1935），书法家、学者。
名之屏，安徽寿县人，著有《书法真诠》《淮南耆
旧小传》《晚菘堂诗草》等。

J0101555

郑板桥书法精选 （清）郑板桥书；解纪等选辑
北京 当代中国出版社 1995 年 314 页
27cm（大 16 开）ISBN：7-80092-368-1
定价：CNY21.00
（历代名家书法荟萃 3214）

J0101556

郑板桥四子书真迹 （清）郑板桥书
石家庄 河北美术出版社 1995 年 影印本
412 页 26cm（16 开）ISBN：7-5310-0714-2
定价：CNY39.00

J0101557

祝枝山草书真迹 （明）祝枝山书

北京 荣宝斋出版社 1995 年 37 页 33cm
ISBN：7-5003-0318-1 定价：CNY8.60
（荣宝斋珍藏墨迹精选）

J0101558

祝枝山书法精选 （明）祝枝山书；解纪等选辑
北京 当代中国出版社 1995 年 314 页
26cm（16 开）ISBN：7-80092-366-5
定价：CNY21.00
（历代名家书法荟萃）

　　作者祝枝山即祝允明（1461—1527），字希
哲，长洲（今江苏吴县）人，自号枝山，世人称为
"祝京兆"，明代著名书法家。十九岁中秀才，明
弘治五年（1492）中举，后授为广东兴宁县知县，
嘉靖元年（1522），转任为应天（今南京）府通判。
擅诗文，尤工书法，名动海内。吴中四才子之一。
表作有《太湖诗卷》《箜篌引》《赤壁赋》等。

J0101559

陈淳丰坊书法精选 （明）陈淳，（明）丰坊书；
解纪等选辑
北京 当代中国出版社 1996 年 314 页
26cm（16 开）ISBN：7-80092-523-4
定价：CNY23.00
（历代名家书法荟萃）

　　作者陈淳（1483—1544），明代书画家。初名
淳，字道复，后改字复甫，号白阳山人，长州（今
江苏吴县）人。代表作品有《红梨诗画图》《山
茶水仙图》《葵石图》《罨画图》等。作者丰坊
（1492—1563），明朝书法家、篆刻家、藏书家。
字存礼，后更名道生，字人翁，别号南遇外史，
嘉靖进士。代表作品有《砥柱行》《逍遥游》《书
诀》《丰坊临摹兰亭集序》。

J0101560

董其昌 （大唐中兴颂）许礼平主编；董其昌作
香港 香港汉墨轩出版公司 1996 年 60 页
29cm（16 开）ISBN：962-7530-29-8
（名家翰墨丛刊 1）

　　作者董其昌（1555—1636），明代著名书画
家。字玄宰，号思白，别号香光居士，松江华亭
（今上海）人。主要作品有《岩居图》《秋兴八景图》
《昼锦堂图》等。

J0101561

董其昌行书习字帖 （旁注楷书）（明）董其昌书

北京 中国书店 1996 年 123 页 26cm（16 开）

ISBN：7-80568-745-5 定价：CNY11.00

（历代行书丛帖）

J0101562

董其昌书东方朔答客难 （明）董其昌书

石家庄 河北美术出版社 1996 年 26cm（16 开）

ISBN：7-5310-0746-0 定价：CNY4.50

（历代名碑名帖丛书）

J0101563

广东省博物馆藏法书选集 广东省博物馆编

北京 文物出版社 1996 年 225 页 26cm（16 开）

ISBN：7-5010-0765-9 定价：CNY100.00

J0101564

何绍基墨迹 （清）何绍基书

长沙 湖南美术出版社 1996 年 影印本 1 函（3 册）

38cm（6 开）函套装 ISBN：7-5356-0824-8

定价：CNY237.00

J0101565

何绍基墨迹大观 （清）何绍基书；巢伟明编著

上海 上海人民美术出版社 1996 年 242 页

28cm（大 16 开）ISBN：7-5322-1494-X

定价：CNY38.00

J0101566

黄道周榕颂墨迹 （明）黄道周书；游明元编

福州 福建美术出版社 1996 年 25 页 29cm（16 开）

ISBN：7-5393-0394-8 定价：CNY25.00

　　作者黄道周（1585—1646），明代书法家。初
名螭若，字玄度，更字幼平、号石斋等。福建漳
浦铜山人。代表作品有《儒行集传》《石斋集》《易
象正义》《春秋揆》《孝经集传》等。

J0101567

黄道周书法精选 （明）黄道周书；解纪等选辑

北京 当代中国出版社 1996 年 314 页

26cm（16 开）ISBN：7-80092-525-0

定价：CNY23.00

（历代名家书法荟萃）

J0101568

黄道周书法选 （明）黄道周书；程朗天编

广州 广州出版社 1996 年 92 页 20cm（32 开）

ISBN：7-80592-610-7 定价：CNY140.00（全套）

（历代书法名作选系列）

J0101569

刘墉书法艺术精品 （第一卷）山西教育出版
社编

太原 山西教育出版社 1996 年 26cm（16 开）

ISBN：7-5440-0998-X 定价：CNY2.80

J0101570

刘墉书法艺术精品 （第二卷）山西教育出版
社编

太原 山西教育出版社 1996 年 26cm（16 开）

ISBN：7-5440-0999-8 定价：CNY3.00

J0101571

刘墉书法艺术精品 （第三卷）山西教育出版
社编

太原 山西教育出版社 1996 年 26cm（16 开）

ISBN：7-5440-1000-7 定价：CNY3.00

J0101572

刘墉书法艺术精品 （第四卷）山西教育出版
社编

太原 山西教育出版社 1996 年 26cm（16 开）

ISBN：7-5440-1001-5 定价：CNY3.00

J0101573

刘墉书法艺术精品 （第五卷）山西教育出版
社编

太原 山西教育出版社 1996 年 26cm（16 开）

ISBN：7-5440-1001-5 定价：CNY3.00

J0101574

刘墉书法艺术精品 （第六卷）山西教育出版
社编

太原 山西教育出版社 1996 年 26cm（16 开）

ISBN：7-5440-1003-1 定价：CNY2.30

J0101575

明陈道复草书杜诗六首 （明）陈道复书

石家庄 河北美术出版社 1996 年 26cm（16 开）

ISBN：7–5310–0750–9 定价：CNY5.60
（历代名碑名帖丛书）

　　作者陈淳（1483—1544），明代书画家。初名
淳，字道复，后改字复甫，号白阳山人，长州（今
江苏吴县）人。代表作品有《红梨诗画图》《山茶
水仙图》《葵石图》《卷画图》等。

J0101576
明　唐寅书禅宗六代祖师图跋　（明）唐寅书
石家庄　河北美术出版社 1996 年　26cm（16 开）
ISBN：7–5310–0880–7 定价：CNY3.90
（历代名碑名帖丛书）

　　作者唐寅（1470—1524），明代画家、书法
家、诗人。名寅，字伯虎，又字子畏，号六如居
士等，江苏苏州人。作品有《骑驴思归图》《山路
松声图》《李端端落籍图》《秋风纨扇图》《枯槎
鹡鸰图》等。

J0101577
明黄道周书自作诗二首　（明）黄道周书
石家庄　河北美术出版社 1996 年　26cm（16 开）
ISBN：7–5310–0807–6 定价：CNY4.50
（历代名碑名帖丛书）

J0101578
明清书画家尺牍
上海　上海书店出版社 1996 年　2 册（417 页）
38cm（6 开）精装 ISBN：7–80622–022–4
定价：CNY250.00

J0101579
明文徵明行书墨迹二种　（明）文徵明书
石家庄　河北美术出版社 1996 年　26cm（16 开）
ISBN：7–5310–0767–3 定价：CNY4.50
（历代名碑名帖丛书）

J0101580
明吴宽、文徵明、王宠、董其昌四家书
（明）吴宽等书
石家庄　河北美术出版社 1996 年　26cm（16 开）
ISBN：7–5310–0808–4 定价：CNY6.00
（历代名碑名帖丛书）

J0101581
明张瑞图草书晋郭璞游仙诗　（明）张瑞图书

石家庄　河北美术出版社 1996 年　26cm（16 开）
ISBN：7–5310–0809–2 定价：CNY6.00
（历代名碑名帖丛书）

J0101582
清　王铎行书与大觉禅师等信札卷
（清）王铎书；河北美术出版社编
石家庄　河北美术出版社 1996 年　26cm（16 开）
ISBN：7–5310–0810–6 定价：CNY4.50
（历代名碑名帖丛书）

　　作者王铎（1592—1652 年），明末清初书画
家。字觉斯，号十樵、嵩樵，又号痴庵、痴仙道
人，别署烟潭渔叟，河南孟津人。作品有《拟山
园帖》《琅华馆帖》《雪景竹石图》等。

J0101583
清王铎行草书三种　（清）王铎书
石家庄　河北美术出版社 1996 年　26cm（16 开）
ISBN：7–5310–0737–1 定价：CNY5.60
（历代名碑名帖丛书）

J0101584
清王铎临古帖　（清）王铎书
石家庄　河北美术出版社 1996 年　26cm（16 开）
ISBN：7–5310–0751–7 定价：CNY5.60
（历代名碑名帖丛书）

J0101585
如何临习行书　（董其昌行书"龙神感应记"
笔法举要）孔墨丁编著
西安　陕西旅游出版社 1996 年　43 页
26cm（16 开）ISBN：7–5418–1287–0
定价：CNY4.80
（书法普及教育系列丛书　书法入门 – 楷·行书技
法大全）

J0101586
如何临习行书　（唐伯虎行书"落花诗"笔法
举要）孔墨丁编著
西安　陕西旅游出版社 1996 年 43 页 26cm（16 开）
ISBN：7–5418–1287–0 定价：CNY4.80
（书法普及教育系列丛书　书法入门 – 楷·行书技
法大全）

J0101587

如何临习行书　（文徵明行书"前后赤辟赋"笔法举要）孔墨丁编著

西安　陕西旅游出版社　1996年　43页　26cm（16开）

ISBN：7-5418-1287-0　定价：CNY4.80

（书法普及教育系列丛书　书法入门－楷·行书技法大全）

J0101588

如何临习行书　（文徵明行书"滕王阁序"笔法举要）孔墨丁编著

西安　陕西旅游出版社　1996年　43页　26cm（16开）

ISBN：7-5418-1287-0　定价：CNY4.80

（书法普及教育系列丛书　书法入门－楷·行书技法大全）

J0101589

唐伯虎落花诗　（明）唐伯虎书；凌征伟，刘长凤选编

南昌　江西美术出版社　1996年　37cm

ISBN：7-80580-330-7　定价：CNY22.00

（中国古代名家名帖6）

J0101590

唐寅行书习字帖　（旁注楷书）（明）唐寅书

北京　中国书店　1996年　100页　26cm（16开）

ISBN：7-80568-743-9　定价：CNY9.00

（历代行书丛帖）

J0101591

王铎　（清）王铎书；杨文涛编

杭州　中国美术学院出版社　1996年　26cm（16开）

ISBN：7-81019-547-6　定价：CNY4.00

（学书范本精华　王铎行草卷）

J0101592

王铎书法选　王铎书法编选组编

郑州　河南美术出版社　1996年　重印本

194页　37cm　精装　ISBN：7-5401-0207-1

定价：CNY68.00

J0101593

王阳明法书集　（明）王阳明书；计文渊编

杭州　西泠印社　1996年　有肖像　28cm（大16开）

ISBN：7-80517-191-2　定价：CNY88.00

外文书名：An Album of Wang Yangming's Model Calligraphy.

J0101594

文徵明行书习字帖　（旁注楷书）（明）文徵明书

北京　中国书店　1996年　116页　26cm（16开）

ISBN：7-80568-744-7　定价：CNY10.00

（历代行书丛帖）

J0101595

文徵明手迹十八种　（明）文徵明书

苏州　古吴轩出版社　1996年　38页　26cm（16开）

ISBN：7-80574-224-3　定价：CNY9.20

J0101596

文徵明书法选　（明）文徵明书；程朗天编

广州　广州出版社　1996年　92页　20cm（32开）

ISBN：7-80592-610-7　定价：CNY140.00（全套）

（历代书法名作选系列）

J0101597

文徵明书前后赤壁赋　（明）文徵明书，河北美术出版社编

石家庄　河北美术出版社　1996年　26cm（16开）

ISBN：7-5310-0745-2　定价：CNY5.50

（历代名碑名帖丛书）

J0101598

吴让之　（清）吴让之书；汪永江编

杭州　中国美术学院出版社　1996年　26cm（16开）

ISBN：7-81019-542-5　定价：CNY4.00

（学书范本精华　吴让之·篆书）

作者吴让之（1799—1870），清代书法家、篆刻家。原名廷飏，字熙载，号让之，江苏仪征人。

J0101599

赵之谦书法选　（清）赵之谦书；程朗天编

广州　广州出版社　1996年　90页　20cm（32开）

ISBN：7-80592-610-7　定价：CNY140.00（全套）

（历代书法名作选系列）

J0101600

祝允明墨迹大观　（明）祝允明书；陈先行，陈麦青编

上海　上海人民美术出版社　1996年　296页

26cm（16开）ISBN：7-5322-1407-9
定价：CNY36.00

J0101601
八大山人法书集 （一）（清）朱耷书
北京 文物出版社 1997年 93页 有图
29cm（16开）ISBN：7-5010-0979-1
（中国名家法书 9）

J0101602
八大山人法书集 （二）（清）朱耷书
北京 文物出版社 1997年 85页 有图
29cm（16开）ISBN：7-5010-0985-6
（中国名家法书 10）

J0101603
成化间苏材小纂 （六卷）（明）祝允明撰
香港 华宝斋书社有限公司 1997年 影印本
经摺装 ISBN：962-7989-37-1
定价：CNY450.00
　　据明成化间抄本影印。

J0101604
邓石如书法选 （清）邓石如书；程朗天编
广州 广州出版社 1997年 重印本 92页
20cm（32开）ISBN：7-80592-610-7
定价：CNY140.00（全套）
（历代书法名作选系列）
　　作者邓石如（1739—1805），清代著名书法篆
刻家。字顽伯，号完白山人，安徽怀宁人。篆刻
作品有《完白山人篆刻偶存》《笔歌墨舞》《城一
日长》，书法作品有《游五园诗》《篆书文轴》《篆
书中堂》。

J0101605
邓石如篆 （清）邓石如书
北京 社会科学文献出版社 1997年 87页
26cm（16开）ISBN：7-80050-857-9
定价：CNY12.80

J0101606
董其昌大唐中兴颂 （明）董其昌书
北京 文物出版社 1997年 60页 29cm（16开）
ISBN：7-5010-0984-8
（中国名家法书 1）

J0101607
董其昌仿欧阳询千文 （明）董其昌书；
台北故宫博物院编辑委员会编辑
台北 台北故宫博物院 1997年 30cm（10开）
精装

J0101608
董其昌行书字帖 （明）董其昌书
延吉 延边人民出版社 1997年 26cm（16开）
ISBN：7-80599-761-6 定价：CNY14.00
（古今墨宝集锦）

J0101609
董其昌书法精选 吴波主编
延吉 延边人民出版社 1997年 68页 26cm（16开）

J0101610
董其昌书法精选 （行书）（明）董其昌书；蔡
芳等编
北京 中国画报出版社 1997年 46页 26cm（16开）
ISBN：7-80024-408-3 定价：CNY7.00

J0101611
董其昌书法选 （明）董其昌书；程朗天编
广州 广州出版社 1997年 重印本 92页
20cm（32开）ISBN：7-80592-610-7
定价：CNY140.00（全套）
（历代书法名作选系列）

J0101612
董其昌书金刚经 （无缺字本）（明）董其昌书
北京 中国书店 1997年 217页 26cm（16开）
ISBN：7-80568-749-8 定价：CNY17.00
（历代书法精华 丛帖）

J0101613
傅山行草书墨迹 ［清］傅山书
石家庄 河北美术出版社 1997年 27页 37cm
ISBN：7-5310-0988-9 定价：CNY16.00

J0101614
傅山书法选 （清）傅山书；程朗天编
广州 广州出版社 1997年 重印本 92页
20cm（32开）ISBN：7-80592-610-7
定价：CNY140.00（全套）

（历代书法名作选系列）

J0101615
海瑞行书字帖　（明）海瑞书
延吉　延边人民出版社　1997年　26cm（16开）
ISBN：7-80599-761-6　定价：CNY12.00
（古今墨宝集锦）
　　　作者海瑞（1514—1587），明朝著名清官。字
汝贤，号刚峰，海南琼山（今海口市）人。海瑞一
生经历了正德、嘉靖、隆庆、万历四朝。主要作
品《治安疏》。

J0101616
何绍基行书卷　[清]何绍基书
石家庄　河北美术出版社　1997年　30页　37cm
ISBN：7-5310-0987-0　定价：CNY17.00
　　　作者何绍基（1799—1873），清代诗人、书法
家。字子贞，号东洲、晚号猿叟（一作蝯叟）。湖
南道州（今道县）人。曾任翰林院编修、国史馆
总纂。代表作品有《惜道味斋经说》《说文段注
驳正》《东洲草堂诗钞》等。

J0101617
何绍基书法精选　（清）何绍基书；解纪等选辑
北京　当代中国出版社　1997年　314页
26cm（16开）精装　ISBN：7-80092-598-6
定价：CNY29.00
（历代名家书法荟萃）

J0101618
何绍基书法精选　（清）何绍基书；解纪选辑
北京　当代中国出版社　1997年　314页
26cm（16开）ISBN：7-80092-599-4
定价：CNY23.00
（历代名家书法荟萃）

J0101619
何绍基书法选　（清）何绍基书；程朗天编
广州　广州出版社　1997年　重印本　92页
20cm（32开）ISBN：7-80592-610-7
定价：CNY140.00（全套）
（历代书法名作选系列）

J0101620
黄自元书法精选　吴波编著

延吉　延边人民出版社　1997年　84页　26cm（16开）

J0101621
黄自元书正气歌　（清）黄自元书
长沙　湖南美术出版社　1997年　77页　26cm（16开）
ISBN：7-5356-0996-1　定价：CNY7.50

J0101622
康熙乾隆皇帝墨宝　（清）玄烨，（清）弘历书；
黄全信主编
长沙　岳麓书社　1997年　562页　26cm（16开）
精装　ISBN：7-80520-835-2　定价：CNY88.00
　　　主编黄全信（1944—　　），满族，北京人。历
任北京师大附中美术、书法高级教师，北京书法
家协会会员、北京书法教育研究会会员。出版有
《中国书法自学丛书》《黄全信钢笔书法教学系
列》《中国历代皇帝墨宝》等。

J0101623
康熙书千字文　（清）康熙书；本书编选组编选
北京　学苑出版社　1997年　131页　26cm（16开）
ISBN：7-5077-0837-3　定价：CNY25.50

J0101624
林则徐书法精选　（清）林则徐书；解纪等选辑
北京　当代中国出版社　1997年　313页
26cm（16开）精装　ISBN：7-80092-596-X
定价：CNY29.00
（历代名家书法荟萃）

J0101625
林则徐书法精选　（清）林则徐书；解纪等选辑
北京　当代中国出版社　1997年　313页
26cm（16开）ISBN：7-80092-597-8
定价：CNY23.00
（历代名家书法荟萃）

J0101626
名家楹联集粹
福州　福建美术出版社　1997年　147页
28cm（大16开）ISBN：7-5393-0615-7
定价：CNY42.00

J0101627
明董其昌临米芾燕然山铭卷　（明）董其昌书

石家庄　河北美术出版社　1997 年　26cm（16 开）
ISBN：7-5310-0883-1　定价：CNY5.10
（历代名碑名帖丛书）

J0101628
明董其昌书乐志论　（明）董其昌著
石家庄　河北美术出版社　1997 年　26cm（16 开）
ISBN：7-5310-1067-4　定价：CNY3.90
（历代名碑名帖丛书）

J0101629
明文徵明书元旦朝贺诗卷　（明）文徵明书
石家庄　河北美术出版社　1997 年　26cm（16 开）
ISBN：7-5310-0912-9　定价：CNY4.50
（历代名碑名帖丛书）

J0101630
明祝允明书琴赋卷　（明）祝允明书;《历代碑
帖法书选》编辑组［编］
北京　文物出版社　1997 年　26cm（16 开）
ISBN：7-5010-0988-0　定价：CNY4.80
（历代碑帖法书选）

J0101631
钱南园书施芳谷寿序　（清）钱南园书;梁椿
圣编
昆明　云南大学出版社　1997 年　84 页　26cm（16 开）
ISBN：7-81025-801-X　定价：CNY8.80
（名家名作）

J0101632
清高凤翰书秋兴诗册　（清）高凤翰书
石家庄　河北美术出版社　1997 年　26cm（16 开）
ISBN：7-5310-1068-2　定价：CNY5.60
（历代名碑名帖丛书）
　　作者高凤翰（1683—1749），清代国画家。字
西园，号南阜，山东胶州人。代表作品《砚史》
《南阜集》等。

J0101633
清金农临华山庙碑　上海书画出版社编
上海　上海书画出版社　1997 年　117 页　33cm
ISBN：7-80635-090-X　定价：CNY24.00
（历代法书萃英）

J0101634
唐伯虎行书字帖　（明）唐伯虎书
延吉　延边人民出版社　1997 年　100 页
26cm（16 开）　ISBN：7-80599-761-6
定价：CNY14.00
（古今墨宝集锦）

J0101635
唐伯虎书法精选　吴波编著
延吉　延边人民出版社　1997 年　74 页　26cm（16 开）

J0101636
王宠书法选　（明）王宠书;程朗天编
广州　广州出版社　1997 年　重印本　92 页
20cm（32 开）　ISBN：7-80592-610-7
定价：CNY140.00（全套）
（历代书法名作选系列）

J0101637
王铎行书五言诗　［清］王铎书
石家庄　河北美术出版社　1997 年　13 页　37cm
ISBN：7-5310-0986-2　定价：CNY7.00

J0101638
王铎墨迹二种　（清）王铎书;骆芃芃编
北京　荣宝斋出版社　1997 年　35 页　33cm（10 开）
ISBN：7-5003-0386-6　定价：CNY9.80
（荣宝斋珍藏墨迹精选）

J0101639
王铎书法选　（清）王铎书;程朗天编
广州　广州出版社　1997 年　重印本　92 页
20cm（32 开）　ISBN：7-80592-610-7
定价：CNY140.00（全套）
（历代书法名作选系列）

J0101640
文徵明行书手卷　（明）文徵明书;骆芃芃编
北京　荣宝斋出版社　1997 年　35 页　33cm
ISBN：7-5003-0387-4　定价：CNY9.80
（荣宝斋珍藏墨迹精选）

J0101641
文徵明行书咏花诗卷　（明）文徵明书
石家庄　河北美术出版社　1997 年　26 页

37cm（9 开）ISBN：7-5310-0985-4
定价：CNY10.00

J0101642
文徵明行书字帖 （明）文徵明书
延吉 延边人民出版社 1997 年 26cm（16 开）
ISBN：7-80599-761-6 定价：CNY14.00
（古今墨宝集锦）

J0101643
文徵明书法精选 吴波编著
延吉 延边人民出版社 1997 年 77 页 26cm（16 开）

J0101644
雪蓑子手稿草注 宁荫棠编注
济南 济南出版社 1997 年 168 页 26cm（16 开）
ISBN：7-80629-015-X 定价：CNY28.00

J0101645
杨沂孙篆书仲长公理乐志论 （清）杨沂孙书
北京 文物出版社 1997 年 69 页 29cm（16 开）
ISBN：7-5010-0980-5
（中国名家法书 11）
　　作者杨沂孙（1812—1881），清书法家。字子
与，号咏春，晚号濠叟。江苏常熟人。代表作品
有《赠少卿尊兄七言联》《文字说解问伪》《完白
山人传》《石鼓赞》。

J0101646
怎样临摹董其昌丙辰论画册 陈世雄，卢小
蓉编著
南京 江苏古籍出版社 1997 年 98 页 26cm（16 开）
ISBN：7-80519-848-9 定价：CNY9.00
（名碑名帖实用临摹丛书 第二辑 10）

J0101647
张瑞图草书千字文 （明）张瑞图书
北京 文物出版社 1997 年 77 页 29cm（16 开）
ISBN：7-5010-0981-3
（中国名家法书 12）

J0101648
张瑞图书法选 （明）张瑞图书；程朗天编
广州 广州出版社 1997 年 重印本 92 页
20cm（32 开）ISBN：7-80592-610-7

定价：CNY140.00（全套）
（历代书法名作选系列）

J0101649
张裕钊楷书字帖 （清）张裕钊书
延吉 延边人民出版社 1997 年 26cm（16 开）
ISBN：7-80599-761-6 定价：CNY14.00
（古今墨宝集锦）
　　作者张裕钊（1823—1894），清代书法家。字
廉卿，湖北武昌人。官至内阁中书。代表作品《张
廉卿先生论学手札》。

J0101650
张裕钊书滕王阁序 （清）张裕钊书；张书范编
北京 中国工人出版社 1997 年 58 页 26cm（16 开）
ISBN：7-5008-1836-X 定价：CNY9.20
（书法艺术与技法丛书）

J0101651
郑板桥墨迹 （清）郑板桥书；骆芃芃编
北京 荣宝斋出版社 1997 年 29 页 33cm
ISBN：7-5003-0385-8 定价：CNY9.80
（荣宝斋珍藏墨迹精选）

J0101652
郑板桥书法精选 吴波编著
延吉 延边人民出版社 1997 年 74 页 26cm（16 开）

J0101653
郑板桥书法选 （清）郑板桥书；程朗天编
广州 广州出版社 1997 年 重印本 92 页
20cm（32 开）ISBN：7-80592-610-7
定价：CNY140.00（全套）
（历代书法名作选系列）

J0101654
祝枝山书法选 （明）祝枝山书；程朗天编
广州 广州出版社 1997 年 重印本 91 页
20cm（32 开）ISBN：7-80592-610-7
定价：CNY140.00（全套）
（历代书法名作选系列）

J0101655
陈老莲诗翰 （明）陈老莲著
上海 上海书画出版社 1998 年 37 页 33cm

ISBN：7-80635-097-7 定价：CNY10.00

J0101656
邓石如隶书敖陶孙诗评 （清）邓石如书；殷
小林编选
北京 语文出版社 1998 年 241 页 29cm（16 开）
ISBN：7-80126-405-3 定价：CNY38.00

J0101657
何绍基诗帖 颜新元供稿撰文；箫文硬笔书写
长沙 湖南美术出版社 1998 年 35 页 26cm（16 开）
ISBN：7-5356-1092-7 定价：CNY6.30
（名碑名帖软硬笔对照系列）

J0101658
林则徐墨宝 （清）林则徐书；黄全信主编
北京 中央民族大学出版社 1998 年 312 页
有画像 28cm（大 16 开）精装
ISBN：7-81056-115-4
定价：CNY66.00，CNY46.00（精装）

J0101659
明朝皇帝墨宝 黄全信主编
北京 中央民族大学出版社 1998 年 312 页
28cm（大 16 开）ISBN：7-81056-108-1
定价：CNY46.00
（历代帝王墨宝）

J0101660
明刻三十二篆体金刚经
北京 民族出版社 1998 年 1 函（11+170 页）
有插图 35cm（15 开）经折装
ISBN：7-105-03100-X 定价：CNY930.00

J0101661
明末三大家墨迹 （倪元璐·黄道周·傅山）
（明）倪元璐等书
杭州 西泠印社 1998 年 61 页 35cm（15 开）
ISBN：7-80517-274-9 定价：CNY11.80
（西泠印社法帖丛编）

　　作者倪元璐（1593—1644），明代书法家、
政治家、文学家。字玉汝、鸿宝。浙江上虞人。
代表作品有《舞鹤赋卷》《行书诗轴》《金山诗
轴》等。

J0101662
明清名家楹联书法选 刘墨编
沈阳 辽宁美术出版社 1998 年 232 页
26cm（16 开）ISBN：7-5314-1877-0
定价：CNY27.00

J0101663
明人草书 （祝允明《箜篌引等诗卷》张瑞图
《杜甫饮中八仙歌等二首卷》）（明）祝允明,（明）
张瑞图书；朱永灵编
杭州 中国美术学院出版社 1998 年 16 页
26cm（16 开）ISBN：7-81019-660-X
定价：CNY4.00
（学书范本精华）

J0101664
明文徵明书前赤壁赋 （明）文徵明书
沈阳 辽宁画报出版社 1998 年 28 页 29cm（16 开）
ISBN：7-80601-182-X 定价：CNY3.98
（中国历代碑帖）

J0101665
明文徵明西苑诗 （明）文徵明书；《历代碑帖
法书选》编辑组编
北京 文物出版社 1998 年 26cm（16 开）
ISBN：7-5010-0993-7 定价：CNY3.50
（历代碑帖法书选）

J0101666
明祝允明行书牡丹赋 （明）祝允明书；故宫
博物院《历代碑帖墨迹选》编辑组编辑
北京 紫禁城出版社 1998 年 26cm（16 开）
ISBN：7-80047-247-7 定价：CNY4.00
（故宫博物院珍藏历代碑帖墨迹选 12）

J0101667
乾隆御笔避暑册庄碑诗 张淑敏编著
北京 新华出版社 1998 年 172 页 29cm（12 开）
ISBN：7-5011-4134-7 定价：CNY68.00

J0101668
唐伯虎落花诗帖 浙江古籍出版社编辑
杭州 浙江古籍出版社 1998 年 53 页 26cm（16 开）
ISBN：7-80518-449-6 定价：CNY5.90
（历代碑帖精华）

J0101669

晚清八大名臣手札 （影印·释文）曾国藩等著
兰州 甘肃人民出版社 1998 年 406 页
20cm（32 开）ISBN：7-226-01738-5
定价：CNY25.80

J0101670

王铎行书卷 （清）王铎书
苏州 古吴轩出版社 1998 年 19 页 38cm（6 开）
ISBN：7-80574-348-7 定价：CNY4.80
（古今书法精粹）

J0101671

王铎墨迹二种 ［清］王铎书
杭州 西泠印社 1998 年 33 页 35cm（10 开）
ISBN：7-80517-307-9 定价：CNY11.00
（西泠印社法帖丛编）

J0101672

王铎书法集 （清）王铎书
南京 江苏美术出版社 1998 年 62 页
28cm（大 16 开）ISBN：7-5344-0854-7
定价：CNY28.00
（中国历代大师名作丛书）

J0101673

文徵明行草书西苑诗解析字帖 陶永祥编著
北京 新时代出版社 1998 年 127页 26cm（16 开）
ISBN：7-5042-0374-2 定价：CNY12.00
（书法字海解析丛帖 第二集）

J0101674

文徵明书赤壁赋 浙江古籍出版社编辑
杭州 浙江古籍出版社 1998 年 12 页 26cm（16 开）
ISBN：7-80518-451-8 定价：CNY3.80
（历代碑帖精华）

J0101675

杨沂孙篆书金人铭 （清）杨沂孙书
杭州 西泠印社 1998 年 20 页 35×19cm
ISBN：7-80517-265-X 定价：CNY5.80
（西泠印社法帖丛编）

J0101676

赵之谦信札墨迹 （清）赵之谦书；骆芃芃编

北京 荣宝斋出版社 1998 年 21 页 33cm
ISBN：7-5003-0432-3 定价：CNY9.80
（荣宝斋珍藏墨迹精选）

J0101677

般若波罗蜜多心经 （清）清圣祖书
西宁 青海人民出版社 1999 年 影印本 有像
经折装
　　据清康熙十四年（1675）稿本影印。

J0101678

陈淳草书 （选字本）［明］陈淳书；天津人民
美术出版社编
天津 天津人民美术出版社 1999 年 72 页
18cm（小 32 开）ISBN：7-5305-1040-1
定价：CNY5.80
（中国历代名画家书法系列）
　　作者陈淳（1483—1544），明代书画家。初名
淳，字道复，后改字复甫，号白阳山人，长州（今
江苏吴县）人。代表作品有《红梨诗画图》《山茶
水仙图》《葵石图》《罨画图》等。

J0101679

邓石如集 （清）邓石如书
长春 吉林文史出版社 1999 年 67页 30cm（15 开）
ISBN：7-80626-400-0 定价：CNY9.00
（中国著名碑帖选集（第二集）35）

J0101680

董其昌前后赤壁赋 （明）董其昌书；聂文豪，
万山梅选编
南昌 江西美术出版社 1999 年 37cm
ISBN：7-80580-584-9 定价：CNY32.00
（中国古代名家名帖 25）

J0101681

傅山乐饥斋诗草精选 邓代昆，田旭中编著
成都 四川美术出版社 1999 年 42页 39cm（8 开）
ISBN：7-5410-1661-6 定价：CNY12.00
（中国历代名家书法篆刻精品选萃 行书）
　　编者邓代昆（1949—　），书画篆刻家。成都
人，任中国书画函授大学四川分校书法系主任、
副教授。出版有《新中国国礼艺术大师·精品六
人集》《神州国光·巴蜀卷》《共和国书法大系》
等。编者田旭中（1953—　），书画家、作家。四

川成都人。历任中国书法家协会四川分会会员、四川省书学学会理事。

J0101682
龚晴皋书风　[清]龚晴皋书；王川平主编
重庆　重庆出版社　1999 年　32 页　29cm（16 开）
ISBN：7-5366-4425-6　定价：CNY20.00
（中国历代书风系列）

J0101683
何绍基行书墨迹　（清）何绍基书
石家庄　河北美术出版社　1999 年　25 页　37cm
ISBN：7-5310-0939-0　定价：CNY11.00

J0101684
何绍基书麓山寺碑　（清）何绍基书
苏州　古吴轩出版社　1999 年　95 页　34cm（10 开）
ISBN：7-80574-436-X　定价：CNY12.50
（古今书法精粹）

J0101685
金冬心金刚般若经　（清）金农书
杭州　西泠印社　1999 年　61 页　35cm（15 开）
ISBN：7-80517-382-6　定价：CNY11.80
（西泠印社法帖丛编）
　　作者金农（1687—1763），清代书画家。字寿门、司农、吉金，钱塘（今浙江杭州）人，扬州八怪之首。代表作品有《东萼吐华图》《空捍如洒图》《腊梅初绽图》《玉蝶清标图》等，著有《冬心诗集》《冬心随笔》《冬心杂著》等。

J0101686
金农书法　（选字本）（清）金农书
天津　天津人民美术出版社　1999 年　96 页
19cm（小 32 开）ISBN：7-5305-1025-8
定价：CNY6.80
（中国历代名画家书法系列）

J0101687
康熙雍正乾隆墨宝合璧　（清）康熙帝等书；
吴元真选编
长沙　湖南师范大学出版社　1999 年　604 页
有肖像　29cm（16 开）ISBN：7-81031-756-3
定价：CNY86.00，CNY118.00（精装）

J0101688
林则徐手札　（清）林则徐撰并书
扬州　江苏广陵古籍刻印社　1999 年　影印本　线装
ISBN：7-60101-313-3　定价：CNY150.00
　　分二册。黑口四周单边单鱼尾。

J0101689
明董其昌潴路马湖记　《历代碑帖法书选》编辑组［编］
北京　文物出版社　1999 年　23 页　26cm（16 开）
（历代碑帖法书选）

J0101690
坡公小品　［清］郑板桥书；天津人民美术出版社编
天津　天津人民美术出版社　1999 年　96 页
18cm（小 32 开）ISBN：7-5305-1027-4
定价：CNY6.80
（中国历代名画家书法系列）

J0101691
前赤壁赋　（选字本）（明）文徵明书；天津人民美术出版社编
天津　天津人民美术出版社　1999 年　72 页
18cm（32 开）ISBN：7-5305-1022-3
定价：CNY5.80
（中国历代名画家书法系列）

J0101692
清代名人手札选　李达麟，郭志高编校
桂林　漓江出版社　1999 年　86 页　26cm（16 开）
ISBN：7-5407-2473-0　定价：CNY13.00

J0101693
清乾隆补刻明代端石兰亭图帖
北京　北京图书馆出版社　1999 年　1 盒　37cm
精装　ISBN：7-5013-1659-7　定价：CNY9800.00

J0101694
石涛书法　（选字本）（清）石涛书；天津人民美术出版社编
天津　天津人民美术出版社　1999 年　96 页
18cm（小 32 开）ISBN：7-5305-1047-9
定价：CNY6.80
（中国历代名画家书法系列）

作者石涛（1642—1708），清初书画家、绘画理论家。广西桂林人，祖籍安徽凤阳。本姓朱，名若极，系明代靖江王朱赞仪的第十世孙朱亨嘉之子。朱亨嘉死后年幼的石涛被送至全州当和尚，法名道济，又字石涛，号苦瓜和尚、大涤子、靖江后人、清湘陈人、零丁老人等等。著有《苦瓜和尚画语录》。存世作品有《石涛罗汉百开册页》《山水清音图》《竹石图》等。

J0101695

陶博吾书风　［清］陶博吾书；郭伟主编
重庆　重庆出版社 1999年 32页 29cm（16开）
ISBN：7-5366-4438-8 定价：CNY20.00
（中国历代书风系列）

作者陶博吾（1900—1996），书法家。原名陶文，字博吾，别署白湖散人，江西省九江市彭泽县人。毕业于南京美术专科学校和上海昌明美术专科学校，从黄宾虹、王一亭、潘天寿等学习书画，从曹拙巢先生学习诗文。代表作品有《石鼓文集联》《习篆一径》《陶博吾书画集》。

J0101696

王铎行书诗二首　（清）王铎书
石家庄　河北美术出版社 1999年 17页 37cm
ISBN：7-5310-0997-8 定价：CNY9.00

J0101697

王铎赠汤若望诗　（明）王铎书；聂文豪，胡慧选编
南昌　江西美术出版社 1999年 38cm（6开）
ISBN：7-80580-583-0 定价：CNY32.00
（中国古代名家名帖 26）

J0101698

文徵明滕王阁序　（明）文徵明书；聂文豪，万小琴选编
南昌　江西美术出版社 1999年 38cm（6开）
ISBN：7-80580-586-5 定价：CNY27.00
（中国古代名家名帖 24）

J0101699

吴昌硕临石鼓文　（清）吴昌硕书
长春　吉林文史出版社 1999年 63页 30cm（15开）
ISBN：7-80626-456-6 定价：CNY9.00
（中国著名碑帖选集（第二集）50）

J0101700

吴熙载集　（清）吴熙载书
长春　吉林文史出版社 1999年 77页 30cm（15开）
ISBN：7-80626-458-2 定价：CNY11.00
（中国著名碑帖选集（第二集）49）

J0101701

徐渭墨迹大观　（明）徐渭书；过大江编
上海　上海人民美术出版社 1999年 196页
26cm（16开）ISBN：7-5322-2262-4
定价：CNY20.00

作者徐渭（1521—1593），明代书画家、文学家。初字文清，改字文长，号天池，又号青藤道人，田水月等，浙江山阴（今绍兴）人。传世之作《墨葡萄图》《山水人物花鸟》《牡丹蕉石图》《墨花》《黄甲图》等；主要著作有《四声猿》《南词叙录》《徐文长全集》等。

J0101702

御制弘仁晋济天妃宫之碑帖　俞明主编
南京　南京出版社 1999年 有彩照 35cm（15开）
ISBN：7-80614-544-3 定价：CNY28.00

J0101703

恽寿平行楷　（清）恽寿平书
天津　天津人民美术出版社 1999年 91页
19cm（小32开）ISBN：7-5305-1028-2
定价：CNY6.80
（中国历代名画家书法系列）

作者恽寿平（1633—1690），清代画家、书法家。名格，字寿平，以字行，又字正叔，别号南田等。江苏武进人。主要作品有《红梅山茶图》《梅竹图》《玉堂富贵图》《桃花图》《三友图》《梧轩图》《蓼汀渔藻图》《林居高士图》等。

J0101704

郑板桥书法字典　郑板桥书；王诚龙编
长沙　湖南美术出版社 1999年 733页
26cm（16开）精装 ISBN：7-5356-1282-2
定价：CNY88.00

J0101705

郑板桥书法字典　韩凤林，宫玉果编
北京　中国青年出版社 1999年 28+871页 有照片
20cm（32开）精装 ISBN：7-5006-2643-6

定价: CNY43.50

J0101706
祝枝山草书杜甫诗　（明）祝枝山书
苏州　古吴轩出版社　1999 年　54 页　34cm（10 开）
ISBN: 7-80574-435-1　定价: CNY7.00
（古今书法精粹）

中国近代书法作品

J0101707
［叶德辉等书札］　叶德辉等书
清　稿本　经折装

J0101708
梁新会临张謇碑　（一卷）梁启超书
［清］稿本
　　　有陈承修跋。作者梁启超（1873—1929），中
国近代政治家、教育家、史学家、文学家。字卓
如，号任公，别署饮冰室主人。著有《变法通议》
《饮冰室合集》等。

J0101709
翰苑分书墨宝　（一卷）陆润庠等书；任尔瑛编
清末　稿本　经折装

J0101710
陆大冢宰手札　陆润庠撰并书
元和陆润庠　清末至民国初　稿本　经折装

J0101711
名流手札　孙虞臣辑
清末至民国初　写本　线装

J0101712
游泰山记　马溁清书
清末至民国初　抄本　经折装

J0101713
国朝名人手迹　（五集）有正书局编
上海　有正书局　清光绪　影印本　线装
　　　分五册。

J0101714
国朝名人手迹　（八集 不分卷）有正书局编
上海　有正书局　清光绪至宣统　影印本　线装
　　　分八册。

J0101715
国朝名人手迹　（五集）有正书局编
上海　有正书局　民国　影印本　线装
　　　分五册。

J0101716
草书习字帖　顾新亚书
上海　文明书局　清光绪三十二年［1906］石印本
线装
　　　分二册。四行字数不等黑口四周单边单
鱼尾。

J0101717
大佛顶首楞严经　（十卷）（唐）般剌密帝译；
吴芝英书
杭州　小万柳堂
清光绪三十四年至宣统元年［1908-1909］影印本
有照片　线装
　　　分二册。

J0101718
大佛顶首楞严经　（十卷）吴芝英书
杭州　小万柳堂
清光绪三十四年至宣统元年［1908-1909］
石印本

J0101719
郑苏戡书南唐集字　（不分卷）郑孝胥书
上海　商务印书馆　清光绪三十四年［1908］
影印本　线装
　　　二行四字。作者郑孝胥（1860—1938），书法
家。字太夷，号苏勘。福建闽侯人。代表作品有
《海藏楼诗集》等。

J0101720
大佛顶首楞严经　（十卷）（唐）般剌密帝译
文宝书局石印　清宣统　石印本　线装
　　　分二册。十行二十字。

J0101721

敦煌石室真迹录 （五卷）（清）王仁俊辑并书

吴趋王氏 清宣统元年［1909］石印本 线装

分三册。十一行二十字黑口四周双边。

J0101722

诗话集锦 潘龄皋书

清宣统 石印本 线装

作者潘龄皋（1867—1954），清末民初著名书法家。字锡九，河北安新人。清光绪二十年（1894年）中举人，后殿试中进士，授翰林院编修，曾先后在甘肃任知县等。辛亥革命成功后任甘肃省省长。1949年后任中央人民政府军事委员会参议、中央文史馆馆员。代表作品有《胡大川幻想诗》《南濠诗话》《又一村诗话》。

J0101723

胡大川先生幻想诗 潘龄皋书

文成堂 清宣统二年［1910］石印本 线装

J0101724

诗话集锦 潘龄皋书

文成堂书庄 清宣统二年［1910］石印本 线装

四行字数不一白口。

J0101725

［**八十老人录小学善行**］ 周馥书

民国 写本 经折装

J0101726

［**成多禄张朝墉诗稿**］ 成多禄，张朝墉撰并书

成多禄 民国 稿本 经折装

J0101727

［**何维朴书札**］ 何维朴书

民国 稿本 经折装

J0101728

［**书法摹本**］

民国 写本 29张

J0101729

［**退安墨迹**］ 樊榕书

民国 影印本 有像 线装

J0101730

［**王季烈友朋书札**］ 刘承干等撰

刘承干等 民国 稿本 线装

J0101731

［**翁同龢遗墨**］ 翁同龢书

民国初 影印本 线装

作者翁同龢（1830—1904），清代书法家。江苏常熟人。字叔平，一字声甫，晚号松禅、瓶斋居士。清咸丰六年状元。同治、光绪帝师，官至工部尚书、军机大臣，卒谥文恭。工诗文书画，以书法称名于时。著有《翁文恭公日记》《瓶庐诗文稿》。

J0101732

［**颜泽祺书札集**］ 颜泽祺书

民国 稿本 线装

分二册。

J0101733

［**艺风堂友朋书札**］ 刘炳照等撰

刘炳照等 民国 稿本 线装

分二册。

J0101734

［**于式枚信札**］ 于式枚撰并书

民国 稿本 经折装

J0101735

［**张琚书郎亭等和陶诗**］ 张琚书

清宣统三年［1911］抄本 1幅 散页

J0101736

安塞斋随笔 英华书

清宣统三年［1911］石印本 线装

行款不一。

J0101737

拔一切业障根本得生净土陀罗尼

中央刻经院 民国 线装

（佛经八种）

J0101738

般若波罗蜜多心经 董玉书书

民国 影印本 线装

本书据董玉书手迹影印。

J0101739
般若波罗蜜多心经　董玉书书
民国　影印本　线装
　　本书由《金刚般若波罗蜜经》《般若波罗蜜
多心经》合订。

J0101740
蔡松坡先生手札　蔡锷书
邵阳蔡锷　民国　手稿本

J0101741
遁园说遁园诗序合刻　张伯英书
民国　拓本　经折装

J0101742
费太公家传　钱基博撰；梁启超书
民国　影印本　线装

J0101743
丰润张子隶书朱柏庐治家格言　张志潭书
民国　影印本　线装
（蠡园遗墨四种）

J0101744
丰隐庐草书陶诗帖　陈尔锡书
民国　拓本　折装

J0101745
福山王氏先世及族戚书简　王崇焕辑
民国　稿本　线装
　　分八册。

J0101746
古鉴阁藏晋月仪帖集联拓本　叶尔恺撰句；
秦文锦编集
上海　艺苑真赏社　民国　影印本　有图　线装
（碑联集拓）
　　据宋拓星凤楼本集联拓本影印。作者叶尔
恺（1864—1937），字柏皋，浙江杭州人。清末进
士，授编修。历任陕西、云南、甘肃学政，书法
工章草。有《宝凤阁随笔》。编者秦文锦（1870—
1938），画家。字绚孙、聚孙，号云居士、息园老
人等。江苏无锡人。创办艺苑真赏社（上海古籍

书店的前身）。主要作品《金文集联》《范隶全篇》
《碑联集拓》系列等。

J0101747
故交通部技监汉粤川铁路督办詹君之碑
宋德裕刻字
民国　影印本　线装

J0101748
观堂遗墨　（二卷）王国维书；陈乃乾编
民国　影印本　有像　线装
　　分二册。作者王国维（1877—1927），史学
家、语言文字学家、文学家。浙江海宁人。初名
国桢，字静安，又字伯隅，号礼堂，晚号观堂、永
观。曾赴日本留学，后为清华研究院教授。重要
著作有《宋元戏曲史》《人间词话》《观堂集林》
《海宁王静安先生遗书》《殷卜辞中所见先公先王
考》《宋代金文著录表》等，对文艺界、史学界有
很大影响。

J0101749
国朝名人楹联汇辑　（二卷）张文运辑
上海　有正书局　民国　影印本　线装
　　分二册。

J0101750
国朝名人楹联汇辑　（二卷）有正书局辑
上海　有正书局　民国六年［1917］石印本　7版
线装
　　分二册。

J0101751
汉碑范　（八卷）张祖翼选临
上海　文明书局　清宣统三年［1911］石印本
26cm（16开）线装

J0101752
汉碑范　（八卷）张祖翼书
上海　文明书局　民国六年［1917］石印本　4版
线装
　　分二册。

J0101753
汉碑范　（八卷）张祖翼书
上海　文明书局　民国十年［1921］石印本　6版

线装

分二册。

J0101754
翰苑百家折楷 黄自元等书
民国 石印本 线装

作者黄自元(1837—1918)，清末书法家、实业家。字敬典，号澹叟，湖南安化县龙塘乡人，著有《间架结构九十二法》《黄自元临九成宫》。

J0101755
何临张迁集联
民国 石印本 墨钩 线装

J0101756
侯澍田先生德政碑
民国 拓本 线装

J0101757
胡石查字册 胡石查书
民国 写本 经折装

J0101758
胡适友朋手札 佚名辑
扬州 江苏广陵古籍刻印社 民国 影印本 线装
ISBN：7-60101-261-9 定价：CNY150.00
分二册。据稿本影印。

J0101759
花坞小筑落成诗 周学熙书
民国 写本 4页 散页

J0101760
洹村遗兴 袁世凯书
项城袁克定 民国 影印本 线装

J0101761
嘉业堂藏书出售函札 刘承干等书
民国 稿本 线装

J0101762
金刚般若波罗蜜经 鲁熙书
上海 上海道德书局 民国 石印本 线装

J0101763
金刚般若波罗蜜经 董玉书书
民国 影印本 线装

本书由《金刚般若波罗蜜经》《般若波罗蜜多心经》合订。据董玉书手迹影印。

J0101764
经社记 金泽荣撰；黄祖谦书
民国 影印本 线装

J0101765
静乐轩题跋 周明泰书
民国 写本 4页 散页

作者周明泰(1896—1994)，又名周志辅，别号几礼居主人，安徽东至县人。曾任北洋政府总统府秘书、内务部参事。酷爱戏曲，专门从事中国戏曲史研究。著有《几礼居戏曲丛书》《几礼居随笔》《读曲类稿》《枕流答问》等。

J0101766
康南海篆书诗稿 康有为书
上海 有正书局 民国 影印本 线装

作者康有为(1858—1927)，中国近代思想家、政治家、书法家。原名祖诒，字广厦，号长素，又号更生。广东南海县人，清光绪年间进士。代表作品《新学伪经考》《孔子改制考》《人类公理》《广艺舟双楫》《康子篇》等。

J0101767
康有为书可园诗 康有为书
上海 大众书局 民国 影印本 经折装
(碑帖大观)

J0101768
兰契集 孙树礼等撰并书
民国 稿本 线装

J0101769
蠡园遗墨四种 张志潭书
民国 影印本 线装

分四册。

J0101770
李远蓉女士墓碑 杨叔明撰；薛仲坚书
民国 石印本 线装

J0101771

林遂航先生遗墨　林遂航书

[民国][6]页　26cm(16开)

　　收遗墨7篇

J0101772

刘春霖小字帖　刘春霖书

民国　影印本　线装

　　据刘春林民国间手稿影印。

J0101773

陋室铭　陈尔锡书

民国　拓本　1幅　散页

J0101774

陆润庠书西湖风景记帖　陆润庠书

上海　尚古山房　民国　影印本　经折装

J0101775

罗振玉手札　罗振玉书

上虞罗振玉　民国　手稿本　经折装

　　作者罗振玉(1866—1940),古文字学家,金石收藏家。浙江上虞人。字叔蕴,又字叔言,号雪堂、陆庵。任学部参事,兼京师大学堂农科监督,辛亥后任伪满监察院长。著有《殷虚书契前编》、编《三代吉金文存》《西城精舍杂文甲编》《松翁近稿》等。

J0101776

沔阳卢木斋先生手简　卢靖书

民国　影印本　线装

J0101777

名人书札　姚国桢等撰并书

民国　写本　线装

J0101778

南海书一天园记　康有为撰并书

上海　有正书局　民国　影印本　线装

J0101779

南海书一天园记　康有为书

上海　有正书局　民国十二年[1923]影印本　线装

J0101780

南海先生诗集　(十三卷)康有为撰;梁启超书

清宣统三年[1911]影印本　线装

　　十行二十一字小字双行同白口四周单边。

J0101781

南海先生戊戌书稿后跋　康有为书

花县江天铎　民国　影印本　线装

J0101782

南山十咏　蔡汝南撰;潘龄皋书

北京文成堂书坊　民国　石印本　线装

　　作者潘龄皋(1867—1954),清末民初著名书法家。字锡九,河北安新人。清光绪二十年(1894年)中举人,后殿试中进士,授翰林院编修,曾先后在甘肃任知县等。辛亥革命成功后任甘肃省省长。1949年后任中央人民政府军事委员会参议. 中央文史馆馆员。代表作品有《胡大川幻想诗》《南濠诗话》《又一村诗话》。

J0101783

南通州费君鉴清小传　李详撰;张骞书

民国　影印本　线装

J0101784

潘静淑廿五岁临兰亭叙　潘静淑临

民国初　拓本　经折装

J0101785

启南女士小真书精品　启兰书

民国　影印本　线装

J0101786

钱母戴太夫人墓志铭　吴士鉴撰;郑沅书

民国　拓本　线装

J0101787

钱士青都转六十自述诗拓本

钱文选撰并[书]

民国　拓本　线装

　　分二册。

J0101788

钱士青都转六秩寿序拓本

吴士鑑撰;郑沅书

民国　拓本　线装

J0101789
秋馆论诗册　邵章撰并书
民国　稿本　经折装

J0101790
瞿太夫人书般若波罗蜜多心经
瞿傅婉漪书
民国　石印本　线装

J0101791
沈君家传　刘启琳撰；张文运书
民国　影印暨铅印本　线装

J0101792
诗话集锦　潘龄皋书
民国　石印本　线装
　　作者潘龄皋(1867—1954)，清末民初著名书法家。字锡九，河北安新人。清光绪二十年(1894年)中举人，后殿试中进士，授翰林院编修，曾先后在甘肃任知县等。辛亥革命成功后任甘肃省省长。1949年后任中央人民政府军事委员会参议、中央文史馆馆员。代表作品有《胡大川幻想诗》《南濠诗话》《又一村诗话》。

J0101793
谭延闿书札　谭延闿撰并书
民国　稿本　粘帖　线装
　　作者谭延闿(1880—1930)，政治家、书法家、诗人。字组庵，号畏三，湖南茶陵人。曾任国民政府主席、行政院长等职。代表作品《组庵诗集》《慈卫室诗草》等。

J0101794
唐麻姑仙坛记　(一卷)(唐)颜真卿书
上海　艺苑真赏社　民国　珂罗版印本
　　本书据宋拓本印

J0101795
陶渊明诗　(四卷)(晋)陶潜撰；庄闿书
上海　商务印书馆　民国　影印本　线装

J0101796
腾越李恭人墓表　赵端礼撰；曾熙书

民国　影印本　线装
　　作者曾熙(1861—1930)，晚清著名书法家、画家、教育家。字季子，又字嗣元，更字子缉，号俟园，晚年自号农髯。出生于湖南衡阳市。作品有《夏承碑》《华山碑》《张黑女》等。

J0101797
天津许氏新阡表　陈宝琛撰并书
民国　拓本　经折装

J0101798
同声雅集　汪仲虎集
民国　稿本　毛装

J0101799
同声赠言　胡玉缙等书
民国　稿本　线装
　　分二十册。

J0101800
同声赠言　林葆恒等撰并书
民国　稿本　线装

J0101801
同心汇集　孙树礼等撰并书
民国　稿本　毛装

J0101802
同心赠言　汪仲虎集
民国　稿本　线装

J0101803
万柳夫人墨迹总目
北平　京华书局　民国　影印本　朱墨套印　有图
线装
　　据抄绘及钤印本影印。

J0101804
万松心画　英华书
民国　石印本　线装

J0101805
汪惺庐先生各体法书　汪惺庐书
民国　石印本　线装

J0101806
王莒芗小楷 王莒芗书
上海 新亚书店 民国 影印本 线装

J0101807
王铁珊先生墨宝 王瑚书
民国 影印本 线装

J0101808
王裕祖临东方画赞 王裕祖临
锦县王裕祖 民国 拓本 线装

J0101809
吴兴墨宝 （二集）
民国 石印本 线装
分二册。

J0101810
武母郭夫人墓表 陈荣昌撰并书
民国 影印本 线装

J0101811
夏君继室左淑人墓志铭
陈三立撰；郑孝胥书
民国 影印本 线装

J0101812
湘乡陈母左太夫人家传
柯劭忞撰；张通谟书
民国 影印本 线装

J0101813
学行样本 佚名撰并书
山西晋兴斋 民国 石印本 线装

J0101814
严范孙先生遗墨 严修撰
民国 影印本 线装

J0101815
姚茫父先生诗札精册 姚华撰并书
民国 稿本 经折装
作者姚华（1876—1930），学者、文学家、书画家和教育家。字重光、一鄂，号茫茫、茫父，贵州贵筑（今贵阳市）人。曾任贵州省参议院议员，北京女子师范学校校长。代表作品有《弗堂类稿》《莲花庵书画集》《贵阳姚华茫父颖拓》《金石系》《黔语》等。

J0101816
遗民为僧之遗墨 破山老人等书
上海 有正书局 民国 影印本 线装

J0101817
游学京师津保酬答书札合刊 绍颜辑
北京 裕源公司 民国 影印本 线装

J0101818
余墨偶谭节录 潘龄皋书
民国 石印本 线装
作者潘龄皋（1867—1954），清末民初著名书法家。字锡九，河北安新人。清光绪二十年（1894年）中举人，后殿试中进士，授翰林院编修，曾先后在甘肃任知县等。辛亥革命成功后任甘肃省省长。1949年后任中央人民政府军事委员会参议、中央文史馆馆员。代表作品有《胡大川幻想诗》《南濠诗话》《又一村诗话》。

J0101819
袁大总统墨宝 袁世凯书
民国初 稿本 经折装

J0101820
袁母薛太夫人手写金刚般若波罗蜜经
薛太夫人书
民国 石印本 线装

J0101821
张季直书狼山观音造像记 张謇书
上海 有正书局 民国 影印本 线装

J0101822
张君远伯篆书楹联集句 张志潭书
民国 影印本 线装
（蠡园遗墨四种）

J0101823
张远伯临王圣教序册 张志潭临
民国 影印本 线装
（蠡园遗墨四种）

J0101824
张远伯手写金刚经　张志潭书
民国　影印本　线装
（蠹园遗墨四种）

J0101825
张仲嘉临汉碑　（八种）张仲嘉书
民国　抄本　线装
　　　分八册。

J0101826
长恨歌　（唐）白居易撰；刘春霖书
北京　文成堂书庄　民国　石印本　线装

J0101827
郑孝胥书宜园记　郑孝胥书；吴荣刻
上海　大众书局　民国　影印本　经折装
（碑帖大观）

J0101828
郑沅书钱母戴太夫人墓志　郑沅书
上海　大众书局　民国　石印本　折装

J0101829
钟声手书条幅
民国初　写本　2张

J0101830
周凤山先生墓志铭　黄侃撰；马叙伦书
民国　影印本　线装

J0101831
周悫慎公遗墨　周馥书
民国　影印本　4页　散页

J0101832
周秀木遗墨　周进书
民国　影印本　线装

J0101833
朱亮臣家传　余晋芳撰；朱振华书
麻城大文堂　民国　影印本　蓝绿色

J0101834
朱执信先生自书诗遗墨　朱执信撰并书
民智书局　民国　石印本　线装

J0101835
总理遗墨　孙文书
民国　影印本　线装

J0101836
康南海先生自写诗集序墨迹　康有为书
上海　广智书局　民国二年［1913］影印本　线装
　　　本书由《康南海先生自写诗集序墨迹》康有
为书、《梁任公先生写南海诗集墨迹》梁启超书
合订。

J0101837
梁任公先生写南海诗集墨迹　梁启超书
上海　广智书局　民国二年［1913］影印本　线装

J0101838
梁任公先生写南海诗集墨迹　梁启超书
上海　广智书局　民国二年［1913］影印本　线装
　　　本书由《康南海先生自写诗集序墨迹》康有
为书、《梁任公先生写南海诗集墨迹》梁启超书
合订。

J0101839
宋渔父先生遗墨　（最近所书张母郭太夫人墓
志）宋教仁书
1913年　石印本　［1］页　经折装
　　　本书含墓志铭，杨天骥撰。附宋教仁遇刺照
片一幅。

J0101840
李子龢各体行书　李子龢临
袭古堂　民国三年［1914］影印本　线装

J0101841
吴昌硕篆西泠印社记　吴昌硕书
民国三年［1914］拓本　线装
　　　作者吴昌硕（1844—1927），晚清民国时期国
画家、书法家、篆刻家。原名俊，俊卿，字昌硕。
浙江安吉人。代表作品有《瓜果》《灯下观书》《姑
苏丝画图》等，出版有《吴昌硕画集》《吴昌硕作
品集》《苦铁碎金》《缶庐近墨》《吴苍石印谱》
《缶庐印存》等。

J0101842

吴兴张氏松管斋藏联　（清）马士图集
上海 神州国光社 民国三年［1914］影印本 线装

J0101843

安酒意斋尺牍　顾印愚撰
华阳王氏菊饮轩 民国四年［1915］石印本
彩色套印 线装

J0101844

枯树赋　梁启超书
上海 商务印书馆 民国五年［1916］影印本 线装

J0101845

枯树赋　梁启超书
上海 商务印书馆 民国五年［1916］影印本 线装
　　本书由《梁任公临王圣教序》《枯树赋》
合订。

J0101846

梁任公临王圣教序　梁启超书
上海 商务印书馆 民国五年［1916］影印本 线装
　　本书由《梁任公临王圣教序》《枯树赋》
合订。

J0101847

大佛顶首楞严经　（十卷）（唐）般剌密帝译
鲁心斋 民国六年［1917］刻本 线装
　　分二册。

J0101848

大鹤山人手写诗稿小册　郑文焯书
上海 震亚图书局 民国六年［1917］石印本 线装

J0101849

泉唐朱研臣先生遗墨　朱景彝辑
上海 商务印书馆 民国六年［1917］影印本
有像及图 线装

J0101850

古鉴阁藏定武兰亭集联拓本　秦文锦编
上海 艺苑真赏社 民国八年［1919］影印本 有图
线装
（碑联集拓）
　　据宋拓本影印。作者秦文锦（1870—1938），

画家。字纲孙、聚孙，号云居士、息园老人等。
江苏无锡人。创办艺苑真赏社（上海古籍书店的
前身）。主要作品《金文集联》《范隶全篇》《碑
联集拓》系列等。

J0101851

古鉴阁藏怀仁圣教集联揭本　秦文锦编
上海 艺苑真赏社 民国八年［1919］影印本 有图
线装

J0101852

古鉴阁藏唐麻姑仙坛记集联揭本　秦文锦编
上海 艺苑真赏社 民国八年［1919］影印本 有图
线装

J0101853

张季直书浚白茆河记　张謇书
苏州 振新书社 民国八年［1919］石印本 线装

J0101854

当代名人真迹　（第1集）艺海学社编
杭州艺海学社 民国九年［1920］影印本 线装

J0101855

老子　（春秋）李耳撰；田潜篆书
江陵田潜郎庵 民国九年［1920］稿本 乌丝栏
线装

J0101856

老子　（春秋）李耳撰；田潜篆书
江陵田潜郎盦 民国九年［1920］刻本 线装

J0101857

老子　（春秋）李耳撰；田潜篆书
江陵田潜文楷斋 民国九年［1920］刻本 线装

J0101858

南皮张氏两烈女碑　徐世昌撰；华世奎书
北京 瑞文龙书局 民国九年［1920］影印本 线装
　　作者华世奎（1863—1942），书法家。字思陋、
壁臣，天津人。

J0101859

闲斋书法二十四种　杭海书
民国九年［1920］铅印暨影印本 有像 线装

J0101860
张季直书四时读书乐　张謇书
上海 商务印书馆 民国九年［1920］影印本 线装

J0101861
张季直书四时读书乐　张謇书
上海 商务印书馆 民国二十二年［1933］影印本
再版 线装

J0101862
［篆书］大学　田潜书
鼎楚室田氏 民国十年［1921］写本 线装
　　本书由《［篆书］大学》《［篆书］中庸》田潜
书合订。

J0101863
沈尹默书曼殊诗稿　苏玄瑛撰；沈尹默书
张氏影光室 民国十年［1921］影印本 线装

J0101864
大佛顶首楞严经　（十卷）程明超书
北京 弘妙草庐 民国十年［1921］影印本 有图
线装
　　分五册。

J0101865
大佛顶首楞严经　（十卷）程明超书
上海 弘妙草庐 民国十年［1921］石印本 有图
线装
　　分五册。

J0101866
行书备要　童式规书
民国十年［1921］影印本 线装

J0101867
金刚般若波罗密经　田潜篆书
田潜鼎初室 民国十年［1921］稿本 乌丝栏 线装

J0101868
哭母文　蒋中正撰；谭延闿书；唐仲芳刻石
民国十年［1921］拓本 经折装

J0101869
南海自跋戊戌遗书真迹　康有为书

花县江天铎 民国十年［1921］影印本 线装

J0101870
张季直书千字文　张謇书
上海 商务印书馆 民国十年［1921］影印本 五版
线装

J0101871
张季直书千字文　张謇书
上海 商务印书馆 民国二十一年［1932］石印本
线装

J0101872
金刚般若波罗密经　田潜篆书
民国十一年［1922］刻本 朱印 线装

J0101873
马子贞鸡毫书正气歌　马良书
上海 商务印书馆 民国十一年［1922］石印本
线装

J0101874
说文部首许叙篆文墨迹　杨沂孙书
上海 天一书局 民国十一年［1922］影印本 四版
线装
　　作者杨沂孙（1812—1881），清书法家。字子
与，号咏春，晚号濠叟。江苏常熟人。代表作品
有《赠少卿尊兄七言联》《文字说解问伪》《完白
山人传》《石鼓赞》。

J0101875
［祝寿八律］　韩国钧撰并书
韩国钧 民国十二年［1923］稿本 折装

J0101876
当代名人真迹　（第一集）
上海 古今图书店 民国十二年［1923］石印本
再版 线装

J0101877
新法行书范本　翟奋书
上海 商务印书馆 民国十二年［1923］石印本
线装
　　分四册。

J0101878

当代名家墨宝初集　中华印刷局辑

中华印刷局　民国十三年［1924］影印本　线装

J0101879

黄蔼农隶书腾冲王烈妇墓表　赵藩撰；黄葆钺书

泰东图书局　民国十三年［1924］影印本　线装

作者黄葆钺（1880—1968），现代书法家、篆刻家。字蔼农，小名破钵，别号青山农，青山下村人。历任福建省图书馆馆长、上海文史馆首批馆员。出版有《青山农篆书百家姓》《青山农分书千字文》《青山农书画集》《暖日庐摹印集》《青山农一知录》等。

J0101880

康南海书一天园诗稿　康有为书

上海　有正书局　民国十四年［1925］影印本　3版　线装

J0101881

浔阳蔡痴公诗草　蔡公时书

民国十四年［1925］影印本　线装

J0101882

张半园书金刚般若波罗密经　张朝墉书

民国十四年［1925］拓本　经折装

J0101883

戴太史大楷诗品

民国十五年［1926］影印本　30cm（15开）

J0101884

静宦墨忆　丁康保撰

民国十五年［1926］石印本　线装

J0101885

南海书一天园诗稿　康有为书

上海　有正书局　民国十五年［1926］影印本　四版　线装

J0101886

青珊瑚馆遗墨　陈恩浦，周保珊书

民国十五年［1926］影印本　线装

J0101887

松坡军中遗墨　蔡锷书

松坡学会　民国十五年［1926］石印本　有像　线装　分二册。

J0101888

孙中山先生墨迹　三民公司辑

上海三民公司　民国十五年［1926］影印本　线装

J0101889

郑苏戡书南唐集字　郑孝胥书

上海　商务印书馆　民国十五年［1926］石印本　线装

J0101890

爨碑集联　东阁居士书

和济印刷局　民国十六年［1927］影印本　线装

J0101891

南海先生翰墨　康有为书；张江裁编

河间齐家本　民国十六年［1927］影印暨铅印本　线装

J0101892

行书　（苏书天际乌云帖）李襄［摹］

1928年　油印本　27cm（16开）环筒页装

J0101893

金刚般若波罗蜜经　（后秦）释鸠罗什译；汪大燮书

民国十七年［1928］影印本　线装

J0101894

绿猗室京俗词　姚华撰并书

北京　京华印书局　民国十七年［1928］影印本　线装

分二册。作者姚华（1876—1930），学者、文学家、书画家和教育家。字重光、一鄂，号茫茫、茫父，贵州贵筑（今贵阳市）人。曾任贵州省参议院议员、北京女子师范学校校长。代表作品有《弗堂类稿》《莲花庵书画集》《贵阳姚华茫父颖拓》《金石系》《黔语》等。

J0101895

千字文集古　袁俊编辑并书

财政部印刷局　民国十七年［1928］影印本　线装

J0101896
李息翁临古法书　李息翁书；夏丏尊选
上海开明书店　民国十八年［1929］影印本　线装
　　李息翁即弘一法师，此为作者出家前所作。

J0101897
般若波罗密多心经　陈尔锡书
［1930—1949年］拓本　线装
　　本书书签题《半隐庐草书心经》，据民国十九年（1930）刻板拓印。

J0101898
半隐庐草书心经　陈尔锡书
民国十九年［1930］拓本　线装
　　分二册。

J0101899
陈尘禅先生大草写经　陈尔锡书
民国十九至二十年［1930-1931］拓本　线装

J0101900
韩旅长斗瞻遗迹　韩光第书
民国十九年［1930］影印本　线装

J0101901
金刚般若波罗蜜经　薛太夫人书
民国十九年［1930］影印本　线装

J0101902
廖仲恺先生自书诗词　廖仲恺书
民国十九年［1930］影印本　线装

J0101903
训錬金正金公墓碣铭　尹喜求撰；金文济书
1930年

J0101904
卓君庸章草墨本　（二种）卓定谋书
北平　自青榭　民国十九年［1930］影印本　再版
线装
　　分二册。作者卓定谋（1886—1967），字君庸，福建人。擅长书法。著有《榆园小志》。

J0101905
总理遗墨　（第一辑）孙文书　谭延闿辑
民国十九年［1930］影印本　有像　线装

J0101906
总理遗墨　（第二辑）孙文撰并书　谭延闿辑
民国十九年［1930］影印本　有肖像　线装

J0101907
［刘半农书法］　刘半农书
民国二十年［1931］写本　经折装

J0101908
八大人觉经　陈尔锡书
北平　会方阁　民国二十年［1931］拓本　线装

J0101909
拔一切业障根本得生净土陀罗尼　陈尔锡书
民国二十年［1931］拓本　线装

J0101910
半隐庐草书千字文　陈尔锡书
民国二十年［1931］拓本　线装

J0101911
半隐庐草书阴骘文　陈尔锡书
民国二十年［1931］拓本　线装

J0101912
半隐庐草书阴骘文　陈尔锡书
民国二十一年［1932］拓本　线装

J0101913
陈弢庵先生小楷扇集　陈宝琛书
上海　商务印书馆　民国二十年［1931］影印本
线装

J0101914
林长民遗墨　林长民撰并书；宋春舫编辑
上海　有正书局　民国二十年［1931］影印本　线装

J0101915
聂太夫人书金刚经心经　聂曾纪芬书
民国二十年［1931］石印本　线装

J0101916
星录小楷　（一卷）童式规书
嘉定童式规　民国二十年［1931］石印本　30版
线装

J0101917
当代名人书林　王春渠编辑
上海　中华书局　民国二十一年［1932］影印本
线装

J0101918
当代名人书林　王春渠辑
上海　中华书局　民国二十三年［1934］影印本
有图

J0101919
观沧阁帖　（二卷）王潜刚书
上海　上海中国书店　民国二十一年［1932］
影印本　线装
　　　分二册。

J0101920
行书备要　童式规书
上海　吴门石雨夫　民国二十一年［1932］影印
本　23版　线装

J0101921
记汉居延笔　马衡撰；刘复写
西北科学考查团理事会　民国二十一年［1932］
影印本　有图
　　　中国近代汉字书法作品，卷轴装。撰者马衡
（1881—1955），金石学家、考古学家。

J0101922
金刚般若波罗蜜经　张志潭书
民国二十一年［1932］影印本　线装

J0101923
右任墨缘第一集　（二卷）于右任书
苏州　友声文艺社　民国二十一年［1932］影印
本　36cm（6开）线装　定价：大洋五元
　　　分一函二册。行款不一。作者于右任（1878—
1964），政治家、教育家、书法家。原名伯循，以
字行，号骚心。陕西三原县人。代表作品《右任
诗存》《右任文存》《右任墨存》《标准草书》等。

J0101924
朱买臣传　陆润庠书
北平　文成堂书帖庄　民国二十一年［1932］
石印本　线装

J0101925
潘龄皋太史手札　（二集）潘龄皋撰并书
群英书局　民国二十二年［1933］石印本　再版
线装
　　　分二册。作者潘龄皋（1867—1954），清末
民初著名书法家。字锡九，河北安新人。清光绪
二十年（1894年）中举人，后殿试中进士，授翰
林院编修，曾先后在甘肃任知县等。辛亥革命成
功后任甘肃省省长。1949年后任中央人民政府
军事委员会参议，中央文史馆馆员。代表作品
有《胡大川幻想诗》《南濠诗话》《又一村诗话》。

J0101926
平民千字帖　青年协会平民教育科编
上海　青年协会书局　1933年　13版　24页
18cm（15开）定价：大洋五分
　　　本书为毛笔字帖，分24课，每字均双钩为
空心字，并注明笔顺次序。

J0101927
钱士青都转六十自述诗拓本　钱士青撰
民国二十二年［1933］拓本　线装
　　　分二册。

J0101928
谭玉书习字帖　谭应麒书
民国二十二年［1933］影印本　线装

J0101929
藏斋居士临观海堂帖　赵元礼书
民国二十三年［1934］影印本　线装

J0101930
范字练习帖　（第二册）阮恺书写；徐晋编著
上海　儿童书局　1934年　30页　19cm（32开）
定价：一角二分
　　　本书为大楷，240字。

J0101931
康南海先生墨迹　康有为书；侠安居士编

马启新书局　民国二十三年［1934］影印本
线装

　　　　分四册。

J0101932
南皮张氏双烈女庙碑　华世奎书
北平　文成堂书帖庄　民国二十三年［1934］
影印本　线装

　　　　据华世奎手书稿影印。

J0101933
片玉碎金　江瀚辑
长汀江瀚　民国二十三年［1934］影印本　线装

J0101934
谭祖安先生书麻姑仙坛记　（唐）颜真卿撰；
谭延闿临
上海　商务印书馆　民国二十三年［1934］影印本
线装

　　　　分二册。

J0101935
新建西门外伯埧桥碑文　朱文熊撰；吴敬恒
篆额；谭泽闿书
上海　春华堂　民国二十三年［1934］影印本
有照片　线装

J0101936
总理遗墨　孙文撰并书
番禺叶恭绰　民国二十三年［1934］影印本
经折装

J0101937
［**陈幼孳润例**］　陈廷杰书
双建庵　民国二十四年［1935］影印本　线装
　　　中国近代书法作品。

J0101938
谛闲大师碑　释显觉撰；释了于书；释观澄篆额
上海　中华书局　民国二十四年［1935］影印本
线装

J0101939
金书小楷　金雪孙书
上海　中华书局　民国二十四年［1935］影印本

线装

J0101940
钱母戴太夫人墓志铭　吴士鉴撰；郑沅书
上海　上海大众书局　民国二十四年［1935］
影印本　经折装

J0101941
双建庵墨迹　陈廷杰书
双建庵　民国二十四年［1935］影印本　线装

J0101942
谭祖安庐山纪游墨迹　谭延闿撰并书
上海　商务印书馆　民国二十四年［1935］影印本
线装

　　　　作者谭延闿（1880—1930），政治家、书法
家、诗人。字组庵，号畏三，湖南茶陵人。曾任
国民政府主席、行政院长等职。代表作品《组庵
诗集》《慈卫室诗草》等。

J0101943
魏字中山先生史略　刘翼天集字
南京　正中书局　民国二十四年［1935］影印本
线装

J0101944
集隋志字陈英士先生传略　程振华集
南京　正中书局　民国二十五年［1936］影印本
线装

　　　　据民国二十五年（1936）拓本影印。

J0101945
集隋志字赵声先生传略　陈玉庠集
南京　正中书局　民国二十五年［1936］影印本
线装

　　　　据民国二十五年（1936）拓本影印。

J0101946
集魏志字陈敬岳先生传略　向景华集
南京　正中书局　民国二十五年［1936］影印本
线装

　　　　据民国二十五年（1936）拓本影印。

J0101947
集魏志字方声洞先生传略　古晓风集

南京 正中书局 民国二十五年［1936］影印本
线装
　　据民国二十五年（1936）拓本影印。

J0101948
集魏志字黄兴先生传略　陈学才集
南京 正中书局 民国二十五年［1936］影印本
线装
　　据民国二十五年（1936）拓本影印。

J0101949
集魏志字林文先生传略　朱其焱集
南京 正中书局 民国二十五年［1936］影印本
线装

J0101950
集魏志字史坚如先生传略　韩德溥集
南京 正中书局 民国二十五年［1936］影印本
线装
　　据民国二十五年（1936）拓本影印。

J0101951
集魏志字王昌先生传略　杨学求集
南京 正中书局 民国二十五年［1936］影印本
线装

J0101952
集魏志字温生才先生传略　王成康编
南京 正中书局 1936年 19页 19cm（32开）线装
定价：国币二角五分

J0101953
集魏志字温生才先生传略　王成康集
南京 正中书局 民国二十五年［1936］影印本
线装
　　据民国二十五年（1936）拓本影印。

J0101954
谭组庵墨迹　谭延闿书
上海 中华书局 民国二十五年［1936］影印本
线装
　　分二册。

J0101955
谭组庵论诗书手札　谭延闿撰并书

上海 中华书局 民国二十六年［1937］影印本
线装

J0101956
章式之先生临明征君碑　（唐）高正臣书；章
钰临
民国二十六年［1937］影印本 线装

J0101957
抱默老人遗墨　铁良书
民国二十七年［1938］影印本 线装

J0101958
青山农分书千文　黄葆钺书
长沙 商务印书馆 民国二十七年［1938］影印本
线装
　　作者黄葆钺（1880—1968），现代书法家、篆
刻家。字蔼农，小名破钵，别号青山农，青山下
村人。历任福建省图书馆馆长，上海文史馆首
批馆员。出版有《青山农篆书百家姓》《青山农
分书千字文》《青山农书画集》《暖日庐摹印集》
《青山农一知录》等。

J0101959
楹联大成钞　赵静香书
1938年

J0101960
正行草三体字典　朱心如编
上海 大众书局 1938年 177页［19cm］（32开）
　　本书为习字帖。书末附"行草秘诀""草诀
百韵歌"。

J0101961
行草集成　（二集）陈公哲编并书
上海 作者书社 民国二十八年［1939］石印本
线装
　　分二册。

J0101962
念中翰墨初集　吴念中书
上海 艺苑真赏社 民国三十年［1941］影印本
线装

J0101963
书影 （第1集）任杰生书
北平 华昌制版局 1941年 影印本［35］页 有像
28cm（16开）定价：国币二元五角
　　　本书为中国近代法帖，内收作者书写的横
幅、楹联32幅。

J0101964
草书礼部韵　郑孝胥书；刘苹漪释文
民国三十一年［1942］影印本 线装
　　　分二册。

J0101965
哲本月仪帖　（一卷，释文一卷）陈公哲书
中华书局 民国三十四年［1945］影印本 线装

J0101966
前赤壁赋草帖　宋福基书
民国三十五年［1946］影印本 线装

J0101967
高书小楷　高云塍书
上海 中华书局 民国三十六年［1947］石印本
18版 线装

J0101968
临标准草书千字文　于右任书
上海 正中书局 民国三十六年［1947］线装

J0101969
钱玄同先生遗墨　钱玄同书
民国三十六年［1947］影印本 线装

J0101970
印公遗墨　释印光撰并书
上海 印公永远纪念会 民国三十六年［1947］
影印本 有像 线装

J0101971
陈陶遗先生墨迹　陈公瑶书
合众图书馆 民国三十七年［1948］影印本 有像
线装

J0101972
李墨巢书张退庵墓表　李宣龚书
上海 商务印书馆 民国三十七年［1948］石印本
线装

J0101973
林屋山民送米图卷子　暴春霆辑
北平 暴春霆 民国三十七年［1948］影印本 有图
毛装

J0101974
吕母蔡太夫人墓志铭　谭延闿书
上海 商务印书馆 民国三十七年［1948］石印本
线装

J0101975
晋左太冲蜀都赋　丁孝虎书
民国 影印本 线装
　　　据民国十九年（1930）丁孝虎抄本影印。

J0101976
南通州费君鉴清小传　李详撰；郑孝胥书
民国 影印本 线装

J0101977
小辋川阁记　顾公毅撰；姜殿阳书
民国 影印本 线装

J0101978
歌颂毛主席小楷帖　张文藻书
北京 宝文堂 1950年 石印本 线装

J0101979
国父批牍墨迹　罗家伦主编
台北［台湾］文物供应社 1955年 影印本 218页
19cm（32开）定价：TWD10.00
　　　附录题：国父批牍墨迹有关大事年表。

J0101980
谭嗣同真迹　文操辑
上海 上海出版公司 1955年 影印本 166页
31cm（15开）精装 定价：CNY9.70

J0101981
建国大纲　（孙中山遗墨）孙文书；孙中山先
生诞辰九十周年纪念筹备委员会编
北京 人民美术出版社 1956年 影印本 14页

有照片　33cm（5开）线装　统一书号：8027.1164

J0101982
横眉冷对千夫指俯首甘为孺子牛
［南京］江苏文艺出版社　1959年　1［捲轴］
　　中国现代书法作品。

J0101983
鲁迅墨迹　（2）上海鲁迅纪念馆编
北京　文物出版社　1959年　定价：CNY0.30
　　中国现代书法作品。

J0101984
贵阳姚华茫父颖拓
［北京］中华书局　1960年　线装本

J0101985
悼杨铨　（鲁迅墨迹）
［上海］朵云轩　1962年

J0101986
弘一大师遗墨　释演音撰并书
上海　崇德丰子恺　1962年　影印本　线装

J0101987
鲁迅诗稿
上海　上海人民美术出版社　1962年　12张（套）
26cm（16开）定价：CNY1.60

J0101988
鲁迅墨迹　北京鲁迅博物馆编
北京　文物出版社　1963年　2版　19cm（32开）
甲种本　定价：CNY0.45

J0101989
国父墨宝　北方杂志社编辑
台北　文海出版社　1972年　影印本　有照片
19cm（32开）
（近代中国史料丛刊　第82辑　811-2）
　　本书由《国父墨宝》与吴砚云编辑的《黄留
守（兴）书牍》合订。

J0101990
黄留守(兴)书牍　吴砚云编辑
台北　文海出版社　1972年　影印本　有照片

19cm（32开）
（近代中国史料丛刊　第82辑　811-2）

J0101991
横眉冷对千夫指俯首甘为孺子牛　（鲁迅先
生书联）鲁迅［写］
［北京］荣宝斋［印制］1975年［2轴］
定价：CNY9.00
　　本书联是木版水印绫裱立轴。作者鲁迅
（1881—1936），中国现代文学家、思想家。生于
浙江绍兴，祖籍河南汝南县。原姓周，幼名樟寿，
字豫山，后改为豫才，青年以后改名树人。公费
留学日本，五四新文化运动的重要参与者。发表
中国史上第一篇白话小说《狂人日记》，代表作还
有小说集《呐喊》《彷徨》，杂文集《华盖集》《三
闲集》等。著作收入《鲁迅全集》。

J0101992
鲁迅墨迹　（《亥年残秋偶作》绫裱立轴）
上海　上海书画社　1975年［1轴］

J0101993
横眉冷对千夫指俯首甘为孺子牛
鲁迅［书］
［长沙］湖南人民出版社　1976年［1张］
54cm（4开）定价：CNY0.14
　　中国现代书法作品。

J0101994
鲁迅诗稿《无题》　（之一）
上海　上海书画社　1976年［1张］78cm（2开）
定价：CNY0.10
　　中国现代书法作品。

J0101995
鲁迅诗稿《无题》　（之二）
上海　上海书画社　1976年［1张］78cm（2开）
定价：CNY0.10
　　中国现代书法作品。

J0101996
近代碑帖大观　文史哲出版社编辑部编辑
台北　文史哲出版社　1977年　2册（640页）
26cm（16开）精装　定价：TWD1600.00

J0101997

鲁迅诗稿《无题》

上海　上海书画出版社　1978 年　78×36cm

定价：CNY0.10

　　本画册内容：万家墨面没蒿莱，敢有歌吟动地哀。心事浩茫连广宇，于无声处听惊雷。

J0101998

近代名人翰墨　杨葆光等书

台北　文海出版社　1979 年　影印本　419 页　21cm（32 开）精装

（近代中国史料丛刊续编　第六十三辑　630）

　　中国近代名人法书。

J0101999

吴昌硕石鼓文墨迹　吴昌硕书；上海书画出版社编辑

上海　上海书画出版社　1979年　43 页　38cm（6开）

统一书号：7172.108　定价：CNY2.00

（历代法书萃英）

　　"石鼓文"亦称"猎碣"，记述秦国君游猎之事，在 10 个鼓形石上，用籀文分刻 10 首为一组的四言韵文，是中国现存最早的石刻文字，其书法为历代书家所重视。本册墨本是近代书画篆刻家吴昌硕 64 岁时为友人临书。

J0102000

楷书间架结构帖　（清）黄自元书

成都　四川人民出版社　1980 年　25 页　19cm（32 开）

统一书号：8118.644　定价：CNY0.22

　　作者黄自元（1837—1918），清末书法家、实业家。字敬舆，号澹叟，湖南安化县龙塘乡人，著有《间架结构九十二法》《黄自元临九成宫》。

J0102001

吴昌硕行书字帖　吴昌硕书

杭州　西泠印社　1981 年　12 页　26cm（16 开）

统一书号：8191.104　定价：CNY0.32

J0102002

黄自元楷书帖　（清）黄自元书

长沙　湖南美术出版社　1982 年　22cm（30 开）

统一书号：8233.316　定价：CNY0.76

　　本书选印黄自元的《九成宫》和《间架结构贴》两种楷书字帖。

J0102003

章太炎篆书千字文　章太炎书

上海　上海书画出版社　1982 年　84 页　39cm（4 开）

统一书号：7172.171　定价：CNY3.50

　　本帖系章丙麟为教其儿孙学篆所书。

J0102004

章太炎自写诗稿　章太炎书

济南　齐鲁书社　1982 年　影印本　39cm（4 开）

统一书号：8206.49　定价：CNY0.75

　　本书是章太炎 1916 年以后所作诗稿，共 30余首。

J0102005

康有为先生墨迹　（一）康有为书；申松欣，李国俊同编

郑州　中州书画社　1983 年　82 页　27cm（16 开）

统一书号：8219.371（1）定价：CNY5.20

　　作者康有为（1858—1927），中国近代思想家、政治家、书法家。原名祖诒，字广厦，号长素，又号更生。广东南海县人，清光绪年间进士。代表作品《新学伪经考》《孔子改制考》《人类公理》《广艺舟双楫》《康子篇》等。

J0102006

康有为先生墨迹　（二）康有为书；申松欣，李国俊同编

郑州　中州书画社　1983 年　131 页　27cm（大16 开）

统一书号：8219.372（2）定价：CNY7.60

　　康有为的书体，从碑刻中汲取丰富的营养，他涵泳沉潜，创造出独特的魏碑行楷——康南海体。其书法初学欧、赵，又学苏、米，学帖二十余载，后学邓石如、张裕钊、伊秉绶。

J0102007

康有为先生墨迹　（三）康有为书；申松欣，李国俊同编

郑州　中州书画社　1985 年　96 页　27cm（16 开）

统一书号：8386.246（3）定价：CNY6.00

J0102008

鲁迅诗　（无题）鲁迅书

武汉　长江文艺出版社　1983 年　76cm（2 开）

定价：CNY1.10

　　本作品是中国现代书法。

J0102009

石鼓文 （1984 ＜农历甲子年＞年历）吴昌硕书
北京 人民美术出版社 1983 年 1 张 78cm（2 开）
定价：CNY0.27

　　1984 年历书，中国近代汉字书法作品。

J0102010

近代法书扇集 荣宝斋著
北京 荣宝斋 1984 年 62 幅 18cm（15 开）
统一书号：8030.1332 定价：CNY2.70

　　本书选编了近代 50 多位著名金石家、书法
家和画家所书的扇面真迹共 62 面，包括吴昌硕、
王福厂、溥心畬、齐白石以及十多位翰林的墨
迹，书体有篆书、隶书、草书、楷书。

J0102011

南海康先生法书 荣宝斋著
北京［荣宝斋］[1984 年] 62 幅 18cm（小 32 开）
统一书号：8030.1332 定价：CNY2.70

J0102012

吴昌硕书法字典 郑佐时编
香港 万里书店 1984 年 564 页 20cm（32 开）
ISBN：962–14–0043–0 定价：HKD50.00

J0102013

吴昌硕作品集 （书法篆刻）吴昌硕等书
杭州 西泠印社 1984 年 37cm（8 开）精装
统一书号：8081.13029 定价：CNY35.00

　　本作品分上、下二册，上册为绘画，下册为
书法篆刻。本册收录书法 58 幅，篆刻 700 余方（包
括款识），书法中楷、行、篆、隶俱全，还有临石
鼓多幅。

J0102014

潘龄皋行书四种 潘龄皋著
天津 天津市古籍书店 1985 年 26cm（16 开）
定价：CNY0.90

　　中国近代行书书法，根据 1934 年文成堂本
重印。作者潘龄皋（1867—1954），清末民初著
名书法家。字锡九，河北安新人。清光绪二十年
（1894 年）中举人，后殿试中进士，授翰林院编
修，曾先后在甘肃任知县等。辛亥革命成功后任
甘肃省省长。1949 年后任中央人民政府军事委
员会参议、中央文史馆馆员。代表作品有《胡大
川幻想诗》《南濠诗话》《又一村诗话》。

J0102015

宋伯鲁书淳化阁帖 宋伯鲁书；张鸣铎校释
太原 三秦出版社 1985 年 影印本 26cm（16 开）
统一书号：70388.024 定价：CNY2.30

　　据陕西省师范大学图书馆供稿影印的现代
中国章草法帖。

J0102016

楹联墨迹选集
北京 荣宝斋 1985 年 116 页 26×15cm
统一书号：80030.1372 定价：CNY2.10

　　本书选编近代名家撰写的楹联，110 多对，
包括篆、隶、楷、行、草各体。

J0102017

于右任书李雨田先生墓表 于右任书；陕西
省地方志编纂委员会编
西安 三秦出版社 1985 年 24 页 37cm 线装
统一书号：70388.018 定价：CNY1.92

J0102018

于右任书墓志墓表 （二十一件）于右任书；
陕西省地方志编纂委员会编
陕西 三秦出版社 1985 年 影印本 出版说明 1 册
线装 定价：CNY37.99

　　分二十一册。

J0102019

于右任书墓志墓表选辑 于右任书；陕西省
地方志编纂委员会编
［西安］三秦出版社 1985 年 影印本 3 册
出版说明及目录 4 页 线装 定价：CNY37.99

J0102020

于右任书墓志墓表选辑 于右任书；陕西省
地方志编纂委员会编
西安 三秦出版社 1985 年 1 函 21 册 38cm（6 开）
线装 定价：CNY37.99

　　本书选收于右任先生手书墓志和墓表 21 件，
从 1919 年至 1947 年。包括文和书写的楷书、
行书、草书，反映了作者各个时期的书法艺术
成就。

J0102021

复公墨宝　王咸熙书

1986 年　影印本　线装

　　据王氏手稿影印。

J0102022

近代碑帖大观　（第一集）天津市古籍书店影印

天津　天津市古籍书店　1986 年　影印本　294 页

10cm（64 开）定价：CNY3.80

J0102023

近代碑帖大观　（第二集）天津市古籍书店影印

天津　天津市古籍书店　1986 年　影印本　300 页

10cm（64 开）定价：CNY3.85

J0102024

近代碑帖大观　（第四集）天津市古籍书店影印

天津　天津市古籍书店　1986 年　影印本　290 页

10cm（64 开）定价：CNY3.80

J0102025

吴昌硕篆书修震泽许塘记　（清）吴昌硕书

上海　上海书店　1986 年　1 册　35cm（8 开）

定价：CNY0.90

　　中国清代篆书法帖。

J0102026

弘一大师遗墨　（释）弘一书；夏宗禹编著

北京　华夏出版社　1987 年　239 页　有冠图

31cm（15 开）ISBN：7-80053-049-3

定价：CNY23.00

　　本书分弘一大师遗墨选、李息翁临古法帖、李叔同诗词、美术、戏剧、音乐、金石剪集和附录四部分。前三部分介绍弘一大师遗墨精品，共206 帧，第四部分介绍大师生平事迹和艺术成就。作者弘一（1880—1942），音乐家、美术教育家、书法家、戏剧活动家。俗名李叔同，我国近代佛教律宗的高僧，曾任浙江省立第一师范学校音乐、图画教师。代表作品有《送别》《南京大学校歌》《三宝歌》等。

J0102027

弘一大师遗墨　李叔同书；夏宗禹编

北京　华夏出版社　1987 年　239 页　有画像

32cm（10 开）精装　ISBN：7-80053-049-3

定价：CNY30.00

J0102028

华世奎书墓志表集

天津　天津市古籍书店　1987 年　1 函（10 册）

26cm（16 开）定价：CNY158.00

　　本套书内容包括任宾卿墓表、刘凤翰墓志铭、林墨青碑记、生裕性墓表、史履晋神道碑铭、张文襄公遗爱碑，徐母刘太夫人墓表，李子香墓志铭南皮张氏两烈女碑、吴墨宾墓志铭共十册。

J0102029

华世奎书双烈女碑　华世奎书

天津　天津市古籍书店　1988 年　影印本　64 页

26cm（16 开）定价：CNY1.50

　　中国近代楷书碑帖。作者华世奎（1863—1942），书法家。字思闿，璧臣，天津人。

J0102030

华世奎书周代祠堂记　华世奎书；天津市古籍书店编辑室选编

天津　天津市古籍书店　1988 年　影印本　41 页

26cm（16 开）定价：CNY0.90

　　中国近代楷书碑帖。

J0102031

近代碑帖大观　烟水山民选辑

北京　中国书店　1988 年　2 册（600 页）26cm（16 开）

ISBN：7-80568-033-7　定价：CNY18.00

J0102032

王世镗先生翰墨　王世镗书；陕西省汉中地区书法学会，陕西省汉中博物馆编

西安　陕西人民美术出版社　1988 年　82 页

有肖像　33×19cm（10 开）

ISBN：7-5368-0055-X　定价：CNY5.30

　　本书共选作者作品44 件，其中楷书14 件，行书5 件，草书25 件。作者王世镗（1868—1933），书法家。字鲁生，号积铁子、积铁老人。天津人，代表作品有《书诀》《论草书今章之故》等。

J0102033

吴昌硕临石鼓文墨迹　吴昌硕书；上海人民美术出版社编辑

上海 上海人民美术出版社 1988 年 41 页
34cm（6 开）ISBN：7-5322-0169-4
定价：CNY1.80
（国外所藏书法精品丛书）

J0102034
曾熙书兴学碑记 （清）曾熙书
武汉 武汉古籍书店 1989 年 影印本 26cm（16 开）
定价：CNY0.85
中国清代楷书书法作品。作者曾熙（1861—1930），晚清著名书法家、画家、教育家。字季子，又字嗣元，更字子缉，号俟园，晚年自号农髯。出生于湖南衡阳市。作品有《夏承碑》《华山碑》《张黑女》等。

J0102035
民国书法 王朝宾主编
郑州 河南美术出版社 1989 年 266 页
29cm（16 开）精装 ISBN：7-5401-0050-8
定价：CNY24.50
本书收录包括中堂、条屏、横批、扇面、对联、书札及文稿等民国时期 266 位书法家的 350 余件作品。反映一个时代的书法水平。首次提出民国书法"尚势"的观点，表现出一种激情奔放，气势雄远的精神力量。

J0102036
谭书《颜真卿麻姑仙坛记》选字本 谭延闿书
福州 海峡文艺出版社 1989 年 45 页 31×16cm
ISBN：7-80534-155-9 定价：CNY1.85
本书为中国现代楷书书法作品。作者谭延闿（1880—1930），政治家、书法家、诗人。字组庵，号畏三，湖南茶陵人。曾任国民政府主席、行政院长等职。代表作品《组庵诗集》《慈卫室诗草》等。

J0102037
吴昌硕书石鼓文精品 吴昌硕书
上海 上海书店 1989 年 1 册 38cm（6 开）
ISBN：7-80569-042-1 定价：CNY7.50

J0102038
郑孝胥书叙古千文 郑孝胥书
天津 天津市古籍书店 1989 年 128 页
26cm（16 开）定价：CNY4.80

（历代碑帖集萃）
本书是中国近代行楷书法作品。作者郑孝胥（1860—1938），书法家。字太夷，号苏勘。福建闽侯人。代表作品有《海藏楼诗集》等。

J0102039
弘一大师书信手稿选集 李叔同书；刘雪阳，丰一吟编
上海 上海书画出版社 1990 年 影印本
30cm（15 开）线装 ISBN：7-80512-369-1
定价：CNY69.00
本书系李叔同，刘雪阳、丰一吟编李叔同手稿书信集影印本。作者李叔同（1880—1942），即弘一法师，音乐家、美术教育家、书法家、戏剧活动家。我国近代佛教律宗的高僧，曾任浙江省立第一师范学校音乐、图画教师。代表作品有《送别》《南京大学校歌》《三宝歌》等。编者丰一吟（1929—　），女，画家、翻译学家。浙江崇德县（今桐乡市石门镇）人。其父是著名画家丰子恺。毕业于中苏友协俄文学校。上海市文史研究馆馆员、丰子恺研究会顾问、上海翻译家协会会员。主要著作有《潇洒风神－我的父亲丰子恺》《丰子恺漫画全集》《爸爸的画》等。

J0102040
华世奎先生大小楷 华世奎书
天津 天津人民美术出版社 1990 年 24 页
26cm（16 开）ISBN：7-5305-0210-7
定价：CNY2.60
作者华世奎（1861—1941）著名书法家。

J0102041
津门华世奎孝经帖 华世奎书
合肥 安徽美术出版社 1990 年 35cm（15 开）
ISBN：7-5398-0090-9 定价：CNY7.40
作者华世奎（1863—1942），字思陌，璧臣，天津市人，著名书法家。

J0102042
近代碑帖大观 （第一集）天津市古籍书店影印
天津 天津市古籍书店 1990 年 影印本 重印
294 页 10cm（64 开）定价：CNY7.80

J0102043
近代碑帖大观 （第四集）

天津 天津市古籍书店 1990年 影印本 重印本
290页 10cm（64开）定价：CNY7.70

J0102044
近代名人书林　王春渠编
天津 天津市古籍书店 1990年 62页 33cm（5开）
定价：CNY4.80

J0102045
写字　（黄自元楷书帖）黄自元书
长沙 湖南美术出版社 1990年 1册 26cm（16开）
ISBN：7-5356-0336-X 定价：CNY0.82

J0102046
张伯英先生书法选辑　张伯英书；徐州博物
馆主编
北京 北京燕山出版社［1991年］26cm（16开）
ISBN：7-5402-0408-7 定价：CNY23.00
　　本书收录作者书法 30 余件，印钤近百，书
以北碑为宗，遂以"彭城书体"名于当世。作者
张伯英（1871—1949），字勺圃，晚号东涯老人，
江苏铜山人。中国近代著名书法家。

J0102047
陈少白诗词书法集　外海陈少白纪念馆编
1992年 90页 有图 19cm（小32开）

J0102048
近代名人手札精选　陈善伟，王尔敏编
香港 中文大学出版社 1992年 159页 有图
30cm（10开）精装 ISBN：962-201-401-1
定价：HKD350.00
　　外文书名：Letters of Prominent Figures in
Modern China.

J0102049
李叔同书法碑林画集　天津市李叔同研究会编
天津 天津人民美术出版社 1992年 48页
26cm（16开）ISBN：7-5305-0326-X
定价：CNY4.80

J0102050
谭延闿临大字麻姑仙坛记　谭延闿书
上海 上海书店 1992年 26cm（16开）
ISBN：7-80569-497-4 定价：CNY4.50

（中国历代法书自习范本）

J0102051
吴昌硕书法字典　吴昌硕书；（日）松清秀仙编
北京 中国青年出版社 1992年 635页
20cm（32开）精装 ISBN：7-5006-1320-2
定价：CNY21.00
　　整理清末民初吴昌硕的字，以康熙字典的字
头排列顺序为准。每字按楷、行、草、隶、篆的
顺序排列。

J0102052
慈首公遗墨　（陈思书法选）陈思书；陈太一编
西安 西安电子科技大学出版社 1993年
26cm（16开）ISBN：7-5606-0251-7
定价：CNY5.00
　　作者陈思，南宋著作家。临安（今浙江杭州）
人。著有《宝刻丛编》《海棠谱》《书小史》《书苑
精华》《两宋名贤小集》《小字录》等。

J0102053
弘一法师书法集　（释）弘一书；上海书画出
版社编
上海 上海书画出版社 1993年 有照片
38cm（6开）精装 ISBN：7-80512-772-7
定价：CNY148.00
　　本书分：直幅、横披·横卷、楹联、条屏、信
札、册页·手稿 6 部分，共 142 件书法作品。

J0102054
华世奎书法选　华世奎书；中国历代书法名
作系列丛书编辑组编
深圳 海天出版社 1993年 影印本 95页
26cm（16开）ISBN：7-80542-566-3
定价：CNY5.60
（中国历代书法名作系列丛书 第三辑）

J0102055
潘龄皋论诗繁体中号行书字帖　潘龄皋书
北京 中国物资出版社 1993年 20页 26cm（16开）
ISBN：7-5047-0464-4 定价：CNY2.00
　　作者潘龄皋，清末民初著名书法家。作者潘
龄皋（1867—1954），清末民初著名书法家。字锡
九，河北安新人。清光绪二十年（1894年）中举人，
后殿试中进士，授翰林院编修，曾先后在甘肃任

知县等。辛亥革命成功后任甘肃省省长。1949年后任中央人民政府军事委员会参议、中央文史馆馆员。代表作品有《胡大川幻想诗》《南濠诗话》《又一村诗话》。

J0102056

吴昌硕临石鼓文精品选　　吴昌硕书；王宏编
天津　天津市古籍书店　1993 年　影印本　160 页
26cm（16 开）定价：CNY11.50

本书选入书法篆刻家卢善启所藏的吴氏临《石鼓文》4 种。

J0102057

张謇书法选　　中华工商联合出版社编
北京　中华工商联合出版社　1993 年　138 页
26cm（16 开）精装　ISBN：7-80100-002-1
定价：CNY25.50

J0102058

张謇书法选　　［张謇书］
北京　中华工商联合出版社　1993 年　138 页
26cm（16 开）ISBN：7-80100-021-8
定价：CNY20.50

张謇（1853—1926），字季直，号啬庵，汉族，祖籍江苏常熟，生于江苏省海门市长乐镇（今海门市常乐镇）。清末状元，中国近代实业家、政治家、教育家，主张"实业救国"。中国棉纺织领域早期的开拓者，上海海洋大学创始人。

J0102059

吴昌硕、王福庵书《西泠印社记》　　吴昌硕，王福庵书；余正，吴莹编
杭州　西泠印社　1994 年　影印本　52 页
25cm（小 16 开）ISBN：7-80517-103-3
定价：CNY3.00

J0102060

吴昌硕书札选粹　　吴昌硕书
北京　荣宝斋出版社　1994 年　63 页　33cm
ISBN：7-5003-0271-1　定价：CNY9.80
（荣宝斋珍藏墨迹精选）

J0102061

吴昌硕早期诗稿手迹两种　　吴昌硕撰
杭州　西泠印社　1994 年　影印本　线装

ISBN：7-80517-158-0　定价：CNY180.00
分二册。

J0102062

吴昌硕篆书修震泽许塘记　　吴昌硕书
杭州　西泠印社　1994 年　35cm（15 开）
ISBN：7-80517-141-6　定价：CNY8.80

J0102063

小篆千字文　　［人民美术出版社编辑室编］
北京　人民美术出版社　1994 年　影印本　116 页
20cm（32 开）ISBN：7-102-01429-5
定价：CNY4.00

J0102064

于右任先生手札　　（一卷）中国标准草书学社，中国第二历史档案馆辑
杭州　西泠印社　1994 年　影印本　有像　线装
ISBN：7-80517-156-4　定价：CNY184.00

据民国间稿本影印。

J0102065

藏园老人遗墨　　傅增湘书
北京　印刷工业出版社　1995 年　79 页　有画像
29cm（16 开）ISBN：7-80000-187-3
定价：CNY45.00

作者傅增湘（1872—1949），收藏家。字沅叔，号藏园，四川江安人。曾任河北提学史，教育总长。著有《藏园瞥目》《藏园东游别录》《双鉴楼杂咏》等。

J0102066

缶庐翰墨　　［吴昌硕书］；上海书店出版社［编］
上海　上海书店出版社　1995 年　影印本　115 页
38×27cm　精装　ISBN：7-80569-928-3
定价：CNY250.00

J0102067

弘一法师佛联墨宝　　弘一法师作
台北县　世界佛教出版社　1995 年　有图
21cm（32 开）

作者弘一（1880—1942），音乐家、美术教育家、书法家、戏剧活动家。俗名李叔同，我国近代佛教律宗的高僧，曾任浙江省立第一师范学校音乐、图画教师。代表作品有《送别》《南京大学

校歌》《三宝歌》等。

J0102068

梁启超题跋墨迹书法集　梁启超书；冀亚平等编

北京　荣宝斋出版社　1995 年　277 页

28cm（大 16 开）精装　ISBN：7-5003-0298-3

定价：CNY66.00

作者梁启超（1873—1929），中国近代政治家、教育家、史学家、文学家。字卓如，号任公，别署饮冰室主人。著有《变法通议》《饮冰室合集》等。

J0102069

二十世纪书法经典　（康有为卷）康有为书；朱兴华，魏清河主编

广州　广东教育出版社　1996 年　142 页　37cm

精装　ISBN：7-5406-3681-5

本书与河北教育出版社合作出版。

J0102070

二十世纪书法经典　（郑孝胥卷）郑孝胥书；古泥等主编

广州　广东教育出版社　1996 年　14+120 页　有照片

37cm　精装　ISBN：7-5406-3678-5

本书与河北教育出版社合作出版。主编古泥（1964—　），艺术家。别署卜屋，河北迁安县人。国家一级美术师。出版作品有《当代青年篆刻家精品选集：古泥》。

J0102071

二十世纪书法经典　（李叔同卷）李叔同书；柯文辉，刘雪阳主编

石家庄　河北教育出版社　1996 年　134 页　37cm

精装　ISBN：7-5434-2659-5

本书与广东教育出版社合作出版。

J0102072

二十世纪书法经典　（沈曾植卷）沈曾植书；王镛主编

石家庄　河北教育出版社　1996 年　20+123 页

有照片　37cm　精装　ISBN：7-5434-2661-7

作者沈曾植（1850—1922），学者、诗人、书法家。字子培，号乙庵，清末浙江嘉兴人，精于史学掌故和书法。代表作品有《元秘史笺注》《蒙古源流笺证》等，编著有《海日楼题跋》《淳化阁帖》等。主编王镛（1948—　），别署凸斋、鼎楼主人等。生于北京，山西太原人。硕士毕业于中央美术学院。历任中央美术学院教授、书法艺术研究室主任、中国书法家协会篆刻艺术委员会副主任。

J0102073

二十世纪书法经典　（吴昌硕卷）吴昌硕书；朱培尔主编

石家庄　河北教育出版社　1996 年　12+140 页

有照片　37cm　精装　ISBN：7-5434-2720-6

本书与广东教育出版社合作出版。主编朱培尔（1962—　），书法家、国家一级美术师。生于江苏无锡。中国书协会员、西泠印社社员、《中国书法》执行编辑、主编助理，中国书协篆刻艺术专业委员会秘书长。出版有《朱培尔作品集》《当代青年篆刻家精选集：朱培尔》。

J0102074

弘一法师翰墨因缘　雄狮美术编

台北　雄狮图书公司　1996 年　211 页　26cm（16 开）

ISBN：957-8980-49-3　定价：TWD320.00

（雄狮丛书 06-037）

J0102075

弘一法师手书印光嘉言集　（释）弘一书；江苏广陵古籍刻印社文化艺术部编

扬州　江苏广陵古籍刻印社　1996 年　影印本　有像

经折装

据民国三十一年（1942）稿本影印。

J0102076

黄自元临九成宫楷书字帖　乐泉编

南京　江苏美术出版社　1996 年　26cm（16 开）

经折装　ISBN：7-5344-0564-5　定价：CNY3.90

（历代名碑名帖选字本）

编者乐泉（1950—2019），书法家。号拓园，万千莲花斋，生于江苏南京。历任中国艺术研究院中国书法院研究员、中国书协会员、中华诗词学会会员。出版有《乐泉书法集》《当代书法家精品集——乐泉卷》《中国名画家精品集——乐泉卷》《当代画坛六人之约》等。

J0102077

鲁迅墨宝真迹　鲁迅撰并书；肖振鸣编
北京　学苑出版社 1996 年　影印本　有图及像
线装　ISBN：7-5077-1203-6　定价：CNY780.00
　　　分四册。据清光绪二十九年（1903）至民国
二十五年（1936）稿本影印。

J0102078

民国名人手迹　上海市档案馆编
上海　上海书画出版社 1996 年　412 页
38cm（8 开）精装　ISBN：7-80512-746-8
定价：CNY550.00

J0102079

孙中山手书碑刻　高斯等主编；孙中山纪念
馆编
南京　江苏人民出版社 1996 年　30 页　有照片
37cm　ISBN：7-214-01665-6　定价：CNY30.00

J0102080

吴昌硕临石鼓文　吴昌硕书
杭州　西泠印社 1996 年　38 页　35cm（15 开）
ISBN：7-80517-202-1　定价：CNY9.60
（西泠印社法帖丛编）
　　　外文书名：Inscription on Drum-Shaped Stone
Blocks, A Copy by Wu Changshuo.

J0102081

章太炎篆书墨迹　章太炎作
台北　联经出版事业公司 1996 年　102 页
30cm（10 开）ISBN：957-08-1522-1
定价：TWD450.00

J0102082

康有为书法精选　（清）康有为书；解纪等选辑
北京　当代中国出版社 1997 年　314 页
26cm（16 开）ISBN：7-80092-601-X
定价：CNY23.00
（历代名家书法荟萃）

J0102083

郑孝胥书法精选　郑孝胥书；解纪等选辑
北京　当代中国出版社 1997 年　314 页
26cm（16 开）ISBN：7-80092-603-6
定价：CNY23.00

（历代名家书法荟萃）

J0102084

阿弥陀经普门品般若心经　（一卷）（释）弘
一书
华宝斋古籍书社 1998 年　影印本　有图及像　线装
　　　据抄本影印。

J0102085

北京大学名人手迹　梁惠陵编
北京　北京大学出版社 1998 年　162 页　有肖像
29cm（16 开）ISBN：7-301-03634-5
定价：CNY55.00

J0102086

弘一大师写经集　（四种）（释）弘一书
华宝斋古籍书社 1998 年　影印本　有图及像　线装
ISBN：7-962-7989-16-9
定价：CNY350.00（全套）
　　　分四册。据抄本影印。

J0102087

弘一法师书札　（一卷）（释）弘一撰并书
扬州　江苏广陵古籍刻印社 1998 年　影印本　线装
ISBN：7-60101-260-3　定价：CNY90.00
　　　白口四周单边单鱼尾。

J0102088

华严集联三百　（一卷）（释）弘一书
华宝斋古籍书社 1998 年　影印本　有图及像　线装
　　　据抄本影印。

J0102089

金刚般若波罗蜜经　（一卷）（释）弘一书
华宝斋古籍书社 1998 年　影印本　有图及像　线装
　　　据抄本影印。

J0102090

近代名家书法大成　《近代名家书法大成》编
纂委员会编
上海　上海书画出版社 1998 年　4 册
38cm（6 开）精装　ISBN：7-80635-200-7
定价：CNY880.00（全套）

J0102091

吴昌硕临石鼓文及其笔法　许枚编著
杭州 西泠印社 1998年 100页 26cm（16开）
ISBN：7-80517-319-2 定价：CNY15.00

J0102092

药师本愿功德经　（一卷）（释）弘一书
华宝斋古籍书社 1998年 影印本 有图及像 线装
　　据抄本影印。

J0102093

'99上海市书法篆刻系列大展　（1 上海近
现代书法名家作品集）上海市书法家协会编
上海 上海书画出版社 1999年 120页
28cm（大16开）ISBN：7-80635-541-3
定价：CNY128.00
　　本书收入了上海市近现代书法名家的作品，
其中包括：吴昌硕、汪洵、郑孝胥、王同愈、章太
炎、王震、于右任、张大千、舒同等。

J0102094

弘一法师手书嘉言集联　弘一书
北京 荣宝斋出版社 1999年 182页
28cm（大16开）ISBN：7-5003-0425-0
定价：CNY38.00
　　作者弘一（1880—1942），音乐家、美术教育
家、书法家、戏剧活动家。俗名李叔同，我国近
代佛教律宗的高僧，曾任浙江省立第一师范学校
音乐、图画教师。代表作品有《送别》《南京大学
校歌》《三宝歌》等。

J0102095

近现代名家丛帖　上海书画出版社编
上海 上海书画出版社 1999年 33cm

J0102096

沈曾植书册　沈曾植书；上海书画出版社编
上海 上海书画出版社 1999年 20页 33cm
ISBN：7-80635-340-2 定价：CNY6.00
（近现代名家丛帖）

J0102097

吴昌硕书札　吴昌硕书；上海书画出版社编
上海 上海书画出版社 1999年 32页 33cm
ISBN：7-80635-338-0 定价：CNY8.00

（近现代名家丛帖）
　　作者吴昌硕（1844—1927），晚清民国时期国
画家、书法家、篆刻家。原名俊，俊倾，字昌硕。
浙江安吉人。代表作品有《瓜果》《灯下观书》《姑
苏丝画图》等，出版有《吴昌硕画集》《吴昌硕作
品集》《苦铁碎金》《缶庐近墨》《吴苍石印谱》
《缶庐印存》等。

J0102098

郑文焯书风　郑文焯书；郭伟主编
重庆 重庆出版社 1999年 40页 29cm（16开）
ISBN：7-5366-4437-X 定价：CNY25.00
（中国历代书风系列）

现代书法作品

（包括外国人的汉字书法作品）

J0102099

大陆陈迹　姜超岳编
［1900—1981年］影印本 74页 26cm（16开）

J0102100

总理手书建国大纲　孙文绘
［民国］37cm（8开）折精装

J0102101

桂林书法篆刻选　桂林市书法篆刻研究组，
桂林市七星美术工艺厂编
桂林 桂林市书法篆刻研究组［1950—1999年］
26cm（16开）
　　本书系桂林市书法篆刻研究组、桂林市七星
美术工艺厂编中国现代法书、篆刻选集。本书与
桂林市七星美术工艺厂合作出版。

J0102102

正草棣篆四体百家姓
北京［曲阜县文物管理委员会］［1950—1959年］
20cm（32开）

J0102103

秋明室杂诗　（一卷）沈尹默撰并书
1951年 影印本 线装
　　本书由《秋明室杂诗一卷》《秋明长短句一

卷》沈尹默撰并书合订。作者沈尹默（1883—1971），学者、诗人、书法家、教育家。出生于陕西汉阴，祖籍浙江吴兴。初名君默、字中、号秋明。曾任北京大学文学教授、河北省教育厅厅长、中法文化交流出版委员会主任、上海市文联副主席、上海市文管会会员、上海中国书法篆刻研究会主任等职。代表作有《沈尹默手稿墨迹》《二王法书管窥》《历代名家学书经验谈辑要释义》。

J0102104

秋明长短句 （一卷）沈尹默撰并书

1951年　影印本　线装

　　本书由《秋明室杂诗一卷》《秋明长短句一卷》沈尹默撰并书合订。

J0102105

正草棣篆四体百家姓

北京　文达书局　1953年　4版　12页　18cm（15开）

定价：旧币500元

J0102106

四体百家姓

北京　文达书局　1954年　20页　26cm（16开）

定价：CNY400.00

　　中国现代四体书法。

J0102107

常用字帖　潘伯鹰写

上海　上海文化出版社　1955年　影印本　44页

22cm（30开）定价：CNY0.17

　　作者潘伯鹰（1904—1966），书法家、诗人、小说家。安徽怀宁人。原名式，字伯鹰，后以字行，号兔公有发翁，别署孤云。小说作品有《人海微澜》《隐刑》《寒安五记》等。论著有《书法杂论》《中国的书法》《中国书法简论》。作品出版有《潘伯鹰行草墨迹》等。

J0102108

简化汉字帖　（第一本）群益堂［编］

汉口　群益堂　1955年　石影本　20cm（32开）

定价：CNY0.08

　　本书未标注第一本，可视为第一本。

J0102109

简化汉字帖　（第二本）群益堂［编］

汉口　群益堂　1956年　影印本　20cm（32开）

统一书号：T7108.1　定价：CNY0.08

J0102110

简化汉字帖　（第三本）群益堂［编］

汉口　群益堂　1956年　石影本　11页　20cm（32开）

统一书号：T7108.3　定价：CNY0.07

J0102111

简化汉字帖　（第一本）江苏人民出版社编辑

南京　江苏人民出版社　1956年　影印本　23页

13×19cm　统一书号：T7100.261　定价：CNY0.08

J0102112

怡堂书谱　怡堂著

怡堂［1956年］

J0102113

简化汉字帖　（第二本）江苏人民出版社编辑

南京　江苏人民出版社　1957年　影印本　35页

13×19cm　统一书号：T7100.348　定价：CNY0.10

J0102114

毛主席词　（沁园春 雪）

北京　人民出版社　1959年　定价：CNY0.80

J0102115

毛主席诗词二十一首　毛泽东著；中国民主同盟中央委员会；沈钧儒书

北京　人民美术出版社　1961年　影印本　［12］页

44cm（9开）线装　定价：CNY5.00

　　作者毛泽东（1893—1976），中国人民的领袖，伟大的马克思主义者，无产阶级革命家、战略家和理论家，中国共产党、中国人民解放军和中华人民共和国的主要缔造者和领导人，诗人、书法家。湖南湘潭人。字润之（原作咏芝，后改润芝），笔名子任等。毕业于湖南省立第一师范学校。1949至1976年担任中华人民共和国最高领导人。代表作有《毛泽东选集》《毛泽东诗词选》《湖南农民运动考察报告》等。

J0102116

毛主席诗词二十一首祝贺中国共产党四十

周年 （一卷）毛泽东著；中国民主同盟中央委员会编；沈钧儒书
北京 人民美术出版社 1961 年 影印本 1 册 14 叶 44cm（9 开）线装 定价：CNY5.00
　　半叶无框无竖栏行款不一。

J0102117
司甯春篆隶书诗艸　司甯春编
中华书国 1961 年

J0102118
习字帖　程世本写
福州 福建人民教育出版社 1961 年 石印本 24 页 13×19cm（32 开）统一书号：7159.266
定价：CNY0.12

J0102119
大楷习字帖　（毛主席诗词二十一首）金玉振书
兰州 甘肃人民出版社 1962 年 65 页 26cm（16 开）
统一书号：T7096.72 定价：CNY0.40

J0102120
大楷习字帖　（甲种）沈尹默书
上海 上海教育出版社 1962 年 32 页 19cm（32 开）
统一书号：7150.1287 定价：CNY0.13

J0102121
大楷习字帖　（乙种）胡问遂书
上海 上海教育出版社 1962 年 48 页 19cm（32 开）
统一书号：7150.1288 定价：CNY0.19
　　作者胡问遂（1918—1999），书法家。浙江绍兴人。历任上海中国画院一级美术师、中国书法家协会理事、上海书法家协会主席团成员、上海文史馆馆员。代表作品《大楷习字帖》《七律·到韶山》《七律·自嘲》《常用字字帖》等。

J0102122
大楷习字帖　（选鲁迅旧诗四首）潘伯鹰书
上海 上海教育出版社 1962 年 32 页 19cm（小 32 开）统一书号：7150.1306
定价：CNY0.15
　　作者潘伯鹰（1904—1966），书法家、诗人、小说家。安徽怀宁人。原名式，字伯鹰，后以字行，号凫公有发翁，别署孤云。小说作品有《人海微澜》《隐刑》《寒安五记》等。论著有《书法

杂论》《中国的书法》《中国书法简论》。作品出版有《潘伯鹰行草墨迹》等。

J0102123
沁园春　（毛主席墨迹）
上海 朵云轩 1962 年 1 张 76cm（2 开）

J0102124
习字帖　单孝天书
上海 上海教育出版社 1962 年 34 页 19cm（32 开）
统一书号：T7150.1386 定价：CNY0.09
（工农通俗文库）

J0102125
小楷习字帖　郑悦书
福州 福建人民教育出版社 1962 年 48 页 19cm（32 开）统一书号：7159.293
定价：CNY0.12

J0102126
小楷习字帖　（选唐诗二十八首）单孝天书；上海中国书法篆刻研究会编
上海 上海教育出版社 1962 年 24 页 18cm（32 开）
统一书号：7150.1289 定价：CNY0.09

J0102127
小楷习字帖毛主席诗词二十一首　沈尹默书
上海 上海教育出版社 1962 年 24 页 19cm（32 开）
统一书号：7150.1290 定价：CNY0.12

J0102128
花好月圆人寿　风和日丽天高　（上、下联卷轴）杜率先书
天津 天津美术出版社 1963 年［2 轴］
　　中国现代汉字书法作品。

J0102129
鲁迅行书联　（纸裱卷轴 上下两联）
上海 朵云轩 1963 年

J0102130
鲁迅手稿选集三编　（线装本）北京鲁迅博物馆编
北京 文物出版社 1972 年 30cm（10 开）
定价：CNY3.80

J0102131

鲁迅手稿选集续编　北京鲁迅博物馆编
北京　文物出版社　1963 年　30cm（10 开）线装本
定价：CNY4.50

J0102132

人民公社旭日东升　锦绣河山四季长春
（上、下联　卷轴）吴玉如书
天津　天津美术出版社　1963 年［2 轴］
　　中国现代汉字书法作品。作者吴玉如
（1898—1982），书法家。后以字行，晚号迂叟，
生于江苏南京，祖籍安徽泾县。就读于天津南开
中学，曾执教于南开大学、工商学院。有《吴玉
如书法集》等传世。

J0102133

同心同德改变旧面貌　群策群力建设新国家
（上、下联　卷轴）刘松庵书
天津　天津美术出版社　1963 年［2 轴］
　　中国现代汉字书法作品。

J0102134

万象春开新世纪　千花红舞好江山
（上、下联　卷轴）王传恭书
天津　天津美术出版社　1963 年［2 轴］
　　中国现代汉字书法作品。

J0102135

向雷锋同志学习
西安　长安美术出版社　1963 年　1 张　76cm（2 开）
定价：CNY0.15
　　本作品系中国现代汉字书法。

J0102136

向雷锋同志学习
杭州　浙江人民美术出版社　1963 年　8 张（套）
13cm（60 开）定价：CNY0.18
　　本作品系中国现代汉字书法。

J0102137

新中国一日千里　毛主席万寿无疆
（上、下联　卷轴）吴玉如书
天津　天津美术出版社　1963 年［2 轴］
　　中国现代汉字书法作品。

J0102138

绚烂年华崭新事业　风流人物锦绣河山
（上、下联　卷轴）溥雪斋书
天津　天津美术出版社　1963 年［2 轴］
　　中国现代汉字书法作品。

J0102139

春风吹过千顷绿　公社带来万家欢
（字对　卷轴）
天津　天津美术出版社　1964 年
　　中国现代汉字书法作品。

J0102140

郭沫若书七律　（看孙悟空三打白骨精　绫裱
卷轴）郭沫若书
［上海］朵云轩　1964 年［1 轴］
　　中国现代汉字书法作品。作者郭沫若
（1892—1978），文学家、历史学家。原名开贞，
字鼎堂，号尚武，乳名文豹，笔名沫若、麦克昂、
郭鼎堂，四川乐山人，毕业于日本九州帝国大
学。历任中国科学院首任院长、中国科学技术大
学首任校长、苏联科学院外籍院士。代表作《郭
沫若全集》《甲骨文字研究》《中国史稿》等。

J0102141

毛主席七律　（和郭沫若同志）郭沫若书
［上海］朵云轩　1964 年［1 轴］
　　中国现代汉字书法作品。

J0102142

梅竹轩成三问先生遗墨　［朝鲜］成三问书；
成乐韶编
1964 年

J0102143

万树梅花传喜讯　千犁烟雨报丰年
（字对　卷轴）
天津　天津美术出版社　1964 年
　　中国现代汉字书法作品。

J0102144

大楷新字帖　（笔画分类）北京出版社编辑
北京　北京出版社　1965 年　24 页　20cm（32 开）
统一书号：8071.181　定价：CNY0.12

J0102145
董必武同志题词 （为王杰同志题词）
杭州 浙江人民美术出版社 1965 年 39cm（4 开）
定价：CNY0.03

J0102146
二王法书管窥 （一卷）沈尹默撰
上海 上海教育出版社 1965 年 影印本 1 册 29 叶
38cm（6 开）线装 定价：CNY3.20
　　中国现代行书书法作品。半叶无框无竖栏
行款不一。

J0102147
郭沫若书卜算子·咏梅 （绫裱卷轴）
上海 朵云轩 1965 年

J0102148
郭沫若书毛主席诗词三十七首
北京 人民美术出版社 1965 年 53cm（4 开）
定价：CNY12.00

J0102149
陆定一同志题词 （为王杰同志题词）
杭州 浙江人民美术出版社 1965 年 39cm（4 开）
定价：CNY0.03

J0102150
毛主席诗词 毛泽东撰并书
北京 文物出版社 1965 年 影印本 线装

J0102151
毛主席诗词墨迹 （黄鹤楼 菩萨蛮）
［北京］文物出版社 1965 年［1 张］38cm（6 开）
定价：CNY0.22

J0102152
毛主席诗词墨迹 （会昌 清平乐）
［北京］文物出版社 1965 年［1 张］38cm（6 开）
定价：CNY0.22

J0102153
毛主席诗词墨迹 （蒋桂战争 清平乐）
［北京］文物出版社 1965 年［1 张］
［40cm］（6 开）定价：CNY0.22

J0102154
毛主席诗词墨迹 （蒋桂战争 清平乐）
［北京］文物出版社 1965 年 5 张（套）
18cm（小 32 开）定价：CNY0.18

J0102155
毛主席诗词墨迹 （六盘山 清平乐）
［北京］文物出版社 1965 年［1 张］
［40cm］（6 开）定价：CNY0.22

J0102156
毛主席诗词墨迹 （娄山关 忆秦娥）
［北京］文物出版社 1965 年［1 张］
［40cm］（6 开）定价：CNY0.22

J0102157
毛主席诗词墨迹 （娄山关 忆秦娥）
［北京］文物出版社 1965 年 3 张（套）
18cm（小 32 开）定价：CNY0.12

J0102158
毛主席诗词墨迹 （为李进同志题所摄庐山仙
人洞照 七绝）
［北京］文物出版社 1965 年 4 张（套）
18cm（小 32 开）定价：CNY0.15

J0102159
毛主席诗词墨迹 （为李进同志题所摄庐山仙
人洞照 七绝）
［北京］文物出版社 1965 年［1 张］
［40cm］（6 开）定价：CNY0.22

J0102160
毛主席诗词墨迹 （长征 七律）
［北京］文物出版社 1965 年［1 张］38cm（6 开）
定价：CNY0.22

J0102161
毛主席诗词墨迹 （长征 七律）
［北京］文物出版社 1965 年 7 张（套）
18cm（小 32 开）定价：CNY0.24

J0102162
毛主席诗词墨迹 （长征诗一首）
［北京］文物出版社 1965 年 7 张（套）26cm（16 开）

定价: CNY3.00

J0102163
毛主席诗词墨迹 （重阳 采桑子）
[北京] 文物出版社 1965 年 [1 张] [40cm] (6 开)
定价: CNY0.22

J0102164
毛主席诗词墨迹 （重阳 采桑子）
[北京] 文物出版社 1965 年 5 张(套)
18cm(小 32 开) 定价: CNY0.18

J0102165
毛主席诗词三十七首 　毛泽东撰；郭沫若书
北京 人民美术出版社 1965 年 影印本 线装

J0102166
毛主席书赠日本朋友的鲁迅诗
上海 朵云轩 1965 年 39cm(4 开)
　　毛主席书法作品手稿。

J0102167
送瘟神　三字经　巍雷书
上海 上海教育出版社 1965 年 28 页 19cm(32 开)
统一书号: 7150.1674 定价: CNY0.08
　　中国现代楷书书法作品。

J0102168
向雷锋同志学习 （毛主席题词）
北京 人民美术出版社 1965 年 1 张 39cm(8 开)
定价: CNY0.05

J0102169
向雷锋同志学习 （毛主席题词）
北京 人民美术出版社 1965 年 1 张 54cm(4 开)
定价: CNY0.08

J0102170
周恩来同志题词 （为王杰同志题词）
杭州 浙江人民美术出版社 1965 年 38cm(6 开)
定价: CNY0.03

J0102171
朱德同志题词 （为王杰同志题词）
杭州 浙江人民美术出版社 1965 年 39cm(4 开)

定价: CNY0.03

J0102172
大楷字帖 （摘录 雷锋日记）上海书画社编
上海 上海书画社 1966 年 19cm(小 32 开)
定价: CNY0.10

J0102173
瀛浩亭遗志　李麟雨编
1966 年

J0102174
毛主席诗词　大楷字帖
（《七律·长征》等五首）
[上海] 东方红书画社 1967 年 24cm(26 开)
定价: CNY0.16

J0102175
毛主席语录新魏体字帖
[上海] 东方红书画社 1968 年 24cm(26 开)
定价: CNY0.27

J0102176
毛主席语录新魏体字帖
上海 东方红书画社 1969 年 重印本 26cm(16 开)
定价: CNY0.27
　　本书系中国现代楷书法帖。

J0102177
大楷字帖 （金训华同志日记摘抄）
上海 东方红书画社 1970 年 26cm(16 开)
定价: CNY0.28

J0102178
毛主席语录 （字帖）
北京 人民美术出版社 1970 年 24cm(26 开)
定价: CNY0.14
　　本书系中国现代楷书法帖。

J0102179
毛主席语录字帖　人民美术出版社门市部编辑
北京 人民美术出版社门市部 1970 年
19cm(32 开) 定价: CNY0.14

J0102180

忻州地区书法作品二辑　　山西忻县地区文联
编选
[山西] 山西忻县地区文联 [1970—1979 年]
影印本　1 册　26cm（16 开）

　　本书收入王留鳌、石中理、冯禄、程友三等
41 人的书法作品。

J0102181

忻州地区书法作品辑　　山西忻县地区文联编选
[山西] 山西忻县地区文联 [1970—1979 年]
影印本　1 册　26cm（16 开）

　　本书收入石国毅、冯禄、田象贤、左标明等
33 人的书法作品。

J0102182

《为人民服务》大楷字帖
上海　上海东方红书画社　1971 年　20cm（32 开）
定价：CNY0.18

J0102183

《智取威虎山》唱词选段隶书字帖
上海　上海东方红书画社　1971 年　19cm（小 32 开）
定价：CNY0.11

J0102184

毛主席诗词三十七首草书字帖　　荣宝斋编辑
北京　荣宝斋　1971 年　26cm（16 开）
定价：CNY0.41

J0102185

美术字新编
上海　上海东方红书画社　1971 年　19cm（小 32 开）
定价：CNY0.11

J0102186

大楷字帖 （《国际歌》歌词）
上海　上海书画出版社　1972 年　45 页　19cm（32 开）
定价：CNY0.12

J0102187

国际歌　三大纪律八项注意 （仿魏体字帖）
陕西省博物馆编
西安　陕西人民出版社　1972 年　26cm（16 开）
统一书号：7094.6　定价：CNY0.28

J0102188

鲁迅诗《亥年残秋偶作》 （木版水印　绫裱卷轴）
北京　荣宝斋（印制）1972 年 [1 轴]
定价：CNY13.00

J0102189

鲁迅诗《无题》 （木版水印　绫裱卷轴）
北京　荣宝斋（印制）1972 年 [1 轴]
定价：CNY13.00

J0102190

毛主席词《卜算子·咏梅》 （木版水印　绫裱
卷轴）郭沫若书
北京　荣宝斋（印制）1972 年 [1 轴]

J0102191

毛主席诗《七律·答友人》 （木版水印　绫裱
卷轴）郭沫若书
北京　荣宝斋（印制）1972 年 [1 轴]

J0102192

毛主席诗词仿宋体字帖　　李德益录写
成都　四川人民出版社　1972 年　26cm（16 开）
统一书号：72107　定价：CNY0.13

J0102193

毛主席诗词魏书字帖　　武汉市三工艺美术社
供稿
武汉　湖北人民出版社　1972 年　26cm（16 开）
统一书号：9106.33　定价：CNY0.15

J0102194

毛主席诗词正楷体字帖　　李德益录写
成都　四川人民出版社　1972 年　26cm（16 开）
统一书号：72106　定价：CNY0.16

J0102195

毛主席诗词正楷字帖　　武汉市三工艺美术社
供稿
武汉　湖北人民出版社　1972 年　26cm（16 开）
统一书号：9106.31　定价：CNY0.15

J0102196

新魏书字帖 （铁人的诗）
上海　上海书画出版社　1972 年　43 页　19cm（32 开）

定价：CNY0.12

J0102197
行书字帖　蒋维崧书
济南　山东人民出版社 1973年 47页 26cm（16开）
统一书号：7099.02 定价：CNY0.22
　　作者蒋维崧（1915—2006），语言学家、书法篆刻家。字峻斋，江苏常州人，毕业于南京中央大学。历任山东大学教授、中国书法家协会理事、篆刻艺术委员会会员、中国书协山东分会主席等。曾主持《汉语大词典》山东编写组工作，著有《汉字浅学》，出版《蒋维崧印存》《蒋维崧书迹》《蒋维崧书法集》等。

J0102198
毛主席词十六字令　（木版水印，绫裱立轴）
费新我书
荣宝斋 1973年 定价：CNY16.00
　　作者费新我（1903—1992），书法家、画家。学名斯恩，原字省吾，字立千、号立斋，后改名新我，湖州南浔双林镇人。毕业于上海白鹅绘画学校。代表作品有《怎样画毛笔画》《怎样学书法》《楷书初阶》《怎样画铅笔画》。

J0102199
毛主席诗词六首楷体习字帖　汉中地区"革命委员会"文教局供稿
西安　陕西人民出版社 1973年 26cm（16开）
统一书号：7094.44 定价：CNY0.23

J0102200
毛主席诗词墨迹　毛泽东撰并书
北京　文物出版社 1973年　影印本 线装

J0102201
毛主席诗词墨迹
北京　文物出版社 1977年 80页 27cm（大16开）
定价：CNY1.00

J0102202
毛主席诗词墨迹　（续编）毛泽东撰并书
北京　文物出版社 1978年　影印本 76页
26cm（16开）定价：CNY1.00，CNY15.00，
（线装）

J0102203
沁园春　祝中日恢复邦交　（木版水印，绫裱立轴）郭沫若作并书写
荣宝斋 1973年 定价：CNY16.00

J0102204
唐人摹兰亭序墨迹三种　上海书画社编辑
上海　上海书画社 1973年 38cm（6开）
定价：CNY0.50

J0102205
小学生习字帖　李百忍书
合肥　安徽人民出版社 1973年 46页 19cm（32开）
统一书号：17102.38 定价：CNY0.11

J0102206
行书字帖　（鲁迅诗歌选）周慧珺书
上海　上海书画社 1974年 27cm（大16开）
定价：CNY0.18
　　作者周慧珺（1939—　），女，书法家。浙江镇海人，就读于上海市青年宫书法学习班。历任中国书法家协会副主席、上海书法家协会主席、中国书法家协会顾问、上海市书法家协会名誉主席。出版有《周慧珺古代爱国诗词行书字帖》。

J0102207
楷书结构习字帖　陈竹朋书写
西安　陕西人民出版社 1974年 18×26cm
统一书号：7094.91 定价：CNY0.35

J0102208
隶书字帖　（鲁迅诗歌选）刘炳森书
上海　上海书画社 1974年 29页 26cm（16开）
定价：CNY0.22
　　作者刘炳森（1937—2005），书法家、国画家。字树盦，号海村，生于上海，祖籍天津武清。就读于北京艺术学院美术系中国画山水科。曾任北京故宫博物院研究员、中国书法家协会副主席、中国书画函授大学特约教授、山东曹州书画院名誉院长。出版有《刘炳森楷书千字文》《刘炳森隶书千字》《刘炳森选编勤礼碑字帖》《刘炳森主编中国书法艺术》等。

J0102209
鲁迅诗稿《亥年残秋偶作》　（条幅）

上海　上海书画社　1974年　54cm（4开）
定价：CNY0.07

J0102210
鲁迅诗稿《自嘲》（条幅）
上海　上海书画社　1974年　54cm（4开）
定价：CNY0.07

J0102211
毛主席诗词《水调歌头·游泳》
上海　上海书画社　1974年　108cm（全开）
定价：CNY0.22
　　毛泽东诗词手稿。

J0102212
毛主席诗词《忆秦娥·娄山关》
上海　上海书画社　1974年　108cm（全开）
定价：CNY0.22
　　毛主席诗词手稿。

J0102213
小楷字帖　（鲁迅诗歌选）胡士莹书
上海　上海书画社　1974年　19cm（小32开）
定价：CNY0.13

J0102214
小学生习字帖
南京　江苏人民出版社　1974年　2版　32页
19cm（32开）统一书号：7100.001
定价：CNY0.09

J0102215
新魏书字帖　陈钟咏书
上海　上海书画社　1974年　27cm（大16开）
定价：CNY0.22
　　作者陈钟咏（1944—　　），书法家。号正斋。
中国书法家协会上海分会会员，中国神剑文艺学
会会员，上海宝山区职工书法协会副会长。出版
有《新魏书字帖》《新魏书结构字帖》等。

J0102216
不要沾染官僚主义作风
［哈尔滨］黑龙江人民出版社　1975年　［1张］
76cm（2开）定价：CNY0.14
　　中国现代书法作品，一九五〇年二月二十七

日伟大领袖毛主席视察黑龙江省题词。

J0102217
大楷字帖　上海书画社编辑
上海　上海书画社　1975年　24页　26cm（16开）
定价：CNY0.18

J0102218
发展生产
［哈尔滨］黑龙江人民出版社　1975年　［1张］
76cm（2开）定价：CNY0.14
　　本书系中国现代书法作品，一九五〇年二月
二十七日伟大领袖毛主席视察黑龙江省题词。

J0102219
奋斗
［哈尔滨］黑龙江人民出版社　1975年　［1张］
76cm（2开）定价：CNY0.14
　　本作品系中国现代书法作品，一九五〇年
二月二十七日伟大领袖毛主席视察黑龙江省
题词。

J0102220
毛主席诗词　（手稿十五首）毛泽东撰并书
上海　上海书画社　1975年　影印本　线装

J0102221
毛主席诗词《菩萨蛮·黄鹤楼》（手迹）
上海　上海书画社　1975年　［1张］107cm（全开）
定价：CNY0.22
　　中国现代书法作品。

J0102222
毛主席诗词《七律·人民解放军占领南京》
（手迹）
上海　上海书画社　1975年　［1张］107cm（全开）
定价：CNY0.22
　　中国现代书法作品。

J0102223
毛主席诗词《清平乐·会昌》（手迹）
上海　上海书画社　1975年　［1张］107cm（全开）
定价：CNY0.22
　　中国现代书法作品。

J0102224
毛主席手书《清平乐·六盘山》
银川 宁夏人民出版社 1975 年［1 张］53cm（4 开）
定价：CNY0.08
　　中国现代书法作品。

J0102225
毛主席手书《清平乐·六盘山》
银川 宁夏人民出版社 1978 年［1 轴］（绫裱卷）

J0102226
学习
［哈尔滨］黑龙江人民出版社 1975 年［1 张］
76cm（2 开）定价：CNY0.14
　　中国现代书法作品，一九五〇年二月二十七
日伟大领袖毛主席视察黑龙江省题词。

J0102227
学习马列主义
［哈尔滨］黑龙江人民出版社 1975 年［1 张］
76cm（2 开）定价：CNY0.14
　　中国现代书法作品，一九五〇年二月二十七
日伟大领袖毛主席视察黑龙江省题词。

J0102228
大楷字帖　（党的基本路线）张统良书
上海 上海书画出版社 1976 年 32 页 19cm（32 开）
定价：CNY0.10

J0102229
大楷字帖　（《三大纪律八项注意》歌词）
张大卫书
上海 上海书画社 1976 年 20 页 26cm（16 开）
统一书号：7172.71 定价：CNY0.16

J0102230
革命到底　（题词）朱德书
［北京］荣宝斋［印制］1976 年［1 轴］
定价：CNY12.00
　　中国现代书法作品，绫裱卷轴。

J0102231
行书字帖　（鲁迅诗选）黎凡书
兰州 甘肃人民出版社 1976 年 20 页 26cm（16 开）
统一书号：8096.534 定价：CNY0.35

作者黎凡（1932—2014），教授。出生于青海
循化。曾任兰州大学新闻系书法教授、中国书法
教育研究会常务理事、甘肃省书法教育研究会会
长、九州书法教育学院教授、香港东方文化中心
书画委员会委员等。代表作品《行书字贴》《简
化字草书研究》等。

J0102232
鲁迅诗稿《悼杨铨》
上海 上海书画社 1976 年［1 张］54cm（4 开）
定价：CNY0.07
　　中国现代书法作品。

J0102233
鲁迅诗稿《自题小像》
上海 上海书画社 1976 年［1 张］78cm（2 开）
定价：CNY0.10
　　中国现代书法作品。

J0102234
毛主席词《念奴娇·鸟儿问答》　赵朴初书
［北京］荣宝斋 1976 年［1 轴］76cm（2 开）
定价：CNY0.36
　　中国现代书法作品，胶印卷轴。作者赵朴初
（1907—2000），佛教领袖、书法家、社会活动家。
安徽太湖人，就读于苏州东吴大学。历任中国佛
教协会会长、中国佛学院院长、中国藏语系高级
佛学院顾问、中国宗教和平委员会主席、中国书
法家协会名誉理事等。主要作品《片石集》《滴
水集》等。

J0102235
毛主席词《念奴娇·鸟儿问答》　赵朴初书
［北京］荣宝斋［印制］1976 年［1 轴］
定价：CNY14.00
　　中国现代书法作品，绫裱卷轴。

J0102236
毛主席词《水调歌头·重上井冈山》　赵朴初书
［北京］荣宝斋［印制］1976 年［1 轴］
定价：CNY14.00
　　中国现代书法作品，绫裱卷轴。

J0102237
青松颂　（绫裱卷轴）陈毅作诗并书

［北京］荣宝斋［印制］1976 年［1 轴］
定价：CNY12.00
　　中国现代书法作品，绫裱卷轴。

J0102238
小楷字帖 （《龙江颂》唱词选段）杨明华书；
上海书画社编
上海 上海书画社 1976 年 重印本 22 页
19cm（32 开）统一书号：7172.49
定价：CNY0.08

J0102239
幸福渠水流千载　东方红日照全球
（字轴）郭沫若手书
天津 天津杨柳青画店 1976 年 2 轴
定价：CNY0.50
　　本作品为中国现代汉字书法作品。

J0102240
学习 （题词）毛主席题
［北京］荣宝斋［印制］1976 年［1 轴］
定价：CNY8.00
　　中国现代书法作品，绫裱卷轴。

J0102241
学习马列主义 （题词）毛主席题
［北京］荣宝斋［印制］1976 年［1 轴］
定价：CNY7.00
　　中国现代书法作品，绫裱卷轴。

J0102242
周恩来总理为雷锋同志题词
［北京］荣宝斋［印制］1976 年［1 轴］
定价：CNY12.00
　　中国现代书法作品，绫裱卷轴。

J0102243
不要沾染官僚主义作风 （毛主席题词）
北京 荣宝斋 1977 年 1 条幅 定价：CNY0.18
　　中国现代书法作品。

J0102244
发展生产 （毛主席题词）
北京 荣宝斋 1977 年 1 立轴 定价：CNY0.36
　　中国现代书法作品。

J0102245
发展生产 （毛主席题词）
北京 荣宝斋 1977 年 1 条幅 定价：CNY0.18
　　中国现代书法作品。

J0102246
奋斗 （毛主席题词）
北京 荣宝斋 1977 年 1 立轴 定价：CNY0.36
　　中国现代书法作品。

J0102247
奋斗 （毛主席题词）
北京 荣宝斋 1977 年 1 条幅 定价：CNY0.18
　　中国现代书法作品。

J0102248
奋斗 （毛主席题词 木刻水印 绫裱立轴）
北京 荣宝斋 1977 年 1 立轴 定价：CNY12.00
　　中国现代书法作品。

J0102249
光明磊落忠于党　鞠躬尽瘁为人民 赵万
顺词；张仁芝书
天津 天津杨柳青画店 1977 年［1 张］
39cm（8 开）定价：CNY0.28
　　中国现代对联书法作品。

J0102250
艰苦朴素 （伟大领袖毛主席的题词）
天津 天津人民美术出版社 1977 年 54cm（4 开）
定价：CNY0.06
　　中国现代书法作品。

J0102251
艰苦朴素 （伟大领袖毛主席的题词）
天津 天津人民美术出版社 1977 年 39cm（8 开）
定价：CNY0.03
　　中国现代书法作品。

J0102252
江山多娇美如画 风展红旗百舸流
于锦声书
天津 天津杨柳青画店 1977 年［1 张］39cm（9 开）
定价：CNY0.28
　　中国现代对联书法作品。作者于锦声

（1940—　　），河北黄骅县人。天津市美术家协会理事，天津书法家协会会员、艺友书画会画师。出版有《于锦声画集》等。

J0102253

敬爱的叶副主席为雷锋同志题词
上海　上海书画社 1977 年 76cm（2 开）
定价：CNY0.12
　　中国现代书法作品。

J0102254

敬爱的周总理为雷锋同志题词
上海　上海书画社 1977 年 76cm（2 开）
定价：CNY0.12
　　中国现代书法作品。

J0102255

敬爱的朱委员长为雷锋同志题词
上海　上海书画社 1977 年 76cm（2 开）
定价：CNY0.12
　　中国现代书法作品。

J0102256

毛泽东主席词《浪淘沙·北戴河》
（绫裱立轴）叶剑英书
北京　荣宝斋 1977 年　定价：CNY12.00
　　中国现代书法作品。

J0102257

毛泽东主席词《沁园春·长沙》
（绫裱立轴）康生书
北京　荣宝斋 1977 年　定价：CNY12.00
　　中国现代书法作品。作者康生（1898—1975），原名张宗可，字少卿，曾用名赵溶、张溶、张耘，乳名张旺，笔名鲁赤水，山东诸城县人。曾任中共中央政治局常委等职务，后被开除党籍。精鉴赏，通篆刻，擅绘画、书法。

J0102258

毛泽东主席词《清平乐·会昌》
（绫裱立轴）董必武书
北京　荣宝斋 1977 年　定价：CNY12.00
　　中国现代书法作品。

J0102259

毛主席《论十大关系》语录　张统良书；
徐璞生刻
上海　上海书画社 1977 年 78cm（2 开）
定价：CNY0.07
　　中国现代书法作品。

J0102260

毛主席词二首　（《水调歌头·重上井冈山》
《念奴娇·鸟儿问答》）赵达金书
南昌　江西人民出版社 1977 年 108cm（全开）
定价：CNY0.24
　　中国现代书法作品。

J0102261

毛主席词二首　（《水调歌头·重上井冈山》
《念奴娇·鸟儿问答》）郭沫若书
北京　人民美术出版社 1977 年 76cm（2 开）
定价：CNY0.20
　　中国现代书法作品。

J0102262

书法　上海书画社编辑
上海　上海书画社 1977 年 44 页 26cm（16 开）
统一书号：7172.84 定价：CNY0.66

J0102263

书法刻印　（1 活页作品选）
上海　上海书画社 1977 年 4 页 27cm（大 16 开）
定价：CNY0.06

J0102264

书法刻印　（2 活页作品选）
上海　上海书画社 1977 年 4 页 27cm（大 16 开）
定价：CNY0.06

J0102265

水调歌头《粉碎"四人帮"》　郭沫若作、书写
上海　上海书画社 1977 年 78cm（2 开）
定价：CNY0.20
　　中国现代书法作品。

J0102266

水调歌头《粉碎"四人帮"》　郭沫若作、书写
天津　天津杨柳青画店 1977 年 76cm（2 开）

定价: CNY0.28

中国现代书法作品。

J0102267

学习雷锋，做毛主席的好战士。

（敬爱的朱德委员长的题词）

天津　天津人民美术出版社　1977 年　76cm（2 开）

定价: CNY0.12

中国现代书法作品。

J0102268

学习马列主义 （毛主席题词）

北京　荣宝斋　1977 年　1 立轴

定价: CNY0.36, CNY0.18（条幅）

中国现代书法作品。

J0102269

一九六三年三月，周恩来总理关于向雷锋同志学习的题词。

武汉　湖北人民出版社　1977 年　54cm（4 开）

定价: CNY0.06

中国现代书法作品。

J0102270

一九六三年三月，周恩来总理关于向雷锋同志学习的题词。

武汉　湖北人民出版社　1977 年　54cm（4 开）

镶铁边　定价: CNY0.20

中国现代书法作品。

J0102271

朱德委员长诗 （喜读主席词二首）茹桂敬录

石家庄　河北人民出版社　1977 年　76cm（2 开）

定价: CNY0.12

中国现代书法作品。

J0102272

常用字字帖 （一 楷、隶、行、草 、篆）上海书画出版社编辑

上海　上海书画出版社　1978 年　106 页

26cm（16 开）统一书号: 7172.106

定价: CNY0.57

J0102273

常用字字帖 （二 楷、隶、行、草 、篆）上海书画出版社编辑

上海　上海书画出版社　1978 年　107—200 页

26cm（16 开）统一书号: 7172.110

定价: CNY0.50

J0102274

陈毅同志诗《冬夜杂咏》 费新我书

石家庄　河北人民出版社　1978 年　76cm（2 开）

定价: CNY0.12

中国现代书法作品.

J0102275

陈毅同志诗《红梅》 （胶印立轴）茹桂录

石家庄　河北人民出版社　1978 年　[1 轴]

定价: CNY0.75

中国现代书法作品。作者茹桂(1936—　)，教授。陕西长安人。就读于西安美术学院和陕西师大中文系。历任西安美术学院教授、陕西省书法协会副主席、中国书协学术委员、日本京都造型艺术大学客座教授。代表性作品有《文学创作常识》《艺术美学纲要》《茹桂书法教学手记》。

J0102276

陈毅同志诗词选 （小楷）方绍武书

合肥　安徽人民出版社　1978 年　24 页　26cm（16 开）

定价: CNY0.38

中国现代楷书法帖。

J0102277

大楷字帖 （中华人民共和国国歌歌词）许宝钏书

上海　上海书画出版社　1978 年　14 页　19cm（32 开）

统一书号: 7172.95　定价: CNY0.08

J0102278

董必武同志诗《九十初度》 田原书

石家庄　河北人民出版社　1978 年　76cm（2 开）

定价: CNY0.12

中国现代书法作品。作者田原(1925—　)，漫画家，一级美术师。祖籍江苏溧水，生于上海。原名潘有炜，笔名饭牛。中国美术家协会、中国书法家协会、中国版画家协会、中国记者协会、中国漫画家协会会员，中国工艺美术协会理事，东南大学、深圳大学教授。书画作品有《陋室铭》，

出版有《中国民间玩具》《田原硬笔书法》等，设计动画片有《熊猫百货商店》等。

J0102279
敬录毛主席诗词 （小楷）徐书典书
兰州 甘肃人民出版社 1978年 30页 26cm（16开）
统一书号：8096.615 定价：CNY0.44
　　中国现代楷书法帖。

J0102280
毛主席词二首隶体习字帖 吴永书
西安 陕西人民出版社 1978年 24页 20cm（32开）
定价：CNY0.22

J0102281
毛主席诗词三十九首小楷字帖 杨静波书
郑州 河南人民出版社 1978年 15页 26cm（16开）
统一书号：7105.84 定价：CNY0.26

J0102282
毛主席语录楷体习字帖 吴永书
西安 陕西人民出版社 1978年 ［18］页
26cm（16开）统一书号：8094.575
定价：CNY0.16

J0102283
毛主席语录新魏体习字帖 吴永书
西安 陕西人民出版社 1978年 9页 20cm（32开）
统一书号：8094.574 定价：CNY0.13

J0102284
调寄庆东原 （本版水印 绫裱卷轴）赵朴初词
北京 荣宝斋 1978年 ［1轴］定价：CNY9.00

J0102285
新魏书字帖 （鲁迅诗歌选）张明岛书
上海 上海书画出版社 1978年 29页 26cm（16开）
统一书号：7172.87 定价：CNY0.22

J0102286
新魏书字帖 （《龙江颂》唱词选段）姚葆勋书
杭州 浙江人民出版社 1978年 40页 26cm（16开）
统一书号：7103.998 定价：CNY0.55

J0102287
叶副主席诗《攻关》 肖一书
石家庄 河北人民出版社 1978年 1张 76cm（2开）
定价：CNY0.12
　　中国现代书法作品。

J0102288
中国现代书法选
石家庄 河北人民出版社 1978年 52页
38cm（6开）统一书号：8086.985
定价：CNY2.30（甲种本），CNY1.50（乙种本）
　　本书为第一集，收入中国现代著名书法家郭沫若行书《咏泰安六朝松》、楚图南楷书《毛主席诗七律一首》、沈尹默行书《东坡题跋》、周伯敏草书《杜甫诗春夜喜雨》、黄绮行楷《陈毅诗一首》、李骆公草篆《青山不老绿水长流》等105人的书法精品105件。

J0102289
中国现代书法选 （第二集）谢德萍编
石家庄 河北人民出版社 1981年 75页
38cm（8开）统一书号：8086.1258
定价：CNY2.50
　　本书为第二集，收入中国现代著名书法家邓拓行书《七绝一首》、茅盾行书《杂诗一首》、李可染行书《毛主席词句》等164人的书法精品164件。编者谢德萍（1939—2000），书法家。陕西三原人，毕业于西北大学历史系。历任中国对外艺术展览公司宣传部副经理、文化部副研究员、西北大学兼职副教授、中华书学会会长等职。出版《谈谈草书》《中国现代书法选》《郭沫若、于立群墨迹选》。

J0102290
中国现代书法选 （第三集）河北美术出版社编
石家庄 河北美术出版社 1987年 95页
36cm（9开）统一书号：8087.2008
ISBN：7-5310-0050-9 定价：CNY8.50
　　收入中国现代著名书法家刘子善草书《七绝登娄山关》、欧阳中石《行书轴》、林鹏《行书轴》、张邯篆书《黄河儿女斗志高》等194人的书法作品194件。

J0102291
中国现代书法选 （毛泽东诗词专集）河北美

术出版社编

石家庄 河北美术出版社 1993 年 70 页 37cm

ISBN：7-5310-0587-5 定价：CNY35.00

　　汇集国内著名书法家百余人，自选毛泽东诗词或诗词摘句的内容，书写各体书法作品。

J0102292

周恩来同志诗手迹

北京 文物出版社 1978 年 53cm（4 开）

定价：CNY3.00，CNY0.06（绫裱单片）

J0102293

周总理诗　钱茂生书

石家庄 河北人民出版社 1978 年 76cm（2 开）

定价：CNY0.12

　　中国现代书法作品。

J0102294

周总理挽诗　（胶印立轴）赵朴初作；茹桂录

石家庄 河北人民出版社 1978 年 ［1 轴］

定价：CNY0.75

　　中国现代书法作品。

J0102295

朱德同志诗《冀中战况》　王家琰书

石家庄 河北人民出版社 1978 年 78cm（2 开）

定价：CNY0.08

　　中国现代书法作品。

J0102296

大楷字帖　开封市文化馆书法研究组编

郑州 河南人民出版社 1979 年 20 页 26cm（16 开）

统一书号：7105.87 定价：CNY0.27

J0102297

大楷字帖　（《国际歌》歌词）（法）鲍狄埃词；许艺书

上海 上海书画出版社 1979 年 修订版 45 页

19cm（32 开）统一书号：7172.43

定价：CNY0.15

　　中国现代楷书法帖。

J0102298

吊唁刘少奇主席

［1979—1999 年］66 页 19cm（32 开）

　　本书为中国现代书法作品选集，其中有楷书、隶书、魏体隶、魏体、草书等。

J0102299

繁简对照楷书字帖　李德益书

成都 四川人民出版社 1979 年 47 页 26cm（16 开）

统一书号：8118.647 定价：CNY0.36

　　中国现代楷书字帖。

J0102300

仿古碑体字帖　方滨生书

成都 四川人民出版社 1979 年 81 页 26cm（16 开）

统一书号：8118.648 定价：CNY0.95

　　中国现代楷书字帖。

J0102301

甘肃书法作品选集

兰州 甘肃人民出版社 1979 年 44 页 26cm（16 开）

统一书号：8096.649 定价：CNY0.53

　　中国现代书法作品。

J0102302

行书字帖　（悼念周总理诗选）麦华三书

上海 上海书画出版社 1979 年 34 页 26cm（16 开）

统一书号：7172.98 定价：CNY0.24

　　作者麦华三（1907—1986），广州美术学院副教授。编写有《中国书法艺术》。

J0102303

江苏书法作品辑

南京 江苏人民出版社 1979 年 44 页

25cm（小 16 开）统一书号：7100.047

定价：CNY0.98

　　中国现代书法作品选集。

J0102304

井冈山巡礼　（郭沫若诗词墨迹）郭沫若书

上海 上海书画出版社 1979 年 30 页 38cm（6 开）

统一书号：7172.115 定价：CNY1.70

　　作者郭沫若（1892—1978），文学家、历史学家。原名开贞，字鼎堂，号尚武，乳名文豹，笔名沫若、麦克昂、郭鼎堂，四川乐山人，毕业于日本九州帝国大学。历任中国科学院首任院长、中国科学技术大学首任校长、苏联科学院外籍院士。代表作《郭沫若全集》《甲骨文字研究》《中国史稿》等。

J0102305
楷书习字帖 （一）沈觐寿书
福州 福建人民出版社 1979年 24页 26cm（16开）
统一书号：7173.392 定价：CNY0.21

J0102306
李白诗望庐山瀑布 陈叔亮书
石家庄 河北人民出版社 1979年 [1张]
76cm（2开）定价：CNY0.12
　　中国现代汉字书法作品。作者陈叔亮
（1901—1991），工艺美术教育家、书画家。浙江
黄岩人，名寿颐。毕业于上海美术专科学校。曾
在延安鲁迅艺术学院任教，历任华东文化部艺术
处副处长、中央工艺美术学院院长、中国美术家
协会理事、中国书法家协会副主席。有剪纸艺术
专著《窗花》《新美术运动及其他》。

J0102307
辽宁书法 （1）中国美术家协会辽宁分会，辽
宁美术出版社编
沈阳 辽宁美术出版社 1979年 40页 26cm（16开）
定价：CNY0.62

J0102308
辽宁书法 （2）中国美术家协会辽宁分会，辽
宁美术出版社编
沈阳 辽宁美术出版社 1979年 48页 26cm（16开）
定价：CNY0.77

J0102309
辽宁书法 （3）中国美术家协会辽宁分会，辽
宁美术出版社编
沈阳 辽宁美术出版社 1980年 48页 26cm（16开）
定价：CNY0.77

J0102310
辽宁书法 （4）中国美术家协会辽宁分会，辽
宁美术出版社编
沈阳 辽宁美术出版社 1981年 48页 26cm（16开）
定价：CNY0.77
　　本书是全国第一届书法篆刻展览作品专刊。

J0102311
辽宁书法 （5）中国书法家协会辽宁分会编
沈阳 辽宁美术出版社 1983年 48页 26cm（16开）
定价：CNY0.77

J0102312
辽宁书法 （6）中国书法家协会辽宁分会编
沈阳 辽宁美术出版社 1985年 48页 26cm（16开）
定价：CNY1.05
　　庆祝中华人民共和国成立三十五周年辽宁
书法展览作品选。

J0102313
孟浩然诗过故人庄 傅家宝书
石家庄 河北人民出版社 1979年 [1张]
78cm（2开）定价：CNY0.08
　　中国现代汉字书法作品。作者傅家宝
（1944—　　），书法家、画家。生于上海，江苏扬
州人。就读于浙江美院附中。历任北京市美协
副主席兼秘书长、中国美术家协会理事。出版有
《傅家宝书画集》。

J0102314
潘伯鹰行草墨迹 潘伯鹰书
上海 上海书画出版社 1979年 13页 38cm（6开）
统一书号：7172.130 定价：CNY0.84
　　中国现代行草书法作品。作者潘伯鹰
（1904—1966），书法家、诗人、小说家。安徽怀
宁人。原名式，字伯鹰，后以字行，号兔公有发
翁，别署孤云。小说作品有《人海微澜》《隐刑》
《寒安五记》等。论著有《书法杂论》《中国的书
法》《中国书法简论》。作品出版有《潘伯鹰行草
墨迹》等。

J0102315
山东汉碑集字毛主席诗词十首
潍坊市文化馆，潍坊市博物馆编
济南 齐鲁书社 1979年 22页 38cm（6开）
定价：CNY1.20

J0102316
上海市书法篆刻作品集
上海 上海古籍书店 1979年 65页 26cm（16开）
定价：CNY1.10

J0102317

上海书法家作品集　沈尹默等书

上海　上海书画出版社　1979年　56页　38cm（6开）

统一书号：7172.127　定价：CNY2.50

J0102318

瘦石遗墨　（附论书）张瘦石著

香港　教育出版社　1979年　168页　有照片

20cm（32开）　定价：SGD5.00

（张瘦石教授遗墨展览纪念集刊）

　　现代汉字书法作品。

J0102319

书法作品选　河南省美术摄影展览办公室编

郑州　河南人民出版社　1979年　30页　26cm（16开）

统一书号：8105.855　定价：CNY0.34

　　现代汉字书法作品选集。

J0102320

书来墨迹助堂堂

（郭沫若同志浙江题咏）《西湖》文艺编辑部编

杭州　《西湖》文艺编辑部　1979年　184页

19cm（32开）　定价：CNY1.00

（西湖丛书　第三辑）

J0102321

蜀道奇　（郭沫若同志手迹）郭沫若著

成都　四川人民出版社　1979年　13张　38cm（6开）

统一书号：8118.550　定价：CNY1.00

J0102322

天安门诗抄　（书法选）北京书法研究会编

北京　人民美术出版社　1979年　52页　26cm（16开）

统一书号：8027.7254　定价：CNY1.20

J0102323

天安门诗词　谢德萍书

石家庄　河北人民出版社　1979年　[1张]

78cm（2开）　定价：CNY0.08

　　现代汉字书法作品的年画。内容为纪念周恩来总理的诗词："自从盘古开天地，三皇五帝至于今，谁见宰相平民爱，唯独总理第一人。"作者谢德萍（1939—2000），书法家。陕西三原人，毕业于西北大学历史系。历任中国对外艺术展览公司宣传部副经理、文化部副研究员、西北大

学兼职副教授、中华书学会会长等职。出版《谈谈草书》《中国现代书法选》《郭沫若、于立群墨迹选》。

J0102324

王福庵书说文部目　（小篆）西泠印社编辑

杭州　西泠印社　1979年　54页　26cm（16开）

统一书号：8193.106　定价：CNY0.80

　　本书为认识篆字和学习篆书的工具书。

J0102325

王福庵书说文部目　王福庵书

杭州　西泠印社　1995年　2版　54页　26cm（16开）

ISBN：7-80517-081-9　定价：CNY7.00

　　本书为认识篆字和学习篆书的工具书。作者王福庵（1880—1960），书法篆刻家。原名寿祺，字维季，号福庵，晚号持默老人，浙江杭州人。西泠印社创办人之一。代表作品《说文部首》。

J0102326

王之涣诗登鹳雀楼　朱乃正书

石家庄　河北人民出版社　1979年　[1张]

76cm（2开）　定价：CNY0.12

　　中国现代汉字书法作品。作者朱乃正（1935—2013），教授。浙江海盐人，毕业于中央美术学院。历任中央美术学院学术委员会主任、教授，中国美术家协会理事。代表作品有《金色的季节》《春华秋实》《青海长云》。

J0102327

张正宇书法选　张正宇书；沈鹏编

北京　人民美术出版社　1979年　24幅　26cm（16开）

统一书号：8027.7106　定价：CNY0.80

　　中国现代汉字书法作品。作者张正宇（1904—1976），江苏无锡人。历任《申报》画刊主编，中国青年艺术剧院舞台美术设计总顾问，兼任《人民画报》《美术》《戏剧报》编委等。合作创作大型动画片《大闹天宫》，代表作品《舞台美术小语》等。编者沈鹏（1931—　），书法家、美术评论家、诗人。生于江苏江阴。历任中国文联副主席、中国书法家协会主席、中国美术出版总社顾问以及《中国书画》主编、炎黄书画院副院长、中国书画函授大学教授、《书法之友》杂志名誉主席等职。书法作品有著作：《书画论评》《沈鹏书画谈》《三余吟草》《沈鹏书法选》《沈鹏

书法作品集》。

J0102328

周恩来同志诗　陈叔亮书
石家庄 河北人民出版社 1979 年［1 张］
76cm（2 开）定价：CNY0.12
　　中国现代汉字书法作品。作者陈叔亮
（1901—1991），工艺美术教育家、书画家。浙江
黄岩人，名寿颐。毕业于上海美术专科学校。曾
在延安鲁迅艺术学院任教，历任华东文化部艺术
处副处长、中央工艺美术学院院长、中国美术家
协会理事、中国书法家协会副主席。有剪纸艺术
专著《窗花》《新美术运动及其他》。

J0102329

百幅优秀作品集　（全国群众书法征稿评比）
上海书画出版社编
上海 上海书画出版社 1980 年 50 页 25cm（15 开）
统一书号：7172.138 定价：CNY0.72
　　中国现代书法评比画册。

J0102330

陈毅诗《青松》　茹桂书
太原 山西人民出版社 1980 年 13cm（64 开）
定价：CNY0.16
　　本书是中国书法作品集。

J0102331

邓拓书法选　邓拓书
北京 人民美术出版社 1980 年 28 页 25cm（15 开）
统一书号：8027.7257 定价：CNY0.65
　　作者邓拓（1912—1966），政论家、历史学
家、诗人。乳名旭初，原名邓子健，笔名马南邨。
福建闽县人。曾任《人民日报》社社长兼总编辑、
全国新闻工作者协会主席、中共北京市委书记处
书记、《前线》主编等职。作品有《燕山夜话》《邓
拓散文》《邓拓文集》《邓拓诗词选》等。

J0102332

奋进　孟庆甲指书
武汉 湖北人民出版社 1980 年［1 张］78cm（2 开）
定价：CNY0.16

J0102333

古诗习字帖　周鸣岐书

长沙 湖南人民出版社 1980 年 47 页 19cm（32 开）
统一书号：9109.52 定价：CNY0.18

J0102334

郭沫若手书五言诗　（木版水印绫裱卷轴）
北京 荣宝斋 1980 年［1］轴 13cm（64 开）
定价：CNY18.00
　　本书是中国书法作品集。

J0102335

郭沫若遗墨　郭庶英等编
石家庄 河北人民出版社 1980 年 67 页 有照片
39cm（4 开）统一书号：8086.1213
定价：CNY2.50
　　本书共辑录中堂、条幅、对联、扇面、册页
等遗墨 76 帧，包括行、草、隶、篆等各种字体，
大体按作品书写时间的先后顺序排次。

J0102336

江雪诗书小集　江雪［书］
杭州 浙江人民美术出版社［1980—1986 年］
31 页 有照片 26cm（16 开）
ISBN：7-5340-0164-1

J0102337

楷书结构习字帖　陈竹朋编著
西安 陕西人民美术出版社 1980 年 重印本
25cm（15 开）统一书号：7094.91
定价：CNY0.35

J0102338

楷书临摹范本　易知编写
昆明 云南人民出版社 1980 年 13 页 26cm（16 开）
统一书号：9116.14 定价：CNY0.64

J0102339

毛笔小楷字帖　穆子荆书
天津 天津人民美术出版社 1980 年 16 页
24cm（26 开）定价：CNY0.20
　　本书系中国现代楷书法帖。

J0102340

毛主席如梦令元旦　（木版水印绫裱画轴）
北京 荣宝斋 1980 年［1］轴 13cm（64 开）
定价：CNY18.00

本书是中国书法作品集。

J0102341
描红　金成钧书写
沈阳　辽宁美术出版社　1980 年　28 页
19cm（小 32 开）定价：CNY0.16

J0102342
齐白石书法篆刻　齐白石作
北京　人民美术出版社　1980 年　32 页
25cm（小 16 开）统一书号：8027.7311
定价：CNY0.65
　　本书为齐白石书法、篆刻的简编本。选编各
体书法作品 20 幅、篆刻 103 方。作品是从人民
美术出版社早年出版的齐白石作品集中选编而
成。作者齐白石（1864—1957），近现代中国绘画
大师，国画家、篆刻家。湖南湘潭人。原名纯之，
字渭青，号兰亭，后改名璜，字濒生，号白石等。
历任国立北京艺术专科学校和京华美术专科学
校教习、教授、中央美术学院名誉教授、中国文
学艺术界联合会主席团委员、中国画研究会和中
国美术家协会主席、中国画院名誉院长。代表作
有《蛙声十里出山泉》《墨虾》等。著有《白石诗
草》《齐白石作品集》《白石老人自述》等。

J0102343
沈尹默行书墨迹　（录苏东坡题跋语）沈尹默书
上海　上海书画出版社　1980 年　24 页 39cm（4 开）
统一书号：7172.129 定价：CNY1.10

J0102344
唐人王之涣诗《登鹳雀楼》　茹桂书
太原　山西人民出版社　1980 年 ［1 张］76cm（2 开）
定价：CNY0.16

J0102345
唐诗四条屏　孟庆甲指书
武汉　湖北人民出版社　1980 年　4 张 78cm（2 开）
定价：CNY0.64

J0102346
陶光书印选集　陶光［书］
巢湖［陶光］［1980—1989 年］106+44 页 有照片
19cm（32 开）
　　作者陶光（1926—2011），诗人，教师。字南

薰，安徽巢湖市人。曾在巢县一中、宣城中学、
黄麓师范、巢湖师专任教，副教授。代表作品《陶
光诗文选集》。

J0102347
小楷字帖　刘治林书；天津杨柳青画店编辑
天津　天津杨柳青画店　1980 年　14 页 19cm（32 开）
统一书号：7174.015 定价：CNY0.17

J0102348
小学生小字帖　陈慎之写
南京　江苏人民出版社　1980 年　30 页
19cm（小 32 开）定价：CNY0.11

J0102349
小学生字帖　许宝驯［写］
南昌　江西人民出版社　1980 年　20 页
19cm（小 32 开）定价：CNY0.10

J0102350
小学生字帖　钱少敏书
杭州　浙江人民出版社 1980 年 30 页 19cm（32 开）
统一书号：1156.1 定价：CNY0.17

J0102351
学生字帖　王砥如书；四川人民出版社编辑
成都　四川人民出版社　1980 年 20 页 26cm（16 开）
定价：CNY0.16

J0102352
于立群遗墨　［于立群书］；郭庶英，郭平英，
张澄寰编
石家庄　河北人民出版社　1980 年
41 页 + ［1］叶图版 有图 38cm（6 开）
统一书号：8086.1214 定价：CNY1.50
　　辑录作者自 1961 年后书写的隶、篆、行、楷
等墨迹 40 帧，以隶书居多，形式有联语、条屏、
条幅、扇面等，大体依创作时间先后编次。

J0102353
于右任书出师表　陕西省书法篆刻研究会编
西安　陕西人民美术出版社　1980 年　42 页
38cm（4 开）定价：CNY2.60
　　作者晚年作品，是其草书之范例。

J0102354

于右任书出师表　于右任书；陕西省书法篆刻研究会编
西安　陕西人民美术出版社　1981 年　42 页
39cm（4 开）统一书号：8199.104
定价：CNY2.60
　　作者晚年作品，是其草书之范例。作者于右任（1878—1964），政治家、教育家、书法家。原名伯循，以字行，号骚心。陕西三原县人。代表作品《右任诗存》《右任文存》《右任墨存》《标准草书》等。

J0102355

周恩来诗选真行草隶篆五体字帖　刘平，傅嘉仪书
西安　陕西人民美术出版社　1980 年　26cm（16 开）
定价：CNY0.49

J0102356

周总理《春日偶成》一首　茹桂书
太原　山西人民出版社　1980 年　76cm（2 开）
定价：CNY0.16
　　本书是中国现代书法作品集。

J0102357

大中小楷字帖　金玉振书
兰州　甘肃人民出版社　1981 年　32 页　19cm（32 开）
统一书号：7096.99　定价：CNY0.26

J0102358

邓散木书法篆刻选　（现代书法）北京人民美术出版社编
北京　人民美术出版社　1981 年　50 页　26cm（16 开）
定价：CNY1.20
　　选入作者篆刻作品 123 方、书法作品 43 幅。

J0102359

高峡书唐诗　高峡书
西安　陕西人民出版社　1981 年　200 页
25cm（15 开）统一书号：8199.301
定价：CNY2.75，CNY3.75（精装）

J0102360

河北书法篆刻选　河北人民出版社美术编辑室编
石家庄　河北人民出版社　1981 年　45 页
25cm（15 开）统一书号：8086.1518
定价：CNY0.75
　　本书系中国现代书法作品、印谱选集。

J0102361

集美鳌园题刻拓本　陈礼义，陈振群拓编
福州　福建人民出版社　1981 年　36 页　27cm（16 开）
统一书号：8173.364　定价：CNY0.90
　　鳌园是陈嘉庚为追念历次革命战争和集美学校兴废经过而兴建的，也是陈嘉庚陵墓所在。拓本选收了许多党和国家领导人、各界知名人士为鳌园题词赠联的手迹。

J0102362

姜东舒小楷前后赤壁赋　姜东舒书
南宁　漓江出版社　1981 年　24 页　19cm（32 开）
统一书号：8256.19　定价：CNY0.28
　　作者姜东舒（1923—2008），作家、书法家。山东乳山人。曾任中国硬笔书法家协会主席、浙江省钱江书法研究会会长、文澜书画社社长。代表作品有《姜东舒诗集》《女运粮》《前后赤壁赋》等。

J0102363

全国第一届书法篆刻展览作品集　人民美术出版社编
北京　人民美术出版社　1981 年　190 页
25cm（16 开）统一书号：8027.7599
定价：CNY3.80
　　本书是 1980 年 5 月在沈阳举办的"全国第一届书法篆刻展览会"的作品集。共收入当代书法 420 件，篆刻 154 方，共 574 幅图。

J0102364

全国第三届书法篆刻展览作品集　王朝宾编辑
郑州　河南美术出版社　1987 年　26cm（16 开）
统一书号：8386.696　ISBN：7-5401-0008-7
定价：CNY8.50

J0102365

全国第四届书法篆刻展览作品集　（1989.8）
郑州　河南美术出版社　1989 年　258 页
26cm（16 开）ISBN：7-5401-0096-6

定价：CNY14.50

J0102366

全国第五届书法篆刻展览作品集　（1992.6）
中国书法家协会编
郑州　河南美术出版社　1993年　268页
26cm（16开）ISBN：7-5401-0278-0
定价：CNY20.00

J0102367

全国第六届书法篆刻展览作品集　中国书法
家协会主编
北京　荣宝斋出版社　1995年　324页　26cm（16开）
ISBN：7-5003-0331-9　定价：CNY49.00

J0102368

阮堂兰话书体　金正喜书
［厦门］宝莲阁　1981年

J0102369

阮堂书体般若心经　金正喜书
［厦门］宝莲阁　1981年

J0102370

山西省晋中地区书法篆刻作品选　晋中群
众艺术馆编
晋中群众艺术馆　1981年　53页　26cm（16开）

J0102371

商承祚篆隶册　商承祚书
广州　岭南美术出版社　1981年　25cm（16开）
统一书号：8111.2341　定价：CNY0.65
　　本书收入作品34篇，用4种书体书写：甲
骨文、金文、小篆、秦隶。共附图110幅。

J0102372

深切的怀念　（黎凡草书字帖）黎凡书
长沙　湖南美术出版社　1981年　41页　25cm（16开）
统一书号：8233.178　定价：CNY0.90
　　作者黎凡（1932—2014），教授。出生于青海
循化。曾任兰州大学新闻系书法教授、中国书法
教育研究会常务理事、甘肃省书法教育研究会会
长、九州书法教育学院教授、香港东方文化中心
书画委员会委员等。代表作品《行书字贴》《简
化字草书研究》等。

J0102373

沈尹默法书集　沈尹默书
上海　上海书画出版社　1981年　197页
39cm（4开）统一书号：7172.161
定价：CNY10.00，CNY18.00（精装）
（现代书家精品选辑 1）
　　本法书集共辑录中堂、条幅、斗方、册页、
楹联、手卷、扇面及信札各类遗墨共125件，除
个别特殊篇目之外，均按作品创作年代先后
为序。

J0102374

书法艺术　郑州书法家协会编
郑州　郑州书法家协会　1981年　26cm（16开）

J0102375

书法与篆刻　孙太初著
昆明　云南人民出版社　1981年　119页
19cm（32开）统一书号：9116.15
定价：CNY0.64

J0102376

唐诗楷书字帖　李华锦书
石家庄　河北人民出版社　1981年　32页
26cm（16开）统一书号：8086.1499
定价：CNY0.40
　　作者李华锦（1941—　），书法家、教授。生
于江苏镇江市，毕业于北京电影学院美术系。曾
在长春电影制片厂工作，后任中央党校教授。

J0102377

吴子复隶书册　吴子复书
广州　岭南美术出版社　1981年　1册　26cm（16开）
统一书号：8111.1948　定价：CNY0.65

J0102378

小学生习字影格　（1）黎泉等书
兰州　甘肃人民出版社　1981年　4张
27cm（大16开）定价：CNY0.11

J0102379

小学生习字影格　（2）黎泉等书
兰州　甘肃人民出版社　1981年　4张
27cm（大16开）定价：CNY0.11

J0102380

新道德三字经　（真草隶篆行五体书）王明九书
天津　天津杨柳青画社 1981 年 40 页 26cm（16 开）
统一书号：7174.016 定价：CNY0.65
　　作者王明九（1913—2001），书法家。原名王
旭堂，字明九，笔名象，后以字行世。祖籍浙江
绍兴。历任中国民族博物馆艺术顾问、中国书法
家协会会员、天津市书法家协会名誉理事。代表
作品有《中华五千年翰墨精粹集锦》《王明九书
古诗文百篇》《书法三昧浅说》《唐诗百首·书法
百种》等。

J0102381

郑诵先书法选　郑诵先书
北京　人民美术出版社 1981 年 29 页
25cm（小 16 开）统一书号：8027.7531
定价：CNY0.70

J0102382

装饰贴纸　任政书
上海　上海人民美术出版社 1981 年［1 张］
附两副对联 108cm（全开）定价：CNY0.30
　　作者任政（1916—1999），书法家，字兰斋，
浙江黄岩人。历任上海文史研究馆馆员、中国书
法家协会会员、上海书法家协会常务理事、上海
外国语学院艺术顾问、复旦大学国际文化交流学
院艺术顾问。出版有《楷书基础知识》《少年书
法》《祖国的书法艺术》《书法教学》《隶书写法
指南》《兰斋唐诗宋词行书帖》。

J0102383

**朝辞白帝彩云间　千里江陵一日还　两岸
猿声啼不住　轻舟已过万重山**　徐尚义书
兰州　甘肃人民出版社 1982 年［1 张］76cm（2 开）
定价：CNY0.18
　　本作品是中国现代书法。作者徐尚义
（1946—　　），美术师。生于甘肃临夏。兰州画院
美术师、中国书法家协会会员、甘肃省书法家协
会副主席。

J0102384

成语小楷习字帖　周鸣岐书
长沙　湖南教育出版社 1982 年 32 页 19cm（32 开）
统一书号：9284.1 定价：CNY0.23

J0102385

大楷字帖　林昭编
乌鲁木齐　新疆人民出版社 1982 年 26cm（16 开）
统一书号：9098.2 定价：CNY0.12

J0102386

当代楹联墨迹选　连云港市教师进修学院，
连云港市书法篆刻研究会编辑
长沙　湖南美术出版社 1982 年 194 页
25cm（15 开）统一书号：8233.288
定价：CNY2.90
　　本书共选编 385 幅楹联墨迹作品，其中篆书
64 幅，隶书 58 幅，行草书 198 幅，楷书 65 幅。

J0102387

东坡诗　沙孟海书
杭州　浙江人民美术出版社 1982 年［1 张］
76cm（2 开）定价：CNY0.25
　　本作品是中国现代书法。作者沙孟海
（1900—1992），书法家。原名文若，字孟海，号
石荒、沙村。生于浙江鄞县，毕业于浙江省立第
四师范学校。曾任浙江大学中文系教授、浙江美
术学院教授、西泠印社社长、西泠书画院院长、
浙江省博物馆名誉馆长、中国书法家协会副主
席。代表作品《集王圣教序》。

J0102388

姜东舒小楷永州八记　姜东舒书
杭州　浙江人民出版社 1982 年 20cm（32 开）
统一书号：7103.1215 定价：CNY0.35
　　本书是一本中国现代小楷字帖，内容为柳宗
元的《永州八记》，内有繁简字对照表。

J0102389

楷书百家姓　刘文选书
郑州　河南人民出版社 1982 年 25cm（15 开）
统一书号：7219.4 定价：CNY0.40

J0102390

楷书百家姓　刘文选书
郑州　河南人民出版社 1982 年 25cm（15 开）
统一书号：7219.4 定价：CNY0.40

J0102391

李白早发帝城诗　陈淑亮书

长沙 湖南美术出版社 1982 年［1 张］76cm（2 开）
定价：CNY0.90
　　本作品是中国现代书法。

J0102392

六体书唐宋词廿二首　吴建贤等书
上海 上海书画出版社 1982 年 122 页
25cm（小 16 开）统一书号：7172.169
定价：CNY0.88
　　本贴有楷书、篆书、草书、隶书、行书及正
楷简体六种书体，分别由吴建贤、王壮弘、许宝
驯、方传鑫、周志高和高式熊六位书法家书写。

J0102393

龙字配联中堂　李海观书
西宁 青海人民出版社 1982 年［1 张］76cm（2 开）
定价：CNY0.36
　　本作品是中国现代书法。

J0102394

名人名言　（爱迪生）周鸣岐书
长沙 湖南科学技术出版社 1982 年［1 幅］
54cm（4 开）定价：CNY0.08
　　本作品是中国现代书法。

J0102395

名人名言　（贝多芬）周鸣岐书
长沙 湖南科学技术出版社 1982 年［1 幅］
54cm（4 开）定价：CNY0.08
　　本作品是中国现代书法。

J0102396

名人名言　（笛卡儿）周鸣岐书
长沙 湖南科学技术出版社 1982 年［1 幅］
54cm（4 开）定价：CNY0.08
　　本作品是中国现代书法。

J0102397

名人名言　（高尔基）周鸣岐书
长沙 湖南科学技术出版社 1982 年［1 幅］
54cm（4 开）定价：CNY0.08
　　本作品是中国现代书法。

J0102398

名人名言　（哥白尼）周鸣岐书

J0102399

名人名言　（韩愈）周鸣岐书
长沙 湖南科学技术出版社 1982 年［1 幅］
54cm（4 开）定价：CNY0.08
　　本作品是中国现代书法。

J0102400

名人名言　（华罗庚）周鸣岐书
长沙 湖南科学技术出版社 1982 年［1 幅］
54cm（4 开）定价：CNY0.08
　　本作品是中国现代书法。

J0102401

名人名言　（培根）周鸣岐书
长沙 湖南科学技术出版社 1982 年［1 幅］
54cm（4 开）定价：CNY0.08
　　本作品是中国现代书法。

J0102402

名人名言　（莎士比亚）周鸣岐书
长沙 湖南科学技术出版社 1982 年［1 幅］
54cm（4 开）定价：CNY0.08
　　本作品是中国现代书法。

J0102403

名人名言　（子思）周鸣岐书
长沙 湖南科学技术出版社 1982 年［1 幅］
54cm（4 开）定价：CNY0.08
　　本作品是中国现代书法。

J0102404

书山有路勤为径，学海无涯苦作舟　黎泉书
兰州 甘肃人民出版社 1982 年［1 张］76cm（2 开）
定价：CNY0.18
　　本作品是中国现代书法。

J0102405

宋·叶绍翁《游园不值》　周慧珺书
上海 上海书画出版社 1982 年［1 幅］76cm（2 开）
定价：CNY0.22
　　本作品是中国现代书法。

J0102406
宋·朱熹春日诗　骆墨樵书
广州 岭南美术出版社 1982 年［1 幅］76cm（2 开）
定价：CNY0.16
　　本作品是中国现代书法。

J0102407
苏轼·赤壁怀古　邓少峰书
武汉 湖北人民出版社 1982 年［1 幅］76cm（2 开）
定价：CNY0.42
　　本作品是中国现代书法。

J0102408
苏轼·水调歌头　邓少峰书
武汉 湖北人民出版社 1982 年［1 幅］76cm（2 开）
定价：CNY0.42
　　本作品是中国现代书法。

J0102409
唐·杜甫诗　张良勋书
合肥 安徽人民出版社 1982 年［1 幅］76cm（2 开）
定价：CNY0.16
　　本作品是中国现代书法。

J0102410
唐·杜牧诗　张翰书
合肥 安徽人民出版社 1982 年［1 幅］76cm（2 开）
定价：CNY0.16
　　本作品是中国现代书法。作者张翰（1938— ），书法家。名汉超，字迟墨，籍贯安徽萧县，毕业于安徽艺术学院美术系。历任安徽书法函授院院长、中国书法教育研究会理事及学术委员会委员。著作有《书海轻舟》《书法通解》《闲话书道》《书写技法概要》等。

J0102411
唐·李白诗　闵祥德书
合肥 安徽人民出版社 1982 年［1 幅］76cm（2 开）
定价：CNY0.16
　　本作品是中国现代书法。作者闵祥德（1949— ），书法家，教授，国家一级美术师。安徽宿州市人。历任南京财经大学艺术教研室主任、安徽省书法家协会副主席、东南大学博士生导师、中国书画学会副主席等职。擅长书法，兼攻理论，作品多次参加国内外大型书展。作品

有《书法浅谈》《书法百问百答》《图解书法指南》《行书书写门径》。部分著作被台湾、香港大学指定为教科书。

J0102412
唐·王维相思诗　骆墨樵书
广州 岭南美术出版社 1982 年［1 幅］76cm（2 开）
定价：CNY0.16
　　本作品是中国现代书法。

J0102413
唐·王之涣《登鹳雀楼》　赵冷月书
上海 上海书画出版社 1982 年［1 幅］76cm（2 开）
定价：CNY0.22
　　本作品是中国书法。

J0102414
唐·韦应物诗　王家琰书
合肥 安徽人民出版社 1982 年［1 幅］76cm（2 开）
定价：CNY0.16
　　本作品是中国现代书法。

J0102415
唐·张若虚春江花月夜诗摘句　刘逸生书
广州 岭南美术出版社 1982 年［1 幅］78cm（2 开）
定价：CNY0.11
　　本作品是中国现代书法。

J0102416
唐诗　尉天池等书
郑州 中州书画社 1982 年［4 张］76cm（2 开）
定价：CNY1.20
　　本作品是中国现代书法。作者尉天池（1936— ），书法教授。安徽砀山，毕业于南京师范学院中文系。历任南京师范大学美术系主任、书法教授，中国书法家协会理事、江苏省书法家协会副主席等。代表作品有《书法基础知识》《于右任书法精品集》等。

J0102417
唐雁塔圣教序　大康临
北京 人民教育出版社 1982 年 84 页 30cm（16 开）
统一书号：7012.0494 定价：CNY0.87

J0102418

唐雁塔圣教序　大康临摹
北京 人民教育出版社 1983 年 84 页 26cm（16 开）
定价：CNY0.87
（中学生习字帖 6）
　　本作品是临摹中国唐代楷书碑帖的现代书法作品。

J0102419

晚登南禅寺三清殿　（清）李荣树诗；朱乃正书
西宁 青海人民出版社 1982 年［1 幅］78cm（2 开）
定价：CNY0.18
　　本作品是中国现代书法。

J0102420

小楷字帖　陈慎之书
南京 江苏人民出版社 1982 年 40 页 26cm（16 开）
统一书号：7100.171 定价：CNY0.27

J0102421

辛弃疾·永遇乐　邓少峰书
武汉 湖北人民出版社 1982 年［1 幅］76cm（2 开）
定价：CNY0.42
　　本作品是中国现代书法。

J0102422

学生习字帖　（第三册 楷字的基本笔画）王砥如书；陈希仲编
成都 四川人民出版社 1982 年 62 页 19cm（32 开）
定价：CNY0.26
　　本作品是中国现代字帖。

J0102423

于右任书正气歌　于右任书；陕西省博物馆编
西安 陕西人民美术出版社 1982 年 45 页
39cm（4 开）统一书号：8199.336
定价：CNY2.95
　　草书。于 1938 年书，为于氏书法艺术的代表作。

J0102424

岳飞·满江红　邓少峰书
武汉 湖北人民出版社 1982 年［1 幅］76cm（2 开）
定价：CNY0.42
　　本作品是中国现代书法。

J0102425

赵蒙生九成宫碑　赵敏生书
石家庄 河北美术出版社 1982 年 42 页
19cm（32 开）统一书号：8087.213
定价：CNY1.10
　　本书是中国现代书法集。

J0102426

赵敏生书九成宫碑　赵敏生书
石家庄 河北美术出版社 1982 年 42 页
19cm（32 开）统一书号：8087.213
定价：CNY1.10
　　本作品是临摹中国古代碑帖的现代书法作品。

J0102427

周总理诗　毛秉乾书
郑州 中州书画社 1982 年［1 张］107cm（全开）
定价：CNY0.36
　　本作品是中国现代书法。

J0102428

1984（书法挂历）
南京 江苏人民出版社 1983 年 78cm（2 开）
定价：CNY3.80

J0102429

1984：书法挂历
兰州 甘肃人民出版社 1983 年 78cm（2 开）
定价：CNY4.50

J0102430

北魏张猛龙临本　康庄书
呼和浩特 内蒙古人民出版社 1983 年 32 页
19cm（32 开）统一书号：7089.322
定价：CNY0.20
　　本作品是临摹中国北魏楷书碑帖的现代书法作品。

J0102431

春联　天津杨柳青画社编辑；王明九书
天津 天津杨柳青画社 1983 年 40 页 26cm（16 开）
定价：CNY0.60
　　本作品是中国现代书法。作者王明九（1913—2001），书法家。原名王旭堂，字明九，笔名象，后以字行世。祖籍浙江绍兴。历任中国民族博物馆艺术顾问、中国书法家协会会员、天津市书法家协会名誉理事。代表作品有《中华五千年翰墨精粹集锦》《王明九书古诗文百篇》《书法三昧浅说》《唐诗百首·书法百种》等。

J0102432

邓尔雅书千字文　邓尔雅书
广州　岭南美术出版社　1983 年　25cm（15 开）
统一书号：8260.0298　定价：CNY1.90

本书收入 45 幅图。为著者半本《千字文》书法，是其代表作。附邓氏书简一通，略叙半本千字文沧桑及平生从事金石文字研究甘苦，简末又附《口占二首》，为邓氏学养心声。作者邓尔雅（1884—1954），篆刻家，书法家，画家。原名溥霖，字季雨，别名尔雅，号尔疋，宠恩等。出生于北京，祖籍广东东莞。就读于广雅书院。著有《篆刻危言》《文字源流》《艺觚草稿》《绿绮台琴史》等。

J0102433

邓尔雅书千字文
广州　岭南美术出版社　1994 年　33cm（5 开）
ISBN：7-5362-1077-9　定价：CNY12.00

J0102434

高峡书法艺术　（书唐诗选）高峡著
长沙　湖南美术出版社　1983 年　86 页　25cm（15 开）
统一书号：8233.461　定价：CNY2.60

J0102435

观潮诗　（宋·陈师道《十七日观潮》）沙孟海书
杭州　浙江人民美术出版社　1983 年　76cm（2 开）
定价：CNY0.23

本作品是中国现代书法。作者沙孟海（1900—1992），书法家。原名文若，字孟海，号石荒、沙村。生于浙江鄞县，毕业于浙江省立第四师范学校。曾任浙江大学中文系教授、浙江美术学院教授、西泠印社社长、西泠书画院院长、浙江省博物馆名誉馆长、中国书法家协会副主席。代表作品《集王圣教序》。

J0102436

郭沫若闽游手迹　郭沫若书；杨云编
福州　福建人民出版社　1983 年　37 页　26cm（16 开）

统一书号：10173.344　定价：CNY0.90

郭沫若 1962 年闽游时所撰之诗词、联语、碑文墨宝 29 帧。其中抄录毛主席诗词 7 帧，纪游题赠诗词 19 帧，联语 2 帧，碑文 1 帧。本集所收多为行书及行草。卷首有郭沫若闽游照片 8 幅，卷末附于立群之遗墨 2 帧。作者郭沫若（1892—1978），文学家、历史学家。原名开贞，字鼎堂，号尚武，乳名文豹，笔名沫若、麦克昂、郭鼎堂，四川乐山人，毕业于日本九州帝国大学。历任中国科学院首任院长、中国科学技术大学首任校长、苏联科学院外籍院士。代表作《郭沫若全集》《甲骨文字研究》《中国史稿》等。

J0102437

行草唐诗六十首　魏宇平书
重庆　重庆出版社　1983 年　78 页　26cm（16 开）
统一书号：7114.28　定价：CNY0.68

J0102438

黄仲则书法篆刻　（清）黄仲则作，黄葆树编
上海　上海书画出版社　1983 年　57 页　27cm（16 开）
统一书号：8172.1062　定价：CNY2.05

J0102439

佳木斯书法篆刻　（二集）佳木斯市文学艺术界联合会编辑
佳木斯　佳木斯市文学艺术界联合会　1983 年　43 页　26cm（16 开）

J0102440

九畹书法作品选　王贺良书
沈阳　辽宁美术出版社　1983 年　113 页　27cm（16 开）统一书号：8161.0289
定价：CNY5.50

作者王贺良参加在辽宁美术馆举行的由 9 名中年书法家联办的"九畹书法展览"，并刊入本书。作者自幼酷爱书画，曾得杨仁恺，霍安荣等人指导，学书自楷体入手初学卿《多宝塔碑》，继习行书以"二王"为宗，后主攻隶书自《张迁碑》《石门颂》《封龙山颂》等，又兼取《二爨》等碑，力求汉隶与魏晋碑版融为一体。作品入选全国第一、二、三届书法展览，"世界和平年书法展览"，"中国·新加坡书法联展"以及在日本举办的书法展览。有的作品被博物馆。纪念馆收藏或被碑刻。作者王贺良（1935—　），书法家。出

生于辽宁沈阳。辽宁美术馆专职书法家、一级美术师、中国书法家协会会员、辽宁书法家协会理事。

J0102441

刘炳森隶书杜诗　刘炳森书

北京 长城出版社 1983年 58页 25cm（15开）统一书号：8269.37 定价：CNY1.00

　　作者刘炳森（1937—2005），书法家、国画家。字树盦，号海村，生于上海，祖籍天津武清。就读于北京艺术学院美术系中国画山水科。曾任北京故宫博物院研究员、中国书法家协会副主席、中国书画函授大学特约教授、山东曹州书画院名誉院长。出版有《刘炳森楷书千字文》《刘炳森隶书千字》《刘炳森选编勤礼碑字帖》《刘炳森主编中国书法艺术》等。

J0102442

陆维钊书法选　陆维钊书；人民美术出版社编

北京 人民美术出版社 1983年 31页 26cm（16开）统一书号：8027.8053 定价：CNY0.70

　　作者陆维钊（1899—1980），书画家、教授。原名子平，字微昭，晚年自署劭翁。浙江平湖人。南京高等师范文史地部毕业。浙江美术学院教授、中国美术家协会浙江分会理事。代表作品有《中国书法》《全清词钞》等。

J0102443

陆维钊书法选　陆维钊书；人民美术出版社编

北京 人民美术出版社 1987年 31页 26cm（16开）统一书号：8027.8053 定价：CNY0.96

J0102444

毛泽东书信手迹选　毛泽东撰并书；中共中央文献研究室，中央档案馆编

北京 文物出版社 1983年 影印本 线装定价：CNY70.00

　　作者毛泽东（1893—1976），中国人民的领袖，伟大的马克思主义者，无产阶级革命家、战略家和理论家，中国共产党、中国人民解放军和中华人民共和国的主要缔造者和领导人，诗人、书法家。湖南湘潭人。字润之（原作咏芝，后改润芝），笔名子任等。毕业于湖南省立第一师范学校。1949至1976年担任中华人民共和国最高领导人。代表作有《毛泽东选集》《毛泽东诗词

选》《湖南农民运动考察报告》等。

J0102445

欧阳询九成宫临本　康庄书写

呼和浩特 内蒙古人民出版社 1983年 32页19cm（32开）统一书号：7089.323定价：CNY0.20

　　本书是中国古代书法精品的临摹本。

J0102446

潘伯鹰楷书豫园记　潘伯鹰书；上海书画出版社编

上海 上海书画出版社 1983年 26页 27cm（16开）统一书号：7172.170 定价：CNY0.60

　　本书是中国现代楷书书法作品。作者潘伯鹰（1904 — 1966），书法家、诗人、小说家。安徽怀宁人。原名式，字伯鹰，后以字行，号兔公有发翁，别署孤云。小说作品有《人海微澜》《隐刑》《寒安五记》等。论著有《书法杂论》《中国的书法》《中国书法简论》。作品出版有《潘伯鹰行草墨迹》等。

J0102447

青年唐诗习字帖　单晓天书

长沙 湖南教育出版社 1983年 160页26cm（16开）统一书号：9284.32定价：CNY1.10

　　作者单晓天（1921—1987），书画篆刻家。原名孝天，字琴宰，浙江绍兴人。历任中国书法家协会会员、中国书协上海分会常务理事。出版有《鲁迅诗歌印谱》《晓天印稿》《单晓天临钟王小楷八种》等。

J0102448

秋明长短句　（沈尹默自书词选）沈尹默书

南京 金陵书画社 1983年 26页 25cm（16开）统一书号：7234.002 定价：CNY0.68

　　本书为1951年作者将其创作的诗词作品以正楷书写成册，现据原作影印出版。作者沈尹默（1883—1971），学者、诗人、书法家、教育家。出生于陕西汉阴，祖籍浙江吴兴。初名君默、字中、号秋明。曾任北京大学文学教授、河北省教育厅厅长、中法文化交流出版委员会主任、上海市文联副主席、上海市文管会委员、上海中国书法篆刻研究会主任等职。代表作有《沈尹默手稿

墨迹》《二王法书管窥》《历代名家学书经验谈辑要释义》。

J0102449

全国大学生书法竞赛获奖作品集　共青团中央学校部编
北京 中国青年出版社 1983年 56页 25cm(16开)
统一书号：809.42 定价：CNY0.60

　　本书汇集了1981年全国大学生书法竞赛中获奖的优秀作品119件。包括楷、行、草、隶、篆五种字体，字形有大、中、小楷。

J0102450

全国少年儿童书法作品选　中国书法家协会，中央电视台编
北京 人民美术出版社 1983年 32页 25cm(16开)
统一书号：8027.8440 定价：CNY0.66

J0102451

日本书道展　(1983 当代名家作品) 香港艺术中心，日本财团法人全国书美术振兴会编
香港 包兆龙画廊 1983年 有图 26cm(16开)
定价：HKD50.00

　　外文书名：Japanese Calligraphy.

J0102452

沈鹏书长恨歌琵琶行　(现代书法) 沈鹏书
长沙 湖南美术出版社 1983年 75页 27cm(16开)
统一书号：8233.444 定价：CNY2.50

　　作者沈鹏(1931—)，书法家、美术评论家、诗人。生于江苏江阴。历任中国文联副主席、中国书法家协会主席、中国美术出版总社顾问以及《中国书画》主编、炎黄书画院副院长、中国书画函授大学教授、《书法之友》杂志名誉主席等职。书法作品有著作：《书画论评》《沈鹏书画谈》《三余吟草》《沈鹏书法选》《沈鹏书法作品集》。

J0102453

沈尹默法书集　沈尹默书
台北 华正书局 1983年 影印本 56页 34cm(5开)

J0102454

沈尹默墨迹三种　沈尹默书
济南 齐鲁社 1983年 影印本 39cm(4开)
统一书号：8206.52 定价：CNY1.35

本书收入沈尹默书写的我国古代文学名篇《广绝交论》《秋兴赋》《怀旧赋》。

J0102455

沈尹默小楷　沈尹默书
南京 金陵书画社 1983年 26页 25cm(16开)
统一书号：7234.001 定价：CNY0.58

J0102456

舒同字帖　舒同书；中国书法家协会编辑部编
北京 中国文艺联合出版公司 1983年 37cm(8开)
统一书号：8313.146 定价：CNY1.75

　　作者舒同(1905—1998)，书法家。号宣禄，又名文藻，江西东乡人，毕业于江西抚州省立师范学校。曾任中共山东省委第一书记、陕西省委书记、中国人民解放军军事科学院副院长、中国书法家协会第一任主席、中国书法家协会名誉主席。出版《舒同字帖》《舒同书法》《舒同书法艺术》等。

J0102457

舒同字帖　(行) 舒同书
北京 中国文艺联合出版公司 1984年
19cm(32开) 统一书号：8313.147
定价：CNY1.30

J0102458

唐杜甫诗《客至》　陆抑非书
杭州 西泠印社 1983年 76cm(2开)
定价：CNY0.32

　　本作品是中国现代书法。作者陆抑非(1908—1997)，美术教育家。名翀，初字一飞，改字抑非，号非翁，又号苏叟。江苏常熟人。历任中国美术学院教授、研究生导师，西泠书画院副院长、常熟书画院名誉院长。作品有《花好月圆》《春到农村》《寿桃图》等，著有《非翁画语录》。

J0102459

唐诗书法　周慧珺书
济南 山东人民出版社 1983年 2张(套)
76cm(2开) 定价：CNY0.32
　　本作品是中国现代书法。

J0102460

王蘧常章草选　王蘧常书

上海　上海书画出版社　1983 年　91 页

25cm（16 开）统一书号：7172.182

定价：CNY0.74，CNY1.30（精装）

　　本帖为王蘧常 70 岁以后所书之《千字文》。书后附有释文和郑逸梅作的后记。作者王蘧常（1900—1989），书法家、历史学家。字瑗仲，号明两，别号涤如、角里翁、欣欣老人。出生于天津，祖籍浙江嘉兴。曾任上海交通大学、光华大学（今华东师范大学）、复旦大学教授。著作有《诸子学派要诠》《王蘧常章草艺术》《钱衍石年谱》《国学讲演稿》等。

J0102461

魏振皆书法艺术　魏振皆书；甘肃人民出版社编

兰州　甘肃人民出版社　1983 年　1 册　39cm（4 开）

统一书号：9096.33　定价：CNY1.60

J0102462

颜真卿多宝塔临本　吴志等书

呼和浩特　内蒙古人民出版社　1983 年［32 页］

19cm（32 开）统一书号：7089.324

定价：CNY0.20

　　本书是中国唐代楷书法帖的现代临摹本。

J0102463

岳飞诗词　朱乃正书

西宁　青海人民出版社　1983 年［1 张］

107cm（全开）定价：CNY0.36

　　本作品是中国现代书法。

J0102464

中国少年儿童书法作品选　中国书法家协会，中央电视台编

北京　人民美术出版社　1983 年　32 页　26cm（16 开）

定价：CNY0.66

　　本书共收集少年儿童书法作品一百余幅。

J0102465

爱国怀乡诗帖　高峡书

长沙　湖南美术出版社　1984 年　84 页　25cm（12 开）

统一书号：8233.578　定价：CNY2.40

　　本书为中国现代书法作品《爱国怀乡诗帖》。

辑录了我国近代史以来，百余年间的部分革命者、爱国知名人士、文学艺术家、海外侨胞、台湾同胞们，或讴歌华夏河山之情，或抒发富国安邦之志，或思念亲友，或感怀故土，渴望早日实现祖国统一大业的诗、词、歌、赋八十四首。

J0102466

博览精思　王朝瑞作

太原　山西人民出版社　1984 年　76cm（2 开）

定价：CNY0.18

　　本作品是中国现代书法。

J0102467

草诀百韵歌　张石秋摹写

西安　陕西人民出版社　1984 年　27 页　25cm（15 开）

统一书号：8094.700　定价：CNY0.41

　　全帖歌诀为无言排律，共 106 韵，阐述了草书的一般规范和行笔的某些规律、

J0102468

常用字字帖　上海书画出版社编

上海　上海书画出版社　1984 年　400 页

19cm（32 开）精装　统一书号：8172.1236

定价：CNY1.90

　　本书系楷、隶、行、草、篆诸体对照帖，并设有繁体栏目。可作字帖，也可做工具书查检。

J0102469

常用字字帖　翁闿运等书

上海　上海书画出版社　1987 年　增补本　90 页

26cm（16 开）定价：CNY1.20

　　作者翁闿运（1912—2006），书法家。字慧仁，生于江苏苏州，原籍浙江杭州。历任中国书法家协会会员、上海书法家协会名誉理事、上海大学兼职教授、上海中国画院兼职画师、上海市文史研究馆馆员，上海市书法家协会顾问。著有《辞海》（书法·碑帖部分）《大学书法》（技法部分）《简化字总表习字帖》等。

J0102470

常用字字帖　上海书画出版社编

上海　上海书画出版社　1990 年　增补本　490 页

13×9cm　精装　ISBN：7-80512-423-X

定价：CNY4.50

　　这部袖珍增补本《常用字字帖》，系楷、隶、

行、草、篆诸体对照帖，并设有繁体栏目。

J0102471
春联　周洋设计；吕守祥等书法
天津　天津人民美术出版社　1984 年　108cm（全开）
定价：CNY0.36
　　本作品是中国现代书法。

J0102472
春晓　沈鹏书
南宁　漓江出版社　1984 年　78cm（2 开）
定价：CNY0.27
　　本作品是中国现代书法。

J0102473
春夜喜雨　杜甫诗；莫如志书
西宁　青海人民出版社　1984 年　76cm（2 开）
定价：CNY0.16
　　本作品是中国现代书法。

J0102474
大漠孤烟直　长河落日园　邬显达书
西宁　青海人民出版社［1984 年］2 张　76cm（2 开）
定价：CNY0.32

J0102475
杜甫绝句——两个黄鹂鸣翠柳，一行白鹭上青天；窗含西岭千秋雪，门泊东吴万里船
周兆颐书
兰州　甘肃人民出版社　1984 年　76cm（2 开）
定价：CNY0.40（铜版纸），CNY0.18（胶版纸）
　　本作品是中国现代书法。

J0102476
杜甫诗《江南逢李龟年》　费新我书
南昌　江西人民出版社［1984 年］76cm（2 开）
定价：CNY0.70
　　作者费新我（1903—1992），书法家、画家。学名斯恩，原字省吾，字立千、号立斋，后改名新我，湖州南浔双林镇人。毕业于上海白鹅绘画学校。代表作有《怎样画毛笔画》《怎样学书法》《楷书初阶》《怎样画铅笔画》。

J0102477
枫桥夜泊　莫乃群书

南宁　漓江出版社　1984 年　78cm（2 开）
定价：CNY0.27
　　本作品是中国现代书法。

J0102478
高峡书唐诗　（第二集）高峡书
西安　陕西旅游出版社　1984 年　304 页　有照片
26cm（16 开）统一书号：369.（P）0003

J0102479
高峡书唐诗　（第三集）高峡书
西安　陕西旅游出版社　1984 年　301 页　有照片
26cm（16 开）统一书号：369.（P）0004

J0102480
还仓室遗珍　丁佛言书
台北　山东文献社　1984 年　131 页　有照片
30cm（15 开）精装　定价：TWD800.00
　　本书系中国现代书法作品。

J0102481
海迪日记中楷字帖　李华锦书
兰州　甘肃人民出版社　1984 年　19cm（32 开）
定价：CNY0.37

J0102482
韩愈诗《初春小雨》　陈巨锁书
太原　山西人民出版社　1984 年　76cm（2 开）
定价：CNY0.18
　　本作品是中国现代书法。作者陈巨锁（1934—　），书法家、作家、文化学者。别名隐堂，山西原平人。先后在山西艺术学院和山西大学攻读美术兼书法。历任中国书法家协会理事、山西省书法家协会副主席，山西省美协理事，山西省诗书画印艺术家联合会副主席等。一级美术师。主要作品有《生死门》，出版有《隐堂散文集》《隐堂随笔》等。

J0102483
鸿流导积石　惊浪触龙门　张颔书
西宁　青海人民出版社［1984 年］2 张 76cm（2 开）
定价：CNY0.32

J0102484
湖平天镜晓　山峭石帆秋　刘正德书

西宁 青海人民出版社［1984年］2张 76cm（2开）
定价：CNY0.32

J0102485
黄河万里远　神州百花香　魏宪如书
西宁 青海人民出版社［1984年］2张 76cm（2开）
定价：CNY0.32

J0102486
姜东舒小楷唐诗十首　姜东舒书
石家庄 河北美术出版社 1984年 31页
25cm（小16开）统一书号：8087.846
定价：CNY0.60

J0102487
开门迎春春扑面　抬头见喜喜满堂　张小建,
宋燕宾作
南京 江苏美术出版社［1984年］76cm（2开）
定价：CNY0.18

J0102488
楷书集帖　张石秋等书
西安 陕西人民美术出版社 1984年 58页
21cm（32开）统一书号：8199.722
定价：CNY0.70

J0102489
来楚生法书集　来楚生书；上海书画社编
上海 上海书画出版社 1984年 124页 38cm（6开）
定价：CNY6.30, CNY11.90（精装）
（现代书家精品选集 一）
　　本书所收作品在形式上有楹联、立轴、手
卷、扇面等；书体有大篆、秦篆、隶书、行书和草
书。本集所有书法作品皆黑白精印，部分行草作
品附有释文。作者来楚生（1903—1975），画师。
浙江萧山人，原名来稷勋、号负翁，笔名然犀室、
安处楼等。曾任上海美专、新华艺专教师、中国
美术家协会会员。主要作品有《来楚生画集》《来
楚生法书集》《来楚生篆书千字文》《来楚生草书
千字文》等。

J0102490
老骥伏历志在千里　烈士暮年壮心不已
水既生作
太原 山西人民出版社 1984年 76cm（2开）

定价：CNY0.18
　　本作品是中国现代书法。作者水既生
（1928—　　），书法家、篆刻家。山西朔州人。曾
任山西轻工业厅科技处及省玻璃陶瓷研究所总
工程师、山西政协委员、中国书法家协会会员。

J0102491
**漓江春水绿悠悠　细雨昊天结伴游　两岸
奇山看不尽　碧莲峰下泊行舟**　启让书
兰州 甘肃人民出版社 1984年 76cm（2开）
定价：CNY0.18
　　本书法作品书写的是董必武1959年游阳朔
时所作的诗。

J0102492
李白诗《望庐山瀑布》　雪祁书
兰州 甘肃人民出版社 1984年 76cm（2开）
定价：CNY0.18
　　本作品是中国现代书法。

J0102493
李白诗《望天门山》　沈鹏书
长沙 湖南美术出版社 1984年 108cm（全开）
定价：CNY0.90
　　本作品是中国现代书法。

J0102494
李白诗《下江陵》　王朝瑞书
太原 山西人民出版社 1984年 76cm（2开）
定价：CNY0.18
　　本作品是中国现代书法。

J0102495
李百忍行草书法集　李百忍书；安徽省书法
家协会,合肥市文学工作者协会编
合肥 安徽教育出版社 1984年 24cm（15开）
定价：CNY0.48

J0102496
李大钊烈士碑文小楷帖　张瑞龄书写
石家庄 河北美术出版社 1984年 18页
26cm（16开）统一书号：8087.906
定价：CNY0.40
　　作者张瑞龄（1936—　　），书法家、教授。号
滴石,河北唐山人。作品有楷书《华夏正气歌》

《三字经》《百家姓》《千字文》等。

J0102497

李雁书法选　李雁书

郑州　河南人民出版社 1984 年 22cm（32 开）

统一书号：8105.1278　定价：CNY1.40

　　作者李雁，广西南宁市人。历任广西书画院副院长、广西艺术创作中心副主任、广西书协副主席。作品集有《李雁书法选》《李雁狂墨》《李雁行草千字文》《李雁金琵琶书法集》等。

J0102498

笼鸡有食汤锅近　野鹤无粮天地宽　黄克毅作

太原　山西人民出版社 1984 年 76cm（2 开）

定价：CNY0.18

　　本作品是中国现代书法。

J0102499

毛泽东手书古诗词选　毛泽东书；中央档案馆编

北京　文物出版社 1984 年　影印本　线装

定价：CNY95.00

　　本书与档案出版社合作出版。分二册。

J0102500

名联楷书　李华锦书；中绣辑

哈尔滨　黑龙江人民出版社 1984 年 48 页

25cm（小 16 开）统一书号：8093.985

定价：CNY0.85

J0102501

宁斧成书法篆刻选　宁斧成作；钟声编

北京　人民美术出版社 1984 年 51 页　有照片

25cm（小 16 开）统一书号：8027.8650

定价：CNY1.65

（现代书法）

　　本书共选宁斧成先生的各种书体 30 余件，印章百余方，后有李骆公、成易对宁斧成书法篆刻的介绍，并附生活照片。作者宁斧成（1898—1966），书法家。字宗侯，号老腐，别署腐成，辽宁海城人。出版有《宁斧成书法篆刻集》《宁斧成印存》等。

J0102502

宁斧成书法篆刻选　宁斧成作；钟声编

北京　人民美术出版社 1986 年 51 页　有图

26cm（16 开）统一书号：8027.8650

定价：CNY2.10

J0102503

鹏程万里　赵承楷作

太原　山西人民出版社 1984 年 76cm（2 开）

定价：CNY0.18

　　本作品是中国现代书法。作者赵承楷（1935—　　），教授。山西孝义人，毕业于山西大学中文系。山西大学师范学院教授、中国书法家协会会员、山西省书法家协会副主席、山西省古典文学研究会会员。出版专著《大学书法教程》《习字启蒙》《书法断论》《艺术钩沉》《书法探求》等。

J0102504

七十八翁傅真山书　（一～四）傅山书

太原　山西人民出版社 1984 年 4 张 78cm（2 开）

定价：CNY0.48

　　本作品是傅山在 78 岁时所书。作者傅山（1607—1684），明清之际思想家、书法家、医学家。初名鼎臣，字青竹，改字青主，又有浊翁、观化等别名，生于山西太原。主要作品有《庄子翼批注》《逍遥游》《庄子理字》《庄子情字》《荀卿评庄子》等。

J0102505

勤奋　沈鹏书

福州　福建人民出版社 1984 年 76cm（2 开）

定价：CNY0.20

　　本作品是中国现代书法。

J0102506

群峰壁立太行头　天险黄河一望收　两岸烽烟红似火　此行当可慰同仇　雪祁书

兰州　甘肃人民出版社 1984 年 76cm（2 开）

定价：CNY0.18

　　本作品是中国现代书法。

J0102507

任重道远　田树苌作

太原　山西人民出版社 1984 年 76cm（2 开）

定价：CNY0.18

　　本作品是中国现代书法。作者田树芠（1944— ），书法家。字楚材，生于山西省祁县。历任中国书法家协会理事、中国书协书法培训中心教授、一级美术师。著有《田树芠书法集》等。

J0102508

神州墨海　　郝景晏等编辑

北京　测绘出版社　1984 年　71 页　26cm（16 开）

统一书号：8039. 新 380　定价：CNY1.88

　　《神州墨海》共刊出在京 62 位书法家的 110 件作品。包括篆、隶、楷、行、草各体。

J0102509

神州墨海　　孙墨佛等作

北京　测绘出版社　1985 年　71 页　26cm（16 开）

统一书号：8039. 新 380　定价：CNY2.50

　　中国现代书法。

J0102510

沈明臣萧皋别冀竹枝词　　田际康书

太原　山西人民出版社　1984 年　76cm（2 开）

定价：CNY0.18

　　本作品是中国现代书法。

J0102511

沈鹏书杜甫诗二十三首　　沈鹏书

南宁　漓江出版社　1984 年　38 页　27cm（16 开）

统一书号：8256.97　定价：CNY0.97

J0102512

沈尹默手书词稿四种　　沈尹默书

济南　齐鲁书社　1984 年　影印版　95 页　38cm（6 开）

统一书号：8206.55　定价：CNY1.88

　　本书包括《寄庵词》《念远词》《松壑词》《涉江词》。

J0102513

沈尹默手书词稿四种　　沈尹默书

济南　齐鲁书社　1984 年　194 页　39cm（9 开）

定价：CNY6.80，CNY8.00（精装）

J0102514

水滴石穿　绳锯木断　　李森林作

太原　山西人民出版社　1984 年　76cm（2 开）

定价：CNY0.18

　　本作品是中国现代书法。

J0102515

宋翁卷咏乡村四月诗　　阎俊书

太原　山西人民出版社　1984 年　76cm（2 开）

定价：CNY0.18

　　本作品是中国现代书法。

J0102516

苏轼诗《饮湖上初晴后雨》　　黎凡书

兰州　甘肃人民出版社　1984 年　76cm（2 开）

定价：CNY0.18

　　本作品是中国现代书法。

J0102517

唐诗·杜牧绝句《江南春》　　沈鹏书

郑州　河南人民出版社　1984 年　76cm（2 开）

定价：CNY0.18

　　本作品是中国现代书法。

J0102518

唐诗·李白《黄鹤楼送孟浩然之广陵》·白居易《暮江吟》　　费新我书

郑州　河南人民出版社　1984 年　2 张　76cm（2 开）

定价：CNY0.80

　　本作品是中国现代书法。

J0102519

唐诗大楷字帖　　金玉振书

兰州　甘肃人民出版社　1984 年　30cm（16 开）

统一书号：8096.1045　定价：CNY0.72

J0102520

唐诗二首　　刘逸生书

广州　岭南美术出版社　1984 年　76cm（2 开）

定价：CNY0.25

　　本作品是中国现代书法。

J0102521

唐诗书法　　张剑萍书

济南　山东美术出版社　1984 年　2 张　76cm（2 开）

定价：CNY0.32

　　作者张剑萍（1928— ），山东省鄄城县人。历任曹州书画院副院长、副研究员，山东省第五届文联委员、山东省第二届书法家协会理事、菏泽地区首届书法家协会主席、中国书法家协会会员、山东泰山国画研究院名誉院长、湖南中国武陵书画家协会名誉主席、南京徐悲鸿画院艺术顾问等。代表作品有《古诗行草集粹》《五体书前后赤壁赋》。

J0102522

唐诗一首　黎雄才书

广州 岭南美术出版社 1984年 76cm（2开）

定价：CNY0.50

　　本作品是中国现代书法。作者黎雄才（1910—2001），国画家、美术教育家。广东肇庆人，毕业于广州烈风美术学校，曾留日习画。历任广州美术学院副院长兼国画系主任、教授，中国美术家协会理事、广州美术学院教授、岭南画派纪念馆馆长。代表作品有《武汉防汛图卷》等，出版有《黎雄才山水画谱》《黎雄才画选》《黎雄才作品欣赏》等画集。

J0102523

王孟潇行草选集　王孟潇书

北京 中国友谊出版社 1984年 48页 39cm（8开）

统一书号：8309.7 定价：CNY2.90

J0102524

王冕盛梅诗一首　李元茂书

太原 山西人民出版社 1984年 76cm（2开）

定价：CNY0.18

　　本作品是元代诗人画家王冕的一首题咏自己所画梅花的诗作。诗中所描写的墨梅劲秀芬芳、卓然不群。这首诗不仅反映了他所画的梅花的风格，也反映了作者的高尚情趣和淡泊名利的胸襟，鲜明地表明了他不向世俗献媚的坚贞、纯洁的操守。现代李元茂临书。

J0102525

向晨一觉车中梦　万马奔腾过大同　正是草原生意满　人间到处有东风　王维德书

兰州 甘肃人民出版社 1984年 76cm（2开）

定价：CNY0.18

　　本作品是中国现代书法。作者王维德（1931—　　），书法家。号岳川，生于甘肃民勤。出版有《行书字帖》《王维德书法集》。

J0102526

小楷字帖　许在廉书

济南 山东教育出版社 1984年 1册 22cm（20开）

统一书号：7275.54 定价：CNY0.30

J0102527

刑瑎诗《中流砥柱》　黎泉书

兰州 甘肃人民出版社 1984年 76cm（2开）

定价：CNY0.18

　　本作品是中国现代书法。

J0102528

袖珍真草隶篆四体百家姓　刘大奇书

兰州 甘肃人民出版社 1984年 1册 13cm（60开）

定价：CNY0.30

J0102529

颜真卿诗　茹桂书

西宁 青海人民出版社 1984年 108cm（全开）

定价：CNY0.32

　　本作品是中国现代书法。作者茹桂（1936—　　），教授。陕西长安人。就读于西安美术学院和陕西师大中文系。历任西安美术学院教授、陕西省书法协会副主席、中国书协学术委员、日本京都造型艺术大学客座教授。代表性作品有《文学创作常识》《艺术美学纲要》《茹桂书法教学手记》。

J0102530

业精于勤荒于嬉　行成于思毁于随

邓明阁作

太原 山西人民出版社 1984年 76cm（2开）

定价：CNY0.18

　　本作品是中国现代书法。

J0102531

叶绍翁诗《游园不值》　马绍德书

兰州 甘肃人民出版社 1984年 76cm（2开）

定价：CNY0.18

　　本作品是中国现代书法。

J0102532

叶绍翁诗《游园不值》　袁旭临书

太原 山西人民出版社 1984年 76cm（2开）

定价：CNY0.18

本作品是中国现代书法。作者袁旭临（1937—　），书法家。号雪岭、墨滏，生于河北沧州市。历任山西太原市文化局副局长，山西省书协常务理事，太原市画院副院长，太原市书法家协会主席。编著出版《楷书基础知识》《欧阳询、颜真卿、柳公权碑帖精选》《楷书汉字笔顺图解》《楷书练习系列册》等。

J0102533
于右任墨迹选　于右任书
长沙　湖南美术出版社　1984年　112页
38cm（6开）统一书号：8233.614
定价：CNY5.90，CNY11.00（精装）
　　本书共收作者墨迹100件，大体分为前后两个时期，早期工行楷，后期致力于草书研究。作者于右任（1878—1964），政治家、教育家、书法家。原名伯循，以字行，号骚心。陕西三原县人。代表作品《右任诗存》《右任文存》《右任墨存》《标准草书》等。

J0102534
于右任书刘允丞墓表　于右任书
西安　陕西人民出版社　1984年　17页　38cm（6开）
统一书号：8094.702　定价：CNY1.35
　　于右任撰并书，成于1947年。

J0102535
于右任书秋先烈纪念碑记　于右任书
西安　陕西人民出版社　1984年　30页　38cm（6开）
统一书号：8094.703　定价：CNY1.85
　　于右任撰并书，成于1930年。《秋先烈纪念碑记》，蔡元培记。秋先烈，即秋瑾，是我国近代史上著名的女革命家。

J0102536
于右任书王陆一墓志铭　于右任书
西安　陕西人民出版社　1984年　11页　38cm（6开）
统一书号：8094.701　定价：CNY1.20
　　于右任撰并书，成于1943年。此帖为于右任草书的精品之一。

J0102537
于右任书赠大将军邹君墓表　于右任书
西安　陕西人民出版社　1984年　42页　38cm（6开）
统一书号：8094.704　定价：CNY2.35

　　《赠大将军邹君墓表》是于右任为民主革命先烈邹容所书的墓表，于1924年4月。此墓表系章炳麟撰文，于右任书册。

J0102538
赵翼论诗　徐文达书
太原　山西人民出版社　1984年　76cm（2开）
定价：CNY0.18
　　本作品是中国现代书法。作者徐文达（1825—1890），清代书法家。字仁山，安徽南陵人，清光绪年间任两淮盐运使、福建按察使护、护理漕运总督。

J0102539
重到延安景倍鲜　昔时栽树已参天　诸君莫问人何似　后约还须订十年　董戈翔书
兰州　甘肃人民出版社　1984年　76cm（2开）
定价：CNY0.18
　　本作品是中国现代书法。

J0102540
壮志凌云　李之光书
太原　山西人民出版社　1984年　76cm（2开）
定价：CNY0.18
　　本作品是中国现代书法。

J0102541
自强不息　沙孟海书
南昌　江西人民出版社　［1984年］76cm（2开）
定价：CNY0.70
　　作者沙孟海（1900—1992），书法家。原名文若，字孟海，号石荒、沙村。生于浙江鄞县，毕业于浙江省立第四师范学校。曾任浙江大学中文系教授、浙江美术学院教授、西泠印社社长、西泠书画院院长、浙江省博物馆名誉馆长、中国书法家协会副主席。代表作品《集王圣教序》。

J0102542
赤壁怀古　陈天然书
郑州　河南美术出版社　1985年　6张（卷轴）
76cm（2开）定价：CNY3.90
　　中国现代书法。作者陈天然（1926—2018），书画家、版画家、诗人。河南巩义人。历任中国美术家协会、中国书法家协会常务理事、河南省书画院院长。代表作品有《牛群》《套耙》《山地冬播》等。

J0102543

春联 （墨迹）天津杨柳青画社编辑

天津 天津杨柳青画社 1985年 40页 26cm（16开）

定价：CNY0.60

　　中国现代书法作品。

J0102544

春色满园　李洗尘书

沈阳 辽宁美术出版社 1985年 1张 76cm（2开）

定价：CNY0.28

　　中国现代书法。

J0102545

高升诗《村居》　黎泉书

兰州 甘肃人民出版社 1985年 1张 76cm（2开）

定价：CNY0.25

　　本作品系中国现代书法。《村居》描写了诗人居住在乡村时，看到的春天的景象和放学后孩子们放风筝的情景。

J0102546

古诗楷书学生字帖　周慧珺书

杭州 浙江古籍出版社 1985年 46页 20cm（32开）

统一书号：7347.1 定价：CNY0.52

J0102547

古诗书法　俞建华书

杭州 浙江人民美术出版社 1985年 4张

78cm（2开）定价：CNY0.50

　　中国现代书法作品。作者俞建华（1944—　），美术编辑。生于浙江海盐，毕业于浙江美术学校中国画系山水专业。历任浙江人民美术出版社美术编辑、中国书法家协会浙江分会副主席、中国书法家协会会员。

J0102548

郭沫若遗墨　郭沫若书；郭庶英等编

石家庄 河北美术出版社 1985年 67页

有肖像 38cm（6开）统一书号：8087.896

定价：CNY3.50

J0102549

国际书法展览作品精选　国际书法展览筹委

会编

郑州 河南美术出版社 1985年 26cm（16开）

定价：CNY4.20

J0102550

黄鹤楼诗　王士杰书

武汉 湖北教育出版社 1985年 182页 有图

26cm（16开）定价：CNY5.80

　　本书辑录起于唐，止于清的有关黄鹤楼的诗词百篇，或以真楷、篆书，或以行草、隶书、魏碑精心写成稿。每首诗后附有简释。

J0102551

黄亮行书四条屏　黄亮书

武汉 湖北美术出版社 1985年 4张（卷轴）

76cm（2开）定价：CNY4.00

　　中国现代书法作品。

J0102552

黄绮书法刻印集　黄绮书；吴守明编

石家庄 河北美术出版社 1985年 78页 有照片

25cm（15开）精装 统一书号：8087.874

定价：CNY6.00

　　本书选入作者书法精品73件，篆刻50方。其中有榜书巨轴《云龙》《铸墨》、行书条幅《野鹤来归》《鹤舞》、篆书《雁秋》《甲骨文集句》、隶书《陆游诗句》《小桥流水人家》、自作词曲册页《晨来湖上》《江亭立秋夜》等。作者黄绮（1914—2005），学者、教育家、书法家。号九一，生于安徽安庆，毕业于西南联大。曾任教于安徽大学、天津津沽大学、河北大学，中国书法家协会副主席、河北省书法家协会主席、中国语言学会理事、中国音韵研究会理事等。篆刻作品和理论专著有《黄绮八十寿辰书画展览作品选》《黄绮书画精品集》《黄绮书法刻印集》和《黄绮论书款跋》等。编者吴守明（1938—　），书画家。河北滦县人，历任中国美术家协会会员、中国书法家协会会员、河北省山水画研究会会长。代表作品《黄河颂》《长城进行曲》等，出版有《山水画变革要述》《山水画构图》《吴守明画集》等。

J0102553

集殷虚文字楹帖　罗振玉篆；吉林大学古籍研究所整理

长春 吉林大学出版社 1985年 136页

26cm（16开）定价：CNY2.50

（吉林大学古籍研究所副刊 一）

中国古代甲骨文书法作品。作者罗振玉（1866—1940），古文字学家，金石收藏家。浙江上虞人。字叔蕴，又字叔言，号雪堂、陆庵。任学部参事，兼京师大学堂农科监督，辛亥后任伪满监察院长。著有《殷虚书契前编》、编《三代吉金文存》《西城精舍杂文甲编》《松翁近稿》等。

J0102554

集殷墟文字楹帖　罗振玉篆；吉林大学古籍研究所整理

长春 吉林大学出版社 1985年 136页

26cm（16开）定价：CNY2.50

中国古代甲骨文书法作品，吉林大学古籍研究所副刊之一。

J0102555

纪念淮海战役胜利三十五周年书法篆刻选集

徐州市文学艺术界联合会编辑

北京 解放军出版社 1985年 172页 29cm（16开）

精装 统一书号：8185.2 定价：CNY12.00

J0102556

姜东舒三体书三戒　姜东舒书

杭州 浙江少年儿童出版社 1985年

25cm（小16开）统一书号：7318.62

定价：CNY0.90

作者以楷、隶、草三体书写柳宗元散文《三戒》。作者姜东舒（1923—2008），作家、书法家。山东乳山人。曾任中国硬笔书法家协会主席、浙江省钱江书法研究会会长、文澜书画社社长。代表作品有《姜东舒诗集》《女运粮》《前后亦壁赋》等。

J0102557

赖少其自书诗　赖少其书

广州 岭南美术出版社 1985年 66页 33cm（5开）

统一书号：8260.1410 定价：CNY4.20

（岭南书艺丛集）

作者自书诗集，收录诗词代表作55首，诗简74折。卷眉详加批点诠释，附书法局部放大插页。作者赖少其（1915—2000），艺术家。斋号木石斋，广东普宁市人。毕业于广州美术专科学校。历任上海美协副主席、中共安徽省委宣传部

副部长、广州市美术家协会名誉主席、中国版画家协会副主席。

J0102558

兰斋任政行书帖　任政书

杭州 浙江教育出版社 1985年 52页 26cm（16开）

统一书号：7346.220 定价：CNY0.84

中国现代行书书法作品。

J0102559

两体·注释·千家诗　么喜龙书写；张立英注释

哈尔滨 黑龙江人民出版社 1985年 192页

26cm（16开）统一书号：10093.637

定价：CNY2.60

从七绝七律的《重订千家诗》和五绝五律《新镌千家诗》摘编出192首集合而成。采用印刷体与草书两种字体出版，并有繁简对照和简单的注释。作者么喜龙（1950—　），国家一级美术师。生于沈阳。历任沈阳市文史研究馆副馆长、沈阳书画院名誉院长、辽宁画院特聘画师、沈阳大学书法艺术教授、美国天普美术学院荣誉院长兼名誉教授。主要著作有《两体注释千家诗》《草书唐诗三百首》《么喜龙书法作品集》等。

J0102560

林散之书法选集　林散之书

南京 江苏美术出版社 1985年 124页 38cm（6开）

统一书号：8353.6.038 定价：CNY16.00

本集汇集作者从1921—1985年65年间的120余件书法作品，反映作者书法艺术的卓越成就。作者林散之（1898—1989），山水画家、书法家。名霖，又名以霖，字散之，号三痴、左耳等。生于江苏江浦县，祖籍安徽和县。历任南京书画院名誉院长、江苏省书法家协会名誉主席。代表作有《许瑶诗论怀素草书》《自作诗论书一首》《李白草书歌行》等。

J0102561

临摹字帖　（五、六年级）张统良书写

郑州 河南教育出版社 1985年 40页 26cm（16开）

定价：CNY4.30

（小学书法系列训练丛书）

本书封面题名《临摹练习册》。

J0102562

刘炳森隶书历代游记选　刘炳森书

北京　紫禁城出版社 1985 年　117 页 26cm（16开）

统一书号：8314.020 定价：CNY1.20

　　中国现代隶书书法作品。

J0102563

马叙伦书法选　马叙伦书；寿墨卿编

北京　人民美术出版社 1985 年 29 页 26cm（16开）

统一书号：8027.9284 定价：CNY0.90

　　本书系中国现代书法选集。作者马叙伦（1885—1970），民主革命家、教育家、学者、书法家。字彝初，更字夷初，号石翁，寒香，晚号石屋老人。浙江杭县（今杭州）人。曾任商务印书馆《东方杂志》编辑、《新世界学报》主编、《政光通报》主笔、中央人民政府教育部部长、高等教育部部长等职。出版有《中国文字之构造法》《马叙伦先生法书选集》《马叙伦墨迹选集》等。

J0102564

毛泽东手书古诗词《李白·庐山谣寄卢待御虚舟句》　毛泽东书

北京　文物出版社 1985 年　1 张　76cm（2开）

定价：CNY0.35

　　中国现代书法。作者毛泽东（1893—1976），中国人民的领袖，伟大的马克思主义者，无产阶级革命家、战略家和理论家，中国共产党、中国人民解放军和中华人民共和国的主要缔造者和领导人，诗人，书法家。湖南湘潭人。字润之（原作咏芝，后改润芝），笔名子任等。毕业于湖南省立第一师范学校。1949 至 1976 年担任中华人民共和国最高领导人。代表作有《毛泽东选集》《毛泽东诗词选》《湖南农民运动考察报告》等。

J0102565

毛泽东手书古诗词《陆游·诉衷情》　毛泽东书

北京　文物出版社 1985 年　1 张　76cm（2开）

定价：CNY0.35

　　中国现代书法。

J0102566

毛泽东手书古诗词《陆游·夜游宫·记梦寄师伯浑》　毛泽东书

北京　文物出版社 1985 年　1 张　76cm（2开）

定价：CNY0.35

中国现代书法。

J0102567

毛泽东手书古诗词《王昌龄·从军行之一》

毛泽东书

北京　文物出版社 1985 年　1 张　76cm（2开）

定价：CNY0.35

　　中国现代书法。

J0102568

南海康先生法书　康有为书；李云光编

明谦公司 1985 年　34cm（10开）精装

　　外文书名：Kang Youwei his Art of Calligraphy. 作者康有为（1858—1927），中国近代思想家、政治家、书法家。原名祖诒，字广厦，号长素，又号更生。广东南海县人，清光绪年间进士。代表作品《新学伪经考》《孔子改制考》《人类公理》《广艺舟双楫》《康子篇》等。

J0102569

启功书法选　启功书

北京　人民美术出版社 1985 年 28 页 26cm（16开）

定价：CNY0.96

　　本书选入作者书法作品 37 幅。作者启功（1912—2005），满族，中国现代著名书法家。字元伯，北京人。曾任北京师范大学教授、中央文史研究馆副馆长、中国书协名誉主席等职、世界华人书画家联合会创会主席、中国佛教协会、故宫博物院、国家博物馆顾问、西泠印社社长。

J0102570

启功书法作品选　启功书

北京　北京师范大学出版社 1985 年　123 页

有肖像 24cm（27开）精装 统一书号：8243.4

定价：CNY15.00

　　本书为书画专辑。收入书画作品 340 篇，仿碑作品 17 幅，条幅 228 幅，画 21 幅，扇面 19 幅，题签 12 条，题跋 4 幅，册页 39 幅。用书法艺术的形式加以表现，诗歌语言艺术和书法优美线条，达到完美的统一。册页 39 幅为启功论书绝句 100 首墨迹，是用诗的形式品评鉴赏古代名家翰墨和风格的佳作。

J0102571

启功书法作品选　（缩印本）启功书

北京 北京师范大学出版社 1986 年 178 页
有彩照 19cm（32 开）精装
统一书号：8243.11 定价：CNY8.00

J0102572
前赤壁赋　张逊三书
济南 山东美术出版社 1985 年 10 页 有照片
38cm（6 开）定价：CNY1.00
　　中国现代行书书法。

J0102573
青松迎风立；红梅斗雪开　郭伟书
昆明 云南人民出版社 1985 年 1 张 76cm（2 开）
定价：CNY0.25
　　中国现代书法。

J0102574
上海大阪书法篆刻展览作品集　上海书画出
版社编
上海 上海书画出版社 1985 年 220 页 有肖像
26cm（16 开）统一书号：8172.1249
定价：CNY5.50
　　本书收集了"纪念上海大阪结成友好城市
10 周年"的书法篆刻展览会上陈列的 101 幅书法
篆刻作品。

J0102575
沈铁民书千字文　沈铁民书
石家庄 河北美术出版社 1985 年 84 页
有肖像 26cm（16 开）统一书号：8087.1190
定价：CNY2.20
　　中国现代书法作品。

J0102576
沈尹默先生入蜀墨迹　沈尹默书；徐无闻释文
成都 巴蜀书社 1985 年 146 页 35cm
统一书号：8329.3 定价：CNY20.00
　　中国现代书法作品。作者沈尹默（1883—
1971），学者、诗人、书法家、教育家。出生于陕
西汉阴，祖籍浙江吴兴。初名君默、字中、号秋
明。曾任北京大学文学教授、河北省教育厅厅长、
中法文化交流出版委员会主任、上海市文联副主
席、上海市文管会会员、上海中国书法篆刻研究
会主任等职。代表作有《沈尹默手稿墨迹》《二
王法书管窥》《历代名家学书经验谈辑要释义》。

徐无闻（1931—1993），书法家、教授。名永年，
字嘉龄，四川成都人。毕业于四川大学中文系。
曾任西南师范大学中文系教授、中国作家协会会
员，中国书法家学会理事、四川省书法家协会副
主席。代表作品《徐无闻书法集》《徐无闻印存》
《徐无闻临中山王厝鼎》等。

J0102577
书法家春联墨迹　中国书法家协会主编
北京 农业出版社 1985 年 32 页 有照片
26cm（16 开）统一书号：8144.81
定价：CNY1.10

J0102578
书法四条屏　袁旭临等书
太原 山西人民出版社 1985 年 4 张 76cm（2 开）
定价：CNY0.84
　　中国现代书法作品。

J0102579
四条屏
杭州 浙江人民出版社［1985 年］4 张 79cm（3 开）
定价：CNY0.60
　　中国现代书法作品。

J0102580
宋·陆游《十一月四日风雨大作》　舒同书
兰州 甘肃人民出版社 1985 年 1 张 76cm（2 开）
定价：CNY0.25
　　中国现代书法作品。作者舒同（1905—
1998），书法家。号宜禄，又名文藻，江西东乡
人，毕业于江西抚州省立师范学校。曾任中共山
东省委第一书记、陕西省委书记、中国人民解放
军军事科学院副院长、中国书法家协会第一任主
席、中国书法家协会名誉主席。出版《舒同字帖》
《舒同书法》《舒同书法艺术》等。

J0102581
宋·苏轼《惠崇春江晚景》　尹建鼎书
兰州 甘肃人民出版社 1985 年 1 张 76cm（2 开）
定价：CNY0.25
　　中国现代书法作品。

J0102582
宋·王安石《泊船瓜洲》　黎凡书

兰州 甘肃人民出版社 1985 年 1 张 76cm（2 开）
定价：CNY0.25

中国现代书法作品。作者黎凡（1932—
2014），教授。出生于青海循化。曾任兰州大学
新闻系书法教授、中国书法教育研究会常务理
事，甘肃省书法教育研究会会长、九州书法教育
学院教授、香港东方文化中心书画委员会委员
等。代表作品《行书字帖》《简化字草书研究》等。

J0102583
宋·朱熹《春日》　董戈翔书
兰州 甘肃人民出版社 1985 年 1 张 76cm（2 开）
定价：CNY0.25

中国现代书法作品。

J0102584
宋福基草书选　宋福基书
桂林 漓江出版社 1985 年 34 页 31cm（15 开）
统一书号：8256.205 定价：CNY2.00

现代中国草书书法作品。

J0102585
苏东坡赤壁怀古　王冬龄书
哈尔滨 黑龙江美术出版社 1985 年 1 张
76cm（2 开）定价：CNY0.20

中国现代书法作品。作者王冬龄（1945—
），书法家。江苏台东人，毕业于中国美术学
院。中国书法家协会学术委员、中国书法进修学
院副院长、浙江省书协副主席、美国明尼苏达大
学客座教授。代表作品《书画艺术》。

J0102586
唐·杜甫《绝句》　胡介文书
银川 宁夏人民出版社 1985 年 1 张 78cm（2 开）
定价：CNY0.20

中国现代书法作品。

J0102587
唐·杜甫《望岳》诗书法　朱关田书
杭州 浙江人民美术出版社 1985 年 1 张
76cm（2 开）定价：CNY0.26

中国现代书法作品。

J0102588
唐·杜牧《江南春》绝句　蒙子军书

兰州 甘肃人民出版社 1985 年 1 张 76cm（2 开）
定价：CNY0.25

中国现代书法作品。蒙子军（1939—　），中
国花鸟画家。生于陕西泾阳。毕业于西安美术
学院附中。中国书法家协会理事、中国美术家协
会会员、甘肃省书法家协会副主席兼创作评审
委员会委员。代表作品《小河涨水》《蒙子军书
画》等。

J0102589
唐·李白《静夜思》　沈鹏书
哈尔滨 黑龙江美术出版社 1985 年 1 张
76cm（2 开）定价：CNY0.20

中国现代书法作品。

J0102590
唐·李白《早发白帝城》　胡介文书
银川 宁夏人民出版社 1985 年 1 张 78cm（2 开）
定价：CNY0.90

中国现代书法作品。

J0102591
唐·刘禹锡《浪淘沙词》（一）黎凡书
兰州 甘肃人民出版社 1985 年 1 张 76cm（2 开）
定价：CNY0.25

中国现代书法作品。

J0102592
唐·孟浩然《春晓》　张邦彦书
兰州 甘肃人民出版社 1985 年 1 张 76cm（2 开）
定价：CNY0.25

中国现代书法作品。作者张邦彦（1914—
1988），甘肃天水市人。曾任职于甘肃省政府、甘
肃省博物馆。著有《张邦彦书法集》等。

J0102593
唐·施肩吾《长安早春》　马负书
兰州 甘肃人民出版社 1985 年 1 张 76cm（2 开）
定价：CNY0.25

中国现代书法作品。

J0102594
唐·王勃《滕王阁》　尹承志书
南昌 江西人民出版社［1985 年］4 张（卷轴）
76cm（2 开）定价：CNY2.00

J0102595

王士杰书黄鹤楼诗　湖北教育出版社编辑；
王士杰，郭荣晃，王义廉简释
武汉　湖北教育出版社　1985 年　182 页　有图
26cm（16 开）统一书号：8306.5　定价：CNY5.80

J0102596

王允昌书帖　王允昌书；杜凤宝，张景旺编辑
沈阳　春风文艺出版社　1985 年　50 页　有照片
35cm（6 开）统一书号：8158.1223
定价：CNY1.20

　　本书系中国现代书法作品选。作者王允昌，
书法家。中国老年书画研究会会员。编者杜凤
宝（1946—　），插图画家。辽宁辽阳市人，毕业
于鲁迅美术学院。辽宁春风文艺出版社美术编
辑室主任、中国美术家协会会员。

J0102597

魏文伯书法选　魏文伯书；洪大璘编
杭州　浙江人民美术出版社　1985 年　50 页
有照片 25cm（16 开）统一书号：8156.729
定价：CNY1.80

　　选收魏文伯书法作品 27 件，有行草和楷书。

J0102598

五老诗词　尉天池书
郑州　河南美术出版社　1985 年　5 张（卷轴）
78cm（2 开）定价：CNY2.90

　　中国现代书法作品。作者尉天池（1936—　），
书法教授。安徽砀山，毕业于南京师范学院中文
系。历任南京师范大学美术系主任、书法教授、
中国书法家协会理事、江苏省书法家协会副主席
等。代表作品有《书法基础知识》《于右任书法
精品集》等。

J0102599

五体书鲁迅《蜕龛印存》序　傅嘉仪等书
西安　陕西人民美术出版社　1985 年　62 页
24cm（16 开）统一书号：8199.1056
定价：CNY1.45

J0102600

武中奇书法选集　武中奇书
南京　江苏美术出版社　1985 年　87页　39cm（8开）
精装　统一书号：8353.6.033　定价：CNY9.50

　　本集精选 80 余幅书法作品，展示作者书法
艺术取得的成就。其中有临摹《九成宫醴泉铭》
《郑文公碑》《泰山经石峪》等碑帖。作者武中奇
（1907—2006），书法家。山东长清人。历任江苏
省人民代表大会常务委员、中国书法家协会理
事、中国书法家协会江苏分会主席、江苏省画院
副院长。出版有《武中奇书法篆刻集》。

J0102601

武中奇书法选集　武中奇书
南京　江苏美术出版社　1985 年　87 页　有照片
38×27cm　ISBN：7-5344-0024-4
定价：CNY44.00

J0102602

萧娴书法选　萧娴书；人民美术出版社编
北京　人民美术出版社　1985 年　31 页　26cm（16 开）
统一书号：8027.9176　定价：CNY1.05
（现代书法）

J0102603

宿骆氏亭寄怀崔雍崔衮　黄云书
桂林　漓江出版社　1985 年　1 张　78cm（2 开）
定价：CNY0.40

　　中国现代书法作品。

J0102604

有志者事竟成　岳飞书
郑州　河南美术出版社　1985 年　4 张（卷轴）
76cm（2 开）定价：CNY2.40

　　作者岳飞（1103—1142），南宋时期军事家、
战略家、书法家、诗人。字鹏举，相州汤阴（今河
南省汤阴县）人。抗金名将。代表作有《满江红·写
怀》《小重山·昨夜寒蛩不住鸣》《五岳祠盟记》。

J0102605

于右任对联集锦　（一辑）于右任书
西安　陕西人民美术出版社　1985 年　45 页
38cm（6 开）统一书号：8199.961
定价：CNY2.90

　　作者于右任（1878—1964），政治家、教育
家、书法家。原名伯循，以字行，号骚心。陕西
三原县人。代表作品《右任诗存》《右任文存》《右
任墨存》《标准草书》等。

J0102606

于右任对联集锦 （二辑）　于右任著
西安 陕西人民美术出版社 1985 年 45 页
38cm（6 开）统一书号：8199.962
定价：CNY2.90

J0102607

于右任书法
成都 四川美术出版社 1985 年 2 册（126；140 页）
38cm（6 开）线装 统一书号：8373.3
定价：CNY50.00（全 2 册）
　　上册汇集楹联、条屏、横幅；下册汇集立轴、
册页、题词。

J0102608

于右任书耿端人少将纪念碑　于右任书
［西安］1985 年 20 页 38cm（6 开）线装
定价：CNY1.59

J0102609

于右任书胡励生墓志铭　于右任书
［西安］1985 年 14 页 38cm（6 开）线装
定价：CNY1.42

J0102610

于右任书胡太公墓志铭　于右任书
［西安］1985 年 17 页 38cm（6 开）线装
定价：CNY1.59

J0102611

于右任书李雨田先生墓志　于右任书
西安 三秦出版社 1985 年 24 页 38cm（6 开）
线装 定价：CNY1.92
　　中国现代书法作品。

J0102612

于右任书刘允丞墓表　于右任书；陕西省地
方志编纂委员会编
西安 三秦出版社 1985 年 影印本 26cm（16 开）
定价：CNY1.59

J0102613

于右任书满江红　于右任书
西安 陕西人民美术出版社 1985 年 1 张（卷轴）
107cm（全开）线装 定价：CNY1.50

中国现代书法作品。

J0102614

于右任书秋先烈纪念碑记　［于右任书］；
陕西省地方志编纂委员会编
陕西 三秦出版社 1985 年 30 页 37cm（8 开）
线装 统一书号：70388.010 定价：CNY2.08

J0102615

于右任书孙公荆山墓表　于右任书
西安 三秦出版社 1985 年 8 页 38cm（6 开）
线装 定价：CNY1.08
　　中国现代书法作品。

J0102616

于右任书孙公善述墓表　于右任书；陕西省
地方志编纂委员会编
西安 三秦出版社 1985 年 影印本 9 页
38cm（6 开）定价：CNY1.26

J0102617

于右任书无名英烈纪念碑　于右任书；陕西
省地方志编纂委员会编
西安 三秦出版社 1985 年 影印本 7 页
38cm（6 开）定价：CNY1.08

J0102618

于右任书杨仁天先生墓志铭　于右任书
西安 三秦出版社 1985 年 8 页 38cm（6 开）
线装 定价：CNY1.08
　　中国现代书法作品。

J0102619

于右任书杨松先生墓表　于右任书
西安 三秦出版社 1985 年 13 页 38cm（6 开）
线装 定价：CNY1.42
　　中国现代书法作品。

J0102620

于右任书赠大将军邹君墓表　于右任书；
陕西省地方志编纂委员会编
西安 三秦出版社 1985 年 42 页 37cm（8 开）
线装 统一书号：70388.004 定价：CNY2.57

J0102621

于右任书赵君次庭墓志铭　于右任书；陕西
省地方志编纂委员会编
西安　三秦出版社　1985年　影印本　9页
38cm（6开）定价：CNY1.26

J0102622

于右任书赵母曹太夫人墓表　于右任书
［西安］1985年　19页　38cm（6开）线装
定价：CNY1.67

J0102623

于右任书仲贞刘先生墓志铭　于右任书
西安　三秦出版社　1985年　1函21册　38cm（6开）
线装　定价：CNY1.08
　　中国现代书法作品。

J0102624

张寒杉书千字文　张寒杉书
西安　陕西人民美术出版社　1985年　32页
有肖像　38cm（6开）统一书号：8199.550
定价：CNY2.40

J0102625

振兴中华
郑州　河南人民出版社　1985年　1张（卷轴）
76cm（2开）定价：CNY0.50
　　中国现代书法作品。

J0102626

中国现代中青年书法篆刻家作品集
阮波主编
北京　中国展望出版社　1985年　180页
26cm（16开）统一书号：8271.041
定价：CNY3.90
　　作者阮波（1927—　），女。作家、出版工作
者。原名张薇青，笔名文薇、柏青。上海人。硕
士毕业于中国人民大学西洋文学系。中国轻工
业出版社编辑室主任兼副总编辑、中国展望出版
社社长兼总编辑、上海国际展望信息传播中心董
事长、国际报告文学研究会副秘书长、北京国际
商学院名誉院长。代表作品《和平晨曲》《明日
朗朗》《蔷薇青青》《虎穴深深》等。

J0102627

朱丹书法选集　朱丹著
沈阳　辽宁美术出版社　1985年　43页　32cm（10开）
统一书号：8161.0710　定价：CNY3.10
　　作者朱丹，美术理论家、画家和书法家、诗人。

J0102628

篆隶楷行草五体字典
合肥　黄山书社　1985年　968页　19cm（32开）
精装　统一书号：9379.1　定价：CNY7.70

J0102629

白居易长恨歌　茹桂书
西安　陕西人民美术出版社　1986年　62页　有图
20cm（32开）统一书号：8199.1057
定价：CNY1.90
　　作者为著名书法家与书法理论家，著有《书
法十讲》等书，本书为其行书的代表作。

J0102630

白居易长恨歌　茹桂书
西安　陕西人民美术出版社　1994年　62页
32×19cm　ISBN：7-5368-0663-9
定价：CNY11.20

J0102631

板桥体与虹生书法　许虹生书
北京　中国商业出版社　1986年　62页　有照片
26cm（16开）统一书号：8237.001
定价：CNY1.80
　　本书收入作者的书法作品100多幅。并附
有郑板桥的书法真迹《竹枝词》。

J0102632

板桥体与虹生书法　中国商业出版社编
北京　中国商业出版社　1986年　62页　10cm（64开）
统一书号：8237.001　定价：CNY1.80

J0102633

宝剑锋从磨砺出，梅花香自苦寒来
长沙　湖南美术出版社　1986年　1张　76cm（2开）
定价：CNY0.80
　　中国现代书法作品。

J0102634

鲍照《代春日行》 （南朝·宋）鲍照诗；林鹏书

太原 山西人民出版社 1986年 1张 107cm（全开）

定价：CNY0.47

中国现代书法作品。

J0102635

碑林书会作品集 西安碑林书会编

西安 陕西人民美术出版社 1986年 61页

26cm（16开）统一书号：8199.1126

定价：CNY2.00

J0102636

曹志桂书法艺术 曹志桂书

西安 陕西人民美术出版社 1986年 61页

26cm（16开）统一书号：8199.1169

定价：CNY2.10

J0102637

草书兰亭序 郝景晏书

北京 测绘出版社 1986年 26页 26cm（16开）

定价：CNY0.60

J0102638

陈毅诗：志士嗟日短，愁人知夜长，我则异其趣，一闲对百忙 （书法条幅）

长沙 湖南美术出版社 1986年 1张 76cm（2开）

定价：CNY0.80

中国现代书法作品。

J0102639

邓拓诗词墨迹 邓拓著

北京 荣宝斋 1986年 12页 26cm（16开）

统一书号：8030.1473 定价：CNY1.50

作者邓拓（1912—1966），政论家、历史学家、诗人。乳名旭初，原名邓子健，笔名马南邨。福建闽县人。曾任《人民日报》社社长兼总编辑、全国新闻工作者协会主席、中共北京市委书记处书记、《前线》主编等职。作品有《燕山夜话》《邓拓散文》《邓拓文集》《邓拓诗词选》等。

J0102640

费新我书法选 费新我书

北京 人民美术出版社 1986年 27页 26cm（16开）

统一书号：8027.9645 定价：CNY1.00

选入作者书法作品36幅。书前有沈鹏撰写的前言，对作者的艺术特点作了分析。又有胡国瑞题《浣溪沙》一首。正文内容包括鲁迅《论旧形式的采用》，白居易诗《湖亭晚望》，书论摘录，黄景仁词《如梦令》，罗曼·罗兰语录以及自书诗《七律一首》等。作者费新我（1903—1992），书法家、画家。学名斯恩，原字省吾，字立千、号立斋，后改名新我，湖州南浔双林镇人。毕业于上海白鹅绘画学校。代表作品有《怎样画毛笔画》《怎样学书法》《楷书初阶》《怎样画铅笔画》。

J0102641

芙蓉楼送辛渐 （唐）王昌龄诗；周慧珺书

济南 山东美术出版社 1986年 1张 76cm（2开）

定价：CNY0.80

中国现代书法作品。

J0102642

高二适草书长卷 高二适书

南京 江苏美术出版社 1986年 1张（卷轴）

定价：CNY1.95

中国现代书法作品。作者高二适（1903—1977），书法家、学者、诗人。原名锡璜，中年曾署瘖盦，晚年署舒凫。斋号证草圣斋、孤桐堂。著有《新定急就章及考证》《校录》《刘宾客辨易九流疏记》《高二适书法选集》等。

J0102643

高二适草书长卷 高二适书

南京 江苏美术出版社 1986年 1张（卷轴）

定价：CNY3.00

中国现代书法作品。

J0102644

古诗词名句 王朝瑞书

太原 山西人民出版社 1986年 1张 107cm（全开）

定价：CNY0.47

中国现代书法作品。

J0102645

顾冠群书法 顾冠群著

北京 北京燕山出版社 1986年 10cm（64开）

统一书号：8436.13 定价：CNY2.20

（燕山书法丛书）

作者顾冠群（1944—　　　），书画家。江苏苏州人。曾任中国书画艺术交流协会主席。

J0102646
郭风惠书法选　郭风惠书；苏士澍，郭允苓编
北京 人民美术出版社 1986年 29页 26cm（16开）
统一书号：8027.9658 定价：CNY2.50
（现代书法）

J0102647
行草章法　杨再春编著
北京 北京体育学院出版社 1986年 98页
10cm（64开）统一书号：8451.1 定价：CNY2.50
　　作者杨再春（1943—　　），书法家。河北唐山人，毕业于北京体育大学。历任北京体育大学出版社社长兼总编、中国摄影著作权协会副总干事长、中国书画函授大学教授。代表作品有《行草章法》《墨迹章法通览》等。

J0102648
行草章法　杨再春著
北京 北京体育学院出版社 1986年 98页
26cm（16开）ISBN：7-81003-000-0
定价：CNY2.85

J0102649
行草章法　扬再春编著
北京 体育学院出版社 1986年 98页 26cm（16开）
统一书号：8451.1 定价：CNY2.50

J0102650
行草章法　杨再春著
北京 北京体育学院出版社 1992年 2版 108页
26cm（16开）ISBN：7-81003-594-0
定价：CNY5.85

J0102651
行草章法　杨再春著
北京 北京体育学院出版社 1998年 2版 重印本
111页 26cm（16开）ISBN：7-81003-594-0
定价：CNY10.90

J0102652
行书兰亭序　王忠国书
长春 吉林教育出版社 1986年 16页 26cm（16开）
定价：CNY0.52

J0102653
鸿飞集　中国书法家协会内蒙古分会编
呼和浩特 内蒙古人民出版社 1986年 180页
26cm（16开）统一书号：M089.697
定价：CNY8.00
　　本书收入书法篆刻作品400余件。有乌兰夫、许德珩、赵朴初、布赫题字；书法有正、草、隶、篆等不同字体和蒙古文书法292件，以及各种形式的篆刻作品110件。

J0102654
胡小石行书长卷　胡小石书
南京 江苏美术出版社 1986年 1张（卷轴）
定价：CNY2.35
　　中国现代书法作品。

J0102655
胡小石行书长卷　胡小石书
南京 江苏美术出版社 1986年 1张（卷轴）
定价：CNY3.60
　　中国现代书法作品。

J0102656
黄山诗百家书法精萃　黄山书社编
合肥 黄山书社 1986年 121页 26cm（16开）
统一书号：8379.7 定价：CNY3.60
　　本书精选从盛唐至晚清，以黄山为题材的诗歌近百首，分别约请沙孟海、赵朴初及赖少奇等著名书法家，又有王成喜、方传鑫与朱关田等书法家的墨宝，还收录了近现代书法大家黄宾虹、郭沫若等墨迹，共百件。

J0102657
黄云书法选集　黄云书
桂林 漓江出版社 1986年 75页 26cm（16开）
统一书号：8256.213 定价：CNY4.50
　　中国现代行草书法作品。

J0102658
荟文斋　（楹联书法）李华锦编著
北京 中国展望出版社 1986年 262页
有图 19cm（32开）统一书号：8271.030
定价：CNY2.50
　　作者李华锦（1941—　　），书法家、教授。生于江苏镇江市，毕业于北京电影学院美术系。曾

在长春电影制片厂工作,后任中央党校教授。

J0102659
姜公醉书鲁迅诗碑　姜公醉书;仇凤舞编
长沙 湖南美术出版社 1986年 58页 10cm(64开)
统一书号:8233.751 定价:CNY1.20

J0102660
楷书笔画、结构习字帖　介满盈书
西宁 青海人民出版社 1986年 70页 26cm(16开)
定价:CNY1.00

J0102661
李铎书前后出师表　李铎书
北京 军事科学出版社 1986年 1册(66页)
34cm(8开)统一书号:8291.001
定价:CNY4.20

J0102662
李雁狂墨　李雁书
桂林 漓江出版社 1986年 64页 19cm(32开)
统一书号:8256.236 定价:CNY1.80
　　作者李雁,广西南宁市人。历任广西书画院
副院长、广西艺术创作中心副主任、广西书协副
主席。作品集有《李雁书法选》《李雁狂墨》《李
雁行草千字文》《李雁金琵琶书法集》等。

J0102663
凉州词　(唐)王之涣词;周慧珺书
济南 山东美术出版社 1986年 1张 76cm(2开)
定价:CNY0.80
　　中国现代书法作品。

J0102664
林锴书法　林锴书
桂林 漓江出版社 1986年 37页 26cm(16开)
统一书号:8056.126 定价:CNY3.50
　　作者林锴(1924—2006),著名书画家、篆刻
家、诗人、国家一级美术师。福建福州人,毕业
于国立艺专(现中国美术学院)。人民美术出版社
专业画家。出版有《林锴画选》《墨花集》《苔文
集》(诗集)等。

J0102665
林散之草书长卷　林散之书

南京 江苏美术出版社 1986年 1张(卷轴)
定价:CNY1.95
　　本卷长达4米。是作者80高龄时的草书论
书绝句10首。其书法法度谨严、胸有成竹。作
者林散之(1898—1989),山水画家、书法家。名
霖,又名以霖,字散之,号三痴、左耳等。生于
江苏江浦县,祖籍安徽和县。历任南京书画院名
誉院长、江苏省书法家协会名誉主席。代表作有
《许瑶诗论怀素草书》《自作诗论书一首》《李白
草书歌行》等。

J0102666
林散之草书长卷　林散之书
南京 江苏美术出版社 1986年 1张(卷轴)
定价:CNY2.40

J0102667
刘海粟草书长卷　刘海粟书
南京 江苏美术出版社 1986年 [1轴](卷轴)
定价:CNY3.60
　　作者刘海粟(1896—1994),画家、美术教育
家。名槃,字季芳,号海翁。江苏武进人。参与
创办上海私立美术学院。曾任华东艺术专科学
校校长、南京艺术学院院长。代表作《黄山云海
奇观》《披狐皮的女孩》《九溪十八涧》等,有画
集《黄山》《海粟老人书画集》等。

J0102668
刘海粟草书长卷　刘海粟书
南京 江苏美术出版社 1986年 1张(卷轴)
定价:CNY2.35

J0102669
刘铁平书法选集　刘铁平书
南京 江苏人民出版社 1986年 47页 26cm(16开)
统一书号:8100.106.2.2 定价:CNY4.00

J0102670
罗丹书法　罗丹书
福州 福建美术出版社 1986年 42页 26cm(16开)
定价:CNY2.00
　　收入作者书法作品68幅。

J0102671
满园春色　沈鹏书

哈尔滨 黑龙江美术出版社 1986年 1 张
76cm（2 开）定价: CNY0.20
　　中国现代书法作品。

J0102672
莫等闲白了少年头　马负书；张维萍画
兰州 甘肃人民出版社 1986年 1 张 76cm（2 开）
定价: CNY0.25
　　中国现代书画作品。

J0102673
墨海弄潮集　（河南中青年书法家十五人作品
选）中国书法家协会河南分会编
郑州 河南美术出版社 1986年 有照片
26cm（16 开）统一书号: 8386.470
定价: CNY5.30

J0102674
墨海弄潮集　（二 河南中青年书法家22 人作
品选）
郑州 河南美术出版社 1994年 94 页 26cm（16 开）
ISBN: 7-5401-0189-X 定价: CNY8.10

J0102675
墨海弄潮集　（三 河南中青年书法家19 人作
品选）河南省书法家协会编辑
郑州 河南美术出版社 1995年 有照片
26cm（16 开）ISBN: 7-5401-0396-5
定价: CNY16.00

J0102676
牡丹诗词书法选萃　洛阳牡丹花会办公室编
郑州 河南美术出版社 1986年 142 页
26cm（16 开）统一书号: 8386.452
定价: CNY4.00

J0102677
难得糊涂
福州 福建美术出版社 1986年 1 张 76cm（2 开）
定价: CNY0.30
　　中国现代书法作品。

J0102678
锲而不舍金石可镂　邹梦禅书；维萍画
兰州 甘肃人民出版社 1986年 1 张 76cm（2 开）

定价: CNY0.25
　　中国现代书画作品。

J0102679
沙孟海写书谱　上海书画出版社编
上海 上海书画出版社 1986年 57 页 34cm（6 开）
统一书号: 8172.1548 定价: CNY3.30

J0102680
沈周题画诗　（明）沈周诗；韩左军书
太原 山西人民出版社 1986年 1 张 76cm（2 开）
定价: CNY0.23
　　中国现代书法作品。沈周（1427—1509），明
代书画家。字启南，号石田、白石翁、有居竹居
主人等。长洲（今江苏苏州）人。传世作品有《庐
山高图》《秋林话旧图》《沧州趣图》。著有《石
田集》《客座新闻》等。

J0102681
书萃　中国书法家协会黑龙江分会编辑
哈尔滨 黑龙江美术出版社 1986年 89 页
26cm（16 开）统一书号: 8358.428
定价: CNY2.40
　　收入辽宁省马继胜、丁春霖、魏哲、吴振学、
汤文奇、祁敏麟等15 人在黑龙江省举办书法展
览中展出的书法作品100 幅。

J0102682
书法新蕾　（首届全国少年儿童打字比赛作品选）
钟昭良编
天津 新蕾出版社 1986年 90 页 24cm（16 开）
统一书号: R7213.162 定价: CNY0.84

J0102683
宋张轼诗《立春偶成》　朱德炘书；朱鉴画
兰州 甘肃人民出版社 1986年 1 张 76cm（2 开）
定价: CNY0.25
　　中国现代书画作品。朱德炘（1922—2013），
字景炎。中国电视艺术家协会理事、中国书法家
协会会员、甘肃省书法家协会顾问。出版有《朱
德炘书法选》。

J0102684
苏轼水调歌头词　（宋）苏东坡诗；沈鹏书
哈尔滨 黑龙江美术出版社 1986年 1 张

76cm（2开）定价：CNY0.20

中国现代书法作品。苏东坡（1037—1101），本名苏轼，宋代文学家、书画家。眉州眉山（今属四川）人，祖籍河北栾城。字子瞻，一字和仲，号东坡居士。为"唐宋八大家"之一，擅长文人画。仁宗嘉祐二年（1057）进士。曾任翰林学士、侍读学士、礼部尚书等职。作品有《东坡七集》《东坡易传》《东坡乐府》《潇湘竹石图卷》《古木怪石图卷》等。沈鹏（1931—　），书法家、美术评论家、诗人。生于江苏江阴。历任中国文联副主席、中国书法家协会主席、中国美术出版总社顾问以及《中国书画》主编、炎黄书画院副院长、中国书画函授大学教授、《书法之友》杂志名誉主席等职。书法作品有著作：《书画论评》《沈鹏书画谈》《三余吟草》《沈鹏书法选》《沈鹏书法作品集》。

J0102685

隋学芳书前后赤壁赋　（小楷字帖）隋学芳书

长沙　湖南美术出版社　1986年　10cm（64开）

统一书号：8233.937　定价：CNY0.35

J0102686

唐诗楷书字帖　周慧珺书

哈尔滨　黑龙江人民出版社　1986年　56页

26cm（16开）统一书号：8093.1022

定价：CNY1.10

J0102687

唐诗书法　（一）秦咢生作

广州　岭南美术出版社　1986年　1张　76cm（2开）

定价：CNY0.70

中国现代书法作品。作者秦咢生（1900—1996），书法家、印学艺术家。原名寿南，字古循，初名岳生，嗣改译生。曾任中国书法协会理事、广东省书法家协会广东分会主席、广东文史馆副馆长等职。著有《秦咢生石头记》《秦咢生行书册》《秦咢生手书宋词》《秦咢生自书诗》《秦咢生诗书篆刻选集》等。

J0102688

唐诗书法　（二）周树坚作

广州　岭南美术出版社　1986年　1张　76cm（2开）

定价：CNY0.70

中国现代书法作品。

J0102689

唐诗书法　（唐）杜秋娘，杜牧诗；秦咢生，周树坚书

广州　岭南美术出版社　1986年　2张　76cm（2开）

定价：CNY0.50

中国现代书法作品。

J0102690

唐诗书法：王之涣诗《登鹳雀楼》　麦三华书

广州　岭南美术出版社　1986年　1张　76cm（2开）

定价：CNY0.25

中国现代书法作品。

J0102691

唐诗小楷字帖　李华锦书

武汉　湖北教育出版社　1986年　48页　26cm（16开）

统一书号：8306.12　定价：CNY0.74

J0102692

唐王昌龄诗《芙蓉楼送辛弃疾》　雪祁书；朱鉴画

兰州　甘肃人民出版社　1986年　1张　76cm（2开）

定价：CNY0.25

中国现代书画作品。

J0102693

唐王之涣诗《登鹳雀楼》　崔澧书

郑州　河南美术出版社　1986年　1张（卷轴）

附对联一副　107cm（全开）定价：CNY2.40

中国现代书法作品。

J0102694

统一祖国书法篆刻展览作品选集

卢亚来(等)主编；福建省漳州市统一祖国书法篆刻展览筹委会编辑

漳州　福建省漳州市统一祖国书法篆刻展览筹委会　1986年　92页　有图　26cm（16开）

J0102695

王福厂篆书咏怀诗　王福厂书

上海　上海书店　1986年　38页　35cm（15开）

定价：CNY1.00

J0102696

王国维治学三意境说　刘锁祥书

太原　山西人民出版社　1986年　1张　76cm（2开）
定价：CNY0.47
　　中国现代书法作品。

J0102697
望庐山瀑布　（唐）李白诗；周慧珺书
济南　山东美术出版社　1986年　1张　76cm（2开）
定价：CNY0.80
　　中国现代书法作品。

J0102698
文明健康书法集　秦秀青编
太原　山西人民出版社　1986年　142页
26cm（16开）统一书号：8088.2353
定价：CNY7.70

J0102699
现代书法　（现代书画学会书法首展作品选）
现代书画学会编
北京　北京体育学院出版社　1986年　66页
25cm（16开）统一书号：8451.3　定价：CNY2.60

J0102700
辛弃疾西江月　（宋）辛弃疾诗；袁旭临书
太原　山西人民出版社　1986年　1张　107cm（全开）
定价：CNY0.47
　　中国现代书法作品。袁旭临（1937—　　），书
法家。号雪岭、墨滏，生于河北沧州市。历任山
西太原市文化局副局长、山西省书协常务理事、
太原市画院副院长、太原市书法家协会主席。编
著出版《楷书基础知识》《欧阳询、颜真卿、柳公
权碑帖精选》《楷书汉字笔顺图解》《楷书练习系
列册》等。

J0102701
徐伯清小楷　徐伯清书；上海书画出版社编
上海　上海书画出版社　1986年　46页　19cm（32开）
统一书号：7172.213　定价：CNY0.62
　　作者徐伯清（1926—2010），书法家。浙江
温州人。历任上海文史研究馆馆员、中国书法
家协会会员、上海书法家协会常务理事、中华
艺术家协会会长、上海市文联委员、上海师范
大学书法专业客座教授、浙江舟山书画院名誉
院长。代表作品有《儿童学书法》《宋人轶事汇
编》等。

J0102702
旭日朝霞红雨乱；天风海水白云闲
王朝瑞书
福州　福建美术出版社　1986年　1张　76cm（2开）
定价：CNY0.30
　　中国现代书法作品。

J0102703
学而不厌　钟戡书
成都　四川美术出版社　1986年　1张　76cm（2开）
定价：CNY0.22
　　中国现代书法作品。

J0102704
学海无涯　钟戡书
成都　四川美术出版社　1986年　1张　76cm（2开）
定价：CNY0.22
　　中国现代书法作品。

J0102705
学无涯　沈鹏书
福州　福建美术出版社　1986年　1张　76cm（2开）
定价：CNY0.30
　　中国现代书法作品。

J0102706
一九八六年全国电视书法比赛获奖作品选集
中央电视台文化生活组编
北京　博文书社　1986年　64页　26cm（16开）
统一书号：8470.2　定价：CNY1.60

J0102707
有志者事竟成　左培鼎书
成都　四川美术出版社　1986年　1张　76cm（2开）
定价：CNY0.22
　　中国现代书法作品。

J0102708
迂叟魏书千文　吴玉如编
天津　天津杨柳青画社　1986年　62页　37cm（8开）
统一书号：7174.041　定价：CNY1.50
　　收入64幅图。作者以北碑笔法书南梁周兴
嗣所撰《千字文》。原手迹已毁，此据原大晒印
本影印。迂叟乃吴玉如晚年自号。编者吴玉如
（1898—1982），书法家。后以字行，晚号迂叟，

生于江苏南京，祖籍安徽泾县。就读于天津南开中学，曾执教于南开大学、工商学院。有《吴玉如书法集》等传世。

J0102709
早发白帝城　（唐）李白诗；周慧珺书
济南　山东美术出版社 1986 年　1 张　76cm（2 开）
定价：CNY0.80
　　中国现代书法作品。

J0102710
赵品三书画选　赵品三作
北京　解放军出版社 1986 年　有肖像　26cm（16 开）
统一书号：8185.5　定价：CNY1.10

J0102711
直上中天摘星斗；影斜东海洗乾坤
（绫裱对联）徐悲鸿书
北京　荣宝斋 1986 年　2 张（卷轴）
定价：CNY35.00
　　中国现代书法作品。作者徐悲鸿（1895—1953），著名画家、美术教育家。原名徐寿康，江苏宜兴市屺亭镇人，毕业于巴黎国立美术学校。曾任教于国立中央大学艺术系、北平大学艺术学院和北平艺专，后任中央美术学院院长。代表作品《愚公移山图》《八骏图》《负伤之狮》《田横五百士》等。

J0102712
室雅人和美　王留鳌书
太原　山西人民出版社 1986 年　1 张　76cm（2 开）
定价：CNY0.23
　　中国现代书法作品。作者王留鳌（1928—2005），书法家、书法艺术教育家。山西五台人。历任山西省参事室文史参事、中国书法家协会会员、中国硬笔书法协会常务理事。

J0102713
中国书法百家墨迹精华　李仲元等主编
沈阳　辽宁大学出版社 1986 年　123 页　有肖像　35cm（15 开）精装　统一书号：8429.004
定价：CNY18.00

J0102714
中国书法家作品选　中国书法协会四川分会编
成都　四川美术出版社 1986 年　20 幅　34cm（10 开）
统一书号：8373.362　定价：CNY4.80